PÁGINA 48

# PÉ NA ESTRADA

SEU GUIA COMPLETO
Críticas aprofundadas, listas detalhadas e dicas de quem entende

PÁGINA 497

# GUIA DE SOBREVIVÊNCIA

INFORMAÇÕES PRÁTICAS E IMPORTANTES PARA FACILITAR A SUA VIAGEM

ESTA EDIÇÃO FOI PESQUISADA E ESCRITA POR

**Brendan Sainsbury**

**Luke Waterson**

# bem-vindo a Cuba

## Magnificência malcuidada

Deveria haver uma placa em frente ao terminal de desembarque do aeroporto de Havana com os dizeres "Abandone todos os preconceitos antes de entrar". Prepare-se para choques, surpresas e epifanias. A Cuba do século 21 é diferente de qualquer outro lugar que você já tenha visitado: economicamente pobre, mas culturalmente rica; visivelmente malcuidada, mas com arquitetura magnífica; pode ser irritante e, ao mesmo tempo, estranhamente estimulante. Se o país fosse um livro, seria *Ulisses*, de James Joyce: multifacetado, difícil de decifrar, mas – acima de tudo – um clássico. A complexidade de Cuba é resultado de sua história, uma turbulenta saga de interferências externas e conflitos internos que geraram genocídios, escravidão, invasões e ataques, além da famosa revolução popular. Flutuando entre os Estados Unidos, ao norte, e a América Latina, ao sul, o arquipélago há muito tenta entender onde deveria se encaixar. Até mesmo sua natureza, como observou o cientista alemão Alexander von Humboldt, é estranha – uma espécie de "Galápagos do Caribe", onde fenômenos contraditórios coexistem.

## Um pouco de romance

Há meio século Cuba tem gerado comentários por sua política comandada pelo rosto cada vez mais enrugado de Fidel Castro – basta uma tosse dele para alarmar a mídia mundial. Mas a polêmica esconde segredos

BRENT WINEBRENNER / LONELY PLANET IMAGES ©

*Descobrir Cuba é um aprendizado constante. Quando você pensa que já conseguiu decifrar o país, uma nova charada se apresenta. E é aí que está o charme oculto.*

(esquerda) Antigo carro americano nas ruas de Habana Vieja, em Havana.
(abaixo) Músicos tocam canções tradicionais cubanas em um bar de Havana.

GRAYSON NACE / LONELY PLANET IMAGES ©

mais profundos. A maioria dos visitantes se surpreende quando chega a Havana e encontra não uma distopia comunista e cinzenta, mas um lugar extravagante, onde taxistas citam Hemingway e até mesmo os mais céticos são seduzidos pelo mistério e pelo romance.

O romantismo de Cuba não é daqueles de jantar à luz de velas. Nesse país de parcas posses materiais, a vida pode ser dura e bruta, bem diante dos seus olhos. Mas a austeridade é apenas uma parte da história. Cuba tem inúmeras riquezas. Basta pensar na esplanada de Malecón, em Havana, nos comerciantes criativos que montaram híbridos de carros russo-americanos e nas velhas senhoras que criam maravilhas culinárias com poucos recursos.

## O espírito de sobrevivência

A sobrevivência de Cuba é um milagre por si só. Que o país atraia viajantes de todo o mundo com as praias, as baías, as montanhas, o rum, a música e as paisagens verdejantes é uma conquista ainda maior. A chave do sucesso está nos próprios cubanos: criativos e versáteis, poetas e sonhadores, céticos e sábios. Desafiando toda a lógica, foram as pessoas que mantiveram o país vivo enquanto sua infraestrutura se desfez, e são elas que continuam mantendo essa nação fascinante, desconcertante e paradoxal. Essa singularidade é cada vez mais rara no mundo globalizado. Aproveite para conhecê-la enquanto é tempo.

# Cuba

Havana
Arquitetura antiga
e mares agitados (p. 50)
Las Terrazas
Trilhas, natureza e uma
comunidade de artistas (p. 148)
Matanzas
Prédios em ruínas escondem
uma atmosfera viva (p. 196)
Ciénaga de Zapata
O maior pântano
do Caribe (p. 227)
Cienfuegos
Cidade neoclássica
(p. 233)
Valle de Viñales
Passeio bucólico
(p. 183)
Trinidad
Cidade colonial
impecável (p. 275)
FLÓRIDA
(EUA)
GOLFO DO MÉXICO
Estreito da Flórida
Cay Sal Bank
Trópico de Cân
Archipiélago de Sabana
Archipiélago de los Colorados
HAVANA
Guanabo
Varadero
Valle del Yumurí
Las Terrazas
Soroa
Matanzas
Cárdenas
Corralillo
Sagua
Grande
Valle de Viñales
Viñales
Pinar del Rio
Autopista Havana-Pinar del Rio
Güines
Surgidero de Batabanó
Ensenada de la Broa
Jagüey Grande
Colón
Carretera Central
Autopista Nacional
Golfo de Batabanó
La Coloma
Ciénaga de Zapata
Corral de Santo Tomás
Las Salinas Wildlife Refuge
Cienfuegos
Sierra del Escambray
Península Guanahacabibes
Bahía de Cortés
La Bajada
Baía de Corrientes
Nueva Gerona
Archipiélago de los Canarreos
Isla de la Juventude
Cayo Piedra
Bahía de Cochinos
Topes de Collantes
Trinidad
Cayo Largo del Sur
ILHAS CAYMAN
Grand Cayman
GEORGE TOWN
Little Cayman
MAR DO CARIBE
ALTITUDE
1500 m
1000 m
750 m
500 m
250 m
100 m
0
0
120 km

Varadero
Relaxar em um resort
(p. 205)
Santa Clara
A cidade mais agitada
de Cuba (p. 249)
Cayo Guillermo
A definitiva ilha
da corrente (p. 307)
Baracoa
A melhor comida
fora de Havana (p. 434)
Camagüey
Labirinto de ruas
(p. 310)
Pico Turquino
O ponto mais
alto do país (p. 376)
Santiago de Cuba
O berço da
dança (p. 387)
NASSAU
New Providence
Eleuthera
OCEANO ATLÂNTICO
Andros Island
Cat Island
San Salvador
BAHAMAS
Great Exuma
Trópico de Câncer
Long Island
Great Bahama Bank
Crooked Island
Acklins Island
Archipiélago de Sabana-Camagüey
Máximo Gómez
Laguna de la Leche
Morón
Esmeralda
Ciego de Ávila
Embalse Zaza
El Jibaro
Cayo Sabinal
Embalse Porvenir
San Miguel de Bagá
Golfo de Ana María
Camagüey
Carretera Central
Bahía de Gibara
Gibara
Guardalavaca
Las Tunas
Holguín
Bahía de Nipe
Moa
Archipiélago de los Jardines de la Reina
Santa Cruz del Sur
Guayabal
Embalse Carlos Manuel de Céspedes
Birán
Sierra del Cristal
Baracoa
Golfo de Guacanayabo
Bayamo
Guantánamo
Manzanillo
Cordillera de la Gran Piedra
Sierra del Purial
Marea del Portillo
Sierra Maestra
Santiago de Cuba
Cabo Cruz
Pico Turquino (1.972 m)
Baconao
Parque Nacional Desembarco del Granma
HAITI
JAMAICA
KINGSTON
25°N
24°N
23°N
22°N
21°N
19°N
18°N
79°W
78°W
77°W
76°W
75°W

# AS 24 MELHORES EXPERIÊNCIAS

## Música ao vivo

**1** Em Cuba, a música que sai das caixas de som é desprezada. Na terra do *son*, da salsa, da rumba e da *trova*, a música é espontânea, ao vivo e executada com um incrível vigor melodioso. Há o romântico *trovador* de bar, o músico que toca rumba nas ruas, os shows de cabaré cheios de biquínis e penas, as festas de *reggaetón* tarde da noite – e a lista não para por aí. O talento musical de Cuba é lendário e não tem a pretensão narcisística comum em outras partes do mundo. Vá para as ruas, abra os ouvidos e deixe-se levar pela música. Músico de rua, Santiago de Cuba

FRANK CARTER/LONELY PLANET IMAGES ©

## Malecón de Havana

**2** Somente um tolo partiria de Havana sem passar pela avenida litorânea do Malecón (p. 78), com 8km de beleza decadente que se estende por toda a cidade, de Habana Vieja a Miramar. O Malecón funciona como ponto de encontro para dezenas de milhares de *habaneros* em busca de curtição e romance. Atravesse-o quando a tempestade agita as ondas que batem contra a mureta, ou assista ali ao pôr do sol ao som de Benny Moré no mp3, acompanhado de uma garrafa de Havana Club e da sensação de que tudo é possível.

## Casas particulares

**3** Imagine a cena: duas cadeiras de balanço rangendo sobre a varanda colonial, meia garrafa de rum compartilhada por anfitrião e convidado e o som de uma música inebriante que parece atravessar a umidade da escuridão tropical. Isso poderia acontecer em qualquer *casa particular* de Cuba, em qualquer rua, em qualquer cidade, pois são todas iguais. Tirando a censura opressora e o totalitarismo impalpável – no estilo da Guerra Fria –, Cuba pode ser um dos países mais doces da Terra. Isso se você fugir dos resorts patrocinados pelo governo e se hospedar na casa de um cubano.

PATRICK SYDER/LONELY PLANET IMAGES ©

CHRISTOPHER GROENHOUT/LONELY PLANET IMAGES ©

## Arquitetura eclética

**4** A arquitetura de Cuba espelha a herança étnica. Pegue uma boa fatia de barroco espanhol, salpique um pouco de classicismo francês, uma porção generosa de *art déco* norte-americana e um toque de *art nouveau* europeu. Agora misture um pouco de escravidão afro-cubana a um lampejo de criatividade modernista, e aí está. Às vezes exagerada – e raramente constante –, a arquitetura de Cuba expressa sempre um "cubanismo", o que a distingue de outros estilos. Visite as cidades listadas pela UNESCO: Havana, Trinidad, Cienfuegos e Camagüey, para ver por si mesmo.

Gran Teatro de la Habana e Hotel Inglaterra (p. 67), Havana, esquerda

## Praias idílicas

**5** Há uma praia linda e vistosa no resort e outra mais selvagem, exposta ao vento do norte da costa; uma protegida por palmeiras em um cenário paradisíaco e outra abertamente nudista em uma ilha isolada do sul. Em Cuba há praias para todos os gostos e de todos os tamanhos e formas. Procure com atenção e certamente encontrará seu pedacinho de céu. Embora os resorts tenham se apropriado dos melhores trechos, ainda há paraísos afastados. Entre os destaques estão a Playa Pilar (p. 306), em Cayo Guillermo; a Playa Maguana (p. 441), perto de Baracoa; e a Playa Ancón (p. 286), na província de Sancti Spíritus. Playa Ancón, direita

FRANK CARTER/LONELY PLANET IMAGES ©

RICHARD I'ANSON/LONELY PLANET IMAGES ©

## Relaxando em Varadero

**6** Se você deseja não fazer nada além de repousar em uma espreguiçadeira e passar o olho por alguns capítulos de Dostoiévski enquanto beberica mojitos bem mentolados até o anoitecer, chegou ao lugar certo. Tudo isso – e mais – é possível no ensolarado Varadero (p. 205), balneário moderno de Cuba. Nele há cerca de cinquenta hotéis ao longo de 20km de belas praias. Trata-se de um lugar à parte, diferente do restante da ilha, que oferece atividades esportivas impossíveis de se encontrar em qualquer outro destino cubano. Windsurfe em Varadero, esquerda

## Observação de pássaros

**7** Com exceção dos crocodilos, Cuba tem uma fauna pouco impressionante – mas as espécies ausentes são compensadas pela abundância de pássaros. Há cerca de 350 espécies que habitam as praias desse arquipélago tropical e ecologicamente estranho, sendo mais de vinte delas endêmicas. Procure pelo colorido *tocororo* (surucuá-cubano), o pequeno beija-flor abelha, o pica-pau-bico-de-marfim e a maior concentração de ninhos de flamingo do mundo. Excursões guiadas para observação de pássaros são especialidade nacional.

FGU/IMAGEBROKER

## A herança revolucionária cubana

**8** Uma escapada improvável de um iate naufragado, guerrilheiros barbudos seguidores do estilo de justiça de Robin Hood e uma clássica luta aos moldes de Davi × Golias que foi ganha pelos (muito) fracos e oprimidos: a guerra revolucionária de Cuba lembra o roteiro de um filme de Steven Soderbergh. Mas melhor que assistir nas telonas é a oportunidade de visitar pontos históricos da Revolução. Pouco mudou nos últimos cinquenta anos no ponto de desembarque do *Granma* e no quartel-general de Fidel no topo da montanha em Commandancia de la Plata (p. 373). Mural de Che Guevara, Havana, acima

KARL BLACKWELL/LONELY PLANET IMAGES ©

## Hotéis coloniais de Havana

**9** Nunca no campo da preservação arquitetônica se conquistou tanto com tão poucos recursos. Quando estiver sentado em um tranquilo hotel colonial de Havana, não deixe de agradecer mentalmente ao historiador Eusebio Leal, que previu e planejou um improvável programa de restauração, permitindo que uma dúzia de edifícios dilapidados passasse por reformas que os transformaram novamente nas joias de outrora. Se o seu orçamento permitir, gaste sem culpa com a diária de um hotel em Habana Vieja (p. 54). A experiência é mágica.

## Mergulho no Caribe

**10** Alguns podem discordar, claro, mas vamos dizer mesmo assim: Cuba é o melhor lugar para se mergulhar no Caribe. As razões: a claridade da água, os recifes virgens e os milhões de peixes que vivem protegidos nas águas caribenhas. Há acesso para mergulhadores desde a movimentada Baía dos Porcos até os paraísos submersos do arquipélago de Jardines de Reina. Para visitantes assíduos, a Punta Francés (p. 159), na Isla de la Juventud – que abriga todos os anos uma competição de fotografias subaquáticas – reina suprema.

MICHAEL LAWRENCE/LONELY PLANET IMAGES ©

VINCENT MACNAMARA/ALAMY

## A pesca favorita de Hemingway

**11** Quando se trata de classificar os melhores lugares do planeta para pesca marítima, é difícil discutir com um lendário pescador, amante de Cuba e vencedor do Prêmio Nobel. Ernest Hemingway adorava Cuba por muitas razões, e uma delas era a ótima pesca no mar, beneficiada pelas águas rápidas da corrente do Golfo. As melhores águas para pesca ficam na costa norte, e poucas batem em qualidade a característica Cayo Guillermo (p. 307).

## A vida selvagem da Ciénaga de Zapata

**12** Uma das poucas partes de Cuba que nunca foi "domesticada", o pântano de Zapata (p. 227) é o que há de mais próximo da vida selvagem no país. É o lar do crocodilo cubano, em risco de extinção, de vários anfíbios, do beija-flor abelha e de diferentes hábitats de plantas. Também se classifica como um dos maiores pântanos do Caribe, protegido de diversas formas, sendo a mais relevante delas como Reserva da Biosfera da UNESCO e local de preservação pela Convenção de Ramsar. Lá você pode pescar, observar pássaros, fazer trilhas e ver a natureza em seu estado puro. Tartarugas, pântano de Zapata

ANDREA INNOCENTI/ALAMY

CHRISTOPHER BAKER / LONELY PLANET IMAGES ©

## Trinidad parada no tempo

**14** A tranquila Trinidad parece ter caído no sono em 1850 e nunca mais ter acordado. Essa mudança repentina de cenário pode ser uma ótima ideia para viajantes modernos, que podem vagar livremente por essa doce cidadezinha da metade do século 19 como se tivessem chegado de outra época. Embora hoje já não seja segredo, as ruas que parecem paradas no tempo ainda causam encantamento, com grandiosas pousadas coloniais, uma zona rural de fácil acesso e uma agitada cena musical. Mas também há trabalho na cidade, além de reflexos (e opções de diversão) da Cuba do século 21.

Iglesia Parroquial de la Santísima, Trinidad (p. 278), esquerda

## Labirinto de ruas de Camagüey

**13** Perca-se! E este não é um conselho liberal para pessoas reprimidas. É, isso sim, um sábio conselho para todos os viajantes que passarem pela cidade de *tinajones*, igrejas e antigos piratas – Camagüey. Sempre à margem da lei, Camagüey foi fundada em um emaranhado de ruas similar ao de quase todas as colônias espanholas da América Latina. As vielas formam labirintos tão intrincados quanto os das medinas do Marrocos, escondendo igrejas católicas e praças triangulares e revelando segredos artísticos inusitados a cada passo.

# Pedalar pelo Valle de Viñales

JERRY ALEXANDER/LONELY PLANET IMAGES ©

**15** Com menos congestionamento nas estradas, Cuba é o país ideal para pedalar, e não há lugar melhor para um passeio de bicicleta do que a zona rural em seu estado mais rústico – o Valle de Viñales (p. 183). Viñales tem todos os ingredientes de um *Tour de France* tropical: *mogotes* íngremes, campos de tabaco incrivelmente verdes, bucólicas cabanas de camponeses e paisagens estimulantes a cada mudança de marcha. Felizmente o terreno é plano e, se você encontrar uma boa bicicleta, seu maior dilema será decidir onde parar para apreciar um belo pôr do sol enquanto brinda com mojitos.

FRANK CARTER/LONELY PLANET IMAGES ©

# A arquitetura francesa de Cienfuegos

**16** A baía de Cienfuegos tem um quê especial e não é à toa que se autodenomina "pérola do sul" de Cuba. Mesmo em meio a conflitos e enchentes e durante a debilidade econômica do Período Especial, a cidade sempre manteve a pose. A elegância está presente na arquitetura, bem homogênea, resultado da colonização francesa e norte-americana do início do século 19. Mergulhe na vida cultural do centro da cidade e no subúrbio de Punta Gorda para absorver o refinamento francês.

# Ecovila Las Terrazas

WOLFGANG KAEHLER/PHOTOLIBRARY

**17** Em 1968, quando o movimento em defesa do meio ambiente parecia uma causa radical, propagandeada apenas por estudantes hippies, os proféticos cubanos – preocupados com o desmatamento na costa – tiveram uma ótima ideia. Depois de salvarem hectares de floresta desnuda de um desastre ecológico, um grupo empreendedor de trabalhadores construiu uma comunidade rural, a Las Terrazas, e começou a colonizá-la com artistas, músicos, plantadores de café e com o Hotel Moka (p. 149), de arquitetura singular.

## Pôsteres revolucionários e arte mural

**18** Embora a sinalização em Cuba seja marcada no chão, não faltam pôsteres a favor do socialismo, retratando a "batalha de ideias" e o rosto de Fidel Castro. Em um país sem publicidade explícita, os *outdoors* se tornaram o meio de preservação da propaganda política. É impossível viajar por Cuba sem deparar com um lema de Che, um cartaz de desprezo aos *yanquis* ou um poema quase bíblico exaltando as virtudes heroicas de José Martí. Seja qual for seu posicionamento em meio a esse bombardeio, tal expressão artístico-política é parte integrante do interior de Cuba. *Outdoor* de Che Guevara, Cienfuegos

JOHN HARDEN/CORBIS

## A energia jovial de Santa Clara

**19** Coloque à prova suas ideias preconcebidas a respeito do país nos arredores da cidade. Santa Clara é tudo que você pensou que Cuba não era. Estudantes eruditos, uma vida noturna agitada, criatividade ousada e hospedagem em casas com mais relíquias que os museus de arte. Não perca o show de *drag queens* do Club Mejunje (p. 256) e enturme-se com os estudantes engajados da La Casa de la Ciudad (p. 251). Ensaio de músicos, La Casa de la Ciudad, Santa Clara, acima

## Desvendando os segredos de Matanzas

**20** Matanzas é o *Titanic* de Cuba, largada nas trevas das profundezas, mas que ainda guarda a beleza de outra era. Após a artificialmente bela Varadero, essa cidade choca você, mas, em pouco tempo, seu enorme legado cultural ensinará mais sobre a verdadeira Cuba do que vinte idas a resorts. A refinada cultura de Matanzas pode ser vista no Teatro Sauto (p. 198), enquanto sua alma africana se manifesta na rumba que balança a Plaza de la Vigía (p. 198).

BRENT WINEBRENNER/LONELY PLANET IMAGES ©

CHRISTOPHER BAKER/LONELY PLANET IMAGES ©

## Os festivais efervescentes de Cuba

**21** Apesar da guerra, da opressão, do racionamento e de todas as privações, os cubanos nunca abandonam a alegria de viver. Mesmo durante os dias de escuridão do Período Especial, os festivais mais agitados não deixaram de existir – uma prova da capacidade do país de colocar a política de lado e simplesmente seguir em frente. Os melhores espetáculos são os fogos de artifício de Remedios, o *folklórico* de Santiago de Cuba, os filmes em Gibara e todos os estilos musicais possíveis e imagináveis de Havana. Prepare-se. Fogos de artifício no festival de Las Parrandas (p. 26), em Remedios

## A comida picante e a cultura de Baracoa

**22** Sobre as montanhas, no extremo leste da província de Guantánamo, reina isolada a província de Baracoa. Trata-se de uma colônia pequena, mas historicamente relevante e estranha até para padrões cubanos, com seu clima inconstante do Atlântico, uma população excêntrica e um incessante desejo de ser, digamos, diferente. Observe os habitantes descascando coqueiros, ouça as bandas tocando o *kiribá* – a versão local do *son* – e, acima de tudo, deguste a comida mais apimentada, complexa e inventiva da região, a começar pelo doce *cucuruchu*. Jovens jogando dominó, Baracoa

TIM HUGHES/LONELY PLANET IMAGES ©

BRUNO MORANDI/ALAMY

## *Folklórico* em Santiago de Cuba

**23** Ah... não há nada tão transcendental e hipnótico quanto a batida dos tambores da *santería* evocando o espírito dos orixás. Apesar de apenas iniciados participarem da maioria dos rituais religiosos afro-cubanos, os tambores e as danças do *folklórico* cubano são abertos a todos. Formados nos anos 1960 para manter viva a cultura dos escravos de Cuba, os grupos do *folklórico* são fortemente patrocinados pelo governo, e suas apresentações alegres e coloridas mantêm-se espontâneas, genuínas e corajosamente autênticas. Escola de dança, Santiago de Cuba

## Pico Turquino – a montanha mais alta de Cuba

**24** Subir pela trilha a montanha mais alta de Cuba, o Pico Turquino (p. 376), é um raro privilégio. É obrigatório ir acompanhado de um guia nessa jornada árdua de dois ou três dias por 17km dentro da floresta verdejante da Sierra Maestra. O passeio funciona como aula de história, experiência ecológica e observação de pássaros, tudo de uma só vez. Na subida, entusiastas da Revolução devem aproveitar para dar uma olhada no quartel-general de Fidel dos tempos de guerra. Palmeiras perto de Pico Turquino, cordilheira de Sierra Maestra

# você precisa saber

**Moeda**

» Peso cubano ou peso conversível (CUC$)

**Idioma**

» Espanhol

## Quando ir

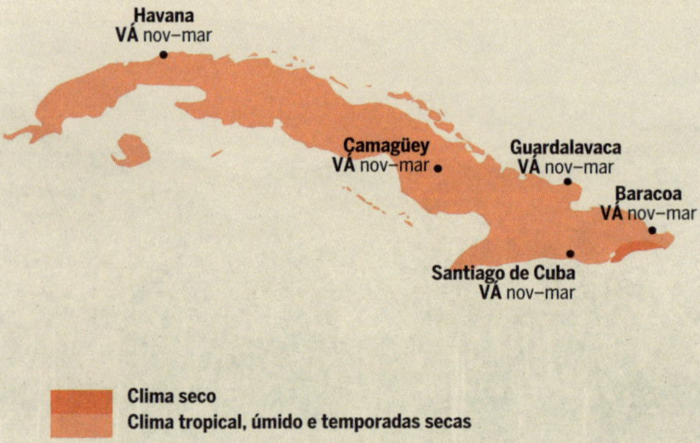


**Alta temporada**
(nov-mar e jul-ago)

» Os preços são 30% mais altos, e os hotéis podem exigir reservas com muita antecedência.

» Os preços ficam ainda mais altos nas duas semanas entre Natal e Ano-Novo.

» O clima está mais fresco e seco.

**Intermediária**
(abr e out)

» Procure pacotes especiais fora da alta temporada.

» Fique de olho no feriado de Páscoa, quando os preços e a quantidade de turistas aumentam.

**Baixa temporada**
(mai, jun e set)

» Alguns hotéis oferecem menos conforto.

» Há risco de furacão entre junho e novembro e maiores chances de chuva.

## Seu orçamento diário

**Econômico – menos de CUC$60**

» *Casas particulares*: CUC$20-30

» Restaurantes estatais: CUC$15-20

» Entradas baratas de museu: CUC$3-6

**Médio CUC $60–120**

» Hotel-butique: CUC$35–60

» Comer em *paladares*: CUC$17–22

» Viajar em ônibus Viazul

**Elevado – mais de CUC$120**

» Resort ou hotel histórico: CUC$150–200

» Alugar carro ou andar de táxi: CUC$60–70

» Cabarés à noite: CUC$35–60

### Dinheiro

» A economia de Cuba funciona à base do dinheiro vivo. Hotéis e resorts nos balneários aceitam cartões de crédito, que também funcionam na maior parte dos caixas eletrônicos. Estes raramente aceitam cartões de débito.

### Vistos

» Um cartão de viagem válido por trinta dias é incluído, em geral, no pacote de viagem.

### Celulares

» A cobertura é limitada. É possível comprar antecipadamente um pacote de serviços da operadora estatal, a Cubacel.

### Transporte

» Há um bom sistema de ônibus da linha Viazul. Os trens são lentos e desconfortáveis. Alugar carro é fácil, mas um pouco caro.

## Sites (em inglês)

» **AfroCuba Web** (www.afrocubaweb.com) Tudo sobre a cultura cubana.

» **BBC** (www.bbc.co.uk) Relatos interessantes de correspondentes em Cuba.

» **Cuba Absolutely** (www.cubaabsolutely.com) Arte, cultura, negócios e viagem.

» **Cubacasas.net** (www.cubacasas.net) Informações, fotos e contatos para hospedagem em *casas particulares*.

» **LonelyPlanet.com** (www.lonelyplanet.com/cuba) Informações sobre o destino, reserva de hotéis, fórum do viajante e mais.

## Conversões

| | | |
|---|---|---|
| **Brasil** | R$1 | CUC$0,57 |
| **Europa** | €1 | CUC$1,23 |
| **EUA** | US$1 | CUC$0,93 |

Para cotações do dia, acesse www.xe.com (em inglês).

## Telefones importantes

Para ligar de uma província para outra, tecle ☎0 + código de área + o número.

| | |
|---|---|
| **Emergência** | ☎106 |
| **Telefonista** | ☎113 |
| **Polícia** | ☎106 |
| **Bombeiro** | ☎105 |

## Chegada a Cuba

» **Havana – Aeropuerto Internacional José Martí**

Não há ônibus ou trens que saiam regularmente do aeroporto para o centro da cidade. Táxis custam de CUC$20 a CUC$25 e levam de trinta a quarenta minutos para chegar à maioria dos hotéis do centro da cidade.

Pode-se trocar dinheiro em bancos.

## Economia dupla

» Cuba possui uma economia dupla, já que pesos conversíveis (CUC$) e pesos cubanos circulam simultaneamente. Em teoria, os turistas deveriam usar apenas os conversíveis, mas, na prática, não há nada que impeça o viajante de entrar em uma *cadeca* (casa de câmbio) e trocar conversíveis pela *moneda nacional* (pesos cubanos). Com uma cotação de 25 pesos cubanos por um peso conversível, é possível tirar bastante proveito da moeda nacional quando se prefere sacrificar um pouco (ou muito!) da qualidade, dos serviços e do conforto.

» A economia dupla é uma faca de dois gumes. Os cubanos, que ganham entre 200 e 800 pesos (CUC$8 e CUC$32) por mês, têm de sobreviver em uma economia completamente diferente da dos turistas; trata-se de um campo minado no qual o acesso aos valiosos conversíveis é uma aventura diária (e arriscada) que envolve dicas, fraudes e redes de contatos.

# se você gosta de...

## Praias com areias brancas

Combine as palavras “Caribe” e “ilha” e você terá uma ideia do potencial de Cuba para praias de tirar o fôlego. As melhores concentram-se na costa norte, embora não apenas ali. Algumas ficam em *cayos* paradisíacos, outras se tornaram grandes resorts. Para os antissociais, há ainda cantos remotos e intocados pelos homens.

**Playa Pilar** A praia favorita de Hemingway hoje é “arrumadinha”, como se estivesse pronta para uma foto de revista de turismo, mas não tem hotéis – ainda. As dunas a adornam ao fundo (p. 306).

**Playa Maguana** Ondas altas, ventania e nuvens carregadas contribuem para a atmosfera etérea da melhor praia de Baracoa (p. 441).

**Playa Pesquero** Entre no mar e ande por 200m pela água morna, e ela ainda estará à altura de sua cintura (p. 353).

**Playa Sirena** Uma praia, do tamanho de um campo de futebol, em uma ilha particular essencialmente turística, onde a regra é “sem roupa” (p. 167).

**Playa Los Pinos** Só você, alguns pedaços de madeira levados pelo mar e um bom livro – e talvez aquele lugar inusitado que serve lagosta no almoço (p. 324).

## Bela arquitetura

Quando Castro pressionou o botão de pausa na história cubana, em 1959, ele sem querer também fez um grande favor aos prédios coloniais. Protegidas dos tentáculos do desenvolvimento moderno, essas heranças sobreviveram e, em alguns casos, encontraram vida nova em restaurações meticulosamente planejadas.

**Habana Vieja** A capital cubana é como um velho sótão repleto de relíquias, e sua arquitetura é um tesouro esperando ser redescoberto (p. 54).

**Cienfuegos** É a arquitetura mais homogênea de Cuba e parece uma declaração de amor ao classicismo francês, cheia de cúpulas elegantes e colunas refinadas (p. 233).

**Camagüey** Diferentemente de qualquer outra cidade em Cuba, Camagüey, eleita Patrimônio Mundial pela UNESCO, possui um labirinto de ruazinhas e motivos barrocos que escondem uma devotada alma católica (p. 310).

**Trinidad** Certamente uma das mais encantadoras e bem preservadas cidades do Caribe, a tranquila Trinidad é como uma explosão do barroco colonial (p. 275).

## Dançar e badalar

“Tenho duas pátrias: Cuba e a noite”, escreveu José Martí. E ele tinha uma razão para isso. Cuba torna-se um lugar diferente após o anoitecer, ganhando um clima simultâneo de paixão e sofrimento. Se quiser se sentir como em um filme *noir* dos anos 1950, você está no lugar certo.

**Santa Clara** Essa é a cidade onde a moda chega cedo: shows de *drag queens*, rock'n'roll e muito mais (p. 249).

**Cabarés** Mistura de brega e chique, os cabarés são um dos poucos elementos da opulenta vida pré-Revolução que se recusaram a morrer (p. 109).

**Casas de la Trova** As casas noturnas à moda antiga estão determinadas a preservar a essência da tradicional música cubana (p. 408).

**Uneac** Imagine um centro cultural cheio de talentos artísticos latentes, no qual a entrada é gratuita e todos se cumprimentam como se fossem velhos amigos. Bem-vindos à Unión de Escritores y Artistas de Cuba, *amigos* (p. 468).

BRENT WINEBRENNER/LONELY PLANET IMAGES ©

» Contrastes na arquitetura de Habana Vieja, em Havana (p. 54)

# Ilhas

Embora frequentemente chamada de ilha, Cuba na verdade é um arquipélago. Sua maior porção de terra é La Isla de la Juventud, a sexta maior ilha do Caribe. Mas há também outras menores e até ilhotas distantes, além de *cayos* para entreter você por pelo menos – acredite – um ano.

**Cayo Jutías** O nome "Ilha dos Três Ratos" não faz justiça a esse lugar exótico – sem falar de sua praia – que fica perto da costa norte da província de Pinar del Río (p. 191).

**Cayo Saetia** Um cenário surreal na província de Holguín, com um hotel rústico e uma reserva cheia de animais exóticos (p. 362).

**Cayo Guillermo** Uma das 4 mil ilhas da costa norte de Cuba, Guillermo era a favorita de Hemingway – e quem discutiria com ele? (p. 307).

**Cayo Sabinal** Desabitada, mas repleta de praias maravilhosas. A solidão de Sabinal deve ter data de validade, por isso é bom conhecê-la enquanto ainda é possível (p. 324).

# Mergulhar na atmosfera local

Às vezes, a energia elétrica cai, o transporte público é um horror e os edifícios parecem mais peças de demolição que ruínas interessantes. Mergulhe na realidade de Cuba, onde as amizades parecem instantâneas, as ideias são compartilhadas e a política e a sociedade tornam-se objetos de análise e debate.

**Gibara** É o cenário de um festival de filmes menos conhecidos e também de lindas paisagens marítimas e da mágica, um pouco assustadora, de Holguín (p. 351).

**Marea del Portillo** Vire à direita ao sair dos resorts e passeie pelas montanhas magníficas, intocadas desde que o iate *Granma* naufragou em 1956 (p. 382).

**Matanzas** A irmã marginalizada de Varadero não tem as espreguiçadeiras e os bufês, mas lá se encontram os *socios* do soul – para quem estiver disposto a procurá-los (p. 196).

**Las Tunas** A capital de província menos visitada de Cuba desafia seu estereótipo de "chata" aos sábados à noite (p. 330).

**Holguín** Ruas sem *Jinetero*, um time de basquete apelidado de "os cachorros" e um burro chamado Pancho que bebe cerveja. Que tal passar um dia em Holguín (p. 339)?

# Observar a vida selvagem

Desde que conseguiu reequilibrar sua população de crocodilos, antes ameaçados, nos anos 1970 e 1980, Cuba tem visto a fauna local ganhar força novamente. Não há grandes mamíferos, mas você pode conhecer o menor beija-flor do mundo e também a menor de todas as rãs, além de aves que migram das Américas do Norte e do Sul.

**Ciénaga de Zapata** Um microcosmo da vida selvagem de Cuba que tem como atração o famoso crocodilo cubano (p. 224), em risco de extinção, em um pântano de 66km$^2$.

**Parque Nacional Alejandro de Humboldt** A grande quantidade de espécies endêmicas, entre elas a da menor rã do mundo, faz de Humboldt uma raridade ecológica (p. 442).

**Sierra del Chorrillo** Animais não nativos, como a zebra e o cervo, em um pasto verdejante bem característico da paisagem de Cuba (p. 321).

**Río Máximo** Prepare-se para ver a maior concentração de ninhos de flamingos do mundo na costa norte de Camagüey (p. 323).

**Guanahacabibes** Siris e iguanas disputam espaço com o tráfego de jipes na ventania do oeste selvagem de Cuba (p. 181).

» Areias brancas e água cristalina na Playa Ancón (p. 286)

## Mergulho

Mergulhar em Cuba já seria motivo suficiente para ir ao país. Os pontos mais cristalinos concentram-se nas águas caribenhas mais protegidas da costa sul, enquanto o norte foi abençoado com um dos maiores recifes de coral do mundo.

**Isla de la Juventud** Vale o esforço de chegar lá, pois as famosas águas são tão claras que foram escolhidas para sediar uma competição de fotografia subaquática (p. 165).

**Jardines de la Reina** Esse arquipélago bastante protegido não possui infraestrutura alguma, mas abriga o maior conjunto de recifes de coral do Caribe (p. 307).

**María la Gorda** Os mais de cinquenta pontos para mergulho e o fácil acesso à ponta oeste de Cuba fazem desse balneário uma "central de mergulhadores" (p. 181).

**Bahia de los Cochinos** A Baía dos Porcos, que já foi infame por outro motivo, descobriu uma nova razão para viver: mergulhos de primeira (p. 228).

**Playa Santa Lucía** Vale a pena engolir a cafonice do balneário só para aproveitar a experiência de mergulhar na costa norte de Cuba (p. 325).

## Relaxar em um balneário

Os balneários atraem boa parte dos visitantes de Cuba, a maioria deles no inverno, quando o tempo fica feio na Europa e na América do Norte. Varadero é o maior, com cerca de cinquenta hotéis, e é um mundo à parte da realidade que se vê no restante do país. Mais a leste, outros três grandes balneários concentram-se no litoral norte, enquanto no sul fica um destino menos desenvolvido nesse sentido, na ilha turística de Cayo Largo del Sur.

**Varadero** O maior balneário de Cuba não é para todos os gostos, mas não deixa de ser extremamente cobiçado (p. 205).

**Cayo Coco** Um refúgio de praia ligado ao continente por um calçadão, Cayo Coco é mais sutil que Varadero (p. 303).

**Guardalavaca** Três enclaves separados na costa norte de Holguín oferecem três faixas de preço diferentes, sendo a Playa Pesquero a mais sofisticada (p. 354).

**Cayo Santa Maria** Os *cayos* da província de Villa Clara, ainda em desenvolvimento, preservam uma atmosfera tranquila (p. 262).

## Fortes e piratas

Como uma disputada joia do império espanhol no Caribe, outrora bastante lucrativo, Cuba atraía piratas como ímã nos séculos 16 e 17, que causavam terror ao longo da costa. Hoje o legado de antigas batalhas pode ser visto em fortes muito bem preservados.

**Fortes de Havana** Quatro dos mais belos exemplos da arquitetura militar do século 16 nas Américas estão preservados em estado quase original (p. 64).

**Camagüey** Camagüey mudou duas vezes de lugar para driblar a atenção dos piratas e uma vez foi saqueada pelo galês Henry Morgan; os habitantes então mudaram o projeto das ruas para evitar futuros roubos (p. 310).

**La Roca** Duzentos anos de construção e, mesmo assim, nunca foi usado para o propósito original. La Roca, em Santiago, é hoje declarado Patrimônio Mundial da Humanidade pela UNESCO (p. 400).

**Baracoa** A "primeira cidade" possui três fortes que hoje abrigam um museu, um hotel e restaurante (p. 434).

**Se você gosta de... igrejas,** encontrará as mais variadas em Camagüey (p. 316), o coração católico de Cuba.

## História revolucionária

Imagine janeiro de 1959: pistolas ao amanhecer, sombras descendo das montanhas da Sierra Maestra e a festa de Ano-Novo de Fulgencio Batista interrompida por um bando armado de guerrilheiros sujos e barbudos. A Revolução Cubana parece roteiro de um filme dos anos 1950, mas – não nos esqueçamos – ela começou muito antes de Fidel Castro entrar em Havana, triunfante, em cima de um jipe.

**Santa Clara** "A Cidade de Che" abriga o mausoléu de Guevara, uma miríade de estátuas e um fascinante museu a céu aberto (p. 252).

**Bayamo** A pouco lembrada capital da província de Granma, onde a primeira revolução de Cuba explodiu em 1868 (p. 372).

**Sierra Maestra** Repleta de relevância histórica, como o quartel de Castro na montanha, de onde ele dirigia as operações durante a Revolução (p. 373).

**Santiago de Cuba** Autodefinida como "Cidade dos Revolucionários", possui marcos de batalhas passadas em praticamente todas as esquinas (p. 387).

**Museo de la Revolución** O mais abrangente museu de Cuba proporciona um mergulho em tudo que diz respeito a revoluções (p. 108).

## Música ao vivo

Nem seria preciso falar nada. Cuba emana música de todo tipo: *son*, salsa, *songo*, *reggaetón*, ópera, música clássica, jazz – sem contar outros estilos mais alternativos. É possível planejar muitas viagens usando apenas a música como tema, e muitos fazem exatamente isso. Antes de ir, faça a lição de casa e eleja os estilos que mais lhe agradam.

**La Casa de la Música** A escolha da moda. La Casa de la Música tem apresentações ao vivo e espaço para dançar até a madrugada. Além disso, traz grandes nomes, como Los Van Van (p. 109).

**Casas de la Trova** A escolha tradicional. *Son* e boleros levam a uma jornada pelo passado nessas casas culturais presentes em todas as cidades provincianas de Cuba (p. 477).

**La Tumba Francesa** Uma opção esotérica. Grupos da misteriosa dança do estilo *folklórico*, vindos das províncias de Guantánamo e Santiago de Cuba, apresentam rituais musicais com influência haitiana (p. 407).

**Rumba de rua** A especialidade de Havana e Santiago é a rumba de rua – tambores hipnotizantes e danças ritualísticas capazes de levantar os espíritos dos *orixás* (p. 475).

## Áreas protegidas

Cuba já foi o país mais sustentável do mundo segundo a World Wildlife Foundation (WWF), e a ausência de consumismo no século 21 tem efeitos positivos sobre o meio ambiente. Há seis Reservas da Biosfera da UNESCO no país, mais treze parques nacionais e muitas reservas de fauna e flora.

**Ciénaga de Zapata** Trata-se de um pântano não habitado por seres humanos, que engloba quatro ecossistemas diferentes, além de pássaros, crocodilos e anfíbios (p. 224).

**Parque Nacional Alejandro de Humboldt** Uma área selvagem que protege uma das maiores concentrações de floresta tropical preservadas no Caribe (p. 442).

**Sierra del Rosario** Já foi a área de um desastre ecológico, mas teve a situação revertida por planejadores cubanos nas décadas de 1970 e 1980 (p. 148).

**Topes de Collantes** A zona natural de Cuba de mais fácil acesso é repleta de florestas tropicais, cachoeiras e trilhas que se leva dias para completar (p. 289).

# mês a mês

## Principais eventos

1. **Carnaval de Santiago de Cuba,** julho
2. **Festival Internacional de Cine Pobre,** abril
3. **Las Parrandas,** dezembro
4. **Festival Internacional de Jazz,** fevereiro
5. **Torneio Hemingway de Pesca ao Marlim,** maio

## Janeiro

**A temporada turística chega ao auge, e a alegria de viver contagia o país inteiro. Às vezes, frentes frias proporcionam noites bem frescas.**

### Día de la Liberación

Assim como passam o Ano-Novo saboreando carne de porco assada e uma garrafa de rum, os cubanos celebram o 1º de janeiro como um triunfo da Revolução, já que é o aniversário da vitória de Fidel Castro, em 1959.

## Fevereiro

**A alta temporada turística continua e a grande procura pode resultar em *overbooking*, sobretudo no aluguel de carros. A calmaria e o clima mais estável contribuem para a claridade da água, tornando essa a melhor época para mergulhar.**

### Feria Internacional del Libro

Inaugurada em 1930, a Feira Internacional do Livro tem sede na Fortaleza de San Carlos de la Cabaña, em Havana, e depois se torna itinerante, passando por diversas cidades. Entre os destaques, há apresentação de livros, leituras especiais e o prestigioso prêmio Casa de las Américas.

### Festival Internacional de Jazz

Acontece nos teatros Karl Marx, Mella e Amadeo Roldán, em Havana, e reúne artistas de todo o mundo.

### Mergulho em águas cristalinas

A tranquilidade e a claridade da água facilitam o mergulho, em particular no litoral sul de Cuba. O ponto de partida em Cuba, La Isla de la Juventud, abriga o Campeonato Internacional de Fotografia Subaquática, um evento anual.

## Março

**A primavera de Cuba oferece as melhores oportunidades para os que querem observar a natureza e a vida selvagem, sobretudo os pássaros migratórios. Com um clima mais seco, é também a época ideal para fazer trilhas, pedalar ou participar de outras tantas atividades ao ar livre.**

### Fiesta de la Toronja

Famosa por suas plantações de frutas cítricas, a Isla de la Juventud celebra sua colheita anual de toranjas com uma festa em Nueva Gerona, onde a *guachi* (aguardente de toranja) flui livremente pelos tonéis.

### Festival Internacional de Trova

Desde 1962, o festival é organizado em homenagem ao pioneiro da *trova*, Pepe Sánchez, e invade parques, ruas e casas noturnas de Santiago de Cuba, compondo uma grande festa popular.

### Observação de pássaros

Março é o período de chegada de pássaros migratórios vindos tanto da América do Norte como da América do Sul. Eles se juntam às populações de aves endêmicas de Cuba na busca por climas mais amenos ou mais frios. Não há época melhor para preparar os binóculos.

## Abril

**Visitantes que querem economizar devem evitar o feriado da Páscoa, que**

**concentra outro pico de turistas e preços. Afora isso, abril é um mês agradável, com boas oportunidades de pesca na costa sul.**

### Semana de la Cultura

Durante a primeira semana de abril, Baracoa comemora a chegada de Antonio Maceo a Duaba, em 1º de abril de 1895, com uma espécie de Carnaval ao longo do Malecón.

### Festival Internacional de Cine Pobre

A celebração de filmes baratos em Gibara (veja quadro na p. 353) é anual desde 2003, quando foi iniciada pelo diretor cubano Humberto Sales, já falecido. Entre os destaques, há workshops e discussões sobre a produção de filmes com poucos recursos.

### Bienal Internacional del Humor

Você só pode estar brincando! O singular festival de humor cubano acontece em San Antonio de los Baños, na província um pouco afastada de Artemisa. É sediado no célebre Museo del Humor (p. 144), onde talentos renomados da caricatura tentam desbancar uns aos outros com desenhos ridículos. É hilário!

## Maio

**Talvez o mês mais barato de todos, maio é o ponto baixo entre as multidões de estrangeiros do inverno e o movimento interno do verão. Fique de olho em pacotes especiais nos balneários, que oferecem preços bem menores do que os do restante do ano.**

### Romerías de Mayo

Esse festival religioso acontece na cidade de Holguín durante a primeira semana de maio e culmina com uma procissão que vai ao topo da emblemática Loma de la Cruz, um pequeno santuário sobre uma colina de 275m.

### Cubadisco

Reunião anual de gravadoras estrangeiras e cubanas, a Cubadisco recebe shows, uma feira da indústria da música e uma cerimônia – no estilo do Grammy – que engloba todos os gêneros musicais, de música de câmara a pop.

### Torneio Hemingway de Pesca ao Marlim

Vencida por Fidel em 1960, essa competição anual foi organizada por Ernest Hemingway em 1951 e parte da marina de Havana. São usados métodos de "pesque e solte".

## Junho

**Começa discretamente a temporada de furacões do Caribe. Mas a quantidade de festivais nas províncias faz de junho um mês interessante. Os preços estão baixos e, com o calor e a umidade crescendo, visitantes da Europa e do Canadá tendem a ficar bem longe.**

### Jornada Cucalambeana

O festival da música rural cubana e as perspicazes *décimas* (estrofes) que aparecem nela acontecem a cerca de 3km do despretensioso Las Tunas no Motel el Cornito (p. 331), casa do antigo rei do gênero, Juan Fajardo "El Cucalambé".

### Festival Internacional Boleros de Oro

Organizado pela Uneac (Unión de Escritores y Artistas de Cuba), o Boleros de Oro foi criado pelo musicólogo e compositor José Loyola Fernández em 1986 como celebração a esse singular gênero da música cubana. A maior parte dos eventos acontece no Teatro Mella, em Havana.

### Fiestas Sanjuaneras

Essa festa cheia de vigor em Trinidad, no último fim de semana de junho, exibe a arte dos *vaqueros* locais, que cavalgam pelas ruas estreitas de paralelepípedo.

## Julho

**O alto verão é época de férias para os cubanos: as praias, os chalés na zona rural e os hotéis mais acessíveis ficam lotados. O calor de julho também inspira dois dos eventos mais quentes da nação: o Carnaval de Santiago e uma comemoração política, um tanto polêmica, em 26 de julho.**

### Festival del Caribe, Fiesta del Fuego

O Festival da Cultura Caribenha e Festa do Fogo, no começo do mês, dá início a um período que enche Santiago de exposições, música, dança, poesia e rituais religiosos de todo o Caribe.

### Día de la Rebeldía Nacional

Em 26 de julho, os cubanos celebram o assalto malsucedido ao quartel de Moncada, comandado por Fidel Castro em 1953 (veja quadro na p. 394). O evento é um feriado nacional e, quando ainda gozava de boa saúde, Castro fazia discursos de cinco horas para a ocasião. Espere por *un poco* de política e *mucho* de comida, bebida e alegria.

### Carnaval de Santiago de Cuba

Talvez o maior e mais animado Carnaval do Caribe, essa famosa festa de Santiago (p. 401) que acontece no final de julho reúne barcos, rum, dançarinos, rumba e muito mais. Vá e deixe-se levar pelo clima *caliente*.

## Agosto

**Enquanto Santiago descansa em sua ressaca, Havana se prepara para uma festa anual. As praias e a zona rural ainda estão cheias de cubanos em férias, enquanto os hotéis recebem uma onda de visitantes da Europa mediterrânea.**

### Festival Internacional "Habana Hip-Hop"

Organizada pela Asociación Hermanos Saíz – da Uneac – o festival anual Havana Hip-Hop é uma oportunidade para os jovens músicos improvisarem e trocarem experiências.

(acima) Menino fantasiado para o Carnaval, Santiago de Cuba
(abaixo) Dançarinos no desfile de Carnaval, Havana

### Carnaval de la Habana

Desfiles, danças, música, fantasias coloridas e lindas imagens – a festa anual no verão de Havana pode não ser tão famosa ou genuína como a de Santiago de Cuba, mas as celebrações e os desfiles ao longo do Malecón ofuscam muitos outros carnavais.

## Setembro

**É o auge da temporada de furacões. A ameaça acaba afastando mesmo os maiores amantes de Cuba, causando uma queda perceptível no número de turistas. Os mais resistentes à fúria da natureza aproveitam os preços baixos da época e as praias quase vazias. Mas atenção: alguns estabelecimentos fecham.**

### Festival Internacional de Música Benny Moré

O Bárbaro do Ritmo é lembrado nessa celebração bienal, que homenageia sua música leve e acontece na cidade natal dele, Santa Isabel de las Lajas, na província de Cienfuegos (veja quadro na p. 244).

### Fiesta de Nuestra Señora de la Caridad

Todo dia 8 de setembro, devotos religiosos de todos os cantos de Cuba participam da peregrinação à Basílica de Nuestra Señora del Cobre (p. 419), perto de Santiago, para reverenciar a santa protetora mais venerada de Cuba (e sua versão na *santería*, a orixá Oxum).

## Outubro

**As ameaças de tempestade e a chuva constante afastam até o fim do mês todos os turistas, exceto os mais persistentes. Embora a solidão possa ser sentida com alívio em Havana, o clima dos balneários fica bastante morto, sem a alegria que os caracteriza.**

### Festival Internacional de Ballet de la Habana

Promovido pelo Balé Nacional de Cuba, esse festival anual reúne companhias de dança, bailarinos e um público eclético de estrangeiros e cubanos em uma semana de exposições, bailes de gala e espetáculos clássicos e contemporâneos. Ocorre em anos pares, desde 1960.

### Festival del Bailador Rumbero

Durante dez dias a partir de 10 de outubro, Matanzas redescobre as raízes de sua rumba com músicos talentosos se apresentando no Teatro Sauto.

## Novembro

**Prepare-se para a grande invasão do norte – e um bom acréscimo no valor da diária dos hotéis. Mais de um quarto dos turistas de Cuba são do Canadá; eles chegam no começo de novembro, assim que o tempo esfria em Vancouver e Toronto.**

### Fiesta de los Bandas Rojo y Azul

Considerada uma das maiores manifestações da cultura de *campesino* (camponês), essa festa esotérica acontece na colônia de Majagua, na província de Ciego de Ávila, e separa a cidade em dois times (vermelho e azul), que competem em apresentações de dança e música.

### Marabana

A maratona popular de Havana reúne 2 ou 3 mil competidores de todos os lugares do mundo. Trata-se de uma corrida de duas voltas, embora haja também uma meia maratona e corridas de 5 e 10km de distância.

## Dezembro

**O Natal e o Ano-Novo testemunham o auge da alta temporada cubana. Os preços dobram nos balneários, e os quartos logo lotam. A nação brilha sob fogos de artifício nos muitos festivais. Reserve com muita antecedência!**

### Festival Nacional de Changüí

Desde 2003, Guantánamo comemora sua música de raiz nesse festival de música característico do mês de dezembro. Não deixe de ver Elio Revé Jr. e sua orquestra.

### Festival Internacional del Nuevo Cine Latinoamericano

Esse festival de cinema internacionalmente reconhecido (www.habanafilmfestival.com) ocupa cinemas de Havana e ilustra a influência crescente da América Latina ao redor do mundo.

### Procesión de San Lázaro

Todos os anos, em 17 de dezembro, os cubanos descem em massa até o venerado Santuario de San Lázaro (p. 134), em Santiago de las Vegas, nos arredores de Havana. Alguns andam de joelhos, outros caminham de pés descalços por quilômetros para exorcizar os maus espíritos e agradecer por milagres concedidos.

### Las Parrandas

Um frenesi de fogos de artifício acontece todos os anos, na véspera do Natal, em Remedios (p. 259), na província de Villa Clara, Las Parrandas. A cidade divide-se em dois times que competem um contra o outro para ver quem gera mais cores e estampidos.

### Las Charangas de Bejucal

Não gostou de Las Parrandas? Então tente Las Charangas de Bejucal, uma alternativa na província de Mayabeque aos fogos de artifício do leste longínquo. A cidade também se divide e ganha dois nomes exóticos: *Espino de Oro* (Espinho de Ouro) e *Ceiba de Plata* (Algodoeiro de Prata).

# roteiros

*Não importa se a viagem tem seis ou sessenta dias: estes roteiros são o ponto de partida. Quer se inspirar ainda mais? Acesse lonelyplanet.com/thorntree (em inglês) para conversar com outros viajantes.*

Duas semanas

## O clássico

Apaixone-se pela Cuba clássica em Havana, com museus, fortes, teatros e, claro, o rum. Siga na direção sudeste, passando pela **Baía dos Porcos**, até **Cienfuegos**, com sotaque francês, um monumento arquitetural ao neoclassicismo do século 19. Depois de uma noite em estilo francês, viaje por algumas horas até a colonial **Trinidad**, com praias de fácil acesso e mais museus do que em qualquer outro lugar de Cuba. **Santa Clara** é obrigatória para discípulos de Che e também ótima por seus quartos de hotel elegantes e uma vida noturna agitada. Mais a leste, **Camagüey** seduz o turista com seu labirinto de igrejas católicas e *tinajones* (potes de cerâmica) gigantes. Escape para Las Tunas e dê um pulo até a ousada **Holguín** para uma amostra do cotidiano de Cuba. **Bayamo**, hoje bem tranquila, foi o cenário da explosão revolucionária, mas reserve bastante tempo para visitar **Santiago de Cuba**, cidade culturalmente rica e local onde nasceu a semente da Revolução. Guarde o melhor para o final com uma longa (mas nada árdua) jornada pelas montanhas até a longínqua **Baracoa**, com seu chocolate, seus cocos e suas delícias tropicais.

## Quatro dias
## Escapada de Varadero

**Há alguns pacotes bem acessíveis para Varadero**, um dos destinos mais populares de Cuba. Mas quando o visitante se cansar da praia, o que mais há para fazer? Aqui está uma ideia. Vá a oeste de **Havana**, parando para almoçar em **Matanzas**, onde a realidade cubana pode ser chocante. Reserve uma noite em um belo hotel colonial de Habana Vieja e passe o dia seguinte admirando as maravilhas desse bairro antigo. No outro dia, vá a oeste para **Las Terrazas**, um reduto ecológico que parece ficar a milhões de quilômetros da capital (embora se localize a apenas 55km). Voltando para o leste, continue no espírito ecológico em **Guamá**, uma reconstrução da vila Taino com uma fazenda de crocodilos, antes de se hospedar em **Playa Larga**, onde você pode mergulhar ou fazer excursões para **Ciénaga de Zapata**. Algumas horas a leste fica a cidade de **Cienfuegos**, uma elegante opção, seja qual for a temporada. Uma Cuba mais misteriosa pode ser encontrada em **Colón**, de volta à província de Matanzas, enquanto uma versão mais empoeirada do país está em **San Miguel de los Baños**, que um dia já foi uma estação de spa e hoje está quase em ruínas. A última parada antes de voltar às espreguiçadeiras de Varadero é **Cárdenas**, repleta de incríveis museus.

## Um mês
## De tudo um pouco

Cuba pode não parecer muito grande, mas não é difícil gastar um mês explorando seus cantos e recantos. Com tempo à disposição, passe alguns dias em **Havana** antes de seguir na direção oeste para **Viñales**, onde adeptos do naturalismo e trabalhadores das plantações de tabaco vivem em harmonia. Dê meia-volta no sentido leste, sem parar em Havana e seguindo direto para **Cienfuegos**, com seu charme francês. De lá, pode-se partir para **Trinidad** por três dias e mergulhar em seu esplendor colonial. Passe uma noite na pouco lembrada **Sancti Spíritus** e ao menos 48 horas em **Santa Clara** antes de chegar a **Morón**, de onde partem excursões para **Cayo Coco**. **Camagüey** deve fazer parte do roteiro de todo mundo – reserve duas noites –, mas **Las Tunas** atrai apenas os que dispõem de tempo (que é o seu caso). Pare por um dia para admirar as esculturas. Dedique depois três dias à província de Holguín, onde se pode visitar a encantadora **Gibara** e desfrutar o frescor dos pinheiros no ar de **Pinares del Mayarí**. Pare por uma noite em **Bayamo** em seu caminho para **Santiago de Cuba**, de onde se pode partir em excursões para **El Cobre**, **Chivirico** e **Parque Baconao**. Reserve três dias ao final para cumprir a peregrinação obrigatória até **Baracoa**.

» (acima) Arco de Triunfo, Parque José Martí, Cienfuegos (p. 234)
» (esquerda) Praia de areias brancas, Varadero (p. 205)

## Dez dias
## Volta pelo oriente

O Oriente é outro país. Lá eles fazem tudo diferente - ao menos, esse é o boato que corre em Havana. Passe pela capital cubana e fique hospedado em **Santiago de Cuba**, cidade dos revolucionários e rica em cultura e em dançarinos de *folklórico*. Há ônibus de linha que levam a leste às montanhas da província de Guantánamo. Passe uma noite em **Guantánamo** para relaxar ao som da música *changüí* antes de escalar a espetacular "estrada do Farol" para chegar a **Baracoa**, onde três dias são suficientes para conhecer as maiores atrações. Seguir na direção norte, passando por Moa, é um pouco árduo - é preciso ir de táxi ou alugar um carro para ir a **Cayo Saetia**, um lindo reduto de praias que embelezam uma antiga reserva de caça. **Pinares de Mayarí** fica em uma montanha de pinheiros da Sierra Crystal, em meio a enormes cachoeiras e vegetação rara. Retorne à civilização moderna em **Bayamo** antes de "atacar" **Manzanillo**, onde as noites de sábado na praça principal podem ser bem agitadas. Outros transportes podem descer até Niquero, pouco distante do deserto **Parque Nacional Desembarco del Granma.** Passe algumas noites em **Marea del Portillo** antes de encarar a linda, mas bastante vigiada, estrada de volta a Santiago.

## Duas semanas
## Circuito pelo centro de Cuba

Explorar a parte central de Cuba é uma boa ideia para visitar lugares que muitos roteiros deixam de fora por falta de tempo e/ou de informação. Faça a sua base em **Trinidad**, a maravilhosa cidade colonial, e siga para o igualmente instigante **Valle de los Ingenios**. Em seguida, conheça a Sierra del Escambray, cujas trilhas lamacentas e piscinas naturais do **Topes de Collantes** justificam uma parada de duas noites. Dali, uma estrada precária leva ao **Lago de Hanabanilla**, onde você pode investir em caminhadas ou se aventurar na pescaria local. **Santa Clara** leva o viajante de volta aos ares urbanos, aos museus e à vida noturna - tudo isso também está presente em **Remedios**, embora em menor escala. A rota nordeste permite paradas em **Yaguajay**, com seu interessante Museo Camilo Cienfuegos, e **Florencia**, onde um lago artificial convida à contemplação bucólica. Depois de um ou dois dias em **Morón**, volte pela Carretera Central para chegar a **Camagüey** e apreciar a arquitetura mais singular de Cuba. Trinta quilômetros a sudeste fica a **Hacienda la Belén**, uma reserva natural conhecida pela quantidade de pássaros, que pode ser uma ótima alternativa para uma viagem menor. Finalize em **Holguín** e aproveite alguns dias na praia, nas proximidades de **Guardalavaca**.

## Uma semana
# Uma semana no oeste

A oeste de **Havana**, a verdejante Pinar del Río é muitas vezes negligenciada por viajantes que preferem a clássica rota do leste. Você pode ir na contramão dessa história, na direção de **Las Terrazas**, o projeto ambiental mais bem-sucedido de Cuba, que criou uma reserva da biosfera eleita pela UNESCO a partir de um desastre ecológico. Ali perto, **Soroa** é famosa por suas orquídeas e cachoeiras e pode ser explorada a partir do mesmo ponto. Vá mais a leste no segundo dia passando pelo antigo spa **San Diego de los Baños**, na direção do **Parque La Güira**, um ótimo lugar para observar pássaros entre as visitas à caverna onde Che Guevara ficou acampado durante a Crise dos Mísseis de Cuba. A cidade de **Pinar del Río** merece uma parada para o almoço, mas a verdadeira beleza fica 25km ao norte, na singular **Viñales**, onde a paisagem, composta por plantações de tabaco, é uma das mais pitorescas do Caribe. Agências de viagem de Viñales oferecem boas excursões para o norte, até o inabitado **Cayo Jutías** e o igualmente sublime **Cayo Levisa**, ambos adornados com praias virgens. Se o tempo permitir, visite a ponta mais remota do oeste de Cuba, conhecida por suas ótimas condições para mergulho e pelo reduto ecológico do **Parque Nacional Península de Guanahacabibes**, antes de voltar a Havana.

## Duas semanas
# Rota norte

Para visitantes frequentes de Cuba que já fizeram o tour "clássico" – ou os mais aventureiros, que querem fugir das hordas de turistas –, esta é uma boa alternativa. Vá para o leste por uma estrada pouco usada e siga na direção norte (é preciso estar de bicicleta ou carro). Após conhecer **Havana**, claro, continue no caminho do sol nascente até **Matanzas**, uma cidade ousada, com uma cultura interessante, uma espécie de antídoto a Varadero para os avessos a balneários. Dali, um emaranhado de ruazinhas leva ao leste, passando pelo isolado spa **Baños de Elguea**, até chegar à arquitetura de sonho de **Remedios**, com seu charme tranquilo e suas festas populares. Mais a leste, **San José del Lago** é outro local de relaxamento frequentado basicamente por cubanos, próximo a florestas pouco exploradas que já foram ocupadas por guerrilheiros de Castro. **Morón** é um lugar interessante para descansar por um dia ou dois, com lagos para pescar e as praias de Cayo Coco ali perto. A costa norte da província de Camagüey é semideserta até chegar a **Nuevitas**, um reduto industrial nem sempre lembrado, perto da praia. **Puerto Padre** é uma cidade muito característica de Cuba e, por isso, amada por puristas, enquanto a colonial **Gibara** possui um lindo litoral semideserto, com *mucha* magia. Finalize a jornada em **Holguín**, cidade de bares, de um famoso time rebelde de beisebol e de muitas outras surpresas.

# Cuba ao ar livre

## Os melhores ecolodges

Hotel Moka (p. 150)
Hotel Horizontes el Saltón (p. 420)
Hacienda la Belén (p. 321)
Villa Pinares de Mayarí (p. 361)

## Sites úteis

www.ecoturcuba.co.cu
www.cubamarviajes.tur.cu
www.gaviota-grupo.com
www.nauticamarlin.com
www.climbingcuba.com

## Onde ver rodeios

Parque Lenin, Havana (p. 132)
Isla Turiguanó, Ciego de Ávila (p. 302)
Parque 26 de Julio, Las Tunas (p. 334)

## Acesso

O acesso a muitos dos parques e às áreas de proteção é restrito e deve ser negociado com um guia contratado previamente ou feito em uma excursão organizada. Se tiver dúvida, consulte a agência de viagens Ecotur (www.ecoturcuba.co.cu).

Quem duvida do potencial de Cuba para atividades ao ar livre precisa apenas observar os números: 5.746km de costa, seis reservas da biosfera e dois patrimônios naturais declarados pela UNESCO, muitas e muitas cavernas, três cordilheiras, uma grande variedade de espécies de pássaros, o segundo maior recife de corais do mundo, além de florestas tropicais e uma zona rural praticamente intocadas.

Aventureiros que já cumpriram sua cota de rum, charutos e salsa podem cair na estrada de bicicleta, pescar (e beber também, nesse caso) como Hemingway, caminhar pelas trilhas dos guerrilheiros, saltar de um avião ou redescobrir o navio espanhol naufragado na costa sul.

Graças à falta de desenvolvimento moderno, Cuba é surpreendentemente verde e livre de estradas poluídas e de subúrbios desordenados, como se vê em tantos países.

Embora Cuba ainda não tenha a infraestrutura da América do Norte e da Europa em termos de lazer, isso está melhorando. Os serviços variam de acordo com a atividade procurada. Os centros de mergulho do país são, em geral, excelentes, e seus instrutores, de calibre internacional. Naturalistas e ornitólogos dos vários parques nacionais e das reservas de flora e fauna são igualmente conscientes e altamente qualificados. Fazer trilhas é uma atividade tradicionalmente limitada, cheia de regras, mas as oportunidades cresceram nos últimos anos, com empresas (como a Ecotur) que oferecem caminhadas em antigas áreas virgens e até trilhas que duram vários dias. Andar de bicicleta é uma ótima opção para

## OS MELHORES LUGARES PARA MERGULHO EM CUBA

| NOME | NÚMERO DE PONTOS MARCADOS COM BOIAS | NÚMERO DE INSTRUTORES QUALIFICADOS | ATRAÇÕES |
|---|---|---|---|
| **Jardines de la Reina** | 32 | 5 | ecossistemas marinhos virgens, nado com tubarões |
| **Punta Francés** | 56 | 5 | locais para nado, túneis, restos de naufrágios, águas claras e enorme variedade de vida marinha |
| **María la Gorda** | 39 | 9 | cavernas, paredes, corais negros, águas claras e calmas |
| **Baía dos Porcos** | 16 | 4 | paredão de 70-80m a 50m da costa, cavernas de água salgada e cenotes |
| **Playa Santa Lucía** | 35 | 7 | parte do segundo maior recife de corais do mundo, grande variedade de peixes, alimentação de tubarões, restos de naufrágios |
| **Chivirico** | 23 | 2 | túneis interconectados e navios naufragados, entre os quais alguns da Guerra Hispano-Americana de 1898 |

viajantes independentes. A canoagem e a escalada são esportes novos em Cuba, mas já ganharam bastante apoio local, embora haja pouco patrocínio – até agora.

É possível alugar bom equipamento em Cuba para a maioria das atividades ao ar livre (exceto para pedalar). Mas se você levar equipamento próprio, uma boa ideia é doar uma coisa ou outra (lanternas de cabeça, máscaras de mergulho etc.) para as pessoas que encontrar pelo caminho, pois elas ficarão muito agradecidas.

# Mergulho

Se Cuba possui uma atividade esportiva de primeira, é o mergulho com cilindro. Até Fidel (na juventude) gostava de colocar uma roupa de mergulho e escapar pelas águas claras do Atlântico ou do mar do Caribe (dizem que o lugar favorito dele para mergulhar era o arquipélago Jardines de la Reina, pouco visitado). De fato, esse vício de Fidel era tão famoso que a CIA tentou planejar seu assassinato colocando um explosivo dentro de uma concha no fundo do mar.

Pontos excelentes para mergulho são tão numerosos em Cuba que se pode organizar uma viagem apenas para isso. Os lugares mais protegidos da costa sul são privilegiados no que diz respeito à claridade da água, embora na costa norte haja acesso fácil para um dos maiores recifes de coral do mundo.

O que torna o mergulho em Cuba especial são os mares limpos, as águas cristalinas (a visibilidade subaquática média é de 30 a 40m) e mornas (a temperatura gira em torno de 24 °C), corais e peixes abundantes, acesso fácil (inclusive para corais mais superficiais, sobre os quais se pode nadar) e fascinantes navios naufragados (Cuba era um ponto de encontro na rota marítima para galeões dos séculos 17 e 18, e a agitação do mar e frotas de piratas afundaram muitos deles).

## Onde mergulhar

Para uma pureza incomparável, vá para os Jardines de la Reina, um miniarquipélago fortemente protegido na costa sul das províncias de Ciego de Ávila e Camagüey. A região é praticamente virgem e não possui infraestrutura além de um bar e um hotel flutuante com oito quartos. Para ter o privilégio de mergulhar ali, é preciso reservar com boa antecedência, em parte para proteger a beleza do cenário. O prêmio para os que conseguem chegar é o fundo do mar repleto de vida e cores intocadas desde a época de Colombo. Também na competição pelo "melhor lugar para mergulho do Caribe", Punta Francés, na Isla de la Juventud (veja quadro na p. 159), e María la Gorda (p.

182), no oeste longínquo da província Pinar del Río, são também muito conhecidas pela calmaria de seus mares, pela claridade excelente da água (em Isla há uma competição anual de fotos subaquáticas) e pela profusão de vida marinha. Ambas as áreas são relativamente isoladas, possuem centros internacionais de mergulho, câmaras hiperbáricas e instruções sobre a prática.

A Baía dos Porcos, na costa sul de Matanzas, oferece o mergulho mais acessível da ilha, com um paredão de 35km de corais localizado a apenas 50m da praia. Há também um bom número de cenotes (espécie de clareira para mergulhar) de água doce e salgada, proporcionando, assim, oportunidades únicas de mergulho para os curiosos - e corajosos.

O maior recife de coral de Cuba (e um dos mais longos do mundo) fica a 1,5km da Playa Santa Lucía (p. 325), na costa norte da província de Camagüey, tornando-a destino de mergulhadores de todo o mundo. A atração é a demonstração de alimentação de tubarões debaixo d'água, que acontece perto da Playa los Cocos.

Guajimico (p. 246), na província de Cienfuegos, é uma grande vila (oferece roupa de mergulho) com hospedagem barata e mais de vinte pontos de mergulho a 20 minutos de barco. A área é famosa pelos jardins de corais.

Os grandes balneários da costa norte - Varadero, Cayo Coco e Guardalavaca - possuem centros de mergulho profissionais que levam turistas aos corais mais próximos. Varadero pode se orgulhar do *El Neptuno*, um navio russo que, supostamente, afundou ali em 1940. Cayo Coco tem o La Jaula, cheio de gorgôneos; e em Guardalavaca fica La Corona, uma colorida parede de corais.

Para ver de perto um navio naufragado, o melhor mergulho de Cuba é o *Cristóbal Colón*, um navio de guerra afundado pelos Estados Unidos em 1898. Fica na costa da província de Santiago de Cuba e é acessível pelos pontos de mergulho de Chivirico e do Parque Baconao (p. 417).

## Centros de mergulho

Ao todo, Cuba possui 25 centros de mergulho oficiais, espalhados em mais de dezessete áreas. A maioria deles é administrada pela **Marlin Náutica y Marinas** (www.nauticamarlin.com), entretanto você também encontra as filiais **Gaviota** (www.gaviota-grupo.com), **Cubanacán Náutica** (www.cubanacan.cu) e **Cubamar** (www.cubamarviajes.cu). Embora os equipamentos variem conforme o estabelecimento, em geral você pode contar com um serviço seguro e profissional, inclusive com assistência médica. No que diz respeito ao meio ambiente, nem sempre a prática de mergulho se faz como deveria, e quem mergulha deve se educar nesse sentido. A maioria dos instrutores é formada pela Scuba Schools International (SSI), pela American Canadian Underwater Certification (ACUC) e pela Confédération Mondiale de Activités Subaquatiques (CMAS), além de serem poliglotas: falam espanhol, inglês, francês, alemão e italiano. Devido às leis de embargo aos Estados Unidos, a certificação da Professional Association of Diving Instructors (PADI) em geral não é aceita em Cuba.

Mergulhos e cursos costumam ter preços similares em todo lugar, variando entre CUC$30 e CUC$45 por mergulho, com um desconto a partir de quatro ou cinco mergulhos. Os cursos que dão, ao final, certificação completa custam de CUC$310 a CUC$365, e cursos rápidos em resorts ou aulas introdutórias variam de CUC$50 a CUC$60.

# Ciclismo

Andar de bicicleta em Cuba é definitivamente a melhor maneira de conhecer o país bem de perto. Estradas ótimas e tranquilas, lindos cenários e a oportunidade de cair na estrada batida e encontrar cubanos pelo caminho fazem dos passeios de bicicleta um prazer, não importa para que lado você esteja indo. Para ciclistas menos dedicados, po-

### AGÊNCIAS ÚTEIS

» **Ecotur** (www.ecoturcuba.co.cu) Organiza trilhas, pescas e viagens de observação de pássaros para lugares remotos do país. Possui escritórios em todas as províncias, mas a sede fica em Havana.

» **Cubamar Viajes** (www.cubamarviajes.tur.cu) Administra os campismos 80+ de Cuba (chalés rurais). Possui escritórios em todas as capitais de províncias e uma sede em Havana.

## OS MELHORES PASSEIOS DE BIKE

» **Guardalavaca a Banes** Fuja dos grandes balneários nessa jornada ondulada pela área rural de Cuba e suas cidades pouco lembradas.

» **Santiago a Marea del Portillo** Uma viagem árdua, mas gratificante, pela estrada mais deserta e espetacular de Cuba, com a Sierra Maestra de um lado e o azul intenso do mar do Caribe do outro.

» **Valle de Viñales** Navegue por entre montanhas que mais parecem montes de feno conforme passa por campos de tabaco, cavernas e pelas cidades mais simpáticas de Cuba.

» **Bayamo a El Saltón** Uma subida para um canto pouco explorado da Sierra Maestra, em direção a um resort ecológico nas profundezas da montanha verdejante.

» **La Farola** Embarque na montanha-russa que liga a aridez de Cajobabo à tropical Baracoa, passando por diversos ecossistemas.

» **Morón a Remedios** Essa alternativa mais leve à Carretera Central coloca você em contato com cidades pouco visitadas e belas paisagens, ainda ausentes na maioria dos mapas.

dem-se alugar bicicletas nos hotéis, resorts e até cafés, pagando de CUC$3 a CUC$7 por dia, mas é melhor não contar com isso. Os maiores resorts de Varadero e Guardalavaca incluem o uso de bicicletas em suas diárias all-inclusive, mas as oferecem sem acessórios. Se você for ficar em uma *casa particular*, o proprietário pode conseguir algum esquema para facilitar o aluguel de bicicleta.

O problema principal das bicicletas cubanas é que elas não são tão completas e modernas – junte isso a estradas precárias e você se sentirá como se estivesse andando sobre uma geringonça improvisada. Ciclistas que levam a atividade a sério devem levar a própria bicicleta no avião, e também os acessórios. Como são comuns as viagens para pedalar, a alfândega, os motoristas de táxi e os funcionários dos hotéis já estão acostumados a lidar com esse tipo de equipamento.

Entre os destinos de destaque para ciclismo estão o Valle de Viñales (p. 190); a zona rural ao redor de Trinidad, de onde parte um bonito terreno plano até a Playa Ancón (p. 279); as planícies tranquilas que cruzam em ziguezague Guardalavaca (p. 356); e as estradas próximas a Baracoa (p. 440) que seguem até a Playa Maguana (noroeste) e a Boca de Yumurí (sudeste). Para desafios maiores, experimente La Farola (veja p. 441), entre Cajobabo e Baracoa (com uma subida de 21km); a pedregosa, mas espetacular estrada entre Santiago e Marea del Portillo – melhor quando realizada em três dias, com hospedagem em Brisas Sierra Mar los Galeones (p. 420) e Campismo la Mula (p. 422) – ou, para guerreiros, a íngreme estrada de Bartolomé Masó até Santo Domingo, na província de Granma.

Com uma variedade de *casas particulares* que oferecem hospedagem econômica, os roteiros de bicicleta são uma aventura deliciosa caso você se mantenha longe da autopista e de Havana.

Pedalar em trilhas ainda não é uma prática comum em Cuba e, em geral, não é permitida.

# Pesca

## Pesca em alto-mar

Hemingway não se enganou. A Corrente do Golfo que passa pela costa norte de Cuba é bastante favorável à pesca do agulhão, do atum, da sardinha, do peixe-espada, da barracuda, do marlim e de tubarões durante o ano inteiro. A pesca em alto-mar é um rito de passagem para muitos e uma ótima maneira de se acalmar, fazer amigos, beber cerveja, assistir ao pôr do sol e, em geral, deixar os problemas para trás, em terra firme. Graças a tudo isso, o país possui boa infraestrutura para esse tipo de pesca, e os capitães de barcos cubanos, sem exceção, parecem saídos das páginas de algum clássico de Hemingway.

O melhor centro de pesca marítima de Cuba fica em Cayo Guillermo (p. 307), a pequena ilha (então inabitada) que aparece em *As ilhas da corrente*, do escritor americano. Agora há pessoas por lá, mas os peixes continuam nadando livremente. Outra boa aposta é Havana, que possui duas marinas, uma em Tarará (p. 138) e outra – a melhor – na Marina Hemingway (p. 124), a oeste.

Em todos os outros lugares, os maiores balneários de Cuba também oferecem excursões de pesca em alto-mar a preços similares. Você irá gastar cerca de CUC$280 por meio dia e CUC$450 pelo dia inteiro para quatro pessoas, incluindo a tripulação do barco e *open bar*.

## Fly-Fishing

Assim como a costa norte é o paraíso para a pesca em alto-mar, a costa sul é também um ótimo reduto para a prática de *fly-fishing*. Esse tipo de pesca é feita em bancos de areia aos quais se chega facilmente a partir da praia. Áreas clássicas são Las Salinas, na Ciénaga de Zapata (p. 263), as águas protegidas ao redor de Cayo Largo del Sur (p. 166), partes da Isla de la Juventud (p. 156) e, principalmente, o nirvana pouco habitado do arquipélago de Jardines de la Reina (p. 307). Trata-se de um parque nacional muito protegido. Não parece ser boato que é possível pegar até 25 espécies diferentes de peixes ali.

Mas o auge para os praticantes do *fly-fishing* em Cuba é pegar um tarpão, uma ubarana-rato e um pampo no mesmo dia; se pegar um pampo, então, pode-se dizer que ganhou o dia. A melhor temporada para pesca em Cuba vai de fevereiro a junho. A maioria das excursões é organizada para ilhas remotas, recifes e bancos de areia, por isso os barcos já incluem a hospedagem. Eles são administrados por intermédio de uma agência chamada **Avalon** (www.cubafishingcenters.com).

A costa norte também esconde alguns pontos excelentes para a atividade. Entre eles, cantos ainda inabitados de Cayo Romano e Cayo Cruz, na província de Camagüey. As viagens são organizadas pela **Ecotur** (www.ecoturcuba.co.cu) na cidade de Brasil (p. 323), no continente.

## Pesca em água doce

A pesca em rios em Cuba é menos disseminada do que o *fly-fishing*, mas igualmente gratificante, e americanos e canadenses se esbaldam nos muitos lagos da ilha. A prática de *fly-fishing* é maravilhosa na vasta Ciénaga de Zapata (p. 227), em Matanzas, onde os entusiastas podem organizar excursões de vários dias no estilo "pesque e solte". A *trucha* (conhecida no Brasil como achigã) foi primeiramente introduzida em Cuba no início do século 20 por americanos do King's Ranch e da United Fruit Company. Devido à favorável proteção ao meio ambiente, agora esse peixe é bastante comum nos lagos cubanos, e especialistas acreditam que o próximo recorde (o atual é de um peixe de 9,9kg) virá de Cuba. Bons lugares para soltar a linha são a Laguna del Tesoro (p. 226), em Matanzas; a Laguna de la Leche e a Laguna la Redonda (p. 301), na província de Ciego de Ávila; Embalse Zaza (p. 272), em Sancti Spíritus; e Embalse Hanabanilla (p. 258), em Villa Clara – exemplares de até 7,6kg foram pegos ali! Para mais histórias de pescador, vá ao Hotel Morón (p. 300), ao Hotel Zaza (p. 272), em Sancti Spíritus, ou ao Hotel Hanabanilla (p. 259), na província de Villa Clara.

## Snorkel

Não é preciso se aprofundar demais para aproveitar o aquário tropical de Cuba: praticantes de snorkel vão se sentir como mergulhadores na costa sul, entre Playa Larga e Caleta Buena (p. 228), ao redor de Cienfuegos (p. 243) e ao longo do recife de Guardalavaca (p. 356). Em Varadero são organizadas excursões diárias de snorkel para Cayo Blanco (p. 208), onde há abundância de peixes e boa visibilidade. Se preferir praticar a atividade fora de grupos, de maneira independente, leve sua máscara até a Playa Coral (p. 208), a 20km dali.

Na Isla de la Juventud (p. 159) e em Cayo Largo (p. 167), barcos levam turistas para praticar snorkel, e o mesmo acontece nas regiões de Varadero (p. 208), em Cienfuegos (p. 243) e Guajimico (p. 245). Praticantes assíduos devem levar os próprios acessórios, pois os alugados nem sempre estão nas melhores condições – e comprá-los em Cuba pode ser um sacrifício para a economia e a qualidade.

## Observação de pássaros

Cuba é uma verdadeira festa para observadores de aves durante o ano todo, e nenhum interessado ou especialista deveria entrar no país sem um par de binóculos nas mãos. Sua experiência será realçada pelo nível de conhecimento mostrado por muitos naturalistas e guias cubanos das áreas-chave de observação de pássaros. Entre as áreas com trilhas voltadas para a atividade, ou excursões, estão a de Cueva las Perlas (p. 182), no Parque Nacional Península de Guanahacabibes; a Maravillas de Viñales (p. 190), no

## PANORAMA DAS MELHORES TRILHAS

| TRILHA | INDEPENDENTE OU GUIADA | INÍCIO/FIM | DISTÂNCIA | NÍVEL | ATRAÇÕES |
|---|---|---|---|---|---|
| **Pico Turquino** | guiada | Alto del Naranjo/Las Cuevas | 17km | difícil | montanha, observação de pássaros |
| **Salto del Caburní** | independente | Topes de Collantes | 6km | médio | cachoeira, piscina natural |
| **El Guafe** | independente | Parque Nacional Desembarco del Granma | 3km | fácil | vegetação, sítios arqueológicos |
| **Balcón de Iberia** | guiada | Parque Alejandro de Humboldt | 6km | fácil | vegetação, animais, piscina natural |
| **San Claudio** | guiada | Las Terrazas | 13km | médio | ecofloresta, observação de pássaros, piscina natural |
| **El Yunque** | guiada | Campismo el Yunque | 8km | médio-difícil | montanha, vegetação |

Parque Nacional Viñales; a Sendero la Serafina (p. 150), na Reserva Sierra del Rosario; o roteiro Observación de Aves (p. 227), no Gran Parque Natural Montemar; a área do Parque Natural el Bagá (p. 303), em Cayo Coco; e a Sendero de las Aves (p. 322), na Hacienda la Belén, na província de Camagüey.

Os pássaros que merecem ser vistos são o *tocororo* (surucuá-cubano), o *zunzuncito* (o beija-flor abelha), o tody cubano, o periquito cubano, o andorinhão, o *cartacuba* (pássaro nativo do país) e, claro, o flamingo – preferencialmente em bando. Bons locais para observar pássaros por si mesmo ficam em Cayo Romano (p. 324) e, ao lado, em Cayo Sabinal, embora seja preciso estar de carro para chegar lá. Especialistas e "caçadores" do pica-pau-bico-de-marfim costumam se reunir no Parque Nacional Alejandro de Humboldt.

# Trilhas

Europeus e norte-americanos que adoram caminhar na natureza já descobriram: Cuba possui um enorme potencial para trilhas, mas o espírito de aventura é frustrado por caminhos malconservados, sinalização precária, falta de mapas e outras restrições sobre aonde se pode e não se pode ir sem um guia. Os cubanos não costumam caminhar por trilhas como forma de esporte e entretenimento, mas tendem a achar que todos preferem trilhas curtas e relativamente fáceis, que nunca passam de 5 ou 6km. Muitos dizem aos turistas que andar por trilhas sem guia é perigoso e até irresponsável, embora Cuba não tenha animais de grande porte e cobras venenosas. A melhor época do ano para caminhar é fora da temporada de chuvas e antes que fique quente demais (isto é, de dezembro a abril).

Mas a falta de trilhas oficiais nem sempre é resultado de restrições chatas. A maior parte do terreno de Cuba onde se pode caminhar fica em áreas ecologicamente sensíveis, o que significa acesso controlado. Outra razão é a ausência da cultura do caminhar (e, portanto, também da demanda) entre os próprios cubanos. Andar de um lugar a outro só por diversão é visto às vezes como um martírio em países latino-americanos, e Cuba não é exceção. Em vez de suar a camisa em uma trilha para chegar a uma cachoeira, os cubanos preferem encher o carro de cerveja e dirigir até lá.

Trilhas de muitos dias melhoraram nos últimos anos e, embora conseguir informações ainda seja difícil, você pode avaliar as opções da Sierra Maestra e das montanhas Escambray e, quem sabe, até uni-las. A mais popular, de longe, é a trilha de três dias até o topo do Pico Turquino (p. 421), seguida da trilha de San Claudio (p. 149), que dura de um dia para o outro e fica na Reserva Sierra del Rosario.

Entre as trilhas mais desafiadoras estão El Yunque (p. 440), montanha perto de Baracoa; o circuito Balcón de Iberia, no Parque Nacional Alejandro de Humboldt (p. 442); e algumas trilhas perto de Las Terrazas e Viñales. Topes de Collantes (p. 289) tem, provavelmente, a maior concentração de trilhas em sua área protegida (um parque natural). De fato, alguns grupos de turistas organizam trilhas de quatro ou cinco dias ali, partindo de perto do Lago Hanabanilla e terminando no Parque el Cubano (p. 279). Pergunte com antecedência no centro de informações de Carpeta Central (p. 289), em Topes de Collantes, se quiser organizar uma jornada em grupo.

Outras trilhas mais difíceis são Cueva las Perlas e Del Bosque al Mar, na península de Guanahacabibes (p. 190); a trilha guiada do Parque Natural el Bagá (p. 303); a trilha El Guafe, no Parque Nacional Desembarco del Granma (p. 380); e o pequeno circuito na Reserva Ecológica Varahicacos (p. 208), em Varadero. Alguns desses caminhos são guiados, e todos exigem o pagamento de uma taxa de entrada.

Se quiser caminhar de maneira independente, é preciso ter paciência, determinação e um ótimo senso de direção. Também é bom perguntar a habitantes locais ou na casa em que estiver hospedado. Tente primeiro o Salto del Caburní ou Sendero la Batata, em Topes de Collantes (p. 289), ou as muitas trilhas ao redor de Viñales (p. 190). Há uma trilha linda, para se percorrer de forma independente, perto de Marea del Portillo (p. 383) e outras maravilhosas opções perto de Baracoa – não deixe de se informar!

# Cavalgadas

Cuba cultiva uma antiga cultura de vaqueiros, por isso é fácil encontrar locais para cavalgar na zona rural, oficiais ou não. Se preferir negociar, não deixe de verificar o estado dos cavalos e do equipamento. Cavalgar sem os devidos cuidados é prejudicial para os cavalos e pode ser perigoso.

A empresa estatal Palmares possui vários ranchos rústicos em todo o país, com a intenção de passar para o turista uma ideia da tradicional vida no campo. Em todas as filiais é possível cavalgar com guia por cerca de CUC$5 por hora. Há bons ranchos em Florencia (p. 302), na província de Ciego de Ávila e na Hacienda la Belén (p. 321), província de Camagüey.

## SEGUINDO OS PASSOS DOS SOBREVIVENTES DO *GRANMA*

Embora poucos saibam, uma fascinante rede de caminhos pouco explorados liga os lugares visitados pelos sobreviventes exaustos do iate *Granma*, que afundou a 70m da costa em Las Coloradas, no atual Parque Nacional Desembarco del Granma, em 2 de dezembro de 1956. A rota percorrida pelos 82 rebeldes fortemente armados começou com eles se arrastando por 1,5km pelo mangue até o terreno seco. Hoje, você pode seguir esse caminho sobre uma passarela de concreto certamente mais confortável. Uma vez em terra firme, o exército prosseguiu na direção leste para uma clareira conhecida como Alegria del Pio, onde acabou dispersado pelas forças armadas de Batista. Essa trilha de 30km (os rebeldes levaram quatro dias para completá-la) pode ser feita em sete ou oito horas com a ajuda da modernidade, mas é preciso contratar um guia na Ecotur (p. 371) ou com as autoridades do parque. A selva ainda virgem ao redor do caminho é impressionante, não apenas pela maneira como evoca a história revolucionária, mas por suas encostas de frente para o mar e plantas típicas da região.

De Alegria del Pio, quem for treinado a fazer trilhas pode ir ainda mais longe (sempre com um grupo organizado e um guia), seguindo os passos do antigo exército até Cinco Palmas, o ponto em que um bando de rebeldes, entre eles Fidel e Raúl Castro e Che Guevara, se reuniu novamente em 15 de dezembro de 1956. A partir dali, por dois ou três dias, você pode subir até o objetivo final: Comandancia la Plata, na Sierra Maestra, o quartel-general de Fidel a partir de 1957-8.

A trilha de vários dias ainda não é muito conhecida em Cuba, por isso é pouco movimentada. Como não há sinalização, é aconselhável não segui-la sozinho, mas com um guia Ecotur. Também não há banheiros no caminho.

La Guabina (p. 179) é um haras perto da cidade de Pinar del Río que oferece tanto apresentações de hipismo como aventuras cavalgando pela região.

## Passeios de barco e caiaque

Andar de caiaque como esporte ainda é uma prática pouco comum em Cuba, tratada mais como uma atividade de praia nos balneários. A maioria das praias de turistas possui pontos de *náutica* que alugam caiaques simples, bons para dar umas voltinhas pelo mar. Alugar barcos é possível na maior parte dos lagos. Boas opções são: Laguna de la Leche e Laguna la Redonda (p. 301), ambas na província de Ciego de Ávila; Embalse Zaza (p. 272), na província de Sancti Spíritus; e Liberación de Florencia (p. 303), também em Ciego de Ávila.

Um dos melhores rios de Cuba é o Canímar (p. 199), perto de Matanzas. Podem-se alugar barcos para remar por entre as margens cobertas pela selva dessa pequena Amazônia.

## Escalada

O Valle de Viñales (p. 183) tem sido descrito como o melhor lugar do Ocidente para escalar rochas. Há mais de 150 rotas abertas (de todos os níveis de dificuldade, muitas classificadas com YDS 5.14, considerado o nível mais difícil), e o boato já se espalhou entre os escaladores, que estão criando um destino próprio em um dos cenários mais belos de Cuba. Viajantes independentes vão gostar da liberdade de que os escaladores desfrutam por ali.

Embora seja possível escalar o ano todo, o calor pode ser opressivo, e por isso os habitantes preferem a temporada de outubro a abril, sendo dezembro e janeiro os meses de pico. Para mais informações, visite **Cuba Climbing** (www.cubaclimbing.com) ou viaje direto para Viñales.

É importante notar que, embora a prática seja muito apreciada e, em geral, segura, escalar no Valle de Viñales não é legal, ao menos não oficialmente. Você não será preso se o fizer, talvez nem mesmo repreendido, mas deve tomar o máximo de cuidado para não causar danos ao ecossistema do Parque Nacional Viñales.

## Exploração de cavernas

Cuba tem cavernas para dar e vender – mais de 20 mil, e a conta ainda não acabou –, e a exploração de cavernas pode ser feita tanto por espeleólogos profissionais como por curiosos. A Gran Caverna de Santo Tomás (p. 191), perto de Viñales, é a maior de Cuba, com 46km de galerias; as águas coloridas da Cueva de los Peces (veja p. 228), próxima à Playa Girón, são ideais para a prática de snorkel; Cueva de Ambrosio (p. 207) e Cuevas de Bellamar (p. 199), ambas em Matanzas, oferecem excursões diárias.

Para quem gosta de se embrenhar por cavernas, opções não faltarão. Organizando com antecedência, é possível entrar nas profundezas da Gran Caverna de Santo Tomás ou visitar a Cueva Martín Infierno (p. 246), que possui a maior estalagmite do mundo. Também não deixe de perguntar por San Catalina, perto de Varadero, que possui formações singulares de cogumelos. Mergulhar em cavernas também é possível, mas somente para os que já forem bastante treinados. Interessados devem contatar Angel Graña, secretário da **Sociedad Espeleológica de Cuba** (☎7-209-2885; angel@fanj.cult.cu), em Havana. A **Escuela Nacional de Espeleología** (☎48-77-10-14), em Moncada, logo na entrada da Gran Caverna de Santo Tomás, é outra boa fonte de profissionais.

# Cuba para crianças

## As melhores regiões para crianças

### Havana

Talvez as ruas de Habana Vieja não tenham mudado muito desde os dias de *Piratas do Caribe*, então deixe as crianças soltarem a imaginação correndo pelos fortes, pelas praças, pelos museus e pelas ruas estreitas. Havana também tem o maior parque de diversões de Cuba (Isla del Coco) e o melhor aquário.

### Varadero

O maior balneário de Cuba – embora não apresente muitas novidades – organiza atividades especialmente para crianças, como shows noturnos, esportes, jogos de praia e viagens de barco.

### Trinidad

Essa joia da costa sul é repleta de *casas particulares* econômicas, uma oportunidade ideal para seus filhos se integrarem às famílias cubanas. Junte a isso uma praia excelente (Playa Ancón), águas claras para a prática de snorkel e atividades campestres (como andar a cavalo) e aí está a escolha perfeita.

## Com as crianças

Preparem-se, crianças! Cuba é diferente de tudo que vocês já viram. Nesse arquipélago banhando pelo sol, os pequenos são estimulados a conversar, cantar, dançar, pensar, sonhar e brincar. Eles estão por toda parte: em concertos, restaurantes, igrejas, eventos políticos (fazendo discursos, até!) e festas.

## Destaques para crianças

### Fortalezas e castelos

» **Fortaleza de San Carlos de la Cabaña**
O maior forte de Havana possui museus, muralhas e cerimônias noturnas com canhões e soldados em uniformes de época.

» **Castillo de San Pedro de la Roca del Morro**
O forte de Santiago nomeado Patrimônio Mundial pela UNESCO é mais conhecido por seu imperdível museu de piratas.

» **Castillo de la Real Fuerza** No centro de Havana, esse forte tem um fosso, observatórios e maquetes de navios espanhóis.

### Parques de diversão

» **Parque Maestranza** Brinquedos clássicos de parques de diversão, como roda-gigante e pula-pula. Também há bons lanches, tudo com vista para o porto de Havana.

» **Isla del Coco** Enorme parque de diversões recém-criado por chineses, no bairro da Playa de Havana.

» **Parque Lenin** Playground, barcos, um minitrem e aluguel de cavalos em Havana.

### O QUE LEVAR

**BEBÊS-ATÉ 3 ANOS**

- ☐ Fraldas
- ☐ Cadeirinha para o carro (para táxis e carros alugados)
- ☐ Carrinho dobrável
- ☐ Cadeirão portátil
- ☐ Remédios
- ☐ Berço portátil
- ☐ Cópia da certidão de nascimento

**CRIANÇAS MAIORES**

- ☐ Cadernos e lápis
- ☐ Protetor solar e chapéu
- ☐ Vitaminas
- ☐ Bola ou outros acessórios esportivos
- ☐ Boias
- ☐ Livros
- ☐ Remédios
- ☐ Papel higiênico
- ☐ Gel antisséptico para limpar as mãos

## Animais

» **Acuario Nacional** Shows diários com golfinhos e um restaurante razoável são os destaques do maior aquário do país, que fica no bairro de Miramar, em Havana.

» **Criaderos de cocodrilos** Há meia dúzia de fazendas de criação de crocodilos no país. A melhor é Guamá, na província de Matanzas.

» **Cavalgar** É possível passear a cavalo em vários lugares de Cuba – melhor ainda em ranchos rústicos de áreas rurais como Pinar del Río e Trinidad.

## Snorkel

» **Baía dos Porcos** Alguns dos melhores pontos para a prática de snorkel em Cuba são acessíveis direto da praia, no sul da província de Matanzas.

» **Trinidad** Bonitos recifes de coral ficam a apenas 500m da divina Playa Ancón; barcos locais organizam excursões.

» **Playa Coral** A praia mais próxima de Varadero para praticar snorkel fica 20km a oeste dali, em um parque bem administrado e protegido.

## Festivais

» **Las Parrandas** Fogos de artifício, fumaça e carros alegóricos: a véspera de Natal em Remedios anima crianças e adultos.

» **Carnaval de Santiago de Cuba** Essa colorida celebração da cultura caribenha tem carros alegóricos e muita dança. Acontece em julho.

» **Carnaval de la Habana** Mais música, dança e festa, dessa vez à beira do Malecón, em Havana.

## Planejamento

Viajantes com crianças são cada vez mais comuns em Cuba, principalmente com mais cubano-americanos e suas famílias – agora com crianças – visitando o país. Eles serão a sua melhor fonte de informação. Alguns pais podem estranhar o contato físico e o calor humano típicos de Cuba – desconhecidos passam a mão no cabelo das crianças, as beijam e pegam suas mãos. Não se preocupe: como no Brasil, isso é comum.

Seus filhos não precisam de vacina antes de viajar, embora seja bom pedir recomendações específicas ao médico antes de partir. Remédios são escassos em Cuba, então leve todos de que você possa precisar. Entre os medicamentos úteis estão os antitérmicos, aqueles contra enjoo e xarope para tosse. Repelente também pode ser bem útil.

Cadeirinhas de carro não são obrigatórias em Cuba, e empresas de táxi e de aluguel de carro não têm esse item. Cadeirões em restaurantes também inexistem, embora os garçons tentem improvisar. Na dúvida, é melhor levar um cadeirão portátil, e o mesmo vale para o berço. As calçadas de Cuba não foram pensadas para carrinhos de bebê. Se seu filho ainda for bebê, carregue-o em um *sling* ou similar. Senão, leve o carrinho mais leve possível – ou deixe seu filho andar!

## Refeição para crianças

Como há escassez de temperos e ênfase na comida simples e boa, a culinária cubana não assusta as crianças na hora do almoço e do jantar. E os valores familiares cultivados na ilha também ajudam nesse sentido. Poucos estabelecimentos proíbem crianças, e os garçons de restaurantes e cafés, com poucas exceções, tentarão fazer o possível para agradar ao paladar mais caprichoso de seus pimpolhos. A famosa dupla arroz e feijão também está presente na cultura cubana, e o frango e o peixe são fontes de proteína. O grupo alimentar mais ausente – embora as crianças provavelmente não reclamem – é o de verduras e legumes frescos.

# panorama das regiões

As províncias de Cuba dividem-se de ponta a ponta na ilha principal, com a frequentemente esquecida Isla de la Juventud pendurada na ponta sul, como uma vírgula. Podem-se acessar todas as províncias pela costa, e todas têm lindas praias, sobretudo as da costa norte. Igualmente impressionantes são os pontos históricos, a arquitetura colonial e as lembranças vivas da Revolução de 1959. A cordilheira mais alta do país, a Sierra Maestra, ergue-se a leste com outra cordilheira importante, a Escambray, localizada no centro-sul. As áreas mais selvagens de Cuba ficam no pântano de Zapata, nos terraços marinhos de Granma, nas florestas tropicais de Guantánamo e em alguns pontos (ainda) inabitados do norte. Entre os destaques urbanos, há Havana, Santiago de Cuba, Camagüey e a colonial Trinidad.

## Havana

**Museus** ✓✓✓
**Arquitetura** ✓✓✓
**Vida noturna** ✓✓✓

**Reduto histórico**
O centro histórico da capital, com $4km^2$, transpira história por todo canto, e há museus dedicados a tudo, de talheres de prata a Simón Bolívar. Comece com o Museo de la Revolución, passe por uma imersão cultural no Museo de la Ciudad e reserve ao menos meio dia para o belo Museo Nacional de Bellas Artes.

**Arquitetura eclética**
A arquitetura de Havana é como sua flora e fauna: difícil de classificar e às vezes um pouco – digamos – estranha. Passeie pelas ruas de Habana Vieja e do centro e escolha seus exemplares favoritos.

**A vida é um cabaré**
Todos os estilos de música cubana são representados em Havana, da rumba de rua ao mais cintilante dos cabarés, tornando a cidade o melhor lugar do país para shows e aventuras na agitada vida noturna.

**p. 50**

## Províncias de Artemisa e Mayabeque

**Praias ✓**
**Ecoturismo ✓✓**
**Ruínas do café ✓**

### Praias secretas

Surpreendentemente – considerando que está incrustada na principal rodovia que liga Havana a Varadero –, a província de Mayabeque tem belas praias pouco exploradas, entre as quais se destaca a Playa Jibacoa. Aproveite para conhecê-la antes que os campos de golfe (ainda em fase de planejamento) comecem a aparecer por ali.

### Las Terrazas

Esta rígida ecovila já adotava um estilo de vida ecologicamente correto muito antes das necessidades do Período Especial e da adoção de práticas ambientais no restante do mundo. Hoje, segue seu caminho como sempre fez: de forma tranquila, confiante e sustentável.

### Ruínas do café

Em Las Terrazas há dúzias delas, a maioria semicoberta pela selva. Já Artemisa tem seu Antiguo Cafetal Angerona: uma ruína grande, mais refinada (mas também desgastada pelo tempo) e que já funcionou como plantação de café, onde trabalhavam 500 escravos.

**p. 142**

## Isla de la Juventud (Município Especial)

**Mergulho ✓✓✓**
**Natureza ✓✓**
**História ✓**

### No mar azul

Fora do arquipélago Jardines de la Reina, de difícil acesso, La Isla oferece as melhores oportunidades de mergulho em Cuba. A água é ultracristalina, e a vida marinha, abundante. Um parque marinho em Punta Francés é o destaque.

### Vida selvagem

Se você não viu o crocodilo cubano na Ciénaga de Zapata, La Isla é o outro único lugar do mundo onde você poderá vê-lo em seu hábitat. A tentativa de reintroduzir essa espécie nos pântanos de Lanier foi bem-sucedida.

### Ex-prisioneiros

Não um, mas dois porta-vozes do poder cubano ficaram presos na maior ilha do arquipélago, que também funcionava como uma grande prisão: José Martí e Fidel Castro. Nem é preciso dizer que suas celas tornaram-se importantes pontos históricos.

**p. 156**

## Província de Pinar del Río

**Mergulho ✓✓✓**
**Comida ✓**
**Flora e fauna ✓✓✓**

### Comunidade de mergulho

Isolada na ponta mais oeste da ilha principal, María la Gorda há muito atrai viajantes por suas ótimas oportunidades de mergulho, realçadas por lindos corais coloridos, grandes esponjas e gorgôneos, além de uma tranquila e bem instruída comunidade de mergulho.

### Porco assado

Não há nada como um delicioso porco assado cubano, e não há lugar melhor para comê-lo do que nos *guajiros* de Viñales. As fazendas, *fincas* e *casas particulares* que caracterizam esse vilarejo bucólico servem porções generosas do prato nacional, acompanhado de arroz, feijão e tubérculos.

### Muito verde

Com mais áreas naturais protegidas do que todas as outras províncias, Pinar é um paraíso verde. Entregue-se a caminhadas no Parque Nacional Viñales, veja tartarugas no Parque Nacional Península de Guanahacabibes ou prepare os binóculos para observar pássaros na região de Cueva de los Portales.

**p. 170**

## Província de Matanzas

**Mergulho ✓✓**
**Flora e fauna ✓✓✓**
**Praias ✓**

**Mergulho acessível**
A Bahía de Cochinos (Baía dos Porcos) pode não ter as melhores opções de mergulho de Cuba, mas certamente tem as mais acessíveis. Com apenas algumas braçadas pode-se deixar a praia para trás e dar de cara com paredes de corais. A Playa Coral, na costa norte, proporciona belos mergulhos.

**Vida no pântano**
Em contraste com o frenesi dos balneários na costa norte, a precariedade da região ao sul de Matanzas é uma das áreas mais genuinamente selvagens de Cuba. Lá vivem crocodilos, peixes-bois, beija-flores abelha e ratos de árvore.

**Varadero**
Mesmo que você odeie balneários cheios de resorts, ainda há uma razão para ir a Varadero: uma faixa de 20km de areia dourada que se estende ao longo de toda a Península de Hicacos. Talvez seja a mais longa e bela praia de Cuba.

**p. 195**

## Província de Cienfuegos

**Arquitetura ✓✓**
**Música ✓✓**
**Mergulho ✓✓**

**Classicismo francês**
Embora seja uma das cidades mais jovens de Cuba, fundada em 1819, Cienfuegos preserva uma notável homogeneidade urbana, cheia de fachadas clássicas e colunas delicadas que carregam a essência do século 19 francês, de onde veio a inspiração.

**Benny Moré**
*"La ciudad que más me gusta a mi"* ("a cidade de que eu mais gosto"), já disse Benny Moré, o músico mais versátil e completo de Cuba, que comandava os clubes e as casas de baile dos anos 1940 e 1950. Vá para ver se você concorda e, no caminho, visite o vilarejo onde ele nasceu.

**Guajimico**
Bem-vindo a um dos pontos de mergulho menos explorados de Cuba. Abra mão do conforto na costa calma e quente do sul, conhecida por seus jardins de corais, esponjas e restos de naufrágios.

**p. 232**

## Província de Villa Clara

**Praias ✓✓**
**História ✓✓**
**Vida noturna ✓✓✓**

**Cayos espetaculares**
Os mais novos balneários na costa de Villa Clara escondem praias ainda pouco movimentadas, entre elas Las Salinas, em Cayo las Brujas, com acesso ao público em geral, e as mais refinadas Playa el Mégano e Playa Ensenachos, em Cayo Ensenachos.

**Che Guevara**
Ame-o ou odeie-o, o legado de Che não se apagará, por isso visite Santa Clara ao menos para entender o que tornou grandioso esse admirado *guerrillero*. O mausoléu de Che Guevara fica na cidade, assim como um museu que conta sua vida e o ponto histórico onde ele liderou a emboscada contra um trem blindado em 1958.

**Vida estudantil**
A cidade de Santa Clara possui a vida noturna mais moderna e contemporânea de Cuba, onde habitantes inovadores estão sempre testando potenciais modas.

**p. 247**

## Província de Sancti Spíritus

**Museus** ✓✓✓
**Trilhas** ✓✓
**Música** ✓✓✓

**Da Revolução ao romance**
Trinidad é, depois de Havana, a cidade cubana que mais tem museus, e eles não estão lá apenas para constar. Entre os temas, há história, mobília, guerras antirrevolucionárias, cerâmica, arte contemporânea e romance.

**Topes é o top**
Topes de Collantes engloba o mais vasto sistema de trilhas de Cuba e detém algumas das mais belas vistas do arquipélago, com cachoeiras, piscinas naturais, uma preciosa vida selvagem e plantações de café ainda produtivas. Mais trilhas são encontradas nas discretas reservas de Alturas de Banao e Jobo Rosado.

**Sons espontâneos**
Em Trinidad – e, em menor grau, também em Sancti Spíritus – a música emana de todos os cantos, sendo boa parte dela espontânea e improvisada. Trinidad, sobretudo, possui a cena musical mais variada e concentrada fora de Havana.

**p. 266**

## Província de Ciego de Ávila

**Pescaria** ✓✓✓
**Praias** ✓✓✓
**Festivais** ✓✓

**O fantasma de Hemingway**
Cayo Guillermo tem de tudo para uma viagem de pescaria extraordinária: um cenário tropical, peixes grandes e abundantes, e o fantasma de Ernest Hemingway para seguir você do porto ao alto-mar e vice-versa. Encha o engradado de cerveja e deixe-se levar pela Corrente do Golfo.

**Paraísos da costa norte**
Colorados, Prohibida, Flamingo e Pilar – as praias da costa norte atraem visitantes com seus nomes interessantes e sua boa reputação. E, quando eles chegam lá, há bastante espaço para todos.

**Festas e fogos**
Nenhuma outra província tem uma variedade tão grande de festivais. Em Ciego acontecem o torneio anual de críquete, bailes de música rural, estranhos rituais de vodu e grandes queimas de fogos.

**p. 293**

## Província de Camagüey

**Mergulho** ✓✓
**Arquitetura** ✓✓✓
**Praias** ✓✓

**Alimentando tubarões**
OK, os resorts não são lá muito luxuosos, mas quem se importa com isso quando o mergulho é ótimo? A Playa Santa Lucía fica em frente a um dos maiores recifes de coral do mundo e é famosa por suas apresentações de alimentação de tubarões.

**Labirinto urbano**
Camagüey não seguiu a norma da arquitetura espanhola colonial quando foi construída, e essa é justamente uma de suas atrações. Perca-se na terceira maior cidade de Cuba, reconhecida em 2008 como Patrimônio Mundial da Humanidade pela UNESCO.

**Areia sem fim**
As praias na costa norte da província são fenomenais: Playa Santa Lucía, de 20km; Playa Los Pinos, em Cayo Sabinel, que parece saída da história de Robinson Crusoé; e a curva bem formada da Playa los Cocos, na boca da Bahía de Nuevitas.

**p. 309**

## Província de Las Tunas

**Praias** ✓
**Arte** ✓
**Festivais** ✓✓

### Praias ecológicas

Pouca gente ouviu falar das praias ecológicas de Cuba, mas elas continuam lá. As praias ao norte de Las Tunas são habitadas hoje por aves marinhas, cubanos e forasteiros. Venha ver antes que a construção de resorts acabe com toda a tranquilidade.

### Cidade das esculturas

A escultura da cidade de Las Tunas não é do tipo florentina, grandiosa, mas, explorando as ruas da capital da província, você descobre uma interessante coleção de líderes revolucionários, chefes tainos de duas cabeças e lápis gigantes esculpidos em pedra.

### Música campesina

Baluarte da música campesina em Cuba, Las Tunas abriga o festival anual Cucalambeana, onde compositores de todas as partes do país declamam suas *décimas* (estrofes) divertidas.

**p. 328**

## Província de Holguín

**Praias** ✓✓
**Ecoturismo** ✓✓
**Arqueologia** ✓

### Praias desconhecidas

A maioria dos turistas se concentra nas conhecidas Playa Pesquero e Guardalavaca, hoje cercadas por grandes resorts. Menos tumultuadas e igualmente lindas são Playa Caleta, perto de Gibara, e Las Morales, perto de Banes.

### Montanhas verdejantes

Estranhamente para uma província que abriga a mais poluidora das indústrias cubanas (as minas de níquel Moa), Holguín possui uma profusão de paisagens verdejantes, separadas do mundo em montanhas cheias de pinheiros e baixios exóticos. Descubra Cayo Saetia e visite Pinares de Mayarí.

### Cultura pré-colombiana

Holguín concentra a maioria dos sítios arqueológicos de Cuba. A cultura pré-colombiana, há muito perdida, pode ser vista de perto no Museo Chorro de Maita e na reprodução de um vilarejo taino, logo ao lado. Mais artefatos estão expostos no Museo Indocubano Bani, nas proximidades de Banes.

**p. 338**

## Província de Granma

**História** ✓✓✓
**Trilhas** ✓✓✓
**Festivais** ✓✓

### Locais revolucionários

A história nunca será tão viva quanto na província mais revolucionária de Cuba. Aqui você pode conhecer o quartel-general de Castro dos anos 1950, que fica no topo de uma montanha, visitar o moinho de açúcar onde Céspedes libertou escravos pela primeira vez e refletir sobre o lugar da queda de José Martí.

### Rumo ao topo

Com a Sierra Maestra incrustada entre dois parques nacionais, Granma possui um grande potencial para trilhas, entre elas a subida até o mais alto pico de Cuba, o Pico Turquino.

### Festas de rua

Granma é famosa por suas festas populares. Em cidades como Bayamo e Manzanillo há festejos semanais – porco assado, torneio de xadrez e música tocada em velhos órgãos de rua são algumas das atrações.

**p. 363**

## Província de Santiago de Cuba

**Dança** ✓✓✓
**História** ✓✓✓
**Festivais** ✓✓✓

**Grupos de *folklórico***
Mágicas e misteriosas, as trupes dançarinas de *folklórico* de Santiago são uma recordação de outra época, quando os escravos escondiam suas tradições por trás de uma complexa combinação de canções, danças e religião sincrética.

**Pontos históricos**
Em Cuba, motins inspiraram múltiplas rebeliões, e pontos-chave desses acontecimentos ainda podem ser visitados. Comece pelo Quartel de Moncada e siga no sentido sul passando pelos locais de nascimento dos heróis Frank País e Antonio Maceo, até chegar ao Museo de la Lucha Clandestina.

**Cultura caribenha**
Santiago tem mais variedade de festivais anuais do que qualquer outra cidade cubana. Julho é o melhor mês, com o Carnaval após o Festival del Caribe, que celebra a rica cultura caribenha da cidade.

**p. 384**

## Província de Guantánamo

**Flora e fauna** ✓✓✓
**Trilhas** ✓✓
**Comida** ✓✓

**Endemismo**
O isolamento histórico de Guantánamo e a complexidade da estrutura de seu solo são as razões para o seu alto nível de endemismo, ou seja, você verá plantas e animais ali que não existem em outro lugar. Aspirantes a botânicos devem explorar o Parque Nacional Alejandro de Humboldt.

**Potencial para trilhas**
Conforme Baracoa cresce como um centro ecológico, as opções para trilhas também se abrem. Experimente os caminhos em El Yunque ou no Parque Nacional Alejandro de Humboldt, ou embrenhe-se pelas trilhas mais novas perto do rio Duaba ou das praias próximas de Boca de Yumurí.

**Coco, café e cacau**
Como assim, você não foi a Cuba por causa da comida?! Baracoa surpreende as expectativas dos viajantes mais exigentes com uma mistura doce e picante de pratos preparados com deliciosos ingredientes locais, como o cacau, o café, o coco e a banana.

**p. 424**

**Atenção aos ícones:**

Nossa recomendação | Opção verde e sustentável | GRÁTIS Entrada franca

Veja no índice a lista completa de destinos apresentados neste guia.

# Pé na estrada

# Havana

☎07 / POP. 2.141.652

**Inclui »**



## Os melhores lugares para comer

» Los Nardos (p. 102)
» Paladar la Guarida (p. 103)
» Restaurante el Templete (p. 99)
» Restaurante la Divina Pastora (p. 102)
» La Imprenta (p. 99)

## Os melhores lugares para ficar

» Hostal Condes de Villanueva (p. 83)
» Hotel NH Parque Central (p. 86)
» Hotel San Felipe y Santiago de Bejúcal (p. 83)
» Hotel Meliá Habana (p. 124)
» Hotel Victoria (p. 97)

## Por que ir?

Ah, Havana... Cidade de paradoxos e contradições imensuráveis, onde a beleza sedutora divide espaço com a espetacular decadência, e a iconografia revolucionária convive com o sol, o mar, a areia, a sensualidade e o resquício de socialismo austero que está se diluindo. A trajetória histórica é fascinante, exibida em museus eruditos e nos projetos de restauração, e também na música maravilhosa, da rumba de rua ao exagero dos cabarés. Mas o grande encantamento de Havana está no seu teatro urbano, nos fragmentos crus de sua vida cotidiana e em tudo mais que acontece ao redor: as mães com bobes no cabelo, as crianças jogando beisebol, os *trovadores* andarilhos e o médico que fuma um charuto ao mesmo tempo em que tenta dar partida em seu Plymouth de 1951. A maior atração de Havana é a sua autenticidade. Os *habaneros* não sobrevivem, apenas: eles nadam e mergulham, planejam e sonham, criam e debatem e, acima de tudo, eles vivem – com uma rara paixão.

## Quando ir

Um dos mais fascinantes festivais de música de Havana é o Festival Internacional de Jazz, que acontece todos os anos em fevereiro. Não perca! O calor do verão de Havana pode ser sufocante. Para evitá-lo, vá em outubro, um mês deliciosamente tranquilo, quando há muito o que fazer – como aproveitar o também anual Festival Internacional de Ballet. No movimentado mês de dezembro as pessoas se reúnem para o Festival del Nuevo Cine Latinoamericano, a maior festa cinematográfica de Cuba.

### História

San Cristóbal de La Habana foi fundada em 1514 na costa sul de Cuba, perto da foz do rio Mayabeque, pelo conquistador espanhol Pánfilo de Narváez. O nome da cidade é uma homenagem à filha de um famoso cacique taino, e seu lugar foi mudado duas vezes durante os primeiros cinco anos, em função de infestações de mosquitos. Havana só se estabeleceu na localização atual em 17 de dezembro de 1519. De acordo com a lenda local, a primeira missa foi rezada sob uma árvore *ceiba*, na atual Plaza de Armas.

Havana é a mais ocidentalizada e isolada das antigas vilas do conquistador Diego Velázquez, e a vida era difícil no início. E as coisas só pioraram em 1538, quando piratas franceses e escravos nativos destruíram a cidade.

A conquista do México e do Peru pelos espanhóis mudou a sorte a favor de Havana. A localização estratégica da cidade, na foz do Golfo do México, tornou-a perfeita para a reunião anual das frotas, que se agrupavam no porto cubano antes de navegar para leste. Assim, sua ascensão foi rápida e decisiva, e em 1607 Havana substituiu Santiago como capital de Cuba.

A cidade foi saqueada por piratas franceses liderados por Jacques de Sores em 1555; os espanhóis responderam ao ataque construindo os fortes de La Punta e El Morro entre 1558 e 1630, para reforçar uma costa já bastante protegida. De 1674 a 1740, foi erguida, ainda, uma muralha ao redor da cidade. Essas defesas afastavam os piratas, mas não foram eficientes quando a Espanha entrou na Guerra dos Sete Anos contra a Grã-Bretanha, que detinha o poderio marítimo da época.

Em 6 de junho de 1762, o exército britânico (sob o comando do Conde de Albemarle) atacou Havana, desembarcando em Cojímar e começando a invasão por Guanabacoa. De lá eles partiram para oeste, ao longo do lado nordeste do porto, e em 30 de julho atacaram El Morro pela parte de trás. Outras tropas desembarcaram em La Chorrera, no oeste da cidade, e em 13 de agosto os espanhóis foram cercados e forçados a se render. Os britânicos ocuparam Havana por onze meses. (A mesma guerra custou à França a maioria de suas colônias na América do Norte, entre elas o Québec e Louisiana – uma grande mudança no curso da história.)

Quando os espanhóis ganharam novamente o controle da cidade – um ano depois, em troca da Flórida –, eles recomeçaram um programa para fortalecer as defesas da cidade, evitando, assim, outra ocupação estrangeira. Uma nova fortaleza, La Cabaña, foi construída ao longo da saliência por onde os britânicos atacaram El Morro. Quando o trabalho ficou pronto, em 1774, Havana tornou-se a mais protegida cidade do Novo Mundo, o "baluarte das Índias".

A ocupação britânica levou a Espanha a criar uma abertura maior para o comércio em Havana. Em 1765, a cidade ganhou o direito de fazer comércio com sete cidades espanholas

## HAVANA EM...

### Dois dias

Explore Habana Vieja passeando pelas ruas entre as quatro praças coloniais principais. Há uma grande variedade de museus, então selecione os melhores. O **Museo de la Ciudad** é o destaque no coração do bairro colonial, enquanto o **Museo de la Revolución** e o **Museo de Bellas Artes**, em Centro Habana, são imperdíveis. Dá para conhecer muito da cidade de cima dos ônibus de turismo, embora o **Malecón**, a famosa avenida à beira-mar, seja mais bem explorado a pé. À noite, mergulhe na essência de Habana Vieja, passando por bares na **calle Obispo** e na **Plaza Vieja**.

### Quatro dias

Com mais dois dias, não deixe de ver Vedado, o bairro *kitsch* dos anos 1950. Outras paradas essenciais são o **Hotel Nacional**, onde se pode tomar um mojito no terraço ao ar livre, e a **Plaza de la Revolución**, para dar uma olhada no mural de Che e no Memorial a José Martí. Fique por ali à noite e conheça excelentes clubes de jazz, bares e cabarés.

### Uma semana

Mais três dias serão suficientes para esticar até os subúrbios e conhecer o **Museo Hemingway**, os fortes coloniais a leste do porto e o **Aquarium** em Miramar.

## Destaques de Havana

1 Passeie pelo mosaico *art déco* de Havana, por seu barroco colonial e por sua **arquitetura** neoclássica (p. 84)

2 Sinta os ventos fortes do **Malecón** (p. 78) ao pôr do sol

3 Veja como a renda do turismo ajudou na restauração de **Habana Vieja** (p. 80)

4 Redescubra o *kitsch* no **Tropicana Nightclub** (p. 130)

5 Invada os portões do **Museo de la Revolución** (p. 70)

6 Desvende a história da pintura cubana no **Museo Nacional de Bellas Artes** (p. 67)

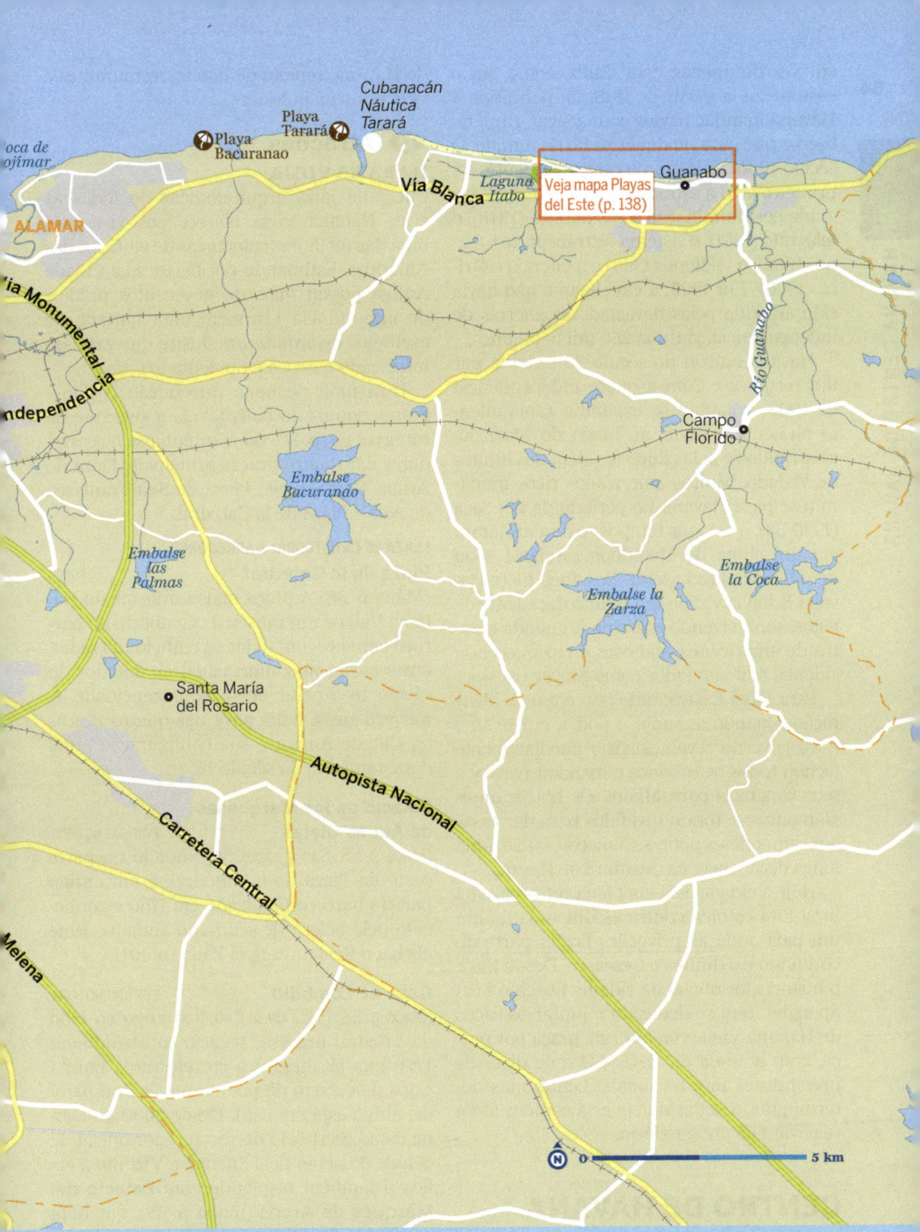


7 Tente não se arrepiar na estranhamente linda **Necrópolis Cristóbal Colón** (p. 78)

em vez de apenas com Cádiz, como era o costume, e, a partir de 1818, foi permitido a Havana mandar navios com açúcar, rum, tabaco e café para qualquer parte do mundo. O século 19 foi uma era de progresso contínuo: primeiro veio a estrada de ferro, em 1837, seguida pela iluminação a gás pública (1848), o telégrafo (1851), o sistema de transporte urbano (1862), o telefone (1888) e a energia elétrica (1890). Em 1902, a cidade, que não havia sido atingida pelas devastadoras guerras de independência, já tinha 250 mil habitantes.

Havana entrou no século 20 sedenta por um recomeço. Com a quase independência de 1902, a capital se expandiu rapidamente no sentido oeste, ao longo do Malecón, alastrando-se pelas florestas além dos limites de Vedado. Muitos americanos ricos mudaram-se para Havana no período da Lei Seca (1920-33), e os bons tempos se desenrolaram em um clima de abandono saudável – ou nem tão saudável assim. Nos anos 1950, Havana já havia virado um reduto decadente de jogos, sobrevivendo entre uma noitada e outra de americanos mafiosos e enriquecendo sujeitos mal-afamados como Meyer Lansky.

Para Fidel Castro, tudo isso era uma aberração. Quando assumiu o poder, em 1959, o novo governo revolucionário imediatamente fechou todos os cassinos e mandou Lansky e seus capangas para Miami. Os hotéis, antes glamourosos, foram divididos para dar casas aos camponeses pobres. Começou, então, uma longa decadência na estrutura de Havana.

Hoje a cidade está em plena reforma, e há uma luta estoica contra as dificuldades em um país onde as privações fazem parte do cotidiano e o dinheiro é escasso. Desde 1982, o historiador oficial da cidade, Eusebio Leal Spengler, tem se dedicado a juntar os cacos de Habana Vieja, rua por rua, praça por praça, com a ajuda da UNESCO e de diversos investidores internacionais. Lenta, mas determinada, a velha vedete está começando a reavivar sua antiga glória.

# CENTRO DE HAVANA

Para simplificar, o centro de Havana pode ser dividido em três áreas principais: Habana Vieja, Centro Habana e Vedado, que concentram a maior parte dos pontos turísticos. No centro, Habana Vieja é a obra-prima da cidade no quesito histórico; Centro Habana, a oeste, abre os olhos para a realidade do dia a dia cubano; e a mais majestosa, Vedado, já foi o distrito mafioso de Havana, repleto de hotéis, restaurantes e vida noturna pulsante.

## Atrações

### HABANA VIEJA

Cheia de joias arquitetônicas de todas as eras, Habana Vieja oferece aos visitantes uma das melhores coletâneas de edifícios das Américas. Estimando por baixo, só a Cidade Antiga possui mais de novecentos prédios de importância histórica, uma miríade de exemplos de arquitetura ilustre que varia do intrincado barroco à opulenta *art déco*.

Para uma pequena introdução aos melhores pontos do bairro, veja a sugestão de roteiro a pé (p. 80) ou mantenha-se nos arredores das quatro praças principais: Plaza de Armas, Plaza Vieja, Plaza de San Francisco de Asís e Plaza de la Catedral.

#### PLAZA DE LA CATEDRAL E ARREDORES

**Plaza de la Catedral** PRAÇA

(Mapa p. 58) A praça mais uniforme de Habana Vieja é um museu a céu aberto do barroco cubano, com todos os edifícios ao redor, entre eles a magnífica catedral, datados do século 18. Apesar dessa homogeneidade, é, na verdade, a mais nova das quatro praças da Cidade Antiga – sua configuração atual data, também, do século 18.

**Palacio de los Marqueses de Aguas Claras** EDIFÍCIO NOTÁVEL

(Mapa p. 58; San Ignacio, 54) Situado na parte oeste da Plaza de la Catedral, é um antigo palácio barroco finalizado em 1760 e conhecido pela beleza de seu pátio andaluz. Hoje abriga o Restaurante el Patio (p. 101).

**Casa de Lombillo** EDIFÍCIO NOTÁVEL

(Mapa p. 58; Plaza de la Catedral) Logo ao lado da catedral fica esse palácio construído em 1741, que já abrigou o correio (uma bonita caixa de correio de pedra, que fica na parede, ainda está em uso). Desde 2000, funciona como escritório do restaurador oficial da cidade, Eusebio Leal Spengler. Vizinho a ele fica o também resplandecente **Palacio del Marqués de Arcos** (mapa p. 58), que data da mesma época.

**Palacio de los Condes de Casa Bayona** MUSEU

(Mapa p. 58; San Ignacio, 61) O lado sul da praça é dominado por seu edifício mais antigo, construído em 1720. Hoje, abriga o **Museo de Arte Colonial** (mapa p. 58; sem guia CUC$2; 9h-18h30), um pequeno museu de mobiliário colonial e artes decorativas. Entre os

## NOMES DE RUAS DE HAVANA

| NOME ANTIGO | NOME NOVO |
|---|---|
| Av. de los Presidentes | Calle G |
| Av. de Maceo | Malecón |
| Av. del Puerto | Av. Carlos Manuel de Céspedes |
| Av. de Rancho | Av. de la Independencia Boyeros (Boyeros) |
| Belascoaín | Padre Varela |
| Cárcel | Capdevila |
| Carlos III (Tercera) | Av. Salvador Allende |
| Cristina | Av. de México |
| Egido | Av. de Bélgica |
| Estrella | Enrique Barnet |
| Galiano | Av. de Italia |
| La Rampa | Calle 23 |
| Monserrate | Av. de las Misiones |
| Monte | Máximo Gómez |
| Paseo del Prado | Paseo de Martí |
| Paula | Leonor Pérez |
| Reina | Av. Simón Bolívar |
| San José | San Martín |
| Someruelos | Aponte |
| Teniente Rey | Brasil |
| Vives | Av. de España |
| Zulueta | Agramonte |

objetos mais bonitos há porcelanas que retratam cenas da vida colonial de Cuba, uma coleção de flores ornamentais e muitos aparelhos de jantar do período da colônia.

### Catedral de San Cristóbal de la Habana — IGREJA

(Mapa p. 58; esq. de San Ignacio com Empedrado; ⏲até 12h) Dominada por duas torres desiguais e com uma fachada barroca teatral, projetada pelo arquiteto italiano Francesco Borromini, a incrível catedral de Havana já foi descrita pelo romancista Alejo Carpentier como "música esculpida em pedra". Os jesuítas começaram a construção da igreja em 1748, e o trabalho continuou, apesar de sua expulsão, até 1767. Quando o edifício foi finalizado, em 1787, a diocese dc Havana foi criada, e a igreja se tornou catedral – uma das mais antigas das Américas. Os restos mortais de Colombo ficaram enterrados ali de 1795 a 1898, até serem transferidos para Sevilha. A melhor hora para visitá-la é durante a missa de domingo (às 10h30).

### Centro Wilfredo Lam — CENTRO CULTURAL

(Mapa p. 58; esq. San Ignacio com Empedrado; entrada CUC$3; ⏲10-17h seg-sáb) À esquerda da catedral, esse centro cultural tem um café e um pavilhão para exposições. Seu nome é uma homenagem ao pintor mais celebrado da ilha, mas, em geral, há exposições de artistas mais modernos.

### Taller Experimental de Gráfica — OFICINA DE ARTE

(Mapa p. 58; callejón del Chorro, 6; entrada franca; ⏲10-16h seg-sex) É fácil passar reto por esse pequeno beco, mas não o ignore. Nele fica a oficina de arte mais ousada de Havana, que também oferece aulas de gravura (veja p. 83). Vá e veja os mestres trabalhando.

### Parque Maestranza — PLAYGROUND

(Mapa p. 58; av. Carlos Manuel de Céspedes; entrada CUC$1; apenas menores de 4 anos) Pequeno, mas divertido, esse parquinho para crianças tem castelos infláveis e outros brinquedos com vista para o porto.

### Plaza de Armas PRAÇA

(Mapa p. 58) A praça mais antiga de Havana foi construída nos anos 1520, logo depois da fundação da cidade, e era inicialmente conhecida como Plaza de Iglesia, pois havia ali uma igreja – a Parroquial Mayor – no lugar em que hoje fica o Palacio de los Capitanes Generales. O nome Plaza de Armas (Praça de Armas) só foi adotado no fim do século 16, quando o governador da colônia, que morava no Castillo de la Real Fuerza, a transformou em cenário para exercícios militares. A praça de hoje, assim como a maioria dos edifícios ao seu redor, data do fim do século 18.

No centro da praça, que é cheia de palmeiras e abriga de segunda a sábado um **mercado de livros usados**, fica a **estátua de Carlos Manuel de Céspedes**, de mármore (mapa p. 58; 1955), em homenagem ao homem que abriu o caminho para a independência de Cuba, em 1868.

Outra atração na praça, no lado leste, é o **Palacio de los Condes de Santovenia** (mapa p. 58), do fim do século 18, que hoje é o Hotel Santa Isabel cinco estrelas, com 27 quartos.

### Museo el Templete MUSEU

(Mapa p. 58; Plaza de Armas; entrada CUC$2; ⌚8h30-18h) A pequena capela dórica neoclássica, no lado leste da Plaza de Armas, foi erguida em 1828 no mesmo ponto em que foi rezada a primeira missa sob uma árvore ceiba, em novembro de 1519. Uma árvore similar agora está no lugar da original. Dentro da capela ficam três grandes pinturas que retratam o acontecimento, feitas pelo pintor francês Jean Baptiste Vermay (1786-1833).

### Museo Nacional de Historia Natural MUSEU

(Mapa p. 58; Obispo, 61; entrada CUC$3; ⌚9h30-19h30 ter-dom) Um museu mediano, com exemplares da fauna e da flora de Cuba, com vista para a Plaza de Armas.

### Museo de la Ciudad MUSEU

(Mapa p. 58; Tacón, 1; entrada CUC$3; ⌚9h30-18h) Ocupando todo o lado oeste da Plaza de Armas, esse museu fica no **Palacio de los Capitanes Generales** (mapa p. 58), que data dos anos 1770. Construído no lugar de uma antiga igreja, trata-se de um exemplo literal da arquitetura barroca cubana, feito com pedras das minas de San Lázaro, ali perto, que serviu para diferentes propósitos ao longo dos anos. De 1791 a 1898, foi residência do general espanhol. De 1899 até 1902, os governantes militares dos Estados Unidos se estabeleceram ali e, durante as primeiras duas décadas do século 20, o edifício tornou-se palácio presidencial. Desde 1968 abriga o Museu da Cidade, um dos mais abrangentes e interessantes de Havana. O Museu da Cidade abraça regiamente um lindo pátio central, onde fica uma estátua de mármore de Cristóvão Colombo (1862). Entre os artefatos há mobiliário de época, uniformes militares e carruagens do século 19, enquanto antigas fotos recriam vivamente a montanha-russa que foi a trajetória de Havana – entre os fatos retratados, está o naufrágio do navio norte-americano de

## O QUARTETO DE PRAÇAS

Em um contraste marcante em relação a outras cidades colonizadas por espanhóis, Havana construiu não *uma*, mas *quatro* praças principais, cada uma com uma função específica. A Plaza de la Catedral era o ponto de encontro religioso da cidade; a Plaza de Armas englobava um forte e um espaço para desfiles militares; a Plaza San Francisco de Asís, à beira-mar, servia como embarcadouro para os navios espanhóis; e a Plaza Vieja abrigava um importante mercado.

Na configuração atual, apenas a Plaza de la Catedral mantém uma igreja ainda em funcionamento. A igreja da Plaza de Armas foi demolida nos anos 1770 para dar espaço ao Palacio de los Capitanes Generales, enquanto a igreja e o convento da Plaza San Francisco deixaram de ter função religiosa ainda nos anos 1840 (hoje, são um museu e uma casa de concertos). Já a Plaza Vieja, mais nova, nunca teve igreja.

Interconectadas por vielas estreitas de paralelepípedo, as praças de Habana Vieja ficam próximas umas às outras e podem ser conhecidas no mesmo passeio. Todas têm um clima maravilhosamente íntimo, sobretudo à noite.

O departamento de restauração da cidade empregou, durante anos, um esmerado esforço no resgate da antiga glória das praças, mas o processo agora está completo. Por trás das fachadas coloniais, esse quarteto fantástico hoje abriga lindos hotéis-butique, bons museus, cafés a céu aberto, um sebo de livros e até um planetário.

guerra *Maine*, no porto da cidade, em 1898. Fuja da insistência dos guias e explore o lugar no seu ritmo.

**Palacio del Segundo Cabo** MARCO

(Mapa p. 58; O'Reilly, 4; entrada CUC$1) Espremido na parte noroeste da praça, esse edifício foi construído em 1772 como sede do vice-governador espanhol. Após ser utilizado como correio, palácio do senado, suprema corte, Academia Nacional de Artes e Letras e sede da Sociedade Geográfica Cubana, hoje o prédio abriga uma livraria com bom acervo (p. 115). Fãs da pop art devem dar uma olhada na **Sala Galería Raúl Martínez** (mapa p. 58; ⏲9-18h seg-sáb).

**Castillo de la Real Fuerza** MUSEU, FORTE

(Mapa p. 58) No lado à beira-mar da Plaza de Armas fica o mais antigo forte ainda em pé das Américas, construído entre 1558 e 1577 no lugar onde antes havia outro forte, destruído por saqueadores franceses em 1555. A torre oeste é coroada com uma cópia do famoso cata-vento de bronze chamado **La Giraldilla**; o original foi fundido em 1632 por Jerónimo Martínez Pinzón, e diz a lenda que o cata-vento retrata Doña Inés de Bobadilla, mulher do explorador de ouro Hernando de Soto. Hoje, esse original está no Museo de la Ciudad, e sua figura também aparece no rótulo do rum Havana Club. Imponente, o castelo cerca um impressionante fosso e abriga o **Museo de Navegación** (mapa p. 58; entrada CUC$2; ⏲9-18h; 👪), aberto em 2008, que exibe objetos interessantes sobre a história do forte e da Cidade Antiga e suas conexões com o antigo Império Espanhol. Não perca a enorme maquete do galeão *Santíssima Trinidad*.

**Museo del Automóvil** MUSEU

(Mapa p. 58; Oficios, 13; entrada CUC$1; ⏲9-19h) Há quem não entenda a ironia desse museu vagamente surreal, cheio de antigos automóveis Thunderbird, Pontiac e Ford T, que parecem estar em melhor forma do que os dinossauros que circulam nas ruas de Havana.

👍 **Calle Mercaderes** RUA

(Mapa p. 58) A calle Mercaderes (ou rua dos mercadores) é, na verdade, um calçadão de paralelepípedo por onde não passam carros. Foi amplamente restaurada e hoje é uma réplica quase literal da esplêndida via que foi no século 18. Cheia de museus, lojas e restaurantes, a calle também tem projetos sociais que mostram um pouco de vida real, como uma maternidade e uma cooperativa de bordados. A maioria dos museus tem entrada franca, entre eles a **Casa de Asia** (mapa p. 58; Mercaderes, 111; ⏲10-18h ter-sáb, 9-13h dom), com pinturas e esculturas da China e do Japão; o **Museo del Tabaco** (Mercaderes, 120; ⏲10-17h seg-sáb), onde você pode conhecer instrumentos e ídolos indígenas; a **Armería 9 de Abril** (mapa p. 58; Mercaderes, 157; ⏲10-18h seg-sáb), uma antiga loja de armas (hoje um museu) que foi invadida por revolucionários em 1958; e o **Museo de Bomberos** (mapa p. 58; esq. Mercaderes com Lamparilla; ⏲10-18h seg-sáb), que possui equipamentos antigos dedicados a dezenove bombeiros de Havana que perderam a vida em um incêndio na ferrovia em 1890.

Logo além de Mercaderes, na descida para Obrapía, vale a pena entrar na **Casa de África** (mapa p. 58; Obrapía, 157; entrada franca; ⏲9h30-19h30), que expõe objetos sagrados relacionados à *santería* colecionados pelo etnógrafo Fernando Ortíz.

A esquina da Mercaderes com Obrapía possui um sabor internacional, com uma **estátua de bronze de Simón Bolívar** (mapa p. 58), o libertador da América Latina, e, do outro lado da rua, o **Museo de Simón Bolívar** (Mercaderes, 160; aceita doações; ⏲9-17h ter-dom), dedicado à vida de Bolívar. A **Casa de México Benito Juárez** (mapa p. 58; Obrapía, 116; entrada CUC$1; ⏲10h15-17h45 ter-sáb, 9-13h dom) expõe arte folclórica do México e muitos livros, mas não muito sobre o próprio Señor Juárez (o primeiro presidente indígena do México). Logo a leste está a **Casa Oswaldo Guayasamín** (mapa p. 58; Obrapía, 111; aceita doações; ⏲9h-14h30 ter-dom), antigo ateliê do famoso artista equatoriano, que retratou Fidel em diversas poses.

Mercaderes também é conhecida por suas **lojas** reformadas, entre elas uma de perfumes e outra de temperos. Passeie à vontade.

**Maqueta de La Habana Vieja** MUSEU

(Mapa p. 58; Mercaderes, 114; sem guia/guiado CUC$1/2; ⏲9-18h; 👪) Abriga uma maquete em escala 1:500 de Habana Vieja, acompanhada por uma autêntica trilha sonora que imita o som da vida na cidade. É incrivelmente detalhada e, por isso, uma ótima forma de se familiarizar geograficamente com o coração da cidade.

**Casa de la Obra Pía** EDIFÍCIO NOTÁVEL

(Mapa p. 58; Obrapía, 158; entrada CUC$1; ⏲9h-16h30 ter-sáb, 9h30-12h30 dom) Um dos pontos mais poderosos da calle Mercaderes é essa típica residência aristocrática, originalmente construída em 1665 e reconstruída em 1780. A decoração barroca – que inclui um

# Habana Vieja

pórtico feito em Cádiz, na Espanha – cobre a fachada principal. Além de seu valor histórico, a casa hoje abriga um dos mais importantes projetos sociais do departamento de restauro da cidade: uma cooperativa de costura e bordado, que possui ali uma oficina e uma pequena loja que vende roupas e tecidos na calle Mercaderes.

## PLAZA DE SAN FRANCISCO DE ASÍS E ARREDORES

### Plaza de San Francisco de Asís — PRAÇA

(Mapa p. 58) De frente para o porto de Havana, a arejada Plaza de San Francisco de Asís ganhou os primeiros contornos no século 16, quando galeões espanhóis paravam ali em sua passagem pelas Índias Ocidentais, a caminho da Espanha. Um mercado se instalou na praça ainda naquele século, seguido por uma igreja, em 1608, embora os monges tenham reclamado do excesso de barulho do mercado e se mudado para alguns quarteirões ao sul da Plaza Vieja. A Plaza de San Francisco passou por uma grande reforma no fim dos anos 1990. Nela, são marcantes os paralelepípedos irregulares e o mármore branco da **Fuente de los Leones** (mapa p. 58), esculpida pelo italiano Giuseppe Gaginni em 1836. Uma estátua mais moderna fora da famosa igreja da praça mostra **El Caballero de París** (mapa p. 58), um morador de rua da Havana dos anos 1950 que entretinha os pedestres com sua filosofia sobre a vida, religião, política e atualidades. No lado leste da praça fica o **Terminal Sierra Maestra** (mapa p. 58), embarcadouro de cruzeiros, ao qual chegam navios lotados de turistas semanalmente, enquanto a abobadada **Lonja del Comercio** (mapa p. 58), ao lado, foi um antigo mercado erguido em 1909 e restaurado em 1996 para dar espaço aos escritórios de empresas estrangeiras com filiais em Cuba.

### Iglesia y Monasterio de San Francisco de Asís — MUSEU

(Mapa p. 58) O lado sul da Plaza San Francisco de Asís é ocupado por uma antiga igreja anexa a um monastério. Originalmente construída em 1608 e reconstruída em estilo barroco de 1719 a 1738, San Francisco de Asís foi tomada pelo Estado espanhol em 1841 como parte de uma manobra política contra as poderosas ordens religiosas daquela época – foi quando deixou de ser uma igreja. Hoje os prédios são uma **casa de concertos** (⌚a partir de 17h ou 18h), que recebe apresentações de música clássica, e o **Museo de Arte Religioso** (mapa p. 58; sem guia/guiado CUC$2/3; ⌚9-18h), repleto de pinturas religiosas, talheres de prata, gravações em madeira e objetos de cerâmica.

## Habana Vieja

**Destaques**

Catedral de San Cristóbal de La Habana ........ C1
Edificio Bacardí ........ A3
Iglesia y Monasterio de San Francisco de Asís ........ D4
Museo de la Ciudad ........ D2
Museo de Navegación ........ D2
Museo del Ron ........ E4

**Atrações**

1 Aquário ........ D4
2 Armería 9 de Abril ........ F7
3 Cámara Oscura ........ D4
4 Casa de África ........ F7
5 Casa de Asia ........ F6
6 Casa de la Obra Pía ........ F6
7 Casa de Lombillo ........ C2
8 Casa de México Benito Juárez ........ F6
9 Casa Oswaldo Guayasamín ........ D3
10 Castillo de la Real Fuerza ........ D1
11 Catedral Ortodoxa Nuestra Señora de Kazán ........ E4
12 Centro Cultural Pablo de la Torriente Brau ........ D4
13 Centro Wilfredo Lam ........ C2
14 Coche Mambí ........ D4
15 Edificio Santo Domingo ........ C2
16 El Caballero de Paris ........ D3
17 Fototeca de Cuba ........ D4
18 Fuente de los Leones ........ D3
19 Iglesia de San Francisco de Paula ........ D6
20 Iglesia del Santo Angel Custodio ........ A1
21 Iglesia Parroquial del Espíritu Santo ........ D6
22 Iglesia y Convento de Nuestra Señora de Belén ........ B5
23 Iglesia y Convento de Nuestra Señora de la Merced ........ D6
Iglesia y Convento de Santa Clara ........ (veja 72)
24 La Casona Centro de Arte ........ D4
25 La Maestranza ........ C1
26 Lonja del Comercio ........ D3
27 Maqueta de La Habana Vieja ........ F6
28 Museo 28 Septiembre de los CDR ........ B3
29 Museo Alejandro Humboldt ........ D4
30 Museo de Arte Colonial ........ C2
31 Museo de Arte Religioso ........ D4
32 Museo de Bomberos ........ F7
33 Museo de la Farmacia Habanera ........ B4
34 Museo de la Orfebrería ........ F5
35 Museo de Naipes ........ D4
36 Museo de Numismático ........ B3
37 Museo de Pintura Mural ........ F6
38 Museo de Simón Bolívar ........ F7
39 Museo del Automóvil ........ D2
Museo del Tabaco ........ (veja 117)
40 Museo el Templete ........ D2
41 Museo Nacional de Historia Natural ........ D2
42 Museo-Casa Natal de José Martí ........ B7
43 Palacio Cueto ........ D4
44 Palacio de los Capitanes Generales ........ D2
Palacio de los Condes de Casa Bayona ........ (veja 30)
Palacio de los Condes de Santovenia ........ (veja 66)
Palacio de los Marqueses de Aguas Claras ........ (veja 89)
45 Palacio del Marqués de Arcos ........ C2
46 Palacio del Segundo Cabo ........ D2
47 Parroquial del Santo Cristo del Buen Viaje ........ A4
48 Planetario ........ D4
Sala Galería Raúl Martínez ........ (veja 46)
49 Estátua de Carlos Manuel de Céspedes ........ D2
50 Estátua de Simón Bolívar ........ F6
51 Taller Experimental de Gráfica ........ C2

**Atividades, cursos e visitas guiadas**

52 Gimnasio de Boxeo Rafael Trejo ........ D6
53 Infotur ........ E6
54 San Cristóbal Agencia de Viajes ........ D3
Taller Experimental de Gráfica ........ (veja 51)

GRÁTIS **Museo Alejandro Humboldt** MUSEU
(Mapa p. 58; esq. Oficios com Muralla; ⌚9-17h ter-sáb) Considerado o "segundo descobridor" de Cuba, o naturalista alemão Alexander von Humboldt deixou um grande legado no país que nem sempre é notado por estrangeiros. Esse pequeno museu exibe a trajetória histórica de seu trabalho – uma coletânea de dados científicos e botânicos reunidos em viagens por toda a ilha no início do século 19. Ali perto fica o **Coche Mambí** (mapa p. 58), um vagão de trem construído nos Estados Unidos em 1900 e levado a Cuba em 1912.

**Onde dormir**

55 Casa de Pepe & Rafaela ........................ D5
56 Hostal Beltrán de la Santa Cruz ........................ D4
57 Hostal Condes de Villanueva ........................ F7
58 Hostal Palacio O'Farrill ........................ B1
59 Hostal Valencia ........................ D3
60 Hotel Ambos Mundos ........................ F6
61 Hotel el Comendador ........................ D3
62 Hotel Florida ........................ C2
63 Hotel Marqués de Prado Ameno ........................ C2
64 Hotel Raquel ........................ C3
65 Hotel San Felipe y Santiago de Bejúcal ........................ D3
66 Hotel Santa Isabel ........................ D2
67 Juan & Margarita ........................ A3
68 Mesón de la Flota ........................ D3
69 Migdalia Carraballe ........................ C5
70 Noemi Moreno ........................ D5
71 Pablo Rodríguez ........................ B4
72 Residencia Académica Convento de Santa Clara ........................ C5

**Onde comer**

73 Agropecuario Sol ........................ C5
74 Al Medina ........................ D2
75 Café de O'Reilly ........................ C2
76 Café del Oriente ........................ D3
77 Café Lamparilla ........................ F7
78 Café Santo Domingo ........................ E6
79 Cafetería Torre la Vega ........................ D3
El Mecurio ........................ (veja 26)
80 Hanoi ........................ A4
81 Harris Brothers ........................ A3
82 La Imprenta ........................ F7
83 La Julia ........................ A3
84 La Mina ........................ D2
85 La Torre de Marfil ........................ F6
86 La Zaragozana ........................ A3
Mesón de la Flota ........................ (veja 68)
87 Paladar la Mulata del Sabor ........................ D5
88 Paladar Moneda Cubana ........................ C2
89 Restaurante el Patio ........................ C2
90 Restaurante el Templete ........................ D2
91 Restaurante la Dominica ........................ C2
Restaurante la Paella ........................ (veja 59)
92 Restaurante Puerto de Sagua ........................ B6

**Onde beber**

93 Bar Dos Hermanos ........................ E4
94 Café de las Infusiones ........................ F6
95 Café el Escorial ........................ D4
96 Café París ........................ C2
97 Café Taberna ........................ D4
98 El Baturro ........................ B6
99 El Floridita ........................ A3
100 El Reloj Cuervo y Sobrinos ........................ D4
101 La Bodeguita del Medio ........................ C2
102 La Dichosa ........................ B3
103 La Lluvia de Oro ........................ B3
104 Monserrate Bar ........................ A4
105 Museo del Chocolate ........................ D3
106 Taberna de la Muralla ........................ D4

**Lazer**

Basílica Menor de San Francisco de Asís ........................ (veja 31)
107 Fundación Alejo Carpentier ........................ C2

**Onde comprar**

108 Casa de Carmen Montilla ........................ D3
109 Centro Cultural Antiguos Almacenes de Depósito San José ........................ D7
110 Estudio Galería los Oficios ........................ D4
111 Fundación Havana Club Shop ........................ E4
112 Habana 1791 ........................ F6
Hostal Condes de Villanueva ........................ (veja 57)
113 La Casa de Cafe ........................ D2
Librería Grijalbo Mondadovi ........................ (veja 46)
114 Librería la Internacional ........................ A3
115 Longina Música ........................ B3
116 Moderna Poesía ........................ A3
117 Museo del Tabaco ........................ F6
118 Palacio de la Artesanía ........................ B1
119 Feira de livros usados Plaza de Armas ........................ D2
120 Taller de Serigrafía René Portocarrero ........................ C4

**Museo del Ron** MUSEU

(Mapa p. 58; San Pedro, 262; entrada com guia CUC$7; ⌚9-17h seg-sex, 10-16h sáb e dom) Você não precisa ser um entusiasta do Añejo Reserva para curtir o Museo del Ron, na Fundación Havana Club – mas a visita pode ser mais proveitosa se você for um apreciador de rum. O museu, com visitas guiadas bilíngues, mostra a produção da bebida e o processo de maturação. Uma dose de rum não muito generosa está incluída. Há um bar e uma loja no lugar, mas aficionados recomendam o vizinho Bar Dos Hermanos (p. 107). O museu fica em frente ao porto de Havana e a um quarteirão ao norte da Catedral Ortodoxa Nuestra Señora de Kaján.

**Aquarium** AQUÁRIO
(Mapa p. 58; Brasil, 9 entre Mercaderes e Oficios; 9h-17h30 ter-dom; ) Tanques com peixes de água doce fazem a festa das crianças nesse pequeno aquário.

### PLAZA VIEJA E ARREDORES

**Plaza Vieja** PRAÇA
(Mapa p. 58) Construída em 1559, a Plaza Vieja é a praça mais eclética de Havana do ponto de vista arquitetônico, onde o barroco cubano convive com a *art nouveau* inspirada em Gaudí. Originalmente chamada de Plaza Nueva, era usada para exercícios militares e, mais tarde, tornou-se o endereço de um mercado a céu aberto. Durante o regime de Batista, foi construído um estacionamento subterrâneo feioso, mas a monstruosidade foi demolida em 1996 para abrir espaço a um grande projeto de reforma. Salpicada de bares, restaurantes e cafés, a Plaza Vieja hoje se orgulha de ter uma microcervejaria, a escola primária Angela Landa e uma linda fonte.

**Cámara Oscura** MARCO
(Mapa p. 58; Plaza Vieja; entrada CUC$2; 9-17h ter-sáb, 9-13h dom; ) Na parte noroeste da Plaza Vieja fica esse artefato óptico inteligente, que possibilita vistas de 360 graus da cidade do alto de uma torre de 35m. As explicações são em espanhol e inglês.

GRÁTIS **Fototeca de Cuba** GALERIA DE ARTE
(Mapa p. 58; Mercaderes, 307; 10-17h ter-sex, 9-12h sáb) Uma galeria de fotos com exposições intrigantes de artistas locais e internacionais, que também se propõe à importante função de preservar o arquivo de fotos do departamento de restauração da cidade.

GRÁTIS **Museo de Naipes** MUSEU
(Mapa p. 58; Muralla, 101; 9-18h ter-dom) Dentro do edifício mais antigo da Plaza Vieja fica esse peculiar museu do baralho e de cartas em geral, com uma completíssima coleção de 2 mil peças – entre elas, cartas com estampas de astros do rock, drinques com rum e cartas redondas.

GRÁTIS **La Casona Centro de Arte** GALERIA DE ARTE
(Mapa p. 58; Muralla, 107; 10-17h seg-sex, 10-14h sáb) Localizada em um dos prédios mais lindos da Plaza Vieja (atente para a robustez das colunas coloniais), essa loja/galeria organiza exposições individuais e coletivas de novos artistas cubanos.

**Palacio Cueto** MARCO
(Mapa p. 58; esq. Muralla com Mercaderes) No canto sudeste da Plaza Vieja fica esse notável edifício à moda de Gaudí, um dos mais belos exemplares da *art nouveau* de Havana. Por trás de sua fachada exageradamente ornamentada, já houve um armazém e uma fábrica de chapéus, antes de ser alugado por José Cueto nos anos 1920 como o hotel Palacio Vienna. Habaguanex, a ramificação comercial do departamento de restauração da cidade, está reformando o prédio, que foi construído em 1906 e está desocupado desde os anos 1990.

**Planetario** PLANETÁRIO
(Mapa p. 58; Mercaderes; entrada CUC$10; 9h30-17h qua-sáb, 9h30-12h30 dom; ) Uma das mais novas atrações de Havana é esse planetário, construído com a ajuda de investimento japonês e aberto em dezembro de 2009. O acesso é restrito a tours guiados e reservados com antecedência, sempre na segunda-feira anterior à visita. Entre as exposições, há uma reprodução do sistema solar dentro de uma enorme esfera, uma simulação do Big Bang e uma sala que permite a observação de 6 mil estrelas. Tudo muito interessante.

GRÁTIS **Centro Cultural Pablo de la Torriente Brau** CENTRO CULTURAL
(Mapa p. 58; www.centropablo.cult.cu; Muralla, 63; 9h-17h30 ter-sáb) Escondida atrás da Plaza Vieja, o "Brau" é uma das principais instituições culturais da cidade, construída em 1996 com o patrocínio da Unión de Escritores y Artistas de Cuba. O centro abriga exposições, recitais de poesia e música ao vivo. Seu Salón de Arte Digital é conhecido pela arte digital de vanguarda.

### CALLE OBISPO E ARREDORES

**Calle Obispo** RUA
(Mapa p. 58) Estreita e sem carros, a calle Obispo (rua do Bispo) é a principal artéria de Habana Vieja, repleta de galerias de arte, lojas, bares com música e transeuntes. Prédios de quatro ou cinco andares bloqueiam a passagem do sol, e a massa de pessoas parece se movimentar no ritmo da música que paira constantemente no ar.

**Museo de Numismático** MUSEU
(Mapa p. 58; Obispo entre Aguiar e Habana; entrada CUC$1; 9h-16h45) Esse paraíso da numismática reúne coleções de medalhas, moedas e cédulas de todo o mundo, entre elas uma coleção de mil moedas americanas de ouro

(1869-1928). Há uma cronologia completa das cédulas cubanas do século 19 até o presente.

**Museo 28 Septiembre de los CDR** MUSEU
(Mapa p. 58; Obispo entre Aguiar e Habana; entrada CUC$2; ⏲9-17h) Um venerável prédio na Obispo, que dedica dois andares a uma minuciosa – e muito parcial – descrição dos Comites de la Defensa de la Revolución (CDR) de todo o país. Esquemas de vigilância da vizinhança ou agências civis de espionagem? Observe a propaganda e decida por si mesmo.

GRÁTIS **Museo de Pintura Mural** MUSEU
(Mapa p. 58; Obispo entre Mercaderes e Oficios; ⏲10-18h) Um museu simples, que expõe afrescos originais belamente restaurados na Casa del Mayorazgo de Recio, popularmente conhecida como uma das mais antigas casas de Havana ainda existentes.

**Museo de la Orfebrería** MUSEU
(Mapa p. 58; Obispo, 113; entrada: aceita doações; ⏲9h-16h30 ter-sáb, 9h30-12h30 seg) Um museu de talheres que fica na casa do antigo artesão de prata Gregorio Tabares, que manteve ali uma oficina a partir de 1707.

**Edificio Santo Domingo** MUSEU, GALERIA DE ARTE
(Mapa p. 58; Mercaderes entre Obispo e O'Reilly) Do outro lado da Obispo, em frente ao Hotel Ambos Mundos, fica o local da antiga universidade de Havana, situada ali entre 1728 e 1902. Originalmente, fazia parte de um convento; o prédio de escritórios contemporâneo foi construído pela Habaguanex em 2006 sobre o esqueleto de outro prédio de escritórios dos anos 1950, cujo topo era usado como heliporto. Foi restaurado de maneira engenhosa: a torre de sino original do convento e o portal barroco foram reinstalados, criando, assim, uma justaposição de antigo e novo. A maioria das faculdades de artes foi transferida para esse lugar, onde um pequeno museu também exibe uma maquete do convento original, além de várias relíquias encontradas ali.

**Plaza del Cristo e arredores** PRAÇA
(Mapa p. 58) A quinta (e mais esquecida) praça de Habana Vieja fica na ponta oeste do núcleo histórico e ainda não se beneficiou das restaurações promovidas na cidade. Vale a pena dar uma olhada na **Parroquial del Santo Cristo del Buen Viaje** (mapa p. 58), igreja datada de 1732, sobre o local de um antigo convento franciscano de 1640. Apenas parcialmente reformado, o prédio chama a atenção pelo trabalho intrincado de seus vitrais e pelo teto de madeira pintado com cores vivas. A Plaza del Cristo também tem uma escola primária (por isso o barulho) e oferece um olhar sobre a vida cotidiana dos cubanos, fora da rota turística.

GRÁTIS **Museo de la Farmacia Habanera** MUSEU
(Mapa p. 58; esq. Brasil com Compostela; ⏲9-17h) Alguns blocos acima, na direção da calle Brasil a partir da Plaza del Cristo, fica esse museu-loja fundado em 1886 pelo catalão José Sarrá, que ainda funciona como uma farmácia para os cubanos. O pequeno museu exibe uma elegante reprodução da antiga farmácia, com algumas explicações históricas interessantes.

#### SUL DE HABANA VIEJA

**Iglesia y Convento de Santa Clara** CONVENTO
(Mapa p. 58; Cuba, 610; entrada CUC$2; ⏲9-16h seg-sex) Ao sul da Plaza Vieja fica o maior e mais antigo convento de Havana, construído entre 1638 e 1643 – desde 1920, contudo, ele não atende a propósitos religiosos. Por algum tempo, abrigou o Ministério de Trabalhos Públicos, e hoje parte da equipe de restauro de Habana Vieja fica sediada ali. Podem-se visitar o claustro e o cemitério das freiras, ou até mesmo passar a noite nos simples (e baratos) quartos monásticos (p. 86).

**Iglesia y Convento de Nuestra Señora de Belén** CONVENTO
(Mapa p. 58; Compostela entre Luz e Acosta; entrada CUC$2; ⏲9-17h seg-sáb, 9-13h dom) Esse antigo convento finalizado em 1718 e administrado pelas freiras da Ordem de Belém e (mais tarde) por jesuítas é hoje um asilo para idosos fundado pelo departamento de restauração da cidade. É um dos projetos sociais mais bem-sucedidos de Havana, e uma prova de que o investimento de turistas, somado à visão e ao planejamento do governo, pode beneficiar os cubanos.

**Iglesia y Convento de Nuestra Señora de la Merced** IGREJA
(Mapa p. 58; Cuba, 806; ⏲8-12h e 15h-17h30) Construída em 1755, essa igreja foi reerguida no século 19. Lindos altares dourados, abóbadas com afrescos e pinturas antigas colaboram para a atmosfera sagrada; há um claustro tranquilo ao lado. A dois quarteirões dali fica a bastante negligenciada **Iglesia Parroquial del Espíritu Santo** (mapa p. 58; Acosta 161; ⏲8-12h e 15-18h), a mais antiga igreja de Havana ainda em pé, erguida em 1640 e reconstruída em 1674.

**Iglesia de San Francisco de Paula** IGREJA

(Mapa p. 58; esq. Leonor Pérez e Desamparados) Uma das igrejas mais interessantes de Havana, foi completamente restaurada em 2000. É tudo que sobrou do hospital de mulheres San Francisco de Paula, de meados do século 18. Visite à noite, quando há concertos, e os vitrais, a cúpula e a fachada barroca ganham aspecto romântico e convidativo.

**Catedral Ortodoxa Nuestra Señora de Kazán** IGREJA

(Mapa p. 58; av. Carlos Manuel de Céspedes entre Sol e Santa Clara) Um dos edifícios mais novos de Havana, essa igreja russo-ortodoxa com domo dourado foi construída nos anos 2000 e consagrada em uma cerimônia à qual compareceu Raúl Castro, em outubro de 2008. A igreja é parte da tentativa de retomar as relações entre a Rússia e Cuba, após o rompimento de 1991.

**Museo-Casa Natal de José Martí** MUSEU

(Mapa p. 58; Leonor Pérez, 314; entrada CUC$-1, câmera CUC$2; ⏲9-17h ter-sáb) O Museo-Casa Natal de José Martí é um prédio simples, de dois andares, na beirada de Habana Vieja, onde o apóstolo da independência cubana nasceu em 28 de janeiro de 1853. Hoje, é um pequeno museu que exibe cartas, manuscritos, fotos, livros e outras relíquias de sua vida. Embora não seja tão abrangente quanto o museu Martí da Plaza de la Revolución, não deixa de ser um compêndio charmoso, que vale uma pequena visita.

**Muralha da cidade** LOCAL HISTÓRICO

No século 17, desesperadas para defender Havana do ataque de piratas e de forças estrangeiras, as autoridades coloniais, um tanto paranoicas, traçaram planos para a construção de um muro de 5km ao redor da cidade. Construída entre 1674 e 1740, a muralha chegava a ter 1,5m de espessura e 10m de altura e ocupava o caminho das atuais av. de las Misiones e av. de Bélgica. Entre a miríade de defesas da muralha, havia nove fortificações e 180 canhões virados para o mar. A única maneira de entrar e sair da cidade era pelos onze portões muito bem vigiados, que fechavam todas as noites e abriam pela manhã ao som de um tiro. O muro foi sendo demolido a partir de 1863, mas há ainda alguns fragmentos – o maior deles fica na av. de Bélgica, próximo à estação de trem (mapa p. 58).

**AVENIDA DE LAS MISIONES**

**Edificio Bacardí** MARCO

(Mapa p. 58; prédio Bacardí; av. de las Misiones entre Empedrado e San Juan de Dios; ⏲horários variados) Finalizado em 1929, o magnífico Edificio Bacardí é um triunfo da arquitetura *art déco*, mas com uma profusão de detalhes luxuosos que, de algum modo, tornam a cafonice estilosa. Como está incrustado entre outros edifícios, é difícil vê-lo por completo a partir do nível da rua, embora a opulenta torre do sino possa ser avistada de qualquer lugar de Havana. Há um bar no térreo e, por CUC$1, pode-se subir até a torre para aproveitar a vista panorâmica.

**Iglesia del Santo Angel Custodio** IGREJA

(Mapa p. 58; Compostela, 2; ⏲durante a missa 7h15 ter, qua e sex, 18h qui, sáb e dom) Originalmente construída em 1695, essa igreja foi arrasada por um furacão feroz em 1846. Depois, foi reerguida por inteiro em estilo neogótico. Entre as figuras históricas e literárias que passaram por suas belas portas estão o escritor cubano do século 19 Cirilo Villaverde – que escolheu a igreja como cenário para o principal momento de seu romance *Cecilia Valdés* – e Félix Varela e José Martí, que foram batizados na igreja em 1788 e 1853, respectivamente.

## PARQUE HISTÓRICO MILITAR MORRO-CABAÑA

As vistas de Havana a partir do outro lado da baía são espetaculares, e uma excursão aos dois antigos fortes do Parque Histórico Militar Morro-Cabaña é um programa imperdível. Apesar de sua localização, no lado oposto ao porto, ambos fazem parte do Patrimônio Mundial da UNESCO de Habana Vieja. Um bom horário para visitá-lo é ao pôr do sol, pois assim pode-se ficar para ver a emblemática cerimônia do *cañonazo*.

Para chegar aos fortes, use os ônibus P-15, P-8 ou P-11 (desça na primeira parada depois do túnel) e fique perto da porta, pois poucos moradores descem ali. Se quiser ir de táxi, a corrida partindo de Habana Vieja custa cerca de CUC$4. Outra opção é ir na balsa Casablanca, que parte da av. Carlos Manuel de Céspedes, em Habana Vieja. Do porto onde para a Casablanca, segue-se na estrada até a grande estátua de Cristo, onde se deve virar à esquerda e atravessar outra estrada, com campos de treinamento militar. A entrada para La Cabaña fica logo à esquerda.

## Parque Histórico Militar Morro-Cabaña

## Parque Histórico Militar Morro-Cabaña

**Destaque**

Museo de Comandancia del Che ........ C3

**Atrações**

1 Batería de la Divina Pastora ........ B2
2 Batería de los Doce Apóstoles ........ A2
3 Batería de Velasco ........ A1
4 Cerimônia do Cañonazo ........ C3
5 Entrada ........ B2
6 Entrada ........ A1
7 Estátua de Cristo ........ D3
8 Museu Marítimo ........ A1
9 Museo de Fortificaciones y Armas ........ C2
10 Observatorio Nacional ........ D3

**Onde comer**

11 Paladar Doña Carmela ........ C1
12 Restaurante la Divina Pastora ........ B2
13 Restaurante los Doce Apóstoles ........ A2

**Onde beber**

14 Bar el Polvorín ........ A1

### Castillo de los Tres Santos Reyes Magnos del Morro

FORTE, MUSEU

(Mapa p. 65; El Morro; entrada CUC$6) Esse imponente forte foi erguido entre 1589 e 1630 para proteger a entrada no porto de Havana contra piratas e invasores estrangeiros (o corsário francês Jacques de Sores saqueou a cidade em 1555). Posicionado sobre um paredão rochoso inclinado sobre o Atlântico, o forte possui um formato poligonal, com paredes de 3m de espessura e um fosso protetor, que compõem um bom exemplo da arquitetura militar renascentista. Por mais de um século, o forte sobreviveu a inúmeros ataques de piratas franceses, holandeses e britânicos, mas, em 1762, após uma ocupação de 44 dias, 14 mil soldados das forças britânicas capturaram El Morro, atacando-o a partir da terra firme. O famoso **farol** de Castillo foi construído em 1844.

Além das vistas fantásticas do mar e da cidade, El Morro também abriga um **museu marítimo** (Mapa p. 65). Subir ao topo do farol custa mais CUC$2.

### Fortaleza de San Carlos de la Cabaña

FORTE, MUSEU

(Mapa p. 65; entrada dia/noite CUC$6/8, 8-23h; ) Esse colosso do século 18 foi construído entre 1763 e 1774 ao longo de uma ponta a oeste do porto de Havana, preenchendo assim um ponto vulnerável da defesa da cidade. Em 1762, os britânicos haviam ocupado Havana, controlando essa entrada estratégica, e foi a partir dali que eles mantiveram a cidade sob seu domínio, sem piedade. Para evitar que isso acontecesse novamente, o rei espanhol Carlos III ordenou a construção de um grande forte que repelisse possíveis invasores. Medindo 700m de ponta a ponta e cobrindo quase 10ha, é a maior fortaleza das colônias espanholas das Américas.

A invencibilidade do forte realmente garantiu que nenhum invasor o atacasse, embora durante o século 19 patriotas cubanos tenham enfrentado tropas ali. Os ditadores Machado e Batista usaram a fortaleza como prisão militar, e imediatamente após a Revolução Che Guevara estabeleceu seu quartel ali, nas trincheiras, para comandar outra lista de terríveis execuções (desta vez dos soldados de Batista).

Hoje o forte está reformado para receber visitantes, e pode-se passar ao menos meio dia explorando suas atrações. Além de bares, restaurantes, lojas de suvenires e tabacarias (que vendem o charuto mais longo do mundo), La Cabaña abriga o **Museo de Fortificaciones y Armas** e o interessante **Museo de Comandancia del Che**. A **cerimônia noturna do cañonazo**, sempre às 21h, é uma apresentação com atores vestidos com uniformes do século 18 que mostra tiros de canhão sobre o porto. Até a demolição das muralhas de Havana nos anos 1850, o tiro de canhão era usado como aviso do fechamento dos portões. Pode-se ir à cerimônia de forma independente ou em uma excursão organizada (p. 83).

## CENTRO HABANA

### Capitolio Nacional

MARCO

(Mapa p. 68; sem guia/guiado CUC$3/4; ⌚9-18h) O incomparável Capitolio Nacional é o edifício mais grandioso e ambicioso de Havana, construído depois que a "Dança dos Milhões" presenteou o governo de Cuba com um tesouro aparentemente infindável de dinheiro do açúcar. Parecido com o Capitólio norte-americano, em Washington, mas um pouco mais alto e muito mais rico em detalhes, a obra foi iniciada pelo ditador cubano (apoiado pelos Estados Unidos) Gerardo Machado em 1926. Foram necessários 5 mil homens e três anos, dois meses e vinte dias para construí-lo, ao custo de US$ 17 milhões. Inicialmente, foi a sede do Congresso Cubano, mas, desde 1959, abriga a Academia Cubana de Ciências e a Biblioteca Nacional de Ciência e Tecnologia.

Os materiais utilizados foram capellanía branca (um tipo de pedra calcária) e granito. Na entrada, há seis colunas dóricas no topo de uma escada que começa no Prado. Majestosa contra o céu de Havana está a **cúpula** de pedra de 62m, sobre a qual fica uma réplica da estátua de Mercúrio do escultor florentino Giambologna, do século 17, do Palazzo de Bargello. No piso diretamente abaixo do domo está a cópia de um diamante de 24 quilates. As distâncias entre todos os lugares em Cuba são calculadas a partir desse ponto.

A partir da entrada principal chega-se ao **Salón de los Pasos Perdidos** (assim chamado devido à sua acústica peculiar), em cujo centro fica a **estátua da república**, uma enorme mulher de bronze de 11m de altura, simbolizando a mítica guardiã da virtude e do trabalho. Em tamanho, é menor apenas do que o Buda de Nara (no Japão) e o Monumento a Lincoln, em Washington (nos Estados Unidos).

O Capitolio estava fechado para reforma à época em que o guia foi escrito, por isso o valor da entrada pode mudar.

### Real Fábrica de Tabacos Partagás

FÁBRICA DE CHARUTOS

(Mapa p. 68; Industria, 520; entre Barcelona e Dragones; tours CUC$10; ⌚a cada 15min 9h-10h15 e 12h-13h30) Uma das fábricas mais antigas e famosas de Havana, a neoclássica Real Fábrica de Tabacos Partagás foi fundada em 1845 por um espanhol chamado Jaime Partagás. Hoje, cerca de quatrocentos trabalhadores ficam ali doze horas por dia enrolando os famosos charutos Montecristos e Cohibas. Entre os tours oferecidos, o mais popular (e mais efetivo para quem quer conhecer a fábrica) é o Partagás. Visitas em grupo começam pelo térreo, onde as folhas são escolhidas, e seguem para os andares de cima, onde o tabaco é enrolado, prensado, adornado com uma fita e encaixotado. Embora sejam interessantes do ponto de vista educativo, os tours são apressados e um pouco robóticos, fazendo alguns visitantes se sentirem como se estivessem em um zoológico humano. Ainda assim, se você se interessar por tabaco e/ou ambientes de trabalho cubanos, pode ser uma boa oportunidade.

### Parque de la Fraternidad

PARQUE

O arborizado Parque de la Fraternidad (mapa p. 68) foi fundado em 1892 para comemorar o quarto centenário da descoberta das Américas pelos espanhóis. Algumas décadas depois, foi reformado e ganhou novo nome na ocasião da Conferência Panamericana. O nome expressa a fraternidade entre americanos, daí os bustos de líderes latinos e norte-americanos que decoram as áreas verdes – entre eles, o do presidente norte-americano Abraham Lincoln. Hoje, o parque é terminal de ônibus de muitas linhas, e às vezes é chamado de "Parque dos Dinossauros" devido à pletora de velhos carros americanos usados como *colectivos* (táxis coletivos) que se reúne ali.

A **Fuente de la India** (mapa p. 68; sobre uma rotatória em frente ao Hotel Saratoga) é uma fonte de mármore branco de Carrara, esculpido por Giuseppe Gaginni em 1837 para o Conde de Villanueva. Retrata a realeza da mulher indígena, com uma coroa de penas de águia, sentada em um trono cercado por golfinhos que parecem gárgulas. Em uma mão, ela segura uma cesta de flores em formato de chifre; na outra, um escudo com o brasão da cidade.

**Asociación Cultural Yoruba de Cuba** MUSEU
(Mapa p. 68; Paseo de Martí, 615; entrada CUC$10; ⌚9-16h seg-sáb) O museu apresenta um panorama interessante da religião santería, dos santos e de seus poderes, embora alguns viajantes reclamem que a exposição não justifica seu preço. Há espetáculo de *tambores* (usados nas cerimônias da santería) em sextas-feiras alternadas, às 16h30. Para assistir à apresentação, há um código de vestimenta a ser respeitado (shorts e blusas curtas não são permitidos).

**Parque Central e Arredores** PARQUE
O pequeno Parque Central (mapa p. 68) é um refúgio cênico para os ônibus bambos e os táxis barulhentos que se espalham ao longo do Prado. O parque é um microcosmo da vida cotidiana de Havana e se expandiu até o tamanho atual no fim do século 19, depois que a muralha da cidade foi derrubada. A **estátua de José Martí** (mapa p. 68; 1905), no centro, foi a primeira das milhares erguidas em Cuba. Construído no décimo aniversário da morte do poeta, o monumento é cercado por 28 palmeiras plantadas como símbolo da data de nascimento de Martí: 28 de janeiro. É difícil perder, em um dos lados, o grupo de fãs de beisebol que fica 24 horas por dia na famosa **Esquina Caliente**, discutindo táticas, formação de times de Havana e regras de desempate.

**Gran Teatro de la Habana** TEATRO
(Mapa p. 68; Paseo de Martí, 458; visitas guiadas CUC$2; ⌚9-18h) "Um estilo sem estilo que, em longo prazo, por simbiose, por amalgamação, torna-se barroco". Assim escreveu o romancista e interessado em arquitetura Alejo Carpentier sobre o neobarroco ornamentado do **Centro Gallego**, erguido como clube social entre 1907 e 1914. Foi construído ao redor do Teatro Tacón, que abriu suas portas em 1838 com cinco danças mascaradas de Carnaval. Essa conexão é o argumento para que a direção atual defenda ser esse o teatro mais antigo do Ocidente ainda em funcionamento. Mas, sem entrar nessa questão histórica, sua arquitetura é brilhante, assim como muitos espetáculos de fim de semana (veja p. 108).

**Hotel Inglaterra** EDIFÍCIO NOTÁVEL
(Mapa p. 68; Paseo de Martí, 416) O mais antigo hotel de Havana foi inaugurado em 1856 no lugar de um bar de sucesso chamado El Louvre (o bar ao ar livre do hotel ganhou o mesmo nome). De frente para o arborizado Parque Central, o edifício exibe os traços neoclássicos que estavam em voga naquela época, embora a decoração interior seja claramente moura. Foi em um banquete ali, em 1879, que José Martí fez um discurso a favor da independência de Cuba e, muito mais tarde, jornalistas norte-americanos que cobriram a Guerra Hispano-Americana ficaram hospedados nesse hotel.

Logo atrás fica a **calle San Rafael,** um aglomerado de barracas, lojas de departamento dos anos 1950 e cinemas locais, que lança luz de imediato sobre a vida cotidiana de Cuba, com todos os seus problemas econômicos.

**Museo Nacional de Bellas Artes** MUSEU
Cuba possui um grande museu de arte e cultura, dividido em dois endereços, que disputa com seu sósia em San Juan, Porto Rico, o título de "melhor museu de arte do Caribe". Pode-se passar o dia inteiro vendo de tudo, de cerâmicas gregas à pop art cubana.

Dentro do eclético Centro Asturianas (que por si só já é uma obra de arte), a **Colección de Arte Universal** (mapa p. 68; esq. Agramonte com San Rafael; entrada CUC$5, menos de 14 anos grátis; ⌚10-18h ter-sáb, 10-14h dom) expõe arte de 500 a.C. até os dias atuais em três andares separados. Entre os destaques estão a grande coleção espanhola (com telas de El Greco), mosaicos romanos de 2 mil anos de existência, cerâmicas gregas do século 5º a.C. e uma pintura refinada de Gainsborough (na sala britânica).

A dois quarteirões dali, a **Colección de Arte Cubano** (mapa p. 68; Trocadero entre Agramonte e av. de las Misiones; entrada CUC$5, menos

## Centro Habana

## Centro Habana

**Destaques**
Museo de la Revolución ........ D3
Museo Nacional de Bellas Artes (Colección de Arte Cubano) ........ D4
Museo Nacional de Bellas Artes (Colección de Arte Universal) ........ D5
Real Fábrica de Tabacos Partagás ........ C6

**Atrações**
1 Asociación Canaria de Cuba ........ D4
2 Asociación Cultural Yoruba de Cuba ........ C6
3 Cárcel ........ D2
4 Castillo de San Salvador de la Punta ........ D1
Centro Gallego ........ (veja 50)
5 Escuela Nacional de Ballet ........ C3
6 Fuente de la India ........ C6
Gran Teatro de La Habana ........ (veja 50)
Hotel Inglaterra ........ (veja 20)
7 Memorial a los Estudiantes de Medicina ........ D2
8 Museo Lezama Lima ........ C3
9 Palacio de los Matrimonios ........ C4
10 Palacio Velasco ........ D2
11 Pavillón Granma ........ D3
12 Estátua do General Máximo Gómez ........ D2
13 Estátua de José Martí ........ C5
Teatro Fausto ........ (veja 54)

**Atividades, cursos e visitas guiadas**
14 Centro Andaluz ........ C4
15 Centro Hispano Americano de Cultura ........ C2
Teatro América ........ (veja 53)

**Onde dormir**
16 Dulce Hostal – Dulce María González ........ B5
17 Esther Cardoso ........ B5
18 Hotel Caribbean ........ C3
19 Hotel Deauville ........ B3
20 Hotel Inglaterra ........ C5
21 Hotel Lido ........ C4
22 Hotel Lincoln ........ A4
23 Hotel NH Parque Central ........ C4
24 Hotel Park View ........ D3
25 Hotel Saratoga ........ C6
26 Hotel Sevilla ........ C4
27 Hotel Telégrafo ........ C5
28 Julio & Elsa Roque ........ C3
29 Niurka O Rey ........ B4

**Onde comer**
30 Almacenes Ultra ........ A7
31 Café Neruda ........ A3
32 Chi Tack Tong ........ A6
33 El Gran Dragón ........ A6
34 La Época ........ A5
35 Los Gijones ........ C4
36 Los Nardos ........ C6
37 Mercado Agropecuario Egido ........ D7
38 Paladar Doña Blanquita ........ C3
39 Paladar Torressón ........ C2
40 Pastelería Francesa ........ C5
41 Rancho Coquito ........ B2
42 Restaurante Tien-Tan ........ A6
43 Supermercado Isla de Cuba ........ C7

**Onde beber**
44 Prado & Ánimas ........ C4
45 Prado No 12 ........ C2

**Lazer**
46 Cabaret Nacional ........ C5
47 Cine Actualidades ........ D4
48 Cine Payret ........ C5
49 Cinecito ........ C5
50 Gran Teatro de La Habana ........ C5
51 Kid Chocolate ........ C5
52 La Casa de la Música Centro Habana ........ B5
53 Teatro América ........ B4
54 Teatro Fausto ........ C3

**Onde comprar**
55 Area de Vendedores por Cuenta Propia ........ C7
56 El Bulevar ........ B5
57 Galería la Acacia ........ C5
58 La Manzana de Gómez ........ C5
59 Librería Luis Rogelio Nogueras ........ B6
Real Fábrica de Tabacos Partagás ........ (veja 12)

de 14 anos grátis; ⌚10-18h ter-sáb, 10-14h dom) exibe arte puramente cubana – se você estiver com pressa, é melhor optar por esse museu. As obras são expostas em ordem cronológica, iniciando-se no terceiro andar, e são surpreendentemente variadas. Entre os artistas que merecem atenção estão Guillermo Collazo, considerado o primeiro grande artista cubano; Raúl Martínez, um mestre da pop art cubana nos anos 1960; e Wilfredo Lam, com estilo parecido ao de Picasso.

### Museo de la Revolución — MUSEU

(Mapa p. 68; Refugio, 1; sem guia/guiado CUC$4/6, taxa para uso de câmera; ⌚10-17h) O Museo de la Revolución fica no antigo Palácio Presidencial, construído entre 1913 e 1920 e usado por uma série de presidentes cubanos mercenários, sendo o principal Fulgencio Batista. O interior foi decorado pela mundialmente famosa Tiffany's, de Nova York, e o cintilante Salón de los Espejos (Salão dos Espelhos) se parece com o salão homônimo do Palácio de Versalhes. Em março de 1957, o palácio foi alvo de uma tentativa de assassinato mal-sucedida contra Batista, comandada pelo líder estudantil revolucionário José Antonio Echeverría. O museu começa, em ordem cronológica, no andar de cima, partindo da cultura pré-colombiana de Cuba e se estendendo até o regime socialista de hoje (com *mucha* propaganda). Os salões de baixo reúnem algumas exposições interessantes sobre o ataque ao Quartel de Moncada em 1953 (veja p. 394) e a vida de Che Guevara, além de provar uma peculiar propensão cubana em exibir uniformes ensanguentados. A maioria das explicações está em espanhol e inglês. Em frente ao prédio vê-se um fragmento da antiga muralha da cidade, assim como um tanque SAU-100 usado por Castro durante a batalha de 1961 na Baía dos Porcos.

No espaço dos fundos você encontra o **Pavillón Granma**, um memorial ao iate de 18m que levava Fidel Castro e 81 outros revolucionários de Tuxpán, no México, a Cuba em dezembro de 1956. Está protegido por um vidro e é vigiado 24 horas por dia, supostamente para impedir alguém de roubá-lo e fugir para a Flórida com ele. O pavilhão é cercado por outros veículos associados à Revolução e é acessível a partir do Museo de la Revolución.

### Prado (Paseo de Martí) — RUA

A construção desse bulevar em estilo europeu (mapa p. 68; oficialmente conhecido como Paseo de Martí) – a primeira rua fora da muralha da cidade – começou em 1770 e foi concluída em meados dos anos 1830, durante o período do Capitão General Miguel Tacón (1834-38). A ideia original era criar um bulevar tão esplêndido quanto os de Paris e Barcelona (o Prado parece inspirado nas Ramblas barcelonesas). Os famosos leões de bronze que vigiam as extremidades do calçadão central foram colocados ali em 1928.

Entre os edifícios de destaque do Prado estão o neorrenascentista **Palacio de los Matrimonios** (mapa p. 68; Paseo de Martí, 302), o moderno **Teatro Fausto** (mapa p. 68; esq. Paseo de Martí e Colón) e o neoclássico da **Escuela Nacional de Ballet** (mapa p. 68; esq. Paseo de Martí e Trocadero), a famosa academia de balé de Alicia Alonso.

### Estátua do General Máximo Gómez — MONUMENTO

(Mapa p. 68; Malecón esq. com Paseo de Martí) Sobre uma grande rotatória virada para a entrada do porto fica essa estátua um tanto grandiosa, no lado direito da rua. Gómez foi um herói de guerra da República Dominicana que lutou incansavelmente pela independência cubana nos conflitos de 1868 e 1895 contra os espanhóis. A impressionante estátua, sentada sobre seu cavalo, foi criada pelo artista italiano Aldo Gamba em 1935 e está olhando heroicamente para o mar.

### Museo Lezama Lima — MUSEU

(Mapa p. 68; Trocadero, 162, esq. com Industria; sem guia/guiado CUC$1/2; ⌚9-17h ter-sáb, 9-13h dom) Um novo museu na antiga casa do falecido escritor cubano José Lezama Lima, é parada obrigatória para quem deseja entender a literatura cubana. A maior parte da obra-prima de Lima, *Paradiso*, foi escrita ali.

### Parque de los Enamorados — PARQUE

Uma parte da **Cárcel** (mapa p. 68) ou Tacón, prisão colonial construída em 1838, permanece preservada dentro do Parque de los Enamorados (mapa p. 68), que é cercado pelo tráfego de carros. Muitos patriotas cubanos ficaram presos ali, entre eles José Martí – era um lugar cruel, de onde muitos prisioneiros eram mandados para o trabalho pesado na pedreira San Lázaro, próxima dali. A prisão foi finalmente demolida em 1939, e o parque construído em seu lugar é dedicado à memória dos que sofreram tão terrivelmente entre suas paredes. Duas pequenas celas e uma capelinha são tudo o que resta do cárcere. Atrás do parque, há um belo prédio em forma de bolo de casamento (*art nouveau* com um toque de ecletismo) que exibe a bandeira da Espanha: é o velho **Palacio Velasco** (mapa p. 68; 1912), hoje a embaixada espanhola. Para lá dele fica o **Memorial a los Estudiantes de Medicina** (mapa p. 68), um fragmento de muro protegido por mármore que marca o local onde oito estudantes de medicina cubanos foram mortos a tiros pelos espanhóis em 1871, como represália por terem vandalizado, supostamente, o túmulo de um jornalista espanhol (na verdade, eles eram inocentes).

### Castillo de San Salvador de la Punta

FORTE, MUSEU

Um dos quatro fortes do porto de Havana, La Punta (mapa p. 68) foi projetado pelo engenheiro militar italiano Giovanni Bautista Antonelli e construído entre 1589 e 1600. Durante o período colonial, uma corrente era puxada por 250m até o castelo de El Morro todas as noites, para fechar a entrada do porto aos navios. O **museu** (entrada CUC$6; ⌚10-18h qua-dom) do castelo exibe artefatos de frotas espanholas que afundaram, uma coleção de maquetes de navios e informações sobre o comércio de escravos.

### El Barrio Chino

BAIRRO

A Chinatown de Havana (mapa p. 68) – ou *Barrio Chino,* como é mais conhecida – destaca-se hoje por sua completa falta de chineses. Mas nem sempre foi assim. Os primeiros chineses chegaram a Cuba como trabalhadores temporários no fim dos anos 1840, em decorrência do declínio no comércio de escravos transatlântico. Nos anos 1920, o bairro chinês de Havana já havia enriquecido e se tornado o maior bairro asiático da América Latina – um centro efervescente com lavanderias, farmácias, teatros e armazéns próprios. Mas a decadência começou no início dos anos 1960, quando milhares de chineses se mudaram para os Estados Unidos em busca de negócios. Reconhecendo o potencial turístico da área na década de 1990, o governo cubano investiu recursos para resgatar a personalidade histórica do bairro, inserindo placas bilíngues e um grande arco em forma de pagode na entrada da calle Dragones. Foram dados incentivos, ainda, para que os comerciantes chineses promovessem seus restaurantes. Hoje o movimento se concentra na estreita calle Cuchillo e nas ruas ao redor. Vá para a região se estiver em busca de restaurantes baratos, comida em abundância e um olhar interessante sobre a vida cubana com um toque asiático.

## VEDADO

Vedado (conhecido oficialmente como o município da "Plaza de la Revolución") é o centro comercial de Havana e um bairro residencial arquetípico, mais antigo que Playa e mais recente que Centro Habana. As primeiras casas invadiram essa antiga reserva florestal nos anos 1860, com um *boom* de crescimento no início dos anos 1920 que continuou até trinta anos depois.

Com ruas organizadas em xadrez quase perfeito, Vedado tem uma atmosfera mais norte-americana do que outras partes da capital cubana, e sua pequena quantidade de *rascacielos* (arranha-céus) – inspirados nos gigantes *art déco* de Miami e Nova York – é resultado da relação de quase cinquenta anos que Cuba cultivou com os Estados Unidos.

Durante os anos 1940 e 1950, Vedado se prestava como cenário espalhafatoso para a jogatina pré-revolucionária, que atingiu seu auge nessa época. O Hotel Nacional já teve um cassino em estilo Las Vegas, enquanto o elegante Hotel Riviera servia de terreno de influência para o mafioso Meyer Lansky, e o hoje vazio Hotel Capri era administrado pelo ator hollywoodiano (também ligado à máfia) George Raft. Tudo mudou em janeiro de 1959, quando Fidel Castro invadiu a cidade com seu exército de rebeldes barbudos e ocupou o 24º andar do novíssimo Havana Hilton (que imediatamente depois foi rebatizado como Hotel Habana Libre).

Hoje, Vedado tem uma população de cerca de 175 mil pessoas, e suas ruas residenciais arborizadas são salpicadas de teatros, casas noturnas, *paladares* e restaurantes. Cortado por dois grandes bulevares em estilo parisiense, calle G e Paseo, esse bairro geométrico é embelezado por uma profusão de parques agradáveis e pela gigantesca Plaza de la Revolución, construída durante a era Batista, nos anos 1950.

### Iglesia del Sagrado Corazón de Jesús

IGREJA

(Mapa p. 72; av. Simón Bolívar entre Gervasio e Padre Varela) Essa inspiradora obra em mármore fica um pouco fora de mão, mas vale a caminhada. Tem um belo campanário branco, onde você pode curtir alguns minutos de contemplação em paz e tranquilidade, longe da loucura da rua. A igreja também é famosa por seus vitrais e pela luz que passa por eles logo de manhãzinha (quando ainda está vazia), dando um ar etéreo ao ambiente.

### 👍 Hotel Nacional

EDIFÍCIO NOTÁVEL

(Mapa p. 72; esq. calles O e 21) Construído em 1930 como uma cópia do Breakers Hotel de Palm Beach, na Flórida, esse edifício *art déco* e neoclássico é um monumento nacional, que ilustra cartões-postais de Havana.

# Vedado

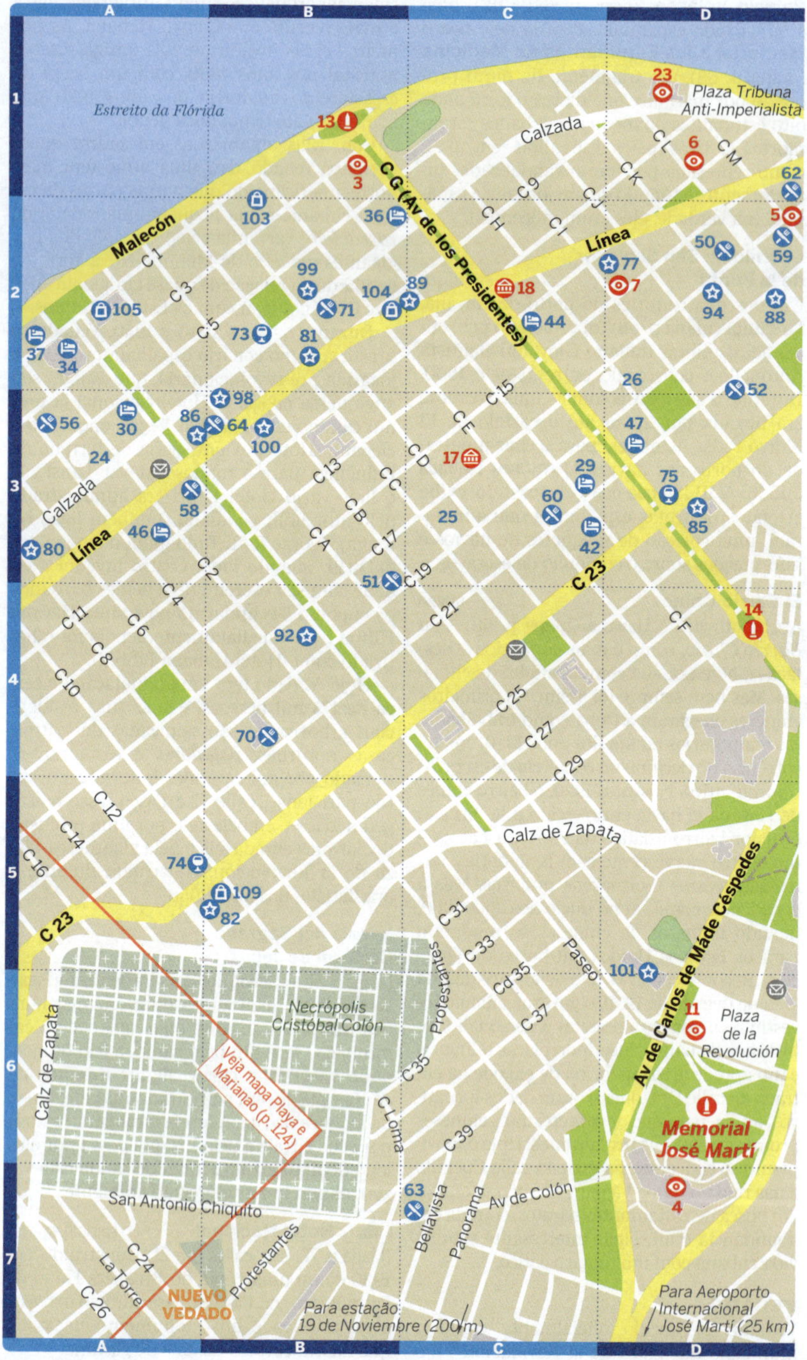
Estreito da Flórida
Malecón
Calzada
Línea
C G (Av de los Presidentes)
C 23
Plaza Tribuna
Anti-Imperialista
C1
C3
C5
C2
C4
C6
C8
C10
C11
C12
C14
C16
C9
CH
CI
CJ
CK
CL
CM
C15
CE
CD
CC
CB
CA
C13
C17
C19
C21
C25
C27
C29
CF
Calz de Zapata
Av de Carlos de Máde Céspedes
C31
C33
Cd 35
C37
Paseo
Protestantes
C35
C Loma
C39
Necrópolis
Cristóbal Colón
Veja mapa Playa e
Marianao (p. 124)
Plaza
de la
Revolución
Memorial
José Martí
San Antonio Chiquito
Av de Colón
Bellavista
Panorama
C 24
La Torre
C 26
NUEVO
VEDADO
Para estação
19 de Noviembre (200m)
Para Aeroporto
Internacional
José Martí (25 km)
A
B
C
D
1
2
3
4
5
6
7
3
4
5
6
7
11
13
14
17
18
23
24
25
26
29
30
34
36
37
42
44
46
47
50
51
52
56
58
59
60
62
63
64
70
71
73
74
75
77
80
81
82
85
86
88
89
92
94
98
99
100
101
103
104
105
109

0
500 m
Caleta de
San Lázaro
Malecón (Av Maceo)
Parque
Maceo
San Lázaro
Lagunas
Animas
Virtudes
Lealtad
Príncipe
Vapor
Jovellar
Espada
San Lázaro
C 27
Av Universidad
C P
C N
C L
C O
Aramburu
Soledad
Virtudes
Concordia
Neptuno
Lucena
San Miguel
San Rafael
San Martín
Universidad
de La
Habana
Museo
Napoleónico
San Francisco
Plaza de la
Revolución
Hospital
Marqués González
Zanja
Oquendo
Santiago
Gervasio
Dragones
Salud
Infanta
Pocito
Av Simón Bolívar
Av Salvador Allende
Enrique Barnet
Maloja
Sitio
Peñalver
Desagüe
Benjumeda
Santo Tómas
Clavel
Santa Marta
Escobar
Lealtad
San Carlos
Padre Varela
Figuras
Carmen
Rastro
Padre Varela
Pozos Dulces
Bruzón
Luaces
Av de la Independencia
Terminal
de Omnibus
C 19 de Mayo
Retiro
Árbol Seco
Calz de Infanta
Aranguren
Arroyo (Av Manglar)
Av 20 de Mayo
Calz de Ayestarán
Máximo Gómez
Av de México
Retiro
Estadio
Latinoamericano

## Vedado

**Destaques**
Memorial José Martí ... D6
Museo Napoleónico ... E3
Universidad de La Habana ... E3

**Atrações**
1 Airline Building ... E2
2 Biblioteca Nacional José Martí ... E6
3 Casa de las Américas ... B1
4 Comité Central del Partido Comunista de Cuba ... D7
5 Edificio Focsa ... D2
6 Edificio López Serrano ... D1
7 Gran Synagoga Bet Shalom ... D2
8 Hotel Capri ... E2
Hotel Habana Libre ... (veja 33)
Hotel Nacional ... (veja 35)
9 Iglesia de Sagrado Corazón de Jesús ... H4
10 Retratos de Mella ... E3
11 Ministerio del Interior ... D6
12 Monumento a Antonio Maceo ... G2
13 Monumento a Calixto García ... B1
14 Monumento a José Miguel Gómez ... D4
15 Monumento a Julio Antonio Mella ... E3
16 Monumento a las Víctimas del Maine ... E1
Museo Antropológico Montané ... (veja 19)
17 Museo de Artes Decorativas ... C3
18 Museo de Danza ... C2
19 Museo de Historia Natural Felipe Poey ... E3
20 Museo del Ferrocarril ... H6
21 Quinta de los Molinos ... E4
22 Torreón de San Lázaro ... G2
23 US Interests Section ... D1

**Atividades, cursos e visitas guiadas**
24 Conjunto Folklórico Nacional de Cuba ... A3
Museo de Artes Decorativas ... (veja 17)
25 Paradiso ... C3
Teatro Nacional de Cuba ... (veja 101)
26 Uneac ... D2
27 Universidad de La Habana ... E3

**Onde dormir**
Basilia Pérez Castro ... (veja 48)
28 Casa 1932 ... H2
Casa Particular Sandélis ... (veja 43)
29 Eddy Gutiérrez Bouza ... C3
30 Guillermina & Roberto Abreu ... A3
31 Hotel Bruzón ... E5
32 Hotel Colina ... E3
33 Hotel Habana Libre ... E2
34 Hotel Meliá Cohiba ... A2
35 Hotel Nacional ... E1
36 Hotel Presidente ... B2
37 Hotel Riviera ... A2
38 Hotel St John's ... E2
39 Hotel Vedado ... E2
40 Hotel Victoria ... E2
41 La Casona Colonial – José Díaz ... H3
42 Luís Suávez Fiandor ... C3
43 Manuel Martínez ... E2
44 Marta Vitorte ... C2
45 Martha Obregón ... H3
46 Melba Piñada Bermudez ... A3
47 Mercedes González ... D3
48 Nelsy Alemán Machado ... E3
49 Villa Enano Rojo ... H2

**Onde comer**
50 Agropecuario 17 & K ... D2
51 Agropecuario 19 & A ... B3
52 Agropecuario 21 & J ... D2
53 Bim Bom ... F2
54 Café TV ... E2
55 Cafetería Sofía ... E2
56 Centro Vasco ... A3
57 Coppelia ... E2
58 Decameron ... A3

A notoriedade do hotel foi consolidada em outubro de 1933, quando – em seguida ao golpe de Fulgencio Batista, que derrubou Gerardo Machado do poder – trezentos soldados se refugiaram no prédio na esperança de recorrerem ao embaixador norte-americano Sumner Wells, que morava lá. Para a decepção dos oficiais, porém, Wells partiu imediatamente, permitindo que as tropas de Batista atirassem contra o hotel, matando catorze deles e ferindo outros sete. Outros foram executados mais tarde, depois de se renderem.

Em dezembro de 1946, o hotel ganhou fama de outra natureza quando os criminosos norte-americanos Meyer Lansky e Lucky Luciano organizaram nele a maior festa da máfia dos Estados Unidos, que se reuniu sob o disfarce de um show de Frank Sinatra.

Hoje o hotel possui uma reputação melhor e seu famoso cassino há muito já não existe mais – embora seu cabaré Parisién, um tanto

59 El Conejito ... D2
60 El Gringo Viejo ... C3
61 Flor de Loto ... H4
62 La Casona & 17 ... D1
La Rampa ... (veja 33)
La Torre ... (veja 5)
63 Organopónico Plaza ... C7
64 Pain de París ... B3
Pain de París ... (veja 107)
65 Paladar Aries ... E3
66 Paladar El Hurón Azul ... F2
67 Paladar La Guarida ... H3
68 Paladar Los Amigos ... E2
69 Peso Pizza ... F3
70 Peso Stalls ... B4
71 Restaurante Vegetariano Carmelo ... B2
Supermercado Meridiano ... (veja 105)
72 Trattoría Maraka's ... E2

**Onde beber**
73 Bar-Club Imágenes ... B2
74 Café Fresa y Chocolate ... A5
75 Café Literario del 'G' ... D3

**Lazer**
76 Cabaret Las Vegas ... F2
Cabaret Parisién ... (veja 35)
Cabaret Turquino ... (veja 33)
Café Cantante ... (veja 101)
77 Café Teatro Brecht ... D2
78 Callejón de Hamel ... F3
Casa de la Amistad ... (veja 92)
79 Casa de la Cultura Centro Habana ... G4
80 Casa de la Cultura de Plaza ... A3
Casa de las Américas ... (veja 3)
81 Casa del Alba Cultural ... B2
Centro Cultural Cinematográfico ... (veja 74)
82 Cine Charles Chaplín ... B5
83 Cine Infanta ... F3
84 Cine La Rampa ... E2
85 Cine Riviera ... D3
86 Cine Trianón ... A3
87 Cine Yara ... E2
Cinecito ... (veja 82)
88 Club La Red ... D2
89 Club Tropical ... C2
Copa Room ... (veja 37)
90 Discoteca Amanecer ... E1
91 El Gato Tuerto ... E1
El Hurón Azul ... (veja 26)
Habana Café ... (veja 34)
92 Instituto Cubano de Amistad con los Pueblos ... B4
Jazz Café ... (veja 105)
93 Jazz Club La Zorra y El Cuervo ... E2
94 Karachi Club ... D2
95 La Madriguera ... F4
Piano Bar Delirio Habanero ... (veja 101)
Pico Blanco ... (veja 38)
96 Sala Polivalente Ramón Fonst ... E5
97 Sala Teatro El Sótano ... E3
98 Sala Teatro Hubert de Blanck ... B3
99 Teatro Amadeo Roldán ... B2
100 Teatro Mella ... B3
101 Teatro Nacional de Cuba ... D5
102 Teatro Nacional de Guiñol ... E2

**Onde comprar**
ARTex ... (veja 87)
103 Feria de la Artesanía ... B2
Galería de Arte Latinoamericano .. (veja 3)
104 Galería Habana ... B2
105 Galerías de Paseo ... A2
Instituto Cubano del Arte e Industria Cinematográficos ... (veja 74)
106 La Habana Sí ... E2
107 Librería Centenario del Apóstol ... F2
Libreria Rayuela ... (veja 3)
108 Plaza Carlos III ... G4
109 Sevando Galería del Arte ... B5

cafona, ainda atraia público. Mesmo quem não estiver hospedado pode visitar o lobby em estilo mouro, passear pelo jardim com vista para o Malecón e ver as fotos de antigos clientes nas paredes de seu interior.

**Hotel Habana Libre** EDIFÍCIO NOTÁVEL

(Mapa p. 72; calle L entre calles 23 e 25) Esse hotel modernista – o antigo Havana Hilton – foi requisitado por revolucionários de Castro em 1959, apenas nove meses após sua abertura, e rebatizado como Habana Libre. Durante os primeiros meses da Revolução, Fidel comandou o país de sua luxuosa suíte no 24º andar.

Um mural veneziano de ladrilhos de 670m², criado por Amelia Peláez, espalha-se na fachada do prédio, enquanto o *Carro de la Revolución*, de Alfredo Sosa Bravo, no alto da escadaria, utiliza 525 peças de cerâmica. Há também boas lojas e uma galeria de fotos no interior, com cliques dos revolucionários barbudos com suas armas no lobby do hotel, em janeiro de 1959.

**Edificio Focsa** MARCO

(Mapa p. 72; prédio Focsa; esq. calles 17 e M) Impossível de passar batido no céu de Havana, o modernista Edificio Focsa foi construído entre 1954 e 1956 em um recorde de 28 meses, usando uma tecnologia computadorizada pioneira. Em 1999, foi listado como uma das sete maravilhas da engenharia de Cuba. Com 39 andares e 373 apartamentos, tornou-se, assim que foi finalizado, em junho de 1956, a segunda maior estrutura de concreto desse tipo no mundo – erguida inteiramente sem o uso de gruas. No período difícil do início dos anos 1990, os andares mais altos do Focsa tornaram-se ninhos de abutres e, em 2000, um cabo de elevador estourou, matando uma pessoa. Mas, revitalizado após um projeto de restauro, esse gigante que domina o céu de Havana agora contém apartamentos residenciais – que estão tão em forma quanto o restaurante que fica no topo, La Torre (p. 103), um dos mais celebrados da cidade.

**Hotel Capri** RUÍNA

(Mapa p. 72; calle 21 esq. com calle N) Algumas cidades contêm ruínas romanas, mas Havana também tem uma ruína – da década de 1950. O Capri não é antigo: foi construído em estilo modernista com o dinheiro da máfia em 1957. Em sua (breve) glória, o hotel pertencia ao criminoso Santo Trafficante, que usava o ator americano George Raft como seu cortês homem de fachada. Quando os guerrilheiros de Castro foram bater ali em janeiro de 1959, dizem que Raft os mandou para "aquele" lugar e deu com a porta na cara deles. O hotel, com uma piscina no último andar, apareceu em dois filmes: *Nosso homem em Havana*, de Carol Reed, e *Soy Cuba*, de Mikhael Kalatazov. Também foi cenário do encontro de Michael Corleone com Hyman Roth em *O poderoso chefão: Parte II*, embora, devido ao embargo, Coppola tenha tido de filmar as cenas na República Dominicana. Fechado em 2003, Capri é agora uma ruína de dezenove andares aguardando uma nova chance.

**Universidad de la Habana** UNIVERSIDADE

(Mapa p. 72; esq. calle L e San Lázaro) Fundada por monges dominicanos em 1728 e secularizada em 1842, a Universidade de Havana começou sua trajetória em Habana Vieja antes de se mudar para a localização atual, em 1902. O complexo neoclássico data de meados do século 20, e hoje cerca de 30 mil estudantes frequentam ali as faculdades de ciências sociais, naturais e humanas, matemática e economia.

Incrustada sobre uma colina de Vedado, no topo da famosa *escalinata* e perto da estátua **Alma Mater**, a praça central da universidade, Plaza Ignacio Agramonte, exibe um tanque de guerra capturado pelos rebeldes de Castro em 1958. Diretamente em frente fica a **Librería Alma Mater** (biblioteca) e, à esquerda, o **Museo de Historia Natural Felipe Poey** (mapa p. 72; entrada CUC$1; ⏲9-12h e 13-16h seg-sex set-jul), o mais antigo museu de Cuba, fundado em 1874 pela Academia Real de Ciências Médicas, Físicas e Naturais. A maioria dos espécimes da flora e fauna de Cuba data do século 19. No alto da escada, o **Museo Antropológico Montané** (mapa p. 72; entrada CUC$1; ⏲9-12h e 13-16h seg-sex set-jul), fundado em 1903, tem uma rica coleção de artefatos indígenas do período pré-colombiano, entre os quais o Ídolo del Tabaco em madeira, do século 10.

**Monumento a Julio Antonio Mella** MONUMENTO

(Mapa p. 72; esq. Neptuno e San Lázaro) Ao pé dos degraus da universidade fica esse monumento ao líder estudantil que fundou o primeiro Partido Comunista de Cuba, em 1925. Em 1929, o ditador Machado mandou assassinar Mella na Cidade do México. Mais interessante do que o monumento em si são os **retratos em preto e branco de Mella** que ficam permanentemente afixados na parede do pequeno parque do outro lado da San Lázaro.

**Museo Napoleónico** MUSEU

(Mapa p. 72; San Miguel, 1159; sem guia/guiado CUC$3/5; ⏲9h-16h30 ter-sáb) Uma peculiaridade – bem interessante, porém – é que o Museo Napoleónico fica localizado logo ao lado dos muros da universidade. Trata-se de uma coleção de 7 mil objetos associados à vida de Napoleão Bonaparte, reunidos pelo barão do açúcar cubano Julio Lobo e pelo político Orestes Ferrera. Entre os destaques, há rascunhos de Voltaire, pinturas da batalha de Waterloo, porcelana, móveis, uma boa reprodução do escritório e do quarto de Napoleão e uma das muitas máscaras mortuárias napoleônicas, feita dois dias depois da morte do imperador por seu médico particular, dr. Francisco Antommarchi.

**Museo de Artes Decorativas** MUSEU

(Mapa p. 72; calle 17, 502, entre calles D e E; entrada CUC$2; ⏲11-19h ter-sáb) Vale uma visita para quem estiver na vizinhança (embora seja um pouco fora de mão). Tem elegantes ornamentos rococós, orientais e *art déco*. Mais interessante ainda é o prédio em si, em estilo francês, encomendado em 1924 pela abastada família Gómez (que também construiu o shopping center Manzana de Gómez, em Centro Habana).

**Museo de Danza** MUSEU

(Mapa p. 72; Línea, 365; entrada CUC$2; ⌚11h-18h30 ter-sáb) Um museu da dança em Cuba – nenhuma surpresa até aí. Esse antigo estabelecimento, que fica em uma mansão eclética de Vedado, reúne objetos da rica história da dança cubana, entre os quais acessórios pessoais da bailarina Alicia Alonso.

**Plaza de la Revolución** PRAÇA

Construída pelo paisagista francês Jean Claude Forestier nos anos 1920, a gigantesca Plaza de la Revolución (mapa p. 72; conhecida como Plaza Cívica até 1959) fazia parte da "nova cidade" de Havana, que cresceu entre 1920 e 1959. Como ponto alto do plano ambicioso de Forestier, a praça foi construída sobre uma pequena colina (a Loma de los Catalanes) à maneira da Place de Étoile, de Paris, com várias avenidas partindo dela em direção ao rio Almendares, a Vedado e ao Parque de la Fraternidad em Centro Habana.

Cercada por prédios comerciais cinzentos, que datam dos anos 1950, a praça hoje é a base do governo cubano e cenário de grandes manifestações políticas. Em janeiro de 1998, 1 milhão de pessoas (perto de um décimo da população cubana) se amontoou na praça para assistir à missa do papa João Paulo II.

O bloco de concreto feioso na parte norte da Plaza é o **Ministerio del Interior** (mapa p. 72), conhecido por seu grande mural de Che Guevara (uma cópia da famosa fotografia de Alberto Korda tirada em 1960), com as palavras *Hasta la Victoria Siempre* grafadas abaixo. Em 2009, uma imagem similar do heroico guerrilheiro cubano Camilo Cienfuegos foi colocada no prédio ao lado, um centro de telecomunicações.

No lado leste fica a **Biblioteca Nacional José Martí** (mapa p. 72; entrada franca; ⌚8h-21h45 seg-sáb), de 1957, que exibe fotografias no hall de entrada, enquanto a oeste fica o **Teatro Nacional de Cuba** (p. 110).

Incrustados atrás do Memorial a José Martí ficam os escritórios do governo, que ocupam o superprotegido **Comité Central del Partido Comunista de Cuba**.

**Memorial a José Martí** MONUMENTO, MUSEU

(Mapa p. 72; entrada CUC$5; ⌚9h30-17h seg-sáb) No centro da Plaza de la Revolución fica esse monumento, que, com 138,5m de altura, é a estrutura mais alta de Havana. Em frente à entrada, há uma impressionante estátua de 17m em mármore, que retrata Martí em pos-

## ECLETISMO DE HAVANA

Em sua arquitetura – e música – Havana exibe bem pouca pureza de estilo. O que há é uma mistura mal-ajambrada, um empréstimo de vários gêneros importados, que, com o tempo, se fundiram para formar um todo único, às vezes chamado de "ecletismo de Havana".

As razões que levaram a isso são múltiplas. No início do período colonial, a falta de trabalho especializado em Cuba fez com que a ornamentação na arquitetura europeia fosse simplificada, muitas vezes, para um "barroco cubano" mais simples, esculpido na pedra calcária dura de Havana retirada das pedreiras de San Lázaro. Outros prédios foram construídos com inspiração em estilos arquitetônicos europeus, mas adaptados às características climáticas, com *portales* (varandas), mezaninos e grandes janelas sem vidro. Além disso, outras influências também tiveram seu papel. Espelhando a rica variedade étnica do país, a arquitetura de Havana tornou-se um caldeirão complicado de temas e ideias. Giuseppe Antonelli usou traços italianos renascentistas para erguer os grandiosos fortes ao lado do porto; notam-se elementos do neoclassicismo francês – herdados do Haiti – nos prédios do início do século 19 e a influência do modernismo, trazida por imigrantes espanhóis da Catalunha, e da *art déco*, que veio com os arquitetos inovadores dos Estados Unidos.

O ponto alto do ecletismo de Cuba ocorreu durante o *boom* econômico dos anos 1920, quando sagazes empresários enriqueceram com a indústria do açúcar e investiram seu dinheiro em mansões luxuosas nos subúrbios de Vedado e Miramar, que floresciam àquela época.

Os mais interessantes exemplares do ecletismo de Havana são o Gran Teatro de La Habana (p. 67), o Hotel Nacional (p. 118), o Palacio Presidencial, que hoje abriga o Museo de la Revolución (p. 70), e o Palacio Velasco (p. 70). Para ver as mais belas concentrações de ecletismo, ande pelo Paseo de Martí (Prado), em Centro Habana, pela calle 17, em Vedado, e pela av. Quinta, em Miramar.

tura pensativa, como a famosa obra *O pensador*, de Rodin. O memorial abriga um museu – a melhor exposição sobre Martí em Cuba – e um observatório de 129m (ao qual se chega por um pequeno elevador com ingresso de CUC$2), com fantásticas vistas da cidade.

**Quinta de los Molinos** MARCO

(Mapa p. 72; esq. av. Salvador Allende e Luaces) Antiga residência do general Máximo Gómez, a Quinta fica entre exuberantes jardins botânicos que já pertenceram à Universidade Harvard. A casa e o terreno parecem presos em um eterno projeto de restauração, com promessas de um novo museu e reformas nos jardins para um futuro talvez distante. Há um ótimo potencial.

**Necrópolis Cristóbal Colón** CEMITÉRIO

(Mapa p. 72; entrada CUC$5; ⏲8-17h) Já descrito como um "exercício de excesso de piedade", esse cemitério (um monumento nacional) é conhecido por sua impressionante iconografia religiosa e elaboradas estátuas de mármore. Um passeio por seus 56ha não é nada lúgubre, mas sim educativo e até emotivo, passando pela história de Cuba. Um guia com um mapa detalhado (CUC$5) fica à venda na entrada. Trata-se de um dos maiores cemitérios das Américas.

Depois de entrar pelo **portão norte** (1870), em estilo neorromânico, você verá o túmulo do líder da independência **General Máximo Gómez** (1905), à direita (procure pelo rosto gravado em um medalhão de bronze). Mais à frente, passando pela primeira rotatória, também à direita, fica o **monumento aos bombeiros** (1890) e a **Capilla Central** (1886), no centro do cemitério. A nordeste da capela fica o túmulo mais conhecido (e visitado), o da **Señora Amelia Goyri** (esq. calles 1 e F), mais conhecida como La Milagrosa, que morreu no parto de seu filho em 3 de maio de 1901. A figura de mármore de uma mulher segurando um bebê é fácil de encontrar, pois há pilhas de flores sobre o túmulo, além da presença constante de devotos ao redor. Por muitos anos após a sua morte, o marido de Amelia, ainda sofrendo, visitou o túmulo várias vezes ao dia. Ele sempre batia na lápide com um dos quatro anéis de ferro que há sobre ela e depois saía andando de costas, para que pudesse olhar para o túmulo pelo máximo de tempo possível. Quando os corpos foram exumados, alguns anos depois, o corpo de Amelia estava intacto (sinal de santidade para a fé católica) e o bebê, que havia sido enterrado aos pés da mãe, estava – é o que dizem – em seus braços. La Milagrosa tornou-se, então, objeto de grande culto espiritual em Cuba, e milhares de pessoas a visitam todos os anos, levando-lhe presentes na esperança de seus sonhos serem realizados ou seus problemas, resolvidos. Para manter a tradição, os peregrinos batem na lápide com um dos anéis e também vão embora andando de costas.

Também vale a pena procurar o túmulo do líder do Partido Ortodoxo, **Eduardo Chibás** (calle 8 entre calles E e F). Durante os anos 1940 e 1950, Chibás lutou incansavelmente contra a corrupção política e, como forma de protesto, suicidou-se durante uma transmissão de rádio em 1951. Em seu velório, um jovem ativista do Partido Ortodoxo chamado Fidel Castro pulou sobre o túmulo de Chibás e fez um inflamado discurso contra as autoridades – era o começo político do mais influente cubano do século 20.

Outros túmulos que valem a visita são o do escritor Alejo Carpentier (1904-80), do cientista Carlos Finlay (1833-1915), dos mártires de Granma e dos veteranos das guerras de independência.

👍 **Malecón** RUA

O Malecón (mapa p. 72), a famosa avenida à beira-mar de Havana, com 8km de extensão, é um dos pontos da cidade mais expressivos e cubanos, na essência da palavra.

Há muito tempo é ponto de encontro de namorados, filósofos, poetas, andarilhos, pescadores e daqueles que sonham com a vida na Flórida. O clima característico do Malecón fica potencializado ao pôr do sol, quando uma fraca luz amarela passa pelos filtros de Vedado e bate nos prédios decadentes de Centro Habana, conferindo-lhes um ar etéreo.

Construído no início do século 20 como um calçadão à beira-mar que estimulava as caminhadas – já que a classe média de Havana gostava de passear –, o Malecón rapidamente se expandiu na direção leste ainda nos anos 1910, criando um conjunto único de arquitetura eclética, que alia a robustez do neoclássico com o capricho da *art nouveau*. Nos anos 1920, a avenida havia alcançado os limites do bairro burguês de Vedado e, nos anos 1950, já tinha se metamorfoseado, tornando-se uma marginal expressa com seis faixas pelas quais passavam hordas de Buicks e Chevrolets, que iam do Castillo de San Salvador de la Punta às fronteiras de Miramar.

Hoje o Malecón continua sendo um autêntico teatro a céu aberto de Havana, uma espécie de "cabaré dos pobres", onde a cidade inteira se encontra, se cumprimenta, namora e debate.

Apesar da luta contra os efeitos corrosivos do mar, muitos dos magníficos prédios da orla hoje enfrentam a decrepitude, a demolição ou os danos inexoráveis. Para combater o problema, catorze quarteirões do Malecón ganharam status especial no departamento de restauração da cidade, como uma tentativa de controlar a deterioração.

**Monumento a Antonio Maceo** MONUMENTO

Sob a sombra do **Hospital Nacional Hermanos Ameijeiras** (San Lázaro, 701) – um hospital de 24 andares da era soviética, construído em 1980 – fica a representação em bronze (mapa p. 72) do general *mulato* que abriu uma trilha por todo o comprimento de Cuba durante a Primeira Guerra de Independência. Ali perto, o **Torreón de San Lázaro** (mapa p. 72), do século 18, é uma torre de observação que foi tomada pelos britânicos durante a invasão de 1762.

**Monumento a las Víctimas del Maine** MONUMENTO

(Mapa p. 72; Malecón) A oeste, depois do Hotel Nacional, está essa homenagem às vítimas do USS *Maine*, um navio de guerra que explodiu misteriosamente no porto de Havana em 1898. Coroado pela águia norte-americana, o monumento (primeiro erguido durante o período de dominação dos Estados Unidos, em 1926) acabou vandalizado durante a Revolução de 1959.

**US Interests Section** MARCO

(Mapa p. 72; calzada entre calles L e M) Esse moderno prédio de sete andares, muito bem protegido, é o US Interests Section, ou Centro de Interesses Norte-Americanos. Foi implantado durante o governo de Jimmy Carter, no fim dos anos 1970. Está cercado por grafites e serve de cenário para acusações constantes e o pior da briga Cuba *versus* Estados Unidos em toda a ilha. De frente para ele fica a **Plaza de la Dignidad,** construída durante a saga de Elián González para abrigar protestos bem diretos sob o nariz dos norte-americanos. Shows, protestos e marchas – alguns com 1 milhão de pessoas – ainda acontecem ali.

**Edificio López Serrano** MARCO

(Mapa p. 72; calle L entre calles 11 e 13) Atrás do US Interests Section fica esta torre *art déco*, que se parece com o Empire State (sem os primeiros setenta andares). Foi um dos primeiros arranha-céus de Havana quando construído, em 1932, e hoje abriga apartamentos residenciais.

**Avenida de los Presidentes** RUA

Estátuas de ilustres líderes latino-americanos se enfileiram na calle G (mapa p. 72; oficialmente conhecida como avenida de los Presidentes), que se parece com as Ramblas de Barcelona: Salvador Allende (Chile), Benito Juárez (México) e Simón Bolívar. No fim da avenida fica o **Monumento a José Miguel Gómez** (mapa p. 72), em mármore, em homenagem ao segundo presidente cubano. Na outra ponta, tudo que resta do monumento ao primeiro presidente de Cuba, Tomás Estrada Palma (por muito tempo considerado uma marionete dos Estados Unidos), são seus sapatos sobre uma base.

Guardando a entrada da calle G, no Malecón, fica o equestre **Monumento a Calixto García** (mapa p. 72; esq. Malecón com calle G), uma homenagem ao valente general cubano que foi impedido por militares norte-americanos em Santiago de Cuba de participar da rendição espanhola em 1898. Há 24 placas de bronze ao redor da estátua que contam a trajetória de García, que lutou por trinta anos pela independência de Cuba.

GRÁTIS **Casa de las Américas** CENTRO CULTURAL

(Mapa p. 72; www.casa.cult.cu; esq. calles 3 e G; ⌚10h-16h40 ter-sáb, 9-13h dom) Logo ao lado do Malecón, na extremidade voltada para o mar na calle G, essa instituição cultural foi aberta por Haydee Santamaría, sobrevivente do Moncada, em 1959, e abriga uma premiação literária de muito prestígio na América Latina. No edifício, há uma galeria de arte e uma livraria, cercadas por uma atmosfera de intelectualismo erudito.

**Gran Synagoga Bet Shalom** SINAGOGA

(Mapa p. 72; calle I, 251, entre calles 13 e 15) Cuba tem três sinagogas que atendem à população de aproximadamente 1.500 judeus. É onde se encontram o principal centro comunitário e a biblioteca em que atendentes simpáticos ficam felizes em contar a fascinante e pouco conhecida história da comunidade judaica em Cuba.

**Museo del Ferrocarril** MUSEU

(Esq. av. de México e Arroyo; entrada CUC$2; ⌚9--17h) Dois fatos que merecem reflexão: primeiro, Cuba foi o sexto país no mundo a desenvolver uma malha de ferro; segundo, havia trens em funcionamento uma década antes de isso acontecer na Espanha, sua colonizadora. Essas e outras razões são mais que suficientes para visitar esse periférico museu, que fica na antiga estação Cristina, construída em 1859. Há uma grande coleção de sinalizações e equipamentos de comunicação, além de velhas locomotivas e um panorama da história das ferrovias em Cuba. Pode-se fazer reserva para dar uma volta de trem.

**INÍCIO** CALLE MERCADERES
**FIM** MUSEO CASA NATAL DE JOSÉ MARTÍ
**DISTÂNCIA** 3KM
**DURAÇÃO** 5 HORAS

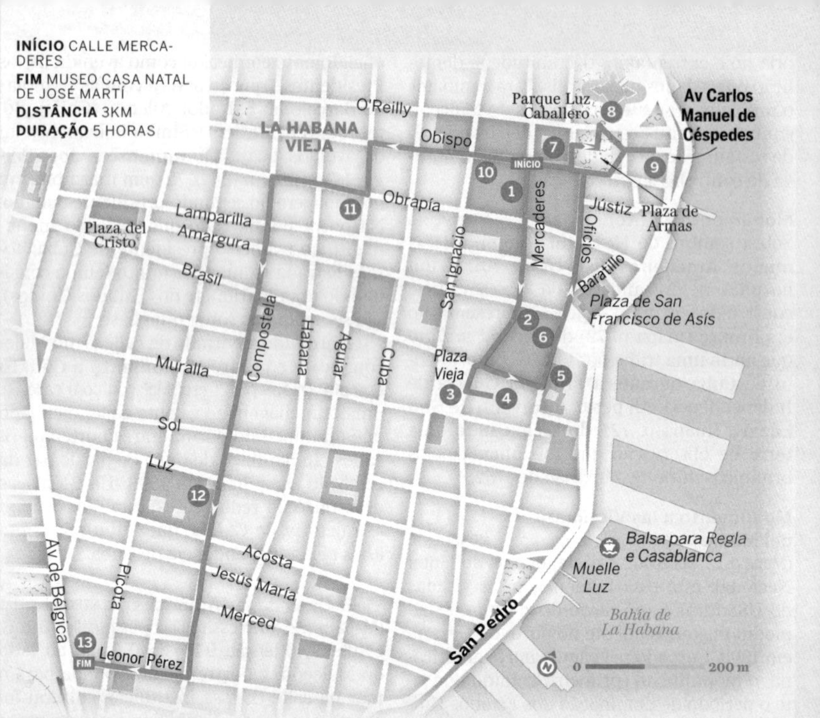


## Passeio a pé

# ❯ Habana Vieja restaurada

A restauração de Habana Vieja seria considerada uma grande conquista em qualquer país – imagine em Cuba, uma terra devastada pela crise econômica. Essa longa reforma da Cidade Antiga começou no fim dos anos 1970 e ainda se encontra em progresso. O plano, administrado pelo departamento de restauro da cidade, dirigido por Eusebio Leal Spengler, englobou os edifícios históricos mais importantes e criou projetos sociais inovadores para a população local. Por isso, foi agraciado com prêmios internacionais, em reconhecimento ao seu trabalho cultural, histórico e sustentável. Você pode conferir os resultados em toda a sua glória nesse passeio.

O lugar ideal para começar o tour por Habana Vieja é um quarteirão pequeno da ❶ **calle Mercaderes**, que reúne quatro pontos de interesse: a Maqueta de la Ciudad, o Cinematógrafo Lumière, a Taller de Papel Artesanal e a Casa de la Obra Pía.

Comece localizando-se geograficamente na Maqueta de la Ciudad, uma réplica (com escala de 1:500) de Habana Vieja, que possui efeitos sonoros e foi inaugurada pela Rainha Sofia da Espanha em 1999. O mesmo edifício abriga o Cinematógrafo Lumière, um pequeno cinema que passa filmes nostálgicos para cidadãos idosos e documentários educativos sobre a restauração para os visitantes.

Saia até a calle Mercaderes, uma das ruas mais completas da cidade, que tem sido meticulosamente restaurada desde o início dos anos 1980. O departamento de restauração emprega centenas de pessoas para ajudar nesse trabalho minucioso – há cursos de especialização em tudo, dos trabalhos em pedra e metal a arte religiosa e mobília antiga.

Uma oficina aberta ao público é a Taller de Papel Artesanal, a algumas portas da Maqueta, que resgata antigos métodos de fabricação para fazer papel artesanal, usado em trabalhos de arte tradicional. Esse projeto sociocultural também possui uma pequena sala de exposição que explica sua prática.

Outro destaque arquitetônico na Mercaderes é a Casa de la Obra Pía, uma antiga mansão que pertencia a um nobre espanhol, datada de 1648. A casa foi reformada em 1983, transformando-se em museu e projeto comunitário. Hoje, moradores produzem e vendem tecidos feitos ali.

Mais à frente, descendo a rua, fica o 2 **Museo del Chocolate**, aberto em 2003 com o apoio de um projeto das Nações Unidas patrocinado pela Bélgica, que também contribuiu para a reforma de 64 residências nas proximidades. Dê uma passada para se deliciar com as guloseimas.

A 3 **Plaza Vieja** foi a última praça da região a ser restaurada. Possui uma fonte de mármore de Carrara no centro. Do lado leste fica a 4 **Fototeca**, um arquivo fotográfico da parte antiga de Havana que abrange imagens desde o início do século 20. Foi iniciado pelo antigo historiador oficial, Emilio Roig de Leuchsenring, em 1937. Há cerca de 14 mil fotos, que foram também usadas como referência para o atual projeto de restauro.

Corte pela calle Brasil, vire à esquerda na calle Oficios e você vai chegar à 5 **Iglesia y Monasterio de San Francisco de Asís**. Construída em 1739, essa igreja/convento perdeu sua função religiosa nos anos 1840. No fim dos anos 1980, criptas e objetos sacros foram encontrados em escavações, muitos dos quais foram incorporados à coleção do Museo de Arte Religioso, aberto ali em 1994. Desde 2005, parte do velho monastério funciona como um teatro para as crianças da vizinhança.

Para ver um exemplo de como a cidade aprendeu a ganhar dinheiro com sua história, visite por dentro o cinco estrelas 6 **Hotel San Felipe y Santiago de Bejúcal**, de frente para a Plaza de San Francisco de Asís. Administrado pela Habaguanex, a ramificação comercial do departamento de restauro da cidade, o hotel foi aberto em 2010 e é um dos vários estabelecimentos reformados no núcleo colonial.

Seguindo a Oficios na direção norte, você chega à terceira praça restaurada, a Plaza de Armas, na qual se destaca o 7 **Palacio de los Capitanes Generales**, o emblemático prédio da Habaguanex que foi o primeiro a ser restaurado, em 1968. Essa estrutura barroca foi erguida entre 1776 e 1791 e hoje abriga o Museo de la Ciudad.

Do outro lado da praça, na diagonal, fica o 8 **Castillo de la Real Fuerza**, um dos mais antigos fortes do Novo Mundo, construído em 1558 para proteger o porto de Havana de ataques piratas. De 1990 até 2005, o forte abrigou um museu de cerâmica. Restaurado novamente em 2009, foi reaberto como Museo de Navegación.

Se o cansaço já estiver batendo a essa altura, siga para o 9 **Restaurant el Templete**, administrado pela Habaguanex, que tem vista para o porto. Foi aberto em 2005 e serve frutos do mar deliciosos.

Continuando a oeste a partir da Plaza de Armas, suba a calle Obispo até a 10 **Farmacia Museo Taquechel**, uma antiga farmácia de 1898. Restaurada em 1996, funciona como museu farmacêutico (não deixe de ver os antigos recipientes de porcelana) e também como drogaria para a população local.

Siga subindo pela Obispo e vire à esquerda na calle Aguiar. Depois de um quarteirão, você estará no 11 **Oratorio San Felipe Neri**, um centro cultural que fica em uma igreja antiga, construída em 1693. Embora tenha perdido muitos de seus traços originais quando foi transformada em banco em 1952, a igreja foi reformada em 2004 e hoje abriga concertos de música clássica e uma pequena exposição de arte sacra.

Continue por mais dois quarteirões a oeste na Obrapía e depois ande por vários blocos no sentido sul na Compostela para chegar a um dos mais louváveis projetos sociais de Havana – e de Cuba: o 12 **Convento y Iglesia de Nuestra Señora de Belén**. Pouco visitado, esse edifício foi finalizado em 1718 e funcionava primeiro como um lar de enfermos e, depois, como convento jesuíta. Foi abandonado em 1925 e acabou quase demolido em 1991, quando foi atingido por um incêndio. O departamento de restauro da cidade conseguiu reverter a deterioração no fim dos anos 1990, usando o dinheiro ganho com turismo para transformar esse esplêndido prédio antigo em um centro comunitário para famílias, jovens e portadores de necessidades especiais físicas e mentais, e também para idosos (há dezoito apartamentos permanentes para cidadãos idosos).

Para o *grand finale*, continue na Compostela por mais quatro quarteirões na direção sul e vire à direita na Leonor Pérez para chegar ao 13 **Museo Casa Natal de José Martí**, que foi aberto em 1925 e é considerado o mais antigo museu de Havana. O departamento de restauração responsabiliza-se pelo prédio desde 1994, e a exibição sucinta sobre esse herói nacional de Cuba ainda impressiona.

## Atividades

As duas marinas de Havana, que oferecem mergulho, pescaria e barcos para alugar, ficam um pouco fora da cidade. Veja p. 124 para mais detalhes.

Havana, com sua espetacular avenida Malecón, dispõe também de um dos melhores cenários para correr. O caminho que vai de Castillo de San Salvador de la Punta até a outra ponta, em Miramar, soma 8km, embora se possa acrescentar mais alguns devido aos buracos no asfalto, às ondas que batem na murada, aos *jineteros* (que assediam turistas para vender algo, oferecer passeios etc.) e aos pescadores.

O aumento no tráfego de carros tem poluído o ar ao longo do Malecón. O melhor é correr logo de manhãzinha.

Fãs de boxe devem ir ao **Gimnasio de Boxeo Rafael Trejo** (mapa p. 58; ☎862-0266; Cuba, 815, entre Merced e Leonor Pérez, Habana Vieja). Nessa academia de pugilismo, pode-se assistir a lutas às sextas-feiras às 19h (CUC$1) ou aos treinamentos após as 16h, todos os dias. Turistas que querem aprender também podem contratar um treinador. Pergunte no local, os atendentes são muito simpáticos.

## Cursos

Além de cursos de espanhol, Havana tem um grande número de opções para estudantes em potencial. Podem-se conseguir aulas particulares perguntando para os habitantes locais – tente se informar em sua *casa particular*. Lá, eles também podem indicar uma boa aula de dança. Se o proprietário disser que não sabe dançar, ou está mentindo ou não foi agraciado com sangue cubano suficiente.

**Universidad de la Habana** IDIOMAS
(Mapa p. 72; ☎832-4245, 831-3751; www.uh.cu; Edificio Varona, 2º andar, calle J, 556, Vedado) Oferece cursos de espanhol durante o ano todo, começando às segundas-feiras de todos os meses. Custa a partir de CUC$100 por vinte horas (uma semana – a tarifa inclui o material didático) e cobre todos os níveis, de iniciante a avançado. É preciso fazer uma prova para determinar seu nível antes de começar. Candidatos podem se matricular pessoalmente na universidade ou reservar antes por e-mail ou telefone.

Entre os outros lugares para aprender espanhol, há as seguintes opções:

**Uneac** IDIOMAS
(Mapa p. 72; ☎832-4551; esq. calles 17 com H, Vedado)

**Paradiso** IDIOMAS
(Mapa p. 72; ☎832-9538; calle 19, 560, Vedado)

**Cubamar Viajes** IDIOMAS
(Mapa p. 72; ☎830-1220; www.cubamarviajes.cu; av. 3 entre calle 12 e Malecón, Vedado; ⊙8h30-17h seg-sáb)

**Teatro América** DANÇA
(Mapa p. 68; ☎862-5416; av. de Italia, 253, entre Concordia e Neptuno, Centro Habana) Ao lado da Casa de la Música, você encontra aulas – e parceiros – por aproximadamente CUC$8 por hora.

**Conjunto Folklórico Nacional de Cuba** DANÇA
(Mapa p. 72; ☎830-3060; www.folkcuba.cult.cu; calle 4, 103, entre Calzada e calle 5, Vedado) Oferece aulas muito elogiadas de *son*, salsa, rumba e mambo, entre outros ritmos. As aulas começam na terceira segunda-feira de janeiro e na primeira segunda-feira de julho e custam de CUC$400 a CUC$500 por um curso de quinze dias. Faz-se um teste na entrada para definir o nível do aluno.

**Centro Hispano Americano de Cultura** CULTURA
(Mapa p. 68; ☎860-6282; Malecón, 17, entre Paseo de Martí e Capdevila, Centro Habana; ⊙9-17h ter--sáb, 9-13h dom) Tem todo tipo de opção cultural: biblioteca, cinema, cibercafé e local para concertos. Pegue o ótimo folheto de programação mensal e pergunte sobre os cursos de literatura.

**Paradiso** CULTURA
(Mapa p. 72; ☎832-9538; www.paradiso.cu; calle 19, 560, Vedado) Uma agência cultural que organiza cursos de quatro a doze semanas sobre história, arquitetura, música, teatro e dança, entre outros. A Universidade de Havana também oferece cursos de sessenta horas sobre cultura cubana por CUC$360.

**Museo de Artes Decorativas** IOGA
(Mapa p. 72; ☎830-9848; calle 17, 502, entre calles D e E, Vedado) Podem-se fazer aulas de ioga no jardim. Pergunte no museu sobre a próxima sessão.

**Teatro Nacional de Cuba** IOGA
(Mapa p. 72; ☎879-6011; esq. Paseo e calle 39, Vedado) Pergunte pelos horários das aulas na bilheteria.

**Centro Andaluz** MÚSICA
(Mapa p. 68; ☎863-6745; Paseo de Martí entre Virtudes e Neptuno, Centro Habana) Os cubanos costumam dançar flamenco tão bem quanto os espanhóis, e você pode aproveitar e fazer aulas. Há também a possibilidade de aprender a tocar violão.

**Taller Experimental de Gráfica** ARTE
(Mapa p. 58; 862-0979; callejón del Chorro, 6, Habana Vieja) Oferece aulas de gravura. Aulas particulares duram um mês, durante o qual o aluno cria uma gravura e quinze cópias; o curso também pode se estender. Custa cerca de CUC$250.

## Visitas guiadas

A maioria das agências oferece as mesmas opções de passeio, com algumas exceções listadas abaixo. Em geral, há: city tour de quatro horas (CUC$15); um tour temático de Hemingway (a partir de CUC$20); a cerimônia do *cañonazo* (tiro de canhões na Fortaleza de San Carlos de la Cabaña; sem/com jantar CUC$15/25); uma excursão de um dia para Varadero (a partir de CUC$35); e excursões para o Tropicana Nightclub (a partir de CUC$65). Entre as outras opções, há passeios para a fazenda de crocodilos Boca de Guamá (CUC$48); as Playas del Este (CUC$20 com almoço); Viñales (CUC$44); Cayo Largo del Sur (CUC$137); e uma excursão de dois dias para Trinidad-Cienfuegos (CUC$129). Crianças em geral pagam uma porcentagem do valor total, e quem viaja sozinho tem de desembolsar CUC$15 a mais. Fique atento, pois se um número mínimo de participantes não for alcançado, a excursão é cancelada. Entre as agências que organizam esses passeios, há:

**Cubatur** PASSEIOS EM GERAL
(Mapa p. 72; 835-4155; esq. calles 23 e M, Vedado; 8-20h) Embaixo do Hotel Habana Libre.

**Havanatur** PASSEIOS EM GERAL
(Mapa p. 72; 835-3720; esq. calles 23 e M, Vedado)

**Infotur** INFORMAÇÕES
Aeroporto (642-6101; Terminal 3 Aeropuerto Internacional José Martí; 24 horas); Habana Vieja (mapa p. 58; 863-6884; esq. Obispo com San Ignacio; 10-13h e 14-19h)

**Paradiso** PASSEIOS CULTURAIS
(Mapa p. 72; 832-9538; calle 19, 560, Vedado) Oferece passeios com ênfase em arte. Os passeios saem de várias cidades, e há guias que falam várias línguas. Considere o "Havana de Martí" e os concertos especiais.

**San Cristóbal Agencia de Viajes** PASSEIOS CULTURAIS
(Mapa p. 58; 861-9171/2; www.viajessancristobal.cu; Oficios, 110, entre Lamparilla e Amargura, Habana Vieja; 8h30-17h30 seg-sex, 8h30-14h sáb, 9-12h dom) Oferece os melhores passeios na cidade, entre os quais o tour arqueológico (CUC$20 para duas pessoas) e um tour pelos projetos mais valiosos da cidade.

## Festas e eventos

Não surpreende que Havana tenha a melhor coletânea de festivais anuais de Cuba. Os destaques estão listados no capítulo Mês a mês (veja p. 22).

## Onde dormir

Com mais de 3 mil casas oferecendo quartos para alugar, você não terá dificuldade para decidir onde se hospedar em Havana. A diária em *casas particulares* varia de CUC$20 a CUC$40 por quarto – em Centro Habana você acha as melhores barganhas. Hotéis baratos podem estar no mesmo nível das *casas particulares* em relação ao preço, mas não ao conforto. Há uma boa variedade de hotéis razoáveis a preços medianos, enquanto os hotéis de primeira classe, que existem em abundância, têm a vantagem de oferecer uma atmosfera típica, ainda que não possam ser comparados aos padrões de cinco estrelas de outros destinos do Caribe.

Muitos hotéis de Havana são monumentos históricos por si só. Vale a pena dar uma olhada, mesmo que você não se hospede neles, no Hotel Sevilla e no Hotel Saratoga (localizados em Centro Habana), no Raquel, no Hostal Condes de Villanueva e no Hotel Florida (todos em Habana Vieja), e no icônico Hotel Nacional (em Vedado).

### HABANA VIEJA

**Hostal Condes de Villanueva** HOTEL $$$
(Mapa p. 58; 862-9293; Mercaderes, 202; s/c CUC$100/160; ) Se quiser esbanjar com uma noite de luxo em Havana, não deixe de considerar essa joia colonial como uma possibilidade. Restaurado sob o olhar atento do historiador Eusebio Leal Spengler, no fim dos anos 1990, o Villanueva passou de uma mansão grandiosa para um hotel intimista e foi belamente decorado, com nove quartos espaçosos distribuídos ao redor de um belo pátio interno (que tem até mesmo um pavão!). No andar de cima, as suítes possuem janelas com vitrais, lustres, esculturas artísticas e – em uma delas – uma banheira de hidromassagem.

**Hotel San Felipe y Santiago de Bejúcal** HOTEL $$$
(Mapa p. 58; 864-9191; esq. Oficios com Amargura; s/c CUC$150/240; ) O barroco cubano encontra o minimalismo moderno nessa novidade da Habaguanex, e o resultado merece atenção. São 27 quartos em seis andares na tumultuada Plaza San Francisco de Asís: uma prova viva de como os delicados projetos de restauração organizados pela Habaguanex estão ficando cada vez melhores.

**INÍCIO** EL PRADO
**FIM** MALECÓN
**DISTÂNCIA** 4KM
**DURAÇÃO** 3 HORAS

Passeio a pé

## Tour arquitetônico por Centro Habana

Partindo do fim do 1 **Prado**, siga para o sul no sentido do Parque Central, passando pelo 2 **Teatro Fausto**, um clássico *art déco*, com linhas retas e pura simplicidade cubista. O teatro é famoso por suas peças leves e shows de comédia.

Um quarteirão depois, à direita, fica a 3 **Casa del Científico**, uma obra-prima guarnecida por uma escadaria arrebatadora e um último andar chamativo, com belas vistas, que já foi residência de José Miguel Gómez, antigo presidente cubano.

Contrastando com outros estilos arquitetônicos modernos na calle Trocadero, o 4 **Hotel Sevilla** apresenta uma espécie de "neomouro". Foi construído em 1908, mas resgata traços de muito tempo atrás, do *stucco* espanhol ao intrincado artesanato *mudéjar*.

Vire à direita na Agramonte e desvie para baixo, na Ánimas, para chegar ao mais emblemático edifício *art déco* de Havana: o 5 **Edificio Bacardí**. É uma encarnação um tanto cafona, vívida e muito decorada desse gênero arquitetônico do entreguerras; tem detalhes em granito, pedra calcária e tijolos multicoloridos.

Na esquina sudoeste do Parque Central, o ecletismo encontra o neobarroco no 6 **Centro Gallego**, em estilo *flamboyant*, que foi erguido como clube social em 1915 perto do Teatro Tacón. De frente para ele, mas do outro lado do arborizado Parque Central, fica o igualmente eclético 7 **Centro Asturianas**, hoje parte do Museo Nacional de Bellas Artes, que possui quatro observatórios no topo e um interior ricamente decorado. O 8 **Capitolio Nacional**, em Centro Habana, construído entre 1926 e 1929, expressa o resgate do neoclássico na América Latina com grandes escadarias e colunas dóricas.

Passe pelo pagode chinês na Dragones e continue descendo a calle Zanja até o cruzamento da 9 **calle Zanja com a av. de Italia**, onde você encontra uma das criações mais excêntricas da *art déco* local: uma casa com uma torre estreita e varandas cúbicas. Vire à direita na av. de Italia e ande até o 10 **Malecón**, a avenida à beira-mar de Havana que mais parece um museu a céu aberto do ecletismo.

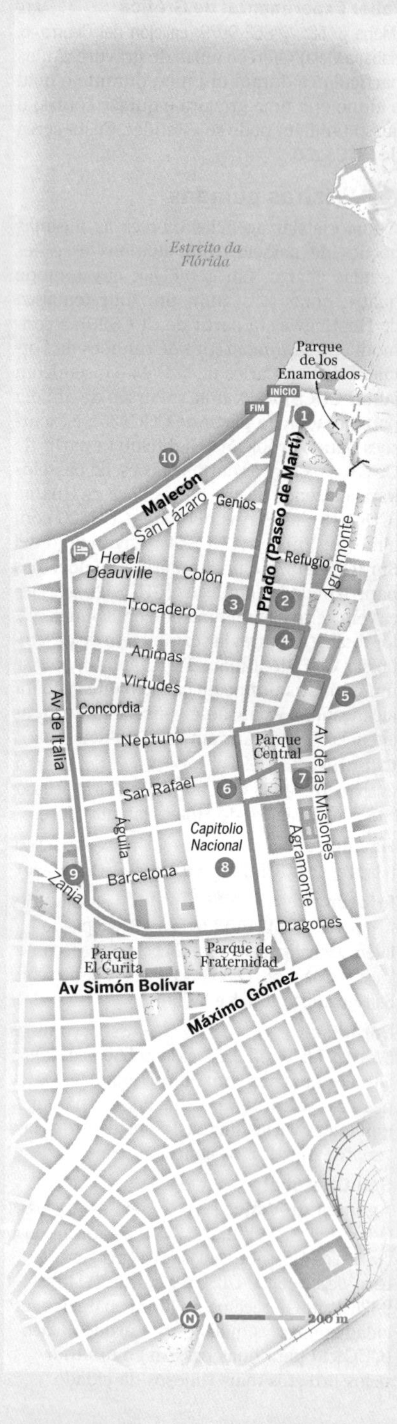

**Hotel Florida** HOTEL **$$$**
(Mapa p. 58; ☎862-4127; Obispo, 252; s/c com café da manhã CUC$100/160; ❄@) Não se fazem mais hotéis como esse. O Florida é uma extravagância arquitetônica construída no mais puro estilo colonial, com arcos e pilares fincados ao redor de um pátio que também remete ao clima da antiga colônia. A Habaguanex restaurou o prédio (construído em 1836) com uma carinhosa atenção aos detalhes: os amplos quartos mobiliados preservam o pé-direito alto e seus maravilhosos acabamentos de luxo. Qualquer um que tenha um vago interesse na herança arquitetônica de Cuba não pode perder essa preciosidade colonial, que ainda tem um elegante café e um bar popular entre os baladeiros (a partir das 20h).

**Hotel Raquel** HOTEL **$$$**
(Mapa p. 58; ☎860-8280; esq. Amargura com San Ignacio; s/c CUC$100/160; ❄@) Em um palácio deslumbrante de 1908 (que já foi um banco), o Hotel Raquel é de tirar o fôlego, com suas grandiosas colunas, estátuas de mármore brilhantes e teto decorado com vitrais. Restaurada com esmero em 2003, a área da recepção desse maravilhoso edifício eclético é uma atração por si só, repleta de antiguidades de valor imensurável e trabalhos intrincados de *art nouveau*. Por trás de sua impressionante arquitetura, o Raquel oferece quartos bonitos, mas barulhentos, uma pequena academia com sauna, bom atendimento e localização central.

**Hotel Santa Isabel** HOTEL **$$$**
(Mapa p. 58; ☎860-8201; Baratillo, 9; s/c com café da manhã CUC$150/240; ❄@) Considerado um dos melhores hotéis de Havana, assim como um dos mais antigos (a construção começou em 1867), o Hotel Santa Isabel fica no Palacio de los Condes de Santovenia, derradeiro reduto de um conde espanhol decadente. Em 1998, essa beleza barroca de três andares ganhou status de cinco estrelas e, diferentemente de outros hotéis cubanos de luxo, chega perto de justificar seu preço. Os dezessete quartos emanam charme histórico e são todos decorados com mobília espanhola colonial e pinturas de artistas cubanos contemporâneos. Não à toa, foi ali que o ex-presidente americano Jimmy Carter ficou hospedado durante sua histórica visita, em 2002.

**Hostal Valencia** HOTEL **$$$**
(Mapa p. 58; ☎867-1037; Oficios, 53; s/c com café da manhã CUC$80/130) O Valencia se apresenta como uma *posada* espanhola, com videiras, portões grandes o suficiente para passar um cavalo e um restaurante cuja especialidade é a paella. Com um pouco de imaginação, é até possível ver os fantasmas de Dom Quixote e Sancho Pança flutuando pelos corredores. No coração do centro histórico e com um dos melhores preços entre as preciosidades da Habaguanex, essa hospedaria é uma excelente opção ao estilo velho mundo, com bom serviço e atmosfera envolvente.

**Hostal Palacio O'Farrill** HOTEL **$$$**
(Mapa p. 58; ☎860-5080; Cuba, 102-108, entre Chacón e Tejadillo; s/c CUC$100/160; ❄@) Sim, o nome é irlandês: um dos mais impressionantes hotéis de época de Havana, o Palacio O'Farrill ocupa um deslumbrante palácio colonial que pertenceu a Don Ricardo O'Farrill, um empreendedor do açúcar que descendia de nobres da Irlanda. Seu tema é a Ilha Esmeralda, como se nota no pátio verdejante do século 18. O segundo andar, que foi anexado ao edifício no século 19, exibe detalhes neoclássicos grandiosos, enquanto o último andar, do século 20, funde-se sem timidez à magnífica arquitetura de baixo.

**Casa de Pepe & Rafaela** CASA PARTICULAR **$**
(Mapa p. 58; ☎862-9877; San Ignacio, 454, entre Sol e Santa Clara; q CUC$30) Uma das melhores casas de Havana: repleta de antiguidades e murais em estilo mouro, com dois quartos com varanda e lindas banheiras novas, possui excelente localização e ótimos anfitriões. O filho deles também aluga uma charmosa casa colonial na rua San Ignacio, 656 (pelo mesmo preço).

**Juan & Margarita** CASA PARTICULAR **$**
(Mapa p. 58; ☎867-9592; Obispo, 522, ap 8 entre Bernaza e Villegas; q CUC$30, ap CUC$60) Um apartamento com dois quartos em Obispo – a versão cubana da glamourosa Quinta Avenida nova-iorquina. É possível ficar com o lugar inteiro por CUC$60: sala de estar com TV e mesa de jantar, dois quartos com banheiro e uma varanda. Muito bem-educado, Juan fala ótimo inglês e esbanja conhecimento sobre a cidade.

**Hostal Beltrán de la Santa Cruz** HOTEL **$$$**
(Mapa p. 58; ☎860-8330; San Ignacio, 411, entre Muralla e Sol; s/c com café da manhã CUC$80/130; ❄) Excelente localização, bom atendimento e um autêntico ar de velho mundo fazem dessa compacta hospedaria ao lado da Plaza Vieja uma ótima opção. Fica em um robusto edifício do século 18 e possui onze quartos espaçosos, onde se tem bastante privacidade e um serviço elogiado por turistas e especialistas.

**Hotel Ambos Mundos** HOTEL $$$

(Mapa p. 58; ☎860-9529; Obispo, 153; s/c CUC$100/160; ❄@) Trata-se do esconderijo de Hemingway em Havana, e o lugar onde ele afirmou ter escrito sua obra clássica sobre guerrilheiros *Por quem os sinos dobram* (romance de cabeceira de Castro durante o período de guerra nas montanhas). Em um edifício rosa claro, Ambos Mundos é uma instituição de Havana e uma parada obrigatória para quem quer percorrer os passos de Hemingway, inclusive pelos bares onde um dia ele pode ter se embriagado. Os quartos pequenos, às vezes sem janelas, podem ser caros demais, mas o bar do lobby tem uma atmosfera clássica (embalada pela melodia romântica do piano), e tomar um drinque no restaurante do último andar é um dos melhores programas da cidade.

**Mesón de la Flota** HOTEL $$

(Mapa p. 58; ☎863-3838; Mercaderes, 257, entre Amargura e Brasil; s/c com café da manhã CUC$65/100) É o menor hotel de Habana Vieja e também o único com um preço mediano. Trata-se de uma velha taverna espanhola, decorada com motivos marítimos e localizada próxima à graciosa Plaza Vieja. Há cinco quartos individualmente projetados, todos equipados com confortos modernos e amenidades, e um restaurante no térreo, especializado em tapas, que vive lotado.

**Pablo Rodríguez** CASA PARTICULAR $

(Mapa p. 58; ☎861-2111; pablo@sercomar.telemar.cu; Compostela, 532, entre Brasil e Muralla; q CUC$30) Outro lindo clássico colonial, esse lugar possui afrescos originais, parcialmente descobertos nas paredes. Valeriam milhões em outro lugar, mas você pode alugar um dos dois quartos com banheiros (um é suíte; o outro tem um banheiro exclusivo, mas fora do quarto), ventilador e geladeira por uma barganha de CUC$30 a diária.

**Residencia Académica Convento de Santa Clara** ALBERGUE $

(Mapa p. 58; ☎866-9327; Cuba, 610, entre Luz e Sol; q por pessoa CUC$25) Uma novidade em Havana, esse antigo convento deteriorado foi parcialmente transformado em albergue para receber viajantes. Fica localizado a alguns passos da Plaza Vieja e é mais barato do que as *casas particulares* ao redor. É uma opção tentadora para quem quer fazer economia e não se importa de dividir o quarto e adotar um regime um pouco mais espartano.

**Hotel Marqués de Prado Ameno** HOTEL $$$

(Mapa p. 58; ☎862-4127; esq. O'Reilly e Cuba; s/c com café da manhã CUC$100/160; ❄@) Conectado ao Hotel Florida por um túnel, esse hotel novo oferece comodidades similares às do outro estabelecimento: restauração cuidadosa, atendimento amigável e grandiosidade colonial.

**Hotel el Comendador** HOTEL $$$

(Mapa p. 58; ☎867-1037; esq. Obrapía com Baratillo; ❄) Ao lado do Hostal Valencia, o El Comendador oferece serviços e tarifas similares.

**Noemi Moreno** CASA PARTICULAR $

(Mapa p. 58; ☎862-3809; Cuba, 611, ap 2 entre Luz e Santa Clara; q CUC$25-30) Tem dois quartos limpos e simples que compartilham o banheiro. É muito bem situado, atrás do convento de Santa Clara. Se estiver cheio, os apartamentos 1 e 4 do mesmo prédio também podem ser alugados.

**Migdalia Carraballe** CASA PARTICULAR $

(Mapa p. 58; ☎861-7352; Santa Clara, 164, entre Cuba e San Ignacio; q CUC$30) Localizada a dois quarteirões da Plaza Vieja, oferece para aluguel dois dos três quartos. Os com varanda têm vista para o convento de Santa Clara. Suba as escadas até o primeiro andar.

### CENTRO HABANA

**Hotel NH Parque Central** HOTEL $$$

(Mapa p. 68; ☎860-6627; www.nh-hotels.com; Neptuno entre Agramonte e Paseo de Martí; s/c CUC$200/300; P❄@≋) Se você tem uma queda por badalação no lobby de hotéis cinco estrelas, sobretudo se isso inclui um mojito, o Parque Central pode atender às suas expectativas. Mas reservar um quarto já é outra coisa – e muito mais cara. Dos dois Meliás de Havana, o NH é, sem dúvida, o mais compatível com padrões internacionais, com serviços de nível similar ao dos outros cinco estrelas do Caribe. Embora o elegante lobby e os quartos decorados em estilo clássico não tenham a riqueza histórica dos estabelecimentos administrados pela Habaguanex, o ambiente não faz também o tipo "higienista". Entre as comodidades, há um *business center* equipado, uma piscina (e também academia e jacuzzi) no último andar, um elegante bar no lobby, o celebrado restaurante El Paseo e ótimas conexões internacionais de telefone e internet. Dois quartos são acessíveis a cadeirantes. Em 2009, o Parque Central abriu uma nova ala ainda mais sofisticada do outro lado da calle Virtudes, ligada ao restante do hotel por um túnel subterrâneo. Assim como quartos artísticos, o anexo possui um luxuoso restaurante, café e recepção.

**Hotel Saratoga** HOTEL $$$

(Mapa p. 68; ☎868-1000; Paseo de Martí, 603; s/c CUC$226/280; P❄@📶≋) Um dos mais novos de Havana e também um dos mais refinados, o cintilante Saratoga é uma obra de arte arquitetônica que se ergue, pomposa, no cruzamento do Prado com a Dragones. Tem vistas fantásticas para o Capitolio e um serviço corretíssimo. As camas são muito confortáveis, os chuveiros, bem fortes, e a piscina do terraço é simplesmente um deleite. Não surpreende que, com todos esses luxos, o preço seja salgado. Trata-se do hotel mais caro de Havana e, embora as comodidades impressionem, o serviço perde para o oferecido pelos Meliá, um pouco mais baratos.

**Hotel Sevilla** HOTEL **$$$**

(☎860-8560; Trocadero, 55, entre Paseo de Martí e Agramonte; s/c com café da manhã CUC$150/210; P ❄ @ ≈ ≋) Al Capone alugou o sexto andar inteiro e Graham Greene o usou como cenário para o seu romance *Um homem em Havana* (o quarto 501, mais especificamente), enquanto a máfia norte-americana o transformou em centro de operações para o tráfico de drogas durante seu domínio pré-Revolução. Hoje, esse hotel em estilo mouro é administrado em parceria com o grupo francês Sofitel e exibe sua trajetória em muitas fotos em preto e branco de seus ilustres hóspedes – entre eles, Greene, Capone e Josephine Baker. Os quartos são espaçosos e equipados com camas confortáveis, e o lobby ostensivo parece ter sido retirado diretamente do Palácio de Alhambra.

**Hotel Telégrafo** HOTEL **$$$**

(Mapa p. 68; ☎861-1010, 861-4741; Paseo de Martí, 408; s/c CUC$100/160; ❄ @ ≈) Um charmoso estabelecimento de sangue azul, que fica no canto noroeste do Parque Central. Essa beleza administrada pela Habaguanex mistura traços arquitetônicos à moda antiga (do prédio original, que data de 1888) com design futurístico, que aparece em sofás prateados, na grande escadaria central e no intricado mosaico da parede do café, na parte de baixo. Os quartos são igualmente elegantes.

**Hotel Lido** HOTEL **$**

(Mapa p. 68; ☎867-1102; Consulado, 210, entre Ánimas e Trocadero; s/c CUC$28/38; ❄ @) Uma instituição para os viajantes, o nada pomposo Lido é o ponto de encontro extraoficial de mochileiros em Havana. É muito popular em função de sua localização central, dos quartos simples com água quente e do clima animado da vizinhança. Não é sofisticado (e por que seria, não é mesmo?), mas possui pontos de internet no andar térreo, café da manhã no terraço e um bom balcão de informações. E, claro, o preço é melhor do que o da maioria das *casas particulares* de Havana.

**Hotel Park View** HOTEL **$$**

(Mapa p. 68; Colón, 101; s/c CUC$52/86; ❄ @) Construído em 1928 com dinheiro americano, o Park View é conhecido como o primo pobre do Sevilla, mas não é bem assim. Só a localização (perto do Museo de la Revolución) já seria suficiente para considerar essa charmosa opção. Junte a isso atendentes simpáticos, mobílias modernas (é administrado pela Habaguanex) e um pequeno e muito bom restaurante no sétimo andar e você terá uma boa barganha a preço mediano.

**Hotel Inglaterra** HOTEL **$$$**

(Mapa p. 68; ☎860-8595; Paseo de Martí, 416; s/c/t CUC$84/120/168; P ❄ @) Já foi o hotel preferido em Havana de José Martí, e ainda tenta capitalizar com base nesse fato – o que diz algo sobre a situação atual. O Inglaterra é melhor para tomar um drinque do que para se hospedar, com seu lindo lobby de traços mouros e interiores coloniais batendo de muito longe os quartos sem graça – e muitas vezes sem vista. O bar do terraço é bem frequentado, e o salão do andar térreo é animado ao som de música ao vivo. Cuidado com as ruas ao redor, cheias de garotos(as) de programa e assediadores em geral prontos para o próximo bote.

**Esther Cardoso** CASA PARTICULAR **$**

(Mapa p. 68; ☎862-0401; esthercv2551@cubarte.cult.cu; Águila, 367, entre Neptuno e San Miguel; q CUC$25) Esther é atriz (bastante conhecida em Havana), e sua casa brilha em meio ao deserto dilapidado de Centro Habana. Tem decoração de bom gosto, pôsteres descolados, banheiras limpíssimas e um lindo terraço. Reserve com antecedência, pois é concorrido.

**Julio & Elsa Roque** CASA PARTICULAR **$**

(Mapa p. 68; ☎861-8027; julioroq@yahoo.com; Consulado, 162, entre Colón e Trocadero; q CUC$20-30) Julio é pediatra e aluga dois quartos dessa amigável casa de família, que fica a um quarteirão do Prado. Aproveitando-se da nova lei (menos rígida) de aluguéis, ele também abriu o **Hostal Peregrino**, com outros três quartos e um apartamento independente em um prédio próximo (as reservas são feitas no mesmo telefone da *casa particular*). Entre os serviços oferecidos, há translado do aeroporto, internet, lavanderia e bar. Os quartos são aconchegantes e belamente decorados, e tanto Julio como sua mulher, Elsa, são muito solícitos e uma verdadeira mina de informações locais.

**Hotel Deauville** HOTEL $$
(Mapa p. 68; ☎866-8812; av. de Italia, 1, esq. com Malecón; s/c/t CUC$36/72/108; P ❄ ≋) O Deauville, um tanto cafona, fica em uma encosta do Malecón e será reconhecido em cartões-postais por turistas mais atentos. Embora a localização seja bonita, as comodidades nesse antigo reduto da máfia do jogo não combinam com as vistas deslumbrantes. Atualmente reformado nas cores pêssego e vermelho e já mostrando sinais de corrosão pela proximidade do mar, o hotel oferece câmbio de dinheiro e aluguel de carro, além de um restaurante com preço razoável, fielmente frequentado por aqueles que não querem gastar demais.

**Hotel Lincoln** HOTEL $
(Mapa p. 68; ☎862-8061; av. de Italia entre Virtudes e Ánimas; s/c CUC$24/38; ❄) Esse gigante de nove andares na agitada Galiano (av. de Italia) já foi o segundo mais alto edifício de Havana quando construído, em 1926. Hoje, deixado para trás por outros prédios, oferece 135 quartos com ar-condicionado, banheiro e TV, em um ambiente que mais parece dos anos 1950 do que dos 2010. Ficou famoso em 1958, quando o Movimento de Castro de 26 de julho sequestrou o campeão mundial de corrida de moto Carlos Fangio no lobby, na noite do Grand Prix cubano. Um pequeno "museu" no oitavo andar conta o evento para a posteridade. Quanto às comodidades, a palavra certa para descrevê-las seria "gastas".

**Dulce Hostal – Dulce María González** CASA PARTICULAR $
(Mapa p. 68; ☎863-2506; Amistad, 220, entre Neptuno e San Miguel; q CUC$20) O Dulce (doce) Hostal na rua Amistad (amizade) parece uma combinação de carinho e simpatia, e é mesmo o que se ganha nessa linda casa colonial com piso de taco, belo teto e uma anfitriã tranquila e prestativa.

**Niurka O Rey** CASA PARTICULAR $
(Mapa p. 68; ☎863-0278; Águila, 206, entre Ánimas e Virtudes; q CUC$20-25) Uma casa azul cintilante com um interior menos atrativo, embora adequado. Um dos dois quartos possui banheiro privativo, e há estacionamento nas proximidades.

**Hotel Caribbean** HOTEL $
(Mapa p. 68; ☎860-8233; Paseo de Martí, 164, entre Colón e Refugio; s/c CUC$30/48; ❄) Barato, mas nem sempre animado, oferece a aspirantes a restauradores uma aula de como não decorar um hotel. Os quartos são escuros e claustrofóbicos. Apenas para quem quer realmente economizar.

## VEDADO

**Casa 1932** CASA PARTICULAR $
(Mapa p. 72; ☎863-6203, 05-264-3858; www.casahabana.net; Campanario, 63, entre San Lázaro e Lagunas; q CUC$20-35; ❄) Prepare-se para uma encantadora viagem no tempo à Havana da *art déco*. Tudo que você tocar nessa casa nobre é praticamente uma relíquia: das camas em que você dormir até os talheres usados para comer pratos inovadores. Isso sem falar, claro, da mobília em si, que em qualquer outro país estaria em um museu – fichas do último cassino de Cuba e um interessante cinzeiro da década de 1930 são os destaques. Mas o proprietário é que é a verdadeira cereja do bolo: trata-se de um decorador de interiores e historiador que é uma verdadeira mina de informações sobre tudo, de esquecidos filmes cubanos à história da farmacêutica. Ele organiza city tours com ênfase em obras *art déco*, além de aulas improvisadas de salsa.

**Villa Enano Rojo** CASA PARTICULAR $
(Mapa p. 72; ☎863-5081; Malecón, 557, entre Lealtad e Escobar; q CUC$25) O nome pode ser traduzido como "Casa do Anão Vermelho", mas você não encontrará nenhuma pessoa pequena e rubra ali, apenas os simpáticos donos do apartamento de dois quartos, Lalo e Magda. Um dos quartos tem bela vista para o mais romântico dos cabarés noturnos – o Malecón.

**Martha Obregón** CASA PARTICULAR $
(Mapa p. 72; ☎870-2095; marthaobregon@yahoo.com; Gervasio, 308, Altos entre Neptuno e San Miguel; q CUC$20-25) Uma agradável casa de

*(Continua na p. 97)*

### VOCÊ TEM A PALAVRA

Conheceu um restaurante para recomendar a todos? Discorda das nossas recomendações? Ou simplesmente quer contar sobre sua viagem mais recente?

Acesse lonelyplanet.com – lá você pode deixar uma resenha, uma pergunta, um comentário, fotos e dicas, além de conversar com outros viajantes!

# ¡Viva Cuba!

## Praias »
## Havana »
## Arquitetura »
## Música e dança »

ulher com charuto, Havana

# Praias

**Já houve um tempo em que as praias de Cuba foram cenário para o desembarque do exército norte--americano ou de revolucionários chegando para salvar a nação em iates mal-ajambrados. Hoje, elas são muito menos bélicas – digamos que é bem mais provável cruzar com um banhista do que com um soldado armado.**

## Playa Sirena

**1** Se relaxar em uma linda praia é o seu principal plano de férias, este é o lugar perfeito. Cayo Largo del Sur (p. 167), uma ilha--balneário protegida, abriga as maiores e mais impressionantes faixas de areia de Cuba.

## Playa Maguana

**2** A arenosa Maguana (p. 441), perto de Baracoa, preserva o clima provinciano. Chegue em um carro antigo, ligue o *reggaetón* a todo volume e abra uma caixa de cerveja cubana.

## Playa Pilar

**3** A Playa Pilar (p. 308), em Cayo Guillermo, tem todas as qualidades necessárias para ser uma praia cinco estrelas: areia branca e fina, água quente, nenhuma interferência de hotéis e uma pequena conexão com Hemingway – seu nome é uma homenagem ao barco de pesca do famoso autor norte-americano.

## Playa Ancón

**4** Claro que a praia é boa, mas Ancón (p. 286) tem outras atrações além da qualidade da areia. Um recife de coral a 500m da praia, a Sierra del Escambray, vista a distância, e Trinidad, uma joia colonial a menos de 40 minutos dali – de bicicleta!

## Playa Los Pinos

**5** "Por que sou a única pessoa aqui?" é o primeiro pensamento que passa pela cabeça de muitos visitantes que chegam à paradisíaca Playa Los Pinos (p. 324). Não questione, apenas aproveite.

1

BRUNO COSSA/CORBIS

4

SHANNON NACE/LONELY PLANET IMAGES ©

---

**Em sentido horário, do alto, à esquerda:**
**1.** Playa Sirena, Cayo Largo del Sur **2.** Playa Maguana **3.** Playa Pilar, Cayo Guillermo **4.** Pôr do sol na Playa Ancón

IMAGEBROKER

3

# Havana

**Joia preciosa de um império vencido, corpo e alma de uma nação batalhadora, antigo reduto de jogo da máfia americana e a casa sagrada de mais de dois milhões de pessoas: Havana é muito mais do que uma cidade. É um espetáculo, uma história que nunca termina, um estado de espírito.**

## Habana Vieja restaurada

**1** É difícil pensar em outro lugar no mundo onde tanta paixão tenha sido empregada para reformar o centro de uma cidade colonial. Passeie pelas ruas de Habana Vieja (p. 80) e absorva a mistura da história e da austera realidade moderna.

## Ruas

**2** Havana é um lugar visceral. Os melhores pontos turísticos não podem ser localizados em um mapa. Para encontrá-los, você precisa de paciência, espontaneidade e um par de pernas fortes. Ande pelas ruas e explore-as.

## Capitolio Nacional

**3** O ponto turístico mais icônico do céu de Havana é o Capitolio (p. 66), com seu domo. É quase uma cópia exata do Capitólio americano em Washington DC e uma lembrança constante da frágil relação entre Cuba e seu vizinho ao norte.

## Fortes

**4** Erguidos ao redor do porto de Havana, os fortes (p. 64) já serviram para diversos propósitos ao longo dos séculos – nem todos eles agradáveis. Hoje você pode conhecê-los sem receio, pois estão reencarnados em forma de museus e observatórios. Além disso, promovem cerimônias de canhões.

## Museus

**5** Havana educa o visitante de maneira sutil. Uma variedade de museus começa pelos mais abrangentes, como o impressionante Museo de la Revolución (p. 70), e vai até os mais excêntricos, como o museu da moeda, uma casa de chocolate e até o museu do baralho.

---

**Em sentido horário, do alto, à esquerda:**
**1.** Prédios em fase de restauração, Habana Vieja
**2.** Músicos de rua, Habana Vieja **3.** Carro antigo em frente ao Capitolio Nacional, Habana Vieja

JOHN SYLVESTER/PHOTOLIBRARY

CHRISTIAN ASLUND/LONELY PLANET IMAGES ©

# Arquitetura

**Se a alma de Cuba está escondida em sua música, sua arquitetura – nas palavras do romancista Alejo Carpentier – é "música esculpida em pedra". Passando por uma miríade de estilos, do barroco à *art déco*, o país é um museu a céu aberto de ecletismo arquitetônico, felizmente poupado pelos entusiastas do desenvolvimento.**

## Remedios

**1** Cidade de lendas e mistérios, Remedios (p. 259) é um canto esquecido de Cuba, um segredo colonial que brilha sutilmente como uma joia a ser descoberta. Sente-se com um mojito, olhando para a bela praça da cidade, e fique bem quietinho. Shhhh...

## Havana

**2** Moldada por sua história colonial e embelezada por diversas influências estrangeiras, vindas até da Itália e do Marrocos, a capital de Cuba (p. 77) combina *mudéjar*, barroco, neoclássico, *art nouveau*, *art déco* e arquitetura modernista, compondo um impressionante conjunto.

## Trinidad

**3** A tranquila Trinidad (p. 275) adormeceu em 1850 e nunca mais acordou. Viajantes de hoje podem se embrenhar por essa doce cidade do século 19 como se fossem visitantes de outra época.

## Cienfuegos

**4** Conhecida como "Pérola do Sul", Cienfuegos (p. 233) é a cidade mais completa de Cuba do ponto de vista arquitetônico; uma declaração de amor ao neoclassicismo francês que cerca de forma pitoresca uma das baías naturais mais belas do país.

## Camagüey

**5** O clássico se mistura ao eclesiástico em Camagüey (p. 310) – uma cidade de igrejas, torres e cruzes. E suas ruas são especiais: uma rede de vielas sinuosas que conduzem ao desconhecido, complexa até mesmo para seus habitantes.

RICHARD I'ANSON/LONELY PLANET IMAGES ©

FRANK CARTER/LONELY PLANET IMAGES ©

**Em sentido horário, do alto, à esquerda:**
**1.** Um homem espia a rua pela sacada, Remedios
**2.** Anúncio em um edifício restaurado, Havana **3.** Museo Histórico Municipal (p. 277), Trinidad **4.** Carro clássico americano em frente a um prédio de Cienfuegos

FRANK CARTER/LONELY PLANET IMAGES ©

3

# Música e dança

**Cuba é definida por sua música e sua dança, uma complicada árvore genealógica com gêneros, subgêneros e ramificações rítmicas. Pode ser que o mambo, a salsa e o Buena Vista Social Club sejam conhecidos no mundo todo, mas quem, fora os cubanos, conhece *nengon, kiribá, guanguancó, songo* e *danzón-chá*?**

## Nueva trova

**1** Uma mistura improvável de Bob Dylan, Celia Cruz, John Lennon, Víctor Jara e Joan Manuel Serrat, a *nueva trova* (p. 478) é a trilha sonora da Revolução Cubana. Seus maiores expoentes – Pablo Milanés e Carlos Puebla – vêm da província de Granma.

## Rumba

**2** Ouvir essa mistura hipnótica de tambores e dança atlética (p. 475) é como ir à África sem cruzar o Atlântico. A música foi tocada pela primeira vez nas cidades portuárias de Havana e Matanzas, ainda em luto pelas feridas da escravidão.

## Son

**3** Pegue o *son* (p. 476) e você terá mambo, salsa, *timba* e tudo mais. Quando os acordes da Espanha foram combinados aos tambores da África, o resultado foi um momento colossal de descoberta na música.

## Changüí

**4** Em Santiago, ele é conhecido como *son*. Na vizinha província de Guantánamo, eles o chamam de *changüí* (p. 430). Trata-se de uma variação de um tradicional tema cubano, nascido nas refinarias de açúcar e influenciado pela cultura escrava.

## Reggaetón

**5** Ame-o ou odeie-o, o *reggaetón* (p. 478) é o som do momento em Cuba. Trata-se de uma mistura de rap, hip-hop, reggae e dance que emana de parques, praças, do quintal das escolas e das descoladas ruas de sua terra espiritual – Alamar.

CEZARO DE LUCA/CORBIS

PETER TURNLEY/CORBIS

**À direita:**

1. Pablo Milanés, um dos fundadores da *nueva trova*
2. Apresentação de rumba na rua, Havana

*(Continuação da p. 88)*

família com pequenas varandas e vistas (também pequenas) da rua. Você verá como essa região central é movimentada, com comerciantes que assobiam, fragmentos de música e crianças brincando de taco.

**La Casona Colonial – José Díaz** CASA PARTICULAR **$**

(Mapa p. 72; ☎870-0489; Gervasio, 209, entre Concordia e Virtudes; q CUC$25) Uma casa colonial com um pátio agradável, com banheiro compartilhado, mas camas espaçosas e outras comodidades. Fica bem no núcleo movimentado de Centro Habana, de fácil acesso, e tem proprietários simpáticos.

**Hotel Victoria** HOTEL **$$**

(Mapa p. 72; ☎833-3510; calle 19, 101; s/c com café da manhã CUC$80/100; P❄@≈) Uma opção revitalizada e frequentemente esquecida de Vedado, o Victoria é um pequeno cinco estrelas situado próximo ao Nacional, que é maior e mais caro. Luxuoso e compacto e invariavelmente cheio, esse louvável empreendimento da Gran Caribe ocupa um bonito prédio neoclássico de 1928, com piscina, bar e uma pequena loja. Se você conseguir lugar, é uma alternativa confiável de hospedagem a preço mediano.

**Hotel Nacional** HOTEL **$$$**

(Mapa p. 72; ☎836-3564; esq. calles O e 21; s/c/t CUC$120/170/238; P❄@📶≈) É a cereja do bolo entre os hotéis cubanos e porta-bandeira da rede estatal Gran Caribe. Em estilo neoclássico, neocolonial e *art déco* (vamos chamá-lo de eclético), o Hotel Nacional é tanto um monumento da cidade como uma boa opção de hospedagem internacional. Mesmo que não tenha dinheiro suficiente para ficar nele, há grande chance de você acabar dando uma passada para tomar um mojito em seu lindo bar à beira-mar. Repleto de história e de quartos com placas que celebram seus antigos ocupantes ilustres, esse marco de Havana tem, ainda, duas piscinas, gramado impecável, alguns restaurantes elegantes e um famoso cabaré, o Parisién (p. 111). Embora os quartos não disponham dos luxos encontrados nos resorts de Varadero, as extravagantes áreas comuns e os fantasmas de Winston Churchill, Frank Sinatra, Lucky Luciano e Errol Flynn, que parecem assombrar o lobby decorado em estilo mouro, compensam com uma experiência fascinante e inesquecível.

**Hotel Meliá Cohiba** HOTEL **$$$**

(Mapa p. 72; ☎833-3636; Paseo entre calles 1 e 3; q CUC$150/200; P❄@📶≈) Extremamente profissional, esse gigante de concreto à beira-mar construído em 1994 (é o único edifício dessa era no Malecón) satisfaz às mais altas expectativas de nível internacional, com sua equipe bem treinada e comodidades modernas. Após algumas semanas no interior de Cuba, você sentirá como se estivesse em outro planeta, pois o ambiente se parece mais com Houston do que com Havana. *Workaholics* tirarão proveito das salas para o viajante a negócios, e todos os 59 quartos têm jacuzzi. No térreo, há uma galeria de lojas, uma das academias de ginástica mais modernas de Havana e o badalado Habana Café (p. 111).

**Hotel Habana Libre** HOTEL **$$$**

(Mapa p. 72; ☎834-6100; calle L entre calles 23 e 25; c/ste com café da manhã CUC$120/160; P❄@≈) O maior e mais arrojado hotel de Havana foi aberto em março de 1958, na véspera da última valsa de Batista. Já fez parte da cadeia Hilton e, em janeiro de 1959, foi ocupado pelos rebeldes de Castro, que colocaram as botas sobre a mobília grã-fina e o transformaram em quartel temporário (Castro de fato comandou o país de sua suíte em um dos últimos andares). Hoje administrado pela cadeia espanhola Meliá, assim como o Tryp Hotel, esse gigante possui 574 quartos decorados em padrão internacional, mas uma revitalização não faria mal aos móveis. Os balcões de informação sobre passeios no lobby são úteis para quem procura excursões fora da cidade, e o Cabaret Turquino (p. 112), no 25º andar, é uma instituição da cidade.

**Hotel Riviera** HOTEL **$$$**

(Mapa p. 72; ☎836-4051; esq. Paseo com Malecón; s/c com café da manhã CUC$63/106; P❄@≈) Esse palácio assinado por Meyer Lansky em estilo Las Vegas faz o visitante voltar no tempo em seu glorioso lobby retrô, quase intocado desde 1957. Não é difícil imaginar mafiosos reunidos nele, com seus charutos Cohiba e Chevrolets estacionados lá fora. O problema para o turista atual é que os 354 quartos, luxuosos há cinquenta anos, agora parecem gastos e quase não justificam o preço. Você pode dar um mergulho na piscina, também em estilo dos anos 1950, ir aos bons restaurantes ou até o lendário cabaré Copa Room (p. 112), muito mais barato do que o Tropicana. A localização, em uma parte mais selvagem do Malecón, é espetacular, embora seja necessário um bom trajeto de ônibus ou táxi para ir ao centro da cidade.

**Hotel Presidente** HOTEL $$$

(Mapa p. 72; ☎55-18-01; esq. Calzada e calle G; s/c CUC$90/140; P❄@≋) Inteiramente reformado em 2000, esse hotel influenciado pela *art déco* não ficaria deslocado se estivesse perto da Times Square, em Nova York. Construído no mesmo ano que o Victoria (1928), o Presidente é similar, mas maior, e com atendentes menos amigáveis. A não ser que você adore caminhar ou não se importe de levar algumas cotoveladas nos ônibus de Havana, a localização pode ser um pouco desafiadora.

**Marta Vitorte** CASA PARTICULAR $

(Mapa p. 72; ☎832-6475; martavitorte@hotmail.com; calle G, 301, ap 14 entre calles 13 e 15; q CUC$35-40) Marta mora nesse apartamento sinuoso da av. de los Presidentes desde 1960. Basta olhar a vista para entender por quê – o terraço envidraçado da frente tem uma vista de 270 graus de Havana; é como se você estivesse em pé sobre o monumento a Martí. Não à toa, os dois quartos são luxuosos, com belos móveis, minibar e cofres. Além disso, há café da manhã, lavanderia, vaga para estacionar, ascensorista no elevador... Anotou a dica?

**Eddy Gutiérrez Bouza** CASA PARTICULAR $

(Mapa p. 72; ☎832-5207; calle 21, 408, entre calles F e G; q CUC$30; P❄) Eddy é um anfitrião fantástico, com grande conhecimento de Havana, e sua casa colonial já recebeu muitos visitantes ao longo dos anos. Trata-se de uma residência convidativa, com um jardim bem cuidado e uma fachada grandiosa, em frente à qual fica estacionado o Dodge 1974 de Eddy, feito na Argentina. Os hóspedes ficam nos fundos, em quartos confortáveis, e um deles tem até uma pequena cozinha.

**Casa Particular Sandélis** CASA PARTICULAR $

(Mapa p. 72; ☎832-4422; calle 21, 4, a 61 entre calles N e O; q CUC$30-35) Outra casa no quarteirão *art déco* com vista para o Hotel Nacional. Fica no sexto andar e combina uma ótima localização com a solicitude e a honestidade dos anfritriões, Carolina e Lenin (que é um pintor talentoso). Há vários quartos, todos com banheiro.

**Mercedes González** CASA PARTICULAR $

(Mapa p. 72; ☎832-5840; mercylupe@hotmail.com; calle 21, 360, ap 2A entre calles G e H; q CUC$30-35) Uma das anfitriãs mais hospitaleiras de Havana, Mercedes é muito recomendada por viajantes e donos de outras *casas particulares*. Sua linda propriedade *art déco* é um apartamento clássico de Vedado, com dois bons quartos, terraço arejado e serviço cinco estrelas.

**Manuel Martínez** CASA PARTICULAR $

(Mapa p. 72; ☎832-6713; calle 21, 4, ap 22 entre calles N e O; q CUC$30-35) Há catorze casas nesse magnífico prédio *art déco*, construído em 1945 e situado em frente ao Hotel Nacional, o que faz dele uma espécie de mini-hotel. A *portera* vigia a entrada e pode dar informações. Os apartamentos têm vista para os jardins do Nacional – a oportunidade perfeita para estar próximo do mais famoso cinco estrelas de Cuba sem ter de pagar o preço de um hotel de luxo.

**Hotel St John's** HOTEL $$

(Mapa p. 72; ☎833-3740; calle O, 216, entre calles 23 e 25; s/c com café da manhã CUC$60/100; ❄@≋) Uma opção justa em Vedado, o St John's tem piscina no último andar, banheiros limpos, camas razoáveis e a casa noturna Pico Blanco (p. 111) no 14º andar. Peça um quarto na ala oeste, com linda vista para o Malecón. Se discotecas cubanas em cores vibrantes não são a sua praia, você pode preferir o Hotel Vedado, com o mesmo preço e a meio quarteirão dali.

**Hotel Vedado** HOTEL $$

(Mapa p. 72; ☎836-4072; calle O, 244, entre calles 23 e 25; s/c CUC$65/80; ❄@≋) Sempre popular entre turistas, o Hotel Vedado é difícil de convencer. Ok, a piscina é razoável (o que é raro em Havana), assim como o restaurante, e os quartos não chegam a ser desagradáveis. Mas o serviço irregular, o lobby constantemente barulhento e a quase completa falta de personalidade vão fazer você questionar se não seria melhor ficar em uma *casa particular* – e por metade do preço.

**Nelsy Alemán Machado** CASA PARTICULAR $

(Mapa p. 72; ☎832-8467; calle 25, 361, ap 1 entre calles K e L; q CUC$25) Essa casa fica próxima da universidade e também do Hotel Habana Libre. Pela localização, é uma das melhores opções de Vedado: é segura e fica perto da maior parte das atrações.

**Guillermina & Roberto Abreu** CASA PARTICULAR $

(Mapa p. 72; ☎833-6401; Paseo, 126, ap 13A entre calle 5 e Calzada; q CUC$30; ❄) No 13º andar de um prédio de apartamentos de Vedado construído em 1958, essa é outra casa em que a vista se destaca. Tem dois quartos, com banheiros privativos, e porcelanas elegantes. Respire fundo antes de subir no elevador barulhento.

**Hotel Colina** HOTEL $
(Mapa p. 72; ☎836-4071; esq. calles L com 27; s/c CUC$34/42; ❄@) A mais simpática e menos "fresca" das opções baratas de Vedado: são oitenta quartos, e o prédio fica logo ao lado da universidade – uma boa alternativa para quem está fazendo curso de espanhol.

**Luis Suávez Fiandor** CASA PARTICULAR $
(Mapa p. 72; ☎832-5213; calle F, 510, Altos, entre calles 21 e 23; q CUC$30) Bem-vindo a outra opção segura, com proprietários simpáticos, de Vedado. São dois quartos no andar de cima com banheiros privativos e varanda com vista para os telhados gastos de Havana.

**Hotel Bruzón** HOTEL $
(Mapa p. 72; ☎877-5684; Bruzón, 217, entre Pozos Dulces e av. de la Independencia; s/c CUC$22/31; ❄) Há apenas duas razões para ficar aqui: se você precisa pegar o ônibus bem cedinho (o terminal fica a 400m), ou se todo o resto estiver cheio. Do contrário, seus quartos claustrofóbicos não valem a pena.

**Basilia Pérez Castro** CASA PARTICULAR $
(Mapa p. 72; ☎832-3953; bpcdt@hotmail.com; calle 25, 361, ap 7 Bajos entre calles K e L; q CUC$25) Basilia aluga dois quartos com entrada independente na mesma casa que Nelsy Machado. É uma opção aconchegante por um bom preço.

**Melba Piñada Bermudez** CASA PARTICULAR $
(Mapa p. 72; ☎832-5929; lienafp@yahoo.com; calle 11, 802, entre calles 2 e 4; q CUC$30) Essa *villa* centenária, em uma rua arborizada de Vedado, seria ocupada por um milionário em qualquer outro lugar do mundo. Mas, em Havana, é uma *casa particular* com dois quartos grandes e boas refeições.

## Onde comer

### HABANA VIEJA

A parte antiga de Havana possui a mais consistente mistura de restaurantes estatais, a maioria deles administrada de modo competente pela agência do departamento de restauração, a Habaguanex. Para experimentar algo além da comida *criolla*, você encontrará boas casas de culinária estrangeira (italianas, árabes e chinesas, principalmente), embora a tendência seja provar primeiro, claro, os sabores cubanos. Os paladares de Habana Vieja foram reduzidos a meia dúzia de restaurantes legalizados, que competem corajosamente com os estabelecimentos estatais, muito mais divulgados.

**Restaurante el Templete** FRUTOS DO MAR $$$
(Mapa p. 58; av. del Puerto, 12; refeições CUC$15-20; ⏲12-23h) Seja bem-vindo a um restaurante que poderia competir com qualquer um de Miami – e é estatal! A especialidade de Templete é peixe, realmente especial: fresco, suculento e preparado de maneira simples, sem as pretensões tão comuns nos países que cultivam a fama de seus *chefs*-estrelas, como os Estados Unidos. É um pouco *caro*, mas vale cada *centavo*.

**La Imprenta** INTERNACIONAL $$$
(Mapa p. 58; Mercaderes, 208; ⏲12-0h) Esse novo restaurante da Habaguanex veio para aumentar as expectativas em relação aos estabelecimentos estatais da Cidade Velha, trazendo elementos antes desconhecidos nesse tipo de lugar: massa *al dente*, frutos do mar preparados de forma criativa e vinhos razoáveis. O serviço também impressiona, superando a antiga tendência de garçons desmotivados, e o interior resplandecente preserva móveis de outras épocas.

**Restaurante la Dominica** ITALIANO $$
(Mapa p. 58; O'Reilly, 108; ⏲12-0h) Apesar da propensão a exagerar no azeite, La Dominica, com seu forno a lenha onde são assadas as pizzas e suas massas sempre *al dente*, poderia reivindicar o posto de melhor restaurante italiano de Havana. Possui uma sala de jantar elegantemente restaurada, com algumas mesas a céu aberto na calle O'Reilly, e o cardápio oferece pratos básicos da culinária italiana, além de camarão e lagosta (CUC$10 a CUC$18). Os músicos da casa investem em um repertório um pouco mais variado do que a imitação usual do Buena Vista Social Club.

**Restaurante la Paella** ESPANHOL $$
(Mapa p. 58; esq. Oficios com Obrapía; ⏲12-23h) Conhecido por sua paella (CUC$10), esse lugar, anexo ao Hostal Valencia, tem um ambiente autêntico e se esforça para honrar o prato espanhol que originou seu nome. A comida varia, mas, em um bom dia, você vai raspar a panela de paella com gosto.

**Mesón de la Flota** TAPAS $$
(Mapa p. 58; Mercaderes, 257, entre Amargura e Brasil; s/c com café da manhã CUC$65/100) Uma cidade que Havana certamente faz lembrar é Cádiz, na Espanha, e esse bar-restaurante em estilo náutico, especializado em tapas, parece ter sido trazido diretamente do Barrio de Santa María, na cidade espanhola. Entre as tapas à moda antiga, há *garbanzos con chorizo* (grão-de-bico com linguiça), calamari e tortilla, mas também são servidos *platos principales* mais substanciosos, de frutos do mar. Para amantes da música, o

QUEM SABE, SABE

## NORBERTO HERNÁNDEZ: GUIA TURÍSTICO, AGENCIA DE VIAJES SAN CRISTÓBAL, HAVANA

### Para ouvir

**Callejón de Hamel** (p. 110) Vá pela rumba ao vivo e pela oportunidade de encontrar um dos artistas originais da rua, Salvador González Escalona.

### Para ver

**Museo de Bellas Artes** (p. 67) Não perca a exposição no prédio da calle Trocadero, que é organizada cronologicamente e engloba muitas obras definitivas da arte cubana, como Gitana tropical, de Victor Manuel García Valdés.

### Para fazer

**Beisebol** Você pode ir ao Parque Central para ouvir as últimas fofocas do mundo do beisebol na Esquina Caliente, ou assistir a um jogo dos Industriales no Estadio Latinoamericano (p. 113).

### Tesouro escondido

**Circo Trompoloco** (p. 130) Essa atração permanente da Playa usa métodos dos antigos circos da União Soviética, com performances excelentes de artistas e animais.

### Tarde da noite

**El Gato Tuerto** (p. 110) Ao fim de um dia cansativo, vá ao "gato caolho", onde há um bar, algumas mesas, boleros relaxantes e uma boa mistura de cubanos e turistas.

**Jazz Café** (p. 110) Esse é outro bom lugar para drinques tarde da noite e jazz, que começa às 23h e segue até a madrugada.

destaque são os *tablaos* (shows de flamenco) noturnos, cuja qualidade não perde para as apresentações na Andaluzia. Relaxe e mergulhe no intangível espírito *duende* (o clímax de um espetáculo que mistura música e dança).

### Al Medina — ÁRABE $$

(Mapa p. 58; Oficios, 12, entre Obrapía e Obispo; ⏲12-0h; 🖉) Havana encontra o Oriente Médio nesse restaurante exótico, apropriadamente situado em um dos prédios em estilo *mudéjar*, do século 17, da cidade. Fica em um lindo pátio da calle Oficios, e é onde você pode jantar como um verdadeiro xeique marroquino: há cuscuz de cordeiro (CUC$10), tahine de frango (CUC$5) e sumac libanês (CUC$8) com um toque apimentado. É uma ótima sugestão para vegetarianos, com pratos como homus, tabule, pilaf e falafel.

### Café Lamparilla — INTERNACIONAL $

(Mapa p. 58; Lamparilla entre Mercaderes e San Ignacio; ⏲12-0h) Nesse lugar novo em Lamparilla, você pode se sentar ao ar livre na rua de paralelepípedos ou aproveitar o ar-condicionado do sinuoso bar *art déco*. A maioria das pessoas passa para tomar uma cerveja ou um coquetel, mas a comida é surpreendentemente boa e abundante, e os preços, bem em conta.

### Café del Oriente — CARIBENHA, FRANCESA $$$

(Mapa p. 58; Oficios 112; pratos principais CUC$20-27; ⏲12-23h) Havana fica de repente elegante nesse estabelecimento da arejada Plaza de San Francisco de Asís. Há salmão defumado, caviar (sim, caviar!), patê de fígado de ganso, lagosta a termidor, *steak au poivre*, seleção de queijos e cálices de vinho do Porto. E os garçons vestem smoking. Só há um porém: o preço. Mas quem se importa?

### La Zaragozana — ESPANHOLA $$

(Mapa p. 58; av. de Bélgica entre Obispo e Obrapía; ⏲12-0h) Fundado em 1830, esse é o restaurante mais antigo de Havana, mas está longe de ser o melhor. A comida tipicamente espanhola – não falta a obrigatória paella, claro – deixaria Dom Quixote satisfeito, mas o ambiente, com bandeirolas ibéricas e quinquilharias, pode ser um pouco sombrio.

### Paladar la Mulata del Sabor — PALADAR $$

(Mapa p. 58; Sol, 153, entre Cuba e San Ignacio; refeições CUC$10; ⏲12-0h) Aromas deliciosos emanam da cozinha nesse pequeno *paladar*, atraindo viajantes desorientados que se perdem ao sair da Plaza Vieja. Felizmente o La Mulata é um bom anfitrião, fato reforçado pelas frequentes recomendações de viajantes econômicos.

**Restaurante el Patio** CARIBENHA **$$**
(Mapa p. 58; San Ignacio, 54; refeições CUC$15--20; ⌚12-0h) Quando os moradores de rua e vendedores ambulantes deixam os clientes em paz, El Patio é um dos mais românticos cenários do planeta: os galhos de menta do mojito são prensados à perfeição, e a banda de repente toca sua música preferida. Deve-se experimentar esse lugar – na Plaza de la Catedral – à noite e ao ar livre, quando o clima fica ainda mais surreal. A comida não é tão interessante quanto o ambiente.

**Cafetería Torre la Vega** CARIBENHA **$**
(Mapa p. 58; Obrapía, 114A, entre Mercaderes e Oficios; ⌚9-21h) É para lá que muitos grupos de turistas vão durante a pausa do city tour. A cafeteria fica perfeitamente localizada no meio da Cidade Velha, com mesas quase na rua e invadindo um pequeno parque. Os viajantes ficam com o nariz enterrado em seus guias enquanto saboreiam pizza, frango e sanduíches, nenhum deles muito caro.

**Hanoi** INTERNACIONAL **$**
(Mapa p. 58; esq. Brasil e Bernaza; ⌚12-23h) O nome sugere solidariedade com o "comunista" Vietnã, mas não se anime – você não encontrará rolinhos primavera à moda de Saigon. Em vez disso, há comida *creole* e apenas uns dois pratos de arroz frito perdidos no meio do cardápio para justificar o nome (que realmente induz ao engano). Em um dos poucos prédios restaurados da Plaza del Cristo, que não é turística, o Hanoi é um dos favoritos entre os mochileiros, e onde a clientela estrangeira vasculha seus guias de viagem à vontade durante as refeições.

**La Mina** CARIBENHA **$$**
(Mapa p. 58; Obispo, 109, entre Oficios e Mercaderes; ⌚24 horas) Com cardápio medíocre, mas uma ótima localização, La Mina fica em uma linda esquina da Plaza de Armas – todos os turistas em Havana passam por esse ponto em algum momento. Entre as opções – escritas em uma placa do lado de fora e repetidas verborragicamente pelos garçons – há frango, carne de porco e camarões cozidos de diferentes maneiras, mas falta personalidade à culinária. Há uma tentadora *heladería* (sorveteria) na esquina com a calle Oficios.

**La Torre de Marfil** CHINESA **$$**
(Mapa p. 58; Mercaderes, 111, entre Obispo e Obrapía; ⌚12-22h seg-qui, 12-0h sex-dom) Para onde foram todos os fãs da comida chinesa? Para a Chinatown, talvez? Você vai sentir pena do Marfil. Apesar da excelente localização na calle Mercaderes, dos atendentes sorridentes e de um ambiente convidativo, esse restaurante parece sempre estar vazio. Mas entre e você encontrará *chop suey* e *yakisoba* – quando finalmente chegam – frescos, crocantes e abundantes.

**Café Santo Domingo** CAFÉ, PADARIA **$**
(Mapa p. 58; Obispo, 159, entre San Ignacio e Mercaderes, Habana Vieja; ⌚9-21h) Sobre a melhor padaria de Habana Vieja – e em um de seus prédios mais antigos –, esse café emana um delicioso aroma e não pesa na carteira. Experimente os deliciosos shakes de frutas, o grande *sandwich especial* e os bolos com uma xícara fumegante de *café con leche*.

**Paladar Moneda Cubana** PALADAR **$$**
(Mapa p. 58; San Ignacio, 77; refeições CUC$8-10; ⌚12-0h) Há uma obsessão por futebol nesse *paladar* com localização perfeita, logo ao lado da Plaza de la Catedral, conhecida por todos os turistas que passam por Havana em algum momento. Sob a insígnia esportiva, quatro mesas servem pratos com frango e com porco a preços razoáveis (CUC$8 a CUC$10). Contribua com alguns pesos conversíveis em favor do empreendimento privado da casa.

**La Julia** PALADAR **$$**
(Mapa p. 58; O'Reilly, 506A, entre Villegas e av. de las Misiones; refeições CUC$10; ⌚12-0h) Já existe há tempo suficiente para ser chamado de instituição, que sobreviveu a quase todos os outros concorrentes. La Julia é um *paladar* simples, com administração familiar. Serve comida reconfortante na calle O'Reilly.

**Café de O'Reilly** CAFÉ, FAST-FOOD **$**
(Mapa p. 58; O'Reilly, 203, entre Cuba e San Ignacio, Habana Vieja; ⌚11-3h) À moda antiga, esse café com ares de pub britânico serve bebidas e lanches. Ocupa dois andares interligados por uma escada em caracol – o de cima fica mais agitado.

**El Mercurio** INTERNACIONAL **$$**
(Mapa p. 58; Plaza de San Francisco de Asís; ⌚24 horas) Um lindo café-restaurante com mesas ao ar livre, máquina de *cappuccino*, mesas bem privativas e garçons de roupa formal. Há lanches baratos (como sanduíches por CUC$5) e jantares mais substanciosos (lagosta e *steak tartar*).

**Restaurante Puerto de Sagua** FRUTOS DO MAR $
(Mapa p. 58; av. de Bélgica, 603; ⌚12-0h) Esse restaurante com tema náutico na parte sul de Habana Vieja tem janelinhas em forma de escotilha. Serve a maioria dos frutos do mar a preços razoáveis.

### PARQUE HISTÓRICO MILITAR MORRO-CABAÑA

**Restaurante la Divina Pastora** INTERNACIONAL $$$
(Mapa p. 65; ⌚12-23h) Abaixo de La Cabaña, logo atrás da Dársena de los Franceses e de outro conjunto de grandes canhões do século 18, fica essa joia da culinária cubana. Resgatando a alimentação substanciosa de outras épocas, La Divina Pastora serve massa caseira, tomates secos, legumes ao pesto e ótimos frutos do mar. Para completar, os garçons são experientes e o restaurante oferece uma carta de vinhos confiável.

**Paladar Doña Carmela** CARIBENHA $$
(Mapa p. 65; ☎863-6048; calle B, 10; ⌚apenas à noite) Uma opção de restaurante particular que oferece frango e carne de porco de qualidade em um lindo cenário a céu aberto (quando está aberto). É uma boa opção para jantar antes ou depois da cerimônia do *cañonazo* – mas é bom ligar antes, porque os horários de abertura são esporádicos.

**Restaurante los Doce Apóstoles** CARIBENHA $$
(Mapa p. 65; ⌚12-23h) Partes das fortalezas foram convertidas em bares e bons restaurantes, como esse abaixo de El Morro. O restaurante tem esse nome devido ao conjunto de doze canhões que fica sobre ele. Serve comida *criolla* e fica acima dos padrões de restaurantes administrados pelo governo, com preços justos.

### CENTRO HABANA

O Centro oferece opções mais restritas do que Habana Vieja, com algumas exceções. Procure clubes espanhóis administrados pelo Centro Asturiano e mergulhe na rua de restaurantes calle Cuchillo, no Barrio Chino (bairro chinês).

**Los Nardos** ESPANHOLA, CARIBENHA $$
(Mapa p. 68; Paseo de Martí, 563; ⌚12-0h) Localizado em frente ao Capitólio, mas fácil de não se ver (cuidado com a fila), Los Nardos é um dos poucos restaurantes de Havana semiprivados, administrado pela sociedade de espanhóis asturianos. Conhecido em alguns bairros como um dos melhores restaurantes da cidade, tem uma fachada gasta que não promete muito, mas a decoração interna com couro e mogno e os pratos deliciosos (aposte na lagosta em molho catalão, nos camarões ao alho com legumes salteados e na autêntica paella espanhola) contrapõem-se à baixa expectativa. As porções são enormes, e o serviço, atencioso. Os preços, que começam em CUC$4 para os pratos com frango e carne de porco, são incrivelmente acessíveis.

**Restaurante Tien-Tan** CHINESA $$
(Mapa p. 68; Cuchillo, 17, entre Rayo e San Nicolás; ⌚11-23h) Um dos melhores e mais autênticos restaurantes chineses do Barrio Chino, o Tien-Tan ("Templo do Paraíso") é administrado por um casal sino-cubano e serve a variedade incrível de 130 pratos diferentes. Com essa complexidade toda, você poderia imaginar um longo tempo de espera e comida mediana (na melhor das hipóteses). Mas, felizmente, não é o caso. Experimente o *chop suey* com vegetais ou o frango com castanha-de-caju e sente-se lá fora, na movimentada Cuchillo, uma das mais animadas ruas de restaurantes de Havana.

**Rancho Coquito** ESPANHOLA, CARIBENHA $$
(Mapa p. 68; Malecón 107, entre Genios e Crespo; ⌚18-0h) Enfim, um bom restaurante no Malecón. Administrado pelas sociedades de espanhóis asturianos, esse lugar se gaba de ter um terraço com vista para a famosa avenida à beira-mar de Havana (procure o garçom do lado de fora) e é frequentado principalmente por cubanos. Na parte de cima, a comida é saborosa e inacreditavelmente barata. A paella custa CUC$7; os *garbanzos fritos* (grãos-de-bico fritos), CUC$5; a tortilla, CUC$3; e uma porção generosa de lagosta refogada na manteiga, uma barganha de CUC$8.

**Los Gijones** ESPANHOLA, CARIBENHA $$
(Mapa p. 68; Paseo de Martí, 309; ⌚12-0h) Serenatas melancólicas de Mozart acolhem os clientes, fazendo-os chorar sobre sua *ropa vieja* – carne refogada em molho de tomate acompanhada de arroz, feijão e mandioca (CUC$5). Enxugue os olhos e descobrirá que está em outra casa de sociedade espanhola, desta vez o Centro Asturiano, cuja sala de jantar em mogno é embalada pelo charmoso violinista da casa.

**Pastelería Francesa** CAFÉ, CONFEITARIA $
(Mapa p. 68; Parque Central, 411) Esse café tem todos os ingredientes de um clássico da

Champs-Élysées: uma ótima localização no Parque Central, garçons vestidos com coletes e doces delicados em caixas de vidro. Mas o autêntico sabor francês é perturbado pelos atendentes atrapalhados e pelas *jineteras* que entram aos montes, acompanhadas de estrangeiros em busca de cigarros e café forte.

**Chi Tack Tong** CHINESA **$$**

(Mapa p. 68; Dragones, 356, entre San Nicolás e Manrique; ⏲12-0h) Lá em cima na calle Dragones, esse lugar é famoso por ser um dos poucos restaurantes baratos de Havana onde não se escutam as palavrinhas *"No hay"* ("Não tem") ao fazer o pedido. O cardápio é um pouco limitado, mas as porções são enormes. Pode-se pedir para embrulhar o que sobrar.

**Café Neruda** INTERNACIONAL **$**

(Mapa p. 68; Malecón, 203, entre Manrique e San Nicolás; ⏲11-23h) Carne chilena na brasa, espetinho à Neruda, pastel chileno? O pobre Pablo Neruda estaria se revirando no túmulo se esse não fosse um lugarzinho convidativo, um raio de sol em meio ao embolorado Malecón. Passe uma tarde poética observando as ondas batendo no paredão do mar.

**Paladar Torressón** PALADAR **$$**

(Mapa p. 68; ☎861-7476; Malecón entre Capdevila e Genios; refeições CUC$7-9; ⏲12-0h) Localizado na ponta leste do Malecón, virado para o castelo El Morro, o Torressón oferece pratos com carne ou peixe e vistas estupendas.

**Paladar Doña Blanquita** PALADAR **$$**

(Mapa p. 68; Paseo de Martí, 158, entre Colón e Refugio; refeições CUC$7-9; ⏲12-22h) Voltado para o bulevar Prado, é um dos mais bem localizados *paladares* de Centro Habana. Tem cardápio devidamente impresso e pratos de carne na faixa de CUC$7 a CUC$9.

**El Gran Dragón** CHINESA **$**

(Mapa p. 68; Cuchillo, 1; ⏲11-0h; 🖉) É a primeira casa à esquerda quando se entra na rua Cuchillo a partir da calle Zanja. Oferece sopa *wonton*, *chop suey*, *yakisoba* e arroz frito e é uma boa opção para vegetarianos.

### VEDADO

Os *paladares* de Vedado já foram esplêndidos, mas agora estão perdendo a guerra contra os aluguéis altos e as regras rígidas do governo. O Hotel Nacional e o Hotel Habana Libre também têm bons bares e restaurantes.

**La Torre** FRANCESA, CARIBENHA **$$$**

(Mapa p. 72; ☎838-3088; Edificio Focsa esq. calles 17 e M) Um dos restaurantes mais altos e mais comentados de Havana fica sobre o arranha-céu Focsa, no centro de Vedado. Trata-se de um gigante da arquitetura modernista e também da alta gastronomia franco-cubana, combinando belas vistas da cidade com um cardápio progressista, inspirado na culinária francesa, que inclui desde alcachofra à *foie gras* e *tart almandine*. Os preços (CUC$30 o prato principal) são claramente não cubanos, assim como os ingredientes – mas, com esse nível de serviço, é provável que valha a pena.

**Paladar la Guarida** INTERNACIONAL **$$$**

(Mapa p. 72; ☎866-9047; Concordia, 418, entre Gervasio e Escobar; ⏲12-15h e 19-0h) Localizado no último andar de um imóvel residencial de Havana espetacularmente dilapidado, La Guarida ganhou reputação por ter sido cenário de filme (*Morango e chocolate* foi filmado no edifício) e por ter recebido ótimas críticas em jornais (entre eles, *New York Times* e *The Guardian*). A comida, como se pode imaginar, está entre as melhores de Havana. Cativa pelo uso da Nueva Cocina Cubana em pratos como perca em redução de coco e frango com molho de mel e limão. É preciso reservar.

**Paladar el Hurón Azul** PALADAR **$$$**

(Mapa p. 72; ☎879-1691; Humboldt, 153; refeições CUC$15-20; ⏲12-0h ter-dom) É considerado um dos melhores restaurantes particulares de Havana – mas embora a comida seja saborosa, o interior sem janelas, aliado à predominância de fumantes no salão, pode dar ao seu prato um gosto maior de nicotina do que de comida *criolla*. Apesar disso, o Hurón Azul (Furão Azul) pode se orgulhar de sua culinária original, além de ser famoso por seu porco defumado servido com molho de abacaxi. Dito isso, não é tão barato – custa cerca de CUC$15, mais 10% de serviço que são incluídos em todas as contas – e é preciso reservar.

**Pain de París** CAFÉ, PADARIA **$**

(Mapa p. 72; calle 25, 164, entre Infanta e calle O; ⏲8-0h) Essa pequena rede tem, muito provavelmente, os melhores quitutes de Havana – entre os quais roscas de canela com cobertura, além de bolos, *cappuccinos*, *croissants* e também salgados. Se tiver tomado um café da manhã bem leve, pare às 11h para comprar um lanche. Há outra **filial 24 horas** em Línea, ao lado do cinema Trianón.

NÃO PERCA

## OS CLUBES ESPANHÓIS DE HAVANA

Embora seja um fato imperceptível para visitantes contemporâneos, os Clubes Espanhóis de Havana já foram fortes símbolos da identidade ibérica em Cuba, e ajudaram a integrar imigrantes e *peninsulares* (cubanos nascidos na Espanha) à vida cotidiana por meio de bibliotecas, hospitais, teatros e centros sociais. Assim, foram responsáveis pela construção de alguns dos prédios mais grandiosos da cidade até então, muitos dos quais ainda estão em pé.

Os primeiros clubes funcionavam como sociedades de auxílio mútuo ainda na década de 1870, e eram quase sempre organizados conforme as fronteiras regionais espanholas – havia "centros" formados entre grupos separados de imigrantes andaluzes, galegos, canarinos, catalães, asturianos e bascos. Como acontecia com frequência na América Latina, o maior número de imigrantes vinha de regiões pobres da Espanha, sobretudo da Galícia e de Astúrias (o pai de Fidel Castro era um expatriado galego), e foram essas pessoas que formaram o que se tornaria um dos clubes mais poderosos.

Originalmente, os centros eram abertos apenas a *peninsulares*, que elegiam conselhos para promover auxílio mútuo e permitiam que os membros tivessem acesso a bibliotecas, hospitais, à educação e – o que é mais importante – a uma cultura distinta, que preservava ecos da velha Espanha (a música dos corais era particularmente popular em Havana). No início dos anos 1900, as sociedades galega e asturiana somavam 10 mil membros, e os dois clubes entraram numa competição extraoficial para ver quem construía o maior centro cultural. A "corrida" resultou em dois prédios magníficos no Parque Central de Havana: o Centro Gallego (1914), que agora é o **Gran Teatro de Habana** (p. 108); e o **Centro Asturiano** (1927), hoje parte do Museo Nacional de Bellas Artes (p. 67). Ambos têm suas raízes no ecletismo do começo do século 20, com influências perceptíveis do neobarroco e do neoclássico.

A Revolução cortou drasticamente o poder dos Clubes Espanhóis de Havana, mas não chegou a erradicá-los. A **Asociación Canaria de Cuba** (mapa p. 68; av. de los Misiones, 258), que possui um restaurante e um espaço para apresentações, o **Centro Andaluz** (p. 82), onde acontecem esporádicos shows de flamenco, e o Centro Vasco, que tem um bar e um restaurante (veja p. 105), em Vedado, ainda estão ativos – e são muito interessantes para turistas. Acima de todos, porém, fica o Centro Asturiano, cujos restaurantes formidáveis ganharam um culto entre turistas bem informados, em função de sua atmosfera realçada pelos móveis de mogno, do excelente serviço e da comida deliciosa e acessível.

**Decameron** PALADAR, ITALIANA **$$$**
(Mapa p. 72; ☎832-2444; Línea, 753, entre Paseo e calle 2; refeições CUC$12-15; ⏲12-0h; 🍷) Feio por fora, mas até bonito por dentro, o Decameron é um restaurante intimista de influência italiana. Pode-se escolher à vontade no cardápio variado, pois tudo é gostoso: a pizza vegetariana, a lasanha à bolonhesa, o *steak au poivre* e a divina sopa de abóbora. Além disso, há uma boa carta de vinhos, e a cozinha não se esquece dos vegetarianos.

**El Gringo Viejo** PALADAR **$$**
(Mapa p. 72; ☎831-1946; calle 21, 454, entre calles E e F; ⏲12-23h) Tem um bom clima e grandes porções de ótima comida. Moradores e visitantes o adoram por seu serviço rápido, pela boa carta de vinhos e pelas porções generosas de pratos ousados, como salmão defumado com azeitona e queijo gouda, ou siri no vinho tinto (CUC$10 a CUC$12).

**Flor de Loto** CHINESA **$$**
(Mapa p. 72; Salud, 303, entre Gervasio e Escobar) É popularmente conhecido como o melhor restaurante chinês de Havana – e, consequentemente, de Cuba –, e as filas que se formam na porta são prova disso. Camuflado entre as fachadas decadentes de Centro Habana, serve porções extragrandes de lagosta, arroz frito e molho agridoce em um ambiente gelado pelo ar-condicionado.

**Complejo Turístico 1830** INTERNACIONAL **$$**
(Mapa p. 124; Malecón, 1252; ⏲12-22h) Um dos restaurantes mais elegantes de Havana, que recebe elogios constantes e, ao mesmo tempo, opiniões mais duvidosas. Experimente o frango ao molho de limão e mel e fique até depois das 22h, quando a cozinha fecha e começa um show de música ao vivo, com direito a passos de salsa no jardim dos fundos.

**Paladar los Amigos** PALADAR **$$**
(Mapa p. 72; calle M, 253; ⌚12-0h) O *paladar* Los Amigos, localizado nos fundos de uma casa pré-Revolução, na esquina das calles M e 19, perto do Hotel Victoria, serve boas refeições cubanas por CUC$10, incluindo os acompanhamentos. É bastante recomendado pelos havaneses.

**Paladar Aries** PALADAR **$$**
(Mapa p. 72; av. Universidad, 456, Bajos entre calles J e K; ⌚12-0h) Um banquete tradicional cubano combinado com o que é definido (generosamente) como "prato internacional", esse lugar arejado, administrado por uma família, fica bem situado atrás da universidade e às vezes é agraciado com *trovadores* (cantores e compositores) andarilhos.

**Café TV** FAST-FOOD **$**
(Mapa p. 72; esq. calles N e 19; ⌚10-21h) Escondido nas entranhas do Edificio Focsa, esse café que tem a TV como tema é um lugar irreverente para jantar e assistir a apresentações. É frequentado por gente bem informada, que sabe da comida barata e dos hilários shows noturnos de comédia. Para aproveitar, é preciso enfrentar um ar-condicionado congelante e passar por um túnel subterrâneo, mas vale pelos hambúrgueres recém-preparados, pelas saladas saudáveis e pelo frango *Cordon Bleu*. A Televisión Cubana fica na esquina, daí a temática.

**Trattoría Maraka's** ITALIANA **$$**
(Mapa p. 72; calle O, 260, entre calles 23 e 25; ⌚10-23h) Não se assuste com as mesas baratas de fórmica e com o mapa da Itália na parede. Nesse restaurante há azeite de verdade, queijo parmesão e mozarela, além de um forno a lenha – o que significa que essa *trattoria* de Vedado tem uma das melhores pizzas da cidade. Há, ainda, salada grega, tortellini ao molho vermelho e canelone recheado com espinafre, tudo por menos de CUC$10.

**El Conejito** CARIBENHA **$$**
(Mapa p. 72; calle M, 206; ⌚12-0h) Essa mansão em estilo Tudor, de tijolos vermelhos aparentes, com garçons vestidos em estilo germânico, é especializada em carne de coelho (a partir de CUC$8). Não é mesmo um clássico? Mas se o coelho não conquistar você, experimente os pratos de frango, boi e peixe, ou então a lagosta. O ambiente um tanto surreal é animado pelo pianista da casa, que toca serenatas românticas ao fundo.

**Centro Vasco** ESPANHOLA, CARIBENHA **$**
(Mapa p. 72; calle 3, esq. com calle 4; ⌚12-22h) Essa filial da sociedade basca de Havana, perto do Hotel Meliá Cohiba, tem um restaurante razoável e um bar/café aberto 24 horas. A comida expressa a influência espanhola.

**La Rampa** DINER **$$**
(Mapa p. 72; calle L entre calles 23 e 25; hambúrgueres $CUC6-8; ⌚24 horas) Dentro do Hotel Habana Libre, é o mais próximo que Havana chega de um *diner* americano. Garçons um tanto bruscos servem excelentes saladas, hambúrgueres e milk-shakes.

**Cafetería Sofía** FAST-FOOD **$**
(Mapa p. 72; calle 23, 202; ⌚24 horas) Quem sai de uma noitada encontra pessoas que gostam de madrugar nessa instituição de La Rampa (calle 23), que fica aberta 24 horas.

**La Casona & 17** CARIBENHA **$$**
(Mapa p. 72; calle 17 entre calles M e N; ⌚11-22h) Uma residência eclética de Vedado que foi transformada em restaurante. Fique na elegante sala de jantar ou no ambiente externo, perto da churrasqueira.

**Restaurante Vegetariano Carmelo** VEGETARIANA **$**
(Mapa p. 72; calzada entre calles D e E; ⌚12-0h ter-dom; ✎) Autodefinido como restaurante vegetariano, fica em frente ao Teatro Amadeo Roldán e oferece opções limitadas e serviço antipático. Os preços são em pesos cubanos.

### Sorveterias

Havana tem bons sorvetes, que podem ser comprados tanto em conversíveis como em pesos cubanos. A Coppelia é uma rede nacional – mas suas filas são longas. *Paleticas* são picolés (em geral cobertos de chocolate), enquanto *bocaditos* são grandes sanduíches de sorvete (em geral artesanais). Também há máquinas itinerantes que vendem sorvete tipo italiano a qualquer hora, em qualquer lugar. As casquinhas custam em média CUC$2. O único problema é levá-las à boca antes que derretam. Abaixo estão ótimas sorveterias:

**Bim Bom** SORVETERIA **$**
(Mapa p. 72; esq. calle 23 e Infanta, Vedado) Sorvete muito cremoso e em sabores como café, leite condensado e passas ao rum; pague em conversíveis.

**Coppelia** SORVETERIA **$**
(Mapa p. 72; esq. calle 23 com L, Vedado) A melhor e mais tradicional de Cuba.

### Para viagem

Há ótimos lugares, com valor em pesos, espalhados pela cidade, embora poucos tenham nome. Fica mais fácil procurar pelas ruas. As melhores pizzas de Havana são vendidas na San Rafael, logo ao lado da Infanta (observe as filas). A av. de la Italia (Galiano para os moradores) também tem alguns lugarzinhos. Tente, ainda, as calles H e 17, onde há muitas barracas que vendem comida em pesos, e a calle 21, entre as calles 4 e 6; essa área fica perto de um hospital, por isso os lugares oferecem boa variedade e ficam abertos até tarde.

*Cajitas* (refeições para viagem) em geral custam cerca de CUC$1. Algumas vêm com uma colher presa à tampa, mas a maioria não; então ou você tem seu próprio garfo ou usa parte da tampa para fazer uma pazinha. Pode-se comprar *cajitas* nos *agropecuarios* (hortifrútis); o bairro chinês é conhecido por essa modalidade de refeição.

Os cubanos ainda não adquiriram o costume de pedir café "para viagem", então se prepare para receber olhares estranhos se você pedir seu café *para llevar*.

## Por conta própria

#### HABANA VIEJA

**Café Santo Domingo** PADARIA $
(Mapa p. 58; Obispo, 159, entre San Ignacio e Mercaderes; ⌚9-21h) Os melhores pães e quitutes de Havana são encontrados nesse lugar, que fica embaixo de um café.

**Harris Brothers** SUPERMERCADO $
(Mapa p. 58; O'Reilly, 526; ⌚9-21h seg-sáb) O mercado mais completo de Habana Vieja vende de tudo, de doces franceses a fraldas. Ao lado do Parque Central, fica aberto até tarde.

**Agropecuario Sol** MERCADO $
(Mapa p. 58; Sol entre Habana e Compostela) O antigo mercado de hortifrútis do bairro.

#### CENTRO HABANA

**Supermercado Isla de Cuba** SUPERMERCADO $
(Mapa p. 68; esq. Máximo Gómez com Factoría; ⌚10-18h seg-sáb, 9-13h dom) No lado sul do Parque de la Fraternidad, tem iogurte, massas, cereais etc. É preciso deixar a bolsa na chapelaria à direita da entrada.

**Almacenes Ultra** SUPERMERCADO $
(Mapa p. 68; av. Simón Bolívar, 109; ⌚9-18h seg--sáb, 9-13h dom) Um supermercado razoável em Centro Habana, na esquina com Rayo, perto da av. de Italia.

**La Época** SUPERMERCADO $
(Mapa p. 68; esq. av. de Italia com Neptuno; ⌚9--21h seg-sáb, 9-12h dom) Uma loja de departamentos com um supermercado no subsolo. Deixe sua bolsa na chapelaria antes de entrar nesse empório épico de Havana.

**Mercado Agropecuario Egido** MERCADO $
(Mapa p. 68; av. de Bélgica entre Corrales e Apodaca) Esse defensor do liberalismo econômico vende produtos frescos.

#### VEDADO

**Supermercado Meridiano** SUPERMERCADO $
(Mapa p. 72; Galerías de Paseo, esq. calle 1 e Paseo; ⌚10-17h seg-sex, 10-14h dom) Em frente ao Hotel Meliá Cohiba, esse supermercado possui uma boa seleção de vinhos e bebidas alcoólicas e muito iogurte, queijo e salgadinhos.

Veja alguns dos *agropecuarios* (mercados de hortifrúti):

**Agropecuario 17 e K** MERCADO $
(Mapa p. 72; esq. calles 17 e K) Preços bem acessíveis, mas seleção de produtos limitada.

**Agropecuario 19 e A** MERCADO $
(Mapa p. 72; calle 19 entre calles A e B) O mercado gourmet de Havana, com couve-flor, ervas frescas e produtos mais raros da safra.

**Agropecuario 21 & J** MERCADO $
(Mapa p. 72; esq. calles 21 e J) Boa seleção de produtos. Também vende plantas em vasos.

**Organopónico Plaza** MERCADO $
(Mapa p. 72; esq. av. de Colón e Bellavista) Esse é o mercado de uma das maiores fazendas de produtos orgânicos de Havana.

## Onde beber

#### HABANA VIEJA

**Taberna de la Muralla** BAR, RESTAURANTE
(Mapa p. 58; esq. San Ignacio com Muralla; ⌚11-0h) Essa pequena cervejaria fica em um canto tumultuado da Plaza Vieja. Fundada por uma companhia austríaca em 2004, vende cerveja gelada e gostosa em bancos pesados de madeira a céu aberto ou no interior, em um ambiente típico de cervejaria. Reúna um grupo para tomar esse néctar em um grande tubo de plástico ligado a uma torneira. Também há uma churrasqueira fora do bar. Na esquina fica o novo **Factoria,** especializado em *malta* (bebida leve não alcoólica) e popular entre os cubanos.

**Museo del Chocolate** CHOCOLATERIA $
(Mapa p. 58; esq. Amargura com Mercaderes; ⌚9--20h) Chocólatras, atenção: esse lugar descolado no coração de Habana Vieja oferece doses "letais" de chocolate, trufas e ainda mais chocolate (tudo feito no local). Localizada – sem nenhuma ironia – na calle Amargura, essa doce loja é mais um café do que um museu, com algumas mesas de mármore espalhadas entre a parafernália de chocolate. Não é de surpreender que tudo no cardápio tenha esse ingrediente de dar água na boca: quente, frio, branco, amargo, ao leite – tudo é divino, não importa a sua escolha.

**Café el Escorial** CAFÉ $

(Mapa p. 58; Mercaderes, 317, esq. com Muralla; ⌚9-21h) Aberto para a Plaza Vieja e abrigado por uma mansão colonial restaurada, o El Escorial tem algo de europeu. Entre as melhores bebidas com cafeína da cidade, são servidos *café cubano, café con leche,* frapê, licor de café e até *daiquiri de café*. Também há uma boa seleção de bolos e quitutes.

**La Bodeguita del Medio** BAR, RESTAURANTE

(Mapa p. 58; Empedrado, 207; ⌚11-0h) Famoso graças ao amor pelo rum de Ernest Hemingway (o que, por associação, instantaneamente joga os preços lá em cima), esse é o mais celebrado bar de Havana. A visita é obrigatória para turistas que desejam mojitos melhores e (muito) mais baratos em outros lugares. Entre os antigos frequentadores estão Salvador Allende, Fidel Castro, Nicolás Guillén, Harry Belafonte e Nat King Cole, e todos eles deixaram seus autógrafos na parede de La Bodeguita – junto a milhares de outros, mas apenas os grandes nomes ficam, pois as paredes são pintadas de tempos em tempos. Hoje a clientela é menos ilustre, com os turistas de Varadero impondo-se acima dos boêmios genuínos. Puristas também reclamam que os mojitos de CUC$4 já não têm mais, há alguns anos, aquele encanto que conquistou Hemingway. Mas só há um jeito de descobrir...

**Bar Dos Hermanos** BAR

(Mapa p. 58; San Pedro, 304; ⌚24 horas) Apesar de sua ligação com Hemingway, esse bar conseguiu (até agora) escapar à atenção das massas de turistas. Um pouco fora de mão e um tanto gasto, foi o bar preferido do poeta Federico García Lorca durante sua temporada de três meses em Havana, em 1930. Com seu longo balcão de madeira e ar salgado de mar, não parece ter mudado muito desde então.

**Café de las Infusiones** CAFÉ

(Mapa p. 58; Mercaderes entre Obispo e Obrapía; ⌚8-23h) Espremido na calle Mercaderes, esse café administrado pela Habaguanex e recentemente restaurado é o paraíso dos viciados em cafeína. Orgulha-se, também, de ter um ótimo pianista. É mais elegante do que os cafés cubanos em geral e mais abrangente do que o Escorial. Há mais de uma dúzia de opções de café, entre elas *irish coffee, punch coffee, mocca* e *cappuccino*.

**El Floridita** BAR, RESTAURANTE

(Mapa p. 58; Obispo, 557; ⌚11-0h) Promovendo-se como o "berço do daiquiri", El Floridita era um ponto de encontro popular entre norte-americanos muito antes de Hemingway aportar por ali nos anos 1930 (daí seu nome, "pequena Flórida"). Um barista chamado Constante Ribalaigua inventou o daiquiri logo após a I Guerra Mundial, mas foi Hemingway que o popularizou. O bar acabou batizando um drinque em homenagem ao escritor: o Papa Hemingway Special (basicamente, um daiquiri feito com suco de toranja). O recorde de Hemingway, diz a lenda, era de treze doses duplas em uma só sentada. Quem quiser tentar batê-lo terá de desembolsar uma pequena fortuna (a dose custa a partir de CUC$7) – e aguentar a ressaca.

**La Lluvia de Oro** BAR

(Mapa p. 58; Obispo, 316; ⌚24 horas) Fica na Obispo e sempre emana música ao vivo pela porta principal – além de estar sempre lotado. Mas, com uma quantidade desproporcional de *jineteros/jineteras* em relação à de turistas, pode não ser o lugar mais intimista para uma introdução a Havana. Serve lanches rápidos, e o chapéu dos músicos passa pelas mesas a cada três músicas.

**La Dichosa** BAR

(Mapa p. 58; esq. Obispo com Compostela; ⌚10-0h) Não dá para ignorar o agitado La Dichosa na agitada calle Obispo. Pequeno e lotado, com pelo menos metade do espaço ocupada pela banda, é um bom lugar para um drinque rápido.

**El Reloj Cuervo y Sobrinos** CAFÉ $

(Mapa p. 58; Oficios esq. Muralla; ⌚10-19h seg-sáb, 10-13h dom) Um novo café-bar em estilo *art déco*. Fica em uma relojoaria restaurada, que pertenceu a um relojoeiro suíço nos anos 1880. Faça a pausa do seu city tour – com direito a ar-condicionado e café cubano bem forte.

**Café Taberna** BAR, RESTAURANTE

(Mapa p. 58; esq. Brasil e Mercaderes) Fundado em 1772 e ainda brilhante após uma recente reforma, esse estabelecimento é uma ótima opção para quem quiser parar no (impressionante) bar antes do jantar. A música começa às 20h, mais ou menos, e homenageia com frequência o rei do mambo Benny Moré, que se apresentava ali. Deixe o jantar para outro lugar.

**Café París** BAR

(Mapa p. 58; Obispo, 202; ⌚24 horas) O tédio não tem lugar nesse bar com ares de espelunca em Habana Vieja, conhecido pela música ao vivo e pela grande quantidade de turistas que o frequenta. Em noites boas, o rum flui e as pessoas começam a dançar espontaneamente.

**Monserrate Bar** BAR
(Mapa p. 58; Obrapía, 410) Algumas portas para baixo do El Floridita, Monserrate não faz referências a Hemingway, o que significa que os daiquiris custam a metade do preço.

**El Baturro** BAR
(Mapa p. 58; esq. av. de Bélgica e Merced; ⌚11--23h) Seguindo a antiga tradição de bares próximos a estações de trem, El Baturro é um bistrô espanhol com um longo balcão de madeira e clientela puramente masculina.

### CENTRO HABANA

**Prado Nº 12** BAR
(Mapa p. 68; Paseo de Martí, 12; ⌚12-23h) Um prédio estreito na esquina do Prado com a San Lázaro, serve drinques e lanches simples e ainda parece estar nos anos 1950. Mergulhe na atmosfera dessa cidade fantástica, após um passeio ao pôr do sol no Malecón.

**Prado & Animas** BAR
(Mapa p. 68; Paseo de Martí esq. Ánimas, 12; ⌚9--21h) Outro ponto do Prado à moda antiga, com atmosfera dos anos 1950. Serve também refeições simples e café, mas sua cerveja é a melhor opção. Sente-se em uma das mesas nas janelas, sob objetos de beisebol (entre eles uma foto de Fidel jogando *pelota*).

### VEDADO

**Café Literario del 'G'** CAFÉ, BAR
(Mapa p. 72; calle 23 entre av. de los Presidentes e calle H) Se Havana tivesse uma "margem esquerda", como Paris, seria essa: um ponto de encontro descolado de estudantes, cheio de grafites artísticos nas paredes e intelectuais atrás de café discutindo se Guillén é melhor que Lorca. Relaxe no arejado pátio da frente, entre as plantas e as revistas e os livros empoeirados (pode-se lê-los, emprestá-los ou comprá-los), mantendo o ouvido aberto para as apresentações de *trova* (música tradicional), jazz e poesia.

**Café Fresa y Chocolate** CAFÉ, BAR
(Mapa p. 72; calle 23 entre calles 10 e 12; ⌚9-23h) Não há sorvete, apenas objetos usados nesse famoso filme. Trata-se da sede do Instituto Cubano de Filmes e ponto de encontro para estudantes e aficionados de cinema e tudo relacionado a ele. Você pode comparar os méritos de Almodóvar e Scorsese no agradável pátio antes de conferir uma estreia no cinema ao lado.

**Bar-Club Imágenes** BAR
(Mapa p. 72; Calzada, 602; ⌚21-5h) Esse piano--bar de primeira classe atrai um público mais velho com seu regime diário de boleros e *trova*, embora às vezes também haja shows de humor – informe-se sobre a programação antes de ir. Há refeições a preços razoáveis (no mínimo CUC$5).

### PARQUE HISTÓRICO MILITAR MORRO-CABAÑA

**Bar el Polvorín** BAR
(Mapa p. 65; ⌚10-4h) Localizado logo abaixo do forte El Morro, esse bar serve drinques e petiscos em um pátio com vista para a baía. É bem movimentado à noite.

## ✩ Lazer

### HABANA VIEJA

A Cidade Velha tem, sim, uma vida noturna, mas faz mais o estilo "barzinho com música ao vivo". Não se esqueça dos excelentes espetáculos de flamenco na Mesón de la Flota (p. 99) e, às vezes, no Hostal Valencia (p. 85).

**Basílica Menor de San Francisco de Asís** MÚSICA CLÁSSICA
(Mapa p. 58; Plaza de San Francisco de Asís, Habana Vieja; entrada CUC$3-8; ⌚a partir das 18h qui-sáb) A gloriosa igreja da Plaza de San Francisco de Asís, que data de 1738, renasceu como um museu do século 21 e como casa de concertos. A antiga nave agora abriga corais e música de câmara duas ou três vezes por semana (veja a programação na porta), e a acústica interna é excelente. É mais seguro garantir o ingresso com um dia de antecedência.

**Fundación Alejo Carpentier** CENTRO CULTURAL
(Mapa p. 58; Empedrado, 215, Habana Vieja; ⌚8--16h seg-sex) Próximo à Plaza de la Catedral. Confira a programação desse centro cultural localizado em um antigo palácio barroco (1820) pertencente à Condesa de la Reunión. É onde a famosa obra de Carpentier, *O século das luzes*, se passa.

### CENTRO HABANA

A vida noturna do centro é mais ousada e tem mais cubanos do que a de Vedado.

**Gran Teatro de la Habana** TEATRO
(Mapa p. 68; ☎861-3077; esq. Paseo de Martí e San Rafael; por pessoa CUC$20; ⌚bilheteria 9-18h seg-sáb, até 15h dom) Esse fantástico teatro neobarroco em frente ao Parque Central é a sede do aclamado Ballet Nacional de Cuba, fundado em 1948 por Alicia Alonso.

## HAVANA GLS

A Revolução demonstrou uma postura ambígua em relação à homossexualidade. Enquanto as manifestações pelos direitos dos homossexuais estavam tomando Nova York em 1969, em Cuba eles ainda eram mandados para campos de reabilitação por um governo dominado pelo ideal do *macho* – guerrilheiros barbudos e uniformizados.

Mas, desde 1990, a maré vem mudando de direção com o apoio – um tanto irônico – da combativa sobrinha de Fidel, Mariela (filha do atual presidente, Raúl Castro), que é diretora do Centro Nacional de Educação Sexual, em Havana.

Um passo importante foi dado em 1993, com o lançamento do filme indicado ao Oscar *Morango e chocolate*, que conta a história do amor homossexual entre um jovem estudante comunista e um cético artista de Havana. Uma década depois, personagens gays viraram manchete novamente quando foram ao ar em uma novela popular da TV cubana, patrocinada pelo governo, chamada *La cara oculta de la luna*.

Um fato sem precedentes aconteceu em junho de 2008, quando o governo cubano aprovou a lei que permite operações de mudança de sexo para cidadãos avaliados em seu sistema de saúde pública, renomadamente progressista.

Embora Cuba não tenha casas noturnas gays "oficiais", há muitos lugares frequentados pelo público gay. Havana, claro, tem maior concentração, sobretudo no encontro das calles 23 e L em Vedado, com o Cine Yara no centro da vida noturna gay. Entre outros pontos de encontro, há o Malecón, embaixo do Hotel Nacional, e a praia Boca Ciega em Playas del Este.

Passe por esses lugares à noite para ficar sabendo onde acontecerão festas particulares ou eventos maiores em locais como o Parque Lenin. Pode-se também ir às noites de filmes gays na sede do Icaic, na esquina das calles 23 e 12 e, desde 2009, ao desfile anual que acontece na calle 23 em meados de maio.

Também abriga a Ópera Nacional de Cuba. Aberto desde 1838, o edifício engloba o grandioso Teatro García Lorca e também duas outras salas de espetáculos menores: a Sala Alejo Carpentier e a Sala Ernesto Lecuono, onde às vezes são projetados filmes de arte. Peça para ver a programação na bilheteria. Há tours guiados pelos bastidores durante o dia (CUC$2).

**La Casa de la Música Centro Habana** CASA NOTURNA, MÚSICA AO VIVO
(Mapa p. 68; av. de Italia entre Concordia e Neptuno; entrada CUC$5-25) Uma das melhores e mais badaladas casas noturnas de Havana (veja as filas), com apresentações de música ao vivo. É onde todos os grandes nomes da música cubana tocam, de Bamboleo a Los Van Van – e você vai pagar pouco para vê-los. Essa filial da Casa de la Música é um pouco mais ousada do que a outra, em Miramar (alguns já reclamaram por ser descolada demais), com bandas de salsa e pouco espaço. O preço varia conforme a banda.

**Cabaret Nacional** CABARÉ
(Mapa p. 68; San Rafael, 208; por casal CUC$10; ⌚21-2h) Em frente ao Parque Central, esse porão dançante quase passa despercebido por estar embaixo do Gran Teatro de La Habana. Há shows todas as noites, às 23h30, se houver clientes suficientes. É um pouco mais cafona do que outros cabarés de Havana, e também barulhento – o som às vezes passa para o auditório Lorca, o que pode ser irritante para quem estiver assistindo à ópera. Há duas regras: só entram casais e não se pode entrar de shorts ou camiseta.

**Teatro América** TEATRO
(Mapa p. 68; av. de Italia, 253, entre Concordia e Neptuno) Ocupando um *rascacielo* (arranha-céu) *art déco* clássico na Galiano (av. de Italia), o América parece ter mudado pouco desde seu auge, nos anos 1930 e 1940. A programação dá destaque ao *vaudeville*, com shows de comédia, dança, jazz e salsa. Em geral, há espetáculos aos sábados às 20h30 e aos domingos às 17h. Informe-se também sobre aulas de dança (p. 109).

**Teatro Fausto** TEATRO
(Mapa p. 68; Paseo de Martí, 201) Conhecido por seus espetáculos de comédia, o Fausto é um teatro *art déco* no Prado.

### VEDADO

Embora possa ter perdido sua reputação de bairro dos cassinos da era pré-Revolução, Vedado ainda é o melhor lugar para se divertir à noite em Havana.

**El Hurón Azul** MÚSICA AO VIVO

(Mapa p. 72; esq. calles 17 e H) Se quiser topar com celebridades socialistas, vá ao Hurón Azul, que é o clube social da Unión Nacional de Escritores y Artistas de Cuba, a maior instituição cultural de Cuba. Sempre ocupado por fragmentos da vida cultural de Cuba, o palco fica do lado de fora, no jardim. Às quartas-feiras há rumba afro-cubana; aos sábados, boleros cubanos autênticos; e, em quintas-feiras alternadas, há jazz e *trova*. Não se paga mais que CUC$5.

**Callejón de Hamel** MÚSICA AO VIVO

(Mapa p. 72; ⏲a partir das 12h dom) Além de seus murais descolados e das lojas de arte psicodélica, a principal razão para ir ao templo da cultura afro-cubana de Havana é a frenética rumba que se agita ao meio-dia. Para os fãs, é o mais genuíno e hipnótico possível, com combinações de tambor e ritmos poderosos o suficiente para evocar o espírito dos orixás (entidades da *santería*). Em função da proliferação de turistas hoje em dia, alguns argumentam que Callejón perdeu muito de seu charme autêntico. Mas ainda oferece, sim, uma experiência à parte.

**Jazz Café** MÚSICA AO VIVO

(Mapa p. 72; andar superior das Galerías de Paseo, esq. calle 1 e Paseo; mínimo para bebida CUC$10; ⏲12h-tarde da noite) Esse lugar de primeira classe, com localização peculiar (dentro de um shopping center de frente para o Malecón) é uma espécie de superclube de jazz, com mesas de jantar e um bom cardápio. À noite, o clube se agita sob o som do jazz, da *timba* e, às vezes, de pura salsa. Grandes músicos se apresentam ali.

**Casa de la Amistad** MÚSICA AO VIVO

(Mapa p. 72; Paseo, 416, entre calles 17 e 19) Ocupando uma linda mansão rosa no arborizado Paseo, a Casa de la Amistad mistura *son* tradicional com música suave de Benny Moré em um clássico jardim em estilo italiano renascentista. Astro do Buena Vista Social Club, Compay Segundo frequentou esse lugar até sua morte, em 2003, e há uma noite especial de "Chan Chan" em sua homenagem todas as semanas. Entre as outras atrações, há um restaurante, um bar, uma tabacaria e a casa em si – uma obra-prima italiana.

**Teatro Nacional de Cuba** TEATRO

(Mapa p. 72; ☎879-6011; esq. Paseo e calle, 39; por pessoa CUC$10; ⏲bilheteria 9-17h e antes dos espetáculos) Um dos pilares da vida cultural de Havana, o Teatro Nacional de Cuba fica na Plaza de la Revolución e é o rival moderno do Gran Teatro, em Centro Habana. Construído nos anos 1950 como parte da grande expansão da cidade comandada por Jean Forestier, o complexo recebe grandes concertos, peças teatrais de grupos estrangeiros, a companhia infantil La Colmenita e o Ballet Nacional de Cuba. A sala de espetáculos principal, a Sala Avellaneda, é cenário de concertos e peças de Shakespeare, enquanto a menor, Sala Covarrubias, que fica nos fundos, oferece uma programação mais ousada (a capacidade das duas salas somadas é de 3.300 espectadores). O nono andar é um espaço para ensaios e apresentações, onde o que há de mais novo e experimental acontece. A bilheteria fica na casa ao lado do teatro.

**El Gato Tuerto** MÚSICA AO VIVO

(Mapa p. 72; calle O, 14, entre calles 17 e 19; consumo mínimo CUC$5; ⏲12-6h da manhã) O "gato caolho" já foi a sede da vida sexual e alternativa de Havana e agora reúne fãs de karaokê na faixa etária dos 40 aos 50 anos, que vão lavar a alma cantando boleros tradicionais de Cuba – embalados por um pouco de rum, claro. Fica escondido perto do Malecón, em uma casa descolada de dois andares, e tem até um laguinho com tartarugas no jardim da frente. No andar superior fica um restaurante, enquanto o andar de baixo é transformado, pelos notívagos, em uma danceteria elegante.

**Café Cantante** CASA NOTURNA

(Mapa p. 72; ☎879-0710; esq. Paseo e calle, 39; entrada CUC$10; ⏲21-5h ter-sáb) Na parte de baixo do Teatro Nacional de Cuba (entrada lateral), esse lugar da moda toca música dançante de todo tipo, inclusive salsa, além de ter um bar com lanches e aperitivos. A clientela é formada principalmente por *yummies* (jovens executivos marxistas) e turistas de meia-idade com suas namoradas cubanas. O Cantante tende a ficar mais agitado do que o vizinho Piano Bar Delirio Habanero (p. 111). No que se refere à música, apresentam-se grandes nomes, como a cantora María Mompie. Não é permitido entrar de shorts, camiseta e chapéu, e menores de 18 anos são barrados na entrada.

**Teatro Amadeo Roldán** TEATRO

(Mapa p. 72; ☎832-1168; esq. Calzada e calle D; por pessoa CUC$10) Construído em 1922 e arrasado por um incêndio criminoso em 1977, esse teatro neoclássico lindamente ornamentado foi reconstruído em 1999 no mesmo estilo do original. Batizado em homenagem ao famoso compositor responsável por levar influências afro-cubanas para a música clássica moderna, o teatro é um dos mais grandiosos de Havana, com dois auditórios. A Orquesta Sinfónica Nacional se apresenta na Sala Amadeo Roldán, com 886 lugares, enquanto solistas e grupos menores sobem ao palco da Sala García Caturla, com 276 assentos.

**Cabaret Parisién** CABARÉ

(Mapa p. 72; ☎836-3564; esq. calles 21 e O; entrada CUC$35; ⏲21h) Um degrau abaixo em relação ao Tropicana – tanto no preço quanto na qualidade –, o Cabaret Parisién no Hotel Nacional ainda vale uma visita, especialmente para quem estiver hospedado na região de Vedado. É a combinação esperada de plumas, paetês e mulheres seminuas, mas a coreografia é de primeira classe, e o espetáculo como um todo tem um ótimo charme *kitsch*.

**Conjunto Folklórico Nacional de Cuba** MÚSICA AO VIVO

(Mapa p. 72; calle 4, 103, entre Calzada e calle 5; entrada CUC$5; ⏲15h sáb) Fundado em 1962, esse é um reduto de dança afro-cubana (todos os tocadores de tambor são devotos da *santería*). Assista à performance e aproveite para dançar no Sábado de Rumba do El Gran Palenque. Esse grupo também se apresenta no Teatro Mella (p. 112). É onde o grande festival chamado **FolkCuba** acontece na segunda quinzena de janeiro.

**Casa del Alba Cultural** MÚSICA AO VIVO

(Mapa p. 72; Línea entre calles C e D) Essa casa foi fundada para fortalecer a solidariedade cultural entre as nações da Alba – Aliança Bolivariana para as Américas (Cuba, Venezuela, Bolívia, Equador e Nicarágua), mas, na verdade, abriga muitos tipos de shows e exposições. Foi aberta em dezembro de 2009 com a presença de Raúl Castro, Daniel Ortega e Hugo Chávez.

**Jazz Club la Zorra y El Cuervo** MÚSICA AO VIVO

(Mapa p. 72; esq. calles 23 e O; entrada CUC$5-10; ⏲22h) O clube de jazz mais famoso de Havana fica em La Rampa e abre as portas todas as noites às 22h, quando já se formaram filas na porta dc clientes fiéis à casa. Entre por uma cabine telefônica inglesa e desça até o porão cheio de fumaça. Você não encontra melhor improviso de jazz em outro lugar – que, no passado, recebeu nomes como Chucho Valdés e George Benson.

**La Madriguera** MÚSICA AO VIVO

(Mapa p. 72; esq. Salvador Allende e Luaces; entrada CUC$5-10) Os *habaneros* o consideram um "lugar escondido para mentes abertas", enquanto estrangeiros ficam impressionados com sua originalidade musical e inovação artística. Seja bem-vindo ao La Madriguera, que abriga a organização Hermanos Saíz, braço jovem da Uneac. É nele que o coração da juventude inovadora da música cubana bate mais forte. Veja artes, espontaneidade e os três Rs: *reggaetón*, rap e rumba.

**Cabaret Las Vegas** CASA NOTURNA

(Mapa p. 72; Infanta, 104, entre calles 25 e 27; entrada CUC$5; ⏲22-4h) Não se deixe convencer de que se trata de outro Tropicana. Muito pelo contrário: o Cabaret Las Vegas é um mergulho um tanto tosco na música local (tem um show à meia-noite), onde um pouco de rum e muitos "*No moleste, por favor*" podem ajudar a lidar com as hordas de *jineteras*.

**Pico Blanco** CASA NOTURNA

(Mapa p. 72; calle O entre calles 23 e 25; entrada CUC$5-10; ⏲21h) Uma casa noturna muito popular que fica no 14º andar do Hotel St John, em Vedado, e abre às 21h. A programação pode ser uma bola dentro ou fora: algumas noites têm apenas karaokê e boleros cafonas; em outras, o agito fica por conta de músicos cubanos conhecidos.

**Casa de la Cultura Centro** MÚSICA AO VIVO

(Mapa p. 72; Salvador Allende, 720, entre Soledad e Oquendo) Sim, Havana também tem um daqueles lugares respeitáveis, com programação musical mais tradicional. Observe os pôsteres escritos à mão na parte de fora.

**Piano Bar Delirio Habanero** CASA NOTURNA

(Mapa p. 72; esq. Paseo e calle, 39; entrada CUC$5; ⏲a partir das 18h ter-dom) Esse lounge sobre o Teatro Nacional de Cuba recebe tudo que há de suave e envolvente na música, de jovens *trovadores* a jazz improvisado. Os sofás vermelhos ficam encostados em uma parede de vidro com vista para a Plaza de la Revolución – linda à noite, com o Memorial a Martí iluminado. Vá quando o Café Cantante, ao lado, estiver agitado demais.

**Habana Café** CASA NOTURNA, CABARÉ

(Mapa p. 72; Paseo entre calles 1 e 3; entrada CUC$10; ⏲a partir das 21h30) Uma danceteria moderna combinada com um show de cabaré no Hotel Meliá Cohiba, no estilo dos anos 1950. Depois da 1h, as mesas são retiradas e a pista de dança se agita com muita música internacional, até altas horas.

**Copa Room** CABARÉ

(Mapa p. 72; ☎836-4051; esq. Paseo e Malecón; entrada CUC$20; ⏰21h) Porteiros de smoking e a atmosfera dos anos 1950, fazem o Copa Room, que fica no Hotel Riviera de Meyer Lansky, parecer cenário de *O Poderoso Chefão: Parte II.*

**Teatro Mella** TEATRO

(Mapa p. 72; Línea, 657, entre calles A e B) Ocupando o lugar do antigo Rodi Cinema on Línea, o Teatro Mella oferece um dos programas mais abrangentes de Havana, com um festival internacional de balé, shows de comédia, teatro, dança e espetáculos do famoso Conjunto Folklórico Nacional. Se estiver com crianças, vá para a apresentação das 11h da manhã de domingo.

**Sala Teatro Hubert de Blanck** TEATRO

(Mapa p. 72; Calzada, 657, entre calles A e B) O teatro ganhou o nome do fundador do primeiro conservatório de Havana (1885). O Teatro Estudio, que fica lá, é a principal companhia de teatro de Cuba. Em geral, podem-se ver peças em espanhol aos sábados, às 20h30, e aos domingos, às 19h. Os ingressos são vendidos pouco antes dos espetáculos.

**Instituto Cubano de Amistad con los Pueblos** CENTRO CULTURAL

(ICAP; Mapa p. 72; ☎830-3114; Paseo, 416, entre calles 17 e 19, Vedado; ⏰11-23h) Promove eventos culturais em uma elegante mansão (1926). Também tem um restaurante, um bar e uma tabacaria.

**Casa de las Américas** CENTRO CULTURAL

(Mapa p. 72; ☎838-2706; esq. calles 3 e G, Vedado) É uma espécie de sede da cultura cubana e latino-americana, com conferências, exposições, uma galeria, lançamentos de livros e concertos. O prêmio literário da Casa, que é anual, é um dos mais prestigiosos do mundo hispânico. Pegue um folheto de programação dos eventos da semana na biblioteca.

**Sala Teatro el Sótano** TEATRO

(Mapa p. 72; calle K, 514, entre calles 25 e 27; ⏰17h-20h30 sex e sáb, 15-17h dom) Para quem entende espanhol, vale a pena ver uma das peças contemporâneas e ousadas do Grupo Teatro Rita Montaner. Fica perto do Habana Libre.

**Café Teatro Brecht** TEATRO

(Mapa p. 72; esq. calles 13 e I) Abriga espetáculos variados. A melhor aposta é às 22h30 do sábado (os ingressos são vendidos uma hora antes do início).

**Cabaret Turquino** CABARÉ

(Mapa p. 72; calle L entre calles 23 e 25, Vedado; entrada CUC$15; ⏰a partir das 22h) Shows espetaculares em um lindo cenário, no 25º andar do Hotel Habana Libre.

**Teatro Nacional de Guiñol** TEATRO

(Mapa p. 72; calle M entre calles 17 e 19) Bons shows de marionetes e peças para crianças.

**Club la Red** CASA NOTURNA

(Mapa p. 72; esq. calles 19 e L; entrada CUC$3-5) Essa danceteria de Vedado aceita pagamento em dólares e pesos conversíveis.

**Karachi Club** CASA NOTURNA

(Mapa p. 72; esq. calles 17 e K; entrada CUC$3-5; ⏰22-5h) Muito *caliente.*

**Discoteca Amanecer** CASA NOTURNA

(Mapa p. 72; calle 15, 12, entre calles N e O; entrada CUC$3-5; ⏰22-4h) Programa divertido para quem quer economizar.

NÃO PERCA

## PAPO DE ARTE

Para ver um lado diferente de Havana, vá ao **Centro Cultural Cinematográfico** (mapa p. 72; calle 23, entre calles 10 e 12), em Vedado, que é a sede do Instituto Cubano del Arte e Industria Cinematográficos (Icaic) e também da criatividade ousada das artes cubanas. O centro exibe estreias de filmes e promove debates, exposições de arte e música ao vivo, e é lá que fica também a melhor loja de DVDs de Havana. O Café Fresa y Chocolate (p. 108), ao lado, é um ótimo lugar para conhecer os figurões do Icaic, sobretudo às quartas à noite, quando um excelente quarteto de clarinete se apresenta. Se puder, participe de El Último Jueves de Cada Mes (A Última Quinta do Mês), um debate mediado por acadêmicos, intelectuais e especialistas da revista de arte *Temas*. Um público sério, mas entusiástico, discute de tudo, de política a novelas de TV – uma ótima oportunidade de se conhecer os parâmetros da opinião pública em uma sociedade supostamente totalitária. A entrada é franca e os debates são realizados em espanhol.

**Club Tropical** CASA NOTURNA
(Mapa p. 72; esq. Línea e calle F; ⌚21-2h) Como acontece com a maioria das casas noturnas, sextas e sábados em fim de noite são as melhores opções.

### Cinemas

Há cerca de duzentos cinemas em Havana. A maioria tem várias sessões ao dia, e todos dispõem da *Cartelera Icaic,* que mostra todos os horários da cidade. As entradas em geral custam CUC$2, e a fila se forma cedo. Centenas de filmes ficam em cartaz na cidade durante o Festival Internacional del Nuevo Cine Latinoamericano, que acontece entre o fim de novembro e o começo de dezembro. Os horários são publicados diariamente no *Diario del Festival,* disponível pela manhã nas grandes salas e no Hotel Nacional. Abaixo estão as melhores salas da cidade:

**Cine Infanta** CINEMA
(Mapa p. 72; Infanta, 357, Centro Havana) Recentemente reformado, o Infanta talvez seja o cinema mais chique de Havana. Torna-se um ponto importante durante o Festival Internacional de Filmes.

**Cine Actualidades** CINEMA
(Mapa p. 68; av. de las Misiones, 262, entre Neptuno e Virtudes, Centro Havana) Já gasto pelo tempo, fica localizado no centro, atrás do Hotel Plaza.

**Cine Charles Chaplín** CINEMA
(Mapa p. 72; calle 23, 1157, entre calles 10 e 12, Vedado) Um cinema de arte que fica ao lado da sede do Icaic. Não perca a galeria de pôsteres de clássicos cubanos, também ao lado, e o ótimo Café Fresa y Chocolate, do outro lado da rua.

**Cine la Rampa** CINEMA
(Mapa p. 72; calle 23, 111, Vedado) Temporadas em homenagem a De Niro, clássicos franceses e festivais de filmes – aproveite tudo isso nessa sala em Vedado, onde também fica o arquivo cinematográfico de Cuba.

**Cine Payret** CINEMA
(Mapa p. 68; Paseo de Martí, 505, Centro Havana) Do lado oposto ao Capitolio, esse é o maior e mais luxuoso cinema de Centro Habana, construído em 1878. Na programação há muitos filmes americanos.

**Cine Riviera** CINEMA
(Mapa p. 72; calle 23, 507, entre calles G e H, Vedado) Tem shows de pop, rock e às vezes rap em sua programação. Os filmes são uma mistura de latino-americanos, europeus e norte-americanos, e o público é composto principalmente por estudantes.

**Cine Trianón** CINEMA
(Mapa p. 72; Línea, 706, Vedado) Filmes e teatro em uma boa sala.

**Cine Yara** CINEMA
(Mapa p. 72; esq. calles 23 e L, Vedado) Uma grande tela e duas salas nesse que é o cinema mais famoso de Havana. É o destino de muitos casais no primeiro encontro.

**Cinecito** CINEMA
(Mapa p. 68; San Rafael, 68, Centro Havana; 👪) Filmes para crianças atrás do Hotel Inglaterra. Há também outro ao lado do Cine Chaplín, nas calles 23 e 12.

### Esporte

**Estadio Latinoamericano** ESPORTE
(Mapa p. 72; Zequiera, 312, Vedado) De outubro a abril, esse estádio de beisebol com capacidade para 58 mil pessoas, que fica em Cerro, abriga jogos de Los Industriales e Los Metropolitanos (eles alternam suas sedes). A entrada custa apenas alguns pesos (estrangeiros pagam CUC$2). Os jogos acontecem às terças, quartas e quintas, às 19h30, e aos sábados e domingos, às 13h30. Os bancos são de cimento, o que pode ser cansativo nos jogos mais longos.

**Ciudad Deportiva** ESPORTE
(Esq. av. de la Independencia e Vía Blanca, Vedado; entrada CUC$5) A "Cidade Esportiva" é o principal centro de treinamento esportivo de Cuba. Bons campeonatos de basquete, vôlei, boxe e corrida acontecem em seu ginásio. O ônibus P-2, que sai da esquina da Línea com a av. de los Presidentes (calle G), para do outro lado da rua.

**Sala Polivalente Ramón Fonst** ESPORTE
(Mapa p. 72; av. de la Independencia, Vedado; entrada CUC$1) Jogos de basquete e de vôlei acontecem nesse estádio um pouco mal cuidado, que fica em frente ao principal terminal rodoviário.

**Kid Chocolate** ESPORTE
(Mapa p. 68; Paseo de Martí, Centro Habana) Um clube de boxe que fica logo em frente ao Capitolio. Em geral abriga lutas às sextas, às 19h.

## Onde comprar

Fazer compras não é uma grande atração de Havana – afinal, os salários locais não são favoráveis a isso. Mas há algumas boas lojas para turistas, em especial se você estiver atrás do trivial: rum, charutos e café. Arte é outro campo lucrativo: a produzida em Cuba é sempre ousada e dinâmica, e colecionadores e admiradores podem explorar as galerias por horas. Há ao menos uma

## LOS INDUSTRIALES

Eles podem não ser tão famosos mundialmente quanto os Yankees, de Nova York, mas moram no coração de milhares de *habaneros*. Não pense que entendeu a cidade até ter adquirido conhecimentos básicos de beisebol e entendido o papel importantíssimo que desempenham os Leones Azules (leões azuis), como esse amado time também é conhecido.

Na primeira liga da Serie Nacional de Béisbol, o polêmico campeonato do esporte, Los Industriales conquistou um recorde de doze títulos desde sua criação, em 1962. Assim como os americanos Yankees – ou o time de futebol Manchester United, na Inglaterra –, eles são o time com maior número de fãs no país, mas também atraem o desprezo dos que pagariam para vê-lo perder.

Como a concorrência local é fraca (o outro time de Havana, os Metropolitanos, são perdedores permanentes), os rivais tradicionais dos Industriales são os competitivos Avispas (vespas) de Santiago de Cuba, contra quem jogam seis vezes por temporada, reforçando a rivalidade existente desde que Havana se tornou a capital – desfavorecendo, assim, Santiago –, em 1607.

O domínio Havana-Santiago foi interrompido por pouco tempo nos anos 1990 pelos times fortes de Villa Clara (que ganhou uma série de títulos entre 1993 e 1995) e Pinar del Río (com duas vitórias seguidas em 1997 e 1998). A maior surpresa dos últimos anos foi, porém, quando um time da província de Havana – os Vaqueros – apareceu do nada para conquistar a coroa do beisebol de Cuba, em 2009.

Para uma boa introdução à paixão de Havana pelo beisebol, visite a **Esquina Caliente**, no Parque Central, onde um público fiel de *habaneros* discute com entusiasmo e sem hora para parar. Melhor ainda é ir a um jogo.

dúzia de ateliês apenas na calle Obispo. Para eventos em galerias, veja o folheto *Arte en La Habana* (você o encontra, em geral, na agência San Cristóbal, na Plaza de San Francisco de Asís).

### HABANA VIEJA

**Centro Cultural Antiguos Almacenes de Deposito San José** ARTE, SUVENIRES
(Mapa p. 58; esq. av. Desamparados e San Ignacio; ⏲10-18h seg-sáb) Em novembro de 2009, o mercado de artesanato a céu aberto de Havana mudou-se para um galpão de um velho estaleiro na av. del Puerto. Deixe seus ideais socialistas na porta. Lá dentro, há uma colmeia de livre comércio e (o que é raro em Cuba) pechincha. Entre os suvenires há pinturas, camisas *guayabera*, objetos de madeira e de couro, joias e inúmeras referências a El Che, reforçando o marketing cultivado em torno de sua figura. É tão popular entre os cubanos quanto entre os turistas.

**Palacio de la Artesanía** SUVENIRES
(Mapa p. 58; Cuba, 64; ⏲9-19h) Uma antiga casa colonial do século 18 transformada em shopping! Fica ao redor de um pátio arborizado e é ótimo para comprar suvenires, charutos, artesanato, instrumentos musicais, CDs, roupas e joias a preços fixos. Escape do ônibus do city tour e encha a sacola.

**Longina Música** LOJA DE MÚSICA
(Mapa p. 58; Obispo, 360, entre Habana e Compostela; ⏲10-19h seg-sáb, 10-13h dom) Esse lugar, que fica em uma galeria, tem uma boa seleção de CDs, além de instrumentos musicais como bongôs, violões, maracas, *guiros* e *tumbadoras* (tambores de conga). Em geral, coloca alto-falantes na porta para chamar a atenção dos turistas.

**Casa de Carmen Montilla** ARTE
(Mapa p. 58; Oficios, 164; ⏲10h30-17h30 ter-sáb, 9-13h dom) Uma galeria de arte importante, com o nome da pintora venezuelana que tinha um ateliê nessa casa até sua morte, em 2004. Espalhada em três andares, a casa exibe o trabalho de Montilla e outros artistas cubanos e venezuelanos. O pátio dos fundos tem um grande mural de cerâmica de Alfredo Sosabravo.

**Feira de livros usados Plaza de Armas** MERCADO DE LIVROS
(Mapa p. 58; esq. Obispo e Tacón) Um grande sebo a céu aberto que vende livros antigos, novos e raros, inclusive de Hemingway e de poesia, além de cópias escritas de discursos de Fidel. As barracas ficam todas sob as árvores da Plaza de Armas. Folheie com os olhos do coração.

**Habana 1791** PERFUMES
(Mapa p. 58; Mercaderes, 156, entre Obrapía e Lamparilla) Uma loja especializada, que vende perfumes feitos com flores tropicais e se parece com um museu em atividade. As essências são misturadas à mão – podem-se ver as pétalas secando no laboratório dos fundos.

**Librería Grijalbo Mondadovi** LIVRARIA
(Mapa p. 58; O'Reilly, 4, Plaza de Armas) Uma fantástica seleção de revistas, guias, enciclopédias, livros sobre política e impressões artísticas em inglês e espanhol, bem abrigada no sublime Palacio del Segundo Cabo, na Plaza de Armas.

**Librería la Internacional** LIVRARIA
(Mapa p. 58; Obispo, 526; ⏲9-19h seg-sáb, 9-15h dom) Uma boa seleção de guias, livros de fotografia e literatura cubana em inglês. Ao lado fica o sebo e antiquário Librería Cervantes.

**Estudio Galería los Oficios** ARTE
(Mapa p. 58; Oficios, 166; ⏲10h-17h30 seg-sáb) Vá a essa galeria ver as telas intrigantes de Nelson Domínguez, cujo ateliê fica na parte de cima.

**Taller de Serigrafía René Portocarrero** ARTE
(Mapa p. 58; Cuba, 513, entre Brasil e Muralla; ⏲9--16h seg-sex) Pinturas e gravuras de artistas cubanos são exibidas e vendidas nesse local (custam de CUC$30 a CUC$150). Veja os artistas trabalhando.

**Moderna Poesía** LIVRARIA
(Mapa p. 58; Obispo, 525; ⏲10-20h) Talvez o melhor lugar de Havana para se comprar livros em espanhol. Fica em um edifício *art déco* clássico, na ponta oeste da calle Obispo.

## CENTRO HABANA

**Galería la Acacia** ARTE
(Mapa p. 68; San Martín, 114, entre Industria e Consulado; ⏲10h-15h30 seg-sex, 10-13h sáb) Essa importante galeria atrás do Gran Teatro de La Habana tem pinturas de grandes artistas, como Zaida del Río, além de antiguidades. Pode-se conseguir licença para exportação.

**El Bulevar** MERCADO
(Mapa p. 68; San Rafael entre Paseo de Martí e av. de Italia) Essa é a parte de calçadão da calle San Rafael, perto do Hotel Inglaterra. Pague em pesos por lanches e lembranças em um clima de nostalgia dos anos 1950.

**La Manzana de Gómez** SHOPPING CENTER
(Mapa p. 68; esq. Agramonte e San Rafael) Se decadência tivesse nome... Essa galeria em estilo europeu era elegante quando foi construída, em 1910. Hoje é cafona, malcuidada, cheia de lojas semivazias – entre elas a El Orbe, de aluguel de bicicletas.

**Area de Vendedores por Cuenta Propia** MERCADO
(Mapa p. 68; Máximo Gómez, 259; ⏲9-17h seg-sáb) Esse é um mercado de pulgas permanente, onde você pode escolher entre colares de contas da *santería*, livros antigos, cintos de couro etc.

**Librería Luis Rogelio Nogueras** LIVRARIA
(Mapa p. 68; av. de Italia, 467, entre Barcelona e San Martín) Revistas literárias e literatura cubana em espanhol em uma das melhores livrarias do Centro.

## VEDADO

**Sevando Galería del Arte** ARTE
(Mapa p. 72; esq. calles 23 e 10; ⏲9-18h ter-sáb) Essa galeria descolada ao lado do Cine Chaplín e em frente à sede do Icaic exibe pinturas e gravuras modernas bem interessantes. Não deixe de ver a galeria com pôsteres de filmes cubanos do outro lado do cinema (a duas portas dela).

**Galería Habana** ARTE
(Mapa p. 72; Línea, 460, entre calles E e F; ⏲10-17h seg-sáb) Esse maravilhoso espaço no coração de Vedado exibe a arte de cubanos contemporâneos em galerias grandes e iluminadas. Vá ver o que há de novo e diferente.

**Galería de Arte Latinoamericano** ARTE
(Mapa p. 72; esq. calles 3 e G; entrada CUC$2; ⏲10h-16h30 ter-sáb, 9-13h dom) Localizada dentro da Casa de las Américas, tem arte de toda a América Latina.

**Instituto Cubano del Arte e Industria Cinematográficos** SUVENIRES
(Mapa p. 72; calle 23 entre 10 e 12; ⏲10-17h) O melhor lugar de Havana para comprar pôsteres raros de filmes cubanos e DVDs. A loja fica dentro do Icaic (Instituto de Filmes Cubanos), e o acesso é pelo Café Fresa y Chocolate.

**Feria de la Artesanía** SUVENIRES
(Mapa p. 72; Malecón entre calles D e E; ⏲a partir das 10h30, fechado qua) Esse mercado de artesanato é uma pálida imitação da Antiguos Almacenes de Habana Vieja, com alguns sapatos e sandálias feitos à mão, selos antigos e moedas.

**ARTex** SUVENIRES
(Mapa p. 72; esq. calles 23 e L) Uma fabulosa seleção de pôsteres de filmes, cartões-postais antigos, camisetas e, claro, todos os grandes

filmes cubanos em fitas de vídeo. A loja fica dentro do Cine Yara.

**Galerías de Paseo** SHOPPING CENTER
(Mapa p. 72; esq. calle 1 e Paseo; ⌚9-18h seg-sáb, 9-13h dom) Do lado oposto ao Hotel Meliá Cohiba, esse é considerado um shopping de primeira (para o padrão de Cuba), com algumas lojas de marca e até uma concessionária de carros. Vende roupas feitas à mão, entre outros objetos de desejo, para turistas e cubanos abastados.

**Plaza Carlos III** SHOPPING CENTER
(Mapa p. 72; av. Salvador Allende entre Arbol Seco e Retiro; ⌚10-18h seg-sáb) Depois da Plaza América, em Varadero, esse é o shopping mais bonito de Cuba – e quase não tem estrangeiros. Visite-o em um sábado para ver a economia dupla funcionando a mil por hora.

**Librería Centenario del Apóstol** LIVRARIA
(Mapa p. 72; calle 25, 164; ⌚10-17h seg-sáb, 9-13h dom) Ótima variedade de livros usados, com ênfase na figura de José Martí, no centro de Vedado.

**Librería Rayuela** LIVRARIA
(Mapa p. 72; esq. calles 3 e G; ⌚9h-16h30 seg--sex) Essa loja pequena, mas respeitada, que fica no prédio da erudita Casa de las Americas, é ótima para quem procura literatura contemporânea, CDs e guias.

**La Habana Sí** SUVENIRES
(Mapa p. 72; esq. calles 23 e L; ⌚10-22h seg-sáb, 10-19h dom) Em frente ao Hotel Habana Libre, tem uma boa seleção de CDs, fitas, livros, artesanato e cartões-postais.

## ℹ Informações

### Perigos e aborrecimentos

Havana não é uma cidade perigosa, em especial se comparada a outras áreas metropolitanas das Américas do Norte e do Sul. Praticamente não há crimes a mão armada, assaltos violentos, gangues, delinquência juvenil, drogas e áreas do tipo "nem chegue perto". Há, isso sim, policiamento pesado nas ruas e sentenças rígidas de prisão em caso de crimes violentos, o que tem desencorajado criminosos em potencial e mantido distantes os tentáculos do crime organizado.

Mas é claro que o clima não é só de paz e amor. Pequenos crimes contra turistas em Havana – quase inexistentes durante os anos 1990 – estão se espalhando e, inclusive, aumentando, como batedores de carteira, roubo de bolsas praticados por menores em bicicletas e até alguns assaltos.

Use um porta-dinheiro por dentro da roupa, na cintura, e não tire – e também não o deixe aparecer por baixo da roupa.

Em hotéis, use o cofre (se tiver) e nunca deixe dinheiro, passaporte e cartões de crédito à vista no quarto durante o dia. O roubo em hotéis é muito comum – já que existe a tentação (difícil de resistir) de faturar, de uma só vez, o triplo do salário mensal.

Em bares e restaurantes, é prudente conferir o troco. O golpe de cobrar a mais, especialmente quando o cliente está um pouco embriagado, é um dos mais comuns (e fáceis).

Visitantes de países europeus bem organizados e americanos obcecados por segurança (e processos legais na falta dela) devem tomar cuidado com calçadas irregulares, buracos sem sinalização, regras inexplicáveis para motoristas, ciclistas inesperados, chaves não muito confiáveis (em Centro Habana) e bolas de bei-

### ONDE COMPRAR RUM, CHARUTOS E CAFÉ

Há muitas lojas em Havana que vendem essas preciosidades tipicamente cubanas. Todas são administradas pelo governo. Como regra, não compre charutos na rua, pois não serão de boa qualidade. A melhor loja de charutos de Havana fica na **Real Fábrica de Tabacos Partagás** (mapa p. 68; Industria, 520, entre Barcelona e Dragones; ⌚9-19h), e seu estoque está sempre em dia. Outra opção excelente é **La Casa del Habano** (mapa p. 124; av. 5 esq. com calle 16), em Miramar, que possui uma sala para fumantes com ar--condicionado e um respeitável bar/restaurante. Embora haja oferta de charutos em muitos hotéis de primeira, a melhor loja fica no **Hostal Condes de Villanueva** (mapa p. 58; Mercaderes, 202). Há também uma opção igualmente boa no **Museo del Tabaco** (mapa p. 58; Mercaderes, 120).

Para comprar rum, não é preciso procurar em outro lugar: vá à loja da **Fundación Havana Club** (mapa p. 58; San Pedro, 262; ⌚9-21h), no Museo de Ron, em Habana Vieja.

O café é vendido em todos esses lugares já citados, mas, para encontrar maior variedade e uma boa xícara para provar, visite **La Casa del Café** (mapa p. 58; Baratillo esq. com Obispo; ⌚9-17h), logo ao lado da Plaza de Armas, em Habana Vieja.

sebol perdidas (quase em todo lugar). As ondas que explodem contra a parede do Malecón também podem parecer bonitas, mas tornam a margem um tanto escorregadia – há relatos de turistas que se espatifaram ali.

Para outros possíveis riscos, veja o quadro da p. 118.

### Emergências

**Asistur** (☎886-8339, 866-8920; www.asistur.cu; Paseo de Martí, 208, Centro Habana; ⊙8h30-17h30 seg-sex, 8-14h sáb) O centro de emergências fica aberto 24 horas.

**Bombeiros** (☎105)

**Polícia** (☎106)

### Acesso à internet

Havana não tem cibercafés privados. A melhor opção fora dos Etecsa Telepuntos são os hotéis mais diferenciados. A maioria dos hotéis da Habaguanex de Habana Vieja possui terminais de internet e vende cartões (CUC$6 por hora) que funcionam em toda a rede. Não é preciso ser hóspede para usar o serviço.

**Cibercafé Capitolio** (☎862-0485; esq. Paseo de Martí e Brasil, Centro Habana; por hora CUC$5; ⊙8-10h) Dentro da entrada principal.

**Etecsa Telepunto** (Habana 406) Seis computadores na sala dos fundos.

**Business Centers de Hotéis** Hotel Habana Libre (calle L entre calles 23 e 25, Vedado); Hotel Inglaterra (Paseo de Martí, 416, Centro Habana); Hotel Nacional (esq. calles O e 21, Vedado); Hotel NH Parque Central (entre Agramonte e Paseo de Martí, Centro Habana) O preço varia conforme o lugar.

### Rádio

Cuba tem uma cultura de rádio fantástica: ouve-se de tudo, de salsa a rock, além de jogos e novelas. O rádio também é a melhor fonte para se informar sobre a programação de concertos, peças, filmes e espetáculos de dança.

**Radio Ciudad de La Habana** (820AM e 94.9FM) Sons cubanos durante o dia, pop estrangeiro à noite; há um ótimo flashback dos anos 1970 às quintas e sextas, às 20h.

**Radio Metropolitana** (910AM e 98.3FM) Jazz e boleros tradicionais (música em boa parte do tempo); um ótimo programa de rock aos domingos à tarde.

**Radio Musical Nacional** (590AM e 99.1FM) Música clássica.

**Radio Progreso** (640AM e 90.3FM) Novelas e humor.

**Radio Rebelde** (640AM, 710AM e 96.7FM) Notícias, entrevistas e boa seleção de músicas, além de jogos de beisebol.

**Radio Reloj** (950AM e 101.5FM) Notícias, além do horário em todos os minutos de todos os dias.

**Radio Taino** (1290AM e 93.3FM) Uma rádio turística nacional, com entrevistas em espanhol e inglês. Há transmissões diárias (17h às 19h) sobre o que está acontecendo na cidade.

### Assistência médica

A maioria dos hospitais de Cuba que oferece serviços para estrangeiros fica em Havana; entre no site www.cubanacan.cu para mais informações. Consulte a parte dedicada a Playa & Marianao desse capítulo (p. 131) para encontrar clínicas e farmácias internacionais.

**Centro Oftalmológico Camilo Cienfuegos** (☎832-5554; esq. calle L, 151, e calle 13, Vedado) Se tiver algum problema nos olhos, vá direto a esse lugar; também tem uma excelente farmácia.

**Farmacia Homopática** (esq. calles 23 e M, Vedado; ⊙8-20h seg-sex, 8-16h sáb)

**Farmacia Taquechel** (☎862-9286; Obispo, 155, Habana Vieja; ⊙9-18h) Ao lado do Hotel Ambos Mundos, tem medicamentos cubanos de primeira, como o anticolesterol PPG, vendidos em pesos.

**Hospital Nacional Hermanos Ameijeiras** (☎877-6053; San Lázaro, 701, Centro Habana) Oferece consultas em geral e internação. Entre pelo andar de baixo do estacionamento ao lado da Padre Varela (pergunte pela CEDA na seção N).

**Farmácias de hotel** Hotel Habana Libre (☎831-9538; calle L entre calles 23 e 25, Vedado), produtos vendidos em conversíveis; Hotel Sevilla (☎861-5703; Prado esq. Trocadero, Habana Vieja)

### Dinheiro

**Banco de Crédito y Comercio** Vedado (esq. Línea e Paseo); Vedado (☎870-2684; Airline Bldg, calle 23) Há filas.

**Banco Financiero Internacional** Habana Vieja (☎860-9369; esq. Oficios e Brasil); Vedado (Hotel Habana Libre, calle L entre calles 23 e 25)

**Banco Metropolitano** Centro Habana (☎862-6523; av. de Italia, 452, esq. com San Martín); Vedado (☎832-2006; esq. Línea e calle M, Vedado)

**Cadeca** Centro Habana (esq. Neptuno e Agramonte; ⊙9-12h e 13-19h seg-sáb); Habana Vieja (esq. Oficios e Lamparilla; ⊙8-19h seg-sáb, 8-13h dom); Vedado (calle 23 entre calles K e L; ⊙7h-14h30 e 15h30-22h); Vedado (Mercado Agropecuario, calle 19 entre calles A e B; ⊙7-18h seg-sáb, 8-13h dom); Vedado (esq. Malecón e calle D) Cadeca troca dinheiro e *traveler's checks* a uma taxa de 3,5%, de segunda a sexta (4% nos fins de semana).

**Cambio** (Obispo, 257, Habana Vieja; ⊙8-22h) Fica aberto até tarde.

### Correio

**DHL** Vedado (☎832-2112; Calzada, 818, entre calles 2 e 4; ⊙8-17h seg-sex); Vedado (☎836-3564; Hotel Nacional, esq. calles O e 21)

## ASSÉDIO NAS RUAS

Se não fosse pelo problema dos *jineteros* (cambistas ou pedintes que importunam os turistas nas ruas), Havana seria uma cidade relativamente segura – em particular se comparada a outras capitais da América Latina. Ao passear pelas ruazinhas de Centro Habana ou Habana Vieja à noite, talvez sua maior preocupação seja uma bola de beisebol perdida ou a possibilidade de um varal cair em cima da sua cabeça.

Mas quem é ingênuo deve mesmo tomar cuidado. Existem, sim, golpes, sobretudo nas áreas mais turísticas, onde os *jineteros* ficam à espreita dos hotéis esperando a próxima vítima.

Um truque comum: um rapaz oferece trocar moeda estrangeira por conversíveis cubanos a ótimas taxas de câmbio. Aceite isso por sua própria conta e risco. O dinheiro que você vai receber é a *moneda nacional* ou pesos cubanos, que valem 25 vezes menos do que os conversíveis.

Outra armadilha é a venda ilegal de charutos baratos, praticada, em geral, por vendedores de rua de Centro Habana e Habana Vieja. O melhor é ignorar educadamente esses sujeitos, nem vale a pena conversar. Os charutos vendidos na rua são sempre de baixa qualidade – seria como substituir um vinho francês por um vinagre branco. Esqueça esses esquemas e vá direto à fábrica, ou conheça uma das muitas Casas del Habano espalhadas pela cidade.

**Correios** Centro Habana (Gran Teatro, esq. San Martín e Paseo de Martí); Habana Vieja (Plaza de San Francisco de Asís, Oficios, 102); Habana Vieja (Unidad de Filatelía, Obispo, 518; ⌚9-19h); Vedado (esq. Línea e Paseo; ⌚8-20h seg-sáb); Vedado (esq. calles 23 e C; ⌚8-18h seg-sex, 8-12h sáb); Vedado (av. de la Independencia entre Plaza de la Revolución e Terminal de Ómnibus; ⌚venda de selos 24 horas). Esse último oferece muitos serviços, entre os quais revelação de foto, um banco e um Cadeca. O **Museo Postal Cubano** (☎870-5581; entrada CUC$1; ⌚10-17h sáb e dom) tem uma loja de selos. O correio da Obispo, em Habana Vieja, também vende selos para colecionadores.

### Telefone

**Etecsa Telepuntos** Centro Habana (Aguilar, 565; ⌚8h-21h30) Há ali o **Museo de las Telecomunicaciones** (⌚9-18h ter-sáb), se você se cansar de esperar; Habana Vieja (Habana 406)

### Banheiros

Havana não é bem servida por banheiros públicos limpos. A maioria dos turistas dá uma escapadinha no lobby dos melhores hotéis. Dê uma gorjeta para a pessoa que fica na porta.

**Hotel Ambos Mundos** (Obispo, 153, Habana Vieja) Não se esqueça da gorjeta.

**Hotel Habana Libre** (calle L entre calles 23 e 25, Vedado) À esquerda dos elevadores.

**Hotel Nacional** (esq. calles O e 21, Vedado) Vire à direita no lobby e à esquerda depois dos elevadores.

**Hotel Sevilla** (Trocadero, 55, entre Paseo de Martí e Agramonte, Centro Habana) Vire à direita no lobby.

### Informação

**Infotur** Aeroporto (☎642-6101; Terminal 3 Aeropuerto Internacional José Martí; ⌚24 horas); Habana Vieja (☎863-6884; esq. Obispo com San Ignacio; ⌚10-13h e 14-19h) Organiza tours e vende mapas e cartões telefônicos.

### Agências de viagem

Muitas das agências a seguir possuem escritórios no aeroporto, no saguão de desembarque internacional do Terminal 3.

**Cubamar Viajes** (☎833-2523/4; www.cubamarviajes.cu; calle 3 entre calle 12 e Malecón, Vedado; ⌚8h30-17h seg-sáb) É a agência de turismo dos chalés do Campismo Popular, no interior. Também aluga trailers.

**Cubanacán** (☎873-2686; www.cubanacan.cu; Hotel Nacional, esq. calles O e 21, Vedado; ⌚8-19h) Muito útil. Vá se quiser organizar uma viagem de pescaria ou mergulho na Marina Hemingway; tem também filiais no Hotel NH Parque Central, no Hotel Inglaterra e no Hotel Habana Libre.

**Cubatur** (☎835-4155; esq. calles 23 e M, Vedado; ⌚8-20h) Fica na parte de baixo do Hotel Habana Libre. Essa agência é capaz de achar o que as outras não conseguem, mas nada justifica a atitude preguiçosa dos atendentes. Tem filiais na maioria dos hotéis.

**Ecotur** (☎649-1055; www.ecoturcuba.co.cu; av. Independencia, 116, esq. com Santa Catalina, Cerro) Vende todo tipo de passeio na natureza.

**Havanatur** (☎835-3720; www.havanatur.cu; calle 23 esq. com M, Vedado)

**San Cristóbal Agencia de Viajes** (☎861-9171/2; www.viajessancristobal.cu; Oficios, 110, entre Lamparilla e Amargura, Habana Vieja; ⌚8h30-17h30 seg-sex, 8h30-14h sáb, 9-12h dom) Administrada pela Habaguanex, a agência cuida de hotéis clássicos de Habana Vieja; o lucro financia restaurações na cidade. Oferece os melhores tours de Havana.

## Como chegar e sair

### Avião

**Cubana Airlines** (☎834-4446; calle 23, 64, esq. Infanta, Vedado; ⏲8h30-16h seg-sex, 8h30-12h sáb) tem sede no fim do Malecón, no Airline Building de La Rampa. Lá você pode comprar passagens internacionais e nacionais. Se os voos estiverem lotados, tente na agência **Sol y Son** (☎833-3647; fax 33-51-50; calle 23, 64, entre calle P e Infanta, Vedado; ⏲8h30-18h seg-sex, 8h30-12h sáb), que fica algumas portas para baixo.

A companhia aérea **Aerocaribbean** (☎832--7584; Airline Bldg, calle 23, 64, Vedado) também dispõe de voos domésticos.

### Barco

Ônibus conectados a hidrofólios levam à Isla de la Juventud, partindo às 9h do **Terminal de Ómnibus** (☎878-1841; esq. av. de la Independencia com 19 de Mayo, Vedado), perto da Plaza de la Revolución, mas em geral saem com atraso. Você será orientado a chegar ao menos uma hora antes da saída do ônibus para comprar a passagem, e é melhor seguir esse conselho. Passagens integradas de ônibus e barco são vendidas no quiosque "NCC", entre os portões 9 e 10, mas os atendentes não são muito solícitos. As passagens custam CUC$55. Leve o passaporte.

### Ônibus

**A Víazul** (☎881-1413, 881-5652; www.viazul.com; esq. calle 26 com Zoológico, Nuevo Vedado) cobre praticamente todos os destinos de interesse para os turistas, e em veículos de luxo com ar-condicionado. Todos os trajetos são diretos, exceto entre Guantánamo e Baracoa; para chegar a esses destinos, é preciso fazer uma baldeação em Santiago de Cuba. Pode-se embarcar em todos os ônibus da Víazul no terminal que fica 3km ao sul da Plaza de la Revolución, ou no Terminal de Ómnibus. Ali as passagens da Víazul são vendidas logo antes da saída do ônibus, no balcão Venta de Boletines. Veja todos os horários no site ou na **Infotur** (Obispo entre Bernaza e Villegas, Habana Vieja), que também vende passagens, mas que obriga os passageiros a embarcar na estação de partida, em Nuevo Vedado.

Em Havana, você pode descer dos ônibus da Víazul que vêm de Varadero/Matanzas em Centro Habana, logo depois do túnel (pergunte ao motorista antes), mas, chegando de outros pontos do país, você terá de descer no terminal de Nuevo Vedado. Dali, o ônibus 27 leva para Vedado ou Centro Habana (informe-se). A alternativa é pegar um táxi, que custará o absurdo de CUC$10, a menos que você negocie bem. Se seu ônibus parar no Terminal de Ómnibus da av. de la Independencia, desça lá.

Ônibus que vão a cidades das províncias de Artemisa e Mayabaque partem de Apodaca, 53, ao lado de Agramonte, perto da principal estação de trem de Habana Vieja. Eles vão a Güines, Jaruco, Madruga, Nueva Paz, San José, San Nicolás e Santa Cruz del Norte, mas em geral ficam lotados – portanto, vá cedo e compre sua passagem em pesos.

### Táxi

Pequenos carros Lada, operados pela Cubataxi, ficam estacionados na calle 19 de Mayo, ao lado do terminal de ônibus. Eles cobram cerca de CUC$0,50 por quilômetro – o que equivale a CUC$70 para Varadero, CUC$80 para Pinar del Río, CUC$140 para Santa Clara, CUC$125 para Cienfuegos e CUC$165 para Trinidad. Por esse preço, podem ir até quatro pessoas. É bom considerar essa possibilidade em caso de emergência, e é um meio de transporte legalizado em Cuba.

### Trem

Trens com destino à maioria das cidades de Cuba saem da **Estación Central de Ferrocarriles** (☎862-1920, 861-8540; esq. av. de Bélgica com Arsenal, Habana Vieja), no lado sudoeste de Habana Vieja. Estrangeiros têm de comprar a passagem em pesos conversíveis na estação **La Coubre** (☎862-1006; esq. av. del Puerto com Desamparados, Habana Vieja; ⏲9-15h seg-sex). Se estiver fechada, tente o escritório ao lado, chamado Lista de Espera, que vende passagens para trens que partem imediatamente. Crianças menores de 12 anos pagam metade.

O melhor trem de Cuba, o Tren Francés (um antigo trem francês SNCF), sai a cada três dias de Havana com direção a Santiago, parando em Santa Clara (CUC$17) e em Camagüey (CUC$32). Sai de Havana às 19h e chega a Santiago na manhã seguinte, às 9h. Não há vagões tipo leito, mas as poltronas são confortáveis e há ar-condicionado, além de serviço de lanche. A passagem custa CUC$62 para a primeira classe e CUC$50 para a segunda.

O *coche motor* (que cruza a ilha), mais lento, vai a Santiago parando em estações menores, como Matanzas (CUC$4), Sancti Spíritus (CUC$13), Ciego de Ávila (CUC$16), Las Tunas (CUC$23), Bayamo (CUC$26), Manzanillo (CUC$28) e Holguín (CUC$27). Um trem vai até Guantánamo (CUC$32). Há linhas separadas para Cienfuegos (CUC$11) e Pinar del Río (CUC$6,50).

As informações acima são apenas aproximadas, pois o serviço é cancelado ou atrasado com frequência (inclusive o do Tren Francés, que ficou temporariamente fora de serviço durante a produção deste guia). Sempre verifique os horários com atenção, e também o terminal de onde sairá o trem.

Para informações sobre o trem elétrico que vai de Casablanca a Matanzas, veja a p. 137. As rotas dos trens nas cercanias de Havana são comentadas na seção Como circular.

## Como circular

### De/para o aeroporto

O Aeropuerto Internacional José Martí fica em Rancho Boyeros, 25km a sudoeste de Havana, indo pela av. de la Independencia. Há quatro terminais: Terminal 1, a sudeste da pista de pouso, é onde se concentram os voos domésticos; 3km dali, o Terminal 2 recebe voos comerciais e fretados de Miami e Nova York e das (e para) Ilhas Cayman. Todos os outros voos internacionais usam o Terminal 3, que possui uma estrutura bem organizada e moderna em Wajay, a 2,5km do Terminal 2. Voos fretados da Aerocaribbean, Aerogaviota, Aerotaxi etc. para Cayo Largo del Sur e outras localidades usam o Terminal do Caribe (também conhecido como Terminal 5), que fica na ponta noroeste da pista, 2,5km a oeste do Terminal 3. (O Terminal 4 ainda não foi construído). Não deixe de verificar com atenção de qual terminal sairá seu voo.

O transporte público do aeroporto para o centro de Havana é praticamente inexistente. A corrida de táxi custará cerca de CUC$20 (40 minutos). Pode-se trocar dinheiro no banco do salão de desembarque.

Aventureiros com pouca bagagem (e pouco dinheiro) podem se arriscar no ônibus P-12, que sai de Capitolio, ou o P-15, que sai do Hospital Hermanos Ameijeiras no Malecón. Ambos vão a Santiago de las Vegas, parando próximos ao aeroporto (a 1,5km dali), na av. Boyeros. Mas é mais fácil seguir esse esquema quando se está indo embora e já se sabe um pouco sobre a geografia local.

### De/para o terminal de ônibus

O terminal de ônibus Víazul fica no subúrbio de Nuevo Vedado, e os táxis cobram entre CUC$5 e CUC$10 para levar ao centro de Havana. Não há ônibus diretos que saem do centro da cidade. Se você tomar o P-14 no Capitolio, será preciso descer na av. 51 e andar mais ou menos 500m.

### Bicitáxi

Bicitáxis com dois lugares podem levar a qualquer lugar das proximidades de Centro Habana por CUC$1/2 em trajetos curtos, se você negociar. É muito mais do que um cubano pagaria, mas mais barato e mais divertido do que um táxi turístico. Os bicitáxis são proibidos por lei de pegar turistas, por isso o motorista talvez prefira usar vias alternativas para evitar cruzar com a polícia. Mas, se o bicitáxi for parado, é o motorista quem paga a multa, não você.

### Barco

**Balsas** (☎867-3726; Habana Vieja) para passageiros partem do porto, de Muelle Luz (na esquina com San Pedro e Santa Clara, no sudeste de Habana Vieja), em direção a Regla e Casablanca a cada 10 ou 15 minutos. A passagem custa 10 centavos, mas cobra-se em geral CUC$1 de estrangeiros. Desde que as balsas

#### PARTIDAS DE HAVANA PELA VÍAZUL

Verifique horários atualizados no site www.viazul.com.

| DESTINO | PREÇO (CUC$) | DURAÇÃO (H) | HORÁRIOS |
|---|---|---|---|
| Bayamo | 44 | 13 | 9h30, 15h15, 22h |
| Camagüey | 33 | 9 | 8h40, 9h30, 15h15, 18h15, 20h30, 22h |
| Ciego de Ávila | 27 | 7 | 8h40, 9h30, 15h15, 20h30, 22h |
| Cienfuegos | 20 | 4 | 8h15, 13h |
| Holguín | 44 | 12 | 8h40, 15h15, 20h30 |
| Las Tunas | 39 | 11½ | 8h40, 9h30, 15h15, 20h30, 22h |
| Matanzas | 7 | 2 | 8h, 12h, 17h, 19h |
| Pinar del Río | 11 | 3 | 9h, 16h |
| Sancti Spíritus | 23 | 5¾ | 8h40, 9h30, 15h15, 20h30, 22h |
| Santa Clara | 18 | 3¾ | 8h40, 9h30, 15h15, 22h |
| Santiago de Cuba | 51 | 15 | 9h30, 15h15, 18h15, 22h |
| Trinidad | 25 | 6 | 8h15, 13h |
| Varadero | 10 | 3 | 8h, 12h, 17h, 19h |
| Viñales | 12 | 4 | 9h, 16h |

foram sequestradas em direção à Flórida em 1994, e depois novamente em 2003 (embora os sequestradores não tenham conseguido deixar a costa cubana), a segurança foi reforçada. Não se impressione com a vistoria das malas e a inspeção (rigorosa como a de aeroporto).

### Carro

Há muitas agências de aluguel de carro em Havana, destinadas a todas as necessidades e faixas de preço. Todas as agências possuem escritórios no Terminal 3 do Aeropuerto Internacional José Martí. Há também filiais nos hotéis de três ou mais estrelas. Preços por modelos similares são mais ou menos os mesmos nas diferentes empresas, é o chamado *socialismo*.

**Cubacar** (☎835-0000) possui filiais na maioria dos hotéis mais diferenciados, entre eles Meliá Cohiba, Meliá Habana, NH Parque Central, Habana Libre, Comodoro e Sevilla.

**Rex Rent a Car** (☎836-7788; esq. Línea com Malecón, Vedado) aluga carros sofisticados a preços exorbitantes.

Os postos de gasolina Servi-Cupet ficam em Vedado, nas calles L e 17; na esq. do Malecón com a calle 15; no Malecón com Paseo, perto da Riviera e dos hotéis Meliá e Cohiba; e na av. de la Independencia (faixa sul), ao sul da Plaza de la Revolución. Todos ficam abertos 24 horas.

Estacionamentos custam cerca de CUC$1 em toda a capital, inclusive em frente aos hotéis Sevilla, Inglaterra e Nacional.

### Transporte público

**HAVANA BUS TOUR** O **Havana Bus Tour** (☎831-7333; calle L, 456, entre calles 25 e 27) é útil e prático: percorre três trajetos, com parada principal no Parque Central, em frente ao Hotel Inglaterra. É nesse ponto que se pega o ônibus T1, que vai de Habana Vieja até a Plaza de la Revolución (passando por Centro Habana, Malecón e calle 23), e o T3, que vai de Centro Habana até as Playas del Este (passando pelo Parque Histórico Militar Morro-Cabaña). O ônibus T2 vai da Plaza de la Revolución até a Marina Hemingway (passando pela Necrópolis Cristóbal Colón e Playa). A passagem que vale por um dia inteiro custa CUC$5. Há ônibus de 9 até 21h, e o trajeto e as paradas estão claramente marcados dentro dos veículos. Quando este guia foi escrito, o ônibus T2 estava suspenso e o T1 fazia uma extensão até a Marina Hemingway.

**ÔNIBUS** O serviço de ônibus melhorou muito nos últimos anos, com a introdução de uma nova frota de ônibus produzidos na China, que substituíram os antigos *camellos*, sempre lotados e malcheirosos, em 2007. Os ônibus percorrem catorze rotas diferentes, conectando a maioria dos pontos da cidade e da periferia. A passagem custa 20 centavos (cinco centavos se estiver usando pesos conversíveis), que devem ser depositados na maquininha que fica em frente ao motorista, assim que se entra no ônibus.

Os ônibus cubanos são lotados e pouco acostumados a turistas. Para evitar a abordagem de trombadinhas, segure bem seus pertences.

Todos os trajetos têm o prefixo P antes do número:

**P-1 Diezmero – Playa** (passa por Virgen del Camino, Vedado, Línea, av. 3)
**P-2 Diezmero – Línea y G** (passa por Vibora e Ciudad Deportiva)
**P-3 Alamar – Túnel de Línea** (passa por Virgen del Camino e Vibora)
**P-4 San Agustín – Terminal de Trenes** (passa por Playa, calle 23, La Rampa)
**P-5 San Agustín – Terminal de Trenes** (passa por Lisa, av. 31, Línea, av. de Puerto)
**P-6 Calvario – La Rampa** (passa por Vibora)
**P-7 Cotorro – Capitolio** (passa por Virgen del Camino)
**P-8 Calvario – Villa Panamericano** (passa por Vibora, Capitolio e túnel do porto)
**P-9 Vibora – Lisa** (passa por Cuatro Caminos, La Rampa, calle 23, av. 41)
**P-10 Vibora – Playa** (passa por Altahabana e calle 100)
**P-11 Alamar – G y 27** (passa pelo túnel do porto)
**P-12 Santiago de las Vegas – Capitolio** (passa por av. Boyeros)
**P-13 Santiago de las Vegas – Vibora** (passa por Calabazar)
**P-14 San Agustín – Capitolio** (passa por Lisa e av. 51)
**P-15 Santiago de las Vegas – Hermanos Ameijeiras** (passa por av. Boyeros e calle G)
**P-16 Hospital Naval – Playa** (passa por calle 100 e Lisa)

Ônibus mais velhos ainda circulam em alguns trajetos da cidade (por exemplo, o ônibus 400 para Playas del Este), mas eles não têm horários e mapas impressos. Serviços específicos são citados em outros lugares deste capítulo.

### Táxi

Táxis para turistas são fáceis de conseguir nos hotéis mais elegantes – os Nissans com ar-condicionado cobram tarifas maiores do que os Ladas sem esse refresco. Os táxis oficiais mais baratos são operados pela **Panataxi** (☎55-55-55), com uma tarifa inicial de CUC$1 e depois CUC$0,50 por quilômetro. Táxis de turistas cobram CUC$1 por quilômetro e podem ser chamados pela **Havanautos Taxi** (☎73-22-77) e pela **Transgaviota** (☎206-9793). A **Taxi OK** (☎204-0000, 877-6666) tem sede em Miramar. Os motoristas de táxi são empregados do governo que trabalham por salários em pesos.

Os táxis mais baratos são os antigos Ladas amarelos e pretos, que pertencem ao Estado, mas são alugados por operadoras particulares. Eles não gostam de usar o taxímetro, pois este marca uma tarifa baixa e incompatível com a realidade, mas você pode negociar o preço da corrida. Eles não devem pegar passageiros a menos de 100m de hotéis turísticos.

Táxis piratas (que não deveriam pegar estrangeiros) com placas amarelas são um pouco mais baratos, mas é preciso negociar o preço da corrida antes de entrar no carro e dar o dinheiro contado. São, em geral, carros clássicos que ficam estacionados em frente ao Hotel Inglaterra.

### A pé

Sim, caminhando! É o que os *habaneros*, carentes de combustíveis, vêm fazendo há décadas. É fácil caminhar na maior parte de Habana Vieja, Centro Habana e Vedado se você tiver energia e disposição para se exercitar. Assim você verá muito mais da vida das ruas de Havana.

# ARREDORES DE HAVANA

Estendendo-se em três direções a partir do centro, os subúrbios de Havana são repletos de lugares interessantes e de fácil acesso, e de atividades que valem excursões de um ou meio dia. Em Playa há um aquário razoável, centros de convenções de primeira classe e os melhores restaurantes de Cuba; Guanabacoa e Regla são famosos por sua cultura religiosa afro-cubana; e os fortes na baía de La Cabaña e El Morro exibem a arquitetura militar mais impressionante da ilha.

## Playa e Marianao

O município de Playa, a oeste de Vedado, do outro lado do rio Almendares, é uma mistura paradoxal de ruas residenciais de alta classe e moradias simples de trabalhadores.

A graciosa Miramar é um bairro com avenidas largas e grandes loureiros, onde o trânsito é mais lento e as mulheres de diplomatas – com óculos escuros e calças justas – caminham à tarde ao longo da av. Quinta (av. 5). É onde muitas das embaixadas estrangeiras em Havana ficam, em mansões pré-Revolução. Viajantes de negócios e participantes de congressos vão de todo o mundo tirar proveito das mais grandiosas e luxuosas infraestruturas de Cuba. Se você estiver em busca de pontos turísticos e lazer, o transporte para Vedado ou Habana Vieja pode ser um aborrecimento e um dispêndio. Por outro lado, alguns dos melhores clubes de salsa, danceterias e restaurantes ficam nessa área, e as *casas particulares* são um luxo.

Muitos executivos, estudantes e profissionais que vão para feiras de ciências e convenções concentram-se em Cubanacán – é ali também que ficam muitos dos institutos médicos especializados. Apesar das restrições do Período Especial, houve muito investimento na pesquisa biotecnológica e farmacêutica desses institutos. Quem gosta de velejar, navegar ou mergulhar também irá para esses lados, já que a Marina Hemingway fica na ponta oeste da Playa.

Marianao é mundialmente famoso por conta da casa noturna Tropicana, mas é conhecido pelos habitantes como uma periferia mais pobre, às vezes até barra-pesada, com uma forte comunidade da religião *santería* e uma longa história de comprometimento social.

### Atrações

**MIRAMAR**

**Fundación Naturaleza y El Hombre** MUSEU

(Mapa p. 124; 204-0438; av. 5B, 6611, entre calles 66 e 70, Playa; entrada CUC$3; 10-16h seg-sex) Esse museu fascinante exibe artefatos colhidos na viagem de canoa de 17.422km, da nascente do Amazonas até o mar, realizada pelo intelectual e antropólogo cubano Antonio Nuñez Jiménez em 1987. Entre as outras exposições, há uma das maiores coleções de fotografia de Cuba, livros escritos pelo prolífico Nuñez Jiménez, o famoso retrato de Fidel feito por Guayasamín e uma "casa de vidro" – caixas de vidro com objetos pessoais interessantes do fundador. O museu é uma fundação e uma das mais reconhecidas de Havana.

**Pabellón para la Maqueta de la Capital** MUSEU

(Mapa p. 124; calle 28, 113, entre avs. 1 e 3; entrada CUC$3; 9h30-17h ter-sáb; ) Se você achou a Maqueta de La Habana Vieja (p. 57) impressionante, não deixe de conhecer esse pavilhão ultramoderno, com uma maquete da cidade em escala 1:1000. O modelo foi originalmente criado com vistas ao planejamento urbano, mas agora se tornou atração turística. Lá perto, dois **parques** na av. 5, entre as calles 24 e 26, repletos de figueiras-de-bengala e vielas escuras, compõem um ambiente encantador.

**Acuario Nacional** AQUÁRIO

(Mapa p. 124; esq. av. 3 e calle 62; adulto/criança CUC$5/3; ⌚10-22h ter-dom; 👪) Fundado em 1960, o aquário nacional é uma instituição de Havana que recebe legiões de visitantes todos os anos, particularmente desde a reforma de 2002. Apesar da aparência um tanto descuidada, esse lugar se destaca sobre os outros *acuarios* e *delfinarios* (shows de golfinhos) cubanos – mas isso não é uma grande vantagem. Foi elaborado, na verdade, com o objetivo de educar e preservar. Peixes marinhos são a especialidade, mas há também leões-marinhos, golfinhos e muito espaço para as crianças correrem. As performances dos golfinhos acontecem quase todas as horas a partir das 11h da manhã, com um show final às 21h; a entrada inclui a apresentação.

**Embaixada Russa** MARCO

(Mapa p. 124; av. 5, 6402, entre calles 62 e 66, Playa) Caso você esteja se perguntando o que é o grande obelisco que domina o céu na metade da av. Quinta, trata-se da embaixada russa (antes soviética), testemunha dos dias em que Castro era grande amigo de Brejnev e Cia.

**Museo del Ministerio del Interior** MUSEU

(av. 5 esq. calle 14; entrada CUC$2; ⌚9-17h ter-sex, até 16h sáb) Esse museu mostra o trabalho do Ministério do Interior de Cuba (mais conhecido como Minint) e é dirigido desde 1989 por Abelardo Colomé Ibarra, que lutou com Fidel e Raúl na Sierra Maestra. Você não vai descobrir nenhum segredo de Estado, mas vai entender o papel do Minint na caça a terroristas e criminosos e também nas estratégias para desviar as inúmeras tentativas de assassinato contra Fidel durante a Guerra Fria.

**Iglesia Jesús de Miramar** IGREJA

(Mapa p. 124; esq. av. 5 e calle 82, Playa) Apesar de sua modernidade, Playa abriga a segunda maior igreja de Cuba. O templo é uma escultura neorromânica esteticamente agradável, com um domo gigantesco. Construída em 1948, contém o maior órgão de Cuba e alguns murais modernos e bem originais.

**Parque Almendares** PARQUE

À beira do rio Almendares, embaixo da ponte da calle 23, fica esse paraíso de vegetação exuberante e ar fresco bem no coração de Havana. O parque passou por uma reforma em 2003, e o trabalho foi muito benfeito: agora há bancos virados para o rio e muitas plantas em crescimento. Há, ainda, outras atrações, como um antiquado **campo de minigolfe**, o **Anfiteatro Parque Almendares** (com um pequeno palco a céu aberto) e um **playground**. Bons restaurantes também não são difíceis de encontrar.

## MARIANAO

**Museo de la Alfabetización** MUSEU

(Esq. av. 29E e calle 76; entrada franca; ⌚8-12h e 13h-16h30 seg-sex, 8-12h sáb) O antigo espaço aéreo militar Cuartel Colombia, em Marianao, é agora um complexo chamado **Ciudad Libertad**. Passe pelo portão para visitar o museu inspirador, que descreve a campanha de alfabetização promovida em 1961, quando 100 mil jovens de 12 a 18 anos foram espalhados por todas as regiões de Cuba para alfabetizar camponeses, operários e idosos. No centro da rotatória, em frente à entrada do complexo, fica uma torre em forma de seringa, em memória a Carlos Juan Finlay, que descobriu a causa da febre amarela em 1881.

## CUBANACÁN

**Instituto Superior de Arte** INSTITUTO DE ARTE

(Mapa p. 124; ISA; calle 120, 1110) A mais importante academia de arte de Cuba foi fundada no antigo Havana Country Club em 1961 e alçada ao status de instituto em 1976. Os vários prédios – alguns inacabados, outros reformados pela metade, mas todos graciosos, com arcos, domos e tijolos vermelhos – foram concebidos por Che Guevara e uma equipe de arquitetos. Entre eles estava Ricardo Porro, que projetou a linda Facultad de Artes Plásticas (1961), que possui longas passagens sinuosas e salas abobadadas na forma de uma mulher se curvando. Cerca de 800 alunos a frequentam – também é aberta a estrangeiros.

**Palacio de las Convenciones** EDIFÍCIO NOTÁVEL

(Mapa p. 124; calle 146 entre avs. 11 e 13) Também conhecido como Centro de Convenções de Havana, é um dos edifícios modernos mais impressionantes de Cuba. Construído para o Movimento Não Alinhado, em 1979, tem quatro paredes interconectadas que abrigam um belo auditório com 2.101 lugares e mais onze salas menores. A Assembleia Nacional, com 589 membros, reúne-se nele duas vezes ao ano, e o complexo ainda recebe 50 mil participantes de conferências durante o ano. Não longe dali fica o **Pabexpo** (esq. av. 17 e calle 180), um espaço de exposições de 20.000m² que ocupa quatro pavilhões interconectados – eles recebem mais de quinze eventos por ano.

## Playa e Marianao

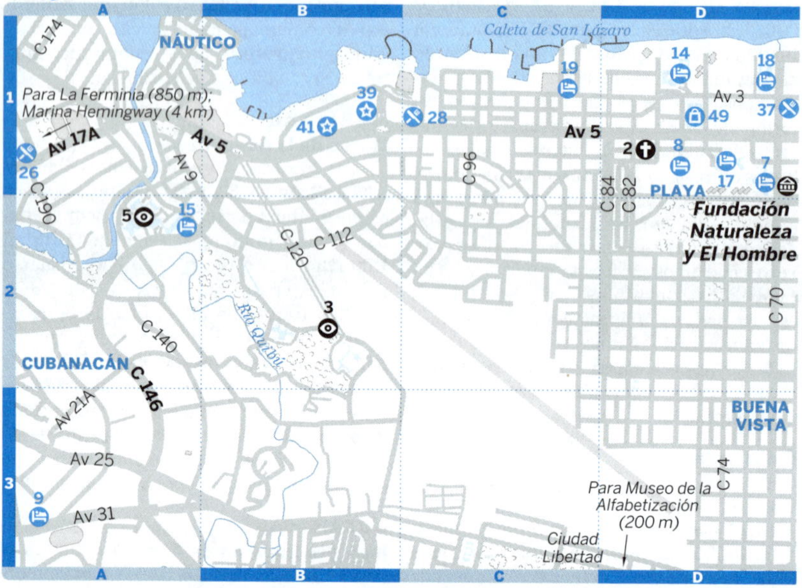


### Isla del Coco

PARQUE DE DIVERSÕES

(Mapa p. 124; av. 5 e calle 112, Playa) Um novo parque de diversões patrocinado por chineses. Tem rodas-gigantes, carrinhos de bate-bate e montanhas-russas.

## Atividades

### Marlin Náutica

ESPORTES AQUÁTICOS

(Esq. av. 5 e calle 248, Barlovento) A Marina Hemingway, em Barlovento, 20km a oeste de Havana, oferece todo tipo de atividade aquática. Viagens de pescaria podem ser organizadas na Marlin Náutica por CUC$150 para quatro pessoas, por 4 horas de pescaria de fundo, e por CUC$280 também para quatro pessoas, por 4 horas de pescaria em alto-mar. Nesses valores estão incluídos o capitão do barco, um marinheiro, sistema *open bar* e equipamentos. A temporada do marlim vai de junho a outubro. Há, ainda, pacotes para a prática de *scuba diving* a CUC$35 por mergulho e tours pelo litoral de Havana (CUC$60 no catamarã).

### La Aguja Marlin Diving Center

CENTRO DE MERGULHO

(☎204-5088; esq. av. 5 e 248, Barlovento) Entre a Cubanacán Náutica e o shopping, esse centro oferece *scuba diving* a CUC$30 por mergulho, mais CUC$5 pelo equipamento. Tem partidas pela manhã e à tarde. Excursões para mergulho em Varadero ou Playa Girón também podem ser organizadas. As críticas dos viajantes têm sido muito favoráveis.

## Onde dormir

### MIRAMAR

### Hotel Meliá Habana

HOTEL **$$$**

(Mapa p. 124; ☎204-8500; av. 3, entre calles 76 e 80; q CUC$220; P❄@⊜≋) Feio por fora, mas lindo por dentro, o maravilhoso Hotel Meliá Habana de Miramar, aberto em 1998, é uma das mais bem administradas e bem equipadas opções de hospedagem da cidade. Os 409 quartos (quatro dos quais acessíveis para cadeirantes) ficam distribuídos ao redor de um lobby grandioso, com videiras, estátuas de mármore e fontes de água borbulhantes. Lá fora, a maior e mais bonita piscina de Cuba fica ao lado de uma praia rochosa isolada. Junte a tudo isso um serviço educado e correto, um excelente restaurante tipo bufê e às vezes um bom desconto pelo quarto, e você estará otimamente arranjado.

### Barceló Habana Ciudad

HOTEL **$$$**

(Mapa p. 124; ☎214-1470; av. 5, entre calles 76 e 80, Miramar; s/c CUC$110/130; ❄@⊜≋) O mais novo hotel de Playa é outro colosso de concreto, aberto pela cadeia estatal Gaviota em janeiro de 2010. Ele completa um trio de

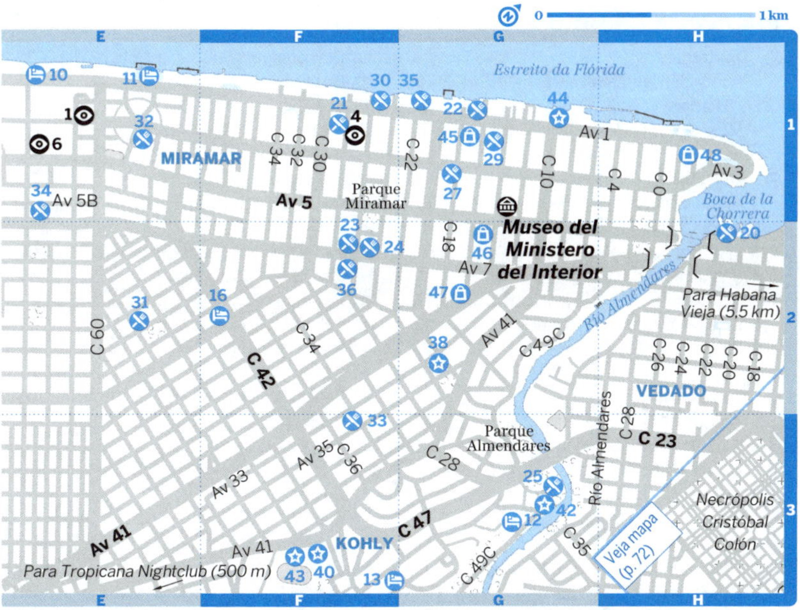


hotéis atrás do Miramar Trade Center. Enquanto a infraestrutura reivindica o status de cinco estrelas com quartos espaçosos (todos com chuveiro e banheira separados) e um bom restaurante, o lugar sofre dos problemas de quase todas as redes de hotéis: atmosfera fria e falta de personalidade.

**Hotel el Bosque** HOTEL **$**

(Mapa p. 124; ☎204-9232; calle 28A, entre calles 49A e 49B, Kohly; s/c CUC$36/48; ❄@) Econômico e muitas vezes esquecido, El Bosque é o melhor e menos caro do *complejo* (complexo) Kohly-Bosque (também administrado pela Gaviota). O hotel, limpo e simpático, fica às margens do rio Almendares, cercado pelo Bosque de La Habana – o pulmão verde da cidade – e é uma escolha de preço razoável (o que é raro) nessa área de florestas. Os 54 quartos são pequenos, mas funcionais, e têm internet 24 horas e uma varanda nos fundos com vista para a mata à beira do rio.

**Occidental Miramar** HOTEL **$$$**

(Mapa p. 124; ☎204-3584; fax 204-3583; esq. av. 5 e calle 74; s/c CUC$100/130; P❄≋) Um antigo Novotel, esse gigante com 427 quartos teve sua direção assumida pela Gaviota há alguns anos e se beneficiou disso. O atendimento é profissional e há ótima estrutura para negócios. Também há muitas áreas dedicadas à prática de esportes para quem se sentir isolado demais: quadra de tênis, piscina, sauna, academia e salão de jogos.

**Aparthotel Montehabana** HOTEL **$$**

(Mapa p. 124; ☎206-9595; calle 70, entre avs. 5A e 7, Playa; s/c/t CUC$60/80/110; P❄@) Esse moderno gigante da Gaviota abriu em dezembro de 2005 com a promessa de ser algo diferenciado. Dos quartos, 101 são apartamentos com salas de estar e cozinha – uma boa oportunidade para frequentar os mercados de Havana e descobrir como é a cultura culinária local. A cozinha tem micro-ondas, geladeira, torradeira e máquina de café – além de talheres. Quem não quiser enfrentar as panelas pode ir ao restaurante: CUC$8 pelo café da manhã e CUC$15 pelo bufê do jantar. A estrutura do hotel é nova e há internet 24 horas, aluguel de carro e um minimercado local. Os hóspedes podem usar a piscina do Hotel Occidental Miramar, seu vizinho.

**Hotel Chateau Miramar** HOTEL **$$$**

(Mapa p. 124; ☎204-0224; av. 1, entre calles 60 e 70, Playa; s/c CUC$90/125; P❄@≋) É propagandeado como hotel-butique, mas leia nas entrelinhas: está longe de ser uma charmosa hospedaria no Vale do Loire. Ainda assim, os viciados em tecnologia vão gostar do acesso gratuito à internet, da TV de tela plana e do serviço de ligações diretas para o exterior – mesmo que os quartos sejam medíocres.

## Playa e Marianao

**Destaques**

- Fundación Naturaleza y El Hombre ........ D1
- Museo del Ministero del Interior ........ G1

**Atrações**

1 Acuario Nacional ........ E1
2 Iglesia Jesús de Miramar ........ D1
3 Instituto Superior de Arte (ISA) ........ B2
4 Pabellón para la Marqueta de la Capital ........ F1
5 Palacio de las Convenciones ........ A2
6 Embaixada russa ........ E1

**Onde dormir**

7 Aparthotel Montehabana ........ D1
8 Barceló Habana Ciudad ........ D1
Casa Española ........ (veja 24)
9 Hotel Bello Caribe ........ A3
10 Hotel Chateau Miramar ........ E1
11 Hotel Copacabana ........ E1
12 Hotel el Bosque ........ G3
13 Hotel Kohly ........ F3
14 Hotel Meliá Habana ........ D1
15 Hotel Palco ........ A2
16 Marta Rodríguez ........ F2
17 Occidental Miramar ........ D1
18 Panorama Hotel Havana ........ D1
19 Rina & Geraldo ........ C1

**Onde comer**

Casa Española ........ (veja 23)
20 Complejo Turístico 1830 ........ H2
21 Doctor Cafe ........ F1
22 Don Cangrejo ........ G1
23 Dos Gardenias ........ F2
24 El Aljibe ........ F2
25 El Lugar ........ G3
26 El Palenque ........ A1
27 El Tocororo ........ G1
La Casa del Habano ........ (veja 46)
28 La Cecilia ........ C1
29 La Esperanza ........ G1
30 Paladar el Palio ........ F1
31 Paladar la Cocina de Lilliam ........ E2
32 Paladar la Fontana ........ E1
33 Paladar los Cactus de 33 ........ F3
34 Paladar Mi Jardín ........ E1
35 Paladar Vista Mar ........ G1
36 Pan.com ........ F2
37 Supermercado 70 ........ D1

**Lazer**

38 Casa de la Música ........ G2
39 Circo Trompoloco ........ B1
40 Estadio Pedro Marrero ........ F3
41 Isla del Coco ........ B1
42 Salón Chévere ........ G3
43 Salón Rosado Benny Moré (El Tropical) ........ F3
44 Teatro Karl Marx ........ G1

**Onde comprar**

45 Egrem Tienda de Música ........ G1
46 La Casa del Habano ........ G2
47 La Maison ........ G2
48 La Puntilla ........ H1
49 Miramar Trade Center ........ D1

**Panorama Hotel Habana** HOTEL **$$$**
(Mapa p. 124; ☎204-0100; esq. av. 3 e calle 70; s/c CUC$95/120; P❄@≋) Esta "catedral de vidro" cintilante administrada pela Gaviota fica em uma faixa de hotéis que foi aberta em 2003 e se desenvolveu rapidamente em Playa. O visual meio estranho – vidro azul que não acaba mais – melhora uma vez que você entra no lobby monumental, de onde os elevadores antigos levam a um dos 317 quartos espaçosos, com vista para Miramar e arredores. Entre as comodidades há *business center*, uma loja de fotografia, vários restaurantes e uma boa piscina de formato interessante. Mas o Panorama pode parecer grande demais: você se sente pequeno lá dentro, em um ambiente aparentemente deserto e antisséptico.

**Hotel Kohly** HOTEL **$$**
(Mapa p. 124; ☎204-0240; esq. calles 49A e 36 Kohly; s/c CUC$47/63; ❄@≋) Logo acima da rua, o Kohly tem preços similares aos do El Bosque e compensa seu ambiente utilitário com uma piscina convidativa e uma ótima pizzaria.

**Marta Rodríguez** CASA PARTICULAR **$**
(Mapa p. 124; ☎203-8596; calle 42, 914; q CUC$40; P) Não há muitas casas em Miramar, mas essa é uma que vale a hospedagem: camas *art déco*, TV, videocassete, som e muito espaço.

**Hotel Copacabana** HOTEL **$$**
(☎204-1037; av. 1, entre calles 44 e 46; s/c CUC$60/80; P❄@≋) Quase na praia, o Copacabana reabriu após uma reforma realizada em 2009-10, mas sua aparência continua ultrapassada – o lado bom é a localização à beira-mar.

**Rina & Geraldo** CASA PARTICULAR $
(Mapa p. 124; ☎202-4112; av. 3A, 8610, entre calles 86 e 88, Playa; q CUC$25-30) Uma venerável casa com anfitriões amigáveis que alugam dois quartos limpos na área do Miramar Trade Center. Se estiver lotada, há outras na mesma rua.

### CUBANACÁN

Há dois hotéis no bairro, frequentados por quem vai a conferências e a outros eventos de negócios.

**Hotel Bello Caribe** HOTEL $$
(Mapa p. 124; ☎273-9906; esq. av. 31 e calle 158; s/c CUC$50/67; P❄≋) Perto do grande Centro de Ingenería Genética y Biotecnología, além de vários estabelecimentos médicos, esse hotel tem 120 quartos frequentemente usados por estrangeiros em tratamento.

**Hotel Palco** HOTEL $$$
(Mapa p. 124; ☎204-7235; calle 146, entre avs. 11 e 13; s/c CUC$91/111; P❄≋) Mais 2km na direção norte e você chegará a esse hotel anexo ao Palacio de las Convenciones. Trata-se de um hotel de negócios, em geral inteiramente reservado por estrangeiros que vão à cidade por conta de conferências e simpósios ou para lançamento de produtos.

### MARINA HEMINGWAY

**Hotel Acuario** HOTEL $$
(☎204-6336; esq. Aviota e calle 248; s/c CUC$60/90; ❄) Não vá à Marina Hemingway pelos hotéis. Sem contar o El Viejo y el Mar, que hospeda pacientes da América Latina, a única real opção para estrangeiros é esse, que está bem gasto. Incrustado entre dois canais do porto, é cheio de mobília barata e ultrapassada. Pode ser prático caso você tenha reservado lugar em uma excursão de mergulho que saia bem cedo; se não, é melhor ficar em Havana e se deslocar até a Marina.

## Onde comer

A Playa tem alguns dos melhores *paladares* que sobreviveram em Cuba, a maioria dos quais situada em belas mansões do início do século 20, com mesas de jantar ao ar livre. Na área também há restaurantes estatais muito bons. Vale a pena pagar a corrida dc táxi (CUC$5 a CUC$10 a partir do centro da cidade) para comer nessa área.

### PLAYA E MARIANAO

**Paladar los Cactus de 33** PALADAR $$$
(Mapa p. 124; ☎203-5139; av. 33, 3405, entre calles 34 e 36, Playa; ⏲12-0h) Bem avaliado por revistas internacionais e usado como cenário pela TV cubana, esse restaurante tem serviço impecável, ambiente elegante, comida bem preparada e preços exorbitantes – isso depois de uma fortuna paga na corrida de táxi (é bem fora de mão). Conte com pelo menos CUC$20 pelo prato da casa: peito de frango com cogumelos, azeitona e queijo.

### MIRAMAR

**El Aljibe** CARIBENHA $$
(Mapa p. 124; ☎204-1583/4; av. 7, entre calles 24 e 26; ⏲12-0h) Em teoria um restaurante simples em Palmares, é, na verdade, uma extravagância culinária. El Aljibe tem deliciado as papilas gustativas de cubanos e diplomatas estrangeiros por anos. O furor gira em torno dos mistérios de um só prato, o obrigatório *pollo asado* (frango assado), servido com acompanhamentos como arroz, feijão-preto, banana-da-terra frita, batata frita e salada, dos quais você pode se servir à vontade. O suco de laranja amargo que o acompanha também é um segredo de Estado.

**Paladar la Cocina de Lilliam** PALADAR $$$
(Mapa p. 124; ☎209-6514; calle 48, 1311, entre avs. 13 e 15; ⏲12-0h) Com serviço e ambiente elegantes e comida fresquinha de dar água na boca, esse local tem todos os ingredientes de um restaurante premiado. Localizado em uma ilustre mansão em Miramar e cercado por um jardim com fontes borbulhantes e plantas tropicais, dá aos convivas a chance de experimentar raridades cubanas, como *mousse* de frango e *bruschetta* de atum, em um cenário mais europeu do que caribenho. Nada de sanduíches de presunto e queijo à vista!

**Paladar la Fontana** PALADAR $$$
(Mapa p. 124; ☎202-8337; av. 3A, 305) É onde Havana descobre o churrasco – mais especificamente, o churrasco a carvão. Grandes porções de carne e peixe são servidas nesse simpático *paladar*, então não exagere nas entradas, entre as quais há siri com berinjela, ovos de codorna e grãos-de-bico fritos. O La Fontana é especializado em quase tudo que você não encontrará em outros lugares de Cuba, de lasanha a bifes suculentos. Boas críticas do *Cigar Aficionado* e da *Chicago Tribune* são testemunha de sua qualidade.

**La Esperanza** PALADAR $$$
(Mapa p. 124; ☎202-4361; calle 16, 105 entre avs. 1 e 3; ⏲6h30-23h, fechado qui) Alguns diriam que a comida, o ambiente e a criatividade gastronômica desse *paladar* nada pretensioso

o colocam entre os melhores de Havana (e certamente de Cuba). Embora não seja muito atraente quando olhado de fora, o interior da casa tem uma coletânea de antiguidades curiosas, retratos antigos e mobília dos anos 1940. A comida, preparada em uma cozinha comum, inclui pratos deliciosos como o *pollo luna de miel* (frango flambado no rum), peixe marinado no vinho branco, alho e limão e brochete de cordeiro.

**Pan.com** FAST-FOOD **$**
(Mapa p. 124; ☎204-4232; esq. av. 7 e calle 26; ⏲10-0h) Apesar do nome, não é um cibercafé, mas um reduto de comida reconfortante, com sanduíches substanciosos, ótimos hambúrgueres e milk-shakes de dar água na boca. Junte-se aos diplomatas sob o toldo do lado de fora.

**Doctor Café** PALADAR **$$$**
(Mapa p. 124; ☎203-4718; calle 28, entre avs. 1 e 3) *Ceviche*, peixe vermelho, polvo grelhado e um pátio bem arborizado, assim como uma área interna com mesas: esse "doutor" acerta na escolha do tratamento. O cardápio tem opções de todo o mundo, com raridades encontradas em poucos lugares de Cuba. Que tal um pão fresquinho?

**Casa Española** ESPANHOLA **$$**
(Mapa p. 124; ☎206-9644; esq. calle 26 e av. 7; ⏲12-0h) Uma paródia medieval construída na era Batista pelo rico (e infantil) Gustavo Guitérrez y Sánchez, esse castelo em Miramar ganhou nova vida ao se transformar em um restaurante espanhol, pegando carona na lenda de Dom Quixote. O ambiente é elegante, para quem não se importa de ser observado por armaduras de metal enquanto come paella, omelete espanhola ou *lanja cerdo al Jerez* (filé de porco com xerez).

**Paladar Mi Jardín** PALADAR, MEXICANA **$$**
(Mapa p. 124; ☎203-4627; calle 66, 517; ⏲12-0h) O raro cardápio – com *mole* de frango ou *tacos* e *quesadillas* – garante a preferência por esse *paladar* mexicano. Uma sugestão é comer sob a treliça coberta de videiras, um ambiente especial como o prato da casa: peixe Veracruz.

**Paladar el Palio** PALADAR **$$**
(Mapa p. 124; ☎202-9867; av. 1, 2402; ⏲12-0h) Ao lado do Vista Mar, El Palio oferece uma experiência parecida, com mesas no interior, decorado com bom gosto, ou lá fora, em um jardim igualmente bonito, do qual se ouvem as ondas do Atlântico. O cardápio, que varia a cada dia, é baseado em frutos do mar, mas tem algumas surpresas, como coelho.

**Paladar Vista Mar** PALADAR **$$**
(Mapa p. 124; ☎203-8328; av. 1, entre calles 22 e 24; ⏲12-0h) Fica no segundo andar de uma casa de família, de frente para o oceano. A piscina que derrama água no mar deixa o ambiente ainda mais bonito. Se comer frutos do mar deliciosos ouvindo o barulho das ondas lhe parece interessante, esse é seu lugar. A maioria dos pratos varia entre CUC$8 e CUC$15 com salada.

**Don Cangrejo** FRUTOS DO MAR **$$**
(Mapa p. 124; av. 1, 1606, entre calles 16 e 18; ⏲12-0h) De frente para o oceano, esse restaurante singular de frutos do mar é administrado pelo Ministério da Pesca e ganha muitos pontos pelo ambiente e pelo serviço. Entre os pratos de peixe fresco, há vermelho, garoupa e camarão (CUC$8 a CUC$12), enquanto a lagosta do tanque na varanda vai à sua mesa por CUC$20 a CUC$25.

**El Tocororo** CARIBENHA, JAPONESA **$$$**
(Mapa p. 124; ☎202-4530; calle 18, 302; refeições CUC$12-35; ⏲12-0h) Já foi considerado (assim como o El Aljibe) um dos melhores restaurantes estatais de Havana, mas perdeu espaço para os seus concorrentes nos últimos anos, e hoje costuma ser criticado pelos preços altos. Apesar disso, as mesas à luz de velas e o belo jardim já valem a visita, enquanto o cardápio ainda é capaz de surpreender com pratos luxuosos, como lagosta e (às vezes) avestruz. Ao lado fica um pequeno restaurante japonês chamado **Sakura**.

**El Lugar** CARIBENHA **$**
(Mapa p. 124; esq. calles 49C e 28A; ⏲12-0h) Fica no Parque Almendares, do lado da rua oposta ao rio que passa debaixo da ponte, e oferece uma ótima relação custo-benefício. No cardápio há filés suculentos de carne de porco, *congrí* (arroz e feijão), salada, *tostones* (banana-da-terra frita), sorvete e café. Tem música à noite.

**La Casa del Habano** CARIBENHA **$$**
(Mapa p. 124; esq. av. 5 e calle 16, Miramar) A maioria do público é atraída pela reputação de melhor loja de charutos de Havana, mas acaba voltando pela comida do restaurante anexo.

**Dos Gardenias** CARIBENHA **$$**
(Mapa p. 124; esq. av. 7 e calle 28; ⏲12-0h) Pode-se escolher entre uma churrascaria ou uma cantina nesse complexo, famoso por seus boleros. Estenda a noite para ouvir os cantores ao vivo.

## PALADARES – UMA ESPÉCIE ÚNICA

A experiência em um *paladar* – restaurante particular administrado diretamente pelo dono – sempre foi além de uma simples refeição. Primeiro, há o ambiente: uma sala de jantar cafona, um pátio romântico à beira-mar ou – se você não estiver em um dia de sorte – um quartinho escuro no fim de um corredor estreito. Some a isso a emoção do clandestino, a vaga noção de que o que se passa ali se encontra em uma área nebulosa entre o legal e o ilegal. Mas o melhor de tudo é a comida. Os *paladares* apareceram em 1995, durante o caos econômico do Período Especial, e muito do seu sucesso se deve à experimentação de *chefs* de cozinha locais, que, apesar da escassez de bons ingredientes, têm heroicamente preservado as tradições da culinária cubana.

Mas nem os elogios internacionais, os convidados famosos (Jimmy Carter, a rainha da Espanha e muitos membros do Congresso norte-americano) e as ótimas críticas (*The New York Times* e *Cigar Aficionado*, para citar duas) conseguiram impedir o impacto da crise dos anos 2000 sobre os *paladares*, e muitos fecharam. Entre os problemas, havia os impostos muito altos e inspeções mais rígidas, além de uma competição maior com restaurantes estatais, em especial nas regiões mais turísticas de Havana. No fim dos anos 2010, um dos últimos redutos de *paladares* era a Playa, que ainda reúne meia dúzia de restaurantes bem renomados. Vedado também tinha alguns, enquanto Centro Habana se gabava de manter vivo La Guarida, um dos mais conhecidos. Porém, com uma nova lei de janeiro de 2011 que afrouxa as restrições para negócios particulares, é possível que os *paladares* voltem com tudo.

**Supermercado 70** SUPERMERCADO **$**

(Mapa p. 124; esq. av. 3 e calle 70; ⌚9-18h seg-sáb, 9-13h dom) Ainda conhecido como "Diplomercado", dos dias em que só diplomatas o frequentavam, esse lugar é grande para os padrões cubanos e tem boa variedade de produtos.

### CUBANACÁN

**La Cecilia** CARIBENHA **$$**

(Mapa p. 124; ☎204-1562; av. 5, 11010, entre calles 110 e 112; ⌚12-0h) Um clássico de Havana, nesse lugar elegante a qualidade da comida fica no mesmo nível do El Aljibe (experimente a *ropa vieja*). A boa comida é complementada pela banda de música ao vivo, que agita as noites nos fins de semana no pátio grande, mas aconchegante.

**El Palenque** CUBANA, ITALIANA **$$**

(☎208-8167; esq. av. 17A e calle 190; Siboney; ⌚10-22h) Um lugar grande, perto do centro de exposições Pabexpo, que se divide em *bohíos* (barracas cubanas tradicionais) abertos e oferece um longo cardápio com opções acessíveis a estrangeiros e também a cubanos. A culinária é cubano-italiana, com pizzas a partir de CUC$3, bife com fritas por CUC$9 e lagosta à *mariposa* por CUC$22.

**La Ferminia** CARIBENHA **$$$**

(☎273-6786; av. 5, 18207, Flores) Havana fica elegante nesse memorável restaurante em uma bela mansão colonial, no bairro arborizado de Flores. Escolha jantar em um dos cômodos lindamente mobiliados ou na parte de fora, no glorioso pátio. É a comida que importa, na verdade. Experimente os grelhados, servidos diretamente da churrasqueira, ou a cauda de lagosta à milanesa. Os clientes devem obedecer a um código de vestuário rígido: são proibidos shorts e camisetas sem manga (homens). É um dos poucos lugares onde Fidel Castro jantou em público.

### MARINA HEMINGWAY

**Restaurante la Cova** ITALIANA **$$**

(Esq. av. 5 e calle 248; ⌚12-0h) Na Marina Hemingway, esse lugar concorre com o Paladar Piccolo, em Playas del Este, pelo posto de melhor pizzaria da cidade. Parte da rede Pizza Nova, também serve peixe, carne e *rigatoni a la vodka* (CUC$8). A cobertura de *pepperoni* vem direto do Canadá.

**Papa's Complejo Turístico** CARIBENHA, CHINESA **$$**

(Esq. av. 5 e calle 248; ⌚12-3h) Há de tudo nesse lugar: de trabalhadores dos barcos bebendo cerveja a pop stars em potencial mostrando seu talento (ou falta dele) na máquina de karaokê. No cardápio, as opções também são variadas, com um elegante restaurante chinês (deve-se obedecer ao código de vestuário) e um *ranchón* (restaurante rural) ao ar livre. É divertido quando está movimentado.

## ☆ Lazer

### MIRAMAR

**Teatro Karl Marx** MÚSICA AO VIVO
(Mapa p. 124; ☎203-0801, 209-1991; esq. av. 1 e calle 10) No quesito tamanho, o Karl Marx se sobrepõe a todos os outros teatros de Havana, pois tem capacidade para 5.500 pessoas em um só auditório. Os maiores eventos sempre acontecem nele, como as festas de gala de abertura e fechamento de festivais e raros concertos de *trovadores*, como Silvio Rodríguez. Em 2001, recebeu os roqueiros galeses do Manic Street Preachers, primeira banda ocidental de rock a tocar ao vivo na ilha (com Fidel Castro no público).

**Casa de la Música** CASA NOTURNA, MÚSICA AO VIVO
(Mapa p. 124; ☎202-6147; calle 20, 3308, esq. av. 35; entrada CUC$5-20; ⊙22h ter-sáb) Inaugurado com um espetáculo do pianista de jazz Chucho Valdés em 1994, esse destino badalado de Miramar é administrado pela gravadora nacional de Cuba, a Egrem, e a programação em geral é bem mais autêntica do que a dos cabarés dos hotéis. Grandes músicos, como NG la Banda, Los Van Van e Aldaberto Álvarez y Su Son, apresentam-se nela com frequência. Dificilmente você pagará mais de CUC$20. A atmosfera é mais casual do que a do lugar de mesmo nome em Centro Habana.

### MARIANAO

**Tropicana Nightclub** CABARÉ
(Nos arredores mapa p. 124; ☎267-1871; calle 72, 4504; ⊙22h) Uma instituição da cidade desde que foi aberto, em 1939, o mundialmente famoso Tropicana é um dos poucos baluartes do estilo Las Vegas da Havana de outrora que sobreviveram às restrições da Revolução. Imortalizado no clássico de 1958 *Um homem em Havana*, de Graham Greene, esse cabaré ao ar livre mudou pouco desde os anos 1950: ainda apresenta *señoritas* escandalosamente trajadas que descem das palmeiras para dançar salsa em meio às luzes coloridas do palco. Os preços são um pouco mais baixos do que os CUC$70 de praxe.

**Salón Rosado Benny Moré** MÚSICA AO VIVO
(Mapa p. 124; El Tropical; ☎206-1281; esq. avs. 41 e calle 46, Kohly; entrada CUC$10; ⊙a partir das 21h) Para uma experiência completamente original, aposte no agito *caliente* desse lugar ao ar livre. O Rosado (conhecido também como El Tropical) reúne jovens que dançam loucamente ao som de Los Van Van, Pupi y Su Son Son e Habana Abierta. Como o ambiente é um tanto "agressivo", mulheres sozinhas podem achar o assédio atrevido demais. Sextas e domingos são os melhores dias. Alguns turistas pagam em pesos, outros em dólares – a flexibilidade cubana básica.

**Circo Trompoloco** CIRCO
(Mapa p. 124; esq. av. 5 e calle 112, Playa; entrada CUC$10; ⊙19h ter-dom) O picadeiro permanente de Havana, com matinês aos fins de semana.

**Estadio Pedro Marrero** ESPORTE
(Mapa p. 124; esq. av. 41 e calle 46, Kohly) Quem diria que, além do beisebol, há futebol em Cuba? Vá aos fins de semana às 15h para esse estádio com 15 mil lugares e assista a partidas desse amado esporte.

### LA LISA

**Sala de Fiesta Macumba Habana** CASA NOTURNA
(Esq. calle 222 e av. 37; entrada CUC$10-20; ⊙22h) Aninhado em um bairro residencial a sudoeste de Cubanacán, é um dos melhores lugares para ouvir (e dançar) salsa ao vivo. O espaço ao ar livre é refrescante, e é também um bom cenário para ouvir combinações de jazz e salsa e música *timba*, além de uma extensa programação moderna de salsa misturada a jazz e rap, bem representada por NG la Banda (que se apresenta nessa sala com frequência). Pode-se jantar em La Giradilla, que fica no mesmo complexo.

**Salón Chévere** CASA NOTURNA
(Mapa p. 124; Parque Almendares, esq. calles 49C e 28A; entrada CUC$6-10; ⊙a partir das 22h) Uma das danceterias mais badaladas de Havana, com cubanos e turistas entre seus clientes. Trata-se de um espaço ao ar livre em um parque bem arborizado.

## Onde comprar

**La Casa del Habano** CHARUTOS
(Mapa p. 124; av. 5, esq. calle 16, Miramar; ⊙10-18h seg-sáb, 10-13h dom) Fumantes e também quem procura suvenires gostarão de La Casa, considerada por muitos a melhor loja de charutos de Havana. Há um lounge confortável para fumar e também um bom restaurante.

**La Maison** ROUPAS
(Mapa p. 124; calle 16, 701, Miramar) A fascinação cubana pela moda é bem expressa nessa loja, que tem roupas, sapatos, bolsas, joias, cosméticos e suvenires.

**Egrem Tienda de Música** LOJA DE MÚSICA
(Mapa p. 124; calle 18, 103, Miramar; ⊙9-18h seg-sáb) Há uma pequena loja de CDs escondida na arborizada Miramar, próxima aos mais notórios estúdios de gravação.

**Casa de la Música** LOJA DE MÚSICA
(Mapa p. 124; calle 20, 3308, esq. av. 35, Miramar; ⏲10-22h) Uma pequena loja no famoso centro musical de Miramar.

**Miramar Trade Center** SHOPPING CENTER
(Mapa p. 124; av. 3, entre calles 76 e 80) O maior e mais moderno shopping de Cuba, com centro de convenções e boa variedade de lojas, além de escritórios de companhias aéreas e embaixadas.

**La Puntilla** SHOPPING CENTER
(Mapa p. 124; calle A esq. com av. 1) Criado há dez anos, estende-se por quatro andares no fim de Vedado, em Miramar; para os padrões cubanos, é bem abrangente.

## Informações

### Acesso à internet

**Hotel Business Centers** (Hotel Meliá Habana; av. 3, entre calles 76 e 80, Miramar) O Meliá Habana cobra CUC$7 por 30 minutos de acesso à internet. Tente também o Aparthotel Montehabana (p. 125) e o Occidental Miramar (p. 125).

### Assistência médica

**Clínica Central Cira García** (☎204-2811; calle 20, 4101, esq. av. 41, Playa; ⏲9-16h seg-sex, emergências 24 horas) Emergências e consultas odontológicas e médicas para estrangeiros (consultas de CUC$25 a CUC$35).

**Farmacia Internacional Miramar** (☎204--4350; esq. calles 20 e 43, Playa; ⏲9h-17h45) Em frente à Clínica Central Cira García, do outro lado da rua.

**Farmácia** (☎204-2880; calle 20, 4104, esq. calle 43, Playa; ⏲24 horas) Na Clínica Central Cira García; uma das melhores da cidade.

### Câmbio

**Banco Financiero Internacional** Miramar (Sierra Maestra Bldg, esq. av. 1 e calle 0); Playa (esq. av. 5 e calle 92)

**Cadeca** Miramar (av. 5, entre calles 40 e 42); Playa (☎204-9087; esq. av. 3 e calle 70)

### Correio

**DHL** (esq. av. 1 e calle 26, Miramar; ⏲8-20h)

**Correio** (calle 42, 112, entre avs. 1 e 3, Miramar; ⏲8h-11h30 e 14-18h seg-sex, 8h-11h30 sáb)

### Informação turística

**Infotur** (esq. av. 5 e calle 112, Playa; ⏲8h30--17h seg-sáb, 8h30-12h dom) A localização é estranha, mas as informações são úteis.

### Agências de viagem

Todas as agências seguintes vendem tours organizados listados na p. 118.

**Cubanacán** (☎204-8500) Tem um ponto de atendimento no Hotel Meliá Habana.

**Gaviota** (☎204-4411; esq. av. 49 e calle 36, Kohly)

## Como chegar e sair

A melhor forma de chegar a Playa a partir de Havana é com o Havana Bus Tour (veja p. 121), que percorre a maior parte dos destaques da vizinhança até chegar à Marina Hemingway. Vindo de Habana Vieja ou de Centro Habana, você terá de fazer uma baldeação na Plaza de la Revolución. Muitos ônibus públicos realizam essa viagem, embora passando por bairros mais residenciais (veja p. 121).

## Como circular

**A Cubacar** (☎204-1707) tem escritórios no Chateau Miramar e nos hotéis Meliá Habana. O aluguel do carro gira em torno de CUC$70 por dia, incluindo o seguro.

**A Vía Rent a Car** (☎204-3606; esq. avs. 47 e 36, Kohly) tem um escritório em frente ao Hotel El Bosque.

Há postos de gasolina Servi-Cupet na av. 31, entre as calles 18 e 20, em Miramar; na esquina da calle 72 com a av. 41, em Marianao (perto do Tropicana, assim como na rotatória entre a av. 5 e a calle 112, em Cubanacán. O posto Oro Negro fica na av. 5 com a calle 120, em Cubanacán. Todos ficam abertos 24 horas.

# Arredores do Parque Lenin

O Parque Lenin, perto da Calzada de Bejucal, em Arroyo Naranjo, fica 20km ao sul de Havana e é a maior área recreativa da cidade. Foi construído entre 1969 e 1972 sob o comando de Celia Sánchez, parceira de projetos de Fidel Castro durante a Revolução. O parque tem 670ha, com lindas árvores antigas que cercam um lago artificial, o Embalse Paso Sequito, formado por um desvio do rio Almendares.

Embora o parque seja muito agradável, a infraestrutura interna encontra-se bastante desgastada desde o Período Especial. Taxistas contam com nostalgia do tempo em que Lenin era um destino idílico para famílias de Havana nos fins de semana –hoje, infelizmente, a área tem um aspecto negligenciado e até surreal. A boa notícia é que algum tipo de ajuda está a caminho. Uma nova gerência e milhões de pesos de investimento chinês estão financiando um novo projeto de reforma, mas o trabalho ainda está longe da conclusão.

## Atrações

**Parque Lenin** PARQUE

As principais atrações do parque ficam ao sul do lago, entre elas a **Galería de Arte Amelia Peláez** (entrada CUC$1). Sobre a coluna há uma impressionante estátua de mármore branco, o **monumento a Lenin** (1984), do escultor soviético Lev Kerbel. A leste, na beira do lago, ficam o grande anfiteatro e um **aquário** (entrada CUC$2; ⏲10-17h ter-dom, fechado seg), com peixes de água doce e crocodilos. O monumento de bronze, de 1985, a **Celia Sánchez**, que contribuiu muito para a construção do Parque Lenin, fica escondido atrás do aquário. Uma oficina de cerâmica também fica por ali.

A maioria das atrações fica aberta das 9h às 17h, de terça a sábado, e o ingresso para o parque em si é gratuito. Você também pode alugar um **barco a remo** no Embalse Paso Sequito, em uma doca atrás do **Rodeo Nacional**, uma arena que recebe os melhores rodeios de Cuba (a **feira anual do boiadeiro** também acontece nele). Uma **linha de trem** de 9km, com quatro paradas, funciona dentro do parque das 10h às 15h, de quarta a domingo.

**ExpoCuba** EXPOSIÇÃO

(Entrada CUC$1; ⏲9-17h qua-dom) Uma visita ao Parque Lenin pode ser combinada com uma viagem à ExpoCuba em Calabazar pela Carretera del Rocío em Arroyo Naranjo, 3km ao sul do restaurante Las Ruinas. Aberta em 1989, essa grande exibição permanente mostra os avanços econômicos e científicos de Cuba em 25 pavilhões que tratam de temas como açúcar, agricultura, apicultura, ciência animal, pescaria, construção, comida, geologia, esportes e defesa. Os cubanos que visitam a ExpoCuba se reúnem no **parque de diversões** no centro do complexo. **Don Cuba** (☎57-82-87), um restaurante giratório, fica no alto da torre. A Feria Internacional de la Habana, a maior feira de Cuba, acontece na ExpoCuba na primeira semana de novembro. Há estacionamento no Portão E, na ponta sul do complexo (CUC$1).

**Jardín Botánico Nacional** JARDIM BOTÂNICO

(Entrada CUC$1; ⏲8h30-16h30 qua-dom) Do outro lado da rodovia, de frente para a ExpoCuba, fica esse jardim botânico de 600ha. O **Pabellones de Exposición** (1987), perto da entrada, é uma série de estufas com cactos e plantas tropicais, enquanto a 2km fica o grande destaque do jardim, o tranquilo **Jardim Japonês** (1992). Próximo dele fica o célebre Restaurante el Bambú (p. 133), onde um bufê vegetariano é servido (uma raridade em Cuba). O **passeio de trenzinho** ao redor do jardim sai quatro vezes ao dia e custa CUC$3, com as entradas do jardim incluídas. O estacionamento custa CUC$2.

**Parque Zoológico Nacional** ZOOLÓGICO

(Adulto/criança CUC$3/2; ⏲9h-15h30 qua-dom) Falemos a verdade: você não vai a Cuba ver elefantes e leões, não é? O Período Especial foi particularmente difícil para os animais da ilha, e uma visita a esse parque, que fica na av. Zoo-Lenin em Boyeros, 2km a oeste da escola de hipismo do Parque Lenin, só deixa esse triste fato ainda mais claro. Embora o espaço do zoológico seja extenso e tenha algumas espécies criadas relativamente livres, como rinocerontes e hipopótamos, o parque está longe de ser uma savana, e muitos animais vivem trancafiados em suas jaulas. Um pequeno ônibus faz um passeio pelo zoológico o dia inteiro (o preço está incluído na entrada).

## Atividades

**Club Hípico Iberoamericano** HIPISMO

(Parque Lenin; ⏲9-17h) Fica no canto noroeste do Parque Lenin. Cavalgar pelo parque sobre um garanhão alugado custa CUC$12 por hora, mas os cavalos dos meninos que ficam no parque de diversões ao lado ou na entrada do Parque Lenin custam (que diferença!) CUC$3 por hora, incluído aí o guia. Cuidado com cavalos malnutridos e maltratados.

**Club de Golf la Habana** CLUBE DE GOLFE

(Carretera de Venta, Km 8, Reparto Capdevila, Boyeros; ⏲8-20h) O clube fica entre Vedado e o aeroporto. A má sinalização faz que ele seja difícil de encontrar, e a maioria dos táxis acaba se perdendo: peça orientação aos habitantes locais para ir ao *golfito* ou Dilpo Golf Club. Originalmente chamado Rover's Athletic Club, foi fundado por diplomata britânicos nos anos 1920 – diplomatas continuam sendo a maior parte da clientela. Há nove buracos com dezoito pinos para partidas "oficiais" (com dezoito tentativas). As tarifas para uso do campo começam em CUC$20 por nove buracos e em CUC$30 por dezoito buracos, com tarifas extras para os tacos, o carrinho e o caddie. Além disso, o clube possui cinco quadras de tênis e um **boliche** (⏲12-23h). Fidel e Che Guevara já jogaram uma partida ali como forma de propaganda, logo depois da Crise dos Mísseis de 1962. As fotos do evento ainda são populares. Ao que parece, Che ganhou.

## Onde dormir e comer

**Las Ruinas** CARIBENHA $$$

(Cortina de la Presa; 11-0h ter-dom) Um dos restaurantes mais célebres de Havana – ao menos no sentido arquitetônico – fica no lado sudeste do Parque Lenin. Com estilo moderno, tem vitrais chamativos do artista cubano René Portocarrero e ruínas de um moinho de açúcar. A atmosfera é artística e elegante, mas a comida (exageradamente cara) não fica à altura do ambiente. No cardápio, há lagosta e uma seleção de pratos cubanos e italianos, porém nada sai por menos de CUC$30. Decepcionante.

**Restaurante el Bambú** VEGETARIANA $$$

(Jardín Botánico Nacional; 12-17h, fechado seg; ) Esse é o primeiro e melhor restaurante vegetariano de Havana, e tem se comportado como advogado da dieta sem carne (o que é bem difícil em uma nação movida a vales-refeição). O bufê do almoço, do qual se pode servir à vontade, fica dentro do Jardim Botânico: o cenário natural combina perfeitamente com a comida saudável. Por CUC$15, você saboreia sopas e saladas, tubérculos e caviar de berinjela.

## Como chegar e sair

Para ir ao Parque Lenin, as opções de transporte público são ônibus, carro ou táxi. O ônibus, porém, não é fácil. O P-13 chega perto, mas, para pegá-lo, é preciso chegar antes a Vibora. A melhor forma de fazer isso é pegar o P-9 na esquina da calle 23 com a L. Os motoristas de táxi de Havana estão acostumados a esse trajeto, então é fácil negociar o preço com paradas – ficará algo a partir de CUC$25.

## Como circular

O posto Servi-Cupet, na esquina da av. de la Independencia com a calle 271 em Boyeros, ao norte do aeroporto. Só é acessível pela faixa norte e fica aberto 24 horas.

# Área de Santiago de las Vegas

Embora não tenha tanto potencial turístico assim, a empoeirada Santiago de las Vegas oferece a visão de uma Cuba genuína. Os visitantes que chegam até ela – uma curiosa mistura de vila do interior com tranquilo subúrbio urbano – em geral vão ver a procissão de 5 mil devotos que se encaminham todo

VALE A VIAGEM

### MUSEO HEMINGWAY

Há apenas uma boa razão para visitar San Francisco de Paula, um subúrbio de Havana um tanto prosaico e tranquilo: o **Museo Hemingway** (sem guia/guiado CUC$3/4, câmera/vídeo CUC$5/25; 9-16h30 qua-seg). Em 1939, o escritor americano Ernest Hemingway alugou uma *villa* chamada Finca la Vigía em San Francisco de Paula, 15km a sudeste do centro de Havana. Um ano depois, ele comprou a casa (de 1888) e o terreno e lá morou até 1960, quando voltou aos Estados Unidos.

O interior da casa ficou intocado desde que Hemingway partiu (há muitos "troféus" empalhados), e a propriedade foi transformada em museu. O escritor deixou a casa e tudo dentro dela para o povo cubano, e é verdade que essa antiga residência estimulou uma rara cooperação entre os Estados Unidos e Cuba. Em 2002, Cuba concordou com um projeto fundado nos Estados Unidos para digitalizar os documentos armazenados no porão de Finca la Vigía e, em maio de 2006, Cuba mandou 11 mil documentos pessoais de Hemingway para a Biblioteca Presidencial JFK, para que passassem pelo processo de digitalização. Esse tesouro literário (que inclui um epílogo nunca antes visto de *Por quem os sinos dobram*) finalmente ficou disponível na internet em janeiro de 2009.

Para evitar o saque de objetos, os visitantes não podem entrar na casa, mas há portas e janelas abertas para que se possa dar uma espiada no universo do escritor. Há livros por todo lado (inclusive ao lado do vaso sanitário, no banheiro), uma vitrola grande com uma coleção de discos e um surpreendente número de bibelôs. Não vá quando estiver chovendo, pois a casa em si estará fechada. Um passeio pelo jardim revela um sentimental cemitério de cachorros; o barco pesqueiro de Hemingway, *El Pilar*, e a piscina em que a atriz Ava Gardner já nadou nua. Você pode descansar em uma espreguiçadeira sob as palmeiras e os bambus.

Para chegar a San Francisco de Paula, pegue o ônibus P-7 (Cotorro) do Capitolio no centro de Havana. Diga ao motorista que irá ao museu. Você descerá em San Miguel del Padrón.

mês de dezembro ao Santuario de San Lázaro (batizado em homenagem ao santo cristão conhecido por ajudar os pobres e os leprosos), que fica na vila vizinha de El Rincón.

## Atrações

**Mausoleo de Antonio Maceo** MONUMENTO

Sobre uma colina em El Cacahual, 8km ao sul do Aeropuerto Internacional José Martí via Santiago de las Vegas, fica esse pouco visitado mausoléu do herói da independência cubana, General Antonio Maceo, que foi morto na Batalha de San Pedro perto de Bauta em 7 de dezembro de 1896. Um pavilhão a céu aberto perto do mausoléu protege a exposição histórica.

**Santuario de San Lázaro** IGREJA

(Carretera San Antonio de los Baños) É o destino da maior peregrinação de Cuba. Não tem ostentação e fica separada do mundo, na vila de El Rincón. O santo de dentro da igreja é São Lázaro (também conhecido como *Babalú Ayé*; um orixá da religião santería), protetor da cura e dos doentes. Sem ironia, o grande hospital Los Cocos, que trata pacientes leprosos e soropositivos, fica ao lado.

## Como chegar e sair

Para chegar, pegue o ônibus P-12 saindo do Capitolio ou o ônibus P-16 na frente do Hospital Hermanos Ameijeiras, perto do Malecón.

# Regla

POP. 42.390

A antiga Regla, do outro lado do porto em relação a Habana Vieja, é uma cidadezinha portuária industrial, conhecida por suas religiões afro-cubanas, entre as quais a estritamente masculina e secreta sociedade de Abakúa. Muito tempo antes da vitória da Revolução de 1959, Regla ficou conhecida como Sierra Chiquita (Pequena Serra, como referência à Sierra Maestra) por suas tradições revolucionárias. Esse subúrbio operário também é conhecido por sua grande usina termelétrica e pelo estaleiro. Não há muitas excursões de turistas na cidade, o que a torna um destino ainda mais acessível para uma escapada vespertina da cidade grande; as vistas desse lado do porto oferecem uma perspectiva diferente.

## Atrações

**Iglesia de Nuestra Señora de Regla** IGREJA

(⏲7h30-18h) Tão importante quanto pequena, a Iglesia de Nuestra Señora de Regla, que fica atrás do porto do município de Regla, tem uma trajetória longa e inusitada. No principal altar encontra-se *La Santísima Virgen de Regla,* uma Nossa Senhora negra venerada por católicos e associada também à santería – no sincretismo, ela representa Yemayá (Iemanjá), orixá protetora do oceano e dos marinheiros, sempre vestida de azul. A lenda diz que a imagem foi esculpida por Santo Agostinho "O Africano" no século 5, e que, no ano de 453 d.C., ela teria sido levada à Espanha para ficar protegida dos bárbaros. O pequeno navio no qual a imagem foi transportada sobreviveu a uma tempestade do Estreito de Gibraltar, por isso a figura é reconhecida como protetora dos marinheiros. Até hoje, cubanos que saem em seus barcos em busca de asilo nos Estados Unidos ainda pedem a proteção da Virgem Negra.

Para abrigar uma cópia da imagem, uma tenda foi construída no lugar da atual igreja em 1687 por um peregrino chamado Manuel Antonio. Mas a estrutura foi destruída por um furacão em 1692. Alguns anos depois, um espanhol chamado Juan de Conyedo construiu uma capela mais forte e, em 1714, Nuestra Señora de Regla foi proclamada protetora da Bahía de la Habana. Em 1957, a imagem foi coroada pelo cardeal cubano na catedral de Havana. Todos os anos, em 8 de setembro, milhares de peregrinos descem até Regla para celebrar o dia da santa, e a imagem é levada em uma procissão pelas ruas da cidade.

A atual igreja data do início do século 20 e está sempre repleta de devotos das duas religiões, que ajoelham e oram silenciosamente diante das imagens dos santos. Em Havana, não há lugar (público) melhor para observar o sincretismo que existe entre a crença católica e as tradições africanas.

**Museo Municipal de Regla** MUSEU

(Martí, 158; entrada CUC$2; ⏲9-17h seg-sáb, 9-13h dom) Se chegou à igreja, não deixe de ver também esse museu peculiar, que se divide em dois espaços, um ao lado da igreja e o outro (o melhor) alguns blocos acima na rua principal, a partir da saída da balsa. Resgatando a história de Regla e de suas religiões afro-cubanas, o museu possui uma pequena exposição de Remigio Herrero, primeiro *babalawo* (babalaô ou sacerdote da santería) de Regla, e uma estranha estátua de Napoleão, que perdeu o nariz. O preço inclui as duas partes do museu e a exposição da Colina Lenin.

**Colina Lenin** MONUMENTO

Partindo do museu, siga em frente (sentido sul) na Martí até passar o Parque Guaicanamar. Vire à esquerda na Albuquerque e em seguida na 24 de Febrero, que é a estrada para Guanabacoa. Cerca de 1,5km após descer da balsa, você vai ver a escada de metal que dá acesso à Colina Lenin. Trata-se de um dos dois monumentos de Havana em homenagem a Vladimir Ilyich Ulyanov (conhecido por amigos e inimigos como Lênin), concebido em 1924 pelo prefeito socialista de Regla, Antonio Borsch, como tributo à morte do líder soviético. Acima da imagem monolítica fica uma oliveira plantada por Bosch, cercada por sete figuras. Do alto da colina tem-se belas vistas do porto.

### Como chegar e sair

Regla é fácil de acessar pela balsa que sai a cada 15 minutos (CUC$0,25) de Muelle Luz, na intersecção de San Pedro e Santa Clara, em Habana Vieja. Bicicletas são aceitas em uma fila separada, que embarca primeiro. O ônibus 29 vai a Guanabacoa a partir do Parque Maceo, entre o terminal da balsa e o Museo Municipal de Regla.

## Guanabacoa

POP. 106.374

Guanabacoa é uma vila que acabou sendo engolida pela cidade grande. Apesar disso, sua atração principal, o pequeno Parque Martí, ainda preserva um vago ar bucólico de vilarejo. Os moradores a chamam de *pueblo embrujado* (vila enfeitiçada), devido às suas fortes tradições de santería, embora haja ligações com os índios também. Nos anos 1540, conquistadores espanhóis concentraram os poucos índios taino que sobreviveram em Guanabacoa, apenas 5km a leste do centro de Havana, tornando-a um dos poucos *pueblos Indios* de Cuba. Uma colônia oficial foi fundada em 1607, e tornou-se mais tarde um centro de comércio de escravos. Em 1762, Guanabacoa foi ocupada por britânicos, mas não sem antes enfrentarem a resistência do prefeito, José Antonio Gómez Bulones (mais conhecido como Pepe Antonio), que alcançou status quase de lenda ao conduzir a campanha guerrilheira atrás das linhas da vitoriosa Grã-Bretanha. José Martí supostamente fez seu primeiro discurso público ali, onde a versátil cantora cubana Rita Montaner (1900-58) também nasceu – a Casa de la Cultura foi batizada em sua homenagem.

Hoje, Guanabacoa é um lugar tranquilo, embora ainda interessante. Uma ideia é combinar uma excursão para lá e para Regla, que fica ao lado e é facilmente acessível de balsa, no mesmo dia.

### Atrações

**Iglesia de Guanabacoa** IGREJA

(Esq. Pepe Antonio e Adolfo del Castillo Cadenas) A igreja no Parque Martí, no centro da cidade, é também conhecida como Iglesia de Nuestra Señora de la Asunción. Foi projetada por Lorenzo Camacho e construída entre 1721 e 1748, com teto de madeira influenciado pela arquitetura moura. O altar principal, com detalhes em dourado, e os nove altares laterais, merecem uma observação mais cuidadosa. Há uma pintura da *Assunção da Virgem* na parte de trás. Como é costume em Cuba, as portas principais ficam fechadas; bata na porta da **sacristia** (8-11h e 14-17h seg-sex), nos fundos.

**Museo Municipal de Guanabacoa** MUSEU

(Martí, 108; entrada CUC$2; 10-18h seg e qua-sáb, 9-13h dom) A principal atração da cidade é esse museu restaurado, que fica a dois quarteirões do Parque Martí. Fundado em 1964, ele cobre o desenvolvimento da região nos séculos 18 e 19 e é famoso por suas salas dedicadas à cultura afro-cubana, à escravidão e à religião *santería*, que foca principalmente no orixá Eleggua. O museu tem outra filial um pouco mais distante, no sentido leste, na calle Martí: **Museo de Mártires** (Martí, 320; entrada franca; 10-18h ter-sáb, 9-13h dom), que exibe material relevante sobre a Revolução Cubana.

### Onde comer

**Centro Cultural Recreativo los Orishas** CARIBENHA $$

(Esq. Martí e Lamas; entrada CUC$3; 10-0h) Situado no núcleo da comunidade da *santería* de Havana, esse bar-restaurante descolado tem shows de rumba aos fins de semana, inclusive espetáculos do Conjunto Folklórico Nacional. O jardim agradável é cercado por esculturas afro-cubanas de divindades da *santería*, como Babalou Aye (Obaluaiê), Yemayá (Iemanjá) e Changó (Xangô). Fora de caminho e de difícil acesso à noite, esse reduto musical é mais frequentado por estrangeiros em grupo. Também tem um bom cardápio, com pizzas por CUC$1 e lagosta por CUC$20.

**Los Ibelly Heladería** SORVETERIA $

(Adolfo del Castillo Cadenas,5a; 10-22h) O mais próximo que Guanabacoa chega da rede de sorveterias Coppelia, com sorvetes prontamente servidos.

## Como chegar e sair

O ônibus P-15 parte de Capitolio, em Centro Habana, e vai para Guanabacoa passando pela av. del Puerto. Uma alternativa é partir de Regla, onde fica a balsa de Havana, e ir até Guanabacoa (ou vice-versa) em 45 minutos, passando pela Colina Lenin no caminho.

# Área de Cojímar

Localizada 10km a leste de Havana, essa pequena cidade portuária é famosa por ter sido ancoradouro para o barco pesqueiro *El Pilar*, de Ernest Hemingway, nos anos 1940 e 1950. Trata-se de uma vila pitoresca, um pouco decadente, que serviu de inspiração para o escritor compor o povoado de pescadores de seu romance *O velho e o mar*, que lhe rendeu o Prêmio Nobel de Literatura em 1954. Foi fundada no século 17 na foz do rio Cojímar. Em 1762, o exército britânico desembarcou ali em seu caminho para Havana; em 1994, milhares de "jangadeiros" saíram pela baía protegida, mas rochosa, seduzidos pela Flórida que conheceram por rádios americanas e pelas promessas de asilo político.

No sudoeste de Cojímar, perto da Vía Blanca, ficam uma vila atlética e um complexo esportivo feio construídos quando Cuba abrigou os Jogos Panamericanos de 1991.

## Atrações

**Estadio Panamericano** — ESTÁDIO

Esse enorme estádio estatal, com 55 mil lugares, fica na Vía Monumental, entre Havana e Cojímar. Foi construído para os Jogos Panamericanos de 1991 e já parece prematuramente dilapidado. Há também quadras de tênis, piscinas olímpicas e outras estruturas esportivas ao redor.

**Torreón de Cojímar** — FORTE

Com vista para o porto fica esse antigo forte espanhol (1649), ocupado hoje pela Guarda Costeira Cubana. Foi a primeira fortificação tomada pelos britânicos, quando atacaram Havana pelos fundos em 1762. Ao lado da torre e emoldurado por um arco neoclássico fica o busto de **Ernest Hemingway**, erguido pelos habitantes de Cojímar em 1962.

**Alamar** — BAIRRO

No lado leste, do outro lado do rio em relação a Cojímar, esse é um grande conjunto de prédios pré-fabricados construído pelas *micro brigadas* (pequenos exércitos de trabalhadores que construíram boa parte das casas pré-revolucionárias), começando a partir de 1971. É o local de nascimento do rap cubano e abriga um festival de hip-hop anual.

## Onde dormir

**Hotel Panamericano** — HOTEL $

(☎95-10-00/10; s/c com café da manhã CUC$28/44; P ❄ 🏊) Esse prédio feio de quatro andares foi usado como dormitório nos Jogos Panamericanos de 1991 (graças a Deus Havana não receberá as Olimpíadas!). Inconvenientemente localizado e bastante desgastado, o local estava para ser reaberto à época em que este guia foi escrito, após um intervalo em que deu espaço à Operación Milagros (por meio da qual o sistema hospitalar cubano oferece cirurgias oculares gratuitas para dezenas de milhares de cidadãos). Ligue antes para ver se realmente está aberto.

VALE A VIAGEM

## SANTA MARÍA DEL ROSARIO

Santa María del Rosario, 19km a sudeste do centro de Havana, é uma antiga cidade colonial fundada em 1732. Diferentemente da maioria das cidades desse período, não foi engolida pelos bairros modernos. O charme dessa área foi reconhecido por um dos maiores pintores vivos de Cuba, Manuel Mendive, que a escolheu para sua moradia. Pode-se ver a zona rural da área no filme *A última ceia, de* Tomás Gutiérrez Alea, que propõe uma crítica metafórica à escravidão.

Também chamada de Catedral de los Campos de Cuba, a **Iglesia de Nuestra Señora del Rosario** (⏱5h30-19h30), na antiga praça da cidade, foi erguida em 1720 pelo Conde de Casa Bayona perto do moinho de açúcar Quiebra Hacha, do qual não restou nada. Dentro dela, há um altar de mogno com detalhes dourados e uma pintura de Veronese. É um dos segredos mais interessantes dos subúrbios de Havana.

Do Capitolio em Centro Habana, pegue o ônibus P-7 até Cotorro e depois o 97, de Guanabacoa, até Santa María del Rosario.

## Onde comer

**Restaurante la Terraza** FRUTOS DO MAR $$$
(Calle 152, 161; ⌚12-23h) Outro santuário decorado com fotos em homenagem a Ernest Hemingway, La Terraza é especializado em frutos do mar e faz sucesso entre os fãs do escritor que o lotam diariamente. O terraço com vista para a baía é agradável. O clima tem mais personalidade, porém, no bar da frente, onde os mojitos ainda não chegaram ao preço do El Floridita. A comida é surpreendentemente medíocre.

Logo abaixo do Hotel Panamericano fica uma **padaria** (⌚8-20h). Do outro lado do Paseo Panamericano fica um mercadinho, o **Mini-Super Caracol** (⌚9-20h), e um restaurante italiano com preços razoáveis, **Allegro** (⌚12-23h), que serve lasanha, espaguete e pizza, tudo por menos de CUC$5.

## Informação

**O Bandec** (⌚8h30-15h seg-sex, 8h30-11h sáb), logo abaixo do Paseo Panamericano, troca *traveler's checks* e dá adiantamentos em dinheiro.

## Como chegar e sair

O ônibus P-8 vai à Villa Panamericano a partir do Capitolio, no Centro Habana. Do hotel, são cerca de 2km de descida pela vila, até o busto de Hemingway.

# Casablanca

Casablanca, do outro lado do porto de Habana Vieja e sob a sombra do forte La Cabaña, é uma pequena vila cercada de urbanização. É dominada por uma estátua de mármore branco do **Cristo** (mapa p. 65), criada em 1958 por Jilma Madera. Foi prometida ao presidente Batista por sua mulher depois que o ditador, apoiado pelos Estados Unidos, sofreu um atentado no Palácio Presidencial em março de 1957. No entanto, a estátua foi (ironicamente) inaugurada no Natal de 1958, uma semana antes de o ditador fugir do país. Ao desembarcar da balsa de Casablanca, suba a rua por cerca de 10 minutos até chegar à estátua. As vistas de lá de cima são estupendas, e os moradores se reúnem ali à noite. Atrás da estátua fica o **Observatorio Nacional** (mapa p. 65; fechado para turistas).

As balsas partem de Muelle Luz, na esquina de San Pedro com Santa Clara em Habana Vieja, a cada 15 minutos (CUC$0,25). Pode-se levar bicicleta. A **estação de trem de Casablanca**, perto do porto da balsa, é o terminal oeste dos trens de Cuba. Em 1917, a empresa norte-americana de chocolates Hershey's construiu essa linha com direção a Matanzas. Os trens ainda partem de Matanzas três vezes ao dia (às 6h11, 12h27 e 17h51). Você vai passar por Guanabo (CUC$0,75, 25km), Hershey (CUC$1,40, 46km), Jibacoa (CUC$1,65, 54km) e Canasí (CUC$1,95, 65km), além de outras muitas estações menores, até chegar a Matanzas (CUC$2,80, 90km). Quem estiver com pressa não deve usar esse trem; ele sai, em geral, de Casablanca na hora certa, mas chega ao destino com uma hora de atraso. Bicicletas não são oficialmente permitidas. É uma bela viagem de 4 horas (quando o dia está bonito), e é fácil comprar passagens na estação.

# Playas del Este

Em Cuba, nunca se está longe de uma praia idílica. As Playas del Este, cercadas de pinheiros, são consideradas a Riviera de Havana, e começam 18km a leste da capital no pequeno balneário de Bacuranao, continuando no sentido leste em Tarará, El Mégano, Santa María del Mar e Boca Ciega, até a cidade de Guanabo. Embora nenhum desses lugares tenha passado pelo superdesenvolvimento (um tanto artificial) visto em Cancún e Varadero, as Playas del Este também são um sucesso entre os turistas. Nos meses de julho e agosto, Havana inteira vai brincar e relaxar nas areias brancas e macias e nas águas claras dessa linda costa do Atlântico.

Mas, apesar de as praias serem lindas, as Playas del Este ainda não podem se gabar da infraestrutura turística disponível em outros balneários de Cuba, como Varadero e Cayo Coco, muito menos do luxo celebrado à beira do Mar do Caribe. No inverno, a região fica com um ar de abandono e, mesmo no verão, os restaurantes parecem desleixados e as pilhas de hotéis em estilo soviético simplesmente não combinam com o ambiente.

Para quem não gosta da modernidade turística ou gostaria de ver como os cubanos tiram férias e se divertem aos fins de semana, as Playas del Este podem ser uma ótima opção.

As seis praias que compõem os 9km de costa têm, cada uma, seu sabor peculiar. Tarará é o recanto ideal para passeios de iate e mergulho; Santa María del Mar tem a maior concentração de resorts (e estrangeiros); Boca Ciega é popular entre casais de gays; e Guanabo é a ponta rústica dessa faixa, com

## Playas del Este

lojas, casas noturnas e muitas *casas particulares* bem econômicas.

## Atividades

Fretamento de iates, pesca em alto-mar e mergulho com cilindro são organizados pela **Cubanacán Náutica Tarará** (☎96-15-08/9; canais VHF 16 e 77; esq. av. 8 com calle 17, Tarará), 22km a leste de Havana. Peça informações na recepção do seu hotel.

Há muitas filiais do **Club Náutica** ao longo das praias. A mais central fica ao lado do Club Atlántico, no meio da Santa María del Mar. Lá é possível alugar pedalinhos (CUC$6 por hora; 4 a 6 pessoas), banana boats (CUC$5 por 5 minutos; máximo 5 pessoas), caiaques para uma/duas pessoas (CUC$2/4 por hora), equipamento para snorkel (CUC$4) e catamarãs (CUC$12 por hora; máximo 4 pessoas mais salva-vidas). É muito agradável passear de barco ou pedalinho pela costa, explorando os canais de mangue.

Entre os outros "brinquedos" de praia, há equipamentos para windsurfe, bicicletas aquáticas e apetrechos de badminton – basta perguntar. Muitas pessoas alugam equipamentos na praia de Guanabo, mas é bom verificar bem antes de usá-los, pois há reclamações sobre defeitos. Negocie deixar um depósito em vez de pagar o preço inteiro, para o caso de haver algum problema.

## Onde dormir

### GUANABO

Guanabo tem dezenas de *casas particulares* e um hotel razoável.

**Elena Morina** CASA PARTICULAR $
(Mapa p. 138; ☎796-7975; calle 472, 7B11, entre avs. 7B e 9; q CUC$25-30; ❄) *Hay Perro*, diz a placa, mas não se preocupe: o pit bull que vive ali é bem amigável (de verdade), assim como sua dona, Elena, que já morou na Itália. Essa extrovertida anfitriã faz um ótimo café e aluga dois quartos bem razoáveis, em frente a um pátio arborizado, a alguns quarteirões da praia.

**Pablo M Durán Jubiel & Rosario Redonda** CASA PARTICULAR $
(Mapa p. 138; ☎796-5281; calle 476, 905, entre avs. 9 e 9B; q CUC$25-30; P❄) Uma pequena casa perto da praia, com cozinha e pátio; também há quartos nas casas de número 906 e 9B01, ali perto.

**Villa Playa Hermosa** HOTEL $
(Mapa p. 138; ☎796-2774; av. 5D entre calles 472 e 474; s/c com banheiro compartilhado CUC$20/25; P❄@≋) Esse complexo despretensioso tem 47 quartos em pequenos bangalôs com banheiro coletivo e TV. É um lugar popular, então espere música, dança e bebida 24 horas por dia; a Playa Hermosa fica a 300m dali.

## Playas del Este

**Onde dormir**

1 Elena Morina ........ F3
2 Hotel Blau Club Arenal ........ B2
3 Pablo M Durán Jubiel & Rosario Redonda ........ F3
4 Villa Playa Hermosa ........ F2

**Onde comer**

5 Bim Bom ........ E2
6 El Cubano ........ D2
7 Los Caneyes ........ C2
8 Minisuper la Barca ........ D2
9 Paladar el Piccolo ........ H1
10 Pan.com ........ F2
11 Pizzería al Mare ........ G2
12 Restaurante Maeda ........ F3
13 Restaurante Mi Cayito ........ A1

**Lazer**

14 Cabaret Guanimar ........ E2
15 Cine Guanabo ........ G2
16 Teatro Avenida ........ F2

### SANTA MARÍA DEL MAR

Nenhum dos hotéis de Santa María é de tirar o fôlego, e alguns são indiscutivelmente feios. O Blau Club Arenal é o que mais se aproxima do nível de conforto de Varadero.

**Hotel Blau Club Arenal** RESORT $$$
(Mapa p. 138; ☎797-1272; all-inclusive s/c CUC$95/150; P❄≋) A opção mais requintada das Playas del Este, esse hotel moderno fica na Laguna Itabo, entre Boca Ciega e Santa María del Mar. Tem 166 quartos ao redor de uma bela piscina. Os quartos no andar térreo têm pátios, mas as suítes são bem maiores e custam 20% mais. A praia fica a apenas 150m, passando por uma ponte de madeira sobre a lagoa (na qual se pode passear de barco a remo).

**Club Atlántico – Los Pinos** HOTEL, APART-HOTEL $$$
(☎797-1085; av. de las Terrazas entre calles 11 e 12; sistema all-inclusive s/c/casa com 2 quartos CUC$105/150/160; P❄@≋) Um complexo com dois dos melhores resorts das Playas del Este: o Atlántico é um hotel com 92 quartos que fica na própria praia, enquanto Los Pinos é um conjunto de pequenas casas (dois a quatro dormitórios) com cozinha e TV, que eram estâncias de veraneio antes da Revolução. Juntos, são uma das melhores opções do balneário. Na área de lazer, há quadras de tênis, piscina, um cabaré e o Club Náutica, que fica na praia e aluga barcos, entre outras comodidades.

**Complejo Atlántico – Las Terrazas** APART-HOTEL $$

(☎797-1494; av. de las Terrazas entre calles 11 e 12; apartamento com 1/2/3 quartos CUC$50/75/88; P❄🏊) Outro conjunto de apart-hotéis, com cerca de sessenta apartamentos (estilo quitinete) que são mantidos, em sua maioria, por famílias. As unidades com dois dormitórios têm capacidade para quatro pessoas, e as que têm três quartos acomodam seis pessoas. Pergunte se seu apartamento tem geladeira, pois nem todos têm. É uma boa opção de preço, a apenas 100m da praia.

**Hotel Tropicoco** RESORT $$

(☎797-1371; entre avs. del Sur e de las Terrazas; sistema all-inclusive s/c CUC$69/99; 🏊) Recuperado pela Cubanacán da já extinta rede Horizontes, esse monstro azul é um desastre arquitetônico por dentro e por fora. Pobres dos viajantes que fazem a reserva pela internet sem antes ver as fotos. As principais (e únicas) vantagens são o preço (barato) e a localização (pertinho da praia).

### BACURANAO

**Villa Bacuranao** HOTEL $

(☎65-76-45; s/c CUC$38/44) Na Vía Blanca, 18km a leste de Havana, esse é o resort de praia mais próximo da capital. Tem uma longa praia com uma boa faixa de areia, entre o resort e a foz do rio Bacuranao – do outro lado desse rio, fica o antigo Torreón de Bacuranao (dentro da academia militar e inacessível). A praia não é tão interessante quanto as que ficam mais a leste, mas o preço é bom.

## Onde comer

Surpresa! Há ótimas pizzarias nas Playas del Este.

### GUANABO

**Paladar el Piccolo** PALADAR, ITALIANA $$

(Mapa p. 138; ☎796-4300; esq. av. 5 com calle 502; ⏱12-23h) Esse restaurante do tipo *paladar* é como um segredo aberto entre *habaneros* – muitos o consideram a melhor pizzaria de Cuba. É um pouco mais distante e cara do que as outras pizzarias das Playas del Este, mas a caminhada compensa.

**Restaurante Maeda** PALADAR $$

(Mapa p. 138; av. Quebec; ⏱12-0h) Outro restaurante particular de Guanabo, que fica escondido em uma colina (perto da calle 476). É muito recomendado por moradores.

**Pizzería al Mare** PIZZA $

(Mapa p. 138; esq. av. 5 com calle 482; ⏱24 horas) Pizza de qualidade a ótimo preço (a partir de CUC$1,50 por pedaço), para os que não se importam com as mesas sujas.

**Bim Bom** SORVETERIA $

(Mapa p. 138; esq. av. 5 com calle 464; ⏱11-1h) Sorveteria perto da praia.

**Pan.com** FAST-FOOD $

(Mapa p. 138; av. 5, 47802; ⏱24 horas) Filial sem requinte da rede de lanches, que tem algumas boas opções. Experimente os milk-shakes.

### BOCA CIEGA

**El Cubano** CARIBENHA $$

(Mapa p. 138; ☎796-4061; av. 5 entre calles 456 e 458; ⏱11-0h) Esse é um lugarzinho impecável que fica perto de Guanabo, com uma boa carta de vinhos (franceses e californianos), toalhas de mesa xadrez e uma boa versão do *Cordon Bleu* (frango recheado com queijo e presunto).

**Los Caneyes** CARIBENHA $

(Mapa p. 138; av. 1 entre calles 440 e 442; ⏱10-22h) Um restaurante novo, do tipo rancho, a alguns passos no sentido leste da praia Boca Ciega. Tem teto de palha e é aberto nas laterais. A comida é tradicional, mas os pratos com peixe combinam melhor com a brisa que bate no rosto dos clientes.

### SANTA MARÍA DEL MAR

**Restaurante Mi Cayito** CARIBENHA $$

(Mapa p. 138; ☎797-1339; ⏱10-18h) Em uma ilhazinha na Laguna Itabo, serve lagosta, camarão e peixe grelhado a céu aberto. Há show ao vivo todos os sábados e domingos às 15h – para curtir a música, basta comprar um drinque.

**Restaurante Mi Casita de Coral** FRUTOS DO MAR $$

(esq. av. del Sur com calle 8; ⏱10-23h) Fica junto à rotatória ao lado da clínica internacional. Esse pequeno lugar é inesperadamente diferenciado para a região, perto da mata. Serve bons frutos do mar a preços razoáveis.

**Don Pepe** FRUTOS DO MAR $

(av. de las Terrazas; ⏱10-23h) Quem já estiver cansado da pizza de Guanabo pode ir a esse restaurante com telhado de palha, em estilo bem praiano, que fica a 50m da areia. Sua especialidade são frutos do mar.

#### Por conta própria

Entre os muitos empórios e mercearias nas proximidades de Santa María del Mar, há o **Minisuper la Barca** (esq. av. 5 e calle 446; ⏱9h15-18h45 seg-sáb, 9h15-14h45 dom); **Mini-Super Santa María** (esq. av. de las Terrazas e calle 7; ⏲9h-18h45), em frente ao Hotel Tropicoco; e **Tienda Villa los Pinos** (av. del Sur entre calles 5 e 7; ⏲9h-18h45).

**EL MÉGANO**

**Pizzería Mi Rinconcito** ITALIANA $

(Esq. av. de las Terrazas e calle 4; ⏲12h-21h45) Localizada perto da Villa los Pinos, tem pizzas surpreendentemente deliciosas (CUC$2 a CUC$3), além de canelone, lasanha, saladas e espaguete (CUC$2 a CUC$3,50).

## ☆ Lazer

**GUANABO**

**Cabaret Guanimar** CABARÉ

(Mapa p. 138; esq. av. 5 e calle 468; por casal CUC$10; ⏲9-15h ter-sáb) Uma casa ao ar livre com um show às 23h; se quiser sentar nas primeiras fileiras, custa CUC$16 por casal.

**Teatro Avenida** TEATRO

(Mapa p. 138; av. 5, 47612, entre calles 476 e 478; 👪) Tem matinês para crianças às 15h, aos sábados e domingos.

**Cine Guanabo** CINEMA

(Mapa p. 138; calle 480; ⏲17h30 exceto qua) Logo ao lado da av. 5, esse cinema tem principalmente filmes de ação na programação.

**SANTA MARÍA DEL MAR**

O público gay nas Playas del Este concentra-se na praia chamada **La Paté** (calle 1), perto do Restaurante Mi Cayito, na ponta leste de Santa María del Mar. Para oportunidades de cruzeiros, siga a oeste, até a Playa el Mégano.

## ℹ Informações

### Assistência médica

**Clínica Internacional Habana del Este** (☎96-18-19; av. de las Terrazas, 36, Santa María del Mar) Aberta 24 horas; médicos podem ir a hotéis fazer consultas. Há também uma farmácia com grande variedade de medicamentos. Quando esse guia foi escrito, a clínica estava em reforma.

**Farmacia** (esq. av. 5 e calle 466, Guanabo)

### Dinheiro

**Banco Popular de Ahorro** (av. 5, 47810, entre calles 478 e 480, Guanabo) Troca *traveler's checks*.

**Cadeca** Guanabo (av. 5, 47612, entre calles 476 e 478); Santa María del Mar (Edificio los Corales, av. de las Terrazas entre calles 10 e 11)

### Correio

**Correio** (av. 5 entre calles 490 e 492, Guanabo)

### Acesso à internet e telefone

**Etecsa Telepunto** (Edificio los Corales, av. de las Terrazas entre calles 10 e 11, Santa María del Mar)

### Informação turística

**Infotur** Guanabo (av. 5 entre calles 468 e 470); Santa María del Mar (Edificio los Corales, av. de las Terrazas entre calles 10 e 11)

### Agências de viagem

Cubatur e Havanatur têm pontos de venda no Hotel Tropicoco, entre av. del Sur e av. de las Terrazas, em Santa María del Mar. Elas reservam, principalmente, viagens de ônibus, mas também podem ajudar com reservas de hotel.

## ℹ Como chegar e sair

### Ônibus e táxi

A Havana Bus Tour (veja p. 121) administra ônibus que saem regularmente (a cada hora) do Parque Central em direção à Playa Santa María, parando em Villa Bacuranao, Tarará, Club Mégano, Hotel Tropicoco e Club Atlántico. Não chega a Guanabo, porém. As passagens, válidas para o dia todo, custam CUC$3.

O ônibus 400, para Guanabo, sai a cada hora da calle Agramonte, em Centro Habana, e para perto da estação central de trem em Habana Vieja. Indo para o outro lado, ele para ao longo da av. 5, mas é melhor pegá-lo o mais a leste possível. O ônibus 405 vai de Guanabacoa e Guanabo.

A **Taxis OK** (☎796-6666) oferece táxis turísticos das Playas del Este para Havana por CUC$20.

### Trem

Uma novidade é ir a Guanabo no Trem Hershey (p. 154), que sai cinco vezes ao dia da estação de Casablanca ou de Matanzas. O trem para na estação de Guanabo, cerca de 2km a leste do perímetro de Guanabo. Para chegar à cidade e às suas praias, a caminhada pela estrada é bem agradável.

## ℹ Como circular

Um grande estacionamento fica na calle 7, entre av. de las Terrazas e av. del Sur, perto do Hotel Tropicoco (CUC$1 por um dia, 8-19h). Há vários outros estacionamentos ao longo da Playa Santa María del Mar.

**Cubacar** Club Atlántico (☎797-1650); Hotel Blau Club Arenal (☎797-1272); Guanabo (☎796-6997; esq. calle 478 e av. 9) Aluga carros de tamanho médio, mas a preços altos – conte com CUC$70 por dia com seguro.

**Servi-Cupet** Guanabo (esq. av. 5 com calle 464); oeste de Bacuranao (Vía Blanca) Os dois postos de gasolina possuem lanchonetes abertas 24 horas. A que está localizada a oeste de Bacuranao fica em frente à academia militar.

# Províncias de Artemisa e Mayabeque

047 / POP. 883.838

### Inclui »



## Os melhores lugares para comer

» El Romero (p. 150)
» Patio de María (p. 151)
» El Criollo (p. 155)

## Os melhores lugares para ficar

» Hotel Moka (p. 150)
» Hospedaje los Sauces (p. 147)
» Hotel & Villas Soroa (p. 147)
» Campismo los Cocos (p. 153)
» Hotel las Yagrumas (p. 145)

## Por que ir?

Se você olhar pela janela enquanto sai de Havana, verá um terreno plano e fértil que se estende a partir da capital. Até onde os olhos alcançam – a oeste até a montanhosa Sierra de Rosario e a leste até os pântanos da província de Matanzas – há uma colcha de retalhos de terra cultivável e cidadezinhas simpáticas. Essa área é normalmente ignorada por turistas, mas é o destino certo dos *habaneros* aos fins de semana.

Porém, isso pode estar mudando. Antes um distrito de Havana, a região acaba de ser redefinida, em 2011, como duas novas províncias: Artemisa e Mayabeque.

A maior atração de Artemisa é a sua ecocapital, Las Terrazas, belamente localizada. Já Mayabeque tem praias à altura das de Varadero, mas sem as multidões de turistas, e uma das mais lindas viagens de trem de Cuba: o maravilhoso trem Hershey, que atravessa o campo tranquilo de Matanzas.

Talvez seja a oportunidade para se acalmar e viver no mais puro estilo cubano, numa atmosfera lenta e intrigante.

## Quando ir

As maiores atrações da província variam consideravelmente com o clima. Por conta da sua localização geográfica específica, Soroa e Las Terrazas possuem um microclima: mais chuvas e uma média mensal de temperaturas de 2 °C a 3 °C mais baixas do que em Havana. Como as temperaturas do local demoram um pouco mais para aumentar em relação ao resto da região, o melhor período para visitar é de fevereiro a maio – está quente e sem tanta chuva. Em abril acontece o maior festival das províncias, o Festival Internacional de Humor, em San Antonio de los Baños; de dezembro a abril é a melhor época para curtir as praias na Playa Jibacoa.

## Destaques das províncias de Artemisa e Mayabeque

1 Caia na risada no **Museo del Humor** (p. 144) de San Antonio de los Baños

2 Caminhe sobre as colinas verdejantes de **Soroa** (p. 147)

3 Visite **Las Terrazas** (p. 149), a primeira ecovila de Cuba, onde ladeiras foram cobertas por árvores, orquídeas, pintores e poetas

4 Entregue-se ao luxo do **Hotel Moka** (p. 150), em Las Terrazas, o primeiro e melhor ecorresort do país

5 Fuja dos roteiros turísticos na histórica Estrada de Ferro **Hershey** (p. 154)

6 Relaxe em um chalé do **Campismo los Cocos** (p. 153), ao lado da linda Playa Jibacoa

7 Curta a vista e a convivência com os moradores de Havana que vêm passar o fim de semana no pitoresco **Parque Escaleras de Jaruco** (p. 155)

**História**

Havana foi fundada em 1515 no local hoje ocupado por Surgidero de Batabanó, mas logo foi realocada. O papel dessa região na formação de Cuba foi quase exclusivamente agrícola, sendo que o café e o açúcar eram as culturas predominantes. O oeste de Artemisa foi o núcleo da febre da cultura cafeeira, entre 1820 e 1840 – a partir daí, o açúcar tomou a dianteira. Um grande número de escravos foi recrutado para trabalhar nas plantações durante a segunda metade do século 19, quando Cuba se tornou o centro do comércio de escravos. Por isso, a área foi o foco dos acontecimentos que levaram à abolição da escravatura nos anos 1880.

O sucesso da indústria do açúcar chegou até o século 20: em 1914, o mago dos doces Milton S. Hershey tornou Mayabeque a fonte de açúcar para o famoso chocolate ao leite (veja p. 154). Mas mesmo essa indústria lucrativa sofreria sob o poder de Fidel Castro, uma vez que americanos – e, depois, russos – pararam de comprar o açúcar cubano em função de seus preços estratosféricos. A região passou por um grave abalo econômico, e o período de privações culminou com o êxodo de cubanos em direção à Flórida em 1980, no incidente conhecido como Fuga de Mariel – tratava-se de uma manifestação contra Castro e a favor de Jimmy Carter.

Um passo maior contra a decadência da área foi tomado em 1968. Porções de terra negligenciadas no oeste de Artemisa, ao redor das mesmas plantações de café que um dia a haviam sustentado, foram reflorestadas e transformadas em uma ecovila pioneira – hoje um dos principais suportes econômicos da região, em função do turismo que gera.

# PROVÍNCIA DE ARTEMISA

A área é como um apoio verdejante para Havana. Entre as maravilhas verdes da província de Artemisa estão a ecovila de Las Terrazas e as atividades ao ar livre nas belas encostas arborizadas da cordilheira da Sierra del Rosario. Há também uma miríade de ruínas das antigas plantações de café e a sempre criativa cidade de San Antonio de los Baños, lar de uma renomada escola de cinema e também de alguns dos melhores artistas de Cuba. Na costa norte, boas praias e estradas precárias instigam os aventureiros.

## San Antonio de los Baños

POP 49.942

Cheia de surpresas, a artística San Antonio de los Baños, 35km a sudeste do centro de Havana, mostra outro lado de Cuba. Trata-se de uma pequena cidade de gente trabalhadora, onde universitários e cineastas em potencial, além dos museus, produzem mais risadas do que artes.

Fundada em 1986 com a ajuda do escritor colombiano Gabriel García Márquez, ganhador do Nobel de literatura, a Escuela Internacional de Cine y TV convida estudantes de cinema de todo o mundo a aproveitar sua infraestrutura, inclusive sua piscina olímpica, na qual se pode treinar filmagens subaquáticas. Enquanto isso, no centro da cidade, o Museu do Humor é perfeito para uma pausa dos artefatos revolucionários e animais empalhados presentes nos outros lugares.

San Antonio ficou ainda mais instigante com a chegada de um hotel à beira do rio, Las Yagrumas – uma escapada do frenesi de Havana. Foi na cidade, também, que nasceu Silvio Rodríguez (1946), gigante da *nueva trova*. Rodríguez escreveu a trilha sonora da Revolução Cubana praticamente sozinho. Entre suas canções mais conhecidas estão "Ojalá", "La Maza" e "El Necio".

### Atrações e atividades

San Antonio de los Baños possui muitas belas praças. A mais resplandecente delas fica no cruzamento das calles 66 e 41 e exibe uma impressionante **igreja** do século 19. Com duas torres e portinholas como janelas, trata-se de um dos maiores e mais majestosos edifícios de Artemisa e Mayabeque.

**Museo Municipal** MUSEU

(Calle 66, 4113, entre calles 41 e 43) Perto da igreja, esse museu ficará fechado para reforma ao menos até 2012, mas abriga obras importantes do pintor local Eduardo Abela (1899-1965), um modernista que estudou em Paris e redescobriu sua terra natal através da nostalgia que sentiu em seu exílio voluntário.

**Museo del Humor** MUSEU

(calle 60 esq. av. 45; entrada CUC$2; ⏲10-18h ter-sáb, 9-13h dom) Único em Cuba, reúne uma seleção de tirinhas de quadrinhos e caricaturas. Entre os desenhos expostos nessa casa colonial em estilo neoclássico há tirinhas ousadas, esquetes satíricos e a primeira caricatura cubana conhecida, datada de 1848. Procure conhecer o mais notável dos

QUEM SABE, SABE

## ALBERTO LLORENS: CURADOR DE MUSEU, SAN ANTONIO DE LOS BAÑOS

A arte em San Antonio de los Baños não se limita à escola de cinema. O espetáculo anual de humor exibe trabalhos de artistas de oitenta países, entre eles os cartunistas e famosos pintores cubanos Eduardo Abela e René de la Nuez. Abela nasceu em San Antonio, e sua criação El Bobo foi um dos primeiros personagens de quadrinhos a criticar publicamente o governo cubano. Os desenhos de La Nuez depunham contra o governo de Batista. A associação entre a cidade e a arte de vanguarda continua ainda hoje: há 115 artistas profissionais em atividade ali. Se você não puder ir ao festival de humor em abril, passe pela Galeria Provincial Eduardo Abela para ver os artistas em exposição.

caricaturistas cubanos, Carlos Julio Villar Alemán, membro da Unión de Escritores y Artistas de Cuba (UNEAC), antigo jurado do **Festival Internacional de Humor**, que acontece em abril (os ingressos ficam disponíveis por muitas semanas durante esse período). Mais obras locais ficam expostas na **Galería Provincial Eduardo Abela** (calle 58, 3708 esq. calle 37; entrada franca; ⏲12-20h seg-sáb, 8-12h dom).

Mais trabalhos locais, **Galería Provincial Eduardo Abela** (calle 58 N 3708 esq. calle 37; entrada franca; ⏲12-20h seg-sáb, 8-12h dom).

### Trilhas

Uma ponte que cruza o rio ao lado do restaurante La Quintica leva a algumas **trilhas** ao redor das encostas arborizadas.

## Onde dormir e comer

A principal via de compras é a av. 41, e também há vários lugares onde se pode comer um lanche nesta rua. A pizzaria no edifício rosa, em frente ao **Banco de Crédito y Comercio** (av. 41, 6004, entre 60 e 62), é bastante popular.

**Hotel las Yagrumas** HOTEL $

(☎38-44-60/-61/-62; s/c a partir de CUC$15/25; P❄🏊👪) Bom o suficiente para ser considerado um dos destaques da cidade, Las Yagrumas fica situado 3km ao norte de San Antonio de los Baños, com vista para o pitoresco, porém poluído, rio Ariguanabo. Com seus 120 quartos com varanda (alguns de frente para o rio), é em geral considerado um dos melhores hotéis Islazul – e é bastante frequentado por cubanos que pagam em pesos. A comida do bufê é surpreendentemente boa, e há espaço para tênis de mesa, uma grande piscina e um karaokê, ideal para a diversão em família. A taxa para uso do bilhar é de CUC$6.

**La Quintica** CARIBENHA $

(⏲ter-dom) Um restaurante local com preço em pesos, localizado logo depois do estádio de beisebol, à beira do rio, 2km ao norte da cidade. Tem música ao vivo às sextas e aos sábados.

## ☆ Lazer

**Taberna del Tío Cabrera** CASA NOTURNA

(Calle 56, 3910, entre calles 39 e 41; ⏲14-17h seg-sex, 14-1h sáb e dom) Uma interessante casa noturna, fica em um jardim e costuma apresentar espetáculos de humor (em parceria com o museu). A clientela mistura moradores da cidade e das redondezas e estudantes de cinema.

## ℹ Como chegar e sair

É difícil chegar sem carro a San Antonio, que é, em teoria, conectada à Estación 19 de Noviembre de Havana (4 trens por dia), mas é bom verificar antes. Se não conseguir ir de trem, a corrida de táxi custa CUC$30 saindo de Havana.

# Artemisa

POP. 82.917

Tornar-se capital da província não transformou Artemisa em uma meca turística: os dias de movimento dessa cidade rural ficaram de fato no passado. Um dia ela já atraiu nomes notáveis como Ernest Hemingway e o famoso poeta cubano Nicolás Guillén, mas, tendo enriquecido no século 19 com o auge do açúcar e do café, Artemisa decaiu com a queda nessas culturas. Hoje é conhecida como Villa Roja (Cidade Vermelha), ou Jardín de Cuba (Jardim de Cuba), devido à grande fertilidade de seu solo, que ainda rende uma rica colheita anual de cana-de-açúcar, tabaco e banana. Se você estiver passando por ali, saiba que Artemisa tem dois monumentos nacionais, além de um fragmento

## NASCEM DUAS PROVÍNCIAS

A última mudança na distribuição geográfica de Cuba foi a divisão da província de Havana em duas: a província de Artemisa, a oeste, e a província de Mayabeque, a leste. Essa separação deu a Artemisa os antigos municípios de San Cristóbal, Candelaria e Bahía Honda (que engloba Soroa e Las Terrazas, mais interessantes para turistas). A divisão entre as duas províncias estende-se ao longo de Bejucal e Surgidero de Batabanó, as duas agora em território de Mayabeque.

restaurado do Trocha Mariel-Majana, um muro de defesa erguido pelos espanhóis durante as Guerras de Independência.

Entusiastas da Revolução podem prestar suas homenagens no **Mausoleo a los Mártires de Artemisa** (☎36-32-76; av. 28 de Enero; entrada CUC$1; ⏲9-17h ter-dom). Dos 119 revolucionários que acompanharam Fidel Castro no ataque nas barracas de Moncada, 28 eram desta região. Catorze dos homens que estão enterrados sob o mausoléu de bronze em forma de cubo morreram no ataque em si ou foram mortos depois pelas tropas de Batista. Os outros veteranos de Moncada sepultados aqui morreram mais tarde na Sierra Maestra. Há um pequeno museu anexo com fotos e objetos pessoais de combatentes.

O **Antiguo Cafetal Angerona**, 5km a oeste de Artemisa pela estrada Cayajabos e pela Autopista Habana–Pinar del Río (A4), foi uma das mais antigas *cafetales* (fazendas de café) de Cuba. Hoje é considerada um monumento nacional. Erguida entre 1813 e 1820 por Cornelio Sauchay, Angerona já empregou 450 escravos e cultivou 750 mil pés de café. Atrás das ruínas da mansão ficam os barracões dos escravos e um observatório, do qual os trabalhadores eram monitorados. A propriedade é citada em livros de Cirilo Villaverde e Alejo Carpentier, e James A. Michener dedica muitas páginas a ela em *Seis dias em Havana*. Trata-se de um lugar tranquilo e com personalidade, com ares de ruína romana. Observe o portal com pilares de pedra à direita, na saída de Artemisa.

Artemisa não possui acomodações para estrangeiros: a opção mais próxima é Soroa. Mas, em compensação, muitas barracas na ponta da cidade, na Estrada para Antigua Cafetal Angerona, servem boa pizza com preço em pesos.

A **estação de trem de Artemisa** (av. Héroes del Moncada) fica quatro quadras a leste da rodoviária. Há dois trens por dia a partir de Havana (12h e 0h), mas não conte com isso.

A rodoviária fica na carretera Central, no centro da cidade.

# Norte de Artemisa

Os principais motivos para visitar a costa norte de Artemisa são suas praias e a pouco usada estrada alternativa que vai de Havana a Bahía Honda e a costa norte da província de Pinar del Río. A areia dessas praias é pedregosa, e em alguns lugares a poluição chega a assustar. A principal cidade da região, Mariel, é a segunda localidade mais poluída de Cuba, perdendo apenas para Moa, na província de Holguín. Mariel, 45km a oeste de Havana, é mais conhecida pelos 125 mil cubanos que fugiram dali para a Flórida em abril de 1980. Depois de vê-la, você vai querer fugir também, mas Mariel possui uma vantagem: sua proximidade a algumas praias belas e não poluídas.

A **Playa Salado** fica 22km a leste pela rodovia. Salado é uma praia grande com quinze pontos de mergulho, a maior parte deles acessível para grupos de excursão vindos de Havana. A mais desenvolvida **Playa Baracoa** fica alguns quilômetros a leste. Os figurões que passeiam pela orla dirigem velhos carros americanos, enquanto os pescadores jogam suas linhas sobre a praia rochosa. Alguns quiosques de praia vendem comida.

# Soroa

Soroa, 95km a oeste de Havana, é o refúgio nas montanhas mais próximo da capital, o que a torna uma boa opção para um passeio de fim de semana. Fica acima da Candelaria, na Sierra del Rosario, que é a parte mais alta e mais a leste da Cordillera de Guaniguanico. Soroa é apelidada de "arco-íris de Cuba", e a grande quantidade de chuvas da região (aproximadamente 1.300mm por ano) permite o crescimento de árvores altas e orquídeas. A área ganhou o nome de Jean-Pierre Soroa, francês dono de uma plantação de café nessas colinas. Um de seus descendentes, Ignacio Soroa, criou o parque como recanto pessoal nos anos 1920, mas foi só depois da Revolução que essa interessante região passou a ser explorada pelo turismo. Trata-se de uma ótima área para se explorar de bicicleta (veja p. 150).

## Atrações e atividades

Todos os pontos de interesse de Soroa ficam convenientemente próximos ao Hotel & Villas Soroa, de onde também se podem organizar passeios a cavalo e trilhas pelas florestas ao redor. Por CUC$6 a hora, é possível agendar trilhas guiadas por meio desse hotel.

**Orquideario Soroa** JARDIM

(entrada CUC$3, câmera CUC$2; 8h30-16h30) Descendo pela colina ajardinada, ao lado do hotel, o Orquideario é um trabalho de amor construído pelo advogado espanhol Tomás Felipe Camacho no fim dos anos 1940, em memória de sua mulher e filha. Camacho viajou por todo o mundo para compor uma coleção de setecentas orquídeas (a maior delas em Cuba), entre as quais espécies nativas da ilha. Embora tenha morrido nos anos 1960, seu orquidário, ligado à Universidade de Pinar del Río, permanece vivo e oferece passeios guiados em espanhol ou inglês.

**La Rosita** ECOVILA, TRILHA

A mais desafiadora trilha da área fica na vila de La Rosita, incrustada nas colinas atrás do Hotel. Além de ser uma boa rota de observação de pássaros, o foco é essa comunidade pioneira, fundada em 1997, onde se pode conhecer pessoas, descobrir detalhes de seu estilo de vida e experimentar o café cultivado em suas plantações. É uma oportunidade rara de ver de perto a vida rural dos cubanos – sem as cenas típicas preparadas para turistas. O acesso a La Rosita se dá pelo caminho El Brujito; a rota pode ter 5 ou 17km, dependendo da preferência.

**Castillo de las Nubes** CASTELO

Localizado sobre uma colina acima do orquidário, o Castillo de las Nubes (Castelo das Nuvens) é uma construção romântica com uma torre circular e oferece a oportunidade de uma boa caminhada. Daqui se podem apreciar belas vistas para o Valle de Soroa e para a planície costeira, para lá do bar, mas seu interior – antes havia um restaurante – hoje está fechado para visitantes.

Outras trilhas levam à formação rochosa **Labirinto da Sierra Derrumbada** e a um idílico laguinho onde se pode tomar banho: a **Poza del Amor** (Poça do Amor). Pergunte no hotel.

### Nadar

**Salto del Arco Iris** CACHOEIRA

(entrada CUC$3) Essa é uma cachoeira de 22m no Arroyo Manantiales. A entrada para o parque que leva a ela fica à direita, logo antes do hotel. As quedas-d'água ficam mais exuberantes de maio a outubro, durante a temporada de chuvas; no resto do tempo, não são tão impressionantes. Pode-se nadar ali. A entrada é gratuita para hóspedes do Hotel & Villas Soroa.

**Baños Romanos** BANHOS TERMAIS

(por hora CUC$5) No lado oposto do estacionamento da cachoeira fica uma casa de banhos de pedra, com uma piscina de água fria e sulfurosa. Pergunte no hotel sobre os banhos e as massagens. Da casa ao **Mirador**, de onde se tem uma bela vista de Soroa, a subida leva 30 minutos pela colina pedregosa.

### Observação de pássaros

Essa parte da Sierra del Rosario se gaba de ser um dos melhores locais do oeste de Cuba para observação de pássaros, perdendo apenas para a Ciénaga de Zapata. Não é preciso se afastar muito do Hotel & Villas Soroa para ver espécies nativas de Cuba, como o divertido *Todus multicolor*. Visitas guiadas, organizadas pelo hotel, custam CUC$6 por hora.

## Onde dormir e comer

Há muitas casas sinalizadas na estrada que vai de Candelaria a Soroa, 3km abaixo do Hotel & Villas Soroa, que alugam quartos e servem refeições. Elas também são uma boa alternativa para quem pretende visitar Las Terrazas.

**Hospedaje los Sauces** CASA PARTICULAR $

(527-38277; carretera a Soroa Km 3; q CUC$20-25; P) Até o Orquidário de Soroa pode não impressionar tanto depois de uma estada nesse bangalô vibrante, 5km ao sul do Hotel & Villas Soroa e escondido em um jardim forrado com árvores frutíferas e flores. Os quartos são aconchegantes e o jantar é servido em um lindo pátio nos fundos da casa.

**Hotel & Villas Soroa** RESORT $

(52-35-34; all-inclusive s/c CUC$46/66; P) É impossível bater o cenário desse lugar: fica aninhado em um vale, entre as árvores e as colinas verdejantes. Mas, se tiver acabado de chegar do ecológico Hotel Moka (p. 150), você pode se perguntar o que arquiteto estava pensando quando ergueu chalés em formato de bloco em uma paisagem tão natural e maravilhosa. Isolado e tranquilo, possui oitenta quartos em um espaçoso complexo, além de uma piscina convidativa, uma pequena loja e um restaurante razoável. A floresta fica a pouca distância da porta da frente.

**Maité Delgado** CASA PARTICULAR $
(☎522-70069; carretera a Soroa Km 7; q CUC$20--25; P ❄) Essa hospedagem fica pertinho dos pontos turísticos de Soroa, e a família é simpática, além de oferecer o uso da cozinha. Se estiver cheia, os donos podem indicar outras casas logo abaixo, na mesma rua.

**Restaurante el Salto** CARIBENHA $
(⌚9-16h) Esse lugar simples, perto dos Baños Romanos, é a única opção para comer fora do hotel.

## Como chegar e sair

O ônibus da Víazul que faz o trajeto Havana–Viñales para em Las Terrazas, mas não em Soroa; você pode fazer os últimos 16km de táxi – custará cerca de CUC$8. Se for ficar em uma *casa particular*, pergunte se eles oferecem carona. Os ônibus (não se deve depender deles) às vezes passam por Soroa no caminho entre Viñales e Havana. Pergunte no Hotel & Villas Soroa, ou na Havanatur em Viñales (p. 188) ou Havana (p. 118).

O único outro acesso a Soroa e arredores é sobre suas próprias rodas: carro, bicicleta ou moto. O posto Servi-Cupet fica na rodovia no cruzamento para Candelaria, a 8km do Villas Soroa.

# Las Terrazas

POP. 1.200

A pioneira ecovila de Las Terrazas data do projeto de reflorestamento de 1968. Hoje é considerada Reserva da Biosfera pela UNESCO e tem um centro de atividades no mesmo local onde antes ficavam as famosas plantações de café de Cuba. Não surpreende que atraia tantos turistas vindos de Havana em ônibus lotados.

Quem for passar a noite pode ficar no hotel da comunidade, o Moka, um ecorresort de primeira construído entre 1992 e 1994 com o objetivo de atrair estrangeiros. Ali perto, a pitoresca vila branca que tem vista para um pequeno lago abriga uma comunidade artística animada, com galerias e oficinas de trabalhos em madeira e cerâmica. Mas a maior atração da região são seus arredores verdejantes, ideais para fazer trilhas, relaxar e observar pássaros.

## Atrações

A área de Las Terrazas tinha 54 fazendas de café durante o *boom* desse cultivo, nos anos 1820 e 1830. Hoje quase já não se planta café aqui, mas você pode descobrir ruínas engolidas pela mata de meia dúzia de antigos *cafetales*.

**Cafetal Buenavista** LOCAL HISTÓRICO
A 1,5km subindo a colina do portão leste de Puerta las Delicias, acessível pela estrada, ficam as ruínas restauradas de uma das mais antigas plantações de café de Cuba, construída em 1801 por refugiados franceses vindos do Haiti. A grande *tajona* (mó) nos fundos já foi usada para extrair as cascas dos grãos de café. Depois, eles eram secos ao sol sobre grandes plataformas. As ruínas da senzala onde moravam 126 escravos podem ser vistas logo atrás. O sótão da casa do senhor (hoje um restaurante) era usado para armazenar feijões até que pudessem ser carregados por mulas para o porto de Mariel. Dali, há boas vistas da região.

**Hacienda Unión** LOCAL HISTÓRICO
Cerca de 3,5km a oeste da estrada de acesso ao Hotel Moka, a Hacienda Unión é outra propriedade do café parcialmente reconstruída, hoje com um restaurante tipo rancho, um pequeno jardim florido conhecido como **Jardín Unión** e a oportunidade de andar a cavalo (CUC$6 por hora).

**San Pedro & Santa Catalina** LOCAL HISTÓRICO
Essas ruínas do século 19 ficam no fim de uma estrada na **La Cañada del Infierno** (Trilha do Inferno), entre a estrada de acesso para o Hotel Moka e o portão de entrada lateral de Soroa. Anda-se 1km fora da estrada principal, e logo antes aparecem as ruínas de San Pedro, com um bar que tem vista para um lugar onde as pessoas nadam. Depois de outro quilômetro chega-se a Santa Catalina. Há uma trilha que a liga a Soroa (p. 150).

Em outros locais da floresta, acessíveis apenas por trilhas, ficam as propriedades de café em ruínas **Santa Serafina**, **San Idelfonso** e **El Contento**.

GRÁTIS **Peña de Polo Montañez** MUSEU
(⌚ter-dom) A antiga casa à beira da lagoa que pertencia ao músico de *guajiro* Polo Montañez é hoje um pequeno museu com vários discos de ouro e objetos de época. Fica na vila com vista para o lago. Entre as mais famosas canções de Polo estão "Guajiro natural" e "Un monton de estrellas"; elas ganharam o coração do país entre 2000 e 2002 com letras simples sobre o amor e a natureza – durante esse período, Montañez passou a ser considerado um dos melhores cantores populares de Cuba. Seu estrelato foi curto, porém: ele morreu em um acidente de carro em 2002.

## UM NOVO MODELO DE CIDADE

Lá atrás, em 1968, quando Al Gore ainda estava engatinhando com o movimento ecológico em Harvard e o movimento ambiental era considerado capricho de um grupo de hippies, os visionários cubanos – preocupados com o preço ambiental da devastação das matas – tiveram uma ideia.

O plano envolvia ocupar 5 mil hectares de área degradada no oeste montanhoso de Cuba, ao redor dos resquícios de alguns antigos *cafetales* franceses, e reflorestá-los em plataformas resistentes à erosão das encostas. Em 1971, com a finalização da primeira parte do plano, os trabalhadores do projeto criaram uma represa e, às suas margens, construíram uma vila vanguardista – opção de residência à população local, que estava crescendo e não tinha onde morar.

O resultado foi Las Terrazas, a primeira ecovila de Cuba. É uma comunidade animada e cooperativa de 1.200 habitantes, que mantém essa colônia sustentável e também um hotel, várias lojas de artesanato, um restaurante vegetariano e plantações orgânicas de pequena escala.

O projeto foi tão bem-sucedido que, em 1985, a terra ao redor de Las Terrazas foi incorporada à primeira Reserva da Biosfera da UNESCO de Cuba, a Sierra del Rosario.

Em 1994, quando a indústria do turismo começou a se expandir para contrapor os efeitos do Período Especial, Las Terrazas abriu o Hotel Moka, projetado pelo ministro do turismo e arquiteto ecológico Osmani Cienfuegos, irmão do falecido herói revolucionário Camilo.

Hoje considerado o mais autêntico ecorresort de Cuba, Las Terrazas trabalha com base em princípios específicos, entre os quais uso inteligente de energia, agricultura sustentável, educação ambiental e um senso de harmonia entre os edifícios e a paisagem.

Também existe ali um importante centro de pesquisas ecológicas.

**GRÁTIS** **Galleria de Lester Campa** GALERIA DE ARTE

(⏲24 horas) Muitos artistas renomados de Cuba têm sua base em Las Terrazas, entre eles Lester Campa, cujo trabalho já foi exibido internacionalmente. Visite sua galeria-ateliê à beira do lago, algumas casas depois da Peña de Polo Montañez, à direita.

**La Plaza** CENTRO CULTURAL

(⏲24 horas) Na vila, a área logo acima do Hotel Moka tem uma biblioteca e um museu envolvente. As atrações geralmente ficam disponíveis o dia inteiro ou podem ser abertas a pedido.

## Atividades

### Trilhas

Primeiro a boa notícia: a Sierra del Rosario se orgulha de ter algumas das melhores trilhas de Cuba. Agora a má: todas são guiadas, isto é, você não pode fazê-las de forma independente (e, como não há sinalização, seria muito arriscado tentar). O lado bom é que a maioria dos guias é altamente treinada, o que significa que você sairá da experiência mais em forma e mais sábio. O custo das trilhas varia dependendo do número de pessoas e da extensão da caminhada. Conte com algo entre CUC$15 e CUC$25 por pessoa. Reserve nas Oficinas del Complejo (p. 151), ou no Hotel Moka.

**San Claudio** TRILHA

A trilha mais difícil da reserva tem 13km de extensão e atravessa as colinas até o noroeste da comunidade, finalizando na cachoeira San Claudio, de 20m de altura. Às vezes há roteiros para passar a noite acampando na floresta (o equipamento está incluído).

**El Contento** TRILHA

Essa trilha de 8km passa pelo pé das colinas entre Campismo el Taburete (apenas para cubanos) e Baños del San Juan, com paradas em duas propriedades de café: San Idelfonso e El Contento.

**El Taburete** TRILHA

Com 6,5km, essa trilha tem o mesmo ponto de partida e de chegada da El Contento, mas segue uma rota mais direta até o Loma el Taburete, de 452m, onde um comovente **monumento** é dedicado aos 38 guerrilheiros cubanos que foram treinados nessas colinas para a aventura trágica de Che Guevara na Bolívia.

**Sendero la Serafina** TRILHA

Mais fácil, essa trilha de 4km começa e termina perto do Rancho Curujey. Trata-se de um paraíso conhecido por observadores de pássaros (há mais de setenta espécies para ver).

**Sendero las Delicias** TRILHA

Essa rota de 3km vai do Rancho Curujey até o Cafetal Buenavista, passando por algumas paisagens fantásticas.

**Trilha Valle del Bayate** TRILHA

Uma trilha de 7km que começa perto do *cafetal* San Pedro e segue ao longo do rio até o *cafetal* Santa Catalina. É possível continuar até Soroa por esse caminho. Pergunte quando fizer a reserva.

### Nadar

**Baños del San Juan** CACHOEIRA, PISCINAS

(entrada com/sem almoço CUC$10/4) É difícil imaginar piscinas mais idílicas do que essas, situadas 3km ao sul do Hotel Moka, às quais se chega por uma rua pavimentada. Estes *baños* (banhos) são cercados por plataformas naturais, pelas quais a água límpida desce, formando várias piscinas. À beira do rio há diversos restaurantes ao ar livre e também vestiários, chuveiros e chalés para passar a noite, embora o lugar ainda expresse um senso de isolamento rústico.

**Baños del Bayate** PISCINAS

(entrada CUC$4) Mais banhos naturais; oferecem um idílio similar ao do rio Bayate, perto das ruínas de fazendas do café de San Pedro.

### Pedalar

Um tour guiado de 30km engloba a maioria dos destaques da área por CUC$22 (CUC$20 com a sua bicicleta). Pergunte no Hotel Moka, que aluga bicicletas por CUC$2 a hora.

### Tirolesa

A única **tirolesa** (CUC$25 por pessoa) de Cuba tem três geringonças que catapultam você por sobre a vila de Las Terrazas e o Lago del San Juan, como um verdadeiro voo de águia. A distância total do "voo" é de 800m. Os instrutores são altamente treinados.

## Onde dormir e comer

**Hotel Moka** ECOVILA $$

(☎57-86-00; Las Terrazas; all-inclusive s/c CUC$80/110; P❄≋) O único e verdadeiro ecorresort de Cuba pode não ser lá um quatro estrelas, como anuncia, mas quem vai querer discutir? Com suas fontes borbulhantes, jardins floridos e grandes árvores que atravessam o teto do lobby, Moka seria uma boa opção em qualquer país. Os 26 quartos espaçosos e claros têm minibar, TV por satélite e banheiras com vistas deslumbrantes (há persianas para os tímidos). O hotel dispõe, ainda, de bar, restaurante, loja, piscina e quadra de tênis e funciona como um centro de informações para Las Terrazas. Nele pode-se organizar de tudo, de trilhas a pescarias.

**Villa Duque** CASA PARTICULAR $

(☎532-21431; Finca San Andres, carretera a Cayajabos Km 2; q CUC$20 P❄) O ecoturismo não precisa ser muito caro. Para quem estiver viajando com o orçamento apertado, esta pode ser uma boa opção: uma fazenda 2km a leste da entrada para Las Terrazas. Tem um quarto, uma geladeira cheia de cerveja, varanda e café da manhã incluído no preço. Os aromas frescos da zona rural também não custam nada.

**El Romero** VEGETARIANA $

(Las Terrazas; ⌚9-22h) O lugar mais interessante para comer na região, esse ecorres-

### PEDALANDO EM ARTEMISA E MAYABEQUE

Bem perto de Havana fica uma das melhores regiões de Cuba para os amantes da bicicleta (veja também p. 514). A minoria de carros e as bicicletas com status de transporte principal fazem do lugar um reduto de motoristas corteses e relativamente raros. As estradas são adequadas para os pneus das magrelas e, não muito depois das saídas das cidades, ficam vazias. As rotas que partem de Havana ao longo dos vales verdejantes e a costa até Matanzas e Soroa são dois clássicos. A maioria da estrada de 120km para Matanzas passa pelo interior tranquilo da província de Mayabeque, com muitas oportunidades para sair da Vía Blanca, que, embora seja a via principal, não é muito movimentada. O caminho mais bonito passa por Playas del Este, Campo Florido, Jaruco, Jibacoa, Arcos de Canasí e Mena. Indo no sentido sudoeste para Soroa, a carretera Central é, provavelmente, a melhor opção, com mais estradas rurais (e as únicas subidas para valer) depois de Artemisa.

taurante (único de Cuba) é especializado em pratos vegetarianos. Usa energia solar e vegetais e ervas orgânicos, cultivados ali mesmo, e tem até um apiário. Você vai se sentir em uma metrópole quando olhar o cardápio repleto de homus, panqueca de leguminosas, abóbora e sopa de cebola, além de azeite extravirgem.

**Patio de María** CAFÉ **$**
(Las Terrazas; ⌚9-23h) Algumas portas para baixo fica o Patio de María, um pequeno bar/café pintado com cores vibrantes, que poderia ser classificado como detentor da melhor safra de café de Cuba. O segredo é a confecção caseira (María mora na parte de cima) e o fato de os grãos crescerem a 20m de distância da xícara, em frente à varanda.

**Casa del Campesino** CARIBENHA **$**
(Las Terrazas; ⌚9-21h) Um dos restaurantes em estilo *ranchón*, fica ao lado da Hacienda Unión e recebe muitos visitantes.

**Rancho Curujey** CARIBENHA **$**
Esse restaurante em estilo *ranchón* oferece cerveja e lanches. Fica em uma cabana de palha com vista para o pequeno lago.

Pelo Hotel Moka, você também pode reservar chalés rústicos a 3km de distância do rio San Juan (s/c CUC$15/25), ou acampar em barracas (barraca própria/alugada CUC$5/12). Há também três casas (s/c CUC$60/85) para alugar na vila. Há *ranchones* em Cafetal Buenavista, Baños del Bayate e Baños de San Juan.

### ℹ Informações

Las Terrazas fica 20km a nordeste do Hotel & Villas Soroa e 13km a oeste da rodovia Havana-Pinar del Río em Cayajabos. Há portões nas duas entradas da reserva, que cobram taxa de entrada (CUC$3 por pessoa). A leste dos portões fica a **Puerta las Delicias**, uma boa fonte de informações sobre o parque, enquanto o melhor lugar para se informar e organizar excursões são as **Oficinas del Complejo** (☎57-87-00, 57-85-55), ao lado do Rancho Curujey, do outro lado da estrada em relação ao Hotel Moka; os dois lugares funcionam como pontos de encontro dentro da reserva. Eles não devem ser confundidos, porém, com o **Centro de Investigaciones Ecológicas**, um centro de pesquisas ao qual se chega por uma estrada diferente, que sai do lado leste do Rancho Curujey.

### ℹ Como chegar e sair

Dois ônibus Víazul param por dia no Rancho Curujey, vizinho de Las Terrazas; um em torno de 10h da manhã (que vai de Havana a Pinar del Río e Viñales) e o outro às 16h, que segue na direção oposta. Outros ônibus fretados passam ocasionalmente por essa via indo a Havana ou Viñales. Pergunte no Hotel Moka ou contate o escritório de Viñales da **Havanatur** (p. 188).

### ℹ Como circular

O posto Esso, com cara de anos 1950, fica 1,5km a oeste do acesso à estrada do Hotel Moka e é um dos mais estilosos de Cuba. Abasteça ali quando estiver indo para o leste, sentido Havana, ou para oeste, sentido Pinar del Río. A maioria das excursões providencia transporte. Se não for assim, você terá de contar com um carro de aluguel, táxi ou com seus pés para explorar a região.

## Bahía Honda e arredores

A estrada selvagem e precária que sai do norte de Soroa para a Bahía Honda e para a província de Pinar del Río (a oeste) ou de Havana (a leste) é surpreendentemente bucólica e discreta. Você vai sentir como se estivesse a milhas e milhas de distância do agito da capital. As colinas cobertas pela mata abrem caminho para os arrozais nos vales do rio, conforme você vai passando por uma sucessão de casas rurais de palha, palmeiras e *guajiros* (trabalhadores rurais) com suas enxadas. É uma rota difícil, mas gratificante, para pedalar.

A Bahía Honda, por si só, é uma pequena cidade movimentada, com uma bela igreja. Apesar de ser relativamente próxima a Havana, parece bastante isolada, em especial porque a estrada se deteriora após Soroa.

As opções mais próximas de hospedagem são Soroa, a sudeste, e Playa Mulata (veja p. 193), a oeste.

# PROVÍNCIA DE MAYABEQUE

A pequena Mayabeque, hoje a menor província do país, é uma diminuta e produtiva região: cultiva frutas cítricas, tabaco, uva e cana-de-açúcar para o rum Havana Club – sua principal destilaria também fica aqui. Turistas, predominantemente cubanos, vêm visitar suas praias de areia fofa na costa nordeste, atraídos também pelos balneários de valor razoável que dão para o mar por um preço bem inferior ao das férias em Varadero. No interior, em meio à atmosfera agrícola, ficam alguns dos cenários mais belos: jardins, a pitoresca área de Jaruco, a melhor ponte de Cuba (de verdade!) e um clássico trem cubano.

## Área da Playa Jibacoa

Playa Jibacoa é uma espécie de ex-futura Varadero. Hoje, é um dos principais destinos de fim de semana em Cuba, com um resort all-inclusive, um *campismo* (rede nacional de campings) com nível de hotel e muitas outras belas opções de hospedagem. Pontuada por uma série de praias pequenas, mas belíssimas, e abençoada com boas oportunidades para a prática de snorkel, a costa de Jibacoa é protegida por rochas calcárias voltadas para o mar. Elas oferecem excelentes vistas e algumas opções de trilhas independentes. Viajantes com crianças encontrarão programas interessantes nos arredores, e a popularidade da região entre as famílias cubanas significa que é fácil fazer amigos aqui, onde quer que você esteja. A Vía Blanca, que vai de Havana a Ma-

### AÇÚCAR – UMA HISTÓRIA AGRIDOCE

Sinônimo de Cuba, assim como Che Guevara e o rum Havana Club, a cana-de-açúcar foi introduzida na ilha pelos espanhóis no século 16. Com suas planícies e solo calcário e fértil, a colônia logo se provou ideal para uma nova cultura e, em algumas décadas, Cuba se tornou um dos grandes exportadores de açúcar.

Durante os séculos 17 e 18, o país concorreu com o Haiti pela produção de açúcar. Mas após a rebelião de escravos de Toussaint L'Ouverture, de 1791, Cuba levou vantagem, pois milhares de agricultores franceses exilados chegaram à ilha trazendo conhecimento e técnicas agroindustriais inovadoras.

Nos dois séculos seguintes, Cuba passou da economia de açúcar regional ao maior exportador do mundo, trazendo muitos escravos africanos e levando a produção às alturas, além de gerar vastas fortunas para uma nova classe de latifundiários.

Mas esse primeiro *boom* não durou tanto. Devastada por duas guerras de independência no século 19, quando muitas plantações de cana foram arrasadas, a indústria sofreu uma decadência que parecia terminal.

Apesar disso, foi apenas uma queda temporária. Reavivado por americanos gananciosos no começo dos anos 1900, que compraram engenhos e terras cubanas a preço de banana, o retorno do açúcar foi tão dramático quanto doce.

O segundo auge de Cuba na produção de açúcar ocorreu entre 1915 e 1920, quando o preço mundial do produto chegou a $0,22 por 500g, e a produção anual passou de 4 milhões de toneladas. O resultado foi montes e montes de dinheiro, e Havana transformou os efeitos econômicos em um grande projeto público que levou à construção de edifícios como o Capitolio Nacional (p. 66), que custou US$ 17 milhões.

Mas o excesso de confiança que Cuba cultivava por sua doce monocultura teria um preço. Após a Revolução de 1959, um dos primeiros atos do governo dos Estados Unidos foi cancelar sua cota preferencial de açúcar, em resposta à campanha de nacionalização de Castro. O castigo, porém, não durou muito. A União Soviética comprou a cota americana e firmou uma aliança comercial de trinta anos com Cuba, debaixo do nariz de Washington.

A produção cubana de açúcar alcançou um novo auge em 1970, quando a colheita bateu a casa de 10 milhões de toneladas. Mas, graças à competição estrangeira, aos antigos métodos de produção e ao crescimento massivo da economia turística, ela tem decaído desde então.

Em 2002, o governo fechou setenta de seus 150 engenhos de açúcar. Uma exceção notável foi o engenho de Camilo Cienfuegos (antes Hershey) na província de Havana (p. 153). Ali, como nas cidades do açúcar, trabalhadores ganhavam estudo gratuito e continuavam com o salário integral (400 pesos por mês). O objetivo era elevar o nível básico de sua educação, permitindo-lhes procurar emprego em outro lugar.

Atualmente, Cuba produz modestas 2,5 milhões de toneladas de açúcar por ano, e fábricas desativadas como a Camilo Cienfuegos permanecem ali para nos lembrar de outras eras.

## REDUTO DO HAVANA CLUB

À distância de 30km a oeste da ponte que liga as províncias, Santa Cruz del Norte é uma cidadezinha calma onde fica uma fábrica de rum famosa: a Ronera Santa Cruz, que produz o rum Havana Club – criado em 1878 pela família Arrechabala, de Cárdenas, que abriu em 1919 sua primeira destilaria em Santa Cruz del Norte. Em 1973, uma nova fábrica foi construída, com capacidade para produzir 30 milhões de litros de rum por ano. Não é aberta a visitas.

tanzas, é a principal artéria da região, embora poucos ônibus parem ali, tornando a Playa Jibacoa um pouco mais inacessível do que deveria ser. No interior, há comunidades rurais pitorescas e redutos protegidos do passar do tempo, como a Estrada de Ferro Hershey.

## Atrações

**Puente de Bacunayagua** MARCO

Marcando a fronteira entre as províncias de Havana e Matanzas, essa é a ponte mais alta (103m) e mais longa (314m) de Cuba. Foi iniciada em 1957 e inaugurada por Fidel Castro em setembro de 1959. A ponte começa na movimentada Vía Blanca e passa por cima da mata fechada de um cânion que separa o Valle de Yumurí do mar. Há um restaurante e um mirante do lado de Havana, onde você pode beber drinques apreciando uma das vistas mais deslumbrantes de Cuba. São montanhas escuras e bulbosas, ondas de mar azul que se quebram e centenas e mais centenas de palmeiras enfileiradas nas encostas do vale. O restaurante da ponte é uma das paradas favoritas de ônibus e táxis.

**Central Camilo Cienfuegos** MARCO

Esse antigo engenho de açúcar, 5km ao sul de Santa Cruz del Norte, já foi um dos maiores de Cuba e testemunha do poder de produção do país. Conhecido como Central Hershey até 1959, o engenho, aberto em 1916, já pertenceu à Hershey Chocolate Company, com sede na Filadélfia (Estados Unidos), que usava o açúcar para adoçar seu chocolate mundialmente famoso. Uma via de trem elétrico conhecida como **Estrada de Ferro Hershey** (p. 154) transportava a produção e os operários entre Havana e Matanzas e a pequena cidade que cresceu ao redor do engenho. Embora o trem ainda circule três vezes ao dia, o engenho foi fechado em julho de 2002. Agora está vazio sobre a colina, como um esqueleto de ferro enferrujado.

**Jardines de Hershey** JARDIM

(☎20-26-85) Esses jardins ficam em um terreno que já pertenceu ao famoso magnata do chocolate americano, Milton Hershey, que dirigia o engenho de açúcar ali ao lado. Hoje, encontram-se em estado selvagem, com trilhas bonitas, muitas folhagens e um lindo rio. Há alguns restaurantes com teto de palha ali também. É um lugar calmo para almoçar e fazer um passeio. Os jardins ficam aproximadamente 1km ao norte da estação de trem de Camilo Cienfuegos, na linha de trem Hershey. Se você estiver hospedado na Playa Jibacoa, fica 4km ao sul de Santa Cruz del Norte. A estrada é tranquila e pode ser percorrida a pé, por quem estiver disposto a isso.

## Atividades

Há boas opções de mergulho na praia em frente ao Campismo los Cocos. Seguindo na direção oeste, ao longo da costa, há cantos pouco frequentados onde você pode colocar a máscara de mergulho ou relaxar sob uma palmeira.

**Ranchón Gaviota** HIPISMO, CAIAQUE

(☎61-47-02; entrada inclui refeição CUC$8; ⊙9-18h; 👪) Esse centro de atividades a 12 km de Puerto Escondido, no sentido do interior, geralmente é incluído nas excursões que partem de Matanzas e Varadero. Chega-se a ele por uma estrada bonita, passando pelo campo salpicado com palmeiras do Valle de Yumurí. O rancho no alto da colina em si tem vista para uma represa e oferece ótimas atividades, como hipismo, caiaque e bicicleta, além de um banquete com *ajiaco* (ensopado de carne), *congrí* (arroz com feijão), carne de porco assada, salada, sobremesa e café. Para chegar ao Ranchón, pegue a estrada de 2km até Arcos de Canasí, depois vire à esquerda na bifurcação e siga por mais 10km até ver a sinalização.

## Onde dormir e comer

👍 **Campismo los Cocos** CHALÉS $

(☎29-52-31/32; s/c CUC$12/16; P❄📶🏊👪) O mais novo – e, discutivelmente, o mais diferenciado – dos mais de oitenta locais para campismo de Cubarmar, Los Cocos possui

## O TREM HERSHEY

"Vaca no trilho", avisa o bilheteiro com ar entediado. "Trem fechado para limpeza", diz uma placa gasta escrita à mão. Para os *habaneros*, os atrasos de praxe do transporte são normais. Embora o nome Estrada de Ferro Hershey sugira uma doce aventura para a maior parte dos visitantes, em Cuba o significado é um pouco mais amargo: uma combinação de bancos duros e longas esperas.

Construída em 1921 pelo "imperador" norte-americano do chocolate, Milton S. Hershey (1857-1945), essa estrada de ferro movida a eletricidade foi originalmente projetada para ligar o engenho de açúcar, no leste da província de Havana, com as estações de Matanzas e da capital. A estrada corre por uma via rural e logo se tornou vital para comunidades isoladas, excluídas da rede de transporte provinciano.

Em 1959, a fábrica Hershey foi estatizada e rebatizada como Central Camilo Cienfuegos, em homenagem ao líder rebelde cubano. Mas o trem continuou a operar, mantendo extraoficialmente seu apelido relacionado ao chocolate. Seguindo a tradição pós-revolucionária da economia "não desperdice, não queira", também continuou usando os mesmos trilhos, locomotivas, vagões, placas e estações.

Embora esteja longe de esbanjar o luxo do Orient Express, uma excursão no trem Hershey de hoje é uma jornada cativante, levando de volta ao tempo em que apenas ricos tinham carros, e em que o açúcar imperava. Para forasteiros, esta é a Cuba como os cubanos a veem. É um microcosmo da vida rural em seu estado mais cru, com todas as frustrações cotidianas, as conversas, os conflitos e – será? – alguma diversão.

Parece que o trem para em cada casa, cabana, estábulo e morro entre Havana e Matanzas. E descer pode ser um pouco complicado. Quem gosta de praia pode desembarcar em Guanabo e andar por 2km no sentido norte para conhecer os balneários mais rústicos do leste de Havana. Já interessados em história podem descer em Camilo Cienfuegos e passear nas ruínas do engenho de açúcar de Hershey. Os outros podem escolher entre a Playa Jibacoa, os Arcos de Canasí e o lindo Vale de Yumurí.

Para mais informações sobre os horários do trem, as estações e os preços, veja as p. 137 e 205.

infraestrutura do nível de um hotel e uma paisagem à beira-mar similar às de Varadero. Noventa chalés supermodernos são distribuídos ao redor de uma piscina, que fica entre as encostas baixas da província. Entre as comodidades, há uma pequena biblioteca, um posto médico, um restaurante à la carte, um salão de jogos, quartos com acesso para viajantes com necessidades especiais e muitas opções de trilhas. O lado ruim? Em nossa última visita, as acomodações pareciam ultrapassadas, e há uma música constante ao lado da piscina – que parece de praxe em campings cubanos. Há lugar para caravanas. Como sempre, é melhor reservar com boa antecedência, ligando para Cubamar Viajes (veja p. 118).

**SuperClub Breezes** RESORT **$$**

(☎29-51-22; sistema all-inclusive s/c CUC$98/156; P❄@≋) Logo ao leste do Cameleón Villas Jibacoa, o SuperClub Breezes é a escolha sofisticada em Jibacoa. Fica à beira-mar, mas a vista não é exatamente para as Playas del Este – é menos pretensioso, porém, do que os hotéis de Varadero. Os hóspedes ficam em bangalôs bonitos de dois andares, distribuídos entre canteiros de flores, jardins bem arborizados e fontes borbulhantes. O SuperClub também é famoso por sua boa comida, opções de lazer e atividades. Os quartos com vista para o mar (s/c CUC$110/176) custam um pouco mais. Crianças e jovens de menos de 16 anos não são aceitos. Vindo de Matanzas, deve-se virar depois de 13km a oeste da Ponte Bacunayagua.

**Villa Loma de Jibacoa** CHALÉS **$**

(☎29-53-16; apartamento de 1/2/3/4 quartos com banheiro compartilhado CUC$15/30/40/45; P≋) Esse lugar muito procurado fica sobre uma colina com vista para uma pequena praia perto da foz do rio Jibacoa, logo ao lado da Vía Blanca. É o local perfeito para hospedar uma família ou um grupo em férias na praia. São, na verdade, treze casas com um a quatro quartos, todas com TV, geladeira e banheiro. Como cada uma é diferente, e muitos dos quartos já estão um pouco deteriorados, dê uma olhada geral antes de se decidir.

Comer não é uma perspectiva muito feliz, a menos que você esteja em um hotel. Pode-se tentar o restaurante Ponte Bacunayagua. Além dele, há apenas alguns bares que vendem pizza de micro-ondas. Fazer amizade com os moradores logo antes do almoço ou do jantar pode levar a resultados mais bem-sucedidos.

## Como chegar e sair

A melhor – e alguns diriam a *única* – maneira de chegar à Playa Jibacoa é pela Estrada de Ferro Hershey, saindo da estação de trem de Casablanca, em Havana, com direção ao Pueblo Jibacoa (veja os horários na p. 137). Não há ônibus para a praia partindo da estação, e o tráfego é esporádico, então conte com uma boa caminhada de 5km – que não é desagradável, a menos que você esteja carregando muito peso. O trem também para em Arcos de Canasí, que fica a 6km da praia – mas essa não é uma boa estrada para caminhar.

Outra opção é pegar o ônibus 669, que vive lotado e sai três vezes ao dia da **Estación la Coubre** (Desamparados), logo ao sul da Estación Central de Havana, em direção a Santa Cruz del Norte, ainda a 9km de Jibacoa. Uma alternativa: vá à rodoviária de Havana e pegue qualquer ônibus que vá a Matanzas passando pela Vía Blanca. Peça ao motorista para parar na Playa Jibacoa, logo depois de uma longa ponte que começa em Villa Loma de Jibacoa.

# Jaruco

POP. 25.135

Jaruco, entre Havana e Matanzas, é um bom destino para um passeio de um dia, desde que você esteja de carro, moto ou bicicleta e queira descansar um pouco da praia – e se embrenhar um pouco pela essência rural de Cuba.

A vila de Jaruco é repleta de casas em tom pastel, que se estendem ao longo de ruazinhas que não pareceriam deslocadas se estivessem nos Andes peruanos. O **Parque Escaleras de Jaruco**, 6km a oeste, passando por estradas pouco exploradas, é uma área preservada, com florestas, cavernas e encostas calcárias de formatos estranhos, similares aos *mogotes* do Vale de Viñales. Os *habaneros* vêm passar aqui os fins de semana, mas, se não fosse por isso, o parque seria um oásis esquecido, com lindos *miradores* (mirantes) dos quais é avistada a província de Mayabeque. Alguns restaurantes abrem de quinta a domingo e embalam os jantares ao som de músicas cafonas, o que quebra um pouco a serenidade. O melhor deles é o agradável **El Criollo** (⏲11h30-17h), em estilo *ranchón*, no qual você paga em pesos pelos vários pratos de carne de porco e peixe. Fica a 32km de Jaruco a partir de Guanabo, na direção sudeste, passando por Campo Florido. Fica mais fácil se você retornar por Santa Cruz del Norte, 18km a nordeste de Jaruco passando por Central Camilo Cienfuegos. Um táxi de Havana custará CUC$30 (só ida).

# Surgidero de Batabanó

POP. 26.994

Colonizadores espanhóis fundaram a colônia original de Havana no local em que hoje fica Surgidero de Batabanó em 25 de agosto de 1515 – mas rapidamente o abandonaram, atraídos pela costa norte. Olhando para essa decadente cidade hoje em dia, com seus prédios feiosos e sua orla suja, sem praias, não é difícil imaginar por quê. A única razão para ir a esse porto desagradável é pegar a balsa diária que vai à Isla de la Juventud. Se houver atraso ou cancelamento, voltar para Havana de táxi ou ficar na área do porto são opções melhores do que passear pela cidade em si.

Fidel Castro e os outros prisioneiros do Moncada desembarcaram aqui em 15 de maio de 1955, depois de Fulgencio Batista lhes conceder a anistia.

## Como chegar e sair

A balsa que sai de Surgidero de Batabanó e vai até a Isla de la Juventud (p. 163) tem saídas diárias às 12h e uma viagem extra às 15h30 às quartas e sextas-feiras e aos domingos (CUC$55 por 2 horas). É aconselhável comprar uma passagem integrada de ônibus e balsa em Havana, no escritório do principal terminal Astro (p. 119), em vez de deixar para adquirir no local. Na maioria das vezes, as passagens são todas vendidas para os passageiros do ônibus.

Há um **posto de gasolina Servi-Cupet** (calle 64, 7110, entre calles 71 e 73) na cidade de Batabanó. O próximo posto Servi-Cupet a leste fica em Güines.

# Isla de la Juventud (Município Especial)

☎046 / POP. 86.256

**Inclui »**



## As melhores praias

» Playa Sirena (p. 167)

» Cayo Rico (p. 167)

» Playa Larga (p. 166)

» Punta Francés (p. 159)

## Os melhores lugares para ficar

» Sol Cayo Largo (p. 168)

» Playa Blanca Beach Resort (p. 168)

» Villa Choli – Ramberto Pena Silva (p. 161)

» Hotel Colony (p. 165)

## Por que ir?

Pontos fabulosos para mergulho (os melhores de Cuba) e praias maravilhosas atraem os viajantes à ilha mais descolada do país. Mas a Isla de la Juventud já foi também esconderijo de piratas, uma prisão e até uma escola gigante.

A história da Isla – como os moradores a chamam – é tão colorida quanto os peixinhos que nadam em suas águas idílicas. Entre seus antigos habitantes estão os índios siboney (que deixaram a mais importante arte pré-histórica do Caribe), o jovem José Martí, inúmeros crocodilos e o prisioneiro número RN3859, mais conhecido como Fidel Castro.

Hoje a vida na ilha é uma calmaria só. Poucos a visitam, mas aventuras longe do foco turístico seduzem os corajosos: recifes, areias ensolaradas e habitantes extremamente hospitaleiros.

Na outra ponta do Archipiélago de los Canarreos, a partir da Isla, fica Cayo Largo del Sur, um paraíso para turistas, famoso por suas tartarugas e vastas praias (nudistas) de areias brancas.

## Quando ir

Os destaques da Isla, de Cayo Largo e de todos os outros miniparaísos do Archipiélago de los Canarreos são as praias, o mergulho e a prática de snorkel. Portanto, os meses mais quentes são os melhores: julho e agosto, e também a temporada mais fresca e amena de dezembro a abril. Para os aficionados de pescaria, os torneios acontecem em setembro em Cayo Largo.

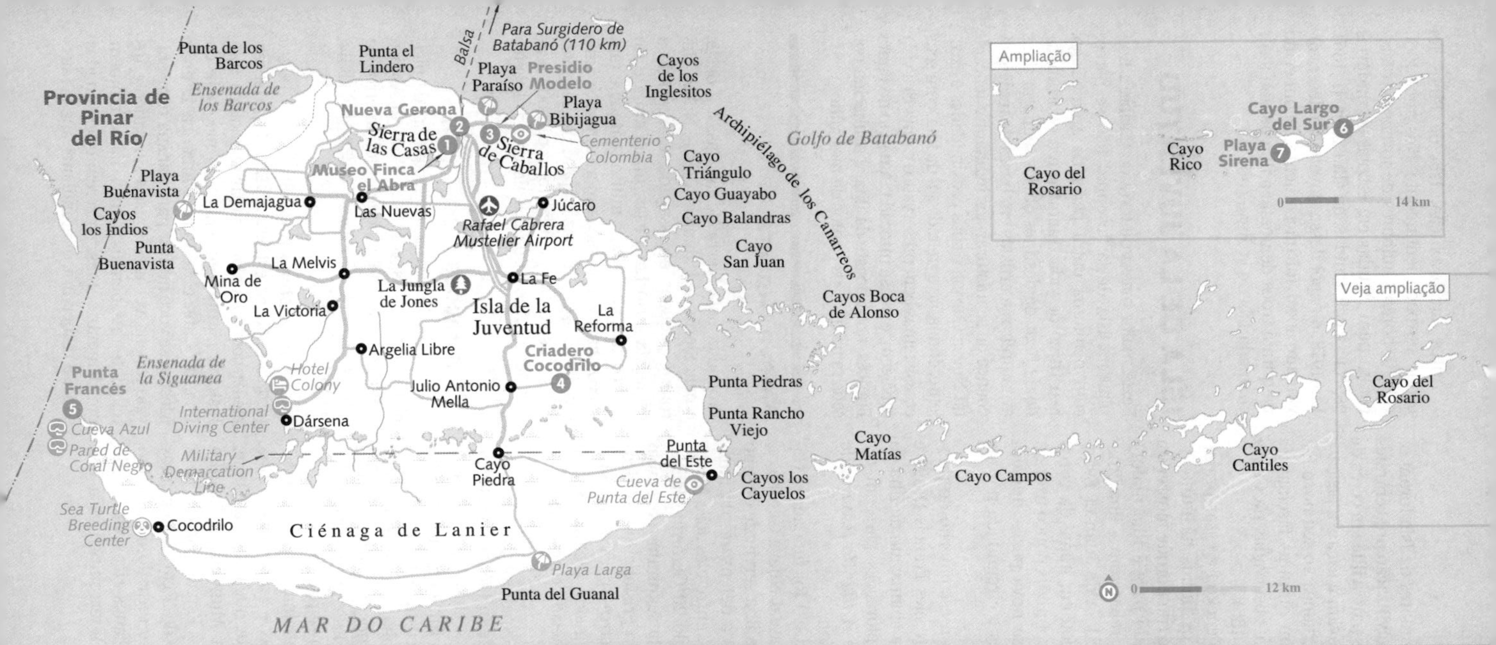


# Destaques da Isla de la Juventud

1 Reflita sobre a época revolucionária na *hacienda* de José Martí, hoje **Museo Finca el Abra** (p. 159)

2 Dance o quanto quiser na pequena, mas agitada, **Nueva Gerona** (p. 162)

3 Explore o lugar onde Fidel Castro já ficou encarcerado no **Presidio Modelo** (p. 164)

4 Conheça um importante projeto de preservação de crocodilos no **Criadero Cocodrilo** (p. 165)

5 Mergulhe entre restos de navios naufragados, paredões, jardins de corais e cavernas na **Punta Francés** (p. 159), o melhor local para mergulho em Cuba

6 Observe as tartarugas fazendo ninhos à luz da lua nas praias de **Cayo Largo del Sur** (p. 167)

7 Passeie pelas longas e brancas praias de Cayo Largo del Sur (algumas nudistas) na faixa conhecida como **Playa Sirena** (p. 167)

### História

Os primeiros colonizadores da Isla foram os índios siboney, uma civilização pré-cerâmica que veio das Antilhas para a ilha em cerca de 1000 a.C. Eles praticavam a caça e a pesca, e deram o nome de Siguanea ao seu novo lar. Nas cavernas, criaram pinturas fascinantes que ainda podem ser observadas na Cueva de Punta del Este (p. 166).

Quando Colombo chegou a essas praias, em junho de 1494, os índios há muito já haviam desaparecido (ou porque morreram ou por terem migrado para a ilha maior). O bravo navegador rebatizou a ilha imediatamente, chamando-a de Juan el Evangelista, e a reivindicou em nome da coroa espanhola. Mas os espanhóis pouco fizeram para desenvolver essa nova posse, que era coberta por mangues e circundada por arrecifes superficiais.

A Isla tornou-se um esconderijo de piratas (veja p. 164), entre eles Francis Drake e Henry Morgan. Eles a chamavam de Ilha do Papagaio, e suas explorações parecem ter inspirado o romance *A ilha do tesouro*, de Robert Louis Stevenson.

Em dezembro de 1830 foi fundada a Colonia Reina Amalia (atual Nueva Gerona) e, durante o século 19, a ilha serviu de destino para o exílio imposto a defensores da independência e rebeldes, entre eles José Martí. Os ditadores do século 20 Gerardo Machado e Fulgencio Batista seguiram o exemplo espanhol e mandaram prisioneiros políticos – entre eles Fidel Castro – para a ilha, que, a essa altura, já havia sido rebatizada pela quarta vez e era conhecida como Isla de Pinos (Ilha das Pinhas).

Além da herança espanhola, a Isla também teve uma dose de influências inglesa e norte-americana. No século 19, famílias da colônia britânica das Ilhas Cayman se estabeleceram ao sul da costa. A famosa Emenda Platt, de 1901, tinha uma cláusula que separava a Isla de Pinos da parte principal do arquipélago – por isso, trezentos colonos americanos mudaram-se para o local.

Os americanos trabalharam nas plantações de frutas cítricas e construíram uma infraestrutura eficiente, que resiste até hoje. Durante a II Guerra Mundial, o Presidio Modelo foi usado pelos Estados Unidos para prender prisioneiros do Eixo e, nos anos 1950, a Isla já havia se tornado um destino de férias para americanos ricos vindos de Miami. Fidel Castro interrompeu essa festança em 1959.

Antes da Revolução, Isla de Pinos foi sendo povoada lentamente. Nos anos 1960 e 1970, porém, milhares de jovens se ofereceram para estudar em escolas secundárias especiais construídas na ilha (veja p. 166). Em 1978, o papel desses jovens no desenvolvimento local foi oficialmente reconhecido na quinta troca de nome: a ilha passou a ser chamada Isla de la Juventud.

# ISLA DE LA JUVENTUD

Sexta maior massa de terra do Caribe, a hospitaleira Isla de la Juventud não se parece com nenhuma outra parte do arquipélago. Seu ritmo de vida tranquilo e a oportunidade de fugir de destinos óbvios seduzem tipos aventureiros e artistas em busca de refúgio. A chance de se misturar aos habitantes na capital Nueva Gerona e suas proximidades é excelente, enquanto a metade sul da ilha, com seus ecossistemas bem preservados e uma rica vida selvagem, é quase intocada. A região de Punta Francés, no sudoeste da ilha, é conhecida por seus maravilhosos pontos de mergulho.

## Nueva Gerona

☎46 / POP. 47.038

Protegida pela Sierra de las Casas, a oeste, e pela Sierra de Caballos, a leste, Nueva Gerona é pequena e sossegada, margeando à esquerda o rio Las Casas, único grande rio que corta a ilha. Não é muito visitada e tem preços baixos e pessoas incrivelmente amigáveis. As opções de lazer aparecem cada vez mais – às vezes, no entanto, você pode acabar descobrindo que é o único estrangeiro no lugar.

### Atrações

Essa é uma boa área para explorar de bicicleta, com praias, o Museo Finca el Abra e o Presidio Modelo, a poucos quilômetros de Nueva Gerona. É possível alugar bicicletas na Villa Choli.

**Museo de Historia Natural** MUSEU

(Esq. calles 41 e 52; entrada CUC$2; 🕒8-17h ter-sáb, até 12h dom) Quer presentear seus olhos com história natural, geologia e arqueologia da ilha, de Cuba e de toda a América Latina? Mesmo se você hesitar para dar sua resposta, vale a pena ver esse museu simpático e inteligente (até demais). Antes havia também um planetário, mas, ao serem questionados sobre a reabertura, os atendentes apenas sus-

## NO MAR AZUL

Protegida das correntes do mar vindas do Golfo do México e abençoada com notáveis corais e uma rica vida marinha, a Isla de la Juventud tem alguns dos melhores locais para mergulho de todo o Caribe: há 56 pontos marcados, que englobam de cavernas e passagens a paredões verticais e picos de corais. Também é possível nadar por restos de navios naufragados mais a leste, onde cerca de setenta embarcações foram encontradas em uma área conhecida como **Bajo de Zambo**.

O **International Diving Center** (☎39-81-81, 39-82-82), administrado pela Marina Siguanea, logo ao sul do Hotel Colony e na costa oeste da ilha, organiza os mergulhos. Possui uma câmara hiperbárica e também um médico especializado em mergulho. É partindo daqui que se vai ao Parque Nacional Marítimo em **Punta Francés**.

A viagem de barco para Punta Francés dura 1 hora e leva você a essa lindíssima faixa de areia branca (há um restaurante, mas estava fechado quando o guia foi escrito), da qual quem quiser pode partir para o mergulho – o acesso é fácil. Os melhores pontos são **Cueva Azul** (avançado) e **Pared de Coral Negro** (intermediário), onde se pode observar muitos peixes, entre eles tarpões, barracudas, garoupas, robalos e peixes-anjos, além de tartarugas marinhas.

O preço do mergulho começa em CUC$30. Quem não sabe mergulhar pode aproveitar a maravilhosa praia Punta Francés por CUC$8. Informe-se primeiro no **Hotel Colony** (☎39-81-81) sobre o mergulho e outras atividades náuticas.

piram e balançam a cabeça negativamente. Fica logo antes da chamativa torre do Archivo Histórico, na estrada do Hotel Colony.

**El Pinero** MONUMENTO

(Calle 28 entre calle 33 e o rio) Dois quarteirões a leste do Parque Central você verá uma grande balsa preta e branca transformada em memorial, logo ao lado do rio. É o *El Pinero*, o barco original usado para transportar passageiros entre a Isla e a ilha principal de Cuba. Em 15 de maio de 1955, Fidel e Raúl Castro, junto com outros prisioneiros libertados da Moncada, retornaram à ilha principal nessa balsa.

**Museo de la Lucha Clandestina** EDIFÍCIO NOTÁVEL

(Calle 24, entre calles 43 e 45) Esse antigo museu foi há pouco tempo arrasado por um ciclone; o trabalho de reconstrução, infelizmente, parece longe de terminar. Uma pena: antes, abrigava fascinantes artefatos revolucionários, entre os quais cartas escritas pelo então prisioneiro Castro.

**Nuestra Señora de los Dolores** IGREJA

(Calle 28 esq. calle 39) A noroeste do Parque Central fica esta igreja graciosa, em estilo colonial mexicano, construída em 1926, após a original ter sido destruída por um furacão. Em 1957 o padre da paróquia, Guillermo Sardiñas, deixou Nueva Gerona para se juntar a Fidel Castro na Sierra Maestra – foi o único padre cubano a se unir aos revolucionários.

**Museo Finca el Abra** MUSEU

(Carretera Siguanea Km 2; ⏲9-17h ter-dom) O adolescente José Martí chegou a Finca el Abra em 17 de outubro de 1870 e passou nove semanas de exílio nessa fazenda antes de sua deportação para a Espanha. A lenda conta que a mãe do revolucionário transformou as algemas dele em um anel, que Martí usava quando foi morto. A velha *hacienda* fica ao pé da Sierra de las Casas, e vale a pena conhecê-la por seus arredores e pelo museu. Carvalhos e eucaliptos cubanos enfileiram-se à margem da estrada de acesso, e uma grande árvore ceiba fica ao lado do museu. A casa vizinha ainda pertence a descendentes de Giuseppe Girondella, que recebeu Martí aqui.

O museu fica 3 km no sentido sudoeste a partir de Nueva Gerona, pela estrada que vai a La Demajagua (continuação da calle 41). Vindo do Motel el Rancho el Tesoro, vire a sudoeste e siga por menos de 1km por uma estrada de terra até chegar a outra rodovia. Vire à direita e atravesse a ponte por cima do rio Las Casas. No próximo cruzamento, vire à direita novamente e verá logo uma placa indicando o acesso a Finca el Abra.

Uma estrada de terra antes do museu leva no sentido norte à antiga **jazida de mármore**, claramente visível a distância. A jazida pode ser interessante (se você gosta de grandes buracos no solo), mas a melhor atração é subir o morro, do qual se tem lindas vistas. Depois de descer, continue no sentido norte

## Nueva Gerona

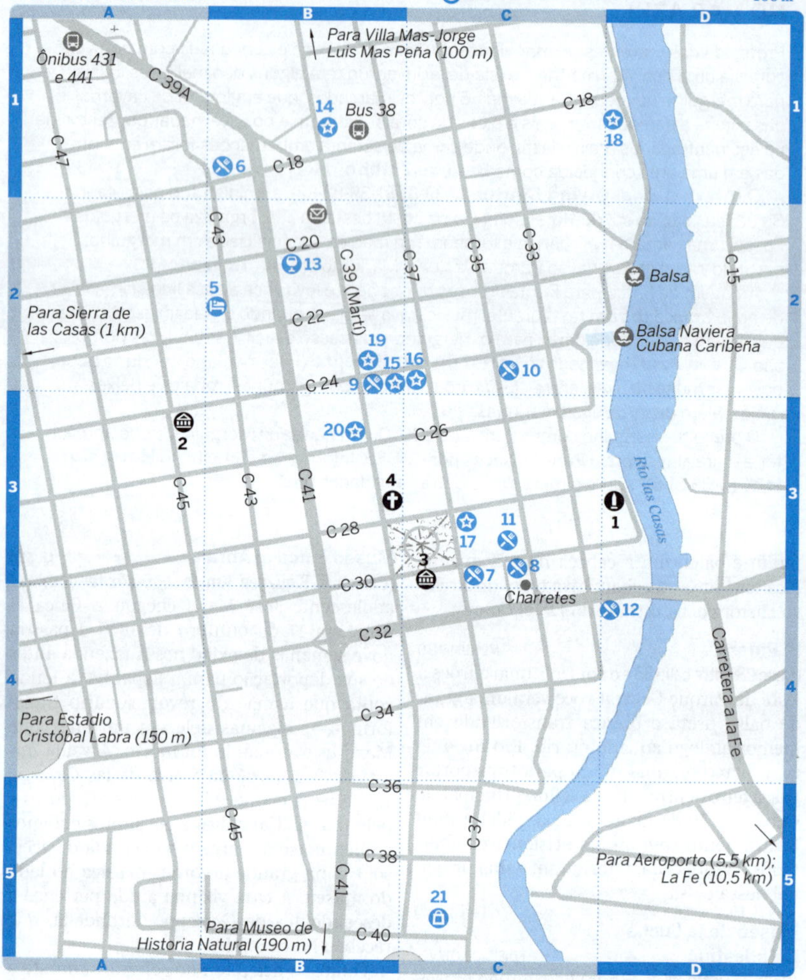




entre um lixão e muitos chiqueiros (não é lá muito bonito, mas é melhor cortar caminho do que voltar, certo?) até a calle 54, à direita. A rua conduzirá de volta à cidade, passando pelo Museo de Historia Natural, que fica seis quarteirões a leste.

**Museo Municipal** MUSEU

(Calle 30 entre calles 37 e 39; ⌚8-13h e 14-17h seg--sex, até 16h sáb, até 12h dom) Na antiga Casa de Gobierno (1853), o Museo Municipal abriga uma pequena coleção histórica que reúne objetos pertencentes a piratas, ossos e pássaros.

## Atividades

**Sierra de las Casas** TRILHAS

É possível escalar essa montanha de formato peculiar a partir da ponta oeste da calle 22. Após algumas centenas de metros de estrada de terra, você verá uma trilha à esquerda que sobe o morro. No sopé da montanha fica uma caverna profunda, com uma escada firme que leva a uma piscina natural. Uma trilha mais à frente leva ao topo da montanha, de onde se tem uma vista ampla de toda a parte norte da ilha.

## Nueva Gerona

**Atrações**

1 El Pinero ....... D3
2 Museo de la Lucha Clandestina ....... A3
3 Museo Municipal ....... C3
4 Nuestra Señora de los Dolores ....... B3

**Onde dormir**

5 Elda Cespero ....... B2

**Onde comer**

6 Cafetería la Cocinita ....... B1
7 Coppelia ....... C3
8 Supermercado Cubalse ....... C3
9 El Cochinito ....... B2
10 Mercado Agropecuario ....... C2
11 Pizzería la Gondóla ....... C3
12 Restaurante Río ....... D4

**Onde beber**

13 Casa de los Vinos ....... B2

**Lazer**

14 Bar Piano de Cuba ....... B1
15 Cabaret el Patio ....... B2
16 Casa de la Cultura ....... C2
17 Cine Caribe ....... C3
18 Disco la Movida ....... D1
El Pinero ....... (veja 1)
19 La Rumba ....... B2
20 Sucu Sucu ....... B3

**Onde comprar**

21 Centro Experimental de Artes Aplicadas ....... C5

## Festas e eventos

A **Fiesta de la Toronja** acontece em Isla todos os meses de março. Renda-se aos sabores cítricos nesse evento.

## Onde dormir

*Casas particulares* são as únicas opções de hospedagem no centro da cidade, e também servem refeições; os proprietários aguardam os hóspedes que chegam de balsa. Os hotéis estatais de Nueva Gerona ficam no sul da cidade.

**Villa Choli – Ramberto Pena Silva** CASA PARTICULAR $
(32-31-47; calle C, 4001A, entre calles 6 e 8; q CUC$20-25; P) Dois quartos grandes no primeiro andar, com TV, acesso à internet, estacionamento seguro, comida deliciosa e – esse sim é o destaque – uma linda varanda com rede. O atendimento é solícito neste lugar recomendado por viajantes. Também há bicicletas para alugar, e pode-se requisitar traslado do/para o aeroporto.

**Motel el Rancho el Tesoro** HOTEL $
(32-30-35; Autopista Nueva Gerona-La Fe Km 2; s/c CUC$25/36; P) Esse hotel de beira de estrada hospitaleiro, que parece um castelinho, fica em uma área de mata perto do rio Las Casas, 3km ao sul da cidade, em uma travessa da Autopista Nueva Gerona-La Fe. Há 34 quartos com TV a cabo e um restaurante aconchegante (o melhor possível para um restaurante estatal de Nueva Gerona).

**Villa Isla de Juventud** HOTEL $
(32-32-90; Autopista Nueva Gerona-La Fe Km 1; s/c com café da manhã CUC$29/33; P) A cerca de 5km do aeroporto e a 2,5km de Nueva Gerona, esse hotel tem vinte quartos equipados com minibar distribuídos em quatro prediozinhos de dois andares. Com uma bela vista (fica entre as montanhas gêmeas de mármore da ilha), o hotel é surpreendentemente dotado de personalidade, apesar da aparência externa pouco atraente. Só abre na alta temporada.

**Villa Mas – Jorge Luis Mas Peña** CASA PARTICULAR $
(32-35-44; calle 41, 4108, ap 7, entre calles 8 e 10; q CUC$20-25; ) Esqueça o prédio feioso; há dois quartos acima da média, com banheiros de mármore recentemente reformados. Jorge e seu sócio são ótimos cozinheiros e servem o jantar no terraço da cobertura. Fica logo na entrada da cidade, atrás do hospital.

**Elda Cepero** CASA PARTICULAR $
(32-27-74; calle 43, 2004, entre calles 20 e 22; q CUC$20-25; ) Uma das melhores e mais bem localizadas casas da região: tem quartos grandes, uma copa onde você pode se servir à vontade e um jardim nos fundos.

## Onde comer

As *casas particulares* (a maioria delas com licença para servir comida) oferecem refeições com melhor custo-benefício do que os restaurantes estatais.

**Restaurante Río** FRUTOS DO MAR $
(Calle 32, entre calle 33 e rio; 12-22h; ) Venha aqui para comer peixe de água doce e também de água salgada – é um dos poucos lugares de Cuba onde se pode provar dos dois, e o ponto de encontro dos moradores quando querem comer bem. Entre outros destaques, há *langosta* (lagosta) e a paella da casa. O terraço é animado por música

pop cubana, e o interior é equipado com ar-condicionado. Pagamento em pesos.

**El Cochinito** CARIBENHA $
(Esq. calles 39 e 24; 12-22h qui-ter) Experimente a bisteca, a mandioca e o arroz com feijão desse que é um dos melhores restaurantes da cidade, decorado com arte local.

**Pizzería la Góndola** ITALIANA $
(Esq. Calles 30 e 35; 12-22h) Para dar um tempo na carne de porco ou frango acompanhada de *congrí* (arroz e feijão), experimente a pizza daqui, tão boa quanto a de outras pizzarias de Cuba.

**Cafetería la Cocinita** FAST-FOOD $
(Esq. calles 18 e 41; 24 horas) Esse é um bom lugar para comprar sanduíche, com preço em pesos, ou refeições mais substanciosas na bonita área com mesas, nos fundos.

**Coppelia** SORVETERIA $
(Calle 37, entre calles 30 e 32; 12-22h ter-dom) Só para lembrar você de que ainda está em Cuba, aqui também há uma Coppelia. Venha para matar a vontade de sorvete.

### Por conta própria

**Mercado agropecuario** MERCADO $
(Esq. calles 24 e 35) Compre verduras frescas e carne.

**Cubalse supermarket** SUPERMERCADO $
(Calle 35, entre calles 30 e 32; 9h30-18h seg-sáb) Vende de tudo.

## Onde beber

**Casa de los Vinos** BAR
(Esq. calles 20 e 41; 13-22h seg-qui, 13-0h sex-dom) Um bom lugarzinho para beber, decorado em estilo náutico descolado. Você pode provar bons e estranhos vinhos feitos com toranja, uvas e melão, e se misturar a personagens locais igualmente estranhos.

## Lazer

As opções de Nueva Gerona são incrivelmente variadas para uma pequena cidade que fica longe de todo o resto. Às vezes há música ao vivo em frente ao Cine Caribe.

**El Pinero** BAR, CASA NOTURNA
(Calle 28, entre calle 33 e o rio) Com música bem alta, é o ponto de encontro de adolescentes e jovens locais, que dançam perto de um barco ao ar livre. Há barracas de bebida e lanches.

**Casa de la Cultura** CENTRO CULTURAL, MÚSICA AO VIVO
(Esq. calles 37 e 24) Aqui se concentram muitas formas de entretenimento noturno. Pergunte sobre o famoso grupo local de *sucu-sucu* (uma variação do *son*, a música popular de Cuba) liderado por Mongo Rives.

**Sucu Sucu** BAR, MÚSICA AO VIVO
(Calle 39, entre calles 24 e 26) Uma mistura de música ao vivo e teatro: há uma placa na frente com a programação. Quando nada mais estiver em cartaz, torna-se um bar íntimo para um drinque.

**Bar Piano de Cuba** MÚSICA AO VIVO
(Calle 39, entre calles 16 e 18) Os moradores adoram esse lugar escuro, com um restaurante anexo razoável e boa música da Isla – há apresentações ao vivo aos fins de semana (mas elas nem sempre valem a pena).

**Cabaret el Patio** CABARÉ
(Calle 24, entre calles 37 e 39; por casal CUC$3; 10-2h ter-dom) Ao lado da Casa de la Cultura, esse lugar apresenta seu espetáculo às 23h. Chegue cedo para conseguir entrar – só são permitidos casais.

**La Rumba** CASA NOTURNA
(Calle 24, entre calles 37 e 39; 22-2h) Compre seus drinques no bar ao lado, que parece uma gaiola, depois venha para esse pátio-danceteria na esquina. Se você não estiver animado para dançar, fique próximo ao bar.

**Disco la Movida** CASA NOTURNA
(Calle 18; a partir das 23h) Para dançar em um lugar com personalidade, junte-se aos cubanos e solte o corpo ao ar livre neste local escondido atrás das árvores, perto do rio.

**Super Disco** CASA NOTURNA
(Entrada CUC$1; a partir das 22h qui-dom) Dá para não gostar de um lugar com esse nome? Os moradores da região amam: essa danceteria ao lado da Villa Isla de la Juventud fica sempre lotada.

### Cinemas

**Cine Caribe** CINEMA
(Esq. calles 37 e 28) Para ver filmes ou vídeos, venha a esse cinema no Parque Central.

### Esporte

**Estadio Cristóbal Labra** ESPORTE
(Esq. calles 32 e 53) O estádio de beisebol de Nueva Gerona, o Cristóbal Labra, fica a sete quarteirões no sentido oeste da calle 39. Pergunte na *casa particular* em que estiver hospedado sobre os próximos jogos (a temporada vai de outubro a abril).

## Onde comprar

A calle 39, também conhecida como calle Martí, é um agradável calçadão com lojas entremeadas por pequenos parques.

**Centro Experimental de Artes Aplicadas** (calle 40, entre 39 e 37; ⌚8-16h seg-sex, 8-12h sáb), perto do Museo de Historia Natural, produz objetos artísticos de cerâmica.

## Informações

**Banco de Crédito y Comercio** (calle 39, 1802; ⌚8-15h seg-sex) Tem um caixa eletrônico.

**Cadeca** (calle 39, 2022; ⌚8h30-18h seg-sáb, até 13h dom) Também tem um caixa eletrônico.

**Ecotur** (☎32-71-01; calle 24, entre calle 33 e o rio; ⌚8-16h seg-sex) Organiza excursões para a zona militar e para Punta Francés.

**Etecsa Telepunto** (calle 41, 2802, entre calles 28 e 30; ⌚8h30-19h30)

**Farmacia Nueva Gerona** (☎32-60-84; esq. calles 39 e 24; ⌚8-23h seg-sáb)

**Hospital General Héroes de Baire** (☎32-30--12; calle 39A) Tem uma câmara hiperbárica.

**Serviço de Foto** (calle 39, 2010, entre calles 20 e 22)

**Correio** (calle 39, 1810, entre calles 18 e 20; ⌚8-18h seg-sáb)

**Radio Caribe** Transmite programação variada de música na frequência 1270AM.

**Victoria** Jornal local publicado aos domingos.

## Como chegar e sair

### Avião

A maneira mais prática e (em geral) mais barata de se chegar à ilha é de avião. Infelizmente, todo mundo parece saber disso, por isso é preciso reservar o voo com pelo menos uma semana de antecedência.

**O aeroporto Rafael Cabrera Mustelier** (código: GER) fica 5km a sudeste de Nueva Gerona. A **Cubana**, com escritórios em Havana (☎834-4446; calle 23, 64, esq. com Infanta, Vedado) e Nueva Gerona (☎32-25-31; calle 39, 1415, entre calles 16 e 18), voa de Havana três vezes ao dia – CUC$35 cada trecho. Não há voos internacionais.

Não há voos regulares da Isla de la Juventud para Cayo Largo del Sur.

### Barco

Chegar à Isla de barco não é fácil. Primeiro, é preciso reservar o traslado de ônibus (CUC$5) no **quiosque da Naviera Cubana Caribeña (NCC)** (☎878-1841; ⌚7-12h), que fica no principal Terminal de Ómnibus do ônibus Astro (8h), de Havana, para ir ao porto da balsa; há uma segunda saída às 12h (qua, sex e dom). Chegue com pelo menos 30 minutos de antecedência para evitar filas.

O ônibus leva até o porto de Surgidero de Batabanó, onde filas longas e desordenadas formam-se na porta do escritório que vende passagens de barco para Nueva Gerona (CUC$50). Você terá de passar por uma revista (como a de aeroporto) e esperar em uma sala por um período de 1-2 horas antes da saída do barco. A travessia da balsa leva 2h e 30min; não há horários predefinidos. Se você pegar o primeiro ônibus e tudo correr bem, chegará à Isla às 16h (uma jornada de 8 horas, e as passagens somam CUC$55).

Bebidas e petiscos durante a viagem são muito básicos ou até inexistentes, e, porque a maioria dos viajantes é cubana, paga-se em pesos. Em função do pouco espaço e da grande quantidade de pessoas, é mais seguro fazer as reservas com um dia de antecedência no quiosque da NCC.

Não apareça em Batabanó de maneira independente para comprar a passagem da balsa diretamente no porto. Embora seja possível, alguns viajantes já reclamaram de terem ficado presos ali, após serem informados de que todas as passagens haviam sido vendidas no quiosque da NCC em Havana. Além disso, passar a noite em Batabanó não é um programa interessante.

A volta é igualmente problemática. Compre sua passagem um dia antes de sua partida no terminal de balsa **NCC** (☎32-49-77, 32-44-15; esq. calles 31 e 24), ao lado do rio Las Casas. A **venda de passagens** (⌚seg-sex) fica do outro lado da rua. A balsa parte para Surgidero de Batabanó diariamente às 8h (CUC$50), mas você precisa chegar pelo menos 2 horas antes para enfrentar a fila. Um segundo barco é programado para sair às 12h (faz-se o check-in às 9h30).

Antes de reservar as passagens, informe-se sobre os ônibus que vão de Surgidero de Batabanó a Havana e, o que é mais importante, faça já a reserva para esse trajeto – a passagem custa CUC$5.

Não considere a viagem fechada até ter reservado de fato a passagem. As balsas da Isla, assim como acontece com os trens cubanos, costumam operar com atraso, quebrar ou simplesmente ser canceladas.

Para viajar, tanto na ida quanto na volta, é preciso mostrar o passaporte. Veja Surgidero de Batabanó (p. 155) e Havana (p. 119) para mais informações.

Três vezes ao mês partem barcos do terminal de balsas Naviera Cubana Caribeña (NCC), em Nueva Gerona, para Cayo Largo del Sur (às 6h da manhã, nos dias 5, 15 e 25 de cada mês). Mas esses barcos são ocupados principalmente por trabalhadores, e você pode ou não conseguir embarcar.

## Como circular

Do aeroporto, procure o ônibus chamado Servicio Aéreo, que vai à cidade por CUC$1. Para ir ao aeroporto, pegue esse mesmo ônibus em frente ao Cine Caribe (esq. calles 28 e 37). Um táxi para a cidade custa cerca de CUC$6, ou CUC$35 até o Hotel Colony.

### PIRATAS DO CARIBE

Na metade dos anos 1590, o capitão e saqueador inglês Sir Francis Drake estava tentando salvar a sua reputação após derrotas desastrosas em Lisboa (1588) e Las Palmas (1595). Quando a Espanha declarou uma moratória de dívidas internacionais para penhorar navios que chegassem de suas colônias na América Latina cheios de tesouros, Drake aproveitou a oportunidade e convenceu a rainha Elizabeth I a mandá-lo em uma última viagem pelo Caribe. A chance de interceptar os navios que retornavam das colônias espanholas era grande, e a frota de Drake e John Hawkins, o subcomandante, suportou longos e terríveis meses. Sofreram uma derrota humilhante na Batalha de San Juan, em Porto Rico, na qual Drake, em vez de capturar o navio espanhol repleto de tesouros, viu o casco de sua embarcação ser atingido por balas de canhões – por isso, foi forçado a bater em retirada. Seguiu-se, então, uma campanha infrutífera de pilhagem ao longo da costa da América Central, na qual o capitão tentou desesperadamente colher o tesouro que havia prometido à rainha. Desânimo e doença começaram a se alastrar pelos tripulantes, e primeiro Hawkins, depois Drake, pereceram.

Os que sobraram da tripulação inglesa voltaram para casa sob o comando de Thomas Baskerville, velho amigo de Drake, mas a Espanha, que queria uma vitória prestigiosa, os perseguiu. A maioria dos navios de Baskerville foi capturada pelos espanhóis perto da costa da Isla de Pinos, sob o comando de Don Bernardino de Avellaneda. A essa altura, a tripulação inglesa já não tinha condições de lutar. Os navios deram o pouco tesouro que haviam recolhido para conseguir escapar e voltar à Inglaterra. Os espanhóis, por sua vez, voltaram para casa com 20 milhões de dólares em prata, uma das maiores remessas conquistadas no Novo Mundo.



### Ônibus

**A Ecotur** (☎32-71-01; calle 24, entre calle 33 e o rio; ⏲8-16h seg-sex) pode organizar viagens/traslados partindo de Nueva Gerona para as áreas de mergulho e para a zona militar. Um táxi (é fácil pedir um em sua *casa particular* ou no hotel) de Nueva Gerona para o Hotel Colony custa aproximadamente CUC$25. Há também ônibus locais menos confiáveis: o 431 para La Fe (26km) e o 441 para o Hotel Colony (45km) saem de um ponto do outro lado da rua em relação ao cemitério na calle 39A, a noroeste do hospital.

O ônibus 38 sai da esquina das calles 18 e 37, partindo para Chacón (Presidio Modelo), Playa Paraíso e Playa Bibijagua quatro vezes ao dia.

### Carro

**Cubacar** (☎32-44-32; esq. calles 32 e 39; ⏲7--19h) aluga carros (pelo preço exorbitante de CUC$105 por dia) e pode organizar excursões para a zona militar.

O posto de gasolina Servi-Cupet fica na esquina das calles 30 e 39, no centro da cidade.

### Carroças

Os *coches* (carroças) em geral ficam estacionados ao lado do supermercado Cubalse, na calle 35. Pode-se alugar um por CUC$10 por dia para fazer excursões até o Presidio Modelo, o Museo Finca el Abra e a Playa Bibijagua, e a outros destinos próximos. Se você está com tempo, pode ter certeza de que o cocheiro também estará.

## Leste de Nueva Gerona

**Presidio Modelo** EDIFÍCIO NOTÁVEL

Bem-vindo ao ponto mais impressionante – e mais deprimente – da ilha. Localizada próxima ao Reparto Chacón, 5km a leste de Nueva Gerona, essa imponente construção foi erguida entre 1926 e 1931, durante o regime repressor de Gerardo Machado. O projeto dos quatro blocos de seus andares, amarelos e circulares, foi inspirado na famosa penitenciária de Joliet, no estado americano de Illinois, e o local tinha capacidade para 5 mil presos. Durante a II Guerra Mundial, vários estrangeiros de nações inimigas dos Estados Unidos que se encontravam por acaso em Cuba (entre eles 350 japoneses, 50 alemães e 25 italianos) foram internados em dois blocos retangulares na ponta norte do complexo.

Entre os prisioneiros mais notáveis, porém, estão Fidel Castro e outros rebeldes da Moncada, que ficaram encarcerados aqui entre outubro de 1953 e maio de 1955. Eles foram separados dos outros internos e mantidos no edifício do hospital, na extremidade sul do complexo.

Em 1967 a prisão foi fechada, e o setor onde Castro ficou foi transformado em **museu** (☎32-51-12; entrada CUC$2; ⏲8-16h seg-sáb, até as 12h dom). Há uma sala dedicada à história da prisão e outra que destaca a vida dos prisioneiros de Moncada. A entrada inclui uma visita guiada, mas o uso de câmeras de foto/vídeo custa CUC$3/25 extras. Leve o dinheiro trocado. A entrada nos blocos circulares (a parte mais comovente dessa experiência) é gratuita.

**Cementerio Colombia** CEMITÉRIO

O cemitério tem túmulos de americanos que viveram e morreram na ilha durante os anos 1920 e 1930. Fica cerca de 7km a leste de Nueva Gerona e a 2km do Presidio Modelo. O ônibus 38 passa por ali.

A **Playa Paraíso**, cerca de 2km ao norte de Chacón (6km a nordeste de Nueva Gerona), é uma praia amarronzada, com aspecto de suja, mas com boas correntes para a prática de esportes aquáticos. O cais era originalmente usado para que os prisioneiros descessem e fossem levados ao Presidio Modelo. Há um pequeno bar ali. Uma praia melhor, a **Playa Bibijagua**, fica 4km a leste de Chacón. Ali há pinheiros, um restaurante pago em pesos e uma atmosfera – ainda que discreta – tipicamente cubana. Quem está sem carro pode pegar o ônibus 38 de Nueva Gerona.

## Sul de Nueva Gerona

### Atrações e atividades

**La Jungla de Jones** JARDIM

(Entrada CUC$3; 24 horas) Localizado 6km a oeste de La Fe, na direção do Hotel Colony, esse jardim botânico contém mais de oitenta variedades de árvores. Cortado por caminhos arborizados e salpicado de vasos com cactos e mangueiras, esse grande jardim foi fundado por dois botânicos norte-americanos, Helen e Harris Jones, em 1902. O destaque é a apropriadamente batizada Catedral do Bambu: um espaço fechado, cercado por altos bambus, por entre os quais passa apenas um pouco de luz do sol.

**Criadero Cocodrilo** FAZENDA DE CROCODILOS

(Entrada CUC$3; 7-17h) Essa fazenda teve um papel importante na preservação de crocodilos em Cuba ao longo dos últimos anos, e os resultados são interessantes. Lar de mais de quinhentos crocodilos de todos os tamanhos, o *criadero* é similar ao que fica em Guamá, em Matanzas (p. 226), embora a paisagem aqui seja infinitamente mais selvagem. Os crocodilos recebem cuidados até os sete anos de idade, depois o centro os liberta na natureza – a essa altura, eles medem cerca de 1m. Para chegar ao *criadero*, vire à esquerda 12km ao sul de La Fe, passando por Julio Antonio Mella.

### Onde dormir e comer

**Hotel Colony** HOTEL, RESORT $$

(39-81-81; all-inclusive s/c CUC$74/84; P) Esse hotel que fica 46km a sudoeste de Nueva Gerona foi fundado em 1958 como parte da cadeia Hilton, mas foi confiscado pelo governo revolucionário antes de abrir oficialmente as suas portas. Hoje o prédio principal está um pouco gasto, mas os novos bangalôs são limpos, iluminados e arejados. Pode ser mais econômico escolher um pacote que inclua as três refeições e também mergulhos do tipo *scuba diving*. O mar em frente ao hotel, cercado de areia branca, é raso e o fundo é forrado de ouriços, por isso é preciso ter cuidado ao nadar. A piscina do Colony talvez seja uma aposta mais segura. Um longo cais (com um bar perfeito para beber mojitos ao pôr do sol) se estende pela baía, mas praticar snorkel nas imediações do hotel não é uma boa ideia. O mergulho, porém, é maravilhoso. A Havanautos, de aluguel de carros, tem um escritório no hotel.

### Como chegar e sair

O transporte é difícil na Isla, e os horários de ônibus são tão ruins que até o restante de Cuba pode parecer eficiente. Tente o ônibus 441 que parte de Nueva Gerona. O melhor mesmo é ir para o hotel de táxi (cerca de CUC$35 a partir do aeroporto), ou alugar um carro (p. 164).

## Zona militar do Sul

A área inteira ao sul de Cayo Piedra é considerada zona militar e, para entrar, é preciso obter um passaporte de um dia (CUC$12) na **Ecotur** (32-71-01; calle 24, entre calle 33 e o rio; 8-16h seg-sex), em Nueva Gerona. A empresa conta com os serviços de um guia que fala espanhol, inglês, alemão, francês e italiano, mas, se você quiser, pode explorar o local em seu próprio veículo 4x4 – isso pode ser organizado com a Cubacar de Nueva Gerona (p. 164). Viajar pela zona militar não é possível sem um guia ou um passe oficial, então não chegue à alfândega de Cayo Piedra sem nenhum dos dois. Como o passeio pode ficar bem caro, vale a pena dividir o custo do transporte com outros viajantes. Bons lugares para encontrar companheiros de aventura são o Hotel Colony e a Villa Isla de la Juventud. Em ambos há escritórios de informações para turistas que podem dar dicas atualizadas sobre a região.

**CUEVA DE PUNTA DEL ESTE**

A Cueva de Punta del Este, um monumento nacional 59km a sudeste de Nueva Gerona, foi chamada de "Capela Sistina" da arte indígena caribenha. Muito antes da conquista dos espanhóis (especialistas acreditam que cerca de 800 a.C.), os índios pintaram 235 pictografias nas paredes e no teto da caverna. A maior tem 28 círculos concêntricos em vermelho e preto, e as pinturas foram interpretadas como parte de um calendário solar. Descobertas em 1910, elas são consideradas os exemplares mais importantes desse tipo no Caribe. A longa praia de areias brancas e sem sombras ao lado é outra atração (para você e os mosquitos – não esqueça o repelente).

**COCODRILO**

Uma estrada esburacada leva do sul de Cayo Piedra à linda praia de areias brancas **Playa Larga**; depois, no sentindo oeste, percorrendo 50km, chega-se à simpática vila de Cocodrilo. Quase intocada pelo turismo e com uma população de apenas 750 habitantes, Cocodrilo era antes conhecida como Jacksonville, tendo sido colonizada no século 19 por famílias das Ilhas Cayman. Ainda é possível cruzar com falantes de inglês. Em meio à vegetação exuberante à beira da estrada, pode-se espiar o gado, pássaros, lagartos e colmeias. A costa rochosa, às vezes cinzelada por pequenas praias de areias brancas e banhada por águas azuis cristalinas, é magnífica.

**Criadouro de tartarugas** FAZENDA DE TARTARUGAS

(Entrada CUC$1; 8-18h) Um quilômetro a oeste de Cocodrilo, esse criadouro realiza um excelente trabalho de conservação de uma das espécies mais raras e ameaçadas de Cuba. Nos vários tanques verdes há todo tipo de tartarugas.

# CAYO LARGO DEL SUR

45

Se você tiver vindo a Cuba para ver de perto cidades históricas coloniais, dançarinas exóticas e incontáveis referências a Che Guevara, Cayo Largo del Sur, a segunda maior ilha (38km²) do Archipiélago de los Canarreos (e a que fica mais a leste), será uma grande decepção. Mas se você estiver atrás de lindas praias de areias brancas, mergulhos pelos corais e resorts fabulosos em sistema all-inclusive, e não se importar com muitos canadenses e italianos andando para lá e para cá como vieram ao mundo, então esse paraíso tropical coberto de mangues pode ser o seu destino dos sonhos.

## UNIVERSIDADE ABERTA

O recorde da Isla de la Juventud como educadora internacional pode ser considerado um dos grandes triunfos da Revolução – embora haja argumentos contra isso. Começando como uma iniciativa do governo para combater o analfabetismo e prover os cubanos com uma educação de qualidade e gratuita, a primeira escola foi aberta na ilha em 1961. Nos anos 1970, mais de quarenta escolas de ensino fundamental e oito também com ensino médio foram construídas na Isla, assim como institutos técnicos e escolas superiores para treinamento de professores.

O objetivo de longo prazo de Castro era compartilhar essa campanha bem-sucedida de alfabetização com outros países em desenvolvimento e, em 1977, as primeiras bolsas foram dadas a 2 mil alunos da sétima série de Angola, um país então devastado pela guerra. Outros grupos aderiram também, vindos de Angola e Moçambique, e alguns anos depois havia quase 150 mil alunos na Isla, estudando de arte a zoologia.

Encorajados a partilhar com a sociedade o que haviam aprendido, os estudantes estrangeiros tinham de aprender espanhol e contribuir socialmente na colheita de frutas anual nas plantações de frutas cítricas da ilha. Como recompensa, ganhavam a bolsa, uma ajuda mensal e – o que é mais importante – educação de qualidade, algo que em seus países seria apenas um sonho distante.

Nesse novo papel de mentora extraoficial do mundo em desenvolvimento, Cuba foi sede do 11º Festival Mundial da Juventude, em 1978, que aconteceu em Havana. Fidel se pronunciou no evento, anunciando ao mundo que rebatizaria sua "sala de aula em alto-mar" como Isla de la Juventud. Ninguém se opôs.

Mas mudanças no mundo, juntamente com o caos econômico que se instaurou no Período Especial, deram fim à campanha internacional de Cuba pela educação, e hoje há muito menos estudantes na Isla.

Nunca houve uma colonização permanente em Cayo. A ilha foi desenvolvida só no começo dos anos 1980, com o objetivo puramente turístico. Cayo Largo del Sur (Cayo Largo, para simplificar) é muito frequentada por turistas italianos – há até mesmo um resort que recebe unicamente visitantes da Itália. Os outros são menos exclusivistas. As praias de sonho (há 26km de praias) superam a expectativa da maioria dos viajantes: são conhecidas por serem grandes, vazias e, no verão, o ninho de muitas tartarugas. Também há profusão de iguanas e aves, entre elas grous, *zunzuncitos* (beija-flores-abelha) e flamingos.

A ilha pode ser visitada como uma cara excursão de um dia partindo de Havana, mas a maior parte dos turistas reserva pacotes de uma ou duas semanas. Trata-se de um refúgio paradisíaco, embora não se pareça com Cuba.

Cayo Largo del Sur fica entre o Golfo de Batabanó e o Mar do Caribe, 114km a leste da Isla de la Juventud e 300km ao norte da Ilha Grand Cayman.

## Atrações

**Playa Sirena** PRAIA

A melhor praia de Cayo Largo (e, talvez, de Cuba) é a Playa Sirena, virada para oeste, com 2km de areia branca fininha e espaço suficiente para alguns arremessos de beisebol. Turistas em excursões de um dia vindos de Havana e Varadero são em geral trazidos para cá, onde há também as atividades aquáticas mais comuns (passeios de caiaque e catamarã). Na parte de trás da praia fica um bar/restaurante em estilo *ranchón*, com chuveiro e banheiros.

Logo a sudeste fica a **Playa Paraíso**, mais estreita, porém igualmente maravilhosa, que também tem um pequeno bar.

**Granja de las Tortugas** FAZENDA DE TARTARUGAS

(Combinado; CUC$1; ⌚7-12h e 13-18h) Um pequeno complexo que fica fechado com frequência. Fica na ponta da ilha, para lá da pista de pouso de Combinado. De maio a setembro, guias organizam observação noturna de tartarugas nas praias de Cayo Largo.

**Playa los Cocos** PRAIA

Você pode ir à costa leste da ilha por essa praia, onde há boas oportunidades para praticar snorkel (a estrada pavimentada acaba depois da Playa Blanca).

**Playa Tortuga** PRAIA

Para lá da Playa los Cocos, na extremidade da ilha, fica essa praia, em cujas areias desovam as tartarugas marinhas.

**Cayo del Rosario & Cayo Rico** ILHAS

Outro destino de um dia são as ilhas entre Cayo Largo e Isla de la Juventud. Excursões de barco para as suas praias, partindo dos hotéis, custam CUC$56 por pessoa.

**Cayo Iguana** ILHA

Na ponta noroeste de Cayo Largo, Cayo Iguana é o lar de, isso mesmo, centenas de iguanas. Uma viagem de iate até lá custa CUC$69 e inclui almoço.

## Atividades

A melhor (e única) trilha da ilha vai da Playa Sirena até Sol Cayo Largo pela praia (7km) e vice-versa. Um caminho aberto margeia as dunas pela maior parte do caminho quando a maré está alta. Você também pode alugar uma bicicleta, se estiver hospedado em um dos resorts, e ir a leste, para lá do Playa Blanca Beach Resort, para descobrir as praias mais remotas da ilha. Outras atividades presentes na ilha são snorkel, windsurfe, passeios de barco a vela e caiaque, tênis e vôlei. Informe-se nos hotéis.

**Marina Internacional Cayo Largo** MERGULHO, PESCARIA

(☎24-81-33; Combinado) Logo atrás da fazenda de tartarugas de Combinado, esse é o ponto de partida para excursões de pescaria em alto-mar (CUC$325 para 4 horas e oito pessoas) e de mergulho (CUC$37 por um mergulho, incluindo o transporte do hotel). Os preços são mais altos porque não há muitas opções. A marina também organiza dois torneios internacionais de pescaria, que acontecem em setembro.

**Horseback Riding Center** HIPISMO

(CUC$6 por hora) Vindo do aeroporto, logo depois do cruzamento para os hotéis Sol e perto da *torre de jardin* (esse é provavelmente o edifício mais interessante da ilha), há um centro de hipismo no estilo *ranchón*, de onde se pode partir em uma das poucas trilhas de Cayo Largo. Cavalgar em uma linda praia pode ser mais interessante do que simplesmente se bronzear na areia.

## Onde dormir

Todos os hotéis de Cayo Largo del Sur ficam de frente para uma praia de 4km no lado sul da ilha. Embora não sejam muito sombreadas, as praias são lindas e dificilmente ficam cheias (até porque ninguém mora aqui). Se você estiver em uma excursão, o passe de um dia nos resorts custa CUC$35, incluindo o almoço.

## Cayo Largo del Sur

**Sol Cayo Largo** RESORT $$$

(☎24-82-60; all-inclusive s/c CUC$160/270; P ❄ @ ≋) A melhor propriedade da rede Sol Meliá é esse cinco estrelas, com seu lobby em estilo grego e fontes italianas borbulhantes. A praia em frente é fantástica (e de nudismo), e os quartos em cores vibrantes (embora não luxuosos) têm varanda com vista para o mar. É ainda o resort mais exclusivo de Cayo Largo e ótimo para quem quer fugir da profusão de famílias e do bingo à beira da piscina presentes nos hotéis mais a leste. Conheça o spa e a academia – é como uma viagem a Shangri-Lá.

**Playa Blanca Beach Resort** RESORT $$$

(☎24-80-80; all-inclusive s/c CUC$102/170; P ❄ @ ≋ 👪) O mais novo resort de Cayo Largo fica separado do restante, em uma faixa larga da Playa Blanca. A arquitetura feiosa é compensada por três restaurantes e uma grande variedade de atividades esportivas. Também há um toque personalizado. Obras de arte do artista cubano Carlos Guzmán decoram as áreas sociais, e as suítes de alto escalão têm mezanino. Um pouco mais de sombra não seria nada mal, porém.

**Hotel Isla del Sur & Eden Village Complex** RESORT $$$

(☎34-81-11; all-inclusive s/c CUC$80/120; P ❄ ≋) Esse foi o primeiro hotel em Cayo Largo e agora é o centro do complexo Eden Village, conhecido como Eden Viaggi por seus muitos clientes italianos, ou como El Pueblito, porque se parece com uma pequena cidade (de arquitetura horrenda). A maioria das comodidades do resort está concentrada na Isla del Sur, com 59 quartos, que é um longo prédio de dois andares, próximo à diversão noturna um tanto cafona que acontece ao redor da piscina. Na direção oeste há também a Villa Coral, com 55 quartos em dez construções de dois andares que imitam o estilo colonial, e outra piscina. Por último há a Villa Soledad, que se parece mais com uma vila de aposentados do que com um refúgio paradisíaco do Caribe. Todos pertencem ao Gran Caribe e cobram diárias similares. O outro hotel por aqui, Villa Lindamar, é na verdade o melhor, mas só recebe turistas italianos, que fazem a reserva em seu país.

**Sol Pelícano** RESORT $$$

(☎24-82-33; all-inclusive s/c CUC$112/180; P ❄ @ ≋ 👪) Esse resort em estilo espanhol, 5km a sudeste do aeroporto e localizado na praia, tem 203 quartos distribuídos em vários prédios de três andares e *cabañas* (chalés) de dois andares, construídos em 1993. É o maior resort da ilha, mas só abre na alta temporada. Há boas opções de lazer para famílias e uma casa noturna.

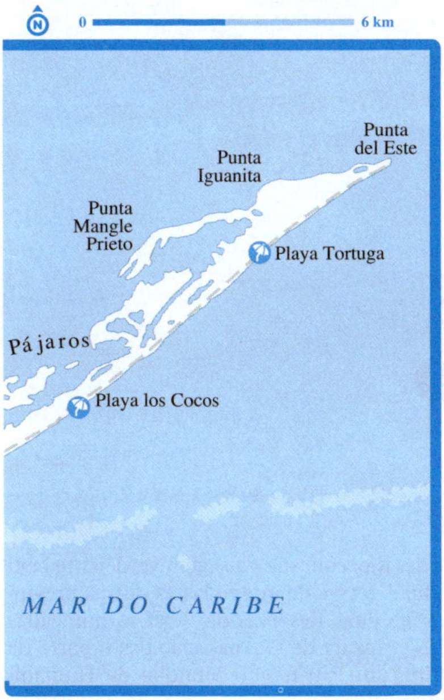


## Onde comer

De todos os resorts com sistema all-inclusive, o Sol Cayo Largo é o que serve a melhor comida.

**Ranchón Playa Sirena** FRUTOS DO MAR, CARIBENHA $$$
(9-17h) Entre as palmeiras da Playa Sirena, um bar praiano com boas opções e Tom Cruises latinos circulando com seus coquetéis. A comida é boa e, se houver clientes suficientes, é aberto um bufê (CUC$20). São servidos pratos simples da culinária *criolla* e um pargo grelhado saboroso por CUC$12.

**Restaurante el Torreón** CARIBENHA, ESPANHOLA $$
(12-0h) Na colônia de Combinado, em Cayo Largo, e dentro de uma construção que parece uma fortaleza, perto da marina, El Torreón serve comida cubana com um pouco de imaginação, além de vinho e muitas outras surpresas espanholas.

## Lazer

**Taberna el Pirata** CASA NOTURNA
(24 horas) É a única opção fora do sistema all-inclusive. É um refúgio para quem trabalha nos barcos e no balneário, e para alguns turistas que escapam da Marina Internacional Cayo Largo.

**Fiesta Marán** CASA NOTURNA
(Entrada CUC$15; 23h-2h30) Uma danceteria que fica em um iate na costa da Playa Sirena.

## Informações

Há uma **Cubatur** (24-82-58) no Sol Pelícano e outros escritórios de informações no Sol Cayo Largo e na Playa Blanca Resorts. Pode-se trocar dinheiro nos hotéis; senão, a sede do principal banco da ilha, **Bandec** (8h30-12h e 14h-15h30 seg-sex, 9-12h sáb e dom), fica em Combinado. Ao lado fica a tabacaria **Casa del Tabaco** (24-82-11; 8-20h) e o centro médico **Clínica Internacional** (24-82-38; 24 horas). Aceitam-se euros nos estabelecimentos para turistas.

Em função da violência das ondas, nadar às vezes é proibido, o que é indicado por bandeirolas vermelhas na praia. Os mosquitos podem perturbar também.

## Como chegar e sair

Muitos voos fretados saem direto do Canadá semanalmente, e a companhia Cubana também tem voos diretos semanais saindo de Montreal e Milão.

Para turistas que já estão no país, há voos diários de Havana para Cayo Largo del Sur com a **Aerogaviota** (203-8686; av. 47, 2814, entre calles 28 e 34, Kohly, Havana) ou Cubana (p. 119), que custam CUC$129 ida e volta. Quem está hospedado em Havana pode fazer uma excursão de um dia para a ilha, embora seja preciso acordar bem cedo para ir para o aeroporto (todos os voos para Cayo Largo decolam entre 7h e 8h da manhã do aeroporto de Playa Baracoa, alguns quilômetros a oeste da Marina Hemingway).

Excursões organizadas de um dia saindo de Havana ou Varadero com destino a Cayo Largo del Sur custam cerca de CUC$137, incluindo o transporte para o/do aeroporto e almoço, além de idas à Playa Sirena e ao Cayo Iguana. O traslado para o aeroporto de Havana começa às 5h da manhã, aproximadamente, saindo dos hotéis; verifique se passará mesmo no seu hotel. Todas as agências de viagem de Havana (p. 118) oferecem esse serviço.

## Como circular

Deslocar-se em Cayo Largo não é muito desafiador. Você pode percorrer de táxi ou de ônibus os 5km que levam do aeroporto à faixa de hotéis. Dali, uma espécie de bonde (o *trencito*) leva turistas até a Playa Paraíso (6km) e a Playa Sirena (7km). O bondinho volta à tarde, ou pode-se voltar caminhando pela praia. A pequena colônia de Combinado fica 1km ao norte do aeroporto e a 6km do balneário mais próximo. O sempre popular **Miguel Taxi** (529-03-282) pode levá-lo a qualquer lugar. Se preferir não usar o táxi, mantenha-se nas proximidades dos hotéis e do aeroporto.

# Província de Pinar del Río

048 / POP. 594.279

**Inclui »**



## Os melhores lugares para comer

» Restaurante la Casa de Don Tomás (p. 186)

» Restaurante Mural de la Prehistoria (p. 191)

» Rumayor (p. 175)

## Os melhores lugares para ficar

» Hotel los Jazmines (p. 185)

» Villa Pitín & Juana (p. 185)

» La Ermita (p. 185)

» Villa los Reyes (p. 185)

» Hotel Vueltabajo (p. 175)

» Hotel Mirador (p. 193)

## Por que ir?

A bucólica Pinar del Río, com sua paisagem verdejante bem preservada, tem mais terras do que todas as outras províncias de Cuba. Abriga duas Reservas da Biosfera nomeadas pela UNESCO (a Península de Guanahacabibes e parte da Sierra del Rosario), um Patrimônio Mundial da Humanidade, também nomeado pela UNESCO (o Valle de Viñales) e uma colcha de retalhos de zonas de flora e fauna bem conservadas. Também é aqui o melhor lugar para plantar tabaco, uma bênção que cobre uma das paisagens mais tipicamente cubanas: campos avermelhados férteis, onde o gado pasta e o tabaco seca em casas vigiadas por *guajiros,* com seus tradicionais sombreros.

Um dos estereótipos regionais de Cuba, o *guajiro* é a personificação de Pinar del Río: um camponês amável cujo lar é a venerável Viñales, um pequeno povoado hospitaleiro cercado por *mogotes* (morros com cume plano).

Além da zona rural, os destaques praianos de Pinar são os idílicos carpetes de areia de Cayo Jutías e Cayo Levisa, e também María la Gorda, na ponta mais remota da ilha, onde há mais de cinquenta pontos maravilhosos para mergulho.

## Quando ir

Venha de maio a agosto para ver o melhor da natureza da região, como as tartarugas de Guanahacabibes; de outubro a março, para a observação de pássaros; e de dezembro a março para aproveitar o tempo ensolarado nas praias. É melhor não ir de agosto ao início de outubro – temporada de furacões em uma região conhecida por suas ventanias devastadoras.

**História**

A história pré-colombiana da região oeste de Cuba é sinônimo de guanahatabeys, um grupo de índios nômades que vivia em cavernas e tirava seu sustento principalmente do mar. Menos avançados do que outros povos indígenas da ilha, os guanahatabeys eram pacíficos e passivos, e sua cultura se desenvolveu de forma independente em relação às culturas dos tainos e siboneys do leste. Eles já estavam extintos quando da chegada dos espanhóis, em 1492, e há pouca documentação sobre como os arcaicos guanahatabeys viviam, embora sítios arqueológicos tenham sido encontrados na Península de Guanahacabibes.

Após Colombo, os espanhóis largaram Pinar del Río à sua própria sorte, e a área se desenvolveu minimamente apenas depois da chegada de imigrantes das Ilhas Canárias, já no fim do século 16. Originalmente chamada de Nueva Filipina por conta da grande quantidade de filipinos que vieram trabalhar nas plantações de tabaco, Pinar del Río ganhou esse nome em 1778, supostamente devido às florestas de pinheiros que ficam à beira do rio Guamá. A essa altura, a ponta oeste de Cuba já havia ganhado fama por seu tabaco e era a sede da companhia de fumo mais antiga do mundo, a Tabacalera, fundada em 1636. A criação de gado também impulsionou a economia. Os fazendeiros que ganhavam seu pão com as colheitas delicadas da região foram apelidados de *guajiros,* um termo local que significa – literalmente – "um de nós". Em meados do século 19, os europeus já estavam viciados no tabaco e a região enriqueceu. Foram abertas rotas marítimas e também uma estrada de ferro para facilitar o embarque do produto perecível.

Hoje o fumo, assim como o turismo, mantêm Pinar del Río lucrativa e bastante frequentada. A região recuperou-se quase totalmente de dois furacões catastróficos que a atingiram em 2008 e continua levantando a bandeira de epicentro ecológico de Cuba.

# ÁREA DE PINAR DEL RÍO

## Pinar del Río

POP. 191.660

Você pode sentir o aroma de Pinar del Río antes mesmo de vê-la: trata-se da capital do fumo de Cuba, incrustada em meio à fértil Vuelta Abajo, próspera pelas plantações que geram os melhores charutos do planeta. Não é de surpreender que esse lugar se orgulhe de ter sua própria fábrica de charutos (aberta a visitas), além de uma população afável de habitantes castigados pelo sol, que trabalham na produção de charutos e gostam de mostrar aos visitantes que há mais coisa para se fazer na cidade além de fumar *puros* (charutos) e desviar dos *jineteros* (cambistas), que infelizmente já valeram à tranquila Pinar uma má reputação.

Pinar del Río foi uma das últimas capitais de província a se desenvolver, e ainda parece estar presa em um ritmo lento. Negligenciada por sucessivos governos centrais, que preferiam açúcar a tabaco, a cidade se tornou motivo de piada devido aos seus *guajiros,* supostamente muito ingênuos e retratados como caipiras simplórios. Mas a cidade lutou para superar esse preconceito. Conseguiu sobreviver à negligência, ao escárnio e, mais recentemente, a um furacão de intensidade 4 – além disso, já está conseguindo melhorar a sua reputação. A nova produção artística local tem se mostrado muito viva e há um bom número de edifícios da era colonial, entre eles dois lindos museus e um estupendo teatro restaurado.

### NOMES DE RUAS DE PINAR DEL RÍO

Os habitantes continuam usando os nomes antigos; oriente-se por este quadro.

| NOME ANTIGO | NOVO NOME |
|---|---|
| Calzada de la Coloma | Rafael Ferro |
| Caubada | Comandante Pinares |
| Recreo | Isabel Rubio |
| Rosario | Ormani Arenado |
| San Juan | Rafael Morales |
| Vélez Caviedes | Gerardo Medina |
| Virtudes | Ceferino Fernández |

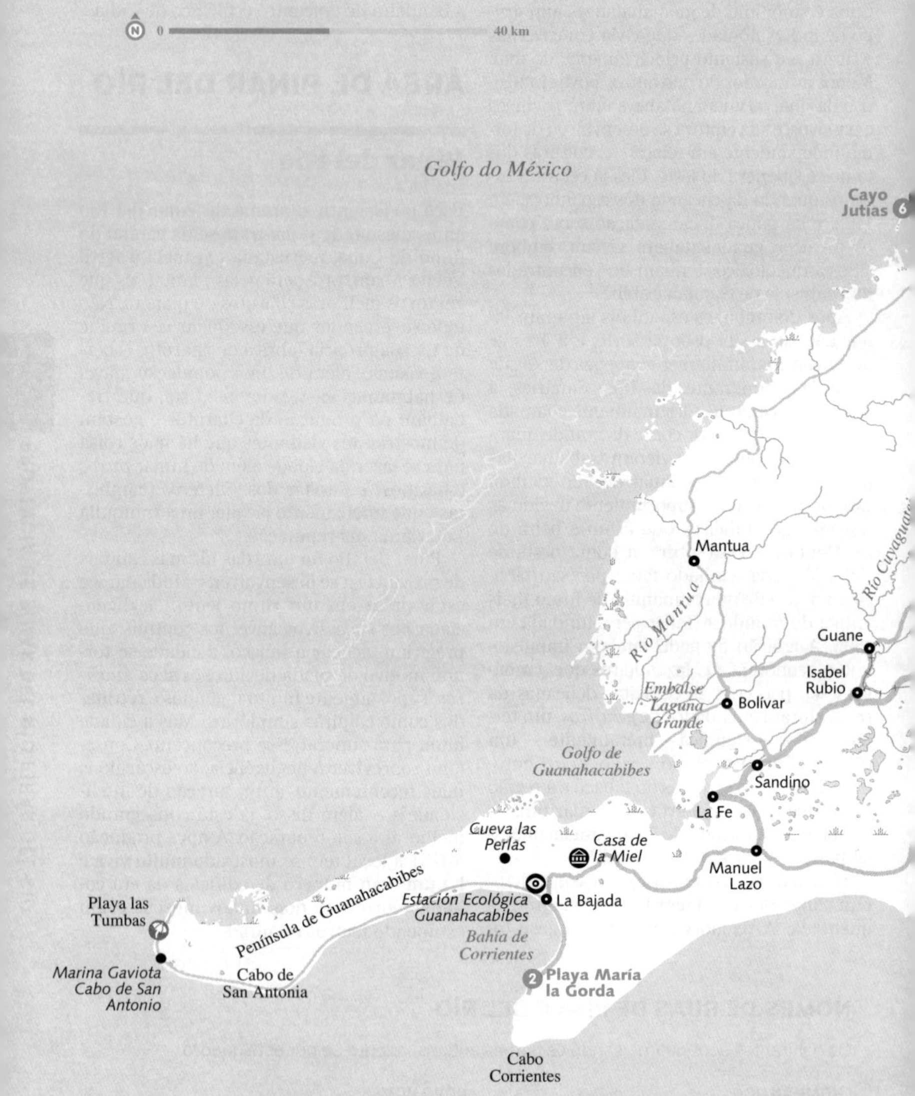


## Destaques da província de Pinar del Río

1. Veja o lado cosmopolita da região em um passeio a pé por **Pinar del Río** (p. 174)
2. Pratique *scuba diving* na **Playa María la Gorda** (p. 181)
3. Saia do ônibus turístico para apreciar a vista, sentir o cheiro e experimentar a beleza rural do **Valle de Viñales** (p. 183)
4. Cavalgue com os *guajiros* no Vale Palmarito, no **Parque Nacional Viñales** (p. 189)

❺ Embrenhe-se nas grutas e cavernas da **Gran Caverna de Santo Tomás** (p. 189), um dos maiores sistemas subterrâneos da América Latina

❻ Recarregue as baterias no paradisíaco **Cayo Jutías** (p. 191)

❼ Veja onde Che Guevara jogou xadrez durante a Crise dos Mísseis, na **Cueva de los Portales** (p. 194)

### História

Pinar del Río foi fundada, da maneira como é hoje, em 1774 por um capitão do exército espanhol. Em 1896, o general Antonio Maceo trouxe a Segunda Guerra da Independência a Pinar del Río em uma tentativa ambiciosa de dividir a ilha em duas, e a cidade reuniu forças sob seu chamado.

Após a Revolução de 1959, a prosperidade econômica de Pinar del Río aumentou exponencialmente, o que foi facilitado pela construção da Autopista Nacional, saindo de Havana, e pelo desenvolvimento do turismo nos anos 1980. Do time de beisebol da cidade saíram alguns dos melhores jogadores do país, perdendo apenas para os de Havana e Santiago: muitos deles, como Alexei Ramírez e José Contreras, migraram para os Estados Unidos.

## Atrações

**Museo de Ciencias Naturales Sandalio de Noda** MUSEU
(Martí Este, 202; entrada CUC$1, câmera CUC$1; 9-17h seg-sex, até 13h dom) O ponto mais interessante, ao menos por fora, é essa mansão peculiar, uma espécie de mistura de neogótico e mouro construída pelo médico local Francisco Guasch, que gostava de viajar pelo mundo. Hoje um museu (chamado de Palacio de Guasch pelos moradores), tem de tudo: de um tiranossauro de concreto a um bebê girafa empalhado.

**Museo Provincial de Historia** MUSEU
(Martí Este, 58 entre Colón e Isabel Rubio; entrada CUC$1; 8h30-18h30 seg-sex, 9-13h sáb) Perto do Museo de Ciencias Naturales fica um museu interessante, que conta a história da província desde a época pré-colombiana até o presente. Procure pelos manuscritos de Enrique Jorrín (o criador do chá-chá-chá).

**Teatro José Jacinto Milanés** TEATRO
(75-38-71; Martí, 160, entre Isabel Rubio e Colón) No mesmo quarteirão dos museus acima fica esse lindo teatro de madeira com 540 lugares. Construído em 1845, é um dos mais antigos de Cuba. Foi reaberto em 2006 após um longo período de reformas e, com seu interior colorido, pátio e café em estilo espanhol, vale uma visita.

GRÁTIS **Palacio de los Matrimonios** EDIFÍCIO NOTÁVEL
(Martí, entre Rafael Morales e Plaza de la Independencia) Seguindo a oeste para Martí, a grandiosa fachada neoclássica mostra a opulência desse edifício de 1924, que já foi cenário de casamentos. Os porteiros deixam visitantes dar uma olhada no interior luxuoso, repleto de arte, a maioria de origem chinesa.

**Fábrica de Tabacos Francisco Donatien** FÁBRICA DE CHARUTOS
(Maceo Oeste, 157; entrada CUC$5; 9-12h e 13-16h seg-sex) Você verá pessoas enrolando os melhores charutos de Pinar (isto é: do mundo) nesse edifício, que funcionou como prisão até 1961, mas agora é a central do tabaco no circuito turístico. É menor do que a fábrica Partagás, de Havana, mas dá uma visão mais íntima do processo, embora o lado ruim seja o mesmo: guias robóticos, tours apressados e a sensação de que se trata de uma experiência ligeiramente voyeurística.

**Catedral de San Rosendo** IGREJA
(Maceo Este, 3) A catedral da cidade, nem sempre notada, fica quatro quarteirões a sudeste da fábrica de charutos. Data de 1883, e seu exterior amarelo-claro parece ser repintado com mais frequência do que o de outros prédios da cidade. Como acontece com a maioria das igrejas de Cuba, o interior em geral fica fechado. Dê uma olhada por dentro na missa de domingo.

**Fábrica de Bebidas Casa Garay** FÁBRICA DE CONHAQUE
(Isabel Rubio Sur, 189, entre Ceferino Fernández e Frank País; entrada CUC$1; 9h-15h30 seg-sex, até 12h30 sáb) Trabalhadores locais usam uma receita secreta para destilar versões mais secas ou mais doces da bebida típica da cidade, o conhaque de goiaba Guayabita del Pinar. Os tours (em várias línguas) pela fábrica, que duram 15 minutos, são finalizados com uma degustação. Há uma loja ao lado.

GRÁTIS **Casa Taller** GALERIA DE ARTE
(Martí 160) A Plaza de Independencia é o centro da cena artística de Pinar. Primeira e mais importante de todas, a galeria do renomado artista cubano Pedro Pablo Olivia fica no lado noroeste da praça. O destaque atual do trabalho de Olivia é o lindo *El gran apagón*, uma obra satírica (e por isso corajosa) que representa perfeitamente os problemas do país e a nada animadora situação política do momento. O que há de melhor na galeria, porém, é que ela estimula o talento artístico em Pinar del Río; muitos artistas locais expõem seus trabalhos aqui. Dê uma volta sempre que puder.

GRÁTIS **Centro Provincial de Artes Plásticas Galería** GALERIA DE ARTE
(Antonio Guiteras; ⏲8-21h seg-sáb) Do outro lado da praça, essa é outra ótima galeria de Pinar, que abriga muitos trabalhos locais.

## Atividades

**Estadio Capitán San Luis Sports** BEISEBOL
(☎75-38-95; entrada 1 peso; ⏲jogos 19h ter-qui e sáb, 16h dom) De outubro a abril, jogos empolgantes de beisebol agitam esse estádio, que fica ao norte da cidade. O Pinar del Río é um dos melhores times do país, desafiando com frequência o monopólio Havana–Santiago. Venha à noite para ver os treinos.

## Festas e eventos

O **Carnaval**, no início de julho, tem um desfile de *carrozas* (carroças) que passam pelas ruas, com casais dançando entre os carros alegóricos. É uma festa grande, com muita bebida e dança.

## Onde dormir

**Casa Colonial – José Antonio Mesa** CASA PARTICULAR $
(☎75-31-73; Gerardo Medina Norte, 67, entre Adela Azcuy e Isidro de Armas; q CUC$25; P❄) Muito espaço e uma *jacuzzi* improvisada no pátio dos fundos. José é uma espécie de baluarte da região, e seus dois quartos e as lindas áreas comuns são sempre concorridos.

**Hotel Vueltabajo** HOTEL $
(☎75-93-81; esq. Martí e Rafael Morales; s/c CUC$35/55; ❄) Um hotel colonial estiloso, com pé-direito alto, toldos listrados nas janelas e quartos tão espaçosos que até parece não haver móveis suficientes. Venezianas à moda antiga abrem-se para a rua e, na parte de baixo, há um bar-restaurante razoável; um café da manhã igualmente razoável está incluído na diária.

**Gladys Cruz Hernández** CASA PARTICULAR $
(☎77-96-98; av. Comandante Pinares Sur, 15, entre Martí e Máximo Gómez; q CUC$20; ❄) Uma casa esplêndida, com móveis coloniais de bom gosto, situada perto da estação de trem; há dois quartos com banheiro, geladeira e TV, e um pátio grande nos fundos.

**La Mesón** CASA PARTICULAR $
(☎75-28-67; Martí Este, 205; q CUC$20; ❄) Esse antigo *paladar* agora testa sua hospitalidade também como *casa particular*, ideal para passar uma noite. As grandes áreas comuns contrastam com os quartos, não tão grandes – mas ao menos são limpos e tranquilos, com varandas voltadas para o pátio colorido.

**Villa Aguas Claras** CHALÉS $
(☎77-84-27; s/c com café da manhã CUC$36/40; P≋) Esse *campismo* acolhedor fica 8km ao norte da cidade, na carretera a Viñales (perto de Rafael Morales), e tem a infraestrutura de um hotel mediano. Os quartos são razoáveis, a paisagem, exuberante, e os atendentes, muito simpáticos. Além de um restaurante adequado, Villa Aguas Claras também oferece passeios a cavalo e excursões de um dia. É essencial usar repelente. Chega-se a Aguas Claras por Pinar del Río, tomando um ônibus que sai várias vezes ao dia.

## Onde comer

**Rumayor** CARIBENHA $$
(☎76-80-07; carretera a Viñales Km 1; ⏲12-0h; P) A melhor comida em Pinar del Río é, provavelmente, a desse lugar, localizado 2km ao norte do centro da cidade, em uma travessa da carretera a Viñales. Ganhou fama justa por seu suculento *pollo ahumado* (frango defumado) – você pagará um pouco mais (cerca de CUC$10), mas vale a pena. À noite, é um dos melhores cabarés de Pinar também.

**La Casona** CARIBENHA $
(Esq. Martí e Colón; pratos principais CUC$5; ⏲8-15h e 16-23h) É difícil acreditar, mas esse restaurante estatal é o segundo melhor de Pinar, perdendo apenas para o Rumayor. Para seduzir os visitantes, aqui há taças de vinho e pratos de carne, frango ou massa. Fica estrategicamente posicionado na parte mais movimentada da cidade, por isso os pedintes e/ou vendedores que atormentam turistas sempre estão por perto. Pegue uma mesa longe da porta.

**Restaurante Criollo** CARIBENHA $
(Carretera Central Km 1, entre av. Aeropuerto e Carretera a Viñales; pratos principais a partir de CUC$2; ⏲12h-21h45; P) Perto do hospital, esse restaurante com personalidade tem pratos como carne de porco e frango acima da média para a região. Tem um pátio grande, que se transforma em um bom cabaré após o anoitecer.

**El Marino** FRUTOS DO MAR $
(Martí esq. Isabel Rubio; ⏲12-15h e 18h21h15) Pague em pesos pela saborosa paella e por outros pratos de frutos do mar, e deixe a decoração náutica realçar a experiência.

## Pinar del Río

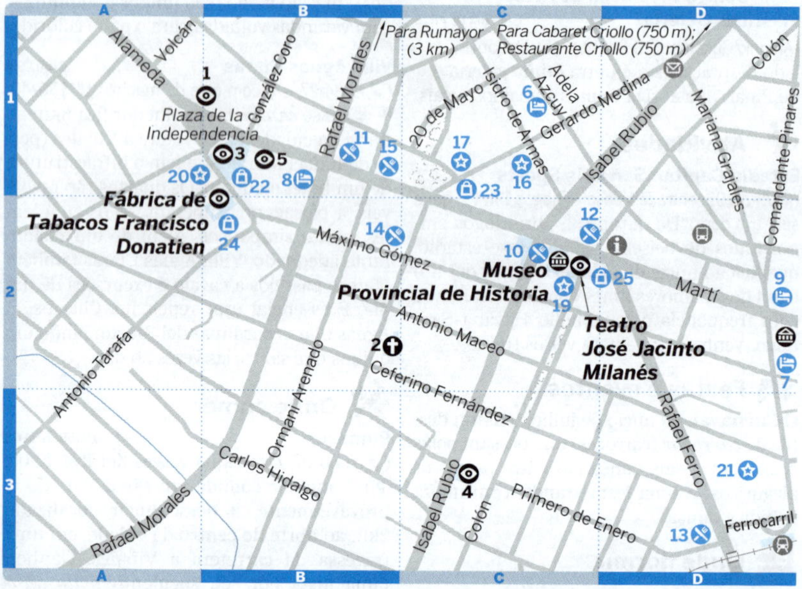


**Heladería** SORVETERIA $
(Esq. Martí e Rafael Morales; ⌚9-21h) Um substancioso *tres gracias* (três bolas) nesse lugar limpo e alegre custa metade do preço de uma colher de chá de Häagen Daas.

### Por conta própria

**Mercado agropecuario** MERCADO $
(Rafael Ferro; ⌚8-18h seg-sáb, até 13h dom) Esse colorido mercado a céu aberto de Pinar del Río fica quase nos trilhos da estação de trem. Você esbarrará com grupos guiados, aprendendo um pouco sobre a economia do Período Especial.

**Panadería Doña Neli** PADARIA $
(Esq. Gerardo Medina Sur e Máximo Gómez; ⌚7-19h) Oferece o pão nosso de cada dia.

**Supermercado el Comercio** SUPERMERCADO $
(Esq. Martí Oeste e Arenado; ⌚9-17h seg-sáb, até 12h dom) Um dos melhores mercados da cidade.

## ☆ Lazer

**Rumayor** CABARÉ
(☎76-30-51; carretera a Viñales Km 1; couvert CUC$5; ⌚12-0h) Além de servir ótima comida, esse lugar passa por uma metamorfose à noite, de terça a sábado, quando se torna um cabaré. Exagerado como um cabaré deve ser, tem um show fantástico que começa às 23h. Não é um Tropicana, mas está longe de ser fraco.

**Cabaret Criollo** CABARÉ
(Carretera Central Km 1, entre av. Aeropuerto e carretera a Viñales; ⌚9-2h seg-sáb; ❄) A metade musical do restaurante de mesmo nome é frequentada por moradores, que vêm ver o cabaré em um grande pátio ao ar livre.

**Café Pinar** MÚSICA AO VIVO
(Gerardo Medina Norte, 34; entrada CUC$3; ⌚10-2h) Esse é o lugar preferido dos jovens locais. Situado em uma extensão agitada da calle Gerardo Medina, recebe bandas ao vivo em seu pátio aberto. Entre os itens leves do cardápio, há massas, frango e sanduíches durante o dia.

**Casa de la Música** MÚSICA AO VIVO
(Gerardo Medina Norte, 21; entrada CUC$1; ⌚shows todas as noites às 21h) Depois de se aquecerem no Café Pinar, muitos cruzam a rua para ouvir música ao vivo aqui.

**Disco Azul** CASA NOTURNA
(Esq. Gonzales Alcorta e Autopista; entrada CUC$5; ⌚a partir das 22h ter-dom) Um hotel ruim, mas uma ótima danceteria: essa casa noturna animada, que fica no Hotel

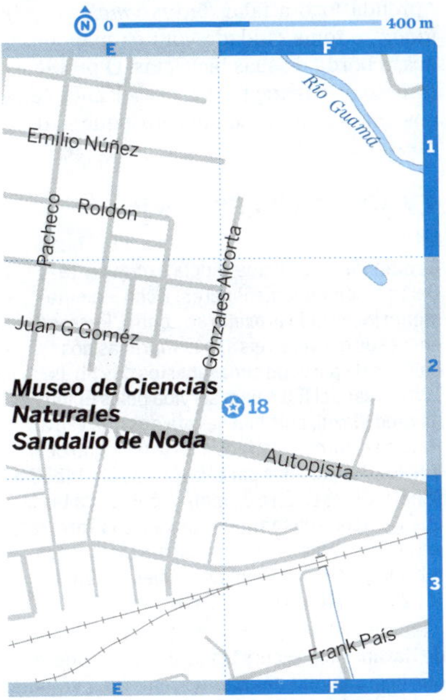


## Pinar del Río

**Destaques**

Fábrica de Tabacos Francisco Donatien .......... B2
Museo de Ciencias Naturales Sandalio de Noda .......... D2
Museo Provincial de Historia .......... C2
Teatro José Jacinto Milanés .......... C2

**Atrações**

1 Casa Taller .......... B1
2 Catedral de San Rosendo .......... B2
3 Centro Provincial de Artes Plásticas Galería .......... B1
4 Fábrica de Bebidas Casa Garay .......... C3
5 Palacio de los Matrimonios .......... B1

**Onde dormir**

6 Casa Colonial — José Antonio Mesa .......... C1
7 Gladys Cruz Hernández .......... D2
8 Hotel Vueltabajo .......... B1
9 La Mesón .......... D2

**Onde comer**

10 El Marino .......... C2
11 Heladería .......... B1
12 La Casona .......... C2
13 Mercado Agropecuario .......... D3
14 Panadería Doña Neli .......... B2
15 Supermercado el Comercio .......... B1

**Lazer**

16 Cafe Pinar .......... C1
17 Casa de la Música .......... C1
18 Disco Azul .......... F2
19 La Piscuala .......... C2
20 Teatro Lírico Ernesto Lecuona .......... A1
21 Uneac .......... D3

**Onde comprar**

22 Casa del Habano .......... B1
23 Fondo Cubano de Bienes Cultural .......... C1
24 La Casa del Ron .......... B2
25 Todo Libro Internacional .......... D2

Pinar del Río, na fronteira da cidade para quem vem da Autopista, é a mais badalada da cidade.

**La Piscuala** CENTRO CULTURAL
(Esq. Martí e Colón) Não perca esse pátio teatral – veja a programação noturna colocada do lado de fora.

**Teatro Lírico Ernesto Lecuona** TEATRO
(Antonio Maceo Oeste, 163) Perto da fábrica de charutos, esse teatro é o melhor para ver música clássica e ópera.

**Uneac** CINEMA
(Antonio Maceo, 178) Além dos lugares citados acima, tente a Unión de Escritores y Artistas de Cuba (Uneac), perto da estação de trem, para ver sessões especiais de filmes à noite e, às vezes, música ao vivo.

## Onde comprar

**Fondo Cubano de Bienes Cultural** ARTESANATO
(Esq. Martí e Gerardo Medina; 9-17h) A seleção mais interessante de artesanato regional, embora o lucro vá quase exclusivamente para o governo, e não para os artesãos.

**Casa del Habano** CHARUTOS
(Antonio Maceo, 162) Em frente à fábrica de tabaco, essa é uma das melhores lojas dessa rede estatal de charutos. Conta com bar ao ar livre, e a loja tem ar-condicionado, uma sala para fumantes e balcão da Infotur.

**La Casa del Ron** ARTESANATO, RUM
(Antonio Maceo Oeste, 151; 9-16h30 seg-sex, até 13h sáb e dom) Perto da fábrica de charutos, vende suvenires, CDs e camisetas, além da clássica bebida dos piratas.

**Todo Libro Internacional** LIVROS (Esq. Martí e Colón; ⌚8-12h e 13h30-18h seg-sex, 8-12h e 13-16h sáb) Seleção de mapas, livros e materiais de escritório no mesmo prédio da filial da Cubanacán.

## Informações

### Acesso à internet e telefone

**Etecsa Telepunto** (esq. Gerardo Medina e Juan Gómez; por hora CUC$6; ⌚8h30-19h30)

### Mídia

*O Guerrillero* é publicado às sextas-feiras. A Radio Guamá é transmitida na frequência 1080AM ou 90.2FM.

### Assistência médica

**Farmacia Martí** (Martí Este, 50; ⌚8-23h)

**Hospital Provincial León Cuervo Rubio** (☎75--44-43; carretera Central) Dois quilômetros ao norte da cidade.

### Dinheiro

**Banco Financiero Internacional** (Gerardo Medina Norte, 46; ⌚8h30-15h30 seg-sex) Em frente à Casa de la Música.

**Cadeca** (Martí, 46; ⌚8h30-17h30 seg-sáb)

### Correio

**DHL** (Gerardo Medina Norte, 160 entre Juan Gualberto Gómez e Isabel Rubio)

**Correio** (Martí Este, 49; ⌚8-20h seg-sáb)

### Agências de viagem

**Cubanacán** (☎77-01-04, 75-01078; Martí, 109)

**Havanatur** (☎77-84-94; Ormani Arenado esq. Martí; ⌚8-20h)

**Infotur** (☎72-86-16; ⌚9h-17h30 seg-sex) No Hotel Vueltabajo, uma das mais úteis fontes de informação da cidade.

## Perigos e aborrecimentos

Para uma cidade que recebe relativamente poucos turistas, Pinar del Río tem lá sua cota de *jineteros*, cambistas que assediam os turistas nas ruas e nos estabelecimentos. Normalmente são homens jovens que circulam nos arredores da calle Martí oferecendo de tudo, de refeições em *paladares* a "visitas guiadas" nas plantações de tabaco. A maioria se afasta ao ouvir o primeiro ou segundo "não", mas os mais atrevidos chegam a seguir carros de turistas (facilmente identificáveis com a placa roxa/marrom) em suas bicicletas e encostar para oferecer algo nos semáforos. Embora em geral não sejam agressivos, é melhor ser firme e educado, sem dar espaço para insistência. Aprenda logo a falar *"no me moleste, por favor"* e tome cuidado com os mais ousados, a bordo de suas bicicletas. O problema com *jineteros* melhorou nos últimos tempos, mas continua sendo algo a que se deve prestar atenção.

## Como chegar e sair

### Ônibus

A **rodoviária** da cidade (Adela Azcuy, entre Colón e Comandante Pinares) é convenientemente localizada próximo ao centro. Passagens em pesos conversíveis são compradas nos balcões da parte de cima (abertos das 8h às 19h). Pinar del Río é bem servida pelos ônibus da rede Víazul, pois fica na rota dos que vão a Havana e outros destinos a leste partindo de Viñales. Há partidas para Havana às 9h, 14h50 e 18h50 (CUC$11, 2h e 30min). O ônibus da tarde que vai a Havana também para em Las Terrazas, enquanto o matutino continua até Cienfuegos e Trinidad. Ônibus saem de Viñales às 12h05, 15h25 e 16h40 (CUC$6, 45 minutos).

Muitos ônibus turísticos partem todos os dias de Havana para excursões de um dia – pode ser que haja algumas paradas no caminho. Pergunte na **Havanatur** (☎77-84-94; Ormani Arenado esq. Martí; ⌚8-20h) sobre traslados para Cayo Levisa, Cayo Jutías e María la Gorda.

Tirando os ônibus principais, o transporte é bem escasso. Há ônibus esporádicos de Havana e Viñales para María la Gorda; mas pegar um táxi ou alugar um carro permite maior flexibilidade.

### Táxi

Táxis privados que ficam ao redor da rodoviária oferecem pacotes para Havana, o que pode ser uma boa saída. A corrida para o Aeroporto Internacional José Martí, por exemplo, custará cerca de CUC$60 – o que não é muito se comparado aos CUC$25 a partir de Havana.

Os **táxis Colectivo** reúnem-se no início da carretera a Viñales, do lado de fora do hospital na parte norte da cidade. Oferecem um tour cênico de Viñales por CUC$1.

### Trem

Antes de planejar viagens de trem, não deixe de verificar se os serviços não foram cancelados, suspensos ou remarcados. Partindo da **estação** (☎75-57-34; esq. Ferrocarril e Comandante Pinares Sur; ⌚balcão 6h30-12h e 13h-18h30) há um trem dolorosamente lento que vai para Havana (CUC$7, 5h30, 9h45) dia sim, dia não. Pode-se comprar a passagem para esse trem no dia da partida; chegue à estação entre as 7h e 20h. Trens locais vão no sentido sudoeste para Guane passando por Sábalo (CUC$2, 2h, 7h18 e 18h30). É o mais próximo a que se pode chegar de trem da Península de Guanahacabibes.

## Como circular

A **Cubacar** (☎75-93-81) tem um escritório de aluguel de veículos no Hotel Vueltabajo e também há um escritório **Havanautos** (☎77-80-15) no Hotel Pinar del Río. Podem-se alugar motocicletas na **Cubanacán** (p. 178).

O Servicentro Oro Negro fica a dois quarteirões ao norte do Hospital Provincial, na carretera Central. O posto de gasolina Servi-Cupet fica 1,5km mais ao norte na carretera Central, no sentido de Havana; outro fica na Rafael Morales Sur, ao sul da entrada da cidade.

Carroças (1 peso) na Isabel Rubio, perto da Adela Azcuy, vão para o Hospital Provincial e mais à frente, à carretera Central. Os bicitáxis custam 5 pesos na cidade.

Se quiser ir a Viñales no estilo cubano, siga para o norte, no cruzamento da carretera a Viñales com a carretera Central, e converse com o *amarillo* (amarelinho, que controla o tráfego).

# La Coloma

Uma pequena vila de pescadores 25km ao sul de Pinar del Río, à qual se chega passando por lindas paisagens. Tem a melhor praia da costa sul da província, na agradável Las Canas. Podem-se organizar passeios de barco a partir dali, para ir ao ainda mais bonito Cayos de San Felipe. Transporte público: está brincando, certo? Você só chega lá em seu carro (ou barco).

# Sudoeste de Pinar del Río

Se Cuba é a maior produtora mundial de fumo, Pinar del Río é sua joia e a verdejante região de San Luis, a sudoeste da capital da província, é o diamante. Poucos negam que esse terreno plano ao redor da cidadezinha de **San Juan y Martínez** seja o *crème de la crème* do melhor tabaco do mundo – e em uma paisagem rural pitoresca. Mais à frente há algumas praias pouco visitadas e a lagoa de água doce **Embalse Laguna Grande** repleta de percas.

## Atrações

**Plantação de Tabaco Alejandro Robaina** PLANTAÇÃO DE TABACO

(☎79-74-70; CUC$5; ⏲10-17h seg-sáb) Sabe-se que essa plantação não é a mesma desde a morte do antigo proprietário, mas ela continua fascinante. As famosas *vegas* (campos) de Robaina, na rica região de Vuelta Abajo, a sudoeste de Pinar del Río, geram tabaco de boa qualidade desde 1845, mas apenas em 1997 a marca de charutos Vegas Robaina foi lançada, para grande aclamação internacional. Isso fez do Señor Robaina o único cubano contemporâneo com uma marca de charutos com o seu nome. Quando o "Poderoso Chefão" cubano faleceu, em abril de 2010, não resta dúvida de que com ele fechou-se um capítulo na história da fabricação de charutos do país. Mas o show tem de continuar, e é assim que se mantém a plantação hoje: foi extraoficialmente aberta a visitantes há alguns anos.

Com um pouco de esforço e senso de direção, você pode entrar na fazenda e, por uma pequena taxa, conhecer o processo de produção dessa planta delicada, até ela se tornar o apreciado rolinho aromático.

Para chegar lá, pegue a carretera Central, a sudoeste de Pinar del Río, por 18 km. Vire à esquerda em outra rua plana e depois à esquerda de novo (depois de aproximadamente 4km), chegando a uma estrada mais precária que leva a uma fazenda. Há tours todos os dias, exceto aos domingos, mas é melhor ligar antes para verificar a disponibilidade, ou se informe nas agências de Río/ Viñales. A temporada de tabaco vai de outubro a fevereiro, e por isso essa é obviamente a melhor época para visitação.

**Rancho la Guabina** RANCHO DE LAZER

(☎75-76-16; carretera de Luis Lazo Km 9,5) Antigamente uma fazenda espanhola espalhada por 1.000ha de pastos, florestas e pântanos, o Rancho la Guabina é um complexo com várias possibilidades de atividades: passeios a cavalo, barcos no lago, churrasco cubano e até briga de galos. A maior atração, porém, costuma ser as fantásticas apresentações com cavalos. O rancho há muito tempo é também um haras, com criação de cavalos das raças Pinto Cubano e Apaloosa, que participam de shows parecidos com minirrodeios – acontecem às segundas, quartas e sextas, das 10h às 12h, e de novo das 16h às 18h. Agências em Viñales e Pinar del Río organizam excursões, com preços a partir de CUC$29, ou você pode ir de maneira independente. É um bom lugar para desfrutar da vida sossegada de *guajiro*. Há hospedagens limitadas.

**Playa Bailén** PRAIA

As praias daqui não chegam a competir com as da costa norte; mas, ainda assim, vale a pena dar uma passada em seu caminho para o oeste.

## Onde dormir e comer

Os melhores lugares para se hospedar em *casas particulares* são San Juan y Martínez e Sandino, a 6km do cruzamento para Laguna Grande. Em Playa Bailén há cabanas rústicas para alugar.

**Rancho la Guabina** CHALÉS, HOSTEL **$$**
(☎75-76-16; carretera de Luis Lazo Km 9,5; q CUC$65; P❄) Logo nos arredores de Pinar del Río, essa grande fazenda tem oito quartos, cinco em uma casa estilo chalé e três chalés separados. É charmoso e tranquilo, com comida excelente e atendentes simpáticos.

**Villa Laguna Grande** CHALÉS **$**
(☎84-34-53; carretera a Ciudad Bolívar; q a partir de CUC$23) Esse resort com ênfase em pescaria é bem rústico. Fica 29km a sudoeste de Guane e a 18km da estrada María la Gorda, e é o local mais isolado da rede Islazul. As doze cabanas de palha um tanto precárias ficam em uma floresta diretamente abaixo de Embalse Laguna Grande, uma represa lotada de percas, onde os habitantes costumam pescar.

## Como chegar e sair

Dois trens por dia viajam entre Pinar del Río e Guane, parando em San Luis, San Juan y Martínez,

### ENROLANDO...

Os *puros* (charutos) já tiveram fãs ilustres, de Che Guevara a Arnold Schwarzenegger. John F. Kennedy até pediu ao seu assessor de imprensa, Pierre Salinger, que encomendasse alguns de seus favoritos Petit Upmanns na noite anterior à assinatura da lei de embargo dos Estados Unidos contra Cuba.

Mas isso não é de surpreender. Plantados nos campos avermelhados da província de Pinar del Río, no oeste exuberante da ilha, todos os charutos genuínos de Cuba são enrolados por especialistas, antes de serem empacotados em caixas bem seladas e classificados em 42 tipos e tamanhos diferentes. A qualidade insuperável dos charutos do país no mercado é fruto da combinação da posição geográfica, do terreno e das ótimas habilidades dos trabalhadores locais – a produção é um processo complexo o suficiente para que os fumantes saboreiem o resultado final.

A marca mais típica de Cuba é a Cohiba, popularizada por Fidel Castro, que costumava baforar a fumaça dos Espléndidos antes de parar de fumar por motivos de saúde, em 1985. Entre outras favoritas internacionais estão a marca Partagás, fabricada em Havana desde 1845; a clássica Montecristo No 2, outra marca *fuerte* muito admirada pelos cubanos; e a mais leve Romeo y Julieta, inventada em 1903 por um cubano que viajava muito à Europa. O fumo de qualidade única produzido em Pinar del Río, enrolado em Vegas Robaina, é, por sua vez, realmente o melhor do mundo, e por isso a marca é a mais exclusiva. Há, ainda, charutos locais vendidos por pesos – sem o peso da marca, talvez, mas pode valer a pena comprá-los, já que se diz que os cubanos guardam o melhor para si mesmos.

A maior parte da história da fabricação do charuto revela-se diante de seus olhos na zona rural de Pinar del Río. Some a isso um solo fértil e o nível certo de umidade – as sementes de tabaco demoram cerca de oitenta dias para germinar e se tornar plantas prontas para a colheita, que, em geral, dura vários meses. Depois da maturação, o processo de seleção das folhas é conduzido por uma equipe de trabalhadores altamente habilidosa, com vários anos de experiência. Cada planta tem três tipos de folhas: *ligero,* que são as mais fortes, localizadas na parte de cima da planta; *seco,* que dão o gosto ao charuto; e *voldado,* que são as folhas de sabor mais leve, usadas para gerar a combustão.

As folhas são, então, transferidas para uma das muitas *casas de tobacos* da província e, dependendo de seu tamanho, são colocadas em diferentes alturas dessas cabanas cobertas de palha para secar. Começa, daí, a fermentação, que pode durar de 40 a 50 dias, seguidos por um processo de envelhecimento que chega a durar 2 ou 3 anos. Depois, as folhas são novamente escolhidas segundo suas características (como tamanho e cor), têm o caule retirado e são, então, curadas por outros anos. O próximo estágio é o primeiro visto na fábrica de charutos: uma segunda classificação seguida pela adição de folhas para dar volume. São, por fim, prensadas em moldes. Um enrolador profissional termina, então, o charuto com uma folha externa e uma ponta.

Pinar del Río tem muitos lugares onde se pode aprender sobre a produção de charutos. A Casa del Veguero (p. 184) dá uma ideia sobre como se seca o tabaco e sobre a sua maturação. Mas para ver mesmo uma fábrica completa, onde essa erva mágica é esculpida em charutos, experimente a Francisco Donatien, em Pinar del Río (p. 174).

Sábalo e Isabel Rubio (2 horas). Ônibus também percorrem regularmente o caminho entre Guane e Sandino, mas, a sudoeste dali, o transporte público é escasso, exceto por alguns traslados periódicos da Havanatur (p. 178). Encha o tanque no posto de gasolina Servi-Cupet em Isabel Rubio se você quiser dirigir até Cabo de San Antonio, pois esse é o último posto do caminho.

# PENÍNSULA DE GUANAHACABIBES

Conforme a ilha fica mais estreita em sua ponta oeste você chega à sossegada e ecologicamente rica Península de Guanahacabibes. Trata-se de um dos lugares mais isolados de Cuba, que já foi habitado por índios guanahatabey. Fica a 2 horas de carro de Pinar del Río e não tem muita infraestrutura turística, por isso dá impressão de ser muito mais isolada do que na verdade é. Guanahacabibes é famosa por seu parque nacional (que também é uma Reserva da Biosfera nomeada pela UNESCO) e por seu centro de mergulho de nível internacional, em María la Gorda.

## Parque Nacional Península de Guanahacabibes

Plana e estreita, a extensa Península de Guanahacabibes começa em La Fe, 94km a sudoeste de Pinar del Río. Em 1987, 1.015km² dessa faixa idílica da costa foram declarados Reserva da Biosfera pela UNESCO – uma das seis em Cuba. As razões para essa proteção são muitas. Primeiro, ela é composta por uma miríade de paisagens, inclusive pântanos de mangue, vegetação rasteira e áreas alternadas de areia branca e rochas. Além disso, as formações de pedra calcária específica da região são o lar de muitas espécies singulares de flora e fauna – 172 espécies de pássaros, 700 de plantas, 18 tipos de mamíferos, 35 de répteis, 19 de anfíbios, 86 borboletas diferentes e 16 qualidades de orquídea. Tartarugas marinhas também vêm a essas praias nas noites de verão para colocar ovos – o parque é a única parte da ilha principal de Cuba onde isso acontece. Se você estiver aqui entre maio e outubro, passeios noturnos podem ser organizados para observar as tartarugas. Outra curiosidade são os *cangrejos colorados* (caranguejos amarelos e vermelhos) que passam pela precária estrada central da península e acabam esmagados sob os pneus dos carros que passam. O cheiro dos cascos esmagados é inesquecível.

Até o momento, o valor de Guanahacabibes como sítio arqueológico está em fase de descoberta. Basta dizer que se acredita que essa área é abrigo para, pelo menos, cem sítios arqueológicos importantes, relacionados ao povo guanahatabey.

### Atrações

**Casa de la Miel** MUSEU
(8h30-15h30 seg-sáb) Esse museu, recentemente aberto, fica logo antes da entrada do parque. Trata-se de um museu ecológico que conta a história da agricultura da área e vende mel diretamente das colmeias locais. Informe-se no centro de visitantes.

### Atividades

A Península de Guanahacabibes é um paraíso para mergulhadores, ecoturistas, conservacionistas e observadores de pássaros – ou, pelo menos, deveria ser. Entre os pássaros que podem ser avistados aqui, há papagaios, *tocororos*, pica-paus, corujas e beija-flores-abelha. Para completar, essa península é uma das áreas mais intocadas de Cuba. Apesar disso, graças às regras rígidas do parque (não se pode ir a lugar algum sem um guia), alguns viajantes reclamaram que a experiência é restrita demais.

O centro de visitantes organiza visitas guiadas e um tour de 5 horas pela ponta oeste do parque (e de Cuba), no Cabo de San Antonio. A responsabilidade é sua no que diz respeito ao transporte, ao combustível, à água, ao protetor solar, ao repelente e à comida, o que torna a tarefa um pouco mais difícil para viajantes sem carro. Na maioria dos 120km do passeio, você verá rochas tipo *diente de perro* (dente de cachorro) de um lado e o mar azul do outro. As iguanas procuram abrigo enquanto os turistas passam, e podem-se ver, ainda, pequenos cervos, *jutías* (ratos de árvores) e muitos pássaros. Para lá do farol fica a deserta Playa las Tumbas, onde você ganha 30 minutos para desfrutar das águas refrescantes. Qualquer carro alugado pode cumprir essa viagem, mas é melhor um veículo 4x4. A excursão de 5 horas custa CUC$10 por pessoa, mais CUC$80 se você tiver de alugar um carro (há uma loja de aluguel de carros no Hotel María la Gorda). Além de oferecer oportunidades de mergulho, as praias dão a chance de avistar tartarugas, e outras atividades menos conhecidas (como explorar cavernas e ver animais raros, como a águia-pescadora) em Cabo San Antonio convidam a ficar aqui por mais algum tempo.

Há, ainda, a possibilidade de fazer outras excursões, partindo do centro de visitantes local, para comunidades da região. As trilhas são outra opção. Informe-se com antecedência.

**Centro Internacional de Buceo** MERGULHO
(☎77-13-06; María la Gorda) Mergulhar é a razão de ser de María la Gorda, e certamente o principal motivo para ser visitada. A artéria central é a base bem administrada que fica ao lado do hotel de mesmo nome na Marina Gaviota. A boa visibilidade das águas e os recifes são os destaques, além da proximidade de mais de cinquenta pontos de mergulho da praia. Junte a isso a maior formação de corais negros do arquipélago e você tem a receita para um dos melhores lugares de mergulho em corais do país, ficando atrás apenas da Isla de la Juventud.

Um mergulho aqui custa razoáveis CUC$35 (mergulho noturno: CUC$40), mais CUC$7,50 pelo equipamento. O centro oferece um curso completo de *scuba diving*, certificado pela CMAS (Confédération Mondiale des Activités Subaquatiques; Confederação Mundial de Atividades Subaquáticas), que custa CUC$365 e dura quatro dias. Mas quem não mergulha também pode passear no barco por CUC$12. O centro de mergulho oferece, ainda, 4 horas de pescaria em alto-mar por CUC$200 para até quatro pessoas e pesca com rede por CUC$30, também para até quatro pessoas.

Entre os cinquenta locais de mergulho dessa área, os mergulhadores conhecem o El Valle de Coral Negro, um paredão de corais de 100m, e o El Salón de María, uma caverna com 20m de profundidade com estrelas-marinhas e corais coloridos. As concentrações de peixes migratórios são impressionantes. A entrada mais longínqua fica a apenas 30 minutos da praia.

**Marina Gaviota Cabo de San Antonio** MERGULHO
(☎75-01-18) Outra opção é o porto mais a oeste de Cuba, que fica na Playa las Tumbas, na ponta da Península Guanahacabibes. A marina daqui tem combustível, manutenção de barco, um pequeno restaurante, uma loja e acesso fácil a 27 pontos de mergulho. A Villa Cabo San Antonio fica perto.

**Cueva las Perlas** TRILHA, CAVERNA
(3km; CUC$8) A trilha de 3 horas para a "caverna da pérola" passa por muitas florestas repletas de pássaros, como *tocororos*, beija-flores-abelha e pica-paus. Após 1,5km, você chega à caverna em si, na qual você pode ver (e ouvir) o pio das corujas: é uma caverna com muitas galerias e um lago do qual 300m são acessíveis para quem faz a trilha.

**Del Bosque al Mar** TRILHA
(1,5km; CUC$6) Partindo de perto da estação ecológica, essa trilha passa por uma lagoa onde se podem observar pássaros locais, além da flora interessante da região, com orquídeas, e também uma *cenote* (um tipo de caverna subaquática) convidativa para os que gostam de nadar. Noventa minutos de caminhada parecem pouco para esse parque imenso, mas os guias são treinados e bem informados. Os tours podem ser feitos em espanhol, inglês e italiano.

## Onde dormir e comer

**Hotel María la Gorda** HOTEL $$
(☎77-81-31, 77-30-67; s/c com café da manhã CUC$54/76; P❄) Esse é o hotel mais remoto da ilha principal de Cuba, e o isolamento é justamente uma de suas vantagens. Mas, embora sua praia rodeada de palmeiras seja bonita, a maioria das pessoas vem para mergulhar; recifes e cavernas verticais ficam a apenas 200m do hotel. María la Gorda fica na Bahía de Corrientes, 150km a sudoeste de Pinar del Río. Os blocos de apartamentos do hotel, de concreto rosa, lembram os hotéis de beira de estrada americanos. Mas há também vinte chalés mais novos, perto da praia, que são mais confortáveis e oferecem maior privacidade. Longe de ser um balneário elitista, María la Gorda é mais um lugar tranquilo, com redes penduradas entre palmeiras e cervejinhas servidas ao cair da tarde, com todos comentando seus mergulhos.

As refeições em estilo bufê custam CUC$15 (almoço e jantar); hóspedes já nos relataram que a qualidade varia. A água vendida no hotel é cara, por isso leve garrafas ou ferva/filtre a água da torneira.

**Villa Cabo San Antonio** CHALÉS $$
(☎75-01-18, 75-76-76; Playa las Tumbas; q CUC$65-120; ❄) Um complexo com dezesseis chalés na quase virgem Península de Guanahacabibes, que fica a 3km do Farol Roncali e a 4km da Gaviota Marina. Ecologicamente correto e surpreendentemente bem equipado, possui TV a cabo, aluguel de carro e de bicicleta e um pequeno café.

## Informações

Embora o parque faça fronteira com a pequena comunidade de La Fe, a entrada para a reserva fica em La Bajada. Cerca de 25km antes da reserva em si, Manuel Lazo oferece a última hospedagem econômica.

Antes de Manuel Lazo fica a **Oficina de Guardaparque** (☎75-03-66), o escritório do guarda do parque, que, nesse canto remoto de

Cuba, pode ser uma ótima fonte de informações. Recomenda-se telefonar para ele ou para o **centro de visitantes** (☎75-03-66; osmanibf@yahoo.es; ⏲8h30-15h), em La Bajada, para organizar atividades no parque antes de aparecer na entrada, já que nem sempre há atendentes para organizar tours de última hora.

O centro de visitantes, que fica ao lado da **Estación Ecológica Guanahacabibes,** reúne explicações sobre a flora e a fauna da região. Fala-se inglês também. Pode-se combinar de encontrar os guias aqui para todas as atividades, exceto o mergulho, que é organizado no Hotel María la Gorda. Logo depois do centro, a estrada se divide – à esquerda, o caminho leva ao sul de María la Gorda (14km em uma estrada costeira deteriorada) e, à direita, leva a oeste, à ponta da península.

Trata-se de uma viagem de 120km até a extremidade mais a oeste de Cuba. O solitário Cabo de San Antonio é povoado por um farol igualmente solitário, o Faro Roncali, inaugurado pelos espanhóis em 1849, e pela Gaviota Marina e sua vila. A 4km no sentido noroeste fica a Playa las Tumbas, uma praia paradisíaca na qual os visitantes do parque podem nadar.

Paga-se uma taxa de CUC$5 para visitar o Hotel María la Gorda e a praia que fica ao lado, com 5km de extensão. Mergulhadores são unânimes em afirmar que a qualidade dos corais é ótima, além de também ser um bom cenário para passear de barco.

## ℹ Como chegar e sair

Sem um carro alugado ou uma excursão pré-organizada, é difícil chegar ao extremo oeste de Cuba.

Um ônibus (ida e volta CUC$35) vai de Viñales a María la Gorda – mas, em geral, sua saída é condicionada a um mínimo de dez passageiros, ou seja, isso acontece uma vez por semana – na melhor das hipóteses. O horário oficial da saída de Viñales é 7h, e de chegada, 9h30. Na volta, ele parte de María la Gorda às 17h e chega a Viñales às 19h. A viagem apenas de ida custa CUC$25 (só vale a pena se você estiver hospedado no Hotel María la Gorda). Informe-se na **Cubanacán** (☎79-63-93) de Viñales ou na **Havanatur** (☎77-84-94) e na **Infotur** (☎72-86-16), em Pinar del Río. A **Via Gaviota** (☎77-81-31) tem um escritório no Hotel María la Gorda, que oferece um serviço de táxi-jipe com motorista para Cabo de San Antonio por CUC$50 para até quatro pessoas. A Via Gaviota e outras empresas também oferecem traslados de/para Pinar del Río por CUC$50 (só ida) para o carro inteiro (ou CUC$120 de/para Havana).

# VALLE DE VIÑALES

Embelezado por pinheiros e penhascos de pedra calcária, que pairam como grandes montes de palha por sobre as plantações de tabaco, o Parque Nacional Viñales é uma das paisagens naturais mais magníficas de Cuba. Espetacularmente incrustado na cordilheira de Sierra de los Órganos, esse vale de 11km × 5km foi declarado Patrimônio Mundial da Humanidade em 1999 por conta das montanhas rochosas (conhecidas como *mogotes*) combinadas ao estilo local da arquitetura das fazendas tradicionais e vilas.

Um dia, há muito tempo, a região inteira foi muito mais alta. Mas, durante o período Cretáceo, 100 milhões de anos atrás, rios submersos "comeram" o leito da rocha, criando assim grandes cavernas. Por fim, os tetos cederam, deixando apenas as paredes em erosão que vemos hoje. É o melhor exemplo de um vale formado pela rocha calcária conhecida como *karst* em Cuba, e é também o lar da Caverna Santo Tomás, o maior sistema de cavernas da ilha.

Deixando de lado os estudos geológicos, porém, Viñales também oferece a oportunidade de fazer boas trilhas, conhecer a história, escalar rochas e passear a cavalo. No quesito hospedagem, possui hotéis de primeira classe e algumas das melhores *casas particulares* em Cuba. Apesar de atrair muitos viajantes de um dia só, que vêm em excursões de ônibus, as belezas naturais da área são bem protegidas e espalhadas, então ainda não sofrem com o circo turístico que prejudica outros

QUEM SABE, SABE

### TRACY COOPER: ESCALADOR, VIÑALES

Escalar em Viñales é um esporte em progresso, especialmente desde que o site www.cubaclimbing.com entrou no ar e o livro *Escalada em Cuba*, de Anibal Fernandez e Armando Menocal (2009), foi lançado. É uma ótima maneira de conhecer a zona rural da cidade. A Finca Raúl Reyes, de propriedade da família de Yoan e Yarelis Reyes, dá acesso a ótimas rotas. Um dos meus lugares favoritos para escalar é a Fábrica de Vespas, que leva a uma grande estalactite visível a uma boa distância da face da rocha. A rota conhecida como "One-Inch Punch", ali perto, é tecnicamente a mais difícil de Cuba. Há sempre grupos de escaladores bons e informados na base das rochas que podem ajudar e dar dicas.

lugares – a atmosfera das cidadezinhas e de seus arredores permanece bastante autêntica.

## Viñales

POP. 27.806

Os *guajiros* com seus sombreros voltam para casa a cavalo após um dia duro de trabalho nos campos de fumo; cadeiras de balanço rangem nos alpendres bem varridos; fazendeiros comandam o gado nos campos avermelhados e férteis que se desenrolam ao redor da cidade; escaladores enfrentam os *mogotes* cercados por florestas, que se estendem no horizonte: você chegou a Viñales, o centro do que muitos consideram ser a paisagem mais memorável de Cuba. Apesar da devastação provocada por dois furacões, o Gustav e o Ike, em 2008, essa é uma das cidadezinhas mais sossegadas e simpáticas de Cuba – e não perdeu seu charme pitoresco. Bem situada no circuito turístico, é nela que os viajantes vêm relaxar, fumar charutos e se encantar com a bela paisagem.

### Atrações

Fundada em 1875, Viñales é mais uma paisagem do que um conjunto de pontos turísticos, com atividades ligadas à natureza. Apesar disso, a cidade tem uma bonita arquitetura e uma praça central bem movimentada, ornada pelo robusto prédio colonial da **Casa de la Cultura**, uma das estruturas mais antigas do vale. Ao lado fica uma pequena galeria de arte, enquanto à direita fica uma **igreja** igualmente pequenina (e dilapidada).

**Museo Municipal** MUSEU

(Salvador Cisneros, 115; ⏲8-22h seg-sáb, até 16h dom) Na metade do caminho para Cisneros, na rua principal de Viñales, forrada de pinheiros, o Museo Municipal ocupa a antiga casa da heroína da independência Adela Azcuy (1861-1914) e cobre a história local. Quatro caminhadas diferentes partem do museu todos os dias.

**El Jardín de Caridad** JARDIM

(Aceita doações; ⏲8-17h) Logo em frente ao posto de gasolina Servi-Cupet, quando a estrada segue para o norte da cidade, você verá um portão estranho e entremeado por videiras. É a entrada para um jardim de quase um século de idade. Há cascatas de orquídeas florescendo ao redor de cabeças de bonecas de plástico, flores de laranjeira formando pequenos pomares e perus correndo sem direção. Bata na porta da casa, que parece saída de um conto de fadas, e um dos velhos proprietários lhe mostrará o lugar.

**La Casa del Veguero** PLANTAÇÃO DE TABACO

(Carretera a Pinar del Río, 24; ⏲10-17h) Para aprender sobre o processo de plantio do tabaco, pare logo antes de chegar a Viñales na estrada para Los Jazmines e veja um *secadero* ainda em funcionamento, no qual as folhas de fumo ficam secando de fevereiro a maio. Os atendentes dão explicações breves, e você pode comprar charutos com desconto. Também há um restaurante.

### Atividades

Embora a maioria das atividades em Viñales fique fora da cidade, há algumas opções – entre elas, rotas para escalada – bem próximas, acessíveis a pé. Mesmo que você esteja hospedado em uma *casa*, vale subir 2km para chegar à linda La Ermita, onde se pode **nadar** (CUC$7, incluindo bar) em uma belíssima piscina ou marcar uma **massagem** (CUC$20-35). Los Jazmines também tem uma piscina incrível (CUC$7, incluindo bar), embora ônibus cheios de turistas possam matar a tranquilidade.

**Yoan e Yarelis Reyes** TRILHA, ESCALADA

(☎69-52-25; Rafael Trejo, 134) Os proprietários de casas em Viñales são habilidosos ao organizar todo tipo de atividades, e esse casal é particularmente prático nesse sentido. Eles não apenas alugam quartos em sua agradável casa, como também organizam caminhadas, passeios de bicicleta e a cavalo, massagens, aulas de salsa e visitas às fazendas e plantações de tabaco da região. Tudo isso é ajudado pelo fato de Yarelis ser uma bem qualificada bióloga do parque nacional, e de o pai de Yoan ser o proprietário da **Finca Raúl Reyes**, que mais parece o Jardim do Éden, a 1km da cidade, aninhada entre os *mogotes*. Por uma pequena taxa, Yoan leva o visitante até lá (e também à **Cueva de la Vaca**) para experimentar frutas, café e uma dose de rum para esquentar a garganta. Os melhores pontos de escalada da área também ficam ali perto. É sublime.

### Visitas guiadas

A **Cubanacán** (☎79-63-93; Salvador Cisneros, 63C; ⏲9-17h seg-sáb) organiza excursões de um dia sempre muito concorridas para Cayo Levisa (CUC$29), Cayo Jutías (CUC$22), Caverna Santo Tomás (CUC$10) e María la Gorda (CUC$35). Tem também um giro de bicicleta por um vale por CUC$20 e passeios a cavalo a partir de CUC$5. Trilhas oficiais pelo parque saem daqui diariamente (CUC$8).

## Onde dormir

Quase todas as casas de Viñales alugam quartos, o que dá a você mais de uma centena de *casas particulares* para escolher (sempre há espaço em algum lugar). A maioria é boa, mas as que indicamos a seguir se destacam. Os dois hotéis, aos quais se chega a pé partindo da cidade, são duas joias espetacularmente bem localizadas.

**"Villa los Reyes" – Yoan e Yarelis Reyes** CASA PARTICULAR $
(☎69-52-25; joanmanuel2008@yahoo.es; Rafael Trejo, 134; q CUC$20-25; P❄@) Uma ótima casa moderna, com todas as comodidades e um pátio bem protegido para o jantar; os jovens proprietários organizam de tudo: de sessões de salsa a aulas de espanhol. Yarelis é bióloga do parque nacional e Yoan tem Viñales correndo em suas veias. Já que muitos pontos turísticos não são cobertos pelo transporte público, o fato de Yoan oferecer serviço de táxi é uma bênção.

**Hotel los Jazmines** HOTEL $$
(☎79-64-11; carretera a Pinar del Río; s/c/ste com café da manhã CUC$66/72/90; P❄≈) Prepare-se: a vista desse hotel cor-de-rosa claro, em estilo colonial, é uma das melhores e mais típicas de Cuba. Abra as venezianas e você verá um vale cercado pelos magníficos *mogotes*, campos avermelhados com gado pastando e casas de secagem de tabaco rodeadas por palmeiras. Embora não seja nenhum cinco estrelas, Los Jazmines é beneficiado por sua localização sem concorrentes, e por sua piscina gloriosamente convidativa, além de outras comodidades, como uma clínica internacional, uma sala de massagem e uma pequena loja. A paisagem tem um preço, porém: ônibus turísticos param por aqui a cada hora, ou a cada duas horas, quebrando com seu barulho um pouco do ambiente etéreo. Dá para andar até o hotel a partir de Viñales: fica 4km ao sul pela estrada Pinar del Río. Os ônibus turísticos de Viñales param aqui (p. 188).

**Hostal Doña Hilda** CASA PARTICULAR $
(☎79-60-53; carretera a Pinar del Río, Km 25, 4; q CUC$20-25; ❄) Uma das primeiras casas da cidade, que fica na estrada que parte de Pinar del Río. É uma pequena casa, despretensiosa e característica de Viñales – assim como sua anfitriã sorridente –, com uma comida maravilhosa. Seus mojitos estão entre os melhores de Cuba. Informe-se sobre as aulas de dança.

**Villa Pitín e Juana** CASA PARTICULAR $
(☎79-33-38; carretera a Pinar del Río, Km 25, 2; q CUC$25; P❄) Com dois quartos maravilhosos em andares separados (o andar de cima, com um terraço duplo particular, é ótimo para o descanso do viajante) e uma atmosfera familiar fantástica, esse lugar também se beneficia da deliciosa comida caseira. Não é à toa que se trata de uma das casas mais antigas em funcionamento na cidade.

**La Ermita** HOTEL $$
(☎79-62-50; carretera de La Ermita, Km 1,5; s/c com café da manhã CUC$46/54; P❄≈) Enquanto Los Jazmines pode ganhar o prêmio de melhor vista, La Ermita ganha pontos por sua arquitetura, pela decoração do interior e pelo serviço e a qualidade em geral. É também menos movimentado, graças à ausência de ônibus turísticos. Em meio à miríade de atrações extracurriculares, há uma piscina excelente, coquetéis benfeitos, quadras de tênis, uma loja, passeios a cavalo e massagem. Os quartos com vista ficam em belos edifícios coloniais de dois andares, e o restaurante é perfeito para o café da manhã. Você pode subir 2km até a vila ou pegar o ônibus turístico de Viñales (p. 188).

**Villa Cafetal** CASA PARTICULAR $
(☎533-11752; Adela Ascuy Final; q CUC$15-20; ❄) Os proprietários dessa casa recomendada por leitores são especialistas em escaladas e possuem um cômodo repleto de equipamentos: o que é ótimo, já que todos os melhores locais para escalada estão perto. Em meio a um jardim resplandecente, onde os donos cultivam seu próprio café (sim, eles o servem no café da manhã), você pode sentir o ar das montanhas enquanto se balança um pouco na rede. Só há um quarto, porém.

**El Balcón & Casa Josefína & Esther** CASA PARTICULAR $
(☎69-67-25, 79-31-65, Rafael Trejo, 48; q CUC$25; ❄≈) Na verdade duas casas em uma só, ambas da mesma família, que ficam a um quarteirão ao sul da *plaza*. Na parte de cima, El Balcón tem dois quartos e uma pequena piscina, além de proprietários que falam inglês, enquanto a Casa Josefína y Esther, com sua mobília antiga e um pátio, tem um quarto disponível.

**Villa Nelson** CASA PARTICULAR $
(☎79-61-94; Camilo Cienfuegos, 4; q CUC$20-25; ❄) O tagarela Nelson mora aqui há séculos e sobreviveu aos furacões Gustav e Ike, aos altos impostos e a muito mais. Ele oferece um delicioso coquetel, que já se tornou típico do lugar, conhecido como Ochún (rum, mel e suco de laranja), e um bom pátio nos fundos, além de duas suítes reformadas.

**Señor Tito Crespo** CASA PARTICULAR $
(☎79-33-83; Las Maravillas, 58; q CUC$20; ❄) Essa *casa* fica no caminho para o Parque Nacional

## Valle de Viñales

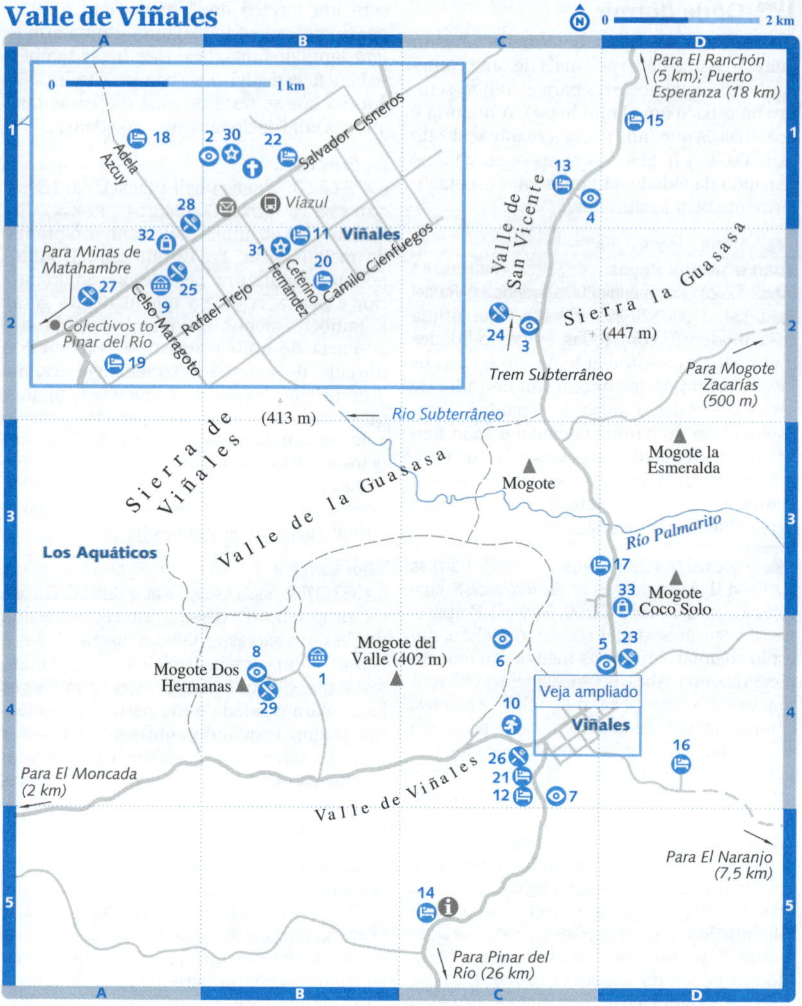


Viñales, ao norte de Viñales, e possui dois quartos grandes. O quintal dos fundos tem um bom bar. Como está fora da cidade, aqui você se sente imerso na zona rural. O proprietário pode ensinar sobre música folclórica.

**Villa Purry & Isis** CASA PARTICULAR **$**

(69-69-21; Salvador Cisneros, 64; q CUC$20) Essa grande casa colonial com um quarto possui um alpendre na frente com cadeiras de balanço, das quais se pode observar o mundo passando devagar, e também um quintal nos fundos. Fica pertinho da praça principal.

### Onde comer e beber

A comida caseira de Viñales é uma das melhores de Cuba – portanto, faça suas refeições em sua *casa particular*! O Hostal Doña Hilda e a Villa los Reyes são particularmente recomendados: eles preparam algo delicioso mesmo para quem não é hóspede. Os lugares a seguir são razoáveis se você tiver apenas de almoçar na cidade.

**Restaurante la Casa de Don Tomás** CARIBENHA, INTERNACIONAL **$$**

(Salvador Cisneros, 140; 10-23h) A mais antiga casa de Viñales tem também o melhor restaurante (na verdade, não há concorrentes).

## Valle de Viñales

**Destaques**
1 Museu Arqueológico B4
2 Casa de la Cultura B1
3 Cueva de San Miguel C2
4 Cueva del Indio C1
5 El Jardín de Caridad D4
6 Finca Raúl Reyes C4
7 La Casa del Veguero C4
8 Mural de la Prehistoria B4
9 Museo Municipal A2

**Atividades, cursos e visitas guiadas**
10 Carlos Millo C4
Villa los Reyes (veja 19)
Yoan & Yarelis Reyes (veja 19)

**Onde dormir**
11 El Balcón/Casa Josefina & Esther B2
12 Hostal Doña Hilda C4
13 Hostal las Magnolias C1
14 Hotel los Jazmines C5
15 Hotel Rancho San Vicente D1
16 La Ermita D4
17 Señor Tito Crespo D3
18 Villa Cafetal A1
19 Villa los Reyes A2
20 Villa Nelson B2
21 Villa Pitín & Juana C4
22 Villa Purry & Isis B1

**Onde comer**
23 El Estanco II D4
24 El Palenque de los Cimarrones C2
25 El Viñaiero A2
La Casa del Veguero (veja 7)
26 Mercado Agropecuario C4
27 Restaurante la Casa de Don Tomás A2
28 Restaurante Las Brisas A1
29 Restaurante Mural de la Prehistoria B4

**Lazer**
30 Centro Cultural Polo Montañez B1
31 Cine Viñales B2
Patio del Decimista (veja 32)

**Onde comprar**
32 ARTex A2
33 Casa del Habano D3

Com teto em terracota e videiras exuberantes, a casa parece bem limpa, e seu prato principal, *las delicias de Don Tomás*, uma mistura caprichada de arroz, lagosta, peixe, carne de porco, frango e linguiça com um ovo por cima (CUC$10), é divino. Também há uma boa carta de vinhos. Se sessões de música ao vivo forem demais para os seus ouvidos, peça para comer no terraço da parte superior, mais calmo.

**El Estanco II** ITALIANA $
(Carretera a Esperanza; ⌚10-23h) Um lugar simples que serve pizza e cerveja a 1km da cidade pela estrada norte e, por isso, um ponto razoável para uma parada. Pagam-se alguns conversíveis pela pizza, e por um prato de espaguete um pouco mais.

**Restaurante las Brisas** CARIBENHA $
(Salvador Cisneros, 96; ⌚11h30-22h) Esse lugar serve frango frito e *congrí* (arroz com feijão) bem baratos, mas pode ser melhor pegar um sanduíche de queijo quente para viagem, no Patio del Decimista ou no Centro Cultural Polo Montañez.

**La Casa del Veguero** CARIBENHA $
(☎79-60-80; Carretera a Pinar del Río, Km 24; ⌚10-17h) Logo fora de Viñales, no caminho para Pinar del Río, esse *ranchón* serve pratos medíocres (a partir de CUC$5). É uma das paradas do ônibus turístico de Viñales, pois há um *secadero* ao lado.

**El Viñaiero** BAR
(Salvador Cisneros, entre Celso Mararagoto e Adela Azcuy; ⌚11-0h dom-sex, 8-0h sáb) Sucos e coquetéis deliciosos, comida *crioula* e pizza saindo do forno. Se o Patio del Decimista estiver muito cheio ou barulhento, os viajantes se reúnem amigavelmente aqui.

**Mercado Agropecuario** MERCADO
(Carretera a Dos Hermanas, Km 1) O mercado agrícola de Viñales fica a cerca de 100m da entrada da cidade, na ponta oeste da Salvador Cisneros, na estrada com sentido a Dos Hermanas. Compre seu rum com pesos cubanos e pão com conversíveis.

### ☆ Lazer

**Centro Cultural Polo Montañez** MÚSICA AO VIVO
(Esq. Salvador Cisneros e Joaquin Pérez; entrada depois das 21h CUC$2) Batizado em homenagem ao antigo habitante de Pinar del Río que se tornou um herói *guajiro*, esse espaço bem integrado aos arredores, perto da praça princi-

pal, é um bar/restaurante com um palco para bandas que se apresentam depois das 21h.

**Patio del Decimista** MÚSICA AO VIVO

(Salvador Cisneros, 102; entrada franca; ⌚música às 21h) Menor, mas igualmente animada, essa casa noturna antiga tem música ao vivo, cerveja gelada, aperitivos e ótimos coquetéis.

**Cine Viñales** CINEMA

(Esq. Ceferino Fernández e Rafael Trejo) O único cinema do povoado fica um quarteirão ao sul da praça principal.

## Onde comprar

**ARTex** SUVENIRES

(Salvador Cisneros, 102) Aqui você encontra cartões-postais, camisetas e CDs. A loja fica ao lado do Patio del Decimista.

**La Casa del Veguero** CHARUTOS, LIVROS

(☎79-60-80; carretera a Pinar del Río, Km 24; ⌚10-17h) Uma boa seleção de charutos – muitos feitos aqui mesmo – e de livros sobre Cuba.

## Informações

### Acesso à internet e telefone

**Etecsa Telepunto** (Ceferino Fernández, 3; internet por hora CUC$6; ⌚8h30-16h30) Um dos menores escritórios da Telepunto, no qual dois computadores ficam apertados ao lado de três atendentes da Etecsa.

### Assistência médica

**Farmacia Internacional** (☎79-64-11) No Hotel los Jazmines.

### Dinheiro

**Banco de Crédito y Comercio** (Salvador Cisneros, 58; ⌚8-12h e 13h30-15h seg-sex, 8-11h sáb)

**Cadeca** (Esq. Salvador Cisneros e Adela Azcuy; ⌚8h30-16h seg-sáb)

### Correio

**Correio** (Esq. Salvador Cisneros e Ceferino Fernández; ⌚9-18h seg-sáb) Fica em um pequeno quiosque perto do posto do parque pós-Furacão Gustav.

### Agências de viagem

**Cubanacán** (☎79-63-93; Salvador Cisneros, 63C; ⌚9-19h seg-sáb) Organiza passeios, excursões e traslados de ônibus.

**Havanatur** (☎79-62-62; Salvador Cisneros, 65; ⌚9-19h seg-sáb) Similar à vizinha Cubanacán, mas com algumas opções diferentes.

## Como chegar e sair

### Ônibus

O utilíssimo **ponto de venda da Víazul** (Salvador Cisneros, 63A; ⌚8-12h e 13-15h) fica em frente à praça principal, no mesmo edifício da Cubataxi. Os ônibus diários da Víazul que vão a Havana passando por Pinar del Río saem às 8h, 14h e 18h (CUC$12). O ônibus da manhã continua até Cienfuegos (CUC$32; 8 horas) e Trinidad (9h e 30min). À época da pesquisa do guia, apenas o segundo ônibus parava em Las Terrazas.

Também há ônibus para Havana (CUC$15), Soroa (CUC$12) e Las Terrazas (CUC$12); e diariamente – exceto às terças – para Cienfuegos (CUC$25) e Trinidad (CUC$40). Para Cayo Levisa (CUC$29; mínimo de duas pessoas), Cayo Jutías (CUC$22; mínimo de seis) e María la Gorda (CUC$35; mínimo de seis), os ônibus só saem se houver passageiros suficientes. O de Cayo Levisa sai na maior parte dos dias, mas o de María la Gorda apenas uma vez por semana, em geral. As passagens podem ser reservadas com a Havanatur ou Cubanacán (p. 184).

### Carro e moto

Para chegar a Viñales partindo do sul, pegue a longa estrada de Pinar del Río; as estradas da costa norte não são tão sinuosas, mas também são bonitas. Uma estrada montanhosa remota sai da Península de Guanahacabibes passando por Guane e Pons, e é uma das mais espetaculares de Cuba. Reserve bastante tempo para aproveitar o caminho.

Pode-se alugar um carro na **Cubacar** (☎79-60-60; Salvador Cisneros, 63C; ⌚9-19h) no escritório da Cubanacán e na **Havanautos** (☎76-63-30; Salvador Cisneros final), em frente ao posto de gasolina Servi-Cupet, na extremidade nordeste de Viñales.

Podem-se alugar motocicletas a CUC$24 por dia no Restaurante la Casa de Don Tomás.

### Táxi

A **Cubataxi** (☎79-31-95; Salvador Cisneros, 63A) divide o escritório com a Víazul. Motoristas que ficam do lado de fora podem levar você a Pinar del Río por aproximadamente CUC$15, a Palma Rubia (para o barco para Cayo Levisa) por CUC$28 ou para a Gran Caverna de Santo Tomás por CUC$13. Uma boa barganha é o preço de CUC$60 para ir ao Aeroporto Internacional José Martí: a corrida partindo de Havana custa CUC$25.

Se quiser uma viagem mais barata para Pinar, siga para o cruzamento da carretera a Pinar del Río com a Salvador Cisneros, logo abaixo do Restaurante la Casa de Don Tomás: antigos *colectivos* dos anos 1950 desbravam a estrada por CUC$1 por lugar.

### Ônibus de turismo de Viñales

O ônibus turístico de Viñales sai nove vezes ao dia e percorre uma rota por entre as atrações do vale. Começando e terminando na praça da cidade, o circuito leva 1h e 5min, com o primeiro ônibus saindo às 9h da manhã e o último, às 16h50. Há dezoito paradas na rota, passando pelo Hotel los Jazmines e o Rancho San Vincente, e todas são claramente marcadas em mapas e horários. Passagens que valem pelo dia todo custam CUC$5 e podem ser compradas no próprio ônibus.

## Parque Nacional Viñales

A extraordinária paisagem do Parque Nacional Viñales cobre 150km² e abriga uma população de 25 mil pessoas. Um mosaico de vilas por entre *mogotes*, com áreas de plantio de café, tabaco, cana-de-açúcar, laranja, abacate e banana – e algumas das mais antigas paisagens de Cuba.

### Atrações

**Mural de la Prehistoria** RUÍNAS

(Entrada com uma bebida CUC$3) Quatro quilômetros a oeste de Viñales, ao lado do Mogote Dos Hermanas, fica uma pintura feita em 1961 por Leovigildo González Morillo, seguidor do artista mexicano Diego Rivera (a ideia foi apoiada por Celia Sánchez, Alicia Alonso e Antonio Núñez Jiménez). Em um penhasco de 617m da Sierra de Viñales, a porção mais alta da Sierra de los Órganos, esse enorme mural precisou de dezoito pessoas e quatro anos para ser finalizado. A enorme lesma, os dinossauros, os monstros do mar e as pessoas simbolizam a Teoria da Evolução e são ao mesmo tempo psicodélicos e horríveis, dependendo do seu ponto de vista. Não é preciso chegar perto para ver a obra, mas há uma entrada se você quiser provar o delicioso (e um pouco caro) almoço do restaurante local, por CUC$15. Há também aluguel de cavalos (CUC$5 por hora) para diversos tipos de passeio.

**Campismo Dos Hermanas** MUSEU

(☎79-32-23) Logo antes da entrada do Mural de la Prehistoria fica esse pequeno, mas interessante, museu arqueológico, no jardim do Campismo Dos Hermanas, que ajuda a entender o desenho pré-histórico. Outro restaurante (aberto a estrangeiros, embora o acampamento não seja) fica aqui também.

**Los Aquáticos** TRILHA, VILA TRADICIONAL

(Tour de 3 horas por pessoa, com um guia que fala espanhol CUC$10) A 1km da virada para Dos Hermanas, uma estrada de terra leva à montanha da comunidade de Los Aquáticos, fundada em 1943 por seguidores do visionário Antoñica Izquierdo, que descobriu o poder de cura da água quando os *campesinos* da área ainda não tinham acesso à medicina convencional. Os descendentes dos colonizadores da montanha e muitas famílias ainda vivem aqui. Infelizmente, o último patriarca que praticava a cura pela água morreu em 2002, levando com ele a tradição – mas pode-se pelo menos visitar. Informe-se em sua *casa particular* sobre os guias que levam até lá. Podem-se alugar também cavalos dos fazendeiros que vivem perto da trilha. A partir da estrada principal, ande por 1km até La Ruta de las Aguas, logo após o córrego. Depois da visita, você pode cortar caminho continuando nessa estrada (vire à esquerda no mesmo córrego e cruze-o de novo centenas de metros depois, a leste) por 3km até o Campismo Dos Hermanas e as pinturas do penhasco; é uma linda estrada (esse circuito de Los Aquáticos a Dos Hermanas economiza 6km da rodovia principal).

### ESCALANDO EM VIÑALES

Você não precisa ser um superalpinista para reconhecer o potencial de escalada único de Viñales, uma espécie de Yosemite em miniatura. Salpicada com *mogotes* (monolitos calcários) íngremes e abençoada com vistas de paisagens maravilhosas, a área atrai escaladores de todo o mundo para se dedicar a esse esporte que ainda não foi oficializado pelo governo cubano.

Graças a muitas áreas pouco exploradas, escalar em Viñales continua sendo uma questão de boca a boca. Não há mapas impressos com as rotas, e também não há informações precisas (na verdade, os representantes das agências de turismo negarão saber de qualquer coisa a respeito). Mas, se você gosta de ficar cara a cara com a rocha, a primeira fonte que deve procurar é o site **Cuba Climbing** (www.cubaclimbing.com). Uma vez dentro, os melhores pontos de encontro para quem gosta de escalar são a Casa de Oscar (Adela Azcuy, 43) e a Villa Cafetal (p. 185).

Viñales tem muitas rotas de escalada conhecidas por guias habilidosos, mas não tem equipamentos confiáveis para alugar (traga o seu) nem procedimentos seguros. Você estará por sua conta e risco, e isso inclui situações constrangedoras com as autoridades (embora elas façam vista grossa). Tenha em mente, ainda, que a escalada irregular em um parque nacional pode prejudicar os ecossistemas e a flora. Seja cuidadoso.

**Cueva del Indio** CAVERNA

(Entrada CUC$5; ⌚9h-17h30) Ao norte daqui fica a parte mais bonita de Viñales, embora a caverna por si só, 5,5km ao norte da cidade, já seja bastante procurada por turistas. Um antigo reduto indígena, foi redescoberta em 1920. Lanchas agora chegam ao rio submerso passando pela caverna artificialmente iluminada.

**Cueva de San Miguel** CAVERNA

(Entrada CUC$1; ⌚9h-17h30) Essa é uma caverna menor, na beira do Valle de San Vicente. A taxa de ingresso dá direito a entrar na caverna, que engole você por 5 minutos antes de abrir outra vez, chegando (infelizmente) ao restaurante El Palenque de los Cimarrones.

## Atividades

### Ciclismo

Apesar de seu terreno montanhoso, Viñales é um dos melhores lugares de Cuba para andar de bicicleta (mas não há trilhas *off-road* para pedalar). O restaurante la Casa de Don Tomás em geral aluga bicicletas (p. 186). Você também pode se informar em sua *casa particular*. Os moradores de Viñales têm por hábito fazer esses aparelhos de duas rodas aparecerem do nada. As agências da cidade organizam passeios de bicicleta pelo vale.

### Trilhas

O Parque Nacional Viñales tem três trilhas oficiais (quatro se você contar com a Gran Caverna de Santo Tomás), e outras ainda estão sendo "avaliadas". Todas elas podem ser organizadas diretamente no centro de visitantes, o Museo Municipal, ou em uma das agências da cidade. O custo varia entre CUC$6 e CUC$8 por pessoa.

A seguir estão algumas das trilhas oficiais. Há muitas outras trilhas extraoficiais, e é fácil descobri-las perguntando em sua *casa particular*. Vale a pena experimentar a trilha para Los Aquáticos, com vistas incríveis; a da Cueva de la Vaca, uma caverna que forma um túnel em meio aos *mogotes* e é de fácil acesso (1,5 km) a partir da vila de Viñales; e a do **Vale Palmerito,** conhecido entre os habitantes por suas brigas de galo.

**Cocosolo Palmarito** TRILHA

Essa caminhada começa em uma estrada logo antes do hotel La Ermita e continua por 8km, passando os *mogotes* de Coco Solo e Palmarito e o Mural de la Prehistoria. Há boas vistas aqui e muitas oportunidades para descobrir a flora e a fauna locais, incluindo uma visita a uma *finca* de tabaco (pergunte às famílias locais sobre onde há almoço). Finaliza na estrada principal que leva de volta a Viñales.

**Maravillas de Viñales** TRILHA

Essa trilha de 5km começa 1km antes de El Moncada e a 13km da virada para Dos Hermanas. Cobre plantas endêmicas, orquídeas e o maior formigueiro de Cuba (é o que dizem).

**San Vicente/Ancón** TRILHA

A trilha pelo mais remoto Valle Ancón permite uma olhada em comunidades cafeeiras ainda em funcionamento, cercadas por *mogotes*: é uma volta de 8km.

### Passeios a cavalo

As exuberantes colinas e seus vales (e os *guajiros,* claro) ao redor da cidade são perfeitos para passeios a cavalo, em especial no Vale Palmarito e na rota para Los Aquáticos. Pergunte na Villa los Reyes (p. 185) ou no Mural de la Prehistoria.

**Carlos Millo** PASSEIO A CAVALO

(☎522-39071) Recomenda-se o guia Señor Millo, que fica a sudoeste da ponta da cidade, seguindo por uma trilha que sai da estrada de Minas de Matahambre.

### Nadar

É possível nadar nas piscinas naturais de **La Cueva de Palmerito**, no Vale Palmerito. É fácil chegar ao lugar partindo de Viñales. Peça orientação aos habitantes.

## Onde dormir

Agora que o Campismo Dos Hermanas está fechado para estrangeiros, as opções são restritas.

**Hotel Rancho San Vicente** HOTEL $$

(☎79-62-01; carretera a Esperanza Km 33; s/c CUC$42/60; P❄≋) Depois de dois hotéis de Viñales com localização espetacular, você provavelmente pensou que nada poderia ser melhor, mas o Rancho San Vicente até que tenta bem. Localizado 7km ao norte da vila, esse hotel encantador fica em meio a um pomar e tem mais de duas dúzias de chalés de madeira – e, o que é raro, a decoração interior combina muito bem com a paisagem exuberante. Tem também restaurante, piscina, massagens e uma pequena trilha para observação de pássaros.

**Hostal las Magnolias** HOSTEL $

(☎79-62-80; carretera a Esperanza, Km 38; CUC$25; P❄) Esse prédio pequeno, sem luxos, tem três quartos (e um restaurante anexo) em frente à Cueva del Indio e é uma alternativa barata ao Hotel Rancho San Vicente. A cozinha é de uso coletivo.

## Onde comer e beber

**El Ranchón** CARIBENHA **$$**
(Carretera a Esperanza km 38; ⏲8-17h) Venha comer aqui! A experiência será inesquecível. A refeição fixa, uma espécie (a julgar pela multidão de clientes) de rito de passagem no circuito dos ônibus de turismo, é simplesmente deliciosa. Você paga CUC$11 pela carne de porco assada e seus vários acompanhamentos.

**Restaurante Mural de la Prehistoria** CARIBENHA, INTERNACIONAL **$$**
(⏲8-19h) Um pouco caro, mas compensador, o almoço de CUC$15 do Mural – com um porco assado muito saboroso, defumado sobre carvão natural – sustentará você até, pelo menos, o café da manhã do dia seguinte.

**El Palenque de los Cimarrones** CARIBENHA **$**
(⏲12-16h) Se estiver explorando a sombria Cueva de San Miguel, vai cair mesmo que não queira nesse estabelecimento, logo na saída. É uma velha combinação de show folclórico, restaurante e museu sobre plantações e escravatura – mas os jovens cubanos vestidos de *cimarrones* (escravos desertores) não estimulam o apetite.

## Informações

O parque é administrado por meio do **Centro de visitantes do Parque Nacional Viñales** (☎79-61-44; carretera a Pinar del Río, Km 22; ⏲8-18h), que é muito informativo e fica no morro, logo antes de se chegar ao Hotel los Jazmines. Lá dentro, indicações coloridas (em espanhol e inglês) mapeiam as principais atrações do parque. Informações sobre trilhas e guias também se encontram aqui.

## Como circular

Bicicleta, carro, moto ou os ônibus turísticos de Viñales (p. 188): escolha a sua opção.

## Oeste de Viñales

El Moncada, uma colônia pré-revolucionária de trabalhadores, fica 14km a oeste de Dos Hermanas e a 1,5km da estrada Minas de Matahambre. É onde fica a **Gran Caverna de Santo Tomás** (entrada CUC$8; ⏲8h30-15h), o maior sistema de cavernas de Cuba e o segundo maior do continente americano. Há mais de 46km de galerias em oito níveis diferentes, com uma seção de 1km acessível a visitantes. Não há luz artificial, mas lanternas de cabeça são fornecidas no passeio de 90 minutos. Espere ver morcegos, estalagmites e estalactites, além de piscinas subterrâneas, formações rochosas interessantes e a réplica de um antigo desenho de índios nativos. Especialistas devem contatar a **Escuela de Espeleología** (☎79-31-45) para mais informações.

O centro de visitantes tem um pequeno **museu** (entrada CUC$1; ⏲10-22h) com manuscritos atribuídos ao cientista cubano Antonio Núñez Jiménez. A maioria dos que visitam a caverna vem de Viñales em grupos. Mais ao norte, na estrada de Cayo Jutías, a antiga comunidade Minas de Matahambre também tem um **Museo Municipal** (entrada CUC$1; ⏲seg-sáb) dedicado à história da mineração da região.

# A COSTA NORTE

Considerando sua relativa proximidade de Havana, as praias do norte da província de Pinar del Río são isoladas e pouco exploradas. A infraestrutura é restrita e as estradas, esburacadas nessa isolada costa do Golfo do México – embora os visitantes com tempo para aproveitar a viagem tenham reportado memoráveis aventuras independentes e um ótimo contato com os moradores, que são bem hospitaleiros.

## Cayo Jutías

A mais virgem das praias "desvirginadas" de Pinar del Río, Cayo Jutías é um lençol de 3km de areia que decora essa parte da costa norte: um recife coberto de mangue situado a aproximadamente 65km a noroeste de Viñales e ligado à ilha principal por um *pedraplén* (caminho sobre pântano). Jutías – assim batizada devido aos ratos de árvores nativos – concorre com Cayo Levisa, a leste, pelo título de mais bela praia da província; enquanto a segunda é realmente mais bonita, a primeira é mais tranquila.

Deve-se essa serenidade à falta de hospedagem permanente (diferente do que acontece em Levisa). A única infraestrutura da ilha são o arejado **Restaurante Cayo Jutías** (⏲11-17h), à beira-mar e especializado em frutos do mar locais, e um pequeno quiosque de praia que aluga caiaques a CUC$1 por hora e organiza excursões para a prática de snorkel por

CUC$12. Para lá do primeiro banco de areia, a praia continua por 3km: pode-se andar descalço pelos mangues. A estrada de acesso para Cayo começa cerca de 4km a oeste de Santa Lucía. Quatro quilômetros depois encontra-se o posto de controle, no início da passagem, onde se paga CUC$5 por pessoa para entrar. Após dez minutos, aparece o **Faro de Cayo Jutías**, um farol de metal construído pelos Estados Unidos em 1902. A estrada acaba na praia branca de Jutías, que tem águas cristalinas, a 12,5km pela estrada costeira.

Excursões partindo de Viñales (apenas transporte e um lanche) custam CUC$22 e permitem suficientes 6 horas de tempo na praia. Se não for assim, você terá de organizar seu próprio transporte. O caminho mais rápido e sem dúvida mais bonito é a estrada Minas de Matahambre, passando por encostas de pinheiros.



## Puerto Esperanza

Puerto Esperanza, 6km ao norte de San Cayetano e 25km ao norte de Viñales, é uma vila de pescadores tranquila visitada às vezes por iates que estão dando a volta no país – mas, a não ser por esses barcos, ninguém vem aqui. Segundo informações da cidade, as mangueiras gigantes que se enfileiram na estrada de acesso foram plantadas por escravos no século 19. O longo píer que aponta para a baía é um bom lugar para se pular no mar. Além disso, os relógios não funcionam desde – pasme – 1951.

### Atrações e atividades

As atrações de Puerto Esperanza não podem ser descritas em guias de viagem. É um lugar discreto, ideal para você se esquecer de seu guia e investir na vida social por si mesmo. Descubra rituais transcendentais da *santería* ou dê uma volta sossegada pelas plantações de tabaco vizinhas, em busca de charutos fortes, pagos em pesos.

### Onde dormir e comer

**Villa Leonila Blanco** CASA PARTICULAR **$**
(79-36-48; Hermanos Caballeros, 41; q CUC$15; ❄) A cidade tem seis *casas* oficiais, entre elas essa, com duas grandes suítes, garagem e refeições – além da opção de uma casa independente nos fundos, também com banheiro.

### Como chegar e sair

Há um posto de gasolina Servi-Cupet em San Cayetano. A estrada para Santa Lucía e Cayo Jutías vira um caminho precário de terra logo depois de San Cayetano: se estiver de bicicleta ou moto, prepare-se para ser sacolejado.

## Cayo Levisa

Mais frequentado do que o Cayo Jutías, mas igualmente esplêndido, o Cayo Levisa tem um hotel com bangalôs na praia, um restaurante básico e um centro de mergulho bem equipado, além de ainda transmitir aquela sensação de isolamento – a distância da ilha principal ajuda, claro. Diferentemente do que acontece em outros recifes cubanos, não foi construído um caminho sobre a água para se chegar aqui, e os visitantes têm de tomar um barco de 35 minutos a partir de Palma Rubia. A pequena viagem vale a pena: 3km de areias brancas como açúcar e um mar cor de safira são responsáveis por classificar Cayo Levisa como a melhor praia de Pinar del Río. O escritor norte-americano Ernest Hemingway foi quem "descobriu" a região (que faz parte do Archipiélago de los Colorados), ainda no início dos anos 1940, depois de ter montado um acampamento para pescaria em Cayo Paraíso, uma ilha menor de corais 10km a leste dali. Hoje, Levisa atrai até cem visitantes por dia, além de cinquenta ou mais hóspedes em seus hotéis. Embora não vá se sentir como um Robinson Crusoé perdido por aqui, você terá muito tempo (e espaço) para descansar e relaxar.

### Atrações e atividades

Levisa possui uma pequena marina que oferece *scuba diving* a CUC$40 por mergulho, incluindo o equipamento e o transporte. Há catorze pontos de mergulho perto da costa, com *mogotes* de corais e a conhecida **Corona de San Carlos**, uma formação que permite aos mergulhadores se aproximar de tartarugas e outros animais sem serem vistos. Já o snorkel (com equipamento) custa CUC$12, e um cruzeiro ao pôr do sol sai pelo mesmo preço. Também é possível praticar caiaque e bicicleta aquática.

### Onde dormir e comer

**Hotel Cayo Levisa** HOTEL **$$$**
(75-65-03; s/c CUC$109/136; ❄) Com uma idílica praia tropical logo em frente à sua porta, você não terá de se preocupar com as *cabañas* um pouco ultrapassadas e com a comida sem graça. Reformado para acomodar quarenta quartos em 2006, o Levisa agora tem chalés de madeira melhores (todos com banheiro) – um grande passo em relação aos velhos blocos de concreto. O serviço também melhorou bastante. Reserve com boa antecedência, pois o lugar é merecidamente concorrido.

**Mario & Antonia** CASA PARTICULAR **$**
(523-01983, 533-56310; carretera Palma Rubia; q CUC$20; P) Uma casa limpa e respeitável

a 700m do porto de Palma Rubia. Há um quarto para alugar.

### Como chegar e sair

A aterrissagem para Cayo Levisa fica cerca de 21km a nordeste de La Palma, ou 40km a oeste da Bahía Honda. Pegue a virada para Mirian e siga por 4km, passando por uma grande plantação de banana, até chegar ao posto da guarda costeira em Palma Rubia, onde há uma **lanchonete** (10-18h) e um porto com barcos que levam à ilha. O barco para Cayo Levisa sai às 10h e volta às 17h e custa CUC$25 por pessoa (CUC$10 ida e volta, incluindo almoço). A partir do porto de Cayo Levisa, pode-se atravessar o mangue por uma passarela de madeira que leva ao balneário e a uma linda praia no lado norte da ilha. Se estiver sem carro, o jeito mais fácil de chegar é em uma excursão de um dia partindo de Viñales – o pacote é uma barganha, por CUC$29 com barco e almoço.

## Arredores de Playa Mulata

Espremida na ponta da província, na estrada Bahia Honda, a zona rural ao redor da Playa Mulata é o domínio dos *guajiros*, de gados pastando e de pescadores ocasionais. Para lá das praias isoladas, fica a cordilheira do **Pan de Guajaibón**, um dos picos mais altos do oeste de Cuba. Há um busto do líder da Independência Antonio Maceo no topo. Perto do desvio que leva à Playa Mulata, a **Villa José Otaño Pimentel** (525-49810; q CUC$15; P) é a única hospedagem na região, em um jardim tranquilo com um pomar. José organiza passeios a cavalo (CUC$5 por hora). A boa faixa de praia, a 200m descendo a rua, tem um restaurante básico. O transporte público mais próximo para 16 km a oeste, na virada para Cayo Levisa. Se você não se importar com a estrada de pedrinhas, continue nessa via costeira isolada até Bahia Honda, Soroa e mesmo Havana.

# SAN DIEGO DE LOS BAÑOS E ARREDORES

Na metade do caminho entre Viñales e Soroa, San Diego de los Baños é famosa por seus banhos termais, mas há mais na região do que banhos de lama e massagens. Pare para observar a notável vida selvagem e para descobrir um dos refúgios de Che Guevara.

## San Diego de los Baños

Localizada 130km a sudoeste de Havana, essa cidade sem graça logo ao norte da carretera Central é popularmente conhecida como a melhor estância de repouso do país. Como acontece com outros locais do mesmo gênero, diz-se que suas águas medicinais foram, supostamente, descobertas ainda no início do período colonial – um escravo doente teria tropeçado em uma fonte sulfurosa, tomado um banho revigorante e se curado milagrosamente. Graças à proximidade de Havana, a fama de San Diego se espalhou rapidamente, e uma estância termal foi fundada ali em 1891. Durante o início do século 20, turistas americanos descobriram esse destino, estimulando mais tarde o desenvolvimento do atual complexo termal, nos anos 1950.

Ao lado do Río San Diego, a vila desfruta de um belo cenário natural, com a Sierra del Rosario a leste, a Sierra de Güira a oeste e uma reserva natural com florestas de pinheiros, mognos e cedros. É um dos locais favoritos de observadores de pássaros. A cidade, embora tenha muito potencial para o turismo, há tempos é mal administrada, e o resultado é um lugarejo simpático e arborizado, mas letárgico.

### Atrações e atividades

**Balneario San Diego** BANHOS TERMAIS

(8-17h) Passando por uma reforma até o fim de 2011, o Balneario até então era um complexo de águas quentes (30 °C a 40 °C, indicadas para tratar problemas musculares e de pele) com aparência decrépita. As águas sulfurosas das fontes minerais são poderosas, e são permitidas imersões de apenas 20 minutos por dia (CUC$4/6 em piscinas coletivas/privadas). A lama do Río San Diego também é usada para banhos revitalizantes (CUC$20). Entre outros tratamentos, há massagem (CUC$25) e um pacote de 15 dias de acupuntura; não espere toalhas felpudas e cafezinho de boas-vindas. O Balneario San Diego parece-se mais com um *hammam* marroquino do que com um spa de cinco estrelas, embora mantenha sua popularidade entre os cubanos em tratamento médico, e também entre turistas curiosos.

Se estiver em busca de água fria, nade na **piscina** (entrada CUC$1; 9-18h) do Hotel Mirador.

### Onde dormir e comer

**Hotel Mirador** HOTEL, CHURRASCARIA $

(77-83-38, 54-88-66; s/c CUC$23/36; P) O Mirador é uma joia discreta. Foi fundado cinco anos antes da Revolução: construído em 1954, abrigava viajantes em busca de repouso que vinham para o vizinho, o Balneario San Diego. Canteiros de plantas bem cuidados cercam os quartos, que, por sua vez, combinam bem com a parte exterior: são aconchegantes, com vistas para o jardim e para o balneário. Há uma piscina agradável e uma **churrasqueira** (as refeições saem por menos de CUC$8) que assa bisteca rapidinho. Também há um **restaurante** *con una vista*, que serve comida cubana tradicional. Pergunte para os atendentes solícitos da recepção (há mais atendentes do que clientes na maior parte do tempo) sobre excursões para observação de pássaros no Parque la Güira.

**Carlos Alberto González** CASA PARTICULAR $

(☎54-89-98; calle 21A, 3003, entre 30 e 32; q CUC$20) Para uma *casa particular* razoável, essa opção dá conta do recado. Se estiver lotada, os proprietários podem indicar outras.

## Arredores de San Diego de los Baños

Com estradas precárias e poucas acomodações, a selvagem Sierra de Güira, uma miscelânea de penhascos calcários e faixas de florestas a oeste de San Diego de los Baños, está fora do radar turístico. Mas isso não a impediu de se tornar um refúgio para as figuras mais proeminentes da Revolução e, ainda hoje, o lar de aves raras.

### Atrações

**Parque la Güira** PARQUE

Cinco quilômetros a oeste de San Diego de los Baños espalha-se o surreal Parque la Güira, uma casa de campo abandonada – e com cara de mal-assombrada – cercada por 219km² de área protegida. Conhecida antigamente como Hacienda Cortina, esse sonho tornado realidade foi construído no estilo de um parque urbano gigante nos anos 1920 e 1930 pelo rico advogado José Manuel Cortina, que ergueu uma residência no meio da área. Há ainda muitos resquícios da propriedade – um destaque é o portão decorado da entrada, e também a guarita, as ruínas do pavilhão chinês e grandes caramanchões de bambu –, mas paira no ar um aspecto surreal. Caminhe para captar essa atmosfera; o complexo atrás do restaurante da propriedade (que não impressiona muito – fica 1km atrás do portão e estava fechado à época da pesquisa para o guia) é restrito a militares de férias. Para chegar, será preciso ir em seu carro. Devido ao seu isolamento, o parque acabou virando um refúgio importante para aves, como os pássaros canoros e o rouxinol cubano (*Myadestes Elisabeth*) – o Hotel Mirador em San Diego de los Baños organiza excursões para o local.

**Cabañas los Pinos** LOCAL HISTÓRICO

Doze quilômetros a oeste de San Diego de los Baños, passando pelo Parque la Güira, ficam as Cabañas los Pinos, em uma montanha abandonada que era usada como local de repouso pela secretária de Castro, Celia Sánchez, nos anos 1960. Os chalés são construídos como se fossem casas em árvores, acima do chão, com o recanto circular de Sánchez se destacando no centro do complexo. Trata-se de outra curiosidade surreal que recebe poucos visitantes, mas que vale uma visita de uma ou duas horas de contemplação silenciosa. Pergunte no Hotel Mirador para saber como chegar.

**Cueva de los Portales** CAVERNAS

(Entrada CUC$1) Em outubro de 1962, em plena Crise dos Mísseis cubana, Ernesto "Che" Guevara transferiu a sede do Exército para essa caverna espetacular, que fica 11km a oeste do Parque la Güira e 16km ao norte de Entronque de Herradura pela carretera Central. A caverna fica em uma linda área remota entre *mogotes* rochosos forrados de videiras e foi declarada monumento nacional nos anos 1980. Um pequeno museu ao ar livre abriga alguns artefatos de Che, como sua cama e a mesa em que jogava xadrez (enquanto o resto do mundo temia um apocalipse nuclear). Outras três cavernas chamadas **El Espejo, El Salvador** e **Cueva Oscura** ficam acima, no morro. Essa área é ótima para observação de pássaros: excursões podem ser organizadas no Hotel Mirador ou você pode pedir aos atendentes na entrada da caverna. Há um campismo e um pequeno restaurante, fora a caverna. Ambos foram fechados devido aos furacões Gustav e Ike.

### Como circular

Peça aos motoristas da linha Havana–Pinar del Río Víazul com simpatia, e eles até podem parar na virada da carretera Central, a 10km da cidade. A caminhada não é tão ruim. Partindo de Havana, há um posto de gasolina Servi-Cupet na entrada para San Diego de los Baños. A estrada que fica de frente para as montanhas a partir de Cabañas los Pinos e da caverna de Che Guevara é linda, mas precariamente estreita e cheia de buracos. Dito isso, um motorista corajoso ou um ciclista em forma (e cuidadoso) com certeza darão conta.

# Província de Matanzas

☎045 / POP. 690.223

## Inclui »



## Os melhores lugares para comer

» Restaurante Teni (p. 202)
» Dante (p. 213)
» Restaurante Mallorca (p. 213)
» Casa del Queso Cubano (p. 213)

## Os melhores lugares para dormir

» Mansión Xanadú (p. 212)
» Hostal Azul (p. 202)
» Hotel Varadero Internacional (p. 211)
» Hostal Alma (p. 202)
» Finca Confidencia (p. 223)

## Por que ir?

Com um nome que quer dizer "massacres", a província de Matanzas de fato esconde um passado tumultuado por trás de sua reputação de paraíso de férias deslumbrante. Certa vez, piratas arruinaram a ilustre costa norte da região; dois séculos depois, em abril de 1961, outro grupo de mercenários combateu na costa da Baía dos Porcos, com a noção sonhadora de que haviam chegado para libertar a nação.

O cartão-postal da província hoje é Varadero, o maior balneário caribenho e meca tropical para o turismo de massa, estendendo-se por 20km pela arenosa Península de Hicacos.

Mas a alma cubana de Matanzas está a oeste, em sua desorganizada, mas pulsante, capital portuária. Enquanto a brilhante Varadero gerou hotéis em arranha-céus, a musical cidade de Matanzas presenteou o mundo com rumba, *danzón* e incontáveis edifícios neoclássicos.

Ao sul, a selvagem Península de Zapata contém o maior pântano do Caribe, uma área protegida com a maior variedade de ecossistemas de Cuba. Próxima dali, a Baía dos Porcos atrai agora mais mergulhadores que invasores com seus fantásticos recifes costeiros.

## Quando ir

Entre dezembro e abril, os hotéis de sistema all-inclusive do destino turístico mais importante, Varadero, aumentam os preços para a alta temporada. Essa é a melhor época para se bronzear: a temporada de furacões acabou e o clima é quente sem ser insuportável. Chegue a Matanzas perto do dia 10 de outubro para o festival de rumba.

## NORTE DE MATANZAS

Lar do maior balneário de Cuba (Varadero) e de um dos seus mais destacados portos (Matanzas), a costa norte é também o maior centro populacional da província e o eixo de indústria e comércio. Apesar disso, o ambiente é muito verde, e boa parte da região é de fazendas de relevo ondulante que irrompem de vez em quando em exuberantes vales, como o Valle del Yumurí.

## Matanzas

POP. 151.354

Espalhada em uma baía com o mesmo nome, a visualmente espantosa Matanzas é um dos gigantes culturais de Cuba, acordando lentamente de um longo cochilo. Dividida por dois rios e cercada por uma costa que faz até os admiradores de Varadero pensarem duas vezes, a *Ciudad de los Puentes*

## Destaques da província de Matanzas

1. Descubra os segredos enterrados na arenosa **Matanzas** (p. 196), a "Atenas de Cuba"
2. Confira um espetáculo no resplandecente **Teatro Sauto** (p. 198), em Matanzas
3. Mergulhe nas águas cristalinas da **Playa Coral** (p. 201) para fazer snorkel
4. Pule de paraquedas sobre as areias de diamante de **Varadero** (p. 209)
5. Dê uma volta pelas ruínas de **San Miguel de los Baños** (veja p. 223)
6. Descubra as vegetações vastas e variadas da **Ciénaga de Zapata** (p. 227)
7. Maravilhe-se com penhascos profundos e corais coloridos, mergulhando na **Playa Larga** (p. 229)

## NOMES DE RUAS DE MATANZAS

O sistema de numeração das ruas de Matanzas é confuso. As ruas pares que vão de norte a sul levam números pares, começando na calle 268, perto da baía. Ruas ímpares vão de leste a oeste e aumentam a partir da calle 75, na ponte Yumurí (Puente de la Concordia) até a calle 97, nas margens do San Juan.

Os moradores de Matanzas ignoram o sistema numérico de suas ruas e continuam usando os antigos nomes coloniais. Mas aqui usamos os números, pois é isso que está escrito nas placas.

| NOME ANTIGO | NOME NOVO |
|---|---|
| Contreras | Calle 79 |
| Daoíz | Calle 75 |
| Maceo | Calle 77 |
| Medio/Independencia | Calle 85 |
| Milanés | Calle 83 |
| San Luis | Calle 298 |
| Santa Teresa | Calle 290 |
| Zaragoza | Calle 292 |

(Cidade das Pontes) tem dois motivos para a visita, em ambos os lados do rio Yumurí. Entre as claras e tranquilas ruas do sul, as praças abrigam vestígios de seu apogeu no século 19 – quando os influentes residentes brancos tramavam grandes obras literárias e joias arquitetônicas capazes de superar Havana. Ao mesmo tempo, ao norte do rio, no dinâmico *barrio* (bairro) Versalles, escravos libertos unidos em irmandades secretas, ou *cabildos*, começaram a tocar os tambores que deram origem ao que conhecemos hoje como rumba.

Infelizmente para Matanzas, ela fica na estrada principal entre Havana e Varadero, 32km a leste: desde os tempos da Revolução, os magníficos edifícios da cidade têm sido menosprezados pela primeira, enquanto o apelo da sua costa é negligenciado pela segunda. Cinquenta anos de poeira só estão sendo varridos agora, mas com fundos de Varadero prontos para entrar nos cofres da cidade e o estabelecimento de envolventes *casas particulares*, as coisas estão mudando.

Transpondo vales perfurados por cavernas e uma faixa de praias com recifes costeiros perfeitos para mergulhos incríveis, a cidade de Matanzas e seu impressionante amálgama de pontes escondem vários lugares de onde se pode apreciar o ritmo preguiçoso da vida local.

Se você deseja conforto cinco estrelas, suba num ônibus Víazul para o planeta Varadero. Mas se prefere uma combinação de batidas de tambor ritualísticas, charme colonial decadente, teatro de qualidade e aventuras subterrâneas (ou submarinas), fique em Matanzas: a luz desse porto apagado está começando a brilhar.

### História

Em 1508, Sebastián de Ocampo avistou uma baía chamada pela população indígena de Guanima. Conhecida agora como a Baía de Matanzas, dizem que o nome relembra a *matanza* (massacre) de um grupo de espanhóis em uma revolta indígena. Em 1628, o pirata holandês Piet Heyn capturou uma frota espanhola carregada com 12 milhões de florins de ouro, inaugurando uma longa era de contrabando e pirataria. Ignorando a ameaça pirata, trinta famílias das Ilhas Canárias chegaram em 1693, por ordem do rei Carlos III da Espanha, para fundar a cidade de San Carlos y Severino de Matanzas. O primeiro forte foi erguido em 1734. Chegaria mais conflito por ali: em 1898, a baía viu a primeira batalha da Guerra Hispano-Americana.

No fim do século 18 e no 19, Matanzas cresceu economicamente com a construção de vários engenhos de açúcar e com a exportação de café. Em 1843 foi inaugurada a primeira estrada de ferro para Havana, e as comportas da prosperidade foram abertas.

A segunda metade do século 19 se tornou uma era de ouro na história de Matanzas: a cidade estabeleceu novos marcos culturais com a fundação de um jornal, uma biblioteca pública, um liceu, um teatro e uma sociedade filarmônica. Por causa do grande número de escritores e intelectuais que moravam na área, Matanzas ficou conhecida como a "Atenas de Cuba", com uma vida cultural que diminuía até mesmo Havana.

Foi quando os escravos africanos, importados para atender às demandas laborais crescentes, começaram a dar a Matanzas uma nova reputação como o lar espiritual da rumba. Em paralelo, e pelas mesmas raízes, espalhou-se uma rede de *cabildos* (sociedades) de *santería* – irmandades de descendentes de escravos que se uniam para celebrar as tradições e rituais de seus ancestrais. Tanto a rumba quanto os *cabildos* existem até hoje.

Outro marco histórico de Matanzas foi a primeira apresentação de *danzón* (1879). Mais tarde, a cidade lançou ao mundo os poetas Cintio Vitier e Carilda Oliver Labra.

## Atrações e atividades

### CENTRO DA CIDADE

**Teatro Sauto** TEATRO

(Plaza de la Vigía; ☎24-27-21) Símbolo da cidade, segundo Diego Rivera, o Teatro Sauto (1863), ao sul da Plaza de la Vigía, é um dos melhores teatros de Cuba, famoso por sua acústica maravilhosa. O corredor é adornado por deusas gregas em mármore e o teto do salão principal tem pinturas das musas. Três balcões envolvem esse teatro de 775 lugares, cujo piso pode ser elevado para converter o auditório em um salão de baile. A cortina original do teatro é uma pintura da própria **Puente de la Concordia** de Matanzas, e figuras ilustres como a dançarina soviética Anna Pavlova se apresentaram nele. Verifique se a restauração já foi concluída. As apresentações são geralmente às sextas e aos sábados à noite, ou nas tardes de domingo.

**Puente Calixto García** MARCO

Se você só tem tempo de ver *uma* ponte (são 21 no total) na famosa "cidade das pontes" de Cuba, contemple essa impressionante estrutura de metal construída em 1899, que atravessa o rio San Juan, com seus caiaques flutuando preguiçosamente. Ao sul está um chamativo **Mural de Che**, enquanto o lado norte sai diretamente na Plaza de la Vigía.

**Plaza de la Vigía** PRAÇA

A Praça de Armas original ainda existe como Plaza de la Vigía (literalmente, "praça da vigilância"), uma referência à ameaça de pirataria e contrabando que os primeiros colonos enfrentaram. Essa pequena praça foi onde se fundou Matanzas, no fim do século 17, e vários prédios históricos ainda permanecem.

**Ediciones Vigía** OFICINA DE LIVROS

(Plaza de la Vigía esq. calle 91; ⌚9-18h) Ao sudeste da praça há uma editora de livros singular, fundada em 1985. Produz papel feito à mão de alta qualidade e livros em primeira edição sobre vários temas. Esses livros são datilografados, gravados e copiados em edições de duzentas cópias. Visitantes são bem-vindos na oficina e podem comprar cópias assinadas e numeradas (de CUC$5 a CUC$15).

**Museo Histórico Provincial** MUSEU

(Esq. calles 83 e 272; entrada CUC$2; ⌚10-18h ter-sex, 13-19h sáb, 9-12h dom) Também conhecido como Palacio del Junco (1840), esse edifício de arcos duplos na Plaza de la Vigía exibe a história completa de Matanzas, de 1693 até o presente. Também abriga eventos culturais.

**Museo Farmaceútico** MUSEU

(Calle 83, 4951; entrada CUC$3; ⌚10-18h seg-sáb, 8-12h dom) No Parque Libertad, o centro moderno de Matanzas com uma estátua de bronze (1909) de José Martí no centro, você vai encontrar um dos maiores pontos turísticos da cidade, o Museo Farmaceútico. Fundado em 1882 pela família Triolett, essa farmácia antiga foi a primeira do tipo na América Latina. As bonitas vitrines exibem frascos antigos, instrumentos e outros objetos do ofício.

**Biblioteca Gener y Del Monte** EDIFÍCIO NOTÁVEL

(Esq. calles 79 e 290) Localizada na parte norte do Parque Libertad, essa biblioteca, antigo Casino Español, fica ao lado da grandiosa fachada recém-reformada do Hotel Velazco. A biblioteca foi o lugar da primeira apresentação da *danzonete* (dança de salão) Rompiendo la Rutina, de Anceto Díaz.

**Catedral de San Carlos Borromeo** IGREJA

(Calle 282 entre calles 83 e 85; aceita doações; ⌚8-12h e 15-17h seg-sáb, 9-12h dom) Fugindo da multidão da calle 83, atrás da sombria Plaza de la Iglesia, essa catedral neoclássica, outrora grandiosa e sempre fechada, foi construída em 1693. Tem alguns dos mais famosos afrescos de Cuba, bastante antingidos por causa de anos de negligência.

**Archivo Histórico** EDIFÍCIO NOTÁVEL
(Calle 83, 28013, entre calles 280 e 282) Os arquivos da cidade estão guardados na antiga residência do poeta local José Jacinto Milanés (1814-63). Uma estátua de bronze de Milanés está na Plaza de la Iglesia, em frente à catedral.

**Palacio de Gobierno** EDIFÍCIO NOTÁVEL
(Calle 288 entre calles 79 e 83) Datado de 1853, esse prédio grandioso domina o lado leste do Parque Libertad. Nos dias de hoje, é a sede do Poder Popular, o governo local.

**Palacio de Justicia** EDIFÍCIO NOTÁVEL
(Plaza de la Vigía e calle 85) Essa é outra construção impressionante da Plaza de la Vigía, oposta ao Teatro Sauto, erguida em 1826 e reconstruída entre 1908 e 1911.

**Palmar del Junco** ESTÁDIO
(Calle 171) Fãs de beisebol podem fazer sua peregrinação ao sul da cidade, o local do primeiro campo de beisebol de Cuba (1904) e fonte de muito orgulho cívico.

## VERSALLES E O NORTE

Ao norte do rio Yumurí, Versalles é o berço da rumba. Da Plaza de la Vigía pode-se entrar no *barrio* pela calle 272 através da graciosa **Puente de la Concordia**.

**Castillo de San Severino** FORTE
(☎28-32-59; av. del Muelle; entrada CUC$2, taxa para uso de câmera CUC$1; ⏲10-19h ter-sáb, 9-12h dom) Ao nordeste de Versalles fica essa temível fortaleza, construída pelos espanhóis em 1735, como parte do anel defensivo de Cuba. É onde os escravos foram descarregados, no século 18, e, depois, patriotas cubanos foram aprisionados em suas celas e até executados. San Severino continuou sendo uma prisão até os anos 1970 e mais recentemente se transformou no pouco visitado **Museo de la Ruta de los Esclavos** (entrada CUC$2; ⏲10-18h). O castelo propriamente dito, com sua praça principal bem preservada, tem boas vistas para a Bahía de Matanzas. Um táxi do centro da cidade custa CUC$2.

**Iglesia de Monserrate** IGREJA
Para ter uma vista excelente de Matanzas e do pitoresco Valle del Yumurí, suba 1,5km a nordeste do centro, pela calle 306, para essa igreja recentemente restaurada, que data de 1875. O bastião eminente assentado bem acima da cidade foi construído pelos colonos da Catalunha, na Espanha, como um símbolo de seu poder regional. A área próxima tem alguns restaurantes estilo *ranchón*, com música alta e bebidas.

**Iglesia de San Pedro Apóstol** IGREJA
(Esq. calles 57 e 270) No coração de Versalles, essa igreja neoclássica é outra joia de Matanzas que precisa de uma reforma.

## FORA DA CIDADE

**Cuevas de Bellamar** CAVERNAS
(☎26-16-83, 25-35-38; entrada CUC$8, taxa para uso de câmera CUC$5; ⏲9-17h; 👪) As Cuevas de Bellamar, 5km a sudeste de Matanzas, têm 300 mil anos e são promovidas como a atração turística mais antiga de Cuba. Há 2.500m de cavernas, descobertas em 1861 por um trabalhador chinês, empregado de Don Manuel Santos Parga. Uma visita de 45 minutos sai quase de hora em hora, começando às 9h30; caminhos bem conservados e iluminados convidam as crianças a absorver a incrível geologia. As cavernas em exposição incluem uma estalagmite de 12m e um riacho subterrâneo; as paredes da caverna brilham misteriosamente com cristais. A entrada é através de um museu pequeno. Do lado de fora, há dois restaurantes e um playground. Para chegar lá, pegue o ônibus 16, 17 ou 20 para o leste na direção de Canímar e peça ao motorista para deixá-lo perto da calle 226. Dali, é uma caminhada de 30 minutos até as cavernas.

**Rio Canímar e arredores** RESERVA ECOLÓGICA
Passeios de barco pelo rio Canímar, 8km a leste de Matanzas, são uma experiência realmente mágica. Mangues tortuosos mergulham seus troncos em águas baixas e um nevoeiro quente acaricia as palmeiras reais enquanto seu barco desliza silenciosamente 12km rio acima, começando numa partida insalubre abaixo da ponte Vía Blanca. A Cubamar (p. 218), em Varadero, oferece essa maravilhosa excursão com almoço, passeio a cavalo, pescaria e snorkel por CUC$25, ou você pode tentar chegar ao ponto de partida, do lado leste da ponte. Barcos a remo (CUC$2 por hora) também estão disponíveis para locação a qualquer hora no **Bar Cubamar**.

**Castillo del Morrillo** CASTELO
(Entrada CUC$1; ⏲9-17h ter-dom) No lado da ponte do rio Canímar voltado para Matanzas, uma estrada se estende por 1km até um vale dominado por esse castelo amarelo (1720). O castelo agora é um museu dedicado ao líder estudantil Antonio Guiteras Holmes (1906-35), que fundou o grupo revolucionário Joven Cuba em 1934. Depois de servir brevemente no governo pós-Machado, Gui-

# Matanzas

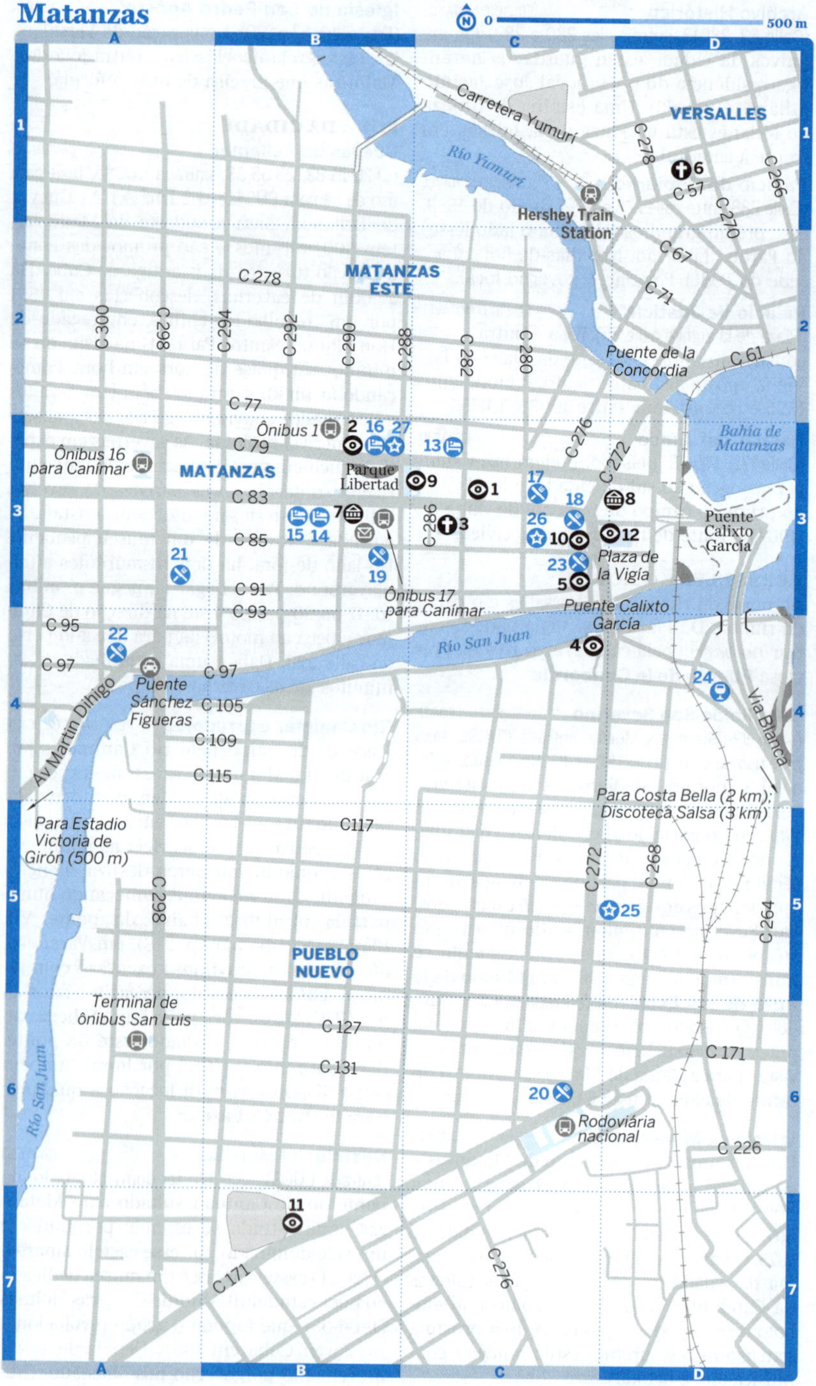
0
500 m
A
B
C
D
1
2
3
4
5
6
7
Carretera Yumurí
Río Yumurí
VERSALLES
Hershey Train Station
MATANZAS ESTE
MATANZAS
PUEBLO NUEVO
Puente de la Concordia
Bahía de Matanzas
Parque Libertad
Ônibus 1
Ônibus 16 para Canímar
Ônibus 17 para Canímar
Plaza de la Vigía
Puente Calixto García
Río San Juan
Puente Sánchez Figueras
Av Martín Dihigo
Vía Blanca
Para Costa Bella (2 km); Discoteca Salsa (3 km)
Para Estadio Victoria de Girón (500 m)
Terminal de ônibus San Luis
Rodoviária nacional
C 278
C 300
C 298
C 294
C 292
C 290
C 288
C 282
C 280
C 276
C 272
C 286
C 268
C 264
C 266
C 270
C 226
C 57
C 67
C 71
C 61
C 77
C 79
C 83
C 85
C 91
C 93
C 95
C 97
C 105
C 109
C 115
C117
C 127
C 131
C 171
1
2
3
4
5
6
7
8
9
10
11
12
13
14
15
16
17
18
19
20
21
22
23
24
25
26
27

## Matanzas

**Atrações**

1 Archivo Histórico ............ C3
2 Biblioteca Gener y Del Monte ............ B3
3 Catedral de San Carlos Borromeo ............ C3
4 Che Mural ............ C4
5 Ediciones Vigía ............ C3
6 Iglesia de San Pedro Apóstol ............ D1
7 Museo Farmaceútico ............ B3
8 Museo Histórico Provincial ............ D3
9 Palacio de Gobierno ............ C3
10 Palacio de Justicia ............ C3
11 Palmar del Junco ............ B7
12 Teatro Sauto ............ D3

**Onde dormir**

13 Evelio & Isel ............ C3
14 Hostal Alma ............ B3
15 Hostal Azul – Joel Báez & Aylín Hernández ............ B3
16 Hotel Velazco ............ B3

**Onde comer**

17 Cadena Cubana del Pan ............ C3
18 Café Atenas ............ C3
19 Centro Variedades Commercial ............ B3
20 Coppelia ............ C6
21 En Familia ............ A3
22 Mercado La Plaza ............ A4
23 Plaza la Vigía ............ C3

**Onde beber**

24 Ruinas de Matasiete ............ D4

**Lazer**

25 Casa de la Cultura Municipal Bonifacio Bryne ............ D5
26 Casa del Danzón ............ C3
Teatro Sauto ............ (veja 12)
27 Teatro Velazco ............ B3

**Onde comprar**

Ediciones Vigía ............ (veja 5)

teras foi forçado a sair pelo chefe do exército Fulgencio Batista e foi morto com um tiro em 8 de maio de 1935. Um busto de bronze marca o lugar onde foi executado.

**Playa Coral** SNORKEL

Nenhum recife está acessível da costa em Varadero, por isso sua melhor aposta para um pouco de mergulho com snorkel é a apropriadamente denominada Playa Coral, na antiga estrada costeira (por volta de 3km da Vía Blanca) entre Matanzas e Varadero. Pode-se mergulhar sozinho pela própria praia, mas é bem melhor (e mais seguro) entrar via **Laguna de Maya** (8-17h). A **Reserva de Fauna e Flora**, 400m a leste, é onde os **guias da Ecotur** alugam equipamento de snorkel e levam ao recife por uma pechincha de CUC$10 por uma hora. Há trezentas espécies de peixes registradas e a visibilidade é de 15 a 20m, bem razoável. Também se oferecem mergulhos. A Laguna de Maya incorpora um bar-restaurante perto de um riozinho, com barcos de aluguel e oportunidades de andar a cavalo. Um pacote com todas as atividades custa CUC$25. Você pode caminhar 2,5km até a Cueva Saturno partindo desse ponto. A maior parte da costa é um recife de coral branco-acinzentado, mas há praias a leste da Playa Coral.

**Cuevas de Santa Catalina** CAVERNAS

(Entrada conjunta com Cuevas de Bellamar CUC$15; 9-17h) Você precisará ir às Cuevas de Bellamar para passeios nesse circuito de cavernas menos visitado, na beira da estrada Matanzas–Varadero, perto da Boca de Camarioca. O ponto alto são as pinturas rupestres ameríndias.

**Cueva Saturno** CAVERNAS, MERGULHO

(25-32-72; entrada inclui snorkel CUC$5; 8-18h) A 1km ao sul da Vía Blanca, perto do retorno para o aeroporto, está a Cueva Saturno. Apesar de ser tratada como um ponto de snorkel, na verdade é uma caverna chata com acesso limitado para a atividade, a não ser que você seja um mergulhador experiente, com todo o equipamento. É popular entre os moradores que querem se refrescar no poço, e a lanchonete serve um bom café.

### Festas e eventos

A partir do dia 10 de outubro, durante dez dias, Matanzas redescobre as raízes da rumba com talentosos músicos locais no **Festival del Bailador Rumbero** no Teatro Sauto. Coincide com o aniversário da cidade (12 de outubro), uma festa de vários dias com celebrações das pessoas importantes que fizeram da cidade o que ela é (ou era). O **Carnaval** de Matanzas, em agosto, não chega ao frenesi do Carnaval de Santiago, mas ainda assim é bem animado.

## Onde dormir

### CENTRO DA CIDADE

Matanzas ostenta o recentemente reaberto Hotel Velazco e algumas *casas particulares* incríveis.

**Hostal Azul** CASA PARTICULAR $
(☎24-78-10; hostalazul.cu@gmail.com; calle 83, 29012, entre calles 290 e 292; q CUC$20-25; ❄) Esse é o tipo de casa colonial que fez de Matanzas uma referência cultural, com três quartos grandes e *muy azules* (muito azuis). Acrescente um pátio interno tranquilo, a culinária brilhante de um *chef* treinado em Varadero e sua localização (perto do Parque Libertad), e *voilà*: eis uma das melhores *casas particulares* da província. Os anfitriões da casa, Joel e Aylín, também oferecem serviços de táxi.

**Hostal Alma** CASA PARTICULAR $
(☎24-24-49; calle 83, 29008, entre calles 290 e 292; q CUC$20-25; ❄) Competindo com a vizinha Azul pelo título de melhor acomodação da cidade, essa casa colonial do meio do século 19 tem banheiras, espreguiçadeiras, varandas e dois terraços enormes (o maior tem uma vista impressionante de 360° de Matanzas). Grandes porções de comida feitas com alma cubana estão com certeza no menu.

**Costa Bella** CASA PARTICULAR $
(☎28-56-57; calle 127, 20615, entre calles 206 e 208; q CUC$25; P❄) Em Playa, a 3km do centro e com vistas abrangentes da baía, esse lugar tem dois quartos grandes (tente se hospedar no de cima) com entradas privativas, no fim de um jardim cheio de coqueiros.

**Hotel Velazco** HOTEL $$
(☎25-38-80; calle 79 entre calles 290 e 288; c CUC$90; ❄) Finalmente! Depois de mais de uma década, a minuciosa reforma está completa e o esplêndido hotel colonial Velazco reabriu. Ele tem dezessete quartos, bem no Parque Libertad, e sua restauração talvez seja o primeiro passo para a muito comentada reforma do centro da cidade.

**Evelio & Isel** CASA PARTICULAR $
(☎24-30-90; calle 79, 28201, entre calles 282 e 288; q CUC$20-25; P❄) Os quartos dessa hospedagem de dois andares têm TV, cofre, varanda e estacionamento subterrâneo. O dono é um grande conhecedor da cena musical de Matanzas.

### FORA DA CIDADE

**Hotel Canimao** HOTEL $
(☎26-10-14; s/c CUC$21/25; P❄≋) Situado sobre o rio Canímar, 8km a leste de Matanzas, o Canimao tem 160 quartos confortáveis com poucas varandas. É próximo das excursões pelo rio Canímar, das Cuevas de Bellamar e do Tropicana Matanzas, mas para outras coisas você estará isolado. Há dois restaurantes: um cubano e outro italiano. O ônibus 16, na esquina entre as calles 300 e 83 em Matanzas, deixa você na entrada.

## Onde comer

### CENTRO DA CIDADE

As melhores comidas para viagem com preço em pesos estão na calle 272, acima da Puente de la Concordia, em Versalles.

**En Familia** CARIBENHA, ITALIANA $
(Esq. calles 298 e 91; ⏲10-23h) Esse restaurante multifacetado, com suas mesas espalhadas num terraço cheio de plantas, faz um pouco de tudo muito bem – pizza, massas e comida *criolla*. A especialidade da casa, entretanto, é um filé de peixe com *chorizo* por CUC$2,50. É animador ver várias famílias locais comerem ali: sinal de que algo bom está saindo da cozinha.

**Plaza la Vigía** CAFÉ $
(Esq. Plaza de la Vigía e calle 85; ⏲10-0h) Bar com comida ou restaurante com bar? É difícil dizer, mas quem se importa quando se tem um ambiente muito melhor do que todos os outros lugares juntos? O interior ornamentado é reminiscência de um café vienense: com seus vitrais e fotos antigas de Matanzas, junto com o terraço de frente para a praça, o ambiente é mais envolvente do que os hambúrgueres servidos. Os drinques não são ruins e às vezes há cervejas europeias. Além disso, há máquinas de café e serviço de mesa.

**Restaurante Teni** CARIBENHA $
(Esq. calles 129 e 224; ⏲12h-22h45) Um estabelecimento grande com teto de palha, ao lado da Reparto Playa, esse lugar bem ambientado oferece um cardápio substancial de comida *criolla*, com arroz, tubérculos, salada e carne, por somente CUC$5. Tem música ao vivo nos fins de semana.

**Café Atenas** CARIBENHA $
(Calle 83, 8301; ⏲10-23h) Relaxe, no interior limpo e calmo ou do lado de fora, na *terraza* (varanda), com os estudantes, motoristas de táxi e trabalhadores de hotel em seu dia de folga. Contemple o dia a dia na Plaza de la

Vigía, do lado de fora. Sanduíches razoáveis, carnes grelhadas e filés frescos.

**Coppelia** SORVETERIA
(Esq. calles 272 e 171; ⌚10-22h) Esse lugar apagado fica perto da rodoviária.

### Por conta própria

**Cadena Cubana del Pan** PADARIA
(Calle 83 entre calles 278 e 280; ⌚24 horas) O melhor pão.

**Centro Variedades Commercial** SUPERMERCADO
(Calle 85 entre calles 288 e 290; ⌚9-18h) Mercearia e (no piso superior) ótimos bolos.

**Mercado la Plaza** MERCADO
(Esq. calles 97 e 298) Perto da Puente Sánchez Figueras; para hortifrúti com preço em pesos.

### FORA DA CIDADE

**El Ranchón Bellamar** CARIBENHA $$
(⌚12h-20h30) Se você estiver visitando as Cuevas de Bellamar, pode muito bem comer uma comida *criolla* nesse restaurante estilo *ranchón*, antes de voltar para a cidade. Boa carne de porco ou frango com acompanhamentos fica entre CUC$7 e CUC$8.

**El Marino** FRUTOS DO MAR $
(⌚12-21h; ❄) Na estrada principal de Varadero, perto do retorno do Hotel Canimao, El Marino é especializado em frutos do mar, principalmente lagosta e camarão.

## Onde beber

**Ruinas de Matasiete** BAR
(Esq. Vía Blanca e calle 101; ⌚24 horas) Um dos melhores lugares para beber, esse bar sedutor está alojado nas ruínas de um depósito do século 19, voltado para o mar. Bebidas e carnes grelhadas são servidas num terraço aberto, mas a melhor razão para ir é a música ao vivo (21h sexta a domingo; couvert CUC$3).

## Lazer

**Teatro Sauto** TEATRO
(☎24-27-21) Atravessando a Plaza de la Vigía, o Teatro Sauto é um patrimônio nacional e um dos principais teatros de Cuba. As apresentações acontecem desde 1863, e você pode conseguir assistir a uma apresentação do Ballet Nacional de Cuba ou do Conjunto Folklórico Nacional de Cuba. Os espetáculos são às 20h30, com matinê aos domingos às 15h.

**Tropicana Matanzas** CABARÉ
(☎26-53-80; entrada CUC$35; ⌚22-2h ter-sáb) Capitalizando seu sucesso em Havana e em Santiago de Cuba, o famoso cabaré Tropicana tem uma filial 8km a leste de Matanzas, perto do Hotel Canimao. Você pode misturar-se às multidões dos ônibus de Varadero e curtir a mesma fórmula de entretenimento: luzes, penas, pouca roupa e frivolidade a céu aberto. Se começar a chover, a apresentação para.

**Museo Histórico Provincial** MÚSICA AO VIVO
(Mapa p. 200; esq. calles 83 e 272; entrada CUC$2; ⌚10-18h ter-sex, 13-19h sáb e 9-12h dom) Confira o quadro do lado de fora desse prédio (também conhecido como o Palacio del Junco) para ver a programação de eventos, desde teatro até *danzón* de rumba, com horários para o mês inteiro.

**Estadio Victoria de Girón** ESPORTES
(Av. Martin Dihigo) De outubro a abril, esse estádio recebe jogos de beisebol, 1km ao sudoeste do mercado. Anteriormente um dos maiores times do país, o local Los Cocodrilos (os crocodilos) se esforça para vencer o La Isla de la Juventud atualmente.

**Teatro Velazco** CINEMA
(Esq. calles 79 e 288) No Parque Libertad, esse é o maior cinema de Matanzas.

**Discoteca Salsa** CASA NOTURNA
(Carretera Varadero Km 1; entrada CUC$1; ⌚22-2h ter-dom) Para dançar incontrolavelmente, esse é o lugar. Tem um terraço com plantas do lado de fora, se as coisas ficarem muito agitadas. Indo em direção a Varadero, fica do lado da vía Blanca, que dá para a baía, a 4km do centro.

**Las Palmas** MÚSICA AO VIVO
(Esq. calles 254 e 127; entrada CUC$1; ⌚12-0h seg-qua, até 2h sex-dom) Uma boa noite à luz das estrelas por um décimo do preço do Tropicana pode ser encontrada nesse lugar com o rótulo ARTex.

**Casa de la Cultura Municipal Bonifacio Bryne** MÚSICA AO VIVO
(Calle 272, 11916, entre calles 119 e 121) Uma fonte para tudo que diz respeito à cultura, e um lugar sempre bom para uma farra musical.

**Casa del Danzón** DANÇA
(Calle 85 entre calle 280 e Plaza de la Vigía) Se você curte aprender alguns passos de dança local, pergunte nesse lugar, que oferece aulas de *danzón* aos fins de semana.

## RUMBA EM MATANZAS

"Sem rumba não há Cuba, e sem Cuba não há rumba", diz um ditado cubano. Matanzas com certeza é o berço de uma das formas musicais definidoras de Cuba e ocupa um espaço central tanto na história quanto no desenvolvimento da música no país.

A rumba se originou nos *cabildos* africanos da cidade, irmandades secretas formadas pelos escravos levados do oeste da África central, durante o século 19, para trabalhar nas plantações de Cuba, e seus descendentes. Essas irmandades reuniam-se nas travessas do porto para cultuar seus orixás e manter suas tradições vivas. Então a rumba em Matanzas começou e rapidamente se espalhou: a música de um povo reprimido, exilado, cuja força motriz não era protestar contra o tratamento recebido, mas principalmente lembrar suas raízes pela música. Foi o escape usado no início por afro-cubanos, mas depois também por outros grupos privados de seu passado, para expressar medos e esperanças sobre sua posição na sociedade.

Matanzas é responsável pela maioria das principais formas de rumba. A variedade mais antiga, Rumba Yambú, se originou no distrito de Versalles, no fim do século 19, e era um ritmo mais lento e suave. A Rumba Guaguancó é mais moderna e sensual, imitando o ritual de acasalamento entre um galo e uma galinha, usando congas. Existe também a Rumba Columbia, que ganhou esse nome de um antigo ponto de ônibus fora de Matanzas – é dançada somente por homens, por seus movimentos perigosos. Só recentemente considerada um subgênero, a Bata Rumba foi inventada e mais bem exemplificada pelo grupo contemporâneo AfroCuba de Matanzas. A percussão é providenciada pelo tambor *batá*, em forma de ampulheta, um instrumento ritual do povo iorubá, da Nigéria.

Mestres dos primeiros três gêneros são Los Muñequitos de Matanzas, grupo formado há quase sessenta anos, depois de uma inspirada *jam session* num bar em Barrio Marina. Originalmente chamados Guaguancó Mattancero, sua primeira música "Los Muñequitos" (os bonequinhos) foi tão popular que valeu a eles o apelido.

Los Muñequitos de Matanzas e AfroCuba de Matanzas descendem do princípio dos *cabildos*, com origens lucumí e quicongo. Mas o som que estão fazendo agora pretende reavaliar as raízes da própria música, lembrando a tradição de seus ancestrais. Um bom exemplo é a inovadora coletânea do AfroCuba, *The Sign and the Seal*, que foca nos orixás tradicionais para estender os limites da própria música. Algumas canções são dedicadas a certas deidades, como Aganju – na cultura iorubá, um espaço inabitado, ou descampado –, enquanto outras exploram Oxum, a fonte dos rios, da água e da vida. O álbum revisita os alicerces da música e da cultura e reúne o som, enquanto o universo (a relação com ele é a pedra angular da crença iorubá) também reconstrói o som.

Melhor do que ler sobre a rumba da cidade é ouvir um pouco dela: um aspecto incrível de Matanzas é que seus dois grupos mais renomados podem ainda ser ouvidos em lugares casuais. A melhor chance de se encontrar rumba na cidade são as grandes performances ao ar livre que acontecem às 16h, na terceira sexta-feira do mês, do lado de fora do Museo Histórico Provincial (p. 198).



## Onde comprar

Que azar para os viciados em compras: conferir as lojas (que lojas?) de Matanzas faz um brechó parecer um grande shopping center.

**Ediciones Vigía** LIVROS
(Plaza de la Vigía; 8-16h seg-sex) Procure por livros originais feitos à mão.

## Informação

**Banco Financiero Internacional** (esq. calles 85 e 298) Caixa eletrônico.

**Cadeca** (calle 286 entre calles 83 e 85; 8-18h seg-sáb, 8-12h dom) Dois quiosques de câmbio atrás da catedral.

**Etecsa Telepunto** (esq. calles 83 e 282; por hora CUC$6; 8h30-17h30) Serviços de telefonia.

**Servimed** (25-31-70; Hospital Faustino Pérez, carretera Central Km 101) Consultório a sudoeste da cidade.

**Correios** (calle 85, 28813) Na esquina da calle 290.

## Como chegar e sair

### Avião

Matanzas está ligada ao mundo exterior pelo Aeroporto Internacional Juan Gualberto Gómez, localizado 20km a leste da cidade.

### Bicicleta

De Varadero, é fácil chegar de bicicleta a Matanzas. A estrada de 32km é bem pavimentada e completamente lisa, exceto os 3km dentro da cidade, começando na ponte do rio Canímar (uma subida relativamente fácil se está indo para o leste). É possível alugar bicicletas em quase todos os hotéis all-inclusive de Varadero.

### Ônibus

Todos os ônibus, os de longa distância e os provinciais, usam a **Rodoviária Nacional** (☎91-64-45), antiga rodoviária na esquina entre as calles 131 e 272 no Pueblo Nuevo, ao sul do rio San Juan. Matanzas tem conexões decentes para o resto do país, mas destinos como Cienfuegos e Trinidad precisam de uma parada em Varadero. Isso significa pegar o primeiro ônibus para Varadero e depois esperar por um dos doze ônibus para Trinidad. A **Víazul** (www.viazul.com) tem três partidas diárias para Havana (CUC$7, 2 horas, 8h55, 12h20, 18h55) e Varadero (CUC$6, 1 hora, 10h05, 14h05, 20h05). Os dois primeiros ônibus para Varadero também param no aeroporto (CUC$3, 25 minutos), enquanto o ônibus das 20h05 segue para Santa Clara, Camagüey e Santiago de Cuba.

Para trajetos até Cárdenas, pergunte na rodoviária.

### Trem

A **estação de trem** (☎29-16-45; calle 181) fica em Miret, no extremo sul da cidade. Estrangeiros normalmente pagam o preço em pesos conversíveis para o *jefe de turno* (chefe de turno). A maioria dos trens entre Havana e Santiago de Cuba para nessa estação (exceto o rápido Tren Francés). Em teoria, há oito trens diariamente para Havana, começando às 3h25 (CUC$3, 1h e 30min). Viajar para a capital é mais certo: na outra direção (plataforma leste), os trens costumam ser cancelados de repente. O trem diário para Santiago de Cuba (CUC$27) deveria sair à noite, por volta das 22h50 (mas confira), parando em Santa Clara, Ciego de Ávila, Camagüey e Las Tunas. Outros trens para o leste chegam a Sancti Spíritus. Na época da pesquisa para este guia, a viagem para Cienfuegos, anteriormente às 20h05 a cada dois dias (CUC$6, 3 horas), não estava saindo.

Você pode encontrar informações atualizadas sobre os trens em um quadro de avisos na última parede da sala de espera. Chegue bem antes para evitar o caos.

A **estação de trem Hershey** (☎24-48-05; esq. calles 55 e 67) fica em Versalles, uma caminhada de 10 minutos do Parque Libertad. Há três trens por dia para a estação Casablanca em Havana (CUC$2,80, 4 horas) via Canasí (CUC$0,85), Jibacoa (CUC$1,10, 1h e 30min, para Playa Jibacoa), Hershey (CUC$1,40, 2 horas, para Jardines de Hershey) e Guanabo (CUC$2). Partidas para Matanzas são às 6h16, 11h30 (um serviço expresso que deveria levar 3 horas) e 16h54.

A venda de passagens começa uma hora antes da saída prevista e, exceto em fins de semana e feriados, não há problemas para subir a bordo. Bicicletas podem não ser permitidas (pergunte antes). O trem normalmente sai na hora, mas muitas vezes chega à estação Casablanca, em Havana (logo abaixo do forte La Cabaña, no lado leste do porto), uma hora atrasado. Essa é a única via férrea elétrica de Cuba e quando há tempestades o trem não funciona. É uma viagem bonita, se você não estiver com pressa, e uma ótima forma de chegar às atrações pouco visitadas da província de Mayabeque.

## Como circular

Para chegar da estação de trem até o centro, o ônibus 1 sai da calle 79, entre as calles 290 e 292. Os ônibus 16 (da calle 300) e 17 (convenientemente do Parque Libertad) vão do centro da cidade para o rio Canímar via calle 226 (para as Cuevas de Bellamar). Ônibus municipais custam 1 peso por viagem.

O posto de gasolina Oro Negro fica na esquina das calles 129 e 210, a 4 km da cidade de Matanzas, na estrada de Varadero. O **posto de gasolina Servi-Cupet** e a **Havanautos** (☎25-32-94; esq. calles 129 e 210) estão a um quarteirão. Se você está dirigindo para Varadero, vai pagar um pedágio de CUC$2 entre Boca de Camarioca e Santa Marta (sem pedágios para o aeroporto).

Bicitáxis se reúnem junto ao Mercado la Plaza (esq. calles 97 e 298) e podem levar você para boa parte da cidade por 1 ou 2 pesos cubanos. Um táxi para Varadero deve custar por volta de CUC$25.

# Varadero

POP. 27.170

Embrulhada para consumo turístico e anunciada como uma alternativa barata a Cancún, a beira-mar de Varadero recebe você com um ambiente mais parecido com a costa da Califórnia ou da Flórida do que com o paraíso tropical que você deve estar esperando. A Cuba esotérica se faz notar mais por sua ausência, pela falta de história e, frequentemente, pela falta dos próprios cubanos. Mas, beijada por suaves brisas caribenhas e pelas águas iridescentes do Atlântico, ela tem seus

## Varadero

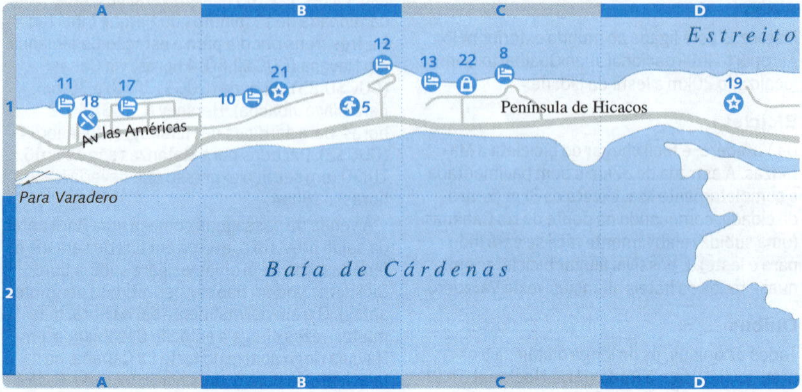




atrativos, incluindo praias incríveis e grandes hotéis. E a popularidade do balneário só cresce – a praia glorificada de Varadero é uma das melhores do arquipélago e abrigo de mais de cinquenta hotéis de três a cinco estrelas, que funcionam como um ímã para hordas de turistas de classe média do mundo todo. Para aqueles que procuram uma viagem de descoberta, Varadero não tem um ingrediente vital: magia. Quer dizer, aquela magia que não pode ser reproduzida em lounges chiques com ar-condicionado e coquetéis, ou grandiosos lobbies de hotel artificialmente gregos – por mais mojitos que você beba.

Pelo menos um terço da península faz parte da cidade de Varadero, que, apesar de não ter a atmosfera de Havana ou Santiago, ainda retém uma parca semelhança com o dia a dia cubano.

## Atrações

Para arte e história, você está no lugar errado; mesmo assim, há alguns pontos turísticos interessantes, se a vida na praia começar a entediar você.

### Parque Central e Parque de las 8000 Taquillas — PARQUE

(Mapa p. 214; entre calles 44 e 46) Entre as avs. 44 e 46, esse já foi o centro da vida social da cidade, mas foi negligenciado durante os anos 1990, quando resorts maiores apareceram ao leste. Recentemente expandido, o Parque de las 8000 Taquillas tem um shopping novinho embaixo da popular sorveteria Coppelia.

### Museo Municipal de Varadero — MUSEU

(Mapa p. 214; calle 57; entrada CUC$1; ⌚10-19h) Andando na praia a partir do Hotel Acuazul Varazul, você verá muitas casas de madeira com varandas elegantes em volta. A mais atrativa, o Museo Municipal, tornou-se um chalé que mostra móveis antigos e algumas fotos da história do balneário.

### Parque Josone — PARQUE

(Mapa p. 214; esq. av. 1 e calle 58; ⌚9-0h) Esse oásis verde é mais fechado e muito mais bonito que o Parque Central. Os jardins são de 1940 e receberam o nome dos seus donos, José Fermín Iturrioz y Llaguno e sua esposa Onelia, que também tinham a destilaria de rum Arrechabala, em Cárdenas, e construíram uma mansão neoclássica no local: o Retiro Josone. Expropriada depois da Revolução, a mansão virou uma residência temporária para autoridades estrangeiras. O parque agora é um espaço público para o entretenimento de todos: você poderá ver meninas cubanas celebrando suas *quinceañeras* (quinze anos). A área expansiva e sombria de Josone tem um lago com barcos a remo (CUC$0,50 por pessoa por hora), cafés envolventes, gansos, muitas espécies de árvore e um minitrem. Há uma piscina pública (entrada CUC$2) ao sul do parque e uns estranhos avestruzes. Boa música toda noite.

## Varadero

**Atrações**

1 Cueva de Ambrosio ............ F1
Mansión Xanadú ............ (veja 12)
2 Reserva Ecológica Varahicacos ............ G1

**Atividades, cursos e visitas guiadas**

Aquaworld Marina Chapelín ............ (veja 4)
Boat Adventure Boat Trip ............ (veja 4)
Gaviota ............ (veja 8)
3 Marina Gaviota ............ H2
4 Marlin Marina Chapelín ............ E1
5 Varadero Golf Club ............ B1

**Onde dormir**

6 Barceló Marina Palace & Cayo Libertad Resort ............ H2
7 Blau Varadero ............ E1
8 Hotel Meliá Varadero ............ C1
9 Hotel Sirenis La Salina ............ G1
10 Hotel Tuxpán ............ B1
11 Hotel Varadero Internacional ............ A1
12 Mansión Xanadú ............ B1
13 Meliá Las Américas ............ C1
14 Paradisus Princesa del Mar ............ H2
15 Sandals Royal Hicacos ............ F1
16 Tryp Península Varadero ............ H1
17 Villa Cuba ............ A1

**Onde comer**

18 Restaurante Mesón del Quijote ............ A1

**Onde beber**

Bar Mirador ............ (veja 12)

**Lazer**

Cabaret Continental ............ (veja 11)
19 Cabaret Cueva del Pirata ............ D1
20 Club Mambo ............ F1
Discoteca La Bamba ............ (veja 10)
21 Palacio de la Rumba ............ B1

**Onde comprar**

22 Plaza América ............ C1

### Mansión Xanadú
EDIFÍCIO NOTÁVEL

(Mapa p. 206) Tudo a leste da pequena torre de água (parece um forte espanhol antigo, mas foi construído nos anos 1930), perto do restaurante Mesón del Quijote, pertenceu à família Du Pont. Nela, o milionário empresário norte-americano Irenée construiu a Mansión Xanadú, agora um hotel de luxo no topo de um campo de golfe de dezoito buracos, com um bar que convida a bebericar uns coquetéis ao pôr do sol.

### Cueva de Ambrosio
CAVERNA

(Mapa p. 206; entrada CUC$3; 9h-16h30) Depois da Marina Chapelín, Varadero se estende ao leste como um subúrbio norte-americano, com mangues miseráveis entremeados por megacomplexos de hotéis, um guindaste bizarro e um *delfinario* (aquário de golfinhos). Passe tudo isso e 500m depois do Club Amigo Varadero, na Autopista Sur, você encontrará essa caverna, muito interessante por causa de 47 desenhos pré-colombianos descobertos em 1961, na reentrância de 300m. Os desenhos em preto e vermelho apresentam círculos concêntricos em pinturas parecidas com as da Isla de la Juventud (p. 165), talvez uma forma de calendário solar. Essa caverna também foi usada como refúgio de escravos foragidos.

**Reserva Ecológica Varahicacos** RESERVA ECOLÓGICA
(Mapa p. 206; trilhas de 45 min CUC$3; ⌚9h-16h30) A alguns metros de distância da caverna está a entrada do espaço verde de Varadero e uma reserva ecológica tão "selvagem" quanto o Central Park de Nova York. Tratores vêm mastigando suas bordas há anos. Há trilhas pouco impressionantes, mas o ponto alto é a **Cueva de Musalmanes**, com restos humanos de 2.500 anos.

**Cayo Piedras del Norte** PARQUE NAVAL
A 5km da Playa de las Calaveras (1 hora de barco), Cayo Piedras del Norte foi transformado em "parque naval" por causa do naufrágio proposital, no fim dos anos 1990, de um conjunto de barcos e um avião a 15-30m. Mergulhadores e passageiros de barcos com fundo transparente poderão ver um barco de reboque, um navio lançador de mísseis (com mísseis intactos), um avião AN-24 e o iate Coral Negro.

**Iglesia de Santa Elvira** IGREJA
(Mapa p. 214; esq. av. 1 e calle 47) A leste do Parque Central, esse pequeno prédio colonial lembra uma capela alpina.

## Atividades

### Mergulho e snorkel

Varadero tem quatro excelentes centros de mergulho com preços competitivos para imersões e cursos. Todos os 21 pontos de mergulho na Península de Hicacos exigem traslado de barco de 1 hora. Os destaques são recifes, cavernas e um barco de patrulha russo afundado para mergulhos em 1997. A costa mais próxima é a Playa Coral, 20km a oeste (p. 201). Os centros também oferecem excursões a lugares superiores na Bahía de Cochinos (Baía dos Porcos), no sul da província (uma/duas imersões CUC$50/70, com traslado).

**Barracuda Diving Center** MERGULHO
(Mapa p. 214; ☎61-34-81; esq. av. 1 e calle 59; ⌚8--18h) O melhor estabelecimento de mergulho da região é o amigável e poliglota Barracuda Diving Center. O mergulho custa CUC$50 com equipamento; o mergulho em cavernas custa CUC$60; e o mergulho noturno, CUC$55. Pacotes de muitos mergulhos são mais baratos. O Barracuda tem cursos introdutórios por CUC$70 e cursos ACUC (Certificação Norte-americana e Canadense de Submersão) a partir de CUC$220, além de vários cursos avançados. Mergulho com snorkel guiado custa CUC$30. Eles têm um aparelho de descompressão novinho e também uma piscina de treinamento, um médico residente e um restaurante popular de frutos do mar, o Barracuda Grill. O centro tem uma capacidade diária para setenta mergulhadores em três barcos de 12m.

**Acua Diving Center** MERGULHO
(Mapa p. 214; ☎66-80-63; av. Kawama entre calles 2 e 3; ⌚8-17h) Como segunda opção, há esse centro a oeste de Varadero, perto do Hotel Kawama. Tem os mesmos preços do Barracuda, mas não tem os mesmos aparelhos, nem a mesma quantidade de mergulhadores. Quando o vento norte está soprando e não se pode mergulhar, você pode ser transferido para a costa caribenha em um miniônibus (90 minutos); isso custa um total de CUC$55/75 para um/dois mergulhos. Entre os passeios estão Cueva Saturno para mergulho e Playa Coral para snorkel e mergulho comum.

**Marina Gaviota** MERGULHO
(Mapa p. 206; ☎66-47-22; Autopista Sur y Final) Outra empresa profissional no lado leste da Autopista Sur, esse tem excursões de mergulho/snorkel um pouco mais baratas, tanto em pontos locais quanto na Baía dos Porcos.

**Aquaworld Diving Center** MERGULHO
(Mapa p. 206; ☎66-75- 50; Autopista Sur Km 12) No Marlin Marina Chapelín, o Aquaworld também organiza passeios de mergulho/snorkel.

### Pesca

Varadero tem três marinas principais: todas oferecem uma gama similar de atividades e estabelecimentos náuticos.

**Marlin Marina Chapelín** PESCA
(Mapa p. 206; ☎66-75-50) Situada perto da entrada do Hotel Riu Turquesa, 5 horas de pesca em alto-mar custam CUC$290 para quatro pessoas (o preço inclui traslado do hotel, *open bar* e licenças; acompanhantes não pescadores pagam CUC$30).

**Marina Gaviota** PESCA
(Mapa p. 206; ☎66-47-22) No extremo leste da Autopista Sur. Tem pacotes similares aos da Marlin Marina Chapelín.

### Paraquedismo

**Centro Internacional de Paracaidismo** PARAQUEDISMO

(Mapa p. 206; ☎66-72-56, 66-72-60) Para os que gostam de altura, a maior adrenalina de Varadero é pular de paraquedas nessa base no antigo aeroporto, a oeste de Varadero. O terminal está a 1km, em uma estrada de terra oposta à Marina Acua. Paraquedistas sobem num biplano Antonov AN-2 com *design* da II Guerra Mundial (não se preocupe, é uma réplica) e saltam a 3.000m usando um paraquedas com dois arreios, com um instrutor atado às costas. Depois de 35 segundos de queda livre, o paraquedas abre e você flutua tranquilamente por 10 minutos, baixando até a praia de Varadero. O centro também oferece voos de ultraleve menos espetaculares (mas igualmente emocionantes) em vários pontos da praia. Os preços dos saltos são CUC$30 por pessoa, com um extra de CUC$45 por fotos e CUC$50 por vídeo. Voos de ultraleve vão de CUC$30 a CUC$300, dependendo da duração. Se você já é paraquedista, saltos solo estão disponíveis com o devido certificado.

Normalmente, para o salto é necessário reservar um dia antes (muitos hotéis podem fazer isso para você) e obviamente tudo depende do clima. Desde sua abertura, em 1993, o centro não registrou nenhuma fatalidade.

### Golfe

**Varadero Golf Club** GOLFE

(Mapa p. 206; ☎66-77-88; www.varaderogolfclub.com; Mansión Xanadú; *green fees* 9/18 buracos CUC$48/70; ⏲7-19h) Jogadores de golfe podem apreciar esse clube com pouca gente e bonitas paisagens: o primeiro campo de dezoito buracos de Cuba. O original de nove buracos criado pelos Du Pont fica entre o Hotel Bella Costa e a Mansión Xanadú; nove outros buracos foram adicionados em 1998 ao sul dos três resorts Meliá. Reservas para o campo (par 72) podem ser feitas na loja perto da Mansión Xanadú (agora um hotel confortável, com tempo de *tee* ilimitado). Uma aula de 50 minutos custa CUC$30.

**El Golfito** MINIGOLFE

(Mapa p. 214; esq. av. 1 e calle 42; CUC$3 por pessoa; ⏲24 horas) Novatos do golfe podem jogar a versão em miniatura.

### Outras atividades

**Pranchas de windsurfe** estão disponíveis para aluguel em vários pontos da praia (CUC$10 por hora), assim como pequenos catamarãs, banana boat, caiaques etc. Os resorts mais chiques incluem esses brinquedos no preço do all-inclusive.

**Centro Todo En Uno** BOLICHE

(Mapa p. 214; esq. calle 54 e Autopista Sur; CUC$2,50 por jogo; ⏲24 horas; 👪) Pistas de boliche são populares em Cuba, incluindo um pequeno complexo de shopping/jogos na Autopista Sur, normalmente cheio de famílias cubanas que vão para curtir o playground adjacente e as lanchonetes fast-food.

## Cursos

Muitos dos hotéis all-inclusive de Varadero têm aulas de espanhol grátis. Se você está num lugar mais barato, pergunte na recepção de hotéis maiores e veja se consegue aulas particulares por um preço módico.

## Visitas guiadas

Escritórios de turismo dos hotéis principais reservam a maior parte das atividades náuticas e esportivas mencionadas anteriormente e organizam excursões a partir de Varadero. Você paga uma taxa (normalmente CUC$5 por pessoa) se reservar nesses lugares, em vez de ir diretamente ao estabelecimento.

Entre os tours para fora da península, há um passeio de meio dia às Cuevas de Bellamar (veja p. 199) perto de Matanzas, um ônibus para a Bahía de Cochinos e vários outros ônibus para lugares tão distantes quanto Santa Clara, Trinidad, Viñales e, é claro, Havana.

**Gaviota** PASSEIO DE HELICÓPTERO

(Mapa p. 214; ☎61-18-44; esq. calle 56 e av. de la Playa) Esse lugar tem vários tours em helicópteros russos M1-8; a viagem a Trinidad (CUC$229) é popular. O Tour de Azúcar visita uma refinaria de açúcar abandonada e tem uma viagem de trem a vapor para a estação Cárdenas. Os preços são CUC$39/30 por adulto/criança. Também organiza safáris para o bonito Valle del Yumurí. A excursão (adulto/criança CUC$45/34) inclui uma visita a uma família *campesina* e uma refeição enorme e deliciosa no Ranchón Gaviota (p. 153).

**Varasub** TOUR DE PAISAGEM

(Passeio de 90 min adulto/criança CUC$35/20) Se você quer aproveitar a experiência do snorkel sem se molhar, reserve uma excursão no *Varasub*, um barco de 48 lugares com piso de vidro que permite avistar a fantástica vida marinha com janelas abaixo da linha d'água. Essa aventura submarina parte aproximadamente seis vezes por dia e inclui bebidas alcoólicas e não alcoólicas ilimitadas e traslados. Reserve por qualquer centro de informações ou escritório.

**Aquaworld Marina Chapelín** PASSEIOS DE BARCO, ESPORTES AQUÁTICOS

(Mapa p. 206; ☎66-75-50; Autopista Sur Km 12) A Aquaworld Marina Chapelín organiza o destaque de Varadero no quesito popularidade: o **Seafari Cayo Blanco**, um passeio de 7 horas (CUC$75) da Marina Chapelín a Cayo Blanco e sua praia idílica. A viagem inclui *open bar*, lagosta para o almoço, duas paradas para snorkel, música ao vivo e traslado de hotel. Há também um passeio mais curto (CUC$45) num catamarã, com snorkel, *open bar* e frango para almoço. A **Fiesta en el Cayo** é um cruzeiro ao pôr do sol a Cayo Blanco, com jantar, música e mais rum no recife.

**Passeios de barco Boat Adventure** PASSEIOS DE BARCO

(Mapa p. 206; ☎66-84-40; CUC$39 por pessoa; ⏲9-16h) Esse passeio guiado de 2 horas, que também sai da Marina Chapelín, é uma saidinha para os mangues adjacentes em jet skis para duas pessoas, ou barcos a motor, para ver animais selvagens, inclusive crocodilos amigáveis. É possível reservar essas excursões aquáticas em qualquer grande hotel.

## Festas e eventos

Torneios de golfe no Varadero Golf Club vão de junho a outubro e a regata anual acontece em maio. Varadero também recebe a convenção anual de turismo, na primeira semana de maio, quando a hospedagem fica difícil e alguns hotéis são reservados para o evento.

## Onde dormir

Varadero é enorme, há pelo menos cinquenta hotéis no balneário. Viajantes que estiverem economizando verão que procurar hospedagem barata é como uma maratona. Reserve com boa antecedência ou concentre seus esforços no lado sudoeste da península, onde os hotéis são mais baratos e a cidade se parece mais com Cuba.

É ilegal alugar quartos privados em Varadero, e a lei é cumprida de maneira rígida.

Pacotes de hotéis all-inclusive reservados com agentes de viagem de seu país podem ter preços diferentes (mais baratos) do que os informados neste guia.

**Sandals Royal Hicacos** RESORT $$$

(Mapa p. 206; ☎66-88-44/51; Punta Hicacos; all-inclusive q CUC$160-190; P ❄ @ ≋) Ter um visual menos comentado (e serviço mais pessoal) do que seus vizinhos ajudou imensamente o Sandals Royal Hicacos: é o resort mais interessante nessa parte da península, com várias áreas públicas no estilo *ranchón* e chafarizes que tornam o ar doce. Os quartos são amarelos e laranja, têm sua própria área de recepção e banheiros enormes. Fala-se inglês e alemão.

**Hotel Kawama** RESORT $$

(Mapa p. 214; ☎61-44-16; av. 1 e calle 1; all-inclusive s/c CUC$84/128; P ❄ @ ≋) Um edifício venerável no estilo *hacienda*, o Kawana é parte da história de Varadero. Foi o primeiro dos mais de cinquenta hotéis a habitar a península antes deserta, há mais de setenta anos. É ainda um dos melhores nos quesitos personalidade e arquitetura. A propriedade é enorme, com 235 quartos misturados à estreita faixa de praia da extremidade oeste de Varadero. Os preços abarcam tudo, desde tênis até bicicleta aquática.

**Villa la Mar** HOTEL $

(Mapa p. 214; ☎61-45-15; av. 3 entre calles 28 e 30; s/c CUC$28/36; ❄) Sem luxo, sem pretensão: o Villa la Mar vai alimentar você com frango frito, misturar você com turistas cubanos que pagam em peso e fazer você dormir ao som não tão romântico da versão cubana de Britney Spears, cantada a plenos pulmões na discoteca do hotel.

**Hotel Turquino** HOTEL $

(Mapa p. 214; ☎61-37-96; av. 3 entre calles 33 e 34; s/c baixa temporada CUC$15/30, alta temporada CUC$20/39; ❄) Esse hotel é de treinamento para estudantes de turismo cubanos que tentam entrar no mercado. É o melhor preço da cidade, tirando dormir na praia. Está posicionado convenientemente a dois quarteirões do terminal Víazul. A mobília é um pouco apagada, mas tudo é limpo, funcional e espaçoso.

**Club Herradura** HOTEL $

(Mapa p. 214; ☎61-37-03; av. de la Playa entre calles 35 e 36; baixa temporada s/c com café da manhã CUC$30/44; ❄ ≋) Simples na frente, mas muito mais atrativo do lado do mar, esse hotel de quatro andares em forma de semicírculo está em um lugar da praia recentemente popular. As acomodações são amplas, ainda que um pouco gastas, com mobília que range e varanda virada para a praia. Um ambiente agradavelmente despretensioso.

**Hotel Dos Mares e Hotel Pullman** HOTEL **$**
(Mapa p. 214; ☎61-27-02; s/c com café da manhã CUC$28/40) Esse complexo foi feito para dois hotéis a três quarteirões um do outro. O Hotel Pullman (av. 1 entre calles 49 e 50) é mais impressionante, um edifício parecido com um castelo, com torres, mobília de madeira e cadeiras de balanço viradas para a rua. Quartos antiquados, mas confortáveis, entre eles um quádruplo. Hotel Dos Mares (esq. av. 1 e calle 53) é um prédio mais moderno de três andares, a 70m da praia. Os quartos são confortáveis, se estiverem escuros.

**Hotel Acuazul Varazul** RESORT **$$**
(Mapa p. 214; ☎66-71-32; av. 1 entre calles 13 e 14; s/c com café da manhã CUC$67/94; ❄@≋) Esse robusto hotel permanece como um sentinela azul na entrada de Varadero. Seus 78 quartos acabaram de passar por uma renovação e o bufê parece ter sido reformado no estilo *Hell's Kitchen*, por isso as coisas estão melhores nessa pilha de concreto pré-revolucionária, que também oferece opções all-inclusive. Outras atrações são a internet 24h, o fantástico escritório Infotur e um show noturno um pouco desleixado. O vizinho Aparthotel Varazul tem apartamentos de um quarto, cozinha e varandas pequenas.

**Apartamentos Mar del Sur** APARTAMENTO, HOTEL **$$**
(Mapa p. 214; ☎61-22-46; esq. av. 3 e calle 30; s/c CUC$43/68; ❄@≋) Os apartamentos de um e dois quartos desse complexo oferecem alguma independência, com cozinha e sala. Está a muitos metros da praia (um caminho longo para Varadero), mas tem bom preço. À noite, há bingo estridente e música gravada.

**Hotel los Delfines** RESORT **$$**
(Mapa p. 214; ☎66-77-20; esq. av. de la Playa e calle 38; all-inclusive s/c a partir de CUC$75/100; ❄≋) A cadeia de hotéis Islazul é (quase) all-inclusive nessa cópia mais amigável e confortável dos resorts a noroeste. Os cem quartos vêm com adicionais como TV a cabo, frigobar e cofre, e há ainda um pedaço de praia protegida.

**Hotel Barlovento** RESORT **$$$**
(Mapa p. 214; ☎66-71-40; av. 1 entre calles 10 e 12; all-inclusive s/c CUC$88/140; P❄@≋) O primeiro hotel que você encontra quando chega a Varadero de carro é um lugar atrativo, com uma piscina circundada de palmeiras, arquitetura em estilo colonial e um pedaço de praia. A comida é boa, mas o entretenimento noturno – balé aquático e shows de mágica – não pode ser comparado às outras festas cubanas. Paga-se mais para um quarto com vista para o mar, mesmo que este pedaço de mar seja sem graça comparado ao resto da península.

**Hotel Cuatro Palmas** RESORT **$$$**
(Mapa p. 214; ☎66-70-40; av. 1 entre calles 60 e 62; all-inclusive s/c CUC$127/187; P❄@≋) Esse grande resort na praia administrado pela rede francesa Accor já foi residência pessoal do ditador Fulgencio Batista. Pela rua, estão comprimidas *villas* de dois andares com outros 122 quartos somente com frigobar e lavabo (o chuveiro é compartilhado). Esse é o primeiro resort all-inclusive que você encontra indo para leste, mas é perto o suficiente da cidade para andar a pé.

**Hotel Tuxpán** RESORT **$$**
(Mapa p. 206; ☎66-75-60; av. las Américas Km 2; all-inclusive s/c a partir de CUC$70/120; P❄@≋) A arquitetura de concreto dos anos 1960 faz desse all-inclusive um dos santuários turísticos mais feios de Varadero. Mas o Tuxpán é famoso por outras razões – como sua discoteca, La Bamba, aparentemente a mais agitada dos resorts. Aqueles que fazem cara feia para a arquitetura soviética terão a praia não muito longe.

**Hotel Varadero Internacional** RESORT **$$$**
(Mapa p. 206; ☎66-70-38; av. las Américas km 1; all-inclusive s/c CUC$115/162; P❄@≋) Aberto em dezembro de 1950 como um hotel irmão do Fontainebleau de Miami, o Internacional, de quatro andares, é o resort mais famoso e mais retrô de Varadero. Sem perder o charme dos anos 1950, os quartos foram regularmente aprimorados e o estabelecimento inclui quadras de tênis, massagens e o melhor cabaré de Varadero (p. 216). Diferente das opções mais monótonas da cidade, fica bem na praia. Os bônus do Internacional incluem arte (há um mural de René Portocarrero no lobby) e uma equipe superamigável.

**Villa Cuba** RESORT **$$$**
(Mapa p. 206; ☎66-82-80; av. las Américas km 2; all-inclusive s/c baixa temporada CUC$75/120, alta temporada CUC$132/189; P❄@≋♿) Esse prédio, mais parecido com uma estrutura de Lego, nunca ganharia um prêmio de arquitetura. Comparado a outros gigantes all-inclusive de Varadero, parece um dinossauro, mas

uma variedade de opções de hospedagem e atividades, junto a uma pincelada de cor e muitas plantas, fazem dele uma popular opção para famílias. As *villas* de um ou dois quartos (solteiro/casal em baixa temporada CUC$199/249) apresentam áreas comuns, geladeira, TV e um pátio. Há quatro quartos para hóspedes com necessidades especiais.

**Mansión Xanadú** RESORT **$$$**
(Mapa p. 206; ☎66-84-82; av. las Américas Km 3; all-inclusive s/c CUC$160/210; P❄@) O alojamento mais intrigante e íntimo de Varadero é essa antiga residência do empresário norte-americano Irenée Du Pont, onde oito quartos luxuosos seduzem os hóspedes. Foi o primeiro edifício de larga escala a subir o lado leste da Península de Hicaco e é uma joia deslumbrante num deserto arquitetônico. A Mansión Xanadú ainda é adornada com mármores cubanos de milhões de dólares e mobília comissionada por Du Pont nos anos 1930. Os preços incluem tempo ilimitado de *tee* no clube de golfe adjunto (o primeiro de Cuba), também uma inovação de Du Pont. O prédio com inspiração Kublai Khan se encontra em um pequeno penhasco, com acesso à praia ao lado.

**Hotel Meliá Varadero** RESORT **$$$**
(Mapa p. 206; ☎66-70-13; Autopista Sur Km 7; all-inclusive c até $510; P❄@≋👪) Esse resort impressionante ganha o prêmio de melhor lobby de Varadero (em uma competição bastante ostentosa), com um átrio coberto por uma cúpula de onde caem videiras, assegurando o fator "Uau!" para a recepção. Os quartos estão voltados para o campo de golfe ou para a praia, e o hotel é popular entre casais em lua de mel. O Meliá Varadero fica num pontal, então você precisará andar um pouco para chegar à praia – mas o que importa? Crianças menores de 12 anos pagam a metade do preço.

**Meliá las Américas** RESORT **$$$**
(Mapa p. 206; ☎66-76-00; Autopista Sur Km 7; all-inclusive s/c CUC$200/340; P❄@≋) Você chegou à ponta luxuosa da península. Tudo o que vem antes é peixe miúdo comparado a esses gigantes proverbiais. Situado no lado leste do campo de golfe, esse resort elegante fica num trecho selecionado da praia, com uma decoração rica e mobília elegante. Os quartos são grandes, a piscina tem uma vista incrível para a praia e as refeições são opulentas. Golfistas, particularmente, se divertirão.

**Blau Varadero** RESORT **$$$**
(Mapa p. 206; ☎66-75-45; carretera las Morlas km 15; all-inclusive s/c CUC$120/170; P❄@≋) Construído na forma de uma pirâmide mexicana, o Blau pode ter levado as comparações com Cancún muito longe, já que a recepção evoca mais uma estação espacial do que um monumento maia. A qualidade dos quartos e do serviço é inquestionável, e o resort tem um dos melhores complexos de spa de Varadero.

**Hotel Sirenis la Salina** RESORT **$$$**
(Mapa p. 206; ☎66-70-09; Autopista Sur Km 8; all-inclusive standard s/c CUC$195/242; P❄@≋) O gigantesco Sirenis foi aberto em 2007 – considerado o maior hotel de Cuba, precisaria de um livro para citar metade das instalações. O lobby em forma de templo é bonito e a área verde é agradavelmente bem cuidada. Há 27 suítes, um cinema com 900 lugares e um bando de restaurantes, e a distância de um lado ao outro do resort é de 1km (carrinhos de golfe ajudam!).

**Tryp Península Varadero** RESORT **$$$**
(Mapa p. 206; ☎66-88-00; Reserva Ecológica Varahicacos; all-inclusive q a partir de CUC$180; P❄@≋) Alguns podem deleitar-se no luxo quatro estrelas do Tryp. As instalações são luxuosas, mas não há muito contato com a Cuba real.

**Barceló Marina Palace e Cayo Libertad Resort** RESORT **$$$**
(Mapa p. 206; ☎66-99-66; Autopista Sur Final; s CUC$160-240, all-inclusive c CUC$260-380; P❄@≋) Julgando pelos preços do Barceló, esse subúrbio florido de bangalôs de cor creme fica na parte mais cobiçada da península. Há elementos bem pensados na arquitetura do resort, como o farol artificial e o bar pomposo sobre o oceano. Mas, dessa ponta da península, é difícil chegar ao centro de Varadero – e o hotel fica a vários quilômetros da cultura cubana. Os preços mais altos listados são para o resort Cayo Libertad, que fica numa ilha conectada ao resto do complexo por uma ponte.

**Paradisus Princesa del Mar** RESORT **$$$**
(Mapa p. 206; ☎66-72-00; carretera las Morlas Km 19; q a partir de CUC$260; P❄@≋) Você já teve um *déjà vu*? Pois vai ter nesse outro complexo no fim da península, onde crianças não podem se hospedar e a atmosfera é a de um asilo: tranquila, mas desinteressante. Se você distinguir a entrada entre os outros bangalôs turísticos, vai encontrar um resort com uma equipe encantadora, várias opções inovadoras de comida (entre elas um restaurante japonês) e o especial "Royal Service" – uma seção do hotel que apresenta suítes extraluxuosas com restaurante e piscina aquecida privados.

## Onde comer

Você pode comer por menos de CUC$10 em Varadero em vários restaurantes estatais (*paladares* são proibidos). Já que 95% dos hotéis na ponta leste são all-inclusive, você vai achar a maior parte dos restaurantes independentes no oeste da calle 64.

**Dante** ITALIANA $$
(Mapa p. 214; ☎66-77-38; Parque Josone; prato CUC$5-10; ⏲12h-22h45) Firme e forte desde 1993, o Dante tem o mesmo nome do *chef* que improvisa comida italiana deliciosa para complementar o cenário junto a um lago. Há antepasto a partir de CUC$6; a adega mais impressionante de Varadero também espera por você. Mime seu paladar em Cuba enquanto você pode. Como é um dos melhores restaurantes da cidade, está sempre cheio.

**Kiki's Club** ITALIANA $
(Mapa p. 214; esq. av. Kawama e calle 6; prato CUC$3-6; ⏲12h-22h30) Pizzas deliciosas com coberturas inovadoras, como camarão, são a marca registrada desse lugar. Tem um terraço e um bom menu de drinques: um refúgio contra o marasmo da ponta oeste da península.

**Restaurante Esquina Cuba** CARIBENHA $
(Mapa p. 214; esq. av. 1 e calle 36; ⏲12-23h) Esse lugar era o favorito de Compay Segundo, celebridade do Buena Vista Social Club – o homem obviamente tinha bom gosto. Devore pratos substanciosos com feijão, arroz, banana-da-terra frita e frango no salão decorado com pôsteres e anúncios antigos, que descansam nas paredes.

**Castel Nuovo** ITALIANA $
(Mapa p. 214; esq. av. 1 e calle 11; pizzas CUC$5-10; ⏲12-23h) No portão para a península fica um dos melhores restaurantes de pizza e massas da cidade, um lugar barato onde a atmosfera é animada e a comida é servida rapidamente. Pule os pratos de frango, carne e peixe e vá direto para a comida italiana.

**Ranchón Bellamar** CARIBENHA $
(Mapa p. 214; av. 1 entre calles 16 e 17; prato CUC$2-5; ⏲10-22h) Entre a avenida principal e a praia, esse *ranchón* aberto feito de palha é parte do Hotel Sunbeach, do outro lado da rua. Com seus almoços baratos e músicos com maracas, é uma boa aposta para uma comidinha tranquila, apesar do serviço ruim.

**Restaurante el Criollo** CARIBENHA $
(Mapa p. 214; esq. av. 1 e calle 18; ⏲12-0h) Esse é um dos melhores restaurantes estatais que servem o que o nome sugere: comida típica *criolla* por pouco dinheiro.

**Lai-Lai** CHINESA $$
(Mapa p. 214; esq. av. 1 e calle 18; prato CUC$6-10; ⏲12-23h) Um clássico resistente localizado em uma mansão de dois andares na praia, o Lai-Lai tem menus tradicionais chineses com vários pratos. Se você estava suplicando por uma sopa *wonton*, já encontrou o seu lugar.

**La Vicaria** CARIBENHA $
(Mapa p. 214; av. 1 entre calles 37 e 38; pratos a partir de CUC$4; ⏲12h-22h30) Coma com os moradores em mesas externas com teto no estilo *ranchón*: as porções são generosas, especialmente se você escolher a colossal especialidade da casa: lagosta com frango e porco (CUC$12,95).

**Coppelia** SORVETERIA $
(Mapa p. 214; av. 1 entre calles 44 e 46; ⏲15-23h) O quê? Um Coppelia sem filas? Situada acima do novo shopping no Parque de las 8000 Taquillas, a catedral do sorvete de Varadero é clara, bem ventilada e sem filas.

**Ranchón el Compay** FRUTOS DO MAR $
(Mapa p. 214; esq. av. de la Playa e calle 54; ⏲10h30-22h) Não há muitos restaurantes de frente para a praia em Varadero, o que faz desse lugar animado de teto de palha muito mais encantador. Perto do Parque Central, serve lagosta, camarão e um filé mignon modesto.

**Barracuda Grill** FRUTOS DO MAR $$
(Mapa p. 214; esq. av. 1 e calle 58; prato CUC$7; ⏲11-19h) Num pavilhão com teto de palha voltado para a praia nas dependências do Barracuda Diving Center, esse lugar popular tem saborosos peixes e crustáceos e já satisfez a fome de muitos mergulhadores.

**Restaurante Mallorca** ESPANHOLA $$
(Mapa p. 214; ☎66-77-46; av. 1 entre calles 61 e 62; prato CUC$5-10; ⏲12-0h; ❄) É um ponto de encontro agradável e íntimo, renomado por sua suculenta paella. É muito espaçoso por dentro, com um bar bem abastecido (uma boa seleção de vinhos sul-americanos) e porções generosas.

**Casa del Queso Cubano** FRANCESA $$
(Mapa p. 214; av. 1 esq. calle 62; ⏲12-0h) Os moradores consideram esse restaurante especializado em *fondue* perto do Mallorca um dos melhores da cidade, e é uma mudança de paladar muito bem-vinda. O prato-assinatura é o *fondue* de carne, que custa CUC$10.

## Centro de Varadero

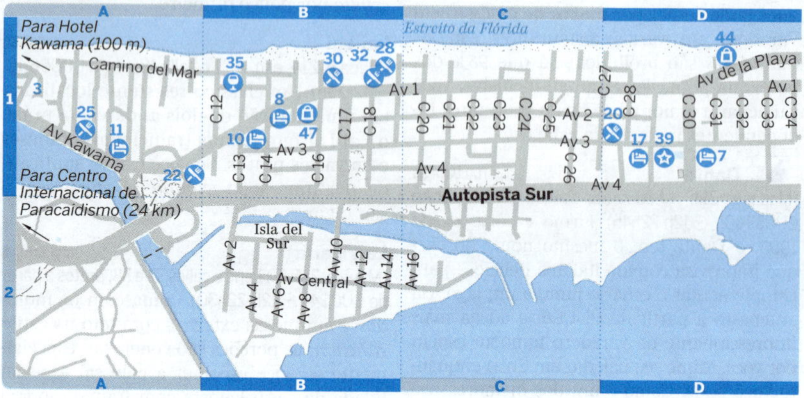


**Restaurante Mesón del Quijote** ESPANHOLA $$
(Mapa p. 206; Reparto la Torre; pratos CUC$8-15; ⌚12-0h) Próximo a uma estátua do famoso Dom Quixote, que parece fugir em direção aos resorts all-inclusive, esse restaurante é uma das únicas opções fora dos resorts no lado leste da península. Situado em uma colina verde acima da av. las Américas, tem cardápio com um quê espanhol – uma mudança refrescante no bufê livre.

**Restaurante la Campana** CARIBENHA $$
(Mapa p. 214; ☎66-72-24; Parque Josone; pratos CUC$10; ⌚12h-22h30) Com sua rústica construção de pedra, teto de barro e torre de sino, o La Campana transporta um pouco da área rural grega para o Parque Josone. Eles dão uma cara nova aos pratos cubanos.

**La Casa de Antigüedades** INTERNACIONAL
(☎66-73-29; esq. av. 1 e calle 59) Num canto do Parque Josone fica essa velha mansão cheia de antiguidades, onde carne, peixe e crustáceos são servidos sob candelabros. É a antiga casa do mordomo de Irenée Du Pont, um exemplo de como o outro lado da sociedade vivia.

**El Retiro** INTERNACIONAL
(Mapa p. 214; ☎66-73-16; ⌚12-22h) Cozinha internacional nos arredores neoclássicos do Parque Josone.

**Panadería Doña Neli** PADARIA
(Mapa p. 214; esq. av. 1 e calle 43; ⌚24h) Um bom lugar para pães e bolos.

### Por conta própria

Há um mercado ao lado do **Aparthotel Varazul** (mapa p. 214; calle 15; ⌚9-19h), outros no **Caracol Pelicano** (mapa p. 214; esq. calle 27 e av. 3; ⌚9-19h45) e **Club Herradura** (mapa p. 214; av. de la Playa entre calles 35 e 36; ⌚9-19h).

## 🍷 Onde beber

**Bar Benny** BAR
(Mapa p. 214; Camino del Mar entre calles 12 e 13; ⌚12-0h) Um tributo a Benny Moré, esse lugar tem a energia de uma taverna de jazz, com fotos em preto e branco do músico lendário na parede e sua voz aveludada saindo das caixas de som. Os drinques pós-praia e as azeitonas são recomendados.

**Calle 62** BAR, CAFÉ
(Mapa p. 214; esq. av. 1 e calle 62; ⌚8-2h) Situado na transição entre a Varadero nova e velha, essa lanchonete simples atrai clientela de ambos os lados. É boa para um sanduíche de queijo durante o dia; o ambiente fica mais animado à noite, com música ao vivo até 0h.

**Bar Mirador** BAR
(Mapa p. 206; av. las Américas; entrada CUC$2) No último andar da Mansión Xanadú, o Bar Mirador é a opção romântica de Varadero, onde você pode saborear deliciosos drinques ao pôr do sol.

## ☆ Lazer

A noite de Varadero pode parecer atrativa no papel, mas não há realmente uma cena noturna. O conceito de ir de bar em bar, como em Cancún ou Miami Beach, é quase inexistente, a não ser que você esteja preparado para incorporar longas caminhadas ao seu roteiro etílico. Os melhores lugares – os bons e muitas vezes os ruins – estão ligados aos hotéis.

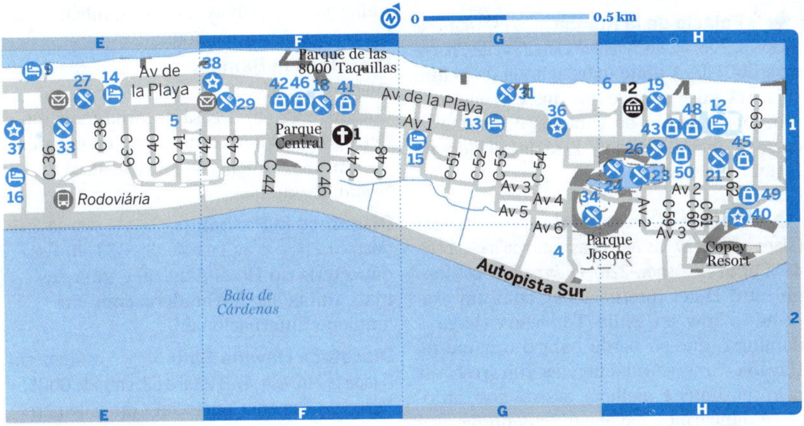


# Varadero

## Atrações

1 Iglesia de Santa Elvira .......... F1
2 Museo Municipal de Varadero .......... H1

## Atividades, cursos e visitas guiadas

3 Acua Diving Center .......... A1
Barracuda Diving Center .......... (veja 19)
4 Centro Todo En Uno .......... G2
5 El Golfito .......... E1
6 Gaviota .......... H1

## Onde dormir

7 Apartamentos Mar del Sur .......... D1
8 Aparthotel Varazul .......... B1
9 Club Herradura .......... E1
10 Hotel Acuazul Varazul .......... B1
11 Hotel Barlovento .......... A1
12 Hotel Cuatro Palmas .......... H1
13 Hotel Dos Mares .......... G1
14 Hotel los Delfines .......... E1
15 Hotel Pullman .......... G1
16 Hotel Turquino .......... E1
17 Villa la Mar .......... D1

## Onde comer

18 Coppelia .......... F1
19 Barracuda Grill .......... H1
20 Caracol Pelicano .......... D1
21 Casa del Queso Cubano .......... H1
22 Castel Nuovo .......... A1
23 Dante .......... H1
24 El Retiro .......... H1
Grocery Store .......... (veja 9)
Grocery Store .......... (veja 8)
25 Kiki's Club .......... A1
26 La Casa de Antigüedades .......... H1
27 La Vicaria .......... E1
28 Lai-Lai .......... B1
29 Panadería Doña Neli .......... F1
30 Ranchón Bellamar .......... B1
31 Ranchón el Compay .......... G1
32 Restaurante el Criollo .......... B1
33 Restaurante Esquina Cuba .......... E1
34 Restaurante la Campana .......... G1
Restaurante Mallorca .......... (veja 21)

## Onde beber

35 Bar Benny .......... B1
Calle 62 .......... (veja 45)

## Lazer

36 Cabaret Mediterráneo .......... G1
37 Casa de la Cultura Los Corales .......... E1
38 Casa de la Música .......... F1
39 Disco la Red .......... D1
40 Discoteca Havana Club .......... H1
Discoteca la Pachanga .......... (veja 10)

## Onde comprar

41 ARTex Store .......... F1
42 Bazar Varadero Publicigraf .......... F1
43 Casa de las Américas .......... H1
44 Casa del Habano .......... D1
45 Casa del Habano .......... H1
46 Centro Comercial Hicacos .......... F1
Galería de Arte Varadero .......... (veja 43)
47 Gran Parque de la Artesanía .......... B1
48 Kawama Sport .......... H1
Librería Hanoi .......... (veja 42)
49 Photo Service .......... H1
50 Taller de Cerámica Artística .......... H1

**Palacio de la Rumba** CASA NOTURNA
(Mapa p. 206; av. las Américas km 2; 22-3h; entrada CUC$10) A noite mais agitada da península. Há salsa ao vivo aos fins de semana e uma boa mistura de cubanos e turistas. A entrada inclui bebidas. Está localizado no Hotel Bella Costa.

**Cabaret Continental** CABARÉ
(Mapa p. 206; av. las Américas; entrada inclui bebidas CUC$25; show 22h) O *kitsch* é estiloso no retrô Hotel Internacional, com um exagerado show ao estilo Tropicana (terça a domingo) que só perde para o original de Havana. Reserve o jantar das 20h (reservar pelo seu hotel é melhor), assista aos cantores e dançarinos pavonear seus números e fique depois da 0h para afrouxar a gravata na discoteca.

**Casa de la Cultura los Corales** CENTRO CULTURAL
(Mapa p. 214; esq. av. 1 e calle 34) Um lugar onde os nativos ainda aguentam firme. Você pode pegar matinês de *filin*, onde os cantores colocam seu coração em *crooners* ao estilo de Neil Sedaka. Há instrutores de música cubana, ou tenha aulas por mais ou menos CUC$2 a hora.

**Casa de la Música** MÚSICA AO VIVO
(Mapa p. 214; esq. av. de la Playa e calle 42; entrada CUC$10; 20h30-3h qua-dom) Imita seus populares xarás de Havana ao oferecer apresentações ao vivo de qualidade e uma atmosfera definitivamente cubana. É na cidade e atrai uma multidão local que paga em pesos.

**Club Mambo** MÚSICA AO VIVO
(Mapa p. 206; av. las Américas; *open bar*, entrada CUC$10; 22-2h seg-sex, até 3h sáb e dom) A loucura pelo mambo dos anos 1950 sobrevive nesse lugar de boa música ao vivo – um dos melhores de Varadero. Há um DJ quando a música para, mas a especialidade do lugar é o som ao vivo. Tem uma mesa de sinuca se você não estiver a fim de dançar.

**Cabaret Cueva del Pirata** CABARÉ
(Mapa p. 206; 66-77-51; Autopista Sur; *open bar* CUC$10; 22-3h seg-sáb) A 1km do Hotel Sol Elite Palmeras, o Cabaret Cueva del Pirata apresenta bailarinos num espetáculo de cabaré cubano com um toque de pirata (tapa-olho, batalhas de espada etc.). Fica dentro de uma caverna natural. Quando o show termina, a discoteca começa. É um lugar popular entre o público jovem. Também pode ser reservado do seu hotel.

**Discoteca la Bamba** CASA NOTURNA
(Mapa p. 206; hóspedes/não hóspedes grátis/CUC$10; 22-4h) A casa noturna mais moderna de Varadero está a leste da cidade. Toca principalmente música latina e é bastante agitada.

**Discoteca la Pachanga** CASA NOTURNA
(Mapa p. 214; esq. av. 1 e calle 13; 23-3h) Essa danceteria no Hotel Acuazul é uma das mais animadas de Varadero, com um ambiente internacional.

**Discoteca Havana Club** CASA NOTURNA
(Mapa p. 214; esq. av. 3 e calle 62; entrada CUC$5) Perto do Centro Comercial Copey. Espere uma multidão ruidosa e bastante exibicionismo masculino.

**Disco la Red** DISCOTECA
(Mapa p. 214; av. 3 entre calles 29 e 30; entrada CUC$1; a partir das 23h) Tem uma boa atmosfera local.

**Cabaret Mediterráneo** CABARÉ
(Mapa p. 214; esq. av. 1 e calle 54; entrada CUC$10; porta 20h30, show 22h) O Cabaret Mediterráneo tem um show profissional de duas horas todas as noites, num espaço aberto com teto de palha.

## Onde comprar

As lojas Caracol nos hotéis principais vendem suvenires, cartões-postais, roupas, bebidas e biscoitos. Os preços são iguais aos dos outros lugares.

**Centro Comercial Hicacos** SHOPPING
(Mapa p. 214; 10-22h) O Parque de las 8000 Taquillas passou por uma reforma extensiva, com um novo shopping enfiado embaixo de uma nova (e mais chique) Coppelia. Agora chamado de Centro Comercial Hicacos, tem varias lojas, incluindo suvenires, charutos, revelação de foto e um escritório Infotur.

**Casa de las Américas** LIVROS, MÚSICA
(Mapa p. 214; esq. av. 1 e calle 59) Uma loja a varejo da famosa instituição cultural de Havana que vende CDs, livros e artesanato.

**Casa del Habano** CHARUTOS
Av. de la Playa entre calles 31 e 32 (Mapa p. 214; 9-18h); esq. Av. 1 e calle 63 (Mapa p. 214; 66-78-43; 9-21h) O lugar para charutos: tem mercadoria de alta qualidade, de *humido-*

*res* a perfume, e um atendimento prestativo. A segunda franquia serve café no andar de cima.

**Galería de Arte Varadero** ARTE
(Mapa p. 214; av. 1 entre calles 59 e 60; ⏲9-19h) Joias antigas, vidro e prataria com qualidade de museu, pinturas e outras relíquias de família da ex-burguesia de Varadero são vendidos nessa galeria. Como outros itens de importância patrimonial, tudo já tem autorização para exportação.

**Plaza América** SHOPPING
(Mapa p. 206; Autopista Sur Km 7) Para uma pitada de consumismo norte-americano e uma visão do futuro visite o maior shopping de Varadero e de Cuba. Há butiques elegantes, lojas de música, uma loja de charuto, além de bares, restaurantes, um banco, um correio, um **minimercado** (⏲10-20h30) – ah, e o Centro de Convenções de Varadero.

**Taller de Cerámica Artística** ARTESANATO
(Mapa p. 214; av. 1 entre calles 59 e 60; ⏲9-19h) Vizinho da Galería de Arte Varadero e da Casa de las Américas, você pode comprar cerâmica artística feita no local. A maioria dos itens custa entre CUC$200 e CUC$250.

**Gran Parque de la Artesanía** FEIRA
(Mapa p. 214; av. 1 entre calles 15 e 16) A feira de artesanato a céu aberto do Centro Comercial Hicacos renasceu na av. 1.

**Librería Hanoi** LIVROS
(Mapa p. 214; esq. av. 1 e calle 44; ⏲9-21h) Boa seleção de livros em inglês, de poesia a política.

**Bazar Varadero Publicigraf** SUVENIRES
(Mapa p. 214; esq. av. 1 e calle 44; ⏲9-19h) No Parque Central: cerâmica, camisetas, livros e mais.

**Kawama Sport** EQUIPAMENTO ESPORTIVO
(Mapa p. 214; esq. av. 1 e calle 60; ⏲9-20h) Vende sungas, tênis de corrida etc.

**Photo Service** ACESSÓRIOS
(Mapa p. 214; calle 63 entre avs. 2 e 3; ⏲9-22h) Suas necessidades fotográficas resolvidas.

**ARTex Store** MÚSICA, SUVENIRES
(Mapa p. 214; av. 1 entre calles 46 e 47) CDs, camisetas, instrumentos musicais etc.

## ℹ Informação

### Perigos e aborrecimentos

Quanto a crimes, os problemas de Varadero são mínimos. Fora cair de bêbado no bar all-inclusive e tropeçar no tapete a caminho do banheiro, você não tem muito com o que se preocupar. Tome cuidado com as tomadas diferentes nos hotéis. Em alguns quartos, uma tomada de 110V pode estar do lado de uma de 220V. Deveriam estar marcadas, mas muitas vezes não estão.

Na praia, bandeiras vermelhas simbolizam onde é proibido nadar, por causa da ressaca ou de outro perigo. Uma água-viva chamada caravela portuguesa pode produzir reações adversas caso você entre em contato com seus longos tentáculos. Lave a área afetada com água do mar e procure ajuda médica se a dor ficar intensa, ou se você tiver dificuldade de respirar. Elas são mais comuns no verão, quando você poderá ver várias espalhadas pela praia; por isso, caminhe com cuidado. É comum roubarem chinelos, óculos escuros ou toalhas abandonados na praia.

### Emergência

**Asistur** (☎66-72-77; av. 1, 4201, entre calles 42 e 43; ⏲9-16h30 seg-sex)

### Acesso à internet e telefone

A maioria dos hotéis tem acesso à internet por CUC$6 a hora. Compre um cartão na recepção. Se está num lugar mais barato, use o público **Etecsa Telepunto** (esq. av. 1 e calle 30).

### Assistência médica

Muitos hotéis grandes têm enfermarias que podem prestar primeiros socorros.

**Clínica Internacional Servimed** (☎66-77-11; esq. av. 1 e calle 60; ⏲24 horas) Consultas médicas ou odontológicas (CUC$50-60). Há também uma boa farmácia (aberta 24 horas).

**Farmacia Internacional** Marina Chapelín (☎61-85-56; Autopista Sur km 11; ⏲9-21h); Kawama (☎61-44-70; av. Kawama; ⏲9-21h); Plaza América (☎66-80-42; av. las Américas km 6; ⏲9-21h)

### Dinheiro

Em Varadero, turistas podem pagar hotéis e alimentação em euros. Se você trocar seu dinheiro na recepção do hotel, vai sacrificar 1% a mais do que em outro banco.

**Banco de Ahorro Popular** (calle 36 entre av. 1 e Autopista Sur; ⏲8h30-16h seg-sex) Provavelmente a opção mais lenta.

**Banco Financiero Internacional** Av. 1 (esq. av. 1 e calle 32; ⏲9-15h seg-sex, 9-17h sáb e dom); Plaza América (esq. av. las Américas e calle 61; ⏲9-12h e 13-18h seg-sex, 9-18h sáb e dom) *Traveler's checks* e saque de dinheiro no Visa ou Mastercard.

**Cadeca** (esq. av. de la Playa e calle 41; ⌚8h30-18h seg-sáb, 8h30-12h dom)

### Correio

Vários grandes hotéis têm posto dos correios.

**DHL** (av. 1 entre calles 39 e 40; ⌚8-12h e 13-17h seg-sex, 8-12h sáb)

**Correios** (esq. av. 1 e calle 36; ⌚8-18h seg-sáb)

### Agências de viagem

Quase todo hotel tem um escritório de turismo onde os funcionários fazem reservas de passeios de aventura, paraquedismo, mergulho, qualquer coisa. Mas quase sempre é mais barato ir direto a uma agência de viagem.

**Cubamar** (☎66-88-55; av. 1 entre calles 14 e 15) Escritório no térreo do Aparthotel Varazul. Organiza passeios ao rio Canímar.

**Cubatur** (☎66-72-16; esq. av. 1 e calle 33; ⌚8h30-18h) Reserva quartos de hotel em todo o país; organiza traslados para hotéis em Havana e excursões para a Península de Zapata, entre outros destinos.

**Gaviota** (Mapa p. 214; ☎61-18-44; esq. calle 56 e Playa)

**Havanatur** (☎66-70-27; av. 3 entre calles 33 e 34; ⌚8-18h)

**Infotur** (☎66-29-61; esq. av. 1 e calle 13) Perto do hotel Acuazul.

## ℹ Como chegar e sair

### Avião

**Aeroporto Internacional Juan Gualberto Gómez** (Mapa p. 200; ☎61-30-16) fica a 20km do centro de Varadero no sentido Matanzas e mais 6km fora da estrada principal. Atende diversas companhias aéreas internacionais. O check-in em Varadero é de 90 minutos antes do voo.

A Aerogaviota também voa para Cayo Largo a partir de Varadero; não há outros voos domésticos.

### Ônibus

O **Terminal de Ómnibus** (mapa p. 214; esq. calle 36 e Autopista Sur) tem ônibus com ar-condicionado da **Víazul** (☎61-48-86; ⌚7-12h e 13-19h) todos os dias para alguns destinos.

Os quatro ônibus que saem diariamente para Havana (CUC$10, 3 horas) param em Matanzas (CUC$6, 1 hora). Todos menos o segundo deles também param no Aeroporto Internacional Juan Gualberto Gómez (CUC$6, 25 minutos). Os ônibus saem de Varadero às 8h, 11h25, 15h30 e 18h.

Dois ônibus vão para Trinidad (CUC$20, 6 horas) via Cienfuegos (CUC$16, 4h e 30min) às 8h15 e 14h55. O que sai pela manhã também passa em Santa Clara (CUC$11, 3h e 20min).

O ônibus para Santiago (CUC$49, 12 horas) sai toda noite às 21h25, parando em Cárdenas (CUC$6, 20 minutos), Colón (CUC$6, 1h e 30min), Santa Clara (CUC$11, 3h e 20min), Sancti Spíritus (CUC$17, 5 horas), Ciego de Ávila (CUC$19, 6h e 15min), Camagüey (CUC$25), Las Tunas (CUC$33), Holguín (CUC$38) e Bayamo (CUC$41).

Se você tiver tempo, pode chegar a Havana pegando o ônibus Víazul para Matanzas e, de lá, o trem da Hershey Railway.

Além do novo ônibus Víazul de 21h25 para Cárdenas, você pode pegar o ônibus local 236, que sai a cada hora, mais ou menos, perto do pequeno túnel identificado com "Ómnibus de Cárdenas", do lado de fora da rodoviária principal. Também pode pegar esse ônibus na esquina entre a av. 1 e a calle 13 (CUC$1). Não confie que você possa comprar passagens para ônibus que não sejam da Víazul de Varadero para outros destinos da província de Matanzas. A ordem oficial é que os turistas não podem usá-los, e os turistas em Varadero são geralmente distinguíveis dos cubanos. Com um espanhol decente, você pode ter sorte.

Outro jeito fácil de chegar a Havana são os ônibus regulares que você pode reservar no escritório de turismo do seu hotel, ou em qualquer escritório da Havanatur/Cubanacán. É possível comprar só o traslado entre Varadero e Havana por CUC$25/30 só de ida/ida e volta. Estes ônibus buscam os passageiros no hotel, então você vai economizar o táxi.

### Carro

Você pode alugar um carro em praticamente qualquer hotel na cidade, e os preços são bem genéricos entre diferentes marcas e modelos. Se ponderar combustível e seguro, um carro comum vai custar aproximadamente CUC$80 por dia.

Além dos hotéis, você pode tentar no **Havanautos** (☎61-44-09; esq. av. 1 e calle 31) ou **Cubacar** (☎66-73-26; esq. av. 1 e calle 21).

**Havanautos** (☎25-36-30), **Transtur** (☎25-36-21), **Vía** (☎61-47-83) e **Cubacar** (☎61-44-10) têm filiais no estacionamento do aeroporto. Espere pagar pelo menos CUC$75 por dia no menor carro (ou CUC$50 por dia, a partir de duas semanas).

Carros de luxo estão disponíveis no **Rex** (Meliá las Américas ☎66-77-39; Autopista Sur km 7; Juan Gualberto Gómez International Airport ☎66-75-39). Há carros Audi com câmbio automático (algo raro em Cuba) a partir de CUC$100 por dia.

Há um **posto de gasolina Servi-Cupet** (esq. Autopista Sur e calle 17; ⌚24 horas) na Vía Blanca, na entrada da Marina Acua perto do Hotel Sunbeach, e um no **Centro Todo En Uno** (esq. calle 54 e Autopista Sur).

Se estiver indo para Havana, terá de pagar CUC$2 de pedágio na Vía Blanca.

### Trem

As estações de trem mais próximas estão 18km a sudeste, em Cárdenas (p. 220), e 42km a leste, em Matanzas (p. 196).

## Como circular

### Para/do aeroporto

Varadero e Matanzas estão a 20km da estrada para o Aeroporto Internacional Juan Gualberto Gómez, em Varadero; são mais 6km da estrada para o terminal do aeroporto. Um táxi turístico custa CUC$20 para Matanzas e por volta de CUC$25 para Varadero. Convença o taxista a usar o taxímetro e vai ficar mais barato. Taxistas sem licença são proibidos de pegar ou levar passageiros ao aeroporto. Três dos ônibus Víazul para Havana param do aeroporto, saindo às 8h, 15h30 e 18h, chegando em 25 minutos. A passagem custa CUC$6.

### Ônibus

**Varadero Beach Tour** (passagem para o dia inteiro CUC$5; ⏲9h30-21h) é um ônibus turístico de dois andares aberto em cima, com 45 paradas ligando todos os resorts e shoppings em toda a extensão da península. Passa a cada meia hora nos pontos bem marcados com rota e informações sobre a distância. Você pode comprar a passagem no próprio ônibus. Enquanto isso, um trenzinho conecta os três resorts Meliá.

Os ônibus 47 e 48 da calle 64 a Santa Marta, ao sul de Varadero na Autopista Sur; o ônibus 220 vai de Santa Marta à ponta leste da península. Não há horários fixos. A passagem é quase dada: 20 centavos. Você também pode utilizar o ônibus 236 de/para Cárdenas, que vai pelo comprimento da península.

### Charrete

Um passeio numa charrete estatal por Varadero custa CUC$5 por pessoa, por um passeio de 45 minutos, ou CUC$10 para um passeio de 2 horas – tempo suficiente para ver os pontos turísticos.

### Lambreta e bicicleta

Lambretas e bicicletas são formas excelentes de sair da península e descobrir um pouco de Cuba. Pode-se alugar em qualquer hotel all-inclusive – o empréstimo de bicicleta faz parte do pacote. O preço em geral é CUC$9 por hora e CUC$24 por dia, com gasolina incluída no preço da hora (apesar de que um imposto de CUC$6 pode ser cobrado na diária, então pergunte). Há uma **Locadora Palmares** (mapa p. 214; esq. av. 1 e calle 38) no centro da cidade com lambretas para aqueles que não estão num all-inclusive. Ali também há duas bicicletas simples sem marcha e freios improvisados: não pague mais que CUC$2 por hora ou CUC$15 por dia.

VALE A VIAGEM

## COLÓN

Matanzas é uma província grande, então o que deve haver na parte rural, no meio? A resposta é: nada. Cidades como Jagüey Grande, na Autopista Nacional, ou Jovellanos, na Carretera Central, não merecem mais que uma rápida olhada, mas Colón, localizada no leste da península, a 40km de Jovellanos, é uma bela parada. Com seus edifícios com colunata e uma das praças mais bonitas e verdes de Cuba, o ambiente desta cidade compensa o que não há em termos de diversão. O que você verá em Colón é um exemplo (e há muitos no país) de como Cuba é para os cubanos, intocada pela indústria do turismo e pelo dinheiro que ela gera.

Dê uma passeada pela avenida principal, calle Martí, para absorver um pouco de vida local no verdejante **Parque de la Libertad** (conhecido como Parque de Colón), com sua estátua de Cristóvão Colombo, entre muitos outros bustos, e maravilhe-se diante dos prédios em volta, como a **Iglesia Catholica**, a **Escuela de Artes y Oficios,** com sua revivescente arquitetura colonial, e o **Hotel Nuevo Continental**, construído em 1937. Há também um museu, uma galeria de arte e um forte antigo. Nessa área se pode garantir que a sua estada em Cuba ajude a vida dos cubanos (ao contrário de financiar o governo, que é o que você faz quando come em restaurantes estatais e se hospeda em hotéis do governo): um dos principais orfanatos da província está aqui, o **Hogar Por Niños Sin Amparo y Filial** (Mario Muñoz, 260 esq. Martha Abreu y Clotilde Garcías). Visitas e doações (qualquer coisa, de roupas a remédios) são bem-vindas. Veja a p. 510 para mais informações sobre voluntariado.

**Táxi**
Táxis turísticos com taxímetro cobram CUC$1 pela bandeira mais CUC$1 por quilômetro (mesma tarifa de dia e à noite). Táxis-coco (*coquitos* ou *huevitos* em espanhol) cobram menos e não têm bandeira. Um táxi para Cárdenas/Havana vai sair mais ou menos CUC$20/85. Eles circulam perto dos hotéis principais, ou você pode telefonar para **Cuba Táxi** (☎61-05-55), ou **Transgaviota** (☎61-97--62). Este tem carros maiores, se você estiver viajando com muita bagagem. Turistas não podem pegar os antigos táxis Lada, mas vale a tentativa.

# Cárdenas

POP. 109.552

É difícil imaginar uma contradição mais gritante. A 20km da brilhante Varadero fica a humilde Cárdenas, o lar dos garçons dos resorts, recepcionistas e taxistas – mas sem restaurantes, hotéis ou táxis em volta.

Desgastada depois de cinquenta anos de austeridade, Cárdenas é como uma matrona de meia-idade que já foi bonita, mas agora parece uma foto em sépia de outra era. Ruas anteriormente cheias de edifícios ilustres sofreram irrevogavelmente desde a Revolução, deixando esse antigo porto de açúcar como uma sombra de sua própria história.

Menosprezada por viajantes modernos, Cárdenas cumpriu um papel episódico na história de Cuba. Em 1850, o aventureiro venezuelano Narciso López e um exército de mercenários hastearam na cidade a primeira bandeira cubana, numa vã tentativa de libertar a colônia dos espanhóis. Outros habitantes também fizeram história, como o líder estudantil Antonio Echeverría, morto durante um atentado frustrado contra o presidente Batista, em 1957. Esse rico passado é mostrado em três museus fabulosos em volta do Parque Echeverría, a praça central, que constitui a razão principal para visitar a cidade.

Além dos museus, as fachadas dilapidadas de Cárdenas podem chocar os turistas que vêm de Varadero. Se você quiser ter uma visão da verdadeira vida cubana, não há lugar melhor; mas se você preferir mojitos e vôlei o dia inteiro, fique nas praias turísticas.

Quando perguntar o caminho, preste atenção, porque os moradores de Cárdenas muitas vezes usam os nomes antigos das ruas, não o novo sistema numérico. Confira, se estiver em dúvida.

## Atrações

Entre os prédios demolidos e os restaurantes encardidos que cobram em pesos do centro de Cárdenas, três museus excelentes, situados no bonito Parque Echeverría, se destacam.

**Museo de Batalla de Ideas** MUSEU
(Av. 6 entre calles 11 e 12; entrada CUC$2; câmera CUC$5; ⌚9-17h ter-sáb, 9-13h dom) Do outro lado do parque em relação aos demais museus fica essa nova atração, uma bem desenhada e organizada visão sobre a história das relações entre Cuba e os Estados Unidos, repleta de gráficos sofisticados. Inspirado no caso de Elián González, um garoto de Cárdenas cuja mãe, padrasto e onze outras pessoas se afogaram tentando entrar nos Estados Unidos de barco, em 1999, o museu é uma forma sólida do resultado da *batalla de ideas* de Castro contra o governo norte-americano. A coleção do museu cresceu desde então, com o tema central dos oito meses em que Cuba e os Estados Unidos discutiram a custódia de Elián – mas também tem mostras sobre a qualidade do sistema de educação cubano e um pátio com bustos de anti-imperialistas que morreram pela causa revolucionária. No entanto, a peça que resume o objetivo do museu é possivelmente a escultura de uma criança jogando fora, com desprezo, um boneco do Super-Homem.

**Museo Casa Natal de José Antonio Echeverría** MUSEU
(Av. 4 Este, 560; entrada CUC$1 com guia; ⌚10--17h ter-sáb, 9-13h dom) Esse museu tem uma coleção histórica macabra, com peças como o garrote original usado para executar Narciso López por enforcamento, em 1851. Objetos relacionados à guerra de independência estão no piso de baixo, enquanto os da Revolução estão em cima, acessíveis através de uma linda escada espiral. Foi onde, em 1932, o líder estudantil José Echeverría nasceu; ele foi morto pela polícia de Batista em 1957, depois de uma tentativa malsucedida de assassinato no Palácio Presidencial, em Havana. Há uma estátua dele na praça do lado de fora.

**Museo Oscar María de Rojas** MUSEU
(Esq. av. 4 e calle 13; entrada CUC$5; ⌚9-18h ter--sáb, 9-13h dom) Você pode conferir o segundo museu mais antigo de Cuba (depois do Museo Bacardí, em Santiago). Tem uma coleção extensa, meio incongruente, de artefatos, como uma cadeira de estrangulamento de 1839, uma máscara de Napoleão, o rabo do cavalo de Antonio Maceo, a maior coleção de caracóis de Cuba, e, finalmente, algumas pulgas – isso mesmo, pulgas – preservadas desde 1912. O museu está num bonito edifício colonial, cuja equipe é formada por bem instruídos guias oficiais.

**Catedral de la Inmaculada Concepción** IGREJA
(Av. Céspedes entre calles 8 e 9) O Parque Colón é outra praça interessante, onde ficam os principais edifícios eclesiásticos de Cárdenas. Construído em 1846, é notável por seus vitrais e pela talvez mais antiga estátua de Cristóvão Colombo no hemisfério ocidental. Datado de 1862, Colón (como o descobridor é chamado em espanhol) está bem autoritário, com o cenho franzido e um globo sob seus pés.

**Mastro de bandeira** MONUMENTO
(esq. av. Céspedes e calle 2) Esse não é qualquer mastro. Na ponta norte da av. Céspedes, esse mastro ligado a um monumento comemora o primeiro hastear da bandeira cubana, em 10 de maio de 1850.

**Arrechabala Rum Factory** FÁBRICA DE RUM
(Esq. calle 2 e av. 13) A noroeste do centro da cidade, na zona industrial, é onde se destila o rum de Varadero: a empresa de rum Havana Club foi fundada nesse local em 1878. A companhia (e sua parceira internacional, Bacardi) esteve envolvida recentemente em uma disputa entre o governo cubano e o parceiro Pernod Ricard sobre os direitos de vender Havana Club nos Estados Unidos. Verifique se há tours disponíveis.

## Onde dormir

Mais adiante, Varadero exibe mais de cinquenta hotéis. Na humilde Cárdenas há exatamente zero, agora que o grande Hotel Dominica (perto da catedral) fechou por tempo indeterminado. Felizmente, Cárdenas tem boas (ainda que difíceis de encontrar) *casas particulares*.

**Hostal Angelo's** CASA PARTICULAR $
(☎528-491-8; av. 12 entre calles 14 e 15; CUC$25; ❄) Um verdadeiro oásis depois de encarar as ruas empoeiradas e carroças incontroláveis, essa é facilmente a melhor opção da cidade: uma casa amigável ao público gay do lado de um quintal sereno e seguro que, aliás, ostenta uma banheira de hidromassagem. Fala-se inglês, francês e italiano e, com um guia de Varadero no comando, você consegue informações inestimáveis sobre a área.

**Ricardo Domínguez** CASA PARTICULAR $
(☎528-944-31; esq. av. 31 e calle 12; q CUC$35; P❄) Se o Angelo's estiver cheio, faça a caminhada de 1,5km a noroeste do Parque Echevería para esse bangalô novinho em folha, com seu jardim que parece ter sido arrancado de um dos subúrbios mais agradáveis de Miami. O preço, entretanto, é caro para uma casa tão longe do centro.

## Onde comer

Metade dos *chefs* de Varadero provavelmente são de Cárdenas, o que contribui para a ironia da falta de restaurantes na cidade.

**Espriu** FRUTOS DO MAR $
(Calle 12 entre avs. 4 e 6; pratos CUC$1-3; ⌚9h30--22h) O melhor da cidade e bem localizado no Parque Echeverría, Espriu é um restaurante aceitável, apesar de escuro, entre opções sem inspiração. Escolha entre expresso, drinques com camarão, filés de peixe, hambúrgueres e uma boa paella.

**La Barra 1470** PIZZARIA $
(Calle 13 entre avs. 5 e 7) Toalhas de mesa e taças de vinho criarão expectativas que provavelmente não serão correspondidas em relação à comida.

### Por conta própria

Há vários supermercados e lojas que aceitam conversíveis perto da **Plaza Molocoff** (esq. av. 3 Oeste e calle 12), um galpão de mercado do século 19 feito de ferro fundido. Você pode comer lanches baratos no próprio mercado e na área adjacente, onde os comerciantes vendem de tudo: de cabelo falso a Budas de plástico.

**Mercado de hortifrútis** MERCADO
(Plaza Molocoff; ⌚8-17h seg-sáb, 8-14h dom) Dentro da Plaza Molocoff.

**El Dandy** (Av. 3 na Plaza Molocoff; ⌚9-17h seg--sáb, 9-12h dom) Vende bebidas e comidas.

## Lazer

**Casa de la Cultura** CENTRO CULTURAL
(Av. Céspedes, 706 entre calles 15 e 16) Está situada num edifício colonial bonito, mas deca-

# Cárdenas

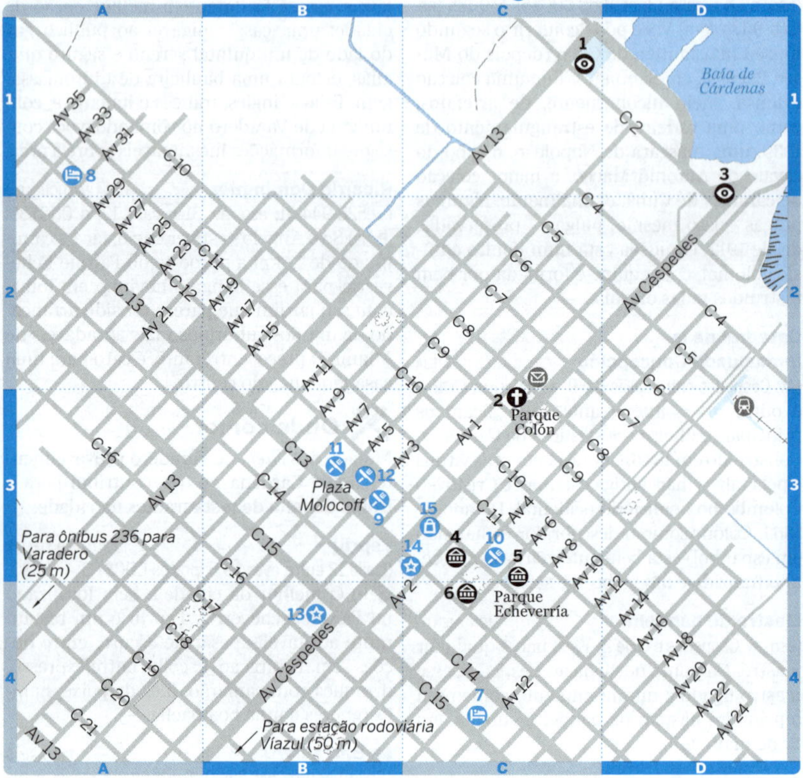


dente, com vitrais e pátio interno, além de cadeiras de balanço. Procure, nos pôsteres escritos à mão, por *peñas* (apresentações) de rap, teatro e eventos de literatura.

**Cine Cárdenas** CINEMA
(Esq. av. Céspedes e calle 14) Tem sessões diárias de filmes.

## Onde comprar

**Librería la Concha de Venus** LIVROS
(Av. Céspedes, 551 esq. calle 12; ⌚9-17h seg-sex, 8-12h sáb) Livros em espanhol.

## Informação

**Banco de Crédito y Comercio** (esq. calle 9 e av. 3)

**Cadeca** (esq. av. 1 Oeste e calle 12)

**Centro Médico Sub Acuática** (☎52-21-14; canal 16 VHF; calle 13; por hora CUC$80; ⌚8-16h seg-sáb, médicos de plantão 24 horas) Dois quilômetros a noroeste da estrada para Varadero, no Hospital Julio M Aristegui; tem uma câmara de recompressão soviética de 1981.

**Etecsa Telepunto** (esq. av. Céspedes e calle 12; ⌚8h30-18h30) Serviços de telefonia e internet.

**Farmácia** (calle 12, 60; ⌚24 horas)

**Correios** (esq. av. Céspedes e calle 8; ⌚8-18h seg-sáb)

## Como chegar e sair

O ônibus **Víazul** (www.viazul.com) de Varadero para Santiago para na **rodoviária** (esq. av. Céspedes e calle 22) uma vez por dia em cada direção. O serviço na direção leste sai de Varadero às 21h25 e chega a Cárdenas às 21h45. Depois segue no sentido leste via Colón (CUC$6, 1 hora), Santa Clara (CUC$11, 3 horas), Sancti Spíritus (CUC$16, 4h e 30min), Ciego de Ávila (CUC$17, 5h e 50min), Camagüey (CUC$23, 7h e 45min), Las Tunas (CUC$31, 10 horas), Holguín (CUC$35, 11h e 10min) e Bayamo (CUC$41, 12h e 30min) até Santiago (CUC$48, 15h e 30min).

## Cárdenas

**Atrações**

1 Fábrica de rum Arrechabala .......... C1
2 Catedral de la Inmaculada Concepción .......... C3
3 Mastro de bandeira .......... D1
4 Museo Casa Natal de José Antonio Echeverría .......... C3
5 Museo de Batalla de Ideas .......... C3
6 Museo Oscar María de Rojas .......... C4

**Onde dormir**

7 Hostal Angelo's .......... C4
8 Ricardo Domínguez .......... A1

**Onde comer**

9 El Dandy .......... B3
10 Espriu .......... C3
11 La Barra 1470 .......... B3
12 Plaza Molocoff .......... B3

**Lazer**

13 Casa de la Cultura .......... B4
14 Cine Cárdenas .......... C3

**Onde comprar**

15 Librería La Concha de Venus .......... C3

O ônibus de volta sai de Cárdenas às 10h40 e chega a Varadero às 11h.

Ônibus locais partem da rodoviária para Havana e Santa Clara diariamente, mas estão muitas vezes cheios ao chegar em Cárdenas. Há ainda caminhões para Jovellanos/Perico, que deixam você a 12km de Colón, no caminho na direção leste. As passagens são vendidas na ponta da estação.

O ônibus 236 de/para Varadero sai de hora em hora da esquina da av. 13 Oeste e calle 13 (50 centavos, mas eles gostam de cobrar CUC$1 para turistas).

### Como circular

A principal rota de carroça (um peso) para Cárdenas é ao nordeste, na av. Céspedes, a partir da rodoviária e depois para noroeste na calle 13 até o hospital, passando pela parada do ônibus 236 (para Varadero) no caminho.

O **posto de gasolina Servi-Cupet** (esq. Calle 13 e av. 31 Oeste) está do outro lado de um antigo forte espanhol no lado nordeste da cidade, no caminho para Varadero.

## San Miguel de los Baños e arredores

Aninhada no interior da província de Matanzas, entre colinas ondulantes pontuadas pelas cores vívidas de buganvílias, San Miguel de los Baños é uma cidade envolvente com um spa antigo, que já rivalizou com Havana em opulência. Há um bom tempo, quer dizer. San Miguel foi por um breve período uma cidade próspera para gente saudável que buscava as águas medicinais desse spa, "descobertas" no começo do século 20. Nesse período, a cidade viu diversas *villas* neoclássicas se desenvolverem, que ainda se alinham na avenida de Abril até hoje. Mas os tempos áureos não duraram. Logo antes da Revolução, a poluição de uma refinaria de açúcar local infiltrou na água e o spa rapidamente entrou em decadência. Agora é uma mistura curiosa de uma máquina do tempo arquitetônica e um romance pós-apocalíptico de John Wyndham.

### Atrações e atividades

Visitantes ficarão chocados com o contraste arquitetônico: as casas pequenas da população atual misturam-se aos edifícios surrealmente pomposos dos tempos áureos, como o enfeitado **Gran Hotel y Balneario** – situado no lado norte da cidade, seus muitos domos formam uma réplica do Grand Casino de Monte Carlo. Os planos de reabertura do hotel ainda não se concretizaram, mas é relativamente fácil perambular nas terras lúgubres em volta, até as casas de banho românicas, feitas de tijolos vermelhos. Talvez você tenha de negociar com o guarda da entrada principal: uma pequena gorjeta é o suficiente. Mas desista de mergulhar.

Próxima à cidade está a íngreme colina **Loma de Jacán**, com seus 448 degraus embelezados pelos murais decadentes da Via-Sacra. Quando você chegar à pequena capela no topo, poderá contemplar as melhores vistas da cidade, com a satisfação adicional de saber que está no ponto mais alto da província.

### Onde dormir e comer

**Finca Confidencia** CASA PARTICULAR $
(81-39-23; carretera Central entre Colesio e Jovellanos; q CUC$20; P) Essa é sua chance de aumentar o gosto pela vida interiorana, longe dos chamarizes da costa norte da província, nessa fazenda idílica 14km a noroeste de San Miguel de los Baños e 6km a leste da cidade de Colesio, na Carretera Central. Você pode descansar em terrenos cheios de mangueiras e goiabeiras, ter aulas de cerâmica e ajudar em uma fazenda onde 83 tipos de planta são cultivados. A comida que você vai provar é quase exclusivamente do sítio:

o dono também produz seu próprio café. O lado ruim? Atualmente, só há um quarto disponível. Os planos para construir o segundo estão em andamento.

### Como chegar e sair

Para chegar a San Miguel de los Baños, siga a Ruta 101 de Cárdenas a Colesio, onde você vai cruzar a carretera Central: a cidade está situada a mais de 8km a sudoeste de Colesio. Um táxi de Cárdenas deve custar entre CUC$20 e CUC$25 – tente negociar. Você pode conseguir uma carona em um caminhão local na rodoviária de Cárdenas.

## PENÍNSULA DE ZAPATA

POP. 9.334

Uma vastidão pantanosa desabitada que se espalha pelo sul de Matanzas, os 4.520km² da península de Zapata aceleram o coração de observadores de animais silvestres e de mergulhadores, com as espécies de pássaros mais importantes do país e alguns dos recifes costeiros mais mágicos de Cuba. A maior parte da península, uma zona protegida que faz parte do Gran Parque Natural Montemar, era anteriormente conhecida como Parque Nacional Ciénaga de Zapata: em 2001, foi declarada uma Reserva da Biosfera pela UNESCO.

A cidade de refinaria de açúcar Australia, no nordeste da península, marca o acesso principal ao parque. Próximo dele está um dos maiores caça-níqueis turísticos, o brega, mas atrativo, Boca de Guamá, uma vila taino reconstruída.

A estrada chega à costa na Playa Larga, lar das melhores praias da península, na ponta da Bahía de Cochinos (Baía dos Porcos), onde *outdoors* ainda enaltecem a vitória histórica de Cuba sobre os imperialistas *yanquis* em 1961.

Ornitólogos e amantes da natureza vão querer desviar para sudoeste, onde as plantações de cana-de-açúcar desaparecem em pântanos grudentos. É uma das regiões mais remotas de Cuba, raramente visitada por turistas. Ainda assim, viajantes intrépidos vão colher os benefícios: uma incrível diversidade de pássaros e espécies de répteis e plantas locais pode ser vista pelos canais do mangue.

Além de sua fama como fiasco do imperialismo norte-americano, a costa leste da Baía dos Porcos também apresenta alguns dos melhores pontos para mergulho em caverna do Caribe (veja quadro da p. 228). No sudeste da Playa Larga, os pontos de mergulho se espalham tentadoramente, acompanhados por hotéis menos convidativos.

Acomodações fora dos resorts, entretanto, são abundantes. Você pode conferir opções excelentes no centro de Australia, Playa Larga e Playa Girón.

A península é isolada demais para receber transporte público – os ônibus só chegam até o norte de Australia –, mas um serviço de traslado (veja o quadro da p. 226) agora liga Boca de Guamá e Caleta Buena.

### Informação

O **La Finquita** (91-32-24; Autopista Nacional Km 142; 9-17h seg-sáb, 8-12h dom) é um centro de informações altamente útil, com lanchonete, administrado pela Cubanacán, perto da saída para a Playa Larga, na Autopista Nacional. Organiza viagens para a Península de Zapata (veja p. 227) e reserva quartos na Villa Guamá. Esse é o centro de informações mais adequado da península.

Etecsa, os correios e as lojas que aceitam conversíveis estão na Autopista, em Jagüey Grande. Repelente de insetos é absolutamente necessário na península. Mesmo que o repelente cubano esteja disponível, é fraco para os vorazes pernilongos.

## Austrália central e arredores

Não, você não chegou à Oceania. Essa é a refinaria de açúcar do centro de Australia, construída em 1904, localizada no sul da Autopista Nacional, no caminho para Boca de Guamá.

### Atrações

**Museo de la Comandancia** MUSEU

(Entrada CUC$1; 9-17h ter-sáb, 8-12h dom) Durante a invasão da Baía dos Porcos, Fidel Castro manteve seu quartel-general no antigo escritório da refinaria, mas hoje o edifício é dedicado ao museu da Revolução. Você poderá ver a mesa e o telefone de onde Fidel comandou suas tropas, assim como outros objetos relacionados. Do lado de fora está a carcaça de uma aeronave invasora interceptada pelas tropas cubanas. Os memoriais de concreto alinhados na estrada para a Baía dos Porcos marcam os lugares onde defensores foram mortos em 1961. Um testemunho mais emocionante do episódio está no Museo de Playa Girón (p. 229).

**Finca Fiesta Campesina** PARQUE DE FAUNA SILVESTRE
(Entrada CUC$1; ⌚9-18h) Aproximadamente 400m à direita, depois da saída para o centro de Australia, está um tipo de parque misturado com feira agrícola, cheio de exemplos da fauna e flora cubanas. Os destaques desse lugar estranhamente interessante são o café (um dos melhores de Cuba, servido com um pedaço de cana-de-açúcar), montaria no touro e a hilária roleta de porquinhos-da-índia, vista com muito entusiasmo pelos senhores do portão. É o único lugar em Cuba – exceto as brigas de galo – em que você vê qualquer forma de aposta.

## Onde dormir e comer

Há mais *casas* na Playa Larga (32km) e Playa Girón (48km).

**Motel Batey Don Pedro** CABANAS $
(☎91-28-25; carretera a Península de Zapata; s/c CUC$26/31; Ⓟ) A melhor opção de hospedagem nessa área, esse hotel de beira de estrada tranquilo fica seguindo uma estradinha ao sul do retorno para a Península de Zapata, a partir do Km 142 da Autopista Nacional, em Jagüey Grande. Há doze quartos em unidades duplas com teto de palha e ventiladores de teto, TV e pátio – e um ou dois sapos casualmente no banheiro. Duas cabanas têm ar-condicionado. O hotel foi feito para se parecer com um assentamento campesino. Há um restaurante com comida modesta e, para uma melhor opção, há a Finca Fiesta Campesina, no começo da estradinha. Fala-se inglês e serve-se *guarapo* (caldo de cana) e um dos melhores cafés de Zapata.

**Pío Cuá** CARIBENHA $$
(Carretera de Playa Larga Km 8; pratos CUC$8-20; ⌚11-17h) Com ônibus que o ligam a Guamá, esse lugar enorme é um dos favoritos dos turistas, feito para grandes grupos, mas com uma decoração bonita e muitos vitrais. O camarão, a lagosta e o frango são muito bons. Está a 8km do retorno para a Autopista, no sentido sul de Australia.

## Como chegar e sair

Os ônibus Víazul entre Havana e Cienfuegos param na Autopista Nacional, 1,5km ao norte de Australia. Como essa não é uma parada oficial, subir no ônibus pode ser complicado. Ligue para as rodoviárias em Havana (veja p. 119), ou Cienfuegos (p. 242).

# Boca de Guamá

Boca de Guamá pode ser uma criação turística, mas, dos resorts da região, está entre os mais criativos. Situada entre a Autopista Nacional, em Jagüey Grande, e a famosa Bahía de Cochinos, ela recebeu seu nome do chefe indígena Guamá, da tribo taino, que fez sua última investida contra os espanhóis em 1532 (em Baracoa). A maior atração é o passeio de barco pelos canais do mangue, a caminho da Laguna del Tesoro, para a recriação de uma aldeia taino. Fidel costumava passar as férias no balneário e assim ajudou a desenvolver o tema indígena. Mas você vai lutar para conseguir estabelecer paralelos com a Cuba pré-colombiana: grupos de turistas estridentes e música alta vão recebê-lo nessa viagem pelo tempo. Em volta da doca, os barcos partem para um conjunto de restaurantes, lanchonetes caras, lojas de quinquilharias e um criadouro de crocodilos. Essa área cheia de palmeiras é um descanso da paisagem de pântano que a cerca.

## SERVIÇO DE TRASLADO NA PENÍNSULA

Na ausência contínua de uma conexão Víazul, a Península de Zapata improvisou, e aqueles que não têm carro podem transpor os principais pontos turísticos com o traslado que sai duas vezes por dia. O trajeto começa no Hotel Playa Girón, às 8h30, segue para a Caleta Buena e depois dá a volta, passando por Punta Perdiz, Cueva los Peces e Hotel Playa Larga até Boca de Guamá, às 10h. O ônibus sai de Boca de Guamá para o caminho contrário às 11h. O serviço se repete à tarde, com partidas às 13h30 do Hotel Playa Girón e às 15h30 de Boca de Guamá. Uma passagem para o dia custa CUC$3 por pessoa.

## Atrações

**Laguna del Tesoro** LAGO

Esse lago está 5km a leste de Boca de Guamá pelo Canal de la Laguna, acessível somente por barco. No extremo leste deste corpo d'água de 92km² fica um resort turístico chamado Villa Guamá, construído para parecer uma aldeia taino, em uma dúzia de pequenas ilhas. Um parque de esculturas perto da aldeia artificial tem 32 estátuas de tamanho natural de tainos em várias poses idealizadas. O lago é chamado de "lago do tesouro" por causa de uma lenda que dizia que os tainos jogaram na água seus tesouros antes da conquista espanhola (não muito diferente das lendas sul-americanas sobre o El Dorado). O lago está cheio de achigãs, então os pescadores frequentemente se reúnem nesse local.

**Criadero de Cocodrilos** CRIADOURO DE CROCODILOS

(Adulto/criança inclui bebida CUC$5/3; 9-17h)
Dentro do complexo Guamá, perto do deque da Villa Guamá, o local é um criadouro de crocodilos – apesar de o lago circundado de grades parecer tão autêntico quanto a aldeia taino. Muitos crocodilos se arrastam; há outros animais enjaulados no lugar. Já foi possível visitar os núcleos do programa de criação, do outro lado do *criadero*, administrado pelo Ministerio de Industrias Pesqueras. São criadas duas espécies de crocodilos: o nativo *Crocodylus rhombifer* (*cocodrilo*, em espanhol), e o *Crocodylus acutus* (*caimán*, em espanhol), que pode ser encontrado em toda a América tropical. O turismo não é encorajado e os guardas apontam o caminho de volta para o falso criadouro. À sua direita, quando você vem da Autopista, o Criadero de Cocodrilos é um estabelecimento de criação, administrado pelo zoológico, mas tente a sorte e você talvez consiga uma visita guiada (em espanhol) que o leve a cada estágio do programa de criação. Antes do estabelecimento desse programa, em 1962 (considerado o primeiro ato de proteção do meio ambiente feito pelo governo revolucionário), essas duas espécies de crocodilos do mangue estavam quase extintas.

A criação tem sido tão bem-sucedida que mais adiante na pista, no complexo Boca de Guamá, você pode comprar bebês crocodilos empalhados, ou comer, legalmente, um bife de crocodilo.

Se comprar alguma coisa feita de couro de crocodilo na Boca de Guamá, não se esqueça de pedir um recibo (para a alfândega) provando que o material veio de um criadouro e não de crocodilos silvestres. Uma compra menos controversa seria um dos atrativos braceletes de cerâmica vendidos no **Taller de Cerámica** (9-18h seg-sáb), onde você poderá ver cinco fornos funcionando.

## Onde dormir e comer

**Villa Guamá** CHALÉS $

(91-55-51; s/c CUC$29/42) Esse lugar foi construído em 1963, no lado leste da Laguna del Tesoro, a 8km da Boca de Guamá por barco (os carros podem ser deixados no criadouro de crocodilos por CUC$1). As cinquenta *cabañas* com teto de palha, banheiro e TV ficam em toras de madeira em cima de águas rasas. As seis pequenas ilhas com as cabanas são conectadas entre si por pontes de madeira até o bar, a cafeteria, o restaurante superfaturado e uma piscina de água do lago com cloro. Barcos a remo podem ser alugados, e observar os pássaros na alvorada é fantástico. Você precisará de repelente se resolver ficar. O traslado de balsa não está incluído no preço do quarto.

No deque, você encontrará o **Bar la Rionda** (9h30-17h) e o **Restaurante la Boca** (prato feito CUC$12).

## Como chegar e sair

Com transporte próprio é melhor. O ponto de ônibus mais próximo está a 18km, logo depois de Australia. Há tours regulares de Varadero para Boca de Guamá.

### Como circular

A balsa (adulto/criança CUC$12/6, 20 minutos) sai da Boca de Guamá para a Villa Guamá pela Laguna del Tesoro quatro vezes por dia. Lanchas partem mais frequentemente e levam à pseudoaldeia indígena em apenas 10 minutos a qualquer hora do dia, por CUC$12 por pessoa ida e volta (com 40 minutos de espera na Villa Guamá, duas pessoas no mínimo). De manhã, você pode se permitir mais tempo na ilha indo de lancha e retornando de balsa.

Você pode viajar de traslado entre Boca de Guamá e Caleta Buena (veja quadro p. 226).

## Gran Parque Natural Montemar

A maior ciénaga (pântano) do Caribe, **Ciénaga de Zapata** também é um dos ecossistemas mais diversos de Cuba. Comprimidas nessa vasta terra úmida (essencialmente dois pântanos divididos por uma faixa de terra pedregosa) estão catorze formações vegetais diferentes, entre elas mangues, floresta, floresta seca, cacto, savana, selva e semidecíduos. Há também grandes salinas. Os mangues sustentam mais de 190 espécies de aves, 31 tipos de répteis, 12 espécies de mamíferos, mais vários anfíbios, peixes e insetos (inclusive mosquitos insaciáveis). Há mais de novecentas espécies de plantas, mais de 115 delas são nativas. Também é um importante hábitat para o ameaçado *manatí* (peixe-boi) e o *cocodrilo* cubano (*Crocodylus rhombifer*). O *manjuarí* (o peixe-agulha cubano; *Atractosteus tristoechus*) é o peixe mais primitivo de Cuba: tem cabeça de crocodilo, mas corpo de peixe. A quase extinta *jutía enana* (um tipo de porquinho-da-índia) tem nesse pântano seu único refúgio.

Zapata é o melhor ponto de observação de pássaros do país; é o lugar para ver *zunzuncitos* (o beija-flor abelha, menor pássaro do mundo), cormorões, grous, flamingos, falcões, garças, íbis, corujas, papagaios, perdizes e *tocororos* (o pássaro nacional de Cuba). Há 18 aves nativas da região. Várias aves migratórias da América do Norte passam o inverno, fazendo de novembro a abril o melhor período para observação de aves. É também o centro nacional de pesca esportiva e pesca com isca artificial, onde a palometa, o curimba e o robalo, assim como a ubarana-rato, se multiplicam.

A comunicação em Zapata, que era imprópria para a agricultura, era quase inexistente antes da Revolução, quando a pobreza era a norma. Os fabricantes de carvão queimam madeira das florestas semidecíduas e a *turga* (turfa) cavada dos pântanos é uma fonte importante de combustível. O principal ramo de atividade hoje é o turismo – os ecoturistas chegam em números cada vez maiores. O transporte público só circula até Playa Larga: para ver qualquer coisa da *ciénaga* propriamente, você terá de chegar até essa área.

### Atividades

Há quatro excursões principais para o parque, com foco em observação de pássaros. Os itinerários são flexíveis. O transporte normalmente não está incluso, então é melhor providenciá-lo antes. Carros (incluindo jipes com motorista) podem ser alugados na **Havanautos** (98-41-23) na Playa Girón; a próxima locadora de carros está em Cienfuegos.

Pescadores amadores podem organizar **pesca com isca artificial** de canoas ou (por causa da baixa da água) a pé em Las Salinas, ou Hatiguanico. Pergunte no escritório da Cubanacán, La Finquita, ou simplesmente apareça, se você tiver seu próprio equipamento. Os dois lugares oferecem a melhor pescaria de Cuba: Las Salinas tem uma excelente pesca; Hatiguanico é ótimo para fisgar tarpões.

**Laguna de las Salinas** OBSERVAÇÃO DE PÁSSAROS

(Por pessoa CUC$10) Uma das excursões mais populares é para essa *laguna*, onde um grande número de aves aquáticas migratórias pode ser visto de novembro a abril: estamos falando de 10 mil flamingos rosa por vez, mais 190 outras espécies com penas. A primeira metade da estrada para Las Salinas é pela floresta, a segunda metade passa por pântanos e lagoas. Nela, aves aquáticas podem ser observadas. Para explorar o refúgio, é obrigatório estar com guia. Os 22km da visita duram mais de 4 horas, mas você pode negociar uma visita mais longa.

**Observación de Aves** OBSERVAÇÃO DE PÁSSAROS

(Por pessoa CUC$19) Essa viagem oferece um itinerário extremamente flexível e o direito de perambular (com um ornitólogo certificado) por vários lugares diferentes, como a **Reserva de Bermejas**. Entre as dezoito espécies de aves locais você pode ver os célebres *ferminins*, *cabreritos* e *gallinuelas de Santo Tomás* – encontrados somente na Península de Zapata.

## MERGULHO NA BAHÍA DE COCHINOS

Mesmo que Isla de la Juventud e María la Gorda liderem a preferência dos mergulhadores cubanos, a Bahía de Cochinos (Baía dos Porcos) proporciona prazeres submarinos igualmente impressionantes. Tem uma enorme descida de 30 a 40m da costa por mais de 30m a partir da Playa Larga até a Playa Girón, um fantástico fenômeno natural que criou uma parede de coral de 300m com incríveis fendas que podem ser atravessadas, além de cavernas e vida marinha. Melhor ainda, a proximidade dessa parede com a costa significa que os mais de trinta pontos de mergulho são facilmente acessíveis sem barco – você simplesmente desliza da costa. A boa visibilidade da costa sul vai de 30 a 40m e há um punhado de navios afundados em volta.

Quanto à organização, a Playa Girón está bem preparada, com instrutores altamente qualificados acampados em cinco localizações diferentes pela costa. Os preços em geral (CUC$25 por imersão, CUC$100 por cinco ou CUC$365 por um percurso em mar aberto) estão entre os mais baratos de Cuba. Mergulho com snorkel custa CUC$5 por hora.

O **International Scuba Center** (☎98-41-18), na Villa Playa Girón, é o quartel-general de mergulho. É complementado pelo **Club Octopus International Diving Center** (☎98-72-94, 98-72-25), 200m a oeste da Villa Playa Larga.

Oito quilômetros a sudeste da Playa Girón está **Caleta Buena** (⏲10-18h), uma enseada coberta perfeita para snorkel equipada com outro escritório de mergulho. Cadeias pretas de coral protegem vários sumidouros e cavernas submersas com as esponjas de formas estranhas que fazem essa área conhecida: uma ótima oportunidade para mergulho em caverna! Por causa do encontro da água salgada com a água doce, os peixes são diferentes em cada um dos lados. A entrada para a praia custa CUC$12 e inclui um bufê livre e *open bar*. Cadeiras de praia e guarda-sóis de palha se espalham pela costa pedregosa. O equipamento de snorkel custa CUC$3.

Mais tesouros submarinos podem ser vistos na **Cueva de los Peces** (entrada CUC$1; ⏲9-18h), uma falha tectônica inundada (ou cenote) com 70m de profundidade no lado interior da estrada, quase exatamente no meio do caminho entre Playa Larga e Playa Girón. Há muitos peixes tropicais reluzentes e você ainda pode explorar as partes escuras e assustadoras do cenote com snorkel ou equipamento de mergulho (leve lanterna). O lado da praia também tem bons pontos para snorkel, numa parede de coral negra. Há um restaurante próximo e trajes de mergulho no lugar.

Logo depois da Cueva está **Punta Perdiz**, outro ponto fenomenal para snorkel/mergulho, com os escombros de um barco de desembarque norte-americano destruído durante a invasão da Baía dos Porcos. A água rasa é azul-turquesa e há bons pontos de snorkel perto da costa. Há uma franquia de mergulho no local. Cobra-se CUC$1 para usar os guarda-sóis de palha, cadeiras de praia e chuveiros. Há outro restaurante decente. Outras atividades incluem vôlei e chances de jogar dominó com os guardas. Cuidado com os montes de mosquitos e libélulas.



**Río Hatiguanico** OBSERVAÇÃO DE PÁSSAROS
(Por pessoa CUC$19) Trocando a terra por barco, essa excursão leva a uma viagem de 3 horas por 12km, pela floresta densa da parte noroeste da península. Abaixe para evitar os galhos em alguns pontos; em outros o rio se abre em um estuário como um delta. Há muitas aves, tartarugas e crocodilos.

**Señor Orestes Martínez Garcías** OBSERVAÇÃO DE PÁSSAROS
(☎98-75-45, 525-39004; chino.zapata@gmail.com; excursões por pessoa CUC$10-20) Com a reputação de morador com mais conhecimento de observação de aves, "el Chino" pode levá-lo em investidas ornitológicas personalizadas e recompensadoras.

**Santo Tomás** ATIVIDADES EXTERNAS
(Por pessoa CUC$10) Excursão que começa 30km a oeste da Playa Larga, no único povoamento verdadeiro do parque (Santo Tomás), e continua por um afluente de Hatiguanico – andando ou de barco, dependendo da estação. Boa opção para observadores de aves.

### ℹ Informação

O ponto de informação do parque é o La Finquita, da Cubanacán, na Autopista, perto do centro de Australia. É um bom lugar para reservar sua excursão. A Playa Larga e os hotéis Girón também organizam passeios, além do Hostal Enrique, na vila de Caletón, do lado da Playa Larga.

## Playa Larga

Seguindo ao sul da Boca de Guamá, você chega à Playa Larga, na Bahía de Cochinos (Baía dos Porcos), depois de 13km. Larga foi uma das duas praias invadidas por exilados apoiados pelos Estados Unidos em 17 de abril de 1961 (apesar de a Playa Girón, 35km mais ao sul, ter visto desembarques bem maiores). Agora, é um paraíso para mergulhadores. Há um resort barato, um centro de mergulho e um pequeno número de *casas particulares* na cidade adjacente, Caletón. Com a hospedagem mais perto do Gran Parque Natural Montemar, é uma boa base para excursões ambientais na área.

### Onde dormir e comer

**Hostal Enrique** CASA PARTICULAR $

(☎98-74-25; Caletón; q CUC$20-25; ❄) A 500m na estrada de Las Salinas fica a melhor *casa* dessa área, com dois quartos, ambos com banheiros privativos, uma cozinha grande (que serve grande porções de comida) e um caminho que sai do quintal para a praia quase sempre deserta de Caletón. Enrique pode ajudar a reservar mergulho e observação de pássaros com preços mais baratos que em outros hotéis.

**Villa Playa Larga** HOTEL $

(☎98-72-94; s/c baixa temporada inclui café da manhã CUC$34/48; P❄≋) Em uma pequena curva de praia de areia branca, do lado da estrada, a leste da vila de Caletón, esse hotel tem quartos enormes com banheiro, saleta, geladeira e TV. Há também bangalôs familiares de oito quartos. Uma reforma recente arrumou um pouco o lugar, mas o restaurante é ainda bastante deteriorado.

**Villa Marieta** CASA PARTICULAR $

(☎98-71-24; Caletón; q CUC$20-25; ❄) Atrás do quarto disponível, essa casa hospitaleira tem uma área que serve como sala de jantar, bar e terraço, ao lado do mar.

**Restaurante Palmares** CARIBENHA

(Prato CUC$2-7) Fora da acomodação escolhida, essa é a única opção para refeições, seguindo a estrada a partir de Villa Playa.

### Como chegar e sair

Um táxi a partir de Cienfuegos custa mais ou menos CUC$60; para a Autopista Nacional, em Australia, CUC$20. Passeios pela península a partir de Varadero normalmente param em Playa Larga.

### Como circular

Táxi, ou carro/lambreta alugados na Playa Girón, ou o serviço de traslado da península: você escolhe.

## Playa Girón

O arco arenoso da Playa Girón descansa pacificamente no lado leste da célebre Baía dos Porcos, 48km ao sul da Boca de Guamá. Famosa como o lugar onde a Guerra Fria quase esquentou, a praia tem o nome de um pirata francês, Gilbert Girón, que conheceu seu fim aqui por decapitação, no começo do século 17, nas mãos dos moradores ressentidos. Em abril de 1961, foi alvo de outro ataque infeliz: a invasão mal-sucedida patrocinada pela CIA que tentou aportar nas praias remotas, em uma versão moderna da luta clássica entre Davi e Golias. Para não esquecermos o fato, há ainda vários *outdoors* de propaganda salpicados em volta, reavivando glórias passadas. Mas hoje Girón, com suas águas transparentes do Caribe e mergulhos desafiadores, é um dos destinos favoritos para mergulhadores e para a prática de snorkel.

Além de algumas *casas particulares*, o único resort de Playa Girón é a modesta Villa Playa Girón, um all-inclusive comedido popular entre a fraternidade de mergulhadores. A longa e arborizada Playa los Cocos, onde o mergulho com snorkel é bom, fica a somente 5 minutos caminhando em direção ao sul pela costa. Em comum com muitas áreas costeiras do sul de Cuba, há mais *diente de perro* (dente de cachorro) do que areia branca e fofa.

Na estrada para a entrada principal do hotel, há uma farmácia, um correio e uma loja Caracol que vende comida. O assentamento da Playa Girón é uma cidade minúscula pouco importante, então o hotel é a melhor parada se você precisar de serviços.

### Atrações

**Museo de Playa Girón** MUSEU

(Entrada CUC$2, câmera CUC$1; ⏲8-17h) Talvez, não surpreendentemente, esse museu, com seus expositores de vidro brilhantes, evoca um sentido tangível da história do episódio da Bahía de Cochinos (Baía dos Porcos), que se deu nesse lugar em 1961. Situado do lado oposto à Villa Playa Girón, oferece dois quartos com artefatos da Bahía de Cochinos mais

## A BAÍA DOS PORCOS

O que os cubanos chamam de Playa Girón o resto do mundo ficou conhecendo como o fiasco da Baía dos Porcos, uma tentativa malsucedida do governo Kennedy de invadir Cuba e destituir Fidel Castro.

O plano para iniciar um programa de ação secreto contra o regime de Castro foi concebido em 1959, pelo governo de Eisenhower, e levado adiante pelo diretor adjunto da CIA, Richard Bissell. Teve sua sanção oficial em 17 de março de 1960. Mas havia uma condição: nenhuma tropa norte-americana poderia ser usada no combate.

A CIA modelou essa operação na destituição do governo de esquerda de Jacobo Arbenz, na Guatemala. Entretanto, quando o presidente Kennedy foi informado dos procedimentos, em novembro de 1960, o projeto tinha se transformado em uma invasão completa, com um exército de 1.400 exilados cubanos treinados pela CIA, financiada por um orçamento militar de 13 milhões de dólares.

Ativada em 15 de abril de 1961, a invasão foi um desastre do começo ao fim. Com o objetivo de acabar com a força aérea cubana em terra, os aviões norte-americanos pintados com as cores da Força Aérea Cubana (e pilotados por pilotos cubanos exilados) erraram a maior parte de seus alvos. Castro, que já sabia dos planos norte-americanos, havia dispersado sua força aérea na semana anterior. Assim, quando os invasores pousaram na Playa Girón, dois dias depois, os caças Sea-Fury cubanos conseguiram fazer naufragar dois de seus navios de provisões e deixar um exército de 1.400 homens abandonado na praia.

Para agravar ainda mais a situação, uma rebelião nacional que tinha sido muito anunciada pela CIA nunca se concretizou. Enquanto isso, um Kennedy contrariado disse ao furioso Bissel que não iria dar cobertura aérea aos soldados abandonados.

Deixados na praia sem suprimentos ou cobertura militar, os invasores estavam condenados. Os números: 114 homens mortos em combate e mais 1.189 capturados. Os prisioneiros voltaram aos EUA um ano depois em troca de 53 milhões de dólares em comida e remédios.

A operação na Baía dos Porcos falhou por muitos fatores. Primeiro, a CIA pressupôs que o movimento antirrevolucionário em Cuba era maior do que realmente era. Segundo, os EUA escolheram um pedaço exposto da praia perto dos pântanos de Zapata. Terceiro, subestimaram as habilidades políticas e militares do governo revolucionário. Além disso, a CIA parecia acreditar que, como na Guatemala, depois que o ataque começasse, o presidente autorizaria qualquer tipo de decisão militar. Ao contrário, Kennedy reconheceu o perigo do conflito armado, em plena guerra fria, se tornar uma guerra de verdade.

As consequências do ataque frustrado foram abrangentes. A oposição à revolução foi reduzida drasticamente e a ameaça à soberania cubana levou Cuba a um estreitamento de relações com a União Soviética, que mais tarde sugeriu a entrada de armas nucleares em Cuba, para sua proteção, levando à crise dos mísseis, no ano seguinte. Kennedy rompeu com a CIA, formando o seu próprio Grupo de Estudos de Cuba.



várias fotos com (algumas) legendas em inglês. O mural de vítimas e seus objetos pessoais é angustiante, e o gênio tático do exército cubano vem à tona em descrições gráficas de como a batalha se deu. O filme de 15 minutos sobre a "primeira derrota do imperialismo norte-americano nas Américas" custa CUC$1. Uma aeronave britânica Hawker Sea Fury, usada pela Força Aérea cubana, fica à mostra do lado de fora do museu; atrás, há outras aeronaves usadas na batalha.

### Onde dormir e comer

Além da Villa Playa Girón, o pequeno assentamento da Playa Girón tem algumas *casas particulares*, com a maioria dos restaurantes.

**Hostal Luis** CASA PARTICULAR **$**
(☎99-42-58; q inclui café da manhã CUC$25; P ❄) A primeira *casa* na estrada para Cienfuegos é também a melhor *casa* da vila. Instantaneamente reconhecível pela fachada azul e dois leões de pedra no portão, o jovial Luis e a esposa oferecem dois quartos limpíssimos em um lote grande com bastante lugar para estacionar.

**KS Abella** CASA PARTICULAR **$**
(☎98-43-83; q CUC$20-25; ❄) O *señor* é um ex-*chef* do Villa Playa Girón, agora experimentando suas especialidades de frutos do mar com seus hóspedes. A *casa* situa-se na esquina da estrada principal, em um bangalô nos

fundos de cor vermelha e bege, e o terraço/quintal, que já é bonito, está sendo ampliado.

**Villa Playa Girón** RESORT **$**

(☎98-41-10; all-inclusive s/c CUC$46/65; P❄≋) Na praia, cheia de relevância histórica, fica esse hotel comum – ainda que seja all-inclusive, com seus bangalôs espartanos e cozinha pequena, dificilmente se parece com um. Sempre cheia de mergulhadores, a *villa* é um lugar despretensioso com quartos básicos e limpos, alguns a uma boa distância do bloco principal. A praia está a 50m, apesar de seu charme ter sido estragado pela construção de uma muralha corta-ondas gigante. Informe-se sobre descontos de baixa temporada.

## Como chegar e sair

Um táxi deve custar aproximadamente CUC$40 de/para Cienfuegos; da Playa Girón à Playa Larga, a corrida deve custar quase CUC$20.

## Como circular

A **Havanautos** (☎98-41-23) tem uma filial na Villa Playa Girón, onde você pode alugar carros ou então uma moto por CUC$24 por dia. Há também um serviço de traslado duas vezes por dia (veja quadro p. 226).

**Postos de gasolina Servi-Cupet** estão localizados na carretera Central, em Jovellanos e em Colón, no Jagüey Grande, além da Autopista Nacional, em Aguada de Pasajeros, na província de Cienfuegos.

A leste de Caleta Buena, a estrada costeira em direção a Cienfuegos não pode ser atravessada por um carro normal; volte e pegue a estrada interna via Rodas.

# Província de Cienfuegos

043 / POP. 405.545

## Inclui »



## Os melhores lugares para comer

» Paladar Aché (p. 240)
» Hacienda la Vega (p. 245)
» Palacio de Valle (p. 240)
» Club Cienfuegos (p. 240)

## Os melhores lugares para ficar

» Vila Lagarto Maylin e Tony (p. 238)
» Hotel la Unión (p. 241)
» Hostal Palacio Azul (p. 239)
» Bella Perla Marina (p. 238)
» Villa Guajimico (p. 246)

## Por que ir?

*Bienvenue* (bem-vindo) à província de Cienfuegos. Se Cuba tem um coração francês, ele está escondido embaixo da Sierra del Escambray; e se tem uma Paris, é a capital dessa província finamente esculpida, brilhando como uma pérola ao lado da baía natural mais bonita da ilha.

Os colonizadores franceses originais chegaram em 1819. Levaram com eles as ideias do Iluminismo europeu, que incorporaram laboriosamente em sua jovem cidade neoclássica.

Cienfuegos fica na costa como um miniarco-íris verde-esmeralda e azul vibrante, pincelado de pequenas baías, cavernas e recifes de corais sublimes. O ápice da província está no interior, em El Nicho, um mirante exuberante para o Parque Natural Topes Collantes.

Ainda que ostensivamente branca, a "alma" africana de Cienfuegos, anteriormente muda, ganhou um porta-voz em 1940, provavelmente o músico mais versátil de Cuba, Benny Moré. Ele não era o único improvisador da cultura negra: em Palmira, uma cidade próxima, irmandades de *santería* ainda preservam as tradições da cultura religiosa híbrida, católica-iorubá, de Cuba.

## Quando ir

A alta estação de Cienfuegos só começa em janeiro e vai até abril. Mergulhadores e amantes de praia devem ir ao Caribe nessa época, mas quem é festeiro deve priorizar agosto e setembro, porque, apesar da aproximação dos tornados, o Carnaval de Cienfuegos e o bienal Festival de Música Benny Moré, respectivamente. podem ser aproveitados. Em "El Nicho", na Sierra del Escambray, viajar na estação de chuvas (agosto a outubro) é mais difícil por causa da condição das estradas.

**História**

O primeiro povoamento na área de Cienfuegos foi de tainos, que chamavam seu principado de Cacicazgo de Jagua – palavra nativa para "beleza". Em 1494, Colombo "descobriu" a Baía de Cienfuegos (a terceira maior baía de Cuba, com uma superfície de 88km$^2$) em sua segunda viagem para o Novo Mundo e, quatorze anos depois, Sebastián de Ocampo esteve no local em sua pioneira viagem de circunavegação da ilha. Ele gostava tanto da baía que construiu uma casa nela. Os piratas se seguiram aos navegadores: durante os séculos 16 e 17, as invasões se agravaram tanto que os espanhóis construíram um forte, o imponente Castillo de Jagua (p. 244), uma das estruturas militares mais importantes de Cuba.

## Cienfuegos

POP. 143.894

*La ciudad que más me gusta a mí* (a cidade de que eu mais gosto), diz um *outdoor* na Baía de Cienfuegos, citando as palavras do cantor local Benny Moré. Ele não era o único fã do povoado. A chamada "perla del sur" (pérola do sul) seduziu por um longo tempo viajantes de toda a ilha com sua elegância, espírito francês esclarecido e desenvoltura caribenha festiva. Se Cuba tem uma Paris, com certeza é essa cidade.

Situada na baía natural mais espetacular do país, Cienfuegos é uma cidade náutica, com uma paisagem marítima invejável. Fundada em 1819, é uma das cidades mais novas de Cuba, mas também uma das mais homogêneas arquitetonicamente, um fator que lhe rendeu reconhecimento como Patrimônio Mundial da UNESCO em 2005. Geograficamente, a cidade é dividida em duas partes distintas: a zona central cheia de colunas, com seu elegante Prado e Parque Martí; e Punta Gorda, uma fina navalha de terra cortando a baía, com um agrupamento de palácios ecléticos do começo do século 20, inclusive alguns dos mais bonitos do país.

## Destaques da província de Cienfuegos

1. Passeie pela arquitetura oitocentista do maravilhoso **Parque José Martí** (p. 234), na capital
2. Delicie-se em quartos magníficos, lindos bares e no luxo colonial do **Hotel la Unión** (p. 241), em Cienfuegos
3. Fique em uma incrível *casa particular* no bairro clássico de **Punta Gorda** (p. 238)
4. Siga a pista de Benny Moré em **Santa Isabel de las Lajas** (veja p. 244)
5. Tome banho de sol ou mergulhe na praia em **Rancho Luna** (p. 243)
6. Veja flamingos e pelicanos na pouco visitada **Laguna Guanaroca** (p. 245)
7. Faça uma caminhada a **El Nicho** (p. 245) e relaxe em uma cachoeira

## Centro de Cienfuegos

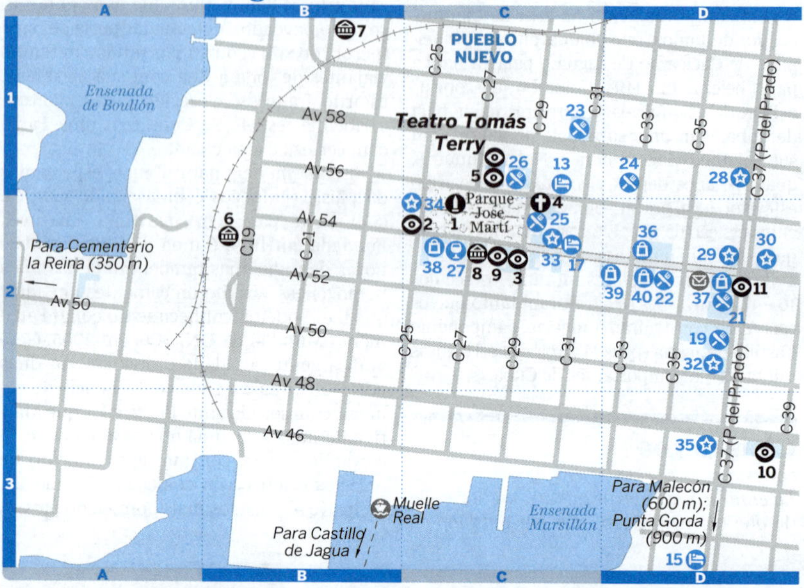




Enquanto a maior parte de Cuba está visivelmente afetada pela crise econômica, Cienfuegos parece brilhar. Não é só o dinheiro da UNESCO. O anel industrial no extremo da Baía de Cienfuegos – um estaleiro, bastião da frota pesqueira de camarões de Cuba, uma usina termoelétrica e um centro petroquímico (atualmente em construção) – constitui um dos mais importantes de Cuba. Tudo isso, com um penetrante sentimento de tranquilidade ressoando pelas ruas coloniais arrumadas e livres de cambistas e uma sensação revitalizante de praia, faz a cidade tão encantadora hoje como quando Moré a encontrou, há sessenta anos.

### História

Cienfuegos foi fundada em 1819 por um pioneiro imigrante francês da Louisiana chamado Don Louis D'Clouet. Patrocinando um esquema para aumentar a população branca da ilha, D'Clouet convidou quarenta famílias de Nova Orleans e Filadélfia, nos Estados Unidos, e Bordeaux, na França, para estabelecer um novo assentamento chamado inicialmente de Fernandina de Jagua. Apesar da destruição do primeiro campo por um tornado em 1821, os colonos franceses inabaláveis reconstruíram suas casas e – pensando que o primeiro nome tinha levado má sorte – rebatizaram a cidade com o nome do governador de Cuba, Cienfuegos.

Com a chegada da via férrea, em 1850, e a migração de plantadores de açúcar para o oeste depois da Primeira Guerra de Independência, a fortuna de Cienfuegos cresceu e os comerciantes locais investiram sua riqueza em um conjunto maravilhoso de arquitetura eclética que retomava o neoclassicismo de seus antepassados franceses.

O dia D da história de Cienfuegos chegou em setembro de 1957, quando oficiais da base naval local fizeram uma revolta contra a ditadura de Batista. O levante foi brutalmente reprimido, mas o papel da cidade na história revolucionária ficou marcado para sempre pela infâmia.

Atualmente, Cienfuegos possui um visual mais charmoso do que suas correspondentes. E agora, com a chegada de mais dinheiro da UNESCO e o crescimento de seu poder industrial, o futuro da cidade e sua coleção de arquitetura do século 19 parecem brilhantes.

## Atrações

### PARQUE JOSÉ MARTÍ

**Arco de Triunfo** MARCO

(Mapa p. 234; calle 25 entre avs. 56 e 54) O "Arco do triunfo" do sereno parque central de Cienfuegos catapulta a praça a uma categoria

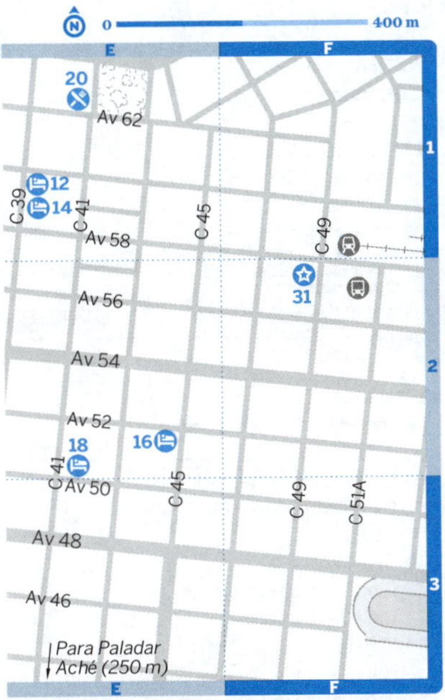


singular: não há outro prédio desse tipo em Cuba. Dedicado à independência cubana, o monumento francófilo na extremidade oeste do parque conduz você a esse portão dourado para uma estátua de mármore de José Martí.

**Catedral de la Purísima Concepción** IGREJA
(Mapa p. 234; av. 56, 2902; aceitam-se doações; ⌚7-12h seg-sex) Do outro lado do parque, a catedral é de 1869 e se distingue por seus vitrais franceses. Frases em chinês descobertas em uma restauração recente datam dos anos 1870. A catedral está quase sempre aberta; você pode unir-se aos fiéis na missa (7h30 em dias úteis, 10h aos domingos).

**Teatro Tomás Terry** TEATRO
(Mapa p. 234; ☎51-33-61; av. 56, 270 entre calles 27 e 29; visitas CUC$2; ⌚10-18h) Trocando influências francesas por italianas, esse teatro no lado norte do parque é imponente do lado de fora e ainda maior por dentro. Construído entre 1887 e 1889 para honrar o industrial venezuelano Tomás Terry, o auditório de 950 assentos foi embelezado com mármore Carrara, madeiras cubanas entalhadas e extravagantes afrescos no teto. Em 1895, o teatro abriu com uma apresentação de *Aïda*, de Verdi, e assistiu a vários marcos da história musical de Cuba, com espetáculos do nível de Enrico Caruso e Anna Pavlova.

**Colegio San Lorenzo** EDIFÍCIO NOTÁVEL
(Mapa p. 234; av. 56 esq. calle 29) No outro lado do Teatro Café Tomás, esse edifício, com sua fachada cheia de colunas, foi construído nos anos 1920, com fundos deixados pelo rico patrono da cidade, Nicholas Acea Salvador, cujo nome também batizou um dos cemitérios da cidade. Admire somente do lado de fora.

**Casa de la Cultura Benjamin Duarte** EDIFÍCIO NOTÁVEL
(Mapa p. 234; calle 25, 5401; entrada grátis; ⌚8h30-0h) No lado oeste do Parque Martí, esse é o antigo Palacio de Ferrer (1918), agora um impressionante edifício neoclássico com piso de mármore italiano e um domo equipado com uma escada de ferro forjado. Quem deseja uma boa vista poderá subir para observar toda a cidade quando o edifício reabrir oficialmente, depois da restauração, em 2011.

**Museo Provincial** MUSEU
(Mapa p. 234; esq. av. 54 e calle 27; entrada CUC$2; ⌚10-18h ter-sáb, 10-12h dom) Principal atração ao sul do Parque Martí, o museu oferece um microcosmo da história de Cienfuegos e mostra o mobiliário da refinada sociedade franco-cubana do século 19, além de outros enfeites variados.

**Palacio de Gobierno** EDIFÍCIO NOTÁVEL
(Mapa p. 234; av. 54 entre calles 27 e 29) A maior parte do sul do Parque Martí é dominada por esse edifício grandioso, prateado e cinza. É onde o governo provincial (Poder Popular Provincial) está sediado. O Palacio de Gobierno não permite visitas, mas você pode dar uma olhada na escada principal pela porta da frente.

**Casa del Fundador** EDIFÍCIO NOTÁVEL
(Mapa p. 234; esq. calle 29 e av. 54) No lado sudeste do parque fica o edifício mais velho da cidade, a antiga residência do fundador de Cienfuegos, Louis D'Clouet. **El Bulevar** (av. 54), a rua de compras fica a leste, para juntar-se ao Paseo del Prado.

### CAYO LOCO E REINA

Algumas atrações ficam a oeste do Parque José Martí.

**Museo Histórico Naval Nacional** MUSEU
(Mapa p. 234; esq. av. 60 e calle 21; entrada CUC$2; ⌚9h-18h30 ter-sáb, 9-13h dom) O pequeno promontório de Cayo Loco, cinco quarteirões a noroeste do Parque Martí, é o local desse museu rosa-pink, que data de 1933. Fica no antigo quartel-general do Distrito Naval do

## Centro de Cienfuegos

**Destaque**
Teatro Tomás Terry ..... C1

**Atrações**
1 Arco de Triunfo ..... C2
2 Casa de la Cultura Benjamin Duarte ..... C2
3 Casa del Fundador ..... C2
4 Catedral de la Purísima Concepción ..... C2
5 Colegio San Lorenzo ..... C1
6 Museo de Locomotivas ..... B2
7 Museo Histórico Naval Nacional ..... B1
8 Museo Provincial ..... C2
9 Palacio de Gobierno ..... C2
10 Museu do Esporte ..... D3
11 Estátua de Benny Moré ..... D2

**Atividades, cursos e visitas guiadas**
Piscina do Hotel la Unión ..... (veja 17)
La Bolera ..... (veja 35)

**Onde dormir**
12 Bella Perla Marina ..... E1
13 Casa de la Amistad ..... C1
14 Casa las Golondrinas ..... E1
15 Casa Prado ..... D3
16 Hostal Colonial Pepe e Isabel ..... E2
17 Hotel la Unión ..... C2
18 Olga & Eugenio ..... E2

**Onde comer**
1869 Restaurant ..... (veja 17)
19 Coppelia ..... D2
20 Doña Neli ..... E1
21 Gioventu ..... D2
22 La Verja ..... D2
23 Mercado Municipal ..... C1
24 Paladar El Criollito ..... D1
25 Polineso ..... C2
26 Teatro Café Tomás ..... C1

**Onde beber**
Bar Terrazas ..... (veja 17)
27 El Palatino ..... C2

**Lazer**
28 Biblioteca Roberto García Valdés ..... D1
29 Café Cantante Benny Moré ..... D2
Casa de la Cultura Benjamin Duarte ..... (veja 2)
30 Cine Prado ..... D2
31 Cine-Teatro Guanaroca ..... F2
32 Cine-Teatro Luisa ..... D2
33 El Benny ..... C2
Hotel la Unión ..... (veja 17)
34 Jardines de Uneac ..... C2
35 Tropisur ..... D3

**Onde comprar**
36 Casa del Habano 'El Embajador' ..... D2
37 Librería Dionisio San Román ..... D2
38 Maroya Gallery ..... C2
39 Foto Jagua ..... D2
Tienda Terry ..... (veja 5)
40 Variedades Cienfuegos ..... D2

Sul, cujo acesso é uma rua larga flanqueada de armamentos de diferentes eras. Foi nesse lugar que, em setembro de 1957, um grupo de marinheiros e civis fizeram um levante contra o governo Batista. A revolta é o tema central do museu. As muralhas têm boa vista para a baía.

**Cementerio la Reina** CEMITÉRIO
(Fora do mapa p. 234; esq. av. 50 e calle 7) O cemitério mais antigo da cidade foi fundado em 1837, e está repleto de túmulos dos soldados espanhóis que morreram nas Guerras de Independência. La Reina é o único cemitério em Cuba onde os corpos são enterrados acima do chão, nas paredes, devido ao grande nível de água. Monumento tombado, o cemitério também tem uma estátua de mármore chamada *Bella durmiente*: um tributo a uma mulher que morreu em 1907, aos 24 anos, de coração partido. É um lugar evocativo se você estiver no cemitério, mas não deixam entrar estrangeiros. Dar uma gorjeta ao guarda pode ajudar. A entrada é via av. 50: uma caminhada longa e quente ou uma carona de charrete passando pela feia coleção de trens do **Museo de Locomotivas** (mapa p. 234; calle 19).

### PASEO DEL PRADO E O MALECÓN

O grandioso Paseo del Prado (calle 37), a partir do rio El Inglés ao norte até Punta Gorda no sul, é a rua mais longa desse tipo em Cuba e um ótimo lugar para ver *cienfuegueños* em sua rotina diária. O bulevar é uma verdadeira coleção de edifícios coloniais e colunas pintadas em tons pastel.

**Malecón** RUA

(Mapa p. 239) Continuando ao sul do Prado, as ruas viram o Malecón quando cruzam uma das melhores baías naturais do mundo, com lindas vistas. Como toda avenida costeira (Havana é o paradigma), essa área se anima à noite, quando poetas vão se inspirar e casais se aninham.

**Estátua de Benny Moré** MONUMENTO

(Mapa p. 234) Antes de chegar ao Malecón, na intersecção entre a av. 54 e o Paseo del Prado, você pode prestar homenagem a essa representação do músico em tamanho natural.

GRÁTIS **Museu do Esporte** MUSEU

(Mapa p. 234; esq. calle 37 e av. 48) Ao sul da estátua de Moré, esse pequeno museu homenageia o herói do boxe local, Julio González Valladores, que conseguiu a medalha de ouro da Olimpíada de Atlanta, em 1996.

**PUNTA GORDA**

Quando o muro marítmo do Malecón acabar, você saberá que chegou a Punta Gorda, o antigo bairro da classe alta de Cienfuegos, caracterizado por suas casas de madeira coloridas e palácios com pequenas torres. Destacando o gosto da década de 1920 por grandiosidade, você vai encontrar o **Palacio Azul** (atualmente o Hostal Palacio Azul; p. 239), com sua cúpula, e o **Club Cienfuegos** (p. 243), um antigo iate clube que ainda oferece várias excursões náuticas. Perto, o criativo **Parque de Esculturas** adiciona esculturas modernas à mistura.

**Palacio de Valle** EDIFÍCIO NOTÁVEL

(Mapa p. 239; esq. calle 37 entre avs. 0 e 2; 9h30-23h) O mais *kitsch* de todos ainda está por vir. Continue em direção ao sul na calle 37 e você vai dar de cara com um prédio no estilo *As mil e uma noites*: é o Palacio de Valle. Construído em 1917, por Alcisclo Valle Blanco, um espanhol de Astúrias, a estrutura lembra um casbá marroquino, escandalosamente ornamentado. Batista tinha planejado transformar essa confusão colorida de telhas, torres e estuque em um cassino, mas hoje é um aspirante a restaurante sofisticado com um convidativo bar no terraço.

**Centro Recreativo la Punta** PARQUE

(Mapa p. 239; 10-22h) Namorados vão observar o crepúsculo entre árvores e o mar no gazebo, ao sul desse parque. O **bar** é estranhamente popular entre os policiais locais.

**LESTE DO CENTRO DA CIDADE**

**Necrópolis Tomás Acea** CEMITÉRIO

(Carretera de Rancho Luna, km 2; entrada CUC$1; 8-18h) O outro cemitério tombado da cidade está classificado como "cemitério jardim" e é acessível por um enorme pavilhão neoclássico (1926) flanqueado por 64 colunas dóricas inspiradas no Parthenon grego. Esse cemitério contém um monumento aos fuzileiros mártires que morreram durante o malsucedido levante naval. É mais fácil de entrar do que o Cementerio la Reina.

## Atividades

**Marlin Marina Cienfuegos** PESCA, VELA

(Base Náutica; mapa p. 239; 55-12-41; calle 35 entre avs. 6 e 8; 11h-20h45) Apareça nessa marina de 36 ancoradouros, alguns quarteirões ao norte do Hotel Jagua, para conseguir passeios de pesca em alto-mar. Os preços são a partir de CUC$200 para quatro pessoas durante 4 horas. Passeios de vários dias custam a partir de CUC$400/3900 para uma noite/uma semana (equipamento e tripulação incluídos), dependendo do barco. Um cruzeiro clássico pela baía custa CUC$16 por um dia ou CUC$10 por um cruzeiro de 2 horas no crepúsculo (parando brevemente no Castillo de Jagua). Reserve em Cubatur ou Cubanacán (p. 242).

**Base de Charter Blue Sails** ESPORTES AQUÁTICOS

(Mapa p. 239; 52-65-10; calle 35 entre avs. 10 e 12; 10-18h) Nessa base náutica no Club Cienfuegos, você pode fazer esportes aquáticos como caiaque e windsurfe. Também tem uma quadra de tênis e um centro de entretenimento com carros de bate-bate, kart e videogames.

**La Bolera** BOLICHE

(Mapa p. 234; calle 37 entre avs. 46 e 48; CUC$1-2/hora; 11-2h) Se você gosta de sinuca ou boliche, vá para esse lugar. Também tem sorveteria e música ao vivo.

**Hotel la Unión Swimming Pool** NATAÇÃO

Se você não está hospedado no local, pode usar a linda piscina italiana do Hotel la Unión (p. 242) por CUC$10.

## Cursos

**Universidad de Cienfuegos** (52-15-21; www.ucf.edu.cu; carretera las Rodas, km 4, Cuatro Caminos) Oferece cursos de espanhol, desde o iniciante até o avançado. Os cursos duram um mês, com 64 horas de estudo (CUC$340). Também oferece cursos de "cultura cubana" (CUC$340). Os de língua são mensais e os de cultura, bimestrais. Para detalhes, veja o site.

## Visitas guiadas

**Cubanacán** (Mapa p. 234; 55-16-80; av. 54 entre calles 29 e 31) organiza passeios interessantes, como "No caminho dos orixás" (CUC$12), de 3 horas, e a popular excursão para El Nicho (p. 245, CUC$30). Passeios para Trinidad, em Sancti Spíritus, podem ser incluídos. Cienfuegos é também uma base conveniente para explorar a Península de Zapata, na província de Matanzas (p. 224). Passeios para a Playa Girón (CUC$30) também são organizados.

## Festas e eventos

Festivais locais em Cienfuegos incluem os eventos culturais que celebram a fundação da cidade em 22 de abril de 1819, o **Carnaval** em agosto e o **Festival Internacional de Música Benny Moré** em setembro, em anos ímpares, que acontece na cidade e em Santa Isabel de las Lajas.

## Onde dormir

Cienfuegos tem bons quartos privativos – a melhor opção para acomodação barata. Os de Punta Gorda são mais remotos, mais cênicos e normalmente mais caros. Há excelentes hotéis na própria Cienfuegos e em Punta Gorda.

### CENTRO DE CIENFUEGOS

**Hotel la Unión** HOTEL DE LUXO $$
(Mapa p. 234; 55-10-20; www.hotellaunion-cuba.com; calle 31 esq. av. 54; s/c CUC$70/100; ) Barcelona, Nápoles, Paris? Há ecos de todas elas nesse hotel chique em estilo colonial, com suas aspirações europeias e esplêndida piscina italiana, à altura de um imperador romano. Escondidos atrás de um labirinto de pilares de mármore, mobiliário de antiquário e dois pátios internos estão os 46 quartos bem mobiliados, com varandas para a rua ou para o pátio. Também tem uma academia, uma *jacuzzi* e uma galeria de arte local. O serviço é eficiente: há um terraço fresco que tem shows de salsa e um bom restaurante.

**Casa Prado** CASA PARTICULAR $
(528-96613; calle 37, 4235, entre avs. 42 e 44; q CUC$20-25; ) Esse lugar se estabeleceu como uma das melhores *casas* no centro da cidade. Os dois quartos com pé-direito alto são cobertos de móveis antigos, e uma escada em espiral leva a um terraço com vistas fenomenais. A localização também é ótima: no Prado, no meio do caminho entre o centro da cidade e o Malecón. Reúna suas expectativas de elegância colonial e você estará preparado.

**Bella Perla Marina** CASA PARTICULAR $
(Mapa p. 234; 51-89-91; bellaperlamarina@yahoo.es; calle 39, 5818, esq. av. 60; q CUC$20-25; P@) Os anfitriões amáveis, Amileidis e Waldo, devem ter tantas plantas em seu terraço luxuoso quanto o jardim botânico local. A comida é lendária, a atmosfera de viagem ressoa e também há uma garagem (algo raro em Cuba) para aqueles que forem de carro. Waldo é um banco de dados sobre Cienfuegos. Um *paladar* está nos planos da *casa*.

**Casa de la Amistad** CASA PARTICULAR $
(Mapa p. 234; 51-61-43; av. 56, 2927, entre calles 29 e 31; q CUC$20-25; P) Amizade é a palavra para essa casa colonial cheia de relíquias de família, perto do Parque Martí. A cozinha lendária inclui o frango à Coca-Cola (sim, *pollo* cozido com a dita cuja). Os anfitriões Armando e Leonor, que adoram conversar, oferecem bons quartos com um lindo terraço.

**Hostal Colonial Pepe e Isabel** CASA PARTICULAR $
(Mapa p. 234; 51-82-76; av. 52, 4318, entre calles 43 e 45; q CUC$20-25; ) Essa casa colonial ocupa quase um quarteirão inteiro. Os anfitriões amigáveis oferecem dois quartos grandes e limpos, com banheiros enfeitados, refeições enormes e um terraço de dois andares. Planos de adicionar mais três quartos estavam em andamento na época da pesquisa.

**Casa las Golondrinas** CASA PARTICULAR $
(Mapa p. 234; 51-57-88; calle 39 entre avs. 58 e 60; q CUC$20-25; ) Outra linda casa colonial recentemente reformada, com dois quartos disponíveis.

**Olga e Eugenio** CASA PARTICULAR $
(Mapa p. 234; 51-77-56; av. 50, 4109, entre calles 41 e 43; q CUC$15; ) Uma das melhores relações custo-benefício de Cienfuegos. Dois quartos grandes, banheiros limpos e um terraço com telhas bastante atrativo.

### PUNTA GORDA

**Villa Lagarto – Maylin e Tony** CASA PARTICULAR $
(Mapa p. 239; 51-99-66; calle 35, 4B entre av. 0 e av. Litoral; q CUC$30- 35; ) Quando a sua *casa* tem uma piscina luxuosa ao estilo italiano, você sabe que teve sorte. Seja recebido com mojitos, redes, camas king size, boa

comida e uma linda vista para a baía. Será difícil arrumar acomodação com melhor custo-benefício em Cuba.

**Hostal Palacio Azul** HOTEL **$$**
(Mapa p. 239; ☎58-28-28; calle 37, 201, entre avs. 12 e 14; s/c/t CUC$42/60/71; P✻) Esse incrível palácio azul foi construído em 1921, reabrindo como um hotel de sete quartos (capacidade para dezesseis pessoas) em 2004, e foi um dos primeiros edifícios em Punta Gorda. Os quartos, recentemente reformados, são enormes e têm nomes de flores, além de muita personalidade. Você encontrará um restaurante de localização bastante íntima chamado **El Chelo** e uma cúpula no terraço com vistas esplêndidas.

**Hotel Jagua** HOTEL **$$**
(Mapa p. 239; ☎55-10-03; calle 37, 1; s/c CUC$61/98; P✻@≋) Não está claro o que o irmão de Batista tinha em mente quando construiu esse gigante de concreto em Punta Gorda, nos anos 1950, mas a principal motivação provavelmente foi o dinheiro. Mesmo assim, o Jagua é um bom hotel – ventilado e surpreendentemente chique. Os quartos do último andar (são sete andares) são os melhores. Qualquer falta de credenciais históricas é compensada pelo conforto convidativo: principalmente o ótimo restaurante, a piscina, áreas públicas atrativas, os quartos grandes e, claro, o show de cabaré da casa e a linda vista da baía. Há sempre um grupo grande, pelo menos, se hospedando no local.

**Casa Verde** HOTEL **$$**
(Mapa p. 239; ☎55-10-03 ext 889; calle 37 entre avs. 0 e 2; s/c CUC$61/98; P✻) Essa mansão é mais agradável arquitetonicamente que o Hotel Jagua e pertence às mesmas pessoas. Tem oito quartos grandes (um é suíte), com piso de azulejo, mobília de antiquário e TV de tela plana a cabo. Nos fundos, há um bar de frente para a praia com música ocasionalmente ao vivo.

**Vista Al Mar** CASA PARTICULAR **$**
(Mapa p. 239; ☎51-83-78; www.vistaalmarcuba.com; calle 37, 210, entre 2 e 4; q CUC$25; P✻) É realmente uma *vista al mar* – na verdade, essa casa altamente profissional tem até seu próprio pedaço de praia no quintal com redes.

**Villa Nelly** CASA PARTICULAR **$**
(Mapa p. 239; ☎51-15-19; av. 37 entre calles 6 e 8; q CUC$20-25; ✻) Bem localizada, com uma cozinha para hóspedes, um bar com estoque farto e um jardim vasto.

## Punta Gorda

0 — 200 m

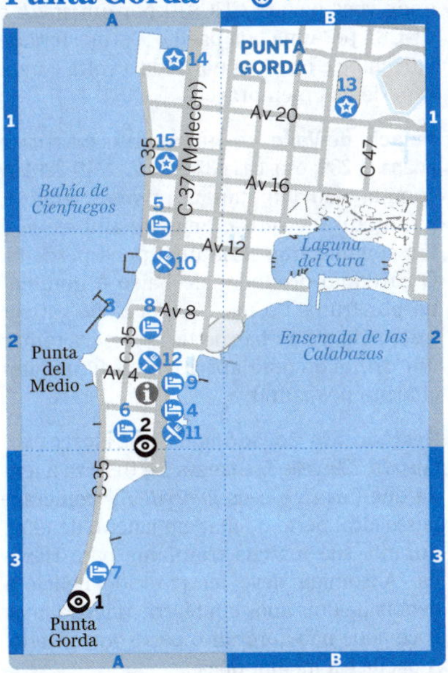


## Punta Gorda

**Atrações**
- Club Cienfuegos ........ (veja 10)
- 1 Centro Recreativo la Punta ........ A3
- 2 Palacio de Valle ........ A2
- Parque de Esculturas ........ (veja 3)

**Atividades, cursos e visitas guiadas**
- Base de Charter Blue Sails ........ (veja 10)
- 3 Marlin Marina Cienfuegos ........ A2

**Onde dormir**
- 4 Casa Verde ........ A2
- 5 Hostal Palacio Azul ........ A1
- 6 Hotel Jagua ........ A2
- 7 Villa Lagarto – Maylin & Tony ........ A3
- 8 Villa Nelly ........ A2
- 9 Vista al Mar ........ A2

**Onde comer**
- 10 Club Cienfuegos ........ A2
- Palacio de Valle ........ (veja 2)
- 11 Restaurante Covadonga ........ A2
- 12 Restaurante el Cochinito ........ A2

**Lazer**
- Cabaret Guanaroca ........ (veja 6)
- 13 Estadio 5 de Septiembre ........ B1
- 14 Los Pinitos ........ A1
- 15 Palacio de la Música (Patio de ARTex) ........ A1

## Onde comer

### NA CIDADE

**Teatro Café Tomás** CAFÉ $

(Mapa p. 234; av. 56, 2703, entre calles 27 e 29; ⏲10--22h) Café, barraquinha de suvenir e local de encontro de música, esse lugar delicioso entre o Teatro Tomás Terry e o neoclássico Colegio San Lorenzo é o mais envolvente para descansar e observar os atletas matinais do Parque Martí. O pátio florido coberto ao lado se anima durante a noite com boa música ao vivo, de *trova* a jazz.

**Paladar Aché** PALADAR $$

(Fora do mapa p. 234; av. 38 entre calles 41 e 43; pratos CUC$8; ⏲12-16h e 18h-22h30) O melhor *paladar* da cidade (e da província) tem uma decoração que oscila entre o tema náutico e o tribal africano, mas a qualidade da comida é inflexível, com uma boa seleção de carnes grelhadas e serviço muitas vezes melhor que a maioria dos restaurantes da cidade. Um mapa de Cienfuegos recebe os convidados.

**Paladar el Criollito** PALADAR $

(Mapa p. 234; calle 33 entre avs. 56 e 58; pratos CUC$7) Esse é um *paladar* tradicional, sal da terra: um negócio de família sem frescuras, que se vira com ingredientes limitados e um pouco de encorajamento do governo. Pratos de carne e peixe são bem servidos, se não memoráveis.

**1869 Restaurant** INTERNACIONAL $$

(Mapa p. 234; esq. av.54 e calle 31; pratos CUC$10; ⏲café da manhã, almoço e jantar) O jantar mais sofisticado do centro da cidade está nesse restaurante no hotel La Unión (p. 242). Apesar da comida não combinar com a mobília chique, o menu internacional variado traz uma boa mudança em relação ao arroz/feijão/porco servidos em outros lugares.

**La Verja** CARIBENHA $

(Mapa p. 234; av. 54, 3306, entre calles 33 e 35; pratos CUC$5-7; ⏲12-15h e 18h30-21h30) Outro lugar em que a comida não atinge o nível da mobília, mas você não vai comer porco ou filé de peixe num prato mais bonito: decididamente conveniente se a fome atacar no El Bulevar.

**Gioventu** ITALIANA, SORVETERIA $

(Mapa p. 234; calle 37 entre avs. 52 e 54; ⏲até 21h) Uma pizzaria popular com as opções italianas comuns. O terraço espaçoso significa que você também pode observar a estátua de Benny Moré e o cotidiano de Prado.

**Coppelia** SORVETERIA $

(Mapa p. 234; esq. calle 37 e av. 52) Uma bola por CUC$2: esse lugar quase dá sorvete de graça.

**Polineso** SANDUÍCHES $

(Mapa p. 234; calle 29 entre calles 54 e 56) Logo abaixo dos portais do Parque José Martí, esse é um lugar saudável para lanches.

#### Por conta própria

**Mercado Municipal** MERCADO $

(Mapa p. 234; calle 31, 5805, entre avs. 58 e 60) Mercadorias em pesos para piqueniques e compras.

**Doña Neli** PADARIA $

(Mapa p. 234; esq. calle 41 e av. 62; ⏲9h-22h15) Oferece comidinhas de café da manhã (bolinhos, pão, tortas) em conversíveis.

### PUNTA GORDA

**Club Cienfuegos** FRUTOS DO MAR, INTERNACIONAL $$

(Mapa p. 239; ☎51-28-91; calle 37 entre avs. 10 e 12; ⏲12-22h30) Com um ambiente tão bom como esse antigo clube de esportes com restaurante, é fácil a comida não estar à altura, o que muitas vezes acontece. Mas há várias opções, com o **Bar Terraza** (⏲12h--14h30) para drinques e sanduíches de frango; **El Marinero** (⏲12-22h), um restaurante no primeiro andar; e o **Restaurante Café Cienfuegos** (⏲16h-22h30), um lugar mais refinado e aventureiro no último andar, onde você pagará CUC$10 por um *steak* e CUC$6 por uma boa paella. A atmosfera de iate clube e terraços por toda a volta é uma experiência memorável.

**Palacio de Valle** FRUTOS DO MAR, CARIBENHA $

(Mapa p. 239; esq. calle 37 e av. 2; ⏲10-22h) A comida não tem tantas pompas como a arquitetura eclética, mas o ambiente é tão singular que seria uma pena perdê-lo. O cardápio do andar de baixo é dominado por frutos do mar; se você não estiver fascinado, vá ao bar no terraço para tomar um drinque como aperitivo ou fumar um charuto pós-jantar.

**Restaurante Covadonga** FRUTOS DO MAR $

(Mapa p. 239; calle 37 entre avs. 2 e 0) Reza a lenda que Castro e seus *guerrilleros* comeram nesse local perto do mar em janeiro de 1959, durante sua marcha triunfante para Havana. A comida deve ter parecido deliciosa depois de dois anos em Sierra Maestra, mas você pode não apreciar o peixe borrachudo. A paella é a melhor opção.

**Restaurante el Cochinito** FAST-FOOD $
(Mapa p. 239; esq. calle 37 e av. 4; ⌚12-15h e 19-22h qua-seg) Carne suína barata para orçamentos apertados.

## Onde beber

**Bar Terrazas** BAR
(Mapa p. 234; ☎55-10-20; esq. av. 54 e calle 31) Recrie os dias gloriosos com um mojito no andar de cima do Hotel Unión. A música ao vivo começa às 22h. Outro lugar excelente para beber (especialmente ao pôr do sol) pode ser encontrado no Club Cienfuegos (p. 240) e no bar da cobertura do Palacio de Valle (p. 237).

**El Palatino** BAR
(Mapa p. 234; av. 54, 2514) Trocar o almoço por bebidas é um hábito que foi inventado para lugares como El Palatino – um bar feito de madeira escura, situado em um dos prédios mais antigos da cidade, no lado sul do Parque Martí. Improvisações de jazz irrompem às vezes, mas se prepare para pagar depois da terceira música.

## Lazer

**El Benny** CASA NOTURNA
(Mapa p. 234; av. 54, 2907, entre calles 29 e 31; entrada por casal CUC$8; ⌚22-3h ter-dom) É difícil imaginar o que o "bárbaro do ritmo" diria desse lugar batizado em sua homenagem. Leve seus sapatos de dança, abasteça-se com cubas-libres e vá preparado para a música que está mais para o techno do que para Benny Moré.

**Patio de ARTex** CASA NOTURNA, MÚSICA AO VIVO
(Mapa p. 239; esq. calle 35 e av. 16) Um pátio altamente recomendável em Punta Gorda, onde você pode ouvir *son* (música popular cubana), salsa, *trova* e um toque de nostalgia com Benny Moré, ao vivo à noite, enquanto se mistura com *cienfuegueños*. Vá ao El Benny na quinta e ao Patio na sexta.

**Teatro Tomás Terry** MÚSICA AO VIVO, TEATRO
(Mapa p. 234; ☎51-33-61; av. 56, 270, entre calles 27 e 29; ⌚22-até tarde) Tão importante quanto os lugares acima é a programação versátil e o pátio envolvente desse teatro. O edifício em si vale uma visita, mas você tem que apreciar essa peça arquitetônica quando for para um show ou uma peça. A bilheteria fica aberta das 11h às 15h todos os dias até 90 minutos antes do espetáculo.

QUEM SABE, SABE

### WALDO RODRIGUEZ DEL REY: DONO DE UMA *CASA PARTICULAR*

Cienfuegos tem uma cena musical incrível. Muita gente não percebe que a maior parte dela acontece no Teatro Tomás Terry. Às sextas-feiras, Nelson Valdés e seu grupo, que são bem famosos, apresentam *trova*. Aos sábados, muitas bandas locais novas podem ser vistas. E os domingos são de jazz: sempre há um show neste dia. O outro lugar de música ao vivo são os Jardines de Uneac, no outro lado do Parque José Martí. A melhor discoteca é Patio de ARTex, em Punta Gorda.

**Jardines de Uneac** MÚSICA AO VIVO, CENTRO CULTURAL
(Mapa p. 234; calle 25, 5413, entre avs. 54 e 56; entrada CUC$2) Uneac é uma boa opção em qualquer cidade cubana para música ao vivo e lugares relaxantes. Esse é possivelmente o melhor ponto de encontro de Cienfuegos, com um pátio externo que recebe *peñas* (apresentações musicais) afro-cubanas, *trova* e bandas locais como a popular Los Novos.

**Café Cantante Benny Moré** MÚSICA AO VIVO
(Mapa p. 234; esq. av. 54 e calle 37) Nesse lugar, você terá músicas suaves de Benny, especialmente no happy hour. Restaurante de dia, o lugar sofre uma metamorfose à noite, quando mistura drinques fortes com música tradicional ao vivo.

**Tropisur** CASA NOTURNA, CABARÉ
(Mapa p. 234; esq. calle 37 e av. 48; entrada CUC$1; ⌚sex-dom) Um lugar aberto com atmosfera cubana mais tradicional você encontra nesse lugar festeiro no Prado.

**Cabaret Guanaroca** CABARÉ
(Mapa p. 239; calle 37, 1; entrada CUC$5; ⌚21h30 ter-sex, 22h sáb) No Hotel Jagua, o Guanaroca oferece um cabaré mais profissional, voltado para turistas.

**Hotel la Unión** SALÃO DE DANÇA
(Mapa p. 234; ☎55-10-20; esq. av. 54 e calle 31) O bar na cobertura oferece um bom show de salsa.

**Los Pinitos** MÚSICA AO VIVO
(Mapa p. 239; calle 37 e av. 22) Playground para crianças de dia, Los Pinitos amadurece à noite, recebendo vários shows de música influenciados por Benny Moré.

**Casa de la Cultura Benjamin Duarte** MÚSICA AO VIVO, TEATRO
(Mapa p. 234; calle 25, 5403) No Parque Martí, esse centro cultural oferece vários eventos à altura de seu ambiente grandioso.

**Biblioteca Roberto García Valdés** MÚSICA AO VIVO
(Mapa p. 234; calle 37, 5615) Essa biblioteca recebe concertos de música clássica, discussões sobre Martí e procuras pelo *duende*, inspiradas no flamenco (uma resposta física à música, baseada em elementos do folclore tradicional).

**Estadio 5 de Septiembre** ESPORTE
(Mapa p. 239; ☎51-36-44; av. 20 entre calles 45 e 55) De outubro a abril, o time de beisebol da província – apelidado Los Elefantes – joga nesse estádio. Sua maior conquista na série nacional foi o quarto lugar em 1979.

**Cine Prado** CINEMA
(Mapa p. 234; calle 37, 5402) O cinema mais central.

**Cine-Teatro Luisa** CINEMA
(Mapa p. 234; calle 37, 5001) Outra opção de cinema perto do centro.

**Cine-Teatro Guanaroca** CINEMA
(Mapa p. 234; esq. calle 49 e av. 58) Em frente à rodoviária.

## Onde comprar

A rua principal de Cienfuegos – conhecida oficialmente como av. 54, mas popularmente chamada de El Bulevar – é uma arquetípica rua de compras de Cuba, sem nenhuma loja de rede. O melhor trecho sem trânsito sai da calle 37 (Prado) e vai até o Parque Martí, cheio de lojas de todos os tipos e tamanhos.

Dê uma passada na **Galeria Maroya** (mapa p. 234; av. 54 entre calles 25 e 27) para arte tradicional, **Variedades Cienfuegos** (mapa p. 234; esq. av. 54 e calle 33) para parafernália em pesos, **Casa del Habano "El Embajador"** (mapa p. 234; esq. av. 54 e calle 33) para charutos.

**Tienda Terry** (mapa p. 234; av. 56, 270, entre calles 27 e 29), no Teatro Tomás Terry, é uma boa opção para livros e lembrancinhas; outra boa livraria é a **Librería Dionisio San Román** (mapa p. 234; av. 54, 3526, esq. calle 37).

**Foto Jagua** (mapa p. 234; av. 54, 3118, entre calles 31 e 33; ⌚9-21h) vai cuidar da sua câmera.

## Informações

### Emergência

**Asistur** (☎51-16-24; av. 54, 3111, entre calles 32 e 34) Polícia turística.

### Acesso à internet e telefone

**Etecsa Telepunto** (calle 31, 5402, entre avs. 54 e 56; CUC$6/hora; ⌚8h30-19h30)

### Mídia

***5 de Septiembre*** O jornal local sai às sextas-feiras.

**Radio Ciudad del Mar** 1350AM e 98.9FM.

### Serviços médicos

**Clínica Internacional** (☎55-16-22; av. 10 entre calles 37 e 39, Punta Gorda) Novo centro de atendimento para estrangeiros e emergências odontológicas. Saiu de seu antigo endereço do outro lado da rua do Hotel Jagua. Tem uma farmácia 24 horas.

**Hotel la Unión** (☎55-10-20; calle 31 esq. av. 54; ⌚24 horas) A farmácia aqui é voltada a estrangeiros.

### Dinheiro

**Banco de Credito y Comercio (Bandec)** (esq. av. 56 e calle 31) As melhores taxas de câmbio.

**Cadeca** (av. 56, 3316, entre calles 33 e 35)

### Correios

**Correios** (av. 54, 3514, entre calles 35 e 37)

### Informações turísticas

**Alfonso Menéndez** (☎527-10120; alfonsodmp@yahoo.com; calle 37, 209, entre avs. 2 e 4) Esse ex-administrador de agência de turismo oferece conselhos responsáveis e imparciais, com seus dez anos de experiência no ramo. Fala inglês fluente.

### Agências de turismo

**Cubanacán** (☎55-16-80; av. 54 entre calles 29 e 31) Serviço amigável e eficiente; vários passeios por toda a província.

**Cubatur** (☎55-12-42; calle 37, 5399, entre avs. 54 e 56)

**Paradiso** (av. 54, 3301, entre calles 33 e 35) Especializada em turismo histórico.

## Como chegar e sair

### Avião

O Aeroporto Jaime González, 5 km a noroeste de Cienfuegos, recebe voos internacionais semanais de Miami e do Canadá (apenas de novembro a março). Não há conexões com Havana.

### Ônibus

Na **rodoviária** (☎51-8114, 51-57-20; calle 49 entre avs. 56 e 58), há ônibus Víazul para Havana quatro vezes por dia (CUC$18, 4 horas) às 9h10, 9h40, 16h40 e 20h50, e para Trinidad seis vezes por dia (CUC$6, 1h e 35min) às 12h35, 12h50, 15h20, 17h10, 18h10 e 18h50.

Há também dois ônibus diários para Varadero (CUC$17, 4h e 30min) às 10h30 e às 16h30, com partidas à tarde que param em Santa Clara (CUC$6, 1h e 30min). A única partida para Viñales (CUC$32, 7h e 45min) do dia é às 9h40 e para em Havana e Pinar del Río (CUC$31, 7 horas). Para chegar a outros lugares, você terá que fazer conexões em Trinidad ou Havana. Os ônibus que saem de Cienfuegos para Trinidad vêm de mais longe, portanto podem estar cheios.

A rodoviária de Cienfuegos é limpa e bem organizada. Também oferece depósitos de bagagem seguros e baratos (CUC$1 por item). O escritório Víazul no último andar emite as passagens; para ônibus locais para Rancho Luna (CUC$1), ou Santa Isabel de las Lajas (CUC$3), veja o quadro no térreo; as passagens devem ser compradas com o *jefe de turno* (chefe do turno) no térreo.

#### Trem

A **estação de trem** (☎52-54-95; esq. av. 58 e calle 49; ⏲venda de passagens 8-15h30 seg--sex, 8-11h30 sáb) fica em frente à rodoviária. Os trens são cancelados frequentemente. Quando realmente funcionam, vão para Havana (CUC$11, 10 horas, a cada 3 dias), Santa Clara (CUC$2,10, 2 horas, 4h10 diariamente) e Sancti Spíritus (CUC$5,20, 5 horas, sexta e domingo).

### Como circular

#### Barco

Uma balsa para 120 passageiros vai ao Castillo de Jagua (CUC$1, 40 minutos) a partir do **Muelle Real** (mapa p. 234; esq. av. 46 e calle 25). Observe que esse é um barco de traslado, não um cruzeiro ao pôr do sol. Veja os horários no porto. Deveria partir três vezes ao dia em cada direção. Uma balsa menor (CUC$0,50, 15 minutos) também faz, com frequência, o trajeto entre o Castillo e o Hotel Pesacaballo (p. 243). A última partida do Castillo é às 20h.

#### Carro e ciclomotor

O posto de gasolina Servi-Cupet fica na calle 37, na esquina da av. 16, em Punta Gorda. Há outro posto 5km a nordeste do Hotel Rancho Luna.

**Club Cienfuegos** (mapa p. 239; ☎52-65-10; calle 37 entre avs. 10 e 12) Aluguel de ciclomotores por CUC$24 por dia.

**Cubacar** Hotel Rancho Luna (☎54-80-26; carretera de Rancho Luna, km 16); Hotel Unión (mapa p. 234; ☎55-16-45; esq. av. 51 e calle 31); Hotel Jagua (mapa p. 239; ☎55-20-14; calle 37, 1) aluga carros.

#### Carroças

Carroças e bicitáxis transitam na calle 37 cobrando dos cubanos 1 peso por viagem e, dos estrangeiros, CUC$1 (os que falam espanhol podem conseguir "passar" e pagar em peso). É um jeito agradável de viajar da cidade até Punta Gorda e para os cemitérios.

#### Táxi

Há muitos táxis em Cienfuegos. A maioria fica na frente do Hotel Jagua e do Hotel la Unión ou anda em volta da rodoviária. Se você não tiver sorte nesses lugares, ligue para o **Cubacar** (☎51-84-54), ou **Taxi OK** (☎55-11-72). Uma corrida do aeroporto para o centro da cidade custa por volta de CUC$6.

## Rancho Luna

Rancho Luna é um balneário pequeno e pitoresco, 18km ao sul de Cienfuegos, perto da boca da Baía de Cienfuegos. Tem dois complexos de hotéis, mas também é possível ficar em quartos de *casas particulares*, um dos poucos lugares de resort em Cuba onde elas ainda são permitidas. Protegida por um recife de coral, a costa tem bons pontos de snorkel. As *casas* ficam em uma pequena vila na estrada de Faro Luna.

### Atrações e atividades

Além de pegar sol e ver o *faro* (farol), a principal atividade é mergulhar. Os passeios são organizados pelo centro de mergulho do Hotel Club Amigo Rancho Luna e passam por trinta lugares em uma viagem de barco de 20 minutos. Cavernas, vida marinha abundante e jardins de corais deslumbrantes, além de seis navios afundados, estão entre as atrações. De novembro a fevereiro, tubarões-baleia inofensivos frequentam as águas. Para mais detalhes, vá ao **Centro de mergulho** (☎54-80-87; commercial@marlin.cfg.tur.cu; carretera Pasacaballos, km 18; mergulhos a partir de CUC$35, certificação de alto-mar CUC$365). Há outro centro de mergulho em Faro Luna.

### Onde dormir

**Hotel Pasacaballo** HOTEL **$**

(☎54-80-13; carretera Pasacaballos, km 22; s/c CUC$34/45; P❄≋) Pasacaballo já foi popular entre estudantes de medicina venezuelanos. É arquitetonicamente repulsivo, mas tem quartos limpos e perfeitamente decentes, com preços muito baixos e uma localização perfeita. No piso de baixo, perto da estátua do cavalo, você encontrará um bar espaçoso, um restaurante, uma piscina e mesas de sinuca – já que não há nada além disso em quilômetros, esse leque de entretenimento será mais que suficiente. A melhor parte da praia está a 4km.

## VIAGEM DE UM DIA

O povoado de **Santa Isabel de las Lajas,** poucos quilômetros a oeste de Cruces, na estrada Cienfuegos-Santa Clara, foi onde Bartolomé (Benny) Moré nasceu, em 24 de agosto de 1919 (veja p. 246). Facilmente acessível em uma viagem de meio dia a partir de Cienfuegos, essa vila agradável recebe o **Festival Internacional de Música Benny Moré** em setembro, a cada dois anos. Curiosidades incluem um **Museu Municipal** com vários objetos sobre Moré e o **Casino de los Congos,** local de música onde se podem ver *tambores* e rituais de *santería* e onde o autointitulado *Bárbaro del ritmo* supostamente tocou a primeira percussão.

No caminho de volta, você pode parar brevemente na cidade de **Cruces,** na estrada de Santa Clara. Esse povoado foi onde ocorreu uma das principais batalhas das Guerras de Independência, em 1895 – a histórica Batalha de Mal Tiempo –, em que os generais mambí Antonio Maceo e Máximo Gómez impuseram uma derrota arrasadora ao exército espanhol. Um **obelisco** no meio do parque colonial comemora a grande batalha. O parque foi declarado monumento nacional em 1981.

**Palmira,** 8km ao norte de Cienfuegos, também merece uma visita. É uma cidade famosa por suas irmandades de *santería*, incluindo as sociedades de Cristo, San Roque e Santa Bárbara. Mais informações estão disponíveis no **Museo Municipal de Palmira** (☎54-45-33; entrada CUC$1; ⏲10-18h ter-sáb). As tradições africanas da cidade podem ser mais bem observadas no passeio "No caminho dos orixás" (p. 238).

**Hotel Club Amigo Rancho Luna-Faro Luna** RESORT $$
(☎54-80-30; carretera Pasacaballos, km 18; s/c baixa estação CUC$45/68; P❄🏊) Esse resort grande mas sem brilho, de 222 quartos, tem uma piscina enorme, praia particular e as opções usuais dos all-inclusive, como TV a cabo, câmbio e diversão brega perto da piscina, além de dependências esportivas. Entretanto, o esquema de cores dos quartos em mostarda não agradará aos decoradores. Ofertas all-inclusive estão quase sempre disponíveis. Parte do mesmo complexo e aberto somente na alta estação, o **Hotel Club Amigo Faro Luna** oferece mais do mesmo, com dependências em estado decadente, mas melhor localização em um penhasco de frente para o mar. Cuidado com as folhas secas no caminho.

**Casa de Julio** CASA PARTICULAR
(☎524-52195; carretera de Faro Luna; q CUC$25; ❄) Logo antes do Hotel Club Amigo Faro Luna.

**Finca los Colorados** CASA PARTICULAR
(☎51-38-08; carretera de Faro Luna; q CUC$25) Logo depois do farol, outra opção boa com vista para o mar.

### Onde comer

Além dos hotéis, suas opções de jantar são limitadas. Tente a lanchonete na praia do Hotel Club Amigo Faro Luna, ou uma das *casas particulares*. O posto de gasolina Servi-Cupet, 5km ao norte da cidade, serve pizza de micro-ondas 24 horas por dia.

### Como chegar e sair

Teoricamente, há ônibus locais de Cienfuegos sete vezes por dia. A balsa Jagua sai do deque logo abaixo do Hotel Pasacaballo várias vezes por dia. Mais esporádico é o barco de Castillo de Jagua de volta para Cienfuegos, que só funcionava três vezes ao dia na época da pesquisa. O mais confiável é o táxi; uma corrida para Cienfuegos só de ida deve custar por volta de CUC$10 – negocie bastante.

Uma forma ainda melhor de chegar a Rancho Luna é alugar um ciclomotor a partir de Cienfuegos (ver p. 243).

## Castillo de Jagua

Construído quase um século antes de a cidade de Cienfuegos existir, o **Castillo de Nuestra Señora de los Ángeles de Jagua** (entrada CUC$3; ⏲8-18h), a oeste da boca da Baía de Cienfuegos, foi projetado por José Tantete em 1738 e completado em 1745. Erguido para manter os piratas (e ingleses) longe, foi, no seu tempo, a terceira fortaleza mais importante de Cuba, depois da de Havana e a de Santiago de Cuba.

Uma reforma extensiva em 2010 finalmente deu ao castelo a maquiagem de que precisava. Além de uma vista incrível da baía e um museu básico, o castelo também tem um restaurante razoavelmente bonito na parte de baixo, por causa de uma reforma subsequente em 2011.

Balsas do castelo transitam nas águas para Cienfuegos (CUC$1, 40 minutos) algumas vezes diariamente e com frequência para um ancoradouro logo embaixo do Hotel Pasacaballo (CUC$0,50, 15 minutos). Cubanos pagam o equivalente em pesos.

A alguma distância desse lado da baía, você poderá vislumbrar a infame **usina nuclear Juragua**, um consórcio entre Cuba e a União Soviética que foi concebido em 1976 e incorporou os prédios abandonados da adjacente Ciudad Nuclear. A apenas 288m de Florida Keys, a construção foi fortemente criticada pelos EUA e abandonada depois do colapso do comunismo. Estrangeiros não podem visitá-la.

## Laguna Guanaroca

A representação da Lua na Terra, segundo uma lenda siboney, a brilhante **Laguna Guanaroca** (entrada inclui visita guiada CUC$7; ⌚8-12h) é um lago salino coroado de mangues no sudeste de Cienfuegos. É a segunda depois de Las Salinas, na Península de Zapata, em termos de quantidade de pássaros e a única área protegida da península. Trilhas levam ao mirante onde flamingos, pelicanos e *tocororos* (o pássaro nacional de Cuba) são visitantes regulares. Plantas incluem pereiras, limoeiros e abacateiros, como também a *güira*, a fruta de que as maracas são feitas. Chegue cedo para aumentar sua chance de ver pássaros diferentes.

A entrada da reserva (acessível somente por carro ou táxi) fica a 12km de Cienfuegos, na estrada de Rancho Luna, em uma travessa para Pepito Tey. Cubanacán (p. 242), em Cienfuegos, faz excursões para lá por CUC$10.

## Jardín Botánico de Cienfuegos

O **jardim botânico** (entrada CUC$2,50; ⌚8-17h), perto da refinaria de açúcar Pepito Tey, 17km a leste de Cienfuegos, é um dos maiores jardins de Cuba. Tem 2 mil espécies de plantas, incluindo 23 tipos de bambu, 65 de figo e 280 palmeiras diferentes (supostamente a maior variedade em um mesmo lugar no mundo). O jardim botânico foi fundado em 1901 pelo barão de açúcar norte-americano Edwin F. Atkins, que inicialmente pretendia usá-lo para estudar diferentes variedades de cana-de-açúcar, mas, em vez disso, começou a plantar espécies exóticas de árvores tropicais do mundo inteiro.

Para chegar ao jardim, você precisará de carro. A forma mais barata é ir com uma excursão; Cubanacán (p. 242), em Cienfuegos, organiza passeios por CUC$10. Motoristas vindos de Cienfuegos devem virar à direita (sul) no cruzamento para Pepito Tey.

## El Nicho

Apesar de o pedaço da Sierra de Escambray que pertence à província de Cienfuegos ser extenso (e incluir seu ponto mais alto, o Pico de San Juan, com 1.156m), o acesso é limitado a uma pequena área protegida em volta de **El Nicho** (entrada CUC$5; ⌚8h30-18h30), um posto avançado do Parque Natural Topes de Collantes.

El Nicho, na verdade, é o nome de uma linda cachoeira no rio Hanabanilla, mas a área também oferece uma trilha de 1,5km (Reino de las Aguas), piscinas naturais, cavernas, observação de pássaros e um restaurante estilo *ranchón*.

A linda estrada para El Nicho via Cumanayagua é lendária por suas curvas íngremes: *tienes más curvas que la carretera por Cumanayagua* (você tem mais curvas do que a estrada para Cumanayagua) é supostamente um elogio para as *chicas* da região. Dito isso, melhorias recentes significam que a viagem de Cienfuegos a El Nicho agora leva 2 horas. O caminhão diário que serve a pequena comunidade local sai em horas bem inconvenientes; alugar um carro ou chamar um táxi (mais ou menos CUC$70) é bem melhor. Passeios de meio dia podem ser organizados pela excelente Cubanacán (p. 242), que também oferece a viagem para El Nicho com transporte direto para Trinidad.

## A costa do Caribe

Seguindo a leste para Trinidad, na província de Sancti Spíritus, vistas de cartão-postal da Sierra del Escambray vão se aproximando, até que a cadeia desordenada de montanhas parece engolir a estrada costeira. Recifes de coral escondidos oferecem ótimos mergulhos.

### ⊙ Atrações e atividades

**Hacienda la Vega** CAVALGADAS, SNORKEL

(Carretera de Trinidad, km 52) Na estrada principal, aproximadamente 9km a leste de Villa Guajimico, essa fazenda de gado bucólica é cercada de árvores frutíferas e tem um **restaurante** que serve os pratos cubanos usuais (CUC$5 a CUC$10). Depois da cidade, é um bom lugar para relaxar com um almoço à

## BENNY MORÉ

Nenhum outro cantor reúne toda a gama de música cubana mais eloquentemente que Bartolomé "Benny" Moré. Tataraneto do rei do Congo, Moré nasceu na pequena vila de Santa Isabel de las Lajas, na província de Cienfuegos, em 1919. Depois, foi para Havana em 1936, onde ganhava a vida vendendo frutas danificadas nas ruas. Mais tarde, circulava tocando e cantando em bares enfumaçados e restaurantes no bairro barra pesada de Habana Vieja, onde ganhava o mínimo para viver.

O primeiro sucesso veio em 1943. Sua voz aveludada e perfeitamente afinada lhe garantiu o primeiro prêmio em um concurso de canto na rádio local e deu a ele um trabalho fixo como vocalista principal de uma banda de mariachi chamada o Quarteto Cauto, em Havana.

Sua ascensão meteórica foi confirmada dois anos depois. Enquanto cantava em seu show habitual no El Temple Bar, de Havana, foi sondado por Siro Rodríguez, do famoso Trío Matamoros, a maior banda de *son* e bolero de Cuba daquela época. Rodríguez ficou tão impressionado com o que ouviu que pediu a Moré para juntar-se à banda como vocalista principal em uma turnê pelo México.

No fim dos anos 1940, a Cidade do México era uma Hollywood para os jovens artistas cubanos. Moré assinou com a RCQ records e sua fama rapidamente se espalhou.

O cantor voltou para Cuba, em 1950, como uma celebridade e foi rapidamente apelidado de "Príncipe do mambo" e "Bárbaro do ritmo". No auge da carreira, ele inventou um novo ritmo híbrido chamado *batanga* e formou sua própria orquestra de quarenta pessoas, a Banda Gigante. Com a banda, Moré fez shows na Venezuela, na Jamaica, no México e nos EUA, culminando com uma apresentação na cerimônia do Oscar, em 1957. Mas a verdadeira paixão do cantor sempre foi Cuba. Reza a lenda que sempre que Benny se apresentava no Centro Gallego, em Havana, centenas de pessoas enchiam os parques e as ruas para ouvi-lo cantar.

Com sua voz de várias texturas e seu glissando entre escalas, que era sua assinatura, o verdadeiro talento de Moré estava na habilidade de adaptar e aparentemente mudar gêneros à vontade. Tão confortável com um bolero choroso como com uma rumba de sacudir as cadeiras, Moré conseguia transmitir ternura, exuberância, emoção e alma no espaço de cinco irresistíveis minutos. Mesmo sem conseguir ler partituras, compôs vários de seus números mais famosos, inclusive "Bonito y saboroso" e seu grande sucesso "Qué bueno baila usted". Quando morreu, em 1963, mais de 100 mil pessoas foram ao seu funeral. Ninguém em Cuba chegou à sua altura até hoje.

sombra. Viajantes sem pressa podem alugar cavalos e andar a meio galope até uma praia próxima chamada Caleta de Castro, onde o snorkel é excelente.

**Cueva Martín Infierno** CAVERNA
(Norte de Caleta de Muñoz) No Valle de Yaganabo, a 56km de Cienfuegos pelo vilarejo costeiro de Caleta de Muñoz, essa caverna contém uma estalagmite de 67m, supostamente a maior do mundo. A caverna não está sempre aberta para turismo. Verifique com a Cubanacán (p. 242) em Cienfuegos primeiro. O vale também é um ótimo ponto de observação de pássaros.

**Villa Guajimico** MERGULHO
(☎54-09-46; carretera de Trinidad, km 42) Excepcionalmente para um camping, Villa Guajimico tem seu próprio centro de mergulho, situado no topo de uma cadeia de corais costeira. O centro atende a dezesseis pontos de mergulho, e pacotes com cinco imersões custam CUC$125.

### Onde dormir e comer

**Villa Yaguanabo** CHALÉS $
(☎54-19-05, 54-00-99; carretera de Trinidad, km 55; c CUC$30) A 26km para o oeste de Trinidad e 52km para o leste de Cienfuegos, a Yaguanabo tem trinta chalés bem situados e oferece cavalgadas, canoagem no rio Yaguanabo e pequenas caminhadas pela trilha de Villa Yaguanabo.

**Villa Guajimico** CHALÉS $
(☎54-09-46; carretera de Trinidad, km 42; s/c CUC$22/36; P❄≋) Um dos campings mais luxuosos de Cubamar. Os 51 chalés atrativos, com o seu cenário idílico em frente ao mar, têm serviços à altura dos hotéis três estrelas, funcionando como um centro para mergulhadores. Também oferece aluguel de bicicletas, de carros, várias opções de catamarã e caiaque e pequenas trilhas. É um ponto Campertour completamente equipado também. Os ônibus Cienfuegos-Trinidad passam por ele.

# Província de Villa Clara

☎042 / POP. 803.690

## Inclui »



## Os melhores lugares para comer

- » La Concha (p. 255)
- » El Alba (p. 255)
- » El Louvre (p. 260)

## Os melhores lugares para ficar

- » Villa las Brujas (p. 264)
- » Hostal Florida Center (p. 253)
- » 'Villa Colonial' – Frank & Arelys (p. 260)
- » La Paloma (p. 260)
- » Hotel & Spa Elguea (p. 264)

## Por que ir?

Che Guevara não nasceu nem viveu nessa cidade, ele morreu em montanhas bolivianas distantes e, no entanto, está relacionado a Villa Clara por ter libertado da ditadura de Batista a capital Santa Clara. Ainda assim, o território entre a Sierra del Escambray e os recifes do norte de Cuba, que mistura campos perfumados de tabaco e lagos calmos, oferece muitas outras razões para ser visitado.

Santa Clara reúne viajantes que atravessam o país e esconde uma vida noturna moderna por detrás dos monumentos de Che, enquanto os picos próximos, em Escambray, oferecem inúmeras possibilidades para os aventureiros, como o espelhado Embalse de Hanabanilla, maior lago elevado de Cuba.

A pitoresca Remedios é o povoado mais antigo da região e sua tranquilidade só é quebrada anualmente por Las Parrandas, uma animada festa de fogos de artifício. A noroeste, na cobiçada costa de Villa Clara, a vida praiana gira em torno do arquipélago de Cayerías del Norte, balneário que mais cresce em Cuba. A presença de uma reserva ambiental tombada pela UNESCO levou um desenvolvimento relativamente sustentável às proximidades.

## Quando ir

É difícil imaginar melhor época para visitar Villa Clara do que dezembro. Especificamente o dia 24. Isso mesmo: aproveite a semana do Natal para curtir uma das festas de rua mais quentes do Caribe, em Remedios, e depois siga para Cayerías del Norte para o começo da alta temporada, quando as chances de céu nublado na praia são as menores possíveis.

# Destaques da província de Villa Clara

1 Conheça a história do lendário Che no **Monumento Ernesto Che Guevara** (p. 252) e no **Monumento a la Toma del Tren Blindado** (p. 252), em Santa Clara

2 Abasteça-se de tabaco e cafeína na **Fábrica de Tabacos Constantino Pérez Carrodegua** (p. 250), em Santa Clara, e na cafeteria vizinha **La Veguita** (p. 251)

3 Curta a agitada (e impressionante!) vida noturna de Santa Clara no **Club Mejunje** (p. 256)

4 Faça trilhas, nade e aproveite a serenidade de **Embalse Hanabanilla** (p. 258)

5 Observe o movimento dos cafés na praça de **Remedios** (p. 259), intocado centro colonial

6 Veja a Villa Clara esquecida pelos guias turísticos no simplório, mas cativante, **Caibarién** (p. 261)

7 Delicie-se nas praias paradisíacas de **Cayo Santa María** (p. 262)

**História**

O povo taino está entre os primeiros habitantes conhecidos da região, mas a recriação do povoado em um hotel cafona fora de Santa Clara é seu único legado restante. Localizada estrategicamente no centro geográfico da ilha, Villa Clara foi foco de corsários, colonizadores e revolucionários que disputavam riquezas. Piratas foram uma dor de cabeça constante no início da colonização e a primeira cidade da província, Remedios, foi transferida duas vezes e abandonada completamente no final dos anos 1600 por um grupo de famílias que escapou para o interior em direção à atual cidade de Santa Clara. Mais tarde, a taxa demográfica da região foi ampliada por imigrantes vindos das Ilhas Canárias, que levaram seus conhecimentos agrícolas e sua pronúncia alegre e ritmada do espanhol para os campos de tabaco da pitoresca região de Vuelta Arriba. Em dezembro de 1958, Ernesto "Che" Guevara - apoiado por uma turma entusiasmada de *barbudas* (versão feminina para o apelido dado aos guerrilheiros, *barbudos*) - comandou a queda da cidade de Santa Clara ao descarrilar um trem blindado que carregava mais de quatrocentos soldados do governo e armamentos na direção leste. Essa vitória contribuiu decisivamente para o fim da ditadura de Fulgêncio Batista e para o consequente triunfo da Revolução Cubana.

# Santa Clara

POP. 239.091

A "cidade de Che" há muito tem sido o território de idolatria e santificação do herói, inclusive com admiradores que usam sua famosa boina. Distante dos monumentos grandiosos, Santa Clara pulsa com a vitalidade do que há de mais eclético na vida noturna fora de Havana. Pense numa mistura de música, teatro e dança feita em Cuba para os cubanos - os shows turísticos de cabaré não aparecem nessa área. A efervescente cena cultural se deve ao fato de que a cidade abriga a segunda universidade mais famosa do país, o que lhe rende ares acadêmicos e uma juventude impetuosa. Santa Clara pode não ser bonita como Trinidad, mas essa cidade bastante liberal e cheia de vida tem um estilo próprio, com seus shows improvisados, apresentações de *drag queens* e festivais de *heavy metal* - mesmo que esta não seja exatamente a experiência que você imaginava em uma viagem para Cuba.

Santa Clara é também uma ótima porta de entrada para quase todos os lugares da ilha: não surpreende que a Revolução tenha sido assegurada uma vez que Guevara tomou a cidade de Batista.

**História**

Cristóvão Colombo acreditava que Cubanacán (ou Cubana Khan; um nome indiano que significa "o centro de Cuba"), povoado um dia localizado perto de Santa Clara, era a morada dos governantes da Mongólia; por isso sua ideia equivocada de estar explorando a costa da Ásia. A Santa Clara de fato foi fundada em 1689 por treze famílias de Remedios, cansadas da indesejável presença dos piratas que saqueavam a região. A cidade cresceu rapidamente depois que um incêndio devastou Remedios, em 1692, e em 1867 passou a ser a capital da província de Las Villas. Notável centro industrial, Santa Clara foi famosa por sua fábrica pré-revolucionária da Coca-Cola e por seu papel central na rede de comunicações em toda a ilha de Cuba (veja p. 294). Atualmente, possui uma fábrica de tecidos, uma pedreira de mármore e a Fábrica de Tabacos Constantino Pérez Carrodegua. Santa Clara foi a primeira grande cidade libertada do exército de Batista em dezembro de 1958.

## Atrações

As atrações turísticas de Santa Clara estão livremente distribuídas ao norte, leste e oeste do Parque Vidal. Os trajetos podem ser feitos a pé do grande Monumento Ernesto Che Guevara, a apenas 2km do centro.

**NOMES DE RUAS DE SANTA CLARA**

| NOME ANTIGO | NOME ATUAL |
|---|---|
| Candelaria | Maestra Nicolasa |
| Caridad | General Roloff |
| Nazareno | Serafín García |
| San Miguel | Calle 9 de Abril |
| Sindico | Morales |

## Santa Clara

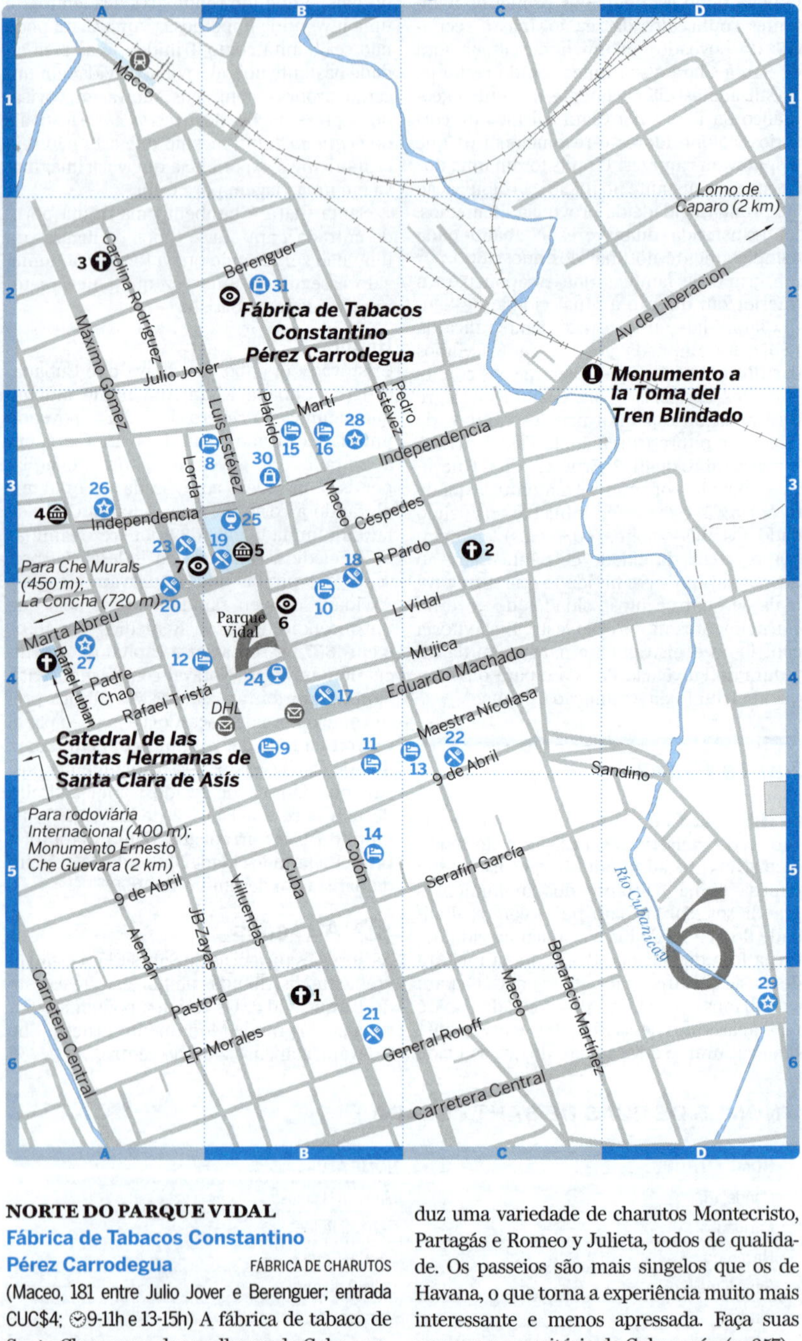




### NORTE DO PARQUE VIDAL

**Fábrica de Tabacos Constantino Pérez Carrodegua** FÁBRICA DE CHARUTOS

(Maceo, 181 entre Julio Jover e Berenguer; entrada CUC$4; ⏲9-11h e 13-15h) A fábrica de tabaco de Santa Clara, uma das melhores de Cuba, produz uma variedade de charutos Montecristo, Partagás e Romeo y Julieta, todos de qualidade. Os passeios são mais singelos que os de Havana, o que torna a experiência muito mais interessante e menos apressada. Faça suas reservas no escritório de Cubanacán (p. 257).

## Santa Clara

**Destaques**

Catedral de las Santas Hermanas de Santa Clara de Asís ....... A4
Fábrica de Tabacos Constantino Pérez Carrodegua ....... B2
Monumento a la Toma del Tren Blindado ....... C2

**Atrações**

1 Iglesia de la Santísima Madre del Buen Pastor ....... B6
2 Iglesia de Nuestra Señora del Buen Viaje ....... C3
3 Iglesia de Nuestra Señora del Carmen ....... A2
4 La Casa de la Ciudad ....... A3
5 Museo de Artes Decorativas ....... B3
6 Palacio Provincial ....... B4
7 Teatro La Caridad ....... A3

**Onde dormir**

8 Authentica Pérgola ....... B3
9 Casa de Mercy ....... B4
10 Hector Martínez ....... B4
11 Hostal Florida Center ....... B4
12 Hotel Santa Clara Libre ....... A4
13 Isidoro & Marta ....... C4
14 La Casona Jover ....... B5
15 Mary & Raicort ....... B3
16 Vivian & José Rivero ....... B3

**Onde comer**

17 Coppelia ....... B4
18 El Alba ....... B3
19 El Recreo ....... B3
20 La Toscana ....... A4
21 Mercado Agropecuario ....... B6
22 Panadería Doña Neli ....... C4
23 Restaurante Colonial 1878 ....... A3

**Onde beber**

24 Café Literario ....... B4
25 Europa ....... B3
La Marquesina ....... (veja 7)
La Veguita ....... (veja 31)

**Lazer**

Biblioteca José Martí ....... (veja 6)
Cine Camilo Cienfuegos ....... (veja 12)
26 Cine Cubanacán ....... A3
27 Club Mejunje ....... A4
28 El Bar Club Boulevard ....... B3
29 El Bosque ....... D6
La Casa de la Ciudad ....... (veja 4)
Museo de Artes Decorativas ....... (veja 5)

**Onde comprar**

30 ARTex ....... B3
31 La Veguita ....... B2

Do outro lado da rua, você irá encontrar **La Veguita** (☎20-89-52; ⏰8h30-17h30), uma pequena loja da fábrica, e será atendido por uma equipe amigável e especialista em charutos. É possível comprar rum barato no local, e o bar dos fundos possui um excelente café.

**La Casa de la Ciudad** CENTRO CULTURAL
(Esq. Independencia e JB Zayas; entrada CUC$1; ⏰8-17h) A vibração da vida cultural da cidade está nesse prédio a noroeste do Parque Vidal. Se você quiser ver outro lado de Santa Clara, além do obrigatório memorial de Che, troque uma ideia com os jovens artistas dessa área. O centro histórico abriga exposições de arte (incluindo um croqui original de Wilfredo Lam), Noches del Danzón e um museu do cinema, além de performances musicais de improviso. A verdadeira graça do lugar, no entanto, está em possibilitar o contato com os aficionados culturais da região e descobrir o que faz vibrar essa cidade cubana pouco atraente.

**Iglesia de Nuestra Señora del Carmen** IGREJA
(Carolina Rodríguez) A igreja mais antiga da cidade fica cinco quarteirões ao norte do Parque Vidal. Foi construída em 1748, com uma torre adicional erguida em 1846. Durante a Guerra da Independência, foi usada como prisão para patriotas cubanos. Um moderno monumento cilíndrico voltado para a igreja celebra o lugar onde Santa Clara foi fundada, em 1689, por treze famílias que fugiam de Remedios.

**Museo Provincial Abel Santamaría** MUSEU
(☎20-30-41; entrada CUC$1; ⏰9-17h seg-sex, até 13h sáb) Não exatamente um memorial para o Señor Santamaría (braço direito de Fidel em Moncada), mas um pequeno museu provinciano, formado no antigo quartel militar onde as tropas de Batista se entregaram a Che, em 1º de janeiro de 1959. Contém uma sala de história natural e outra dedicada a importantes mulheres cubanas. O museu se

situa no alto de uma montanha na extremidade norte de Esquerra, atravessando o rio Bélico. Procure pela grande construção bege atrás de um pasto para cavalos.

### LESTE DO PARQUE VIDAL

**Monumento a la Toma del Tren Blindado** MONUMENTO

História foi feita nesse local em 29 de dezembro de 1958, quando Che Guevara e mais dezoito revolucionários novatos, de rifles em punho, descarrilaram um trem blindado usando uma escavadeira emprestada e coquetéis molotov caseiros. A batalha durou 90 minutos e decidiu efetivamente a queda da ditadura Batista, inaugurando os cinquenta anos do governo Fidel Castro. O evento é lembrado com um **museu no vagão de carga** (entrada CUC$1; ⌚9-17h30 seg--sáb), que fica na Independencia, a leste, acima do rio, e marca o ponto onde o trem descarrilou e lançou fora mais de quatrocentos soldados do governo fortemente armados. A famosa escavadeira está montada em sua própria base na entrada.

**Estatua Che y Niño** MONUMENTO

Mais íntimo e intrincado do que o monumento a Che do outro lado da cidade, a estátua na frente da Officina de La Provincia (PCC), quatro quarteirões a leste do Tren Blindado, mostra Guevara com um bebê (simbolizando a próxima geração) nos braços. Olhando de perto, você notará esculturas menores incorporadas ao uniforme do revolucionário que mostram cenas da sua vida, como as figuras dos 38 homens mortos junto a ele na Bolívia, escondidas na fivela do cinto.

**Lomo de Caparo** MARCO

Seguindo dois quarteirões a leste da Estatua Che y Niño, uma estrada à direita leva ao melhor e mais característico mirante de Santa Clara, o Lomo de Caparo. O brasão está marcado por uma bandeira e uma série de estacas que servem de apoio para a face esculpida em metal de – sim, você acertou – Che Guevara. Essa colina foi um ponto de observação crucial para suas forças durante a liberação de Santa Clara, em 1958.

**Iglesia de Nuestra Señora del Buen Viaje** IGREJA

(Esq. Pedro Estévez e R Pardo) A leste do centro está essa exuberante combinação de arquitetura gótica, românica e neoclássica.

**Iglesia de la Santísima Madre del Buen Pastor** IGREJA

(EP Morales, 4, entre Cuba e Villuendas) Uma igreja singular de estilo colonial localizada ao sul do centro.

### OESTE DO PARQUE VIDAL

GRÁTIS **Monumento Ernesto Che Guevara** MONUMENTO

Ponto de encontro de muitas peregrinações em homenagem a Che, esse monumento, mausoléu e museu está 2km a oeste do Par-

## RELAXANDO NO PARQUE VIDAL

O homem idoso vestido com uma engomada *guayabera* (camisão masculino pregueado e com botões) branca traga o seu charuto já bem mascado e preguiçosamente contempla o espetáculo do Parque Vidal. É tarde de sábado e toda a cidade parece ter ido celebrá-la. Um esforçado vendedor de sorvetes monta casquinhas baratas em uma máquina remendada e um bode exausto puxa a carroça cheia de crianças pela passarela de pedestres, enquanto, abrigados debaixo de um gazebo esplêndido, membros da filarmônica local afinam seus instrumentos para um concerto de improviso ao cair da tarde.

Esse parque, que abriga a essência de Cuba, tem o nome do coronel Leoncio Vidal y Caro, morto em 23 de março de 1896. À sombra de palmeiras, o Parque Vidal é embelezado por monumentos em homenagem às grandes personalidades da cidade, entre elas Vidal, uma filantropa local chamada Marta Abreu (veja p. 254) e o emblemático El Niño de la Bota (Menino com uma bota), antigo símbolo da cidade.

Muitos prédios icônicos cercam o parque. Você verá o **Teatro la Caridad** (Máximo Gómez), de 1885, um dos três grandes teatros rurais da era colonial com afrescos na parte interior, assinados por Camilo Zalaya; o **Museo de Artes Decorativas** (Parque Vidal, 27; entrada CUC$3; ⌚9-18h seg-qui, 13-22h sex e sáb, 18-22h dom), um museu do século 18 recheado de móveis do período; e o **Palacio Provincial**, prédio de beleza neoclássica, construído entre 1902 e 1912, que sedia a livraria Martí (com uma coleção de obras raras).

Mas o verdadeiro deleite está na essência cubana inerente ao local – sem carros nem compradores estressados ou multidões impacientes. Sente-se ao lado do elegante cavalheiro de *guayabera* e desfrute o momento.

que Vidal via Rafael Tristá, na av. de los Desfiles, próxima à estação de ônibus Víazul. É uma construção quadrada e larga que vai de um lado a outro da *carretera*, protegida por uma figura de bronze de Che. A estátua foi erigida em 1987 para marcar o vigésimo aniversário do assassinato de Guevara na Bolívia e pode ser visitada a qualquer momento. Acessado pela parte de trás da estátua, o sublime **mausoléu** (av. de los Desfiles; ⌚9-17h ter-dom) contém 38 nichos esculpidos em pedra dedicados aos outros guerrilheiros mortos na frustrada Revolução Boliviana. Em 1997, os restos de dezessete deles, incluindo Guevara, foram recolhidos de uma vala comum secreta na Bolívia e enterrados nesse memorial. Fidel Castro acendeu a chama eterna em 17 de outubro do mesmo ano. O museu adjacente exibe os detalhes e curiosidades da vida e da morte de Che.

As melhores formas de chegar ao monumento são uma caminhada de 30 minutos ou em uma carruagem alugada na calle Marta Abreu.

**Catedral de las Santas Hermanas de Santa Clara de Asís** IGREJA

(Marta Abreu) Dois quarteirões a oeste da praça, a catedral foi construída em 1923 em meio a grande controvérsia, após a demolição da igreja original de Santa Clara no Parque Vidal. Contém uma coleção fantástica de vitrais e a mítica estátua branca da Virgem Maria conhecida (extraoficialmente) por La Virgen de La Charca (Virgem do Charco). A estátua foi descoberta em um fosso nos anos 1980, tendo desaparecido misteriosamente logo depois da consagração da catedral, em 1954. Retornou para abençoar a igreja em 1995.

**Murais** MARCO

(Carretera Central entre Vidaurreta e Carlos Pichado) Seguindo a oeste na Carretera Central (uma extensão da Marta Abreu), você encontrará uma série fascinante de murais ao estilo de histórias em quadrinhos, que tem como tema central um retrato ácido das relações entre Cuba e os Estados Unidos. Vislumbre cenas como uma Estátua da Liberdade feita de helicópteros cubanos ou um homem repugnante envolto na bandeira americana gritando *"terroristas!"* aos guerrilheiros cubanos, enquanto ele mesmo esconde uma bomba. Já incorporadas à atmosfera que leva ao monumento de Che, as imagens ficam imediatamente antes da estação de ônibus.

**Jardin Zoologico Camilo Cienfuegos** PARQUE

(Entrada CUC$1; ⌚ter-dom; 👪) Esse local de recreação arborizado está a uma breve caminhada de 500m na direção noroeste dos murais. É o melhor lugar para escapar do calor do meio-dia. Há um playground com tema de bichinhos para as crianças e lanchonetes que servem sorvete e salgados, além de uma modesta seleção de animais. O parque é vizinho do cemitério local.

## Cursos

Santa Clara vangloria-se da segunda universidade cubana de maior prestígio, a **Universidad Central Marta Abreu de las Villas** (☎28-14-10; www.uclv.edu.cu; carretera de Camajuaní Km 5,5). Alunos do mundo inteiro estudam nela, mas a maioria se matricula nas universidades do país de origem. No entanto, de vez em quando, estrangeiros também têm conseguido se inscrever para cursos de espanhol no próprio local. Confira o website para saber dos detalhes atualmente em vigor.

Você pode ter aulas de dança e percussão no **Club Mejunje** (Marta Abreu, 107; ⌚16-1h ter-dom), se manifestar interesse.

## Festas

Santa Clara oferece festivais anuais um tanto diferentes, como o **Miss Trasvesti**, em março, e o **Metal Festival**, que ocorre em outubro, quando os metaleiros de todo o país se reúnem para ouvir *heavy metal* em várias casas de show da cidade.

## Onde dormir

**Hostal Florida Center** CASA PARTICULAR $

(☎20-81-61; Maestra Nicolasa Este, 56 entre Colón e Maceo; q CUC$20-25; ❄) O Florida é um tesouro nacional. Ele exibe mais antiguidades que os museus de arte e decoração locais e serve refeições melhores que muitos restaurantes de Havana (em um pátio central repleto de plantas de cair o queixo). Seu maior dilema será escolher um quarto: a grandiosa suíte colonial ou os gloriosos aposentos ao estilo *art déco*? O carismático dono abriu um *paladar* no local em 2011, firmando, assim, o Florida como uma das mais indicadas opções de restaurante na cidade. Há uma seleção de vinhos incríveis.

**Casa de Mercy** CASA PARTICULAR $

(☎21-69-41; Eduardo Machado, 4, entre Cuba e Colón; q CUC$20-25; ❄) Há dois quartos com banheiro privativo disponíveis nessa bela casa de família com dois terraços, uma sala de jantar, um esquema para troca de livros e um menu de coquetéis tentador. Os simpáticos donos falam inglês, francês e italiano.

## MARTA ABREU

Você não encontrará muitos locais em Cuba sem uma rua dedicada a Marta Abreu (1845-1909), a filantropa mais famosa do país. Em sua cidade natal, Santa Clara, seu nome e seu legado estão em todo lugar, incluindo a universidade (a segunda mais importante de Cuba). Antes de Che se tornar famoso, Abreu já havia se estabelecido como a figura mais amada da cidade, e fica claro o porquê: ela foi responsável pela construção da maioria dos prédios mais importantes de Santa Clara, além de ter contribuído decisivamente para a redução da influência colonizadora espanhola nos anos 1890. A cidade já foi inclusive reconhecida como Ciudad de Marta e se tornou famosa por seus serviços sociais inovadores.

Nascida em uma família rica, Abreu logo pôde reconhecer os contrastes entre o padrão de vida cubano e o luxo europeu, e trouxe muitas mudanças a Santa Clara na tentativa de melhorar a qualidade de vida em sua cidade. Sua contribuição mais extraordinária continua sendo o Teatro la Caridad, cuja construção foi acompanhada por ela de perto; mas a Biblioteca José Martí, a estação de trem de Santa Clara, quatro escolas, uma estação meteorológica, um asilo e a fábrica de gás da província também só existem por conta de doações feitas por ela.

Contudo, Abreu não é lembrada apenas por suas obras públicas. Verdadeira humanista que defendeu tanto causas pequenas quanto grandiosas, ela liderou uma campanha a favor dos sem-teto em Santa Clara, doou capital para a construção de uma companhia elétrica que iluminou as ruas da cidade e melhorou as condições de saneamento, além de criar lavanderias públicas. Uma de suas mais reconhecidas mobilizações foi a arrecadação da enorme quantia de 240.000 pesos (o equivalente a milhões de dólares hoje) para libertar Cuba dos espanhóis no fim do século 19.

**Authentica Pérgola** CASA PARTICULAR $
(☎20-86-86; Luis Estévez, 61, entre Independencia e Martí; q CUC$20-25; ❄) Oferecendo precisamente o que seu nome sugere, o Pérgola, apinhado de plantas, celebra quatro anos no mercado – a julgar pelo serviço, porém, você pensará que os donos têm muito mais experiência na área. A *terraza* (terraço) vasta e arborizada, com uma fonte, é o ponto central; mas espere até se acomodar nos quartos, com chuveiros maravilhosamente quentes.

**Isidoro & Marta** CASA PARTICULAR $
(☎20-38-13; Maestra Nicolasa, 74, entre Colón e Maceo; q CUC$20-25; ❄) A casa desse casal é mantida sempre muito limpa e asseada. Um pátio longo e estreito leva a dois bons quartos com os melhores chuveiros de Santa Clara. Serve café da manhã e jantar.

**Villa la Granjita** HOTEL $
(☎21-81-90; carretera de Maleza Km 21,5; s/c CUC$22/41; P❄@≋) Situado aproximadamente 3km ao norte da cidade, o La Granjita posa como uma vila taino nativa e o faz bem com as suas cabanas ao estilo *bohío* (de palha), equipadas com o que há de mais moderno. No entanto, perde sua autenticidade ao cair da noite, com uma apresentação brega à beira da piscina e uma pista de dança colorida e estridente, que vão fazer você se lembrar que está na Cuba do século 21. Apesar disso, o hotel é melhor do que as demais habitações rústicas fora da cidade, com um bom restaurante no local, uma massagista e até passeios a cavalo disponíveis.

**Hotel Santa Clara Libre** HOTEL $
(☎20-75-48; Parque Vidal, 6; s/c CUC$17/24; ❄) O único hotel turístico da cidade está acomodado na construção mais alta de Santa Clara, um prédio esverdeado que abriga 168 quartos e teve um papel crucial na batalha de dezembro de 1958 entre Guevara e os soldados de Batista (ainda é possível ver as marcas de bala na fachada do prédio). Internamente, os quartos apertados com móveis antigos podem parecer gastos, mas há uma vista excepcional do restaurante, no décimo andar.

**Mary & Raicort** CASA PARTICULAR $
(☎20-70-69; Placído, 54 entre Independencia e Martí; q CUC$20-25; ❄) Uma habitação charmosa no segundo andar de uma casa com dois quartos (um com varanda) e, possivelmente, o *desayuno* (café da manhã) mais abundante em frutas de Santa Clara; escadas íngremes levam a um terraço na parte superior.

**Vivian & José Rivero** CASA PARTICULAR $
(☎20-37-81; Maceo, 64, entre Martí e Independencia; q CUC$20; P❄) Dois quartos com TV, geladeira e banheiro privativo estão disponíveis nessa encantadora residência de 1908. O terraço dá vista para o oásis colorido de um jardim interno. Garagem segura para motos.

**Héctor Martínez** CASA PARTICULAR $
(☎21-74-63; R Pardo, 8, entre Maceo e Parque Vidal; q CUC$20-25; ❄) Um abrigo silencioso colado ao Parque Vidal, com um pátio coberto

por flores e samambaias. Tem dois quartos enormes com duas camas (uma de casal) e uma mesa para escrever e jogar dominó.

**La Casona Jover** CASA PARTICULAR $
(☎20-44-58; Colón, 167, entre calle 9 de Abril e Serafin García; q CUC$20-25; ❄) Dois quartos grandes localizados bem longe da rua, e um pequeno terraço.

## Onde comer

As *casas particulares* triunfam sobre os restaurantes estatais. Hóspedes e não hóspedes podem parar no Hostal Florida Center para uma refeição deliciosa (faça reservas antes).

**El Alba** PALADAR $
(R Pardo esq. com Maceo; ⌚12-16h e 18-21h30 ter-dom) O melhor restaurante (aceita pagamento apenas em peso) da cidade fica um quarteirão a leste do Parque Vidal. É um estabelecimento merecidamente popular. Os lugares são limitados, mas sofás confortáveis e uma decoração aconchegante amenizam a espera por uma mesa, além do fato de que a comida vem em grande quantidade. Escolha o peixe, se houver.

**La Concha** CARIBENHA, ITALIANA $
(Esq. Carretera Central e Danielito; pratos principais CUC$3-8) Figura fácil no topo da lista de restaurantes estatais, esse lugar (relativamente) requintado fica nos limites da cidade. Atrai geralmente os grupos que estão a caminho do memorial Che ou voltam do passeio. Há algumas bandas elegantes no horário do almoço, e seu ponto forte é a saborosa (porém barata) pizza, que custa a partir de CUC$4.

**Restaurante Colonial 1878** RESTAURANTE $
(Máximo Gómez entre Marta Abreu e Independencia; ⌚12-14h e 19-22h30) Com exceção da carne dura servida e da insistência em imitar a atmosfera colonial, o 1878 é um restaurante amigável. Apareça para um coquetel ou um lanche leve.

**La Toscana** ITALIANA $
(Máximo Gómez esq. com Marta Abreu; ⌚10-15h15 e 18-23h15) Ao que parece, designers de interior são raramente contratados para dar um ar descolado aos restaurantes locais. O estilo do La Toscana é totalmente sem personalidade. A pizza é aceitável, porém.

**El Recreo** HAMBURGUERIA $
(Parque Vidal entre Lorda e Luis Estévez; ⌚até 20h30) Mais parecido com um ponto de encontro do que com uma lanchonete, El Recreo atrai bastante gente e faz bons hambúrgueres – porém sem muita simpatia.

**Coppelia** SORVETERIA $
(Esq. Colón e Mujica; ⌚10h30-22h ter-dom) Abasteça-se de sorvete nessa construção arquitetonicamente medonha.

Algumas cafeterias ficam próximas à esquina da Independencia Oeste com a Zayas, em torno do Cine Cubanacán. Há sempre um sorveteiro que trabalha em uma janelinha na Abreu.

### Por conta própria

**Panadería Doña Neli** PADARIA $
(Esq. Maceo Sur e calle 9 de Abril; ⌚7-18h) Essa alegre padaria por entre as fachadas austeras das lojas na calle Mateo vai deixar você com água na boca por seus bolos de fruta perfumados, seus pães e doces. Chegue cedo e tome café da manhã.

**Mercado Agropecuario** MERCADO $
(Cuba, 269, entre EP Morales e General Roloff) Pequeno, mas localizado no centro e com estoque amplo.

## Onde beber

**La Veguita** (p. 251) serve o melhor café de Santa Clara; os bares (pagamento apenas em peso) dobrando a esquina da Independencia Oeste com a Zayas podem não parecer glamourosos, mas preparam bons drinques. *Casas particulares* também oferecem uma boa atmosfera para drinques ao anoitecer.

**Café Literario** CAFÉ
(Esq. Rafael Tristá e Colón; ⌚9-21h) Um café para estudantes sem nenhum laptop? Revisite a era pré-Microsoft com um expresso forte, pilhas de livros e uma boa dose de idealismo universitário reprimido.

**La Marquesina** BAR
(Parque Vidal entre Máximo Gómez e Lorda; ⌚9-1h) Colado na esquina do extraordinário Teatro la Caridad, esse bar alegre é o local onde jovens intelectuais se encontram para tomar um coquetel e ouvir bandas locais.

**Europa** BAR
(Esq. Independencia e Luis Estévez; ⌚12-0h) Todo mundo gosta de tomar uma coisinha no Europa: isso acontece porque se trata de um local privilegiado para observar o movimento do bulevar. Tanto cubanos quanto turistas sentem-se bem-vindos no relaxante terraço voltado para a rua.

## Lazer

Além dos lugares listados aqui, não deixe de lado a **Biblioteca José Martí** (Colón no Parque Vidal), dentro do Palacio Provincial,

## CHE COMANDANTE, AMIGO

Poucas figuras do século 20 dividiram tanto a opinião pública quanto Ernesto Guevara de La Serna, mais conhecido por seus amigos (e inimigos) como El Che. Ele é reverenciado como um símbolo permanente da liberdade do terceiro mundo e celebrado como o herói de Sierra Maestra, ainda que tenha sido o homem mais procurado pela CIA. A imagem desse belo e frequentemente mal compreendido médico argentino transformado em *guerrillero* é ainda afixada em pôsteres e mercadorias turísticas por toda a ilha. Mas o que o próprio Che pensaria a respeito dessa comercialização desenfreada?

Nascido em Rosario, Argentina, em junho de 1928, em uma família burguesa de descendência irlandesa e espanhola, Guevara foi uma criança adoentada e frágil que desenvolveu asma aos dois anos de idade. Foi o desejo precoce de superar a debilitação causada pela doença que instigou no jovem Ernesto a força de vontade que iria diferenciá-lo da maioria dos homens.

Sendo um competidor briguento na sua juventude, Ernesto foi apelidado de "Fuser" na escola por sua natureza combativa no jogo de rúgbi. Após se formar médico na Universidade de Buenos Aires, em 1953, abandonou a carreira clínica convencional por uma verdadeira odisseia a bordo de uma moto, indo de uma extremidade à outra do continente sul-americano, acompanhado por seu velho amigo Alberto Granado. A sua aventura nômade – muito bem documentada numa série de diários publicados postumamente – abriria os olhos de Ernesto à pobreza opressiva e às injustiças políticas gritantes nos anos 1950 na América Latina.

Ao chegar à Guatemala, em 1954 – na véspera de um golpe apoiado pelos Estados Unidos contra o governo esquerdista de Jacobo Arbenz –, estava devorando entusiasticamente os escritos de Marx e cultivava uma aversão profunda aos Estados Unidos. Deportado para o México em 1955 por conta das suas atividades a favor de Arbenz, Guevara conheceu um grupo de cubanos que incluía Raúl Castro, veterano de Moncada. Impressionado pelo pensamento afiado do argentino e por suas convicções políticas certeiras, Raúl – ele mesmo um membro já antigo do Partido Comunista – decidiu apresentar Che ao seu carismático irmão Fidel.

O encontro entre os dois homens na casa de Maria Antonia, na Cidade do México, em junho de 1955, durou 10 horas e mudou o curso da história. Dificilmente duas personali-



para ouvir música erudita, a **La Casa de la Ciudad** (p. 251), para boleros e *trova*, além do vibrante **Parque Vidal** (veja o texto no quadro da p. 252), que recebe apresentações que vão de mímicos a orquestras inteiras.

**Club Mejunje** MÚSICA AO VIVO, CASA NOTURNA
(Marta Abreu, 107; 16-1h ter-dom; ) Localizado nas ruínas de um prédio cujo telhado foi tomado por crescente vegetação, o Club Mejunje é ainda mais descolado que as casas noturnas de Havana. Entre a sua vasta programação encontra-se o único show de *drag queens* oficial de Cuba, aos sábados – uma visita obrigatória! Sua agenda bastante eclética inclui *trova*, bolero e concertos de *son*, além de teatro para crianças e noites dançantes. Se você tiver apenas uma noite para curtir em Santa Clara, esse é o lugar. Nas tardes de segunda a sexta há sempre alguma dança, normalmente salsa.

**Museo de Artes Decorativas** MÚSICA AO VIVO
(Parque Vidal, 27) No delicioso pátio do museu há música ao vivo (na maioria shows com público sentado) várias vezes por semana, garantindo uma noite relaxante. Espere de tudo: de rock a chá-chá-chá.

**Estadio Sandino** ESPORTES
(Calle 9 de Abril Final) Você pode ver jogos de beisebol a leste do centro, via calle 9 de Abril, de outubro a abril. Villa Clara, apelidada Las Naranjas (as laranjas) por conta do uniforme do time, ganhou três campeonatos de 1993 a 1995 e acabou perdendo para os seus piores inimigos, Los Industriales (de Havana), em 1996, 2003 e 2004. Villa Clara é o terceiro maior time de beisebol de Cuba, depois dos pesos pesados de Havana e Santiago.

**El Bar Club Boulevard** CASA NOTURNA
(Independencia, 2, entre Maceo e Pedro Estévez; entrada CUC$2; 22-2h seg-sáb) Esse bem cotado lounge traz bandas ao vivo, dança e shows de humor. Normalmente começa a ficar agitado depois das 23h.

**El Bosque** CABARÉ, CASA NOTURNA
(Esq. carretera Central e calle 1; 21-1h qua-dom) O cabaré mais descolado de Santa Clara.

**Cine Camilo Cienfuegos** CINEMA
(Parque Vidal) Fica abaixo do Hotel Santa Clara Libre; filmes em inglês são exibidos na telona.

dades precisaram tanto uma da outra quanto Castro, o cabeça quente, e Che, mais calmo e ideologicamente polido. Ambos foram crianças bem favorecidas de famílias grandes e abandonaram a estabilidade burguesa para lutar corajosamente por uma causa revolucionária. Tinham pouco a ganhar e muito a perder ao abandonar suas carreiras pelo que a maioria acreditava ser uma causa sem sentido. "Numa revolução, ou se vence ou se morre", escreveu Guevara profeticamente alguns anos depois, "se é uma revolução *de verdade*".

Em dezembro de 1956, Che partiu em direção a Cuba no iate *Granma*, juntando-se aos guerrilheiros como médico do grupo. Um dos poucos sobreviventes entre os 82 soldados no catastrófico desembarque em Las Coloradas, ele provou ser um revolucionário corajoso a ser tomado como exemplo e rapidamente ganhou a confiança dos companheiros mais cautelosos. Como recompensa, Castro nomeou-o comandante em julho de 1957; em dezembro de 1958, Che retribuiu o gesto de Fidel ao planejar a batalha de Santa Clara, ação que selou uma histórica vitória revolucionária.

Em fevereiro de 1959, também foi concedida a Guevara a cidadania cubana e logo ele assumiu uma posição de liderança nas reformas econômicas realizadas em Cuba, pois se tornou presidente do Banco Nacional e ministro da indústria. Sua rigorosa ética trabalhista e o comparecimento regular a trabalhos voluntários que planejava com entusiasmo rapidamente fizeram dele a personificação do Novo Homem de Cuba.

Mas a lua de mel não iria durar muito. Desaparecido da cena política cubana em 1965, Guevara ressurgiu na Bolívia ao final de 1966 como chefe de um pequeno grupo de *guerrilleros* cubanos. Depois de uma emboscada vitoriosa sobre um destacamento boliviano em março de 1967, ele lançou o brado de "dois, três, muitos Vietnãs nas Américas". Provocações tão exaltadas só poderiam conduzir à sua ruína. Em 8 de outubro de 1967, Guevara foi capturado pelo exército boliviano. Depois de uma discussão com líderes militares em La Paz e em Washington, ele foi assassinado no dia seguinte na frente de conselheiros americanos. Seus restos mortais foram devolvidos a Cuba em 1997 e enterrados em Santa Clara.

**Cine Cubanacán** CINEMA
(Independencia Oeste, 60) Uma sala de cinema onde é possível encontrar filmes em inglês.

## Onde comprar

Independencia, entre Maceo e JB Zayas, é um shopping ao ar livre chamado de Boulevard pelos moradores. É cheio de lojas de todos os tipos e também o centro da vida da cidade. Um *outlet* **ARTex** (Independencia entre Luis Estévez e Plácido) vende artesanato feito à mão. Não se esqueça de passar em **La Veguita** (p. 251) para comprar alguns dos melhores charutos fora de Havana.

## Informações

### Acesso à internet e telefone

**Etecsa Telepunto** (Marta Abreu, 55, entre Máximo Gómez e Villuendas; acesso à internet CUC$6 por hora; ⌚8h30-19h) Três terminais de internet e três cabines telefônicas.

### Mídia

A frequência da rádio CMHW é 840AM e 93.5FM. O jornal *Vanguardia Santa Clara* é publicado aos sábados.

### Assistência médica

**Farmacia Internacional** (Colón, 106, entre Maestra Nicolasa e calle 9 de Abril; ⌚9-18h)

**Hospital Arnaldo Milián Castro** (☎27-00-69; entre Circumvalacion e av. 26 de Julio) A sudoeste do centro da cidade, a noroeste do cruzamento com a calle 3. É a melhor opção para estrangeiros nas redondezas. Frequentemente chamado Hospital Nuevo.

### Dinheiro

**Banco Financiero Internacional** (Cuba, 6, esq. Rafael Tristá)

**Cadeca** (esq. Rafael Tristá e Cuba; ⌚8h30-16h30 seg-sáb, até 11h30 dom) No Parque Vidal.

### Correios

**DHL** (Cuba, 7, entre Rafael Tristá e Eduardo Machado; ⌚8-18h seg-sáb, 8-12h dom)

**Agência dos correios** (Colón, 10; ⌚8-18h seg-sáb, até 12h dom)

### Agências de viagem

**Cubanacán** (☎20-51-89; Colon entre calle 9 de Abril e Serafin García; ⌚8-20h seg-sáb) Programe passeios à fábrica de charutos e à Villa la Granjita nessa agência profissional.

**Havanatur** (☎20-40-01; Máximo Gómez, 9B; ⏲8h30-12h e 13h-17h30 seg-sex, 8h30-12h30 sáb) Perto da Independencia.

## ℹ Como chegar e sair

O aeroporto Abel Santamaría de Santa Clara recebe voos semanais de Montreal e Toronto. Não há voos para Havana nem para o Brasil. Localizada no centro da ilha, Santa Clara tem excelentes opções de transporte tanto para o leste quanto para o oeste.

### Ônibus

O **Terminal de Ómnibus Nacionales** (☎20-34--70) fica a 2,5km na carretera Central em direção a Matanzas, 500m ao norte do monumento de Che.

Passagens para ônibus com ar-condicionado da **Víazul** (www.viazul.com) são vendidas em uma bilheteria especial para estrangeiros localizada na entrada da estação.

Três ônibus partem para Havana (CUC$18, 3h e 45min): um às 3h20, um às 8h35 e outro às 17h50 via Entronque de Jagüey (CUC$6, 1h e 30min), a parada mais próxima de transporte público para a Península de Zapata. Ônibus para Varadero (CUC$11, 3h e 20min) saem às 7h55 e às 17h50.

O ônibus em direção a Santiago de Cuba sai quatro vezes por dia: 0h30, 2h05, 14h20 e 20h, viajando por Sancti Spíritus (CUC$6, 1h e 15min), Ciego de Ávila (CUC$9, 2h e 35min), Camagüey (CUC$15, 4h e 25min), Holguín (CUC$26, 7h e 50min) e Bayamo (CUC$26, 9h e 10min).

A **rodoviária intermunicipal** (carretera Central), a oeste do centro via calle Marta Abreu, tem ônibus diários para Remedios (CUC$1,45) e Caibarién, de onde você pode pegar táxis mais baratos para Cayos. O ônibus das 10h para Remedios é o mais seguro. Outros destinos que partem dela são Corralillo, diariamente às 12h45, e Manicaragua (para Embalse de Hanabanilla), três vezes ao dia. O transporte pode ser de ônibus ou caminhão, lota frequentemente e não é 100% confiável.

### Táxi coletivo

*Motoristas de colectivo* ficam pelo terminal Víazul para atrair passageiros a Havana. A melhor hora para encontrá-los é imediatamente antes das saídas agendadas da Víazul. Eles irão levá--lo para endereços na parte Central de Havana em 3 horas por CUC$15 (ou menos se você pechinchar bastante), mas só saem quando estão lotados (no mínimo três pessoas).

### Trem

A **estação de trem** (☎20-28-95) fica no fim da Luis Estévez saindo do Parque Vidal, na região norte da cidade. Para chegar à **bilheteria** (Luis Estévez Norte, 323), atravesse o parque na direção oposta da estação de trem.

Luxuoso em comparação aos demais, o Tren Francés passa pela cidade nos dias ímpares em direção a Santiago de Cuba (12h e 35min) via Camagüey (CUC$13, 4h e 15min). O trem em direção a Havana sai nos dias pares.

Há um serviço adicional de longa distância para Santiago (CUC$33, 12h e 15min) parando em Ciego de Ávila, Camagüey e Las Tunas; alguns trens seguem para Guantánamo. Na direção oposta, há aproximadamente cinco trens diários para Havana (CUC$14, 5 horas), sendo que a maioria para em Matanzas (CUC$8, 3h e 15min).

O trem para Cienfuegos (CUC$3, 2h e 15min) sai apenas às sextas e aos sábados, às 17h40, enquanto os trens para Sancti Spíritus fazem rotas em dias alternados (CUC$4, 3 horas). Trens para Remedios e Caibarién não estão funcionando atualmente. No inconstante mundo dos trens cubanos, as informações podem mudar toda semana – confira essas informações na estação um ou dois dias antes de viajar.

## ℹ Como circular

Carroças acumulam-se na saída da catedral na Marta Abreu (CUC$2 por volta). Bicitáxis (vindo da parte noroeste do parque) custam CUC$1 por passeio.

### Carros e lambretas

Locadoras de automóveis e lambretas:

**Cubacar** (☎20-20-40; Hotel Santa Clara Libre, Parque Vidal, 6)

**Havanautos** (☎21-81-77; Marta Abreu; ⏲8-12h e 13h-21h15) Perto da catedral.

**Servicentro Oro Negro** (esq. Carretera Central e calle 9 de Abril) A sudoeste do centro.

### Táxi

Táxis privativos ficam em frente à rodoviária, e os motoristas se oferecerão para levá-lo a Remedios e Caibarién. Um táxi estatal para os mesmos destinos irá custar aproximadamente CUC$25 e CUC$30, respectivamente. Para chegar a Cayo las Brujas, você precisará de CUC$50 a CUC$80, além de certo tempo de espera; os motoristas geralmente ficam no Parque Vidal, na saída do Hotel Santa Clara Libre. Você pode chamar também o **Cubataxi** (☎20-25-55, 20-03-63).

# Embalse Hanabanilla

Embalse Hanabanilla, a maior porta de entrada de Villa Clara para a Sierra del Escambray, é um reservatório de 36km² aninhado – por mais inusitado que pareça – em meio a fazendas tradicionais e montanhas verdes. O lago resplandecente tem a aparência de um fiorde e está repleto de achigãs gigantes. Além de pescadores, barqueiros e amantes da natureza também podem encontrar divertimento na região, com várias excursões e caminhadas recompensadoras, apesar de curtas. É possível acessar melhor a região via Hotel Hanabanilla, na margem noroeste do reservatório, aproximadamente 80km ao sul de Santa Clara. É também onde a maior estação hidrelétrica de Cuba está situada.

## Atividades

Achigãs de impressionantes 9kg foram capturados no lago. Você pode agendar sua pescaria no hotel: os preços começam em CUC$20 por hora para duas pessoas. Barcos transportam os passageiros para a Casa Del Campesino oferecendo café, frutas frescas e uma prova da vida campestre cubana. Uma trilha que sai do hotel também chega à Casa. Outro passeio de barco popular é para o restaurante Río Negro, situado no topo de uma escada de pedra íngreme e que permite contemplar a margem do lago a 7km de distância. Ali, você pode provar comida *criolla* imerso na natureza e depois subir ao **mirador**. Ambas as viagens de barco custam CUC$6 por pessoa. A mais 2km de barco do restaurante Río Negro está um pequeno cais; desembarque para a caminhada de 1km em direção à **cachoeira Arroyo Trinitario**, na qual você poderá nadar. Algumas outras trilhas saem dela. Você pode organizar essas atividades no Hotel Hanabanilla ou agendar uma excursão diária (CUC$33 de Santa Clara; CUC$69 de Cayo Santa María).

## Onde dormir e comer

**Hotel Hanabanilla** HOTEL $

(☎20-84-61; s/c CUC$14/22; P ❄ 🏊) Aparentemente impróprio e sem qualquer refinamento, esse hotel com quatro andares e 125 quartos merece uma visita mais cuidadosa. À parte a má aparência exterior, as boas instalações internas incluem um restaurante à la carte, uma piscina, um bar com ótima vista e quartos com uma pequena varanda voltada para o lago. Calmo durante a semana, mas praticamente lotado de hóspedes cubanos aos fins de semana, é sua única alternativa de acomodação por quilômetros e a melhor base para atividades à beira do lago.

## Como chegar e sair

Três ônibus diários vão de Santa Clara para Manicaragua às 7h40, 13h30 e 21h30. Teoricamente, há ônibus de Manicaragua para Embalse Hanabanilla, mas o acesso mais prático é de carro, bicicleta ou moto. Motoristas de táxi irão se oferecer energicamente para fazer a viagem. Combine CUC$25 para a viagem de ida num táxi estatal. Negocie bastante se quiser que o motorista espere enquanto você faz as excursões.

# Remedios

POP. 45.836

Um dos povoados mais antigos de Cuba, Remedios deixa para trás toda a sua serenidade no mês de dezembro para uma das festas de rua mais agitadas do Caribe, a lendária **Las Parrandas**, na qual cidadãos exuberantes aglutinam-se em diferentes grupos e se enfrentam com carros alegóricos, fogos de artifício e competições de dança.

Fundada em algum momento entre 1513 e 1524, a cidade (quando não está festejando a *parranda*) é um local relaxante e deslumbrante, usado tanto como base barata para Cayerías del Norte quanto como um refúgio colonial. Apesar de ter perdido metade da sua população com o êxodo de 1689 (veja p. 249), Remedios conseguiu manter uma espécie de carisma cultural único – uma atmosfera mais bem saboreada em algumas das fenomenais *casas particulares* e na sua impressionante, ainda que solene, praça central, um baú cheio de tesouros de palacetes dos séculos 18 e 19.

## Atrações

Remedios é a única cidade em Cuba com duas igrejas na praça central, a Plaza Martí.

**Parroquia de San Juan Bautista de Remedios** IGREJA

(Camilo Cienfuegos, 20; ⏲9-12h e 14-17h seg-qui) Uma das melhores construções eclesiásticas da ilha, essa igreja data do fim do século 18, apesar de outra ter sido fundada no mesmo local por volta de 1545. O campanário foi construído entre 1848 e 1858; seu famoso altar-mor dourado e teto de mogno devem-se a um projeto de restauração (1944-46) financiado pelo filantropo milionário Eutimio Falla Bonet. Dizem que a Inmaculada Concepción grávida, à esquerda da entrada, é única em Cuba por sua representação como gestante. Se as portas da frente estiverem fechadas, dê a volta até os fundos ou compareça à missa das 19h30.

Também na Plaza Martí está a **Iglesia de Nuestra Señora del Buen Viaje** (Alejandro del Río, 66), do século 18, que espera por uma restauração, sempre adiada, e atualmente está fechada.

**Museo de Música Alejandro García Caturla** MUSEU

(Parque Martí, 5; entrada CUC$1; ⏲9-12h e 13-18h seg-qui, 19-23h sex, 14-0h sáb) Entre as igrejas localiza-se um museu em homenagem a García Caturla, músico e compositor cubano que viveu na cidade de 1920 até o seu assassinato, em 1940. Procure eventuais concertos não agendados.

**Museo de las Parrandas Remedianas** MUSEU

(Máximo Gómez, 71; entrada CUC$1; ⏲9-18h) Visitar esse alegre museu (e não é muito fre-

## PARRANDAS

Em algum momento no século 19 o padre da catedral de Remedios, Francisco Vigil de Quiñones, teve a brilhante ideia de dar às crianças locais talheres e louças e deixá-las correr pela cidade fazendo um estardalhaço, a fim de aumentar a presença da população nas preparações para o Natal. Ele não poderia imaginar a que estava dando início. Dois séculos mais tarde as *parrandas* – forma como esses rituais cacofônicos ficaram conhecidos – transformaram-se em uma das mais conhecidas festas de rua caribenhas. Peculiar à região de Las Villas, as *parrandas* acontecem em cidades de Villa Clara, Ciego de Ávila e nas províncias de Sancti Spíritus, mas a maior festa ocorre anualmente em Remedios, no dia 24 de dezembro.

As festividades começam às 10 da manhã com as duas vizinhanças mais tradicionais da cidade (El Carmen e El Salvador) se reunindo para competir com espetáculos de fogos de artifício e danças – de rumba a polca. A segunda parte da festa consiste em um desfile de carros alegóricos, parecidos com os do Carnaval, no qual as únicas coisas paradas são as pessoas fantasiadas nas torres coloridas, erigidas sobre os tratores que atravessam as ruas. Mais fogos de artifício rodeiam a festança.

O sucesso das *parrandas* tem se espalhado ao longo dos anos e cidades vizinhas de Camajuani a Caibarién agora fazem celebrações quase tão estridentes quanto essa.



quente pronunciar essas duas palavras juntas nas províncias de Cuba), a dois quarteirões do Parque Martí, não é o melhor substituto para as festas do dia 24 de dezembro, mas tudo bem. A galeria de fotos subterrânea normalmente recapitula as *parrandas* de anos anteriores, enquanto as salas nos andares de cima mostram a história dessa tradição, incluindo modelos em escala dos carros alegóricos e descrições de como são feitos os fogos de artifício. Uma outra sala está apinhada de fantasias das celebrações passadas.

GRÁTIS **Galería del Arte Carlos Enríquez** GALERIA DE ARTE
(Parque Martí, 2; ⏲9-12h e 13-17h) De volta à praça central, essa galeria tem o nome de um pintor talentoso natural da pequena cidade de Zulueta, em Villa Clara. Exibe uma interessante coleção de arte local e ocasionalmente há exposições de artistas itinerantes.

## Onde dormir

**'Villa Colonial' – Frank & Arelys** CASA PARTICULAR $
(☎39-62-74; Maceo, 43 esq. av. General Carrillo; q CUC$20-25; ❄) Uma vila elegante, com pé-direito alto e enormes gradis de ferro, esse local foi restaurado com um olhar meticuloso para a história. Você pode desfrutar de uma entrada e um lobby exclusivos, uma sala de estar mobiliada com antiguidades, um pátio maravilhoso e quartos espaçosos com banheiro moderno. Os jovens donos são charmosos e apaixonados pela sua cidade e sua história.

**La Paloma** CASA PARTICULAR $
(☎39-54-90; Balmaseda, 4, entre Capablanca e Máximo Gómez; q CUC$20-25; P❄) Outra grandiosa casa de Remedios, com um painel de azulejos e móveis que valeriam zilhões em qualquer outro lugar, La Paloma data de 1875 e está bem na praça principal. Os dois quartos têm banheiros enormes, camas *art déco* e portas grandes o suficiente para se passar com um cavalo.

**Hotel Mascotte** HOTEL-BUTIQUE $$
(☎39-53-41; Parque Martí; s/c CUC$45/60; ❄) A falta de hotéis turísticos de Remedios é suprida por esse espaço de ótima qualidade, situado em um belo prédio colonial rosado de 1869. Administrado pela Cubanacán como um hotel-butique, o Mascotte tem dez quartos espaçosos, cinco dos quais com varanda para a praça principal.

**Hostal San Carlos** CASA PARTICULAR $
(☎39-56-24; José A Peña, 75, entre Maceo e La Pastora; q CUC$20; ❄) Outra boa opção: dois quartos, banheiros limpíssimos e terraço.

## Onde comer

**El Louvre** CAFÉ $
(Máximo Gómez, 122; ⏲7h30-0h) Um centro gravitacional para os turistas de Remedios, o El Louvre é – e os moradores confirmarão – o bar mais antigo do país, em serviço contínuo desde 1866. À parte a longevidade, o cardápio pesado, com sanduíches e frango frito, não combina exatamente com a localização do bar (ao lado do parque). O lugar era bom o suficiente para o poeta espanhol Federico García Lorca, que está no topo da lista de an-

tigos fregueses famosos (é possível suspeitar que os pratos servidos eram melhores naquela época). Se você estiver procurando um quarto, um *paladar* ou um táxi, pare nele e provavelmente alguém oferecerá ajuda.

**Portales a la Plaza** CARIBENHA $

(Parque Martí entre av. del Rio e Montaiván) Do lado da praça oposto ao El Louvre, esse restaurante está isolado em um pátio colonial, o que propicia uma atmosfera interessante ao seu jantar – que poderá incluir porco, banana e uma variedade de tipos de arroz. Pagamento em pesos.

**Restaurante el Curujey** CARIBENHA $

(☎36-33-05; Carretera Remedios–Caibarién Km 3,5; ⏲10-17h) Se você está na fronteira Cayo-Remedios, esse lugar rústico da ARTex a 3km da estrada Caibarién é uma boa aposta. Siga as direções para "Finca la Cabana" da estrada.

## ☆ Lazer

Mais atividades culturais podem ser encontradas no **Uneac** (Maceo, 25) e em parques e praças.

**Bar Juvenil** CASA NOTURNA

(Adel Río, 47; ⏲21-1h sáb e dom) Quem quer dançar vai para essa balada a céu aberto, próxima à Máximo Gómez (entrada via parque), com palmeiras, pilares e azulejos mouros. Durante o dia há campeonatos de pingue-pongue e dominó; a noite vira uma festa (sem bebidas).

**El Güije** CASA NOTURNA

(Esq. Independencia e Maceo; ⏲14-2h) Esse é um local para eventos instalado recentemente; pergunte sobre as aulas de dança durante o dia.

**Centro Cultural las Leyendas** CENTRO CULTURAL

(Máximo Gómez entre Margali e Independencia) Ao lado do El Louvre está esse centro cultural ARTex, com música até uma da manhã de quarta a sábado.

**Teatro Rubén M Villena** TEATRO

(Cienfuegos, 30) Um quarteirão a leste do parque fica esse antigo e elegante teatro que abriga performances de dança, peças e Teatro Guiñol para crianças. A programação está afixada na janela e os ingressos só podem ser pagos em pesos.

## ℹ Como chegar e sair

A rodoviária fica ao sul da cidade, já no começo da estrada de 45km para Santa Clara. Há seis ônibus diários para Santa Clara (o trajeto leva 1 hora), três viagens diárias para Caibarién (20 minutos) e duas saídas às segundas, quartas e sextas para Zulueta (30 minutos). Os preços são baixíssimos. Remedios não está entre as localidades atendidas pela Víazul; o lugar mais próximo atendido pela empresa é Santa Clara.

Atualmente, não há trens em Remedios. Táxis estatais saindo da rodoviária para Caibarién irão custar aproximadamente CUC$5 (a ida) e CUC$25 para Santa Clara. Bicitáxi da estação de ônibus ao Parque Martí custa CUC$2.

# Caibarién

POP. 37.902

Depois da agitada Santa Clara e do esplendor colonial de Remedios, esse porto na costa atlântica de Cuba, em dia bastante movimentado, irá chocá-lo com seus prédios antigos caindo aos pedaços e com sua aparência decrépita. Desde que o píer caiu no mar e os engenhos de açúcar da província fecharam, a base econômica de Caibarién desmoronou e não foi mais recuperada. Nela, as casas são tão frágeis que um grito parece ser suficiente para derrubá-las.

Mas dê uma chance para esse lugar. Viajantes dizem que algumas das suas melhores

QUEM SABE, SABE

### ANGEL GONZALEZ: GUIA, CAIBARIÉN

Os *cayos* são belíssimos, mas também são caros. Uma maneira de não gastar muito é ficando em Caibarién, em Remedios ou até mesmo em Santa Clara e visitá-los durante o dia. Um táxi de Caibarién para Villa las Brujas, por exemplo, custa CUC$50 ida e volta, incluindo o tempo de espera enquanto você aproveita a praia. No entanto, muitas delas são particulares: ou são propriedade dos hotéis ou de reservas protegidas de fauna e flora. Duas das melhores praias – Perla Blanca, bem no fim de Cayo Santa María, e Playa las Salinas, perto de Villa las Brujas e de mais fácil acesso – ainda podem ser visitadas de graça. Para evitar pagar entrada na Playa las Salinas, pegue a saída à esquerda logo depois do posto de gasolina de Cayo las Brujas e siga a estrada para a entrada pública. Leve um bom lanche para evitar as caras e limitadas opções de refeição oferecidas na praia.

experiências em Cuba vieram da convidativa Caibarién, que parece enquadrada pelo colorido quebra-mar *malecón* restaurado e pela agitada pescaria esportiva. Nove quilômetros a leste de Remedios e a 40km da fascinante Cayerías del Norte está um canto de Cuba que as autoridades se esqueceram de enfeitar para os turistas. Experimente um gostinho das antigas atividades comerciais realizadas no local ao provar um *cangrejo* (caranguejo) recém-apanhado ou fazendo uma viagem à era do açúcar com uma visita ao museu instalado em um engenho restaurado. E há também as *parrandas*, em dezembro, que dizem perder apenas das de Remedios.

A cidade pode ser uma parada barata para aqueles que querem dar uma olhada nos *cayos* primitivos sem ter de pagar pacotes caros com tudo incluído. **Havanatur** (☎35-11-71; av. 9 entre calles 8 e 10) pode providenciar acomodação em Cayo Santa María. Há uma **Cadeca** (calle 10, 907, entre avs. 9 e 11) nas proximidades.

## Atrações

**GRÁTIS** **Museo de Agroindustria Azucarero Marcelo Salado** MUSEU

(☎36-32-86; ⊙8-16h seg-sex) Três quilômetros após a estátua do caranguejo na estrada de Remedios você verá esse museu, especialmente interessante por se situar no antigo engenho de açúcar da região. Há um vídeo sobre a indústria de açúcar cubana, modelos de trabalhadores, além de máquinas originais que, apesar de parecerem frutos da Revolução Industrial, eram um imperativo em Cuba até as restrições impostas por Castro à indústria nos anos 1990. Um presente adicional é a extensa coleção de locomotivas (esse lugar também é conhecido como Museo de Vapor); a grande atração é a maior máquina a vapor da América Latina.

**Estátua do caranguejo** MONUMENTO

A entrada de Caibarién é protegida por um crustáceo gigantesco desenhado por Florencio Gelabert Pérez e construído em 1983.

**Museo Municipal María Escobar Laredo** MUSEU

(Esq. av. 9 e calle 10) Essa é a melhor atração do centro da cidade, convenientemente localizada na praça principal. Vale a pena dar uma olhada, nem que seja apenas para se surpreender com o fato de que até mesmo a humilde Caibarién teve seu apogeu.

## Onde dormir e comer

Caibarién é o lugar mais econômico em Cayerías del Norte, uma região pobre em *casas particulares* e repleta de resorts; muitos viajantes param nela exatamente por essa razão.

**Pensão da Virginia** CASA PARTICULAR $

(☎36-33-03; Ciudad Pesquera, 73; q CUC$20-25; P ❄) Entre as poucas opções de hospedagem de Caibarién, esse lugar respeitável administrado por Virginia Rodríguez é o mais famoso. A comida é deliciosa; certamente uma boa chance para você provar os frutos do mar locais.

**Complejo Brisas del Mar** HOTEL $

(☎35-16-99; Reparto Mar Azul; c CUC$22; P ❄ ≋) Também conhecido como Villa Blanca, esse hotel Islazul com dezessete quartos fica 4km na direção leste da cidade, próximo à praia de Caibarién (sete quartos dão de frente para o mar). As instalações incluem bar, restaurante, piscina e TV a cabo.

**Restaurante la Vicaria** FRUTOS DO MAR $

(Calle 10 e av. 9; ⊙10h-22h30) Em primeiro lugar nas opções de alimentação, esse estabelecimento especializado em peixes fica na praça principal.

## Lazer

**Piste de Baile** CASA NOTURNA

(Calle 4; entrada CUC$2) Por incrível que pareça, Caibarién tem uma balada bem moderna perto da estação de trem. Fica cheia de jovens moradores da região aos fins de semana.

## Como chegar e sair

Quatro ônibus por dia vão para Remedios (CUC$1, 20 minutos), dois deles continuam até Santa Clara (CUC$2, 1h e 30min) e três vão para Yaguajay (CUC$1,50, 45 minutos) da antiga **rodoviária e estação trem** (calle 6) azul e branca de Caibarién, na parte ocidental da cidade. Nenhum trem passa em Caibarién, porém. O posto Servi-Cupet fica na entrada da cidade para quem vem de Remedios, logo atrás da estátua do caranguejo. **Cubacar** (☎35-19-60; av. 11 entre calles 6 e 8) aluga carros com as taxas padrão e lambretas por CUC$22.

# Cayerías del Norte

As centenas de pequenos recifes da costa norte da província – no conjunto, chamados de Cayerías del Norte – são o próximo grande investimento turístico de Cuba. Há atualmente cinco resorts espalhados por ele (entre eles, um dos mais novos do arquipélago), distribuídos em três dos recifes maiores, **Cayo las Brujas**, **Cayo Ensenachos** e **Cayo Santa María**, mas já há planos para muitos outros. Os hotéis existentes estão todos interligados

## Cayo Santa María

por uma impressionante estrada de 48km chamada **El Pedraplén**, que por acaso encontra a rasa Bahía de Buenavista vindo de Caibarién e cruzando 45 pontes no caminho. As pontes foram incorporadas no meio dos anos 1990 para permitir o escoamento das marés, já que estudos realizados em um antigo *pedraplén* (estrada) sem pontes em Cayo Coco revelaram danos ambientais significativos.

Para manter suas aspirações elitistas (aparentemente, Tom Cruise passou férias no balneário), o desenvolvimento turístico de Cayerías del Norte tem sido, até agora, cuidadosamente administrado. Com a proteção de 248 espécies de flora e a incorporação de partes da Reserva Buenavista de Biosfera da UNESCO, o governo demarcou grandes extensões de terra como reservas protegidas de fauna e flora. Essas medidas garantiram que as deliciosas praias de areia branquinha do local mantivessem (até agora) sua atmosfera primitiva de isolamento, ausente em outros balneários, como Cayo Coco e Varadero.

## Atrações e atividades

**Marina Gaviota** ESPORTES AQUÁTICOS

(☎35-00-13; Cayo las Brujas) A maioria das atividades na água pode ser organizada nessa marina próxima a Villa las Brujas. Os pontos altos incluem uma excursão de uma hora num catamarã com direito a snorkel (CUC$35), um cruzeiro de um dia também num catamarã (CUC$72), um cruzeiro ao pôr do sol (CUC$49) e pesca em alto-mar (CUC$260 para quatro pessoas). Pode-se também mergulhar em um dos 24 locais fora da costa (CUC$65 para duas imersões). A maioria das atividades aquáticas é cancelada se uma frente fria se aproxima.

**San Pascual** LOCAL HISTÓRICO

Uma das curiosidades mais antigas e estranhas da área é San Pascual, um navio-tanque de San Diego construído em 1920 e que naufragou em 1933 no lado oposto da vizinha Cayo Francés. Mais tarde, o navio foi usado para armazenar melaço e depois foi transformado em uma espécie surreal de hotel-restaurante (agora fechado). A viagem para ver o navio está inclusa nas excursões de mergulho e nos cruzeiros ao pôr do sol.

**Pueblo la Estrella** SPA, BOLICHE

(⏲9-19h30) Com uma nota mais moderna, esse é um grande shopping parecido com a Plaza América, de Varadero. Tem lojas de suvenires, restaurantes, bares, spas e um boliche. Está localizado no meio do complexo Barceló, entre a praia Santa Maria e os hotéis Tropical – com exceção da academia, é aberto a todos.

## Onde dormir

Há cinco hotéis no local. Os que estão a seguir cobrem as variações de preço.

VALE A VIAGEM

## MECA MEDICINAL

Baños de Elguea, um lugar fora do caminho e fora do comum, está 136km na direção noroeste de Santa Clara, perto da fronteira com a província de Matanzas. Esse renomado spa proporciona os maiores poderes de rejuvenescimento da América Latina (assim dizem os frequentadores). O costume de ir a este lugar para se livrar de enfermidades data de 1860. De acordo com a lenda local, um escravo que havia contraído uma grave doença de pele foi banido para o que é hoje Baños de Elguea pelo seu senhor, o dono de engenho Don Francisco Elguea, para que não contaminasse outros escravos. Algum tempo depois, o homem retornou completamente curado. Sua explicação foi a de que sua cura se devia aos banhos na nascente de água mineral. Surpreendentemente, Elguea acreditou nele. Uma casa de banho foi construída, e o primeiro hotel foi aberto em 1917. Hoje, essas nascentes amarelo-claras e sua lama são usadas por médicos para tratar de irritações na pele, artrite e reumatismo. Suas águas atingem a temperatura de 50 °C e são ricas em brometo, cloro, radônio, sódio e enxofre.

Situado ao norte de Coralillo, o **Hotel & Spa Elguea** (☎68-62-90; s/c inclui café da manhã baixa temporada CUC$13/20; P❄🏊) tem 139 quartos com diversos serviços de spa, como tratamento com lama, hidroterapia e massagens disponíveis nas piscinas termais próximas. O hotel é absolutamente inacessível por transporte público, que chega a apenas 9km de distância, em Coralillo. Aqueles que procuram a cura precisam ter seu próprio carro ou bastante fôlego para uma caminhada.

**Villa las Brujas** HOTEL, RESORT **$$**
(☎35-01-99; Cayo las Brujas; all-inclusive s/c CUC$76-89/86-98; P❄) Localizado no topo de um pequeno e selvagem promontório coroado pela estátua de uma *bruja* (bruxa), Villa las Brujas oferece um ar de *Morro dos ventos uivantes* dos trópicos quando sopra um vento mais frio. Tudo isso enriquece a atmosfera única desse confortável e não tão caro pequeno resort, situado nos mangues de um dos recifes mais bonitos de Cuba. As 24 *cabañas* espaçosas são equipadas com máquina de café, TV a cabo e camas imensas (os preços mais altos referem-se aos quartos com melhores vistas), enquanto o restaurante Farallón oferece uma vista magnífica da praia privada (parte da paradisíaca Playa las Salinas). Hotel mais próximo do continente, Villa las Brujas fica próximo à marina, a 3km do aeroporto.

**Hotel Occidental Royal Hideaway Ensenachos** RESORT **$$$**
(☎35-03-00; Cayo Ensenachos; all-inclusive s/c CUC$300/400; P❄@🏊) Notadamente superior às outras opções de Cayerías del Norte, esse verdadeiro paraíso é comparável aos resorts cinco estrelas de Porto Rico e Cancún. É refinado e tranquilo com suas fontes ao estilo de Alhambra e vegetação natural atraente. Os hóspedes ficam acomodados em vinte belas unidades, cada uma com seu próprio serviço de quarto. Entre os luxos já inclusos: cama king size, roupão, brinquedos aquáticos, treinos de tênis, uma grande quantidade de restaurantes e carrinhos de golfe para se deslocar de um lado para o outro. O ponto alto são as duas praias privativas absolutamente maravilhosas: Ensenachos e Mégano.

**Barceló Cayo Santa María Beach Resort** RESORT **$$$**
(☎35-04-00; jefeventas.barcelo@cayosantamaria.co.cu; Cayo Santa María; all-inclusive s/c a partir de CUC$101/162; P❄@🏊) O grande e novo Barceló Cayo Santa María Resort é na verdade uma junção de quatro hotéis divididos em dois complexos: o Caribe, o Tropical, o Santa Maria Beach e o Colonial. Neles há espalhados 2.694 quartos, a maioria dos quais suítes padrão. Se procurar pacientemente, você pode encontrar um quarto com varanda, cama king size, duas TVs por satélite e banheira de hidromassagem.

**Meliá las Dunas** RESORT **$$$**
(☎35-01-00; Cayo Santa María; all-inclusive c CUC$243; P❄@🏊) O fantástico Meliá, com 925 quartos, é um dos maiores e mais novos resorts de Cuba – recebeu resenhas exaltadíssimas no ano de sua abertura, 2007. Do tamanho de uma vila inglesa, o Meliá tem carros de golfe para você se locomover e um terreno extenso. As estadias nessa praia são a clássica experiência alienada dos paraísos do Caribe, a anos-luz de qualquer noção do cotidiano autêntico de Cuba.

## ✕ Onde comer

Para os que não são hóspedes dos hotéis, a melhor aposta para uma refeição decente é o restaurante Farallón, perfeitamente aninhado na deliciosa praia Las Salinas. O acesso é feito via Villa las Brujas. O almoço com direito a usar a praia, os banheiros e o estacionamento custa CUC$20 (CUC$16 correspondem ao seu crédito para comer e beber). Pueblo la Estrella (p. 263) tem vários outros restaurantes novos. Do contrário, sua única opção é a lanchonete do aeroporto (café ruim, mas o restante é saboroso) ou um passe diário bem caro para os resorts que têm tudo incluído.

## Como chegar e sair

Uma típica região all-inclusive, Cayo Santa María não foi desenvolvida pensando em transporte público. O **aeroporto Las Brujas** (☎35-00-09) tem voos fretados à Havana. Há um posto Servicentro do lado oposto. Para os que não têm a sorte de serem conduzidos por ônibus com ar-condicionado fornecidos aos hóspedes dos grandes hotéis, o acesso é feito por aluguel de carros/lambretas ou táxi de Caibarién (56km), Remedios (65km) ou Santa Clara (110km). Um táxi de Caibarién/Remedios/Santa Clara custa aproximadamente CUC$50/60/80 ida e volta, incluindo o tempo de espera, para Villa las Brujas. Ciclistas: ventos na direção contrária da estrada podem tornar a pedalada problemática. O acesso à estrada é feito de Caibarién e há uma cabine de pedágio (CUC$2 a ida), na qual você precisará mostrar seu passaporte.

# Província de Sancti Spíritus

041 / POP. 465.468

Inclui »



## Os melhores lugares para comer

» Paladar Sol y Son (p. 282)

» Mesón de la Plaza (p. 272)

» Restaurante Hostal del Rijo (p. 273)

» Paladar Estela (p. 282)

## Os melhores lugares para ficar

» Hostal del Rijo (p. 271)

» Casa Muñoz – Julio & Rosa (p. 280)

» Iberostar Grand Hotel (p. 280)

» Hotel Plaza (p. 271)

» "Hospedaje Yolanda" – Yolanda María Alvarez (p. 281)

## Por que ir?

Sancti Spíritus é a província da boa sorte; aqui existe de tudo um pouco, numa área com metade do tamanho de Camagüey ou Pinar del Río.

As cidades são destaques permanentes. A leste está a capital, uma mistura inebriante de prédios maltratados pelo clima e Ladas amassados. Ao sul está Trinidad, a joia de Cuba perdida no tempo.

Ao contrário de outras belezas coloniais, Trinidad tem praias – a vizinha Ancón é maravilhosa, talvez a melhor na costa sul de Cuba – e montanhas. A uma pequena distância do centro colonial da cidade está a inesquecível Escambray, que, com uma rede de boas trilhas, é a melhor área para caminhar em Cuba.

O resto da província esconde uma surpreendente gama de curiosidades muitas vezes esquecidas, como a pescaria no lago Zaza, um museu inspirador sobre o ícone Camilo Cienfuegos, em Yaguajay, e a bela Bahía de Buenavista.

## Quando ir

Os moradores de Trinidad não esperam muito após o Natal para redescobrir seu estilo de comemoração. A Semana de la Cultura Trinitaria (Semana de Cultura de Trinidad) acontece na segunda semana de janeiro e coincide com o aniversário da cidade. O tranquilo mês de maio é uma boa época para visitar a província, podendo evitar as multidões e o tempo ruim da baixa temporada. Fique até junho e você verá a segunda maior festa anual de Trinidad, as Fiestas Sanjuaneras, uma espécie de festa junina local na qual caubóis bêbados de rum galopam pelas ruas. Tome cuidado!

## Destaques da província de Sancti Spíritus

1. Dance ao som dos hipnóticos tambores da rumba no **Palenque de los Congos Reales** (p. 283), em Trinidad
2. Suba na torre da plantação de Manaca Iznaga para uma vista incrível do **Valle de los Ingenios** (p. 288), patrimônio da UNESCO
3. Pesque achigãs em **Embalse Zaza** (p. 272)
4. Mergulhe nas fontes minerais da **Villa San José del Lago** (p. 292)
5. Alugue uma casa em La Boca e passeie pelas areias da **Playa Ancón** (p. 286)
6. Faça a trilha até **Salto del Caburní** (p. 289) e mergulhe numa refrescante piscina natural
7. Alugue um barco para levá--lo a um mergulho em **Cayo Blanco** (p. 286)
8. Visite meia dúzia de museus em **Trinidad** (p. 277), região parada no tempo

## A *GUAYABERA*

Nenhum casamento de praia no México estaria completo sem uma *guayabera* de acordo com a cultura popular, porém esse estilo de blusa não surgiu em Puerto Vallarta, mas no fim do século 19 em Sancti Spíritus, onde as pessoas que moravam próximas ao rio Yayabo eram conhecidas como Yayaberos. As mulheres da região, que criavam roupas de trabalho confortáveis para seus maridos usarem nos campos, apelidaram as blusas habilmente costuradas de *guayaberas*, pois os homens voltavam para casa com os bolsos cheios de *guayabas* (goiabas).

Com suas características *alforzas* (pregas) e elegância rústica, a popularidade da *guayabera* se espalhou rapidamente e, por volta de 1880, estava sendo usada em eventos oficiais por toda a área de Sancti Spíritus. No começo do século 20, a *guayabera* havia chegado a Havana e, na década de 1940, virou tendência nacional quando o então presidente cubano Ramón Grau San Martín foi visto usando uma.

Hoje em dia, *guayaberas* são onipresentes em toda a América Latina, de bares em ruelas mexicanas a reuniões de negócios em Miami. Usada casualmente para fora da calça, a camisa vem em uma variedade de cores pastel (apesar de o branco ser o padrão) e é reconhecida pelos seus quatro grandes bolsos e diversos botões decorativos.



# Sancti Spíritus

POP. 105.815

Não subestime Sancti Spíritus. Em qualquer outro país essa atrativa cidade colonial seria o ponto forte cultural, mas, abrigada dentro da ilustre província de Sancti Spíritus e destinada a ficar à sombra de Trinidad, mal recebe visitas. É claro que, para muitos turistas, aí está a grande atração: Sancti Spíritus é Trinidad sem a bagunça turística. Você consegue ser servido em um restaurante ou procurar uma *casa particular* sem um grupo de guias insistentes falando que o dono morreu, está de férias ou morando em Miami. Você também pode se sentir extremamente confortável sentado numa cadeira de metal no Parque Serafín Sánchez, assistindo a crianças talentosas que jogam taco enquanto boleros melancólicos enchem ruas que nunca foram listadas pela UNESCO.

Fundada em 1514 como uma das sete vilas originais de Diego Velázquez, Sancti Spíritus foi transferida para seu local atual no Río Yayabo em 1522. Mas a realocação não impediu que audaciosos piratas continuassem a saquear a cidade até meados de 1660.

Enquanto Trinidad deu ao mundo a Playa Ancón, barões do açúcar e *jineteros* (cambistas), Sancti Spíritus nos presenteou com a elegante blusa *guayabera*, a *guayaba* (goiaba) e uma ponte levemente torta que não estaria deslocada num lugar como Yorkshire, Inglaterra.

## Atrações

As principais avenidas ao norte e ao sul do eixo av. de los Mártires e calle M Solano têm um sufixo indicando esta direção (norte/sul).

**Ponte Yayabo e arredores** MARCO LOCAL

Lembrando algo saído de uma vila do campo inglês, essa ponte de quatro arcos é a mais importante atração de Sancti Spíritus. Construída pelos espanhóis em 1815, carrega o tráfego sobre o rio Yayabo e é um monumento nacional. Para a melhor vista (e um reflexo espelhado nas águas), vá ao terraço externo da Quinta Santa Elena. O **Teatro Principal**, ao lado da ponte, data de 1876, e as ruas de paralelepípedos clareados pelo sol que vão em direção ao centro da cidade são algumas das mais antigas da colônia. A mais tortuosa é a estreita **calle Llano**, onde senhoras alimentam galinhas de porta em porta e vizinhos fofocam em frente ao azul e verde-limão das casas.

**Parque Serafín Sánchez** PRAÇA

Mesmo não sendo uma das praças mais sombreadas ou interessantes de Cuba, a bela Serafín Sánchez tem a elegância típica de Sancti Spíritus. Cadeiras de metal colocadas no centro são normalmente dominadas por idosos que fumam charutos e casais melosos esperando a vida noturna agitada. Existe muito para se fazer ao sul da praça, onde a Casa de la Cultura costuma exportar sua música para o meio da rua. Ao lado, a beleza de colunas helênicas que hoje é a **Biblioteca Provincial Rubén Martínez Villena** foi construída originalmente em 1929 pela Sociedade Progressista. Esporte e moedas são parceiros improváveis no **Museo Provincial** (Máximo Gómez Norte, 3; entrada CUC$1; ⏲9-18h seg-qui, 9-18h e 20-22h sáb, 8-12h dom), uma parada obrigatória para fanáticos sobre beisebol. Reserve 15 minutos para a apresentação completa.

O grandioso prédio amarelo-claro ao norte da praça é o antigo hotel **La Perla**, que permaneceu abandonado por anos até ser transformado num shopping center patrocinado pelo governo.

### Fundación de la Naturaleza y El Hombre — MUSEU

(Cruz Pérez, 1; entrada CUC$1; ⏲10-17h seg-sex, até 12h sáb) Replicando seu igualmente minúsculo parceiro em Miramar, Havana, esse museu em Parque Maceo mostra a odisseia feita a canoa (17.422km) pelo escritor e estudioso cubano Antonio Nuñez Jiménez (1923-98), da Amazônia ao Caribe. Mais de quatrocentos exploradores refizeram a viagem por dez países, do Equador às Bahamas, nas canoas gêmeas apelidadas *Simón Bolívar* e *Hatuey*. A última mede mais de 13m e é a peça central – e mais valiosa – da coleção. Cuidado com o horário de abertura, que costuma variar!

### Museo de Arte Colonial — MUSEU

(Plácido Sur, 74; entrada CUC$2; ⏲9-17h ter-sáb, 8-12h dom) Esse pequeno museu expõe móveis e objetos de decoração do século 19 em um imponente prédio do século 17 que pertenceu à família Iznaga, rica pela cultura do açúcar e antiga dona de metade do Valle de los Ingenios, em Trinidad.

### Iglesia Parroquial Mayor del Espíritu Santo — IGREJA

(Agramonte Oeste, 58; ⏲9-11h e 14-17h ter-sáb) Essa quase decrépita igreja tem vista para a Plaza Honorato. Construída originalmente em madeira em 1522 e reconstruída em pedras em 1680, dizem ser a mais antiga igreja de Cuba ainda apoiada em sua fundação original (apesar de o relógio ter cedido nos últimos anos). Embora o interior implore por cuidado e atenção, os moradores têm orgulho deste lugar. A melhor hora para dar uma espiada é durante a missa no domingo de manhã (às 10h). Uma pequena doação é capaz de fazer maravilhas.

### Plaza Honorato — PRAÇA

Antes conhecida como Plaza de Jesús, essa pequenina praça era palco de desagradáveis enforcamentos executados pelas autoridades espanholas. Então foi sede de um mercado popular e ainda exibe barraquinhas abandonadas alinhadas na rua a leste. O norte da praça é ocupado por um hotel-butique, o Hostal del Rijo.

### Calle Independencia Sur — RUA

A rua comercial da cidade não permite a circulação de carros e é cercada por estátuas, esculturas e inúmeras lojinhas de variedades. Confira o opulento prédio da **Colonia Española**, antigamente um clube exclusivo para homens, hoje uma miniloja de departamentos. A **Galería de Arte** (Céspedes Sur, 26; entrada franca; ⏲8-12h e 14-17h ter-sáb, 8-12h dom), ao lado do *agropecuario* (mercado de vegetais, entrada pela Independencia Sur), abriga diversas obras de Oscar Fernández Morera (1890-1946), pintor local.

### Museo de Ciencias Naturales — MUSEU

(Máximo Gómez Sur, 2; entrada CUC$1; ⏲8h30-17h seg-sáb, até 12h dom) Não exatamente um museu de história natural, essa casa colonial logo depois do Parque Serafín Sánchez tem um crocodilo empalhado (que assustará bastante as crianças pequenas!) e algumas coleções de pedras brilhantes.

### Museo Casa Natal de Serafín Sánchez — MUSEU

(Céspedes Norte, 112; entrada CUC$0,50; ⏲8-17h) Serafín Sánchez era um patriota local que participou de ambas as Guerras da Independência e morreu lutando em novembro de 1896. Esse museu, que detalha sua vida heroica, merece uma visita rápida. Prepare-se para ser seguido de sala em sala pela equipe sempre vigilante.

### Iglesia de Nuestra Señora de la Caridad — IGREJA

(Céspedes Norte, 207) De frente para a Fundación de la Naturaleza y El Hombre fica esse prédio que já foi bonito: a segunda igreja da cidade. Seus arcos internos abrigam ninhos de pardais cubanos, que parecem não se incomodar com o chocante estado de degradação do local.

## Onde dormir

**NO CENTRO DA CIDADE**

Com exceção do Iberostar de Trinidad, Sancti Spíritus tem hotéis melhores do que os de sua vizinha famosa. A cidade é abençoada com dois hotéis-butique, chamados de hotéis Encanto, pertencentes à rede Cubanacán. Ambos ocupam belos casarões coloniais reformados e são deliciosos recantos para passar uma noite ou duas.

# Sancti Spíritus

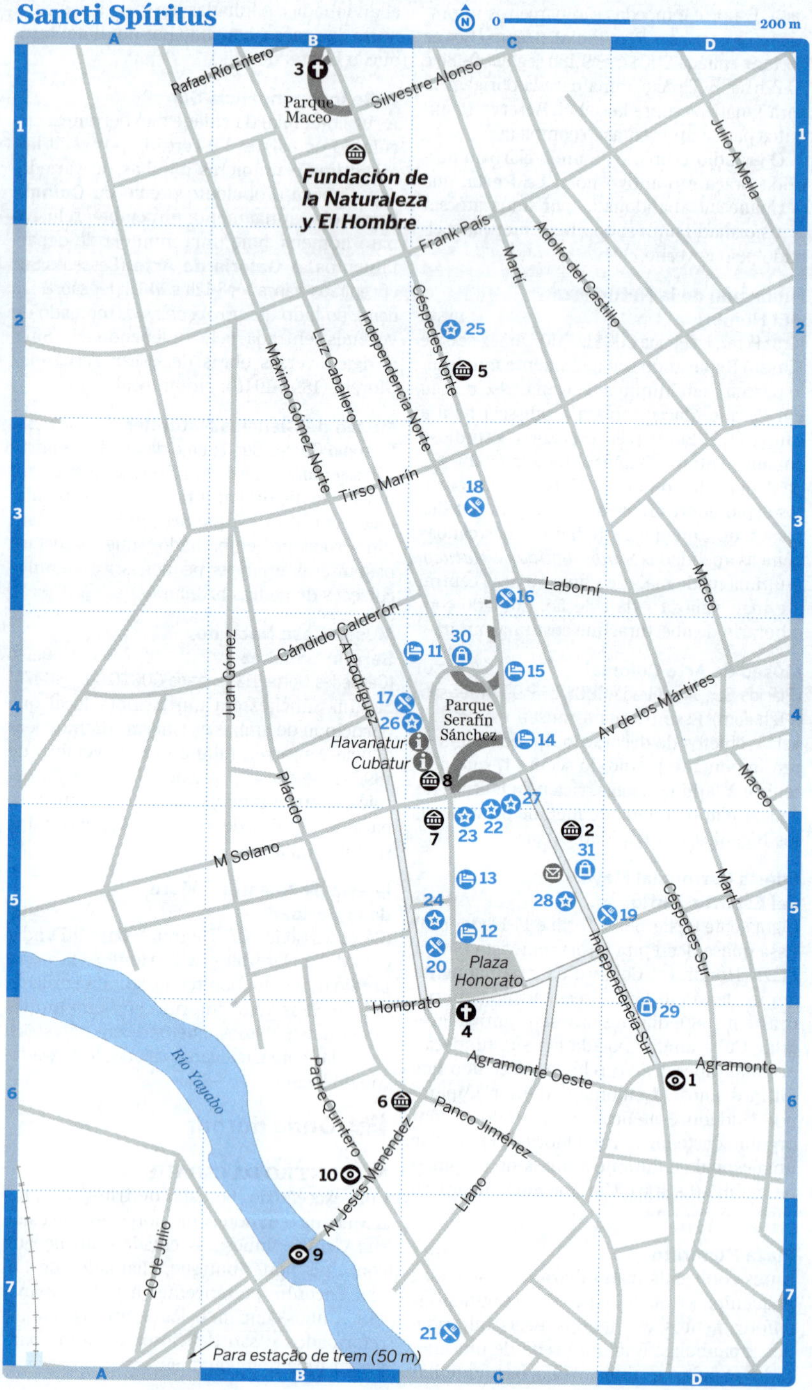

## Sancti Spíritus

**Destaque**

- Fundación de la Naturaleza y El Hombre ... B1

**Atrações**

- Biblioteca Provincial Rubén Martínez Villena ... (veja 8)
- 1 Colonia Española Building ... D6
- 2 Galería de Arte ... C5
- 3 Iglesia de Nuestra Señora de la Caridad ... B1
- 4 Iglesia Parroquial Mayor del Espíritu Santo ... C6
- La Perla ... (veja 30)
- 5 Museo Casa Natal de Serafín Sánchez ... C2
- 6 Museo de Arte Colonial ... B6
- 7 Museo de Ciencias Naturales ... C5
- 8 Museo Provincial ... C4
- 9 Puente Yayabo ... B7
- 10 Teatro Principal ... B6

**Onde dormir**

- 11 Estrella González Obregón ... C4
- 12 Hostal del Rijo ... C5
- 13 Hostal Paraíso ... C5
- 14 Hotel Plaza ... C4
- 15 'Los Richards' – Ricardo Rodríguez ... C4

**Onde comer**

- 16 Cremería el Kikiri ... C3
- 17 D'Prisa ... B4
- 18 La Época ... C3
- Las Arcadas ... (veja 14)
- 19 Mercado Agropecuario ... D5
- 20 Mesón de la Plaza ... C5
- 21 Quinta Santa Elena ... C7
- Restaurante Hostal del Rijo ... (veja 12)

**Lazer**

- 22 Cafe ARTex ... C5
- 23 Casa de la Cultura ... C5
- 24 Casa de la Trova Miguel Companioni ... C5
- 25 Casa del Joven Creador ... C2
- 26 Cine Conrado Benítez ... C4
- 27 Cine Serafín Sánchez ... C4
- Teatro Principal ... (veja 10)
- 28 Uneac ... C5

**Onde comprar**

- Colonia ... (veja 1)
- 29 Galería la Arcada ... D6
- 30 La Perla ... C4
- 31 Librería Julio Antonio Mella ... C5

**Hostal del Rijo** HOTEL-BUTIQUE **$$**
(☎32-85-88; Honorato, 12; s/c CUC$42/60; ❄@≋) Até os defensores de *casas particulares* podem não resistir a essa mansão de 1818, meticulosamente restaurada, localizada na tranquila Plaza Honorato (até a abertura da Casa de la Trova). Dezesseis quartos enormes – muitos dos quais com varanda que permite ver a praça – são equipados com tudo que um romântico entusiasta de Cuba poderia desejar, como TV a cabo e grandes móveis coloniais. No andar de baixo, no elegante restaurante do jardim, é servido um café da manhã suntuoso e sem pressa que o manterá por ali até as 11h. Ah, que seja: você pode muito bem ficar mais uma noite.

**Hotel Plaza** HOTEL-BUTIQUE **$$**
(☎32-71-02; Independencia Norte, 1; s/c CUC$38/54; ❄@) Irmão do Rijo, o Plaza está um quarteirão ao norte, no Parque Serafín Sánchez. Com 28 quartos espalhados por dois andares, o hotel recentemente reformado subiu à categoria de hotel-butique, com robes felpudos, móveis grandes, um romântico bar no pátio e uma vista de primeira para a praça. O hotel também conta com *mirador* (mirante) no telhado e atendimento sensacional. Por muito tempo esteve à sombra do Rijo, mas não mais!

**"Los Richards" – Ricardo Rodríguez** CASA PARTICULAR **$**
(☎32-30-29; Independencia Norte, 28, Altos; q CUC$25; ❄) A pequena escadaria ao lado da praça engana quanto ao tamanho desse lugar. O quarto da frente é enorme, fazendo com que as duas camas, as cadeiras de balanço, o bar completo e a geladeira pareçam pequenos. Conta com um quarto menor nos fundos.

**Hostal Paraíso** CASA PARTICULAR **$**
(☎52-71-1257; Máximo Gómez Sur, 11, entre Honorato e M Solano; q CUC$25; ❄) Passe um tempo entre as plantas penduradas nessa nova hospedaria. A casa em si data de 1838 e, apesar de os quartos serem um pouco escuros, os banheiros são muito grandes e o jardim ao redor é de levantar o ânimo.

VALE A VIAGEM

## EMBALSE ZAZA

Pescaria em água doce não é uma atividade tradicionalmente associada a Cuba, onde os pescadores visitantes tendem a se lançar em alto-mar em busca da lenda de Hemingway. Mas fugindo dos estereótipos turísticos, pescaria em lagos ainda é bastante praticada em alguns reservatórios construídos, incluindo o maior do país, o Embalse Zaza, a 11km de Sancti Spíritus.

Criado no início da década de 1970 pelo represamento de diversos rios locais, o Zaza cobre uma área de 113$km^2$. Atualmente quase 50% do reservatório é dedicado à pesca, com abundantes cardumes de achigãs (de até 8kg), oferecendo fartos resultados para os pescadores. Excursões saem do hotel mais próximo: o **Hotel Zaza** (☎32-85-12; s/c inclui café da manhã CUC$11/18; P ❄ ≈), uma feia mancha na paisagem mesmo para os padrões da arquitetura soviética dos anos 1970. Fique em Sancti Spíritus e vá de táxi. Uma viagem de pesca custa CUC$30 por 4 horas. Também existem viagens ao rio Agabama, situado no caminho para Trinidad, a partir de CUC$70.

**Hostal los Pinos** CASA PARTICULAR **$**
(☎32-93-14; carretera Central Norte, 157, entre Mirto Milián e Coronel Lagón; q CUC$20-25; ❄) Bom para viajantes em trânsito, esse museu *art déco* fica na carretera Central e conta com uma garagem, jantar delicioso e dois quartos confortáveis.

**Estrella González Obregón** CASA PARTICULAR **$**
(☎32-79-27; Máximo Gómez Norte, 26; q CUC$25) Dois quartos com bastante espaço e alguns equipamentos de cozinha tornam esse lugar ideal para famílias. Tem terraço com uma boa vista para as montanhas Escambray.

### NORTE DA CIDADE

Existem dois hotéis satisfatórios no curso da carretera Central, ao norte. Qualquer um dos dois é uma boa escolha se o centro da cidade estiver cheio ou se você estiver apenas passando por ali.

**Villa los Laureles** HOTEL **$**
(☎32-73-45; carretera Central Km 383; s/c CUC$23/36; P ❄ ≈) Não contente em apenas estar rodeado por eles, Los Laureles tem uma fila de loureiros na entrada para carros que recebe os visitantes em um elegante hotel Islazul fora da cidade. Aqui não existe arquitetura soviética estranha. Na verdade, até os muito exigentes deixam comentários favoráveis. Complementando os grandes e bem iluminados quartos, com geladeira, TV a cabo e varanda, há uma atrativa piscina, jardins cheios de flores e um colorido cabaré, o Tropi, com shows diários às 21h.

**Villa Rancho Hatuey** HOTEL **$**
(☎32-83-15; carretera Central Km 384; s/c CUC$26/42; P ❄ @ ≈) Aqui está o dilema. A menos de 1km da entrada cercada de loureiros do Los Laureles está mais uma joia Islazul, acessível pela via sul da carretera Central. Provavelmente o mais tranquilo das duas opções, o Rancho Hatuey distribui 76 quartos em formato de chalés de dois andares pelo terreno bem cuidado, a 500m da estrada. Enquanto estiver tomando sol na piscina ou comendo um lanchinho no restaurante próprio você verá caravanas do Canadá e oficiais do Partido Comunista de Havana se misturando em uma estranha combinação.

## Onde comer

Você pode queimar muitas calorias procurando por uma refeição decente em Sancti Spíritus. Não perca seu tempo: além de *casas particulares* e hotéis, só existem dois lugares para testar suas papilas gustativas, a Mesón de la Plaza e a Quinta Santa Elena, ambas operadas pelo grupo Palmares de restaurantes do governo.

**Mesón de la Plaza** CARIBENHA, ESPANHOLA **$$**
(Máximo Gómez Sur, 34; ⏲12h-14h30 e 18-22h) A melhor comida da cidade e o melhor local depois da Quinta Santa Elena. Instalada em uma mansão do século 19 que já pertenceu a um rico empresário espanhol, oferece petiscos espanhóis clássicos, como *potaje de garbanzos* (ervilhas com porco) e tiras de carne. Enquanto se delicia, você pode aproveitar a música que vem da Casa de la Trova, ao lado.

**Quinta Santa Elena** CARIBENHA $

(Padre Quintero, 60; pratos CUC$4-8; ⌚10-0h) "Roupa velha" é o nome que nunca fez jus ao famoso prato cubano (*ropa vieja*). Não há nada de velho nem de roupas no prato de carne nem no igualmente saboroso camarão em molho vermelho. Enquanto o Mesón tem a melhor comida, o Santa Elena ganha pela localização, pois fica em um charmoso pátio beirando o rio, em frente à famosa ponte arqueada.

**Restaurante Hostal del Rijo** INTERNACIONAL $$

(Honorato, 12) Você pode vir aqui em um primeiro encontro, tão encantador é o ambiente colonial do impressionante pátio central desse hotel. O serviço é igualmente bom e conta com uma excelente seleção de sobremesas e café.

**Cremería el Kikiri** SORVETERIA $

(Esq. Independencia Norte e Laborni) O quê, sem Coppelia? Kikiri é a mais antiga sorveteria de Sancti Spíritus e é também – isso mesmo – a melhor. Outra opção é ficar um tempo no Parque Serafín Sánchez, onde um sorveteiro artesanal irá aparecer com sua máquina de sorvete equipada com motor de uma máquina de lavar.

**Las Arcadas** CARIBENHA $

(Independencia Norte, 1) O ambiente refinado do Hotel Plaza dá um sabor extra à familiar comida *criolla*.

**D'Prisa** FAST-FOOD $

(Máximo Gómez Norte, 15) Um quiosque do governo que se revelou nos últimos anos; serve pizza e frango frito em pratos descartáveis.

### Por conta própria

**Mercado Agropecuario** MERCADO $

(Esq. Independencia Sur e Honorato) Esse *agropecuario* no centro da cidade fica logo depois da principal rua comercial. Dê uma espiada e veja como os cubanos fazem compras.

**La Época** SUPERMERCADO $

(Independencia Norte, 50C) Bom para mantimentos e salgadinhos diversos.

## ☆ Lazer

Sancti Spíritus tem uma maravilhosa vida noturna: moderna, inclusiva e despretensiosa. Você pode experimentá-la em qualquer um dos lugares a seguir.

**Uneac** MÚSICA AO VIVO

(Unión Nacional de Escritores y Artistas de Cuba, União Nacional de Escritores e Artistas Cubanos; Independencia Sur, 10) Pessoas que você nunca viu antes irão lhe oferecer cumprimentos enquanto um cantor joga beijos para sua(s) namorada(s) na plateia. Os shows no Uneac sempre parecem mais reuniões de família do que eventos culturais organizados, e Sancti Spíritus é uma das "famílias" mais animadas que você vai conhecer.

**Casa de la Trova Miguel Companioni** MÚSICA AO VIVO

(Máximo Gómez Sur, 26) Outra das famosas casas de *trova* cubanas, esse clube de música em um prédio colonial ao lado da Plaza Honorato está no mesmo nível que qualquer um de Trinidad. Mas aqui o público é 90% de cubanos e 10% de turistas.

**Café ARTex** CASA NOTURNA

(M Solano; entrada CUC$1; ⌚22-2h ter-dom) Em um prédio situado no Parque Serafín Sánchez, esse lugar tem mais atmosfera de balada do que o tradicional pátio ARTex. Oferece música dançante, shows e karaokê todas as noites, além de uma matinê aos domingos, às 14h (entrada CUC$3). Quinta-feira é dia de *reggaetón*, e o café recebe apresentações de *stand-up comedy*. Procure por shows das bandas Septeto Espirituano e Septeto de Son del Yayabo.

**Casa del Joven Creador** MÚSICA AO VIVO

(Céspedes Norte, 118) Em vez de ficar pelas esquinas sem nada para fazer, os jovens de Sancti Spíritus costumam ir a esse lugar perto do Museo Casa Natal de Serafín Sánchez, para assistir a shows de rock e rap.

GRÁTIS **Casa de la Cultura** CENTRO CULTURAL

(☎32-37-72; M Solano, 11) Abriga diversos eventos culturais que, aos fins de semana, vão parar na rua e deixam a calçada intransitável.

**Estadio José A Huelga** ESPORTES

(Circunvalación) De outubro a abril, jogos de beisebol acontecem nesse estádio a 1km da rodoviária. O time local Los Gallos (os galos) teve sua última vitória em 1979.

**Teatro Principal** TEATRO

(☎232-5755; av. Jesús Menéndez, 102) Esse marco arquitetônico perto da Puente Yayabo tem matinês aos fins de semana (às 10h) com teatro infantil.

**Cine Conrado Benítez** CINEMA

(☎32-53-27; Máximo Gómez Norte, 13) Dos dois principais cinemas da cidade, esse é o melhor para um bom filme.

## Onde comprar

Qualquer coisa de que você precise – de pilhas a frigideiras – é vendida nesses quiosques ao longo da calçada da Independencia Sur, que recentemente recebeu uma bela reforma.

**Colonia** ACESSÓRIOS

(Independencia Sur esq. com Agramonte; ⏲9-16h) Minilojas de departamento localizadas em um dos mais belos edifícios coloniais da cidade.

**La Perla** ACESSÓRIOS

(Parque Serafín Sánchez; ⏲9-16h) Três andares de compras em um maravilhoso edifício colonial restaurado no Parque Serafín Sánchez.

**Galería la Arcada** ARTE, ARTESANATO

(Independencia Sur) Esse local tem artesanato e pinturas cubanas.

**Librería Julio Antonio Mella** LIVRARIA

(Independencia Sur, 29; ⏲8-17h seg-sáb) Material de cunho revolucionário em uma loja em frente aos correios.

## Informações

### Acesso à internet e telefones

**Etecsa Telepunto** (Independencia Sur; acesso à internet CUC$6/hora; ⏲8h30-19h30) Dois terminais de computador raramente ocupados.

### Rádio

**Radio Sancti Spíritus CMHT** No ar nas frequências 1200AM e 97.3FM.

### Assistência médica

**Farmacia Especial** (Independencia Norte, 123; ⏲24 horas) Farmácia no Parque Maceo.

**Hospital Provincial Camilo Cienfuegos** (☎32-40-17; Bartolomé Masó) Quinhentos metros ao norte da Plaza de la Revolución.

**Policlínico los Olivos** (☎32-63-62; Circunvalación Olivos,1) Próxima à rodoviária. Atende estrangeiros em emergências.

### Dinheiro

**Banco Financiero Internacional** (Independencia Sur, 2) No Parque Serafín Sánchez.

**Cadeca** (Independencia Sur, 31) Prepare-se para perder muito tempo na fila.

### Correios

**Correios** (⏲9-18h seg-sáb) Existem duas filiais: uma na Independencia Sur, 8; a outra no edifício Etecsa, na Bartolomé Masó, 167.

### Agências de viagens

**Cubatur** (Máximo Gómez Norte, 7; ⏲9-17h seg-sáb) No Parque Serafín Sánchez.

**Havanatur** (Máximo Gómez Norte) Escritório ao lado do Cubatur que abre apenas esporadicamente.

## Como chegar e sair

### Ônibus

A **rodoviária** provinciana (carretera Central) fica 2km a leste da cidade. Ônibus pontuais e com ar-condicionado da **Viazul** (www.viazul.com) servem vários destinos.

Cinco ônibus diários para Santiago de Cuba (CUC$29, 8 horas) também param em Ciego de Ávila (CUC$6, 1h e 15min), Camagüey (CUC$10, 3 horas), Las Tunas (CUC$17, 5h e 40min) e Bayamo (CUC$21, 7 horas). Há quatro partidas para Havana (CUC$24, 5 horas) com paradas em Santa Clara (CUC$6, 1h e 15min) e Entronque de Jagüey (CUC$10, 3 horas). O ônibus para Trinidad (CUC$6, 1h e 20min) parte às 5h35.

### Trens

Existem duas estações de trem em Sancti Spíritus. Para Havana (CUC$14, 8 horas, 9h em dias alternados), via Santa Clara (CUC$4, 2 horas), e para Cienfuegos (CUC$5,50, 5 horas, 4h seg) use a **estação principal** (final da av. Jesús Menéndez; ⏲bilheteria 7-14h seg-sáb), ao sudoeste da Puente Yayabo, uma caminhada fácil de 10 minutos a partir do centro da cidade.

Pontos a leste saem de Guayos, 15km ao norte de Sancti Spíritus, incluindo Holguín (CUC$14, 8h e 30min, 9h30), Santiago de Cuba (CUC$21, 10h e 15min, 8h45) e Bayamo (CUC$13, 8h e 15 min). Se você estiver no Expresso Havana–Santiago de Cuba e for para Sancti Spíritus ou Trinidad, desça em Guayos.

A bilheteria da estação de Sancti Spíritus vende bilhetes para os trens que saem de Guayos, mas você deverá ir por conta própria até lá (CUC$8 a CUC$10 de táxi, mas pechinche bastante).

### Vans e táxis

Vans para Trinidad, Jatibonico e outros saem da rodoviária. Um táxi estatal para Trinidad custa por volta de CUC$35.

## Como circular

Charretes na carretera Central, em frente à rodoviária, partem para o Parque Serafín Sánchez quando cheias (CUC$1). Bicitáxis se reúnem na esquina da Laborni com Céspedes Norte. Existe uma bilheteria para o **Cubacar** (☎32-85-33) na esquina nordeste do Parque Serafín Sánchez; preços para locação diária começam em CUC$70. O posto de gasolina **Servi-Cupet** (carretera Central) fica 1,5km ao norte da Villa los Laureles, na carretera Central, em direção à Santa Clara. Estacionar no Parque Serafín Sánchez é relativamente seguro. Pergunte nos hotéis Rijo e Plaza, e provavelmente eles conseguirão uma pessoa para vigiar seu carro durante a noite por CUC$1.

## Alturas de Banao

Ainda fora dos roteiros sugeridos pelos guias turísticos, que incentivam a visita a Topes de Collantes, essa reserva ecológica, fora da estrada principal entre Sancti Spíritus e Trinidad, esconde um pouco explorado conjunto de montanhas, cachoeiras, florestas e *mogotes* (íngremes penhascos de calcário). O pico mais alto da reserva – parte da serra de Guamuhaya – tem 842m e sua base é repleta de rios, abundante vegetação, com espécies como o *epiphyte cacti*, e as ruínas das casas de fazenda de pioneiros do século 19. A base do parque fica em Jarico, na saída da estrada de Sancti Spíritus-Trinidad e inclui um restaurante e um centro de visitantes próximo a um velho rinque de briga de galos. De lá, a trilha **La Sabina**, com 5,4km, leva a uma estação biológica de mesmo nome, onde o recentemente construído **Chalé La Sabina** (q CUC$56) oferece pernoite e refeições em quatro apartamentos duplos. **Ecotur** (☎54-74-19; www.ecoturcuba.co.cu) é o melhor ponto de encontro. Cheque com antecedência quanto à acessibilidade da trilha e à disponibilidade de quartos.

## Trinidad

POP. 52.896

Trinidad é única; uma colônia espanhola perfeitamente preservada onde os relógios pararam em 1850 e que – sem contar o eventual grupo de turistas – ainda precisa voltar a andar. Construída com as fortunas obtidas pelo comércio do açúcar no vizinho Valle de Ingenios, durante o início do século 19, Trinidad ainda preserva a riqueza dos anos dourados pré-Guerra da Independência nas ilustres mansões em estilo colonial, decoradas com afrescos italianos, porcelanas Wedgewood, móveis espanhóis e candelabros franceses.

Declarada Patrimônio da Humanidade pela UNESCO em 1988, Trinidad teve seus segredos rapidamente revelados – foi o que bastou para os ônibus cheios de visitantes começarem a chegar a fim de degustar a beleza do mais antigo e charmoso museu ao ar livre de Cuba. Mesmo assim o turismo não conseguiu tirar o suave brilho sulista de Trinidad. A cidade mantém seu ar tranquilo, quase soporífero, em suas ruas de paralelepípedo repletas de *guajiros* (interioranos) de pele endurecida, burricos bufantes e *trovadores* tocando seus melódicos violões.

Circundada por lindas atrações naturais, Trinidad é mais do que uma fonte em potencial para teses de doutorado em história. Doze quilômetros ao sul fica a dourada Playa Ancón, a melhor praia do litoral sul, enquanto 18km ao norte se localizam as sombras azuladas da Sierra del Escambray (montanhas Escambray), um exuberante parque com espírito de aventura.

Com seu rótulo UNESCO e um fluxo constante de visitantes além-mar, não é de surpreender que Trinidad tenha uma cota maior que o normal de *jineteros* (cambistas), porém a maioria é mais irritante que agressiva. Se você se cansar da constante atenção não solicitada, dirija-se a uma amigável *casa particular* na pequena cidade de la Boca, 5km ao sul, e volte de bicicleta ou carona para as atrações diurnas e noturnas.

### História

Em 1514 o conquistador Diego Velázquez de Cuéllar fundou a Villa de la Santíssima Trinidad na costa sul de Cuba, tornando-a a terceira colônia da ilha depois de Baracoa e Bayamo. A lenda conta que o "apóstolo dos índios", Frei Bartolomé de las Casas, celebrou a primeira missa de Trinidad sob uma árvore de cabaças no que hoje é a Plazuela Real del Jigüe. Em 1518 o secretário de Velázquez, Hernán Cortés, passou pela cidade recrutando mercenários para sua expedição ao México e a colônia praticamente se esvaziou. Nos sessenta anos seguintes um punhado de tainos simplórios ficou responsável por manter a fraca economia da cidade através de uma combinação de agricultura, criação de gado e um pouco de comércio exterior.

Reduzida a uma pequena comunidade rural por volta do século 17 e isolada das autoridades de Havana pelo péssimo sistema de comunicações, Trinidad se tornou um paraíso para piratas e contrabandistas que controlavam um lucrativo e ilegal comércio de escravos com a Jamaica.

As coisas começaram a melhorar no início do século 19, quando a cidade se tornou a capital do Departamento Central, e centenas de franceses refugiados da rebelião de escravos do Haiti chegaram, implantando mais de cinquenta pequenos moinhos de açúcar no vizinho Valle de los Ingenios. O açúcar logo substituiu o couro como o produto mais

# Trinidad

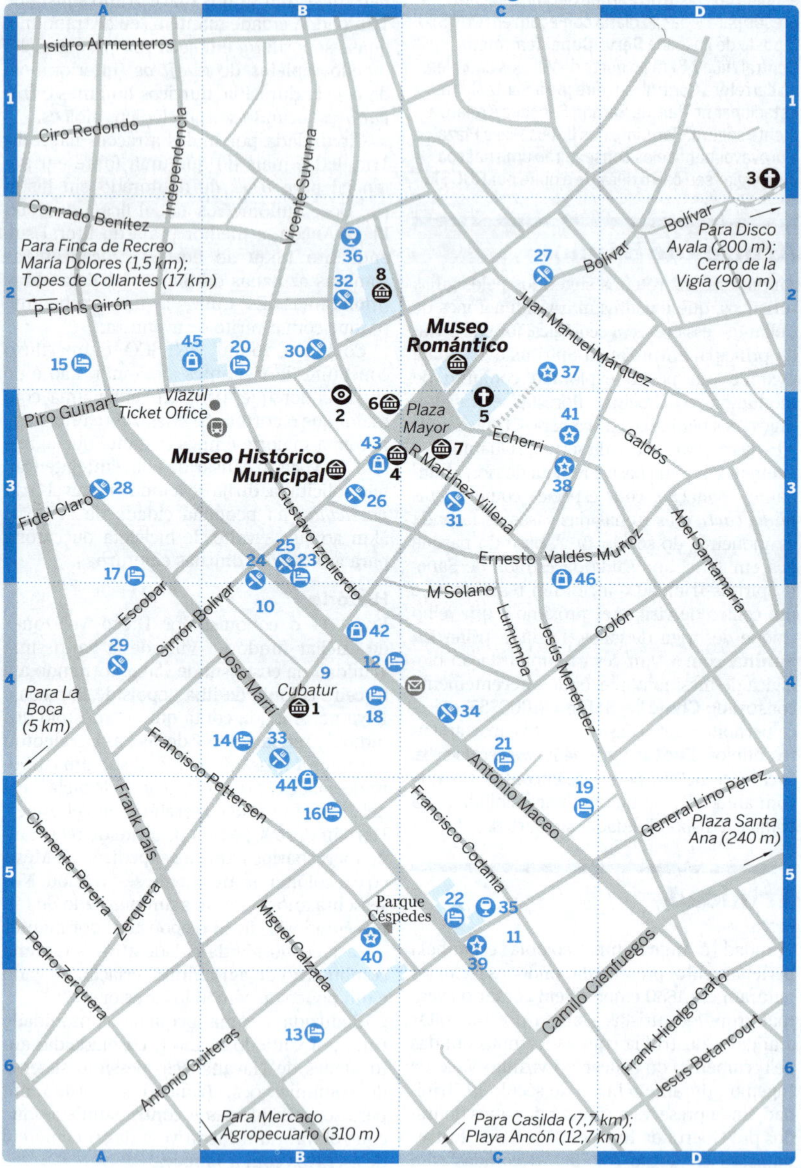




importante da região. Por volta da metade do século 19 a área ao redor de Trinidad já estava produzindo um terço do açúcar de Cuba, gerando riquezas suficientes para financiar o rico agrupamento de edifícios opulentos que caracterizam a cidade hoje.

O *boom* terminou abruptamente durante a Guerra da Independência, quando as plantações de açúcar foram devastadas pelo fogo e pelos combates. A indústria nunca se recuperou totalmente. Ao final do século 19 o foco do comércio de açúcar tinha mudado para as

## Trinidad

**Destaques**
Museo Histórico Municipal .................. B3
Museo Romántico .................. C2

**Atrações**
1 Casa de los Mártires de Trinidad ......... B4
2 Casa Templo de Santería Yemayá .................. B3
3 Ermita de Nuestra Señora de la Candelaria de la Popa .................. D1
4 Galería de Arte .................. B3
5 Iglesia Parroquial de la Santísima Trinidad .................. C3
6 Museo de Arqueología Guamuhaya .................. B3
7 Museo de Arquitectura Trinitaria ......... C3
8 Museo Nacional de la Lucha Contra Bandidos .................. B2

**Atividades, cursos e visitas guiadas**
9 Cubatur .................. B4
10 Las Ruinas del Teatro Brunet .............. B4
Mireya Medina Rodríguez ...........(veja 23)
11 Paradiso .................. C5

**Onde dormir**
12 Casa Arandia .................. B4
13 Casa de Araceli .................. B6
14 Casa de la Amistad .................. B4
15 Casa de Victor .................. A2
16 Casa Gil Lemes .................. B5
17 Casa Muñoz – Julio & Rosa .................. A3
18 Casa Santana .................. B4
19 Casa Smith .................. C5
20 "Hospedaje Yolanda" – Yolanda María Alvarez .................. B2
21 Hostal Colina .................. C4
22 Iberostar Grand Hotel .................. C5
23 Mireya Medina Rodríguez .................. B3

**Onde comer**
24 Cafeteria Las Begonias .................. B3
25 Cremería las Begonias .................. B3
26 Mesón del Regidor .................. B3
27 Paladar Estela .................. C2
28 Paladar la Coruña .................. A3
29 Paladar Sol y Son .................. A4
30 Restaurante el Jigüe .................. B2
31 Restaurante Plaza Mayor .................. C3
32 Restorante Vía Reale .................. B2
33 Tienda Universo .................. B4
34 Trinidad Colonial .................. C4

**Onde beber**
35 Bar Daiquirí .................. C5
36 Taberna la Canchánchara .................. B2

**Lazer**
37 Casa de la Música .................. C2
38 Casa de la Trova .................. C3
39 Casa Fischer .................. C5
40 Cine Romelio Cornelio .................. B5
Las Ruinas del Teatro Brunet .......(veja 10)
41 Palenque de los Congos Reales .................. C3

**Onde comprar**
Mercado de Artesanato .............. (veja 38)
42 Casa del Habano .................. B4
43 Fondo Cubano de Bienes Culturales .................. B3
44 Librería Ángel Guerra .................. B5
45 Palacio de la Artesanía .................. A2
46 Taller Instrumentos Musicales .............. C3

províncias de Cienfuegos e Matanzas, e Trinidad entrou em um perigoso coma econômico.

O renascimento turístico de Trinidad começou em 1950, quando o presidente Batista aprovou uma lei de preservação que reconheceu o valor histórico da cidade. Em 1965 Trinidad tornou-se monumento nacional e em 1988 foi declarada Patrimônio da Humanidade pela UNESCO.

## Atrações

Em Trinidad, todas as ruas levam à **Plaza Mayor**, a incrivelmente tranquila praça central, localizada no coração do *casco histórico* (centro histórico) e circundada por um quarteto de imponentes edifícios.

**Museo Histórico Municipal** MUSEU

(Simón Bolívar, 423; entrada CUC$2; 9-17h sáb-qui) Esse é o mais importante museu de Trinidad: uma grandiosa estrutura próxima à Plaza Mayor, em uma mansão que pertenceu à família Borrel de 1827 a 1830. Mais tarde a propriedade passou para um fazendeiro alemão chamado Kanter ou Cantero, e por isso ela ainda é chamada de Casa Cantero. Dizem que ele herdou vastas plantações de açúcar ao envenenar um velho comerciante de escravos e casar com a viúva, que logo também morreu. A fortuna de Cantero está em exposição na elegante decoração neoclássica dos quartos. Só a vista de

Trinidad do alto da torre já vale o ingresso. Visite antes das 11h, quando os ônibus turísticos começam a chegar.

**Iglesia Parroquial de la Santísima Trinidad** IGREJA

(⏲11h-12h30 seg-sáb) Apesar de sua fachada sem atrativos, essa igreja no lado nordeste da Plaza Mayor aparece em incontáveis cartões-postais de Trinidad. Reconstruída em 1892 no local de uma antiga igreja destruída por uma tempestade, a igreja mistura toques do século 20 com artefatos do século 18, como o venerado Cristo da Cruz Verdadeira (1713), que ocupa o segundo altar da frente, à esquerda. Sua melhor chance de vê-lo é durante a missa às 20h durante a semana, 16h aos sábados e 9h e 17h aos domingos.

**Museo Romántico** MUSEU

(Echerri, 52; entrada CUC$2; ⏲9-17h ter-dom) Atravessando a calle Simón Bolívar está o brilhante Palacio Brunet. O térreo foi construído em 1740 e o primeiro andar foi adicionado em 1808. Em 1974 a mansão foi convertida em um museu com móveis do século 19, uma bela coleção de porcelanas e vários outros objetos de época. Insistentes funcionários do museu aparecem do nada pedindo gorjeta. A loja adjacente tem uma boa seleção de fotos e livros.

**Museo de Arquitectura Trinitaria** MUSEU

(Ripalda, 83; entrada CUC$1; ⏲9-17h sáb-qui) Outro exemplo público de riquezas fica no lado sudeste da Plaza Mayor, em um museu onde estão expostas as elegantes arquiteturas locais dos séculos 18 e 19. O museu fica em construções erigidas em 1738 e 1785, unificadas em 1819. Foi antigamente a residência da abastada família Iznaga.

**Museo de Arqueología Guamuhaya** MUSEU

(Simón Bolívar, 457; entrada CUC$1; ⏲9-17h ter-sáb) No lado noroeste da Plaza Mayor fica uma estranha mistura de animais empalhados, ossos nativos e desarmoniosos utensílios de cozinha do século 19. Não faça desse museu sua prioridade.

GRÁTIS **Galería de Arte** GALERIA DE ARTE

(Esq. Rubén Martínez Villena e Simón Bolívar; ⏲9-17h) A entrada é livre para visitar o Palacio Ortiz, do século 19, que hoje abriga uma galeria de arte no lado sudoeste da Plaza Mayor. Vale uma visita pela arte local de qualidade, particularmente bordados, cerâmica e joalheria. O local também apresenta um agradável pátio.

**Casa Templo de Santería Yemayá** MUSEU, MARCO LOCAL

(Rubén Martínez Villena, 59, entre Simón Bolívar e Piro Guinart) Nenhum museu de *santería* pode substituir a experiência etérea e espiritual da Regla de Ocha (principal religião cubana, de origem africana), mas essa casa chega perto disso. Contendo um altar de *santería* para Yemayá, deusa do mar, com uma miríade de oferendas de frutas, água e pedras, a casa é presidida por *santeros* (sacerdotes da *santería*), que surgem do pátio dos fundos e surpreendem você com uma bem ensaiada lengalenga para turistas. No aniversário da deusa, 19 de março, cerimônias acontecem dia e noite.

**Museo Nacional de la Lucha Contra Bandidos** MUSEU

(Echerri, 59; entrada CUC$1; ⏲9-17h ter-dom) Talvez essa seja a mais reconhecível construção de Trinidad: uma torre de sinos amarelada do antigo convento de São Francisco de Assis. Desde 1986 o local abriga um museu. As exposições são principalmente fotos, mapas, armas e outros objetos relacionados à luta contra os vários grupos contrarrevolucionários que reinterpretaram os mandamentos de Fidel e operaram ilicitamente da Sierra del Escambray entre 1960 e 1965. A fuselagem de um avião espião US U-2 derrubado em Cuba também está em exposição. Você pode subir na torre para apreciar a vista.

GRÁTIS **Casa de los Mártires de Trinidad** MUSEU

(Zerquera, 254, entre Antonio Maceo e José Martí; ⏲9-17h) Normalmente os turistas não conhecem esse pequeno museu dedicado aos 72 habitantes de Trinidad que morreram na luta contra Fulgencio Batista, na campanha contra os contrarrevolucionários e na esquecida guerra em Angola.

**Iglesia de Santa Ana** IGREJA

A grama cresce ao redor da torre do sino em domo e os portais em arco foram fechados há muito tempo, mas as paredes das ruínas dessa igreja (1812) ainda persistem. Assustadora como um envelhecido livro eclesiástico, ela parece assombrada depois do anoitecer. Do outro lado da praça de mesmo nome, que delineia as margens ao nordeste de Trinidad, fica uma antiga prisão espanhola (1844) que foi convertida no centro turístico **Plaza Santa Ana** (Camilo Cienfuegos; ⏲11-22h). O complexo inclui uma galeria de arte, um mercado de artesanato, uma loja de cerâmica, bar e restaurante.

GRÁTIS **Taller Alfarero** CERÂMICA
(Andrés Berro; 8-12h e 14-17h seg-sex) Trinidad é conhecida pela sua cerâmica. Nessa grande fábrica, grupos de trabalhadores fazem as conhecidas cerâmicas de Trinidad usando barro local e a tradicional roda de oleiro. Você pode vê-los trabalhar e comprar o produto final.

## Atividades

Vá de bicicleta até uma das fantásticas praias de Cuba, gaste calorias em algumas trilhas ou ganhe uma perspectiva diferente andando a cavalo.

**Playa Ancón** CICLISMO
(Mapa p. 287) A ida de bicicleta à Playa Ancón é uma grande aventura ao ar livre. Chegando lá, você pode praticar mergulho com snorkel, tomar sol, nadar na piscina ou jogar pingue-pongue. A melhor rota, sem dúvida, é ao longo da vila La Boca, ao lado do mar (18km a ida). Veja a p. 285 para informações sobre aluguel de bicicletas.

**Cerro de la Vigía** TRILHA
Para uma bela vista e um bom exercício, suba a rua entre a Iglesia Parroquial e o Museo Romántico (calle Simón Bolívar), chegando à **Ermita de Nuestra Señora de la Candelaria de la Popa**, parte de um hospital militar espanhol do século 18 em ruínas, num morro ao norte da cidade. A partir daqui, são 30 minutos de trilha até o topo de Cerro de la Vigía, onde uma torre de rádio oferece vistas panorâmicas de Trinidad, Playa Ancón e de todo o litoral.

**Parque el Cubano** TRILHA
(Mapa p. 287; entrada CUC$6,50) Outra opção de trilha fica a oeste da cidade, na tranquila estrada que vai para Cienfuegos. Passe a placa que diz "Bem-vindo a Trinidad" e cruze a ponte sobre o rio Guaurabo. Uma trilha à sua esquerda segue para baixo da ponte e sobe uma rua estreita e pobremente pavimentada por 5km até o Parque El Cubano. Esse agradável local fica dentro de uma área de conservação e abriga um restaurante tipo *ranchón* especializado em *pez gato* (peixe-gato), uma fazenda de piscicultura e uma trilha de 2km conhecida como **Huellas de la História**, que vai até a refrescante Cachoeira Javira. Também estão ali estábulos e boas oportunidades para andar a cavalo. Se subir até o El Cubano a partir de Trinidad, você fará, aproximadamente, 16km de trilha. Com uma parada para o almoço no *ranchón*, o resultado é um excelente passeio durante o dia. Como alternativa, pode-se organizar uma excursão com a Cubatur (p. 284), incluindo transporte motorizado, por CUC$15.

Mais próximo à cidade fica o **Finca Ma Dolores** (mapa p. 287; 99-64-81; carretera de Cienfuegos Km 1,5), um rústico hotel Cubanacán que oferece ocasionais *fiestas campesinas* (feiras típicas).

QUEM SABE, SABE

### JULIO MUÑOZ: FOTÓGRAFO E PROPRIETÁRIO DE UMA *CASA PARTICULAR*, TRINIDAD

» **O que faz de Trinidad a cidade ideal para fotografar?** Sua localização ao lado de uma encosta virada para o sul cria uma fantástica iluminação ao pôr do sol. Junte a isso uma belíssima arquitetura colonial, pessoas fotogênicas e as longas sombras pela manhã e você terá o cenário perfeito para a fotografia.

» **Que tipo de fotografia prefere tirar na cidade?** Fotografia documental de pessoas em seu dia a dia.

» **Qual é sua abordagem ao fotografar em Trinidad?** Você tem de ser rápido, estar sempre pronto e fazer da câmera uma extensão de seu próprio corpo. Posicione-se como um espectador em um jogo de dominós, uma partida de beisebol ou um festival religioso e espere por aquela única oportunidade de congelar o tempo e contar uma história.

» **Quais são as suas outras dicas para fotografar?** Seja como um fantasma com olho de águia. Ache um bom fundo, escolha seus personagens principais e tente prever o que vai acontecer. É o seu trabalho capturar aquele breve momento de mágica.

» **Em Trinidad as pessoas se importam de ser fotografadas?** Não se você sorrir para elas e fizer perguntas – lembre-se, os cubanos adoram conversar! Também seja rápido e deixe as pessoas relaxadas. Se você for lento, as pessoas tendem a ficar nervosas.

**Centro Ecuestre Diana** PASSEIOS A CAVALO
(☎99-36-73; www.trinidadphoto.com) Esse novo espaço é propriedade de uma *finca* (fazenda) nos subúrbios da cidade, mas aspirantes a cavaleiros devem consultar o dono Julio de antemão na Casa Muñoz, que fica no *casco histórico* (cidade velha). A *finca* também é um centro de reabilitação para cavalos abandonados e maltratados, e os donos oferecem boas condições e bons padrões de segurança (capacetes podem ser alugados). São oferecidas diversas atividades equestres, como excursões, aulas de equitação e técnicas de comunicação com o cavalo. Serve-se a tradicional comida campesina no local. Quando o guia foi escrito, Julio esperava poder oferecer atividades de pastoreio de gado. Os preços vão de CUC$15 a CUC$30, dependendo da atividade.

## Cursos

Em **Las Ruinas del Teatro Brunet** (mapa p. 276; Antonio Maceo, 461, entre Simón Bolívar e Zerquera) você pode fazer aulas de percussão (9-11h sáb) e de dança (13-16h sáb). Aulas de dança também são oferecidas com a famosa professora local **Mireya Medina Rodríguez** (☎99-39-94; Antonio Maceo, 472, entre Simón Bolívar e Zerquera), que ensina do chá-chá-chá à rumba. Outra opção é a agência de viagens **Paradiso** (paradisotr@sctd.artex.cu; Casa ARTex, General Lino Pérez, 306), com aulas de salsa por CUC$5 (90 minutos).

Paradiso tem diversos cursos interessantes na sua programação, como arquitetura cubana (CUC$20), cultura afro-cubana (CUC$30), artes plásticas (CUC$30) e música popular (CUC$30). Esses cursos duram 4 horas e são lecionados por especialistas culturais. São necessárias de seis a dez pessoas, mas é possível negociar. No mesmo local são oferecidas aulas de violão por CUC$5/hora e cursos de espanhol e cultura cubana por CUC$8/hora.

## Visitas guiadas

Com seu incompleto transporte público e ruas íngremes (que fazem do ciclismo uma tarefa árdua), é mais fácil visitar Topes de Collantes (p. 289) com uma excursão. Um tour até Topes de Collantes de táxi não deve custar mais do que CUC$25, incluindo a espera do motorista, mas pechinche bastante. A **Cubatur** (Antonio Maceo, 447; ⏲9-20h), logo depois do *casco histórico*, organiza uma variedade de trilhas por CUC$23 a CUC$43 por pessoa.

**Paradiso** (paradisotr@sctd.artex.cu; Casa ARTex, General Lino Pérez, 306) oferece a excursão para o Valle de los Ingenios de melhor custo (CUC$9/pessoa) e um tour pelos ateliês de artistas em Trinidad (CUC$10/pessoa).

Para mergulho com cilindro ou snorkel, pesca ou vela, veja Playa Ancón (p. 286). Qualquer agência de turismo de Trinidad (p. 284) pode organizar essas excursões.

## Festas e eventos

A **Semana Santa** é muito importante em Trinidad e, na Sexta-feira Santa, milhares de pessoas andam em procissão.

## Onde dormir

Trinidad tem, aproximadamente, quatrocentas *casas particulares*, o que significa que a competição é grande. Chegar à rodoviária ou andar nas ruas carregando malas fará com que você vire alvo de cambistas e donos de *casas*. Com tantas belas opções e simpáticas famílias alugando suas casas, não há necessidade de ter pressa. Escolha com calma a sua favorita.

### NO CENTRO DA CIDADE

**Casa Muñoz – Julio e Rosa** CASA PARTICULAR $
(☎99-36-73; www.trinidadphoto.com; José Martí, 401; q CUC$35; P❄) Julio é um renomado fotógrafo (veja p. 279) que realiza workshops e cursos na sua maravilhosa casa colonial (que já foi retratada na revista *National Geographic*). Ele também é um treinador de cavalos – sua belíssima égua vive nos fundos, ao lado de um carro russo Moskovich. Conta com três enormes quartos, comida deliciosa e um atendimento muito profissional. Reserve com boa antecedência – a *casa* é extremamente popular.

**Iberostar Grand Hotel** HOTEL-BUTIQUE $$$
(☎99-60-70; esq. José Martí e General Lino Pérez; s/c CUC$118/148; ❄@) Tome cuidado, Habaguanex! Um dos três hotéis Iberostar comandados por espanhóis em Cuba, esse colosso de cinco estrelas transborda luxo a partir do momento em que se entra no seu saguão, cercado de samambaias. Com 36 quartos elegantes em um prédio do século 19 completamente reformado, o Grand foge da receita turística de sistema all-inclusive, preferindo manter a privacidade, o refinamento e a valorização da história (afinal, você está em Trinidad). O serviço é tão bom quanto as acomodações.

**"Hospedaje Yolanda" – Yolanda María Alvarez** CASA PARTICULAR $
(☎99-30-51; yolimar56@yahoo.com; Piro Guinart, 227; q CUC$25-30) Essa não é uma casa, é um palácio! São oito quartos, apesar de apenas dois poderem ser alugados de uma vez. Datando de 1700, o interior faz com que o Museo Romántico pareça um bazar. Ali estão azulejos italianos, afrescos franceses, uma rara escada mexicana em espiral, uma vista fabulosa...

**Mireya Medina Rodríguez** CASA PARTICULAR $
(☎99-39-94; miretrini@yahoo.es; Antonio Maceo, 472, entre Simón Bolívar e Zerquera; q CUC$20-25; ❄) Bem no centro de tudo. Mireya é uma popular professora de dança que aluga um quarto com banheiro privativo em sua bem cuidada casa colonial. Jantares excelentes, atendimento amigável e bastante salsa na sala de estar.

**Casa de Victor** CASA PARTICULAR $
(☎99-64-44; Maceo entre Piro Guinart e P Pichs Girón; q CUC$20-25; ❄) Se a Casa Muñoz estiver cheia, você pode se hospedar com outros membros da família na Casa de Victor, no final da rua, onde dois quartos no segundo andar dividem algumas salas espaçosas, uma varanda com vista para a rua e um terraço criativamente decorado com vasos de cerâmica reciclados.

**Motel las Cuevas** HOTEL $$
(☎99-61-33; s/c incluindo café da manhã CUC$60/86; P❄🏊) Empoleirado em um morro acima da cidade, Las Cuevas é mais que um mero hotel, com excursões de ônibus como a principal clientela. Enquanto o prédio é elegante, os quartos – distribuídos em unidades de dois andares – não merecem tanto destaque, tampouco o café da manhã. O hotel melhora se forem considerados a piscina, os jardins, as vistas panorâmicas e a sombria Cueva la Maravillosa, acessível por uma escadaria, onde você poderá ver uma árvore no meio de uma caverna (entrada CUC$1).

**Hostal Colina** CASA PARTICULAR $
(☎99-23-19; Antonio Maceo, 374 entre General Lino Pérez e Colón; q CUC$25-35; ❄) Outro lugar que só pode ser descrito com superlativos. Apesar de a *casa* datar da década de 1830, ela conta com um toque moderno, dando a sensação de se estar em uma *hacienda* mexicana. Dois quartos pintados em amarelo-claro saem num pátio, onde se pode sentar no elegante bar de madeira e pegar mangas e abacates assim que eles caem das árvores.

**Casa Gil Lemes** CASA PARTICULAR $
(☎99-31-42; José Martí, 263, entre Colón e Zerquera; q CUC$25) Mais uma *casa* com a aparência de museu na calle Martí, a rua que abriga milhares de antiguidades inestimáveis. À primeira vista, é muita informação para ser processada. Dê uma olhada nos arcos da sala de estar e nas esculturas religiosas e guarde um pouco de fôlego (porque sim, você irá perdê-lo) para o pátio e a fonte, uma combinação única de vasos e serpentes marinhas. Planeje-se com boa antecedência para ficar nessa *casa* – só tem um quarto!

### CONVERSA FIADA

Os *jineteros* (cambistas) de Trinidad estão se tornando cada vez mais sofisticados e enxeridos, tanto para os turistas quanto para os moradores locais. Vendedores ambulantes em bicicletas abordam viajantes logo que saem dos ônibus e desviam carros alugados que entram na cidade dizendo que a casa particular escolhida pelo turista está cheia ou fechou. Eles são conhecidos por fingirem ser os donos de casas para atrair os viajantes a outros lugares. Se você tem uma pré-reserva em alguma *casa particular*, certifique-se de conhecer o dono dentro da casa escolhida. Se não fez nenhuma reserva, sinta-se livre para passear pelas ruas tranquilamente e fazer a sua escolha. Chegar a uma casa com um *jinetero* a tiracolo não apenas acrescentará no mínimo CUC$5 à sua diária, como também estará aumentando um problema que fez com que diversos donos honestos de *casas particulares* perdessem sua clientela.

**Casa de la Amistad** HOSTEL $
(Zerquera entre José Martí e Francisco Pettersen; q CUC$25) Esse albergue, administrado pelo Instituto Cubano de la Amistad, é popular entre visitantes que simpatizam com a política de Cuba. Tem seis quartos limpos e bem equipados. Também conta com uma pequena área para alimentação e um pátio nos fundos. É uma opção barata no centro da cidade.

**Casa de Araceli** CASA PARTICULAR $
(☎99-35-58; General Lino Pérez, 207, entre Frank País e Miguel Calzada; q CUC$20-25; ❄) Cansado do esplendor colonial? Fuja do frenesi turístico em direção à General Lino Pérez, onde Araceli aluga dois quartos nos andares de cima com entrada privativa e um terraço tranquilo coberto de flores.

**Casa Smith** CASA PARTICULAR $
(☎99-40-60; www.casasmith.trinidadhostales.com; Callejón Smith, 3, entre Antonio Maceo e av.

Jesús Menéndez; q CUC$20-25; ❄) Com dois quartos independentes ao lado de um pátio, esse lugar é limpo e relaxante, com anfitriões simpáticos. Dê uma olhada no site para fotos e mais detalhes.

**Casa Santana** CASA PARTICULAR $
(☎99-43-72; Antonio Maceo, 425, entre Zerquera e Colón; q CUC$20-25; ❄) Outra venerável localização colonial na calle Maceo. É administrada por um dentista e sua esposa, e conta com todos os confortos de Trinidad (quartos enormes, antiguidades pesadas e um pátio muito bonito).

**Casa Arandia** CASA PARTICULAR $
(☎99-32-40; Antonio Maceo, 438, entre Colón e Zerquera; q CUC$20-25; ❄) Outra casa dos sonhos em Trinidad. Conta com quartos tipo loft, uma varanda e bela vista.



### FORA DO CENTRO

**Finca Ma Dolores** HOTEL $$
(Mapa p. 287; ☎99-64-10; carretera de Cienfuegos Km 1,5; s/c CUC$41/58; P❄☒) Trinidad ganha uma aparência rústica com o Finca Ma Dolores, localizado 1,5km a oeste na estrada para Cienfuegos e Topes de Collantes. É equipado com quartos tipo hotel e chalés – os últimos são a melhor opção (peça um com vista para o rio Guaurabo). Em noites com grupos hospedados, oferece uma *fiesta campesina* (festa típica) com interioranos dançando às 21h30 (grátis/CUC$5 para hóspedes/visitantes, com uma bebida inclusa). Também conta com piscina, um restaurante *ranchón* e passeios de barco ou a cavalo. À distância de 1km a oeste do hotel fica o **monumento a Alberto Delgado**, um professor assassinado por contrarrevolucionários.

## Onde comer

Hospedados em uma bela coleção de mansões coloniais, os restaurantes governamentais de Trinidad têm todos as mesmas características: comida razoável, equipe entediada e cardápios nos quais a maioria dos pratos sumiu sem explicações. Esses lugares são passáveis para um almoço sem requinte, mas, para um jantar farto, prefira a culinária caseira de sua *casa particular*.

**Paladar Sol y Son** PALADAR $$
(☎99-29-26; Simón Bolívar, 283, entre Frank País e José Martí; pratos principais a partir de CUC$8-10; ⌚12-14h e 19h30-23h) Todos os ingredientes de uma boa noite em Trinidad – pense em antiguidades, um pátio elegante e notas melódicas de um *trovador* – com a adição de boa comida. Até a sala de espera (sim, fica cheio) é como uma sala de um museu. A especialidade da casa é o frango assado e vale toda a espera.

**Paladar Estela** PALADAR $$
(☎99-43-29; Simón Bolívar, 557; ⌚14h-23h30) Você pode escolher entre a sala de jantar e o belo jardim nos fundos nesse popular restaurante localizado na Plaza Mayor (o dono também aluga quartos). Cordeiro servido em tiras é a especialidade da casa e as porções são grandes.

**Restaurante Plaza Mayor** CARIBENHA $$
(Esq. Rubén Martínez Villena e Zerquera; pratos a partir de CUC$4; ⌚11-22h) Na melhor opção dentre os restaurantes estatais, os CUC$10 do bufê de almoço devem bastar para deixá-lo satisfeito até a hora do jantar. Os pratos noturnos não são ruins se você escolher o frango ou a carne, apesar de a atmosfera ser levemente entediante.

**Trinidad Colonial** CARIBENHA $
(Antonio Maceo, 402; ⌚11h30-22h) Você pode jantar boas porções de comida cubana neste lugar, uma Casa Bidegaray do século 19. O atendimento é um pouco frio, mas a comida é boa e o prato mais caro é o porco defumado (CUC$6). A lojinha anexa tem uma boa seleção de livros.

**Mesón del Regidor** FAST-FOOD $
(Simón Bolívar, 424; ⌚10-22h) Um café com restaurante de ambiente amigável e uma sempre variada seleção de músicos, que inclui o melhor *trovador* da cidade, Israel Moreno – que simplesmente aparece no meio da tarde e canta serenatas enquanto os clientes comem queijo quente e *café con leche* (café com leite). Aproveite a surpresa.

**Cafetería las Begonias** CAFÉ $
(Esq. Antonio Maceo e Simón Bolívar; ⌚9-22h; @) O melhor lugar para a massa de mochileiros que passa por Trinidad. É uma boa fonte de informações e um ótimo local para conhecer outros viajantes enquanto se comem sanduíches, sorvetes e se toma um café. Conta com um bar atrás da divisória, banheiros quase limpos e cinco ou seis terminais de internet – sempre lotados.

**Paladar la Coruña** PALADAR $$
(José Martí, 428; ⌚11-23h) Esse estabelecimento ocupa o terceiro lugar na lista de *paladares* de Trinidad. A equipe atenciosa do Coruña oferece frango, porco e, ocasionalmente, peixe em uma casa que batalharam para reformar.

**Restaurante Vía Reale** ITALIANA $

(Rubén Martínez Villena, 74, entre Piro Guinart e Pablo Pichs Girón; almoço CUC$4; ⌚12-16h; ) Quebre a rotina do frango e porco nesse restaurante italiano, que oferece boas pizzas e massas. É uma opção viável para vegetarianos.

**Restaurante el Jigüe** CARIBENHA $$

(Esq. Rubén Martínez Villena e Piro Guinart; ⌚11--22h) Local maravilhoso, mas a comida... nem tanto. Aproveite a especialidade da casa, o *pollo al Jigüe* – o prato é assado, oferecendo uma boa escapada das tradicionais frituras.

**Cremería las Begonias** SORVETERIA $

(Antonio Maceo) Cruzando a rua a partir da cafeteria de mesmo nome fica esse lugar que, além de ser um escritório Cubatur, também serve o melhor sorvete da cidade.

### Por conta própria

**Mercado Agropecuario** MERCADO $

(Esq. Pedro Zerquera e Manuel Fajardo; ⌚8-18h seg-sáb, até 12h dom) O *agropecuario* (espécie de "sacolão") de Trinidad não é o Mercado Municipal, mas deve servir para suas compras de frutas e verduras.

**Tienda Universo** SUPERMERCADO $

(José Martí) Essa loja, perto de Zerquera na Galería Comercial Universo, é o melhor (e mais caro) mercado de Trinidad. Dê uma passada para comprar iogurte, nozes e bolachas deliciosas.

## Onde beber

**Bar Daiquirí** BAR

(General Lino Pérez, 313; ⌚24 horas) Aparentemente, Hemingway nunca frequentou esse simpático bar, batizado com o nome do drinque que tornou famoso, pois os preços são extremamente razoáveis. Incrustado na animada Lino Pérez, esse é o lugar onde moradores e mochileiros se preparam para uma noite inteira de salsa. Se estiver com fome, também oferece petiscos.

**Taberna la Canchánchara** BAR

(Esq. Rubén Martínez Villena e Ciro Redondo) Esse lugar é famoso pelo drinque que leva seu nome: uma mistura de rum, mel, limão e água. Músicos locais aparecem regularmente para sessões de improviso e não é incomum que a clientela já bêbada se levante para dançar.

## Lazer

Prepare-se para a melhor vida noturna fora de Havana.

**Palenque de los Congos Reales** RUMBA

(Esq. Echerri e av. Jesús Menéndez; entrada franca) Parada obrigatória para fãs de rumba, esse pátio aberto na via musical de Trinidad tem um eclético cardápio que mistura salsa, *son* (música popular cubana) e *trova*. Porém, o destaque fica por conta dos tambores de rumba com ritmos africanos e animados dançarinos que cospem fogo às 22h.

GRÁTIS **Casa de la Música** CASA NOTURNA

Um dos mais tradicionais de Trinidad (e de Cuba), esse lugar se concentra na escadaria ao ar livre ao lado da Iglesia Parroquial, perto da Plaza Mayor. Uma boa mistura de turistas e moradores aparece para a apresentação de salsa das 22h. Alternativamente, shows completos de salsa são apresentados no jardim dos fundos da casa (também acessível pela Juan Manuel Márquez; entrada CUC$2).

**Casa Fischer** CENTRO CULTURAL

(General Lino Pérez, 312, entre José Martí e Francisco Codania; entrada CUC$1) Esse é o patio ARTex local, que abre às 22h com uma orquestra de salsa (ter-qui e sáb-dom) ou um show de folclore (sex). Se chegar cedo, passe o tempo na galeria de arte (grátis) e converse com os funcionários do escritório local da Paradiso sobre aulas de salsa e outros cursos (p. 280).

**Casa de la Trova** MÚSICA AO VIVO

(Echerri, 29; entrada CUC$1; ⌚21-2h) Essa animada casa mantém sua essência da terra mesmo com a desproporção entre os muitos turistas e os poucos moradores. Semillas del Son, Santa Palabra e o melhor *trovador* da cidade, Israel Moreno, estão entre os melhores músicos locais para se assistir.

**Disco Ayala** CASA NOTURNA

(Entrada CUC$10; ⌚22-3h) Pode não ser a sua primeira vez dançando dentro de uma caverna, mas esse lugar surreal logo ao lado da igreja Ermita Popa ganha de todos os outros pela sua atmosfera. Mesmo sendo um local para se dançar na penumbra e beber tantos mojitos quanto aguentar, a Disco Ayala também apresenta um show de cabaré razoável. Para chegar, siga a calle Simón Bolívar a partir da Plaza Mayor até a Ermita de Nuestra Señora de la Candelaria de la Popa. A discoteca fica 100m à esquerda.

**Las Ruinas del Teatro Brunet** MÚSICA AO VIVO
(Antonio Maceo, 461, entre Simón Bolívar e Zerquera; entrada CUC$1) Esse local descolado apresenta um show afro-cubano no agradável pátio, toda noite às 21h30.

**Las Ruinas de Sagarte** MÚSICA AO VIVO
(Av. Jesús Menéndez; entrada franca; ⏲24 horas) Mais uma ruína (Trinidad está cheia delas) com boa banda residente e um ambiente cheio de energia para dançar.

**Cine Romelio Cornelio** CINEMA
(Parque Céspedes; ⏲20h ter-dom) Esse cinema a sudoeste do Parque Céspedes apresenta filmes todas as noites.

**Estadio Rolando Rodríguez** ESPORTES
(Eliope Paz; ⏲out-abr) Na ponta sudoeste da Frank País, esse estádio recebe jogos de beisebol.

## Onde comprar

Você pode comprar até não aguentar mais em Trinidad, pelo menos nos mercados ao ar livre, que existem em todos os cantos da cidade. Ali, você pode ver artistas locais trabalhando – assim como comprar suas obras – em vários pontos ao longo das calles Francisco Toro, Valdés e Muñoz.

**Mercado de artesanato** ARTESANATO E SUVENIRES
(Av. Jesús Menéndez) Esse excelente mercado ao ar livre, na frente da Casa de la Trova, é o melhor lugar para se comprar suvenires, especialmente tecidos e trabalhos em crochê. Mas lembre: se encontrar alguma peça feita de coral negro ou casco de tartaruga, não compre. São itens feitos a partir de espécies em perigo de extinção e sua entrada é proibida em diversos países.

**Fondo Cubano de Bienes Culturales** ARTESANATO E SUVENIRES
(Simón Bolívar, 418; ⏲9-17h seg-sex, até 15h sáb e dom) Logo abaixo da Plaza Mayor, essa loja tem uma boa seleção de artes manuais cubanas.

**Palacio de la Artesanía** ARTESANATO
(Piro Guinart, 221) Essa loja, localizada em frente à rodoviária, também vende peças de artesanato.

**Taller Instrumentos Musicales** INSTRUMENTOS MUSICAIS
(Esq. av. Jesús Menéndez e Valdés Muñoz) Instrumentos são fabricados aqui e vendidos na loja anexa.

**Librería Ángel Guerra** LIVROS
(José Martí, 273, entre Colón e Zerquera; ⏲8-15h seg-sáb) Reabasteça sua biblioteca aqui.

**Casa del Habano** CHARUTOS
(Esq. Maceo e Zerquera; ⏲9-19h) Fuja dos cambistas no meio da rua e satisfaça seus vícios de rum e de tabaco aqui.

## Informações

### Acesso à internet

**Café Internet las Begonias** (Antonio Maceo, 473; acesso à internet por meia hora CUC$3; ⏲9-21h) Na esquina da Simón Bolívar. Lotado.

**Etecsa Telepunto** (esq. General Lino Pérez e Francisco Pettersen; acesso à internet por hora CUC$6; ⏲8h30-19h30) Recentemente reformado com terminais de computadores modernos, mas um pouco lentos. Mais vazio que o Las Begonias.

### Rádio

**Radio Trinidad** Transmite na frequência 1200AM.

### Assistência médica

**General Hospital** (☎99-32-01; Antonio Maceo, 6) Sudoeste do centro da cidade.

**Servimed Clínica Internacional Cubanacán** (☎99-62-40; General Lino Pérez, 103; ⏲24 horas) Na esquina da Anastasio Cárdenas. Tem uma farmácia própria que vende remédios em pesos conversíveis.

### Dinheiro

**Banco de Crédito y Comercio** (José Martí, 264)

**Cadeca** (José Martí, 164) Entre Parque Céspedes e Camilo Cienfuegos.

### Correios

**Correios** (Antonio Maceo, 418) Entre Colón e Zerquera.

### Agências de turismo

**Cubatur** (Antonio Maceo, 447; ⏲9-20h) Na esquina de Zerquera. Boa para informações turísticas, reservas de hotéis, aluguel de carros, excursões etc. Táxis estatais aguardam do lado de fora.

**Infotur** (Plaza Santa Ana, Camilo Cienfuegos)

**Paradiso** (General Lino Pérez, 306) Excursões culturais em inglês, espanhol e francês.

## Perigos e aborrecimentos

Roubos, apesar de relativamente raros, estão crescendo em Trinidad. Os incidentes normalmente acontecem no fim da noite, quando as vítimas estão embriagadas. Para evitar ser um alvo de roubos, fique sempre alerta, em especial ao voltar para seu hotel ou *casa* depois de uma longa noite. Um pouco de cuidado pode valer muito.

## SAÍDAS DE ÔNIBUS VÍAZUL DE TRINIDAD

| DESTINO | PREÇO ($) | DURAÇÃO | SAÍDA |
|---|---|---|---|
| Cienfuegos | 6 | 1h e 30 min | 7h30, 8h40, 15h |
| Havana | 25 | 6h e 20min | 7h30, 8h40 |
| Santa Clara | 8 | 3 horas | 15h |
| Santiago de Cuba | 33 | 12 horas | 8h |
| Varadero | 20 | 6 horas | 15h |

## Como chegar e sair

### Avião

O aeroporto Alberto Delgado está 1km ao sul de Trinidad, indo pela estrada de Casilda. Apenas aviões fretados pousam aqui.

### Ônibus

A **rodoviária** (Piro Guinart, 224) trabalha com ônibus municipais para Sancti Spíritus e Cienfuegos, mas a maioria dos visitantes prefere trabalhar com a companhia Víazul, mais confiável. Passagens são vendidas numa pequena janela onde se lê Taquilla Campo, perto da entrada. Cheque a lousa para os horários de saída e chegada.

A bilheteria **Víazul** (⏲8-11h30 e 13-17h) fica mais ao fundo da rodoviária. O escritório é bem organizado e permite reservas com antecedência. Veja o quadro para passagens, preços e destinos.

Os ônibus para Varadero podem deixar você em Jagüey Grande (CUC$15, 3 horas) com paradas (que precisam ser requisitadas) em Jovellanos, Colesio e Cárdenas. A saída para Santiago de Cuba vai por Sancti Spíritus (CUC$6, 1h e 30min), Ciego de Ávila (CUC$9, 2h e 40min), Camagüey (CUC$15, 5h e 20min), Las Tunas (CUC$22, 7h e 30min), Holguín (CUC$26, 8 horas) e Bayamo (CUC$26, 10 horas). É possível parar em Jatibonico, Florida, Sibanicú, Guáimaro e Palma Soriano (é preciso pedir).

### Trem

O transporte ferroviário para fora de Trinidad é terrível, mesmo para os padrões cubanos. A cidade não é conectada à ferrovia principal do país desde um furacão do começo da década de 1990, o que significa que a única linha em funcionamento passa pelo Valle de Ingenios, para em Iznaga (35 minutos) e termina em Meyer (1h e 10min). Supostamente, existem quatro saídas por dia, as mais confiáveis sendo a das 9h e a das 13h, mas ocasionalmente elas não acontecem. Sempre confira com antecedência no **terminal** (Lino Pérez final) que fica numa casa cor-de-rosa atravessando os trilhos, a oeste da estação.

Para informações sobre excursões de trem, veja a p. 288.

## Como circular

### Bicicleta

Você pode alugar bicicletas sem marcha em **Las Ruinas del Teatro Brunet** (Antonio Maceo, 461, entre Simón Bolívar e Zerquera; CUC$3/dia) ou perguntar na sua *casa particular*. Essas bicicletas são boas o suficiente para chegar à Playa Ancón, mas nem um pouco adequadas para as íngremes subidas a Topes de Collantes.

### Carro e táxi

As agências de aluguel nos hotéis de Playa Ancón alugam lambretas (CUC$27/dia), ou você pode procurar em **Las Ruinas del Teatro Brunet** (Antonio Maceo, 461, entre Simón Bolívar e Zerquera).

**Cubacar** (esq. Antonio Maceo e Zerquera) aluga carros por aproximadamente CUC$70/dia. Também possui um escritório no Hotel Club Amigo Ancón.

O posto de gasolina **Servi-Cupet** (⏲24 horas), 500m ao sul da cidade, na estrada para Casilda, tem uma loja de conveniência El Rápido anexada. O posto Oro Negro fica na entrada de Trinidad vindo de Sancti Spíritus, 1km a leste da Plaza Santa Ana.

Existem estacionamentos em algumas áreas ao redor do *casco histórico*. Pergunte no seu hotel ou *casa particular* onde os funcionários podem conseguir uma vaga para você.

Trinidad tem os táxis-coco tradicionais de Havana, a aproximadamente CUC$5 para ir até Playa Ancón. Um carro custa de CUC$6 a CUC$8, ida e volta. Táxis estatais tendem a se reunir na porta do escritório Cubatur, na Antonio Macedo. Uma viagem de táxi a Sancti Spíritus deve custar por volta de CUC$35.

### Charretes

Charretes (CUC$2) saem de Paseo Agramonte, ao sul da cidade, para Casilda.

### Visitas guiadas de ônibus em Trinidad

Trinidad tem agora um prático **micro-ônibus** (CUC$5 por todo o dia), similar ao de Havana e Viñales, que liga todas as atrações. Ele faz uma rota a partir do escritório da Cubatur em direção a Ma Dolores, Playa la Boca, Bar las Caletas e os três hotéis de Playa Ancón. Os passeios saem aproximadamente cinco vezes ao dia nas duas direções, começando às 9h e com final às 18h.

## Playa Ancón e arredores

Playa Ancón, uma preciosa extensão de praia branca na costa iridescente de Sancti Spíritus, é normalmente tida como o melhor pedaço de areia na costa sul de Cuba.

Mesmo não podendo se comparar às gigantes da costa norte (Varadero, Cayo Coco e Guardalavaca), Ancón tem um trunfo: Trinidad, o diamante colonial da América Latina, apenas 12km ao norte. É fácil chegar lá em menos de 15min de carro ou em 40 divertidos minutos de bicicleta. Ancón tem três hotéis com tudo incluso e uma marina bem equipada que oferece passeios de catamarã para os recifes locais.

Ratos de praia que amam estar perto da água, mas não têm dinheiro – ou vontade – para ficar em um dos resorts, podem considerar uma *casa particular* na vila La Boca, à beira do mar.

A beleza de Ancón é inquestionável, mas o que os panfletos turísticos se esquecem de mencionar são as pulgas-de-areia: elas são ferozes ao nascer e ao pôr do sol. Tome cuidado.

O antigo ponto de pesca de **Casilda,** 6km ao sul de Trinidad, é uma amigável vila – com apenas uma rua pavimentada – que foi devastada durante a temporada de furacões de 2005. Em 17 de agosto, a **Fiesta de Santa Elena** enche a pequena Casilda com festança, competições, corridas de cavalo e muito rum. A estrada de Ancón a Casilda cruza com um pântano, o que significa que diversas espécies de pássaros podem ser vistas durante a manhã.

### Atividades

A partir do Hotel Club Amigo Ancón, são 18km para Trinidad via Casilda ou 16km na (muito mais agradável) estrada costeira via La Boca. A piscina do hotel também é aberta para não hóspedes e a mesa de pingue-pongue não é disputada.

**Marina Trinidad** PESCARIA, MERGULHO
(☎99-62-05; www.nauticamarlin.com) Esse lugar fica a poucas centenas de metros do Hotel Club Amigo Ancón. Oito horas de pesca submarina com transporte, equipamento e guia saem a CUC$400 por barco (máximo de quatro pessoas) ou CUC$300 por 4 horas de pescaria de corrico. *Fly-fishing* também é oferecida ao redor dos mangues da Península de Ancón (CUC$250 por 6 horas, duas pessoas no máximo).

O mergulho com o **Cayo Blanco International Dive Center**, localizado na marina, custa CUC$35 por mergulho e CUC$320 pelo curso. **Cayo Blanco**, uma pequena ilha 25km a sudeste de Playa Ancón, tem 22 locais para mergulho, onde será possível ver corais negros e uma abundante vida marinha. A marina também opera um tour de 7 horas de praias e snorkel em Cayo Blanco por CUC$45/pessoa com almoço. Existem excursões parecidas para a igualmente inalterada ilha de **Cayo Macho**.

**Passeio de catamarã ao pôr do sol** PASSEIOS DE BARCO
(passeio com/sem jantar CUC$35/20) Casais românticos certamente apostarão nesse passeio, efusivamente recomendado por viajantes. Exige-se um mínimo de oito pessoas. Peça informações na Marina Trinidad ou no escritório Cubatur em Trinidad.

**Windward Islands Cruising Company** PASSEIOS DE BARCO
(www.caribbean-adventure.com) Essa companhia freta lanchas e catamarãs (com e sem equipe) que saem da Marina Trinidad para os Jardines de la Reina (p. 307). Você pode velejar com ou sem guias, com um pacote parcial ou uma excursão com tudo incluso. Grupos interessados devem pedir informações usando os dados de contato no site.

### Onde dormir

#### LA BOCA

A pequena vila de La Boca, próxima a Ancón pela costa, tem aproximadamente uma dúzia de graciosas casas.

**"Villa Sonia" – Sonia Santos Barrera** CASA PARTICULAR $
(☎99-29-23; av. del Mar, 11, La Boca; q CUC$25-30; P ❄) Se precisar de uma desculpa para ficar em La Boca, esta é a que procurava. Uma bela *casa* com uma sacada ao redor, completa por uma sala de jantar de madeira lustrada, cozinha privativa, redes, cadeiras de balanço e um bangalô de palha. Localizada bem em frente à praia.

**"Villa Río Mar" – Nestor Manresa** CASA PARTICULAR $
(☎99-31-08; San José, 65, La Boca; q com banheiros coletivos CUC$20-25; P ❄) Não existem grandes comodidades na Río Mar, onde dois quartos se abrem em uma delicada varanda. Se estiver cheio, existe mais espaço na porta ao lado.

#### PENÍNSULA DE ANCÓN

Os três hotéis de Ancón oferecem tarifas no sistema all-inclusive.

**Hotel Club Amigo Costasur** RESORT $$
(☎99-61-74; all-inclusive. s/c CUC$64/92; P ❄ 🏊) O mais antigo e humilde resort de Playa An-

Trinidad

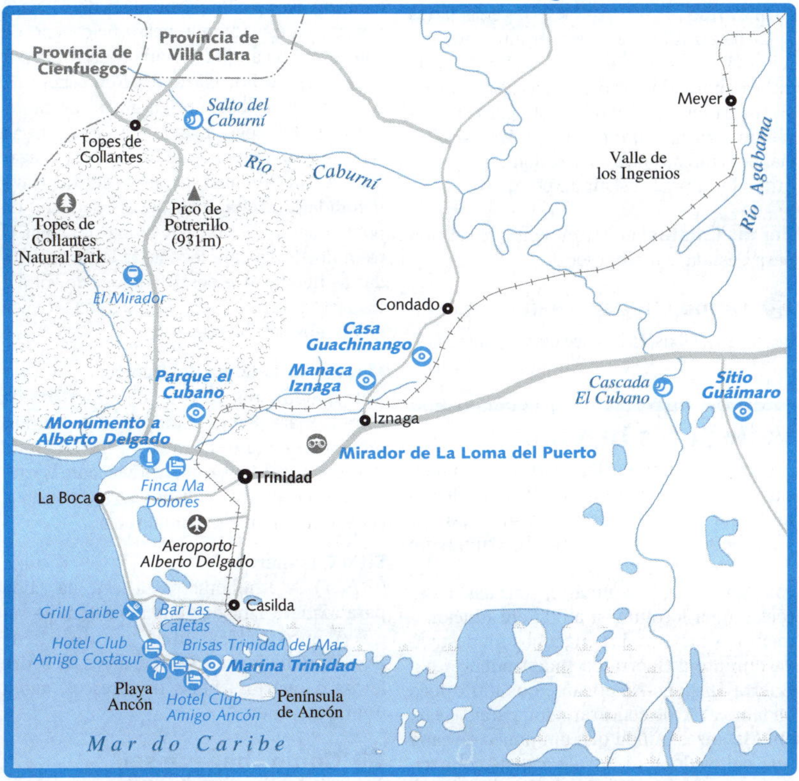


cón, o Costasur fica na base da península, a 9km de Casilda. Por CUC$10 a mais, você pode mudar para um quarto superior, que terá melhores vistas e localização (mas não decoração, infelizmente). Também conta com vinte quartos em bangalôs duplex que são ainda melhores. Daqui você pode fazer passeios a cavalo e de mergulho. O hotel está de frente para uma praia rochosa, mas outra de areia fica logo à direita. É difícil nadar no recife (muito raso). Esse lugar é popular entre turistas canadenses.

**Hotel Club Amigo Ancón** RESORT **$$$**
(☎99-61-23, 99-61-27; all-inclusive. s/c CUC$73/104; P❄@≋) Construído durante o flerte de trinta anos de Cuba com a arquitetura soviética, o Ancón não ganharia nenhum concurso de beleza. De fato, essa pilha de concreto em forma de navio a vapor é bem incompatível com a beleza natural da praia. Mas se uma boa localização é o que procura (principalmente por estar perto dos deleites históricos de Trinidad), esse lugar é uma ótima escolha. Para melhorar, você estará a uma pequena caminhada da Marina Trinidad, onde pode pescar, aprender a mergulhar ou aproveitar um passeio ao pôr do sol. Além do mais, as instalações podem ser utilizadas por não hóspedes, o que é raro para um resort.

**Brisas Trinidad del Mar** RESORT **$$$**
(☎99-65-00; all-inclusive. s/c CUC$101/134; P❄@≋) Apesar de ser uma tentativa um pouco *kitsch* de recriar Trinidad em um ambiente de resort, o Brisas merece elogios por ter rejeitado a arquitetura quadradona do Ancón em favor de *villas* térreas coloniais. Mas depois de apenas cinco anos em funcionamento, a qualidade do resort começou a decair devido à pouca manutenção e ao atendimento duvidoso. Apesar de a praia ser maravilhosa e as massagens, saunas, academias e quadras de tênis convenientes para os esportistas, talvez seja melhor economizar um pouco de dinheiro e escolher um dos Club Amigos.

## Onde comer

**Grill Caribe** CARIBENHA $$

(24 horas) Além dos restaurantes dos hotéis, existe esse outro numa tranquila praia 2km ao norte do Costasur. Sua especialidade são os frutos do mar, tais como peixe, camarão ou lagosta, a um preço razoável. Vegetarianos rigorosos ficarão desapontados. É um ótimo local para assistir ao pôr do sol.

**Bar las Caletas**, no cruzamento da estrada para Casilda, é um bar local.

## Como chegar e sair

Bicicletas, ônibus, táxis-coco ou táxis normais – faça sua escolha. Veja a p. 285 para detalhes.

# Valle de los Ingenios

A imensa fortuna de Trinidad não foi angariada na cidade em si, mas no vale verdejante 8km a leste. O Valle de los Ingenios (ou Valle de San Luis) ainda abriga ruínas de dúzias de engenhos de cana do século 19, com armazéns, maquinário, senzalas, casarões e uma locomotiva ainda em funcionamento. A maioria dos engenhos foi destruída durante a Guerra da Independência e a Guerra Hispano-Americana, quando o foco da fabricação de açúcar mudou para o oeste, em Matanzas. Ainda que um pouco de cana seja cultivado aqui, o vale é mais conhecido pelo seu status de Patrimônio Histórico da Humanidade da UNESCO. Circundados pela Sierra del Escambray, os pastos, as palmeiras reais e as ruínas coloniais têm uma beleza atemporal. Passeios a cavalo são oferecidos para a maioria dos lugares a seguir.

## Atrações

**Manaca Iznaga** MUSEU, MARCO

(Entrada CUC$1; ) O principal ponto do vale fica 16km a nordeste de Trinidad. Fundada em 1750, a propriedade foi comprada em 1795 pelo infame Pedro Iznaga, que se tornou um dos homens mais ricos de Cuba pela inescrupulosa atividade de tráfico de escravos. A torre de 44m ao lado da *hacienda* era usada para manter os escravos sob vigia e o sino em frente à casa servia para chamá-los. Hoje em dia, é possível subir ao topo da torre para uma bela vista, seguida de um almoço razoável (12h-14h30) no bar e restaurante da antiga mansão colonial de Iznaga. Não deixe de ver a enorme prensa de açúcar nos fundos.

**Casa Guachinango** MARCO, RESTAURANTE

(9-17h) Três quilômetros além da Manaca Iznaga, na estrada que passa pelo meio do vale, fica uma antiga fazenda construída por Don Mariano Borrell no final do século 18. Atualmente, o local abriga um restaurante. O rio Ay fica logo abaixo, e a paisagem ao redor é realmente maravilhosa. Para chegar à Casa Guachinango, pegue a estrada pavimentada à direita, logo depois da segunda ponte quando se chega de Manaca Iznaga. O trem de Meyer para logo ao lado da casa todas as manhãs e é possível andar de volta a Iznaga de Guachinango ao longo da ferrovia em menos de 1 hora.

**Mirador de la Loma del Puerto** MIRANTE

Seis quilômetros a leste de Trinidad, na estrada para Sancti Spíritus, esse mirante a 192m de altura fornece a melhor vista do vale, com direito (se estiver com sorte) a uma locomotiva a vapor atravessando a cena. Conta também com um bar.

**Sitio Guáimaro** MARCO

(7-19h) Sete quilômetros a leste da saída para Manaca Iznaga, ande mais 2km ao sul e você encontrará a antiga propriedade de Don Mariano Borrell. Os sete arcos de pedra levam a quartos cheios de afrescos, agora um restaurante.

## Como chegar e sair

Existem duas opções para ir ao Valle de los Ingenios e voltar de lá – ambas igualmente não confiáveis. O trem a vapor turístico anda na mesma velocidade que Thomas, a locomotiva de desenho animado, mas a viagem é belíssima quando passa por um vale incrivelmente verde cheio de vacas a ruminar e pontes esguias.
O trem é puxado pela indomável locomotiva número 52204, construída pela Baldwin Locomotive Company of Philadelphia em agosto de 1919. Organizada como excursão (CUC$10), passageiros pagam seu próprio almoço no Manaca Iznaga, onde podem visitar a famosa torre do sino. A **Cubatur** (Antonio Maceo; 9-20h) em Trinidad saberá dizer para quando a próxima excursão está agendada e se estará funcionando. Agentes de turismo nos hotéis de Ancón vendem a mesma excursão por CUC$17, incluindo transporte de ônibus até Trinidad. Para detalhes do trem diário a partir de Trinidad, veja a p. 285.

Passeios a cavalo podem ser agendados nas agências de turismo de Trinidad ou Playa Ancón. Outra opção é alugar um cavalo e um guia particular em Trinidad por CUC$15 (6 horas).

# Topes de Collantes

ALT. 771M

A fortificada Sierra del Escambray, com 90km de comprimento, é a segunda maior cordilheira de Cuba e passa pelas fronteiras de três províncias: Sancti Spíritus, Cienfuegos e Villa Clara. Apesar de não serem muito altas (o ponto mais alto – Pico de San Juan – fica a 1.156m de altitude), as encostas têm uma flora abundante e são surpreendentemente isoladas. No final de 1958, Che Guevara acampou nessas montanhas em seu caminho para Santa Clara e, menos de três anos depois, a CIA patrocinou grupos contrarrevolucionários que operavam seu esquema de guerrilha do mesmo local.

Mesmo não sendo um parque nacional oficial, Topes é uma área altamente protegida. O parque principal, que cobre mais de 200km², abriga outros quatro parques menores – Parque Altiplano, Parque Codina, Parque Guanayara e Parque el Cubano (veja p. 279) – enquanto o quinto membro El Nicho (p. 245), na província de Cienfuegos, é administrado pela autoridade de parques Gaivota.

O parque tomou seu nome da maior propriedade local: um horroroso spa fundado em 1937 pelo ditador Fulgencio Batista a fim de dar alívio a sua esposa doente, para quem ele construiu um exótico casebre rural. A arquitetura piorou desde então com a construção de um grotesco hospital para tuberculosos (atualmente o Kurhotel), que começou no final da década de 1930, mas só terminou em 1954.

Topes de Collantes tem três hotéis abertos para estrangeiros e excelentes trilhas guiadas e sem guias. Suas florestas de aparência selvagem abrigam cipós, liquens, musgos, samambaias e belíssimas bromélias e seriam excelentes para uma aula de biologia.

O centro de informações **Carpeta** (8-17h), próximo ao relógio de sol na entrada do complexo de hotéis, é o melhor lugar para procurar mapas, guias e informações sobre trilhas.

## Atrações

**Museo de Arte Cubano Contemporáneo** — MUSEU

(Entrada CUC$3) Acredite ou não, o monstruoso hospital de Topes de Collantes já abrigou um baú de tesouro de arte cubana, com obras de mestres locais como Tomás Sánchez e Rubén Torres Llorca. Estudando a antiga coleção de arte em 2008, oficiais da província se inspiraram a abrir esse museu (infinitamente mais bonito), que mostra mais de setenta obras, espalhadas por seis salas em três andares.

**Casa Museo del Café** — CAFÉ, MUSEU

(7-19h) O café foi cultivado nessas montanhas por mais de dois séculos – nesse rústico e pequeno café, você pode aprender sua história enquanto beberica a aromática infusão local (chamada Cristal Mountain). Logo no final da rua fica o **Jardín de Variedades de Café**, uma pequena trilha pelo meio de 25 diferentes tipos da planta.

**Plaza de las Memorias** — MUSEU

(8-17h) O mais novo museu de Topes está abrigado em três pequenos casebres logo abaixo da Casa Museo del Café. Ele conta a história da propriedade e de seus hotéis.

## Atividades

Topes é o único local em Cuba onde você pode praticar o **canionismo**, mas existem restrições e seria inteligente estudar a opção de antemão. A atividade se concentra em quatro rios principais: Calburni, Vegas Grandes, Cabagan e Gruta Nengoa, onde os praticantes descem quedas-d'água equipados com cordas, roupas de neoprene, capacetes e arreios. O destaque do passeio fica por conta da descida vertical de 200m em Salto Vegas Grandes. Uma experiente empresa que oferece o passeio é a **Quebec** (www.canyoning-quebec.com), que opera excursões de oito dias na Sierra del Escambray.

Nenhuma excursão é organizada no país e não se encontram equipamentos para alugar. Quando o guia foi escrito, havia pelo menos um guia dos parques Gaivota que era certificado para a prática. Pergunte no escritório Central Carpeta (p. 289) para informações mais atualizadas.

**Salto del Caburní** — TRILHA

(Entrada CUC$6,50) A reconhecida trilha, uma das mais facilmente acessíveis a pé a partir dos hotéis, leva a essa cachoeira de 62m que cai em refrescantes piscininhas antes de mergulhar em direção a um buraco gigante, no qual os machões locais se arriscam a pular. No auge da temporada de seca (março a maio), você pode se desapontar com a cachoeira. A taxa de entrada é paga no pedágio para Villa Caburní, ao pé do morro que abriga o Kurhotel, próximo à Central Carpeta (longe para ir a pé). Reserve 1 hora para descer e 1h e 30min para voltar nessa trilha de 5km (ida e volta). Algumas ladeiras são íngremes e ficam escorregadias após a chuva.

**Sendero los Helechos** TRILHA

Uma trilha de 1km chamada de caminhada ecológica é basicamente um atalho entre o Kurhotel e o Hotel los Helechos. Procure por mariposas completamente brancas e diversas espécies de samambaias.

**Sendero Jardín del Gigante** TRILHA

(Entrada CUC$7) O Parque la Represa no rio Vega Grande, descendo o morro a partir da entrada para a trilha La Batata, contém trezentas espécies de árvores e samambaias, entre elas a maior árvore de *caoba* (mogno) em Cuba. É possível absorver tudo nessa trilha de 1km. O pequeno restaurante na entrada para o jardim fica em uma vila construída pela esposa de Fulgencio Batista, cujo amor pela região inspirou seu marido a construir o resort Topes.

**Sendero la Batata** TRILHA

(Entrada CUC$3) Essa trilha de 6km (ida e volta), que leva a uma grande caverna com um rio subterrâneo, começa na placa de estacionamento logo abaixo da Casa Museo del Café. Quando chegar à outra rodovia, vire à direita no aterro de concreto e desça o morro. Continue em frente ou à direita a partir desse ponto (evite as trilhas à esquerda). Reserve uma hora para a ida e outra para a volta. É possível nadar nas piscinas da caverna.

**Vegas Grandes** TRILHA

(Entrada CUC$5) A trilha de Vegas Grandes começa no conjunto residencial conhecido como Reparto el Chorrito, no lado sudoeste de Topes de Collantes, próximo à entrada do resort quando se chega de Trinidad. A ida e a volta gastam menos de uma hora cada para chegar na cachoeira, a 2km de distância. É possível continuar em frente em direção ao Salto del Caburní, mas considere contratar um guia.

**Hacienda Codina** TRILHA

(Entrada CUC$5) Esse é mais um destino possível. A trilha de jipe de 3,5km começa no topo de um morro que fica a 2,5km da estrada para Cienfuegos e Manicaragua, 1km antes das duas rodovias se dividirem. Existe uma trilha mais curta para a *hacienda* a partir do Hotel los Helechos, que liga parte do caminho a La Batata, mas você precisará de um guia para usá-la. Na *hacienda* em si há uma trilha circular de 1,2km, a **Sendero de Alfombra Mágica**, através de jardins de orquídeas e bambus e passando pela Cueva del Altar. Também conta com banhos de lama, um restaurante e um belo mirante.

**Sendero "Centinelas del Río Melodioso"** TRILHA

(Entrada CUC$7) A trilha menos acessível, mas definitivamente mais gratificante de Topes, é a de 2,5km (5km no total) no Parque Guanayara, localizado a 15km da Central Carpeta, ao longo de diversos caminhos rústicos e esburacados. Por motivos de logística, essa excursão é mais bem organizada com um guia da Carpeta ou como parte de um pacote turístico de Trinidad pela Cubatur (CUC$43 com almoço). A trilha em si começa nas úmidas plantações de café e desce abruptamente em direção à cachoeira **El Rocio**, onde você pode tirar a roupa e tomar um banho revigorante. Seguindo o curso do rio Melodioso, a trilha passa por outra cachoeira convidativa antes de emergir nos jardins salubres da **Casa la Gallega**, uma tradicional *hacienda* rural onde um leve almoço pode ser organizado e, às vezes, é permitido acampar.

## Onde dormir e comer

**Hotel los Helechos** HOTEL $

(☎54-02-31; s/c CUC$34/44; P ❄ ≋) Por anos o calcanhar de aquiles da rede Gaivota, o Los Helechos passou por reformas extensas para tirá-lo da sua letargia dos anos 1970. Nunca 100% à vontade com seus arredores verdejantes, o desengonçado prédio chocolate, com seus móveis de vime e chalés de madeira, aparenta estar muito deslocado. Também não ajudam a feia piscina interna, as saunas apertadas (se estiverem funcionando), o restaurante de proletariado e a discoteca *kitsch* local (justamente num parque natural!). O "salvador da pátria" é o delicioso pão caseiro – com certeza o melhor de Cuba.

**Villa Caburní** CABINES $

(☎54-01-80; s/c CUC$40/50; ❄ P) Esse lugar é uma verdadeira joia rural que oferece, em um pequeno parque ao lado do Kurhotel, chalés de um ou dois andares em estilo suíço com pequenas cozinhas e banheiros privativos.

**Kurhotel Escambray** HOTEL $

(☎54-02-31; s/c CUC$40/50) Passando fácil pelo hospício de *Um estranho no ninho*, esse colosso arquitetônico de oito andares sonhado por Batista na década de 1930 seria uma monstruosidade em qualquer local, ainda mais em um parque natural absolutamente maravilhoso. A se julgar pelo grotesco exterior stalinista, o astuto ditador cubano devia saber que os russos estariam vindo. Concebido originalmente como hospital

VALE A VIAGEM

## NIRVANA NA COSTA NORTE

O norte da província de Sancti Spíritus é uma das áreas mais protegidas de Cuba. É dominado pela **Reserva Buenavista de Biosfera da UNESCO**, que cobre 313km² e também abriga uma Ramsar Convention Site (pântanos de importância internacional).

O centro dessa reserva é o raramente mencionado (em panfletos turísticos) **Parque Nacional Caguanes**, formado pela sinuosa Península Caguanes, os pântanos Guayabera e dez ilhotas chamadas coletivamente de Cayos de Piedra.

O parque é único devido às suas formações tipo cânion. Existem mais de setenta cavernas e um intocado ecossistema que abriga peixes-boi, flamingos e a única esponja de água doce em cavernas do mundo.

Indígenas frequentavam esta área. Até hoje, foram descobertos mais de 260 pictogramas em quarenta sítios arqueológicos diferentes. No final do século 19 e começo do 20, caçadores e carvoeiros faziam incursões esporádicas no local, mas não demonstraram interesse a longo prazo. Hoje em dia, a população humana é mínima.

Rigorosas medidas de conservação significam que o acesso público é limitado, mas não impossível. Há um simples centro de visitantes e uma estação ecológica ao norte de Yaguajay – mas, em vez de simplesmente aparecer por lá, a melhor opção é conferir os detalhes antes na Villa San José del Lago (p. 292).

A única excursão anunciada é a Las Maravillas que Atesora Caguanes, que junta um caminho ao Humboldt, as cavernas Los Chivos e um passeio de barco ao redor dos Cayos de Piedra.

Interessantemente, o parque andou regenerando alguns marcos históricos nos últimos anos. A poluição de engenhos de açúcar na Bahía de Buenavista havia expulsado diversas espécies de pássaros de Caguanes nos anos 1990, mas o fechamento dos engenhos em 2002, em parceria com esforços ambientais das autoridades do parque, fez que algumas espécies voltassem.

para tuberculosos, o complexo ainda serve de centro para tratamento terapêutico. Você pode agendar uma sessão se estiver disposto a usar o uniforme obrigatório. O resto do prédio serve como um hotel de aparência mal-assombrada.

**Restaurante Mi Retiro** CARIBENHA **$$**
(Carretera de Trinidad) Localizado 3km na volta em direção a Trinidad, o Mi Retiro serve comida *criolla* que varia de razoável a medíocre, ao som do ocasional menestrel.

Três outras opções para comer ficam nas trilhas: **Hacienda Codina**, **Restaurante la Represa** e **Casa la Gallega** (no Parque Guanayara). **El Mirador** (carretera de Trinidad) é um bar simples com uma vista incrível da estrada até a metade do caminho para Trinidad.

### Como chegar e sair

Sem um carro, é muito difícil chegar aqui – e pior ainda se locomover entre as trilhas. Suas melhores opções são um táxi (CUC$25 ida e volta com uma parada de 2 a 3 horas), uma excursão partindo de Trinidad ou um carro alugado.

A estrada entre Trinidad e Topes de Collantes é pavimentada, mas muito íngreme. Quando molhada, torna-se escorregadia; por isso, deve-se dirigir com cuidado. Também há uma espetacular estrada de 44km que continua pelas montanhas de Topes de Collantes até Manicaragua via Jibacoa (ocasionalmente fechada, então procure saber em Trinidad antes de sair). Também é possível dirigir para (e a partir de) Cienfuegos via San Blas por uma estrada parte asfalto, parte cascalho (apenas com carros 4x4).

## Norte de Sancti Spíritus

Para cada mil turistas que visitam Trinidad, pouquíssimos veem o corredor norte da província, que vai de Remedios, em Villa Clara, a Morón, em Ciego de Ávila. Para a minoria que passa por ali, existe um trio de paradas que vale a pena e um modesto hotel Islazul.

### Atrações e atividades

**Museo Nacional Camilo Cienfuegos** MUSEU
(Entrada CUC$1; 8-16h ter-sáb, 9-13h dom) Esse excelente museu em Yaguajay, 36km a sudeste de Caibarién, foi aberto em 1989 e é

reminiscente do monumento a Che Guevara, em Santa Clara. Camilo lutou uma batalha crucial nesta cidade, na véspera do triunfo da Revolução, tomando controle do quartel militar local (hoje em dia o Hospital Docente General, em frente ao museu). O museu fica logo abaixo de uma praça modernista enfeitada com uma estátua de 5m de *El Señor de la Vanguardia* (O homem da vanguarda). O museu contém uma interessante mostra da vida de Cienfuegos, misturada com fatos e objetos da luta do revolucionário. Uma réplica do pequeno tanque Dragon I, transformada a partir de um trator para uso em batalha, está na frente do hospital.

**Jobo Rosado** RESERVA NATURAL

Essa região, protegida como área de "recursos gerenciados", ainda é pouco explorada por viajantes, embora grupos estejam sendo admitidos com maior frequência. Medindo 40km², inclui a **Sierra de Jatibonico,** uma cordilheira de montes que corre através do norte da província inteira e age como uma espécie de muro para a bem protegida Bahía de Buenavista. Assim como na Sierra Maestra, a história e a ecologia estão fortemente ligadas aqui: o general Máximo Gómez batalhou nesses montes durante a Guerra Hispano-Americana e, em 1958, o exército rebelde de Camilo Cienfuegos (coluna número 2) construiu seu último posto de comando aqui. Um criativo monumento do escultor José Delarra marca o local.

Trilhas guiadas podem ser organizadas tanto pela Ecotur (p. 292) quanto na Villa San José del Lago. Entre os destaques há um passeio de 3 horas pelo **rio Jatibonico**, a trilha de 1km **La Solapa de Genaro**, através da savana tropical até as ruínas de uma senzala, e a caminhada de 800m de **Valdés** pelas florestas semiabandonadas até uma caverna.

## Onde dormir

**Villa San José del Lago** HOTEL $

(☎55-61-08; Antonio Guiteras, Mayajigua; s/c CUC$14/22; P❄≋) Esse spa moderninho, antigamente popular entre os americanos, fica localizado fora de Mayajigua, ao norte da província de Sancti Spíritus. Os pequenos quartos em diversas *villas* se aninham ao lado de um lago rodeado por palmeiras (com pedalinhos e flamingos). O complexo é famoso por suas águas termais, que eram usadas no século 19 por escravos machucados e são, hoje em dia, uma atração popular entre os cubanos em férias. Os 67 quartos não têm luxo, mas a localização, entre a Sierra de Jatibonico e o Parque Nacional Caguanes, é magnífica e um bom começo para algumas excursões pela Cuba menos conhecida do público. Há também um restaurante e uma lanchonete no local.

## Informações

**Ecotur** (☎54-74-19; carretera Yaguajay Km 1,5) O melhor portal de informações da região, localizado ao sul de Yaguajay, na estrada para Meneses.

# Província Ciego de Ávila

☎033 / POP. 422.576

### Inclui »



### Os melhores lugares para comer

» Ranchón Playa Pilar (p. 308)
» La Atarraya (p. 302)
» Don Ávila (p. 297)
» Restaurante Maité la Qbana (p. 300)

### Os melhores lugares para ficar

» Meliá Cayo Coco (p. 305)
» Alojamiento Vista al Parque (p. 300)
» Alojamiento Maité (p. 300)
» Iberostar Daiquirí (p. 307)

## Por que ir?

Durante séculos, Ciego de Ávila não passou de uma parada de descanso para quem viajava pela estrada na direção leste-oeste. Depois, com o ambicioso projeto turístico pós-Período Especial, desenvolveram-se resorts em Cayo Coco e em Cayo Guillermo, as radiantes pérolas tropicais que um dia seduziram Hemingway, unidas por praias gloriosas e enfeitadas por aproximadamente uma dúzia de recantos turísticos exclusivos. Em dez anos, aquela "paradinha" se transformou num destino empolgante com muito potencial.

Cortada do flanco ocidental da província de Camagüey em 1975, Ciego de Ávila abriga uma porção de segredos intrigantes há um século. Vários imigrantes chegaram a ela antes dos espanhóis, no século 19, vindos do Haiti, da Jamaica, da República Dominicana e de Barbados, levando com eles uma variedade imensa de costumes, como o críquete de Baraguá, o vodu da Venezuela, as danças nativas de Majagua e os explosivos fogos de artifício de Chambas. Graças às suas tradições e a ambiguidades culturais, eles fizeram de Ciego uma das províncias mais surpreendentes da nação.

## Quando ir

O clima é quase sempre o mesmo em Ciego de Ávila. Vá para o campo no dia 1º de agosto: em Baraguá, a população comemora o Dia da Emancipação dos Escravos, com música, dança e um jogo de críquete. Em setembro há o Carnaval Aquático de Morón, com início no canal que leva a Laguna de Leche. Finalmente, em novembro, os cidadãos de Majagua dançam nas ruas durante a Fiesta de los Bandas Rojo y Azul.

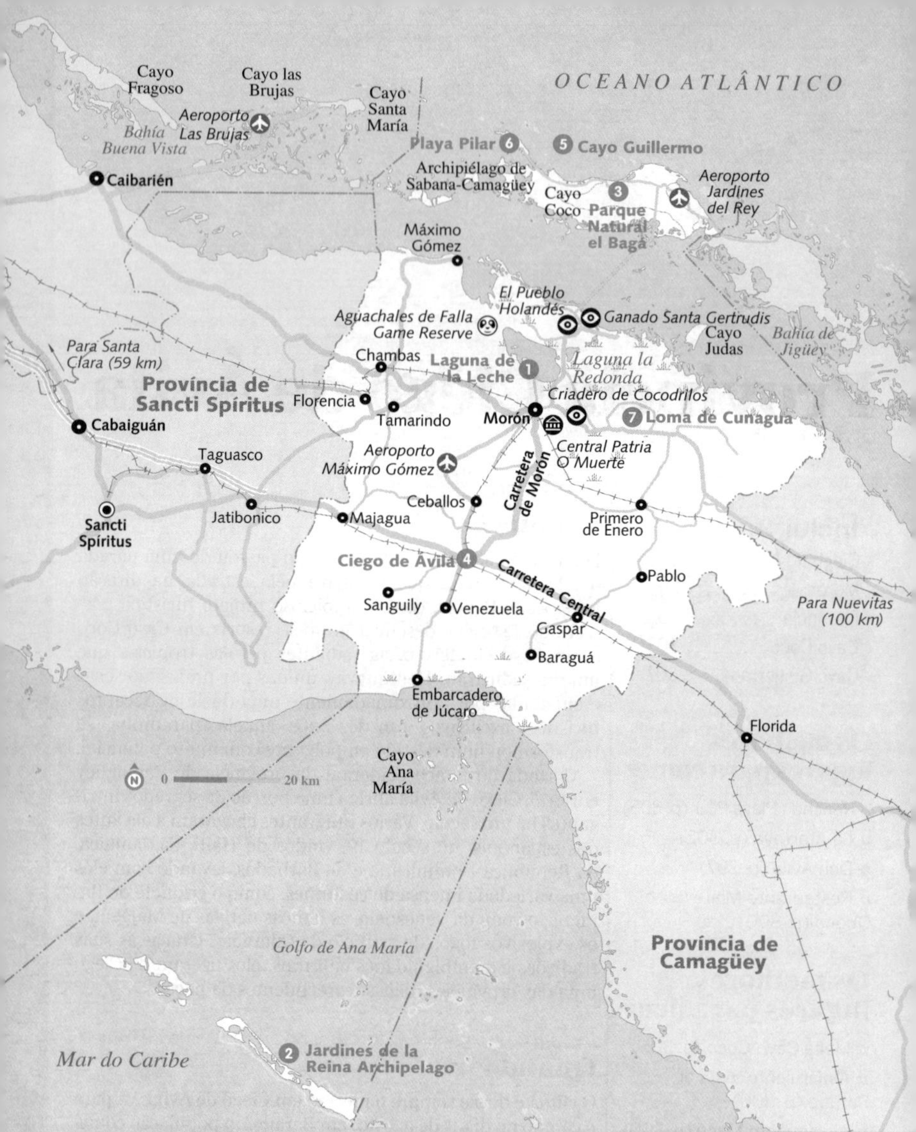


## Destaques da província de Ciego de Ávila

1 Coma peixe fresco a preços ridiculamente baratos no **Laguna de la Leche** (p. 301)

2 Mergulhe de uma "casa-barco" na região quase intocada do **arquipélago Jardines de la Reina** (p. 307)

3 Veja como um antigo aeroporto se transformou numa reserva natural de sucesso no **Parque Natural el Bagá** (p. 303), em Cayo Coco

4 Visite o melhor museu municipal de Cuba, o **Museo Provincial Simón Reyes** (p. 295), em Ciego de Ávila

5 Siga os passos de Hemingway na pesca em alto-mar em **Cayo Guillermo** (p. 307)

6 Coloque os pés na areia na paradisíaca **Playa Pilar** (p. 306)

7 Escape dos resorts e mergulhe na rusticidade de **Loma de Cunagua** (p. 302)

### História

A área conhecida como província de Ciego de Ávila foi descoberta em 1513 pelo aventureiro espanhol Pánfilo de Narváez, que partiu para explorar as florestas e planícies da costa norte; depois, foi governada por um chefe taino chamado Ornofay. Integrando-se à nova colônia espanhola de Cuba no começo do século 16, a província adquiriu seu nome atual por conta de um comerciante local, Jacomé de Ávila, a quem foi concedida uma *encomienda* (mão de obra indígena) em San Antonio de la Palma, em 1538. Um pequeno *ciego* (roça) na propriedade rural de Ávila foi estabelecido como local de descanso para viajantes e logo se tornou um povoado em desenvolvimento.

Ao longo dos séculos 16 e 17, os recifes do norte funcionaram como um belo refúgio para que piratas descansassem de seus ataques lucrativos a cidades como Havana e Porto Príncipe. Duzentos anos depois, outro tipo de bucaneiro surgiu na forma do escritor americano Ernest Hemingway, que seguia os rastros de submarinos alemães nas águas de Cayo Guillermo.

Durante as Guerras de Independência, na segunda metade do século 19, a área adquiriu má-fama pela barreira de defesa de 67km, de Morón a Júcaro, mais conhecida pelos historiadores como La Trocha. Caracterizado pelas suas firmes instalações militares e munido com a força de quase 20 mil homens, o sistema de defesa foi articulado pelos governantes espanhóis que estavam no poder em 1870 e planejado para impedir que os saqueadores Mambís (rebeldes do século 19) conseguissem passar para o oeste.

## Ciego de Ávila

POP. 104.850

Uma pequena cidade repleta de fachadas de lojas ornadas com colunas, Ciego de Ávila é a capital provinciana mais moderna de Cuba, fundada em 1840. Cresceu originalmente em 1860 e 1870 como uma cidade militar, logo atrás da barreira de defesa Morón–Júcaro (La Trocha), para mais tarde se tornar um centro importante de processamento das safras de cana-de-açúcar e abacaxi da região (o abacaxi é o símbolo da cidade). Apesar de ser uma atração menor se comparada a Trinidad ou Camagüey, os habitantes de Ciego têm orgulho da sua cidade modesta (à qual se referem, com afeto, como "cidade dos pórticos"), e o entusiasmo deles é contagiante.

Entre as figuras famosas da cidade estão o expoente cubano da pop art Raúl Martínez e a socialite Ángela Hernández Viuda de Jiménez, uma viúva abastada que ajuda a manter muitos dos prédios neoclássicos do começo do século 20, como o Teatro Principal, que comporta quinhentas pessoas.

### Atrações

Amigável e de fácil circulação, Ciego de Ávila tem um ritmo tranquilo. A cidade tem trabalhado muito para enaltecer a sua história, normalmente ignorada, e merece pelo menos uma tarde do seu tempo.

**Museo Provincial Simón Reyes** MUSEU

(Esq. Honorato del Castillo e Máximo Gómez; entrada CUC$1; ⏲8-22h) Possivelmente o museu municipal de melhor aparência de Cuba, esse prédio amarelo-mostarda merece uma visita. Há exposições fascinantes, como uma maquete de La Trocha (p. 303), informações detalhadas sobre a cultura e a religião afro-cubanas, além de explicações sobre a rica variedade de festivais tradicionais da província. Depois do passeio, dê uma olhada no **Plano-Mural de Ciego de Ávila** (esq. Marcial Gómez e Joaquín de Agüero), onde um mapa em bronze da cidade no final do século 19 marca o local da sua fundação (em 1840).

**Parque Martí** PRAÇA

Todos os caminhos de Ciego levam a esse parque colonial que parece ter saído de um livro escolar. Projetado em 1877 em homenagem ao então rei da Espanha Alfonso XII, foi renomeado no começo do século 20 por conta do novo mártir nacional, José Martí. Em 1925 foi erigido um monumento ao líder. Pode ser visto do **Ayuntamiento** (Prefeitura; fechada para visitação), de 1911, agora a sede do governo da província; a clássica **Iglesia Católica** (Independencia entre Marcial Gómez e Honorato del Castillo), de 1947, é enfeitada com o santo padroeiro da cidade, San Eugenio de la Palma; e a um quarteirão fica o grande **Teatro Principal** (esq. Joaquín Agüero e Honorato del Castillo), construído em 1927 com a ajuda da filantropa local Ángela Jiménez.

**Museo de Artes Decorativas** MUSEU

(Esq. Independencia e Marcial Gómez; entrada CUC$1; ⏲8-17h seg e ter, 8-22h qua-sáb, 8-12h e 18-22h dom) Essa cuidadosa coleção contém itens peculiares de uma era remota, como uma vitrola que ainda funciona (ao som de Benny Moré), antigos relógios de bolso e camas com dossel incrustado de madrepéro-

Ciego de Ávila

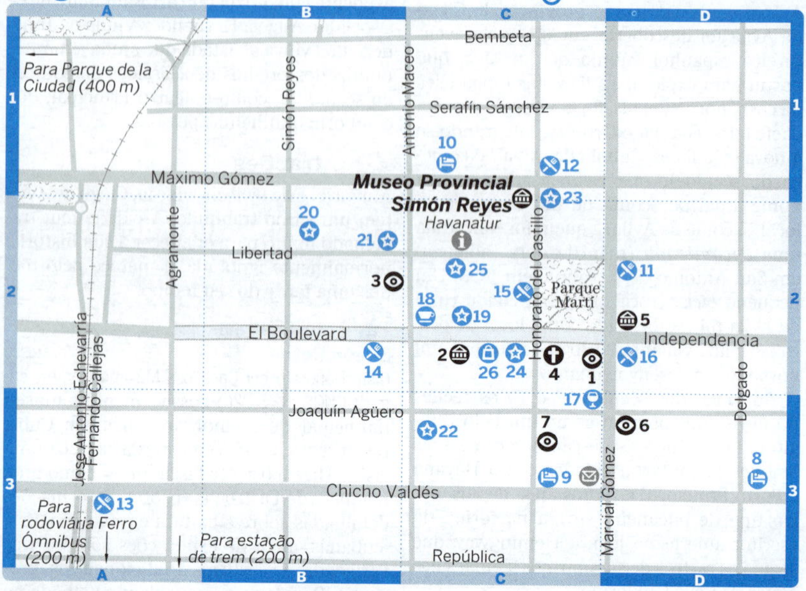




las. Uma gorjeta de CUC$1 é suficiente para você arranjar um dos típicos guias locais (em inglês ou espanhol) entusiasmados.

**Centro Raúl Martínez Galería de Arte Provincial** GALERIA DE ARTE

(Independencia, 65, entre Honorato del Castillo e Antonio Maceo; ⌚8-12h e 13-17h seg e qua, 13-21h qui e sex, 14-22h sáb, 8-12h dom) Esquive-se dos típicos pórticos de Ciego ao longo da calle Independencia para chegar a essa galeria, onde os trabalhos do rei cubano da pop art estão em exposição permanente, junto a várias peças novas de artistas locais.

**Fábrica de Tabacos el Sucro** FÁBRICA DE CHARUTOS

(Esq. Libertad e Antonio Maceo) A fábrica de charutos bem no centro da cidade é uma contribuição pós-Revolução à economia local. Os tours normalmente só são agendados para grupos. Informe-se no escritório da Havanatur (p. 299) para tentar se juntar a outros interessados.

**Parque de la Ciudad** PARQUE

A região entre o Hotel Ciego de Ávila e o extremo noroeste da cidade um dia já foi um grande terreno baldio. Recentemente essa área foi tratada para se transformar num parque de verdade, ao redor do artificial Lago la Turbina. Caminhos foram demarcados, restaurantes em estilo *ranchón* e parques foram construídos e alguns trens a vapor foram restaurados para resgatar a história do transporte de Ciego. O resultado é outro agradável reflexo do orgulho cívico.

**El Boulevard** RUA

A novidade de Ciego é essa extensão de três quarteirões da calle Independencia, entre o Parque Martí e a calle Agramonte. Foram implementados uma calçada para pedestres e luzes de rua, bancos, áreas verdes e peças de arte a céu aberto. Vá e veja a disparidade econômica de Cuba funcionando a todo vapor.

## Onde dormir

As *casas* de Ciego não são tão espetaculares como as de Trinidad, mas elas podem ser uma parada vantajosa para quem está numa viagem longa rumo ao leste ou ao oeste. Juntos, talvez os dois hotéis da cidade pudessem ter uma estrela.

**Hotel Ciego de Ávila** HOTEL $

(☎22-80-13; carretera a de Ceballos Km 1,5; s/c CUC$20/28; P❄🏊) Para onde foram todos os turistas? Provavelmente para Cayo Coco, deixando o principal hotel da Islazul, a 2km do centro da cidade e com vista para o Parque de la Ciudad, nas mãos dos times de esporte cubanos e dos trabalhadores em férias. Não há nada estranho com a exceção, talvez, dos painéis solares no teto, que se destacam

## Ciego de Ávila

**Destaque**

Museo Provincial Simón Reyes .......... C1

**Atrações**

1 Ayuntamiento .......... C2
2 Centro Raúl Martínez Galería de Arte Provincial .......... C2
3 Fábrica de Tabacos el Sucro .......... B2
4 Iglesia Católico .......... C2
5 Museo de Artes Decorativas .......... D2
6 Plano-Mural de Ciego de Ávila .......... D3
7 Teatro Principal .......... C3

**Onde dormir**

8 Casa Hospedaje la Villa .......... D3
9 Hotel Santiago-Habana .......... C3
10 María Luisa Muñoz Álvarez .......... C1

**Onde comer**

11 Don Ávila .......... D2
12 Fonda la Estrella .......... C1
13 Mercado Agropecuario .......... A3
Panadería Doña Neli .......... (veja 15)
14 Restaurante Don Pepe .......... B2
15 Solaris .......... C2
16 Supermercado Cruz Verde .......... D2

**Onde beber**

17 La Confronta .......... C3
18 La Fontana .......... C2

**Lazer**

19 Casa de la Cultura .......... C2
20 Casa de la Trova Miguel Angel Luna .......... B2
21 Cine Carmen .......... B2
22 Cine Iriondo .......... C3
23 Discoteca Colibrí .......... C1
24 La Macarena .......... C2
25 Patio de ARTex .......... C2

**Onde comprar**

26 La Época .......... C2

da monotonia dos quartos com lavabo, da área barulhenta ao redor da piscina e do café da manhã sem graça. Funcionários amigáveis e a pintura regular das paredes dão uma cor (necessária) ao lugar.

**Hotel Santiago-Habana** HOTEL $
(22-57-03; esq. Chicho Valdés e Honorato del Castillo; s/c CUC$11/16; ) Sua única opção no centro da cidade é famosa por ser o hotel mais barato da ilha. Os 76 quartos empoeirados, mas úteis, têm o estilo de um motel dos anos 1970. Há um restaurante no último andar, junto ao Disco Centro Nocturno la Cima. Leve tampões de ouvido.

**Casa Hospedaje la Villa** CASA PARTICULAR $
(22-58-54; esq. Chico Valdés e Abraham Delgado; q a partir de CUC$15-20 ; P) Um lugar cor-de-rosa bem chamativo na carretera Central. Ciclistas e motoristas cansados não procuram muito mais do que isso. Os quartos são limpos, apesar de bem simples, e há um estacionamento.

**María Luisa Muñoz Álvarez** CASA PARTICULAR $
(20-86-49; Máximo Gómez, 74, entre Honorato del Castillo e Antonio Maceo; q a partir de CUC$20-25; P) Os dois quartos nos fundos de um corredor sinuoso a céu aberto não têm nada de especial. Mas você está a um quarteirão do centro e os donos são bem-intencionados.

### Onde comer

**Don Ávila** CARIBENHA $$
(Marcial Gómez esq. Libertad) Estreando em primeiro lugar entre os hits culinários de Ciego, o recém-aberto Don Ávila impressiona com sua ambientação suntuosa, loja de charutos no local, bar ao gosto dos cavalheiros tradicionais e atendimento amigável. Isso sem contar as porções generosas de comida *criolla*.

**Fonda la Estrella** CARIBENHA $
(Honorato del Castillo, 34, esq. Máximo Gómez; 10-0h) Talvez esse seja o lugar com comida de qualidade mais barato de Cuba. Esse pequeno e arejado espaço serve quatro pratos prontos por apenas CUC$1,50 – muito mais saborosos do que o fast-food a que você está acostumado. Por poucos pesos conversíveis a mais, você pode pedir uma paella e uma deliciosa *ropa vieja* (tiras de bife cozidas em molho à base de tomate).

**La Vicaria** CARIBENHA $
(Carretera Central; 24 horas) Uma confiável rede nacional de restaurantes baratos com serviço eficiente. As cadeiras que ficam na parte exterior, na carretera Central, oferecem pouca segurança, mas a comida é adequada para quem precisa comer um lanche antes de uma viagem de ônibus.

**Restaurante Don Pepe** CARIBENHA $
(Independencia, 103, entre Antonio Maceo e Simón Reyes; 8h-23h45 qua-seg) Um garçom chamado Eladio inventou o coquetel Don Pepe (duas doses de suco de laranja, uma e meia de rum branco e meia de creme de menta) nesse restaurante, há alguns anos. Ele ainda o serve, junto às boas e velhas porções de carne de frango e de porco, nessa agradável construção colonial. Às vezes há música ao vivo.

**Solaris** CONTEMPORÂNEA $
(Prédio Doce Plantas, esq. Honorato del Castillo e Libertad) Muito recomendado pelos moradores, esse lugar no centro da cidade fica no 12º andar do (não muito bonito) prédio Doce Plantas e oferece ótimas vistas da cidade. Entre as opções do cardápio há um *cordon bleu* (frango recheado com presunto e queijo) especial. Peça para provar o drinque Solaris – uma experiência única.

### Por conta própria

**Mercado Agropecuario** MERCADO $
(Chicho Valdés entre Agramonte e Fernando Callejas) Há um mercado de hortifrútis localizado numa parte suja da cidade, depois da ponte.

**Supermercado Cruz Verde** SUPERMERCADO $
(Esq. Independencia e Marcial Gómez; ⌚9-18h seg-sáb, até 12h dom) Vende mantimentos em um dos mais maravilhosos prédios *fin de siècle* de Ciego.

**Panadería Doña Neli** PADARIA $
(Prédio Doce Plantas, esq. Honorato del Castillo e Libertad) Para pães, esse é o lugar mais indicado, que também tem docinhos tentadores.

## Onde beber

**La Confronta** BAR
(Esq. Marcial Gómez e Joaquín Agüero) Entre banquinhos de bar já bem gastos e a parafernália de Benny Moré, você pode provar mais de vinte coquetéis diferentes. Os preços são todos em pesos cubanos, o que pode ser tentador (e potencialmente desastroso!) para o viajante que leva outra moeda. Também serve refeições.

**La Fontana** CAFÉ
(Esq. Independencia e Antonio Maceo; ⌚6-14h e 15-23h) Essa cafeteria famosa de Ciego perdeu um pouco o brilho desde que a reforma de 2008 falhou em reconstituir uma atmosfera antiga. Para os viciados em cafeína, é razoável – se você não se importar de tomar seu café respirando uma densa fumaça de cigarro.

## Lazer

Nas incríveis Noches Avileñas, aos sábados, o ambiente é de total espontaneidade nas ruas, quando a música rola solta e há barracas de comida em vários locais, incluindo o parque principal e o Museo de Artes Decorativas. Todo domingo de manhã uma banda de metais toca no Parque Martí.

**Cine Carmen** CINEMA
(Antonio Maceo, 51) Se você está com vontade de ver um filme, vá ao Cine Carmen, na esquina com a calle Libertad. A tela é grande e há filmes todos os dias. Não perca a projeção que é feita na lateral do prédio (calle Libertad).

**Casa de la Trova Miguel Angel Luna** MÚSICA AO VIVO
(Libertad, 130) Se comparado a casas tradicionais de música, esse clube de *trova* de Ciego merece uma nota seis, com seus refinados *trovadores* nas noites de quinta em um ambiente colonial agradável.

GRÁTIS **Casa de la Cultura** CENTRO CULTURAL
(Independencia, 76, entre Antonio Maceo e Honorato del Castillo) Todo tipo de evento acontece nesse centro cultural, inclusive uma noite especial de *danzón* (versão caribenha da dança rural europeia), às quartas-feiras.

**Patio de ARTex** MÚSICA AO VIVO
(Libertad entre Antonio Maceo e Honorato del Castillo; entrada CUC$5) Esse confiável pátio ao ar livre tem um pouco de tudo; dê uma olhada na *cartelera* (calendário cultural) que fica na frente.

**La Macarena** CASA NOTURNA
(Independencia, 57, entre Antonio Maceo e Honorato del Castillo) Músicas um pouco bregas estão por todos os hotéis cubanos – a danceteria do Hotel Sevilla não é exceção.

**El Batanga** CASA NOTURNA
(Carretera a de Ceballos Km 1,5; entrada para casal CUC$3; ⌚22-2h) A agitação é tanta nesse clube dentro do Hotel Ciego de Ávila que as pessoas hospedadas ali provavelmente não apreciarão o movimento.

**Discoteca Colibrí** CASA NOTURNA
(Esq. Máximo Gómez e Honorato del Castillo; entrada CUC$1; ⌚22-3h) Você sonha em se tornar estrela por um dia? Vá direto a essa boate com karaokê.

**Estadio José R Cepero** ESPORTES
(Máximo Gómez) De outubro a abril, os jogos de beisebol acontecem na direção noroeste do centro. Os Tigres de Ciego não são tão ferozes quanto o nome sugere e raramente se qualificam para as finais.

## Onde comprar

No que diz respeito às compras, El Boulevard oferece exatamente o mesmo que todos os outros lugares de Cuba. O único lugar que realmente pode ser uma tentação é a loja de suvenires ARTex **La Época** (Independencia entre Antonio Maceo e Honorato del Castillo).

## Informações

### Acesso à internet e telefones

**Etecsa Telepunto** (Joaquín Agüero, 62; internet por hora CUC$6; ⌚8h30-19h30) Três terminais de internet.

### Rádio

**Radio Surco** Transmite em 1440AM e 98.1FM.

### Assistência médica

**General Hospital** (☎22-24-29; Máximo Gómez, 257) Não muito longe da estação de ônibus.

### Dinheiro

**Banco Financiero Internacional** (esq. Honorato del Castillo e Joaquín Agüero Oeste)

**Bandec** (esq. Independencia Oeste e Antonio Maceo)

**Cadeca** (Independencia Oeste, 118, entre Antonio Maceo e Simón Reyes)

### Correios

**Correio** (esq. Chicho Valdés e Marcial Gómez)

### Informações turísticas

**Havanatur** (Libertad entre Antonio Maceo e Honorato del Castillo; ⏲9-17h seg-sex, até 12h dom)

**Infotur** (Prédio Doce Plantas, esq. Honorato del Castillo e Libertad; ⏲9-12h e 13-18h seg--dom) Muito provavelmente o mais informativo (e simpático) escritório Infotur. Fica no mesmo prédio que o restaurante Solaris.

## ℹ Como chegar e sair

### Avião

O aeroporto **Máximo Gómez** (código AVI; carretera a Virginia), em Ciego de Ávila, fica 10km a noroeste de Ceballos, 23km ao norte de Ciego de Ávila e 23km ao sul de Morón. **Cubana** (Chicho Valdés, 83, entre Honorato del Castillo e Antonio Maceo) oferece voos semanais para Havana (CUC$78 um trecho, 1h e 30min).

Voos internacionais chegam todos os dias do Canadá, Argentina, França, Reino Unido e Itália, e os visitantes são levados de ônibus até Cayo Coco.

### Ônibus

A **rodoviária** (carretera Central), localizada aproximadamente 1,5km a leste do centro, oferece serviços Víazul.

Cinco ônibus diários para Santiago de Cuba (CUC$24, 8h e 45min) têm parada em Camagüey (CUC$6, 1h e 35min), Las Tunas (CUC$13, 4h e 25min), Holguín (CUC$17, 5h e 40min) e Bayamo (CUC$17, 7 horas). As quatro saídas diárias para Havana (CUC$27, 7 horas) têm paradas em Sancti Spíritus (CUC$6, 2 horas) e Santa Clara (CUC$9, 3h e 20min). Existem também ônibus diários para Trinidad (CUC$9, 2h e 40min) e Varadero (CUC$19, 6h e 20min).

### Trem

A **estação de trem** (☎22-33-13) fica seis quadras a sudoeste do centro da cidade. Ciego de Ávila fica na principal ferrovia Havana–Santiago. Dali saem trens todas as noites para Bayamo (CUC$11, 7 horas), Camagüey (CUC$3, 2h e 10min), Guantánamo (CUC$17, 9h e 30min), Havana (CUC$16, 7h e 30min), Holguín (CUC$11, 7 horas), Manzanillo (CUC$12, 8h e 30min) e Santiago de Cuba (CUC$15, 9h e 15min). Trens de numeração diferente rodam em noites alternadas, então procure se atualizar de acordo com as informações mais recentes. Existem quatro trens diários para Morón (CUC$1, 1 hora).

> **ℹ NOTÍCIAS DE CIEGO ON-LINE**
>
> Ciego de Ávila tem seu próprio jornal, o **Invasor** (www.invasor.cu), disponível on-line em espanhol e em inglês. É uma fonte muito útil de notícias cubanas e de matérias culturais sobre a cidade e a província.

### Caminhões

Caminhões de passageiros saem da rodoviária Ferro Ómnibus, ao lado da estação de trem, na direção de Morón e Camagüey. Veja os detalhes de partidas nas lousas.

## ℹ Como circular

### Carro e lambreta

O posto de gasolina **Carretera a Morón** (carretera de Morón) fica logo antes do desvio da estrada, a nordeste do centro da cidade. O posto **Oro** (carretera Central) fica próximo à rodoviária.

Você pode parar o carro com segurança durante a noite na frente do Hotel Santiago-Habana.

**Cubacar** (Hotel Ciego de Ávila, carretera a Ceballos) oferece aluguel de veículos por aproximadamente CUC$70/dia. É possível alugar lambretas por CUC$24/dia.

### Táxi

Uma corrida de táxi ao aeroporto custará em torno de CUC$12 – pechinche se pedirem mais do que isso. Você pode agendar um táxi no Hotel Ciego de Ávila ou encontrar um no Parque Martí. A ida até Cayo Coco deve custar por volta de CUC$60.

# Morón

POP. 59.194

Apesar de estar 35km ao norte da carretera Central de Cuba, Morón ainda é uma parada importante nas viagens (por causa de sua ferrovia) e funciona como base para viajantes incomodados com a grande quantidade de resorts de Cayo Coco.

Fundada em 1643, dois séculos antes da capital da província (Ciego de Ávila), Morón é conhecida como Ciudad del Gallo (a cidade do galo) por toda a ilha, por conta de um poema sobre um galo que continuou a cantar mesmo depois de ser depenado.

Compacta e tranquila, Morón oferece algumas excelentes *casas particulares* e uma lista bem variada de atividades na área ao seu redor.

## Atrações

Morón é famosa pelo seu emblema de um galo, disposto na rotatória em frente ao Hotel Morón, na parte sul da cidade. O galo canta (eletronicamente) toda manhã às 6h.

**Terminal de Ferrocarriles** MARCO
(Av. de Tarafa) Morón tem sido a central ferroviária de Cuba por um bom tempo e possui, sem surpresas, a estação de trem mais elegante fora de Havana. Construído em 1923, o edifício tem estilo neocolonial, apesar de as bilheterias e o saguão possuírem um quê de *art déco*. A claraboia feita de vitrais é igualmente bonita.

**Museo de Arqueología e Historia** MUSEU
(Martí; entrada CUC$1; ⌚9-12h e 18-22h) Esmagado entre as calçadas movimentadas e uma sequência de colunas, esse bem planejado museu se espalha por dois andares – o superior é reservado para a história da cidade. Conta com um *mirador* (mirante) no terraço, com uma bela vista de Morón.

## Onde dormir

As *casas particulares* de Morón são muito melhores do que seu único hotel, dos anos 1960.

**Alojamiento Maité** CASA PARTICULAR $
(☎50-41-81; maite68@enet.cu; Luz Caballero, 40B entre Libertad e Agramonte; q CUC$20-25; P❄@) Instalações elegantes e um serviço excelente são garantidos no que deve ser a mais confortável e profissional das *casas particulares* de Cuba. Repare na TV presa à parede e nos alvos lençóis (trocados diariamente), além dos frasquinhos grátis de xampu e do vinho no frigobar.

**Alojamiento Vista al Parque** CASA PARTICULAR $
(☎50-41-81; yio@moron.cav.sid.cu; Luz Caballero, 49D Altos entre Libertad e Agramonte; q CUC$20-25; P❄@) O mesmo conforto e serviço de primeira do outro lado da rua nessa adorável casa azul-clara com dois quartos no andar superior, gerenciada por uma amiga de Maité (do Alojamiento Maité), Idolka.

**"Hospedaje Liberluz" – Carlos Manuel Baez** CASA PARTICULAR $
(☎50-50-54; Libertad, 148, entre Luz Caballero e Padre Cabo; q CUC$20-25; ❄) Primaveras floridas, cadeiras de balanço confortáveis, um pátio e dois quartos bem equipados distribuídos em dois andares. Morón tem alguns locais muito agradáveis – esse é um deles.

**Hotel Morón** HOTEL $
(☎50-22-30; av. de Tarafa; s/c CUC$18/22; P❄≋) Morón pode ser conhecida pelo seu galo, mas é a discoteca desse lugar que vai manter você acordado nesse hotel moderninho de quatro andares, na entrada sul da cidade. Viajantes com pacotes turísticos são sua principal clientela, além de alguns eventuais pescadores. A piscina é um destaque único; não hóspedes podem conseguir usá-la por um dia. Mantenha as expectativas baixas quanto ao restaurante – talvez você seja agradavelmente surpreendido.

## Onde comer

**Restaurante Maité la Qbana** PALADAR $$
(☎50-41-81; Luz Caballero, 40, entre Libertad e Agramonte) Maité é uma *chef* extremamente criativa, cujos pratos internacionais, preparados com *mucho amor*, farão você pensar por que alguns insípidos bufês se tornaram tão populares. Viajantes veteranos em Cuba já elegeram suas preferências nesse restaurante, como a massa *al dente*, vinhos finos, sobremesas caseiras e a paella, que faz os valencianos lembrar da terra natal.

**Paraíso Palmares** CARIBENHA $
(Martí, 382; ⌚12-14h e 19-21h) Esse restaurante cobra o preço padrão para o frango com o obrigatório *arroz congrí* (arroz com feijão). Desde o fechamento do Las Fuentes, é o mais famoso dos restaurantes estatais em Morón.

**Coppelia** SORVETERIA $
(Esq. Callejas e Martí) Apesar de a rede Coppelia invariavelmente oferecer um bom sorvete, o ambiente costuma ser feio – esse edifício é um dos piores. Peça para viagem e siga para o parque.

### Por conta própria

Se quiser providenciar sua própria comida, há o confiável **Doña Neli Dulcería** (Serafín Sánchez, 86, entre Narciso López e Martí), para pães e doces, e o **Supermercado los Balcones** (Martí), para mantimentos.

## Lazer

**Casa de la Trova Pablo Bernal** MÚSICA AO VIVO
(Libertad, 74, entre Martí e Narciso López) Uma noitada em Morón geralmente termina nessa boate ao ar livre. É tão famosa que às vezes é necessário reservar com muita antecedência, em especial nas noites de quarta-feira, com *stand-up comedy*.

**Cabaret Cueva** CABARÉ, CASA NOTURNA
(Laguna de la Leche) Moradores pegam carona ou andam até 6km para chegar a esse cabaré em uma caverna no litoral sul da Laguna de La Leche.

**Discoteca Morón** CASA NOTURNA
(Hotel Morón, av. de Tarafa; ⏲22h) Jovens barulhentos e animados testam a paciência dos hóspedes que tentam dormir no Hotel Morón.

## Informação

Você achará acesso à internet no **Etecsa** (Martí esq. Céspedes; ⏲8h30-19h30) e casa de câmbio no **Cadeca** (Martí esq. Gonzalo Arena), na mesma rua. Informações sobre a Laguna la Redonda e a Laguna de la Leche podem ser conseguidas na **Cubatur** (⏲9-17h), que tem um balcão na Casa de la Trova.

## Como chegar e sair

Cinco ônibus saem por dia da caótica **estação de trem** (esq. Martí e JF Poey) para Ciego de Ávila. Também existem quatro trens diários rumo a Ciego de Ávila (CUC$1), um para Jucaro e um para Camagüey (CUC$4). A linha de Santa Clara para Nuevitas passa por Morón via Chambas. Um trem *coche motor* (que cruza a ilha) até Havana (CUC$24, 6 horas e 30min) opera diariamente.

## Como circular

As estradas de Morón para Caibarién, a noroeste (112km), e para Nuevitas, a sudeste, são igualmente boas. **Cubacar** (Hotel Morón, av. de Tarafa) aluga carros e lambretas, e o **posto de gasolina Servi-Cupet** (⏲24 horas) fica perto do Hotel Morón.

# Arredores de Morón

Tão interessante quanto Morón são as atrações ao norte.

### LAGUNA DE LA LECHE E LAGUNA LA REDONDA

Esses dois grandes lagos naturais ficam ao norte de Morón. Redonda é acessível pela estrada para Cayo Coco. A estrada de 5km para Laguna de La Leche começa ao norte do Parque Agramonte de Morón. Ônibus fazem o trajeto a partir da estação de trem.

## Atrações e atividades

**Laguna de la Leche** LAGO
Com 66km$^2$, a Laguna de La Leche (Lago de Leite) foi assim batizada por causa do efeito de depósitos de cal em seu fundo, e é o maior lago natural de Cuba. Mais estranha ainda é a água, uma mistura incomum de água doce e salgada. Acessível pelo sul via uma estrada secundária a partir de Morón (5km), o lago é popular entre os pescadores que invadem o lugar para aproveitar a abundante quantidade de carpas, tarpão, robalo branco e tilápia. Pescarias guiadas podem ser contratadas no escritório local da Flora y Fauna, a partir de CUC$50 para 4 horas (quanto mais pessoas, mais barato o valor individual). Por um pouco mais você pode ficar com o peixe e cozinhá-lo em uma churrasqueira no barco. Excursões de barco sem pesca (CUC$25 por 45 minutos) também podem ser providenciadas.

Todo ano o **Carnaval Aquático de Morón** acontece na Laguna de La Leche. A área também foi, por duas vezes, o local da **competição de lanchas F-1** Jardines del Rey.

**Laguna la Redonda** LAGO
O próximo recorde de pesca ao achigã virá de Cuba, se depender do histórico do lugar. O lago já produziu um espécime de 9,5kg. Situados 18km ao norte de Morón, a partir da estrada para Cayo Coco, os mangues ao redor desse lago de 4km$^2$ têm a melhor densidade de achigãs e trutas da ilha por quilômetro quadrado. Quatro a oito horas de pescaria custam CUC$35/70; um passeio de barco de 45 minutos sem vara de pescar custa CUC$4 por pessoa (mínimo de quatro pessoas). Há um bar-restaurante razoável se quiser parar para um drinque com vista para o lago. Experimente a especialidade da casa: um filé de peixe chamado *calentico* – ótimo com ketchup e tabasco.

**Reserva de caça Aguachales de Falla** RESERVA DE CAÇA
Essa é a principal atração para o pequeno, porém dedicado, grupo de caçadores de Morón. A área contém sete lagos naturais e revoadas abundantes de pombos e patos. Se você se animar para o passeio, pode fazer a excursão Hemingway até o final (o escritor adorava sair para caçar aves).

### Onde comer

**La Atarraya** FRUTOS DO MAR $
(Pratos principais CUC$2-5; ⏲12-22h) Construído com ripas de madeira sobre palafitas à margem sul da Laguna de La Leche, é um dos melhores restaurantes de frutos do mar de Cuba. Os principais pratos do baratíssimo menu são a paella valenciana e o pescado monteroro (filé de peixe com queijo e presunto); o ambiente é fervorosamente local.

**Pescado Frito** FRUTOS DO MAR $
(Pratos principais CUC$2-5; ⏲12-18h) É bom demais. Recentemente aberto próximo ao La Atarraya, esse restaurante é uma beleza rústica ao ar livre (a placa diz "Ranchón La Boca", mas todo mundo o chama de "Pescado Frito"). Acesse esse agradável local pela ponte de madeira e siga o aroma dos bagres, tilápias e carpas fritas.

#### CENTRAL PATRIA O MUERTE

(Entrada CUC$3; ⏲8-16h) A indústria açucareira de Cuba é preservada nesse imenso e enferrujado ex-engenho de açúcar na vila de Patria, 3km ao sul de Morón. Aberto em 1914, o moinho e seus 263 funcionários foram passados às mãos dos americanos em 1919; a propriedade permaneceu com os ianques até ser nacionalizada, em 1960. Um trem Baldwin de 1920 construído na Filadélfia leva grupos (com hora agendada) a um passeio de 5km através das plantações de cana até o **Rancho Palma** (carretera a Bolivia Km 7), uma *finca* bucólica (casa de fazenda) com um bar-restaurante e ares do campo, onde você pode experimentar *guarapo* (caldo de cana). Visitantes independentes podem contratar uma visita – para conseguir o passeio completo com trem, no entanto, você precisa entrar em um grupo. Cheque os horários com a Cubatur (p. 301) em Morón.

#### LOMA DE CUNAGUA E ARREDORES

**Loma de Cunagua** (entrada CUC$5; ⏲9-16h), 18km a leste de Morón, na carretera de Bolivia, surge como um grande cupinzeiro na planície ao redor. É uma área de proteção ambiental (flora e fauna) com um restaurante estilo *ranchón*, uma pequena quantidade de trilhas e excelentes oportunidades para observação de pássaros.

Na época em que este guia foi escrito, era necessário pré-agendar visitas através da **Ecotur** (☎30-81-63; Hotel Sol Coco, Cayo Coco). Localizada 364m acima do nível do mar, Loma é o ponto mais alto da província; as vistas da região e do oceano são formidáveis. Você pode contratar passeios a cavalo ou caminhar pelos 1,3km da trilha Palmar de las Cotottas em busca de *tocororos*, *zunzúns* e vistas do arquipélago Jardines del Rey. O restaurante propõe um almoço com carne de porco, e um trio de **cabines** (q CUC$30) oferece acomodações rústicas para aqueles em busca da tranquilidade do campo.

#### CRIADERO DE COCODRILOS

(Carretera de Bolivia Km 9; entrada CUC$2; ⏲7-19h) Cuba tem uma boa quantidade dessas fazendas criadoras de crocodilos, que, na melhor das hipóteses, atuam como jardins zoológicos melhorados. Essa foi projetada para atender caravanas de turistas vindos de Cayo Coco, mas você pode entrar independentemente se desejar. Chegue na hora certa e verá uma demonstração de alimentação e algumas informações básicas sobre o único animal terrestre perigoso de Cuba. Há um restaurante razoável no local.

#### ISLA TURIGUANÓ

Vá com calma: você ainda não está nos recifes; Tiriguanó não é uma ilha verdadeira. Na verdade é um pântano drenado que hoje serve como rancho de criação de gado, uma comunidade-modelo revolucionária e uma das três fazendas pioneiras de energia eólica de Cuba.

**Ganado Santa Gertrudis** RANCHO, RODEIO
O gado de Santa Gertrudis é criado nessa grande fazenda na Ilha Turiguanó, bem na estrada principal antes da entrada para Cayo Coco. O estádio ao lado é a prova de que no mundo dos rodeios Cuba está no mesmo nível que o rodeio de Calgary, no Canadá. Vaqueiros, touros, cavalos e laços aparecem na maioria dos fins de semana por volta das 14h para emocionantes espetáculos de 90 minutos. Você também pode entrar para dar uma olhada nos animais a qualquer hora. Há um pequeno bar na entrada.

**El Pueblo Holandés** VILA
Uma pequena comunidade com 49 casinhas de telhado vermelho ao estilo holandês, El Pueblo Holandés fica sobre um morro perto da rodovia, 4km ao norte de La Redonda. Foi construída por Celia Sánchez em 1960 como moradia para os rancheiros. É um destaque interessante na paisagem e vale o pequeno desvio.

## Florencia

Circundada por suaves colinas, a cidade de Florencia, 40km a oeste de Morón, foi batizada em homenagem à Florença italiana pelos primeiros colonizadores, que diziam que aquela região fazia que se lembrassem da Toscana. A cidade em si cresceu ao redor da estrada de ferro Santa Clara–Nuevitas nos anos 1920, quando os fazendeiros locais começaram a transportar seus produtos para mercados mais lucrativos, a oeste. No começo dos anos 1990 o governo cubano construiu uma represa hidrelétrica – a **Liberación de Florencia**, no rio Chambas – e o lago resultante se tornou um atrativo ponto de recreação para os amantes da natureza. Oferece diversas atividades, como passeios a cavalo pelas colinas de Florencia, passeios de caiaque e pedalinhos e uma volta de barco no lago até um pequeno recife chamado La Presa, com um restaurante e um pequeno zoológico. A atração principal do local é um rancho chamado **La Presa de Florencia** (⌚9-17h) ao lado do lago em Florencia. Você pode conseguir mais detalhes no Infotur, em Ciego de Ávila (p. 299), ou no **Palmares** (☎50-21-12; Martí, 306), em Morón. Ao se hospedar, você pode ter sorte e conseguir ficar no gracioso Campismo Boquerón, 5km a oeste de Florencia, normalmente aberto apenas para cubanos, mas que às vezes aceita estrangeiros. Pergunte na La Presa de Florencia.

## Cayo Coco

Situado no Archipiélago de Sabana-Camagüey – ou no Jardines del Rey, como preferem os folhetos turísticos –, Cayo Coco é a quarta maior ilha de Cuba e principal destino turístico depois de Varadero. A área ao norte da Bahía de Perros (Baía dos Cachorros) era inabitada até 1922, quando o primeiro hotel – o Cojímar – foi construído na vizinha Cayo Guillermo. Os tratores continuam em funcionamento.

Hoje a beleza das praias nessas ilhas é conhecida mundialmente, mas antes de 1990 Cayo Coco era pouco mais que um pântano infestado de pernilongos. O pirata francês Jacques de Sores foi um dos seus primeiros visitantes, recém-chegado de ataques a Havana e Porto Príncipe, seguido em 1752 pelo primeiro proprietário de terras, um espanhol oportunista chamado Santiago Abuero Castañeda. Entre 1927 e 1955 uma comunidade de seiscentas pessoas vivia pobremente com a produção de carvão para uso como combustível local, mas com o crescimento da energia elétrica, depois da Revolução, isso também morreu.

Desde 1988 Cayo Coco se conecta à ilha principal por uma estrada de 27km através da Bahía de Perros. Também existem estradas de Cayo Coco até Cayo Guillermo, a oeste, e para Cayo Romano, a leste.

### Atrações

**Parque Natural el Bagá** RESERVA ECOLÓGICA
(⌚9h30-17h30) Bagá é um projeto ecológico exemplar: nele o governo cubano conseguiu combinar o cuidado ambiental com um lucrativo, porém controlado, desenvolvimento turístico. Localizado no que foi originalmente o aeroporto de Cayo Coco, esse parque natural

### LA TROCHA, DE JÚCARO A MORÓN

Moldadas por uma história volátil, muitas das cidades provincianas de Ciego de Ávila cresceram no século 19 ao redor da formidável Trocha – uma linha de fortificações que se estendia por 68km, desde Morón, ao norte, até Júcaro, ao sul, dividindo a ilha em duas.

Construída pelos espanhóis no início dos anos 1870 usando uma mistura de escravos negros e trabalhadores chineses mal pagos, a gigantesca Trocha foi planejada para conter os exércitos rebeldes do oriente e impedir a disseminação dos princípios da anarquia para o oeste durante a primeira Guerra da Independência.

Quando terminada, em 1872, La Trocha era o mais sofisticado sistema de defesa militar nas colônias, um bastião aparentemente invencível que incluía 17 fortes, 5 mil homens e uma linha paralela de trem.

Armada até o limite, La Trocha aguentou firme durante a primeira Guerra da Independência, impedindo os exércitos de Antonio Maceo e Máximo Gómez de causar destruição generalizada nas ricas províncias do oeste de Matanzas e Pinar del Río, onde os mais conservadores senhores de engenho se encontravam.

Apesar das reformas que duplicaram o número de fortes e triplicaram o número de homens armados por volta de 1895, La Trocha se mostrou mais vulnerável durante a Guerra Hispano-Americana, permitindo que o audacioso Maceo penetrasse e marchasse seu exército para o oeste até Pinar del Río.

Um punhado de velhas torres militares que um dia funcionaram com guaritas e pontos de observação na Trocha ainda permanece espalhado pelo país entre Ciego de Ávila e Morón. Apesar de nenhuma delas ser, ainda, museu oficial, elas permanecem como testemunhas de uma era mais segregada e violenta.

## Cayo Coco e Cayo Guillermo

de 769ha é uma sublime mistura de densos mangues, pequenos lagos, praias idílicas e trilhas sinuosas. Uma visita guiada de 3 horas custa CUC$25 (sem número mínimo de pessoas); em geral os guias são flexíveis, entendidos e apaixonados pelo assunto. Você poderá avistar *jutías* (ratos de árvore) e iguanas e lidar com um crocodilo vivo (amordaçado, claro), mas a real atração são as 130 espécies de pássaros que frequentam a área. Um pouco mais baixo no quesito de autenticidade está uma vila nativa reconstruída (com shows) e o restaurante local, especializado em coelho.

**Cayo Paredón Grande** ILHA

A leste de Cayo Coco, uma estrada atravessa Cayo Romano e vira para o norte em direção a Cayo Paredón Grande e o **Faro Diego Velázquez**, um farol de 52m ainda em funcionamento, que data de 1859. Essa área tem algumas praias – como a elogiada Playa los Pinos – e é boa para pescarias.

### Atividades

A **Marina Marlin Aguas Tranquilas** (www.nauticamarlin.com), próxima ao Meliá Cayo Coco, oferece saídas para pescaria em alto-mar (CUC$270 por 4 horas).

O **Centro Internacional de Buceo Coco Diving** (www.nauticamarlin.com), no lado oeste do Hotel Tryp Cayo Coco, é acessível por uma estrada de terra rumo à praia. Mergulho com cilindro custa CUC$40 mais CUC$10 pelo equipamento. O curso de mergulho custa CUC$365, um pouco menos na baixa temporada.

A área de mergulho se estende por 10km, principalmente para o leste, e há seis instrutores certificados com a capacidade de atender a trinta mergulhadores por dia.

O **Centro Internacional de Buceo Blue Diving** (www.nauticamarlin.com), no Hotel Meliá Cayo Coco, oferece serviços similares. Os instrutores certificados são poliglotas e existem opções de viagens de mergulho com pernoite a bordo dos barcos.

### Visitas guiadas

Há uma grande oferta de excursões de um dia nos quiosques de informações nos hotéis, cujos atendentes normalmente são da Cubatur ou Cubanacán. Entre os pontos altos estão Por La Ruta de Hemingway – uma viagem pelos recifes mencionada no livro *As ilhas da corrente*, do autor americano –, um passeio de lancha para o Cayo Paredón Grande, além de uma excursão para observação de flamingos. Os preços variam entre CUC$25 e CUC$30.

### Onde dormir

Os resorts all-inclusive de Cayo Coco são bem policiados. Se não estiver usando a pulseira de acesso a todas as áreas, pense duas

vezes antes de tentar entrar para usar os banheiros. Os preços incluem tudo.

**Meliá Cayo Coco** RESORT $$$

(30-11-80; all-inclusive s/c CUC$132/208; ) A escolha romântica. Esse resort intimista na Playa las Coloradas, na extremidade leste da rua dos hotéis, é tudo o que você esperaria da rede de hotéis espanhola Meliá. Para uma opção luxuosa, tente ficar em um dos elegantes bangalôs brancos construídos sobre palafitas no meio do lago. Sim, os preços são altos, mas o Meliá é cheio de classe e a política de não aceitar crianças valoriza a tranquilidade.

**Hotel Tryp Cayo Coco** RESORT $$$

(30-13-00; all-inclusive s/c CUC$140/230; ) A escolha familiar. Tryp é o típico resort all-inclusive, com sua piscina sinuosa, uma profusão de bares, shows toda noite e a pulseira de plástico obrigatória.
As instalações são boas, porém os animados e insistentes monitores à beira da piscina às vezes dão um ar de acampamento de férias ao local. Os mais de quinhentos quartos – localizados em ensolarados blocos de apartamentos – são grandes, com varanda e camas enormes, embora o acabamento esteja um pouco gasto, considerando-se os preços da estadia. O hotel é bastante popular entre famílias e viajantes europeus.

**Hotel Blau Colonial** RESORT $$$

(30-13-11; all-inclusive q a partir de CUC$130; ) Inicialmente conhecido como Guitart Cayo Coco, esse resort bem projetado foi o primeiro hotel da ilha, inaugurado em 1993 (história antiga pelos padrões de Cayo Coco). O hotel ganhou notoriedade em 1994, quando, de acordo com a mídia cubana, atiradores do movimento de exilados da extrema direita Alpha 66 começaram a atirar no prédio. Felizmente ninguém se feriu. Reformado em 2003 sob a nova direção, o Blau oferece belas *villas* em estilo espanhol, que emprestam um ar mais refinado e reservado ao local do que o Tryp, logo ao lado.

**Sitio la Güira** BANGALÔS $

(30-12-08; bangalô CUC$25; ) Esse local simples situado em uma pequena fazenda 8km a oeste do posto de gasolina Servi-Cupet (que fica 8km a sudoeste da Villa Gaviota Cayo Coco) aluga quatro *bohíos* (cabanas de madeira) pretensamente rústicos, com banheiros privativos e – imagine só – ar-condicionado (talvez para afastar os pernilongos). No local há um restaurante estilo *ranchón* e um bar.

**Motel Villa Jardín los Cocos** HOTEL $

(30-21-80; s/c/t CUC$20/30/40) Essa é uma das poucas opções baratas de Cayo Coco. Não espere muito – ele foi originalmente projetado para trabalhadores cubanos e fica a uma boa caminhada da praia –, mas se seu orçamento é a principal preocupação, um dos quartos bolorentos pode servir.

**Blue Bay Cayo Coco** RESORT $$$

(30-23-50; all-inclusive s/c CUC$123/216; ) O mais novo resort de Cayo Coco (aberto em 2008) é mais um dos gigantes da rede Gaviota que não oferece surpresas. Espere por cadeiras de sol alinhadas, bufês com comida abundante e flamingos cor-de-rosa.

**Villa Gaviota Cayo Coco** RESORT $$$

(30-21-80; all-inclusive c/t CUC$130/185; ) Agradável local sem muita visibilidade, o Villa Gaviota tem um serviço amigável e nível de intimidade que falta à maioria dos resorts maiores. Fica bem na praia.

## Onde comer

Em meio aos fartos bufês dos hotéis existem várias boas opções em restaurantes independentes – a maioria em casas de telhado de madeira e lugares ao estilo *ranchón* ou próximos às praias.

**Restaurant Sitio la Güira** CARIBENHA $$

(8-23h) Instalado no velho acampamento de queima de carvão, a comida do La Güira é fresca e farta. Experimente os grandes sanduíches por CUC$2 ou os pratos de camarão por CUC$12. Trios de músicos circulam entre os presentes.

**Parador la Silla** CARIBENHA **$$**
(⌚9-18h) A casinha de telhado de madeira que abriga um *snack bar* no meio do caminho para Cayo Coco parece quase flutuar na rasa Bahía de Perros. Depois de um prato cheio de comida *criolla*, você pode subir no mirante vizinho e tentar avistar distantes pontos cor-de-rosa: os flamingos.

**Ranchón Playa Flamenco** CARIBENHA **$$**
(⌚9-16h) Coma um requintado prato de frutos do mar, beba uma cerveja gelada, nade, mergulhe, tome banho de sol, coma mais frutos do mar, beba mais cerveja... bem, você entendeu.

**Ranchón las Coloradas** CARIBENHA **$$**
(⌚9-16h) Frutos do mar de novo, em um local ainda mais paradisíaco – será possível?

## ☆ Lazer

Todos os *ranchónes* mencionados têm bares, e os hotéis all-inclusive têm uma completa programação de entretenimento noturno (normalmente apenas para hóspedes).

**La Cueva del Jabalí** CASA NOTURNA
(Entrada CUC$5; ⌚ter-sáb) Para aqueles cansados dos shows do hotel, esse é o único local de lazer independente em Cayo Coco. Fica 5km a oeste do complexo Tryp, em uma caverna natural. O local oferece um show de cabaré e o bar é aberto para visitas durante o dia.

## ℹ Informações

Todos os resorts de Cayo Coco e Cayo Guillermo aceitam pagamento em euro.

**Banco Financiero Internacional** no posto de gasolina Servi-Cupet e Hotel Iberostar Daiquirí.

**Clínica Internacional Cayo Coco** (☎30-21-58; ao final da av. de los Hoteles) Oferece tratamento médico. Próximo à Villa Gaviota Cayo Coco.

**Infotur** (www.infotur.cu) Tem um escritório muito útil no aeroporto Jardines del Rey. Também tem filiais na maioria dos principais hotéis.

## ℹ Como chegar e circular

Inaugurado em 2002, o **Aeropuerto Internacional Jardines del Rey**, em Cayo Coco (☎30-91-65), tem uma pista de 3.000m e pode receber 1,2 milhão de visitantes por ano. Voos semanais chegam do Canadá, Itália e Inglaterra. Há voos de ida e volta duas vezes por dia a Havana (CUC$105), pela **Aerogaviota** (☎7-203-0686).

Apesar de ser impossível chegar a Cayo Coco à noite sem um carro ou táxi (ou bicicleta), se locomover pela ilhota se tornou infinitamente mais fácil desde a implantação do micro-ônibus circular da **Transtur** (☎30-11-75). Os serviços variam conforme a temporada, mas espere no mínimo dois ônibus por dia em ambas as direções. O ônibus vai do leste para o oeste entre o Meliá Cayo Coco e a Playa Pilar, parando em todos os hotéis de Cayo Coco e Cayo Guillermo, bem como no Parque Natural el Bagá. Um passe de um dia custa CUC$5.

Um táxi de Morón a Cayo Coco custará por volta de CUC$30; de Ciego de Ávila, por volta

### PLAYA PILAR

Às vezes viajar pode ser anticlimático; a famosa vista, quando você chega ao destino, não é exatamente tudo o que disseram. Nada disso se aplica a Playa Pilar, uma sublime faixa de areia em Cayo Guillermo que é conhecida como a mais fantástica praia de Cuba – e do Caribe. A fama de Pilar se deve a dois fatos. Primeiro, a finíssima e brilhante areia branca, tão fina que, se você deixá-la escorrer pelos dedos, ela sairá voando em vez de cair no chão (pelo menos é o que dizem os moradores). Em segundo lugar estão as acidentadas dunas de 15m de altura (as maiores do Caribe), cortadas por ásperas trilhas que estimulam explorações ao estilo dos piratas. Você pode caminhar ao longo da praia até o hotel mais próximo, por incríveis 7km, ou seguir para o norte até a ponta da ilhota.

O mar em Pilar é morno, raso e cheio de excelentes locais para mergulho livre. A 1km de distância, cruzando um calmo canal, ficam as cintilantes areias de **Cayo Media Luna,** o singular esconderijo de praia de Fulgencio Batista. Barcos oferecem a travessia até o recife (CUC$11), ou você pode pegar uma excursão de um dia em um catamarã (CUC$49), incluindo mergulho livre e almoço com lagostas. O ônibus circular de Cayo Coco para na Playa Pilar três a quatro vezes por dia em ambas as direções. Há um excelente bar-restaurante localizado nas dunas.

VALE A VIAGEM

## JARDINES DE LA REINA

Jardines de la Reina é o conjunto formado por um mangue de 120km de extensão e uma ilha coral, situados 80km ao sul da costa da província de Ciego de Ávila e 120km ao norte das Ilhas Cayman. O parque marinho local mede 3.800km², com um território praticamente intocado desde Colombo. A pesca comercial na área foi proibida, e com uma população local de zero habitantes os visitantes devem ficar a bordo de um barco-hotel de dois andares e sete quartos chamado **Hotel Flotante Tortuga,** reformado em 2008, ou se aventurar a partir do porto de Embarcadero de Júcaro a bordo de um dos dois iates: o *Halcon*, com seis cabines, ou o *La Reina*, com quatro cabines.

A flora é composta por palmas, pinheiros, uvas-do-mar e mangues, enquanto a fauna – além de ratos de árvores e iguanas – contém uma interessante variedade de pássaros locais, como águias-pesqueiras, pelicanos, colhereiros e garças. Sob as ondas, a principal atração são os tubarões (tubarão-baleia e tubarão-martelo); somando essa presença ao coral intacto e à incomparável claridade da água, aí está a receita que atrai mergulhadores de todo o mundo.

Chegar aos Jardines não é fácil – nem barato. A única empresa que atualmente oferece excursões é a italiana **Avalon** (www.cubanfishingcenters.com). Pacotes de uma semana de mergulho, incluindo equipamento, seis noites de hospedagem, guia, passe para o parque, doze mergulhos e *transfers* a partir de Embarcadero de Júcaro, custam por volta de CUC$1.500. Peça um orçamento pelo site. Outra opção é velejar com a Windward Islands Cruising Company (p. 286) que sai de Trinidad.

de CUC$55. Na estrada você paga uma taxa de CUC$2 de pedágio.

Você pode alugar um carro ou lambreta no **Cubacar** (☎30-12-75), localizado no segundo desvio entre os complexos Meliá e Tryp. A Cubacar também tem um balcão em todos os principais hotéis. Bicicletas são mais raras de se encontrar nos hotéis de Cayo Coco, mas vale a pena perguntar.

# Cayo Guillermo

Ah, Cayo Guillermo: refúgio de flamingos cor-de-rosa, incríveis praias de areia branca e o segundo mais famoso Ernesto depois do sr. Guevara – o Señor Hemingway. Foi Hemingway quem começou a divulgar Guillermo, descrevendo-a entusiasticamente no seu livro *As ilhas da corrente* (1970). O desenvolvimento das ilhotas ao norte começou em 1988, com a abertura de um pequeno hotel flutuante, e se firmou em 1993 quando o primeiro resort all-inclusive – o Villa Cojímar – recebeu seus primeiros hóspedes. Conhecida pela excelente localização para pesca em alto-mar, essa ilhota de 13km² tem um clima mais exótico que sua prima maior à leste, com a qual é ligada por uma estrada suspensa. Os mangues na costa sul são o hábitat de flamingos cor-de-rosa e pelicanos, e há uma enorme diversidade de peixes tropicais e crustáceos no recife Atlântico.

## Atividades

**Marina Marlin Cayo Guillermo** PESCARIA

À direita da estrada ao chegar de Cayo Coco, essa marina com 36 ancoradouros é um dos sete portos internacionais de entrada em Cuba. Nela você pode organizar pescarias em alto-mar para pegar peixes-serra, lúcios, barracudas, vermelhos-cioba e marlins em grandes barcos que avançam de 5km a 13km mar adentro. Os preços começam em CUC$290 por meio dia (quatro pessoas).

**Green Moray Dive Center** MERGULHO

A agência de mergulhos fica no Hotel Meliá Cayo Guillermo. Ela cobra CUC$45 por mergulho, com equipamento incluso.

**Boat Adventure** PASSEIOS DE BARCO

Essa atividade popular tem seu píer separado no lado esquerdo da estrada ao entrar em Guillermo. Por CUC$41 você tem direito a um passeio de 2 horas em uma lancha (com a chance de usar os controles) por entre os canais de mangue naturais do lugar. O passeio sai quatro vezes por dia, começando às 9h.

## Onde dormir e comer

Guillermo tem atualmente quatro hotéis, alinhados no litoral norte; existem planos para mais dois. Além do Daiquirí e do Cojímar, você irá encontrar também o luxuoso Sol/Meliá.

**Iberostar Daiquirí** HOTEL $$$

(☎30-16-50; s/c CUC$105/150; P❄@≈) Muita sombra, um lago de ninfeias e uma cortina d'água em frente ao bar da piscina são alguns dos detalhes que fazem do Daiquirí a melhor escolha em Guillermo. Os 312 quartos estão distribuídos em interessantes blocos de apartamento em estilo colonial e a fina faixa de praia paradisíaca é típica de cartão-postal. Os extensos jardins são um bônus.

**Villa Cojímar** HOTEL **$$$**
(☎30-17-12; s/c CUC$102/145; P❄@≋) O hotel mais antigo do arquipélago Sabana-Camagüey inaugurou em 1993 e engloba uma série de bangalôs simples em um tranquilo trecho de praia. A propaganda menciona um "hotel estilo cubano", mas os únicos cubanos que você irá encontrar são aqueles que arrumam o seu quarto.

**Ranchón Playa Pilar** CARIBENHA **$$**
(🕘9-16h) Não está hospedado? Não se preocupe: a praia mais fantástica de Cuba também tem um excelente bar e restaurante com lagostas frescas e filés desossados de frango, tão espetaculares quanto a vista.

## Como chegar e circular

As informações de acesso são as mesmas que para Cayo Coco (veja p. 306). O ônibus circular transporta pessoas de/para Cayo Coco duas vezes ao dia, parando em todos os quatro hotéis de Cayo Guillermo e terminando o trajeto em Playa Pilar. Um passe diário custa CUC$5.

Carros podem ser alugados pela **Cubacar** (☎30-17-43; Villa Cojímar).

# Província de Camagüey

☎032 / POP. 782.458

## Inclui »



## Os melhores lugares para comer

» Café Ciudad (p. 317)

» Restaurante la Isabella (p. 317)

» El Bucanero (p. 326)

» Paladar la Terraza (p. 317)

## Os melhores lugares para ficar

» Gran Hotel (p. 315)

» Hotel Colón (p. 315)

» Los Vitrales (p. 315)

» Motel la Belén (p. 322)

## Por que ir?

Nem no *Occidente* nem no *Oriente*, Camagüey é a província "do contra" de Cuba, uma região que gosta de traçar seu próprio caminho tanto no âmbito político quanto cultural – para o desgosto dos seus vizinhos em Havana e Santiago.

As sementes desse comportamento foram plantadas na era colonial, quando a preferência pela criação de gado em detrimento do açúcar na região significou menos dependência do trabalho escravo e mais entusiasmo para se livrar desse angustiante sistema.

Hoje, a maior província de Cuba é uma mistura de rebanhos de gado e antigos engenhos. Sem grandes montanhas, fica ao lado dos dois maiores arquipélagos cubanos: o Sabana-Camagüey, ao norte, e o Jardines de la Reina, ao sul, ambos subdesenvolvidos e quase intocados.

Da pequena província fervorosamente católica de Camagüey saíram o poeta revolucionário Nicolás Guillén, Carlos J. Finlay, cientista inovador, e uma companhia de balé reconhecida internacionalmente.

## Quando ir

Há um debate sobre o verdadeiro ano em que Camagüey foi fundada, mas isso não impede ninguém de ir às ruas no começo de fevereiro para comemorar a Jornada de la Cultura Camagüeyana. Para os que gostam de passeios ao ar livre, março é a melhor época para observar pássaros migratórios nos recifes do norte. Ao leste, na Playa Santa Lucía, o fascinante show submarino em que os instrutores dão de comer a tubarões é realizado quando os animais estão na área, isto é, entre junho e janeiro.

# Camagüey

POP. 324.921

Seja bem-vindo ao labirinto. Camagüey é uma cidade latino-americana sem precedentes. As estranhezas devem-se à sua urbanização única. Dois séculos gastos na tentativa de se defender dos avanços de piratas como Henry Morgan levaram o inexperiente povoado a desenvolver ruas tortuosas, feitas justamente para confundir os invasores e assegurar a proteção dos residentes (pelo menos é o que conta a lenda). Como resultado, as ruas sinuosas de Camagüey e seus becos estreitos lembram mais uma medina do Marrocos do que a organização geométrica das vias de Lima ou da Cidade do México.

Seguindo pela carretera Central, a cidade dos *tinajones* (potes de argila), como Camagüey às vezes é chamada, fica na metade do caminho entre Ciego de Ávila e Las Tunas, e é a terceira maior cidade cubana, além do baluarte da Igreja Católica na ilha. Reconhecidos por tomar suas próprias decisões em tempos de crise, os civis foram apelidados de "agramontinos" por outros cubanos, por conta do herói da primeira Guerra da Independência, Ignacio Agramonte, coautor da constituição Guáimaro e líder da melhor brigada de cavalaria de Cuba. Em 2008, o centro histórico, muito bem preservado, foi declarado Patrimônio da Humanidade da UNESCO.

Alguns viajantes amam Camagüey por seus recantos e fendas secretos. Outros não se sentem exatamente atraídos pela cidade por conta dos ladrões a bordo de bicicletas e dos *jineteros* (cambistas). Arrisque-se nesse labirinto e descubra você mesmo.

### História

Fundada em fevereiro de 1514 como uma das sete aclamadas *villas* de Diego Velázquez, Santa María del Puerto Príncipe foi originalmente estabelecida na costa, próxima ao que é hoje Nuevitas. Devido a uma série de rebeliões sangrentas deflagradas pelos tainos, a cidade foi transferida duas vezes no começo do século 16 até que se estabeleceu, em 1528, na sua atual localização. Seu nome foi mudado para Camagüey em 1903.

Camagüey se desenvolveu com rapidez no século 17, apesar dos ataques contínuos de corsários, com uma economia baseada na produção de açúcar e na criação de gado. Por conta de secas graves na região, os habitantes da cidade foram forçados a fazer *tinajones* para coletar água da chuva – o que valeu o apelido da cidade, embora os potes hoje em dia sejam exclusivamente decorativos.

Além do aventureiro Ignacio Agramonte, herói da independência, Camagüey foi berço de outras personalidades notáveis, como o poeta e patriota Nicolás Guillén e o cientista Carlos J. Finlay, o responsável pela descoberta das causas da febre amarela. Em 1959, os cidadãos prósperos chocaram-se com os revolucionários de Castro quando o comandante militar local Huber Matos (que já havia sido aliado de Fidel) acusou El Líder Máximo de enterrar a Revolução. Ele foi devidamente preso e condenado pelos seus crimes.

Fiel à religião católica, Camagüey recebeu o papa João Paulo II em 1998, e em 2008 foi beatificado o primeiro santo de Cuba, Padre José Olallo ("o pai dos pobres"), um membro da Ordem de São João que ajudou os feridos nos dois lados da Guerra de Independência de 1868-78. Raúl Castro esteve presente na cerimônia.

## Atrações

**Plaza San Juan de Dios** PRAÇA

(Esq. Hurtado e Paco Recio) A ampla Plaza San Juan de Dios é o local mais pitoresco de Camagüey, além de ser a única praça da cidade que mantém a disposição original das construções. A parte leste é dominada pelo **Museo de San Juan de Dios** (entrada CUC$1; ⏲9-17h ter-sáb, até 13h dom), situado no que costumava ser um hospital administrado pelo Padre Olallo, frade que se tornou o primeiro santo cubano. A abadia frontal do hospital data de 1728; há também um singularíssimo pátio triangular com ar marroquino nos fundos, construído em 1840. Desde que o hospital foi fechado, em 1902, o prédio funcionou como uma faculdade para professores e como refúgio durante o ciclone de 1932, além de ser o Centro Provincial de Patrimonio que dirige a restauração dos monumentos de Camagüey. O museu mostra cronologicamente a história da cidade e exibe algumas pinturas locais.

**Museo Casa Natal de Ignacio Agramonte** MUSEU

(Av. Agramonte, 459; entrada CUC$2; ⏲10h-17h45 ter-qui, 8-12h dom) Em frente à Iglesia de Nuestra Señora de la Merced, na esquina da Independencia, fica o local de nascimento do herói regional Ignacio Agramonte (1841-73), criador de gado que conduziu a revolta contra a Espanha na sua região em 1868. Em julho de 1869, forças revolucionárias sob o comando de Agramonte bombardearam Camagüey e quatro anos depois ele foi morto em ação (com apenas 32 anos) enquanto lutava corajosamente contra a Espanha. Você pode ouvir o hino do cantor cubano Silvio Rodríguez em

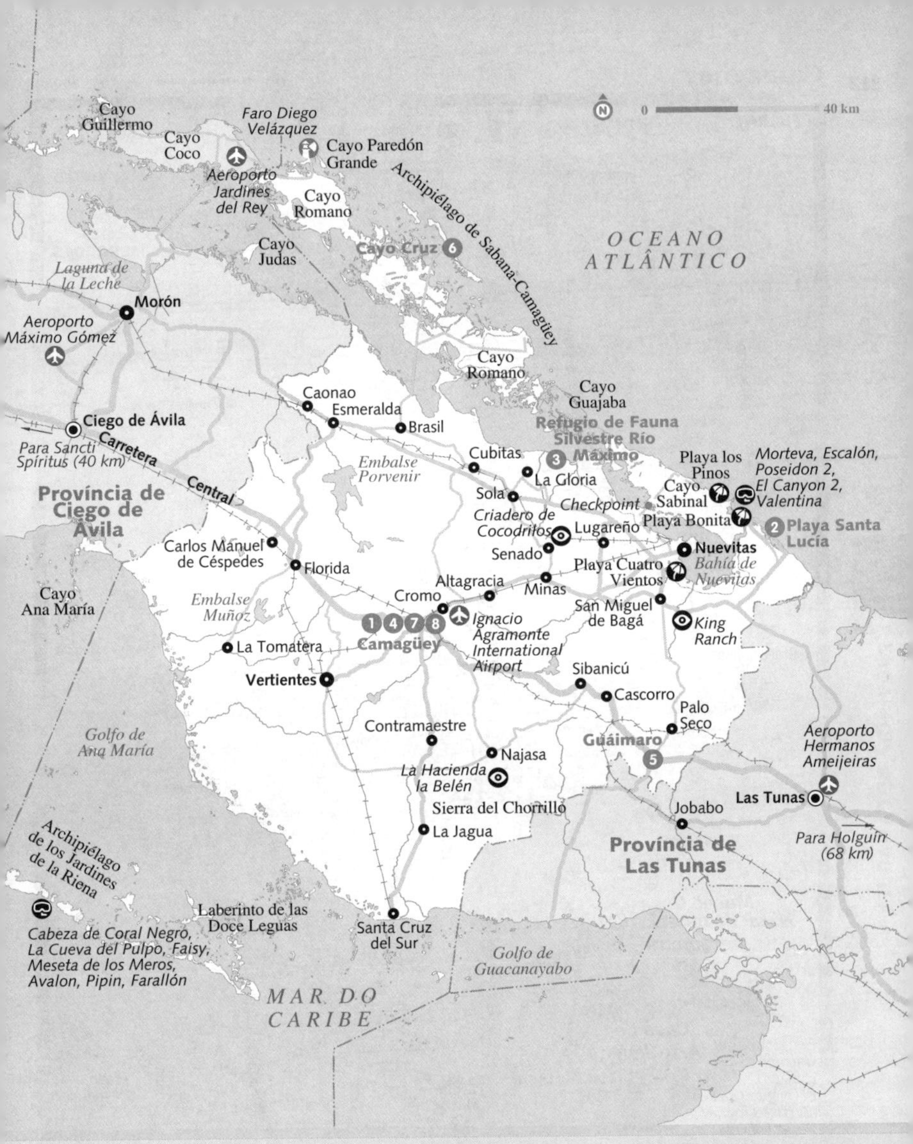


# Destaques da província de Camagüey

1 Perca-se nas ruas tortuosas de **Camagüey** (p. 310)

2 Observe instrutores de mergulho destemidos alimentando tubarões na **Playa Santa Lucía** (p. 325)

3 Descubra enormes ninhos de flamingo no **Refugio de Fauna Silvestre Río Máximo** (p. 323)

4 Faça suas orações em Camagüey e descubra a alma católica de Cuba nas secretas **igrejas** coloniais (p. 316)

5 Faça uma parada em **Guáimaro** (p. 322), onde a primeira constituição cubana foi assinada

6 Pesque tarpões e ubaranas-rato nos pântanos rasos de **Cayo Cruz** (p. 324)

7 Dê uma volta de bicitáxi pelo maior parque urbano de Cuba, o **Casino Campestre** (p. 314), em Camagüey

8 Compre produtos frescos no **Mercado Agropecuario Hatibonico** (p. 314), em Camagüey

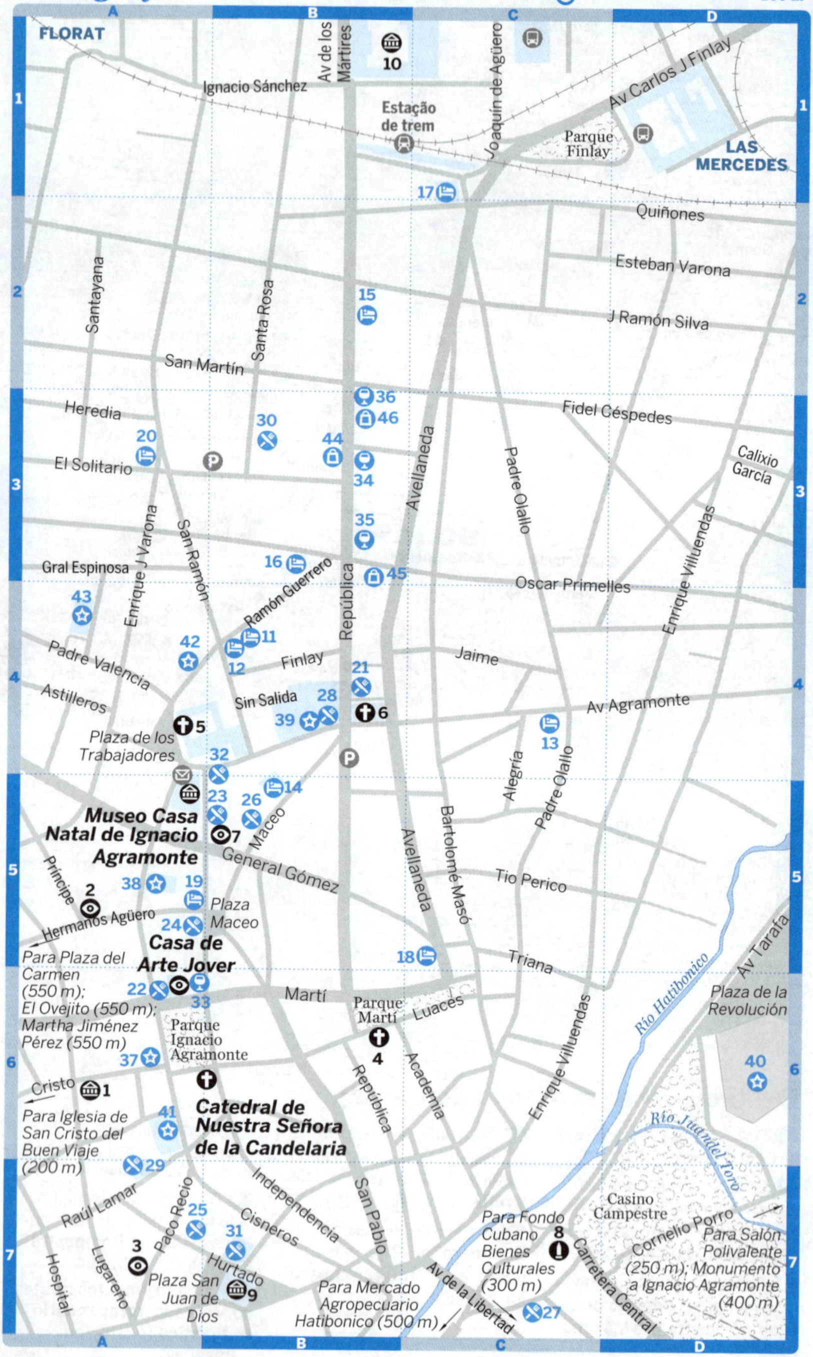
0 200 m
FLORAT
Ignacio Sánchez
Av de los Mártires
10
Estação de trem
Joaquín de Agüero
Av Carlos J Finlay
Parque Finlay
LAS MERCEDES
17
Quiñones
Esteban Varona
Santayana
Santa Rosa
15
J Ramón Silva
San Martín
Heredia
Fidel Céspedes
20
30
36
46
44
34
El Solitario
Avellaneda
Padre Olallo
Calixio García
35
Enrique J Varona
San Ramón
16
Ramón Guerrero
45
Gral Espinosa
Oscar Primelles
Enrique Villuendas
43
República
42
11
12
Padre Valencia
Finlay
Jaime
21
Astilleros
Sin Salida
28
39
6
Av Agramonte
5
Plaza de los Trabajadores
13
32
14
Alegría
Padre Olallo
23
26
Museo Casa Natal de Ignacio Agramonte
7
Maceo
Bartolomé Masó
Avellaneda
General Gómez
Príncipe
Tío Perico
38
19
2
Plaza Maceo
Hermanos Agüero
24
Casa de Arte Jover
Para Plaza del Carmen (550 m); El Ovejito (550 m); Martha Jiménez Pérez (550 m)
18
Triana
Av Tarafa
22
33
Martí
Parque Martí
Luaces
Plaza de la Revolución
Río Hatibonico
Parque Ignacio Agramonte
37
4
Academia
Enrique Villuendas
40
Cristo
1
República
Para Iglesia de San Cristo del Buen Viaje (200 m)
41
Catedral de Nuestra Señora de la Candelaria
Río Juan del Toro
29
Independencia
San Pablo
Raúl Lamar
Paco Recio
25
Casino Campestre
Cisneros
Para Fondo Cubano Bienes Culturales (300 m)
8
Carretera Central
Cornelio Porro
Para Salón Polivalente (250 m); Monumento a Ignacio Agramonte (400 m)
31
3
Hospital
Lugareño
Hurtado
Plaza San Juan de Dios
9
Para Mercado Agropecuario Hatibonico (500 m)
Av de la Libertad
27

## Camagüey

**Destaques**

Casa de Arte Jover ... A6
Catedral de Nuestra Señora de la Candelaria ... B6
Museo Casa Natal de Ignacio Agramonte ... A5

**Atrações**

1 Casa Finlay ... A6
2 Casa Natal de Nicolás Guillén ... A5
3 Estudio-Galería Jover ... A7
4 Iglesia de Nuestra Corazón de Sagrado Jesús ... B6
5 Iglesia de Nuestra Señora de la Merced ... A4
6 Iglesia de Nuestra Señora de la Soledad ... B4
7 Maqueta de la Ciudad ... B5
8 Monumento a Mariano Baberán e Joaquín Collar ... C7
9 Museo de San Juan de Dios ... B7
10 Museo Provincial Ignacio Agramonte ... B1

**Onde dormir**

11 Alba Ferraz ... B4
12 Alex & Yanitze ... B4
13 Carmen González Fonseca ... C4
Dalgis Fernández Hernández ... (veja 19)
14 Gran Hotel ... B5
15 Hotel Colón ... B2
16 Hotel Isla de Cuba ... B3
17 Hotel Plaza ... C1
18 'Los Vitrales' – Emma Barreto & Rafael Requejo ... C5
19 Manolo Banegas ... A5
20 Yamilet & Edgar ... A3

**Onde comer**

21 Bodegón Don Cayetano ... B4
22 Café Ciudad ... A6
23 Café Cubanitas ... B5
24 Cafetería Las Ruinas ... A5
25 Campana de Toledo ... A7
26 Coppelia ... B5
27 Dinos Pizza ... C7
28 Don Ronquillo ... B4
Gran Hotel ... (veja 14)
Gran Hotel Snack Bar ... (veja 14)
29 Paladar el Califa ... A7
30 Paladar la Terraza ... B3
31 Restaurante de los Tres Reyes ... B7
32 Restaurante la Isabella ... B4

**Onde beber**

33 Bar el Cambio ... A6
Gran Hotel Piano Bar ... (veja 14)
34 La Bigornia ... B3
35 La Terraza ... B3
36 Taberna Bucanero ... B3

**Lazer**

37 Casa de la Trova Patricio Ballagas ... A6
38 Centro de Promoción Cultural Ibero Americano ... A5
39 Cine Encanto ... B4
40 Estadio Cándido González ... D6
41 Galería Uneac ... A6
42 Sala Teatro José Luis Tasende ... A4
43 Teatro Principal ... A4

**Onde comprar**

44 ARTex Souvenir ... B3
45 Casa de los Santos ... B3
46 Librería Ateneo ... B3

homenagem ao herói, a quem ele apelidou de "El Mayor" (o maior), no álbum *Días y flores*. A casa – uma elegante construção colonial – conta o frequentemente menosprezado papel de Camagüey e de Agramonte na Primeira Guerra de Independência.

### Museo Provincial Ignacio Agramonte MUSEU

(Av. de los Mártires, 2; entrada CUC$2; ⏲10-18h ter-qui e sáb, 14h30-22h sex, 9-13h dom) Como metade da cidade, esse museu, na direção norte da estação de trem, leva o nome do apreciado herói da Guerra de Independência e está situado num prédio que foi construído em 1848 como um quartel para a cavalaria espanhola. Em 1902, transformou-se em um hotel e em 1948 adquiriu sua função atual. Grandioso e cheio de detalhes, o museu, como muitos em Cuba, tem muitos artefatos interessantes, mas nenhuma temática. Consequentemente, você se verá vagando, sem prestar muita atenção, por uma mistura confusa de história local, história natural, artes plásticas, móveis antigos, heranças de família, entre tantos outros itens.

### Casa de Arte Jover GALERIA DE ARTE

(Martí, 154, entre Independencia e Cisneros) Camagüey é a cidade natal de dois dos mais criativos e extraordinários pintores cubanos contemporâneos, Joel Jover e sua esposa

Ileana Sánchez. A residência magnífica na Plaza Agramonte funciona tanto como uma galeria quanto como uma peça de arte por si só. Dê uma olhada nos brinquedos antigos, nas heranças de família, no pátio arborizado repleto de originais; até na cozinha há uma coleção de antiguidades *kitsch*. Você é bem-vindo para passear pela casa e, se apreciar arte original de alta qualidade, comprar um quadro. Os artistas também mantêm um estúdio e um showroom, o **Estudio-Galería Jover** (Paco Recio; ⌚9-12h e 15-17h seg-sáb), na Plaza San Juan de Dios.

**Plaza del Carmen** PRAÇA

(Hermanos Agüero entre Honda e Carmen) A 600m na direção oeste do furor da República está a praça mais bonita (e menos visitada) de Camagüey. Há pouco mais de dez anos esse lugar estava destruído, mas, depois de muito planejamento e de uma restauração engenhosa, transformou-se em algo melhor do que o original. A metade leste da praça é dominada pela Iglesia de Nuestra Señora del Carmen (veja o quadro, p. 316), mas, reunindo o novo e o antigo, a praça central reformada foi enfeitada com *tinajones* gigantes, lâmpadas de rua que dão um ar intimista ao lugar e esculturas em tamanho real de *camagüeyanos* em seu vaivém diário.

**Mercado Agropecuario Hatibonico** MERCADO

(Matadero; ⌚7-18h) Se você só puder visitar um mercado em Cuba, escolha esse. Ao lado do pantanoso rio Hatibonico, logo na saída da carretera Central, e conhecido pelos seus *pregones* (pregões, frequentemente cômicos, para oferecer as mercadorias) cantados nas barraquinhas, esse teatro a céu aberto é um exemplo clássico de empreendimento livre misturado às tendas estatais de produtos baratos, mas de menor qualidade. Confira os *herberos* (fornecedores de ervas, poções e elixires secretos), os abacates enormes (quando for a estação) e pacotes de alho. Visite também o viveiro onde os cubanos podem comprar árvores de manga anãs e várias plantas ornamentais. Fique esperto com bolsas e pertences.

**Parque Ignacio Agramonte** PRAÇA

(Esq. Martí e Independencia) Essa estonteante praça no coração da cidade seduz os visitantes com os bancos de mármore ao redor do coreto e a estátua de Agramonte em cima de um cavalo (de 1950).

**Casa Finlay** MUSEU

(Cristo entre Cisneros e Lugareño; ⌚10-18h ter-qui e sáb) O outro herói de Camagüey é o dr. Carlos J. Finlay, mais preocupado em salvar vidas do que em se agarrar a ela. Esse pequeno museu no local do seu nascimento documenta a sua vida e suas proezas científicas, mais detalhadamente a grande descoberta de como os mosquitos transmitem a febre amarela. Há um pátio interno esplêndido e um café.

GRÁTIS **Casa Natal de Nicolás Guillén** CENTRO CULTURAL

(Hermanos Agüero, 58; ⌚8h30-16h30) Essa casa modesta nos aproxima do poeta cubano (1902-89) e de seus livros. Atualmente funciona também como o Instituto Superior de Arte, onde os estudantes locais vêm para estudar música.

**Casino Campestre** PARQUE

(Carretera Central) Do outro lado da ponte (que fica em cima do rio Hatibonico) para

## NOMES DE RUAS EM CAMAGÜEY

Para complicar ainda mais as coisas, a população local insiste em usar os nomes antigos das ruas, apesar de placas e mapas (incluindo os deste guia) serem sinalizados com os nomes atuais. Aqui está a sua cola.

| NOME ANTIGO | NOME ATUAL |
|---|---|
| Estrada Palma | Agramonte |
| Francisquito | Quiñones |
| Pobre | Padre Olallo |
| Rosario | Enrique Villuendas |
| San Estéban | Oscar Primelles |
| San Fernando | Bartolomé Masó |
| San José | José Ramón Silva |
| Santa Rita | El Solitario |

PROVÍNCIA DE CAMAGÜEY

quem vem do *casco histórico* (cidade antiga) está o maior parque urbano de Cuba, projetado em 1860, com uma porção de bancos à sombra, um campo de beisebol, espaços para concertos e outras atividades. Pegue um dos bicitáxis que estão em todo lugar e peça que ele leve você para dar uma volta. A única região de tráfego intenso no parque fica próxima à entrada, onde há um **monumento** dedicado a Mariano Barberán e Joaquín Collar, dois espanhóis que fizeram o primeiro voo sem escala entre a Espanha (Sevilha) e Cuba (Camagüey) em junho de 1933, no avião *Cuatro Vientos*. Tragicamente, o avião desapareceu num voo para o México uma semana depois e os dois homens foram declarados mortos.

**Maqueta de la Ciudad** MUSEU
(Esq. Independencia e General Gómez; entrada CUC$1; ⏲9-20h) A cidade cubana número 1 (Havana) e a número 2 (Santiago) têm uma maquete, por que não também a número 3? Saboreando sua nova posição na UNESCO, Camagüey construiu essa excelente maquete da cidade em um prédio colonial agradável, com uma galeria um pouco elevada em todo o seu entorno para melhor apreciação. Painéis interessantes (em espanhol) explicam a arquitetura e o design urbano.

## Festas e eventos

O Carnaval anual, conhecido como **San Juan Camagüeyano**, acontece do dia 24 ao dia 29 de junho e recebe dançarinos, carros alegóricos e música africana de raiz. No dia 8 de setembro há também um festival religioso, o **Nuestra Señora de la Caridad**, para honrar a santa padroeira da cidade e de Cuba. A **Jornada de la Cultura Camagüeyana** celebra o aniversário da fundação da cidade, em fevereiro.

## Onde dormir

**Gran Hotel** HOTEL $$
(☎29-20-93; Maceo, 67, entre av. Agramonte e General Gómez; s/c café da manhã CUC$44/70; P❄@≋) Você vai jurar ter voltado no tempo nesse hotel de 1939, no centro da cidade. Uma atmosfera pré-revolucionária forte paira sobre os 72 quartos limpinhos e atinge o seu ápice com uma antiga escadaria de mármore, com o portão velho, ou com um elevador antiquado e seus ascensoristas de quepe. O restaurante do quinto andar oferece uma vista panorâmica da cidade, mas você também pode enfrentar o agitado bar no térreo. Um piano-bar aberto às *jineteras* (prostitutas) pode ser acessado pelo lobby, e a piscina elegante, com estilo renascentista, é vislumbrada ao fundo.

**"Los Vitrales" – Emma Barreto e Rafael Requejo** CASA PARTICULAR $
(☎29-58-66; requejobarreto@gmail.com; Avellaneda, 3, entre General Gómez e Martí; q $20-25; P❄) Essa *casa* colonial restaurada com esmero já foi um convento, e por isso exibe arcos largos, pé-direito alto e dúzias de antiguidades. Os três quartos ficam ao redor de um pátio embelezado por cinquenta tipos diferentes de plantas e um mural de mosaicos fantástico. Rafael, o dono, é arquiteto – dá para notar.

**Hotel Colón** HOTEL $
(☎28-11-85; República, 472, entre José Ramón Silva e San Martín; s/c café da manhã CUC$30/44; ❄) Um bar de mogno, paredes de azulejos coloridos e um vitral com a imagem de Cristóvão Colombo na porta dão a esse lugar uma atmosfera colonial. Esmagado entre lojas na movimentada República, o Colón é tanto um bom ponto de saída para passeios quanto um bom lugar para relaxar. Conta com cadeiras de balanço na varanda do segundo andar e um pátio colonial coberto nos fundos.

**Manolo Banegas** CASA PARTICULAR $
(☎29-46-06; Independencia, 251 altos, entre Hermanos Agüero e General Gómez; q CUC$20-25) Grandes expectativas vêm à mente nesse lugar e, quase sempre, elas são atendidas. Existem algumas antiguidades extremamente valiosas, como a própria cama onde você irá dormir, e um incrível terraço com vista para a intimista Plaza Maceo. Se estiver cheia, tente a *casa* de **Dalgis Fernández Hernández** (☎28-57-32), ao lado, que compartilha a mesma escada e terraço.

**Yamilet & Edgar** CASA PARTICULAR $
(☎25-29-91; San Ramón, 209, entre El Solitario e Heredia; q CUC$20-25) Edgar é um *maletero* (porteiro) do Gran Hotel durante o dia e dono de *casa particular* à noite, comandando esse lugar com sua esposa Yamilet, logo a noroeste do centro. Há um delicioso quarto com banheiro privativo. A diária inclui refeições, e você pode descansar em uma confortável sala de estar.

**Carmen González Fonseca** CASA PARTICULAR $
(☎29-69-30; av. Agramonte, 229, entre Padre Olallo e Alegría; q CUC$20-25; P❄) Um bem equipado quarto no andar superior, com suas próprias varanda e geladeira. Bons motoristas, já acostumados com o labirinto de ruas de Camagüey, poderão parar em uma minúscula garagem (uma raridade).

**Hotel Isla de Cuba** HOTEL $
(☎28-15-14; Oscar Primelles, 453, esq. Ramón Guerrero; s/c café da manhã CUC$18/26; P❄) O Isla de Cuba, uma pechincha normalmente desprezada bem no centro da cidade, é barato,

## A ALMA CATÓLICA DE CUBA

Se Cuba tem uma alma católica, ela com certeza reside em Camagüey, uma cidade de igrejas barrocas e altares dourados, na qual inesquecíveis campanários de igreja surgem como minaretes acima das ruas estreitas e labirínticas.

A exploração da história religiosa de Camagüey deve começar na **Catedral de Nuestra Señora de la Candelaria** (Cisneros, 168), reedificada no século 19 no lugar de uma capela que datava de 1530. A catedral, que recebe o nome da padroeira da cidade, foi totalmente restaurada com os fundos levantados pela visita de João Paulo II. Apesar de não ser a igreja mais vistosa de Camagüey, ela é famosa pela nobre estátua de Cristo que foi içada ao topo da torre do sino.

A **Iglesia de Nuestra Señora de la Merced** (Plaza de los Trabajadores), de 1748, é questionavelmente tida como a igreja colonial mais impressionante de Camagüey. O mito local fala de uma figura milagrosa que flutuava sobre as águas aqui em 1601 – desde então, a igreja tornou-se um local de veneração. O convento ativo na abadia anexa é famoso por seu interior com arco de pé-direito duplo, suas catacumbas assustadoras (onde fiéis foram enterrados até 1814) e o Santo Sepulcro, um fascinante caixão de prata maciça.

Tinindo depois da muito elogiada renovação de 2007, a **Iglesia de Nuestra Señora de la Soledad** (esq. República e av. Agramonte) é uma enorme construção de tijolos datada de 1779. Sua torre bege e terracota, bastante original, é mais antiga do que o resto da estrutura e chama a atenção no horizonte da cidade. Na parte interna há afrescos barrocos e a fonte famosa onde o herói da pátria, Ignacio Agramonte, foi batizado em 1841.

O barroco se torna gótico no Parque Martí, a alguns quarteirões na direção leste do Parque Ignacio Agramonte, onde a **Iglesia del Sagrado Corazón de Jesús** (esq. República e Luaces) encanta com seus vitrais ornados de estanho, sua ferragem e a interpretação atual do estilo arquitetônico medieval preferido dos europeus (uma raridade em Cuba).

A **Iglesia de Nuestra Señora del Carmen** (Plaza del Carmen), uma beleza barroca com torres idênticas datada de 1825, é outra igreja que partilha espaço com um antigo convento. O Monasterio de las Ursalinas é um prédio colonial com arcos fortes e com um belo pátio que já serviu de abrigo para as vítimas do furacão de 1932. Hoje é o escritório do Historiador da Cidade.

A **Iglesia de San Cristo del Buen Viaje** (Plaza del Cristo), vizinha do cemitério e com vista para uma praça calma, é provavelmente a igreja menos visitada desse sexteto de Camagüey, mas vale a pena dar uma passada se você já estiver visitando o cemitério. Uma capela original foi construída aqui em 1723, mas boa parte da estrutura atual data do século 19.



amigável e – porque excursões tendem a preferir o Grand ou o Colón – normalmente vazio. Mochileiros sem dinheiro: sua busca acaba aqui!

**Hotel Plaza** HOTEL $
(☎28-24-13; Van Horne, 1; s/c/t café da manhã CUC$27/38/42; P❄) Nenhum quarto é igual ao outro nesse hotel colonial construído nos anos finais da era espanhola, então dê uma olhada para ver o que podem oferecer. Todos têm sala de estar, TV e geladeira – e não se pode discutir o preço. Sua localização em frente à estação faz dele um lugar lógico para saídas de trem absurdamente cedo (5h07 para Santiago, por exemplo).

**Hotel Camagüey** HOTEL $
(☎28-72-67; carretera Central Este Km 4,5; s/c café da manhã CUC$21/30; P❄≋) De aparência soviética e 5km a sudeste da cidade, o Hotel Camagüey conta com a já familiar mistura de uma arquitetura estranha, uma discoteca barulhenta e mobiliário antiquado dos anos 1970. Pelo lado positivo, é barato, limpo e amigável.

**Alba Ferraz** CASA PARTICULAR $
(☎28-30-30; misleydis2000@yahoo.com; Ramón Guerrero, 106, entre San Ramón e Oscar Primelles; q CUC$20-25; ❄) Dois quartos que dividem um banheiro se abrem para um grande pátio colonial cercado de plantas. Conta com um terraço e sua anfitriã, Alba, pode marcar aulas de dança e violão para hóspedes.

**Alex & Yanitze** CASA PARTICULAR $
(☎29-78-97; Ramón Guerrero, 104, entre San Ramón e Oscar Primelles; q CUC$20-25) Um banheiro gigante, uma TV e uma cama confortável. O quarto pode ser um pouco pequeno, mas a receptividade é enorme.

## Onde comer

Com estabelecimentos especializados em comidas italiana e espanhola e alguns com cordeiro (uma raridade em Cuba) no cardápio, Camagüey conta com uma boa seleção de restaurantes que ainda está crescendo. Os bares são igualmente ecléticos.

**Café Ciudad** CAFÉ $
(Esq. Martí e Cisneros; lanches CUC$2-5; ⌚10-22h) Que diferença ser listado pela UNESCO faz. Seguindo sua indicação em 2008, Camagüey fez esforços dignos de Agramonte para injetar um pouco de modernidade em sua herança histórica. Esse adorável "novo" café colonial na Plaza Agramonte junta grandiosidade com um ótimo atendimento e simula bem a Habana Vieja. Experimente o *jamón serrano* (presunto cru) ou o sorvete e saboreie o *café con leche* embaixo das bonitas janelas.

**Restaurante la Isabella** ITALIANA $$
(Esq. avs. Agramonte e Independencia; pizzas CUC$5-8; ⌚11-16h e 18h30-22h) Agradável, cinematográfico e permanentemente lotado, o restaurante mais badalado de Camagüey foi inaugurado durante uma visita da delegação do icônico festival de filmes de Gibara, o Festival Internacional del Cine Pobre, em abril de 2008. Misturando comida italiana e uma temática cinematográfica (cada uma das 32 cadeiras de diretor é marcada com o nome de uma diferente estrela cubana), o restaurante ocupa o local do primeiro cinema de Camagüey e tem esse nome em homenagem à atriz local Isabella Santos. Gastrônomos esfomeados não se desapontarão com os grandes pratos de pizza, lasanha e *fettuccine*.

**Paladar la Terraza** PALADAR $$
(Santa Rosa, 8, entre San Martín e El Solitario; pratos CUC$7-10) Esse antigo local de Camagüey é popular por um motivo: sua excelente comida *criolla* em grande quantidade. Experimente o cordeiro, servido no terraço do andar superior por uma educada e eficiente equipe.

**Bodegón Don Cayetano** TAPAS $$
(☎26-19-61; República, 79; *tapas* CUC$3-5) De todas as tavernas de estilo espanhol em Camagüey essa é, sem dúvida, a melhor – e a única a servir comida. Aninhado na sombra da Iglesia de Nuestra Señora de la Soledad, o restaurante tem mesas que vão parar na ruela ao lado. A comida é primariamente espanhola, com *tapas* como *tortillas*, *chorizo* e *garbanzos* (grão-de-bico), mas se quiser algo mais substancial, experimente o prato especial do *chef*: bife ao vinho tinto e molho de cogumelos (CUC$7,50).

**Restaurante de los Tres Reyes** CARIBENHA $$
(Plaza San Juan de Dios, 18; refeições CUC$7; ⌚10-22h) Um belo restaurante estatal localizado em uma casa colonial na San Juan de Dios que vende, em sua maioria, pratos à base de frango. Reflita sobre a vida na terceira maior cidade de Cuba ao lado de uma das gigantes janelas de ferro da frente ou aproveite a privacidade no pátio rodeado de plantas, aos fundos. O igualmente romântico **Campana de Toledo** fica na porta ao lado.

**Don Ronquillo** CARIBENHA $$
(Esq. avs. Agramonte e República; refeições CUC$7-10) Um restaurante convidativo escondido na bela Galería el Colonial, com taças de vinho polidas e comida *criolla* razoável. Fique mais um pouco para o cabaré.

**Paladar el Califa** PALADAR $$
(Raúl Lamar, 49a, entre Cisneros e Lugareño; refeições CUC$8; ⌚12-0h) Um pouco cara, a comida é fantástica (e as porções, enormes). Difícil de encontrar na antiga Calle Raúl Lamar, o El Califa existe há um bom tempo e é reconhecido pelos seus pratos gigantes de *uruguayano* (um tipo de filé de porco) e de *cordon bleu*.

**El Ovejito** CARIBENHA $
(Hermanos Agüero entre Honda e Carmen; ⌚12-22h qua-seg) Não, o nome não é uma brincadeira: o El Ovejito realmente serve "pequenas ovelhas" (a tradução literal do nome). Melhor ainda, fica localizado na sublime Plaza del Carmen, onde não existe ninguém para incomodar você. Oferece costelas e *fricassé* de cordeiro – mas esse é um restaurante estatal, então o menu normalmente é mais uma lista de desejos do que uma relação do que está de fato disponível.

**Dinos Pizza** ITALIANA $
(☎29-06-93; Humboldt, 3 entre avs. de la Libertad e Aurelio Batista; pizzas CUC$2-3; ⌚24 horas) Realmente revolucionário! Esse é um dos únicos restaurantes em Cuba a oferecer entregas em casa, numa bonitinha van elétrica. A pizza, as massas e a lasanha receberam elogios de visitantes italianos.

**Gran Hotel** INTERNACIONAL $$
(Maceo, 67, entre avs. Agramonte e General Gómez; bufê de jantar CUC$12) O restaurante, no quinto andar, tem vistas magníficas da cidade e um bom bufê. Chegue cedo e veja o sol se pôr atrás das torres da igreja.

**Gran Hotel Snack Bar** FAST-FOOD $
(Maceo, 67, entre avs. Agramonte e General Gómez; ⌚9-23h) Esse bar, normalmente

animado e acessível pela Maceo, serve café, sanduíches e sorvete. Os hambúrgeres (quando disponíveis) são bons, e a atmosfera é dos anos 1950.

**Cafetería las Ruinas** FAST-FOOD $
(Plaza Maceo) Um pátio colonial cheio de samambaias com um menu bem barato de frango frito e pizza. Peça uma margarita e puxe conversa com os vendedores ambulantes através das muretas de ferro.

**Coppelia** SORVETERIA $
(Maceo entre avs. Agramonte e General Gómez) Sorvete não foi feito para ser comido em cantinas escuras e cavernosas, mas, de vez em quando, é preciso socializar. Entre na fila e lance a moeda: *fresa* (morango) ou chocolate?

**Café Cubanitas** CAFÉ $
(Esq. Independencia e av. Agramonte) Mais um novo café logo ao lado da Plaza de los Trabajadores, o Cubanitas é ao ar livre e animado. O mais importante: vende um bom café, assim como lanches e cerveja.



### Por conta própria

**Mercado Agropecuario Hatibonico** MERCADO $
(Matadero; ⌚7-18h) Recentemente relocado ao longo do fétido rio Hatibonico, esse lugar é um exemplo clássico de um mercado cubano onde produtos estatais (baixa qualidade, mais baratos) e privados (vice-versa) são vendidos lado a lado. Delicie-se com sanduíches (pagos exclusivamente em pesos conversíveis) e *batidos* frescos (vitaminas de frutas vendidas em garrafas de geleia) e compre frutas e vegetais que foram colhidos a menos de 500m de onde você se encontra. Há também uma boa seção de ervas. Tome cuidado com batedores de carteira.

## Onde beber

Talvez seja o passado pirata, mas Camagüey conta com alguns ótimos bares de estilo taverna.

**Bar el Cambio** BAR
(Esq. Independencia e Martí; ⌚7-até tarde) A escolha de Hunter S. Thompson. Um pub de paredes grafitadas e coquetéis de nomes interessantes, esse lugar consiste em uma sala, quatro mesas e uma ótima atmosfera.

**La Terraza** BAR
(República, 352; ⌚8-0h) A escolha local. Um lugar ao ar livre cheio de *camagüeyanos* desencanados, bêbados de cerveja barata e rum.

**Taberna Bucanero** BAR
(Esq. República e Fidel Céspedes; ⌚14-23h) A escolha do pirata. Imagens falsas de piratas e chope Bucanero caracterizam essa taverna aventureira, que lembra mais um pub inglês.

**La Bigornia** BAR
(República entre El Solitario e Oscar Primelles) A escolha do jovem. Esse bar-restaurante-butique roxo, com uma loja de esportes no mezanino, é onde o público de 18 a 25 anos da cidade vem para encontros e se prepara para a Noche Camagüeyana.

**Gran Hotel Piano Bar** BAR
(Maceo, 67 entre avs. Agramonte e General Gómez; ⌚13-2h) A escolha das *jineteras*. Um bar de hotel com atmosfera única no Gran, com um longo bar de madeira, uma jukebox antiga e um piano de cauda, permite uma boa troca cultural entre cubanos e turistas. Música ao vivo todas as noites após as 21h.

## ☆ Lazer

Todo sábado à noite, a agitada **Noche Camagüeyana** se espalha pela República, de La Soledad à estação de trem, com barracas de comida e bebidas alcoólicas, música e multidões. Ocasionalmente, um show de rock ou *reggaetón* acontece na praça ao lado de La Soledad.

**Teatro Principal** TEATRO
(☎29-30-48; Padre Valencia, 64; ingressos CUC$5-10; ⌚20h30 sex e sáb, 17h dom) Se houver um show em cartaz, VÁ! Perdendo apenas para Havana no quesito balé, a Companhia de Ballet de Camagüey, fundada em 1971 por Fernando Alonso (ex-marido da maior dançarina cubana, Alicia Alonso), é internacionalmente renomada e suas apresentações são o assunto da cidade. Também interessante é o prédio antigo do teatro, de 1850, enfeitado com candelabros majestosos e vitrais.

**Casa de la Trova Patricio Ballagas** MÚSICA AO VIVO
(Cisneros, 171, entre Martí e Cristo; CUC$3; ⌚ter-dom) Um ornamentado hall de entrada abre-se em um pátio com cantores e jovens casais dançando o chá-chá-chá. Uma das melhores casas de *trova* de Cuba, onde o tráfego turístico não afeta sua autenticidade.

**Centro de Promoción Cultural Ibero Americano** CENTRO CULTURAL
(Cisneros entre General Gómez e Hermanos Agüero) Cheque o que está acontecendo nesse centro cultural não detectado por turistas localizado no antigo Centro Espanhol, que abriga noites de tango e afins.

QUEM SABE, SABE

## RAFAEL REQUEJO: ARQUITETO E DONO DE *CASA PARTICULAR*, CAMAGÜEY

### Por que a arquitetura de Camagüey é diferente da de outras cidades cubanas?

Existem várias teorias, sem contar a dos piratas. Pode ter sido o antigo isolamento de Camagüey no centro da ilha, sua oposição às tradicionais leis espanholas de design, sua localização única na confluência de dois rios e próxima de um bom terreno para pasto de gado, ou sua profusão de igrejas influentes, cada uma se desenvolvendo separadamente ao redor de seus próprios bairros e praças.

### Quais são suas principais características arquitetônicas?

Pátios intimistas de estilo andaluz, caracterizados por *tinajones* (potes de cerâmica), arcos *mudéjar* pontudos, balaustradas de madeira e metal, *aljibes* (depósitos em poços), vitrais, colunas gregas e tetos decorados.

### Quais são os prédios típicos da cidade?

A Iglesia de Nuestra Señora de la Soledad, a Casa Natal de Ignacio Agramonte e a Casa de la Trova Patricio Ballagas. Existem também edifícios menos óbvios, como o Banco de Crédito y Comercio, na Plaza de los Trabajadores, e o local de nascimento da autora cubana Gertrudis Gómez de Avellaneda, na calle Avellaneda, 67.

### Onde se pode saber mais sobre a arquitetura de Camagüey?

Aqui estão algumas boas fontes: o Escritório do Historiador da Cidade, na Plaza del Carmen, ou o Centro Provincial de Patrimonio, na Plaza San Juan de Dios.

**Centro Cultural Caribe** CABARÉ
(Esq. calle 1 e Freyre; ingressos CUC$3-6; ⏲a partir das 22h) Alguns dizem ser o melhor cabaré fora de Havana – por esse preço, quem está reclamando? Reserve seu assento (pela bilheteria, no mesmo dia) e puxe um banco junto a alguns turistas para uma boa visão de penas e poucas roupas. Há um código de vestimenta (calça e camisa social).

**Sala Teatro José Luis Tasende** TEATRO
(☎29-21-64; Ramón Guerrero, 51; ⏲20h30 sáb e dom) Para um bom teatro, venha a esse lugar, que tem performances de qualidade em espanhol.

GRÁTIS **Galería Uneac** CENTRO CULTURAL
(Cisneros, 159; ⏲17h e 21h sáb) Música folclórica e dança afro-cubana acontecem nesse lugar, logo ao sul da catedral.

**Cine Encanto** CINEMA
(Av. Agramonte) Exibições na tela grande no único cinema confiável da cidade.

**Estadio Cándido González** ESPORTES
(Av. Tarafa) De outubro a abril, jogos de beisebol acontecem ao lado do Casino Campestre. O time de Camagüey, conhecido como os Alfareros (os Ceramistas), tem um armário de troféus vazio, apesar de representar a maior província de Cuba.

**Salón Polivalente** ESPORTES
(Plaza de la Revolución) Esse lugar fica próximo ao Estadio Cándido González, atrás do enorme Monumento a Ignacio Agramonte, e hospeda outras competições esportivas.

## Onde comprar

Calle Maceo é a principal rua de compras de Camagüey, com diversas lojas de suvenir, livrarias e lojas de departamento. A rua inteira estava sendo reformada na última visita.

**Casa de los Santos** ARTESANATO
(Oscar Primelles, 406; ⏲9-17h) Resultado do intenso catolicismo de Camagüey, esse *outlet* (literalmente um buraco na parede) vende estátuas de santos feitas à mão.

**ARTex Souvenir** SUVENIRES
(República, 381; ⏲9-17h) Camisetas de Che, mini *tinajones*, chaveiros de Che, CDs, canecas de Che. Você já deve imaginar.

**Fondo Cubano Bienes Culturales** ARTESANATO
(Av. la Libertad, 112; ⏲8-18h seg-sáb) Vende todo tipo de artefatos em uma agradável

lojinha sem o ar turístico, logo ao norte da estação de trem.

**Martha Jiménez Pérez** ARTESANATO
(Martí, 282, entre Carmen e Onda; ⌚9-17h seg-sáb) Você está na capital da cerâmica de Cuba, então por que não ser atraído pelo ateliê de Jiménez Pérez, uma de suas maiores artistas vivas, para comprar arte diretamente da fonte?

**Librería Ateneo** LIVRARIA
(República, 418, entre El Solitario e San Martín) Conta com uma grande seleção de livros em espanhol.

## ℹ Informações

### Perigos e aborrecimentos

Camagüey atrai mais assédio do que outras cidades cubanas. Roubos foram relatados em suas ruas estreitas e sinuosas, principalmente feitos por batedores de bolsas, que espreitam de sua bicicleta à espera de uma fuga rápida. Mantenha sua pochete de dinheiro presa firmemente ao redor de sua cintura e não chame atenção.

### Acesso à internet e telefone

**Etecsa Telepunto** (República entre San Martín e José Ramón Silva; acesso à internet por hora CUC$6)

### Mídia

O jornal local *Adelante* é publicado todo sábado. A Rádio Cadena Agramonte é transmitida na cidade nas frequências 910AM e 93.5FM; localizada ao sul da cidade em 1340AM e ao norte em 1380AM.

### Assistência médica

**Farmacia Internacional** (av. Agramonte, 449, entre Independencia e República)

**Policlínico Integral Rodolfo Ramirez Esquival** (☎28-14-81; esq. Ignacio Sánchez e Joaquín de Agüero) Ao norte do cruzamento do Hotel Plaza, trata estrangeiros em emergências.

### Dinheiro

**Banco de Crédito y Comercio** (esq. av. Agramonte e Cisneros)

**Banco Financiero Internacional** (Independencia entre Hermanos Agüero e Martí)

**Cadeca** (República, 353, entre Oscar Primelles e El Solitario)

### Correios

**Correios** (av. Agramonte, 461, entre Independencia e Cisneros)

### Agências de viagem

**Cubanacán** (Gran Hotel, Maceo, 67) O melhor lugar para se informar sobre Playa Santa Lucía.

**Cubatur** (av. Agramonte, 421, entre República e Independencia) Pode reservar hotéis em Playa Santa Lucía.

**Ecotur** (☎27-49-51; av. Céspedes entre calle C e carretera Central) Organiza excursões para a Hacienda la Belén.

## ℹ Como chegar e sair

### Avião

**Aeroporto Internacional Ignacio Agramonte** (Carretera Nuevitas Km 7) fica 9km a nordeste da cidade, na estrada para Nuevitas e Playa Santa Lucía.

**Cubana** (República, 400) oferece voos diários para Havana (CUC$93 por trecho, 1h e 30min). **Air Transat** (www.airtransat.com) e **Sunwing** (www.sunwing.ca) transportam os clientes all-inclusive de Toronto, que são rapidamente levados para Playa Santa Lucía.

### Ônibus e vans

A **rodoviária regional** (av. Carlos J. Finlay), próxima à estação de trem, oferece caminhões para Nuevitas (87km, duas vezes ao dia) e Santa Cruz del Sur (82km, três vezes ao dia). Pagos em pesos conversíveis. Vans para Playa Santa Lucía (109km, três vezes ao dia) saem daqui também: peça por *el último* (ultimo na fila) dentro da rodoviária e você receberá um papel com um número. Fique perto da porta correta e espere seu número ser chamado.

Os ônibus de longa distância **Víazul** (www.viazul.com) saem da **Rodoviária Álvaro Barba** (carretera Central), 3km a sudeste do centro.

O ônibus para Santiago de Cuba também tem paradas em Las Tunas (CUC$7, 2 horas), Holguín (CUC$11, 3h e 15min) e Bayamo (CUC$11, 4h e 30min). O ônibus para Havana para em Ciego de Ávila (CUC$6, 1h e 45min), Sancti Spíritus (CUC$10, 4 horas), Santa Clara (CUC$15, 4h e 30min) e Entronque de Jagüey (CUC$25, 6h e 15min). Para passagens Víazul, procure o *jefe de turno* (chefe do turno).

Vans de passageiros para cidades próximas, incluindo Las Tunas e Ciego del Ávila, também saem dessa rodoviária. Chegar antes das 9h aumentará bastante suas chances de conseguir passagem em um deles.

O transporte público para Playa Santa Lucía é raro, a não ser que você tenha organizado um pacote turístico com antecedência. Espere pagar CUC$70 pela ida de táxi a partir de Camagüey.

### Trem

A **estação de trem** (esq. Avellaneda e av. Carlos J. Finlay) é mais convenientemente localizada do que a rodoviária – apesar de o serviço não ser tanto. Estrangeiros compram passagens em pesos conversíveis em um escritório sem identificação em frente ao Hotel Plaza, do outro lado da rua. O Tren Francés sai para Santiago às 4h42, a cada três dias, e para Havana (parando em Santa Clara) às 2h25, também a cada três dias. O trem *coche motor* (que cruza a ilha)

## SAÍDAS DE ÔNIBUS VÍAZUL DE CAMAGÜEY

| DESTINO | CUSTO (CUC$) | DURAÇÃO (H) | SAÍDAS DIÁRIAS |
|---|---|---|---|
| Havana | 33 | 7h e 45min | 3h45, 12h30, 16h30, 22h45, 23h30, 0h10 |
| Holguín | 11 | 3 horas | 0h35, 4h35, 5h30, 13h20, 17h35 |
| Santiago de Cuba | 18 | 6 horas | 0h35, 1h45, 5h30, 6h40, 13h20, 18h55 |
| Trinidad | 15 | 4h e 30min | 2h15 |
| Varadero | 24 | 8h e 15min | 2h50 |

– mais demorado – também faz a rota Havana-Santiago, parando em lugares como Matanzas, Sancti Spíritus e Ciego de Ávila. Indo para leste, existem saídas diárias para Las Tunas, Manzanillo e Bayamo. Para o norte, existem (teoricamente) quatro trens diários para Nuevitas e quatro para Morón.

## ℹ Como circular

### Para/a partir do aeroporto

Um táxi para o aeroporto deve custar CUC$5 a partir da cidade, ou você pode esperar um pouco pelo ônibus local (número 22) do Parque Finlay (em frente à rodoviária regional), que passa a cada 30 minutos nos dias úteis e a cada hora nos fins de semana.

### Bicitáxis

Os táxis-bicicleta podem ser encontrados na praça ao lado do Soledad ou na Plaza Maceo. Tecnicamente eles não podem transportar turistas, mas o fazem (incluindo excursões em grupo). Devem custar cinco pesos cubanos, mas os taxistas provavelmente irão pedir o pagamento em pesos conversíveis.

### Carro

Preços de aluguel de carro começam em CUC$70/dia mais gasolina, dependendo do tipo de carro e da duração do aluguel. Uma das companhias é a **Havanautos** (Hotel Camagüey; carretera Central Este Km 4,5).

Estacionamentos (CUC$2 por 24 horas) estão disponíveis para aqueles corajosos o suficiente para enfrentar o labirinto de Camagüey de carro. Pergunte em seu hotel ou *casa particular* sobre detalhes.

Existem dois postos de gasolina **Servi-Cupet** (carretera Central; ⏲24 horas) próximos à av. de la Libertad. Dirigir nas ruas estreitas de mão única em Camagüey é só para especialistas!

### Charretes

Charretes traçam uma rota fixa (CUC$1) entre a rodoviária regional e a estação de trem, apesar de talvez terem de trocar de carro no Casino Campestre, próximo ao rio.

# Florida

POP. 53.441

Muitíssimo distante de Miami, Florida, a cidade de engenhos de açúcar 46km a noroeste de Camagüey, no caminho para Ciego de Ávila, é uma parada viável de pernoite se você estiver dirigindo pela Cuba central e não conseguir se embrenhar pelo labirinto de ruas de Camagüey no escuro (uma má ideia, não importa seu estado mental ou físico). A cidade tem um rodeio, um hospital e um posto de telefonia Etecsa.

O **Hotel Florida** (☎51-30-11; carretera Central Km 534; s/c CUC$13/20; P❄≋) fica localizado 2km a oeste do centro da cidade e oferece 74 quartos adequados. A entrada é esburacada, o que já determina o tom para o lugar, mas o atendimento é amigável e o preço não é maior do que as *casas particulares* locais. Ao lado fica a Cafetería Caney, um restaurante de telhado de sapé que é uma opção melhor do que o restaurante caído do hotel.

Vans de passageiros fazem a rota de Florida a Camagüey, onde se pode fazer uma conexão com os ônibus de longa distância da Víazul. Se estiver dirigindo, há um posto de gasolina Servi-Cupet no centro da cidade, na carretera Central.

# Sierra del Chorrillo

Essa área protegida 36km a sudeste de Camagüey abriga três cordilheiras de pequeno alcance: a del Chorrillo, a Sierra del Najasa e a Guaicanámar (ponto mais alto: 324m).

Aninhada em seus planaltos verdejantes fica **La Hacienda la Belén** (☎27-49-95; entrada CUC$6), um bonito rancho construído por um arquiteto peruano durante a II Guerra Mundial, que agora é mantida como uma reserva natural pela agência **Ecotur** (☎27-49-95). Além de exibir um grupo de animais não nativos, como zebras, veados, gado e cavalos, o parque funciona como reserva de pássaros e é um dos melhores lugares de Cuba para ver espécies raras, entre elas o periquito cubano, o suiriri real e o andorinhão das Antilhas. Outra curiosidade é a floresta petrificada de 3 milhões de anos: 1ha de tocos de árvores fossilizadas. Você pode passear pela reserva de jipe ou a cavalo e existem também duas caminhadas: a **Sendero Santa Gertrudis** (4,5km), que cobre flora, fauna e uma caverna; e a **Sendero de las Aves** (1,8km), que abrange uma profusão de espécies diferentes de pássaros.

O confortável (mas levemente caipira) **Motel la Belén** (☎86-43-49; q com banheiro CUC$40; ❄🏊) fica localizado em uma *hacienda* maravilhosamente rústica e conta com piscina, restaurante próprio, sala de TV e dez quartos limpos e com ar-condicionado que podem acomodar até dezesseis pessoas. Paisagens maravilhosas estão a distância de um passo.

Você precisará de suas próprias rodas para chegar à Sierra del Chorrillo. Dirija 24km a leste de Camagüey na carretera Central, então 12km a sudeste, em direção a Najasa. Outra opção é negociar uma corrida com um táxi em Camagüey.



# Guáimaro

POP. 35.813

Guáimaro seria mais uma cidade cubana anônima se não fosse pela famosa assembleia de abril de 1869, que aprovou a primeira constituição cubana e clamou pela libertação dos escravos. A assembleia elegeu Carlos Manuel de Céspedes como presidente. Guáimaro também é famosa pela sua tradição de esculturas.

## Atrações

**Parque Constitución** PARQUE

Os eventos de 1869 são comemorados com um grande monumento levantado em 1940 nesse parque no centro da cidade. Ao redor da base do monumento estão plaquetas de bronze com as feições de José Martí, Máximo Gómez, Carlos Manuel de Céspedes, Ignacio Agramonte, Calixto García e Antonio Maceo, as estrelas da independência cubana.

O parque também abriga o mausoléu da primeira – e possivelmente maior – heroína de Cuba: Ana Betancourt (1832-1901), de Camagüey, que lutou pela emancipação feminina e pela abolição da escravatura durante a Primeira Guerra da Independência.

**Museo Histórico** MUSEU

(Constitución, 83, entre Libertad e Máximo Gómez; entrada CUC$1; ⌚9-17h seg-sex) Esse pequeno museu tem um par de salas dedicadas a arte e história.

## Onde dormir e comer

**Casa de Magalis** CASA PARTICULAR $

(☎81-28-91; Olimpo, 5, entre Benito Morell e carretera Central; q CUC$20-25) Uma das poucas *casas* na cidade, essa é uma das melhores. Um belo apartamento no andar superior com, possivelmente, o maior banheiro de Cuba.

Há um posto de gasolina Servi-Cupet na entrada da cidade, vindo de Camagüey, com uma loja de conveniência El Rápido em anexo.

# Minas

POP. 21.708

Minas, 60km a nordeste de Camagüey no caminho para Nuevitas, é notável apenas pela fábrica de instrumentos musicais inaugurada em 1976. A **Fábrica de Violines** (Camilo Cienfuegos; entrada CUC$2; ⌚seg-sáb), na entrada leste da cidade, cria belos instrumentos de madeira local. Dez quilômetros a norte de Minas, perto do vilarejo de Senado, fica um **Criadero de Cocodrilos** (entrada CUC$2; ⌚7-16h), um zoológico de crocodilos frequentado principalmente pelos turistas all-inclusive de Playa Santa Lucía.

# Nuevitas

POP. 40.607

Nuevitas, 87km a nordeste de Camagüey, é uma atração 27km a norte da estrada Camagüey-Playa Santa Lucía. É uma cidade industrial e um porto de exportação de açúcar, com moradores amigáveis e fácil acesso à costa, mas que não vale um desvio muito grande. Em 1987, o diretor cubano Manuel Octavio Gómez filmou seu clássico revolucionário *Una mujer, un hombre, una ciudad* aqui, dando à cidade seu primeiro – e, por enquanto, único – encontro com a fama.

## Atrações

**Museo Histórico Municipal** MUSEU

(Máximo Gómez, 66; entrada CUC$1; ⌚ter-dom) A única atração específica em Nuevitas, perto do Parque del Cañón, é esse museu no centro da cidade. Abriga a pouco interessante e padronizada mistura de bichos de pelúcia e fotos em sépia. Você pode subir os degraus no centro da cidade para uma vista panorâmica da baía e das indústrias, numa irônica comparação.

**Playa Cuatro Vientos** PRAIA

Abaixo do Hotel Caonaba há um descuidado parque/playground, no qual você pode querer ou não que seus filhos brinquem. Um pouco mais além ao longo da costa fica uma praia local, da qual você pode avistar duas das três pequenas ilhas chamadas de Los Tres Ballenatos, na Bahía de Nuevitas. Se andar pela costa por mais 2km, no final da estrada chegará a **Santa Rita** – um lugar amigável, com um píer entrando na baía.

**King Ranch** RANCHO

(Carretera de Santa Lucía Km 35; ⌚10-22h) Os texanos ficarão perplexos com um nome tão familiar no nordeste selvagem de Camagüey, mas essa aparição do Velho Oeste não é uma imitação barata. O King Ranch, no caminho para Playa Santa Lucía, 4km além do cruzamento onde se entra na rodovia principal vindo de Camagüey, já foi um ramo do seu legendário parceiro texano de mesmo nome (maior rancho nos Estados Unidos). O rancho foi desapropriado após a Revolução, mas os cubanos mantiveram o nome e ampliaram seu apelo com um restaurante, um rodeio e aluguel de cavalos. Grupos em excursão de Playa Santa Lucía são seu maior público, mas também é possível aparecer sem reserva alguma.

## Onde dormir e comer

**Hotel Caonaba** HOTEL $

(☎24-48-03; esq. Martí e Albisa; s/c CUC$11/18; ❄) Esse amigável hotel de três andares fica numa colina com vista para o mar. Fica na entrada da cidade, assim que se chega de Camagüey, perto de um dos locais favoritos para nadar. Os quartos têm geladeira e alguns têm vista, mas não espere o Ritz – nem mesmo o Rex. No verão, você pode comer no restaurante, 200m ao longo da costa a partir do parque de diversões. O hotel também conta com um bar no terraço (aberto das 12h até tarde).

## Como chegar e sair

Nuevitas é o ponto final das ferrovias de Camagüey via Minas e de Santa Clara via Chambas e Morón. A estação fica próxima ao mar, no norte da cidade. Deve haver quatro trens diários para Camagüey (CUC$2), e uma saída para Santa Clara em dias alternados, mas eles são normalmente cancelados. Vans são mais confiáveis que os ônibus. Os que vão para Camagüey saem às 4h30 e às 9h.

Um posto de gasolina Servi-Cupet fica na entrada da cidade, a uma quadra do Hotel Caonaba. Existe um posto de táxi Transtur ao redor.

# Brasil e arredores

Uma antiga cidade com economia baseada no açúcar agora adormecida, localizada no meio do caminho entre Morón e Nuevitas, Brasil é o portal para a ainda inexplorada Cayo Romano, a terceira maior ilha do arquipélago. A área foi recentemente redescoberta por pescadores que vão até Cayo Cruz. As planícies inundadas, lagoas e estuários da costa norte de Camagüey são um paraíso para a pesca com mosca. Divirta-se pescando ubaranas-rato, sernambiguaras e tarpões em uma área designada para a pesca que mede mais de 350km² e está quase sempre vazia. A temporada de pesca vai de novembro a agosto e a pesca comercial não é permitida. A **Ecotur** (☎27-49-95) organiza excursões.

Para algo completamente diferente, fique no **Hotel Casona de Romano** (calle 6 entre calles B e C; q a partir de CUC$50; ❄), uma linda casa construída originalmente para

VALE A VIAGEM

**REFÚGIO DE FAUNA SILVESTRE RÍO MÁXIMO**

Poucos têm conhecimento e ainda menos vêm aqui. Os pântanos entre os rios Máximo e Cagüey, na costa norte da província de Camagüey, estão entre os maiores territórios de flamingos no mundo. Adicione aves aquáticas migratórias, crocodilos americanos e uma grande população de peixes-boi e tudo fica especial – muito especial. Protegido desde 1998 como um Refugio de Fauna Silvestre e, mais recentemente, como um **Ramsar Convention Site (pântano de interesse internacional),** o delta do rio Máximo defronta-se com um futuro precário, devido à contaminação humana e da agricultura, combinada com secas sazonais. A área não tem estradas e é de difícil acesso, mas viagens podem ser organizadas pela **Ecotur** (☎27-49-95).

um comerciante local de açúcar em 1919 e renovada em 2008. Seus oito quartos (seis de casal, dois de solteiro) são mobiliados com TV, geladeiras e ar-condicionado. Conta também com seu próprio restaurante (andar de cima) e bar (andar de baixo). Seu público principal consiste em pescadores vindos em excursões. Entre em contato com a Ecotur para mais informações.

# Cayo Sabinal

Cayo Sabinal, 22km ao norte de Nuevitas, é um território virgem, um recife de coral de 30km com charcos habitados por flamingos e iguanas. A terra é, na maioria, plana e caracterizada por brejos e lagoas. A fauna consiste em ratos de árvore, javalis e uma grande variedade de borboletas. É surpreendentemente bonito.

## Atrações e atividades

**Fuerte San Hilario** FORTE

Cayo Sabinal tem bastante história para uma área selvagem. Por conta de diversos ataques piratas nos séculos 17 e 18, os espanhóis construíram um forte em 1831 para restaurar a ordem e manter os saqueadores longe. Alguns anos depois, o forte virou uma prisão e, em 1875, foi testemunha da única revolta Carlista (um movimento contrarrevolucionário espanhol que se opunha à monarquia reinante) em Cuba.

**Faro Colón** FAROL

(Punta Maternillo) Erguido em 1848, o Faro Colón é um dos faróis mais antigos ainda em operação no arquipélago cubano. Como resultado de diversas batalhas navais travadas na área durante a era colonial, alguns restos de naufrágios espanhóis – *Nuestra Señora de Alta Gracia* e o *Pizarro* – descansam em águas rasas ao redor, oferecendo ótimas oportunidades para mergulho.

**Playas Bonita e Los Pinos** PRAIA

Dos 30km de costa de Cayo Sabinal, essas duas competem pelo título de melhor praia. A primeira foi apoderada para uso por excursões diárias de Playa Santa Lucía e tem um *ranchón* rústico que serve comida. A segunda já teve cinco chalés de pernoite, mas estes foram levados por um furacão. Entre as atividades, você pode escalar, caminhar, nadar, se alongar, escrever, pensar, filosofar ou meditar. Tudo parece melhor aqui.



### CAYOS E ESTRADAS SUSPENSAS

Em qualquer outro país, o colar de *cayos* (ilhotas) enfeitado por praias que fica entre Cayo Coco e Playa Santa Lucía seria requisitado pelas maiores e mais ricas redes hoteleiras; em Cuba, entretanto, devido a uma mistura de austeridade econômica e burocracia estatal, ele permanece intocado – até agora!

Estradas suspensas e rodovias foram construídas através dos *cayos* de Camagüey no fim dos anos 1980, em preparação para o próximo grande plano turístico de Cuba – um projeto que, depois da quebra econômica do Período Especial, nunca saiu do papel. Em vez disso, as ilhas e suas águas límpidas permaneceram preservadas pelos pescadores locais, assíduos observadores de pássaros e aqueles em busca de solidão.

A oeste ficam **Cayo Paredón Grande**, casa do farol xadrez Faro Diego Velázquez, uma praia suntuosa e bandos de visitantes vindos de Cayo Coco; **Cayo Romano**, a terceira maior ilha de Cuba e paraíso de flamingos, mangues e mosquitos; **Cayo Cruz**, uma longa e sinuosa ilhota que fica além de Cayo Romano (uma estrada suspensa liga as duas), lendária por suas águas transparentes para pesca (passeios são organizados a partir de um chalé de pesca no principal vilarejo de Brasil); **Cayo Guajaba**, uma selva intocada e sem estradas; e **Cayo Sabinal**, que conta com uma estrada esburacada, um trio de praias imaculadas, um antigo forte e um farol espanhol. Escondida ao norte fica **Cayo Confites**, onde Fidel Castro se escondeu, aos 21 anos de idade, em preparação para um golpe contra a ditadura de Rafael Trujillo na República Dominicana (Fidel pulou do barco na Baía de Nipe e nadou 15km até a costa carregando sua arma).

Você precisará de um carro resistente ou uma bicicleta para entrar nessas selvas esburacadas. Pontos de entrada para Cayo Romano são Cayo Coco ou Brasil, no noroeste da Província de Camagüey. Cayo Cruz é acessível via uma estrada suspensa a partir de Cayo Romano. Cayo Sabinal é ligado à ilha principal por uma pequena estrada suspensa a noroeste de Nuevitas. Existem postos de polícia, então você precisará de seu passaporte.

## Como chegar e sair

Existem três opções: carro alugado, táxi ou barco. A estrada de terra para Cayo Sabinal começa 6km ao sul de Nuevitas, saindo da estrada para Camagüey. É preciso mostrar seu passaporte na ponte para as ilhas e pagar CUC$5. A estrada suspensa de 2km que liga as ilhotas à ilha principal foi a primeira de seu tipo a ser construída em Cuba e a mais ecologicamente destrutiva de todas. As agências de turismo de Playa Santa Lucía oferecem passeios diários para Cayo Sabinal: de barco a partir de CUC$69, incluindo transporte e almoço, ou de jipe, por CUC$75. Reserve nos hotéis.

# Playa Santa Lucía

Playa Santa Lucía é um isolado balneário 112km a nordeste de Camagüey, situado num trecho de praia amarelada de 20km, que compete com Varadero pelo título de mais comprida de Cuba. A maioria dos viajantes vem a esse lugar para mergulhar num dos melhores – e mais acessíveis – recifes de coral da ilha, a alguns quilômetros da costa. Outro destaque é a praia em si: uma joia tropical em maior parte deserta, apesar de estreitar e acumular algas quanto mais você se distancia dos hotéis.

A área ao redor de Playa Santa Lucía é plana e sem atrativos além da reserva de flamingos, dos raquíticos arbustos e das vacas ruminantes. Com exceção do microvilarejo de Santa Lucía, que serve de alojamento para trabalhadores do hotel e da semiesquecida curva de La Boca, não existem grandes instalações cubanas na região. Curiosos por história ficarão desapontados – aqui não é Trinidad! A natação, o snorkel e o mergulho, contudo, são uma história diferente e os grandes hotéis oferecem diversas atividades para aqueles com tempo e dispostos a explorar. Pacotes para Playa Santa Lucía são normalmente mais baratos do que os de Cayo Coco (o qual antecede), apesar de os resorts em si serem menos luxuosos e terem um ar de acampamento de férias. A clientela é, em maioria, canadense.

## Atrações

### Playa los Cocos — PRAIA

Esse arco de praia ao final dos 20km de Playa Santa Lucía, a 7km dos hotéis na boca da Bahía de Nuevitas, é outro encanto, com areia branco-amarelada e água cor de jade transparente. Às vezes, revoadas de flamingos são vistas na Laguna el Real, atrás desta praia. Uma charrete dos hotéis de Santa Lucía até Playa Los Cocos custa CUC$20 ida e volta com espera, ou você pode andar o percurso, correr, pedalar (bicicletas sem marcha, mas adequadas, estão disponíveis de graça nos hotéis), ou chamar um táxi. Esse é um belo lugar para nadar, com vista para o Faro Colón (farol), em Cayo Sabinal, mas tome cuidado com as correntes no fundo.

A pequena instalação cubana no local se chama **La Boca**. Há uma lojinha de lanches e um bom restaurante. Às vezes, os moradores assam um porco na fogueira e irão convidá-lo se estiver por perto.

## Atividades

Playa Santa Lucía é um extraordinário destino de mergulho ao longo do que é, supostamente, o segundo maior recife de coral do mundo (depois da Grande Barreira de Corais, na Austrália). Os 35 pontos de mergulho incluem seis cordilheiras Poseidon, o ponto Cueva Honda, restos de naufrágios, diversos tipos de arraia e a abundante vida marinha na entrada da Bahía de Nuevitas. Um destaque muito procurado é a alimentação dos tubarões cabeça-chata, que medem de 3 a 4m de comprimento (de junho a janeiro). Os hotéis podem organizar outras atividades aquáticas, como um cruzeiro de catamarã durante todo o dia ao longo da costa (CUC$57, com almoço e mergulho com snorkel), um safári de flamingos (CUC$59) e pesca submarina (CUC$200 o barco por 3h e 30min).

### Centro Internacional de Buceo Shark's Friends — MERGULHO

(www.nauticamarlin.com, em espanhol; av. Tararaco) O Shark's Friends é um centro profissional com professores de mergulho que falam inglês, italiano e alemão. Localizado na praia entre o Brisas Santa Lucía e o Gran Club Santa Lucía, oferece mergulhos por CUC$30, incluindo mergulhos noturnos (CUC$40) e a famosa alimentação dos tubarões (CUC$65), onde um guia totalmente tranquilo enfia comida dentro da boca de tubarões de 3m de comprimento. Há saídas de barcos a cada duas horas entre as 9h e as 15h, todos os dias, mas o último mergulho acontece só a pedidos. O curso de mergulho autônomo custa CUC$360; um curso no resort (não certificado) custa CUC$60. Também oferece excursões para mergulho com snorkel.

## Onde dormir

A pequena faixa de hotéis começa 6km a noroeste da rotatória na entrada de Santa Lucía. Os quatro grandes são resorts Cuba-

## Playa Santa Lucía

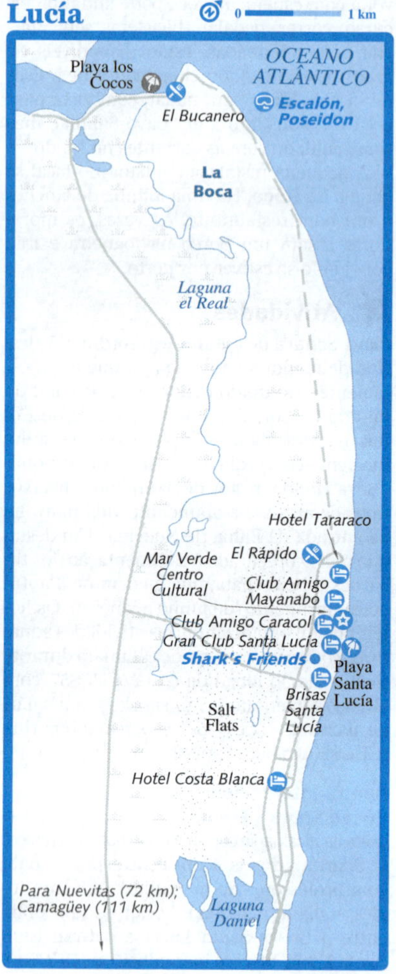


nacán, cujas estrelas e qualidade diminuem conforme se anda a noroeste. Devido ao tamanho e ao isolamento de Playa Santa Lucía, é uma boa ideia ligar antes e reservar um quarto.

**Gran Club Santa Lucía** RESORT **$$$**
(☎33-61-09; all-inclusive s/c CUC$71/102; P ❄ @ ≋ 👪) Mesmo reivindicando apenas três estrelas, o Gran Club se sai melhor que o quatro estrelas Brisas pelos seus 249 quartos alegremente pintados (em blocos de dois andares bem mantidos), terreno bem cuidado e atividades menos ensurdecedoras ao lado da piscina. A **Discoteca la Jungla** é uma casa noturna, não muito inspiradora, que oferece shows de música e comédia com *mucha* participação da plateia.

**Brisas Santa Lucía** RESORT **$$$**
(☎33-63-02; all-inclusive s/c CUC$75/120; P ❄ @ ≋ 👪) Este resort tem 412 quartos em diversos prédios de três andares. Cobrindo monstruosos 11ha, ele ganha a maior classificação da avenida – quatro estrelas –, ainda que sua atmosfera feliz demais (pense em animadores de piscina e apresentações onde tudo é repetido em três línguas) exceda um pouco a realidade. Tem programação especial para crianças, e o centro de mergulho Shark's Friends fica convenientemente localizado ao lado.

**Hotel Tararaco** HOTEL **$**
(☎33-63-10; s/c CUC$20/26; ❄) Não existem *casas particulares* em Playa Santa Lucía, então agradeça aos céus pelo Tararaco, o hotel mais antigo da avenida (ele data de antes da Revolução). Aqui a equipe é solícita e todos os quartos têm TV e um pequeno pátio, tudo isso a uma pequena distância da praia.

**Hotel Costa Blanca** HOTEL **$**
(☎33-63-73; Playa Residencial; s/c CUC$14/20; ❄) A exceção à regra, o Costa Blanca é pequeno, mas envolvente (e barato), localizado numa microvila. Tem um restaurante próprio e pode-se ouvir o barulho das ondas dali.

**Club Amigo Mayanabo** RESORT **$**
(☎36-51-68; all-inclusive s/c/tr CUC$35/58/79; P ❄ @ ≋) Fazendo uma boa imitação de um recanto inglês de férias no pós-guerra, o Mayanabo já teve dias melhores – há muito, muito tempo. Mas se orçamento é sua principal consideração, é barato e fica logo na praia.

**Club Amigo Caracol** RESORT **$$**
(☎36-51-58; all-inclusive s/c CUC$45/55; P ❄ @ ≋ 👪) Uma nova versão do Mayanabo, o Caracol leva vantagem sobre seu parceiro mais antigo e, com uma ampla programação para crianças, é tido como um resort perfeito para famílias.

### Onde comer

Além dos bufês dos hotéis e dos dois ótimos lugares a seguir, suas escolhas são limitadas. Há um El Rápido em frente ao Hotel Tararaco que serve fast-food medíocre a preços módicos e um restaurante pago em pesos chamado Concha, na vila de Santa Lucía.

👍 **El Bucanero** FRUTOS DO MAR **$$**
(Playa los Cocos; ⏲10-22h) Localizado na Playa los Cocos, no final da praia de Santa Lucía, esse lugar pertence a um nível diferente.

Serve frutos do mar - lagosta e camarões (CUC$12) são a especialidade da casa - e tem ótima vista.

**Restaurante Luna Mar** FRUTOS DO MAR **$$**
(Playa Santa Lucía; ⌚10-22h) Esse lugar, empurrado contra a praia e localizado entre o Gran Club Santa Lucía e o Club Amigo Caracol, oferece exatamente o mesmo cardápio que o El Bucanero, mas num lugar mais acessível.

## ☆ Lazer

Fora dos resorts, pouca coisa acontece por aqui.

O **Mar Verde Centro Cultural** (entrada CUC$1) tem um agradável pátio-bar e cabaré com música ao vivo todas as noites.

## Onde comprar

O Centro Comercial Mar Verde, entre o Gran Club Santa Lucía e o Club Amigo Caracol, tem uma loja ARTex, uma livraria e um par de *outlets* Caracol estatais com camisetas de Che e afins.

## Informações

O **BANDEC** (Banco de Crédito y Comercio), onde é possível fazer o câmbio de dinheiro, fica na área residencial entre o posto de gasolina Servi-Cupet na entrada sudeste para Playa Santa Lucía e a avenida dos hotéis. Próxima fica a **Clínica Internacional de Santa Lucía** (☎36-53-00; Residencia 4), uma clínica Cubanacán bem equipada para emergências e problemas médicos. A melhor farmácia fica no Brisas Santa Lucía. Etecsa, 1,5km além dos hotéis, tem acesso à internet por CUC$6/hora e equipamentos para ligações internacionais. Para agências de turismo, Cubanacán, dona de quatro dos cinco hotéis do lugar, é bem representada. Há um bom escritório da **Cubatur** logo ao sair do Gran Club Santa Lucía.

## Como chegar e sair

Tudo é possível em Cuba, até chegar a Playa Santa Lucía sem seu próprio meio de transporte. O único ônibus regular sai de Camagüey toda sexta-feira às 12h, chegando em Playa Santa Lucía às 13h30. Um ônibus de volta sai dos resorts às 14h aos domingos e chega a Camagüey às 15h30. Estes são da companhia **Transtur** e custam CUC$18/trecho. Reserve com um dia de antecedência na **Cubatur**. Outra opção para viajantes independentes é entrar num ônibus fretado que tenha assentos sobrando. Os preços são: aeroporto de Camagüey (CUC$20, quinta-feira); aeroporto de Holguín (CUC$28, quarta e sexta-feira). Um táxi de Camagüey a Playa Santa Lucía custará CUC$70 só de ida. Ou você pode pegar um trem para Nuevitas, de Morón ou Camagüey, e um táxi a partir de lá.

Um posto de gasolina **Servi-Cupet** fica no final da rua, próximo ao acesso para Camagüey. Outro grande posto Servi-Cupet, com uma lojinha de conveniência Servi-Soda, fica logo ao sul do Brisas Santa Lucía.

É possível alugar carros ou lambretas (CUC$24/dia, incluindo um tanque de gasolina) na **Cubacar** (Hotel Tararaco) ou em qualquer um dos outros hotéis.

# Província de Las Tunas

☎031 / POP. 536.027

**Inclui »**



## Os melhores lugares para comer

» El Baturro (p. 332)

» Restaurante la Bodeguita (p. 332)

» Cremería las Copas (p. 332)

## Os melhores lugares para ficar

» Hotel Cadillac (p. 331)

» Caballo Blanco – Pepe (p. 331)

» Brisas Covarrubias (p. 336)

» Roberto Lío Montes de Oca (p. 336)

## Por que ir?

Las Tunas é uma província famosa por não ser famosa. Comprimida entre a presunçosa Camagüey, a oeste, e o centro cultural do oriente, a leste, normalmente é conhecida apenas por aqueles que estão em trânsito. Sonolenta e monótona, o seu legado histórico fica com a Victória de Las Tunas, uma batalha da Guerra de Independência de 1897 vencida por Calixto Garcia, general mambí.

Com essa reputação meio sem brilho, seria fácil perdoar o ressentimento dos modestos *tuneros* – mas eles não são do tipo que se lamenta o tempo inteiro. Os que duvidam podem visitar a capital da província nos sábados à noite, quando há um rodeio na cidade, ou dirigir até Puerto Padre em um domingo qualquer para trocar uma ideia com os moradores.

Pantanosa no sul, a costa norte de Las Tunas é um nirvana intocado de recifes coloridos e ecopraias desertas que, até hoje, abrigam apenas um resort all-inclusive. Esperamos que continue assim!

## Quando ir

Las Tunas tem uma boa variedade de festivais para uma cidade tão pequena. O melhor é a Jornada Cucalambeana, que ocorre em junho, a maior celebração cubana de música campesina, na qual letristas locais impressionam uns aos outros com suas *décimas*. Outros pontos altos são o Festival Internacional de Magia, que ocorre na capital provinciana em novembro, e a Exposição Nacional de Escultura – um evento apropriado para a chamada "cidade das esculturas" –, que ocorre em fevereiro.

# Destaques da província de Las Tunas

1 Caminhe pelas ruas da sossegada **Las Tunas** (p. 330), onde esculturas criativas embelezam o horizonte da cidade

2 Dê uma olhada nos peões empunhando seus laços no **Parque 26 de Julio** (p. 334), no rodeio de Las Tunas, que também percorre outras cidades

3 Aproveite as areias calmas de **Playa la Herradura** (p. 336) antes que os donos de resort acabem com a tranquilidade do local

4 Descanse um pouco na amigável **Puerto Padre** (p. 335), onde os moradores sempre têm tempo para bater um papo

5 Apareça em Las Tunas em junho para conhecer o festival de música campesina na **Jornada Cucalambeana** (p. 328)

6 Desfrute de acomodações provincianas novinhas e elegantes no **Hotel Cadillac** (p. 331), em Las Tunas

7 Mergulhe nos recifes intocados de **Punta Covarrubias** (p. 336)

### História

O povoado de Las Tunas foi fundado em 1759, mas não foi reconhecido como cidade até 1853. Em 1876, o general cubano Vicente García capturou brevemente a cidade durante a Guerra da Independência, mas sucessivas vitórias espanholas na região logo levaram os colonizadores a renomeá-la La Victória de Las Tunas. Durante a Guerra Hispano-Americana, os espanhóis incendiaram toda a cidade, mas os mambís resistiram bravamente e, em 1897, o general Calixto García forçou as tropas espanholas a se entregar, assegurando uma vitória imprescindível para Cuba.

Las Tunas tornou-se a capital da província em 1975, durante a reorganização geográfica de Cuba pós-Revolução. A população tem crescido vertiginosamente desde então.

# Las Tunas

POP. 139.637

A primeira impressão é a que fica – mas nem sempre ela está certa. Se fosse apenas pelas atrações e pelos marcos históricos, dificilmente as pessoas se dariam ao trabalho de conhecer La Victória de Las Tunas (como é oficialmente conhecida). Mas graças à sua localização privilegiada, na carretera Central de Cuba, alguns viajantes exaustos acabam parando por ali. Alguns dão apenas uma olhada e rapidamente retomam a estrada em direção a Santiago ou Havana; outros, encantados pelas festas estimulantes aos sábados, ficam por mais uma noite.

Conhecida como a "cidade das esculturas", a capital provinciana menos importante de Cuba não é nenhuma Florença. Mas o que falta em grandiosidade é recompensado com as idiossincrasias do local. Você pode ver um rodeio dos bons por aqui, admirar a estátua de um líder taino de duas cabeças ou aproveitar o lirismo do estranho e espirituoso Cucalambeana, o maior festival de música campesina de Cuba. Vamos lá, dê uma chance a Las Tunas!

## Atrações

**GRÁTIS** **Memorial a los Mártires de Barbados** MUSEU

(Lucas Ortíz, 344; ⏲10-18h seg-sáb) A atração mais chamativa de Las Tunas está localizada na residência anterior de Carlos Leyva González, esgrimista olímpico que foi morto na maior atrocidade terrorista da nação: as bombas no voo Cubana 455, em 1976. Fotos individuais das vítimas dos ataques, entre elas os 24 membros do time olímpico cubano de esgrima, estão alinhadas nas paredes do museu e permanecem como uma lembrança pungente do avião derrubado.

**Museo Provincial General Vicente García** MUSEU

(Esq. Francisco Varona e Ángel Guardia; entrada CUC$1; ⏲11-19h ter-qui, 14-22h sex e sáb, 15-19h dom) Situado no prédio azulado da prefeitura que tem um relógio montado na fachada, o museu provinciano documenta a história *tunera*. Guias poderão ajudar com informações adicionais.

**Esculturas** MARCO

Las Tunas é popularmente chamada de "cidade das esculturas", e há arte ao ar livre (são mais de cem esculturas) por toda a cidade. Na Plaza Martiniana, inaugurada em 1995 em comemoração ao centésimo aniversário de morte de José Martí, você verá uma inventiva estátua de bronze de um apóstolo feita por Rita Longa, que funciona também como relógio de sol. Entre outras notáveis peças estão o **Monumento al Trabajo** (esq. carretera Central e Martí), que celebra os trabalhadores cubanos, e o **Monumento a Alfabetización** (Lucas Ortiz), em formato de lápis, marcando o ato realizado em Las Tunas em 16 de novembro de 1961 para erradicar o analfabetismo. Você vai precisar ir até o Motel el Cornito para ver a emblemática **Cacique Maniabo y Jibacoa,** um chefe taino de duas cabeças olhando em direções opostas. De volta à cidade, a pequena **Galería Taller Escultura Rita Longa** (esq. av. 2 de Diciembre e Lucas Ortiz) reúne alguns bons trabalhos locais.

**Memorial Vicente García** MUSEU

(Vicente García, 7; entrada CUC$1; ⏲15-19h seg, 11-19h qui-sáb) Uma estrutura da era colonial homenageia o grande herói da Guerra da Independência que resgatou a cidade da Espanha em 1876 e colocou fogo nela 21 anos depois, quando os colonizadores tentaram recuperá-la. As exposições limitadas incluem armamento antigo e algumas fotos granuladas.

**Plaza de la Revolución** PRAÇA

A praça da revolução de Las Tunas é enorme e digna de um exame rápido. Dê uma olhada na enorme e leninesca **escultura de Vicente García,** de espada erguida, e no gigante cartaz de Che.

## Onde dormir

Depois de anos de estagnação, Las Tunas pode finalmente se vangloriar de pelo menos um hotel decente (o Cadillac). Várias casas privadas alugam quartos limpos e baratos ao longo da calle Lucas Ortíz e da calle Frank País, entre a estação de trem e o centro.

## VOO 455

É só piscar e você é capaz de não vê-lo. O pequenino monumento de bronze ao lado do rio Hormiguero, na antiquada Las Tunas, é o único memorial a um dos momentos mais sombrios da história de Cuba.

Em 6 de outubro de 1976, o voo da companhia Cubana de Aviación vindo da Guiana com destino a Havana decolou após uma parada no aeroporto Seawell, de Barbados. Nove minutos após liberarem a pista, duas bombas explodiram na parte traseira do avião, fazendo com que caísse no Oceano Atlântico. Todas as 73 pessoas a bordo – 57 das quais eram cubanas – morreram. O número incluía toda a equipe cubana de esgrima, que havia acabado de voltar de uma campanha vitoriosa nos campeonatos da América Central. Na época, a tragédia do voo 455 foi o pior ataque terrorista no hemisfério ocidental.

Horas depois do ataque, dois venezuelanos foram presos em Barbados numa trilha que rapidamente foi traçada, levando até Luis Posada Carriles e Orlando Bosch, dois ativistas nascidos em Cuba e contrários ao governo de Castro, com históricos como agentes da CIA.

Presos na Venezuela em 1977, os homens foram julgados tanto por uma corte civil quanto por uma corte militar e passaram a maior parte dos dez anos seguintes em prisões venezuelanas. Bosch foi solto em 1987 e foi morar nos Estados Unidos. Enquanto isso, Carriles escapou da cadeia em 1985, numa fuga corajosa na qual se disfarçou de padre. Um ano depois, ele ressurgiu na Nicarágua coordenando um arsenal dos rebeldes Contra.

Apesar de ter piorado suas relações com a CIA e de ter sofrido um atentado na Cidade da Guatemala em 1990, Carriles se manteve ativo. Em 1997, esteve envolvido numa série de bombardeios realizados em pontos turísticos de Havana, e em 2000 foi preso na Cidade do Panamá por supostamente ter tentado assassinar Fidel Castro.

Perdoado em 2004 pelo presidente panamenho Mireya Pardoned, que saía do poder, Carriles procurou asilo nos Estados Unidos depois que a Suprema Corte Venezuelana entrou com um pedido de extradição. Até hoje, os Estados Unidos se recusam a entregá--lo, sob a alegação de que corre perigo de sofrer tortura na Venezuela.

Em 2011, Carriles continuava vivendo nos Estados Unidos, com 83 anos. Bosch morreu em abril do mesmo ano, aos 84 anos, também nos Estados Unidos. Alguns extremistas anti-Castro os têm como aqueles que guerreavam pela liberdade, enquanto para a maioria dos cubanos eles são terroristas não arrependidos de seus atos.

**Hotel Cadillac** HOTEL $$
(☎37-27-91; esq. Angel de la Guardia e Francisco Vega; s/c/ste CUC$40/50/60; ❄) Pelo menos Las Tunas tem um hotel que não sugere *flashbacks* da era soviética. Aberto em 2009, essa reformada beleza dos anos 1940 no centro da cidade beira a categoria dos hotéis-butique, com apenas oito quartos, incluindo uma adorável suíte no canto. Conta com TVs de tela plana, banheiros modernos e um toque de requinte pré-revolucionário. Um verdadeiro Cadillac!

**Caballo Blanco – Pepe** CASA PARTICULAR $
(☎37-36-58; Frank País, 85 Altos; q CUC$20-25; ❄) Quando conseguir olhar além da fachada de pedras estilo Gaudí e lembrar que está em Las Tunas e não em Barcelona, dê uma espiada no estonteante chão de mosaicos, banheiros-padrão, TVs montadas nas paredes e, em geral, limpeza total (nenhuma surpresa, pois Pepe é médico). Bem-vindo a uma das melhores hospedagens particulares em Las Tunas. Se estiver lotada, os vizinhos, na Frank País números 79, 82 e 82A, também alugam quartos.

**Motel el Cornito** CHALÉS $
(☎34-50-14; carretera Central Km 8; q CUC$20) Um lugar voltado para cubanos localizado fora da cidade, próximo à antiga fazenda El Cucalambé. O festival de música campesina anual também acontece aqui. Você pode dar sorte com algum dos chalés. Telefone com antecedência.

**Carlos A Patiño Alvarez** CASA PARTICULAR $
(☎34-22-88; Lucas Ortíz, 120; q CUC$20-25; ❄) Existem dois apartamentos aqui, cada um com seu próprio banheiro, sala de estar e cozinha equipada com panelas e potes. O do andar de cima é mais iluminado e tem um terraço.

**Hotel Las Tunas** HOTEL $
(☎34-50-14; av. 2 de Diciembre; s/c CUC$18/28; P❄≋) O que você vê é exatamente o que terá: arquitetura sem imaginação, interior

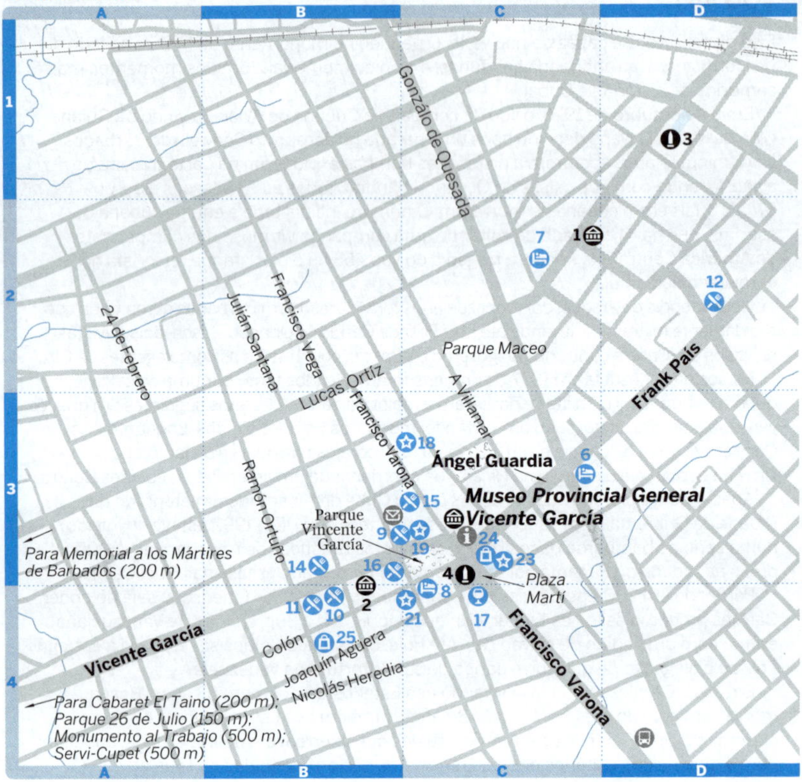


austero, localização fora de mão, restaurante estranho e uma discoteca que acorda você às 2 da manhã. As TVs dos quartos pegam HBO, o que é um pequeno prêmio de consolação.

## Onde comer

Las Tunas tem dois bons restaurantes estatais no centro da cidade que servem comida *criolla* com algumas surpresas. Em outros lugares, o cardápio pode ser limitado.

**El Baturro** CARIBENHA $
(Av. Vicente García entre Julián Santana e Ramón Ortuño; ⏲11-23h) As paredes são cobertas por escritos – bilhetes de amor e homenagens a Victor Jara, *trovador* cubano assassinado – e os pratos cheios de comida cubana são melhores do que a média, incluindo carne de coelho. O melhor restaurante de Las Tunas.

**Restaurante la Bodeguita** CARIBENHA $
(Francisco Varona, 293; ⏲11-23h) Um restaurante da rede Palmares, o que significa que é melhor do que o tradicional restaurante pago em peso. Aqui há toalhas de mesa xadrez, uma carta de vinhos escassa e o que o governo cubano chama de "cozinha internacional" (leia-se espaguete e pizza). Experimente o peito de frango com molho de cogumelos por aproximadamente CUC$5.

**Cremería las Copas** SORVETERIA $
(Esq. Francisco Vega e Vicente García; ⏲10-16h e 17--23h; 👪) Esse é o substituto local do Coppelia. Entre na fila com seus pesos e peça sundaes ou *tres gracias* (três bolas de sorvete) em sabores como coco, e um *café con leche*. Não é de surpreender que seja absurdamente popular.

**Restaurante 2007** CARIBENHA $
(Vicente García entre Julián Santana e Ramón Ortuño; ⏲12h-14h45 e 18h-22h45) Uma nova tentativa de restaurante chique em Las Tunas (ou seja, "em pesos"), esse lugar atende apenas com reserva e não é exatamente amigável com estrangeiros. O interior elegante e garçons uniformizados parecem

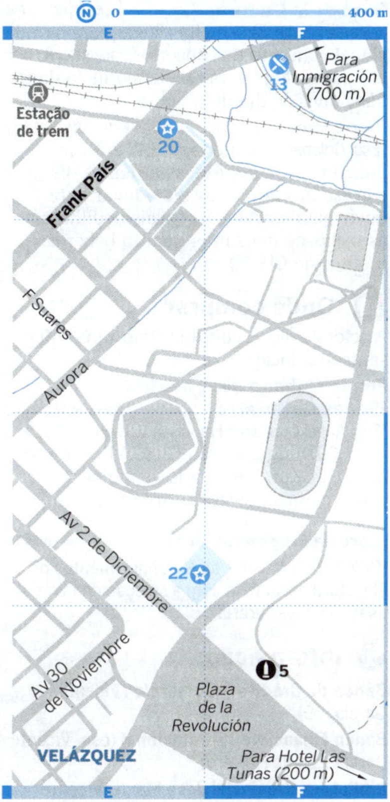


## Las Tunas

**Destaque**

Museo Provincial General Vicente García ... C3

**Atrações**

1 Galería Taller Escultura Rita Longa ... C2
2 Memorial Vicente García ... B4
3 Monumento a Alfabetización ... D1
4 Estátua de Jose Martí ... C3
5 Monumento Vicente García ... F4

**Onde dormir**

6 Caballo Blanco – Pepe ... C3
7 Carlos A Patiño Alvarez ... C2
8 Hotel Cadillac ... C4

**Onde comer**

9 Cremería las Copas ... B3
10 El Baturro ... B4
11 En Familla ... B4
12 La Bamba ... D2
13 Mercado Agropecuario ... F1
14 Restaurante 2007 ... B3
15 Restaurante la Bodeguita ... C3
16 Supermercado Casa Azul ... B3

**Onde beber**

Cadillac Snack bar ... (veja 8)
17 Casa del Vino Don Juan ... C4

**Lazer**

18 Cabildo San Pedro Lucumí ... C3
19 Casa de la Cultura ... C3
20 Estadio Julio Antonio Mella ... E1
21 Piano Bar ... C4
22 Sala Polivalente ... E3
23 Teatro Tunas ... C3

**Onde comprar**

24 Fondo Cubano de Bienes Culturales ... C3
25 Librería Fulgencio Oroz ... B4

promissores, mas você será mais bem-vindo no El Baturro, do outro lado da rua.

**La Bamba** PALADAR $$
(☎34-43-15; Frank País, 52; pratos CUC$5-8) Um tradicional e mal-acabado *paladar* tunero com grandes porções de comida *criolla*, incluindo o de sempre (lagosta) e o raro (coelho).

**En Familla** FAST-FOOD $
(Vicente García entre Ramón Ortuño e Julián Santana; ⌚11-23h) Placa promissora, arredores mórbidos, menu escasso; mas se você conseguir acordar o pizzaiolo de sua apatia, pode dar sorte.

### Por conta própria

Para fazer compras (ou evitar contas maiores), experimente o **Supermercado Casa Azul** (esq. Vicente García e Francisco Vega; ⌚9-18h seg-sáb, até as 12h dom). O **Mercado Agropecuario** (av. Camilo Cienfuegos) é um mercado pequeno perto da estação de trem.

## Onde beber

**Casa del Vino Don Juan** BAR
(Esq. Francisco Varona e Joaquín Agüero; ⌚9-0h) Degustação de vinhos em Las Tunas é tão verossímil quanto racionamento de comida em Beverly Hills; no entanto, ela existe e só custa CUC$7 por taça do "melhor" vinho de Cuba, o levemente avinagrado Soroa (tinto ou branco). O Don Juan é um bar de esquina, simples, com grandes portas abertas e apenas um punhado de mesas. Vá só para constar que esteve lá.

**Cadillac Snack Bar** CAFÉ
(Esq. Angel de la Guardia e Francisco Vega; ⏲9-23h) No Hotel Cadillac, esse café tem quatro agradáveis mesas na varanda, com vista para o movimento da Plaza Martiana, e serve um bom *café con leche*.

## ☆ Lazer

Las Tunas ganha vida aos sábados à noite, quando ruas lotadas e moradores em busca de diversão desafiam a imagem entediante da cidade. Os principais pontos são o **Parque Vicente García,** onde o tradicional *son* ao ar livre compete com o mais moderno *reggaetón*; e o Parque 26 de Julio.

**Parque 26 de Julio** FEIRA
(Av. Vicente García; entrada franca; ⏲9-18h sáb e dom; 👪) No Parque 26 de Julio, onde a Vicente García termina na av. 1º de Mayo, acontece todo fim de semana um mercado com música, barracas de comida, atrações infantis e, se tiver sorte, o famoso rodeio (você verá a grande arena permanente ao entrar).

**Estadio Julio Antonio Mella** ESPORTE
(1ra de Enero) De outubro a abril é temporada de beisebol. O time de Las Tunas joga nesse estádio próximo à estação de trem. Los Magos não fizeram muita mágica ultimamente e competem com Ciego de Ávila pelo pior lugar na Liga Leste. Outros esportes acontecem na **Sala Polivalente**, um ginásio perto do Hotel Las Tunas.

GRÁTIS **Cabildo San Pedro Lucumí** CENTRO CULTURAL
(Francisco Varona entre Vicente García e Lucas Ortíz; ⏲a partir das 21h dom) Atividades culturais acontecem nessa amigável associação afro-caribenha, sede da Compañía Folklórica Onilé. Vá aos domingos para assistir a apresentações de dança e percussão.

**Teatro Tunas** TEATRO, CINEMA
(Esq. Francisco Varona e Joaquín Agüera) Recentemente revitalizado, esse cinema exibe filmes de qualidade e o melhor do entretenimento itinerante de Cuba, como flamenco, balé e peças de teatro.

**Cabaret el Taino** TEATRO
(Esq. Vicente García e A Cabrera; entrada CUC$10/casal; ⏲21-2h ter-dom) Essa grande casa de teto de palha na entrada oeste da cidade oferece o tradicional show com penas, salsa e pouca roupa. O preço de entrada inclui uma garrafa de rum e Coca-Cola.

**Casa de la Cultura** CENTRO CULTURAL
(Vicente García, 8) O melhor lugar para o tradicional conjunto de concertos, poesia, dança etc. As atividades vão parar no meio da rua nas noites do fim de semana.

**Piano Bar** BAR, CASA NOTURNA
(Esq. Colón e Francisco Vega; ⏲21-2h) Um pouco mais suave que as ardentes discotecas dos hotéis, esse é o lugar para ouvir pianistas de jazz locais dedilharem as teclas de marfim enquanto beberica mojitos de CUC$1.

## Onde comprar

A "cidade das esculturas" tem uma interessante arte local.

**Fondo Cubano de Bienes Culturales** ARTE, ARTESANATO
(Esq. Angel Guardia e Francisco Varona; ⏲9-12h e 13h30-17h seg-sex, 8h30-12h sáb) Em frente à praça central, essa loja vende obras de arte, cerâmica e peças bordadas.

**Librería Fulgencio Oroz** LIVRARIA
(Colón, 151) Atualize seus conhecimentos de literatura espanhola com a seleção de livros usados dessa livraria.

## Informação

**Banco de Crédito y Comercio** (Vicente García, 69)

**Banco Financiero Internacional** (esq. Vicente García e 24 de Febrero)

**Biblioteca Provincial José Martí** (Vicente García, 4; ⏲seg-sáb)

**Cadeca** (Colón, 41) Câmbio de dinheiro.

**Cubana** (esq. Lucas Ortíz e 24 de Febrero) Agência de viagem.

**Etecsa Telepunto** (Francisco Vega entre Vicente García e Lucas Ortiz; ⏲8h30-19h30) Paraíso do ar-condicionado muito forte na rua de compras.

**Hospital Che Guevara** (☎34-50-12; esq. avs. CJ Finlay e 2 de Diciembre) A 1km da saída para Holguín da rodovia.

**Infotur** (esq. Ángel Guardia e Francisco Varona) Agência de viagem.

**Correios** (Vicente García, 6; ⏲8-20h) Também conta com acesso à internet.

## Como chegar e sair

### Ônibus

A **rodoviária** (Francisco Varona) fica 1km a sudeste da praça central. Ônibus **Viazul** (www.viazul.com) saem diariamente; passagens são vendidas pelo *jefe de turno* (gerente do turno).

Existem cinco ônibus diários para Havana (CUC$39, 11 horas) saindo às 1h45, 10h35,

## RODEIOS

O pastoreio de gado tem uma longa história em Cuba. Antes da Revolução, as vacas cubanas produziam um dos melhores bifes do hemisfério ocidental. Apesar de a suculência da carne ter sofrido desde que Castro nacionalizou os ranchos, a habilidade e a destreza dos *vaqueros* se mantiveram excelentes.

A meca do rodeio cubano é a Arena Nacional de Rodeio, no Parque Lenin, em Havana – a sede, desde 1996, da anual Feira Boyeros de Vaqueiros. Mas para um olhar mais autêntico da cultura de rodeio na periferia da ilha, siga para as primeiras províncias de pastoreio de gado: Camagüey e Las Tunas, onde rodeios são realizados a cada fim de semana durante a temporada.

Os rodeios cubanos exibem todas as tradicionais atrações equestres e algumas peculiaridades locais. Espere ver diversos eventos de hipismo, palhaços grosseiros, ágeis manobras de laço e sósias de Benício del Toro saindo de cercados enferrujados em cima de touros mal-humorados de 680kg, ao som de aplausos entusiasmados.

Realizado em sincronia com as festas ao ar livre de sábado à noite, o rodeio de Las Tunas é motivo suficiente para visitar essa pequena e subestimada cidade. A entrada para a arena no Parque 26 de Julio costuma ser franca e a atmosfera é refrescantemente agradável.

14h30, 20h45 e 21h35; quatro para Holguín (CUC$6, 70 minutos) às 2h35, 6h35, 7h45 e 15h20; um para Varadero (CUC$33, 11 horas) às 12h50; um para Trinidad (CUC$21, 6h e 30min) às 12h20; e cinco para Santiago (CUC$11, 4h e 45min) às 2h35, 7h45, 8h55, 15h20 e 23h40. A maioria desses ônibus faz paradas em Camagüey (CUC$7, 2h e 30min), Ciego de Ávila (CUC$13, 4h e 15min), Sancti Spíritus (CUC$17, 6h e 45min), Santa Clara (CUC$22, 7h e 15min) e Entronque de Jagüey (CUC$26, 9h e 15min). Ônibus para Santiago param em Bayamo (CUC$6, 1h e 15min). Para chegar a Guantánamo ou Baracoa, é preciso fazer uma conexão por Santiago de Cuba.

### Trem

A **estação de trem** (Terry Alomá entre Lucas Ortíz e Ángel Guardia) fica próxima ao Estadio Julio Antonio Mella, no lado nordeste da cidade. Fale com o *jefe de turno* para comprar passagens. O rápido Tren Francés de Havana a Santiago não para em Las Tunas, então só sobram os serviços mais demorados e menos confiáveis. Trens para Havana e Santiago (via Camagüey e Santa Clara) saem em dois a cada três dias (confira com antecedência). Há saídas diárias para Camagüey e Holguín.

### Vans

Vans de passageiros para outras partes da província, incluindo Puerto Padre, pegam passageiros na rua principal, próxima à estação de trem, sendo a última saída antes das 14h.

## Como circular

Há táxis à disposição do lado de fora da rodoviária, no hotel Las Tunas e na praça central. Charretes fazem passeios ao longo da Frank País, próxima ao estádio de beisebol, para o centro da cidade por CUC$10.

**Cubacar** (av. 2 de Diciembre) fica no Hotel Las Tunas. O posto de gasolina **Oro Negro** (esq. Francisco Varona e Lora) fica a um quarteirão da rodoviária. O posto **Servi-Cupet** (carretera Central; 24 horas) fica na saída de Las Tunas em direção a Camagüey.

# Monte Cabaniguan

Esse refúgio de fauna ao sul da cidade de Jobabo, nas planícies do rio Cauto, é uma área de reprodução para aves aquáticas como flamingos, o ameaçado periquito cubano e a marreca-cabocla cubana. A região é protegida internacionalmente como uma área de pântanos Ramsar. A Ecotur (p. 34) organiza passeios rápidos para observação de aves.

# Puerto Padre

Definhando num canto esquecido da província menos espetacular de Cuba, é difícil acreditar que Puerto Padre – ou a "cidade dos moinhos", como é conhecida localmente – já foi o maior porto de açúcar no planeta. Para os viajantes de carteirinha, porém, o abandono inspira uma saudosa curiosidade. Abençoada com uma rua no estilo das Ramblas de Barcelona, um Malecón em miniatura e uma estátua magricela de Dom Quixote desamparada sob um velho moinho, a cidade é o tipo de lugar no qual você para na hora do almoço para pedir informações e se vê cinco horas depois pedindo lagosta num restaurante ao lado do mar.

## Atrações

**Museo Fernando García Grave de Peralta** MUSEU
(Yara, 45 entre avs. Libertad e Maceo; entrada CUC$1) Viciados em Cuba podem ver um pouco do que realmente é esse museu municipal. Açoitado pelo furacão Ike, de 2008, o prédio ainda mostra as marcas do fenômeno. A coleção conta com o usual grupo de revolucionários, animais empalhados e antiguidades. Veja os toca-discos antigos.

**Fuerte de la Loma** FORTE, MUSEU
(Av. Libertad; entrada CUC$1; 9-16h ter-sáb) Esse forte, também conhecido como Castelo Salcedo, no topo da íngreme av. Libertad, é testemunha da antiga importância estratégica de Puerto Padre. Há um pequeno museu com parafernália militar no seu interior.

## Onde dormir e comer

Existe aproximadamente uma dúzia de *casas particulares* e pouca procura.

**Roberto Lío Montes de Oca** CASA PARTICULAR $
(51-57-22; Francisco V Aguilera, 2, entre Jesús Menéndez e Conrrado Benítez; q CUC$20-25; ) A fachada rosa recém-pintada dessa *casa* brilha em meio à depredação de Puerto Padre e serve como introdução para o que está dentro. O quarto agradavelmente decorado é muito limpo. Café da manhã e jantar disponíveis com os jovens anfitriões por CUC$3 e CUC$5, respectivamente.

Há poucos lugares para comer fora das *casas particulares*. **La Reforma** (Av. de la Libertad), um pequeno shopping em frente à igreja principal, esconde um pequeno supermercado e uma lanchonete de fast-food El Rápido.

## Lazer

Há uma **Casa de la Cultura** no Parque de la Independencia para atividades noturnas ou é possível apenas passear pelas ruas em busca de amigos, conversas ou estadia numa *casa particular*. A cidade também é sede da mais nova **Uneac** (Unión Nacional de Escritores y Artistas de Cuba) do país – elas normalmente são localizadas apenas nas capitais das províncias –, que hospeda shows, dança e arte.

## Como chegar e sair

Puerto Padre é mais bem acessado de van, saindo da estação de trem de Las Tunas, ou com seu próprio carro. Um táxi da capital da província deve custar de CUC$25 a CUC$30.

# Punta Covarrubias

O único resort all-inclusive da província de Las Tunas também é o mais isolado, localizado 41 esburacados quilômetros a noroeste de Puerto Padre, em uma impecável praia em Punta Covarrubias. Ao lado do azul-esverdeado do Atlântico, o **Brisas Covarrubias** (51-55-30; s/c a partir de CUC$70/110; P@) tem 122 quartos confortáveis e blocos de chalés (um quarto é reservado para hóspedes com necessidades especiais). O mergulho no recife de coral a 1,5km da costa é o destaque. Pacotes de dois mergulhos por dia saem a partir de CUC$45 na Marina Covarrubias. Existem doze pontos de mergulho aqui. Quase todos os hóspedes chegam em excursões all-inclusive e são transportados de ônibus a partir do Aeroporto Frank País em Holguín, 115km a sudeste. É bastante isolado.

Viajantes independentes podem entrar na praia pelo **mirador** (uma torre com uma fantástica vista panorâmica) 200m antes do hotel ou comprar um passe diário por CUC$25.

## Como chegar e sair

A Estrada de Puerto Padre a Playa Covarrubias é o que os taxistas cubanos chamam de *mas o menos* (mais ou menos), devido ao trânsito dos hotéis. A oeste em direção a Manatí e Playa Santa Lucía fica um festival de buracos. Dirija devagar e com cuidado!

# Playas La Herradura, La Llanita e Las Bocas

Parabéns! Você chegou ao fim da estrada. Uma alternativa cativante aos confortos de Covarrubias pode ser encontrada nessa sequência de praias abraçando a costa atlântica, 30km ao norte de Puerto Padre e 55km de Holguín. Não há muito o que fazer aqui além de ler, relaxar e se perder nas vívidas cores da vida cubana tradicional.

A partir de Puerto Padre, são 30km ao redor da costa leste da Bahía de Chaparra para a **Playa la Herradura**. A praia é um punhado de areia dourada que um dia, com certeza, será local de um resort all-inclusive. Aproveite enquanto pode – sozinho. Conta com algumas casas que alugam quartos legalmente (procure pela placa azul e branca da Arrendador Divisa). Uma escolha de longa data é o **Villa Papachongo** (Holguín 24-42-41-74; Casa 137; q CUC$15; ), bem na praia,

## A VARANDA DO ORIENTE

Em Cuba, o Oriente não começa em Xangai ou Hong Kong; ele começa em Las Tunas, uma cidade chamada de El Balcón del Oriente (a varanda do oriente) por sua localização na fronteira entre duas regiões de culturas distintas. Até 1976, a área a leste da propriedade era uma província em si, uma grande região culturalmente distinta que abrangia as atuais províncias de Guantánamo, Santiago de Cuba, Granma e Holguín.

Geograficamente mais próximo do Haiti do que de Havana, o oriente preferiu olhar a leste ao invés de oeste na sua tentativa de criar uma identidade cubana alternativa, absorvendo influências da Jamaica e dos arredores. Foi essa busca por identidade, em parte, que contribuiu para a rica diversidade étnica e antiga inclinação à rebeldia.

No contexto histórico, todos os movimentos revolucionários de Cuba foram inflamados no oriente, inspirados por "orientais" como Carlos Manuel de Céspedes (de Bayamo), Antonio Maceo (de Santiago) e Fidel Castro (de Birán, próximo a Holguín). A região também é considerada o estandarte da maioria dos gêneros musicais de Cuba, do *son* e do *changüí* à *nueva trova*.

Hoje em dia, os rivais leste-oeste de longa data continuam a trocar alfinetadas bem-humoradas sobre assuntos como linguagem (orientais tem um distintivo sotaque "cantado"); beisebol (Los Industriales contra Santiago é um evento do nível Real Madrid contra Barcelona); história (os *santiagueros* nunca perdoaram os *habaneros* por roubarem o título de capital, em 1607); e economia (orientais mais pobres tendem a migrar para o oeste em busca de trabalho). Enquanto os poderosos *habaneros* dirão que o resto de Cuba é apenas mato e se referirão jocosamente às pessoas de Santiago como *palestinos*, os orgulhosos cidadãos do oriente se veem como libertadores aguerridos e guardiões da herança musical cubana, reconhecida mundialmente.

com uma ótima varanda para tomar sol. Outras opções são o Villa Rocio e o Villa Pedro Hidalgo. Pergunte nos arredores. O lugar não é grande e todo mundo se conhece. Se quiser explorar mais, vá até Playa las Bocas.

Continue a oeste nesta estrada por 11km para chegar a **Playa la Llanita**. A areia aqui é mais macia e branca do que em La Herradura, mas a praia fica em uma dobra não protegida de mar, então as ondas podem ficar violentas.

Apenas 1km mais além, no final da estrada, fica a **Playa las Bocas**, onde existem diversas casas para alugar, além de uma pequena loja de lanches e um bar ao ar livre na entrada para a cidade. Espremida entre a costa e a Bahía de Chaparra, é possível pegar uma balsa para El Socucho e continuar para Puerto Padre ou alugar um quarto numa *casa particular*.

### Como chegar e sair

Existem caminhões que o levarão até Puerto Padre a partir de Las Tunas, de onde você terá de fazer uma conexão até o cruzamento em Lora antes de seguir ao norte para as praias. É muito mais fácil vir por Holguín fazendo conexão em Velasco.

Dirigir é o melhor jeito. Os 52km entre Las Tunas e Puerto Padre são bem pavimentados; depois disso a coisa fica feia. Táxis pedirão pagamento extra por causa das más condições das vias.

# Província de Holguín

☎024 / POP. 1.037.161

**Inclui »**



## Os melhores lugares para comer

» Salón 1720 (p. 346)
» Finca Mayabe (p. 347)
» El Ancla (p. 357)
» Paladar Villa Caney (p. 352)

## Os melhores lugares para ficar

» Hotel Playa Pesquero (p. 354)
» Villa Don Lino (p. 354)
» Paradisus Río de Oro (p. 357)
» Hostal Buena Vista (p. 352)

## Por que ir?

As contradições de Cuba unem-se em Holguín. Essa é a província que criou Fidel Castro e seu oposto ideológico, Fulgencio Batista; um lugar onde o aroma dos pinheiros é infectado pela degradação ambiental das minas de níquel de Moa; uma região que sobrepõe a “cubanice” própria de Gibara à ostentação turística de Guardalavaca.

A confusão resultante, no entanto, não é nem um pouco tediosa. A beleza de Holguín foi descoberta por Cristóvão Colombo, que, de acordo com a maioria dos relatos históricos, aportou próximo a Gibara em outubro de 1492 e rapidamente descreveu as florestas verdejantes e as bem talhadas montanhas costais da região como a terra mais bonita que já havia visto.

As montanhas ainda estão aqui, apesar de as florestas terem sido removidas muito tempo atrás pela United Fruit e outros donos de plantação sedentos por açúcar. Mais recentemente, resorts gigantes têm emergido ao longo da costa, fazendo com que o turismo seja o principal ganha-pão do local. Diga *hola* para Guardalavaca, Esmeralda e a chiquérrima Playa Pesquero.

## Quando ir

Em abril, viciados em cinema se reúnem em Gibara para o Festival Internacional del Cine Pobre. Um mês depois, a cidade de Holguín mostra seu espírito religioso durante as Romerías de Mayo. Holguín foi devastada por um furacão em 2008, por isso, chegue no fim da temporada de furacões, no meio de novembro, para evitar maiores preocupações. Você pode aproveitar os resorts de Guardalavaca e de Playa Pesquero até o começo de março.

### História

A maioria dos historiadores concorda que Cristóvão Colombo chegou a Cuba em 28 de outubro de 1492, em Cayo Bariay, perto de Playa Blanca, logo a oeste da Playa Don Lino (agora parte da província de Holguín). Os espanhóis, sedentos por ouro, foram recebidos na costa pelos índios seboruco e capturaram treze destes para levar à Europa como "espécimes científicos". Bariay foi boicotada em favor de Guantánamo vinte anos depois, quando uma nova capital foi alocada em Baracoa, e o acidentado território a norte de Bayamo foi dado de presente ao capitão García Holguín, um conquistador mexicano. A província se tornou uma importante área de cultivo de açúcar no final do século 19, quando boa parte da terra foi comprada e destituída de florestas pela norte-americana United Fruit Company. Antes parte do território do oriente, Holguín foi reconhecida como província em 1975.

## Holguín

POP. 264.927

Casa da maior cervejaria do país, de um irreverente time de beisebol chamado Los Perros (os cachorros) e de um burro bebedor de cerveja que atende pelo nome de Pancho, Holguín é tudo menos comum. Essa é a cidade do subestimado, onde bailes espontâneos são mais populares que excursões organizadas e o visceral se sobressai ao visual. Você não verá muitos dos seus amigos viajantes por aqui, mas também não sentirá falta deles. Venha a Holguín para uma boa dose de realidade cubana e assista aos corajosos moradores da cidade em sua aplicada rotina diária.

### História

Em 1515, Diego Velázquez de Cuéllar, o primeiro governador de Cuba, cedeu as terras ao norte de Bayamo ao capitão García Holguín, um dos colonizadores originais da ilha. Com a criação de um rancho de gado no fértil interior da província, Holguín e seus descendentes presidiram uma crescente propriedade agrícola que, em 1720, já contava com uma pequena igreja e mais de 450 habitantes. Em 1752, San Isidoro dc Holguín (a propriedade foi renomeada em homenagem à igreja) recebeu o título de cidade e, em 1790, a população chegava a 12 mil pessoas.

Holguín foi local de muitos combates durante as duas Guerras de Independência, quando os ferozes guerreiros mambí fizeram um cerco ao quartel espanhol em La Periquera (hoje o Museo de Historia Provincial). Capturada e perdida por Julio Grave de Peralta (em homenagem a quem uma das praças foi nomeada), a cidade foi tomada pela segunda vez, em 19 de dezembro de 1872, pelo general cubano nativo Calixto García, herói póstumo de Holguín.

Com a divisão do oriente em cinco diferentes províncias, em 1975 a cidade de Holguín se tornou a capital provincial. Foi seriamente maltratada pelo furacão Ike de 2008.

### Atrações

Holguín é conhecida, talvez eufemisticamente, como a "cidade dos parques" (que mais parecem praças). Monte sua base próxima às quatro praças centrais e você verá a maior parte do que a cidade oferece. Seu passeio não estará completo sem uma escalada a La Loma de la Cruz – um pouco fora de mão, mas vale a pena o desvio.

#### NA CIDADE

**Museo de Historia Provincial** MUSEU

(Mapa p. 348; Frexes, 198; entrada CUC$1; ⌚8-17h) Hoje um monumento nacional, o edifício no lado norte do Parque Calixto García foi construído entre 1860 e 1868 e usado como quartel espanhol durante as Guerras de Independência. Foi apelidado de La Periquera (Gaiola de Papagaios) pelos uniformes vermelhos, amarelos e verdes dos espanhóis que montavam guarda do lado de fora. A peça mais importante da coleção é uma cabeça de machado, cunhada à semelhança de um homem, chamada de Hacha de Holguín (machado de Holguín), que se supõe ter sido feita por habitantes indígenas no começo do século 15 e descoberta em 1860. Aparentando ser ainda mais afiada em sua caixa de vidro polido está uma espada que já pertenceu ao herói nacional e poeta José Martí.

**Parque Peralta** PRAÇA

(Mapa p. 348) Essa praça (apelidada de Parque de las Flores) foi nomeada em homenagem ao general Julio Grave de Peralta (1834-72), que liderou um levante contra a Espanha em Holguín, em outubro de 1868. Sua estátua de mármore (1916) encara a catedral. Deslumbrantemente branca e caracterizada por suas torres de cúpula gêmeas, a **Catedral de San Isidoro** (mapa p. 348; Manduley) data de 1720, e foi uma das construções originais da cidade. Implantadas gradualmente durante os anos, as torres são do século 20 e, em 1979, a igreja virou uma catedral. Uma estátua hiper-realística do papa João Paulo II fica à direita da porta principal.

## Destaques da província de Holguín

1 Veja a trabalhadora cidade de Holguín se espalhar como um mapa à sua frente a partir do **Loma de la Cruz** (p. 344)

2 Arranje um tempo para curtir a praia em um dos chiques resorts de **Playa Pesquero** (p. 353)

3 Faça um passeio de bicicleta pelos vilarejos bucólicos até a tradicional cidade *holguiñera* de **Banes** (p. 358)

4 Veja tesouros tainos em um dos sítios arqueológicos mais importantes de Cuba no **Museo Chorro de Maita,** em Guardalavaca (p. 355)

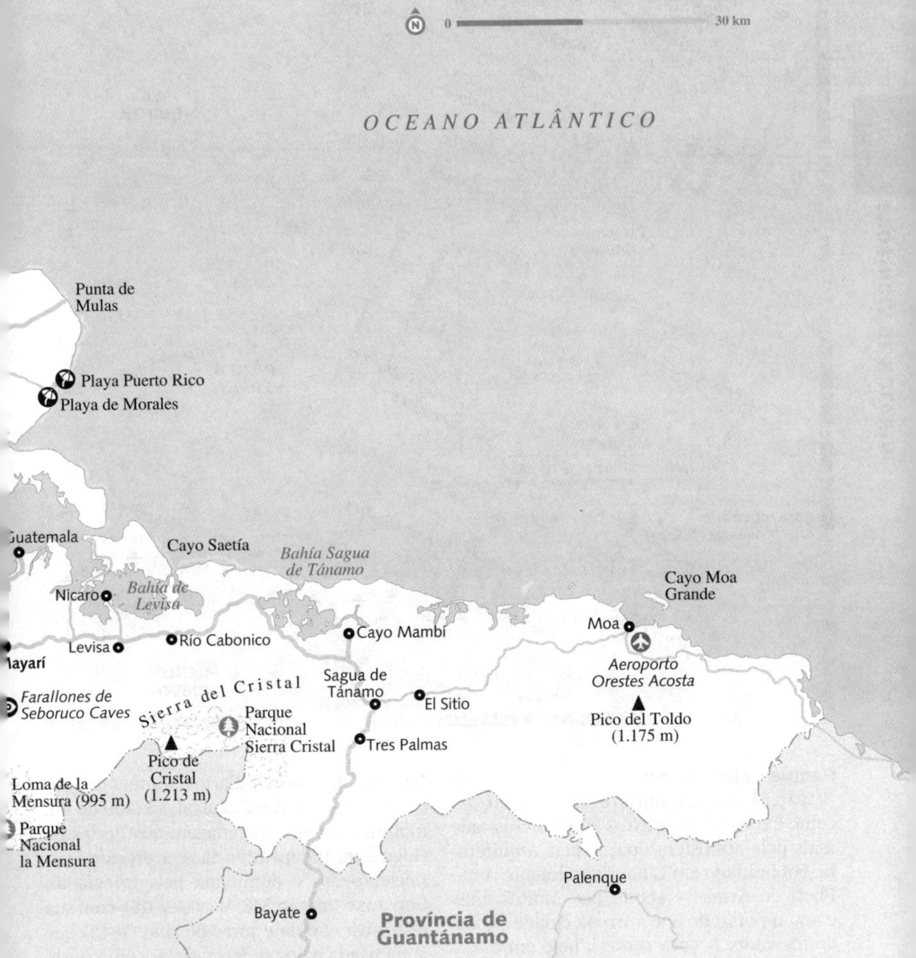


5 Dê uma espiada na casa da infância de Fidel, o **Sitio Histórico de Birán** (p. 360)

6 Hospede-se em uma *casa particular* com nível de hotel na tranquila e romântica cidade de **Gibara** (p. 351)

7 Aprecie um panorama completo de **Salto del Guayabo** (p. 361) de um mirante artificial espetacular

# Holguín

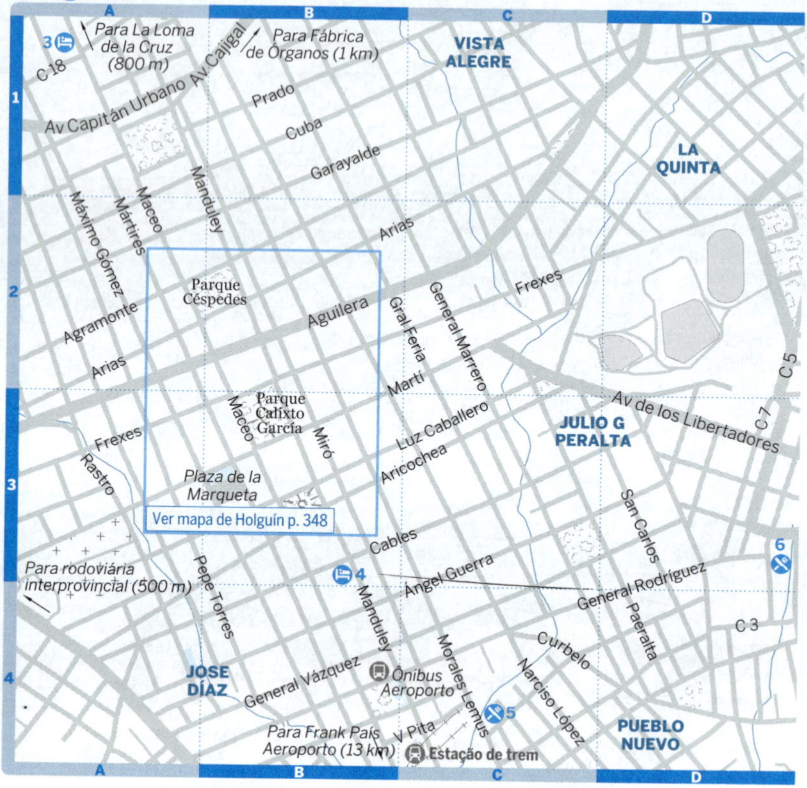




**Parque Calixto García** PRAÇA

(Mapa p. 348) Uma visita ao amplo "El Parque", como é conhecido entre os *holguiñeros,* vale mais pela atmosfera do que pela arquitetura. Foi fundado em 1719 originalmente como Plaza de Armas e serviu por muitos anos como o ponto de encontro da cidade e local de mercado. A peça central, hoje em dia, é uma estátua do general Calixto García, de 1912, ao redor da qual se reúne uma mistura de velhos sábios, aficionados de beisebol e adolescentes paqueradores.

No canto sudoeste do Parque Calixto García fica o **Centro de Arte** (mapa p. 348; Maceo, 180; entrada franca; ⏲9-16h seg-sáb), uma iluminada galeria que divide espaço com a **Biblioteca Alex Urquiola** (mapa p. 348; Maceo, 178), nomeada em homenagem a um revolucionário local e lar da maior coleção de livros de Holguín.

**Parque Céspedes** PARQUE

(Mapa p. 348) O mais novo parque de Holguín também é o mais obscuro. Com o nome do "Pai da Terra Natal", Carlos Manuel de Céspedes – sua estátua é central, ao lado de um monumento em homenagem aos heróis da Guerra da Independência –, a praça de paralelepípedos é dominada pela **Iglesia de San José** (mapa p. 348; Manduley, 116), com sua distintiva cúpula e torre de sino (1842) que já foi usada pelos *Independistas* como posto de vigília. Os moradores ainda se referem ao parque pelo seu antigo nome: San José.

Num edifício colonial atrás da igreja fica a **Galería Holguín** (mapa p. 348; Manduley, 137; entrada franca; ⏲8-18h ter-qua, até as 22h qui-dom), com um variado estoque de boa arte local. O pequeno **Museo Eduardo García Feria y José García Castañeda** (mapa p. 348; esq. Agramonte e Maceo; entrada franca), no canto noroeste da praça, documenta a vida e o trabalho dos arqueólogos e naturalistas locais. Eduardo foi o responsável pela criação do primeiro museu de Holguín e já foi dono da maior coleção de caracóis de Cuba.

## Holguín

**Atrações**

1 Plaza de la Revolución........................F1
Túmulo de Calixto García..............(veja 1)

**Onde dormir**

2 Hotel Pernik.................................F2
3 'La Palma'–Enrique R Interián Salermo..........A1
4 Raciel Laffita Rodríguez......................B3

**Onde comer**

5 Agropecuario.................................C4
6 Agropecuario.................................D3
7 Barraquinhas de comida (pagamento em peso)......E3
Taberna Pancho..........................(veja 2)

**Lazer**

Disco Havana Club.......................(veja 2)
8 Estadio General Calixto García................E3



**Casa Natal de Calixto García** MUSEU
(Mapa p. 348; Miró, 147; entrada CUC$1; ⏲9-21h ter--sáb) Para saber mais sobre os feitos militares do herói local de Holguín, siga para essa casa localizada dois quarteirões a leste do parque de mesmo nome. O absurdamente subestimado García – que retomou as cidades de Las Tunas, Holguín e Bayamo do controle espanhol entre 1896 e 1898 – nasceu aqui em 1839. Essa pequena coleção dá uma boa visão geral de sua vida.

**Museo de Historia Natural** MUSEU
(Mapa p. 348; Maceo, 129, entre Parques Calixto García e Peralta; entrada CUC$1; ⏲9-22h ter-sáb) Aqui você encontrará mais animais empalhados do que poderia imaginar – desde o menor sapo ao menor beija-flor do mundo. Quando o guia foi escrito, o museu passava por uma reforma.

**Plaza de la Marqueta** PRAÇA
(Mapa p. 348) Destinada a uma grande reforma há um bom tempo, a arruinada Plaza de la Marqueta é uma praça cheia de possibilidades – que, até então, permanecem não realizadas. Fundada em 1848 e reconstruída em 1918, a praça é dominada por um impressionante mercado coberto que, supostamente, deve passar por uma reforma que o transformará em uma casa de concertos de primeira (após quase uma década de boatos, a obra ainda nem foi iniciada). Ao longo dos lados norte e sul da praça estão variadas lojas destinadas a proporcionar compras de qualidade; durante a redação do guia, no entanto, apenas algumas lojas de música e charutos estavam abertas, mas mesmo estas não tinham estoque suficiente. Por enquanto, as atrações mais interessantes são os postes telefônicos transformados em totens, fincados nos cantos da praça, e as diversas estátuas de bronze que decoram as calçadas, feitas por conhecidos *holguiñeros*.

**Plaza de la Revolución** PRAÇA
(Mapa p. 342) Holguín é uma cidade bem fiel, e sua pomposa praça revolucionária, a leste do centro, é um enorme monumento aos heróis da independência cubana, com direito a frases de José Martí e Fidel Castro. Grandes passeatas acontecem todo dia 1º de maio (Dia do Trabalho). O **túmulo de Calixto García** (mapa p. 342), que contém suas cinzas, também fica aqui, assim como um pequeno monumento à mãe dele.

## A HISTÓRIA IRÁ ABSOLVÊ-LO?

Será que o mundo entendeu mal Fidel Castro? O rude sobrevivente da Guerra Fria e da catastrófica queda econômica que se seguiu seria realmente o ditador maquiavélico responsável por criar um bloqueio irreversível nas relações Estados Unidos-Cuba? Ou seria ele o líder de uma aliança não oficial do Terceiro Mundo, desbravador da luta pela igualdade na cena mundial? Para chegar perto da personalidade que se esconde atrás da mascara pública, precisamos (como todo bom freudiano sabe) investigar sua infância.

Nascido em 13 de agosto de 1926 perto do vilarejo de Birán, na província de Holguín, o resultado ilegítimo de uma relação entre o dono de terras espanhol Ángel Castro e sua cozinheira e governanta Lina Ruz (que mais tarde se casaram), Fidel cresceu como o filho favorito em uma grande e relativamente rica família de fazendeiros de açúcar. Educado numa escola jesuíta e mandado para estudar na cidade de Santiago quando tinha sete anos, o jovem Castro era um estudante excepcional, entre cujos talentos se destacavam uma memória fotográfica e uma extraordinária aptidão para o esporte. De fato, boatos dizem que, aos 21 anos, Fidel – então um talentoso lançador canhoto – participou de testes para jogar no time norte-americano de beisebol Washington Senators.

Aos 13 anos, Fidel liderou sua primeira insurreição: uma greve entre os trabalhadores das plantações de cana de seu pai contra o chefe explorador, um gesto que não o ajudou a cultivar a harmonia familiar.

Um ano mais tarde, o ainda adolescente Castro escreveu uma carta ao presidente dos Estados Unidos, Franklin D. Roosevelt, parabenizando-o pela sua reeleição e pedindo uma nota de US$10 ao líder americano, "porque nunca vi uma nota de US$10 e gostaria de ter uma". Como uma previsão agourenta das futuras relações Estados Unidos-Cuba, o pedido foi educadamente negado.

Implacável, Fidel marchou em frente. Na conclusão do colegial, em 1945, seu professor e mentor padre Francisco Barbeito previu sabiamente que seu pupilo iria "preencher o livro de sua vida com páginas brilhantes". Pensando bem, ele não estava nem um pouco errado.

### FORA DA CIDADE

**La Loma de la Cruz** MARCO

Na ponta norte da Maceo você encontrará uma escadaria construída em 1950, com 465 degraus, que leva ao topo de uma colina de 275m de altura com uma vista panorâmica. Uma cruz foi erguida aqui em 1970 na esperança de que se aliviasse a seca, e todo dia 3 de maio, durante as Romerías de Mayo, devotos sobem ao topo para participar de uma missa especial. Fica a uma caminhada de 20 minutos a partir da cidade, ou você pode chamar um bicitáxi para levá-lo até o sopé do monte por aproximadamente 10 pesos cubanos. Essa caminhada é mais bem aproveitada durante a manhã, quando a luz é boa e o calor não muito cansativo.

**Fábrica de Órganos** FÁBRICA DE ÓRGÃOS

(Carretera de Gibara, 301; ⏲8-16h seg-sex) Essa é a única fábrica mecanizada de órgãos em Cuba. Pequena, fabrica aproximadamente seis órgãos por ano, assim como violões e outros instrumentos. Um bom órgão custa de US$10.000 a US$25.000. Oito grupos profissionais de órgão existem em Holguín (incluindo o Cuayo, com sede na fábrica); se tiver sorte, você pode ouvir um deles tocar no Parque Céspedes nas quintas à tarde ou sábados pela manhã.

**Mirador de Mayabe** FAZENDA, MIRANTE

O Mirador de Mayabe é um hotel-restaurante-fazenda no topo de um monte, a 10km da cidade de Holguín. Ganhou sua fama pelo burro bebedor de cerveja chamado Pancho, que ficava por perto do bar nos anos 1980. O Pancho original morreu em 1992 e quem está lá é seu neto, Pancho III, que também bebe cerveja, mas é um pouco mais seletivo quanto à marca. Almoço cubano típico é servido na Finca Mayabe (p. 347), logo acima do hotel, onde também há um ringue de briga de galos. Shows tradicionais de música campesina acontecem na maioria das semanas. Um ônibus sai para Holguín do sopé do monte, a 1,5km do hotel, três vezes ao dia.

## Festas e eventos

**Carnaval** FESTIVAL AO AR LIVRE

O arrasta-pé anual de Holguín acontece na terceira semana de agosto, com shows ao ar livre e muita dança, porco assado e drinques fortes.

Armado com um tremendo carisma pessoal, uma força de vontade de ferro e a habilidade natural de discursar por horas, Fidel seguiu para a Universidade de Havana, onde sua personalidade franca e obstinada rapidamente garantiu que se destacasse em tudo que fez.

Acadêmico de Direito, Castro passou os três anos seguintes confusamente imerso na atividade política do fórum acadêmico, repleto da violência de gangues e da trivial corrupção. "Minha impetuosidade e minha vontade de me destacar alimentaram e inspiraram o caráter de minha luta", lembrou honestamente anos depois.

Abençoado com mais vidas que um gato, Castro sobreviveu a um golpe fracassado, quinze meses na prisão, exílio no México, uma guerrilha de dois anos nas montanhas e 617 atentados relatados contra sua vida. Seu otimismo frente à derrota não pode ser descrito como nada menos do que espantoso. Com seu exército rebelde reduzido a doze homens esfarrapados após a atracação do *Granma*, ele surpreendeu seus colegas com um inflamado discurso de vitória. "Nós iremos ganhar esta guerra", ele gritou confiante, "Estamos apenas começando a briga!".

Como uma personalidade internacional que sobreviveu a mais de onze presidentes americanos, a encarnação de Fidel Castro que emergiu após o Período Especial não era menos enigmática que o líder revolucionário de outrora. Apadrinhando seu próprio tipo de socialismo caribenho com um inabalável desejo de "defender a Revolução a qualquer custo", a ideologia em constante mudança que Castro pregou é talvez mais bem resumida pelo biógrafo Volker Skierka como "uma pragmática mistura de um pouco de Marx, Engels e Lênin, um pouco mais de Che Guevara, um monte de José Martí e muito de Fidel Castro".

Castro deixou a vida pública em julho de 2006 após um sério caso de diverticulite e entregou as rédeas do poder ao seu irmão mais novo Raúl. Apesar de escrever artigos regulares para o jornal nacional *Granma* e fazer ásperos discursos com relação às questões mundiais, Fidel parece destinado a viver seus últimos anos como um Napoleão caribenho, ponderando seu legado histórico em sua solitária ilha-prisão. Se a história irá absolvê-lo ou não, ninguém sabe.

## Onde dormir

### NA CIDADE

**Motel el Bosque** HOTEL $

(☎48-11-40; av. Jorge Dimitrov; s/c inclui café da manhã CUC$20/30; P❄≋) Um quilômetro além do Hotel Pernik e pelo menos um pouquinho melhor do que ele nas avaliações, tem 69 bangalôs duplex distribuídos em um extenso terreno verde. Há um bar relaxante ao lado da piscina (não hóspedes podem usá-la por uma pequena taxa) e os decibéis musicais noturnos não são tão ensurdecedores quanto os de seu vizinho (o Pernik).

**"La Palma" – Enrique R Interián Salermo** CASA PARTICULAR $

(Mapa p. 342; ☎42-46-83; Maceo, 52A entre calles 16 e 18, El Llano; q CUC$25; ❄) A casa neocolonial de Enrique data de 1945 e fica localizada à sombra da Loma de la Cruz. O local levemente afastado vale a pequena inconveniência. Enrique é um fantástico anfitrião e sua *casa* espaçosa tem um agradável jardim. Além disso, seu filho é um talentoso pintor e escultor, e você pode conferir o busto de Che Guevara em terracota feito por ele na sala de estar, ao lado de uma incomum cópia de 3m de comprimento de *A última ceia* de Da Vinci (com São João retratado como uma mulher).

**Raciel Laffita Rodríguez** CASA PARTICULAR $

(Mapa p. 342; ☎42-59-30; esq. Cables e Manduley; q CUC$25) Um amigável *holguiñero* que aluga dois quartos no andar superior com varandas, em uma construção bem no meio da cidade. As TVs pegam alguns canais em inglês. Se estiverem cheios, há outra opção duas casas abaixo, na calle Cables, 105.

**Hotel Pernik** HOTEL $

(Mapa p. 342; ☎48-10-11; esq. avs. Jorge Dimitrov e XX Aniversario; s/c/t inclui café da manhã CUC$24/34/46; P❄@≋) O hotel mais próximo ao centro da cidade é mais uma dose de nostalgia soviética dos anos 1970, apesar de ter tentado mudar sua reputação com algumas melhorias. Alguns quartos foram entregues a artistas locais que cobriram todo o espaço possível (incluindo pias e privadas) de arte colorida. Quanto ao básico, o bufê de café da manhã é abundante, e o hotel conta com um centro de informações, Cadeca e um cibercafé – mas sofre com a onda interminável de reformas e com a ensurdecedora música na madrugada.

**Maricela García Martínez** CASA PARTICULAR $
(Mapa p. 348; ☎47-10-49; Miró, 110 entre Martí e Luz Caballero; q CUC$20-25) Se conseguir desviar da motocicleta na sala de estar, o lugar é seu. O quarto no andar de baixo é um pouco escuro, mas tem um banheiro acoplado. A *casa* fica a um quarteirão dos parques centrais.

**Milagro López Felipe** CASA PARTICULAR $
(Mapa p. 348; Miró, 207; q CUC$25) A placa azul e branca do lado de fora faz que seja difícil passar sem ver esse lugar. O quarto no andar de cima, com terraço, é protegido da rua por uma bonita cortina de begônias.

### FORA DA CIDADE

**Villa Mirador de Mayabe** HOTEL $
(☎42-54-98; Alturas de Mayabe; s/c CUC$30/40; P ❄ 🏊) Esse hotel, no alto da Loma de Mayabe, 10km a sudeste de Holguín, tem 24 quartos espalhados por um exuberante terreno. Da piscina tem-se uma bela perspectiva da vista, que cobre vastas plantações de manga.

## Onde comer

Holguín é o que se pode chamar de "gastronomicamente incapacitada": há apenas um restaurante que ficará na sua memória pelas razões certas – o empoeirado e colonial Salón 1720. Por outro lado, existem alguns bons bares e cafeterias, onde você pode simplesmente relaxar com uma cerveja ou café e assistir à vida da cidade passar na sua frente.

### NA CIDADE

**Salón 1720** CARIBENHA $$
(Mapa p. 348; Frexes, 190 esq. Miró; 🕒12h30-22h30) O melhor restaurante de Holguín fica nessa mansão meticulosamente restaurada, onde você pode devorar uma paella (CUC$6) ou um frango recheado com vegetais e queijo (CUC$8); e ainda oferecem bolachinhas de cortesia. No mesmo complexo colonial há uma loja de charutos, um bar, uma butique, aluguel de carros e um terraço com música noturna. Dê uma olhada nas plaquetas nas paredes para interessantes percepções da história de Holguín.

**Taberna Pancho** CARIBENHA $
(Mapa p. 342; av. Jorge Dimitrov; 🕒12-22h) Esse bar entre o Hotel Pernik e o Motel el Bosque, inspirado pelo famoso burro bebedor de cerveja da Finca Mayabe, tem ares de *taberna espanhola*. Mesmo longe de ser memorável, o cardápio inclui um especial de linguiça *chorizo* (incomum em Cuba). O chope Mayabe chega à mesa nos copos cobertos de gelo. Nada no menu custa mais de CUC$3.

**Colonial 1545** CARIBENHA $
(Mapa p. 348; esq. calle Maceo e Luz y Caballero; pratos CUC$1-2; 🕒12h-22h45 seg-qui, até 2h sex-dom) Esse prédio colonial levemente sujo no Parque Peralta parece ter potencial, mas é um restaurante pago em peso cubano (apesar de aceitarem pesos conversíveis). Vá com baixas expectativas.

**Cafetería Cristal** FAST-FOOD $
(Mapa p. 348; piso térreo, Edificio Pico de Cristal, esq. Manduley e Martí; 🕒24 horas) Pratos de frango baratos e confiáveis são servidos no gelado Cristal, onde o ar-condicionado faz de tudo para imitar um dia frio em Vancouver. Um restaurante mais chique – o Isla Cristal – fica no andar de cima (aberto das 12h às 22h).

**Cafetería Tocororo** FAST-FOOD $
(Mapa p. 348; Manduley, 189; 🕒24 horas) O menu simplório pode remeter à época do racionamento de comida pós-II Guerra (principalmente com o terrível trio de pizza, frango e sanduíche de queijo com presunto), mas para aproveitar o Parque Calixto García em toda sua glória é preciso se jogar de cabeça. Puxe uma cadeira ao lado do parque nesse café e observe a praça com os biriteiros locais e os fugitivos de Guardalavaca.

**Pizzería Roma** PIZZA $
(Mapa p. 348; esq. Maceo e Agramonte) Holguín fica a uma longa distância de Roma; mais ainda de Nápoles. Você nem precisa cruzar a soleira desse popular local perto do Parque Céspedes: apenas peça ao funcionário da tenda ao lado da porta que lhe dê um pedaço de massa grossa coberta de queijo e tomates por seis pesos.

**Cremería Guamá** SORVETERIA $
(Mapa p. 348; esq. Luz Caballero e Manduley; 🕒10h-22h45) Uma Coppelia em tudo, menos no nome. Gaste uma hora embaixo do toldo listrado de vermelho e branco observando os pedestres da calle Manduley e aproveite ao ar livre o sorvete pago em pesos.

### Por conta própria

Existem dois *agropecuarios* (mercados de hortifrútis; mapa p. 342): um fica na calle 19, a continuação da Morales Lemus, próxima à estação de trem. O outro fica na calle 3, em Dagoberto Sanfield. Há várias barraquinhas com produtos em pesos ao lado do estádio de beisebol.

**La Luz de Yara** SUPERMERCADO $
(Mapa p. 348; esq. Frexes e Maceo; 🕒8h30-19h seg-sáb, até as 12h dom) Loja de departamento e supermercado relativamente bem abastecidos, com uma seção de padaria, no Parque Calixto García.

**La Epoca** SUPERMERCADO $
(Mapa p. 348; Frexes, 194) Mais uma opção de supermercado no Parque Calixto García.

**FORA DA CIDADE**

**Finca Mayabe** CARIBENHA $$
(Alturas de Mayabe) Essa *finca* (fazenda) localizada no Mirador de Mayabe, um monte 8km a sudeste de Holguín, é um destino de viagem por si só, não apenas pelo famoso burro apreciador de cerveja. A comida também é boa, melhorada pela vista ampla, pelo local rústico e pela cozinha que lembra tão bem a deliciosa simplicidade dos cubanos do interior.

## Onde beber

Não dê ouvidos a nenhum dos outros competidores: Holguín faz a melhor cerveja de Cuba. A grande Fábrica de Cerveza nos arredores da cidade produz as duas cervejas mais populares da nação: Cristal e Bucanero, assim como as favoritas locais Mayabe e Cacique. Nenhum dos bares locais é chique, mas é possível encontrar um pub decente. Sem ordem específica, aqui estão alguns dos bares da região:

**Taberna Mayabe** BAR
(Mapa p. 348; Manduley entre Aguilera e Frexes; ⏲15-18h e 20-0h ter-dom) Não se trata da famosa *finca*, mas de um bom bar local na rua de pedestres Manduley. Tem mesas de madeira, canecas de cerâmica e uma calorosa atmosfera de pub que serve a cerveja local de mesmo nome. Os porteiros asseguram a cortesia no ambiente.

**La Cubita** CAFETERIA
(Mapa p. 348; Manduley entre Frexes e Aguilera; ⏲24 horas) Mesas de fórmica, fofoca local e doses de café servidas a dois pesos cubanos. Deve ser combustível suficiente para mantê-lo em ação pelo resto do dia.

**Bar Terraza** BAR
(Mapa p. 348; Frexes entre Manduley e Miró; ⏲21-2h) Empoleirado acima do Salón 1720, esse é o lugar mais chique para bebericar um mojito, com vista para o Parque Calixto García e interlúdios musicais regulares.

**La Caverna** BAR, MÚSICA AO VIVO
(Mapa p. 348; esq. Aguilera e Maceo; ⏲16-2h) Não é uma caverna, mas um bar nomeado em homenagem aos Beatles (que tocaram pela primeira vez no Cavern Club, de Liverpool), cujas músicas são reproduzidas por bandas locais como Los Beltas e Retorno. As paredes são decoradas com grafite e capas de discos dos Fab Four.

## Lazer

**Uneac** CENTRO CULTURAL
(Mapa p. 348; Manduley entre Luz Caballero e Martí) Se puder visitar apenas um centro da Uneac (Unión Nacional de Escritores y Artistas de Cuba) no país – existem catorze no total, um em cada província –, tente visitar este. Situado em uma casa carinhosamente reformada na tranquila calle Manduley, esse agradável local oferece de noites musicais e literárias (com autores famosos) a teatro no pátio (incluindo Lorca) e críticas culturais. Há um bar no maravilhoso pátio central.

**Teatro Comandante Eddy Suñol** TEATRO
(Mapa p. 348; Martí, 111) O primeiro teatro de Holguín é uma beleza *art déco* de 1939, no Parque Calixto García. Ele abriga tanto o Teatro Lírico Rodrigo Prats quanto o Ballet Nacional de Cuba e é renomado nacional e internacionalmente por suas operetas, apresentações de dança e musicais espanhóis. Procure por detalhes dos espetáculos do famoso teatro infantil Alas Buenas e da Orquesta Sinfónica de Holguín.

**Biblioteca Alex Urquiola** TEATRO, MÚSICA AO VIVO
(Mapa p. 348; Maceo, 180) Viciados em cultura preparam suas roupas de festa para assistir às peças de teatro e apresentações da Orquesta Sinfónica de Holguín.

**Casa de la Trova** MÚSICA AO VIVO
(Mapa p. 348; Maceo, 174; ⏲ter-dom) Senhores usando chapéus panamá cantarolam embaixo das vigas; músicos vestidos com *guayaberas* (camisas pregueadas com botões) tocam trompete enquanto casais de idosos em seus melhores trajes bailam em um perfeito *danzón* (tradicional dança de salão cubana com alguma influência africana). Tão atemporal, tão Holguín.

**Casa de la Música** CASA NOTURNA
(Mapa p. 348; esq. Frexes e Manduley; ⏲ter-dom) Esse local tem uma atmosfera jovem e moderna. Se não consegue dançar, beba algumas cervejas no adjacente Terraza Bucanero (entrada pela calle Manduley).

**Disco Cristal** CASA NOTURNA
(Mapa p. 348; terceiro andar, Edificio Pico de Cristal, Manduley, 199; entrada CUC$2; ⏲21-2h ter-qui) O paraíso dos dançarinos habilidosos de Holguín (dos quais a maioria é jovem, moderna e determinada a se divertir), esse lugar é insanamente popular nos fins de semana. Inspire-se com o repertório de salsa, rap e *reggaetón*.

## Central Holguín

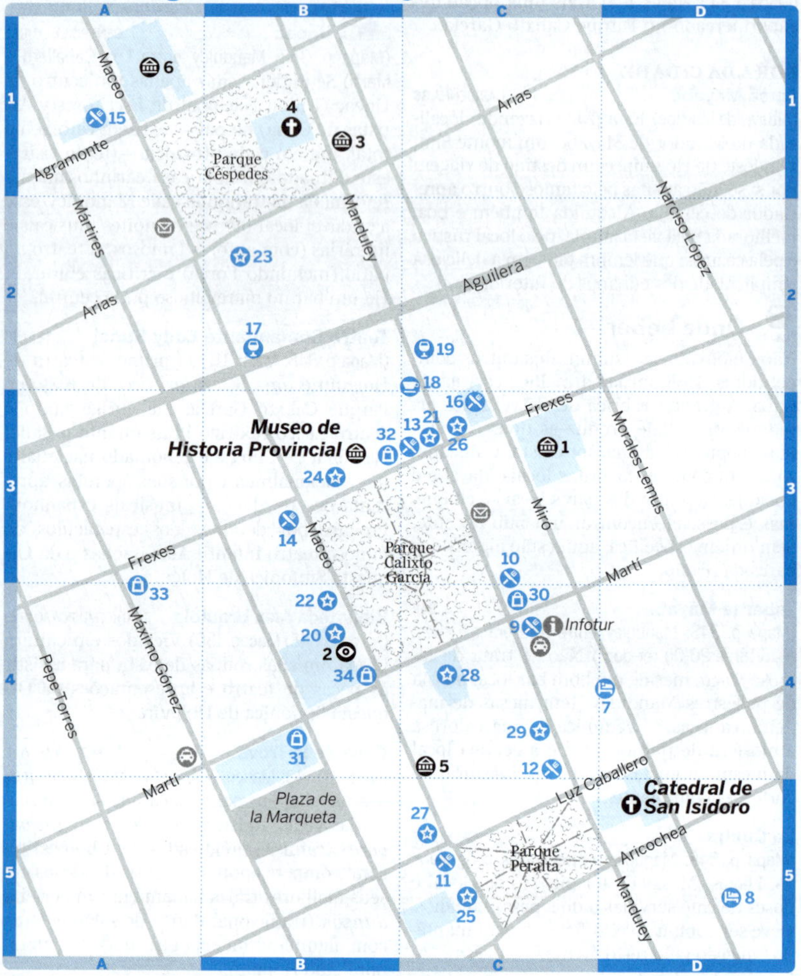




**Cabaret Nuevo Nocturno** CASA NOTURNA
(Entrada CUC$10; ⌚22-2h) Esse é um cabaré estilo Tropicana que fica além do posto de gasolina Servi-Cupet, a 3km na estrada para Las Tunas. Assim como em uma partida de críquete, não há show se estiver chovendo.

**Salón Benny Moré** MÚSICA AO VIVO, DANÇA
(Mapa p. 348; esq. Luz Caballero e Maceo; ⌚show às 22h30) A impressionante casa de shows ao ar livre de Holguín tem um ambiente de bar, com música ao vivo e dança.

**Jazz Club** JAZZ
(Mapa p. 348; esq. Frexes e Manduley; ⌚11-3h) Os shows de jazz começam aproximadamente às 20h e continuam sua mágica até as 23h. Depois, há música gravada até as 3h. Durante o dia, vá ao café ou ao restaurante no andar de baixo.

**Casa Iberoamericana** CENTRO CULTURAL
(Mapa p. 348; Arias, 161) Localizado no tranquilo Parque Céspedes, esse lugar com paredes descascadas costuma receber peñas (performances musicais) e atividades culturais.

## Central Holguín

**Destaques**
Catedral de San Isidoro ............ D5
Museo de Historia Provincial ............ B3

**Atrações**
Biblioteca Alex Urquiola ............ (veja 20)
1 Casa Natal de Calixto García ............ C3
2 Centro de Arte ............ B4
3 Galería Holguín ............ B1
4 Iglesia de San José ............ B1
5 Museo de Historia Natural ............ C4
6 Museo Eduardo García Feria y José García Castañeda ............ A1

**Onde dormir**
7 Maricela García Martínez ............ D4
8 Milagro López Felipe ............ D5

**Onde comer**
9 Cafetería Cristal ............ C4
10 Cafetería Tocororo ............ C3
11 Colonial 1545 ............ C5
12 Cremería Guamá ............ C4
13 La Epoca ............ C3
14 La Luz de Yara ............ B3
15 Pizzería Roma ............ A1
16 Salón 1720 ............ C3

**Onde beber**
Bar Terraza ............ (veja 16)
17 La Caverna ............ B2
18 La Cubita ............ C2
19 Taberna Mayabe ............ C2

**Lazer**
20 Biblioteca Alex Urquiola ............ B4
21 Casa de la Música ............ C3
22 Casa de la Trova ............ B4
23 Casa Iberoamericana ............ B2
24 Cine Martí ............ B3
25 Cominado Deportivo Henry García Suárez ............ C5
Disco Cristal ............ (veja 9)
26 Jazz Club ............ C3
27 Salón Benny Moré ............ C5
28 Teatro Comandante Eddy Suñol ............ C4
29 Uneac ............ C4

**Onde comprar**
30 ARTex ............ C4
31 El Jigue ............ B4
32 Fondo de Bienes Culturales ............ B3
33 Librería Villena Botev ............ A4
34 Pentagrama ............ B4

**Cine Martí** CINEMA
(Mapa p. 348; Frexes, 204; ingressos 1-2 pesos) O melhor dos cinco cinemas do centro da cidade, apresenta filmes de sucesso. Fica no Parque Calixto García.

**Disco Havana Club** CASA NOTURNA
(Mapa p. 342; Hotel Pernik, esq. avs. Jorge Dimitrov e XX Aniversario; hóspede/visitante CUC$2/4; ⌚22-2h ter-dom) A primeira discoteca de Holguín. Se estiver hospedado no Hotel Pernik, a música o visitará no seu quarto, queira você ou não, até a 1 da manhã.

### Esportes

**Estadio General Calixto García** ESPORTES
(Mapa p. 342; entrada CUC$1-2) O entusiasmo esfriou um pouco desde 2002, quando os briguentos Perros de Holguín surgiram do nada para arrancar o campeonato nacional de beisebol dos "dois grandes". Mas ainda é um time que chama a atenção. Vá ao estádio, logo além da av. de los Libertadores, próximo ao Hotel Pernik, para ver os "matadores de gigantes" rebater em direção aos lançadores de outros cantos da ilha. O estádio também abriga um pequeno mas interessante **museu de esportes**.

**Cominado Deportivo Henry García Suárez** ESPORTES
(Mapa p. 348; Maceo; entrada 1 peso; ⌚20h qua, 14h sáb) Você pode assistir a lutas de boxe nesse desordenado ginásio no lado oeste do Parque Peralta, onde três medalhistas olímpicos já treinaram. Pergunte aos amigáveis funcionários sobre as aulas (sem contato).

## Onde comprar

**Fondo de Bienes Culturales** ARTESANATO, SUVENIRES
(Mapa p. 348; Frexes, 196; ⌚10-15h seg-sex, 9-12h sáb) Essa loja no Parque Calixto García tem uma das melhores seleções de artesanato cubano.

**ARTex** LIVROS, SUVENIRES
(Mapa p. 348; Manduley, 193A) Vende livros, CDs, pôsteres e camisetas de Che no Parque Calixto García.

**Pentagrama** LOJA DE MÚSICA
(Mapa p. 348; esq. Maceo e Martí; ⌚9-21h) Loja de descontos oficial da gravadora cubana Egrem, vende uma grande variedade de CDs.

**Librería Villena Botev** LIVRARIA
(Mapa p. 348; esq. Frexes e Máximo Gómez) Conta com boas revistas, como a cubana mensal *Temas*. Tem uma popular indicação de "livro da semana".

**El Jigue** LIVROS, SUVENIRES
(Mapa p. 348; esq. Martí e Mártires) Loja de descontos de livros e suvenires adjacente à Plaza de la Maqueta – a primeira de muitas, assim se espera, na reforma da praça.

## Informações

O jornal local *Ahora* é publicado aos sábados. A Radio Ángulo CMKO pode ser ouvida nas frequências 1110AM e 97.9FM.

**Banco de Crédito y Comercio** (Arias) Banco no Parque Céspedes.

**Banco Financiero Internacional** (Manduley, 167, entre Frexes e Aguilera)

**Cadeca** (Manduley, 205, entre Martí e Luz Caballero) Câmbio de dinheiro.

**Correios** Manduley, 183 (⌚10-12h e 13-18h seg-sex); Parque Céspedes (Maceo, 114) Conta com um escritório DHL na primeira filial, no Parque Calixto García.

**Cubatur** (térreo, Edificio Pico de Cristal, esq. Manduley e Martí) Agência de turismo localizada dentro da Cafetería Cristal.

**Etecsa Telepunto** Parque Calixto García (esq. Martí e Maceo; por hora CUC$6; ⌚8h30-19h30); calle Martí (Martí entre Martires e Máximo Gómez; por hora CUC$6; ⌚8h30-19h30) Só existem telefones na filial do Parque Calixto García, enquanto a da calle Martí possui três terminais de computador raramente ocupados.

**Farmacia Turno Especial** (Maceo, 170; ⌚8-22h seg-sáb) Farmácia no Parque Calixto García.

**Hospital Lenin** (☎42-53-02; av. VI Lenin) Trata estrangeiros em emergências.

**Infotur** (primeiro andar Edificio Pico de Cristal, esq. Manduley e Martí) Informações turísticas.

**Paradiso** (esq. avs. Jorge Dimitrov e XX Aniversario) Agência no Hotel Pernik especializada em passeios culturais.

## Como chegar e sair

### Avião

Até dezesseis voos internacionais pousam por semana no bem organizado **Aeroporto Frank País,** 13km a sul de Holguín. Quase todos os visitantes recém-chegados são imediatamente transportados para Guardalavaca e veem pouco de Holguín.

Os destinos nacionais são servidos pela **Cubana** (Edificio Pico de Cristal, esq. Manduley e Martí), que voa diariamente para Havana (CUC$103 por trecho, 1h e 15min).

### Ônibus

A **Rodoviária Intermunicipal** (esq. carretera Central e Independencia), a oeste do centro, próxima ao Hospital Lenin, tem saídas diárias de ônibus **Víazul** (www.viazul.com) com ar-condicionado.

Os ônibus que saem quatro vezes ao dia para Havana (CUC$44, 12h e 45min) param em Las Tunas, Camagüey, Ciego de Ávila, Sancti Spíritus e Santa Clara. Os três ônibus diários para Santiago (CUC$11, 4 horas) também param em Bayamo. Também há saídas diárias para Trinidad (CUC$26, 7h e 45min) e Varadero (CUC$38, 11h e 15min).

### Trem

A **estação de trem** (mapa p. 342; calle V Pita) fica no lado sudeste da cidade. Estrangeiros precisam comprar passagens em pesos conversíveis na **Bilheteria Ladis** (⌚7h30-15h). Esta é indicada com "U/B Ferrocuba Provincial Holguín" na esquina da Manduley, em frente à estação de trem.

Teoricamente, há um trem diário para Las Tunas pela manhã (CUC$4, 2 horas), um para Santiago de Cuba à tarde (CUC$5, 3h e 30min) e um para Havana às 18h15 (CUC$31, 15 horas). Esse trem para em Camagüey (CUC$9), Ciego de Ávila (CUC$13), Guayos (CUC$17), Santa Clara (CUC$20) e Matanzas (CUC$20). Você pode ter de trocar de trem na junção em Cacocum da ferrovia Santiago-Havana, 17km a sul de Holguín.

O único serviço que opera com certa regularidade é o trem para Havana. O trem para Santiago de Cuba é bem irregular. Pesquise com antecedência.

### Van

O **Terminal Dagoberto Sanfield Guillén** (mapa p. 342; av. de los Libertadores), em frente ao Estadio General Calixto García, tem pelo menos duas saídas diárias para Gibara, Banes e Moa. Para chegar a Guardalavaca, pegue uma van para Rafael Freyre (vulgo Santa Lucía) e procure transporte por lá.

## Como circular

### Para/a partir do aeroporto

O ônibus público para o aeroporto sai diariamente às 14h do **ponto de ônibus do aeroporto** (mapa p. 342; General Rodríguez, 84) no Parque Martí, próximo à estação de trem. Um táxi turístico até o aeroporto custa de CUC$8 a CUC$10. Também é possível passar sua última noite em Bayamo e depois pegar um táxi para o aeroporto de Holguín (CUC$18 a CUC$20).

### Bicitáxi

Os bicitáxis de Holguín são onipresentes. Eles cobram 5 pesos por um passeio curto, 10 por um longo.

### Carro

Você pode alugar um carro nestes locais: **Cubacar** Hotel Pernik (av. Jorge Dimitrov); Aeropuerto Frank País (46-84-14); Cafetería Cristal (esq. Manduley e Martí)

Um **posto de gasolina Servi-Cupet** (carretera Central; 24 horas) fica 3km fora da cidade, em direção a Las Tunas; outro posto fica na estrada para Gibara, saindo da cidade. Um **posto de gasolina Oro Negro** (carretera Central) fica na parte sul de Holguín. A estrada para Gibara fica a norte da av. Cajígal; permanecendo nela e bifurcando à esquerda 5km depois, é possível chegar à Playa la Herradura.

### Táxi

Um **Cubataxi** (Máximo Gómez, 302, esq. Martí) para Guardalavaca (54km) custa aproximadamente CUC$35. A ida a Gibara não deve custar mais que CUC$20.

# Gibara

POP. 28.826

Igualada apenas a Baracoa por sua costa selvagem, Gibara é um daqueles lugares especiais onde a geografia, a meteorologia e a cultura conspiraram para criar algo único e tempestuoso. Apesar de a primeira impressão não ser exatamente de encantamento (o furacão Ike de 2008 quase apagou a cidade do mapa), espere antes de julgar. O feitiço de Gibara é mais sutil.

Colombo chegou à área em 1492 e chamou-a de Río de Mares, pois os rios Cacoyugüín e Yabazón deságuam na Bahía de Gibara. O nome atual vem de *jiba*, palavra indígena para um arbusto que ainda cresce ao longo da costa.

Refundada em 1817, Gibara prosperou no século 19 conforme a indústria do açúcar crescia e o comércio se instalava. Para proteger a propriedade de piratas, um quartel e um muro de 2km foram construídos ao redor da cidade por volta de 1900, fazendo dela a segunda cidade murada de Cuba depois de Havana. As antigas fachadas brancas valeram a Gibara seu apelido de La Villa Blanca.

A saída de Holguín para o mar já foi um importante ponto na rota de exportação do açúcar, ligado à capital da província por uma ferrovia. Com a construção da carretera Central, nos anos 1920, Gibara perdeu sua importância mercantil e, após o corte do último comboio de trens, em 1958, a cidade caiu em um sono profundo, do qual ainda precisa acordar.

Localizada a 33km de Holguín via uma estrada que ondula por amigáveis e pitorescos vilarejos, Gibara é uma cidade pequena e intimista, caracterizada pelas belas praças, ruínas espanholas caindo aos pedaços e uma vista de cartão-postal da Silla de Gibara, a montanha em forma de sela que tanto cativou Colombo.

Todos os anos, em abril, Gibara promove o **Festival Internacional de Cine Pobre** (Festival Internacional de Filmes de Baixo Orçamento), que atrai filmes e cineastas de todo o mundo.

## Atrações

Devastada pelo furacão Ike de 2008, Gibara recuperou um pouco de sua cor e vida. Apesar das atrações específicas serem poucas, essa é uma cidade para se passear e absorver o sabor local.

### NA CIDADE

**Fortes espanhóis** FORTES

No topo da calle Cabada fica o **El Cuartelón**, um forte espanhol em pedaços, com graciosos arcos que fornecem esplêndidas vistas da cidade e da baía. Continue mais 200m na mesma rua e chegará ao **Restaurante el Mirador**, onde a vista é ainda melhor. Você verá os remanescentes das antigas fortalezas aqui e no **Fuerte Fernando VII**, depois do Parque de las Madres, um quarteirão além do Parque Calixto García. Há também uma torre de sentinela na entrada da cidade, vindo de Holguín.

**Parque Calixto García** PRAÇA

A peça central desse parque, cercada por estranhos *robles africanos* – carvalhos africanos com grandes pinhas –, é a **Iglesia de San Fulgencio** (1850). Em frente, a estátua da Liberdade comemora a Guerra Hispano-Americana. No lado oeste da praça, em um belo casarão colonial (mais interessante que a coleção de animais empalhados que abriga), fica o **Museo de Historia Natural** (Luz Caballero, 23; entrada CUC$1; 8-12h e 13-17h seg-sáb). Pelas grades das janelas é possível ver mulheres enrolando cigarrilhas na **fábrica de charutos**, do outro lado da praça.

**Museo de Historia Municipal** MUSEU

(Entrada CUC$1; 8-12h e 13-17h seg-qua, 8-12h, 13-17h e 20-22h qui-dom) Dois museus dividem a mansão colonial (1872) na calle Independencia, 19: o museu de história, no andar de baixo, e o **Museo de Artes Decorativas** (entrada CUC$2), no de cima. O segundo é mais interessante, com quase oitocentas obras da era de ouro colonial de Gibara. Do outro lado da rua fica a **Galería Cosme Proenza** (Independencia, 32), com paredes cheias de obras de um dos pintores mais proeminentes de Cuba.

**FORA DA CIDADE**

Existem três praias razoáveis próximas a Gibara.

**Playa los Bajos** PRAIA

Chega-se a Los Bajos, a leste, em uma balsa que sai pelo menos duas vezes ao dia do píer de pesca em La Enramada, a estrada à beira-mar que sai da cidade. Os trajetos de ida e volta custam CUC$1 cada. Esses barcos cruzam a Bahía de Gibara para **Playa Blanca,** a partir de onde são 3km a leste para chegar à Playa los Bajos. Caso a balsa esteja parada, Los Bajos fica a 30km de carro via Floro Pérez e Fray Benito.

**Playa Caletones** PRAIA

Você precisará de algum tipo de transporte (bicicleta, táxi, carro alugado) para chegar a essa adorável prainha, 17km a oeste de Gibara. O pequeno pedaço de areia branca em forma de vírgula e o mar azul são os favoritos de viajantes de Holguín. A cidade é decrépita, sem serviço algum, com exceção da casa de sapé coberta por uma palmeira que serve de bar durante o verão.

**Caverna de Panaderos** CAVERNA

Esse complexo sistema de cavernas com dezenove galerias e uma longa trilha subterrânea fica próximo à cidade, no final da calle Independencia. Não há instalação turística, mas você pode dar uma espiada nas cavernas com um guia local, munido de tochas. Pergunte na sua *casa particular* para obter mais detalhes.

## Onde dormir

**Hostal Buena Vista** HOTEL $

(☎84-45-96; Plaza del Fuerte; s/c CUC$15/25; ❄P) Depois de anos sem um hotel, Gibara finalmente construiu um formidável, que coloca a qualidade à frente da quantidade. Apesar do preço de pechincha, esse minúsculo refúgio com quatro quartos, acima do Restaurante el Faro, é uma modesta obra de arte com uma magnífica vista para o mar.

**Hostal los Hermanos** CASA PARTICULAR $

(☎84-45-42; Céspedes, 13 entre Luz Caballero e J Peralta; q CUC$20; ❄) Ornamentada com o esplendor colonial, tem quartos grandes, um belo pátio, uma fonte e tradicionais vitrais de Gibara e serve deliciosos lanches, tudo isso a um quarteirão e meio do Parque Calixto García. A *casa* também serve de *paladar* para não hóspedes.

**Villa Caney** CASA PARTICULAR $

(☎84-45-52; Sartorio, 36 entre J Peralta e Luz Caballero; q CUC$20-25; ❄) Há mais da deslumbrante beleza de Gibara nesse lugar, uma casa colonial de pedra que resistiu à força da categoria 4 do furacão Ike. Os dois quartos ao lado de um impressionante jardim são grandes e possuem banheiro privativo. A comida – frutos do mar – dá ao local o status de *paladar*. É sempre bem movimentado à noite.

## Onde comer

No que se refere a restaurantes estatais, Gibara ainda está no Período Especial, apesar de algumas *casas particulares* empreendedoras terem começado a operar como *paladares*.

**Paladar Villa Caney** PALADAR $

(☎84-45-52; Sartorio, 36 entre J Peralta e Luz Caballero) O ambiente é deslumbrante, e a comida – especialmente os frutos do mar – não fica atrás.

**Restaurante el Faro** CARIBENHA $

(Plaza del Fuerte; ⏰10-22h) Esse lugar, no Parque de las Madres, serve pratos de frango e peixe com vista para a baía. É um lugar simples e potencialmente romântico que foi avariado pelo furacão Ike.

**Restaurante el Mirador** FAST-FOOD $

(⏰24 horas) Empoleirado acima da cidade, próximo ao El Cuartelón, esse lugar tem uma vista de morrer – mas não espere muito em termos de comida.

## Lazer

Para teatro e dança, há o histórico **Casino Español** (1889). O **Patio Colonial**, espremido entre o Museo de Historia Natural e o Casino Español, é um café com bom ambiente que hospeda performances musicais.

**Cine Jiba** CINEMA

(Parque Calixto García) O improvável Festival Internacional de Cine Pobre exibe a maioria de seus filmes de vanguarda nesse pequeno mas peculiar cinema, coberto por pôsteres coloridos de filmes. Se quiser ir ao cinema em qualquer parte de Cuba, vá em Gibara – é um rito de passagem local.

**Centro Cultural Batería Fernando VII** CENTRO CULTURAL
(Plaza del Fuerte) O minúsculo forte espanhol pairando sobre o mar agitado é, hoje em dia, um interessante centro cultural administrado pela ARTex, que abriga shows nos fins de semana e serve comes e bebes de um sinuoso bar-restaurante.

**Casa de Cultura** CENTRO CULTURAL
(Parque Colón) Você pode presenciar uma noite de salsa no local ou admirar a poesia de Nicolas Guillén no agradável pátio interno.

## Informações

A maioria dos serviços fica na calle Independencia.

**Bandec** (esq. Independencia e J Peralta) Também troca *traveler's checks*.

**Correios** (Independencia, 15) Conta com alguns telefones públicos.

## Como chegar e sair

Não existem ônibus Víazul para Gibara. Viajantes podem fazer a rota em van ou ônibus a partir de Holguín. A **rodoviária** fica a 1km na estrada para a capital da província. Existem dois ônibus diários em cada direção. Um táxi (para Holguín) não deve custar mais de CUC$20.

Para motoristas em direção a Guardalavaca, a estrada a partir da junção em Floro Pérez pode ser um inferno no começo, mas melhora perto de Rafael Freyre. Há um **posto de gasolina Oro Negro** na estrada para a cidade.

# Playa Pesquero e arredores

Das três áreas de resorts ao norte de Holguín, Playa Pesquero (Praia do Pescador) é a mais chique. Aqui ficam quatro colossos turísticos, como o cinco estrelas Hotel Playa Pesquero, e o calçadão tem um resplendor caribenho de luxo inexistente em outros lugares da ilha. A praia adjacente é sublime, com areia dourada e mar raso e quente, com ótimas oportunidades de mergulho (snorkel). Os resorts e praias são acessíveis pela estrada principal Holguín-Guardalavaca, saindo em uma pequena estrada logo antes da junção de Cuatro Palmas.

## Atrações e atividades

Ambas as atrações abaixo, assim como Las Guanas (p. 356), em Playa Esmeralda, são parte do **Parque Natural Cristóbal Colón**.

**Parque Nacional Monumento Bariay** MARCO HISTÓRICO
(Entrada CUC$8; 9-17h; ) Dez quilômetros a oeste de Playa Pesquero e 3km a oeste da Villa Don Lino fica a **Playa Blanca**. Dizem que Colombo atracou próximo a este local em 1492, e o grande encontro entre duas culturas é comemorado com uma variada mistura de atrações e recordações, cuja peça central é um impressionante monumento em estilo helênico criado por Caridad Ramos, artista de Holguín, para o 500º aniversário da chegada de Colombo. Entre outros pontos de interesse há um **centro de informações,** as ruínas de um **forte espanhol** do século 19, três **ocas de índios tainos** reconstruídas, um **museu arqueológico** e o razoável restaurante Columbo. Tudo isso preenche uma agradável tarde de passeios.

**Bioparque Rocazul** RESERVA NATURAL
(9-17h) Localizado logo ao sair da estrada que liga Playa Turquesa aos outros resorts de Pesquero, esse protegido parque ecológico oferece a tradicional variedade de atividades ao ar livre realizadas sob a supervisão de um

### O FESTIVAL DE CINEMA DO HOMEM POBRE

Não há carpete vermelho, *paparazzi*, nem Brangelina, mas o que falta de glamour ao **Festival Internacional de Cine Pobre** (Festival Internacional de Filmes de Baixo Orçamento) sobra em talento nato e não descoberto. E há a localização: a etérea Gibara, a decadente Villa Blanca de Cuba, antídoto perfeito contra a opulência de Hollywood e Cannes.

Inaugurado em 2003, o Cine Pobre foi idealizado pelo falecido diretor cubano Humberto Solás, que se apaixonou pela cidade de pescadores depois de gravar seu filme *Lúcia* neste local em 1968.

Aberto a cineastas de orçamento limitado, o festival acontece em abril e, apesar da pouca publicidade, atrai até US$100 mil em dinheiro de prêmios. Com duração de sete dias, começa com um baile de gala no Cine Jiba, seguido de exibições de filmes, exposições de arte e concertos noturnos de música. A competição é amigável, mas acirrada, com prêmios destinados a recompensar e reconhecer um variado grupo de cineastas vindos de países tão diversos quanto Irã e Estados Unidos.

guia estatal. É um esforço ambiental louvável em uma área de resort, mas as limitações ao seu direito de ir e vir podem ser um pouco sufocantes (e caras). Caminhadas tranquilas custam CUC$8/10/12 por uma, duas ou três horas. Você pode andar a cavalo por CUC$16/hora ou pescar por CUC$29. Um pacote all-inclusive custa CUC$40. O parque é extenso, com montes, trilhas, acesso ao mar e a **Casa de Compay Kike**, uma fazenda em funcionamento que permite experimentar comida e café cubanos. Há um bar amigável na entrada do parque, onde você pode avaliar os prós e contras financeiros.

## Onde dormir

### PLAYA PESQUERO

**Hotel Playa Pesquero** RESORT **$$$**
(☎43-35-30; all-inclusive s/c CUC$175/300; P❄@≋👪) Antigamente o maior hotel de Cuba, o Playa Pesquero teve seu cetro roubado em 2007 pelo precoce Sirenis la Salina, em Varadero, mas quem se importa? Com 933 quartos, o Pesquero não é desleixado nem um patinho feio. Belos jardins se espalham por mais de 30ha, e a infraestrutura inclui fontes italianas, lojas chiques, sete restaurantes, um elegante spa, quadras de tênis iluminadas e uma piscina grande o suficiente para acomodar um cardume de baleias. E então há a praia... em uma palavra, maravilhosa. Inaugurado em 2003 por Fidel Castro, ainda guarda o eloquente discurso do líder impresso na parede da recepção.

**Occidental Grand Playa Turquesa** RESORT **$$$**
(☎43-35-40; all-inclusive s/c CUC$150/200; P❄@≋) Levemente separado dos outros três resorts em seu próprio trecho de praia (conhecida estranhamente como Playa Yuraguanal), o Turquesa escreve a palavra "privacidade" em suas quatro estrelas. De resto, tem todas as comodidades tradicionais e de alta classe inclusas – o que significa que a maioria dos hóspedes nem cogita sair do complexo.

**Hotel Playa Costa Verde** RESORT **$$$**
(☎43-35-20; all-inclusive s/c/t CUC$150/230/327; P❄@≋👪) Entre a elegância do Hotel Playa Pesquero e a simplicidade da Villa Don Lino, o Costa Verde transborda um pouco de falsidade – não que lhe faltem confortos de primeira. Há um restaurante japonês, uma academia, jardins coloridos e uma lagoa que precisa ser atravessada para chegar à praia. Boas excursões de mergulho saem da Blau Costa Verde, vizinha ao hotel.

**Casa de Compay Kike** CHALÉS **$$**
(☎43-33-10 ext 115; s/c CUC$49/84) Uma *finca* rústica no Parque Rocazul, permite que você mergulhe na natureza, em uma de suas duas cabanas, e se imagine a milhares de quilômetros dos resorts all-inclusive.

### OESTE DA PLAYA PESQUERO

**Villa Don Lino** CHALÉS **$$**
(☎43-03-08; s/c CUC$39/50; ≋) Uma alternativa barata aos "quatro grandes" da Playa Pesquero, as *cabañas* térreas do Don Lino ficam em uma minúscula praia de areias brancas e são uma opção romântica. Há uma pequena praia, entretenimento noturno e a tal "cubanidade" que falta aos grandes resorts. Villa Don Lino fica 8,5km ao norte de Rafael Freyre por uma pequena estrada.

**Campismo Silla de Gibara** CHALÉS **$**
(☎42-15-86; s/c CUC$11,50/17; ≋) Esse *campismo* (camping) fica em um terreno inclinado abaixo do famoso morro Silla de Gibara. Acessado via uma estrada de terra entre Flor Pérez e Rafael Freye, fica 35km a sudeste de Gibara e 1,5km saindo da estrada principal. Há 42 quartos para duas, quatro ou seis pessoas, mas venha pela vista e não pelo conforto. Também há uma caverna até a qual você pode caminhar, 1,5km acima, e cavalos para aluguel. É melhor fazer reservas com a **Cubamar** (www.cubamarviajes.cu), em Havana, em vez de aparecer de surpresa.

# Guardalavaca

Guardalavaca é uma faixa de grandes resorts instalados ao longo de uma sucessão de idílicas praias, 54km ao nordeste de Holguín. Brilhando ao fundo, porém, a paisagem de campos verdejantes e colinas em forma de montes de palha lembra que a Cuba rural nunca está longe.

Muito antes das espreguiçadeiras cobertas com toalhas e do bingo ao lado da piscina, Colombo descreveu esse pedaço de costa como um dos lugares mais bonitos que ele já havia visto. Poucos visitantes atuais discordam. Ame ou odeie, a popularidade duradoura de Guardalavaca tem sua razão de ser: invejáveis praias tropicais, campos verdejantes e recifes de coral de mar turquesa cheios de vida marinha. Mais espalhada que Varadero e menos isolada que Cayo Coco, para muitos viajantes experientes Guardalavaca tem o equilíbrio certo entre relaxamento e realismo.

## Guardalavaca

No começo do século 20 essa região foi uma importante área de criação de gado e o local de uma pequena vila rural (Guardalavaca significa, literalmente, "tome conta da vaca"). O *boom* turístico começou no final dos anos 1970, quando o *holguiñero* Fidel Castro inaugurou o primeiro resort de Guardalavaca – o enorme Atlántico – ao pular na piscina para uma nadadinha rápida. A economia local nunca mais foi a mesma.

A área do resort é separada em três partes: Playa Pesquero (p. 353), Playa Esmeralda e, 7km ao leste, Guardalavaca propriamente dita, a faixa original de hotéis que já mostra sinais de desgaste. Guardalavaca permite o acesso das praias aos cubanos, o que a torna menos esnobe que os outros balneários de Cuba e pincelada com um pouco de cor local.

## Atrações

### Museo Chorro de Maita — MUSEU

(Entrada $2; ⌚9-17h ter-sáb, até as 13h dom) Esse museu localizado em um sítio arqueológico protege os remanescentes de uma vila e cemitério indígenas escavados, incluindo 62 esqueletos humanos bem preservados e os ossos de um cachorro. A vila data do começo do século 16 e é um dos quase cem sítios arqueológicos da área. Em frente ao museu há uma **aldeia taina** reconstruída (entrada $3; 👪) que mostra modelos em tamanho natural de casas nativas e figuras em uma vila indígena. Há shows de dança ritual; o local conta também com um restaurante.

### Parque Natural Bahía de Naranjo — RESERVA NATURAL

O Parque Natural Bahía de Naranjo, 4km a sudoeste da Playa Esmeralda e a aproximadamente 8km da principal rua de Guardalavaca, é um complexo de ilhas criado para a diversão dos turistas. Um **aquário** (⌚9-21h; 👪) fica em uma pequena ilha na baía e a entrada inclui um passeio de barco pelas ilhas do complexo e um **show de golfinhos e leões marinhos** (diariamente às 12h). Há vários pacotes a partir de CUC$40, dependendo do que você quer fazer – passeios de iate, safáris marinhos

## Guardalavaca

**Atividades, cursos e visitas guiadas**
1 Eagle Ray Marlin Dive Center .......... A2
2 Horseback Riding Center .......... C2

**Onde dormir**
3 Club Amigo Atlántico – Guardalavaca .......... C1
4 Club Amigo Atlántico – Guardalavaca .......... B1
5 Hotel Brisas .......... D1
6 Villa Cabañas .......... B2

**Onde comer**
7 El Ancla .......... A2
8 Los Amigos .......... B2
9 Vicaria Guardalavaca .......... B1

**Onde beber**
10 La Rueda .......... B2

**Lazer**
11 Disco Club la Roca .......... A2

**Onde comprar**
12 Boulevard .......... B1
13 Centro Comercial los Flamboyanes .......... C2

etc. –, então verifique antes de embarcar. Por mais CUC$50, você pode nadar com golfinhos por 20 minutos. Todos os balcões de turismo nos hotéis de Guardalavaca (e Playa Esmeralda) vendem excursões para o aquário. Barcos para o aquário saem da Marina Bahía de Naranjo.

## Atividades

Você pode contratar **passeios a cavalo** no **centro de passeios a cavalo**, em frente ao Club Amigo Atlántico, a partir de CUC$8 a hora. Há também aluguel de lambretas em todos os hotéis, por uma diária de no máximo CUC$30. A maioria dos pacotes all-inclusive compreende o uso de bicicletas, mas elas são bem básicas (sem marchas). A estrada entre Guardalavaca e Playa Esmeralda, seguindo em frente para Playa Pesquero, é reta e tranquila e oferece uma excelente opção de passeio de um dia. Se quiser fazer um pouco mais de esforço, você pode ir a Banes e voltar (ida e volta: 66km).

### Mergulho

Guardalavaca tem excelentes áreas de mergulho (melhores que Varadero e equivalentes a Cayo Coco). O recife avança 200m e há 32 locais para mergulho, a maioria dos quais acessíveis por barco. Entre os destaques há cavernas, restos de naufrágios, paredões e La Corona, uma gigantesca formação de coral que lembra justamente uma coroa. O único centro de mergulho de praia de Guardalavaca, o **Eagle Ray Marlin Dive Center**, fica na praia atrás do Disco Club la Roca. Há outra loja na Playa Esmeralda (pergunte nos hotéis) que organiza atividades aos mesmos recifes. Todos oferecem preços genéricos e as mesmas facilidades. Há cursos de certificação de mergulho por CUC$365, cursos nos resorts por CUC$40 e mergulhos por CUC$35, com desconto para mergulhos múltiplos.

### Passeios de barco

Muitas outras excursões marítimas saem da **Marina Gaviota Puerto de Vita** e podem ser contratadas pelos hotéis. Há o cruzeiro ao pôr do sol (CUC$69), pescaria em alto-mar (CUC$270 para até seis pessoas) e um passeio de catamarã pela Bahía de Vita com *snorkeling* e *open bar* até o Parque Nacional Monumento Bariay, onde você pode desembarcar no mesmo local que Colombo atracou e visitar o parque que comemora o fato (CUC$59).

### Caminhadas

**Las Guanas Trilha Eco-Arqueológica** RESERVA NATURAL
(Entrada $6; ⌚8h-16h30) No final da estrada da Playa Esmeralda fica esta trilha, que, a CUC$6 por quilômetro (ou seja, CUC$1 por 170m), é talvez a caminhada mais cara de Cuba (e do mundo). É melhor andar devagar para fazer valer o seu dinheiro! A rota sinalizada (com vários quilômetros a mais de trilhas que levam a um pitoresco pontal com um farol) abriga catorze espécies de plantas nativas.

**Eco-Parque Cristóbal Colón** RESERVA NATURAL
Mais barata, mas bastante destruída depois do furacão Ike, essa área é acessível por uma trilha que sai da rua que leva ao hotel. Há um pequeno zoológico e uma *finca* rústica (restaurante) chamada Conuca de Mongo Viña, onde você pode comer alguma coisa.

## Visitas guiadas

O balcão da Cubanacán no lobby do Club Amigo Atlántico – Guardalavaca oferece um interessante "passeio da cerveja" na cidade de Holguín, saindo às 18h30 todos os domingos (CUC$20).

## Onde dormir

Não há *casas particulares* aqui, pois alugar quartos é proibido. Banes, 33km a sudeste, é a cidade mais próxima com quartos privativos.

### GUARDALAVACA

**Villa Cabañas** CHALÉS $
(☎43-01-64; s/c CUC$19/31; ❄) Apesar da falta de quartos privativos, você ainda pode economizar na estadia em um desses confortáveis chalés ao final da principal faixa de resorts de Guardalavaca. Os vinte quartos têm camas duplas, TV, chuveiro quente e uma pequena cozinha, e há ainda um estranho sapo que mora na Villa (esse vem de graça). Também no local fica a **Cubanacán Clínica Internacional**. Um trecho animado de praia com algumas lanchonetes razoáveis fica a 2 minutos de caminhada.

**Club Amigo Atlántico – Guardalavaca** RESORT $$
(☎43-01-21, all-inclusive s/c CUC$69/99; P ❄ @ ≋ 👪) Esse hotel difícil de visualizar é uma fusão dos antigos hotéis Guardalavaca e Atlántico, sendo que este último consiste na parte mais antiga do resort, concluída em 1976 e inaugurada por Fidel Castro, que deu

um mergulho rápido na piscina. A arquitetura nesse pequeno "vilarejo" (há seiscentos quartos no total) é uma mistura de vilas, bangalôs e quartos comuns, e é muito popular entre famílias pelo seu programa extenso de atividades para crianças. Espere bingos ao redor da piscina e animadores com microfone. O hotel tem duas localizações. Os hotéis associados ao antigo Hotel Guardalavaca ficam mais distantes da praia, mas são menos barulhentos.

**Hotel Brisas** RESORT **$$$**
(☎43-02-18; all-inclusive s/c CUC$129/178; P ❄ @ 🏊 👪) Esse *über*-resort composto pela Villa las Brisas e pelo Hotel las Brisas, no extremo leste da praia, é um paraíso de pacote de viagens que lembra os acampamentos de férias dos anos 1970. De bônus, enormes quartos confortáveis, quadras de tênis iluminadas com holofotes e um ar despretensioso. Mas com flamingos cor-de-rosa falsos e serenatas bregas no bufê, com hits do Abba, o *kitsch* nunca está distante.

**PLAYA ESMERALDA**

Dois megarresorts se alinham no trecho superior da praia, 6km a oeste de Guardalavaca e acessível num pulo bem a leste da saída de barcos de Cayo Naranjo. Esmeralda é o meio-termo entre a economia de Guardalavaca e a opulência da Playa Pesquero.

**Paradisus Río de Oro** RESORT **$$$**
(☎43-00-90; all-inclusive s/c CUC$185/311; P ❄ @ 🏊) Elegante e sustentável (uma combinação difícil), esse resort com 292 quartos é cinco estrelas do começo ao fim, e frequentemente aclamado como o melhor de Cuba. Há massagem disponível numa cabana no rochedo próximo, um restaurante japonês flutuante sobre um lago de carpas e vilas com jardins e piscinas privadas. Paraíso é a palavra. Só para adultos.

**Sol Río Luna Mares Resort** RESORT **$$$**
(☎43-00-60; all-inclusive s/c CUC$104/170; P ❄ @ 🏊 👪) Esse hotel dois em um é uma mistura do antigo Sol Club Río de Luna e do Meliá Río de Mares. Os quartos são grandes e vêm com alguns extras (como máquinas de café), mas as maiores vantagens para aqueles que estão atrás de luxo em Guardalavaca estão nos restaurantes de alto padrão (mexicano e italiano) e nas melhores praias (brinquedos de praia são incluídos no preço).

Também há quartos disponíveis em chalés na **Villa Cayo Naranjo**. Pergunte na recepção dos hotéis por detalhes.

## Onde comer

Há um bocado de opções fora desses resorts all-inclusive, em sua maioria na própria Guardalavaca.

**El Ancla** FRUTOS DO MAR **$$**
(⏲9h-22h30) De alguma forma o El Ancla (situado na parte mais alta dos rochedos na extremidade oeste da praia de Guardalavaca) não foi destruído pelo furacão Ike e sobreviveu para servir sua excelente lagosta com uma vista maravilhosa do mar.

**Los Amigos** FAST-FOOD **$**
(⏲9-21h) Na parte mais agitada da praia de Guardalavaca (acessado pelo mercado de pulgas a oeste do Club Amigo Atlántico), Los Amigos é uma barraca de praia comum com cerveja, música e ingredientes suficientes para preparar um bom almoço com arroz e peixe.

**Vicaria Guardalavaca** FAST-FOOD **$**
(⏲9h-21h45) Você se sentirá um ET comendo nesse restaurante ao lado do Centro Comercial Guardalavaca, enquanto todos os outros se amontoam nos bufês do tipo "coma tudo que puder" a alguns metros de distância. Mesmo assim, as pizzas são grandes e o serviço é rápido e amigável. Uma boa refeição para dois não chegará a CUC$10.

**Cayo Naranjo** FRUTOS DO MAR **$$**
(Cayo Naranjo) No parque da Gaviota com o tema de *cayo* (recife), essa será sua única opção de almoço. Felizmente, ela é boa e a especialidade da casa, Marinera Especial, tem o peixe como ingrediente principal.

## Onde beber e lazer

**Disco Club la Roca** CABARÉ
(Entrada CUC$1; ⏲13-17h e 21h30-3h) Esse estabelecimento a oeste do Centro Comercial Guardalavaca tem um agradável espaço ao ar livre com vista para a praia. É um bar-restaurante durante o dia, com videogames e karaokê. Nas tardes dos finais de semana, promove shows de cabaré bons o suficiente para atrair a clientela dos resorts chiques.

**La Rueda** BAR
(⏲7-23h) Um bar do grupo Palmares (próximo ao Boulevard) que funciona como um refúgio receptivo dos resorts. Serve petiscos e sorvete.

## Onde comprar

**Boulevard** SUVENIRES
Há um mercado de artesanato para turistas vizinho do Club Amigo Atlántico – Guardalavaca que atende clientes dos arredores. Há

arte, postais e roupas baratas – nada muito além do usual das lojinhas de bugigangas.

**Centro Comerical los Flamboyanes** SHOPPING CENTER

O pequeno shopping de Guardalavaca tem uma quantidade limitada de lojas, como a conveniente Casa del Habano, que tem todos os charutos que você precisa e mais um pouco.



## Informações

Aceitam-se euros em todos os resorts de Guardalavaca, Playa Esmeralda e Pesquero. Todos os hotéis têm também casas de câmbio.

**Asistur** (43-01-48; Centro Comercial Guardalavaca; 8h30-17h seg-sex, até 12h sáb) Assistência de emergência para viajantes.

**Banco Financiero Internacional** (Centro Comercial Guardalavaca) No complexo a oeste do Club Amigo Atlántico – Guardalavaca.

**Clínica Internacional** (43-02-91) Uma farmácia 24 horas no mesmo local que a Villa Cabañas.

**Cubatur** (8-16h) Agência de viagem bem atrás do Centro Comercial los Flamboyanes.

**Ecotur** (Centro Comercial Guardalavaca) Organiza viagens ecológicas para lugares como Cayo Saetía, Baracoa e Gran Piedra.

## Como chegar e sair

O Club Amigo Atlántico – Guardalavaca pode às vezes organizar transferências para Holguín por CUC$10; pergunte. Um táxi de Guardalavaca para Holguín irá custar belos CUC$35 apenas a ida. Para radiotáxis, ligue **Cubataxi** (43-01-39) ou **Transgaviota** (43-49-66).

**Marina Gaviota Puerto de Vita** (43-04-45) é um porto internacional para iates e barcos e tem 38 ancoradouros. Há uma loja de equipamentos, um restaurante, eletricidade e autoridades alfandegárias no local.

## Como circular

Um ônibus de dois andares em Guardalavaca que faz paradas ao longo da estrada liga as três praias e a Aldea Taina (p. 355). O ônibus vermelho e azul é operado pela Transtur. Teoricamente, circula três vezes ao dia em ambas as direções, mas cheque no seu hotel para ver se há algum imprevisto. As paradas incluem o Parque Rocazul, a Playa Pesquero, a Playa Costa Verde, os hotéis da Playa Esmeralda, o Club Amigo Atlántico – Guardalavaca e a Aldea Taina. Passagens custam CUC$5 e valem por um dia inteiro.

*Coches de caballo* (carroças) circulam entre as Playas Esmeralda e Guardalavaca, mas você também pode alugar uma lambreta (CUC$24 por dia) ou uma bicicleta (de graça se você estiver hospedado em um all-inclusive) em todos os resorts. Todas as agências têm escritórios em Guardalavaca e também podem alugar lambretas.

Um **posto de gasolina Servi-Cupet** (24 horas) fica situado entre Guardalavaca e Playa Esmeralda.

**Cubacar** (Club Amigo Atlántico – Guardalavaca)

# Banes

POP. 44.983

A antiga cidade açucareira de Banes, ao sul da Bahía de Banes, é local de um dos maiores paradoxos de Cuba. Fulgencio Batista nasceu aqui em 1901. Quarenta e sete anos depois, na igreja local Nuestra Señora de la Caridad, outro futuro líder fervoroso, Fidel Castro, casou-se com Birta Díaz Balart. Um Batista generoso lhes deu um presente de US$500 para a lua de mel. Ah, como a história poderia ter sido diferente.

Fundada em 1887, essa efervescente cidade foi praticamente um feudo da United Fruit Company, administrada pelos Estados Unidos até os anos 1950 – muitas das antigas casas da companhia americana permanecem no local. Atualmente, nas ruas e praças manchadas de sol, é mais provável encontrar um camarada fumando charuto e jogando dominó ou mulheres carregando baguetes; em resumo, a Cuba que você não encontrará nos resorts all-inclusive.

Em setembro de 2008, Banes foi atingida pelo furacão Ike, que danificou ou destruiu 70% das suas construções. Fiel ao espírito de resistência cubano, a cidade se recuperou em pouco tempo.

## Atrações e atividades

Se você está vindo de resorts, a maior atração de Banes pode ser aproveitar a vida nas ruas. Não perca as belas casas de empresas antigas que já foram abrigo para os trabalhadores da United Fruit. Se você está em forma e gosta de aventura, chegar aqui de bicicleta é um deleite trilhado por irregulares terrenos bucólicos.

**Iglesia de Nuestra Señora de la Caridad** IGREJA

Em 12 de outubro de 1948, Fidel Castro Ruz e Birta Díaz Balart casaram-se nessa incomum igreja *art déco* no Parque Martí, centro de Banes. Depois do divórcio, em 1954, Birta casou-se novamente e mudou-se para a Espanha. Seu único filho, Fidelito, deu a Fidel vários netos.

**Museo Indocubano Bani** MUSEU
(General Marrero, 305; entrada CUC$1; ⏲9-17h ter--sáb, 8-12h dom) A coleção de artefatos indígenas desse museu é pequena, mas rica e uma das melhores da ilha. Não perca o pequeno ídolo da fertilidade dourado que foi desenterrado próximo a Banes (um dos vinte artefatos de ouro já descobertos em Cuba). O museu estava sendo renovado no período de redação do guia.

**Steam Locomotive 964** TREM
(El Panchito; calle Tráfico) Entusiastas de ferrovias não devem perder esse antigo trem a vapor construído na HK Porter Locomotive Works, em Pittsburgh, Pensilvânia, em 1888, agora em exibição 400m a leste da rodoviária.

**Playa de Morales** PRAIA
Um dia em um futuro não muito distante (depois de ter sido "cancunizada"), todos sentiremos saudades dessa preciosa faixa de areia situada 13km a leste de Banes ao longo da continuação pavimentada da Tráfico. Por enquanto, aproveite essa vila de pescadores enquanto pode, jantando com os moradores e observando os homens que consertam suas redes. Alguns quilômetros ao norte está a ainda mais calma Playa Puerto Rico.

## Onde dormir

Não há hotéis na cidade, mas Banes tem locatários privados super amigáveis.

**Campismo Puerto Rico Libre** CHALÉS $
(Por pessoa CUC$5) Um enclave majoritariamente cubano próximo à deserta Playa de Morales, 13km a leste de Banes, o Puerto Rico tem chalés básicos que se alinham na costa rochosa. Há um restaurante, e as pessoas nas vilas de pescador próximas ficarão satisfeitas em preparar refeições com frutos do mar para você. Pergunte sobre as cavernas (por volta de 1km do *campismo*) e leve repelente. É melhor se informar na Cubamar (veja p. 118) antes de chegar.

**Casa "Las Delicias"** CASA PARTICULAR $
(☎80-37-18; Augusto Blanca, 1107, entre Bruno Merino e Bayamo; q CUC$20-25; ❄) Quartos limpíssimos com entrada privativa, donos amigáveis e boa comida: o que mais você poderia esperar da tranquila Banes?

**Sergio Aguilera** CASA PARTICULAR $
(☎80-24-12; Iglesias, 4089, Reparto Nicaragua; q CUC$20; ❄) Uma adorável vila isolada com ótima atmosfera familiar. Serve deliciosas refeições.

**Casa Evelin Feria** CASA PARTICULAR $
(☎80-31-50; Bruno Meriño, 3401A, entre Delfin Pupo e JMH, Reparto Cárdenas; q CUC$20-25; ❄) Um local no centro da cidade, com banheiros iluminados e modernos, e uma anfitriã/cozinheira atenciosa fazem da hospedagem na Casa Evelin um prazer.

## Onde comer

**Restaurant el Latino** CARIBENHA $$
(General Marrero, 710; ⏲11-23h) Uma das melhores escolhas em Banes é esse restaurante do grupo Palmares, com todos os pratos típicos *crioulos* servidos com um toque a mais de charme. O serviço é bom, e os músicos são excepcionalmente talentosos e discretos.

**La Vicaria** FAST-FOOD $
(⏲24 horas) Do outro lado da rua do El Latino está o confiável La Vicaria, com massa, hambúrgueres e *cordon bleu* (frango recheado com presunto e queijo), além de ovos e café para o café da manhã (tudo por menos de CUC$4).

**Coctelera** FAST-FOOD $
(General Marrero, 327A) Vários bares (que aceitam pagamento apenas em peso) distribuídos pela cidade esbanjam uma atmosfera alegre e bebidas baratas – é o caso desse, bem como do vizinho **Doña Yulla**, superpopular.

Viajantes ao estilo independente podem achar algo para comer em alguns supermercados como o **La Epoca** e o **Isla de Cuba** na aba principal da rua General Marrero.

## Lazer

**Cafe Cantante** MÚSICA AO VIVO
(General Marrero, 320) Esse sociável pátio, repleto de música, é o lugar mais descolado de Banes, com ensaios da banda municipal, discoteca, *son* (música popular cubana), septetos e *jam sessions* de jazz relaxante.

GRÁTIS **Casa de Cultura** CENTRO CULTURAL
(General Marrero, 320) Vizinho do Cafe Cantante, esse lugar, localizado no antigo Casino Español (1926), tem uma matinê de *trova* todos os domingos, às 15h, e *peña del rap* (sessão de rap) aos sábados, às 21h.

## Informações

Banes é uma dessas cidades que não têm placas de sinalização, e os moradores não sabem o nome das ruas, então prepare-se para se perder.

## Como chegar e sair

Da **rodoviária** (esq. Tráfico e Los Ángeles), um ônibus matinal vai para Holguín (72km) diariamente. Um ônibus vespertino faz uma conexão com o trem para Havana. Vans saem de Banes para Holguín com maior frequência. Um táxi de Guardalavaca (33km) custará por volta de CUC$20 o trecho, ou você pode tentar uma viagem de lambreta (fácil) ou bicicleta (não tão fácil), numa fantástica experiência "faça você mesmo".

# Birán

Fidel Castro Ruz nasceu no dia 13 de agosto de 1926, em **Finca las Manacas** (também conhecida como Casa de Fidel), próximo à vila de Birán, ao sul de Cueto. A fazenda, que foi comprada por Ángel, pai de Fidel, em 1915, é enorme e inclui uma vila própria de trabalhadores (um aglomerado de pequenas casinhas de sapé para os lavradores, que são, em sua maioria, haitianos), um ringue de briga de galos, uma agência dos correios, uma loja e um telégrafo. As várias casas grandes de madeira amarela que podem ser vistas por entre as árvores de cedro foram a residência da família Castro.

**Sitio Histórico de Birán** MUSEU
(Entrada/câmera/vídeo CUC$10/20/40; ⌚9-12h e 13h30-16h ter-sáb, até 12h dom) Finca las Ma-

### FRUTA MACHUCADA

United Fruit é um nome envolto em contradições históricas. De um lado, a companhia deu ao mundo a Big Mike, a primeira banana produzida em grande escala e importada; de outro, desenvolveu a reputação de se meter dissimuladamente nos assuntos internos das "repúblicas das bananas" latino-americanas – Cuba entre elas.

Formada em 1899, quando a pequena companhia C Keith de cultivo de banana, situada na Costa Rica, se fundiu com a importadora de frutas Andrew Preston, de Boston, a United Fruit rapidamente se transformou num colosso, até se tornar uma das primeiras corporações multinacionais do mundo.

No começo do século 20, a companhia investiu em 36ha de plantações de cana na Cuba oriental, onde foram construídos 544km de ferrovia e dois enormes engenhos de açúcar – o Boston e o Preston – na área que é hoje a província de Holguín. Um dos primeiros trabalhadores da companhia foi Ángel Castro (pai de Fidel), que ajudou a limpar o terreno para o florescimento das plantações da companhia antes de começar a sua própria em Birán, em 1915. Abrigado em uma nova propriedade rural em expansão, o Castro pai começou a contratar trabalhadores para a United Fruit, obtendo bastante lucro, e rapidamente se tornou um homem rico.

Holguín logo se tornou a herdeira preferida da United Fruit em Cuba, com cidades provincianas tais como Banes e Mayarí no papel de prósperos enclaves americanizados que deviam tanto a sua existência quanto a sua riqueza ao onipresente conglomerado americano. Mas a insatisfação entre os cubanos crescia silenciosamente.

Como muitos militantes de ares nacionalistas, Fidel Castro ficou enfurecido com o papel clandestino que a United Fruit teve na derrubada do governo socialista de Jacobo Arbenz, em 1954, na Guatemala. Incentivado por outros radicais, como Che Guevara, estava determinado a acertar as contas.

A vingança começou durante as batalhas pela Revolução nas quais o exército rebelde de Fidel queimou os campos da propriedade de seu falecido pai, em uma portentosa demonstração do que estava por vir.

Ao tomar o poder, em 1959, Castro nacionalizou todas as terras e propriedades da United Fruit em Cuba e enviou seus donos de volta para os Estados Unidos. Incapaz de receber compensação financeira do governo cubano, a companhia tentou acertar as contas dois anos depois ao emprestar dois navios da sua Great White Fleet (a maior marinha privada do mundo) para mercenários cubanos que participavam das malsucedidas atracações da Baía dos Porcos (veja p. 230). Mas a invasão não obteve sucesso.

O declínio da United Fruit foi agravado em 1975, quando seu presidente Eli Black cometeu suicídio ao pular do 44º andar do prédio da PanAm, em Nova York. A morte foi motivada por alegações de que ele teria subornado o presidente hondurenho com US$1,2 milhões para sair de um cartel de banana que era hostil aos interesses da United Fruit.

A companhia foi renomeada em 1984 e reencarnou como Chiquita Brands. Enquanto isso, em Cuba, o legado da United Fruit ainda pode ser visto nas casas coloniais descascadas e – ainda mais irônico – na antiga fazenda Castro, em Birán.

nacas abriu como um museu em 2002 com esse nome modesto, supostamente para minimizar qualquer culto à personalidade de Castro. A modéstia se estende à sinalização, que inexiste. Mesmo assim, o museu oferece uma excursão interessante com mais de cem fotos, roupas variadas, a cama de criança de Fidel e o automóvel Ford 1918 de seu pai. Com 27 instalações, o lugar constitui um *pueblito* (povoado) e mostra a extensão da herança da qual esse ex-advogado cabeça quente abriu mão quando morou em Sierra Maestra por dois anos, sobrevivendo à base de uma dieta de caranguejos esmagados e carne de cavalo crua.

Você irá encontrar o **túmulo dos pais de Fidel**, Ángel Castro e Lina Ruz, à direita do portão de entrada.

Para chegar aqui, pegue a saída sul, 7km a oeste de Cueto, e dirija 7km na direção sul até o engenho de açúcar Central Loynaz Hechevarría, em Marcané. De lá, uma estrada corre 8km a leste de Birán, do qual são outros 3km na direção nordeste para Finca las Manacas.

## Sierra del Cristal

A Pequena Suíça de Cuba é um amálgama rude da Sierra del Cristal e da Altiplanicie de Nipe que contém dois importantes parques nacionais. **Parque Nacional Sierra Cristal**, o mais antigo de Cuba, foi fundado em 1930 e abriga o Pico de Cristal, de 1.213m, o ponto mais alto da província. De mais interesse para os viajantes é o **Parque Nacional la Mensura**, com 5.300ha, 30km ao sul de Mayarí, que protege a maior cachoeira da ilha e tem numerosos pinheiros caribenhos, além de abrigar um centro de pesquisa na montanha administrado pela Academia de Ciencias de Cuba. Notável por um microclima alpino e por conter cem ou mais espécies de plantas endêmicas, La Mensura possibilita caminhadas e passeios a cavalo, além de acomodação numa pousada sustentável administrada pela Gaviota.

### Atrações e atividades

A maioria das atividades pode ser organizada na Villa Pinares del Mayarí ou com as excursões dos hotéis Guardalavaca (CUC$78 de jipe ou CUC$110 de helicóptero; veja p. 356).

**Salto del Guayabo** CACHOEIRA
Com um pouco mais de 100m de altura, Guayabo (a 15km da Villa Pinares de Mayarí) é considerada a cachoeira mais alta de Cuba. Há uma vista espetacular e a caminhada guiada de 1,2km até a sua base, passando por uma floresta tropical fecunda, custa CUC$5 e inclui mergulho em uma piscina natural.

**La Plancha** FAZENDA
(Entrada franca) Na estrada de acesso alguns quilômetros antes do hotel, à direita, é um pequeno jardim florido que contém de *Calochortus* a cana-de-açúcar. Plantações de café crescem aqui desde 1940 e você pode dar uma olhada em um barracão de secagem de café ainda em funcionamento.

**Sendero la Sabina** TRILHA
Mais flora pode ser observada nessa pequena trilha explicativa no Centro Investigaciones para la Montaña (a 1km do hotel), que exibe a vegetação de oito diferentes ecossistemas, uma árvore de 150 anos – a "Ocuje Colorado" – e algumas orquídeas raras.

**Hacienda la Mensura** FAZENDA
A 8km do hotel fica esse centro de reprodução de animais exóticos, como o antílope e o *guapeti*. Passeios a cavalo podem ser agendados aqui.

**Farallones de Seboruco** CAVERNAS
Espeleólogos podem querer se informar sobre passeios a essas cavernas fantasmagóricas, designadas como monumentos nacionais, que contêm pinturas aborígenes.

### Onde dormir

**Villa Pinares del Mayarí** HOTEL $
(☎50-33 08; s/c CUC$30/35, chalé CUC$35/40; P❄≋) Um dos dois refúgios clássicos de Gaviota Holguín – o outro é Cayo Saetía –, Pinares Del Mayarí fica no alto de uma elevação de 600m entre a Altiplanicie de Nipe e a Sierra Del Cristal, 30km ao sul de Mayarí em uma estrada suja e acidentada. Parte chalé-resort, parte esconderijo nas montanhas, essa isolada joia rural está situada em uma das maiores florestas de pinheiro de Cuba. As cabanas de dois ou três quartos, com chuveiro quente e camas confortáveis, podem dar a impressão de que você está nos Alpes suíços. Há também um restaurante grande, um bar, quadra de esportes, sala de ginástica e um pequeno lago natural (El Cupey) a 300m de distância, ótimo para um mergulho pela manhã.

**Los Exóticos** CHALÉS $
(q a partir de CUC$37) Um chalé rústico administrado pela Ecotur com oito quartos du-

plos e banheiro compartilhado, localizado em meio à exuberância do Parque Nacional la Mensura, alguns quilômetros abaixo de Villa Pinares del Mayarí. Para aqueles que querem acordar rodeados de orquídeas e montanhas orvalhadas e ver cervos passeando, esse é o lugar.

### Como chegar e sair

A única forma de chegar à Villa Pinares del Mayarí e ao Parque Nacional la Mensura fora de uma visita guiada é de carro, táxi ou bicicleta (se você for aventureiro e a bicicleta não for cubana). A estrada de acesso é acidentada e mal conservada, mas dá para passar com um carro alugado se você dirigir com cuidado. Se estiver chegando de Santiago, a melhor rota é pelo pequeno povoado de Mella.



## Cayo Saetía

A leste de Mayarí a estrada começa a ficar cada vez mais esburacada, e os arredores, apesar de nunca perderem seu empoeirado charme rural, vão ficando mais vazios. Esse rústico percurso culmina na adorável Cayo Saetía, uma pequena e arborizada ilha plana na Bahía de Nipe que está conectada à ilha principal por uma pequena ponte. Durante os anos 1970 e 1980, esse era o território favorito de caça de funcionários públicos que gostavam de atirar nos animais selvagens do local. Felizmente, esses dias estão no passado. De fato, por irônico que possa soar, Cayo Saetía é agora uma reserva natural com dezenove espécies de animais exóticos, como camelos, zebras, antílopes, avestruzes e cervos. Dividido por campos gramados e adornados por enseadas e praias escondidas, é o mais perto que Cuba chega de uma reserva selvagem africana. Vale a pena visitar.

### Onde dormir

**Villa Cayo Saetía** CHALÉS $$

(☎42-53-20; s/c CUC$58/70; ❄) Esse resort maravilhosamente rústico e confortável fica em uma ilha de $42km^2$ na entrada para a Bahía de Nipe, e é pequeno, remoto e mais chique do que o preço sugere. Os doze quartos estão divididos entre *cabañas* rústicas e comuns, com um diferencial de preço mínimo, enquanto o restaurante da casa, La Güira – adornado ao estilo de Hemingway, com troféus de caça exibidos na parede –, serve carnes exóticas, como a de antílope. Você irá se sentir isolado de qualquer lugar.

**Campismo Río Cabonico** CHALÉS $

(☎59-41-18; q por pessoa a partir de CUC$5) Esse lugar fica em Pablo Nuevo, 9km a leste de Levisa e 73km a oeste de Moa, por volta de 900m na direção sul na estrada principal. Os 23 chalés com banheiros e ventiladores em um terraço baixo, ao lado do rio Cabonico (razoável para nadar), têm quatro ou seis camas. Pode aceitar estrangeiros se houver espaço; cheque com antecedência ou contate a Cubamar, em Havana.

### Como chegar e circular

Há três formas de explorar Cayo Saetía, excetuando-se, obviamente, as duas saídas para pedestres da *villa*. Um safári de uma hora com jipe custa CUC$9, enquanto excursões a cavalo ou de barco custam CUC$6 e CUC$5, respectivamente. Apesar de isolada, você pode assegurar uma passagem no helicóptero Gaviota duas vezes por semana, vindo de Guardalavaca (CUC$124, sáb ou seg), ou em um combinado de ônibus e barco vindo da cidade de Antilles. Se chegar de carro, há um posto de controle a 15km da estrada principal. Há outro depois de 8km em uma estrada ruim e não asfaltada para o resort. Um carro alugado fará o percurso – com cuidado.

# Província de Granma

☎023 / POP. 835.675

## Inclui »



## Os melhores lugares para comer

» La Bodega (p. 369)
» Paladar la Roca (p. 377)
» Restaurante el Cabo (p. 381)
» Restaurante Plaza (p. 369)

## Os melhores lugares para ficar

» Hotel Royalton (p. 368)
» Villa Santo Domingo (p. 374)
» Adrián & Tonia (p. 377)
» Hotel Marea del Portillo (p. 383)
» La Bodega (p. 369)
» Paladar la Roca (p. 377)

## Por que ir?

Afora algumas das partes mais obscuras de Guantánamo, Granma é a província mais remota de Cuba, com um sistema de estradas que lembra as selvas africanas e florestas tropicais densas o suficiente para esconder o fugitivo Fidel Castro por mais de dois anos na década de 1950. Apesar de seu isolamento, Granma é onde o patriotismo cubano arde com mais fervor. Esta é a terra onde José Martí morreu, onde Fidel Castro aportou com seu bando de revolucionários náufragos e onde Carlos Manuel de Céspedes, nascido em Granma, libertou seus escravos e formalmente declarou a independência de Cuba, em 1868.

O isolamento cultivou uma identidade cubana muito especial. As cidades e vilas de Granma são lugares esotéricos enriquecidos com festas de rua semanais, caracterizadas por churrascos ao ar livre e realejos arcaicos operados manualmente. Suas duas cidades principais – Bayamo e Manzanillo – estão entre as mais tranquilas e limpas do arquipélago.

## Quando ir

Algumas áreas de Granma têm clima ameno, e durante os meses de janeiro e fevereiro Marea del Portillo é o lugar mais quente de Cuba. As montanhas são tradicionalmente mais úmidas. Se estiver planejando ir a Sierra Maestra, março e abril são os meses mais secos e com as temperaturas mais agradáveis. No dia 2 de dezembro, comemora-se o aniversário de Granma, e a celebração é a cerimônia em Los Coloradas.

# Destaques de Granma

1 Delicie-se em um dos microclimas mais agradáveis de Cuba no **Marea del Portillo** (p. 382)

2 Faça uma caminhada até o quartel-general de Fidel em **Comandancia de la Plata** (p. 373), no Gran Parque Nacional Sierra Maestra

3 Investigue terraços marinhos e ruínas arqueológicas no **Parque Nacional Desembarco del Granma** (p. 380)

4 Suba até o topo da montanha mais alta de Cuba, **Pico Turquino** (p. 376), próximo ao busto de José Martí, e admire a vista

5 Reserve um tempo para apreciar um churrasco de porco, a música dos realejos e uma partida de xadrez na **Fiesta de la Cubanía** (p. 370), em Bayamo

6 Relaxe nas margens do rio junto aos *bayameses* (moradores de Bayamo) no **Parque Chapuzón** (p. 368)

7 Visite o local onde os cubanos deram seu primeiro grito de independência no **Museo Histórico la Demajagua** (p. 377)

### História

Petróglifos e cerâmica tainos desenterrados no Parque Nacional Desembarco del Granma sugerem a existência de culturas nativas na região de Granma muito antes da chegada dos espanhóis.

Colombo, durante sua segunda viagem, foi o primeiro europeu a explorar a área, passando pela Península de Cabo Cruz em 1494 antes de se abrigar de uma tempestade no Golfo de Ganacacayabo. A partir de então, nenhum dos planos de desenvolvimento local funcionou e, por volta do século 17, a costa selvagem e quase inabitada de Granma tornou-se reserva de piratas e corsários.

A grande vingança de Granma só chegou no dia 10 de outubro de 1868, quando o fazendeiro de cana-de-açúcar Carlos Manuel de Céspedes discursou pela abolição da escravatura em seu moinho em Demajagua, próximo a Manzanillo, e libertou seus próprios escravos como exemplo, incitando assim a Primeira Guerra da Independência.

Mais um drama se desenrolou em 1895, quando o fundador do Partido Revolucionário Cubano, José Martí, foi assassinado em Dos Ríos, apenas um mês e meio depois de chegar com Máximo Gómez da costa de Guantánamo para iniciar a Guerra Hispano-Americana.

Sessenta e um anos depois, no dia 2 de dezembro de 1956, Fidel Castro e 81 soldados rebeldes desembarcaram do iate *Granma* na Playa las Coloradas, na costa de Granma. Foram emboscados pelas tropas de Batista enquanto descansavam em um campo de cana-de-açúcar, em Alegría del Pío, e doze sobreviventes conseguiram escapar por Sierra Maestra, estabelecendo um quartel-general em Comandancia La Plata. De lá eles lutaram e coordenaram a luta armada, divulgando seu progresso pela Radio Rebelde e consolidando seu apoio entre os simpatizantes por todo o país. Depois de dois anos de condições difíceis e o crescimento de uma longa barba, as forças do Movimento M-26-7 triunfaram em 1959.

## Bayamo

POP. 143.844

Mais antiga que Havana e Santiago e imortalizada como a cidade que iniciou a independência de Cuba, Bayamo tem todo o direito de ser orgulhosa. Mas não é. Em vez disso, a subestimada e agradável capital de Granma é um dos locais mais pacíficos e tranquilos da ilha.

Não é que os *bayameses* não conheçam sua história. *Como España quemó a Sagunto, así Cuba quemó a Bayamo* ("Como os espanhóis queimaram Sagunto, os cubanos queimaram Bayamo"), escreveu José Martí em 1890, enfatizando o papel de mártir que Bayamo teve no conturbado desenvolvimento de Cuba. Embora o incêndio de 1869 tenha destruído a maioria das edificações coloniais clássicas, não destruiu seu espírito nem suas tradições.

Hoje Bayamo é conhecida pelos seus impressionantes jogadores de xadrez (Céspedes foi o equivalente a um Kasparov na época), suas festas de rua nos sábados à noite e seus realejos antiquados (importados por Manzanillo). Os três elementos podem ser vistos na semanal Fiesta de la Cubanía, um dos mais autênticos shows de rua e uma celebração *bayamesa* até a alma.

### História

Fundada em novembro de 1513 como a segunda das sete vilas originais de Diego Velázquez de Cuellar (depois de Baracoa), Bayamo teve sua história inicial manchada por revoltas indígenas e nativos inquietos. Mas com a população taina dizimada por doenças europeias como a varíola, a insurgência logo teve fim. Por volta do final do século 16, Bayamo havia enriquecido e se estabelecido como o mais importante centro de criação de gado e plantação de cana-de-açúcar. Frequentada por piratas, a cidade encheu seus cofres ainda mais nos séculos 17 e 18 com um esquema de contrabando que saía do porto de Manzanillo. Com o lucro resultante, a nova classe de mercadores e donos de terra de Bayamo investiu generosamente em casas elegantes e na cara educação no exterior para seus rebentos.

Um desses protegidos foi o advogado e futuro revolucionário Carlos Manuel de Céspedes, que, desafiando o legado colonial, liderou uma luta armada contra sua cidade natal, em 1868, em uma tentativa de ganhar o controle das mãos das autoridades espanholas.

Mas a liberação teve vida curta. Depois da derrota do exército mal preparado frente a 3 mil soldados espanhóis perto do rio Cauto, no dia 12 de janeiro de 1869, a população – prevendo a iminente reocupação espanhola – preferiu atear fogo à cidade a vê-la cair em mãos inimigas.

Bayamo também foi a cidade natal de Perucho Figueredo, compositor do hino nacional cubano, que começa, patrioticamente, com as palavras *Al combate corred, bayameses* ("Ao combate, povo de Bayamo").

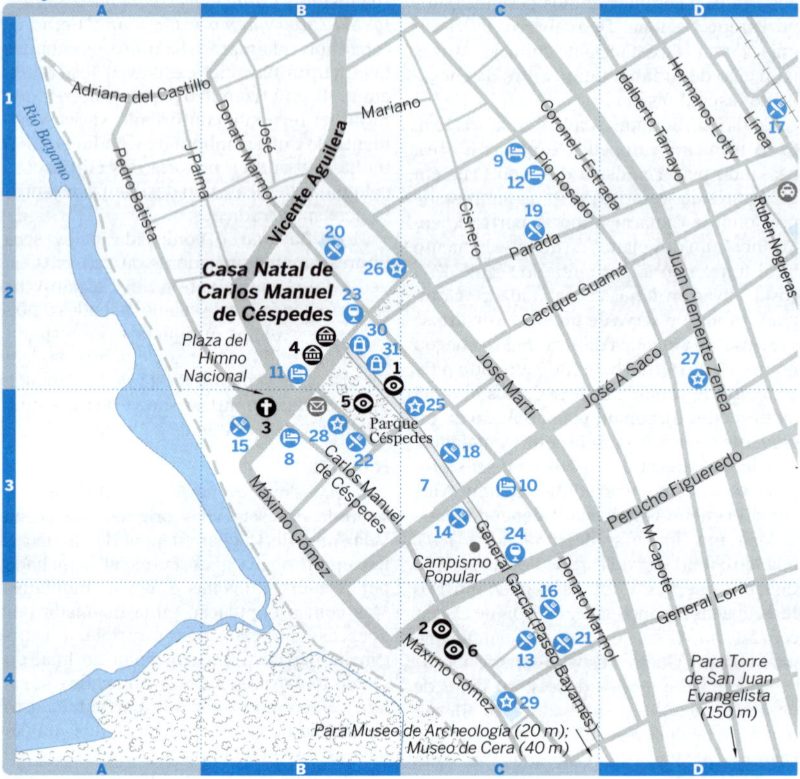




## Atrações

### Casa Natal de Carlos Manuel de Céspedes
MUSEU

(Maceo, 57; entrada CUC$1; 9-17h ter-sex, 9-14h e 20-22h sáb, 10-13h dom) Local de nascimento do "pai da pátria", esse importante museu fica no lado norte da praça. Nascido aqui em 18 de abril de 1819, Céspedes passou os primeiros doze anos de vida nessa casa e seus objetos pessoais são complementados por uma bela coleção de móveis de época. É um local de importância arquitetônica, já que é a única casa colonial de dois andares que ainda existe em Bayamo e foi uma das poucas construções a sobreviver ao fogo de 1869.

### Parque Céspedes
PRAÇA

Uma das praças mais amigáveis e arborizadas de Cuba, além de local de nascimento de Céspedes, o ponto de encontro de Bayamo é oficialmente conhecido como Plaza de la Revolución. Apesar de seu ar sossegado e de ser reconhecida como um ótimo local para eventos musicais ao ar livre (orquestras tocam regularmente no local), a praça tem um grande significado histórico. Em 1868 Céspedes proclamou a independência de Cuba em frente às colunas do **Ayuntamiento** (prefeitura). Limpa e pitoresca, a praça é rodeada por uma variedade de imponentes monumentos e embelezada por grandes árvores frondosas. Um em frente ao outro, no centro da praça, estão a estátua de bronze de **Carlos Manuel de Céspedes**, herói da Primeira Guerra da Independência, e o busto em mármore de **Perucho Figueredo**, com as palavras do hino nacional cubano entalhadas. Bancos de mármore e *bayameses* amigáveis tornam esse um lugar agradável para passar o tempo.

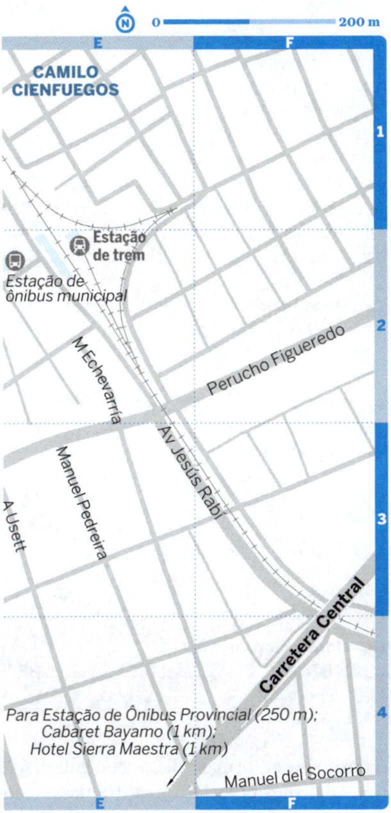


**Museo Provincial** MUSEU
(Maceo, 55; entrada CUC$1) Vizinho à ex-casa de Céspedes, o museu provincial completa a trajetória histórica de Bayamo com um documento amarelado datado de 1567 e uma rara foto da cidade imediatamente após o fogo.

**Iglesia Parroquial Mayor de San Salvador** IGREJA
Há uma igreja nesse local desde 1514. A construção atual data de 1740 e a parte conhecida como **Capilla de la Dolorosa** (aceitam-se doações; ⏲9-12h e 15-17h seg-sex, 9-12h sáb) foi outra construção que sobreviveu ao incêndio de 1869. Um destaque da área principal é o arco central, com um mural que mostra a benção da bandeira cubana em frente ao exército revolucionário em 20 de outubro de 1868. Lá fora, a **Plaza del Himno Nacional** é onde o hino nacional cubano, "La Bayamesa", foi cantado pela primeira vez, em 1868.

**Paseo Bayamés** REGIÕES
A principal rua comercial de Bayamo é oficialmente conhecida como calle General García, mas ninguém a chama assim. No fim dos anos 1990 ela foi transformada em calçadão e reconfigurada com murais coloridos e postes decorados como árvores e tubos de tinta. É um ótimo lugar para observar as nuances do dia a dia de Bayamo. Na metade do trajeto você irá encontrar o minúsculo **Museo de Cera** (☎42-65-25; General García, 261; entrada CUC$1; ⏲9-12h e 13-17h seg-sex, 14-21h sáb, 9-12h dom), a versão de Bayamo do Madame Tussaud, com convincentes personalidades como Polo Montañez, Benny Moré e o herói local Carlos Puebla. Ao lado, o igualmente diminuto **Museo de Arqueología** (entrada CUC$1) vale uma visitinha de 10 minutos.

**Ventana de Luz Vázquez** MARCO HISTÓRICO
(Céspedes entre Figueredo e Luz Vázquez) Uma versão prévia do hino nacional coescrita por Céspedes (e também chamada "La Bayamesa") foi cantada pela primeira vez nesse local em 27 de março de 1851. Uma placa embutida na parede próxima à janela colonial marca o ponto exato.

**Casa de Estrada Palma** CENTRO CULTURAL
(Céspedes, 158) Bem-vindo à casa onde o primeiro presidente pós-independência, Tomás Estrada Palma, nasceu em 1835. Inicialmente amigo de José Martí, Estrada Palma teve sua imagem arranhada depois da Revolução, por conta da cumplicidade com os Estados Unidos na Emenda Platt. A casa hoje é a sede da Uneac (Unión Nacional de Escritores y Artistas de Cuba), aqui você encontrará pouca coisa sobre o famoso ocupante anterior.

**Torre de San Juan Evangelista** MARCO HISTÓRICO
(Esq. José Martí e Amado Estévez) Uma igreja dos primórdios de Bayamo ficava nessa esquina até que foi destruída pelo incêndio de 1869. Mais tarde, a torre da igreja serviu de entrada para o primeiro cemitério de Cuba, que foi fechado em 1919. O cemitério foi demolido em 1940, mas a torre sobreviveu. Um monumento ao poeta local José Joaquín Palma (1844-1911) fica no parque, do lado oposto da torre; ao lado dela fica a estátua de bronze de **Francisco Vicente Aguilera** (1821-77), que liderou a luta pela independência em Bayamo.

## Bayamo

**Destaque**
Casa Natal de Carlos Manuel de Céspedes ... B2

**Atrações**
1 Prefeitura ... B2
2 Casa de Estrada Palma ... C4
3 Iglesia Parroquial Mayor de San Salvador ... B3
4 Museo Provincial ... B2
5 Parque Céspedes ... B3
6 Ventana de Luz Vázquez ... C4

**Atividades, cursos e visitas guiadas**
7 Academia de Ajedrez ... C3

**Onde dormir**
8 Ana Martí Vázquez ... B3
9 Casa de la Amistad ... C1
10 Hotel Escuela Telégrafo ... C3
11 Hotel Royalton ... B2
12 Juan Valdés ... C1

**Onde comer**
13 Cuadro Gastronómica de Luz Vázquez ... C4
14 El Siglo ... C3
15 La Bodega ... B3
16 La Sevillana ... C4
17 Mercado Agropecuario ... D1
18 Mercado Cabalgata ... C3
19 Paladar el Polinesio ... C2
20 Paladar Sagitario ... B2
Restaurante Plaza ... (veja 11)
21 Restaurante Vegetariano ... C4
22 Tropi Crema ... B3

**Onde beber**
23 Bar la Esquina ... B2
24 La Taberna ... C3

**Lazer**
25 Casa de la Cultura ... C3
26 Casa de la Trova La Bayamesa ... B2
27 Centro Cultural Los Beatles ... D2
28 Cine Céspedes ... B3
29 Sala Teatro José Joaquín Palma ... C4
Uneac ... (veja 2)

**Onde comprar**
30 ARTex ... B2
31 Librería Ateneo ... B2

GRÁTIS **Museo Ñico López** MUSEU
(Abihail González; 8-12h e 14h-17h30 ter-sáb, 9-12h dom) Esse interessante museu fica no antigo clube de oficiais do acampamento militar de Carlos Manuel de Céspedes, 1km a sudeste do Parque Céspedes. Em 26 de julho de 1953 a guarnição foi atacada por 25 revolucionários paralelamente ao ataque ao quartel de Moncada, em Santiago de Cuba, com o objetivo de evitar o envio de reforços. Apesar de o ataque ter sido malsucedido, Ñico López, que liderou a investida em Bayamo, escapou para a Guatemala e foi o primeiro cubano a fazer amizade com Ernesto "Che" Guevara, em 1954. López foi morto logo após o desembarque do *Granma*, em 1956.

**Parque Chapuzón** PARQUE
(Av. Amado Éstevez; ) A vegetação acena a menos de 1km da praça principal de Bayamo, onde o rio Bayamo esculpiu um cinturão verde exuberante por entre a malha urbana. Moradores vêm a esse delicioso local para lavar suas bicicletas, dar água para os cavalos ou nadar. Você pode atravessar o rio descalço, andando por um açude. Trilhas e quiosques em formato de gazebo com bebidas e lanches embelezam as colinas e não estragam o clima geral de tranquilidade.

## Atividades

Os cubanos adoram xadrez – mais ainda em Bayamo. Observe os aficionados nas ruas durante a Fiesta de la Cubanía, aos sábados à noite. A **Academia de Ajedrez** (José A Saco, 63, entre General García e Céspedes) é o lugar para aperfeiçoar a técnica peão-rei-quatro. Afixadas nas paredes dessa instituição, fotos de Che, Fidel e Carlos Manuel de Céspedes oferecem bastante inspiração.

**Passeios de charrete** de 45 minutos podem ser contratados no **balcão da Cubanacán** (Hotel Telegrafo, Maceo, 53) a CUC$4 por pessoa.

## Onde dormir

**Hotel Royalton** HOTEL $$
(42-22-90; Maceo, 53; s/c CUC$39/50; ) Mesclando-se ao ambiente colonial do Parque Céspedes, o Royalton é o melhor hotel de Bayamo – e a melhor barganha. Os 33

quartos foram recentemente promovidos ao nível butique, com chuveiros potentes e TVs de tela plana, enquanto no térreo um agradável bar foi acrescentado à área de recepção, com assentos espalhados pela calçada e vista para o frondoso Parque Céspedes. O restaurante **Plaza** é uma das melhores opções de Bayamo, e você pode tomar banho de sol em um terraço privativo.

**Casa de la Amistad** CASA PARTICULAR $
(☎42-57-69; Pío Rosado, 60, entre Ramíriez e N López; q CUC$25; P❄@) Gabriel e Rosa alugam a maior parte do andar superior de sua casa em tons pastel como um apartamento separado com entrada exclusiva, cozinha, sala, quarto e banheiro. Eles são excelentes anfitriões, falam inglês fluentemente e preparam deliciosos pratos locais. Há conexão à internet.

**Ana Martí Vázquez** CASA PARTICULAR $
(☎42-53-23; Céspedes, 4; q CUC$25; P❄) O mais perto que você pode chegar do Parque Céspedes sem propriamente estar nele, os quartos de Ana ganham pontos por tamanho, limpeza e boa comida. O quarto da frente, mais escuro, é acessível por uma escada de degraus muito íngremes. O quarto de trás, mais claro, tem uma cama de casal e uma de solteiro, além de janelas que se abrem para um ensolarado pátio interno.

**Juan Valdés** CASA PARTICULAR $
(☎42-33-24; Pío Rosado, 64, entre Ramírez e N López; q CUC$25; P❄) Duas portas para baixo da Casa de la Amistad, Juan aluga um apartamento no andar de cima com seu próprio quarto, banheiro, cozinha, sala de estar e terraço de frente para o Pío Rosado.

**Hotel Escuela Telégrafo** HOTEL $
(☎42-55-10; Saco, 108; s/c CUC$15/20; ❄) Sempre uma boa aposta para os viajantes com orçamento apertado, o Telégrafo é um dos melhores *hotel escuelas* (hotéis-escola) de Cuba, servido por estudantes que aprendem sobre o ofício do mercado turístico. Esse fica em uma bela construção colonial, onde grandes janelas de venezianas se abrem para a movimentada calle Saco. Os quartos são básicos, porém limpos, o serviço é adequadamente empolgado e há um restaurante razoável adjacente ao movimentado lobby.

**Villa Bayamo** HOTEL $
(☎42-31-02; s/c/chalé CUC$15/24/32; P❄≋) Essa opção fora da cidade (fica 3km a sudoeste do centro, na estrada para Manzanillo) tem um clima definitivamente rural e uma agradável piscina com vista para o campo. Quartos bem equipados ficam em um bloco principal ou em chalés na lateral. Conta com um restaurante razoável.

**Hotel Sierra Maestra** HOTEL $
(☎42-79-70; carretera Central; s/c CUC$19/30; P❄≋) Cheque antes de pular na piscina – pode não haver água nela. Com um ar soviético dos anos 1970, o Sierra Maestra raramente merece as três estrelas que tem, apesar de ter feito uma reforma muito necessária nos quartos nos últimos três anos e melhorado o café da manhã e o sinal de TV. Três quilômetros do centro da cidade; é ok para passar uma noite.

## Onde comer

Vende-se uma comida original nas ruas de Bayamo, ao longo da calle Saco, e no Parque Céspedes. Fora isso, você encontrará restaurantes locais com preços em pesos cubanos. Além dos locais descritos aqui, há uma comida *criolla* decente nos dois hotéis no centro da cidade, o Royalton e o Telégrafo, ambos com restaurantes aprazíveis.

**La Bodega** CARIBENHA $$
(Plaza del Himno Nacional, 34; couvert artístico cobrado a partir das 21h CUC$3; ⏲11-1h) O melhor de dois mundos. A porta da frente se abre para a movimentada praça principal de Bayamo; já o terraço da parte de trás tem vista para o rio Bayamo e é ladeado por um cenário bucólico que o fará pensar se você foi transportado para uma vila no campo. La Bodega é o melhor restaurante de Bayamo, não apenas por sua justaposição urbana/rural. Experimente o bife e saboreie o café, ou relaxe no terraço aberto antes que os *trovadores* cheguem, às 21h.

**Restaurante Plaza** INTERNACIONAL $$
(☎42-22-90; Hotel Royalton, Maceo, 53) O melhor hotel de Bayamo (o Royalton) também hospeda um dos melhores restaurantes; nada lendário, veja bem, mas com uma excelente distribuição de mesas, incluindo opções para sentar ao ar livre e vista para uma das praças mais agradáveis de Cuba. A comida é generosamente rotulada de "internacional", com uma forte tendência a carne, arroz e feijão. O serviço é tradicional em um dia ruim, silenciosamente educado em um dia bom.

**Paladar el Polinesio** PALADAR $$
(☎42-24-49; Parada, 125, entre Pío Rosado e Cisnero) Os dois *paladares* de Bayamo são antigos; ou seja, você vai se sentir como se estivesse

NÃO PERCA

## FIESTA DE LA CUBANÍA

A atração noturna por excelência de Bayamo é uma efervescente e única festa de rua, difícil de encontrar em outro local de Cuba. Localizada ao longo da calle Saco, tem os famosos realejos locais, porco assado inteiro, um drinque de ostra de fazer os olhos marejar chamado *ostiones* e – curiosamente no meio de tudo isso – filas de mesas arrumadas com tabuleiros de xadrez. Dançar é, claro, obrigatório. A ação começa por volta das 20h todo sábado.



comendo numa sala de estar que foi rapidamente adaptada. As refeições do Polinesio são servidas no andar superior, em uma sala com quatro ou cinco mesas. Há um bar improvisado e um "garçom" que tenta parecer profissional, com sua gravata-borboleta. O cardápio depende de quais ingredientes estiverem disponíveis, mas geralmente há uma garrafa de vinho espanhol escondida em algum lugar.

**Paladar Sagitario** PALADAR $$
(Donato Marmol, 107, entre Maceo e Vicente Aguilera; refeições CUC$7-9; ⌚12-0h) O Sagitario existe há treze anos, produzindo delícias como o *cordon bleu* e costeletas de porco cobertas com queijo em um agradável pátio com ocasional acompanhamento musical. As especialidades do dia geralmente ficam descritas na porta da frente.

**La Sevillana** ESPANHOLA $
(☎42-14-95; General García entre General Lora e Perucho Figueredo; ⌚12-14h e 18h-22h30) Venha ver *chefs* cubanos preparando pratos espanhóis – paella e *garbanzos* (grão-de-bico). Esse é um novo tipo de restaurante pago em peso, com código de vestuário (não permitem shorts), porteiro com uniforme e política de reservas. Passe suas calças e treine o espanhol, mas não espere a criatividade *sevillana*.

**Restaurante Vegetariano** VEGETARIANA $
(General García, 173; ⌚7-9h, 12h-14h30 e 18-21h; 🖉) Administre suas expectativas antes de visitar esse restaurante pago em peso. Em Cuba o vegetarianismo ainda está em sua infância. Não espere assado de castanhas, mas você pode encontrar algo mais do que a omelete de sempre.

**Fiesta de la Cubanía** CARIBENHA $
(Saco entre Donato Mármol e Céspedes) Todo sábado à noite suas opções para comer se multiplicam por dez quando restaurantes improvisados surgem ao longo da calle Saco, depois das 20h, servindo deliciosa comida *criolla* acompanhada por cerveja cacique.

**Cuadro Gastronómica de Luz Vázquez** LANCHONETE $
(saindo da General García entre Figueredo e General Lora) Ao longo dessa ruazinha estão estacionados pelo menos uma dúzia de carrinhos de comida aparentemente limpos vendendo lanches *bayameses* a pesos cubanos. Aposte nos cachorros-quentes, croquetes, sorvetes, sardinhas e empanadas.

**Tropi Crema** SORVETERIA $
(⌚9h-21h45) Na falta de uma Coppelia, o Tropi, na esquina sudoeste do Parque Céspedes, cumpre a missão – com preços em pesos.

### Por conta própria

**El Siglo** PADARIA $
(Esq. General García e Saco; ⌚9-20h) Bolos frescos e quentinhos vendidos em pesos já salvaram muitos visitantes famintos de Bayamo. Vale a pena levar essas guloseimas para um lanchinho noturno no seu quarto de hotel.

**Mercado agropecuario** MERCADO $
(Línea) O mercado de hortifrútis fica em frente à estação de trem. Há também várias barracas de comida com preços em peso.

**Mercado Cabalgata** SUPERMERCADO $
(General García, 65; ⌚9-21h seg-sáb, até as 12h dom) Essa loja no calçadão principal vende mantimentos básicos.

## 🍷 Onde beber

**Bar la Esquina** BAR
(Esq. Donato Marmol e Maceo; ⌚11-1h) Coquetéis internacionais são servidos nesse minúsculo bar de esquina cheio de atmosfera local.

**La Taberna** BAR
(General García entre Saco e Figueredo; ⌚10-22h) Esse novo e movimentado local na rua principal de comércio tem chope servido em copos apropriados e o constante zum-zum das conversas. Pague em pesos cubanos.

## ☆ Lazer

Os dois hotéis principais, o Royalton e o Sierra Maestra, têm bares decentes; o último também tem uma casa noturna barulhenta, porém bastante frequentada, que fica melhor aos fins de semana.

**Cine Céspedes** CINEMA
(Entrada CUC$2) Esse cinema fica no lado oeste do Parque Céspedes, próximo aos cor-

reios. Oferece desde Gutiérrez Alea até os mais recentes lançamentos de Hollywood.

**Centro Cultural Los Beatles** MÚSICA AO VIVO
(Zenea entre Figueredo e Saco; entrada 10 pesos; ⌚6-0h) Assim como o mundo todo ficou fascinado com o exotismo do Buena Vista Social Club, os cubanos se encantaram com o brilhantismo dos Fab Four. Guardado pelas estátuas em tamanho natural de John, Paul, George e Ringo, esse local inesperado apresenta bandas cover dos Beatles (em espanhol) todo fim de semana. Imperdível!

GRÁTIS **Uneac** CENTRO CULTURAL
(Céspedes, 158; ⌚16h) Você pode ouvir boleros no pátio florido dessa casa que previamente pertenceu ao desonrado primeiro presidente Tomás Estrada Palma, o homem culpado por entregar Guantánamo aos *yanquis*.

**Sala Teatro José Joaquín Palma** TEATRO
(Céspedes, 164) Em uma antiga igreja cheia de estilo, esse local apresenta peças de teatro às sextas, sábados e domingos à noite, enquanto o Teatro Guiñol, também aqui, apresenta teatro infantil aos sábados e domingos de manhã.

**Cabaret Bayamo** CABARÉ
(Carretera Central Km 2; ⌚21h sex-dom) A faiscante casa noturna/cabaré de Bayamo, em frente ao Hotel Sierra Maestra, atrai o povo local aos fins de semana em seus figurinos igualmente faiscantes.

**Casa de la Trova la Bayamesa** MÚSICA TRADICIONAL
(Esq. Maceo e Martí; entrada CUC$1; ⌚21h, ter-dom) Uma das melhores casas de *trova* de Cuba fica em um encantador edifício colonial em Maceo. Fotos na parede mostram o famoso rei da *trova* dos anos 1970, o *bayamés* Pablo Milanés.

**Casa de la Cultura** CENTRO CULTURAL
(General García, 15) Uma variedade de eventos culturais, entre eles exposições de arte, no lado leste do Parque Céspedes.

**Estadio Mártires de Barbados** ESPORTES
(Av. Granma) De outubro a abril, jogos de beisebol acontecem nesse estádio, aproximadamente 1km a nordeste do Hotel Sierra Maestra.

## Onde comprar

O Paseo Bayamés é a principal rua de comércio da cidade, mas, com poucos turistas, as lojas são principalmente voltadas para cubanos.

**ARTex** SUVENIRES
(General García, 7) A usual mistura de camisetas de Che Guevara e bonecas de *santería* falsas no Parque Céspedes.

**Librería Ateneo** LIVROS
(General García, 9) Siga o cheiro de livros mofados até o lado leste do Parque Céspedes.

## Informações

**Banco de Crédito y Comercio** (esq. General García e Saco) Banco.

**Banco Financiero Internacional** (carretera Central Km 1) Em um grande edifício branco próximo à rodoviária.

**Cadeca** (Saco, 101) Casa de câmbio.

**Campismo Popular** (General García, 112) Aqui você pode fazer reservas para acampar em La Sierrita e Las Coloradas.

**Cubanacán** (Hotel Telegrafo, Maceo, 53) Organiza caminhadas para o Pico Turquino (2/3/4 dias por pessoa CUC$45/65/99), El Yarey (CUC$19) e Parque Nacional Desembarco del Granma (CUC$45), entre outros.

**Ecotur** (☎42-79-70; Hotel Sierra Maestra) Agência de viagens.

**Etecsa Telepunto** (General García entre Saco e Figueredo; por hora CUC$6; ⌚8h30-19h30) Dois terminais de internet, raramente ocupados.

**Farmacia Internacional** (General García entre Figueredo e Lora; ⌚8-12h e 13-17h seg-sex, 8-12h sáb e dom) Farmácia.

**Hospital Carlos Manuel de Céspedes** (☎42-50-12; carretera Central Km 1)

**Correios** (esq. Maceo e Parque Céspedes; ⌚8-20h seg-sáb)

## Como chegar e sair

### Avião

O aeroporto de Bayamo **Carlos Manuel de Céspedes** (código BYM) fica 4km a nordeste da cidade, na estrada para Holguín. A **Cubana** (Martí, 52) voa para Bayamo a partir de Havana duas vezes por semana (CUC$103 um trecho, 2 horas). Não há voos internacionais de/para Bayamo.

### Ônibus e van

A **rodoviária** (esq. Carretera Central e Av. Jesús Rabí) tem ônibus **Víazul** (www.viazul.com) para vários destinos.

Há três ônibus por dia para Havana (CUC$44, 13h e 30min); um para Varadero (CUC$41, 12h e 30min); um para Trinidad (CUC$27, 9 horas); e cinco para Santiago (CUC$6, 2 horas). Ônibus para o oeste também param em Holguín, Las Tunas, Camagüey, Ciego de Ávila, Sancti Spíritus e Santa Clara.

Vans saem de um terminal adjacente para Santiago de Cuba, Holguín, Manzanillo e Pilón. Você pode pegar uma van para Bartolomé Masó, que é o transporte público mais próximo das trilhas em Sierra Maestra. Os caminhões partem quando lotados e você paga quando embarca.

A **rodoviária intermunicipal** (esq. Saco e Línea), em frente à estação de trem, recebe a maioria dos ônibus, de pouca valia para os viajantes. Apesar disso, vans para Las Tunas e Guisa partem daqui.

### Táxi

Táxis estatais podem ser contratados para locais de difícil acesso como Manzanillo (CUC$30), Pilón (CUC$70) e Niquero (CUC$65). Os preços são estimados e irão depender do preço atual da gasolina. Mesmo assim, no momento em que este guia estava sendo escrito, era mais barato chegar a esses locais de táxi do que alugar um carro.

### Trem

A **estação de trem** (esq. Saco e Línea) fica 1km a leste do centro. Há três trens locais para Manzanillo (via Yara). Outros trens diários servem Santiago e Camagüey. O trem de longa distância Havana–Manzanillo passa por Bayamo a cada três dias (CUC$28).



## Como circular

A **Cubataxi** (☎42-43-13) pode fornecer um táxi para o aeroporto de Bayamo por CUC$5 ou para o Aeropuerto Frank País, em Holguín, por CUC$35. Um táxi para Villa Santo Domingo (local de partida da trilha Alto del Naranjo para as caminhadas em Sierra Maestra) ou Comandancia la Plata sairão por aproximadamente CUC$35 (ida). Há um ponto de táxi no sul da cidade perto do Museo Ñico López.

A **Via Transgaviota** (Saco, 108) aluga carros no Hotel Escuela Telégrafo, enquanto a **Cubacar** (carretera Central) fica no Hotel Sierra Maestra.

O **posto de gasolina Servi-Cupet** (carretera Central) fica entre o Hotel Sierra Maestra e a rodoviária, vindo de Santiago de Cuba.

A principal rota de charrete (1 peso) corre entre a estação de trem e o hospital, via rodoviária. Bicitáxis (alguns pesos por corrida) também são úteis para se circular pela cidade. Há um quiosque perto da estação de trem.

# Arredores de Bayamo

A maioria dos visitantes é atraída pelas montanhas muito próximas, mas o interior de Bayamo esconde algumas atrações menos óbvias.

## Atrações e atividades

### Jardín Botánico de Cupaynicu — JARDIM

(Carretera de Guisa Km 10; entrada com/sem guia CUC$2/CUC$1) Para apreciar a variedade floral da natureza de Bayamo, vá a esse jardim botânico a 16km da cidade pela estrada Guisa. Está em poucos itinerários, portanto, você poderá aproveitar os 104ha do tranquilo jardim botânico com exclusividade. Há 74 tipos de palmas, variedades de cactos, orquídeas em flor e seções com espécies em extinção e plantas medicinais. A visita guiada (em espanhol apenas) dá acesso às estufas, notáveis por suas plantas ornamentais.

Para chegar lá, pegue a estrada para Santiago de Cuba por 6km e vire à esquerda no entroncamento sinalizado para Guisa. Depois de 10km você verá uma placa indicando o jardim botânico à direita. Vans para cá saem da rodoviária intermunicipal em frente à estação de trem.

### Laguna de Leonero — LAGO

Esse lago natural cheio de algas no delta do rio Cauto, 40km na direção noroeste de Bayamo próximo à fronteira da província com Las Tunas, está repleto de possibilidades memoráveis para *fly-fishing*. Achigãs são a pesca premiada aqui, especialmente durante a temporada de novembro a março. A Ecotur organiza excursões de iate a partir de CUC$250 para até seis pessoas. Para mais detalhes, entre em contato com o escritório (p. 371) no Hotel Sierra Maestra de Bayamo.

### Dos Ríos — MONUMENTO

No Dos Ríos, 52km na direção nordeste de Bayamo, quase em Holguín, um obelisco branco que dá vista para o rio Cauto marca o lugar onde José Martí levou um tiro e morreu em 19 de maio de 1895. Em contraste com outros memoriais a Martí, é surpreendentemente simples e despretensioso. Siga 22km na direção nordeste de Jiguaní na estrada para San Germán e pegue a estrada sem sinalização à direita, depois de atravessar o Cauto.

## Onde dormir

### Villa el Yarey — HOTEL $

(☎42-76-84; s/c CUC$31/46) Na volta para Jiguaní, 23km na direção sudoeste de Dos Ríos, está esse hotel relaxante e agradável com dezesseis quartos, que fica numa elevação com uma vista excelente da Sierra Maestra. Essa opção é perfeita para quem procura tranquilidade em um ambiente cheio de verde. A Ecotur e a Cubanacán organizam viagens para observação de pássaros nesse lugar. Agende nos escritórios em Bayamo (p. 371).

Para chegar ao Villa el Yarey de Jiguaní, siga 4km a leste da cidade na carretera Central e depois 6km na direção norte em uma estrada lateral. De Dos Ríos, continue sentido sudoeste na estrada para Jiguaní e vire à esquerda por mais 2km do outro lado de Las Palmas. É a parada ideal para qualquer um que estiver entre Bayamo e Santiago de Cuba, ou para aqueles na rota menos visada Bayamo–Holguín. Lembre que o transporte público é escasso.

VALE A VIAGEM

### YARA

Uma pequena cidade com uma grande história, Yara (população 29.237) – espremida entre Bayamo e Manzanillo em meio a vastos campos de cana-de-açúcar – é raramente mencionada nos guias turísticos. Baseada na agricultura, a cidade possui alma desafiadoramente indígena. Os primeiros colonizadores espanhóis catalogaram-na como um dos *pueblos Indios* (povoados indígenas), e uma **estátua** do cacique rebelde Hatuey na praça principal afirma que os espanhóis queimaram o chefe taino dissidente aqui e não em Baracoa. O segundo capítulo da história de Yara começa em 11 de outubro de 1868, quando ela se tornou a primeira cidade tomada do controle dos espanhóis pelas forças rebeldes lideradas por Carlos Manuel de Céspedes. Um segundo **monumento** na praça principal marca esse importante evento e o famoso *Grito de Yara* (Declaração de Independência de Yara) que se seguiu, no qual Céspedes proclamou a independência de Cuba.

Saindo da praça, o **Museo Municipal** (Grito de Yara, 107; entrada CUC$1; ⌚8-12h e 14-18h seg-sáb, 9-12h dom) documenta o legado histórico de Yara, assim como o papel da cidade como principal fornecedora de suprimentos durante a guerra revolucionária nos anos 1950.

Há um Servi-Cupet aqui se você precisar encher o tanque. O trem Bayamo–Manzanillo para três vezes por dia.

# Gran Parque Nacional Sierra Maestra

Compreendendo uma sublime paisagem de montanhas verdinhas e florestas tropicais úmidas, abrigo para honestos e batalhadores *campesinos* (camponeses), o Gran Parque Nacional Sierra Maestra é um lindo santuário natural no qual ainda ecoam os tiros da guerrilha de Castro no final dos anos 1950. Situado 40km ao sul de Yara, ao fim de 24km de uma estrada pavimentada bem íngreme vindo de Bartolomé Masó, essa região escarpada e intocada contém o ponto mais alto do país, o Pico Turquino (logo depois da fronteira com a província de Santiago de Cuba). Além do pico, apresenta ilimitadas espécies de aves e flores, e o que já foi o quartel dos rebeldes em tempos de guerra, Comandancia la Plata.

### História

A história ressoa nessas montanhas, a maior parte dela ligada à guerrilha que se alastrou por toda a região entre dezembro de 1956 e dezembro de 1958. Durante o primeiro ano do conflito, Fidel e seu grupo crescente de apoiadores optaram pelo deslocamento, sem permanecer no mesmo lugar por mais de alguns dias. Foi só no meio de 1958 que os rebeldes estabeleceram uma base permanente num local alto à sombra do Pico Turquino. Esse quartel ficou conhecido como La Plata e foi de lá que Castro rascunhou muitas das que viriam a ser leis revolucionárias, enquanto orquestrava os ataques militares que trouxeram o fim do governo de Batista.

## Atrações e atividades

### Comandancia de la Plata — MARCO

Situado à borda de um ponto alto da montanha, no meio de uma floresta tropical densa, esse acampamento pioneiro foi estabelecido por Fidel Castro em 1958, depois de um ano indo de um lado para o outro na Sierra Maestra. Bem camuflado e distante, o quartel de rebeldes foi escolhido pela sua inacessibilidade e serviu bem à sua proposta – os soldados de Batista nunca o encontraram. Hoje continua bem parecido com o que era nos anos 1950, com dezesseis casinhas simples de madeira (entre elas um pequeno museu), funcionando como recordação de uma das campanhas de guerrilha mais bem-sucedidas da história.

Comandancia de la Plata é controlada pelo Centro de Información de Flora y Fauna no vilarejo de Santo Domingo. Aqueles que desejam observar o local devem contratar um guia no quartel do parque, conseguir transporte (ou andar) por 5km até o Alto del Naranjo e depois continuar a pé por uma trilha lamacenta de 3km. Atualmente, isso custa CUC$20; CUC$5 a mais se você quiser usar uma câmera (fotografias no local eram proibidas até 2009). Para mais informações, entre em contato com a Villa Santo Domingo (p. 374) ou a Cubanacán de Bayamo (p. 371).

### Santo Domingo — VILAREJO

Essa pequena vila está aninhada em um vale verde-escuro ao lado do caudaloso rio Yara. Comunal, possibilita visualizar uma amostra da pacífica vida dos *campesinos* cubanos, que seguiu praticamente inalterada desde que Fidel e Che rondavam por essas montanhas

## Gran Parque Nacional Sierra Maestra

sombrias no final dos anos 1950. Se você decidir permanecer, é possível provar o gosto do socialismo rural na escola local e na clínica médica, ou pergunte na Villa Santo Domingo pelo pequeno **museu** (entrada CUC$1; ⏲varia) do vilarejo. Os moradores também oferecem passeios a cavalo, tratamento de pedicure, caminhadas até as piscinas naturais, além de antigas anedotas sobre a Revolução.

O parque fecha às 16h, mas guardas-florestais não deixarão você entrar depois da metade da manhã, então saia cedo para aproveitar bastante sua visita.

**Alto del Naranjo** MARCO

Todas as viagens ao parque começam ao final dessa estrada de acesso quase vertical, sinuosa e pavimentada, no Alto del Naranjo (depois da Villa Santo Domingo a estrada ganha 750m de altitude em 5km). Para chegar até aqui, só com uma caminhada árdua de 2 horas, ou um passeio rápido de jipe (os caminhões russos sacolejantes parecem ter sido extintos). Há uma vista maravilhosa das planícies de Granma desse mirante de 950m de altura; fora isso, é apenas uma saída para La Plata (3km) e para o Pico Turquino (13km).

### Onde dormir e comer

Há três opções de acomodação para os viajantes que vão em direção ao parque.

**Villa Santo Domingo** HOTEL $

(☎56-53-68; s/c inclui café da manhã CUC$24/37; ❄) Essa vila, 24km ao sul de Bartolomé Masó, fica na porta de entrada do Gran Parque Nacional Sierra Maestra. Há vinte chalés separados próximos ao rio Yara e a atmosfera por entre montanhas em cascata e cabanas de *campesinos* é idílica. De uma perspectiva geográfica, esse é o melhor ponto de partida para as caminhadas em direção a La Plata e Turquino. Você também pode testar a sua resistência numa caminhada desafiadora pela estrada íngreme para Alto del Naranjo (5km, 750m de inclinação). Outras atrações são o passeio a cavalo, o mergulho no rio e a música tradicional no restaurante da vila. Se tiver sorte, você ainda pode ver o antigo Quinteto Rebelde, um grupo de músicos que fez serenatas para o exército revolucionário no final dos anos 1950. Fidel se hospedou aqui em várias ocasiões (na cabana 6) e Raúl Castro passou brevemente pelo local em 2011 depois de escalar o Pico Turquino com a avançada idade de 70 anos.

**Campismo la Sierrita** CAMPING $

(☎59-33-26; q CUC$20) Situado 8km ao sul de Bartolomé Masó, você começa a sentir a sombra das montanhas inclinadas aqui. O acampamento (chalés rústicos) fica a 1km da rodovia principal em uma estrada acidentada e tem 27 chalés com beliches, banheiros e eletricidade. Há um restaurante e um rio para nadar. Pergunte na recepção sobre viagens para o parque nacional. Para garantir que está aberto e tem vaga, reserve com boa antecedência na **Cubamar** (☎7-833-2523/4), em Havana, ou no escritório da **Campismo Popular** (☎42-42-00; General García, 112), em Bayamo.

**Motel Balcón de la Sierra** HOTEL **$**
(☎59-51-80; s/c CUC$14/18; P❄≋) Um quilômetro ao sul de Bartolomé Masó e 16km ao norte de Santo Domingo, esse estabelecimento, localizado no sopé das montanhas, está um pouco longe de fornecer acesso fácil ao parque. Uma piscina e um restaurante estão empoleirados numa pequena montanha com uma vista divina, e vinte chalés com ar-condicionado ficam espalhados abaixo. Uma ambientação adoravelmente natural se justapõe ao mobiliário Islazul básico, mas funcional.

## Informações

Visitantes devem checar a situação atual antes de chegar ao parque. Tempestades tropicais e/ou burocracia governamental já deixaram o lugar temporariamente fora de funcionamento.

A melhor fonte de informações é a **Cubamar** (☎7-833-2523/4), em Havana, ou você pode ir direto ao ponto contatando a **Villa Santo Domingo** (☎56-53-02). Eles podem colocá-lo em contato com o Centro de Información de Flora y Fauna vizinho (veja p. 374). Informações adicionais podem ser adquiridas no escritório da Ecotur no Hotel Sierra Maestra em Bayamo (veja p. 371).

## Como chegar e circular

Não há transporte público de Bartolomé Masó para Alto del Naranjo. Um táxi de Bayamo para a Villa Santo Domingo deve custar de CUC$30 a CUC$35 apenas a ida. Garanta que o motorista possa levá-lo por todo o trajeto; os últimos 7km antes da Villa Santo Domingo são extremamente íngremes, apesar de transitáveis em um carro normal. De volta, o hotel deve arranjar transporte para você até Bartolomé Masó, Bayamo ou Manzanillo.

Um veículo 4x4 com bom freio é necessário para percorrer os últimos 5km de Santo Domingo para Alto del Naranjo; é a estrada mais íngreme de Cuba, com 45 graus de inclinação perto do topo. Os poderosos 4x4 passam regularmente, com grupos turísticos de aventureiros – você pode achar um espaço a bordo por aproximadamente CUC$7 (pergunte na Villa Santo Domingo). Se preferir, você pode fazer uma caminhada de 5km difícil, mas recompensadora.

# Manzanillo

POP. 114.789

A Baía de Manzanillo pode não ser bonita, mas – como na maioria das cidades despretensiosas de Granma – há um certo magnetismo nela. Sente-se por 10 minutos no parque central quase em ruínas, com seus realejos antigos e peculiar arquitetura neomourisca, e você rapidamente irá fazer alguns amigos. Com linhas de transporte bem simples e um único e sóbrio hotel estatal, não são muitos os viajantes que chegam até aqui. Como resultado, Manzanillo é um bom lugar para fugir das típicas rotas turísticas e ver como os cubanos aprenderam a viver com cinquenta anos de racionamento, austeridade e política pirracenta com o vizinho grandalhão do norte.

Fundada em 1784 como um pequeno porto de pesca, os primórdios de Manzanillo foram dominados por contrabandistas e piratas que trocavam mercadorias roubadas. O subterfúgio continuou até o fim dos anos 1950, quando a proximidade da Sierra Maestra fez da cidade um importante centro de reabastecimento de armas e homens que se dirigiam aos grupos revolucionários de Castro, no quartel secreto no topo da montanha.

Manzanillo é famosa pelos seus realejos operados manualmente, que foram trazidos para Cuba da França pelas famílias locais Fornaris e Borbolla, no começo do século 20 (e ainda estão em boas condições de uso). O legado musical da cidade foi ainda mais solidificado em 1972, quando ela hospedou um festival de *nueva trova* financiado pelo governo que culminou numa marcha de solidariedade até a Playa las Coloradas.

## Atrações

### NA CIDADE

Apesar de parecer um pouquinho suja para visitantes de primeira viagem, Manzanillo tem passado por uma renovação gradual. A cidade é famosa pela arquitetura impressionante: uma mistura psicodélica de cabanas de praia de madeira, condomínios ao estilo andaluz e intrincadas fachadas neomouriscas. Confira o **prédio do City Bank of NY** (esq. Merchán e Dr. Codina), datado de 1913, ou as casas de madeira em ruínas em volta da Perucho Figueredo, entre o Merchán e JM Gómez.

**Parque Céspedes** PARQUE
A praça central de Manzanillo é notável pela sua inestimável **glorieta** (coreto), onde mosaicos mouros, uma cúpula em formato de concha e colunas arabescas dão o tema que é replicado em quase todo lugar. Completamen-

NÃO PERCA

## PICO TURQUINO

Alcançando 1.972m acima do mar azul do Caribe, o Pico Turquino – assim chamado por conta da tonalidade turquesa que colore as encostas mais altas e íngremes – é a montanha mais alta e mais escalada de Cuba.

Acarpetado por uma exuberante floresta tropical e protegido por um parque nacional de 140km², o ponto mais alto do pico é embelezado por um busto de bronze do herói nacional José Martí, obra da escultora cubana Jilma Madera. Num teste de resistência patriótico, a estátua foi trazida ao topo em 1953 pela jovem Celia Sánchez e por seu pai, Manuel Sánchez Silveira, para marcar o centenário de nascimento do líder.

Quatro anos depois, Sánchez visitou o pico de novo, dessa vez com Fidel Castro de rifle em punho, para gravar uma entrevista com a rede de notícias americana CBS. Não muito tempo depois, o exército de rebeldes instalou permanentemente seu quartel sob a sombra imponente da montanha, numa elevação protegida por árvores próxima a La Plata.

Mais bem percorrido por uma trilha do lado de Santo Domingo, o acidentado caminho de 2 ou 3 dias até Turquino começa do Alto del Naranjo, próximo a La Plata, e termina em Las Cuevas, na costa caribenha. Guias são obrigatórios e podem ser encontrados por funcionários da Flora y Fauna na Villa Santo Domingo (p. 374) ou na pequena cabana em Las Cuevas. O preço varia dependendo de quantos dias você irá ficar. Se você organizar a excursão pela Cubanacán em Bayamo (p. 371), prepare-se para gastar CUC$45/65/99 por pessoa para 2/3/4 dias. Você também precisará estocar comida, roupas quentes, velas e cobertor. Mesmo em agosto faz frio nos abrigos, então esteja preparado. Há água suficiente ao longo da trilha.

A trilha pelas montanhas que parte de Alto del Naranjo passa pelo vilarejo de La Platica (água), Palma Mocha (camping), Lima (camping), Pico Joachín (abrigo e água), El Cojo (abrigo), Pico Joachín, Regino, Paso de los Monos, Loma Redonda, Pico Turquino (1.972m), Pico Cuba (1.872m; com abrigo e água a 1.650m), Pico Cardero (1.265m) e La Esmajagua (600m) antes de descer até Las Cuevas, pela costa. Os dois primeiros dias são para o caminho de 13km até o Pico Turquino (passando a noite no Pico Joachín e/ou nos abrigos no Pico Cuba), onde um guia agendado entra no comando e lidera a descida para Las Cuevas. Como todos os serviços de guias, uma gorjeta cai bem. Agendar com antecedência a segunda etapa do Pico Cuba até Las Cuevas é simples e fica a cargo dos funcionários do parque.

Essas caminhadas são bem coordenadas e os guias são eficientes. A forma mais sensata de começar é passando a noite em Villa Santo Domingo e partir pela manhã (você deve cruzar o portão do parque por volta das 10h). O transporte de Las Cuevas ao longo da costa é esparso, com uma viagem de trem agendada em dias alternados. Agende um táxi com antecedência.

Veja a p. 422 para uma descrição do trecho Las Cuevas–Pico Turquino.

te restaurado há uma década, o coreto – uma imitação do Patio de los Leones, em Alhambra, na Espanha – brilha em meio à decadência urbana. Nas proximidades fica a permanente **estátua de Carlos Puebla**, o famoso *trovador* de Manzanillo, retratado em um banco contemplando a paisagem urbana dos arredores.

**GRÁTIS** **Museo Histórico Municipal** MUSEU
(Martí, 226; ⏲8-12h e 14-18h ter-sex, 8-12h e 18-22h sáb e dom) Na parte leste do Parque Céspedes, o museu municipal de Manzanillo dá à história local um tratamento revolucionário. A **Galería de Arte Carlos Enriquez**, com coleções locais alternantes, é vizinha.

**Iglesia de la Purísima Concepción** IGREJA
A igreja neoclássica da cidade foi iniciada em 1805, mas as torres de sino gêmeas foram adicionadas em 1918. A igreja, que leva o nome da padroeira de Manzanillo, é notável pelo seu impressionante retábulo dourado.

**Monumento Celia Sánchez** MONUMENTO
Por volta de oito quarteirões na direção sudoeste do parque está a atração mais evocativa de Manzanillo. Construída em 1990, essa escadaria de azulejos terracota adornada com murais de cerâmica coloridos fica na calle Caridad, entre a Martí e a Luz Caballero. Os pássaros e as flores nos relevos representam Sánchez, o alicerce do Movimento M-26-7 e

ajudante de longa data de Castro, cuja face aparece no mural central perto do topo das escadas. É um memorial emocionante, com excelente vista para a cidade e para a baía.

**FORA DA CIDADE**

**Museo Histórico la Demajagua** MUSEU

(Entrada CUC$1; 8-18h seg-sex, 8-12h dom) Começou com um grito. Dez quilômetros ao sul de Manzanillo, cruzando os campos gramados do oeste de Granma, está La Demajagua, o lugar que dá vista à propriedade de açúcar de Carlos Manuel de Céspedes, cujo *Grito de Yara* e subsequente libertação dos seus escravos, em 10 de outubro de 1868, marcaram o início das guerras de independência de Cuba. Há um pequeno museu aqui, junto com as ruínas do *ingenio* (engenho) de Céspedes, um monumento pungente (com uma frase de Castro) e o famoso sino de Demajagua que Céspedes tocou para anunciar a (na época não oficial) independência do país. Em 1947 o então desconhecido Fidel Castro "sequestrou" o sino e o levou para Havana, em uma façanha publicitária para protestar contra o governo corrupto de Cuba. Para chegar a La Demajagua, siga na direção sul por 10km além do posto de gasolina Servi-Cupet de Manzanillo, em direção a Media Luna, e depois outros 2,5km na estrada principal rumo ao mar.

**Criadero de Cocodrilos** FAZENDA DE CROCODILOS

(Entrada CUC$5; 7-18h seg-sex, 7-11h sáb) O delta do rio Cauto, que fica próximo, é abrigo para um número crescente de crocodilos selvagens, então não se surpreenda ao encontrar uma meia dúzia de fazendas de crocodilos aqui. Há por volta de mil crocodilos nesse criadouro, apesar de serem todos da espécie "americana", menos ameaçada. A fazenda fica 5km ao sul de Manzanillo, na estrada para Media Luna.

## Onde dormir

Manzanillo felizmente tem um punhado de quartos privativos, já que a cena hoteleira não tem muito a oferecer.

**Adrián & Tonia** CASA PARTICULAR $

(57-30-28; Mártires de Vietnam, 49; q CUC$20-25; ) Essa *casa* interessante, cheia de adornos muito bem trabalhados (como janelas duplas) e plantas pendentes, chamaria atenção em qualquer cidade, ainda mais em Manzanillo. A posição, na escadaria de terracota que leva ao monumento a Celia Sánchez, obviamente ajuda. Mas os jovens Adrián e Tonia foram além do esperado com o terraço e sua vista fenomenal, uma piscina do tamanho de uma *jacuzzi* para dar uma relaxada e jantar no *paladar* vizinho.

**Villa Luisa** CASA PARTICULAR $

(57-27-38; Rabena, 172, entre Maceo e Masó; q CUC$20-25; ) Dois quartos recentemente reformados em uma casa arejada e limpa, com coqueiros e uma pequena piscina no jardim.

**Hotel Guacanayabo** HOTEL $

(57-40-12; Circunvalación Camilo Cienfuegos; s/c baixa temporada CUC$15/20, alta temporada CUC$18/24; ) O mais barato e austero dos hotéis Islazul em Cuba, o Guacanayabo parece uma reencarnação tropical de um acampamento soviético. Os flamingos falsos na recepção não conseguem deixar o ambiente mais leve, apesar de uma equipe afável tentar o seu melhor. Os quartos são mal iluminados e relativamente limpos, e o restaurante lembra um cenário meio cafona e atrapalhado.

## Onde comer

Manzanillo é conhecida pelos seus peixes, apesar de frutos do mar não serem um ingrediente comum nos pratos dos restaurantes. Como em muitas das cidades cubanas menos turísticas, a cena culinária é ruim. Se estiver em dúvida, opte pela sua *casa particular*, ou vá ao Sábado en la Calle (p. 378), onde os moradores preparam o tradicional porco assado (inteiro).

**Paladar la Roca** PALADAR $$

(Mártires de Vietnam, 68) Na metade da escadaria para o memorial a Célia Sánchez fica o melhor local para provar os frutos do mar de Manzanillo: uma casa de tábuas de madeira com anfitriões sempre sorridentes. Peixe é o prato principal e vem com alguns molhos agradáveis.

**Cafetería la Fuente** SORVETERIA $

(Esq. avs. Jesús Menéndez e Masó; 8-0h) Os cubanos são tão defensores do seu sorvete como os britânicos são do seu chá. Aconteça o que acontecer, o sorvete sempre é servido aqui. Entre na fila aqui para adocicar seu passeio pelo Parque Céspedes.

**Restaurante Licetera** FRUTOS DO MAR $

(Av. Masó entre calles 9 e 10; 12h-21h45) Um lugar com área externa à beira-mar especializado em peixes locais servidos com a cabeça e a espinha, mas bem saborosos. Preços estão na *moneda nacional* (pesos cubanos).

**Restaurante Yang Tsé** CHINESA $

(Merchán entre Masó e Saco; 7-22h) Comida chinesa em pesos cubanos nesse estabelecimento, no centro, com mania de grandeza (há até mesmo um código de vestuário!). Tem vista para o Parque Céspedes e recebe boas recomendações dos moradores.

**Dinos Pizza la Glorieta** PIZZA $
(Merchán, 221, entre Maceo e Masó; ⌚8-0h) Essa pequena rede de pizzarias cubana pode vir a calhar por aqui. Empoleirada na praça central, é administrada pelo grupo de restaurantes do governo, Palmares, e aceita conversíveis.

**Cafetería Piropo Kikiri** FAST-FOOD $
(Martí entre Maceo e Saco; ⌚10-22h) Esse lugar serve de sanduíches de sorvete a sundaes e aceita pesos conversíveis.



## ☆ Lazer

Como na maioria das cidades cubanas, o melhor show de Manzanillo ocorre nas noites de sábado, no famoso **Sábado en la Calle**, com uma profusão de realejos estridentes, porcos assados, um rum de queimar a garganta e, é claro, moradores dançantes. Não perca!

**Teatro Manzanillo** TEATRO
(Villuendas entre Maceo e Saco; entrada 5 pesos; ⌚shows 20h sex-dom) Companhias em turnê como o Ballet de Camagüey e a Danza Contemporánea de Cuba fazem performances nesse adorável estabelecimento restaurado. Construído em 1856 e reformado em 1926 e depois novamente em 2002, essa beleza com 430 assentos é lotada de pinturas a óleo, adornos vermelhos e detalhes originais.

**Casa de la Trova** MÚSICA TRADICIONAL
(Merchán, 213; entrada 1 peso) No lar espiritual da *nueva trova*, uma renovação necessária da casa de *trova* local. Visite esse santuário musical com tinta fresquinha, onde Carlos Puebla um dia entoou suas cordas.

GRÁTIS **Uneac** CENTRO CULTURAL
(Esq. Merchán e Concession) Música tradicional nesse local confiável, que tem *peñas* (apresentações musicais) e exposições de pintura aos sábados e domingos à noite.

**Complejo Costa Azul** CABARÉ
(⌚8-0h ter-sáb, 8-1h dom) O cabaré noturno na baía de Manzanillo é mais *kitsch* do que a maioria – por isso mesmo acaba sendo mais interessante.

**Cine Popular** CINEMA
(Av. 1 de Mayo; ⌚ter-dom) Esse é o principal cinema da cidade.

## ℹ Informações

**Banco de Crédito y Comercio** (Esq. Merchán e Saco)

**Cadeca** (Martí, 188) A dois quarteirões da praça principal. Com poucos lugares que aceitam pesos conversíveis nessa cidade, você precisará de alguns pesos cubanos.

**Correios** (Esq. Martí e Codina) A um quarteirão do Parque Céspedes.

**Etecsa** (Esq. Martí e Codina; ⌚8h30-19h30) Após anos de espera, Manzanillo finalmente construiu um elegante escritório de telefonia com terminais de internet.

## ℹ Como chegar e sair

### Avião

O aeroporto de Manzanillo, o **Aeroporto Sierra Maestra** (código MZO), fica na estrada para Cayo Espino, 8km ao sul do posto de gasolina Servi-Cupet em Manzanillo. A **Cubana** (www.cubana.cu) tem voos diretos a partir de Havana, uma vez por semana, aos sábados (CUC$103, 2 horas).

Um táxi entre o aeroporto e o centro da cidade deve custar aproximadamente CUC$6.

### Ônibus e van

A **rodoviária** (av. Rosales) fica 2km a nordeste do centro da cidade. Não existem ônibus Víazul que façam o percurso para/a partir de Manzanillo. Isso reduz suas opções para *guaguas* (ônibus cubanos locais) ou vans (programação não confiável e grandes filas). Há várias saídas por dia para Yara e Bayamo, ao leste, e Pilón e Niquero, ao sul. Para os últimos destinos, você também pode embarcar no cruzamento próximo ao posto de gasolina Servi-Cupet e o hospital, que também é onde encontrará os *amarillos* (oficiais de transporte).

### Carro

A **Cubacar** (☎57-77-36) tem um escritório no Hotel Guacanayabo (p. 377). Há uma estrada resistente que passa por Corralito e vai até Holguín, sendo esta a saída mais rápida de Manzanillo em direção ao norte ou ao sul.

### Trem

Todas as rotas da estação de trem passam ou por Yara ou Bayamo. A cada três dias há uma saída para Havana. Há trens para diversos destinos, mas são terrivelmente demorados.

## ℹ Como circular

Charretes (1 peso) para a rodoviária saem da Dr. Codina, entre Plácido e Luz Caballero. Charretes para o estaleiro, via Malecón, saem do final da calle Saco.

VALE A VIAGEM

## MEDIA LUNA

Uma das poucas cidades que pontuam os campos de açúcar ondulantes entre Manzanillo e Cabo Cruz, Media Luna (população 15.493) vale uma parada por suas ligações com Celia Sánchez. A "primeira dama" da Revolução nasceu nesta cidade em 1920, em uma pequena casa que agora é o **Museu Celia Sánchez** (Paúl Podio, 111; entrada CUC$1; ⌚9-12h e 14-17h ter-sáb, 9-13h dom).

Se tiver tempo, dê uma passeada por essa típica cidade açucareira dominada por grandes moinhos manchados de fuligem (agora parados) e características casas de madeira decoradas. Além do museu Sánchez, Media Luna abriga uma adorável **glorieta** (coreto) quase tão excêntrica quanto a de Manzanillo. O parque central é o lugar ideal para assistir a um pouco de teatro de rua enquanto toma vitaminas de frutas, pagas em pesos, e sorvete.

Uma estrada sinalizada sai de Media Luna e leva a **Cinco Palmas**, 28km depois, onde um monumento marca o local onde o exausto exército de Castro se reagrupou depois do desastre que foi a atracação do *Granma*, em dezembro de 1956.

# Niquero

POP. 20.273

Niquero, um pequeno porto pesqueiro e cidade açucareira no isolado canto sudeste de Granma, é dominada pelo moinho de açúcar Roberto Ramírez Delgado, construído em 1905 e nacionalizado em 1960. É um dos poucos moinhos da região em funcionamento depois dos fechamentos de 2002. Como muitas propriedades de Granma, Niquero é caracterizada por suas distintivas casas de madeira e tem uma animada *Noche de Cubanilla,* quando as ruas são fechadas e o jantar acontece em mesas nas calçadas. Bandas ao vivo com tocadores de realejo entretêm os locais.

Não há muito o que fazer em Niquero, mas você pode explorar o parque, onde há um **cinema,** e visitar o pequeno **museu** da cidade. Procure o **monumento** em homenagem às normalmente esquecidas vítimas da atracação do *Granma*, que foram caçadas e mortas pelas tropas de Batista em dezembro de 1956.

Niquero é uma boa base para visitar o Parque Nacional Desembarco del Granma. Há dois postos de gasolina Servi-Cupet, um banco, uma boate e muita ação espontânea nas calçadas.

## Onde dormir

**Hotel Niquero** HOTEL **$**

(☎59-24-98; Esq. Martí; s/c CUC$14/18; P❄) Aninhado no centro da pequena cidade, esse despretensioso hotel em frente à fabrica de açúcar tem quartos escuros e levemente baixos com pequenas varandas que dão vista para a rua. O atendimento é variável, apesar de o restaurante próprio do hotel servir um bife com molho razoável. Melhor se conformar, pois esta é a única acomodação da cidade.

# Alegria del Pio

Pare por um momento. Você está em território revolucionário santificado. Acessado por 28km de estrada esburacada a partir da saída em Niquero, esse é o local onde os náufragos rebeldes de Castro foram interceptados pelo exército de Batista e forçados a se separar e fugir. Um monumento foi erguido em 2009 para marcar o evento e, no final da estrada, existem algumas trilhas pouco usadas que podem ser feitas independentemente ou com guia. Informe-se com a Ecotur (p. 371), em Bayamo, ou no Parque Nacional Desembarco del Granma (p. 380).

**Morlotte-Fustete** é uma trilha de 2km que atravessa a espetacular costa elevada (às vezes usando escadas de madeira) e passa pela **Cueva del Fustete** – uma caverna de 5km de comprimento repleta de estalactites e estalagmites – e pelo **Hoyo de Morlotte**, uma dolina de 77m causada pela corrosão da água. **El Samuel** é uma trilha de 1,3km que leva à **Cueva Espelunca**, outra caverna tida como local de cerimônias religiosas de aborígenes.

Alegria del Pio é o ponto final da trilha de 30km a partir de Las Coloradas que replica o trajeto dos náufragos rebeldes em dezembro de 1956. Como não existem instalações no local, leve sua própria água e comida.

# Parque Nacional Desembarco del Granma

Misturando uma diversidade ambiental única com um poderoso significado histórico, o **Parque Nacional Desembarco del Granma** (entrada CUC$5) consiste em 275km² de florestas abundantes, topografia *karst* peculiar e costas elevadas. Também é um santuário espiritual à Revolução Cubana – o local onde o danificado iate de Castro, o *Granma,* mancou até terra firme em dezembro de 1956.

Nomeado um Patrimônio Histórico da Humanidade da UNESCO em 1999, o parque protege alguns dos penhascos costais mais intocados das Américas. Das 512 espécies de plantas identificadas até agora, 60% são endêmicas e uma dúzia delas encontradas apenas aqui. A fauna é igualmente rica, com 25 espécies de moluscos, 7 de anfíbios, 44 de répteis, 110 de pássaros e 13 de mamíferos.

Em El Guafe, arqueólogos revelaram a segunda mais importante comunidade de agricultores e criadores de cerâmica já descoberta em Cuba. Com aproximadamente mil anos de idade, entre os artefatos descobertos estão altares, pedras esculpidas e vasos de barro com seis ídolos guardando uma deusa da água dentro de uma caverna cerimonial. Do ponto de vista dos arqueólogos, isso é só a ponta do iceberg.

## Atrações

A área é famosa pela atracação do *Granma,* que trouxe Fidel e a Revolução a Cuba, em 1956.

**Museo las Coloradas** MUSEU

(Entrada CUC$2; 8-18h ter-sáb, 8-12h dom) Um grande monumento logo depois dos portões do parque mostra o local de atracação do *Granma.* Um pequeno museu resume as rotas feitas por Castro, Guevara e os outros pela Sierra Maestra e há uma réplica em escala real do iate, na qual – se tiver sorte – um guarda armado deixará você subir para se perguntar como 82 homens couberam lá dentro. O ingresso inclui uma visita à simples tenda reconstruída do primeiro *campesino* (um pobre queimador de carvão) a ajudar Fidel depois da atracação. Um guia entusiasmado o acompanhará pelo caminho de 1,3km através do denso mangue até o oceano e o local onde o *Granma* encalhou, a 70m da costa.

**Sendero Arqueológico Natural el Guafe** TRILHA

(Entrada CUC$3) Aproximadamente 8km a sudoeste de Las Coloradas fica essa bem sinalizada trilha de 2km, a principal ecológica/arqueológica do parque. Um rio subterrâneo criou vinte grandes cavernas, uma das quais contém o famoso Ídolo del Agua, esculpido em estalagmites por índios pré-colombianos. Permita-se 2 horas de caminhada para assimilar as borboletas, 170 espécies diferentes de pássaros (como o pequeno colibrí), e diversas orquídeas. Há também um cacto de quinhentos anos. Um guia pode mostrar os detalhes mais interessantes por CUC$2 a mais. Há centenas de moscas: traga um repelente.

O parque é salpicado de trilhas, e a melhor delas é a Alegria del Pio, com 30km, replicando a jornada dos 82 rebeldes que chegaram aqui em 1956. Devido ao seu comprimento e à falta de sinalização, ela é mais bem aproveitada com um guia. Informe-se na Ecotur em Bayamo (p. 371) com antecedência e reserve de 7 a 8 horas para completá-la. Você precisará providenciar um transporte para encontrá-lo em Alegria del Pio.

**Comunidad Cabo Cruz** MARCO HISTÓRICO

A 3km do começo da trilha El Guafe fica uma pequena comunidade pesqueira, com barquinhos balançando em alto-mar e homens grandes e vigorosos eviscerando a pesca do dia na praia dourada. Não há muito o que ver aqui além do farol Vargas, de 33m de altura, erguido em 1871 e hoje propriedade do exército cubano. À sua sombra fica o Restaurante el Cabo, fonte da comida de frutos do mar frescos mais barata que você encontrará.

Há um bom local para nadar e mergulhar (com snorkel) a leste do farol. Traga seu próprio equipamento, pois não existem instalações.

## Onde dormir e comer

**Campismo las Coloradas** CAMPING $

(Carretera de Niquero Km 17; s/c CUC$8/12; ) Um camping de categoria 3, com 28 chalés duplex localizados em 500m de praia escura, 5km a sudoeste de Belic, logo na saída do parque. Todos os chalés têm ar-condicionado e banheiro, e no local há um restaurante, um salão de jogos e aluguel de equipamento para esportes aquáticos. Las Coloradas passou por uma grande reforma depois do estrago causado pelo furacão Dennis de 2005. É possível agendar pela Cubamar (p. 118), em Havana.

**Restaurante el Cabo** FRUTOS DO MAR $
(⏲7-21h ter-dom) Os frutos do mar mais baratos de Cuba saem direto do mar do Caribe nos fundos desse restaurante, à sombra do farol Vargas. Espere filés frescos de vermelho cioba e peixe-espada, com preços em pesos cubanos que chegam, no máximo, ao equivalente de CUC$2 por refeição.

**Ranchón las Colorados** CARIBENHA $
(⏲12-19h) Um tradicional restaurante em casa de sapé, com comida *criolla* logo antes dos portões do parque, esse lugar serve a seu propósito se você estiver com fome depois de um longo percurso dirigindo.

### Como chegar e sair

Dez quilômetros a sudoeste de Media Luna a estrada se divide: Pilón fica 30km a sudeste e Niquero, 10km a sudoeste. Belic fica 16km a sudoeste de Niquero. De Belic à entrada no parque nacional são 6km de estrada esburacada.

Se não tiver seu próprio transporte, chegar pode ser complicado. Ônibus irregulares só vão até o Campismo las Coloradas diariamente e outros ônibus com a mesma frequência saem de Belic. Como última opção, você pode tentar os *amarillos* em Niquero. Os postos de gasolina mais próximos ficam em Niquero.

## Pilón

POP. 11.904

Pilón é uma pequena e isolada propriedade localizada entre os resorts de Marea del

### E ENTÃO ERAM TRÊS

Parecia uma derrota vergonhosa. Três dias depois de atracar um iate estropiado na costa sudeste de Cuba, a força expedicionária de Castro, com 82 homens, havia sido dizimada pelo exército superior de Batista. Alguns rebeldes fugiram, outros foram capturados e mortos. Tendo escapado da emboscada, Castro se viu agachado num campo de cana com dois companheiros esfarrapados: seu "segurança", Universo Sánchez, e o minúsculo médico de Havana, Faustino Pérez. "Houve um momento em que eu fui comandante de mim mesmo e mais dois outros", disse o homem que viria a derrubar o governo cubano, frustrar uma invasão patrocinada pelos Estados Unidos, instigar um impasse nuclear e se tornar uma das figuras políticas mais duradouras do século 20.

Caçado por tropas em terra e bombardeado pelo ar por aviões do exército, o trio ficou preso no campo por quatro dias e três noites. O infeliz Pérez havia inadvertidamente descartado sua arma. Sánchez, enquanto isso, havia perdido seus sapatos. Assolado pelo cansaço e pela fome, Fidel continuou fazendo o que fazia de melhor. Ele sussurrava incessantemente aos seus colegas aflitos mensagens sobre a Revolução, sobre a filosofia de José Martí. Animado, ele pregava que "toda a glória do mundo caberia dentro de um grão de milho". Sánchez concluiu que seu líder delirante havia perdido o juízo e que seu destino cinzento estava selado – era apenas uma questão de tempo.

À noite, Fidel – determinado a não ser capturado vivo – dormia com seu rifle armado contra sua garganta, o pino de segurança destravado. Um movimento de seu dedo e tudo acabaria. Nenhuma Revolução Cubana, Baía dos Porcos, Crise dos Mísseis de Cuba, Batalha de Cuito Cuanavale.

Decisivamente, esse momento não chegou. O exército concluiu que os rebeldes haviam sido neutralizados e a busca foi cancelada. Escolhendo o momento certo, Fidel e seus dois companheiros rastejaram furtivamente a nordeste em direção à segurança de Sierra Maestra, chupando pedaços de cana-de-açúcar para se sustentar.

Foi uma desesperada luta pela sobrevivência. Por mais oito dias, o exército rebelde continuou a ser um trio esfarrapado, que se esquivava de patrulhas do exército, rastejava por esgotos e bebia a própria urina. Mas foi somente em 13 de dezembro que conheceram Guillermo García, um *campesino* que simpatizava com a causa rebelde, e um novo capítulo começou.

Em 15 de dezembro, num abrigo secreto, Raúl Castro, irmão de Fidel, se materializou saindo da floresta com três homens e quatro armas. Castro ficou em êxtase. Três dias depois, um terceiro grupo exausto de oito soldados – entre eles Che Guevara e Camilo Cienfuegos – apareceu, aumentando o exército rebelde para miseráveis quinze homens.

"Nós podemos ganhar esta guerra", proclamou um entusiasmado Fidel para seu grupo de homens não tão encorajados, "Estamos apenas começando a briga!".

Portillo e o Parque Nacional Desembarco del Granma. É a última cidade costeira antes de Chivirico, 150km a leste. Desde que seu moinho de açúcar fechou, há mais de uma década, Pilón perdeu grande parte de sua razão de ser. Mesmo assim, os moradores ainda dão um jeito de viver, apesar da falta de transporte e do impiedoso estrago feito pelo furacão Dennis de 2005.

## Atrações

**Casa Museo Celia Sánchez Manduley** MUSEU

(Entrada CUC$1; 9-17h seg-sáb, 9-13h dom) Inspirados pelo chamado revolucionário de Fidel, os moradores de Pilón rapidamente providenciaram socorro ao grupo rebelde depois da atracação do *Granma*, que aconteceu próximo daqui, em 1956. A "musa" de Castro, Celia Sánchez, usou a cidade durante um breve período como base, por isso esse museu foi batizado em sua homenagem – apesar de funcionar mais como um museu de história local.

## Festas e eventos

**Sábado de Rumba** FESTA DE RUA

(20h sáb) Há uma dança popular em Cuba chamada *pilón* (em homenagem à cidade), que imita os ritmos da trituração do açúcar. Sua melhor chance de vê-la é indo à semanal festa de rua de Pilón – similar às de Manzanillo e Bayamo –, com porco assado, doses de rum e bastante música ao vivo. Os hotéis em Marea del Portillo têm um ônibus nos sábados à noite que vai até Pilón por CUC$5.

## Onde dormir

**Villa Turística Punta Piedra** HOTEL $

(59-70-62; s/c CUC$28/40; P) Na estrada principal, 11km a leste de Pilón e 5km a oeste de Marea del Portillo, esse pequeno e despretensioso resort, com treze quartos em blocos de dois andares, é uma interessante alternativa a complexos hoteleiros maiores a leste. Conta com um restaurante e uma discoteca localizada num trecho isolado de praia. A equipe, quando se recuperar da surpresa de receber um hóspede, ficará extremamente satisfeita com a sua presença.

## Como chegar e sair

O transporte público para/de Pilón é terrível. O único ônibus regular é o Astro, para Santiago de Cuba via Bayamo, em dias alternados – mas não é uma opção para estrangeiros. Caso contrário, é necessário um carro, uma bicicleta para longas distâncias ou uma carona com os *amarillos*.

O posto de gasolina Servi-Cupet fica na estrada, na entrada para Pilón, e vende lanches e bebidas. Motoristas devem encher o tanque ali mesmo: o próximo posto de gasolina fica em Santiago de Cuba – a quase 200km de distância!

# Marea del Portillo

Há algo contagiante em Marea del Portillo, um pequeno vilarejo na costa sul ladeado por dois discretos resorts all-inclusive. Espremido em um pequeno trecho de terra entre o mar brilhante do Caribe e a nivelada Sierra Maestra, ocupa um lugar de grande beleza natural – e inestimável valor histórico.

O problema para viajantes independentes é chegar ao vilarejo. Não há transporte público regular, o que significa que você, pela primeira vez, terá de virar um nativo e viajar com os *amarillos*. Outro problema para os amantes de praia é a areia, que tem uma cor levemente acinzentada e pode desapontar os que esperam algo mais próximo das areias brancas de Cayo Coco.

Os resorts em si são acessíveis e bem conservados, mas são isolados. A cidade mais próxima é a simplória Manzanillo, 100km ao norte. A Cuba real e rústica, contudo, fica do lado de fora dos portões dos hotéis.

## Atividades

Há muito o que fazer aqui, apesar do isolamento da região. Ambos os hotéis oferecem passeios a cavalo por CUC$5 a hora (normalmente para El Salto; veja p. 383) ou trajetos em charretes ao longo da costa deserta por CUC$4. Um passeio de jipe para a cachoeira Las Yaguas custa CUC$49 e viagens ao Parque Nacional Desembarco del Granma custam a partir do mesmo preço. Passeios podem ser reservados nos escritórios da Cubanacán, nos hotéis.

### Mergulho e pesca

**Centro Internacional de Buceo Marea de Portillo** MERGULHO

Adjacente ao Hotel Marea del Portillo, esse centro de mergulho da Cubanacán oferece mergulhos com cilindro por CUC$25/49 (uma ou duas descidas). Um mergulho mais emocionante aos restos do naufrágio do *Cristóbal Colón* (afundado na Guerra Hispano-Americana em 1898) custa CUC$70 por duas descidas. Pesca submarina custa a partir de CUC$200 por barco (quatro pessoas) mais equipe e apetrechos.

Outras excursões aquáticas incluem um safári marinho (com mergulho de snorkel)

PROVÍNCIA DE GRANMA

por CUC$35, um cruzeiro ao pôr do sol por CUC$15 e um passeio à inabitada Cayo Blanco por CUC$25.

### Trilhas

**El Salto** TRILHA

Essa maravilhosa trilha de 20km (ida e volta) começa logo ao sair do complexo de hotéis. Vire à direita na estrada costeira e, depois de 400m, entre na estrada de terra antes da ponte. A trilha passa por alguns campos, junta-se a uma estrada e atravessa uma propriedade vazia e empoeirada. Do outro lado do vilarejo, uma represa se erguerá à sua frente. Em vez de pegar a estrada asfaltada para o aterro à esquerda, vire à direita e, em 200m, pegue um caminho que sobe íngreme até a represa e dá vista para o lago por trás. Esse lindo caminho acompanha o lago antes de cruzar um de seus riachos, em uma ponte de madeira. Vá reto e suba o monte e, quando o caminho bifurcar, fique à direita. Descendo em direção ao vale verdejante, passe na **casa de campesino** (o amigável dono cria abelhas e o dará mel, café e orientação geográfica), cruze o rio Cilantro e então siga-o contra a corrente até **El Salto,** onde há uma pequena cachoeira, um abrigo de sapé e uma convidativa piscina natural.

**Salto de Guayabito** TRILHA

Começando no vilarejo de Mata Dos, 20km a leste de Marea, essa trilha é normalmente feita como parte de uma excursão organizada nos hotéis. Grupos – que tendem a fazê-la a cavalo – seguem o rio Motas por 7km até uma encantadora cachoeira rodeada por falésias rochosas, samambaias, cactos e orquídeas.

## Onde dormir

**Hotel Marea del Portillo** HOTEL **$$**

(59-70-08; all-inclusive s/c CUC$55/78; P ❄ @ ≋) Não é Cayo Coco, mas isso quase não importa. Na verdade, a funcionalidade do Marea e a falta de pretensão a resort grandalhão parecem funcionar bem nesse canto tradicional de Cuba. Os 74 quartos são adequados, o bufê de comida faz um bom trabalho e o arco de praia sombreado pela Sierra Maestra fica a uma pequena distância da sua varanda ou pátio. Receber canadenses mais velhos e algumas famílias cubanas significa que a mistura de pessoas é grande, assim como algumas excursões interessantes às partes menos visitadas da ilha.

**Hotel Farallón del Caribe** HOTEL **$$$**

(59-70-09; all-inclusive s/c CUC$95/120; P ❄ @ ≋) Empoleirado num pequeno monte com o Mar do Caribe de um lado e a Sierra Maestra do outro, o Farallón é o irmão maior e mais rico do Marea. Três instalações all-inclusive são complementadas pelos arredores cinco estrelas e vistas mágicas do interior montanhoso de Granma. Emocionantes excursões para o Parque Nacional Desembarco del Granma podem ser organizadas no escritório da Cubanacán, ou você pode simplesmente sentar ao lado da piscina ou da praia e não fazer nada. O resort é popular entre viajantes canadenses que vêm de Manzanillo e só está aberto de abril a outubro.

## Como chegar e sair

A viagem a leste para Santiago é uma das mais espetaculares de Cuba, mas também uma das mais difíceis (não existem nem *amarillos* aqui). O transporte público é, no mínimo, esporádico e você com certeza terá de fazer a viagem em etapas. Os ocasionais ônibus cubanos passam eventualmente. Pergunte em Pilón ou Marea del Portillo. A **Cubacar** (59-70-05) tem um escritório de informações no Hotel Marea del Portillo.

## Como circular

Os hotéis alugam lambretas por aproximadamente CUC$24/dia. Carros estão disponíveis na Cubacar, ou você pode se juntar a uma excursão com a Cubanacán nos hotéis. A rota para El Salto pode ser feita a pé.

# Província de Santiago de Cuba

☎022 / POP. 1.047.015

**Inclui »**



## Os melhores lugares para comer

» El Barracón (p. 405)
» Finca el Porvenir (p. 418)
» Paladar Salón Tropical (p. 405)
» Ristorante Italiano la Fontana (p. 405)
» Restaurante Zunzún (p. 405)

## Os melhores lugares para ficar

» Hostal San Basilio (p. 402)
» Hotel Horizontes el Saltón (p. 420)
» Casa Colonial "Maruchi" (p. 402)
» Brisas Sierra Mar (p. 420)

## Por que ir?

Localizada em "Oriente", montanhosa região de Cuba, e foco de rebelião e conspiração de longa data, Santiago tem influências culturais vindas do leste, de lugares como Haiti, Jamaica, Barbados e África. Por essa razão, a província é comumente citada como a mais "caribenha" de Cuba, com um barulhento Carnaval em estilo indiano e diversos grupos de dança *folklórico* que devem tanto à cultura franco-haitiana quanto à espanhola.

Como centro da nova colônia espanhola nos séculos 16 e 17, Santiago de Cuba aproveitou um breve período como capital de Cuba, até que o título foi usurpado por Havana em 1607. O ritmo mais lento de desenvolvimento que se seguiu teve suas vantagens. Dirija aproximadamente 20km ao longo da costa em qualquer direção a partir da capital da província e estará em outro planeta: uma região cheia de enseadas acidentadas, altas ondas, plantações históricas de café e morros repletos de um endemismo tumultuoso.

## Quando ir

Julho é o principal mês no calendário cultural de Santiago de Cuba, quando a cidade está *caliente* em mais sentidos que apenas o do clima. O mês começa com o vibrante Festival del Caribe e termina com o famoso Carnaval. Mais música é oferecida em março no Festival Internacional de Trova, quando a cidade redescobre suas raízes musicais. O período entre esses dois eventos (de março a junho) é conhecido pela alta claridade da água, que assegura excelentes condições para mergulho na costa sul.

## Destaques da província de Santiago de Cuba

1. Encerre uma noite musical na lendária **Casa de la Trova** em Santiago de Cuba (p. 408)
2. Visite o **Cuartel Moncada** (p. 395) em Santiago de Cuba e avalie a audácia (ou a loucura) da insurreição de Castro em 1953
3. Aproveite a comida tradicional e o rodeio na **Fiesta Guajira** (p. 416) do Parque Baconao
4. Explore as diversas danças afro-cubanas num show do ***folklórico*** (p. 407) em Santiago de Cuba
5. Pegue a estrada litorânea a oeste em direção a **El Uvero** (p. 421), entre montanhas a perder de vista e ondas para surfar
6. Conheça a história da cultura do café em Cuba, inspirada na tradição francesa, no **Cafetal la Isabelica** (p. 415) em Gran Piedra
7. Peregrine a **El Cobre** (p. 419) para visitar o santuário da santa padroeira de Cuba, La Virgen de la Caridad
8. Mergulhe até o local onde naufragou o navio de guerra espanhol *Cristóbal Colón*, perto da costa de **Chivirico** (p. 421)

## História

Iluminada por um rico elenco de heróis revolucionários e caracterizada por um legado cultural que se infiltrou em tudo, da música e linguagem à escultura e arte, a história de Santiago é inseparável da história de Cuba em si.

Fundada em 1514 por Diego Velázquez de Cuéllar (seus ossos supostamente se encontram enterrados sob a catedral), a cidade Santiago de Cuba mudou para seu local atual, um porto em forma de ferradura sob abrigo da Sierra Maestra, em 1522. Seu primeiro prefeito foi Hernán Cortés – o secretário instável de Velázquez –, que abandonou a intensa mas tranquila baía em 1518 para ir ao México.

Nomeada nova capital da colônia após o abandono de Baracoa em 1515, Santiago viveu um breve renascimento como centro da indústria de mineração de cobre e porto de desembarque de escravos vindos da África Ocidental via Hispaniola. Mas a glória não duraria muito.

Em 1556, os comandantes gerais espanhóis partiram para Havana e, em 1607, a capital foi transferida permanentemente para o oeste. Saqueada por piratas e reduzida a um pequeno vilarejo com algumas centenas de pessoas, a destruída Santiago mal sobreviveu à desonra.

A maré virou em 1655, quando colonizadores espanhóis chegaram da colônia vizinha, a Jamaica, e esse influxo aumentou até os anos 1790, período em que donos de terras franceses fugiram de uma revolta escrava no Haiti e se estabeleceram no distrito de Tivolí na cidade. Sempre um passo à frente da capital na esfera cultural, Santiago viu nascer o Seminario de San Basilio Magno, uma instituição educativa, em 1722 (seis anos antes da fundação da Universidad de La Habana) e, em 1804, arrancou o domínio eclesiástico da capital assegurando que o principal clérigo da cidade fosse promovido ao posto de arcebispo.

A individualidade e o isolamento de Havana logo deram à Santiago uma distinta herança cultural e tiveram um papel importante ao alimentar sua paixão insaciável por rebelião e revolta. Grande parte das batalhas nas duas Guerras de Independência aconteceu em Oriente, e um dos lutadores mais conhecidos da época, o general *mulato* Antonio Maceo, nasceu em Santiago de Cuba em 1845.

Em 1898, quando Cuba parecia prestes a vencer sua longa luta por independência, os EUA intervieram na Guerra Hispano-Americana, atracando uma flotilha com tropas na praia Daiquirí. Posteriormente, batalhas decisivas foram travadas em terra e mar pelas duas Guerras da Independência ao redor de Santiago e na própria cidade. A primeira aconteceu em 1º de julho, quando uma cavalaria comandada por Teddy Roosevelt em Loma de San Juan (Morro de San Juan) selou a famosa vitória. A segunda terminou com uma batalha naval demasiadamente parcial no porto de Santiago, onde navios americanos destruíram quase que totalmente a frota espanhola.

Um *boom* de construções caracterizou os primeiros anos do novo e quase independente Estado cubano, mas depois de três intervenções militares americanas sucessivas (a última, em 1917, estacionou tropas americanas em Oriente até 1923), as coisas começaram a ficar amargas. Apesar de sua grande influência como fonte cultural e musical, Santiago passou a ter uma reputação não tão respeitável como centro de rebelião e conflitos. Foi lá, em 26 de julho de 1953, que Fidel Castro e seus companheiros lançaram um ataque ao Cuartel Moncada (veja p. 394). Foi o começo de uma série de eventos que mudaram o curso da história de Cuba. Em seu julgamento em Santiago, Castro fez seu famoso discurso "A história me absolverá", que virou a plataforma básica para a Revolução Cubana.

Em 30 de novembro de 1956, o povo de Santiago de Cuba se rebelou contra as tropas de Batista em uma tentativa fútil de distrair a atenção da chegada das guerrilhas de Castro na costa de Oriente. Apesar de inicialmente infrutífero, um movimento secreto comandado por Frank e Josué País rapidamente estabeleceu uma rede de fornecimento que mandava armamentos vitais aos guerrilheiros em Sierra Maestra. Mesmo com o assassinato dos irmãos País, a luta continuou incansável, e foi em Santiago de Cuba, na noite de 1º de janeiro de 1959, que Castro apareceu publicamente pela primeira vez para declarar o sucesso da Revolução. Todos esses eventos deram à Santiago o título de "cidade heroica da República de Cuba".

Santiago continuou crescendo rapidamente nos anos seguintes à Revolução, conforme novas moradias foram providenciadas para moradores pobres nos subúrbios. Progresso adicional aconteceu nos anos 1990, quando um *boom* de construções deu à cidade um novo teatro, uma estação de trem e um hotel Meliá cinco estrelas.

# Santiago de Cuba

POP. 493.623

Você pode ver Santiago de Cuba de dois jeitos: uma cidade quente e irritante, cheia de malandros e aborrecimentos que o deixará ansioso por voltar à Havana no primeiro ônibus, ou uma reluzente capital cultural que foi parte fundamental na evolução da literatura, da música, da arquitetura, da política e da etnologia cubanas. Sim, Santiago divide opiniões de cubanos e estrangeiros tanto quanto um de seus antigos estudantes, Fidel Castro. Alguns amam, outros odeiam. Poucos são indiferentes.

Estimuladas por uma mistura cosmopolita de cultura afro-caribenha e localizadas mais perto do Haiti e da República Dominicana do que de Havana, as influências de Santiago tendem a vir tanto do leste quanto do oeste, fator crucial no molde da identidade do distrito. Em nenhuma outra parte de Cuba você verá uma combinação tão colorida de pessoas ou terá tão ressoante noção de destino histórico. Diego Velázquez de Cuéllar fez da cidade a segunda capital do país, Fidel Castro usou-a para lançar sua embrionária Revolução nacionalista, Don Facundo Bacardí montou sua primeira fábrica de rum aí e praticamente todos os gêneros musicais de Cuba, da salsa ao *son*, emanaram de algum canto dessas ruas empoeiradas, rítmicas e sensuais.

Quanto à localização, Santiago pode rivalizar com qualquer grande centro urbano no mundo. Preso dramaticamente entre a indomável Sierra Maestra e o azul Mar do Caribe, o *casco histórico* (centro histórico da cidade) retém um ar de uso e negligência que lembra vagamente Barbados, Salvador ou os cantos mais sórdidos de Nova Orleans.

Santiago é quente, em mais de um sentido. Enquanto a temperatura passa dos 30 °C nas ruas, *jineteros* (cambistas) fazem negócios às sombras com uma ferocidade jamais vista em outro lugar de Cuba. Também há a poluição, especialmente ruim no distrito central, onde uma cacofonia de motos sobe e desce as estreitas ruas que seriam

## Grande Santiago de Cuba

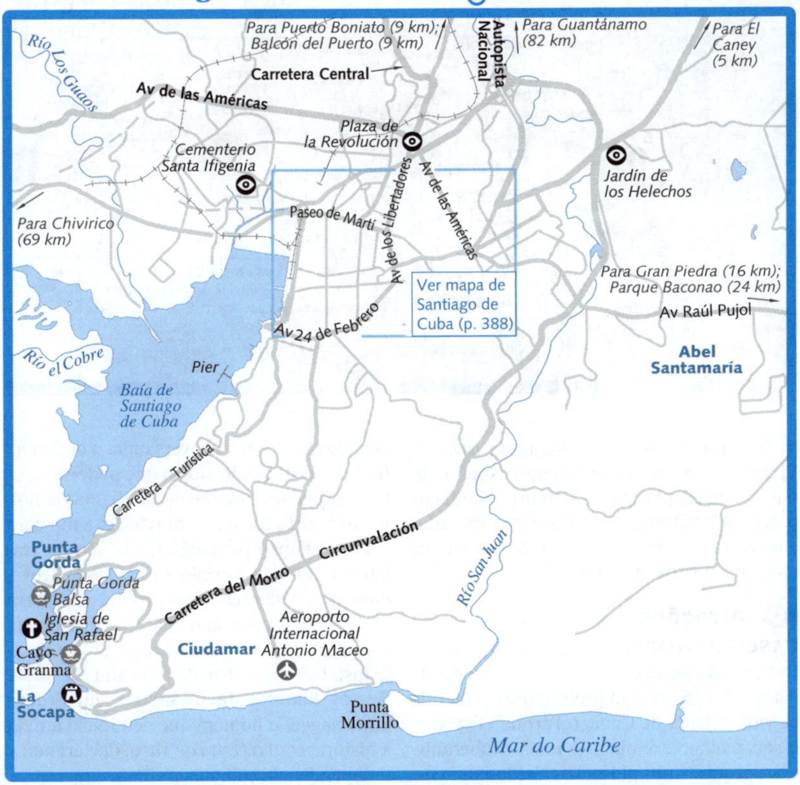

# Santiago de Cuba

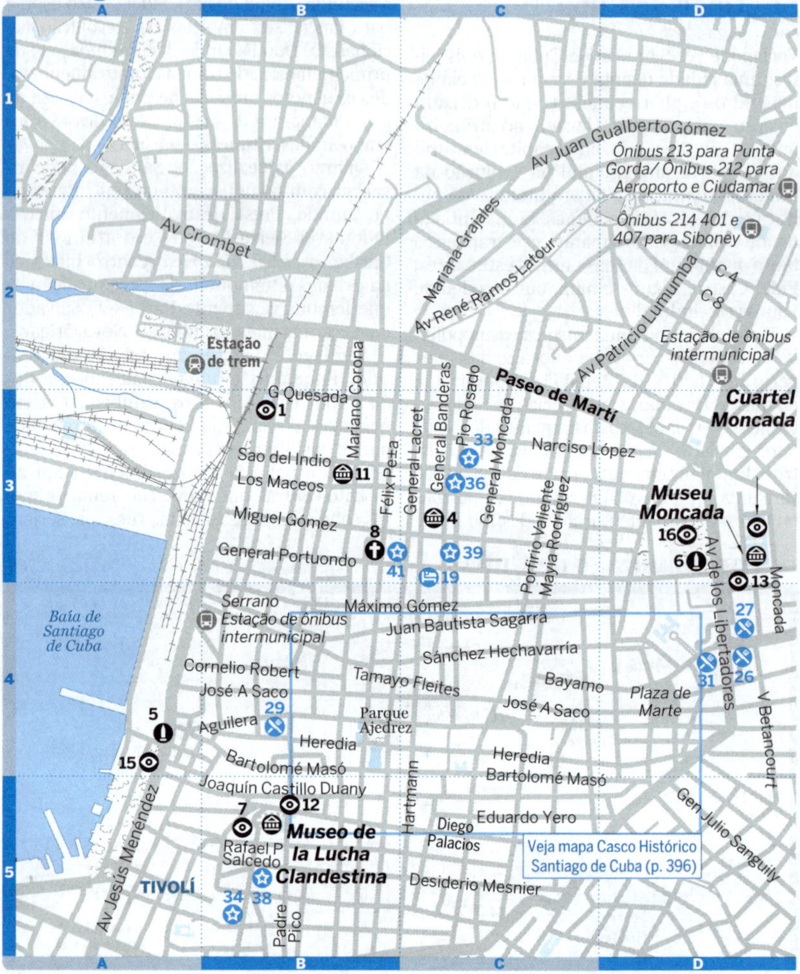




mais apropriadas para pessoas ou cavalos. Viajantes devem tomar cuidado. Apesar de não ser particularmente perigosa, Santiago parece desvairada, frenética e desesperada, e os visitantes devem estar preparados para ajustar seu ritmo ao da cidade.

## ⊙ Atrações

### CASCO HISTÓRICO

**Parque Céspedes** PARQUE

(Mapa p. 396) Se há um protótipo da romântica vida urbana de Cuba, o Parque Céspedes é seu melhor exemplo. O mais exuberante dos parques é um pulsante caleidoscópio de pessoas andando, conversando, vendendo, flertando e tocando violão que pode ser visitado a qualquer momento do dia ou da noite. Velhinhas fofocam em bancos e um cara usando chapéu panamá arrasta seu contrabaixo usado em direção à Casa de la Trova, enquanto ardentes *señoritas* usando lycra justa piscam seus cílios para os turistas da varanda do Hotel Casa Granda. Solenemente instalado no centro de tudo, um **busto de Carlos Manuel de Céspedes** em bronze homenageia o homem que deu início a toda a história com o *Grito de Yara*, declarando a independência cubana em 1868.

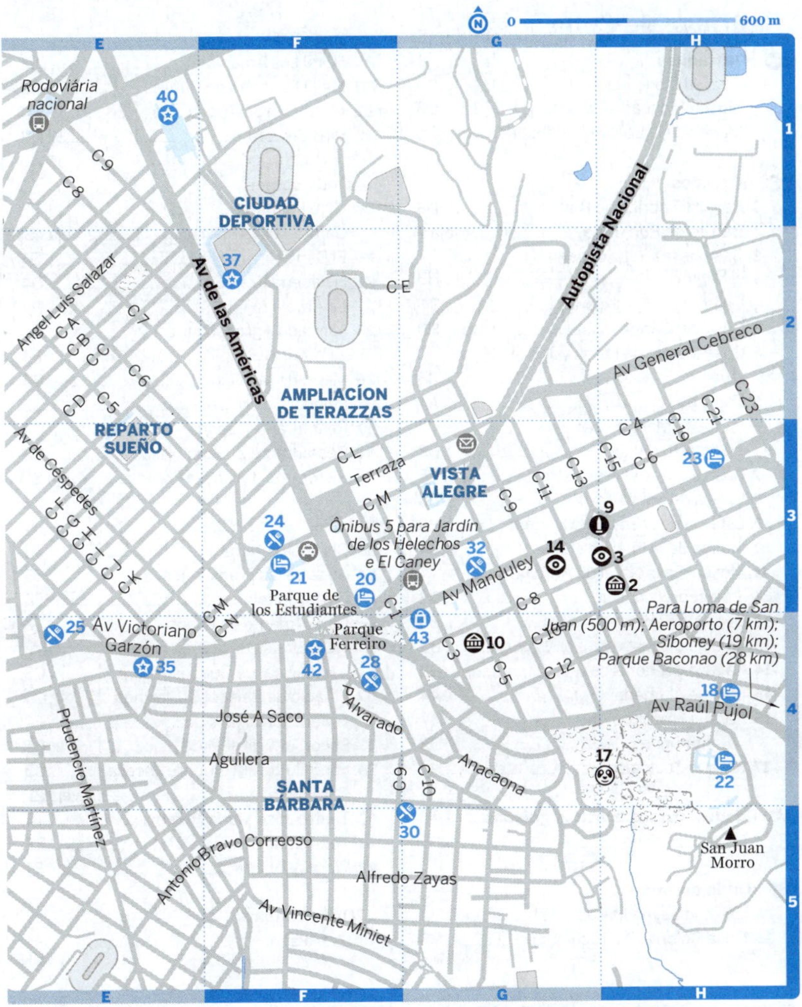


Com exceção do dissonante banco modernista no lado oeste, o Parque Céspedes é um baú de tesouro de arquitetura colonial. A **Casa de la Cultura Miguel Matamoros** (General Lacret, 651), no lado leste da praça, é o antigo San Carlos Club, um clube social para ricos *santiagüeros* até a Revolução. Ao lado, o romancista inglês Graham Greene já buscou inspiração no bar parisiense do terraço do **Hotel Casa Granda** (1914). O neoclássico **Ayuntamiento** (esq. General Lacret e Aguilera), no lado norte, erguido nos anos 1950 a partir de um desenho de 1783, já foi o local da prefeitura de Hernán Cortés. Fidel Castro apareceu no balcão do mesmo prédio na noite de 2 de janeiro de 1959 para declarar a vitória da Revolução.

**Casa de Diego Velázquez** MUSEU

(Mapa p. 396; Felix Peña, 602) Casa mais antiga ainda em pé do país, essa residência colonial de 1522 foi a casa oficial do primeiro governador da ilha. Restaurada no final dos anos 1960, a fachada em estilo Andaluz com janelas de treliça foi inaugurada em 1970 como **Museo de Ambiente Histórico Cubano** (entrada CUC$2; ⏲9-13h e 14h-16h45 seg-qui, 14h-16h45 sex, 9-21h sáb-dom). O piso térreo era

## Santiago de Cuba

**Destaques**

Cuartel Moncada ... D3
Museu Moncada ... D3
Museo de la Lucha Clandestina ... B5

**Atrações**

1 Bacardí Fábrica de Rum ... B3
Barrita de Ron Caney ... (veja 1)
2 Casa de las Religiones Populares ... H3
Casa de las Tradiciones ... (veja 34)
3 Casa del Caribe ... H3
4 Casa Museo de Frank y Josue País ... C3
5 Torre do relógio ... A4
6 Fonte de Martí e Abel Santamaría ... D3
7 Casa em que viveu Castro ... B5
8 Iglesia de Santo Tomás ... B3
9 Estátua de José María Heredia ... H3
10 Museo de la Imagen ... G4
11 Museo-Casa Natal de Antonio Maceo ... B3
12 Degraus Padre Pico ... B5
13 Palacio de Justicia ... D3
14 Palacio de Pioneros ... G3
15 Parque Alameda ... A4
16 Parque Histórico Abel Santamaría ... D3
17 Parque Zoológico ... H4

**Atividades, cursos e visitas guiadas**

Casa del Caribe ... (veja 3)

**Onde dormir**

18 Caridad Leyna Martínez ... H4
19 Casa Colonial 'Maruchi' ... C3
20 Hotel Las Américas ... F3
21 Meliá Santiago de Cuba ... F3
22 Motel San Juan ... H4
23 Villa Gaviota ... H3

**Onde comer**

24 Café Palmares ... F3
Cafetería Las Arecas ... (veja 43)
25 El Barracón ... E4
26 Heladería Km 969 ... D4
27 La Arboleda ... D4
28 Mercado Agropecuario Ferreiro ... F4
29 Mercado Municipal ... B4
30 Paladar Salón Tropical ... G5
31 Restaurante España ... D4
32 Restaurante Zunzún ... G3
Ristorante Italiano la Fontana ... (veja 21)

**Lazer**

33 Carabalí Izuama ... C3
34 Casa de las Tradiciones ... B5
35 Cine Capitolio ... E4
36 Departmento de Focos Culturales de la Dirección Municipal de Cuba ... C3
37 Estadio de Beisbol Guillermón Moncada ... F2
38 Foco Cultural el Tivolí ... B5
39 Foco Cultural Tumba Francesa ... C3
Café Santiago ... (veja 21)
40 Teatro José María Heredia ... E1
41 Teatro Martí ... B3
42 Wamby Bolera ... F4

**Onde comprar**

43 La Maison ... G4



originalmente uma casa de comércio e fundação de ouro, enquanto Velázquez vivia no andar de cima. Hoje, os quartos exibem mobiliário e decoração de época do século 16 ao 19. Visitantes também podem conhecer a casa adjacente, neoclássica do século 19.

**Catedral de Nuestra Señora de la Asunción** IGREJA

(Mapa p. 396; ⌚missa 18h30 seg e qua-sex, 17h sáb, 9h e 18h30 dom) Ela pode não ser muito antiga, mas a igreja mais importante de Santiago é deslumbrante tanto do lado de fora como do de dentro. Catedrais existiram nesse local desde a criação da cidade nos anos 1520, mas ataques de piratas, terremotos e arquitetos questionáveis acabaram com pelo menos três das últimas construções. A catedral atual, com suas duas torres neoclássicas e arcanjo de asas abertas tocando trompete, foi terminada em 1922, e dizem que os restos mortais do primeiro governador colonial estão enterrados sob a construção. Meticulosamente restaurado, o interior da catedral é uma magnífica mistura de complexos afrescos no teto, coro esculpido à mão e um altar que homenageia a venerada Virgen de la Caridad. O adjacente **Museo Arquidiocesano** (⌚9-17h seg-sex, 9-14h sáb, 9-12h dom), em comparação, é uma decepção. Abriga uma entediante coleção de móveis, objetos litúrgicos e quadros, incluindo o *Ecce homo*, supostamente o mais antigo de Cuba. Atrás da catedral e descendo dois quarteirões está o **Balcón de Velázquez** (esq. Bartolomé Masó e Mariano Corona), local de um antigo forte espanhol que oferece belas vistas dos telhados de terracota do bairro de Tivolí em direção ao porto.

### Calle Heredia RUA

(Mapa p. 396) A música nunca para na calle Heredia, a rua mais sensual de Santiago e também uma das mais antigas. As melodias começam na descascada **Casa del Estudiante** (Heredia, 204), onde pensionistas dançando *danzón* se misturam aos magros artistas do rap que mal saíram da adolescência. Uma casa acima fica a original **Casa de la Trova** (Heredia, 208), um belo casarão com balcão que lembra o French Quarter de Nova Orleans, dedicado ao primeiro *trovador* cubano José "Pepe" Sánchez (1856-1928). Abriu originalmente como casa de *trova* (composição/canto poético tradicional) em março de 1968.

### Museo Municipal Emilio Bacardí Moreau MUSEU

(Mapa p. 396; entrada CUC$2; ⌚10-18h) A estreita Pío Rosado liga a calle Heredia à calle Aguilera e à fabulosa fachada grega do Museu Bacardí. Fundado em 1899 pelo magnata do rum, herói de guerra e prefeito da cidade, Emilio Bacardí y Moreau (o palácio foi construído de acordo com suas especificações), o museu é um dos mais antigos e ecléticos de Cuba. Artefatos acumulados durante as viagens de Bacardí incluem uma extensa coleção de armas, pinturas do *Costumbrismo* (movimento artístico do século 19 que precedeu o Romantismo) espanhol e a única múmia egípcia da ilha.

### Casa Natal de José María de Heredia MUSEU

(Mapa p. 396; Heredia, 260; entrada CUC$1; ⌚9-18h ter-sáb, 9-21h dom) Um pequeno museu que ilustra a vida de um dos grandes poetas românticos de Cuba (1803-39) e do homem em cuja homenagem a rua é nomeada. A obra mais notável de Heredia, *Ode a Niágara*, está inscrita na parede do lado de fora, e tenta comparar a beleza das Cataratas do Niágara no Canadá aos seus próprios sentimentos de perda em relação à terra natal. Como muitos defensores da independência de Cuba, Heredia foi forçado a se exilar, morrendo no México em 1839.

### Museo del Carnaval MUSEU

(Mapa p. 396; Heredia, 303; entrada CUC$1; ⌚9-17h ter-dom) Um colorido museu mostrando a história da tradição do Carnaval de Santiago, o mais antigo e maior entre o do Rio e o Mardi Gras. Entre para ver carros alegóricos, efígies e o ocasional show de dança *folklórico* no pátio.

### Maqueta de la ciudad MUSEU

(Mapa p. 396; Mariano Corona, 704; entrada CUC$1) Imitando os dois impressionantes modelos em escala de Havana, Santiago arranjou sua própria – e incrivelmente detalhada – "Maqueta". Interessantes informações históricas e arquitetônicas estão expostas em painéis ilustrados nas paredes, e você pode subir até uma galeria no mezanino para ter, do alto, uma vista da cidade de tirar o fôlego. Há um pequeno café no local.

### Museo del Ron MUSEU

(Mapa p. 396; Bartolomé Masó, 358; entrada CUC$2; ⌚9-17h seg-sáb) Mesmo não chegando aos pés de seu equivalente em Havana em informações, esse pequeno museu oferece um breve resumo da história do rum cubano com uma potente dose da bebida (*añejo*). Localizado num belo casarão na calle Masó, estava passando por grandes reformas no momento da redação do guia.

### Plaza de Dolores PRAÇA

(Mapa p. 396; esq. Aguilera e Porfirio Valiente) A leste do Parque Céspedes fica a agradável e sombreada Plaza de Dolores, um antigo mercado hoje dominado pela **Iglesia de Nuestra Señora de los Dolores,** do século 18. Após um incêndio nos anos 1970, a igreja foi reconstruída como sala de concertos (Sala de Conciertos Dolores; p. 409). Muitos restaurantes e cafés ladeiam essa praça. É também o local mais popular de Santiago entre os gays.

### Plaza de Marte PRAÇA

(Mapa p. 396) Guardando a entrada para o *casco histórico*, a Plaza de Marte, hoje infestada por motos, já foi um local macabro no século 19, onde prisioneiros eram executados publicamente a tiro por atividades revolucionárias. Hoje em dia, a praça é local da *esquina caliente* de Santiago de Cuba, onde fãs locais de beisebol planejam a queda iminente do time de Havana, os Industriales. Entre as plantas floridas, uma alta coluna com uma boina vermelha em seu topo simboliza a liberdade.

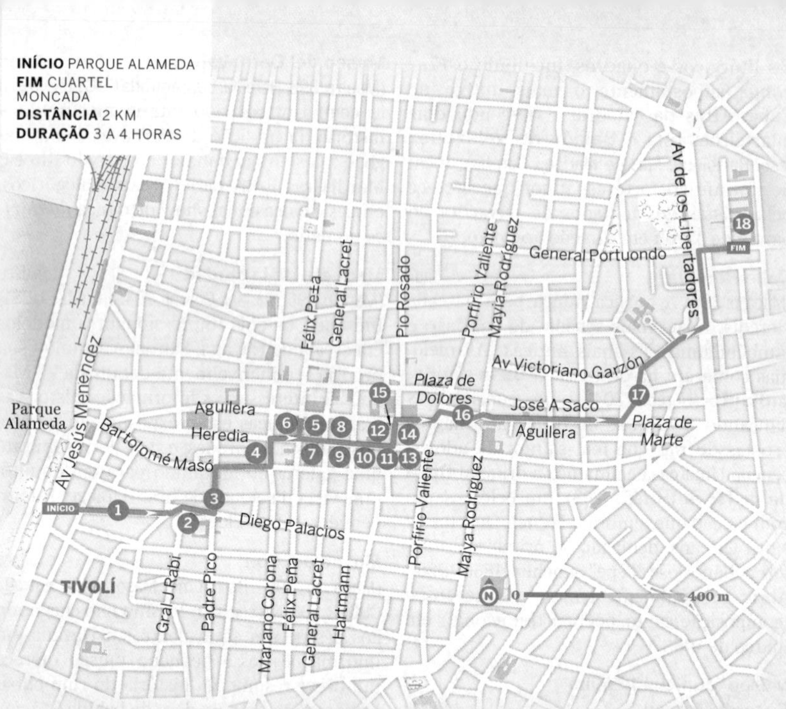


Passeio a pé

## Santiago: uma caminhada pela história

Em um cenário de montanhas verdes e uma baía de azul acinzentado, um passeio a pé pelo *casco histórico* (centro histórico) de Santiago é um rito de passagem obrigatório para visitantes de primeira viagem que querem descobrir as sensações quentes que fazem essa cidade funcionar. Fique atento ao barulho das motocicletas zumbindo, às batidas de tambores e aos jogos rápidos de dominó em meio à ação urbana, e veja quantos novos *"frens"* (amigos) arruma entre o ponto de partida em Tivolí e a chegada em Moncada.

Comece ao lado da baía com o olhar focado no topo da cidade. O Parque Alameda abriga a rua em frente ao porto não tão movimentado de Santiago. A maior parte da diversão fica a leste, num montanhoso bairro colonizado por franco-haitianos no início do século 19 e batizado de ❶ **El Tivolí**. Tivolí é uma das regiões mais pitorescas e sem trânsito de Santiago, onde casas de telhado vermelho e ruas íngremes retêm uma atmosfera cubana que ficou parada no tempo. Absorva-a à vontade. A única real "atração" do bairro é o ❷ **Museo de la Lucha Clandestina**, que pode ser alcançado seguindo a calle Diego Palacios acima a partir do porto. O museu, localizado numa antiga estação de polícia com vistas incríveis da baía, oferece uma boa noção a respeito do assunto favorito de Santiago: rebelião. Mais especificamente, sobre a trajetória do movimento de resistência comandado por Frank País nos anos 1950 que deu suporte valioso a Fidel nas montanhas próximas. A partir do museu, desça os famosos ❸ degraus **Padre Pico** – uma escadaria de terracota construída na face do morro – até a calle Bartolomé Masó, onde uma curva à direita o deixará no refrescante ❹ **Balcón de Velázquez**, local de um antigo forte. Essa magnífica vista já inspirou contemplações menos relaxantes: colonizadores espanhóis usavam-na para procurar por piratas intrometidos. Siga a leste em seguida, evitando o ronco zangado das motos que circulam como vespas nas ruas adjacentes, até que chegue ao 5 **Parque Céspedes**, o coração pulsante de Santiago, com suas *jineteras* (prostitutas) residentes e homens enrugados com chapéus panamá passeando em meio às músicas de Carlos Puebla com a exuberância de garotos de 18 anos. A 6 **Casa de Diego Velázquez**, com suas franjas mouras e complexos arcos de madeira, supostamente é a casa mais antiga ainda em pé de Cuba e fica no lado oeste do parque. Contrastando impressionantemente no lado sul, fica a poderosa e amarela fachada da 7 **Catedral de Nuestra Señora de la Asunción**. O edifício foi saqueado, queimado, destruído por terremotos e reconstruído, e depois remodelado, restaurado e saqueado novamente. Estátuas de Cristóvão Colombo e de Frei Bartolomé de las Casas flanqueiam a entrada numa comparação irônica.

Se já estiver cansado, vá ao relaxante bar-terraço do 8 **Hotel Casa Granda**, no canto sudeste do parque, para beber mojitos ou fumar charutos Montecristo, ou ambos. Graham Greene esteve no local nos anos 1950 com a missão clandestina de entrevistar Fidel Castro. A entrevista nunca saiu do papel, mas ele conseguiu contrabandear uma mala de roupas para os rebeldes nas montanhas.

Quando sair, siga a música e mergulhe na romântica e descascada calle Heredia, uma das ruas com atmosfera mais envolvente de Santiago – e de Cuba –, que lembra Nova Orleans no auge da Era do Jazz. Sua atração central é a mal-afamada 9 **Casa de la Trova**, a primeira casa de *trova* de Cuba, onde, a partir das 22h, tudo começa a ficar mais *caliente*, com pessoas piscando para você do balcão do andar de cima.

Subindo a Heredia, você passará por barraquinhas de rua, vendedores de charutos, um cara arrastando seu contrabaixo e incontáveis motos. A casa amarelada à sua direita, onde há um poema escrito na parede, é a 10 **Casa Natal de José María de Heredia**, local de nascimento de um dos maiores poetas de Cuba. Você pode encontrar um poeta vivo na 11 **Uneac**, a famosa união nacional dos escritores, algumas casas abaixo. Dê uma espiada lá dentro e verifique a *cartelera* (calendário cultural) anunciando as atividades da semana. Muitas outras "lendas mortas" podem ser encontradas publicadas na divertida 12 **Librería la Escalera**, uma antiga e malandra livraria do outro lado da rua onde, na maioria das vezes, há músicos improvisando que lotam a escadaria. Descendo a rua fica o 13 **Patio ARTex**, onde boleros são obrigatórios e turistas dão uma olhada nos CDs. Cruze a próxima rua (cuidado com aquela moto) e dê uma entradinha no 14 **Museo del Carnaval**, que propõe mostrar como Santiago de Cuba se descontrai (mais do que o normal) todo mês de julho no melhor Carnaval entre esse lugar e... – ah – qualquer outro.

Desvie ao longo de Pío Rosado um quarteirão para Aguilera, onde você encontrará as sólidas colunas gregas do 15 **Museo Municipal Emilio Bacardí Moreau**, o mais antigo de Santiago (e de Cuba), erguido pelo primeiro prefeito da cidade, Emilio, famoso mundialmente devido ao rum. As peças vêm de todo o mundo, de velhos mosquetes a múmias milenares. Saindo pelo lado de trás, a estreita Aguilera sobe até a sombreada 16 **Plaza de Dolores**, que permanece surpreendentemente tranquila, considerando a atual mania das motocicletas. Há bancos para relaxar embaixo das árvores enquanto pensa se ainda tem energia suficiente para continuar ou se aborta a missão em um dos restaurantes ou bares próximos.

Corajosos devem continuar a leste para a 17 **Plaza de Marte**, a terceira das principais praças do *casco histórico* e muito mais frenética do que as outras duas, com trânsito, lojas e vociferantes fãs de beisebol discutindo o atual time embaixo de belas treliças.

A caminhada termina no que pode ser o local mais politicamente significativo de Santiago, o *art déco* 18 **Cuartel Moncada**, um antigo quartel militar, onde os primeiros tiros da Revolução liderada por Castro foram dados em 1953. Hoje funciona, mais inofensivamente, como uma escola, mas uma seção preservada nos fundos, onde houve o conflito entre soldados e rebeldes, abriga um dos museus mais interessantes e comoventes de Cuba.

**Memorial de Vilma Espín Guillois** MUSEU

(Mapa p. 396; Sánchez Hechavarría, 473; entrada CUC$1) A casa da antiga "primeira-dama" de Cuba, Vilma Espín, esposa de Raúl Castro, e força essencial no sucesso da Revolução Cubana, abriu em 2010, três anos após sua morte. Filha de um advogado do clã Bacardí, Vilma se radicalizou após um encontro com Frank País em Santiago, em 1956. Juntando-se aos rebeldes nas montanhas, ela casou com Raúl Castro e então fundou a influente Federação de Mulheres Cubanas em 1960. Essa casa, onde morou entre 1939 e 1959, é repleta de fotos, exposições e breves fragmentos de sua vida.

**Iglesia de Nuestra Señora del Carmen** IGREJA

(Mapa p. 396; Félix Peña, 505) Você pode descobrir mais sobre a história eclesiástica de Santiago nessa construção em ruínas, uma igreja que data dos anos 1700 e é o lugar onde está enterrado o compositor de cantos de Natal Esteban Salas (1725-1803), regente do coral da catedral da cidade de 1764 até sua morte.

**Museo Tomás Romay** MUSEU

(Mapa p. 396; esq. José A Saco e Monseñor Barnada; entrada CUC$1; ⌚8h30-17h30 ter-sex, 9-14h sáb) Um quarteirão a oeste da Plaza de Marte, fica esse museu de ciência natural, que exibe artefatos de história natural e arqueologia, com um pouco de arte moderna aqui e acolá.

**Iglesia de San Francisco** IGREJA

(Mapa p. 396; Juan Bautista Sagarra, 121) Essa igreja de nave tripla é outra subestimada joia eclesiástica do século 18, localizada três quarteirões a norte do Parque Céspedes.

**Gobierno Provincial** EDIFÍCIO NOTÁVEL

(Mapa p. 396; Poder Popular; esq. Pío Rosado e Aguilera) Localizado em frente ao Museu Bacardí, esse edifício, igualmente helênico, é outro do renascer neoclássico de Cuba no século 20.

## SUL DO CASCO HISTÓRICO

**Tivolí** BAIRRO

(Mapa p. 388) O "French Quarter" de Santiago foi estabelecido por colonos do Haiti no final do século 18 e começo do 19. Localizado numa encosta de morro virada para o sul e com vista para o porto, seus telhados vermelhos e pátios escondidos são um recanto de tranquilidade hoje em dia, com velhinhos jogando dominó e crianças animadas jogando taco em meio a tufos cor-de-rosa de primaveras. Os seculares **degraus Padre Pico**, entalhados na parte íngreme da calle Padre Pico, ficam na entrada do bairro.

## MONCADA – 26/7

Um glorioso "chamado à luta" ou um golpe mal executado – o ataque de 1953 ao Cuartel Moncada, embora extremamente corajoso, chegou muito perto de destruir o recém-nascido movimento revolucionário de Castro antes mesmo de a tinta secar no papel do manifesto.

Com suas ambições políticas dizimadas pelo golpe de Batista em 1952, Castro – que teria representado o Partido Ortodoxo nas eleições canceladas – rapidamente decidiu ir por um caminho mais direto, trocando a urna de eleição por um rifle.

Escolhendo a dedo e treinando 116 homens e duas mulheres de Havana e arredores, o combativo Fidel, junto ao seu tenente de confiança Abel Santamaría, começou a criar um plano tão secreto que até seu irmão Raúl desconhecia inicialmente.

O objetivo era invadir o Cuartel Moncada, um extenso quartel militar em Santiago, no turbulento Oriente de Cuba. Em vez de tentar subir ao poder logo de início, o astuto esquema de Fidel previa capturar munição e fugir para a Sierra Maestra, onde ele e Santamaría planejavam encabeçar um levante popular maior contra o maligno governo endossado pela máfia de Batista.

Castro escolheu Moncada por ser o segundo maior quartel do país, mas longe o suficiente de Havana para estar mal defendido. Com a mesma perspicácia, a data escolhida foi 26 de julho, o dia seguinte ao Carnaval anual de Santiago, quando os guardas estariam cansados e de ressaca das animadas comemorações.

Mas, ao nascer do dia do ataque, as coisas começaram a dar errado. A natureza sigilosa do plano não ajudou. Encontrando-se numa tranquila fazenda perto do vilarejo de Siboney, muitos recrutas não sabiam que deveriam atirar em soldados armados e nervosamente hesitaram. Em segundo lugar, com quase todos os Moncadistas vindos da região de Havana (o

### Museo de la Lucha Clandestina — MUSEU

(Mapa p. 388; entrada CUC$1; General Jesús Rabí, 1; ⌚9-17h ter-dom) Subindo a ladeira, à direita, fica uma antiga delegacia de polícia atacada pelos ativistas M-26-7 em 30 de novembro de 1956, para desviar a atenção da chegada do atrasado *Granma*, trazendo Fidel Castro e outros 81 homens. Esse maravilhoso edifício colonial hoje abriga um museu detalhando a luta clandestina contra Batista nos anos 1950. É uma fascinante, se não macabra, história, intensificada pela vista da varanda. Do outro lado da rua fica a **casa** (General Jesús Rabí, 6) onde Fidel Castro morou de 1931 a 1933, enquanto era um estudante em Santiago de Cuba (não aberta à visitação).

### Casa de las Tradiciones — CENTRO CULTURAL

(Mapa p. 388; Rabí, 154) Descendo os degraus Padre Pico, na General Jesús Rabí, fica essa lendária casa de shows conhecida como "La Casona" para os moradores da cidade. Há um pouco de arte colorida e um bar simples, mas, para sentir o gosto de verdade, volte depois que anoitecer. Um quarteirão a oeste, via José de Diego, a rua se abre em outra divina vista de Tivolí para a Baía de Santiago de Cuba.

### Parque Alameda — PARQUE

(Mapa p. 388; av. Jesús Menéndez) No final desse quarteirão em Tivolí, esse estreito parque embeleza uma calçada portuária que abriu em 1840 e foi reformada em 1893. No canto norte, você verá a antiga **torre do relógio**, a *aduana* (alfândega) e a fábrica de charutos.

## NORTE DO CASCO HISTÓRICO

Ao norte do centro histórico, Santiago de Cuba é mais residencial.

### Cuartel Moncada — MUSEU

(Mapa p. 388; Cuartel Moncada; av. Moncada) O famoso Cuartel Moncada de Santiago tem esse nome em homenagem a Guillermón Moncada, um guerrilheiro da Guerra da Independência que foi preso no local em 1874, mas hoje o nome é mais conhecido como sinônimo de um dos maiores golpes fracassados da história.

O primeiro quartel do lugar foi construído em 1859 pelos espanhóis e, em 1938, o prédio atual foi terminado. Moncada ganhou imortalidade na manhã de 26 de julho de 1953, quando mais de cem revolucionários liderados pelo então desconhecido Fidel Castro atacaram as tropas de Batista no que era a segunda maior instalação militar de Cuba.

Após a Revolução, o quartel, como todos os outros em Cuba, foi convertido em uma

único *santiagüero* nativo era um vendedor local de 18 anos chamado Renato Guitart), poucos estavam familiarizados com a complexa disposição das ruas de Santiago e, saindo da fazenda em comboio às cinco da manhã, pelo menos dois carros se perderam temporariamente.

O ataque, quando começou, durou aproximadamente 10 minutos do início ao fim e foi quase um fracasso. Com o grupo dividido em três, um pequeno contingente liderado por Raúl Castro invadiu o adjacente Palacio de Justicia, outro encabeçado por Abel Santamaría tomou um hospital militar próximo, enquanto o maior, liderado por Fidel, tentava entrar no quartel.

Apesar de os dois primeiros grupos terem sido inicialmente vitoriosos, o comboio de Fidel, mal disfarçado com uniformes militares roubados, foi visto por um guarda de patrulha e apenas um dos carros chegou ao complexo antes de o alarme soar.

No caos que se seguiu, cinco rebeldes foram mortos em uma troca de tiros antes que Castro, vendo que o ataque seria inútil, batesse em desorganizada retirada. O grupo de Raúl também conseguiu fugir, mas o do hospital (incluindo Abel Santamaría) foi capturado e, posteriormente, todos os integrantes foram torturados e executados.

Fidel escapou brevemente nas montanhas ao redor e foi capturado alguns dias mais tarde, mas, devido à revolta pública em consequência das outras brutais execuções, sua vida foi poupada e o futuro da história radicalmente mudado.

Não fosse o eventual sucesso da Revolução, essa confusa tentativa de insurreição entraria para a história como apenas outro evento militar. Mas vista pelo prisma da Revolução de 1959, é retratada como o primeiro glorioso passo a caminho ao poder.

O ataque também deu a Fidel a plataforma política de que ele tanto precisava. "A história me absolverá", ele proclamou confiantemente em seu julgamento. Em seis anos, ela realmente o faria.

# Casco Histórico Santiago de Cuba

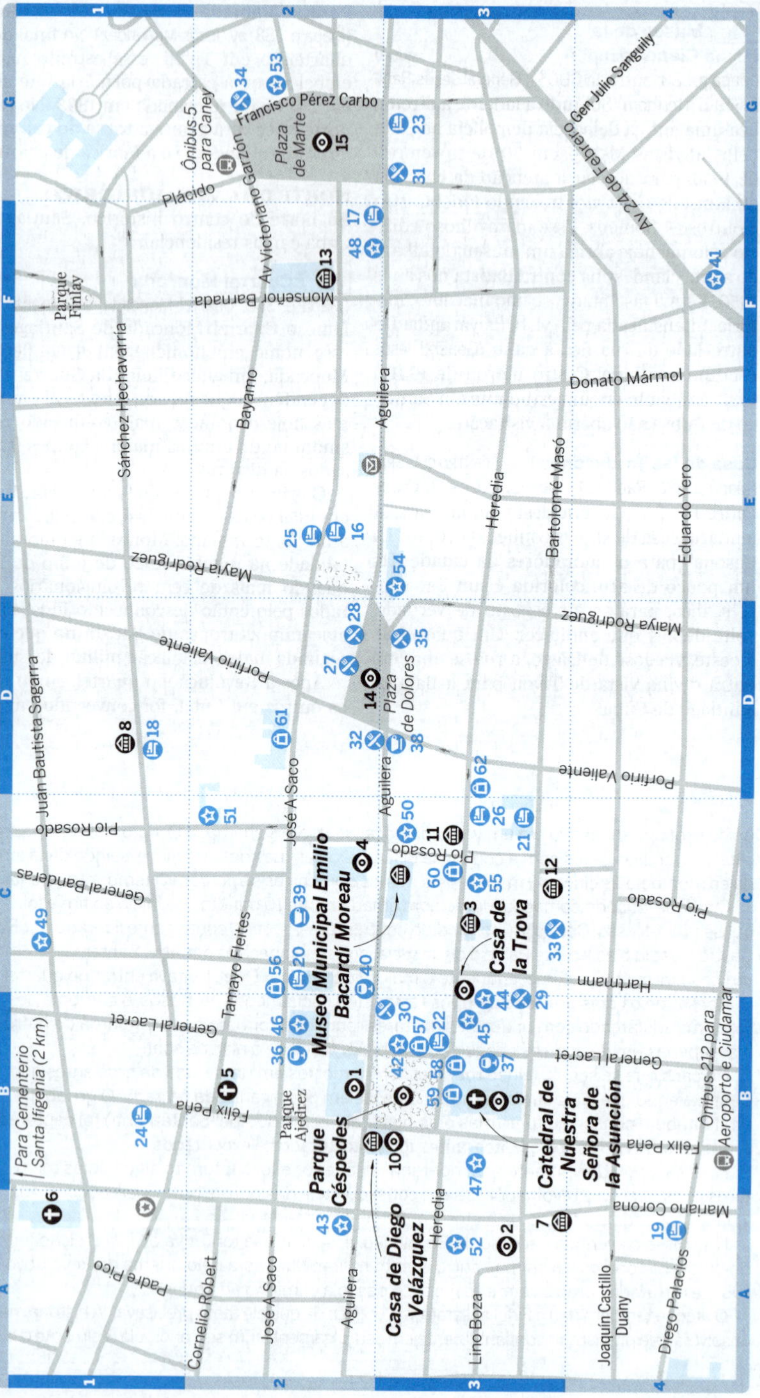

## Casco Histórico Santiago de Cuba

**Destaques**

Casa de Diego Velázquez ........ B2
Casa de la Trova ........ C3
Catedral de Nuestra Señora de la Asunción ........ B3
Museo Municipal Emilio Bacardí Moreau ........ C3
Parque Céspedes ........ B3

**Atrações**

1 Ayuntamiento ........ B2
2 Balcón de Velázquez ........ A3
Casa del Estudiante ........ (veja 45)
3 Casa Natal de José María de Heredia ........ C3
4 Gobierno Provincial ........ C2
Iglesia de Nuestra Señora de los Dolores ........ (veja 54)
5 Iglesia de Nuestra Señora del Carmen ........ B2
6 Iglesia de San Francisco ........ A1
7 Maqueta de la Ciudad ........ A3
8 Memorial de Vilma Espín Guillois ........ D1
9 Museo Arquidiocesano ........ B3
10 Museo de Ambiente Histórico Cubano ........ B3
11 Museo del Carnaval ........ C3
12 Museo del Ron ........ C3
13 Museo Tomás Romay ........ F2
14 Plaza de Dolores ........ D2
15 Plaza de Marte ........ G2

**Onde dormir**

16 Aida & Ali ........ E2
17 Arelis González ........ F2
18 Casa Nenita ........ D1
19 Casa Yisel ........ A4
20 Gran Hotel Escuela ........ C2
21 Hostal San Basilio ........ C3
22 Hotel Casa Granda ........ B3
23 Hotel Libertad ........ G3
24 Lourdes de la Caridad Gómez Beaton ........ B1
25 Nelson Aguilar Ferreiro & Deysi Ruíz Chaveco ........ E2
26 Raimundo Ocana & Bertha Pena ........ C3

**Onde comer**

Hotel Casa Granda ........ (veja 22)
27 La Perla del Dragón ........ D2
28 La Teresina ........ D2
29 Paladar las Gallegas ........ B3
30 Pan.com ........ B3
31 Panadería Doña Neli ........ G3
32 Restaurante Matamoros ........ D2
33 Santiago 1900 ........ C3
34 Supermercado Plaza de Marte ........ G2
35 Taberna de Dolores ........ D3

**Onde beber**

36 Bar la Fontana di Trevi ........ B2
37 Café de la Catedral ........ B3
38 Cafe la Isabelica ........ D3
39 Cafe Ven ........ C2
40 El Baturro ........ C2

**Lazer**

41 Ballet Folklórico Cutumba ........ F4
42 Casa de la Cultura Miguel Matamoros ........ B3
43 Casa de la Música ........ A2
44 Casa de la Trova ........ B3
45 Casa del Estudiante ........ B3
46 Cine Cuba ........ B2
47 Cine Rialto ........ B3
48 Club el Iris ........ F2
49 Conjunto Folklórico de Oriente ........ C1
50 Coro Madrigalista ........ C3
51 Gimnasio Cultura Física ........ C2
52 Orfeón Santiago ........ A3
Patio ARTex ........ (veja 62)
53 Patio Los Dos Abuelos ........ G2
54 Sala de Conciertos Dolores ........ E3
55 Uneac ........ C3

**Onde comprar**

ARTex ........ (veja 22)
ARTex ........ (veja 44)
56 Discoteca Egrem ........ C2
57 Galería de Arte de Oriente ........ B3
58 Galería Santiago ........ B3
59 Librería Internacional ........ B3
60 Librería la Escalera ........ C3
61 Librería Manolito del Toro ........ D2
62 Patio ARTex ........ D3

escola chamada Ciudad Escolar 26 de Julio, e, em 1967, um **museu** (entrada CUC$2; ⌚9-17h seg-sáb, 9-13h dom) foi instalado perto do portão 3, onde aconteceu o ataque principal. Como os soldados de Batista tamparam os buracos de bala com cimento, o governo de Castro os refez (dessa vez, sem armas) como um comovente lembrete. O museu abriga um modelo em escala do quartel e alguns interessantes (às vezes terríveis) artefatos do ataque, de seu planejamento e suas consequências. É um dos melhores museus de Cuba.

**Museo-Casa Natal de Antonio Maceo** MUSEU

(Mapa p. 388; Los Maceos, 207; entrada CUC$1; ⌚9-17h seg-sáb) Esse importante e pouco visitado museu é a casa onde o general *mulato* e herói das duas Guerras de Independência nasceu, em 14 de junho de 1845. Conhecido como o Titã de Bronze por sua bravura em batalha, Maceo era um "homem de ações" comparado a Martí, um "homem de ideias". Em 1878, em seu *Protesto de Baraguá,* ele rejeitou qualquer compromisso com as autoridades coloniais e foi para o exílio em vez de se vender para os espanhóis. Chegando em Playa Duaba em 1895, marchou até Pinar del Río antes de ser morto em batalha perto de Havana, em 1896. Esse museu simples mostra destaques da vida de Maceo com fotos, cartas e uma bandeira puída que foi usada em batalha.

**Casa Museo de Frank y Josué País** MUSEU

(Mapa p. 388; General Banderas, 226; entrada CUC$1; ⌚9-17h seg-sáb) Fundamentais para o sucesso da Revolução, os jovens irmãos País organizaram a seção do movimento clandestino M-26-7 em Santiago de Cuba, até o assassinato de Frank pela polícia em 30 de julho de 1957. As exposições nessa casa transformada em museu contam a história. Está localizada aproximadamente cinco quarteirões a sudeste do Museo-casa natal de Antonio Maceo.

**Plaza de la Revolución** PRAÇA

(Mapa p. 388) Como todas as cidades cubanas, Santiago também tem sua bombástica praça da Revolução. Essa é estrategicamente localizada na junção de duas grandes avenidas e conta com uma chamativa estátua do herói da cidade (e nativo) Antonio Maceo. A versão modernista de Maceo montado em seu cavalo, com a mão esticada nobremente, é rodeada por estatuetas de bronze em forma de estaca. Embaixo do gigante pedestal fica um pequeno **museu** (entrada franca; ⌚8-16h seg-sáb) documentando sua vida. Outros edifícios notáveis ao redor da praça incluem o moderno Teatro Heredia e a Rodoviária Nacional.

**Fábrica de Rum Bacardí** MARCO HISTÓRICO

(Mapa p. 388; Fábrica de Ron; av. Jesús Menéndez) Mesmo não tendo tanto requinte quanto a sede nas Bahamas, a fábrica original da Bacardí, que abriu em 1868, exala história. O fundador espanhol Don Facundo imaginou o logotipo de morcego da Bacardí após encontrar uma colônia desses mamíferos alados nas vigas da fábrica. Apesar de a família ter fugido de Cuba após a Revolução, o governo cubano continuou fazendo rum no local – a tradicional marca Ron Caney e um pouco das menores Ron Santiago e Ron Varadero. No total, a fábrica produz 9 milhões de litros por ano, 70% dos quais são exportados. Não existem tours pela fábrica no momento, mas o **Barrita de Ron Caney** (av. Jesús Menéndez, 703; ⌚9-18h), um bar turístico adjacente à fábrica, oferece degustação e vende rum. Um grande *outdoor* em frente à fábrica anuncia o grito de guerra moderno de Santiago: *Rebelde ayer, hospitalaria hoy, heroica siempre* (Rebelde ontem, hospitaleira hoje, heroica sempre).

**Parque Histórico Abel Santamaría** PARQUE

(Mapa p.388; esq. General Portuondo e av. de los Libertadores) Esse é o local do antigo Hospital Civil Saturnino Lora, invadido por Abel Santamaría e outros sessenta naquele fatídico dia de julho (veja p. 394). Em 16 de outubro de 1953, Fidel Castro foi julgado na Escuela de Enfermeras por liderar o ataque ao Cuartel Moncada. Foi nesse local que ele fez seu famoso discurso "A história me absolverá". O parque abriga uma enorme fonte cubista gravada com as faces de Abel Santamaría e José Martí que esguicha praticamente uma Catarata do Niágara de água.

**Palacio de Justicia** MARCO HISTÓRICO

(Mapa p. 388; esq. avs. de los Libertadores e General Portuondo) Em frente ao parque, do outro lado da rua, fica o tribunal que foi tomado pelos rebeldes liderados por Raúl Castro durante o ataque ao Cuartel Moncada. Eles deveriam cobrir a retaguarda do grupo de Fidel, atirando do telhado desse edifício, mas não tiveram a chance. Muitos deles voltaram ao mesmo prédio dois meses depois para serem julgados e sentenciados.

**Iglesia de Santo Tomás** IGREJA

(Mapa p. 388; Félix Peña, 308) Andando pela calle Félix Peña, você pode se orientar pela torre do sino barroca desse edifício eclesiástico, uma de três notáveis, e dilapidadas, igrejas do século 18 desse bairro.

## VISTA ALEGRE

Em qualquer outra cidade, Vista Alegre seria um arborizado bairro de classe média alta (de fato, um dia ele foi), mas na Cuba revolucionária, as avenidas sarapintadas e a arquitetura detalhada do século 20 são de domínio de clínicas, centros culturais, escritórios do governo e restaurantes estatais. Com a maioria de seus donos estando sete palmos abaixo do chão ou em pensões de Miami, o triângulo de propriedades que começa no Parque Ferreiro entre a av. Raúl Pujol e a av. General Cebreco, hoje em dia, esconde um grupo de excêntricos pontos de interesse.

### Loma de San Juan — MONUMENTO

(Morro de San Juan; fora do mapa p. 388) O então futuro presidente americano Teddy Roosevelt forjou sua reputação em Loma de San Juan onde, flanqueado pelos imortais Rough Riders, supostamente liderou um corajoso ataque de cavalaria contra os espanhóis, selando uma famosa vitória americana. Na realidade, é improvável que Roosevelt tenha até montado em seu cavalo em Santiago, enquanto a desinformada tropa espanhola – com dez vezes menos homens – conseguiu segurar mais de 6 mil soldados americanos por 24 horas. Protegida em bem cuidados campos adjacentes ao atual Motel San Juan, a Loma de San Juan marca o local da única batalha terrestre da Guerra Hispano-Americana, que ocorreu em 1º de julho de 1898. Canhões, trincheiras e diversos monumentos americanos, incluindo uma estátua em bronze de um "cavaleiro durão", valorizam os jardins clássicos, enquanto a única coisa que marca a presença cubana é um subestimado monumento a um desconhecido soldado mambí.

### GRÁTIS Casa del Caribe — CENTRO CULTURAL

(Mapa p. 388; calle 13, 154; 9-17h seg-sex) Fundada em 1982 para estudar a vida caribenha, essa instituição cultural organiza o Festival del Caribe e a Fiesta del Fuego todo mês de julho, e também apresenta diversas noites musicais. Grupos interessados podem agendar cursos de percussão ou sobre a cultura afro-cubana (p. 401). Um quarteirão ao sul fica a afiliada **Casa de las Religiones Populares** (calle 13, 206; entrada CUC$1; 9-18h seg-sáb), com uma grande e aleatória coleção de coisas relacionadas à *santería*.

### Museo de la Imagen — MUSEU

(Mapa p. 388; calle 8, 106; entrada CUC$1; 9-17h seg-sáb) Uma breve e fascinante viagem pela história da fotografia cubana, da Kodak à Korda, com pequenas câmeras de espionagem da CIA e diversas fotos antigas e contemporâneas. O museu também abriga uma biblioteca de filmes raros e documentários.

### Palacio de Pioneros — MARCO HISTÓRICO

(Mapa p. 388; esq. av. Manduley e calle 11) Essa grande mansão eclética construída entre 1906 e 1910 já foi a maior e mais opulenta de Santiago. Desde 1974, tornou-se um centro de desenvolvimento para crianças (*pioneros*). Estacionado num pedaço de grama no cantinho do lado de fora está um antigo avião de caça MiG que você pode espiar e no qual os pioneiros mais novos brincam. A rotatória na esquina da av. Manduley com a calle 13 contém uma impressionante **estátua** de mármore do poeta José María de Heredia.

### Parque Zoológico — ZOO

(Mapa p. 388; av. Raúl Pujol; entrada CUC$1; 10-17h ter-dom) A oeste de Loma de San Juan está o triste zoológico de Santiago, bom apenas se você estiver terrivelmente entediado ou tiver filhos hiperativos.

## ARREDORES DE SANTIAGO DE CUBA

### Cementerio Santa Ifigenia — CEMITÉRIO

(Mapa p. 387; av. Crombet; entrada CUC$1, 8-18h) Aninhado pacificamente na fronteira ocidental da cidade, o Cementerio Santa Ifigenia perde apenas para o Necrópolis Cristóbal Colón de Havana em importância e grandiosidade. Criado em 1868 para acomodar as vítimas da Guerra de Independência e do surto de febre amarela que ocorreu simultaneamente, o Santa Ifigenia inclui muitas figuras históricas importantes entre as suas 8 mil (ou mais) tumbas. Entre os nomes para se procurar estão os de Tomás Estrada Palma (1835-1908), o presidente agora desonrado de Cuba; Emilio Bacardí y Moreau (1844-1922) da famosa dinastia do rum; María Grajales, a viúva do herói da independência Antonio Maceo, e Mariana Grajales, mãe dele; 11 dos 31 generais das batalhas da independência; soldados espanhóis que morreram nas batalhas de Loma de San Juan e Caney; "mártires" do assalto ao Cuartel Moncada em 1953; Frank e Josué País, os ativistas do M-26-7; Carlos Manuel de Céspedes (1819-74), o pai da independência de Cuba; Compay Segundo (1907-2003), celebridade internacional e típico boêmio, do Buena Vista Social Club.

O ponto alto do cemitério, para muitos, é o quase religioso mausoléu do herói nacional José Martí (1853-95). Construído em 1951 durante a era Batista, a imponente estrutura hexagonal é posicionada de tal forma que o caixão de madeira de Martí (envolto solenemente em uma bandeira de Cuba) receba diariamente raios de sol. Trata-se de uma homenagem a um comentário que Martí fez em um dos seus poemas, onde dizia que morreria não como um traidor na escuridão, mas com a sua face voltada para o sol. Uma troca de guarda é feita no mausoléu a cada 30 minutos com muita pompa e cerimônia.

Carroças levam pessoas ao longo da av. Jesús Menéndez, vindas do Parque Alameda, até o Cementerio Santa Ifigenia pelo preço de um peso; do contrário, é uma bela caminhada até lá.

**Castillo de San Pedro de la Roca del Morro** FORTE, MUSEU

(Mapa p. 387; entrada CUC$4; 9-17h seg-sex, 8-16h sáb e dom; ) Declarado Patrimônio Histórico da Humanidade pela UNESCO em 1997, o forte San Pedro é uma fortaleza inexpugnável no topo de um penhasco de 60m de altura na entrada do porto de Santiago, 10km na direção sudoeste da cidade. O forte foi desenhado em 1587 pelo famoso engenheiro militar italiano chamado Giovanni Bautista Antonelli (que também projetou os fortes La Punta e El Morro em Havana) para proteger Santiago de piratas que haviam saqueado a cidade em 1554. Devido a limitações financeiras, a construção só começou em 1633 (dezessete anos após a morte de Antonelli) e teve seguimento esporádico durante os sessenta anos seguintes. Nesse ínterim, o corsário britânico Henry Morgan o saqueou e destruiu parcialmente.

Finalmente concluído no início dos anos 1700, seus numerosos canhões, baluartes, cartuchos e muralhas tiveram poucas oportunidades para servir à função original. Com a era da pirataria em declínio, o forte foi convertido em uma prisão dos anos 1800 e continuou como tal – com exceção de um pequeno interlúdio durante a Guerra Hispano-Americana de 1898 –, até que o arquiteto cubano Francisco Prat Puig reuniu forças para um plano de restauração no final dos anos 1960.

Hoje, o forte abriga o valentão **Museo de Piratería**, com uma sala dedicada à batalha naval entre Estados Unidos e Espanha em 1898. As vistas estupendas do terraço superior permitem ver a faixa oeste do litoral selvagem de Santiago, com a aveludada Sierra Maestra atrás.

Para chegar a El Morro, vindo do centro da cidade, você pode pegar o ônibus 212 para Ciudamar e caminhar os 20 minutos restantes até lá. Alternativamente, um táxi de ida e volta do Parque Céspedes, com a espera, deve custar de doze a quinze pesos.

**Cayo Granma** ILHA

(Mapa p. 387) Um recife pequeno e habitado, próximo ao penhasco da baía, Cayo Granma (antes conhecido como Cayo Smith) é uma pequena ilha de fantasia com suas casas de madeira com telhados vermelhos – muitas delas em estacas acima do nível da água – que guarda uma comunidade tradicional de pescadores. Venha aproveitar uma Santiago mais calma e livre de confusão. Você pode fazer uma caminhada curta até a pequena e caiada **Iglesia de San Rafael**, que fica no ponto mais alto do recife, ou dar a volta em toda a ilha em 15 minutos, mas o melhor desse lugar é ficar tranquilo e absorver um pouco da Cuba de verdade.

O único lugar para comer é o Restaurante el Cayo (p. 406), com seus frutos do mar, mas as famílias locais frequentemente se oferecem para cozinhar excelentes peixes.

Para chegar ao recife, pegue a barca regular (que sai mais ou menos a cada 30 minutos) de Punta Gorda logo abaixo do forte de El Morro.

**Jardín de los Helechos** JARDIM

(Mapa p. 387; carretera de El Caney, 129; entrada CUC$1; 9-17h seg-sex) A dois quilômetros do centro de Santiago de Cuba na estrada para El Caney, o tranquilo Jardín de los Helechos é o abrigo magnífico de 350 tipos de samambaias e noventa tipos de orquídeas que nasceram em 1976 na coleção privada do *santiagüero* Manuel Caluff. Em 1984, Caluff doou sua coleção de mais de mil plantas para a Academia de Ciencias de Cuba, que permanece encarregada dos 3 mil $m^2$ de jardim em florescência delirante (a melhor época para orquídeas é de novembro a janeiro). O centro do jardim tem um convidativo e denso bosque-santuário com banquinhos.

O ônibus 5 (vinte centavos), que sai da Plaza de Marte (mapa p. 396) no centro de Santiago, segue nessa direção, ou você pode tomar um táxi.

## Cursos

Há uma grande variedade de cursos em Santiago, de arquitetura a música, de opções formais a informais. Você pode se inscrever com antecedência ou escolher o que estiver disponível quando chegar.

**UniversiTUR** LÍNGUAS

(64-31-86; www.uo.edu.cu; Universidad de Oriente, esq. calle L e Ampliación de Terrazas) Agenda cursos de espanhol. As taxas mensais para cursos de 60 horas (3 horas por dia, cinco dias por semana) partem de CUC$250.

**Ballet Folklórico Cutumba** MÚSICA, DANÇA

(Mapa p. 396; Teatro Galaxia, esq. av. 24 de Febrero e av. Valeriano Hierrezuelo) Os grupos *folklórico* de Santiago são altamente inclusivos e podem organizar aulas de dança e percussão tanto em grupos quanto individualmente. Comece com a Cutumba, que se apresenta frequentemente no Hotel las Américas. O Conjunto Folklórico de Oriente (p. 407) também pode ajudar.

## NOMES DE RUAS DE SANTIAGO DE CUBA

Seja bem-vindo a mais uma cidade na qual as ruas têm dois nomes.

| NOME ANTIGO | NOME ATUAL |
|---|---|
| Calvario | Porfirio Valiente |
| Carniceria | Pío Rosado |
| Enramada | José A Saco |
| José Miguel Gómez | Havana |
| Paraíso | Plácido |
| Reloj | Mayía Rodríguez |
| Rey Pelayo | Joaquín Castillo Duany |
| San Félix | Hartmann |
| San Francisco | Sagarra |
| San Gerónimo | Sánchez Hechavarría |
| San Mateo | Sao del Indio |
| Santa Rita | Diego Palacios |
| Santo Tómas | Felix Peña |
| Trinidad | General Portuondo |

**Casa del Estudiante** MÚSICA, DANÇA
(Mapa p. 396; ☎62-78-04; Heredia, 204) Outra opção das boas, nesse local você pode organizar aulas de canto, de dança e de percussão sob o comando de artistas renomados. Há mais ou menos onze professores e o valor das aulas parte de CUC$8 por hora.

**Casa del Caribe** MÚSICA, DANÇA
(Mapa p. 388; ☎64-22-85; calle 13, 154) Esse portal da *santería* organiza aulas de conga, *son* e salsa; são CUC$10 para aulas de 2 horas e CUC$5 para as de 1 hora. Membro permanente da equipe, Juan Eduardo Castillo organiza também aulas de percussão. Os verdadeiros aficionados podem se informar sobre cursos de aprofundamento em religiões e cultura afro-cubana. Esses caras são *experts* e bastante flexíveis.

**Cuban Rhythm** MÚSICA, DANÇA
(www.cubanrhythm.com) Essa organização oferece aulas de dança e percussão por CUC$12/hora. Dê uma olhada no excelente site e faça a reserva antecipadamente.

## Visitas guiadas

A Cubatur (p. 410) vende todo tipo de excursões, partindo sempre de La Gran Piedra para El Cobre. A Cubanacán (p. 410), no Hotel Casa Granda, oferece um programa interessante para um jogo de beisebol cubano que inclui uma camiseta assinada e a oportunidade de conhecer os jogadores depois. Há também a chance de visitar uma fábrica de charutos que fica logo depois da saída da cidade (CUC$5). A Ecotur (p. 410), com base no Santiago Aquarium, oferece as melhores opções para os que querem alcançar o Pico Turquino no oeste.

Outra opção é programar o seu próprio tour para algumas das atrações que ficam fora da cidade com um dos táxis que estão em toda parte e que estacionam no Parque Céspedes em frente à catedral. Os carros da Cubataxi cobrarão aproximadamente CUC$0,50 por quilômetro para viagens mais longas. Some alguns quilômetros ao trajeto programado, considere o tempo de espera e esteja pronto para barganhar.

## Festas e eventos

Poucas cidades podem se igualar à variedade e à vivacidade dos festivais anuais de Santiago de Cuba.

A temporada de verão começa com a **Fiesta de San Juan** (24 de junho), celebrada com procissões e conga pelas associações culturais chamadas *focos culturales*. Depois disso se seguem os grandes **Festival del Caribe** e **Fiesta del Fuego** (Festival da cultura caribenha, Celebração do fogo) no começo de julho e o **Carnaval** de Santiago de Cuba, que acontece na última semana de julho.

Outras celebrações são as seguintes:

**Boleros de Oro** MÚSICA
Chegue no meio ou no final de junho para essa *extravaganza* de cantores que acontece também em várias cidades do país.

**Festival Internacional Matamoros Son** MÚSICA
Tributo a um dos principais nomes da música de Santiago de Cuba, o festival em homenagem a Miguel Matamoros tem início no final de outubro com danças, palestras, shows e workshops. Os principais eventos acontecem em locais como a Casa de la Trova e o Teatro Heredia.

**Festival Internacional de Coros** MÚSICA
O festival do final de novembro traz alguns fortes grupos internacionais para uma troca entre os países e muita música para elevar o espírito.

## Onde dormir

**Hostal San Basilio** HOTEL-BUTIQUE $$
(Mapa p. 396; ☎65-17-02; Bartolomé Masó, 403, entre Pío Rosado e Porfirio Valiente; q a partir de CUC$60; ❄) O adorável San Basilio (que recebeu esse nome por conta do nome original da rua em que fica), com oito quartos, é outro da rede Encanto da Cubanacán. O ambiente é intimista, confortável e de uma contemporaneidade refrescante, misturada a um ar romântico e colonial. Os quartos vêm com mimos bem pensados como DVDs, guarda-chuvas, balanças de banheiro e mini-garrafas de rum; o pátio comum tem uma cascata de samambaias. Há um restaurante pequeno que serve café da manhã e almoço.

**Meliá Santiago de Cuba** HOTEL $$$
(Mapa p. 388; ☎68-70-70; esq. av. de las Américas e calle M; s/c CUC$110/140; P❄@≈) Monstro (ou maravilha, dependendo do seu gosto) espelhado idealizado pelo respeitado arquiteto cubano José A. Choy no início dos anos 1990, o Meliá é o único hotel "internacional" de Santiago. Elevando seu nível para os executivos, há banheiras em todos os quartos, três piscinas, quatro restaurantes, várias lojinhas, um bar elegante no 15º andar e quartos para não fumantes. As desvantagens são sua localização fora do centro e a falta de um charme cubano genuíno.

**Hotel Casa Granda** HOTEL $$$
(Mapa p. 396; ☎65-30-24; Heredia, 201; s/c CUC$78/112; ❄) Esse elegante hotel (1914), muito bem descrito por Graham Greene em seu livro *Nosso homem em Havana*, tem 58 quartos e um clássico toldo frontal com listras vermelhas e brancas. Greene costumava se hospedar nesse hotel no final dos anos 1950 e gostava de relaxar no terraço voltado para a rua, enquanto sua famosa pena capturava a essência noturna da cidade que emanava da movimentada praça logo abaixo. Meio século depois e – exceto pelos pôsteres de Che Guevara e um serviço seriamente irregular na recepção – quase nada mudou. O **Roof Garden Bar** (⏲11-1h) no quinto andar vale os CUC$2 de consumação mínima, e o terraço no andar superior é uma parada obrigatória para fotos para os turistas estrangeiros à procura de vistas panorâmicas da cidade. Há música na maioria das noites e ocasionalmente um bufê no terraço.

**Casa Colonial "Maruchi"** CASA PARTICULAR $
(Mapa p. 388; ☎62-07-67; maruchib@yahoo.es; Hartmann, 357, entre General Portuondo e Máximo Gómez; q a partir de CUC$25; ❄) Maruchi é a essência de Santiago e a melhor publicidade que a cidade poderia dar. Para começar, é uma junção de tudo o que diz respeito à *santería*. Você encontrará gente de todo tipo nesse hotel: *santeros* (que são como pais de santo da *santería*), mochileiros e estudantes estrangeiros em busca de seus PhDs na Regla de Ocha. A comida é lendária e o pátio fértil, igualmente sublime. Agende com antecedência, já que nada disso é segredo.

**Hotel Libertad** HOTEL $
(Mapa p. 396; ☎62-77-10; Aguilera, 658; s/c CUC$24/6; ❄@) A rede de hotéis cubanos baratos Islazul rompe com a sua obsessão por feios blocos de concreto com ar soviético e opta por um tema colonial nessa beleza azul digna de veneração na Plaza de Marte. Dezoito quartos limpos (e, por vezes, escuros) com pé-direito alto e um restaurante agradável que dá para a rua são o bônus. A estridente casa noturna no telhado (que funciona até 1h), não.

**Motel San Juan** HOTEL $$
(Mapa p. 388; ☎68-72-00; morro de San Juan; s/c CUC$32/50; P❄≈) Cercado por belos terrenos na histórica Loma de San Juan, com gramados extensos e uma piscina para crianças, esse lugar é ótimo se você não se importa com as caminhadas longas (ou viagens de táxi) até o centro da cidade. Os quartos são dispostos em pequenos blocos e têm alguns mimos de boas-vindas como rádios. O serviço é amigável. Dirija um 1km a leste do Hotel las Américas via av. Raúl Pujol para chegar até ele.

**Casa Yisel** CASA PARTICULAR $
(Mapa p. 396; ☎62-05-22; martingisel78@yahoo.es; Diego Palacios, 177, entre Padre Pico e Mariano Corona; q a partir de CUC$20-25; P❄) Os jovens donos administram essa *casa* limpíssima a três quadras de Céspedes e a uma das escadas Padre Pico. É um apartamento (não dos melhores) com uma sala, um quarto e um banheiro bem grande. Há um pequeno pátio, e eles fazem um ótimo café. Um estacionamento vigiado fica próximo.

**Nelson Aguilar Ferreiro & Deysi Ruíz Chaveco** CASA PARTICULAR $
(Mapa p. 396; ☎65-63-72; José A Saco, 513; q a partir de CUC$20-25) Bem no centro da cidade, mas com um ar mais calmo e suburbano, essa é uma das melhores casas de Santiago, com pátio isolado cheio de plantas que leva a dois quartos que estão tinindo. O menu do jantar é enorme, conta com quase cem itens, e oferece um bom alívio para os vegetarianos cansados de comer omelete.

**Hotel Versalles** HOTEL $$
(☎68-70-70; Alturas de Versalles; s/c com café da manhã CUC$43/62; P❄≋) Não deve ser confundido com o homônimo distrito da rumba em Matanzas nem com a resplandecente morada de Luís XIV. Esse hotel modesto fica nos limites da cidade, fora da estrada para El Morro e para o aeroporto. Antigamente, estava entre as escolhas baratas da Cubanacán, mas melhorou recentemente com a nova decoração de sua convidativa piscina e de seus quartos confortáveis com pequenos terraços.

**Caridad Leyna Martínez** CASA PARTICULAR $
(☎64-29-55; calle 14, 352, Reparto Vista Alegre; q CUC$20-25) Para um descanso do barulho das motos você pode considerar esse lugar tranquilo na outrora elegante Vista Alegre, onde a casa agradável de Caridad tem um quarto disponível com banheiro e não fica muito longe de Loma de San Juan.

**Raimundo Ocana & Bertha Pena** CASA PARTICULAR $
(Mapa p. 396; ☎62-40-97; Heredia, 308, entre Pío Rosado e Porfirio Valiente; q CUC$20-25; ❄) Uma casa clássica de duzentos anos bem no lugar onde tudo acontece na calle Heredia significa que você pode literalmente colocar os pés para fora e, em segundos, já estar numa das lendárias casas de música.

**Arelis González** CASA PARTICULAR $
(Mapa p. 396; ☎65-29-88; Aguilera, 615; q CUC$20-25) Essa impressionante fachada azul clássica na Aguilera fica bem na saída da Plaza de Marte. É uma rua barulhenta, mas a *casa* tem um ambiente gostoso. Há dois quartos em um terraço de três níveis, sendo que no topo deles há um *mirador* (mirante) com aparência de torre que possibilita belas vistas acima dos telhados e até as montanhas atrás. As retorcidas videiras do segundo andar são usadas para fazer suco de uva.

**Aida & Ali** CASA PARTICULAR $
(Mapa p. 396; ☎62-27-47; Saco, 516, entre Mayía Rodríguez e Donato Mármol; q CUC$20-25; ❄) Uma *casa* bem onde tudo acontece em Saco (Enramadas), com dois quartos empoleirados em um terraço alto em cima da rua. O da frente é o mais elegante.

**Casa Nenita** CASA PARTICULAR $
(Mapa p. 396; ☎65-41-10; Sánchez Hechavarría, 472, entre Pío Rosado e Porfirio Valiente; r CUC$20-25) Mais um *palacio* de esplendor colonial de Santiago que pouco revela a partir de sua fachada na rua. Datada de 1850, a *casa* de Nenita tem teto alto, assoalho original e um pátio na parte de trás que é verdadeiramente fantástico. Sente-se sob a sombra e absorva a história.

**Lourdes de la Caridad Gómez Beaton** CASA PARTICULAR $
(Mapa p. 396; ☎65-44-68; Félix Peña, 454, entre Sagarra e Sánchez Hechavarría; q CUC$20-25) Outra joia colonial que tem quartos enormes com banheiros e traços típicos de Santiago. Há três níveis de terraços e uma boa vista do porto.

**Gran Hotel Escuela** HOTEL $
(Mapa p. 396; ☎65-30-20; Saco, 310; s/c/t CUC$19/28/35; ❄) Enfiada como uma relíquia dos anos 1950 no festival retrô que é a calle Saco, esse antigo estabelecimento de quatro andares tem quartos enormes e grosseiros que fazem parecer anãs as camas de solteiro e as pequenas TVs montadas nas paredes. Apesar de sua aparência de "família vende tudo", o Gran é um hotel escuela, o que significa que o serviço é afiado e a recepção é geralmente calorosa. E por esses preços você quase estará fazendo um negócio mais barato que as *casas particulares*.

**Hotel Balcón del Caribe** HOTEL $
(☎69-10-11; carretera del Morro, km 7,5; s/c inclui café da manhã CUC$18/28; ❄≋) A paisagem estonteante próxima ao castelo El Morro entra em conflito com todas as falhas típicas dos hotéis da rede Islazul: cortinas floridas, colchões velhos e móveis do tipo que se encontra num "família vende tudo" dos anos 1970. Mas você irá se sentir melhor depois de um mergulho na piscina e algum tempo contemplando a vista deslumbrante do Caribe. Como o hotel fica a 10km do centro da cidade, você vai precisar do seu próprio meio de transporte se optar por ele.

**Hotel las Américas** HOTEL $$
(Mapa p. 388; ☎64-20-11; esq. av. de las Américas e av. General Cebreco; s/c CUC$32/50; P❄@≋) Barato e normalmente bem alegre, o Las Américas fica em frente ao Meliá, mas distante em termos de preço e qualidade. O interior dos setenta quartos é o típico Islazul, mas as instalações e comodidades – restaurante, cafeteria 24 horas, pequena piscina, entretenimento noturno e aluguel de carros – são bem razoáveis para o preço. A desvantagem é a distância em relação ao centro histórico (de 20 a 30 minutos a pé).

**Villa Gaviota** HOTEL $$

(Mapa p. 388; ☎64-13-70; av. Manduley, 502, entre calles 19 e 21, Vista Alegre; s/c CUC$49/59; P❄≋) Localizado num oásis de calma no meio do saudável distrito de Vista Alegre, o Villa Gaviota evoluiu de um camping antigo e brega para um visual mais moderno e provocativo. As instalações incluem uma piscina, um restaurante, três bares, uma sala de bilhar e uma lavanderia. É uma boa aposta se você quiser escapar da loucura das motos do centro da cidade.

## Onde comer

Para uma cidade com tradições culturais tão refinadas, os restaurantes de Santiago são surpreendentemente escassos. Você não encontrará aquelas experiências secretas como as de Havana. Em vez disso, a cena é geralmente medíocre com a estranha carta-para-sair-da-prisão. *Paladares* são raros em Santiago – impostos altos e as regulamentações muito rigorosas fizeram seu trabalho –, embora tenha havido um florescimento de res-

## CIDADE DE HERÓIS

No que se refere a ícones heroicos, Santiago de Cuba demonstra pouca modéstia. De fato, a cidade é reconhecida nacionalmente pelo apelido "Cidade de heróis". Aqui está um resumo sobre quatro deles – um poeta, um guerrilheiro, um combatente secreto da resistência e um barão do rum que se tornou patriota reverenciado.

### Antonio Maceo

Conhecido como "Titã de bronze" pelo seu heroísmo em tempos de guerra, Maceo foi, durante a era escravista, um general *mulato* que liderou, da linha de frente, as duas Guerras de Independência e foi reverenciado como um dos poucos Mambises (rebeldes cubanos) que nunca se vendeu aos espanhóis. Maceo, o correspondente "homem de ação" para o "homem de ideias" que era José Martí, se machucou 22 vezes no campo de batalha, até que sua sorte se esgotou em um combate menor fora de Havana em dezembro de 1896. Você pode vê-lo recriado em bronze na Plaza de la Revolución, ou visitar a casa onde nasceu, que é também um museu, no centro da cidade.

### Frank País

Embora morto aos 22 anos, Frank País deixou um extenso legado. No meio dos anos 1950, ele começou a formar células revolucionárias em Santiago como resistência ao regime de Batista. Seu papel em organizar e coordenar as forças clandestinas urbanas foi vital para cimentar rotas de abastecimento da cidade até os rebeldes de Fidel Castro nas montanhas. País foi morto pela polícia de Batista em julho de 1957, mas já havia criado os alicerces do sucesso futuro de Castro. Hoje ele é homenageado nas ruas de Cuba, nas praças, em monumentos e até mesmo em um aeroporto (Holguín). Você pode visitar a casa onde ele nasceu na calle General Banderas.

### Emilio Bacardí

Hoje, a relação entre Bacardí e o governo cubano é famosa pela tensão, mas, nos anos 1890, quando relativa a Emilio, descendente do clã Bacardí, era bem menos cáustica. Emilio levava uma vida dupla como chefe da lucrativa dinastia do rum e como conspirador *independista*, inflexível em sua oposição à Espanha durante a Guerra Hispano-Americana. Ele foi preso mais de uma vez por suas "transgressões", mas retornou heroicamente a Santiago em 1898, onde se tornou o primeiro prefeito da cidade e um sinal de tolerância e sanidade na nova nação. Também foi responsável por fundar o primeiro museu de Cuba.

### José María de Heredia

Um homem mais de palavras que de ação, Heredia expressava seus pensamentos revolucionários por meio da poesia e não da política. Mas tais observações matizadas ainda assim eram suficientes para provocar a ira das rígidas autoridades espanholas e, em 1823, ele foi preso sob uma falsa acusação de conspiração e extraditado de Cuba pelo resto da vida. A maior parte de sua produção final foi escrita do exílio e é carregada de nostalgia do país natal do qual ele tinha saudade. A casa onde nasceu Heredia, na rua que leva seu nome, é agora um museu que tem as palavras de seu poema *Ode a Niágara* estampadas na parede de fora.

taurantes estatais especializados em frutos do mar nos quais você paga em pesos cubanos.

No coração do *casco histórico*, a calle José A Saco é agora mantida sem trânsito diariamente até pelo menos 21h. Ela oferece todo tipo de barraquinhas vendendo comida *ligera* (leve).

**El Barracón** CARIBENHA $

(Mapa p. 388; av. Victoriano Garzón; ⌚12-0h) O melhor restaurante de Santiago – sem dúvida! El Barracón abriu suas portas em meio a muita publicidade em agosto de 2008, com a intenção de reunir as raízes da cultura afro-cubana à cozinha. A fanfarra foi justificada. O interior do restaurante, uma mistura da atmosfera de *santéria* e de *cimarrón* (escravo fugido), é intrigante e a criativa comida, ainda melhor. Experimente os deliciosos *tostones* (tortinhas fritas de banana-da-terra) recheados com chorizo e queijo, ou escolha o especial de cordeiro.

**Paladar Salón Tropical** PALADAR $$$

(Mapa p. 388; ☎64-11-61; Fernández Marcané, 310, Reparto Santa Bárbara; ⌚17-0h seg-sáb, 12-0h dom) O melhor *paladar* da cidade fica a alguns quarteirões na direção sul do Hotel de las Américas, num agradável terraço no telhado com iluminação e vista encantadoras. Os pratos são bem servidos e saborosos, e o menu varia bastante, indo desde os suculentos porco, frango e, às vezes, cordeiro defumado, servidos com *congrí* (arroz salpicado com feijão preto), salada e bananas-da-terra ao delicioso *yuca con mojo* (duras raízes de vegetais com molho de alho e limão). É uma boa ideia fazer reservas, já que esse é o lugar preferido das jovens cubanas e dos seus acompanhantes estrangeiros.

**Ristorante Italiano la Fontana** ITALIANA $$

(Mapa p. 388; Meliá Santiago de Cuba, esq. av. de las Américas e calle M; ⌚11-23h) Pizza *deliciosa* (a partir de CUC$5) e uma lasanha *formidable* (CUC$8), ravioli e pão de alho (CUC$1); *mamma mía*, essa tem que ser a opção número um para variar depois de tanto frango e porco!

**Hotel Casa Granda** CAFÉ $$

(Mapa p. 396; Casa Granda, Heredia, 201; ⌚9-0h) Posicionado como um camarote caiado com vista para o colorido cabaré do Parque Céspedes, o estilo parisiense do terraço-café Casa Granda deve ser um dos melhores locais de Cuba para observar o movimento. Em termos de alimento, você encontrará sanduíches (hambúrgueres, hot dogs, sanduíches etc.) e, em termos de serviço, é impassível beirando o mal-humorado, mas com essa localização, quem se importa?

**Restaurante Zunzún** CARIBENHA $$$

(Mapa p. 388; av. Manduley, 159; ⌚12-22h seg-sáb, 12-15h dom) Jante ao estilo burguês antigo nessa mansão urbana transformada em restaurante. Zunzún, que fica no antigo bairro chique de Vista Alegre, sempre foi um dos melhores restaurantes de Santiago no que se refere a comida e ambiente. Pratos exóticos incluem o frango ao curry, a paella ou a formidável tábua de queijos e conhaque. Espere um serviço profissional e atento e *trovadores* divertidos.

**Restaurante el Morro** CARIBENHA $$

(Castillo del Morro; ⌚12-21h) Uma placa branca e brilhante, emoldurada em vidro, anuncia que Paul McCartney já comeu no local durante uma parada rápida em 2000, passando 4 horas entre voos de Turks e Caicos. De acordo com os garçons, o vegetariano mais famoso do mundo pediu uma omelete. Para aqueles que comem carne, um almoço completo de comida *criolla* (CUC$12) é a melhor aposta, ou a opção que inclui sopa, carne de porco assada, uma pequena sobremesa e um drinque. A localização espetacular ao lado do penhasco proporciona ocasionalmente a observação de baleias. Pegue o ônibus 212 para Ciudamar e ande por mais 20 minutos, ou pegue um táxi.

**Restaurante Matamoros** CARIBENHA $$

(Mapa p. 396; esq. Aguilera e Porfirio Valiente) Arte interessante na parede, algumas *muchachas* cantadoras de bolero e um menu decente (se você se satisfaz com frango e carne de porco) deram vida a esse restaurante que costumava ser meio sombrio na Plaza Dolores e que celebra a vida e a carreira de um dos principais expoentes do *son* em Cuba, o Trio Matamoros.

**Restaurante España** FRUTOS DO MAR $

(Mapa p. 388; Victoriano Garzón) Reajuste as suas concepções anteriores sobre a comida cubana antes de entrar no España, um dos três novos restaurantes Moneda Nacional na rua que é especializada em frutos do mar feitos em panache – ocasionalmente – e ervas frescas. Prove a lagosta com camarão picante, mas passe o vinho cubano que é quase impossível de beber.

**Cafetería las Arecas** CARIBENHA $$

(Mapa p. 388; av. Manduley, 52; pratos por volta de CUC$3; ⌚10-1h) Aninhado no pátio arborizado da La Maison, a mansão transformada em shopping-butique, essa cafeteria tem um menu que não é caro, com spaghetti, pizzas e pratos com frango. Filés de peixe custam a partir de CUC$5,50. O **restaurante** (denominado "1912") mais chique, com sala de jantar na parte de trás do prédio central, fica aberto até 22h.

**Santiago 1900** CARIBENHA $
(Mapa p. 396; Bartolomé Masó, 354; ⌚12-0h) Na antiga localização do Bacardí, você pode escolher o padrão – carne de frango, de peixe ou de porco – para pagamento em pesos cubanos, em uma sala de jantar de pelúcia que recentemente se recuperou de ares coloniais de fim de século. Fique atento ao *dress code* inflexível. Não são permitidas camisetas e bermudas.

**Pan.com** FAST-FOOD $
(Mapa p. 396; Aguilera entre General Lacret e Hartmann; lanches CUC$3; ⌚11-23h) A rede de fast-food (não tão *fast*) de Havana tem uma filial em Santiago que é eficiente, mas a equipe ainda precisa se ajustar ao serviço da capital. Chegue com expectativas baixas e veja o que está disponível no menu ostensivamente longo.

**La Teresina** CARIBENHA $$
(Mapa p. 396; Aguilera entre Porfirio Valiente e Mayía Rodríguez; ⌚11-23h) Um dos três restaurantes convidativos ao longo da parte norte da Plaza de Dolores, o La Teresina não corresponde a sua ambientação colonial esplêndida. Mas o terraço tem sombra, as cervejas têm um preço adequado e a comida – uma mistura familiar de spaghetti, pizza e frango – é o suficiente para amenizar os que estão com muita fome.

**Café Ven** CAFÉ $
(Mapa p. 396; José A Saco entre Hartmann e Pío Rosado; ⌚9-21h) Trata-se de um valioso café novo no meio da Saco (Enramadas), com um ar-condicionado refrescante, a interessante parafernália *cafetal* (plantação) e sanduíches e bolos que vão salvar a sua vida.

**La Arboleda** SORVETERIA $
(Mapa p. 388; esq. av. de los Libertadores e av. Victoriano Garzón; ⌚10h-23h40 ter-dom) A catedral do sorvete de Santiago fica um pouco distante do centro, mas não a ponto de diminuir o tamanho da fila. Grite *¿Quién es último?* (quem é o último?) e entre na fila na av. de los Libertadores. Milkshakes às vezes são vendidos da janela que dá para fora.

**Heladería Km 969** SORVETERIA $
(Mapa p. 388; esq. av. Victoriano Garzón e av. 24 de Febrero; ⌚8h30-23h) Ficou entediado de esperar nas filas da Coppelia? Atravesse a Victoriano Garzón até esse *pit stop* menos frenético no qual você pode provar um *copa de helado* (sundae) em minutos.

**Café Palmares** FAST-FOOD $
(Mapa p. 388; esq. calle M e calle 6; ⌚24 horas) A alguns passos da relativa opulência e dos preços inflados do Meliá Santiago de Cuba, está esse local ao ar livre no qual lanches bem servidos e pratos substanciais de arroz e carne são praticamente de graça.

**Taberna de Dolores** CARIBENHA $$
(Mapa p. 396; esq. Mayía Rodríguez e Aguilera) A atmosfera de taberna desse restaurante de dois andares na Plaza Dolores supera toda a concorrência local com serviço agradável, *trovadores* ao lado da mesa e comida cubana sem pretensão.

**Restaurante el Cayo** FRUTOS DO MAR $$
(Almoço CUC$6-20) Se os próprios pescadores no Cayo Granma não o encurralarem antes, vá até esse que é o único restaurante estatal da ilha e serve frutos do mar numa casa clássica de madeira suspensa sobre a água na ilha El Cayo, ao sul do centro.

**Paladar las Gallegas** PALADAR $$
(Mapa p. 396; Bartolomé Masó, 305; refeições CUC$8-10; ⌚13-23h) Dobrando a esquina da catedral, está esse estabelecimento que, instalado no mesmo lugar há muitos e muitos anos, produz rapidamente poções comuns de porco, frango e às vezes *carnero*.

**La Perla del Dragón** CHINESA $
(Mapa p. 396; Aguilera entre Porfirio Valiente e Mayía Rodríguez; ⌚11-23h) O único restaurante chinês de Santiago não se compara à diversidade do Barrio Chino de Havana, apesar de estar num local agradável nas sombras da Plaza de Dolores.

### Por conta própria

**Supermercado Plaza de Marte** SUPERMERCADO $
(Mapa p. 396; av. Garzón; ⌚9-18h seg-sáb, 9-12h dom) Um dos supermercados com melhor estoque na cidade, uma ótima seleção de sorvetes e água a um bom preço. Fica na esquina nordeste da Plaza de Marte.

**Panadería Doña Neli** PADARIA $
(Mapa p. 396; esq. Aguilera e Sánchez; ⌚7h30-20h) Aromas agradáveis no começo da manhã irão arrastá-lo nessa direção para a padaria de moeda forte na Plaza de Marte.

**Mercado Municipal** MERCADO
(Mapa p. 388; esq. Aguilera e Padre Pico) O mercado principal, a duas quadras na direção oeste do Parque Céspedes, tem uma seleção pobre se considerarmos o tamanho da cidade.

**Mercado Agropecuario Ferreiro** MERCADO
(Mapa p. 388; Nuñez de Balboa) Atravessando a rotatória do Hotel las Américas e seguindo na rua lateral ao lado do posto de gasolina, há essa outra opção de mercado.

## Onde beber

**Bar la Fontana di Trevi** BAR

(Mapa p. 396; General Lacret; ⏲12-2h) Será que a moda dos lounges chegou a Santiago de Cuba? Você pode desconfiar que sim ao entrar nesse casulo de José A. Saco com bancos baixos agrupados ao redor de mesas individuais encostadas nas paredes. Mas não vá querer pedir martínis de maçã; esse salão descolado vende estritamente cerveja e rum (com pagamento apenas em peso).

**Café de la Catedral** CAFÉ

(Mapa p. 396; General Lacret entre Heredia e Bartolomé Masó; ⏲8-21h) Um café com ar-condicionado congelante localizado abaixo da catedral que oferece 24 tipos diferentes de café – com biscoito, se você tiver sorte. Há alguns artefatos de fazendas de café distribuídos no interior do local e um mural *cafetal* colorido na parede.

**El Baturro** BAR

(Mapa p. 396; esq. Aguilera e Hartmann) Um estabelecimento local pouco original que parece um resto dos dias de pirataria. Ligeiramente decadente e super-Santiago.

**Café la Isabelica** CAFÉ

(Mapa p. 396; esq. Aguilera e Porfirio Valiente; ⏲9-21h) Uma cantina mais forte, mais enfumaçada e mais escura se comparada ao Café de la Catedral, com preços em pesos.

## ☆ Lazer

"Difícil escolher" seria dizer pouco em Santiago. Para saber o que acontece, procure o bissemanal Cartelera Cultural. A recepção do Hotel Casa Granda (p. 402) normalmente tem exemplares. Todo sábado à noite a calle José A. Saco se torna um lugar de *happenings* chamado **Noche Santiagüera**, onde barraquinhas de comida, música e multidões fazem uma festa ao ar livre que dura a noite toda.

NÃO PERCA

### GRUPOS DE DANÇA *FOLKLÓRICO*

Santiago de Cuba tem diversos grupos de danças *folklórico* (folclóricas) que existem para ensinar e apresentar *bailes* (danças) tradicionais afro-cubanos e passar suas tradições para as próximas gerações. A maioria dos grupos data do começo dos anos 1960 e são todos patrocinados pelo governo.

Um bom lugar para descobrir sobre os próximos eventos *folklóricos* é no **Departamento de Focos Culturales de la Dirección Municipal de Cuba** (mapa p. 388; ☎65-69-82; Los Maceos, 501, entre General Bandera e Pío Rosado), que funciona como uma espécie de quartel-general para os vários *cabildos* (irmandades afro-cubanas) e grupos de dança, a maioria dos quais fica acampada por perto. Outro lugar é a Casa del Caribe (p. 399) em Vista Alegre.

**Ballet Folklórico Cutumba** FOLKLÓRICO

(Mapa p. 396; Teatro Galaxia, esq. av. 24 de Febrero e av. Valeriano Hierrezuelo; entrada CUC$2) Esse famoso grupo *folklórico* afro-cubano-franco-haitiano conhecido internacionalmente foi fundado em 1960 e atualmente se apresenta no **Teatro Galaxia** (enquanto sua sede, o **Teatro Oriente**, está em reformas). Você pode aparecer para ver os ensaios do grupo entre 9h e 13h de terça a sexta ou assistir a um eletrizante *café teatro* às 22h todo sábado. O grupo, formado por 55 componentes, apresenta as danças *tumbafrancesa*, *columbia*, *gagá*, *guaguancó*, *yagüetó*, *tajona* e *conga oriental*. É um dos melhores programas desse tipo em Cuba e já fez turnê pelo mundo, de Nova York à Nova Zelândia.

**Foco Cultural el Tivolí** AFRO-CUBANO

(Mapa p. 388; Desiderio Mesnier, 208; ⏲20h seg-sex) Ensaios de Carnaval para a Sarabanda Mayombe acontecem semanalmente no Tivolí *foco* (um show que acontece no Tivolí). Sábados às 17h são apresentados a mágica religiosa dos orixás, o *bembé* (ritual de tambores afro-cubano) e o *palomonte* (religião afro-cubana derivada do bantu) na Casa de las Tradiciones (p. 408) ali perto.

Também vale a pena procurar o **Conjunto Folklórico de Oriente** (mapa p. 396; Hartmann, 407), o **Carabalí Izuama** (mapa p. 388; Pío Rosado, 107) e o **Foco Cultural Tumba Francesa** (mapa p. 388; Pío Rosado, 268), um colorido grupo de mestres percussionistas franco-haitianos que podem ser vistos em seus ensaios às terças e quintas às 20h.

A calle Heredia, por outro lado, é a Bourbon Street de Santiago, uma cacofonia musical de pungentes trompetes, bongôs multifacetados e guitarras cadenciadas. Para cantos mais escondidos, ronde as ruas com seus ouvidos atentos e deixe os sons atraírem você.

**Casa de las Tradiciones** MÚSICA AO VIVO
(Mapa p. 388; Rabí, 154; entrada $1; a partir das 20h30) O mais conhecido lugar "não descoberto" de Santiago ainda mantém seu enfumaçado clima original de salão. Escondido no elegante distrito de Tivolí, algumas das bandas mais empolgantes de Cuba, cantores e solistas se revezam improvisando nesse lugar. As noites de sexta são reservadas para a clássica *trova* ao estilo Ñico Saquito e similares.

**Casa de la Trova** MÚSICA AO VIVO
(Mapa p. 396; Heredia, 208; entrada a partir de CUC$2; 11-15h e 20h30-23h ter-dom) Quase quarenta anos depois de sua versão inicial, o templo ao poder da música tradicional de Santiago permanece forte e continua a atrair grandes nomes como o cantor Eliades Ochoa, do Buena Vista Social Club. Aquecendo a pista do térreo no final da tarde, a ação lentamente sobe as escadas até as 22h, quando tudo começa a ficar mais *caliente*. Chegue usando um bom par de sapatos e prepare-se para ter seus pés – quase literalmente – tirados do chão.

**Casa del Estudiante** MÚSICA AO VIVO
(Mapa p. 396; Heredia, 204; entrada CUC$1; 21h qua, sex e sáb, 13h dom) Reserve um assento (ou fique em pé na rua) e aguarde o que esse lugar espontâneo vai oferecer para você. *Danzón* orquestral, rumba folclórica, românticos *trovadores* ou *reggaetón* rítmico (hip-hop cubano): você nunca sabe o que vai acontecer. Veja p. 401.

GRÁTIS **Patio ARTex** MÚSICA AO VIVO
(Mapa p. 396; Heredia, 304; 11-23h) Arte enfeita as paredes deste combo loja-clube que apresenta música ao vivo dia e noite em um pequeno pátio interno; uma boa opção se a Casa de la Trova estiver cheia ou muito frenética.

**Patio los Dos Abuelos** MÚSICA AO VIVO
(Mapa p. 396; Francisco Pérez Carbo, 5; entrada CUC$2; 22-1h seg-sáb) O título (*abuelos* significa avôs) tem uma certa verdade. Essa casa com música ao vivo tranquila é um bastião das músicas tradicionais cantadas à maneira de antigamente. Os músicos são profissionais experientes e a maioria dos frequentadores, perfeitas damas e cavalheiros.

**Tropicana Santiago** CABARÉ
(Mapa p. 387; entrada a partir de CUC$35; 22h qua-dom) Qualquer coisa que Havana puder fazer, Santiago pode fazer melhor – ou pelo menos mais barato. Ao estilo do Tropicana original, seu show estilo plumas e paetês de Las Vegas é altamente promovido por todas as agências de turismo da cidade, que o oferecem por CUC$35 mais transporte (o show de Havana é o dobro do preço, mas não é duplamente melhor). Localizado fora da cidade, 3km ao norte do Hotel Las Américas, um táxi ou carro de aluguel é a única opção de transporte independente, fazendo da oferta das agências de turismo uma boa escolha. O show dos sábados à noite é o melhor.

**Teatro José María Heredia** TEATRO
(Mapa p. 388; 64-31-90; esq. av. de las Américas e av. de los Desfiles; bilheteria 9-12h e 13h-16h30) Esse enorme e moderno teatro/centro de convenções foi construído durante a reforma da cidade no início dos anos 1990. Shows de rock e folk normalmente acontecem na Sala Principal, de 2.459 lugares, enquanto o Café Cantante Niagara, com 120 lugares, apresenta eventos mais esotéricos. Pergunte sobre apresentações da Compañía Teatro Danza del Caribe.

**Club el Iris** BAR, CASA NOTURNA
(Mapa p. 396; Aguilera, 617; entrada CUC$3; 22--2h) Saindo da Plaza de Marte, com um antiquado neon na porta (que raramente funciona), o Iris é a casa noturna mais quente, barulhenta e "in" de Santiago de Cuba. O couvert inclui um drink, mas à noite só admite casais. As coisas geralmente ficam mais movimentadas por volta da meia-noite.

**Casa de la Cultura Miguel Matamoros** MÚSICA AO VIVO
(Mapa p. 396; General Lacret entre Aguilera e Heredia; entrada CUC$1) Esse marco cultural instalado em local histórico no Parque Céspedes abriga muitos e concorridos eventos musicais, incluindo rumba e *son;* cheque a *cartelera* (programação) postada na porta. Também apresenta algumas boas exposições de arte.

**Santiago Café** CABARÉ
(Mapa p. 388; esq. av. de las Américas e calle M; entrada CUC$5; 22-2h) No Hotel Meliá Santiago de Cuba, essa é a versão um pouco menos espetacular do Tropicana, apesar de a instalação ser bastante elegante. Cabarés acontecem aos sábados com discoteca a seguir. Fica no primeiro andar do hotel. Siga para o décimo-quinto andar para o empolgante **Bello Bar**.

**Teatro Martí** TEATRO
(Mapa p. 388; Félix Peña, 313;) Espetáculos para crianças acontecem aos sábados e domingos às 17h nesse teatro perto da General Portuondo, em frente à Iglesia de Santo Tomás.

**Sala de Conciertos Dolores** MÚSICA AO VIVO
(Mapa p. 396; esq. Aguilera e Mayía Rodríguez; 20h30) Instalada em uma antiga igreja na Plaza de Dolores, você pode assistir à Sinfónica del Oriente e o impressionante coral infantil (às 17h). A *cartelera* fica exposta do lado de fora.

**Orfeón Santiago** MÚSICA AO VIVO
(Mapa p. 396; Heredia, 68) Esse coral clássico às vezes permite visitantes em seus ensaios das 9h-11h30, de segunda a sexta.

**Coro Madrigalista** MÚSICA AO VIVO
(Mapa p. 396; Pío Rosado, 555) Em frente ao Museo Bacardí, esse coral é similar ao Orfeón Santiago.

**Cine Rialto** CINEMA
(Mapa p. 396; Félix Peña, 654) Esse cinema, próximo à catedral, é um dos favoritos de Santiago de Cuba, exibindo filmes e vídeos.

**Casa de la Música** CASA NOTURNA
(Mapa p. 396; Corona, 564; entrada CUC$3-10; 22-4h) Similar às casas de Havana, essa Casa de la Música apresenta uma combinação de salsa ao vivo e música mecânica estilo disco; normalmente é uma boa noitada.

**Cine Cuba** CINEMA
(Mapa p. 396; esq. Saco e General Lacret) Tendo recebido uma recente reforma, esse lugar é o melhor da cidade, com um lobby convidativo, um decente leque de filmes e multidões.

**Uneac** CENTRO CULTURAL
(Mapa p. 396; Unión Nacional de Escritores y Artistas de Cuba; Heredia, 266) Primeira parada para amantes da arte em busca de consolo intelectual em conversas, workshops, encontros e performances em um esplêndido pátio colonial.

**Wamby Bolera** BOLICHE
(Mapa p. 388; esq. Victoriano Garzón e calle 7) Alguém quer jogar boliche? Coloque CUC$0,25 em uma das duas máquinas e solte as bolas. Também há um café no local.

**Cine Capitolio** CINEMA
(Mapa p. 388; av. Victoriano Garzón, 256) As atrações normais são vídeos.

## Esportes

**Estadio de Béisbol Guillermón Moncada** ESPORTES
(Mapa p. 388; av. de las Américas) Esse estádio fica no lado nordeste da cidade, a uma caminhada de distância dos principais hotéis. Durante o campeonato de beisebol, de outubro a abril, há jogos às 19h30 às terças, quartas, quintas e sábados e às 13h30 aos domingos (um peso). Os Avispas (Vespas) são os principais rivais dos Industriales de Havana, com vitórias no campeonato nacional em 2005, 2007 e 2008. Cubanacán promove passeios aos jogos do Avispa, com visita aos vestiários depois do jogo para conhecer os jogadores.

**Gimnasio Cultura Física** ACADEMIA
(Mapa p. 396; Pío Rosado, 455, entre Saco e Hechavarría; 6h-18h45 seg-sex, 8-16h sáb, 8-12h dom) Sem frescuras nem requintes! Para malhar sério, vá a essa academia repleta de sacos de boxe usados, pesos enferrujados e chuveiros frios.

## Onde comprar

Criatividade inovadora está inscrita nas persianas da Santiago colonial e um breve passeio pelo *casco histórico* irá revelar excitantes fragmentos de arte interessante. Barracas de artesanato decente ficam montadas na calle Heredia quase todos os dias.

**ARTex** SUVENIRS
(Mapa p. 396) General Lacret (General Lacret entre Aguilera e Heredia); Heredia (Heredia, 304; 11-23h); Patio ARTex (Heredia, 208; 11-19h ter-dom) De mouse-pads a lembranças de Che, a filial da ARTex abaixo do Hotel Casa Granda tem qualquer tipo de suvenir cubano imaginável. As outras filiais – na Casa de La Troca e no Patio ARTex, um quarteirão adiante na calle Heredia – focam mais música, com uma respeitável seleção de CDs e fitas cassete.

**Discoteca Egrem** MÚSICA
(Mapa p. 396; Saco, 309; 9-18h seg-sáb, 9-14h dom) A definitiva loja especializada de música cubana; esse ponto de venda da Egrem Studios tem uma boa seleção de músicos locais.

**La Maison** ROUPAS
(Mapa p. 388; 64-11-17; av. Manduley, 52; 10-18h seg-sáb) A versão de Santiago desta famosa loja de Havana está localizada apropriadamente em uma grandiosa *maison* (casa) em Vista Alegre. Há desfiles semanais regularmente.

**Galería de Arte de Oriente** ARTE
(Mapa p. 396; General Lacret, 656) Provavelmente a melhor galeria em Santiago de Cuba; a arte no local é bastante boa.

**Galería Santiago** ARTE
(Mapa p. 396; Heredia) Essa galeria, abaixo da catedral no lado sul do Parque Céspedes, é outra com arte de qualidade. Há várias outras galerias ao longo da Heredia, a leste.

**Librería Internacional** LIVROS
(Mapa p. 396; ☎68-71-47; Heredia entre General Lacret e Félix Peña) No lado sul do Parque Céspedes. Seleção decente de títulos políticos em inglês; vende cartões-postais e selos.

**Librería la Escalera** LIVROS
(Mapa p. 396; Heredia, 265; ⏲10-23h) Um verdadeiro museu de livros velhos e raros empilhados até o teto. *Trovadores* com *sombreros* quase sempre se sentam à escada e dedilham.

**Librería Manolito del Toro** LIVROS
(Mapa p. 396; Saco, 411; ⏲8h-16h30 seg-sex, 8-16h sáb) Boa para literatura política.



## ℹ Informações

### Perigos e perturbações

Santiago é bem conhecida, mesmo entre os cubanos, por seus insistentes *jineteros* (cambistas), todos oferecendo seus produtos – seja cigarros, *paladares*, *chicas* (garotas) ou passeios não oficiais. Às vezes pode parecer quase impossível se livrar do tormento, mas um "não" firme com um pouco de bom humor deve manter o pior a distância.

O trânsito em Santiago só fica atrás do problema ambiental de Havana. Para piorar as coisas para os pedestres, há os barulhentos motoqueiros ziguezagueando e correndo pelas sinuosas ruas da cidade, dos anos 1950.

Calçadas estreitas ou inexistentes acrescentam mais obstáculos ao já perigoso caldo.

### Emergência

**Asistur** (☎68-61-28; www.asistur.cu; Heredia, 201) Situado sob o Casa Granda Hotel, esse escritório é especializado em oferecer assistência a estrangeiros, especialmente na área financeira e de seguros.

**Polícia** (☎116; esq. Corona e Sánchez Hechavarría)

### Acesso à internet e telefone

**Etecsa Multiservicios** (esq. Heredia e Félix Peña; CUC$6/hora; ⏲8h30-19h30) Três terminais de internet em um pequeno escritório na Plaza Céspedes.

**Etecsa Telepunto** (esquina Hartmann e Tamayo Fleites; por hora CUC$6; ⏲8h30-19h30)

### Mídia

**Rádio Mambí CMKW** - 1240AM e 93.7FM.

**Rádio Revolución CMKC** - 840AM e 101.4FM.

**Rádio Siboney CMDV** - 1180AM e 95.1FM.

**Sierra Maestra** Jornal local publicado aos sábados.

### Serviços médicos

**Clínica Internacional Cubanacán Servimed** (☎64-25-89; esq. av. Raúl Pujol e calle 10, Vista Alegre; ⏲24 horas) Funcionários capazes falam um pouco de inglês. Há também um dentista.

**Farmacia Clínica Internacional** (☎64-25--89; esq. av. Raúl Pujol e calle 10; ⏲24 horas) Melhor farmácia da cidade, vende produtos em pesos conversíveis.

**Farmacia Internacional** (☎68-70-70; Meliá Santiago de Cuba, esq. av. de las Américas e calle M; ⏲8-18h) No lobby do Meliá Santiago de Cuba, vende produtos em pesos conversíveis.

**Hospital Provincial Saturnino Lora** (☎64--56-51; av. de los Libertadores) Com câmara de compressão.

### Dinheiro

**Banco de Crédito y Comercio** (Félix Peña, 614) Instalado no dissonante edifício moderno na Plaza Céspedes.

**Banco Financiero Internacional** (esq. av. de las Américas e calle I)

**Bandec** General Lacret (esq. General Lacret e Aguilera); Saco (esq. Saco e Mariano Corona)

**Cadeca** Aguilera (Aguilera, 508); Hotel las Américas (esq. av. de las Américas e av. General Cebreco); Meliá Santiago de Cuba (esq. av. de las Américas e calle M)

### Correios

**DHL** (Aguilera, 310)

**Correios** Aguilera (Aguilera, 519); calle 9 (calle 9, Ampliación de Terrazas) Próximo a av. General Cebreco; também há telefones.

### Agências de viagem

**Cubatur** Garzón (av. Victoriano Garzón, 364, entre calles 3 e 4; ⏲8-20h); Heredia (Heredia, 701 esq. General Lacret) Também tem balcões nos principais hotéis.

**Ecotur** (Bartolomé Masó esq. Hartmann) Escritórios no edifício do dispensável "Acuario" (aquário) de Santiago.

**Cubanacán** (Heredia, 201) Esse balcão muito útil fica no Hotel Casa Granda.

**Oficina Reservaciones de Campismo** (Cornelio Robert, 163; ⏲8h30-12h e 13h-16h30 seg-sex, 8-13h sáb) Para informações sobre o Caletón Blanco e La Mula campismos.

## Como chegar e sair

### Avião

**Aeroporto Internacional Antonio Maceo** (Mapa p. 387; o código do aeroporto é SCU) fica 7km ao sul de Santiago de Cuba, saindo da carretera del Morro. Voos internacionais chegam de Paris-Orly, Madri, Toronto e Montreal pela **Cubana** (esq. Saco e General Lacret). Toronto e Montreal também são atendidas pela **Sunwing** (www.sunwing.ca) e **Canjet** (www.canjet.com). **AeroCaribbean** (General Lacret entre Bartolomé Masó e Heredia) voa semanalmente entre Santiago de Cuba e Porto Príncipe, Haiti, e duas vezes por semana para Santo Domingo. **American Eagle** (www.aa.com) faz voos fretados regularmente de/para Miami, servindo a comunidade cubana-americana.

Internamente, Cubana voa sem escalas de Havana para Santiago de Cuba duas a três vezes ao dia (CUC$114 um trajeto, 1h e 30min). Também faz voos para Varadero e Holguín.

### Ônibus

A **Rodoviária Nacional** (mapa p. 388; esq. av. de los Libertadores e calle 9), em frente ao Monumento Heredia, fica 3km a nordeste do Parque Céspedes. Ônibus **Víazul** (www.viazul.cu) saem da mesma rodoviária.

O ônibus de Havana para em Bayamo (CUC$7, 2 horas), Holguín (CUC$11, 4h e 15min), Las Tunas (CUC$11, 5h e 30min), Camagüey (CUC$18, 7h e 30min), Ciego de Ávila (CUC$24, 9h e 30min), Sancti Spíritus (CUC$28, 11h e 30min) e Santa Clara (CUC$33, 13 horas). O ônibus de Trinidad pode deixar você em Bayamo, Las Tunas, Camagüey, Ciego de Ávila e Sancti Spíritus. O ônibus para Baracoa para em Guantánamo.

### Trem

A moderna **estação de trem** em estilo francês (mapa p. 388; esq. av. Jesús Menéndez e Martí) fica situada perto da fábrica de rum a noroeste do centro. O *Tren Francés* sai às 21h a cada três dias para Havana (CUC$62, 16 horas) parando em Camagüey (CUC$11) e Santa Clara (CUC$20) ao longo de sua rota.

Um outro *coche motor* (trem que atravessa a ilha) mais lento também faz a rota para Havana a cada três dias, quando o *Tren Francés* não está funcionando, parando em Las Tunas, Camagüey, Ciego de Ávila, Guayos, Santa Clara e Matanzas.

As programações de trens em Cuba são inconstantes, então você deve verificar de antemão qual trem sai e quando, e comprar seu bilhete assim que possível depois disso.

### Van

Vans intermitentes saem da **Rodoviária Intermunicipal Serrano** (mapa p. 388; esq. av. Jesús Menéndez e Sánchez Hechavarría), próxima à estação de trem para Guantánamo e Bayamo todo o dia. Os preços são baixos e o melhor horário para embarcar é pela manhã bem cedo. Para esses destinos, não procure as bilheterias; apenas ache a van estacionada que vai para onde você quer ir. Vans para Caletón Blanco e Chivirico também saem do local.

A **Rodoviária Intermunicipal** (Terminal Cuatro; mapa p. 388; esq. av. de los Libertadores e calle 4), 2km a nordeste do Parque Céspedes, tem dois ônibus por dia para El Cobre. Também saem dois ônibus por dia para Baconao.

## Como circular

### De/para o aeroporto

Um táxi de/para o aeroporto deve custar por volta de CUC$7, mas os motoristas geralmente vão tentar cobrar mais. Negocie bastante antes de entrar no carro. Você também pode chegar ao aeroporto pelo ônibus 212, que sai da av. de los Libertadores em frente ao Hospital de Maternidad (mapa p. 388). O ônibus 213 também sai para o aeroporto do mesmo ponto, mas passa por Punta Gorda primeiro. Ambos os ônibus param um pouco além do extremo oeste do estacionamento, à esquerda da entrada.

### De/para a estação de trem

Para chegar à cidade pela estação de trem, pegue uma charrete em direção ao sul (um peso) até a torre do relógio no extremo norte do Parque Alameda (mapa p. 388), a partir do qual Aguilera (à esquerda) sobe direto para o Parque Céspedes. Charretes entre a Rodoviária Nacional (eles gritam "Alameda") e a estação de trem (um peso) passam ao longo da av. Juan Gualberto Gómez e da av. Jesús Menéndez (mapa p. 388).

### PARTIDAS DE ÔNIBUS VÍAZUL DE SANTIAGO DE CUBA

| DESTINO | PREÇO (CUC$) | DURAÇÃO (H) | HORÁRIO DE PARTIDA |
|---|---|---|---|
| Baracoa | 15 | 4h e 45min | 7h45 |
| Havana | 51 | 15h e 30min | 9h, 15h15, 18h50, 22h |
| Trinidad | 34 | 12 horas | 19h30 |
| Varadero | 49 | 16 horas | 20h |

### Ônibus e van

Ônibus municipais úteis incluem o 212 para o aeroporto e Ciudamar, o 213 para Punta Gorda (ambos saem da av. de los Libertadores, em frente ao Hospital de Maternidad, mapa p. 388, e seguem para o sul pela Félix Peña no *casco histórico*), e os ônibus 214 ou 407 para Siboney (saída perto da av. de los Libertadores, 425; mapa p. 388). O ônibus 5 para El Caney para na esquina noroeste da Plaza de Marte (mapa p. 396) e na General Cebreco e calle 3 em Vista Alegre (mapa p. 388). Esses ônibus (vinte centavos) passam a cada hora; vans mais frequentes (um peso) servem as mesmas rotas.

Vans para El Cobre e pontos ao norte saem da av. de las Américas próximo à calle M (mapa p. 388). Nas vans e nos ônibus, fique atento aos trombadinhas e use sua mochila na sua frente.

### Carro e lambreta

Santiago de Cuba sofre de uma falta crônica de carros de aluguel (especialmente nas altas temporadas) e você pode não achá-los. Apesar disso, os moradores locais têm uma infatigável habilidade cubana de *conseguir* e *resolver*. Os escritórios no aeroporto geralmente têm mais disponibilidade que aqueles na cidade. Se estiver sem opções, você poderá alugar um no Hotel Guantánamo, duas horas a leste.

A **Cubacar** (Hotel las Américas; esq. av. de las Américas e av. General Cebreco; ⌚8-22h) aluga lambretas a CUC$24 por dia. Há também um escritório no Aeroporto Internacional Antonio Maceo.

Há um estacionamento com vigias no Parque Céspedes, diretamente abaixo do Hotel Casa Granda. Atendentes uniformizados com pequenos distintivos cobram CUC$1 por dia e CUC$1 por noite.

O **posto de gasolina Servi-Cupet** (esq. av. de los Libertadores e av. de Céspedes) fica aberto 24 horas. Há um **posto de gasolina Oro Negro** (esq. av. 24 de Febrero e carretera del Morro) na carretera del Morro e outro na carretera Central, na entrada norte de Santiago de Cuba.

### Táxi

Há um quiosque Turistaxi em frente ao Meliá Santiago de Cuba. Táxis também ficam à espera no Parque Céspedes em frente à catedral e assobiam para você enquanto você passa. Sempre insista para que o motorista use o *taxímetro* ou negocie um preço de antemão. Para o aeroporto, irá custar entre CUC$5 e CUC$7, dependendo do estado do carro.

Bicitáxis cobram por volta de CUC$5 por pessoa por passeio, mas é ilegal levar turistas, então eles irão deixá-lo alguns quarteirões antes do Parque Céspedes.

## Siboney

Playa Siboney é a Playa del Este de Santiago, uma exuberante cidade de praia 19km a leste, que é mais um vilarejo rústico do que um resort luxuoso. Guardado por recifes íngremes e salpicado de palmeiras encurvadas e casinhas de madeira gastas pelo vento, o lugar é descontraído e charmoso, com cenas de praia que misturam famílias cubanas em busca de diversão e jovens e casadouras *santiagüeras* e seus parceiros estrangeiros mais velhos e carecas.

Em termos de qualidade, a pequena meia-lua de areia cinzenta de Siboney não chega aos pés de Varadero e a opção hoteleira (não *há* opção, só uma villa de nível básico) não é muito inspiradora. Mas o que falta em estrutura, Siboney compensa em preço, localização (fica aos pés do Parque Baconao) e na acolhedora atmosfera cubana.

Há uma série de *casas particulares* (mais de trinta, que, em um local desse tamanho, constituem praticamente metade do vilarejo) e um restaurante decente em um morro com vista para a praia. Para aqueles que precisam de uma pausa do fervilhar das ruas e da cultura na escaldante Santiago, é um bom esconderijo.

### 👁 Atrações

**Granjita Siboney** MUSEU

(Entrada CUC$1; ⌚9-17h) Se a Revolução tivesse fracassado, essa casa de fazenda insignificante a 2km da Playa Siboney na estrada para Santiago de Cuba seria o esquecido local de um golpe praticamente fútil. Em vez disso, esse é mais um monumento ao glorioso episódio nacional que é Moncada. Deste lugar, às 5h15 no dia 26 de julho de 1953, 26 carros sob o comando de Fidel Castro saíram para atacar os acampamentos militares em Santiago de Cuba. A casa mantém muitos de seus detalhes originais, incluindo o gracioso quarto usado pelas duas *compañeras* (revolucionárias) que participaram, Haydee Santamaría e Melba Hernández. Há também exposições de armas, documentos interessantes, fotos e objetos pessoais relacionados ao ataque. Note o poço ao lado da construção, onde as armas foram escondidas antes do ataque. Em 1973, 26 monumentos foram construídos ao longo da estrada entre Granjita Siboney e Santiago de Cuba para comemorar o ataque.

**Museo de la Guerra Hispano-Cubano-Norteamericano** MUSEU
(Entrada CUC$1; ⌚9-17h) Adjacente ao Granjita, esse museu mostra objetos relacionados à intervenção militar americana de 1898 em Santiago de Cuba. Vários modelos em escala das batalhas em terra e mar estão expostos.

No topo da encosta de pedras fica um **memorial de guerra** americano datado de 1907, marcando o desembarque dos EUA no dia 24 de junho de 1898.

## Onde dormir

Há uma abundância de *casas particulares* (pelo menos uma dúzia) nesse pequeno vilarejo à beira-mar.

**Ángel Figuredo Zolórzano** CASA PARTICULAR $
(☎39-91-81; dgarrido1961@yahoo.es; av. Serrano, 63; q CUC$15-20) Lugarzinho bem decorado, com um pátio, no final da rua.

**Marlene Pérez** CASA PARTICULAR $
(☎39-92-19;q CUC$15-20) Um apartamento à beira-mar com uma varanda por cima da encosta um quarteirão ao sul dos correios. Esse lugar tem um ar moderno e estacionamento fácil.

**Ovidio González Salgado** CASA PARTICULAR $
(☎39-93-40; av. Serrano; q CUC$20-25) Opção recomendada por leitores que fica sobre a farmácia local; serve excelentes refeições.

**Villa Siboney** CHALÉS $
(☎39-93-21; chalés CUC$23) Você fará melhor se escolher as *casas particulares* por esses lados, mas, se por alguma razão, elas estiverem todas cheias, sempre haverá o rústico Villa Siboney; sete chalés independentes na praia que acomodam até quatro pessoas. Pergunte na *carpeta* (recepção), abaixo do edifício de apartamentos ao lado do centro comercial.

## Onde comer

**Restaurante la Rueda** CARIBENHA$
(Calle Montenegro) Note, prezado comensal, que você está sentado na antiga casa do famoso músico e ícone internacional Francisco Repilado, o homem responsável por escrever a imortal canção "Chan Chan", que você provavelmente já ouviu pelo menos umas doze vezes desde que seu voo pousou. Nascido em um pequeno barraco nesse local em 1907, Compay Segundo, como ele era mais conhecido, atingiu o estrelato com a avançada idade de 90 anos, como o brincalhão guitarrista do Buena Vista Social Club, de Ry Cooder. Apesar das previsões de que ele iria alcançar os 115 anos, Segundo morreu em 2003, aos 95. La Rueda é, na verdade, a única opção de restaurante de Siboney e teria deixado o velho Francisco feliz com sua comida *criolla* sem frescura, seu serviço amigável e ótimas vistas da praia.

Algumas **barracas** de comida barata vendida a pesos encontram-se ao longo da praia. Há também um **bar** ao ar livre que vende bebidas em pesos conversíveis na praia.

## Como chegar e sair

O ônibus 214 vem de Santiago de Cuba para Siboney saindo de próximo à av. de los Libertadores 425, em frente à Empresa Universal, com uma segunda parada na av. de Céspedes 110. Ele sai de hora em hora e o ônibus 407 vai até Juraguá três vezes por dia. Caminhões de passageiros também fazem o trajeto entre Santiago de Cuba e Siboney.

Um táxi para a Playa Siboney irá custar por volta de CUC$20 a CUC$25, dependendo se é estatal ou privado.

# La Gran Piedra

Coroada por uma gigante pedra de 63 mil toneladas empoleirada como um asteroide caído, a Cordillera de la Gran Piedra é parte de uma das cordilheiras mais verdes e ecologicamente diversas de Cuba. Além de as montanhas terem um refrescante microclima, elas também têm um legado histórico devido às mais de sessenta plantações de café instaladas por fazendeiros franceses no final do século 18. Em fuga de uma sangrenta rebelião escrava no Haiti em 1791, os empreendedores imigrantes franceses superaram duras condições de vida e um terreno difícil para transformar Cuba no maior produtor de café mundial no século 19. Seu trabalho e talento foram preservados para a posteridade como Patrimônio Histórico da Humanidade da UNESCO, centralizado no Cafetal la Isabelica. A área também é parte da Reserva da Biosfera Baconao pela UNESCO, instituída em 1987.

## Atrações

Uma íngreme estrada de 12km para o topo da montanha se torna mais bonita conforme a folhagem se fecha à sua volta e o vale se abre a sua frente. Pés de manga são onipresentes no local.

**Prado de las Esculturas** PARQUE
(Entrada CUC$1; ⌚8-16h) Perto do começo da estrada de acesso à La Gran Piedra, 16km a sudeste de Santiago de Cuba, fica esse par-

## La Gran Piedra e Parque Baconao

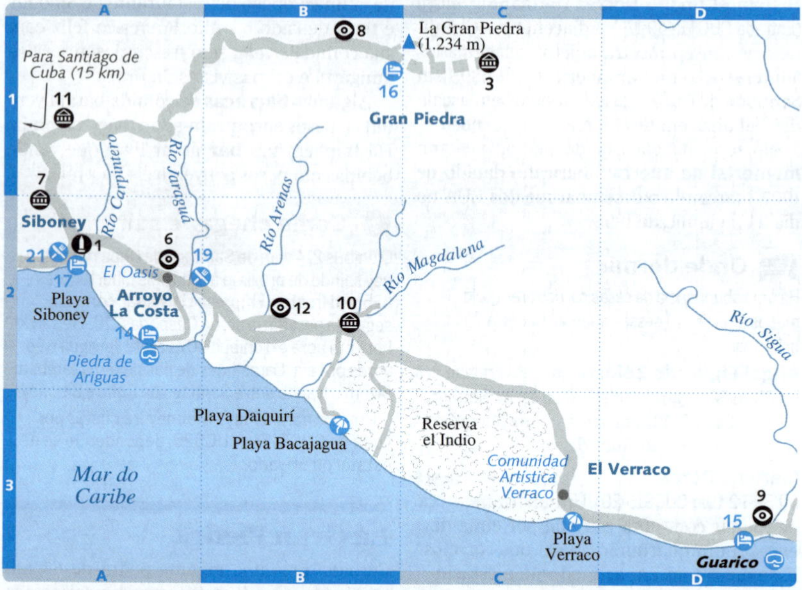




## La Gran Piedra e Parque Baconao

**Atrações**

1 Memorial de Guerra Americano............A2
2 Acuario Baconao ..................................E3
3 Cafetal la Isabelica...............................C1
4 Criadero de Cocodrilos .........................F3
5 Exposición Mesoamericana ..................E3
6 Fiesta Guajira .......................................A2
7 Granjita Siboney ...................................A2
8 Jardín Botánico ......................................B1
9 Jardín de Cactus ....................................D3
Museo de Historia Natural............ (veja 12)
Museo de la Guerra Hispano Cubano Norteamericano ...........(veja 7)
10 Museo Nacional de Transportes Terrestre ...........................................B2
11 Prado de las Esculturas .........................A1
12 Valle de la Prehistoria............................B2

**Atividades, cursos e visitas guiadas**

Centro Internacional de Buceo Carisol de Corales......................(veja 13)
Centro Internacional de Buceo de Bucanero ...................................(veja 14)

**Onde dormir**

13 Club Amigo Carisol – Los Corales...................................... E3
14 Club Bucanero ....................................... A2
15 Hotel Costa Morena .............................. D3
16 Villa la Gran Piedra................................ B1
17 Villa Siboney.......................................... A2

**Onde comer**

18 Casa del Piedra el Cojo......................... E3
Fiesta Guajira ................................. (veja 6)
19 Finca el Porvenir.................................... A2
20 Restaurante Casa de Rolando................ E3
21 Restaurante la Rueda............................. A2

que de esculturas. Espalhadas ao longo de uma estrada em círculo de 1km, estão vinte monumentais esculturas de metal, madeira, concreto, tijolo e pedra de artistas de dez países. É a primeira das diversas excentricidades artísticas da região.

**Jardín Botánico** JARDIM

(Entrada CUC$3; ⌚8h-16h30 ter-dom) Um quilômetro antes da Villa la Gran Piedra e 800m numa estrada enlamaçada está o jardim botânico com orquídeas (a melhor época é de novembro a janeiro) e outras flores. Procure

a vistosa *ave de paraíso* (estrelícia) amarela, laranja e violeta.

**La Gran Piedra** TOPO DA MONTANHA

(Entrada CUC$1) Você não precisa ser Tenzing Norgay para escalar os 459 degraus de pedra até o topo de La Gran Piedra, que fica a 1.234m do chão. A enorme pedra mede, no topo, 51m de comprimento e 25m de altura e pesa... bastante. Em um dia claro há excelentes vistas das ilhas caribenhas e, numa noite escura, você supostamente consegue ver as luzes da Jamaica.

**Cafetal la Isabelica** MUSEU

(Entrada CUC$2; 8-16h) É o centro do Patrimônio Mundial da UNESCO concedido em 2000 às Primeiras Plantações de Café no sudoeste de Cuba. É uma caminhada de 2km além de La Gran Piedra em uma estrada difícil até a impressionante mansão de pedra, com suas três grandes plataformas de secagem de café, construída no início do século 19 por imigrantes franceses do Haiti. No passado, estava entre as mais de sessenta plantações da área. Há um workshop, móveis e alguns artefatos de escravos, e você ainda pode passar pela plantação coberta de pinheiro à vontade. Vale a pena usar um guia (para uma dica) para conhecer a região, já que não há placas explicativas.

## Atividades

### Caminhada

Você pode visitar as ruínas de mais de cem plantações de café a pé. Trilhas saem do Cafetal la Isabelica, mas não há placas. Pergunte no La Isabelica sobre a possibilidade de contratar um fazendeiro local para mostrar a região a você por uma taxa predeterminada.

## Onde dormir e comer

**Villa la Gran Piedra** HOTEL $

(65-12-05; s/c CUC$13/20; P) Pode não ser o maior e o melhor, mas o Villa la Gran Piedra tem pelo menos um apelo à fama – é o hotel mais alto de Cuba. Situado a 1.225m, perto do pico da montanha, possui dezessete chalés e cinco bangalôs com telhas vermelhas e paredes de pedra local. Os quartos são básicos, mas perfeitamente adequados, e a paisagem verde com samambaias, orquídeas e vistas maravilhosas compensa muito. Há um restaurante no local e várias trilhas curtas estão disponíveis.

## Como chegar e sair

Uma estrada pavimentada íngreme e sinuosa sobe verticalmente 1,2km a partir da junção com a estrada costeira perto de Siboney (na rota de ônibus 214), com *muchos* buracos. Um táxi de Santiago de Cuba irá custar aproximadamente CUC$40-50 (barganhe bastante) para uma viagem de ida e volta. Cubanos vigorosos e estrangeiros ambiciosos sobem a pé os 12km desde o ponto de ônibus que fica na estrada em Las Guásimas.

# Parque Baconao

O Parque Baconao, que cobre 800km² entre Santiago de Cuba e o Río Baconao, é tão maravilhoso quanto estranho. A Reserva de Biosfera da UNESCO onde se localiza um museu de carros a céu aberto, um aquário precário e uma coleção bizarra de 240 esculturas de dinossauros em tamanho real, parece um Jurassic Park historicamente deslocado, mas ainda assim funciona como abrigo importante para todo um ecossistema de fauna e flora.

Logicamente, a posição na UNESCO não foi dada por conta do museu cheio de carros estranhos (nem pelo campo cheio de dinossauros de concreto). De acordo com biólogos, Baconao ostenta mais de 1.800 espécies endêmicas de flora e numerosos tipos de morcegos e aranhas ameaçados de extinção. Abrigada em um abismo raso com a imponente Sierra Maestra de um lado e

## CAFETALES

Os cubanos sempre foram entusiasmados bebedores de café. Mas, apesar de a *shade--loving* cafeicultura nacional prosperar no frescor das clareiras cobertas de árvores da Sierra del Escambray e da Sierra Maestra, ela não é nativa da ilha.

O café foi primeiramente trazido para Cuba em 1748, vindo da colônia vizinha Santo Domingo, mas foi apenas com a chegada de agricultores franceses do Haiti, no começo dos anos 1800, que a safra começou a crescer comercialmente.

Na fuga da revolução de escravos de Toussaint Louverture, os franceses deslocados acharam consolo nas montanhas de Pinar del Río e Sierra Maestra, nas quais abandonaram a produção de açúcar em favor da mais rentável e durável plantação de café.

Construído em 1801 onde hoje é a Reserva de Sierra del Rosario na província de Artemisa, o Cafetal Buenavista (p. 148) foi a primeira plantação de café do Novo Mundo. Não muito tempo depois, fazendeiros que viviam nas montanhas densamente arborizadas em volta de La Gran Piedra começaram a construir uma rede de mais de sessenta *cafetales* (fazendas de café), usando técnicas de agricultura pioneiras para superar o terreno difícil. Os esforços estoicos valeram a pena e, já na segunda década do século 19, a indústria cafeeira nascente de Cuba estava prosperando.

Estimulado pelos altos preços e favorecido por novas e sofisticadas técnicas em desenvolvimento, o *boom* do café durou dos anos 1800 até mais ou menos 1820, quando a safra consumia mais terra do que a cana-de-açúcar. No auge, havia mais de 2 mil *cafetales* em Cuba, concentrados primeiramente na região da Sierra de Rosario e na Sierra Maestra, até o leste de Santiago de Cuba.

A produção começou a entrar em crise nos anos 1840 ao competir com novas economias vigorosas (mais notadamente as brasileiras) e devido a uma série de furacões devastadores. A indústria tomou outro golpe durante a Guerra de Independência, mas a safra sobreviveu e ainda hoje é colhida numa escala menor, usando majoritariamente métodos tradicionais.

O legado da indústria pioneira de café de Cuba é mais bem evidenciado pela paisagem arqueológica das Primeiras Plantações de Café no sudoeste de Cuba, Patrimônio Mundial da UNESCO desde o ano 2000, que fica no pé das montanhas de Sierra Maestra perto de La Gran Piedra (p. 413).



as plácidas ilhas caribenhas do outro, a biodiversidade da área (que inclui de tudo, de palmeiras-reais a espinhosos cactos no penhasco) não é nada menos que notável.

As praias são menores do que as da costa norte e sua areia não é tão branca, mas a pescaria é boa e há 73 lugares para mergulho nos arredores, incluindo o *Guarico*, um navio de aço naufragado ao sul da Playa Sigua.

Baconao também é famosa por seus caranguejos. Do meio de março até o início de maio, dezenas de milhares de caranguejos grandes ficam congregados ao longo da costa para além da Playa Verraco, sendo esmagados sem cerimônia pelas rodas dos carros que estão de passagem e emanando um odor raro enquanto cozinham ao sol.

## Atrações

### El Oasis — ESTÚDIO DE ARTE

Três quilômetros a leste da estrada de Playa Siboney, na saída do Club Bucanero, encontra-se essa pequena comunidade de artistas na qual uma dúzia de pintores têm estúdios onde exibem e vendem suas obras.

### Fiesta Guajira — RANCHO, RODEIO

(Entrada CUC$5; 9h e 14h qua e dom) Situado na comunidade El Oasis, do lado oposto da saída para o Club Bucanero, essa *finca* (fazenda) administrada pela Ecotur realiza rodeios com *vaqueros* (cowboys cubanos) quatro vezes por semana. Há um local para briga de galo, um restaurante e passeios a cavalo disponíveis por CUC$5 pela primeira hora.

### Valle de la Prehistoria — PARQUE DE DIVERSÕES

(Entrada CUC$1; 8-18h) Uma das mais estranhas numa coleção de estranhas atrações é esse Jurassic Park cubano moldado em pedra, que se materializa quase que por acaso ao lado da sinuosa estrada costeira. Brontossauros gigantes se misturam a homens das cavernas de concreto, aparentemente ignorando o detalhe de que 57 milhões de anos separam a ocupação da Terra pelas duas espécies. Boquiaberto, você pode assimilar todos os 11ha desse parque surreal e *kitsch* com seus duzentos dinossauros de concreto em tamanho real, construídos por detentos de uma prisão próxima. O **Museo de Historia Natural** (entrada CUC$1; ⌚8-16h ter-dom) também fica nesse local, mas é quase um anticlímax depois do surrealismo das bestas pré-históricas.

**Museo Nacional de Transporte Terrestre** MUSEU
(Entrada CUC$1; ⌚8-17h) Para quê? – essa é a questão que vem à sua cabeça quando você tropeça nesse museu a céu aberto 2km ao leste do Valle de la Prehistoria. Eles têm muito orgulho de terem conseguido o Cadillac 1958 de Benny Moré e o Chevrolet que Raúl Castro perdeu a caminho do quartel de Moncada; mas numa Cuba em que carros-relíquia dos anos 1950 são tão comuns quanto charutos baratos, isso é equivalente a um museu Toyota Yaris em Kyoto.

**Playa Daiquirí** PRAIA
A maioria dos desembarques dos Estados Unidos durante a Guerra Hispano-Americana aconteceu em 24 de junho de 1898 nessa praia, a 2km do museu na estrada lateral. Eles podem ter feito um coquetel com esse nome, mas a área é agora um acampamento de férias para militares e a entrada é proibida.

**Comunidad Artística Verraco** ESTÚDIO DE ARTE
(⌚9-18h) Dez quilômetros depois da saída para a Playa Daiquirí está essa outra vila de pintores, ceramistas e escultores que mantém estúdios abertos. Você pode visitar o artista e comprar obras originais.

**Jardín de Cactus** JARDIM
(Entrada CUC$5; ⌚8-15h) Logo depois de passar pelo Verraco você chega à costa, onde começam os hotéis. Esse jardim, 600m a leste do Hotel Costa Morena, tem duzentos tipos de cactos maravilhosamente espalhados ao longo da encosta rochosa, com uma caverna grande na parte de trás do jardim. Mantenha o olhar atento ao pequeno colibrí verde (beija-flor) sugando néctar dos cactos em flor.

**Aquario Baconao** AQUÁRIO
(Entrada CUC$7; ⌚9-17h) Situado entre o Costa Morena e o Hotel Carisol, esse aquário tem shows de golfinho (com uma narração sexy!) algumas vezes ao dia. Alguns viajantes amam o espetáculo; outros ficam menos enamorados. Você pode nadar com os animais – se quiser – por aproximadamente CUC$50.

**Exposición Mesoamericana** PARQUE
(Entrada CUC$1) Toda área de resorts cubanos parece ter uma atração que reproduz cenas indígenas. Nesse caso, é a Exposición Mesoamericana, a leste do Club Amigo Carisol – Los Corales. Arte indígena nas cavernas da América Latina é disposta em cavernas ao longo dos penhascos na costa.

**Laguna Baconao** LAGO
No Laguna Baconao, 2km na direção nordeste de Los Corales, você encontrará um **Criadero de Cocodrilos** (entrada CUC$1; ⌚8-17h) no qual uma dúzia de crocodilos são mantidos em um cercado abaixo do restaurante, junto a outros animais em gaiolas como lagartos e *jutías* (ratos de árvore). Cavalos podem (supostamente) ser alugados, assim como barcos para navegar pelo lago (CUC$2), onde há golfinhos selvagens. A estrada da aldeia de Baconao segue a margem norte do lago até o decente Restaurante Casa de Rolando.

Da **Playa Baconao** na parte oriental do lago, a estrada pavimentada continua por mais 3,5km até o belo **Valle de Río Baconao** antes de se transformar numa pista de terra. A barragem do rio Baconao rompeu-se em 1994, inundando o vilarejo. Soldados em um **posto de controle** no vilarejo fazem voltar as pessoas que tentam usar a estrada costal direta para Guantánamo porque ela passa ao lado da Base Naval dos Estados Unidos. Para continuar a leste, você deve recuar 50km para Santiago de Cuba e pegar a estrada do interior.

**Playa Cazonal** PRAIA
Geralmente considerada a melhor praia pública da área, esse litoral apresenta areia de uma cor amarelo tostado, sombra natural e um grande buraco arenoso para nadar (a maior parte da costa está entupida de florestas de algas). Vire no Club Amigo Carisol – Los Corales e depois é uma entradinha à esquerda para o acesso à estrada da praia.

## Atividades

### Passeio a cavalo

Disponível na Fiesta Guajira, na Finca la Porvenir e na Laguna Baconao.

### Mergulho

**Centro Internacional de Buceo Carisol los Corales** MERGULHO
(www.nauticamarlin.com; Club Amigo Carisol – Los Corales) Situado no hotel que tem o mesmo nome a 45km na direção leste de Santiago, esse centro é administrado pela companhia governamental Marlin. O centro busca mergulhadores nos hotéis diariamente. Mergulhos custam a partir de CUC$30 com equipamento, e dois barcos podem levar até vinte pessoas para qualquer um dos 24 pontos de mergulho. O curso de certificação de mergulho em mar aberto do Marlin custa CUC$300. Há navios naufragados perto da costa e você pode alimentar garoupas-pretas com a mão. O **Centro Internacional de Buceo Bucanero** (Hotel Club Bucanero) oferece serviços similares no Club Bucanero. A água nesse trecho da costa é a mais quente de

Cuba (de 25 °C a 28 °C); a melhor visibilidade é entre fevereiro e junho.

## Onde dormir

**Hotel Costa Morena** HOTEL **$$**

(☎35-61-35; s/c CUC$31/50; P ❄ ≋) Esse hotel fica em Sigua, 44km na direção sudoeste de Santiago de Cuba e 17km a leste do posto de gasolina Complejo la Punta Servi-Cupet. Tem uma arquitetura atraente e um terraço grande bem no penhasco, mas não possui acesso direto à praia. Um ônibus irá levá-lo à praia de Club Amigo Carisol – Los Corales.

**Club Amigo Carisol – Los Corales** RESORT **$$**

(☎35-61-21; all-incl. s/c CUC$55/78; P ❄ @ ≋) Há um bar aquático, guarda-chuvinhas nas piña coladas e a banda subsidiada pelo governo, tocando sua 65ª versão de "Guantanamera" enquanto você entra no bufê de jantar morno. Você deve estar de volta ao território all-inclusive, ou a versão Parque Baconao disso para ser mais preciso. The Carisol – Los Corales é um resort Cubanacán de duas partes, situado a 44km ao leste de Santiago, no melhor ponto da costa da praia (apesar de partes dela terem sido danificadas por sucessivos furacões). O bônus são uma quadra de tênis, uma casa noturna, ofertas de vários passeios e quartos grandes, claros e espaçosos. Os que não são hóspedes podem conseguir um *day pass* por CUC$15, incluindo o almoço.

**Club Bucanero** RESORT **$$$**

(☎68-63-63; carretera de Baconao, km 4; all-inclusive s/c CUC$84/120; P ❄ ≋) Aninhado abaixo dos penhascos de pedra calcária com uma pequena parte da praia, esse resort na Arroyo la Costa, 25km na direção sudoeste de Santiago de Cuba, é um pequeno e lindo refúgio distante da agitação da cidade. Os quartos ficam dispostos em uma série de vilas de pedra cinzenta e de lá é possível ouvir o oceano. Uma adorável área ao redor da piscina ostenta El Morro – com *garitas* (postos de vigia) e montanhas exuberantes acenam convidativamente atrás. Fique atento às instalações e à comida, que são limitadas fora da alta estação.

## Onde comer

**Finca el Porvenir** CARIBENHA **$$**

(62-90-64; carretera de Baconao, km 18; ⌚12-19h) Situado à esquerda da carretera principal, mais ou menos 4km a leste de El Oasis, essa *finca* administrada pelo Palmares é provavelmente o melhor lugar para comer nesse estreito do bosque, com comida *criolla* sem afetação, especializada em *puerco asado en púa* (porco assado no espeto ao estilo Oriente). É de lamber os dedos. Há uma piscina natural, e passeios a cavalo estão disponíveis no local.

**Fiesta Guajira** CARIBENHA **$$**

(El Oasis, carretera Baconao) O restaurante popular de rodeio serve comida cubana típica das 12h às 14h diariamente.

**Casa del Piedra el Cojo** FRUTOS DO MAR **$**

(Carretera Baconao) O restaurante mais confiável durante todo o ano, ao lado do rodeio Fiesta Guajira, fica nesse lugar (para pagamento em peso) um pouco além de Sigua na costa. Experimente o coquetel de camarão por CUC$8.

**Restaurante Casa de Rolando** FRUTOS DO MAR **$$**

(Carretera Baconao, km 53; ⌚10h30-17h) Esse local cênico na costa norte da Laguna Baconao serve majoritariamente frutos do mar.

## Como chegar e sair

A maioria das pessoas acessa Baconao usando um carro próprio, um táxi ou como parte de uma viagem organizada de Santiago de Cuba. A Cubataxi normalmente cobra CUC$0,50 por quilômetro nessa direção, ou você pode alugar uma lambreta da **Cubacar** (Club Bucanero) por CUC$24 por dia.

O ônibus 415 do terminal municipal na av. de la Libertad em Santiago faz essa rota três vezes ao dia, mas os horários não são exatamente fixos. Cheque antes.

Ao planejar sua visita a essa área, lembre-se de que a estrada que beira a costa de Bacanao a Guantánamo é fechada para não residentes.

## Como circular

**Cubacar** (Club Bucanero) aluga carros e lambretas. Há uma filial em Los Corales.

O **posto de gasolina Servi-Cupet** (Complejo la Punta; ⌚24 horas) fica 28km na direção sudoeste de Santiago de Cuba.

# El Cobre

A Basílica de Nuestra Señora del Cobre, no topo de uma montanha a 20km na direção nordeste de Santiago, na estrada antiga para Bayamo, é o lugar de peregrinação mais sagrado de Cuba e santuário da santa padroeira da nação: La Virgen de la Caridad (a Virgem da Caridade), ou Cachita, como também é conhecida. Em *santería*, a virgem é misturada ao belo orixá Oxum, deusa iorubá do amor e da dança, e um ícone religioso entre quase todas as mulheres cubanas. Oxum é representada pela cor amarela, por espelhos, pelo mel, por penas de pavão e pelo número 5. Na mente de muitos adoradores, a devoção a essas duas figuras religiosas está interligada.

A lenda diz que a Virgem foi primeiramente descoberta por três pescadores, chamados de "três Juans", flutuando numa placa na Baía de Nipe em 1612, durante uma tempestade violenta. Assumindo que suas vidas estavam em perigo, eles puxaram a estatueta da água e encontraram as palavras "Eu sou a Virgem da Caridade" inscritas na placa. Quando a tempestade baixou e suas vidas foram salvas, eles admitiram que um milagre havia ocorrido e que uma lenda havia nascido.

A mina de cobre em El Cobre está ativa desde tempos pré-colombianos, e já foi a mina mais antiga operada por europeus no hemisfério ocidental (por volta de 1530, os espanhóis tinham uma mina no local). No entanto, foi fechada em 2000. Muitos moradores da vila, que antes trabalhavam na mina, agora trabalham junto aos turistas no estacionamento da basílica, querendo "dar" pedras de calcopirita brilhantes, mas que não valem nada. Você descobrirá que um firme e educado "*No, gracias!*" normalmente é suficiente. A estrada para a basílica é cheia de vendedores de coroas de flores elaboradas, que são oferendas para La Virgen, e vendedores ambulantes com "Cachitas", o nome popular da Virgem, em miniatura.

## Atrações

**Basílica de Nuestra Señora del Cobre** IGREJA

(6h30-18h) Deslumbrante ao se materializar acima do vilarejo de El Cobre, a localidade religiosa mais reverenciada de Cuba reluz contra as montanhas verdes atrás. Exceto durante a missa (8h, com exceção de quarta-feira, e aos domingos também às 10h e às 16h30), La Virgen vive numa pequena capela acima do centro de visitantes na parte lateral da basílica. Para vê-la, pegue as escadas de qualquer um dos lados da porta de entrada. Para uma entidade tão poderosa, até que ela é surpreendentemente pequena, tendo por volta de 40cm, da coroa até a bainha do seu manto de ouro. Confira os belos brasões cubanos no centro; é um trabalho maravilhoso de ornamentos. Durante a missa, Nuestra Señora de la Caridad fica voltada para a congregação do topo do altar dentro da basílica.

O "quarto dos milagres" no subsolo do centro de visitantes contém milhares de oferendas para agradecer pelas graças concedidas pela virgem. Pedaços de cabelo, uma TV, uma tese, um emaranhado de estetoscópios, uma jangada e esculturas de câmaras de ar (sugerindo que alguém venceu o estreito da Flórida em segurança), além de pequenas partes do corpo em metal, que lotam a sala do chão ao teto.

Siga as placas pela cidade de El Cobre até o **Monumento al Cimarrón**. Uma caminhada de 10 minutos por uma escadaria de pedra o levará a essa escultura antropomórfica que comemora a revolta de escravos das minas de cobre no século 17. A vista é maravilhosa lá de cima; vá até a lateral mais distante da escultura para uma vista dos montes coloridos por cobre acima do reservatório verde-água.

## Onde dormir e comer

**Hospedaría el Cobre** HOSTEL $

(34-62-46; s/c CUC$25/40) Esse grande prédio de dois andares atrás da basílica tem quinze quartos básicos com uma, duas ou três camas, todos com banheiro. As refeições são servidas pontualmente às 7h, às 11h e às 18h, e há uma sala de espera agradável com cadeiras confortáveis. As freiras são muito hospitaleiras. As regras da casa impedem que se beba ou que se hospedem casais não casados. Uma doação para o santuário cai bem. Estrangeiros devem fazer reserva até quinze dias antes.

Há várias barracas (pagamento apenas em peso) na cidade onde você pode tomar *batidos* (batidas) e comer pizza ou sanduíches de porco defumado.

### PRESENTES FAMOSOS PARA CACHITA

Muitos já ofereceram presentes e lembranças para a Virgem de El Cobre – alguns deles famosos. O doador mais célebre foi Ernest Hemingway, que escolheu deixar ao "povo cubano" a medalha de ouro de 23 quilates que ele ganhou pelo Prêmio Nobel de Literatura em 1954. Em vez de entregá-la ao regime Batista, Hemingway doou a medalha à Igreja Católica que posteriormente a colocou no *sanctuario*. A medalha foi roubada na década de 1980, mas, apesar de ter sido recuperada alguns dias depois, é mantida desde então num local fechado à chave e que não pode ser visto pelos visitantes.

## Como chegar e sair

O ônibus 2 vai para El Cobre duas vezes por dia, saindo da **estação intermunicipal de ônibus** (mapa p. 388; esq. av. de los Libertadores e calle 4), em Santiago de Cuba. Vans são mais frequentes nessa rota.

Um Cubataxi de Santiago de Cuba custa por volta de CUC$20 ida e volta.

Se você está dirigindo para Santiago de Cuba do oeste, você pode pegar a Autopista Nacional perto de Palma Soriano, mas, a menos que esteja com muita pressa, é melhor continuar na carretera Central via El Cobre, que passa por um interior pitoresco cheio de montanhas.

# El Saltón

Gozando de merecidas credenciais ecológicas, El Saltón é um refúgio tranquilo nas montanhas no município de Tercer Frente, onde as montanhas ecoavam com o som de rifles e agora reverberam o canto de pássaros tropicais. Isolado e difícil de chegar (esse é o ponto), consiste em um alojamento, um *mirador* no topo da montanha e uma cachoeira de 30m com piscina natural adjacente, ideal para um mergulho. Ecoguias oferecem passeios a cavalo e caminhadas nas plantações de cacau próximas nas Delicias del Saltón. Alternativamente, você pode apenas passear sozinho pelos vilarejos nas montanhas com nomes sedutores como Filé e Cruce de los Baños.

## Onde dormir

**Hotel Horizontes el Saltón** HOTEL $$

(☎56-63-23; carretera Puerto Rico a Filé; s/c com café da manhã CUC$43/62; P❄≋) O alojamento com 22 quartos está espalhado em três blocos que se aninham como casas na árvore escondidas entre a folhagem densa. Extras que elevam o espírito incluem sauna, banheira de água quente, instalações para massagem, e o traço que define o hotel, uma cachoeira e uma piscina naturais e refrescantes. O hotel tem um restaurante satisfatório e um bar com a popular mesa de sinuca, ambos a alguns metros do rio da montanha.

## Como chegar e sair

Para chegar a El Saltón, continue na direção oeste de El Cobre para Cruce de los Baños, 4km a leste do vilarejo Filé. El Saltón fica a 3km na direção sul de Filé. Com uma boa negociação em Santiago de Cuba, um táxi irá trazê-lo para cá por CUC$40. Dinheiro bem gasto.

# Chivirico e arredores

POP. 4.000

Chivirico, 75km na direção sudoeste de Santiago de Cuba e 106km leste de Marea del Portillo, é a única cidade de alguma importância na estrada da costa sul. Ligações de transporte são relativamente boas até chegar à cidade, mas, na direção oeste, elas pioram rapidamente.

Em termos de atmosfera, Chivirico parece uma cidade de outra era até mesmo para os padrões de Cuba e, por mais que não haja muito para fazer no sentido turístico tradicional, é um bom lugar para pegar as nuances da vida cotidiana dos cubanos. As águas profundas e claras da trincheira Cayman, bem perto da praia, banham as muitas praias nessa porção da costa sul.

Há uma trilha desafiadora que começa em Calentura, 4km a oeste de Chivirico, e passa por La Alcarraza (12km), cruzando a Sierra Maestra até Los Horneros (20km), de onde um transporte de caminhão para Guisa normalmente está disponível. Se as irritadas autoridades locais deixarão você solto nessa região é outra história. Não apareça simplesmente – faça a lição de casa em Santiago e em Chivirico antes. Tente pedir informações na Cubatur de Santiago ou em um dos dois hotéis Cubanacán Brisas.

## Onde dormir

**Brisas Sierra Mar** RESORT $$$

(☎32-91-10; all-inclusive s/c CUC$70/100; P❄@≋👶) Esse lugar isolado e convidativo na Playa Sevilla fica 63km a oeste de Santiago de Cuba e a 2 horas de carro do aeroporto. O hotel grande e em forma de pirâmide foi construído em um terraço no declive, com um elevador recente que pode levá-lo a uma praia de areia marrom famosa pelos seus crustáceos. Entre logo na água e descubra uma parede de corais notável que é ótima para mergulho com snorkel a 50m da praias (golfinhos às vezes frequentam essas águas também). Passeios a cavalo estão disponíveis, há o **centro de mergulho Marlin** no local e vários programas especiais para crianças (menores de 13 anos não pagam). O hotel é popular entre canadenses e há muitos que retornam ao local. Os que não são hóspedes podem adquirir um *day-pass* por CUC$35 que inclui almoço, drinques e esportes até 17h. Se você está percorrendo a costa sul de bicicleta, é um prazer enorme.

**Brisas Sierra Mar los Galeones** HOTEL $$$

(☎32-61-60; carretera Chivirico, km 72; all-inclusive alta temporada s/c CUC$82/118; P❄≋) Esse é um pequeno hotel com grandes surpresas; a paisagem, por exemplo – no alto de um penhasco com montanhas que fazem sombra atrás e vida bucólica mugindo e cantando ao redor. Há também a escadaria íngreme de 296 degraus que o leva 100m abaixo numa praia pequena. Comparado ao hotel-irmão, de Sierra Mar, Los Galeones é silencioso (não são permitidas crianças com menos de 16 anos) e isolado, mas não é elegante. No fim das contas, um bom lugar para relaxar.

**Campismo Caletón Blanco** CHALÉS **$**
(☎62-57-97; Caletón Blanco, km 30, Guamá; s/c CUC$16/26; P❄) Um dos dois campings acessíveis situados ao longo dessa rota (o outro é La Mula; veja p. 422), Caletón Blanco é o que fica mais próximo de Santiago (30km) e é também o mais novo. Aberto tanto para visitantes internacionais como para cubanos, há 22 bangalôs nos quais são acomodadas de duas a quatro pessoas. Há também um restaurante, uma lanchonete e a possibilidade de alugar uma bicicleta. Trailers são acomodados nesse local, que é uma das melhores opções da Cubamar. Faça suas reservas no escritório da agência em Havana (p. 118) antes de chegar.

### Como chegar e sair

Vans vão para Chivirico ao longo do dia, vindas da estação de ônibus intermunicipal de Serrano, do lado oposto da estação de trem em Santiago de Cuba. Há também três ônibus por dia.

Em teoria, ônibus e vans privados operam ao longo da costa sul de Chivirico até Campismo la Mula, Río Macío (na fronteira com a província de Granma) e Pilón, mas eles são esporádicos. Pergunte na estação de ônibus e vans de Chivirico, que fica a 700m da estrada costal vinda de Cine Guamá.

## El Uvero

Uma reviravolta importante na guerra da Revolução aconteceu nesse lugar comum, 23km a oeste de Chivirico, no dia 28 de maio de 1957, quando o exército rebelde de Castro – ainda eram menos de cinquenta – audaciosamente tomou um local mantido pelo governo e guardado por 53 soldados de Batista. Na estrada principal há dois caminhões vermelhos que foram tomados pelos rebeldes e, não muito longe, uma fileira dupla de palmeiras-reais leva a um grande **monumento** que comemora a breve, mas incisiva batalha. É um local pungente, mas pouco visitado.

## Área do Pico Turquino

Não muito longe da fronteira de Granma com Santiago de Cuba, você irá encontrar esse Las Cuevas, ponto de embarcação para subidas rápidas na montanha mais alta de Cuba.

> VALE A VIAGEM
>
> **A ESTRADA MAIS ESPETACULAR DE CUBA**
>
> Artéria vital do transporte entre as escarpas e o mar, a estrada esburacada a oeste de Santiago para Marea de Portillo, a 181km, é uma montanha-russa de montanhas sinuosas, baías escondidas e grandes ondas. Essa é, sem dúvida, uma das rotas mais empolgantes de Cuba, se não de todo o Caribe. Há inúmeras praias remotas nas quais você pode parar, todas elas espetaculares, e a maioria sem uma alma viva na distância de um grito bem alto. O maior problema dessa região é que mal existe transporte público; uma dor de cabeça para quem é dependente de conforto, mas uma bênção disfarçada para aventureiros do estilo "faça você mesmo".

### Atrações

**Museo de la Plata** MUSEU
(Entrada CUC$1; ⏲ter-sáb) Cinco quilômetros a oeste de Las Cuevas (que fica 40km a oeste de El Uvero), em La Plata, está esse pequeno museu ao lado do rio bem embaixo da estrada. O primeiro conflito vitorioso da Revolução Cubana aconteceu nesse local em 17 de janeiro de 1957. O museu tem três salas com fotos e artefatos da campanha, incluindo um jornal assinado pelos quinze sobreviventes do *Granma* que se encontraram em Cinco Palmas no final de 1956. Marea del Portillo está 46km a oeste (veja p. 382). Não confunda essa La Plata com Comandancia La Plata, quartel revolucionário de Fidel Castro no topo da Sierra Maestra (p. 373).

### Atividades

**Cristóbal Colón** MERGULHO
O bem preservado cruzador espanhol *Cristóbal Colón* está nesse local, onde afundou em 1898, por volta de 15m abaixo da superfície e apenas 30m da praia perto de La Mula. Esse é o melhor mergulho para explorar navios naufragados de Cuba; não é nenhum barco de pesca afundado, mas uma casualidade da Guerra Hispano-Americana. Centros de mergulho de Sierra Mar e Club Amigo Cariso – Los Corales (no Parque Baconao) vão até esse lugar. Equipamentos de mergulho não estão disponíveis, mas você pode ver o navio com uma máscara e snorkel.

Se você tiver tempo, caminhe pelo rio Turquino até Las Posas de los Morones, que tem algumas piscinas gostosas nas quais você pode nadar (o passeio de ida e volta deverá durar 4 horas). Você deverá atravessar o rio pelo menos três vezes, a menos que esteja seco.

**Pico Turquino** CAMINHADA

Essa caminhada emblemática é frequentemente acessada a partir de Las Cuevas, na remota estrada costeira a 130km na direção oeste de Santiago de Cuba. Se chegar ao topo da montanha é seu objetivo principal, essa provavelmente é a rota mais rápida e fácil. Se você deseja uma imersão na história local e caminhar de Comandancia la Plata pela e/ou através de Sierra Maestra, você deve partir de Alto de Naranjo na província vizinha de Granma (veja p. 376). Lembre-se de que ambas as opções podem ser ligadas por uma trilha espetacular (note que transporte para destinos mais adiante é melhor do lado de Alto del Naranjo).

A caminhada de Las Cuevas pode ser organizada com pouco tempo de antecedência no começo da trilha. Uma boa opção é agendar pela **Ecotur** (☎65-38-59) em Santiago de Cuba. Veja a p. 374 para um mapa dessa caminhada.

*Campings e abrigos*

A trilha de Las Cuevas começa na estrada do sul da costa, 7km a oeste de Ocujal e 51km a leste de Marea del Portillo. Essa trilha também passa pelo segundo pico mais alto de Cuba, o **Pico Cuba** (1.872m). Reserve pelo menos seis horas para subir e outras quarto para descer, mais se tiver chovendo, já que há pontos de alagamento na trilha e lama escorregadia em outros. A maioria dos "alpinistas" parte às 4h (mas se você já estiver na trilha por volta de 6h30, está bom), tendo dormido no Campismo la Mula, 12km a leste; aventureiros autossuficientes também têm a opção do **camping** no centro de visitantes de Las Cuevas. A taxa de CUC$15 por pessoa (para fotos, CUC$5 a mais) que você irá pagar no centro de visitantes/topo da trilha inclui necessariamente um guia cubano. Você pode passear à noite no **abrigo** (2 dias/1 noite CUC$30) no Pico Cuba se você não quiser descer no mesmo dia. Alternativamente, é possível fazer o trajeto inteiro Las Cuevas–Alto del Naranjo de três dias agendando um encontro com um novo time de guias no Pico Turquino (três dias/duas noites CUC$48). Adicione mais CUC$5 às duas últimas opções se você quiser incluir também uma viagem ao primeiro quartel de Castro em Comandancia la Plata (p. 373).

*A rota*

Essa caminhada é cansativa porque você irá subir mais de 2km de elevação em apenas 9,6km de trilha. Mas sombras e vistas inesperadas possibilitam descanso suficiente. Tome bastante água antes de sair. A rota bem sinalizada leva de Las Cuevas para La Esmajagua (600m; 3km; onde há água e uma família do interior bem hospitaleira), Pico Cardero (1.265m; rapidamente seguido por uma série de degraus quase verticais chamados Saca la Lengua, que literalmente "deixam sua língua pra fora"), Pico Cuba (1.872m; 2km; água e abrigo) e Pico Turquino (1.972m; 1,7km). Quando a neblina sumir e você recuperar o fôlego, poderá ver o busto de bronze de José Martí que fica no topo da montanha mais alta de Cuba. Você pode passar a noite tanto no Pico Cuba na subida quanto no La Esmajagua na descida. O abrigo do Pico Cuba tem uma cozinha rudimentar e um fogão à lenha, cama de tábuas (sem colchões) ou, se essas estiverem tomadas, espaço no chão. Para a continuação Alto del Naranjo–Santo Domingo, veja p. 376.

Alternativamente, os caminhantes com ambições menos nobres podem agendar uma trilha curta de 4 horas e 6km de Las Cuevas para La Esmajagua (e outra de volta) por CUC$13 (fotos: CUC$5 extras).

*O que levar*

Quem for fazer a trilha deve levar comida suficiente, roupas quentes, um *sleeping* e um poncho – é comum que chova (por volta de 2.200mm anualmente), e pode ir de uma garoa suave a granizo. Com exceção da água, você mesmo terá de levar tudo de que precisa, incluindo comida extra para dividir se você não conseguir levar sua mala e uma coisinha para os *compañeros* que fazem turnos de quinze dias no Pico Cuba.

Pergunte antes se você preferir um guia que fale inglês (os oficiais do parque dizem que agora eles têm ao menos um). Também pergunte sobre a provisão de alimentos no Pico Cuba. As bebidas estão disponíveis no topo da trilha em Las Cuevas. Dar uma gorjeta aos guias é obrigatório – de CUC$3 a CUC$5 é o suficiente. Para tipos competitivos, o tempo recorde de escalada (extraoficial) do pico é de um guia: 2h e 45min. Se você estiver com energia sobrando...

## Onde dormir

**Campismo la Mula** CHALÉS **$**

(Carretera Granma, km 120; s/c CUC$7/10) Numa praia remota de cascalhos na boca do rio La Mula, 12km a leste da trilha do

Pico Turquino, La Mula tem cinquenta pequenos chalés populares entre cubanos em férias, caminhantes com destino a Turquino e os estranhos mochileiros. É basicamente a única opção nesse trecho isolado da ilha. É bom checar na Cubamar ou na Oficina Reservaciones de Campismo (veja p. 410) em Santiago de Cuba antes de aparecer. Se estiver lotado, você *precisará* montar uma barraca.

Há também um **café** rústico e um **restaurante** no local.

## Como chegar e sair

Vans particulares e estranhos ônibus meio instáveis conectam La Mula a Chivirico, mas são esporádicos e não têm horário fixo. Um táxi de Santiago deverá custar entre CUC$50 e $60. Quase não há trânsito nesse braço do bosque e até mesmo *amarillos* são esparsos.

# Província de Guantánamo

✆021 / POP. 510.863

## Inclui »



## Os melhores lugares para comer

- » Restaurantee la Punta (p. 438)
- » Finca Duaba (p. 440)
- » Rancho Toa (p. 440)
- » Paladar el Colonial (p. 438)

## Os melhores lugares para ficar

- » Hotel El Castillo (p. 436)
- » Hostal la Habanera (p. 437)
- » Villa Maguana (p. 441)
- » Villa la Lupe (p. 427)

## Por que ir?

Para a maior parte do mundo, Guantánamo lembra fotografias de prisioneiros sem nome em uniformes laranja. Mas a província de Cuba mais úmida, mais seca, mais quente, mais antiga e mais montanhosa é bem mais do que uma Base Naval Americana anacrônica. A Cuba moderna começou em Guantánamo em 1511, quando Diego Velázquez e seu bando de colonizadores chegaram na costa leste em meio a uma chuva violenta. Hoje ela continua viva em Baracoa, a cidade que Velázquez fundou, um dos lugares mais isolados do país e único, como consequência.

A artéria de transporte da província é a esburacada La Farola, uma das sete maravilhas da engenharia da Cuba moderna, uma sinuosa montanha-russa que vai da seca e dos cactos da costa sul até as úmidas Montanhas Cuchillas de Toa. Coberta pelo fértil Parque Nacional Alejandro de Humboldt, essa zona altamente protegida é uma das poucas faixas de floresta tropical virgem do Caribe e detém uma gama incrível de espécies endêmicas.

## Quando ir

O maior festival de Baracoa é em abril, quando os habitantes vão para as ruas celebrar a chegada de Antonio Maceo em 1895. A cidade de Guantánamo fica igualmente animada no meio de dezembro, quando levanta as cortinas para a música indígena no Festival Nacional de Changüí. O clima de Guantánamo varia muito, mas depende mais da geografia do que da estação. Baracoa é propensa a algumas tempestades pesadas. Para evitar as piores, não vá de setembro a outubro.

## Destaques da província de Guantánamo

1 Procure o menor sapo do mundo no **Parque Nacional Alejandro de Humboldt** (p. 442)

2 Prove um banquete na exótica **Baracoa** (p. 438)

3 Circule por **La Farola** (p. 441), a estrada do farol que vai de Cajababo a Baracoa

4 Encha os olhos com as estátuas de pedra do **Zoológico de Piedras** (p. 433)

5 Caminhe pela floresta tropical até o misterioso topo plano da montanha de Baracoa, **El Yunque** (p. 440)

6 Descubra os mistérios da música *changüí* numa parada na cidade de **Guantánamo** (p. 430)

7 Imagine a vida taino pré-Colombo no **Museo Arqueológico "La Cueva del Paraíso"** (p. 434) de Baracoa

8 Leve um barco local rio acima do **Boca de Yumurí** (p. 433) pelos perigos do misterioso desfiladeiro do rio

### História

Muito tempo antes da chegada dos espanhóis, os tainos habitavam as montanhas e florestas ao redor de Guantánamo levando a vida como pescadores, caçadores e fazendeiros de pequeno porte. Colombo chegou pela primeira vez à região em novembro de 1492, um mês e pouco depois do seu desembarque próximo a Gibara, e plantou uma pequena cruz de madeira numa bela baía que ele cerimoniosamente batizou de Porto Santo – o nome de uma idílica ilha ao largo de Portugal onde ele tinha passado sua lua de mel. Os espanhóis retornaram novamente em 1511 sob o comando do filho de Colombo, Diego, numa frota de quatro navios e 400 homens que incluía o primeiro governante da ilha, Diego Velázquez de Cuéllar. Ao construir um forte de madeira improvisado, os conquistadores consagraram o primeiro povoado colonial da ilha, Villa de Nuestra Señora de la Asunción de Baracoa, e assistiram, impotentes, à cidade sendo submetida a repetidos ataques de índios locais hostis liderados por um *cacique* rebelde conhecido como Hatuey.

Perdendo um pouco sua importância depois que a capital foi transferida para Santiago em 1515, a região de Guantánamo se transformou na Sibéria cubana – um remanso rural montanhoso e pouco penetrável onde prisioneiros eram exilados e onde antigas tradições sobreviviam. No final do século 18, a região foi novamente colonizada por imigrantes franceses do Haiti que domesticaram o solo difícil para o cultivo de café, algodão e cana-de-açúcar com o trabalho de escravos africanos. Após a Guerra Hispano-Americana, um novo adversário passou a residir na Baía de Guantánamo – os todo-poderosos norte-americanos – com a intenção de proteger seus interesses econômicos na região estrategicamente importante do Canal do Panamá. Apesar de numerosas trocas de acusação nos anos seguintes, os não tão bem-vindos *yanquis*, como são popularmente conhecidos, têm repetidamente se recusado a sair do lugar.

## Guantánamo

POP. 216.834

Guantánamo não é visualmente notável – o que se deve, em parte, a seu pouco sucesso no "circuito" turístico. Mas entre as feias construções cinzentas e a infraestrutura decadente, uma cultura leve tem batalhado para se sustentar. Entre as duas pontas, os irritadiços *guantanameros* conseguiram onze medalhas de ouro olímpicas, lançaram um homem ao espaço (o cosmonauta cubano Arnaldo Méndez) e criaram a própria marca sem paralelo da tradicional música *son* conhecida como *son-changüí*. Além disso, há a pequena questão *daquela* canção – "Guantanamera" (se você chegou até essa região, já a ouviu provavelmente umas 25 vezes).

"Descoberta" por Colombo em 1494 e conferida pelos sempre curiosos britânicos 250 anos depois, o local não teve um povoado construído pelo menos até 1819, quando os fazendeiros franceses expulsos do Haiti fundaram a cidade de Santa Catalina del Saltadero del Guaso entre os rios Jaibo, Bano e Guaso. Em 1843, a cidade florescente mudou seu nome para Guantánamo e em 1903 a alta marinha americana passou a residir na baía vizinha. Faíscas têm saltado desde então.

### Atrações

Nada interessante, a rede geométrica que envolve a cidade de Guantánamo tem algum ritmo. A arborizada av. Camilo Cienfuegos, com seus atletas matutinos, esculturas bizarras e passagem de pedestres central estilo Ramblas, é o melhor lugar para entrar no clima.

**Palacio Salcines** MUSEU

(Esq. Pedro A. Pérez e Prado; entrada CUC$1; 8-12h e 14-16h seg-sex) O arquiteto local Leticio Salcines (1888–1973) deixou vários trabalhos impressionantes por Guantánamo, incluindo sua própria residência, construída em 1916, um triunfo de ecletismo e um monumento que dizem ser o mais representativo da cidade. O *palácio* é hoje um pequeno museu que exibe afrescos coloridos, porcelana japonesa e uma enferrujada caixinha de música que toca um Mozart bem decepcionante. Um tour guiado (CUC$1) faz as exibições monótonas infinitamente mais interessantes. Na torre do palácio está **La Fama**, uma escultura desenhada pelo artista italiano Americo Chine que serve como símbolo de Guantánamo, com sua trombeta anunciando o bem e o mal.

**Museo Municipal** MUSEU

(Esq. José Martí e Prado; entrada CUC$1; 14-16h seg, 8-12h e 15-19h ter-sáb) Apesar de não ser nenhum Louvre, esse museu esotérico contém objetos efêmeros da Base Naval dos Estados Unidos, incluindo *day-passes* pré-Revolução e algumas fotos reveladoras.

**Parque Martí** PRAÇA

Ancorado por sua igreja, o Parque Martí se beneficiou de reformas importantes nos últimos anos: uma camada de pintura, algumas placas de informação e várias novas lojas interessantes e recantos de entretenimento. Sentada eternamente em meio à ação está a **estátua** de "El Maestro", de quem a praça – como tantas outras – recebeu o nome.

**Parroquia de Santa Catalina de Riccis** IGREJA
(Parque Martí) Essa igreja nobre, mas não espetacular, data de 1863. Em frente há uma **estátua** do herói local, o prefeito General Pedro A. Pérez, erigida em 1928, do lado oposto de uma fonte-tulipa e de uma pequenina **glorieta** (coreto).

**Biblioteca Policarpo Pineda Rustán** BIBLIOTECA
(Esq. Los Maceos e Emilio Giro) Outra criação de Salcines foi a linda biblioteca provinciana que já foi a prefeitura um dia (1934–51). O julgamento dos assassinos da ditadura de Fulgencio Batista foi realizado nesse local em 1959, e vários foram mortos quando pegaram um rifle e tentaram escapar.

**Plaza Mariana Grajales** PRAÇA
O grande e empolado **Monumento aos Heróis,** que glorifica a Brigada Fronteriza "que defende a trincheira frontal do socialismo nesse continente", domina a Plaza Mariana Grajales (lado oposto do Hotel Guantánamo), uma das "praças revolucionárias" mais impressionantes da ilha.

## Festas e eventos

**Noches Guantanameras** FESTA DE RUA
(20h sáb) Noites de sábado estão reservadas para essa reunião de moradores locais, quando a calle Pedro A. Pérez é fechada para o tráfego e barraquinhas são montadas nas ruas. A população aproveita porcos assados inteiros, música alta e quantidades absurdas de rum. Tome cuidado com os *borrachos* (bêbados)!

## Onde dormir

**Villa la Lupe** HOTEL $
(38-26-12; carretera de El Salvador, km 3,5; s/c CUC$23/30; P) Localizado 5km ao norte da cidade na estrada para El Salvador, o Villa la Lupe – que leva o nome de uma música composta pelo sobrevivente de Moncada e Granma, Juan Almeida – é a melhor opção de alojamento em Guantánamo, apesar de estar situado fora da cidade. Chalés atraentes e espaçosos estão dispostos em volta de uma piscina central limpa e do restaurante adjacente, que serve as típicas porções enormes de porco e arroz, e tem vista para o rio cheio de folhas no qual as meninas jovens comemoram suas *quinciñeras* (15 anos). Para aficionados da música, as palavras da famosa canção de Almeida estão gravadas numa parede de granito.

**Lissett Foster Lara** CASA PARTICULAR $
(32-59-70; Pedro A. Pérez, 761, entre Prado e Jesús del Sol; q CUC$20-25; ) Como muitas *guantanameras,* Lissett fala um inglês perfeito e sua *casa* é limpa, confortável e enfeitada com o tipo de acessórios de luxo que ficariam deslocados em um subúrbio norte-americano. O ponto alto, em mais de uma maneira, é o terraço no telhado no qual você pode repousar sem ouvir o som das buzinas dos carros e da agitação das ruas por uma hora ou três.

**Osmaida Blanco Castillo** CASA PARTICULAR $
(32-51-93; Pedro A. Pérez, 664, entre Paseo e Narciso López; q CUC$20-25; ) Outro lugar bem recomendado com um terraço superior soberbo (com um bar!), dois quartos espaçosos, um pátio na sombra (com um tanque de peixes) e refeições excelentes (você vai precisar delas nessa cidade). Se estiver lotado, tente a *casa* 670A na mesma rua.

**Hotel Guantánamo** HOTEL $
(38-10-15; calle 13 Norte entre Ahogados e 2 de Octubre; s/c CUC$23/30; P) Com uma demão de tinta, uma rápida limpeza no lobby e algumas florzinhas plantadas no jardim, o Hotel Guantánamo voltou à ativa depois de alguns anos servindo como abrigo para convalescentes da Operación Milagros. Ainda está longe de ser um Ritz, mas pelo menos os quartos genéricos são limpos, a piscina tem água e há um bom bar-café de recepção que prepara mojitos tentadores e serve café. Fica a 1km na direção nordeste da estação de trem.

## Onde comer

Recentemente adaptado para pedestres, o Parque Martí tem alguns restaurantes toleráveis com pagamento apenas em pesos, que durante a noite colocam suas mesas na rua. Aos fins de semana, a praça tem uma miscelânea de barraquinhas vendendo comida *ligera* frita e baratinha.

**Restaurante Girasoles** CARIBENHA $$
(Calle 15 Norte; 12-21h30) Uma estátua nua, não um *girasol,* marca a entrada desse que é, por eliminação, um dos melhores restaurantes de Guantánamo. Abrigado em uma pequenina casa moderna aninhada atrás do Hotel Guantánamo, o Girasoles, administrado pela Palmares, serve frango e peixe, ocasionalmente com molhos interessantes. A sua *agua con gas* provavelmente vai perder o gás enquanto você espera sua refeição sair da cozinha, mas quem se importa; pela primeira vez, vale a pena esperar.

**Bar-Restaurante Olimpia** HAMBÚRGUERES $
(Esq. Calixto García e Aguilera; 9-0h) Em parte uma celebração aos resultados notáveis con-

## Guantánamo

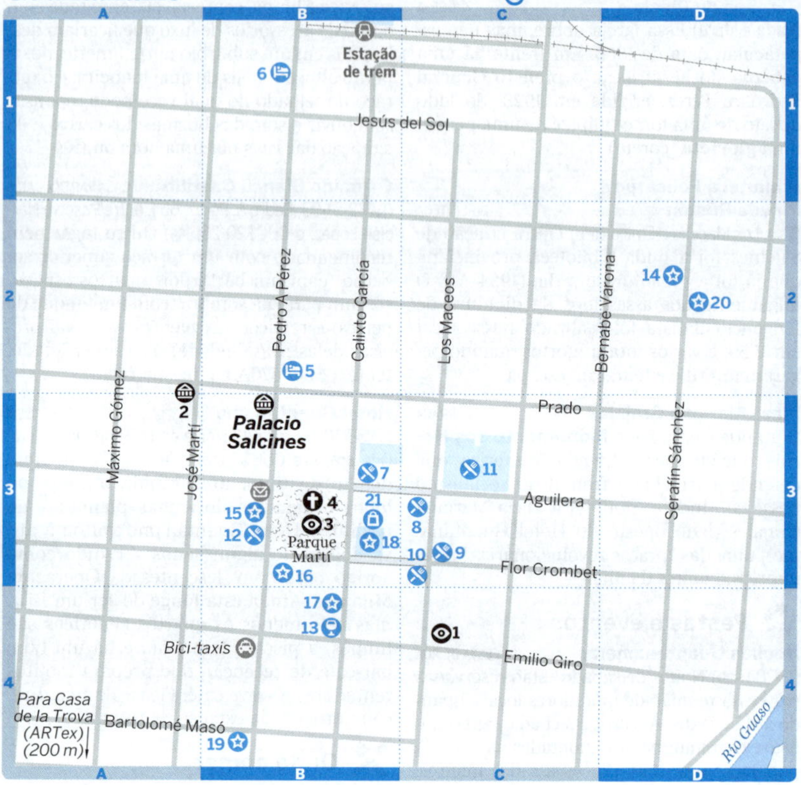




seguidos por Guantánamo nos Jogos Olímpicos, esse novo bar-restaurante exibe camisetas de beisebol enquadradas, roupas de boxe e objetos de atletas. Há uma variedade de recantos na parte interior, incluindo um pequeno pátio aberto e um bar-mezanino no qual você pode apreciar umas cervejas, hambúrgueres relativamente substanciosos e os típicos cubanos suspeitos. A essência noturna do vizinho Parque Martí entra pelas portas abertas.

**Dinos Oroazul** FAST-FOOD $

(Esq. Los Maceos e Aguilera) Um bom lugar para recuperar o fôlego, sentir o ventilador de teto na sua cara e comer um prato de *spaghetti al dente* revitalizante preparado em 10 minutos. Há banheiros quase limpinhos na parte de dentro.

**Restaurante la Criolla** CARIBENHA $

(Pedro A. Pérez; ⏲12h-2h30 e 17h-22h30) Esse lugar (para pagamento apenas em peso) tem uma aparência um pouco ruim, mas fica na praça central e pode ajudá-lo a escapar do sanduíche de queijo diário e da rotina de *tortillas*.

**El Rápido** FAST-FOOD $

(Esq. Flor Crombet e Los Maceos; ⏲10-22h) O atestado da terrível culinária de Guantánamo é o fato de que você pode ter que apelar à pior cadeia de *fast-food* com seus sanduíches de queijo preparados no micro-ondas. Rápido não é.

### Por conta própria

**Plaza del Mercado Agro Industrial** MERCADO $

(Esq. Los Maceos e Prado; ⏲7-19h seg-sáb, 7-14h dom) O mercado público de vegetais da cidade é uma obra de cúpula vermelha de Leticio Salcines bastante marcante – tanto por dentro como por fora.

**Agropecuario** MERCADO $

(Calle 13) O outro mercado a céu aberto da cidade fica do lado oposto da Plaza

## Guantánamo

**Destaque**
Palacio Salcines ........ B3

**Atrações**
1 Biblioteca Policarpo Pineda Rustán ........ C4
2 Museo Municipal ........ A2
3 Parque Martí ........ B3
4 Parroquia de Santa Catalina de Riccis ........ B3
Plaza del Mercado Agro Industrial ........ (veja 11)

**Onde dormir**
5 Lissett Foster Lara ........ B2
6 Osmaida Blanco Castillo ........ B1

**Onde comer**
7 Bar-Restaurante Olimpia ........ B3
8 Dinos Oroazul ........ C3
9 El Rápido ........ C3
10 Panadería la Palmita ........ C3
11 Plaza del Mercado Agro Industrial ........ C3
12 Restaurante la Criolla ........ B3

**Onde beber**
13 La Ruina ........ B4

**Lazer**
14 Casa de Changüí ........ D2
15 Casa de la Cultura ........ B3
16 Casa de la Trova (Parque Martí) ........ B3
17 Casa de las Promociones Musicales 'La Guantanamera' ........ B4
18 Cine Huambo ........ B3
19 Club Nevada ........ B4
20 Tumba Francesa Pompadour ........ D2

**Onde comprar**
21 Fondo de Bienes Culturales ........ B3

Mariana Grajales, pouco a oeste do Hotel Guantánamo; vende bananas, iúca e cebolas aos montes, mais vários petiscos (pagamento em peso).

**Panadería la Palmita** PADARIA $
(Flor Crombet, 305, entre Calixto García e Los Maceos; 7h30-17h seg-sáb) Pão fresco bem-vindo.

## Onde beber

Duas ruas recentemente adaptadas para pedestres – Aguilera e Flor Crombet – levando a um quarteirão a leste do Parque Martí são adornadas por vários bares agitados nos quais os *guantanameros* engomados gostam de exibir suas roupas de marca falsificadas.

**La Ruina** BAR
(Esq. Calixto García e Emilio Giro; 10-1h) Essa estrutura de um prédio colonial em ruínas tem um pé-direito de 9m e uma ambientação rústica despojada. Há vários bancos para abrigar você depois de ter virado outra garrafa de cerveja e um karaokê popular para aqueles com ambição de participar de reality-shows. O menu do bar é bom para um lanche.

## Lazer

Guantánamo tem sua própria cultura musical, um subgênero do *son* conhecido como *changüí* (veja p. 430). Você pode conhecê-lo nos seguintes lugares:

**Tumba Francesa Pompadour** MÚSICA AO VIVO
(Serafín Sánchez, 715) Essa casa noturna típica de Guantánamo situada a quatro quarteirões a leste da estação de trem é especializada em uma forma única de dança haitiana. Os programas (normalmente listados na porta) incluem *mi tumba baile* (baile de *tumba*), *encuentro tradicional* e *peña campesina* (música country).

**Casa de la Trova (Parque Martí)** MÚSICA AO VIVO
(Esq. Pedro Pérez e Flor Crombet; entrada CUC$1) A única cidade cubana com duas casas de *trova*, Guantánamo oferece opções em abundância. Essa na esquina do Parque Martí é a mais tradicional, frequentada por *viejos* (idosos) com seus panamás, deixando de lado sua artrite para dançar atleticamente.

**Casa de la Trova (ARTex)** MÚSICA AO VIVO
(Máximo Gómez, 1062; entrada CUC$1; 20-1h ter-dom) Situado num prédio azul-escuro em uma rua urbana quieta, a Casa de la Trova Mk 2 é abertamente referida como "o lugar ARTex". Oferece a mistura local de sons tradicionais com um viés *son-changüí*.

**Casa de las Promociones Musicales "La Guantanamera"** CASA NOTURNA
(Calixto García entre Flor Crombet e Emilio Giro) Outro local bem mantido e voltado para concertos, com o rap *peñas* (performances)

## CHANGÜÍ

Antes que você descreva Guantánamo como uma parada de ônibus glorificada entre Santiago e Baracoa, dê ouvidos às melodias sincopadas do *changüí*, o gênero musical nativo da cidade que é anterior ao *son* cubano e amplamente avaliado como a primeira fusão autêntica dos tambores africanos e das guitarras espanholas no cenário caribenho.

As origens do *changüí* são incompletas e complexas. Sua raiz está na fusão de dois ritos musicais conhecidos como *nengon* e *kiribá*, ambos inventados nas montanhas de Oriente durante o século 19. O primeiro foi o principal entre os negros que trabalhavam com açúcar e viviam nos arredores da cidade de Guantánamo; o segundo era produto da região de Baracoa, onde absorveu uma miríade de influências dos escravos franceses e dos indígenas taino. Tanto o *nengon* como o *kiribá* eram sons bastante percussivos que usavam instrumentação simples (às vezes um toco de árvore era batucado para manter o ritmo). Mas como a música foi se tornando mais complexa e sincopada, incorporando violões e melodias, foi dividida em dois novos gêneros. O *nengon* puro tocado na província de Santiago de Cuba se transformou no *son*, enquanto o *nengon* misturado com *kiribá* na província de Guantánamo se desenvolveu até virar o que é conhecido hoje como *changüí*.

A música *changüí* definitiva é tocada quase sempre por uma banda dividida em quarto partes: bongôs, *tres* (violão), *güiro* e *marimbula* tocada pelo vocalista. Em termos de ritmo, é mais sincopada e tem mais camadas que o *son*, sem ter a *clave* (batida) distintiva do *son*, que na primeira é feita pelo *tres*. Enquanto no começo do século 20, o *son* foi "incrementado" e levado para Havana, onde se transformou em salsa, o *changüí* permaneceu perto de sua terra natal, encontrando seu mais famoso expoente *guantanamero* em Elio Revé, cuja Orquestra Revé alimentou o gosto do gigante do jazz Chucho Valdés e do rei da salsa-songo Juan Formell (do Los Van Van). Como resultado, o *changüí* é considerado um estilo musical muito mais puro que o *son*, já que permaneceu fiel a suas raízes em Oriente.



às quintas e matinês de *trova* aos domingos, é provavelmente a casa de música mais reverenciada da cidade.

**Estadio Van Troi** ESPORTES

Jogos de beisebol são disputados de outubro a abril nesse estádio em Reparto San Justo, 1,5km ao sul do posto Servi-Cupet. Apesar de ter uma tradição forte em esportes, o Guantánamo – apelidado Los Indios – faz eternamente menos do que se espera e não chega às finais desde 1999.

GRÁTIS **Casa de la Cultura** CENTRO CULTURAL

(Pedro A. Pérez) No antigo Casino Español, na parte oeste do Parque Martí, esse lugar oferece concertos de música clássica e performances de dança afro-cubana.

**Club Nevada** CASA NOTURNA

(Pedro A. Pérez, 1008, Altos esq. Bartolomé Masó; entrada CUC$1) Para a casa noturna mais vibrante da cidade, vá a esse terraço no último andar coberto de telhas, que oferece salsa misturada a batidas disco.

**Casa de Changüí** MÚSICA AO VIVO

(Serafín Sánchez, 710, entre N. López e Jesús del Sol) Como púlpito principal para a música indígena de Guantánamo, esse é o lugar para conhecer o *changüí*, além de ser o santuário do seu maior expoente, o *timbalero* (percussionista) local Elio Revé.

**Cine Huambo** CINEMA

(Parque Martí) Cinema remendado no coração do Parque Martí exibindo tudo, de Spielberg a Almodóvar.

## Onde comprar

**Fondo de Bienes Culturales** SUVENIRES

(Calixto García, 855, 1º andar) Ninguém vai a Guantánamo fazer compras, mas, se você quer um suvernir local que não tenha a bandeira dos Estados Unidos gravada nele, tente algo nesse lugar na parte leste do Parque Martí.

## Informações

**Banco de Crédito y Comercio** (Calixto García entre Emilio Giro e Bartolomé Masó)

**Cadeca** (esq. Calixto García e Prado) Casa de câmbio.

**Clínica Internacional** (Flor Crombet, 305, entre Calixto García e Los Maceos; ⌚9-17h) Na parte nordeste do Parque Martí.

**Etecsa Telepunto** (esq. Aguilera e Los Maceos; CUC$6/h ⌚8h30-19h30) Quatro computadores + quase nenhum turista = nenhuma fila.

**Havanatur** (Aguilera entre Calixto García e Los Maceos; ⌚9-12h e 13-16h seg-sex) Agência de viagens.

**Hospital Agostinho Neto** (☎35-54-50; carretera de El Salvador, km 1; ⌚24 horas) No extremo oeste da Plaza Mariana Grajales perto do Hotel Guantánamo. Ajudará estrangeiros em casos de emergência.

**Oficina de Monumentos y Sitios Históricos** (Los Maceos entre Emilio Giro e Flor Crombet) Para uma exposição mais completa da interessante herança arquitetônica de Guantánamo você pode parar e pedir um mapa dos trajetos (a pé) da cidade.

**Correios** (Pedro A. Pérez; ⌚8-13h e 14-18h seg-sáb) Na parte oeste do Parque Martí. Há também um escritório DHL no local.

**Radio Trinchera Antimperialista CMKS** Solta o verbo na 1070AM.

***Venceremos* e *Lomería*** Dois jornais locais publicados aos sábados.

## Como chegar e sair

### Avião

A **Cubana** (Calixto García, 817) voa cinco vezes por semana (CUC$124 ida, 2h e 30min) de Havana para o **Aeroporto Mariana Grajales**. Não há voos internacionais para esse aeroporto.

### Ônibus

O Terminal de Ómnibus tem uma localização meio inconveniente, 5km a oeste do centro na antiga estrada para Santiago (uma continuação da av. Camilo Cienfuegos). Um táxi do Hotel Guantánamo deve custar CUC$3.

Há ônibus diários da **Víazul** (www.viazul.com) para Baracoa (CUC$10, 9h30) e Santiago de Cuba (CUC$6, 17h25).

### Carro

A Autopista Nacional para Santiago de Cuba termina perto de Embalse la Yaya, 25km a oeste de Guantánamo, onde a estrada se junta à carretera Central (no período de redação deste guia, obras para estender a estrada estavam no início). Em El Cristo, a 12km de Santiago de Cuba, você retorna à Autopista. Para dirigir à Guantánamo de Santiago de Cuba, siga norte na Autopista Nacional por 12km até o final da subida e então pegue a primeira saída à direita. Placas são esporádicas e vagas, então leve um bom mapa e fique atento.

### Trem

A **estação de trem** (Pedro A. Pérez), vários quarteirões ao norte do Parque Martí, tem uma saída para Havana (CUC$32, 23h40) a cada três dias. Esse trem também para em Camagüey (CUC$13), Ciego de Ávila (CUC$16), Guayos (CUC$20; você deve desembarcar nesse ponto para Sancti Spíritus), Santa Clara (CUC$22) e Matanzas (CUC$29). Não havia conexão com Santiago de Cuba no momento da redação do guia. Compre as passagens no escritório da Pedro A. Pérez na manhã que o trem sai.

### Van

Vans para Santiago de Cuba e Baracoa partem do Terminal de Ómnibus. Eles permitirão que você desembarque nas cidades menores do caminho.

Vans para o parque Moa: na estrada para El Salvador ao norte da cidade, próximo à entrada da Autopista.

## Como circular

**Havanautos** (Cupet Guantánamo) fica ao lado do posto de gasolina Servi-Cupet no caminho para fora da cidade, em direção a Baracoa. Se você não conseguiu um carro em Santiago, deve descolar um em Guantánamo.

O **posto de gasolina Oro Negro** (esq. Los Maceos e Jesús del Sol) é outra opção para encher o tanque antes dos 150km leste para Baracoa.

Táxis ficam ao redor do Parque Martí ou você pode ligar para a **CubaTaxi** (☎32-36-36). O ônibus 48 (CUC$0,20) vai do centro ao Hotel Guantánamo a cada 40 minutos, mais ou menos. Há também muitos bicitáxis.

# Arredores da Base Naval Americana de Guantánamo

### MIRADOR DE MALONES

Tradicionalmente, tem sido possível ter uma vista, de longe, da base a partir do isolado Mirador de Malones, um restaurante administrado pela Gaviota empoleirado em uma montanha a 320m de altura a oeste do complexo. No momento da redação do guia, visitantes eram proibidos no local indefinidamente. Cheque como estão as coisas com antecedência no Hotel Guantánamo (p. 427) ou em algum dos hotéis Gaviota em Baracoa (p. 436).

Você precisa ter sorte, já que a entrada para o *mirador* (mirante) fica em um posto de controle militar cubano na principal rodovia de Baracoa, 27km na direção sudoeste de Guantánamo.

### CAIMANERA

Ao contrário da crença popular, é Caimanera e não Guantánamo a cidade cubana mais próxima à Base Naval americana. Situada na costa oeste da Baía de Guantánamo, um pouco ao norte do posto de controle militar dos EUA, esse porto/povoado de pescadores com 10 mil pessoas (a maioria deles a primeira ou segunda geração de jamaicanos) era uma cidade próspera antes da Revolução, quando trabalhadores locais eram empregados na estação naval. De acordo com os mais velhos, a profissão mais popular era a prostituição. Desde 1959, Caimanera tem sofrido economicamente. Um único hotel (p.

## GITMO – UMA HISTÓRIA CURTA

Adquirida através da infame Emenda Platt em 1903 como consequência da Guerra Hispano-Americana, a Baía de Guantánamo (ou Gitmo, como gerações de saudosos fuzileiros navais americanos a apelidaram sem dó) foi anexada pelos EUA com o objetivo inicial de proteger o Canal do Panamá, estrategicamente importante, da aproximação oriental.

Em 1934, uma atualização do tratado original reafirmou os termos do contrato e prometeu honrá-lo indefinidamente, a menos que ambos os governos passassem a pensar de outra maneira. Também estabeleceu um aluguel anual de aproximadamente US$4 mil, uma quantia que os EUA generosamente continuam a desembolsar, mas que os cubanos desafiadoramente não aceitam sob a alegação de que a ocupação é ilegal (Castro supostamente guardava os cheques na primeira gaveta da mesa do seu escritório).

Até 1958, quando o tráfego motorizado foi oficialmente proibido entre Guantánamo e o mundo externo, centenas de cubanos costumavam viajar diariamente até a base para trabalhar, e ainda havia um bocado de trabalhadores que repetiam o trajeto até a virada do século 21. Expandida depois da II Guerra Mundial, a mais antiga base militar americana em solo estrangeiro passou por muitas mudanças nos últimos cinquenta anos, do campo de batalha tenso da Guerra Fria ao mais virulento anacronismo político que sobrevive no Ocidente.

Castro foi rápido ao demandar o retorno incondicional de Guantánamo ao poder cubano em 1959, mas, preso em um impasse com a União Soviética na Guerra Fria e com medo de que o iminente líder cubano voasse até Moscou, os Estados Unidos recusaram firmemente. Como as relações entre os países rapidamente se deterioraram, Cuba cortou a água e a eletricidade da base enquanto os americanos a cercaram com o maior campo minado do Ocidente (as minas foram removidas em 1996).

A história recente da instalação tem sido igualmente notória. Em janeiro de 1992, 11 mil imigrantes haitianos foram temporariamente mantidos no local e em agosto de 1994 a base foi usada como depósito de 32 mil cubanos capturados pela Guarda Costeira americana enquanto tentavam alcançar a Flórida. Em maio de 1995, os governos cubano e americano assinaram um acordo que permitia que esses refugiados entrassem nos Estados Unidos, mas, desde então, imigrantes cubanos ilegais capturados pela Guarda Costeira americana no mar são devolvidos à Cuba por conta da política *wet foot, dry foot* ("pé molhado, pé seco").

Desde 2002, os EUA mantêm mais de 750 prisioneiros com ligações suspeitas com a Al-Quaeda e o Talibã no infame Camp Delta na Baía de Guantánamo, sem submetê-los a acusações criminais. Proibidos de contatar advogados ou a família enquanto enfrentam interrogatórios rigorosos, os detidos fazem greve de fome e pelo menos quatro deles cometeram suicídio. A Anistia Internacional e a ONU propuseram o fechamento da base em 2004 e relatórios da Cruz Vermelha apontavam que certos aspectos do regime do acampamento eram equivalentes à tortura, ao que se seguiu a libertação de 420 prisioneiros e o julgamento de apenas três deles. Dos cerca de 170 prisioneiros restantes (até o começo de 2011), os Estados Unidos pretendiam expatriar alguns para recuperação ou libertação, e transferir os demais para prisões nos EUA.

Ao assumir o poder em janeiro de 2009, o presidente Barack Obama prometeu fechar os campos de detenção de Guantánamo e assim terminar o que ele chamou de "um capítulo triste na história americana". No entanto, devido à oposição bipartidária no Congresso, Obama não conseguiu cumprir o prazo estipulado de um ano para resolver a questão. No período dessa pesquisa ainda era incerto como e quando o fechamento será realizado.

432) servia de mirante para os curiosos observadores da Baía antes da era Bush Júnior e Camp Delta. Reabriu para visitas agendadas com antecedência em 2009.

A oeste de Caimanera, as montanhas cobertas de cactos são caracterizadas por seus **Monitongos**, platôs rochosos erodidos pelo vento, impregnados de uma paisagem desértica. A região tem um alto nível de endemismo e é protegida como reserva de fauna. Há trilhas, mas você precisará estar numa viagem organizada para ter acesso a elas.

## Onde dormir

**Hotel Caimanera** HOTEL $

(49-94-14; s/c incl. café da manhã CUC$23/30; P) Esse hotel estranhamente atraente (considerando sua posição) fica no topo de um morro em Caimanera, perto do perímetro da Base Naval Americana, 21km ao sul de Guantánamo. Tem regras peculiares que permitem que apenas grupos de sete ou mais fiquem e aproveitem a vista em tours agendados com antecedência e com um guia cubano oficial. Pergunte no escritório da Havanatur (p. 430) em Guantánamo sobre como fazer parte do passeio.

### Como chegar e sair

Caimanera é a estação final da parte leste da rede de trens cubana (que não segue até Baracoa). Há supostamente quatro trens por dia para a cidade de Guantánamo.

## Costa Sul

Deixando Guantánamo numa nuvem de poeira, você rapidamente chega à longa e seca estrada costeira para a extremidade oriental da ilha, Punta de Maisí. Essa é a espetacular região semidesértica de Cuba que abriga planaltos rochosos perto do oceano e *aloe vera* espinhosos surgem no matagal seco. Várias pequenas praias de cascalho entre a Playa Yacabo e Cajobabo oferecem uma refrescante parada para aqueles que têm tempo de descansar, enquanto o diverso cenário de beira de estrada – pontuado em intervalos por acidentadas montanhas roxas e oásis ribeirinhos – impressiona ao longo dela.

**Playita de Cajobabo** PRAIA

No fim distante dessa praia normalmente deserta, um pouco antes de a estrada principal guinar para o interior, está o monumento comemorando a atracagem de José Martí em 1895, iniciando a Segunda Guerra de Independência. Um *outdoor* colorido mostra o instável barco a remo chegando à margem com Martí sentado calmamente dentro, vestindo o meio improvável terno de marca, sem um fio de cabelo fora do lugar. É um bom local para mergulho com snorkel, ladeado por penhascos absurdos. A famosa **La Farola** (estrada do farol) começa nesse local (veja p. 441). Ciclistas, respirem fundo...

### Onde dormir

**Campismo Yacabo** CHALÉS $

(s/c CUC$7,5/11) Esse local, na estrada 10km a oeste de Imías, tem 18 chalés bem mantidos que dão vista para o mar perto da foz do rio. Os chalés abrigam de quatro a seis pessoas e são um ótimo refúgio na praia para grupos com orçamento limitado. Diz aceitar estrangeiros, mas cheque antes.

**Cabañas Playa Imías** CHALÉS $

(1-2 pessoas CUC$10; ❄) Esse lugar, 2km a leste de Imías, no meio do caminho entre Guantánamo e Baracoa, fica perto de uma longa e escura praia de tombo. Os quinze chalés de cimento têm banheiros, frigobar e TVs. Hospedagem de estrangeiros não é garantida, mas, como sempre em Cuba, as regras são flexíveis.

VALE A VIAGEM

### ZOOLÓGICO DE PIEDRAS

Um espetáculo surreal até mesmo para os padrões cubanos, o **Zoológico de Piedras** (entrada CUC$1; ⏲9-18h seg-sáb) é um parque de esculturas de animais no meio de uma densa folhagem no terreno montanhoso de uma fazenda de café, 20km a nordeste de Guantánamo. Literalmente esculpidas das rochas existentes pelo escultor Angel Inigo Blanco, que começou o trabalho no final dos anos 1970, as esculturas de animais agora são mais de trezentas e vão de hipopótamos a serpentes gigantes. Um caminho de 1km cobre os destaques. Para chegar até o zoo você precisará do seu próprio carro ou de um táxi. Vá na direção leste quando sair da cidade e pegue a bifurcação à esquerda, sentido Jamaica e Honduras. O "zoo" fica no povoado de Boquerón.

## Punta de Maisí

De Cajobabo, a estrada costeira continua 51km na direção noroeste até La Máquina. Até Jauco, a estrada é boa; depois, nem tanto. Vindo de Baracoa para La Máquina (55km), é uma boa estrada até Sabana, depois difícil em alguns pontos daí até La Máquina. De qualquer maneira, esse é o ponto de partida de um trecho bem ruim de 13km até Punta de Maisí; é melhor se você estiver em um 4x4.

Esse é o ponto mais oriental de Cuba e há um **farol** (1862) e uma pequena praia de areia branca fininha. Você pode ver o Haiti a 70km em um dia claro.

No período da redação do guia, a área Maisí estava designada como zona militar e fechada para turistas.

## Boca de Yumurí

Cinco quilômetros ao sul de Baracoa, uma estrada sai à esquerda de La Farola e segue por 28km ao longo da costa para Boca Yumurí, na foz do rio Yumurí. Perto da ponte sobre o rio está o **Túnel de los Alemanes**, um maravilhoso arco natural de árvores e folhagem. Apesar de adorável, a praia de areia escura se tornou passeio para quem vai de Baracoa. Vendedores espertalhões empurram refeições de peixe frito, enquanto outras pessoas viajam vendendo pequenos caracóis coloridos chamados *polymitas*. Eles se tornaram raros em consequência de terem sido recolhidos e vendidos em grande quantidade para turistas, então recuse todas as ofertas. Do final da praia, um barco-táxi (CUC$2) segue rio acima para onde as margens íngremes se estreitam até um desfiladeiro natural inesquecível.

Boca de Yumurí é um passeio de bicicleta soberbo para quem vai de Baracoa (56km ida e volta): quente, mas liso e plano, com ótimas vistas e várias paradas em potencial (tente a Playa Bariguá no km 25). Você pode conseguir bicicletas em Baracoa – pergunte na sua *casa particular*. Táxis também levarão você de Baracoa, ou você pode organizar uma excursão com a Cubatur (CUC$22; veja p. 439).

**Playa Cajuajo** PRAIA

Na metade do caminho entre Baracoa e Boca de Yumurí fica essa pouco visitada praia perto da Baía de Mata. A Ecotur (p. 439) em Baracoa organiza caminhadas. A trilha de 5km vai do rio Mata por uma floresta biodiversa até a baía e, por fim, até a praia.



# Baracoa

POP. 42.285

Pegue um pouco de Tolkien, uma pitada de Gabriel García Márquez, misture em um recipiente grande de psicodelia dos anos 1960 e tempere com uma dose tranquilizante de socialismo da época da Guerra Fria. Deixe descansar por quatrocentos anos numa selva tropical geograficamente isolada com pouco ou nenhum contato com o mundo externo. O resultado: Baracoa – o povoado mais estranho, mais selvagem, mais cômico e mais peculiar que se materializa como uma aparição surreal depois da longa e seca caminhada ao longo da costa sul de Guantánamo.

Cortada por terra e mar há quase meio milênio, a cidade mais antiga de Cuba é, para a maioria dos visitantes, a mais interessante. Fundada em 1511 por Diego Velázquez de Cuéllar, Baracoa é um lugar visceral de clima inconstante e lendas inesquecíveis. Depois de ter sido semiabandonada na metade do século 16, a cidade se tornou uma Sibéria cubana para a qual revolucionários rebeldes eram mandados como prisioneiros. No começo do século 19, agricultores franceses cruzaram a Passagem Windward de 70km de largura a partir do Haiti e começaram a plantar, em grande quantidade, coco, cacau e café nas montanhas, e assim as rodas da economia começaram a girar.

Baracoa se desenvolveu em relativo isolamento do resto de Cuba até a abertura de La Farola em 1964, um fator que influenciou fortemente sua singular cultura e tradição. Hoje suas melhores atrações incluem escalar o misterioso El Yunque, a montanha de topo achatado que é marca da região, ou se entregar à inspirada cozinha local que usa ingredientes e sabores que não são encontrados em qualquer outro lugar de Cuba.

## Atrações e atividades

**NA CIDADE**

**Museo Arqueológico "La Cueva del Paraíso"** MUSEU

(Moncada; entrada CUC$3; 8-17h) O museu mais novo e mais recente de Baracoa fica em Las Cuevas del Paraíso, 800m na direção sudoeste do Hotel El Castillo. As exibições são divididas em uma série de cavernas que já funcionaram como câmaras funerárias taino. Entre quase 2 mil peças autênticas taino estão esqueletos desenterrados, cerâmicas, petroglifos de 3 mil anos e uma réplica do *Ídolo de Tabaco,* uma escultura encontrada em Maisí em 1903 que é considerada uma das mais importantes esculturas taino do Caribe. Alguém da equipe irá levá-lo para conhecer os arredores com entusiasmo.

**Fuerte Matachín** FORTE, MUSEU

(Esq. José Martí e Malecón; entrada CUC$1; 8-12h e 14-18h) Baracoa é protegida por um trio de fortes poderosos. Esse foi construído em 1802 na entrada sul para a cidade e agora abriga o **Museo Municipal**. Apesar de pequeno, esse museu exibe uma cronologia interessante do povoado mais antigo de Cuba, incluindo conchas dos caracóis *polymita*, a história de Che Guevara e da fábrica de chocolate, e exibições relacionadas à mal-humorada Magdalena Menasse (ou Rovieskuya, "La rusa"), em quem Alejo Carpentier baseou seu famoso livro, *La consagración de la primavera*.

**Catedral de Nuestra Señora de la Asunción** IGREJA

(Antonio Maceo, 152) Precisando de uma renovação radical, essa igreja que tem se desintegrado rápido foi construída em 1833 no local de uma construção eclesiástica bem mais antiga. Seu artefato mais famoso é a inestimável **Cruz de la Parra**, a cruz de madeira que dizem ter sido erigida por Colombo perto de Baracoa em 1492. Datação por carbono autenticou a idade da cruz (data do fim dos anos 1400), mas indica que foi originalmente feita de madeira indígena cubana, assim desmentindo a lenda de que Colombo a levou da Europa. A igreja estava fechada

## Baracoa

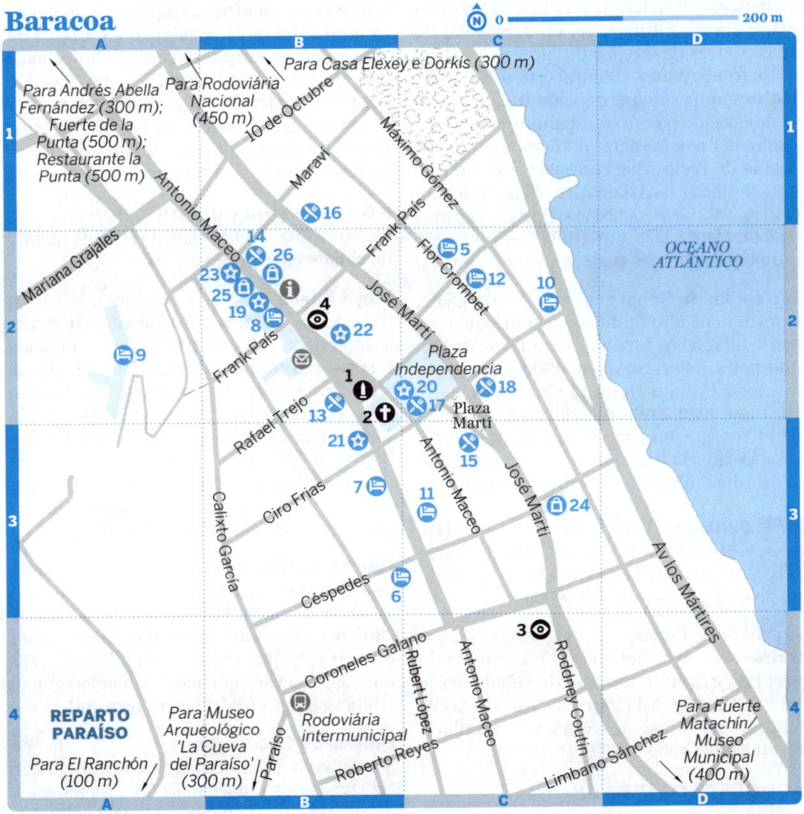


## Baracoa

**Atrações**

1 Busto de Hatuey .................... B2
2 Catedral de Nuestra Señora de la Asunción .................... B2
3 Centro de Veteranos .................... C4
El Castillo de Seboruco .................... (veja 9)
4 Poder Popular .................... B2

**Onde dormir**

5 Casa Colonial – Gustavo & Yalina .................... C2
6 Casa Colonial Lucy .................... B3
7 Casa Colonial Ykira Mahiquez .................... B3
8 Hostal la Habernera .................... B2
9 Hotel El Castillo .................... A2
10 Hotel la Rusa .................... C2
11 Nelsy Borges Teran .................... C3
12 Nilson Abad Guilaré .................... C2

**Onde comer**

13 Cafetería el Parque .................... B2
14 Casa del Chocolate .................... B2
15 Dulcería la Criolla .................... C3
16 Paladar el Colonial .................... B1
17 Pizzería Baracoesa .................... C2
18 Tienda la Primada .................... C2

**Lazer**

19 Casa de la Cultura .................... B2
20 Casa de la Trova Victorino Rodríguez .................... C2
21 Cine-Teatro Encanto .................... B3
22 Disco Karaoke .................... B2
23 La Terraza .................... B2

**Onde comprar**

24 ARTex .................... C3
25 Fondo Cubano de Bienes Culturales .................... B2
26 Taller la Musa .................... B2

no período da redação do guia e a cruz seria realocada na última casa da calle Antonio Maceo, atrás da igreja à direita.

De frente para a catedral está o **Busto de Hatuey**, um *cacique* rebelde indígena que se desentendeu com os espanhóis e foi queimado na fogueira perto de Baracoa em 1512, depois de recusar se converter ao catolicismo. Também na triangular Plaza Independencia está o neoclássico **Poder Popular** (Antonio Maceo, 137), um edifício do governo municipal que você pode admirar de fora.

**El Castillo de Seboruco** FORTE, HOTEL

O forte mais alto de Baracoa começou a ser construído pelos espanhóis em 1739 e terminou pelos americanos em 1900, mas agora funciona como o Hotel El Castillo (p. 436). Há uma vista excelente do topo achatado de El Yunque em cima da piscina reluzente. Uma escadaria íngreme no extremo sudoeste da calle Frank País leva até lá diretamente.

GRÁTIS **Centro de Veteranos** MUSEU

(José Martí, 216) Mostra fotos daqueles que pereceram na Revolução de 1959 e no conflito, do qual mal se fala, em Angola.

**Fuerte de la Punta** FORTE, RESTAURANTE

Outro forte espanhol que vigia a entrada do porto no extremo noroeste da cidade desde 1803. Atingido pelo Furacão Ike de 2008, reabriu recentemente como um agradável restaurante Gaviota.

### SUDOESTE DA CIDADE

**Parque Natural Majayara** CAMINHADA

A sudoeste da cidade, no Parque Natural Majayara, há algumas **caminhadas** mágicas que só podem ser feitas a pé. Passando o Fuerte Matachín, siga na direção sudoeste, depois do estádio de beisebol, numa praia de areia escura por mais ou menos 20 minutos até a frágil ponte de madeira sobre o rio Miel. Depois de atravessar a ponte, vire à esquerda e siga a trilha por um agrupamento de casas rústicas até o outro cruzamento. No posto de guarda há, às vezes, um oficial do parque que irá recolher CUC$1. Vire à esquerda mais uma vez e continue ao longo da trilha para veículos até que as casas sumam e você veja ao longe uma trilha única que à esquerda leva à **Playa Blanca**, um lugar idílico para um piquenique.

Continuando reto nessa trilha, você verá um trio de casas de madeira. A terceira delas pertence à família Fuentes. Não siga sozinho depois desse ponto, pois estará entrando numa zona militar. Por uma doação (CUC$3-5 por pessoa), o Señor Fuentes irá guiá-lo numa caminhada até a **finca** da sua família, na qual você pode parar para tomar um café, um coco e comer frutas tropicais. Mais para a frente, ele irá mostrar para você a **Cueva de Aguas**, uma caverna com um buraco de água fresca e espumante na qual se pode nadar, e ao caminhar até a encosta (é preciso ter pés firmes nessa parte) você chegará até uma **trilha arqueológica** com algumas outras cavernas e vistas maravilhosas do oceano.

### NOROESTE DA CIDADE

Siga o aroma de chocolate na estrada que sai da cidade em direção a Moa.

**Playa Duaba** PRAIA, MONUMENTO

Seguindo ao norte na estrada de Moa, pegue a saída para o Hotel Porto Santo e para o aeroporto e continue por mais 2km depois da pista do aeroporto, em direção a uma praia de areia escura na boca do rio em que Antonio Maceo, Flor Crombet e vinte homens desembarcaram em 1895 para dar início à Segunda Guerra de Independência. Há um monumento memorial e closes de El Yunque, mas a praia em si não é própria para banho.

**Fábrica de Chocolate** FÁBRICA

Os deliciosos perfumes doces que enchem o ar nesse braço da floresta vêm dessa famosa fábrica de chocolate, 1km depois da saída para o aeroporto, aberta não por Willy Wonka, mas por Che Guevara em 1963. Atualmente, não aceita visitantes (ou bilhetes dourados!).

**Fábrica de Cucurucho** FÁBRICA

Sem dúvidas é a única fábrica do mundo que faz *cucurucho*, o doce mais doce de Baracoa, envolvido numa ecológica folha de palmeira. Normalmente, é possível comprá-lo no local.

## Visitas guiadas

Visitas organizadas são uma boa maneira de conhecer as atrações periféricas de difícil acesso de Baracoa. Os escritórios da Cubatur e da Ecotur (p. 439) na Plaza Independencia podem agendar a maioria deles. Os destaques incluem: El Yunque (CUC$18), Playa Maguana (CUC$18), Parque Nacional Alejandro de Humboldt (CUC$28), Río Toa (CUC$11) e Boca de Yumurí (CUC$22).

## Onde dormir

**Hotel El Castillo** HOTEL $$

(☎64-51-64; Loma del Paraíso; s/c CUC$44/60; ❄≋) Você pode descansar como um conquistador da era colonial nesse lugar histórico abrigado na encosta Castillo de Seboruco, mas os conquistadores não tinham acesso a piscinas, TVs por satélite e uma camareira que dobra as toalhas em forma de navios, cisnes e outros tipos avançados de origami. Esse bom hotel Gaviota adicionou recentemente 28 quartos em um bloco integrado de maneira inteligente, mudança que acrescenta prestígio à vista de cair o queixo de El Yunque, tudo com a simpatia baracoana.

**Hostal la Habanera** HOTEL **$**
(☎64-52-73; Antonio Maceo, 126; s/c CUC$35/40; ❄) Com ares convidativos que só Baracoa pode propiciar, La Habanera fica em uma mansão colonial restaurada rosa-claro, onde os gritos dos vendedores ambulantes competem com uma mistura efusiva de música para mexer os quadris da Casa de la Cultura, vizinha. Os quatro quartos da frente dividem uma varanda voltada para a rua com um chão ladrilhado e cadeiras de balanço, enquanto o lobby do andar de baixo ostenta um bar, um restaurante e uma coleção interessante de livros locais.

**Nilson Abad Guilaré** CASA PARTICULAR **$**
(☎64-31-23; abadcub@gmail.com; Flor Crombet, 143, entre Ciro Frías e Pelayo Cuervo; q CUC$25; ❄) Nilson é um verdadeiro *gentleman* que administra essa que deve ser uma das *casas* mais limpas de Cuba. O apartamento autônomo é fantástico e tem um banheiro enorme, acesso à cozinha e um terraço no teto com vista para o mar. Nilson também abriu recentemente em sua *casa* o *paladar* La Terraza. Os pratos de peixe com molho de coco são incríveis.

**Casa Colonial – Gustavo & Yalina** CASA PARTICULAR **$**
(☎64-25-36; Flor Crombet, 125, entre Frank País e Pelayo Cuervo; q CUC$15-20; ❄) Essa grande *casa* foi construída em 1898 por um barão de café francês de Marselha, um estimado ancestral dos moradores atuais. Os quartos grandes não são muito iluminados, mas tem móveis antigos e os deleites culinários incluem camarões frescos locais e chocolate (baracoano) quente no café da manhã.

**Hotel Porto Santo** HOTEL **$$**
(☎64-51-06; carretera del Aeropuerto; s/c CUC$44/60; P❄≋) Na baía em que Colombo, supostamente, fincou sua primeira cruz, esse hotel autônomo baixinho tem o clima de um pequeno resort. Situado a 4km do centro da cidade e 200m do aeroporto, há 36 quartos mais que adequados que possibilitam ouvir o mar. Deite-se com as janelas abertas e deixe a essência etérea de Baracoa transportar você. Uma escadaria íngreme leva a uma pequena praia de ondas fortes.

**Casa Colonial Lucy** CASA PARTICULAR **$**
(☎64-35-48; Céspedes, 29, entre Rubert López e Antonio Maceo; q CUC$20; ❄) A eternamente favorita Casa Lucy – que data de 1840 – tem o adorável caráter local com pátios, varandas e begônias florindo. Há dois quartos e terraços em andares diferentes e a atmosfera é calma e reclusa. O filho de Lucy fala três idiomas e oferece aulas de salsa e massagem.

**Casa Colonial Ykira Mahiquez** CASA PARTICULAR **$**
(☎64-38-81; Antonio Maceo, 168A, entre Ciro Frías e Céspedes; q CUC$20; ❄) Acolhedora e hospitaleira, Ykira é a melhor anfitriã de Baracoa e serve um jantar feito com ervas que ela mesma planta. Sua casa confortável fica a um quarteirão da catedral e tem um terraço amplo e um *mirador* com vista para o mar.

**Nelsy Borges Teran** CASA PARTICULAR **$**
(☎64-35-69; Antonio Maceo, 171, entre Ciro Frías e Céspedes; q CUC$20; ❄) A comida é melhor do que o quarto – e o quarto não é nada mau. Você não terá preocupações culinárias com a extensa gama de opções vegetarianas de Nelsy e sobremesas extravagantes. Os quartos têm TV e uma geladeira recheada (incluindo chocolate). Há um terraço ótimo no andar de cima com cadeiras de balanço e vista para a rua.

**Hotel la Rusa** HOTEL **$**
(☎64-30-11; Máximo Gómez, 161; s/c CUC$25/30; ❄) Khrushchev não foi o primeiro russo a fazer suas apostas em Fidel Castro. Bem antes de a Baía dos Porcos mandar cubanos para os braços dos soviéticos, a imigrante russa Magdalena Rovieskuya ajudava os rebeldes de Fidel em Sierra Maestra. Rovieskuya – chamada afetuosamente "la rusa" – foi pela primeira vez a Baracoa nos anos 1930, onde construiu um hotel de doze quartos e rapidamente se tornou uma celebridade local, recebendo estimados hóspedes como Errol Flynn, Che Guevara e Fidel Castro. Depois de sua morte em 1978, La Rusa se tornou um lugar mais modesto, administrado pelo governo, e foi destruído pelo Furacão Ike, de 2008. Como fica bem em frente ao mar, continua a lutar contra o efeito de tinta descascada por conta da maresia.

**Andrés Abella Fernánadez** CASA PARTICULAR **$**
(☎64-32-98; Maceo, 56; q CUC$20-25; ❄) O conforto reina na *casa* do orgulhoso Andrés, com dois quartos grandes e limpíssimos e um adorável pátio interno (incomum em Baracoa) com cadeiras de balanço relaxantes.

**Casa Elexey & Dorkis** CASA PARTICULAR **$**
(☎64-34-51; Flor Crombet, 58 Altos; q CUC$20-25; ❄) Subindo as escadas da *casa* de Elexey e Dorkis, você encontrará um quarto limpo e bem mobiliado com bastante luz natural. Há um terraço agradável com vista para o Atlântico – ideal para casais em dias de descanso e preguiça.

## COZINHA BARACOANA

Diferentemente da Itália ou da França, Cuba não tem uma cozinha *regional*, pelo menos não até você chegar em Baracoa onde tudo, incluindo a comida, é diferente. Lugar do clima mais instável do país, Baracoa tem usado sua temperatura úmida e seu isolamento geográfico para inventar uma notória cozinha sem ambições, mas com temperos, açúcar, frutas exóticas e coco. Peixe predomina na maioria dos menus, mas mesmo os frutos do mar podem trazer algumas surpresas. Conte com saborosos camarões frescos do tamanho de pequenas lagostas ou com os pequenos peixes *teti* com aparência de girino pescados no rio Toa entre julho e janeiro durante a lua minguante.

A maior explosão de sabor está no molho de coco, que é invenção local, conhecido como *lechita*, uma mistura de leite de coco, molho de tomate, alho e uma porção de temperos que são bem servidos com camarões, aguja (espadarte) ou dourados. Outros acompanhamentos de prato principal incluem o *bacán*, banana-da-terra crua e verde com carne de caranguejo envolta em uma folha de bananeira, ou *frangollo*, uma mistura similar, mas na qual as bananas são preparadas com açúcar.

Doces são outro forte de Baracoa em boa parte graças à ubiquidade de cacaueiros e à presença da famosa fábrica de chocolate de Che Guevara. O chocolate baracoano é vendido em toda a ilha, apesar de ser mais provável que você o experimente no café da manhã da sua *casa particular*, misturado em um chocolate quente local conhecido como *chorote*. Mas a invenção culinária de Baracoa mais extraordinária é, sem dúvida, o *cucurucho*, uma mistura delicada de coco seco, açúcar, mel, mamão, goiaba, tangerina e nozes (nenhuma mistura chega perto disso) que é envolta em uma ecológica folha de palmeira. Há uma fábrica de *cucurucho* na estrada costeira para Moa, depois da fábrica de chocolate (p. 436), mas, por consenso popular, as melhores são vendidas por *campesinos* na entrada da cidade (para quem vem de Guantánamo) por La Farola.



## Onde comer

Depois da monotonia de quase todos os outros lugares, comer em Baracoa é uma experiência cheia de sensações. A cozinha local é criativa, saborosa e – acima de tudo – diferente. Para experimentar a verdadeira, coma em sua *casa particular*.

**Restaurante la Punta** CARIBENHA $$
(Fuerte de la Punta; 10-23h) Finalmente! O forte La Punta passa por uma revitalização e Baracoa ganha um restaurante estatal decente e condizente com uma cidade que possui uma cozinha própria e distinta. Refrescado pelas brisas do Atlântico, o restaurante, que é administrado pela Gaviota, tem a intenção de impressionar com uma comida bem preparada e decorada, num adorável ambiente histórico. Experimente o frango e vá num sábado à noite, quando haverá música acompanhando o seu jantar.

**Paladar el Colonial** PALADAR $$
(José Martí, 123; pratos CUC$10; almoço e jantar) O único *paladar* sobrevivente da cidade tem feito boa comida há anos com o exótico toque baracoano. Ainda localizado em uma bonita casa de madeira na calle José Martí, o menu se tornou um pouco mais limitado recentemente (menos polvo e mais frango), mas você ainda recebe um serviço honesto e delicioso molho de coco.

**Casa del Chocolate** CHOCOLATERIA $
(Antonio Maceo, 123; 7h20-23h) É o bastante para fazer até o Willy Wonka ficar surpreso. Você está perto de uma fábrica de chocolate mas, muito frequentemente, não há nenhum para ser provado nessa casa excêntrica ao lado da praça central. A melhor forma de checar a flutuação de estoque de Baracoa é colocando a cabeça para dentro e perguntando para uma das garçonetes com aparência entediada. *No hay* significa que não tem, e um aceno fraco significa sim. Em um bom dia, vende sorvete de chocolate e chocolate-quente em canecas. Apesar de todos os seus pontos fracos, é um rito de passagem de Baracoa.

**Cafetería el Parque** FAST-FOOD $
(Antonio Maceo, 142; 24 horas) Esse terraço aberto fica frequentemente encharcado com as familiares pancadas de chuva de Baracoa, mas isso não parece prejudicar sua popularidade. Como é o lugar de encontro preferido de quase todo mundo na cidade, você está fadado a passar pela cafeteria em algum momento para comer espaguete ou pizza enquanto observa a vida passar.

**Pizzería Baracoesa** PIZZA $
(Antonio Maceo, 155) Uma renovação (incluindo novas toalhas de mesa, por exemplo) levantou o clima desse pequeno lugar (com pagamento em peso), mas ainda há muito

chão pela frente se eles quiserem fazer você sair da sua *casa particular*.

### Por conta própria

**Tienda la Primada** SUPERMERCADO $
(Plaza Martí esq. Ciro Frías; ⌚8h30-16h30 seg--sáb, 8h30-12h dom) Entre na fila para uma boa seleção de mantimentos.

**Dulcerito la Criolla** PADARIA $
(José Martí, 178) Esse lugar vende pães, doces e – quando tem vontade – o famoso chocolate baracoano.

## Lazer

**Casa de la Trova Victorino Rodríguez** MÚSICA TRADICIONAL
(Antonio Maceo, 149A) A menor, mais divertida, mais selvagem e envolvente *casa de la trova* é agitada todas as noites pelos ritmos em estilo vodu do *changüí-son*. Peça um mojito em um pote de geleia, sente-se e aproveite o show.

**El Ranchón** CASA NOTURNA
(Entrada CUC$1; ⌚a partir das 21h) Em cima de um longo lance de escadas na extremidade ocidental de Coronoles Galano, El Ranchón mistura o ambiente estimulante da encosta com CDs de salsa e disco e legiões de *jineteras* (mulheres que se envolvem com homens estrangeiros) locais. Talvez essa seja a razão de sua popularidade insana. Tome cuidado ao descer – é uma assustadora queda de 146 degraus.

**Casa de la Cultura** CENTRO CULTURAL
(Antonio Maceo, 124, entre Frank País e Maraví) Esse local oferece uma grande variedade de shows, incluindo uma boa rumba que incorpora os famosos estilos cubanos *guaguancó, yambú* e *columbia* (subgêneros da rumba) descritos nos livros. Vá preparado para *mucha* participação da plateia.

**Estadio Manuel Fuentes Borges** ESPORTES
De outubro a abril, jogos de beisebol são disputados nesse estádio que fica, literalmente, na praia. Possivelmente é o único campo de Cuba onde os jogadores entram para rebater com um gostinho de maresia nos lábios. Fica bem perto, a sudeste, do Museo Municipal.

**La Terraza** CABARÉ
(Antonio Maceo entre Maraví e Frank País; entrada CUC$1; ⌚21-2h seg-qui, 21-4h sex-dom) Um cabaré/show de variedades casual em uma cobertura que começa a esquentar toda noite por volta das 23h; espere rumba, Benny Moré e a cabelereira local cantando Omara Portuondo.

**Cine-Teatro Encanto** CINEMA
(Antonio Maceo, 148) O único cinema da cidade fica em frente à catedral. Parece que não funciona mais, mas você provavelmente vai descobrir que está aberto.

**Disco Karaoke** CASA NOTURNA
(Antonio Maceo, 141; ⌚18-2h) Mais para uma embalada e pulsante casa noturna do que para um karaokê (ainda bem!), esse lugar é notável por sua rígida política antitabagismo – quase desconhecida em Cuba.

## Onde comprar

Boa arte é fácil de encontrar em Baracoa e, como a maioria das coisas nessa caprichosa cidade à beira-mar, tem um sabor próprio distinto.

**Fondo Cubano de Bienes Culturales** SUVENIRES
(Antonio Maceo, 120; ⌚9-17h seg-sex, 9-12h sáb e dom) Essa loja vende esculturas em madeira de Hatuey e camisetas com desenhos indígenas.

**ARTex** SUVENIRES
(José Martí entre Céspedes e Coroneles Galano) Para a feira turística usual, confira esse lugar.

**Taller la Musa** GALERIA DE ARTE
(Antonio Maceo, 124) Vá a esse lugar para a arte baracoana tipicamente imaginativa. Há outro estúdio na Casa de Cultura, no lado oposto da rua.

## Informações

**Banco de Crédito y Comercio** (Antonio Maceo, 99; ⌚8h-14h30 seg-sex)

**Banco Popular de Ahorro** (José Martí, 166; ⌚8h-11h30 e 14h-16h30 seg-sex) Desconta *traveler's checks*.

**Cadeca** (José Martí, 241) Casa de câmbio.

**Clínica Internacional** (☎64-10-37; esq. José Martí e Roberto Reyes; ☎24 horas) Um lugar meio novo que cuida de estrangeiros; há também um hospital 2km fora da cidade na estrada para Guantánamo.

**Cubatur** (Antonio Maceo; ⌚8-12h e 14-17h seg-sex) Escritório útil que organiza passeios para El Yunque e para o Parque Nacional Alejandro de Humboldt.

**Ecotur** (☎64-36-65; Coronel Cardoso, 24; ⌚9-17h) Organiza mais passeios pela natureza para os rios Duaba, Toa e Yumurí.

**Etecsa Telepunto** (esq. Antonio Maceo e Rafael Trejo; por CUC$6/hora; ⌚8h30-19h30) Internet e ligações internacionais.

**Infotur** (Antonio Maceo entre Frank País e Maraví; ⌚8-18h) Bastante útil.

**Correios** (Antonio Maceo, 136; ⌚8-20h)

**Radio CMDX "La Voz del Toa"** Funciona na 650AM.

## Como chegar e sair

A estação de trem mais próxima é em Guantánamo, 150km a sudoeste.

### Avião

O **Aeroporto Gustavo Rizo** (código do aeroporto: BCA) fica 4km a noroeste da cidade, bem atrás do Hotel Porto Santo. A **Cubana** (José Martí, 181; ⌚8-12h e 14-16h seg-sex) oferece dois voos semanais de Havana a Baracoa (CUC$135 só ida, quinta e domingo).

Esteja ciente de que os aviões e os ônibus para Baracoa frequentemente estão lotados, então não vá para lá com uma agenda apertada se não tiver reservas para o retorno.

### Ônibus

A **rodoviária nacional** (esq. av. Los Mártires e José Martí) tem ônibus **Víazul** (www.viazul.com) para Guantánamo (CUC$10, 3 horas), seguindo para Santiago de Cuba (CUC$16, 5 horas) diariamente às 14h15. Passagens podem ser reservadas com antecedência pela **Cubatur** (Antonio Maceo, 181) por uma comissão de CUC$5, ou você poderá colocar seu nome em uma lista com um dia ou dois de antecedência.

### Van

A **rodoviária intermunicipal** (esq. Coroneles Galano e Calixto García) tem dois ou três vans por dia para Moa (90 minutos, sai às 6h) e Guantánamo (4 horas, sai às 2h). Conte com muitas pessoas e estradas ruins. O preço é de alguns pesos cubanos.

## Como circular

A melhor maneira de chegar até o aeroporto ou sair dele é de táxi (CUC$2) ou bicitáxi (CUC$1), se você não tiver muita bagagem.

Há uma agência para aluguel de carros bem útil chamada **Havanautos** (☎64-53-44) no aeroporto. A **Cubacar** (☎64-51-55) fica no Hotel Porto Santo. O **posto de gasolina Servi-Cupet** (José Martí; ⌚24 horas) está na entrada da cidade e também a 4km do centro, na estrada para Guantánamo. Se você está indo em direção a Havana, note que a rota norte por Moa e Holguín é mais rápida, mas a estrada se desintegra rapidamente depois da Playa Maguana. A maioria dos locais prefere a rota por La Farola.

Bicitáxis por Baracoa devem cobrar CUC$5 por passeio, mas frequentemente eles pedem de CUC$10 a CUC$15 para estrangeiros.

A maioria das *casas particulares* será capaz de conseguir uma bicicleta para você por CUC$3 por dia. O passeio de bicicleta insuperável são os 20km até a Playa Maguana, uma das estradas mais cênicas de Cuba. Preguiçosos podem alugar lambretas por CUC$24 tanto na Cafetería el Parque (p. 438) como no Hotel El Castillo (p. 436).

# Noroeste de Baracoa

A estrada esburacada que sai da cidade em direção a Moa é um paraíso verde salpicado de palmeiras, fazendas rústicas e vislumbres casuais do oceano.

## Atrações e atividades

### Finca Duaba — FAZENDA, MUSEU

(Entrada franca; ⌚8-19h) Cinco quilômetros depois de Baracoa na estrada para Moa e, depois, 1km para o interior, Finca Duaba oferece uma prova passageira do interior baracoano. É uma fazenda verdejante cercada de muitas plantas tropicais e embelezada por uma pequena **trilha** de *cacao* (cacau) que explica a história e as características da planta com algumas partes interativas. Há também um bom restaurante estilo *ranchón* e a oportunidade de nadar no rio Duaba. Um bicitáxi pode deixar você no cruzamento da estrada.

### Río Toa — RIO, FAZENDA

Dez quilômetros a noroeste de Baracoa está o terceiro rio mais longo da costa norte de Cuba e o mais volumoso do país. O Toa é também um importante hábitat de plantas e pássaros. Cacaueiros e coqueiros, que estão em toda parte, são cultivados no Valle de Toa. Um projeto hidrelétrico vasto no rio Toa foi abandonado após uma campanha persuasiva liderada pela Fundación de la Naturaleza y El Hombre, que convenceu as autoridades de que essa barragem causaria danos ecológicos irreparáveis; razões econômicas e de engenharia também tiveram uma parte nisso. O **Rancho Toa** é um restaurante Palmares, ao qual se chega por um desvio à direita pouco antes da Ponte Toa. Você pode organizar passeios de barco ou caiaque de CUC$3 a CUC$10, além de assistir aos acrobáticos baracoanos escalarem um *cocotero* (coqueiro). Um banquete cubano tradicional de porco assado está disponível se você conseguir reunir o número necessário de pessoas (normalmente oito).

A maior parte dessa região fica na **Reserva de Biosfera da UNESCO Cuchillas de Toa**, uma área de 2.083km² que incorpora o Patrimônio Mundial Alejandro de Humboldt. Essa região contém a maior floresta tropical de Cuba, com árvores exibindo muitas madeiras preciosas, e um grande número de espécies endêmicas.

### El Yunque — RESERVA NATURAL

O rito de passagem de Baracoa são os 8km (de subida e descida) de caminhada até o topo dessa montanha temperamental e misteriosa. A 575m, El Yunque (a bigorna) não é o Kilimanjaro, mas a vista de lá de cima, a flora e os pássaros ao longo do caminho são estupendos. A Cubatur (p. 439) oferece esse passeio quase que diariamente (CUC$18

## LA FAROLA

Separada do restante da ilha pelos picos aveludados de Cuchillas de Toa, a única forma de entrar ou sair de Baracoa antes dos anos 1960 era pelo mar.

Quatrocentos e cinquenta anos de solidão finalmente chegaram ao fim em 1964, com a abertura de La Farola (a estrada com farol), um presente do agradecido Fidel Castro aos revolucionários leais de Baracoa que o apoiaram durante a guerra nas montanhas.

Com cinquenta quilômetros de comprimento, La Farola atravessa os penhascos da Sierra del Puril antes de serpentear vertiginosamente para baixo por uma paisagem de morros cinza-granito e florestas tropicais com perfume de pinheiros até cair, com rapidez sinistra, no paraíso tropical exuberante da costa do Atlântico.

Samambaias gigantes brotam de pedras cobertas por líquen; pequenas cabanas de madeira de *campesinos* (camponeses) se agarram a curvas acentuadas; e vendedores ambulantes locais aparecem, do nada, segurando bananas, laranjas e a iguaria doce local envolvida numa folha de palmeira conhecida como *cucurucho*.

A construção de La Farola na verdade começou durante a era Batista, mas o projeto foi indefinidamente arquivado quando encontrou problemas com a engenharia e os fundos (os trabalhadores não eram pagos). A obra foi retomada depois da Revolução, e a ambiciosa estrada precisou da força de quinhentos trabalhadores por mais de quatro anos para ser construída e consumiu trezentos quilos de concreto por metro quadrado.

Hoje, La Farola permanece como a única rota totalmente pavimentada até Baracoa e é responsável por 75% do abastecimento da cidade. Listada como uma das sete maravilhas da engenharia civil na Cuba moderna (e a única fora de Havana), ela vai da zona mais seca à mais úmida da ilha, e leva viajantes para o que, para muitos, é o destino mais mágico e cheio de surpresas de Cuba.

por pessoa, no mínimo duas pessoas). A taxa cobre a entrada, o guia, o transporte e um sanduíche. A caminhada é quente (leve pelo menos 2 litros de água) e normalmente tem lama. Começa do camping 3km depois de Finca Duaba (4km da estrada Baracoa–Moa). Procure ver o *tocororo* (o pássaro nacional de Cuba), o *zunzún* (o menor pássaro do mundo), borboletas e *polymitas*.

Se você não está a fim de chegar até o pico, pergunte sobre a caminhada mais curta e plana de **Sendero el Jutiero** que começa no mesmo ponto que a trilha de El Yunque, ou os 7km **Sendero Juncal-Rencontra** que divide plantações de fruta e floresta tropical entre os rios Duaba e Toa. A Ecotur (p. 439) pode dar detalhes.

**Playa Maguana** PRAIA

Não é exatamente o refúgio tranquilo que já foi um dia, mas Maguana continua, ainda assim, mágica. Uma praia caribenha relativamente negligenciada com uma barraca de comida frequentada por cubanos em busca de diversão que circulam nos seus carros americanos *vintage* levando caixas de som premiadas para fora do porta-malas. Com exceção da cercada Villa Maguana e de um punhado dessas barraquinhas de alimento básico, não há infraestrutura no local – o que faz parte da atração. Tome cuidado com seus pertences!

## Onde dormir e comer

**Villa Maguana** HOTEL $$

(☎64-53-72; carretera a Moa, km 20; s/c CUC$66/83; P❄) Desbancando qualquer all-inclusive cubano, esse lugar delicioso, 22km ao norte de Baracoa, consiste em quatro vilas de madeira rústicas que somam dezesseis quartos no total. Previsões ambientais mostraram que ele se instala precariamente no ambiente de Maguana, famoso por ser sonhador e ficar acima de um montinho de areia guardado por dois promontórios rochosos. Há um restaurante e alguns luxos menos rústicos nos quartos, como TV por satélite, geladeira e ar-condicionado.

**Campismo el Yunque** CHALÉS $

(☎64-52-62; q CUC$10) Camping simples ao estilo cubano que oferece chalés básicos no fim da estrada Finca Duaba, 9km fora da cidade. A caminhada El Yunque começa nesse ponto.

**Finca la Esperanza** HOTEL $

(☎64-36-65; carretera a Moa, Km 9; q a partir de CUC$30) Acomodação rústica com telhados de palha em uma *finca* (fazenda) em uma das verdejantes plantações de coco/cacau de Baracoa perto do rio Toa; há quatro quartos com eletricidade, banheiros compartilhados e um restaurante.

**Playa Maguana snack bar** CARIBENHA $

(⏰9-17h) Bem na praia, esse bar aberto é

bom para sanduíches de queijo, cerveja e rum. Há um churrasco (*parrillada*) mais substancial uns 150m para frente, na praia.

## Parque Nacional Alejandro de Humboldt

"Incomparável no Caribe" é a frase normalmente usada para descrever o mais intenso e diverso dos parques nacionais cubanos, que recebeu o nome do naturalista e explorador alemão Alexander von Humboldt que esteve no local pela primeira vez em 1801. A honra é, em grande parte, verdade. Designado Patrimônio Mundial pela UNESCO em 2001, suas montanhas íngremes de pinheiros folhosos e assustadoras névoas da manhã protegem um ecossistema sem igual que é, de acordo com a UNESCO, "um dos pontos de maior diversidade biológica em ilhas na Terra". Empoleirados acima da Baía de Taco, 40km a noroeste de Baracoa, encontram-se 594km² de floresta nativa e 2641ha de lagoas e manguezais. Com mil espécies de plantas em floração e 145 tipos de samambaia, é de longe o hábitat de plantas mais diversificado de todo o Caribe. Devido à natureza tóxica das rochas subjacentes na área, as plantas têm sido forçadas a se adaptar para sobreviver. Como resultado, o endemismo na área é alto – 70% das plantas encontradas são endêmicas, assim como muitos vertebrados e invertebrados. Várias espécies ameaçadas também sobrevivem, incluindo o papagaio-cubano, o caracoleiro e – possivelmente – o pica-pau-bico-de-marfim. Aclamado por seus processos evolutivos únicos, o parque é altamente protegido e funciona como um paradigma para os esforços de proteção ambiental em qualquer outro lugar de Cuba.

### Atividades

O parque contém um pequeno **centro de visitantes** (☎38-14-31; carretera a Moa) com biólogos e uma rede de trilhas que levam a cachoeiras, ao *mirador* e ao maciço sistema *karst* com cavernas ao redor de Farallones de Moa. Três trilhas estão atualmente abertas ao público e cobrem apenas um pequeno segmento dos 594km² do parque. Normalmente, você pode circular pela área sozinho. As trilhas disponíveis são: **Balcón de Iberia**, de 7km, o circuito mais desafiador do parque que divide terras para agricultura e floresta nativa e inclui um mergulho em uma piscina natural perto da cachoeira de Salto de Agua Maya; **El Recreo**, uma voltinha de 2km ao redor da baía; e o **circuito Baía de Taco**, que incorpora uma viagem de barco (com um motor que não ameaça os peixes-boi desenvolvido por cientistas) pelos manguezais e pela baía, mais uma caminhada de 2km. Cada opção é acompanhada por um guia extremamente profissional. Os preços variam de CUC$5 a CUC$10, dependendo da caminhada, mas a maioria das pessoas organiza excursões pela Cubatur (p. 439) em Baracoa, que incluem transporte e uma parada na Playa Maguana na volta (CUC$24).

### Como chegar e sair

O centro de visitantes do parque fica na metade do caminho entre Baracoa e Moa. Você pode organizar um passeio pela agência em Baracoa ou chegar por si só. A estrada cênica é uma coleção de buracos, mas é transitável em um carro alugado dirigido com cuidado.

# Entenda Cuba

**população por km²**

# Cuba hoje

Há quase uma década, notícias internacionais sobre Cuba vêm reprisando a mesma história de suspense: Fidel adoece, milhares de exilados enlouquecem em Miami e uma geração de americanos pacientes desenterra suas *guayaberas* (camisas cubanas) e se prepara para familiarizar-se novamente com mambo, *Guantanameras* e charutos *de verdade*. A menos que você tenha estado na lua desde 2001, sabe que esse cenário especulativo ainda tem chão para acontecer. A vida em Cuba continua suspensa no modo "pausa", a economia – sustentada pelo número recorde de turistas em 2010 – se arrasta por mais um ano e, o mais surpreendente de tudo, o octogenário Fidel continua a desafiar seus médicos da mesma forma como uma vez desafiou Kennedy e Khrushchev.

Mas nem mesmo Fidel pode reverter o processo de envelhecimento. Em fevereiro de 2008, depois de sofrer por dezoito meses de diverticulite, o velho cavalo de guerra entregou as rédeas da liderança para seu irmão mais novo, Raúl. Sem carisma aos olhos de muitos cubanos, Raúl arriscou um braço com algumas reformas precoces medíocres, consentindo o acesso de cubanos aos hotéis para turistas (eles haviam sido previamente barrados de todos, com exceção dos mais baratos), permitindo a posse de telefones celulares e abrindo a exploração de grandes porções de terras para fazendeiros privados. Não foi radical, mas foi um começo.

- » **População** 11.47 milhões
- » **Porcentagem acima de 60 anos** 17%
- » **Expectativa de vida** 77,6
- » **Mortalidade infantil** 5,72/1000
- » **Proporção médico/paciente** 1/170
- » **Taxa de crescimento populacional** 0,22%
- » **Taxa de alfabetização** 99,8%

## Otimismo cauteloso

Os cubanos saudaram a posse de Barack Obama em janeiro de 2009 com um otimismo moderado. Com cautela, eles previam, se não o fim imediato do embargo, pelo menos o começo do tão esperado diálogo. A prudência se justificou. Apesar de Obama ter revertido algumas das leis mais controversas da administração de Bush, permitindo aos cubano-americanos visitar suas famílias e enviar remessas financeiras sem impedimentos, o anacrônico embargo ao comércio e às viagens permanece em vigor.

## Livros de história

**Cuba: the Pursuit of Freedom** (Hugh Thomas; 1971) Levando dez anos para ser publicado, essa é a visão definitiva da história cubana pela academia britânica.

**Cuba: uma nova história** (Richard Gott; 2004) Gott oferece novas compreensões sobre temas antigos.

**My Life by Fidel Castro** (com Ignacio Ramonet; 2006) História direto da fonte.

**Che Guevara: a Revolutionary Life** (John Lee Anderson) A pesquisa meticulosa de Anderson levou à exumação dos restos mortais de Che e seu retorno a Cuba.

## Saudações

» *Que bolá? Que tal? Dime? Como estás?* e *Como van las cosas?* Significam: como você está? Dirigir-se às pessoas como *Señor/a* (formal), *compañero/a, socio/a, amigo/a, asere* (informal), *compay* (somente em Oriente), ou *hermano/a* (muito amigável)

**religiões**
(% da população)

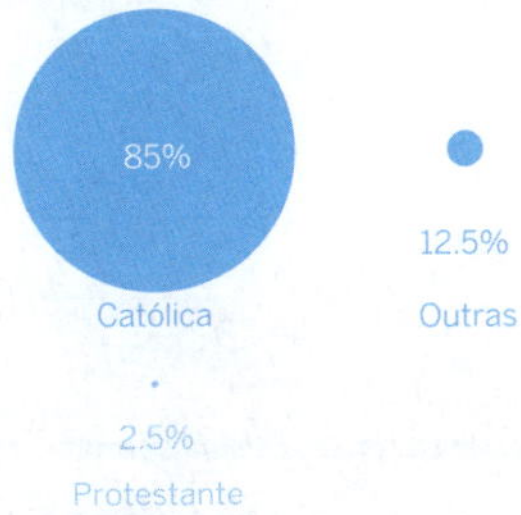


**se Cuba tivesse 100 habitantes**

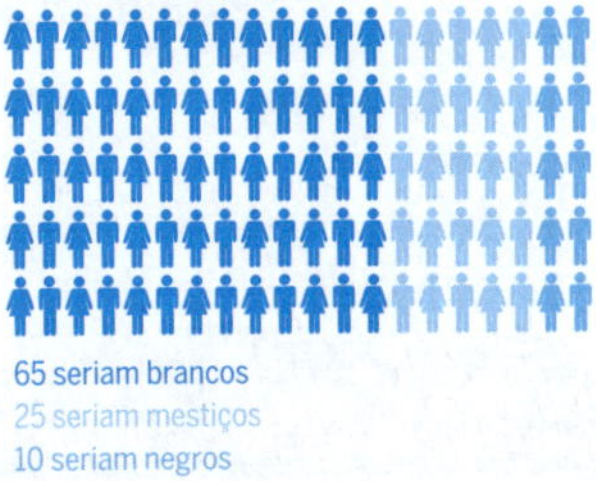


Com o arquipélago devastado por três furacões num período de dois meses em 2008 e bastante afetado pela recessão global, as tão aguardadas comemorações que marcariam o aniversário de cinquenta anos da Revolução, em janeiro de 2009, acabaram sendo modestas. O silêncio não durou. Raúl mostrou seu lado duro no mês de março seguinte, demitindo duas das principais figuras de seu governo (e possíveis sucessores): o vice-presidente, Carlos Lage, e o ministro de relações exteriores, Felipe Pérez Roque. Ambos "confessaram" mais tarde graves erros. Em resposta a uma prolongada pressão internacional, ele também libertou 52 dissidentes – a maior libertação de prisioneiros de Cuba em décadas.

## Ajustes econômicos

A economia cubana conseguiu com sucesso se desapegar do açúcar no início dos anos 2000 e, desde então, tem se voltado inexoravelmente para a América Latina por meio da assinatura de novos acordos comerciais, incluindo os tratados da Aliança Bolivariana para as Américas (ALBA) em 2004, que trocaram *know-how* cubano em medicina por petróleo venezuelano. Outros pilares econômicos modernos incluem mineração de níquel (Cuba é o segundo maior produtor mundial) e turismo, que ultrapassou o açúcar como a principal atividade econômica em 1995. Com a economia começando a melhorar, o governo tomou as rédeas de algumas reformas de mercado do Período Especial e se aproximou silenciosamente da China com *joint ventures* em transportes, processamento de níquel, petróleo e biotecnologia. Tudo corria sem dificuldades até a frágil economia do país ser atingida pela recessão mundial de 2008 e 2009.

A resposta do governo foi lenta, mas – quando veio – sem precedentes. Em setembro de 2010, um surpreendentemente franco Fidel teria dito a um jornalista americano que a economia cubana não estava funcionando

## Os melhores filmes

**Che** (Steven Soderbergh; 2008)
**Antes do anoitecer** (Julian Schnabel; 2000)
**Nosso homem em Havana** (Carol Reed; 1959)
**A cidade perdida** (Andy García; 2005)

## Os melhores blogs

**Generación Y** (www.desdecuba.com/generaciony) Premiado blog de Yoani Sánchez, franca crítica do governo cubano.
**Along the Malecón** (www.alongthemalecon.blogspot.com) Blog de entretenimento do ex-chefe da sucursal em Havana do *Dallas Morning News*.
**El Yuma** (www.elyumablogspot.com) Blog do altamente respeitado cubanólogo Ted Henken, professor de Estudos de Afro-descendentes e Hispânicos no Baruch College de Nova York.

(ele alegou mais tarde que isso foi tirado do contexto). Mal interpretado ou não, algumas semanas mais tarde Raúl anunciou notícias chocantes. O governo despediu mais de meio milhão de sua mão de obra e aliviou sua influência sobre as rígidas regras que controlam a iniciativa privada.

## Ajuda ao Haiti e além

Cuba, como sempre, é uma equação dupla. Enquanto escritores políticos lutam para ser ouvidos e a economia nunca se divorcia completamente do Período Especial pós-Guerra Fria, os médicos nacionais continuam a espalhar sua mágica na habilidade de salvar vidas. Não foi divulgada na mídia internacional a atenção de Cuba ao terremoto haitiano de 2010. Uma bem treinada equipe médica cubana vinha operando no empobrecido país anos antes de qualquer outra equipe (desde 1998, na verdade) e continuou muito depois de a maioria das agências de ajuda já ter ido embora. De fato, quando a epidemia de cólera estourou no Haiti em outubro de 2010, mais de 40% das 30 mil vítimas foram tratadas por 1.200 médicos cubanos, que ajudaram a afastar a catástrofe.

As ações não eram novidade. Entre 2004 e 2009, médicos cubanos recuperaram a visão de aproximadamente 1,8 milhão de pessoas, de lugares tão distantes como Bolívia e Honduras, numa campanha nomeada Operación Milagros (Operação Milagre). Além de tudo isso, o governo continua a enviar médicos cubanos para mais de setenta países em desenvolvimento e atualmente está treinando outros 8 mil estrangeiros em medicina nas suas casas. Todos os serviços são oferecidos gratuitamente.

## 2011 em diante...

2011 começou com os cubanos digerindo as novas e complicadas leis de privatização e refletindo sobre como vai ser a vida sem as "libretas de racionamento" (cadernetas que permitem o acesso a uma cota familiar de produtos subsidiados) pela primeira vez em 49 anos. A palavra nas ruas era cautelosa, guardada e, algumas vezes, um pouco confusa. E o que está por vir? Ninguém quer apostar.

## As melhores dicas

» Leve lenço de papel e álcool em gel para banheiros públicos.
» Proteja seu dinheiro.
» Tenha trocado para gorjetas.
» Não compre charutos nem troque dinheiro na rua.
» Leve uma lanterna para o caso de falta de energia.

## Periódicos de Cuba

**Temas** (www.temas.cult.cu) A melhor revista cultural de Cuba; um raio de luz jornalístico.

**Bohemia** (www.bohemia.cu) Impresso desde 1908, *Bohemia* foi o único periódico a sobreviver à repressão e censura pós-revolucionária.

**Granma** (www.granma.cu) Jornal cubano diário disponível on-line em inglês, espanhol, francês, português, alemão e italiano.

# História

Ornamentada por extraordinários feitos heroicos de revolução e atormentada constantemente por exércitos enxeridos de invasores estrangeiros, Cuba adquiriu uma importância histórica bem maior do que seu tamanho poderia sugerir. Os implícitos e – até os anos 1960 – persistentes temas históricos têm sido a interferência externa e o conflito interno, e os resultados de ambos foram sangrentos. Desde a chegada de Colombo em 1492, o arquipélago passou por genocídio, escravidão, duas amargas Guerras de Independência, um período de corrupção e uma quase independência violenta e, finalmente, uma revolução populista que, apesar das premissas anteriores, apertou um botão metafórico de pausa. As repercussões levaram à emigração de quase um quinto da população de Cuba, a maioria para os Estados Unidos.

Para simplificar, as eras históricas de Cuba podem ser divididas em três amplas categorias: pré-colonial, colonial e pós-colonial. Antes de 1492, Cuba era habitada por um trio de civilizações migratórias que se originaram na Bacia de Orinoco na América do Sul antes de saltar para as ilhas mais ao norte. Suas culturas foram apenas parcialmente documentadas até hoje, principalmente porque deixaram pouca evidência documental de sua existência.

O período colonial foi dominado pelos espanhóis e pela escravidão, que ocorreu dos anos 1520 à abolição em 1886. A escravidão deixou grandes cicatrizes na psique coletiva de Cuba, mas sua existência e eventual anulação foram essenciais para a evolução da cultura, da música, da dança e da religião do país. Entenda isso e estará a meio caminho para entender as complexidades da nação contemporânea.

A Cuba pós-colonial pode ser dividida em duas eras distintas, a segunda das quais pode ser adicionalmente dividida em dois. O período que vai da derrota da Espanha em 1898 ao golpe de Castro em 1959 é normalmente visto como de quase independência e de grande influência americana. Também foi uma época caracterizada por violência, corrup-

### Principais marcos históricos

» Museo de la Revolución, Havana

» Cuartel Moncada, Santiago de Cuba

» Comandancia de la Plata, Granma

» Fortaleza de San Carlos de la Cabaña, Havana

**(NHA DO TEMPO**

**2000 a.C.**

Os guanahatabeys, civilização da Idade da Pedra e mais antiga de Cuba, vive em cavernas ao longo da costa da atual província de Pinar del Río.

**1100 d.C.**

Tainos começam a chegar a Cuba depois de saltarem através das ilhas das Pequenas Antilhas a partir da Bacia de Orinoco, na atual Venezuela.

**1492**

Cristóvão Colombo chega a Cuba, na atual província de Holguín. Ele navega por um mês ao longo da costa, até Baracoa, instalando cruzes religiosas e encontrando os indígenas tainos.

ção e frequentes levantes por parte de grupos de oposição com intenção de derrubar o governo.

A era Castro pós-1959 é dividida em dois estágios: a época da dominação soviética (de 1961 a 1991) e a trajetória histórica do Período Especial até hoje em dia, quando Cuba, apesar de devastadoras dificuldades econômicas, se tornou realmente uma nação independente.



## Cuba pré-colonial

Na maioria dos livros de História, a vida pré-colombiana de Cuba (todos seus 3.500 anos) ocupa algumas páginas, enquanto os quinhentos anos seguintes ocupam todo o resto do livro. O desequilíbrio é compreensível devido aos fatos – ou à falta deles. Nenhuma das culturas iniciais de Cuba possuía linguagem escrita. O pouco que se sabe foi obtido quase exclusivamente a partir de descobertas arqueológicas e, em menor escala, dos testemunhos dos primeiros colonizadores espanhóis.

De acordo com a datação de carbono, Cuba tem sido habitada por humanos há mais de 4 mil anos. No período até a chegada de Colombo em 1492, o arquipélago foi consecutivamente colonizado por três diferentes grupos antropológicos, todos supostamente originados na Bacia de Orinoco, na Venezuela de hoje em dia.

**Atrações relacionadas a José Martí**

» Museo-Casa Natal de José Martí, Havana

» Memorial a José Martí, Havana

» Cementerio Santa Ifigenia, Santiago de Cuba

» Dos Ríos, Granma

### Culturas guanahatabey e siboney

A primeira civilização conhecida de Cuba é a dos guanahatabeys, primitivos da Idade da Pedra que viviam em cavernas e se sustentavam precariamente como caçadores-coletores. Em algum ponto de uma trajetória de 2 mil anos, os guanahatabeys foram gradualmente afastados em direção ao oeste, para onde é, hoje em dia, a província de Pinar del Río, deslocados pela chegada de outra civilização pré-cerâmica conhecida como os siboneys. Os siboneys eram um grupo um pouco mais desenvolvido de pescadores e fazendeiros de pequena escala, que se estabeleceram pacificamente na protegida costa sul do arquipélago. Chegando ao segundo milênio a.C., eles também foram gradualmente deslocados pelos mais sofisticados taino, que passaram a usar os siboneys como servos domésticos.

Evidências dos guanahatabeys e, em menor escala, dos siboneys foram encontradas em cavernas ao redor de Viñales e na Península Guanahacabibes, em Pinar del Río, e acredita-se que seus descendentes ainda viviam no local na época da chegada de Colombo. Durante sua segunda viagem, em 1494, o explorador percebeu que seu intérprete taino não conseguia se comunicar com os nativos do oeste e historiadores atuais confirmaram que a linguagem dos guanahatabey não era relacionada ao aruaque, a língua dos tainos. Outros testemunhos do primeiro governa-

**1511**
Diego Velázquez chega a Baracoa com quatrocentos colonizadores, incluindo Hernán Cortés (o futuro colonizador do México). Os recém-chegados constroem um forte e rapidamente se tornam inimigos dos tainos.

**1522**
Os primeiros escravos chegam a Cuba vindos da África, iniciando uma era que duraria 350 anos e teria um profundo efeito no desenvolvimento da cultura cubana.

**1555**
A era da pirataria tem início. O pirata francês Jaques de Sores ataca Havana e incendeia a cidade. Em resposta, os espanhóis começam a construção de uma imensa rede de fortes.

**1607**
Havana é declarada a capital de Cuba e se torna ponto de encontro anual da tropa de tesouros espanhola no Caribe, carregada de prata do Peru e ouro do México.

dor de Cuba, Diego Velázquez, descrevem as pessoas do oeste como selvagens que viviam em cavernas e eram arcaicos se comparados aos seus irmãos do leste. Qualquer que seja o caso, os guanahatabeys estavam completamente extintos uma década após a chegada de Colombo, e sua cultura arcaica não teve impacto perceptível na Cuba atual.

## Os tainos

A terceira e mais importante civilização pré-colombiana da ilha, a dos tainos, começou a chegar em Cuba em ondas, aproximadamente em 1100 a.C., concluindo um processo migratório que havia começado na América do Sul diversos séculos antes. Relacionados aos aruaques das Grandes Antilhas, os nativos amantes da paz estavam fugindo da barbárie dos canibais caribes, que haviam colonizado as Pequenas Antilhas, afastando os tainos em direção ao noroeste, para Porto Rico, Hispaniola e Cuba.

A cultura taino era mais desenvolvida e sofisticada que a de seus antecessores. Os adultos praticavam um tipo de transformação craniana ao achatar os macios crânios de seus filhos pequenos, e os grupos viviam juntos em vilarejos caracterizados por *bohíos* de sapé (cabanas rústicas) e *bateys* ("praças" comunais).

Os tainos eram habilidosos fazendeiros, tecelões, ceramistas e construtores de barcos, e sua complexa sociedade exibia um organizado sistema de governo participativo supervisionado por uma série de *caciques* (chefes) locais. Sessenta por cento das plantações que ainda crescem em Cuba foram instaladas pelos fazendeiros tainos, que plantavam até algodão para usar em redes, redes de pesca e bolsas. Também foi a primeira das culturas pré-colombianas a cultivar a delicada planta do tabaco até uma forma que poderia ser facilmente processada para o fumo.

Colombo descreveu os tainos com termos como "gentis", "doces", "sempre sorrindo" e "sem conhecimento do que é o mal", o que faz do genocídio que viria muito mais difícil de compreender. Estimativas variam muito quando se fala da quantidade de indígenas que habitavam a Cuba pré-Colombo, mas 100 mil é um número de consenso. Em trinta anos, 90% dos tainos haviam sido dizimados.

Apesar de a cultura cubana ecoar a dos tainos, os líderes da independência, anos depois, raramente invocavam a antiga civilização da maneira que outros latino-americanos celebravam os astecas e os maias, preferindo se identificar com as raízes espanholas ou africanas de Cuba. De qualquer forma, influências tainas se infiltraram na linguagem de Cuba (por exemplo, nas palavras para rede e furacão), nos hábitos alimentares (tubérculos), na música (*kiribá* e *changüí*), no espaço habitável (*bohíos* de estilo taino ainda são usados por camponeses cubanos), nos hábitos de fumo e no espírito de resistência.

### PUEBLOS INDIOS

No século 17, os espanhóis arrebanharam a população indígena remanescente em cidades conhecidas como *Pueblos indios*. Culturas do Velho e do Novo Mundo se mesclaram, permitindo que práticas e palavras indígenas se infiltrassem na vida cubana cotidiana.

**1741**

Um contingente da marinha britânica sob o comando do almirante Edward Vernon brevemente conquista a Baía de Guantánamo durante a Guerra da Orelha de Jenkin, mas foge depois de uma epidemia de febre amarela.

**1762**

A Espanha se junta à França na Guerra dos Sete Anos, forçando os ingleses a atacar e dominar Havana. Eles ocupam Cuba por onze meses antes de trocá-la pela Flórida em 1763.

**1791**

Uma sangrenta rebelião escrava no Haiti causa a fuga de milhares de agricultores brancos para Cuba, onde eles inauguram as primeiras plantações de café do Novo Mundo.

**1808**

Antecipando a Doutrina Monroe, o presidente americano Thomas Jefferson declara Cuba "a mais interessante adição que poderia ser feita aos nossos estados", assim iniciando uma fixação americana de duzentos anos.

# Cuba colonial



## Colombo e colonização

Quando Colombo se aproximou de Cuba em 27 de outubro de 1492, ele a descreveu como "a terra mais bonita que olhos humanos já viram", nomeando-a "Juana", em honra da herdeira espanhola. Mas, desiludido em sua busca pela terra do Grande Khan e encontrando pouco ouro nas florestas da região, Colombo rapidamente abandonou o território e foi para a Hispaniola (hoje Haiti e República Dominicana).

A colonização de Cuba só começou vinte anos depois, em 1511, quando Diego Velázquez de Cuéllar liderou uma frota de quatro barcos e quatrocentos homens de Hispaniola para conquistar a ilha para a coroa espanhola. Atracando perto da atual Baracoa, os conquistadores prontamente estabeleceram sete povoados em sua nova colônia (veja p. 451). Assistindo ansiosamente da segurança de seus *bohíos* (cabanas de sapé), a dispersa população taino olhava tudo com uma mistura de fascínio e medo.

Apesar das tentativas de Velázquez de proteger os índios locais dos brutais abusos das espadas dos espanhóis, as coisas rapidamente fugiram ao controle e os invasores perceberam que tinham uma rebelião em grande escala em suas mãos. O líder da amarga e breve insurgência era o irritado Hatuey, um influente *cacique* taino e paradigma da resistência cubana, que finalmente foi capturado e queimado na fogueira, no estilo da Inquisição, por ter ousado desafiar o punho de ferro espanhol.

Com a resistência decapitada, os espanhóis se puseram a esvaziar Cuba de seu escasso estoque de ouro e reservas minerais, usando os nativos como trabalho forçado. Como a escravidão era nominalmente banida por um édito papal, os espanhóis encontraram diversos furos na lei, introduzindo o severo sistema de *encomienda*, em que milhares de nativos eram forçados a trabalhar para donos de terras espanhóis sob o pretexto de estarem recebendo "aulas" sobre o cristianismo. O brutal sistema durou vinte anos antes que o "apóstolo dos índios", Frei Bartolomé de Las Casas, apelasse à corte espanhola por um tratamento mais humano e, em 1542, as *encomiendas* foram abolidas para o povo indígena. Para os pobres tainos, o pedido chegou tarde demais. Aqueles que não haviam morrido de trabalhar nas minas de ouro rapidamente sucumbiram a fatais doenças europeias como a catapora e, por volta de 1550, havia apenas 5 mil sobreviventes.

## As guerras de independência

Com os donos das terras de Cuba preocupados com uma repetição da rebelião escrava do Haiti de 1791, as guerras de independência de Cuba começaram mais de meio século depois que o resto da América Latina deixou de ser colônia da Espanha. Mas, quando chegaram, não foram menos inflamadas – ou sangrentas.

**1850**

O pirata venezuelano Narciso López hasteia a bandeira cubana pela primeira vez em Cárdenas, numa tentativa de "liberar" a colônia da Espanha.

**1868**

Céspedes liberta seus escravos em Manzanillo e proclama o *Grito de Yara*, o primeiro grito de independência de Cuba e o começo de uma guerra de dez anos com os espanhóis.

**1878**

O Pacto de El Zanjón termina a Primeira Guerra de Independência. O general cubano Antonio Maceo publica o *Protesto de Baraguá* e reinicia os ataques no ano seguinte, antes de desaparecer em exílio.

**1886**

Depois de mais de 350 anos de exploração e transporte transatlântico, Cuba é a penúltima nação das Américas a abolir a escravidão.

## A Primeira Guerra de Independência

Cansados das políticas reacionárias da Espanha e invejando o novo sonho americano de Lincoln ao norte, donos de terra *criollos* (espanhóis nascidos nas Américas) ao redor de Bayamo começaram a planejar uma rebelião por volta de 1860. A fagulha foi acesa em 10 de outubro de 1868, quando Carlos Manuel de Céspedes, um poeta, advogado e dono de plantação de cana, encabeçou um levante a partir de seu moinho de açúcar Demajagua, próximo a Manzanillo, em Oriente. Exigindo a abolição da escravidão e libertando seus próprios escravos num gesto de solidariedade, Céspedes proclamou o famoso *Grito de Yara,* um pedido de liberdade por uma Cuba independente, encorajando outros separatistas desiludidos a se juntar a ele. Para os administradores coloniais em Havana, o audacioso ato para tomar controle era o mesmo que traição. Os furiosos espanhóis reagiram à altura.

Felizmente para os pouco organizados rebeldes, o desconfiado Céspedes tinha aprendido sua lição militar. Apenas semanas após o histórico *Grito de Yara,* o pequeno advogado que virou general havia formado um

### AS SETE MAGNÍFICAS

Logo após chegar a Cuba em 1511, as novas autoridades espanholas, sob o comando de Diego Velázquez, fundaram sete *villas* (cidades) na ilha principal, num projeto para manter a nova colônia sob um forte regime central. Aqui estão os detalhes das cidades e as datas em que foram fundadas.

| NOME ATUAL | NOME ORIGINAL | PROVÍNCIA | DATA DE FUNDAÇÃO |
|---|---|---|---|
| Baracoa | Nuestra Señora de la Asunción | Guantánamo | agosto de 1511 |
| Bayamo | San Salvador de Bayamo | Granma | novembro de 1513 |
| Camagüey | Santa María del Puerto de Príncipe | Camagüey | fevereiro de 1514 |
| Santiago de Cuba | Santiago de Cuba | Santiago de Cuba | junho de 1514 |
| Sancti Spíritus | Espíritu Santo | Sancti Spíritus | agosto de 1514 |
| Trinidad | Santísima Trinidad | Sancti Spíritus | dezembro de 1514 |
| Havana | San Cristóbal de la Habana | La Habana (antiga província; atualmente Artemisa e Mayabesque) | agosto de 1515 |

**1892**

De seu exílio nos EUA, José Martí junta apoio popular e forma o Partido Revolucionário de Cuba, antecipando a retomada de hostilidades contra a Espanha.

**1895**

José Martí e Antonio Maceo chegam a Cuba para iniciar a Segunda Guerra de Independência. Martí é morto em maio e rapidamente considerado um mártir.

MARTIN ENGELMANN/PHOTOLIBRARY

» Memorial José Martí, Plaza de la Revolución, Havana

**Heróis das Guerras de Independência**

» Carlos Manuel de Céspedes (1819–74)

» Máximo Gómez (1836–1905)

» Calixto García (1839–98)

» Ignacio Agramonte (1841–73)

» Antonio Maceo (1845–96)

batalhão de mais de 1500 homens e marchado confiante sobre Bayamo, tomando a cidade em questão de dias.

Mas os sucessos iniciais logo se tornaram um demorado impasse. A decisão tática de não invadir Cuba a oeste, junto a uma aliança entre os *peninsulares* (espanhóis nascidos na Espanha, mas que viviam em Cuba) e os espanhóis, colocou Céspedes na defensiva. Uma ajuda temporária chegou na forma do general *mulato* Antonio Maceo, um *santiagüero* duro e intransigente, apelidado "Titã de bronze" por sua habilidade em desafiar a morte em incontáveis ocasiões e o igualmente formidável dominicano Máximo Gómez. Mas, apesar da quebra na economia e da destruição periódica das plantações de cana, os rebeldes ainda não tinham um líder político dinâmico capaz de uni-los sob uma única causa ideológica.

Com a morte de Céspedes em batalha em 1874, a guerra se arrastou por mais quatro anos, reduzindo a economia cubana a farrapos e deixando o astronômico número de 200 mil cubanos e 80 mil espanhóis mortos. Finalmente, em fevereiro de 1878, um pacto desbotado foi assinado em El Zanjón entre os inflexíveis espanhóis e os exaustos separatistas, um tratado praticamente inútil que nada resolveu e pouco adicionou à causa rebelde. Maceo, desgostoso e desiludido, expôs seus sentimentos no *Protesto de Baraguá*, mas depois de uma tentativa abortada de recomeçar a guerra em 1879, ele e Gómez desapareceram em um exílio prolongado.

## UM INTERLÚDIO BRITÂNICO

Em 1762, a Espanha – nessa época já um poder europeu em sério declínio – entrou na Guerra dos Sete Anos ao lado da França, contra a Inglaterra. Para sua importante colônia, Cuba, a decisão rapidamente se mostrou fatal. Tranquilos com seus novos inimigos espanhóis e sentindo a oportunidade de desfazer o lucrativo comércio da Espanha no Caribe, 20 mil tropas britânicas se viraram para Havana, desembarcando na Villa de Cojímar no dia 6 de junho e atacando e capturando o aparentemente impenetrável castelo de El Morro. Cansados e sob o cerco britânico, os espanhóis relutantemente entregaram Havana dois meses depois, deixando os ingleses como os novos e improváveis senhores da cidade e de Cuba.

A ocupação britânica foi curta, porém incisiva. Acampados dentro das formidáveis muralhas de Havana por onze meses, os empreendedores ingleses abriram as portas para o comércio livre e incentivaram a nova entrada de importados na forma de partes de maquinário e produtos de consumo. Não é surpresa que a indústria açucareira foi a que mais se beneficiou dessa desregulamentação econômica e, nos anos que se seguiram à saída dos britânicos, a produção de açúcar de cana frutificou como nunca antes.

Os espanhóis não conquistaram Cuba de volta dos britânicos. Em vez disso, trocaram-na pela Flórida no Tratado de Paris, que pôs fim à Guerra dos Sete Anos em 1763.

**1896**

Depois de mais de vinte ferimentos e uma carreira militar de quarenta anos, Antonio Maceo encontra seu fim em Cacahual, Havana, onde é morto em uma emboscada.

**1898**

Seguindo a perda do navio de guerra USS *Maine*, os EUA declaram guerra à Espanha e derrotam suas tropas próximas a Santiago. Uma ocupação americana de quatro anos tem início.

SPL/PHOTOLIBRARY

» O USS *Maine* entrando no porto de Havana

**1902**

Cuba ganha independência nominal dos EUA e elege Tomás Estrada Palma como presidente. Tropas americanas são chamadas de volta três vezes durante os quinze primeiros anos da república.

## Segunda Guerra de Independência

Chegou a hora, chegou o homem. José Martí – poeta, patriota, visionário e intelectual – rapidamente se tornou uma figura patriótica de proporções bolivarianas nos anos que se seguiram ao seu exílio em 1871 não apenas em Cuba, mas em toda a América Latina. Depois de sua prisão, aos 16 anos, durante a Primeira Guerra de Independência, por uma pequena imprudência, Martí passou vinte anos formulando suas ideias revolucionárias fora do país, em locais como Guatemala, México e Estados Unidos. Apesar de impressionado com o empreendedorismo e diligência dos americanos, ele rejeitava o materialismo consumista do país e estava determinado a apresentar uma alternativa cubana viável.

Dedicando-se à causa da resistência, Martí escreveu, discursou, fez petições e trabalhou incansavelmente pela independência por mais de uma década e, por volta de 1892, tinha força suficiente para atrair Maceo e Gómez do exílio sob a proteção do Partido Revolucionário Cubano (PRC). Finalmente Cuba havia achado seu Bolívar.

Predizendo que o momento era apropriado para outra revolução, Martí e seus compatriotas navegaram para Cuba em abril de 1895, desembarcando perto de Baracoa dois meses depois que insurreições patrocinadas pelo PRC haviam minado as forças espanholas em Havana.

Levantando um exército de 40 mil homens, os rebeldes prontamente se reagruparam e rumaram para oeste, enfrentando os espanhóis pela primeira vez no dia 19 de maio em um local chamado Dos Ríos. Foi nesse campo de batalha estranhamente anônimo e crivado de balas que Martí, notável em seu cavalo branco e vestido com seu tradicional fraque preto, foi morto a tiros enquanto avançava galopando em direção às linhas espanholas.

Se tivesse sobrevivido, ele certamente teria sido o primeiro presidente cubano; em vez disso, ele se tornou o herói e mártir cuja vida e legado iriam inspirar gerações de cubanos por anos a fio.

Conscientes dos erros cometidos durante a Primeira Guerra de Independência, Gómez e Maceo atacaram para oeste, deixando tudo, de Oriente até Matanzas, em chamas.

As primeiras vitórias rapidamente foram sucedidas por ofensivas constantes e, por volta de janeiro de 1896, Maceo havia atravessado até Pinar del Río, enquanto Gómez enfrentava as forças espanholas perto de Havana. Os espanhóis respondiam com igual dureza com um implacável general chamado Valeriano Weyler, que construiu fortificações de norte a sul do país para restringir os movimentos rebeldes. Para quebrar a resistência, *guajiros* (campesinos) eram levados a acampamentos em um processo chamado *reconcentración* e qualquer um que apoiasse a rebelião estava sujeito à execução.

**IMIGRANTES**

Nos anos 1880 havia mais de 100 mil chineses vivendo em Cuba, a maioria como mão de obra barata nas plantações de açúcar de Havana e dos arredores.



**1920**

Grandes aumentos no preço do açúcar após a I Guerra Mundial encabeçam o que se chamou de "dança dos milhões" em Cuba. Fortunas se fazem da noite para o dia. Uma violenta quebra econômica se segue.

**1933**

A revolução de 1933 é iniciada por um golpe de oficiais do exército que depõe a ditadura Machado e instala Fulgencio Batista no poder.

**1952**

Batista organiza um golpe militar pacífico, cancelando as eleições iminentes, nas quais um ambicioso jovem advogado chamado Fidel Castro iria concorrer.

**1953**

Castro lidera um grupo de rebeldes no desastroso ataque ao Cuartel Moncada em Santiago. Ele usa seu julgamento como plataforma para expor seus planos políticos.

As táticas brutais começaram a dar resultados e, no dia 7 de dezembro de 1896, os mambís (nome dado aos rebeldes no século 19) sofreram um grande golpe militar quando Antonio Maceo foi morto ao sul de Havana, ao tentar sair para leste.

### Chegam os norte-americanos

A essa altura Cuba estava uma confusão: havia milhares de mortos, o país estava em chamas e William Randolph Hearst e a imprensa americana lideravam uma campanha histérica contra a guerra caracterizada por artigos sensacionalistas e pouco fiéis no relato das atrocidades espanholas.

Talvez se preparando para o pior, o navio americano de guerra *Maine* foi mandado para Havana em janeiro de 1898, com o pretexto de "proteger cidadãos norte-americanos". Seu objetivo nunca foi levado a cabo. No dia 15 de fevereiro de 1898, o *Maine* explodiu sem aviso no porto de Havana, matando 266 marinheiros norte-americanos. Os espanhóis alegaram um acidente, os americanos culparam os espanhóis e alguns cubanos acusaram os Estados Unidos, dizendo que isso proporcionou um pretexto para a intervenção. Apesar de várias investigações conduzidas nos anos seguintes, a real causa da explosão talvez continue a ser um dos grandes mistérios da história, tendo o casco do navio afundado em águas profundas em 1911.

Depois do desastre do *Maine*, os Estados Unidos disputaram vivamente a posse do país. Eles ofereceram US$300 milhões à Espanha por Cuba e, quando a oferta foi rejeitada, demandaram a retirada total dos espanhóis da ilha. A longamente esperada disputa entre Espanha e Estados Unidos, que borbulhara imperceptivelmente sob a superfície por décadas, havia finalmente resultado em guerra.

A única batalha importante no conflito aconteceu em 1º de julho, quando o exército norte-americano atacou as posições espanholas no Morro San Juan a leste de Santiago de Cuba. Apesar de em menor número e com armas limitadas e antiquadas, os espanhóis resistiram bravamente por mais de 24 horas antes que o futuro presidente Theodore Roosevelt quebrasse o impasse ao liderar o famoso ataque dos Rough Riders no Morro San Juan.

Era o começo do fim para os espanhóis e uma rendição incondicional foi oferecida aos norte-americanos no dia 17 de julho de 1898.

**Os três primeiros presidentes de Cuba**

- » Tomás Estrada Palma (1902–06)
- » José Miguel Gómez (1906–13)
- » Mario García Menocal (1913–21)

Um livro de 1976 chamado *How the battleship Maine was destroyed* concluiu que a explosão do Maine no porto de Havana em 1898 foi causada pela combustão espontânea de carvão nos porões do navio.

## Cuba pós-Colonial

### A era Batista

Fulgencio Batista, um *holguiñero* mestiço da cidade de Banes, era um negociador astuto e perspicaz que presidiu as melhores e piores tentativas

**1956**
O iate *Granma* atraca no leste de Cuba com Castro e 81 homens a bordo. Dizimados pelo exército cubano, apenas uma dúzia sobrevive e se reúne em Sierra Maestra.

**1958**
Che Guevara arquiteta um ataque contra um trem blindado em Santa Clara, uma vitória militar que finalmente força Batista a ceder o poder. Os rebeldes marcham triunfantes para Havana.

**1959**
Castro é recebido com êxtase em Havana. O novo governo passa a histórica Primeira Reforma Agrária. O avião de Camilo Cienfuegos desaparece sobre a costa de Cuba em Camagüey.

**1960**
Castro nacionaliza propriedades americanas na ilha, o que faz que os EUA cancelem seu pedido de açúcar cubano. Castro imediatamente vende o açúcar para a União Soviética.

de implantação de uma democracia embrionária em Cuba nos anos 1940 e 1950. Depois de um golpe de estado dos militares em 1933, ele subiu ao poder quase automaticamente, penetrando no vácuo deixado pelas facções corruptas de um governo gradualmente agonizante. De 1934 em diante, Batista serviu como chefe do Estado maior e, em 1940, em uma eleição relativamente livre e justa, foi eleito presidente. Em seu mandato oficial, Batista começou uma ampla variedade de reformas sociais e passou a desenhar a mais liberal e democrática constituição de Cuba até hoje. Mas nem a lua de mel liberal nem o bom humor de Batista iriam durar. Saindo da presidência depois das eleições de 1944, o antigo sargento do exército passou o poder ao politicamente inepto presidente Ramón Grau San Martín, e a corrupção e a ineficiência logo reinaram como nunca antes.

## A chama revolucionária é acesa

Consciente de sua popularidade e sentindo uma oportunidade fácil de encher os bolsos com um último grande cheque, Batista fez um acordo com a Máfia americana, prometendo dar-lhe carta branca em Cuba em troca de uma porcentagem nos lucros dos jogos e se posicionou para retornar ao poder. No dia 10 de março de 1952, três meses antes das eleições programadas que aparentemente iria perder, Batista deu um golpe militar. Amplamente criticado por políticos da oposição, mas reconhecido pelo governo americano duas semanas depois, Batista rapidamente deixou claro, quando suspendeu vários direitos constitucionais incluindo o direito de greve, que seu segundo governo não seria tão esclarecido quanto o primeiro.

### MÁFIA

Em dezembro de 1946 a Máfia promoveu o maior congresso de mafiosos norte-americanos no Hotel Nacional em Havana, sob o pretexto de assistir a um show de Frank Sinatra.

### INDEPENDÊNCIA OU DEPENDÊNCIA?

No dia 20 de maio de 1902, Cuba se tornou uma república independente – ou não? Apesar de três anos de sangue, suor e sacrifícios durante a Guerra Hispano-Americana, nenhum representante cubano foi convidado para o histórico tratado de paz firmado em Paris em 1898, que prometeu a independência de Cuba *com condições*. As condições estavam descritas na vergonhosa Emenda Platt, uma astuta adição ao Projeto de Lei de Apropriação do Exército Americano de 1901, que dava aos Estados Unidos o direito de intervir militarmente em Cuba quando achasse necessário.

Os EUA também usaram sua grande influência para garantir para si uma base naval em Guantánamo a fim de proteger seus interesses estratégicos na região do Canal do Panamá. Apesar de alguma oposição nos Estados Unidos e muito mais em Cuba, a Emenda Platt passou no Congresso e foi adicionada à constituição de Cuba em 1902. Em Cuba, a Espanha havia sido substituída pelos Estados Unidos. As repercussões continuariam por mais de um século.

**1961**

Mercenários cubanos com apoio americano orquestram uma malsucedida invasão na Baía dos Porcos. Os EUA declaram um embargo total. Cuba embarca numa campanha de alfabetização bem-sucedida.

BILL BACHMANN/LONELYPLANETIMAGES©

» Museu da Baía dos Porcos, Playa Girón

**1962**

A descoberta de mísseis nucleares de médio alcance em Cuba, instalados pela União Soviética, leva o mundo à beira de uma guerra nuclear na chamada Crise dos Mísseis de Cuba.

Dos doze ou menos sobreviventes da desastrosa atracagem do *Granma* em dezembro de 1956, só três ainda estavam vivos em 2011: Fidel Castro, Raúl Castro e Ramiro Valdés.

Depois do golpe, um círculo revolucionário se formou em Havana ao redor da figura carismática de Fidel Castro, advogado e exímio orador que seria candidato nas eleições canceladas em 1952. Ajudado por seu irmão mais novo Raúl e intelectualmente apoiado por seu fiel tenente Abel Santamaria (mais tarde torturado até a morte por capangas de Batista), Castro não viu alternativa senão usar a força para livrar Cuba de seu detestável ditador. Com baixo número de pessoas, porém determinado a fazer uma declaração política, Castro liderou 119 rebeldes em um ataque ao estrategicamente importante quartel de Moncada em Santiago de Cuba no dia 26 de julho de 1953 (veja p. 394). O audacioso e mal planejado ataque falhou dramaticamente quando o motorista dos rebeldes (que era de Havana) se perdeu nas mal sinalizadas ruas de Santiago e o alarme foi dado.

Enganados, flagelados e em menor número, 64 dos conspiradores de Moncada foram capturados pelo exército de Batista, brutalmente torturados e executados. Castro e vários outros conseguiram escapar para as montanhas próximas, onde foram encontrados alguns dias depois por um compreensivo tenente chamado Sarría, que tinha ordens para matá-los. "Não atirem, vocês não podem matar ideias!", Sarría gritou ao encontrar Castro e seus exaustos colegas. Ao levá-lo para a prisão em vez de matá-lo, Sarría arruinou sua carreira militar, mas salvou a vida de Fidel. (Um de seus primeiros atos depois do triunfo da Revolução foi libertar Sarría da prisão e dar a ele uma incumbência no exército revolucionário.)

A captura de Castro logo se tornou notícia nacional e ele foi levado aos tribunais sob as luzes da mídia. Fidel defendeu a si próprio na corte, escrevendo um eloquente e perfeitamente executado discurso que mais tarde ele transcreveu em um manifesto político chamado "A história me absolverá".

Che Guevara – cujo nome de família era Guevara Lynch – tem suas raízes celtas traçadas até um certo Patrick Lynch, nascido na Irlanda em 1715, que emigrou para Buenos Aires via Bilbao em 1749.

Gozando de nova legitimidade e apoiado por uma crescente insatisfação com o velho regime por todo o país, Castro foi condenado a quinze anos de prisão na Isla de Pinos (o nome antigo da Isla de la Juventud). Cuba estava a caminho de treinar um herói nacional.

Em fevereiro de 1955, Batista venceu o que muitos consideraram uma eleição fraudulenta e, numa tentativa de agregar apoio entre a oposição cada vez maior, concordou com uma anistia para todos os prisioneiros políticos, incluindo Castro. Acreditando que a verdadeira intenção de Batista era assassiná-lo assim que saísse da prisão, Castro fugiu para o México, deixando o professor batista Frank País encarregado de uma campanha de resistência clandestina que os vingativos veteranos de Moncada batizaram de Movimento do 26 de julho (M-26-7).

**1967**

Che Guevara é caçado e executado na Bolívia em frente a oficiais da CIA, depois de uma guerra de guerrilha de dez meses nas montanhas.

KARL BLACKWELL/LONELYPLANETIMAGES©

» Monumento a Che Guevara, Santa Clara

**1968**

O governo cubano nacionaliza 58 mil pequenos negócios em um radical pacote de reforma socialista. Tudo fica sob o rigoroso controle do governo.

## A Revolução

Na Cidade do México, Castro e seus compatriotas conspiraram e planejaram, recrutando novas figuras importantes, como Camilo Cienfuegos e o médico argentino Ernesto "Che" Guevara, ambos acrescentando força e cor ao novo exército de descontentes soldados rebeldes. Fugindo da polícia mexicana e determinados a chegar em Cuba a tempo de um levante que Frank País havia planejado para o fim de novembro de 1956, Castro e 81 companheiros levantaram âncora em 25 de novembro, em direção a Cuba, num lotado iate de passeio chamado *Granma*. Após sete dias à deriva, eles chegaram a Playa Las Coloradas, perto de Niquero, em Oriente, em 2 de dezembro (com dois dias de atraso). Depois de uma catastrófica atracagem – "Não foi um desembarque, foi um naufrágio", um irônico Guevara comentaria depois –, eles foram vistos e seguidos pelos soldados de Batista até um campo de cana-de-açúcar em Alegría de Pío, três dias depois.

O governo de Castro aprovou mais de mil leis em seu primeiro ano (1959), incluindo diminuições no preço do aluguel e da eletricidade, a abolição da discriminação racial e a Primeira Reforma Agrária.

Dos 82 soldados rebeldes que saíram do México, pouco mais de uma dúzia conseguiu escapar. Dividindo-se em três pequenos grupos, os sobreviventes vagaram sem esperanças por dias, famintos, machucados e imaginando que o resto de seus compatriotas havia sido morto no primeiro conflito. "Em um momento, eu era comandante de mim mesmo e de outras duas pessoas", Fidel comentou sabiamente anos depois (veja p. 381). Contudo, com a ajuda dos camponeses locais, os doze desafortunados soldados conseguiram se reagrupar duas semanas depois em Cinco Palmas, uma clareira sob a sombra da Sierra Maestra, onde um quase delirante Fidel esbravejou um prematuro discurso de vitória. "Nós iremos ganhar esta guerra", proclamou confiantemente, "estamos apenas começando a briga!".

A volta ao combate começou em 17 de janeiro de 1957, quando as guerrilhas conseguiram uma importante vitória ao saquear um pequeno posto militar, chamado La Plata, na costa sul da província de Granma (p. 421). Esse foi seguido, em fevereiro, por um arrasador golpe de propaganda, quando Fidel convenceu o jornalista Herbert Matthews, do *New York Times*, a entrevistá-lo em Sierra Maestra. O artigo resultante deu a Castro fama internacional e muita afinidade entre liberais americanos. Basta dizer que, naquele momento, ele não era o único agitador contra Batista. Em 13 de março de 1957, estudantes universitários liderados por José Antonio Echeverría atacaram o palácio presidencial em Havana em uma malsucedida tentativa de assassinar Batista. Trinta e dois dos 35 invasores foram mortos a tiros quando fugiam, e represálias eram dispensadas nas ruas de Havana com uma nova vingança. Cuba estava rapidamente se tornando um estado policial governado por valentões treinados no exército.

Em 1991, Castro declarou um austero programa de cinco anos, o *Período Especial*, que levou os padrões de vida para o fundo do poço.

**1970**

Castro tenta conseguir uma colheita de 10 milhões de toneladas de açúcar. O plano falha e Cuba começa a sucumbir à sua dependência de plantação exclusiva de cana.

**1976**

Terroristas bombardeiam um jato cubano em Barbados, matando todos os 73 passageiros. Investigações levaram a ativistas anti-Castro com um histórico de trabalhos para a CIA na Venezuela.

**1980**

Após o incidente na embaixada peruana, Castro abre o porto cubano de Mariel. Em seis meses, 125 mil haviam fugido de Cuba para os EUA no que é chamado de Êxodo de Mariel.

**1988**

Tropas cubanas têm um papel crucial na Batalha de Cuito Cuanavale em Angola, uma séria derrota do exército branco sul-africano e seu sistema de *apartheid*.

Em outros lugares, as emoções estavam igualmente agitadas. Em setembro de 1957, oficiais da marinha na tranquila cidade de Cienfuegos iniciaram uma revolta armada e começaram a distribuir armas à população descontente. Após amargos combates de porta em porta, a insurreição foi brutalmente esmagada e os líderes, mortos, mas, para os revolucionários, a ideia estava ali. Os dias de Batista estavam contados.

De volta à Sierra Maestra, os rebeldes de Fidel subjugaram 53 soldados de Batista em um posto militar de El Uvero, em maio, e capturaram suprimentos necessários. O movimento parecia estar ganhando velocidade e, apesar de perder Frank País para uma equipe de assassinos em Santiago de Cuba em julho, arrebatava apoio e compaixão, que começavam a brotar de todo o país. Por volta de 1958, Castro havia estabelecido uma base fixa em La Plata (não confundir com La Plata da província de Granma), dentro de uma floresta no topo da Sierra Maestra, e transmitia

## EXILADOS

É fácil esquecer que mais de um quinto da população de Cuba mora do outro lado do mar, a grande maioria nos EUA, onde se tornaram cidadãos americanos. Entre esses cubano-americanos estão o ator Andy García, a cantora Gloria Estefan (ambos nascidos em Havana), o artista musical Chirino (da província de Pinar del Río) e o antigo âncora da rede CNN Rick Sánchez (de Guanabacoa). Todos chegaram na infância, acompanhados por pais de classe média que estavam descontentes com as crescentes reformas socialistas de Castro.

A primeira onda de exilados cubanos nos anos 1960 consistia basicamente de profissionais ricos e politicamente motivados. Eles formaram a poderosa Federação Cubano-Americana no sul da Flórida e retornaram à direita política, onde sua intransigência havia sido igualada apenas à de Castro. Eles foram seguidos nos anos 1980 e 1990 por novas ondas de migrantes, que deixaram Cuba principalmente por razões econômicas. Seus ataques a Fidel foram, geralmente, menos inflamados.

Fatalmente, é a "velha guarda" que detém o poder político nos EUA. Entre eles, formaram um forte lobby cubano-americano aliado ao Partido Republicano na Flórida, que exerce uma grande influência em Washington e continua sendo um dos principais motivos pelos quais o embargo de viagem e comércio dos EUA ainda está em vigor.

A vida de exilado cubano é mais bem delineada no bairro "Little Havana" em Miami (apesar de existirem enclaves em todo o país, mais notavelmente em Nova Jersey). É caracterizada por uma série de conhecidos "cubanismos" que perduraram por décadas, independentemente de ideologia política: charutos, rum, café forte e doce, superstição religiosa, *santería*, a Virgem de El Cobre, Benny Moré, uma propensão à dança, arroz e feijão, dinâmicos festivais de rua e – acima de todos os outros – o ídolo de todos, de Fidel a Lionel Diaz-Balart: José Martí.

**1991**

A União Soviética cai e Cuba segue em direção ao seu pior colapso econômico dos tempos modernos, entrando no que Castro chamou de "Período Especial em tempos de paz".

**1993**

Numa tentativa de acordar do coma econômico, Cuba legaliza o dólar americano, abre o país para o turismo e permite limitadas formas de empreendimento privado.

**1996**

Os aviões de Miami "Irmãos ao resgate" são abatidos por jatos cubanos, fazendo Bill Clinton assinar o Ato Helms-Burton, restringindo os termos do embargo americano.

**1998**

O Papa João Paulo II visita Cuba e é assistido por mais de 1 milhão de pessoas em Havana. Apesar de conversar educadamente com Castro, ele diplomaticamente questiona o histórico de direitos humanos de Cuba.

mensagens de propaganda de sua Radio Rebelde (710AM e 96.7FM) para toda Cuba. A maré começava a mudar.

Sentindo que sua popularidade diminuía, Batista enviou 10 mil homens à Sierra Maestra em maio de 1958 para uma missão conhecida por Plano FF (*Fin de Fidel*). A intenção era eliminar Castro e seu fiel grupo de guerrilhas, que agora havia atingido o número de trezentos homens. A ofensiva foi um marco da virada, quando os rebeldes – com a ajuda de *campesinos* (moradores do interior) – gradualmente frearam a investida do exército jovem e indisciplinado de Batista. Com os americanos cada vez mais envergonhados das táticas de terrorismo de seu antigo aliado cubano, Castro sentiu uma oportunidade de transformar a defesa em ataque e assinou o inédito Pacto Caracas com oito grupos de oposição, pedindo aos EUA que interrompessem o apoio a Batista. Che Guevara e Camilo Cienfuegos foram prontamente despachados para as montanhas de Escambray para começar novas frentes de luta e, em dezembro, com Cienfuegos abrigando tropas em Yaguajay (que finalmente se renderam após onze dias de cerco) e Guevara chegando em Santa Clara, o fim estava à vista. Ficou para Che Guevara o papel de selar a vitória final, usando clássicas táticas de guerrilha para descarrilhar um trem blindado em Santa Clara e dividir o pobre sistema de comunicação do país em dois. No último dia do ano, o jogo havia acabado: um sentimento de comemoração rodava o país e Che e Camilo estavam indo para Havana sem impedimentos.

A lei "pé molhado pé seco" (Ato de ajuste cubano), assinada por Bill Clinton em 1995, diz que apenas cubanos que conseguem chegar em solo dos EUA podem pedir cidadania. Aqueles que forem interceptados no mar são mandados de volta a Cuba.

Na manhã de 1º de janeiro de 1959, Batista fugiu para a República Dominicana de jato particular. Enquanto isso, em Santiago de Cuba no mesmo dia, Fidel fez um emocionante discurso de vitória na prefeitura no Parque Céspedes, antes de entrar num jipe e cruzar o país em direção a Havana, numa marcha digna de César. O triunfo da Revolução parecia completo.

A história de Cuba desde a Revolução tem sido um conto de Davi e Golias, cheia de confrontos, retórica, impasses da Guerra Fria e um onipresente embargo americano que perpassou por onze presidentes dos EUA e dois infames líderes cubanos – ambos chamados Castro. Nos primeiros trinta anos, Cuba se aliou à União Soviética, enquanto os EUA usavam diversas táticas de retaliação (todas infrutíferas) para frear Fidel Castro, incluindo uma malsucedida invasão, mais de seiscentas tentativas de assassinato e um dos mais longos bloqueios econômicos da modernidade. Quando o bloco soviético caiu em 1989-91, Cuba se manteve sozinha, atrás de um líder insolente e teimoso, contra todas as probabilidades, em uma década de severa austeridade econômica conhecida como Período Especial. O PIB caiu pela metade, os luxos acabaram e um espírito de racionamento e sacrifício como em tempos de guerra tomou conta da população que, ironicamente, havia se libertado das influências (neo)colonialistas pela primeira vez em sua história.

**2002**

Metade das refinarias de açúcar de Cuba são fechadas, sinalizando o final do vício de três séculos de plantio único. Trabalhadores demitidos continuam recebendo salários e educação de graça.

**2003**

A administração Bush dificulta viagens de cidadãos americanos a Cuba. Diversos dissidentes políticos são presos pelas autoridades cubanas em uma repressão por todo o país.

**2006**

Castro fica doente logo antes de seu aniversário de 80 anos, com diverticulite, e cede o poder administrativo do país. Ele é substituído por seu irmão Raúl.

**2009**

A posse de Barack Obama marca um longamente esperado degelo nas relações EUA-Cuba. Num ato de reaproximação, Obama afrouxa as restrições para cubano-americanos poderem voltar à ilha para visitar parentes.

# O estilo de vida cubano

Pegue uma dose das privações da II Guerra Mundial e uma pitada da austeridade soviética; adicione os valores familiares característicos da América do Sul, as virtudes educacionais dos Estados Unidos e a eloquência dos irlandeses. Misture com o ritmo tropical da Jamaica e a musicalidade inata da África pastoril antes de espalhar aleatoriamente sobre as tórridas ruas de Havana, Santiago de Cuba, Camagüey e Pinar del Río.

A vida em Cuba é aberta e interativa. Passando algum tempo em uma residência local, você vai aos poucos juntar as peças de um arquétipo. Há sempre a cafeteira sobre o fogão; uma bicicleta chinesa enferrujada encostada à parede da sala de estar; a foto amarelada de José Martí sobre o televisor; e a estátua da idolatrada Virgem de El Cobre em algum canto sombrio. Além do proprietário da casa e de sua mãe, seu irmão, sua irmã e sua sobrinha, toda casa cubana parece ter uma interminável fila de visitas que estão sempre chegando. Um vizinho sem camisa vem emprestar uma chave de fenda, o xereta do CDR (Comitê para a Defesa da Revolução) local, o padre que dá uma passada para beber um copinho de rum *sin hielo* (sem gelo); além, claro, do primo, do primo de segundo grau, daquele velho amigo que não aparecia havia anos, o primo de terceiro grau que já se mudou duas vezes... Bem, você entendeu. E também tem os sons. O galo cantando, o saxofonista treinando escalas, o cachorro latindo, o estampido do motor dos carros, a salsa lá longe e aqueles gritos constantes nas ruas. *Dime, hermano! Que pasa, mi amor? Ah, mi vida – no es fácil!*

Habana Vieja é um dos mais populosos bairros da América Latina, com mais de 70 mil pessoas morando em uma área de apenas 4,5km².

Sim. *No es fácil* – não é fácil. A vida em Cuba é tudo, menos fácil, mas, desafiando a lógica, é sempre colorida e quase nunca tediosa.

## Estilo de vida

Sobreviventes por natureza e por necessidade, os cubanos há muito tempo demonstram uma habilidade incansável de "dar um jeito" quando é preciso. Os dois verbos mais usados na cartilha nacional são *conseguir* e *resolver*, e os cubanos são especialistas em ambos. Sua tendência intuitiva de flexibilizar regras e criar algo a partir do nada nasceu da necessidade econômica. Em uma pequena nação em conflito contra a modernidade sociopolítica, onde os salários chegam, no máximo, ao equivalente a US$25 por mês, a sobrevivência significa, muitas vezes, ser criativo para conseguir complementar os ganhos pessoais. Cruzando as ruas lotadas de Centro Habana, você verá pessoas *conseguindo* e *resolviendo* em todo lugar. Donos de *casas particulares* organizam visitas guiadas usando seu carro como táxi, enquanto senhoras vendem lagosta clandestinamente, desafiando as regras impostas pelo governo. Outros esquemas são na verdade golpes, como o do *compañero* que pega um charuto com defeito em seu trabalho e tenta vendê-lo a pessoas que nem imaginam de onde

O chefe do departamento de restauro de Havana, Eusebio Leal Spengler, nasceu na cidade em 1942. Ele é formado em história e ciências arqueológicas e tem mestrado em estudos cubanos, caribenhos e latino-americanos.

aquilo veio. Os trabalhadores de Cuba sabem bem que uma das maneiras mais fáceis de fazer um dinheirinho extra é trabalhando para turistas – ou enganando-os.

Em Cuba, a moeda forte (os pesos conversíveis) prevalece sobre os pesos cubanos, basicamente porque é a única forma de conseguir luxos modestos que tornam a vida nessa austera república socialista mais confortável. Paradoxalmente, a dupla economia que entrou em vigor após 1993 só fortaleceu o sistema de classes que a Revolução tanto tentou neutralizar, e já não é raro ver cubanos que têm acesso aos conversíveis namorando roupas de marca, enquanto outros assediam os turistas sem piedade em busca de barras de sabonete. Esse cenário de "ter" e "não ter" é um dos aspectos mais críticos de Cuba atualmente.

Outros traços sociais absorvidos desde a Revolução são mais altruístas e menos divisores de opiniões. Em Cuba, compartilhar é natural, e ajudar um *compañero* com uma carona, uma refeição e até alguns conversíveis quando ele está apertado é quase uma obrigação nacional. Observe a forma com que estranhos interagem nas filas ou no transporte público, e também como nas casas cubanas os vizinhos dividem tudo, de ferramentas e comida ao tempo de cuidar das crianças, sem pensar duas vezes.

Cubanos são informais. O *tú* (segunda pessoa do espanhol) é muito mais comum do que o mais polido *usted*, e as pessoas se cumprimentam de forma muito amigável. Não se surpreenda se um estranho chamar você de *mi amor* ou *mi vida* nem quando os donos da *casa particular* abrirem a porta sem camisa (os homens) ou com bobes no cabelo (as mulheres). Para confundir ainda mais as coisas, o espanhol cubano é cheio de coloquialismo, ironia, sarcasmo e xingamento.

MÉDICOS

Cuba tem 70 mil médicos. O continente africano inteiro possui apenas 50 mil.

## Esporte

Como o esporte é considerado um direito das massas, a prática esportiva profissional foi abolida pelo governo após a Revolução. No que diz respeito à qualidade, foi a melhor decisão que o governo poderia ter tomado. Desde 1959, a cota de medalhas olímpicas cubanas foi às alturas. O ápice foi em 1992, quando Cuba – um país de 11 milhões de pessoas, lá embaixo na lista dos mais ricos do mundo – levou para casa 14 medalhas de ouro e acabou em quinto lugar no quadro geral de medalhas. É uma prova da alta qualidade esportiva do país que seu 11º lugar em Atenas, em 2004, tenha sido sentido como um fracasso nacional.

O atleta de salto em altura Javier Sotomayor conquistou o recorde mundial (2,45m) do evento da categoria em 1993, e desde então foi responsável por 17 dos 24 saltos mais altos da história.

A obsessão pelo esporte começa no alto escalão: Fidel Castro já foi reconhecido como um ótimo batedor de beisebol, mas o que pouca gente sabe é que ele participou da criação de um grande estabelecimento esportivo nacional. Em 1961, o Instituto Nacional de Esporte, Educação Física e Recreação (INDER) lançou um programa de esporte para as massas que erradicava a discriminação e integrava crianças desde bem cedo. Oferecendo tempo de lazer para trabalhadores e eliminando os ingressos caros para grandes eventos esportivos, essa organização fez a participação da população em esportes multiplicar-se em dez vezes até os anos 1970, e o efeito sobre a qualidade era visível.

A *pelota* (beisebol) cubana é lendária, e o país para a fim de assistir à temporada que vai de outubro a março, todos os anos, prestando também atenção às eliminatórias de abril. Você verá a paixão agitando as praças principais das capitais das províncias, onde os fãs se reúnem para debater os detalhes do jogo, uns apontando o dedo para os outros, nessa que é conhecida como *peña deportiva* (fã-clube) ou *esquina caliente*.

Cuba também se destaca no boxe amador, como mostraram os campeões Teófilo Stevenson, que conquistou o ouro olímpico em 1972, 1976 e 1980, e Félix Savón, outro triplo medalhista que se saiu vitorioso mais recentemente, em 2000. Toda cidade mediana possui a sua arena, chamada *sala polivalente*, onde acontecem os grandes torneios de boxe, enquanto treinos e pequenos jogos acontecem em academias, muitas das quais treinam atletas olímpicos.

## Multiculturalismo

Elementos da cultura francesa importados por meio do Haiti nos anos 1790 ainda estão presentes na Cuba atual, em especial nas colônias fundadas por franceses, Guantánamo e Cienfuegos.

Uma mistura de três raças e diversas nacionalidades, Cuba é uma sociedade multicultural que, apesar dos difíceis desafios, tem se saído relativamente bem no que diz respeito à igualdade racial.

A aniquilação dos índios tainos praticada pelos espanhóis e a brutalidade do sistema escravocrata deixaram uma marca sanguinária nos primeiros anos da colonização, mas a situação melhorou significantemente na segunda metade do século 20. A Revolução garante liberdade racial por lei, embora cubanos negros ainda sejam parados pela polícia com maior frequência e mais de 90% dos cubanos exilados nos Estados Unidos tenham ascendência branca. Negros também são minoria na política; do exército rebelde vitorioso que assumiu o controle do governo em 1959, apenas meia dúzia (Juan Almeida sendo o exemplo mais óbvio) eram negros ou mestiços.

De acordo com o censo mais recente, do ponto de vista racial, o país é formado por 24% de *mulatos*, 65% de brancos, 10% de negros e 1% de chineses. Excetuando-se o legado espanhol, muitos dos que são descritos como "brancos" são descendentes dos imigrantes franceses que chegaram à ilha nas várias ondas imigratórias do início do século 19. De fato, as cidades de Guantánamo, Cienfuegos e Santiago de Cuba foram primeiro ocupadas e muito influenciadas pelos *émigrés*, franceses, e mui-

### GERAÇÃO Y – A REVOLUÇÃO BLOGUEIRA

Em novembro de 2009, Yoani Sánchez, uma blogueira cubana e rara voz dissidente na falha internet cubana, escreveu sete questões ao presidente dos Estados Unidos, Barack Obama. Surpreendendo Sánchez, a blogosfera e todo o resto das pessoas, Obama rapidamente as respondeu, e não apenas as sete questões, mas também enviou uma mensagem de apoio a Yoani – uma crítica mordaz ao governo cubano –, elogiando sua iniciativa "corajosa" de proporcionar ao mundo "uma janela única para a realidade da vida cotidiana de Cuba".

Na verdade, o blog corajoso de Sánchez, chamado Geração Y, tem se arriscado com a censura da polícia cubana desde abril de 2007. Apesar de ter sido ignorado pelas autoridades em princípio, o site já havia conquistado considerável reconhecimento até 2009, com o prêmio Ortega y Gasset de jornalismo digital e o destaque para Yoani na revista *Time*, como uma das cem pessoas mais influentes do planeta.

Cheio de observações "privilegiadas" (pela proximidade) da vida cotidiana de Cuba e cobrindo tópicos diversos, dos direitos dos homossexuais a como funciona um carro em Cuba, o blog de Sánchez não escapa à polêmica política, pois, exercitando seu direito à liberdade de discurso, ela acabou chamando a atenção das espinhosas autoridades cubanas (dizem que Sánchez chegou a apanhar de oficiais do governo). Como a autora morou por dois anos na Suíça, ela sabe bem que a vida "lá fora" também não é nenhum paraíso, e essa experiência realça ainda mais a sua objetividade. Não que isso facilite a escrita do blog. Em um país em que o uso de internet é menos frequente do que no Haiti, ela tem de passar por uma burocracia chata para conseguir atualizar o conteúdo, que é enviado a amigos na Alemanha para que seja postado. Ironicamente, o site Geração Y é bloqueado em Cuba, o que faz de Sánchez uma blogueira "cega", que não pode ler seu trabalho nem os milhares de comentários inspirados por ele.

E Sánchez ainda tem outro leitor ávido – Fidel Castro. Em junho de 2008, o líder cubano, já doente, a elogiou de maneira velada ao citar um texto de seu blog (ainda que de forma injuriosa) no prólogo de um de seus livros reeditado.

Para ler o blog de Yoani Sánchez (disponível em 21 línguas), acesse www.desdecuba.com/generaciony.

tas indústrias cubanas de café e açúcar devem seu desenvolvimento ao espírito empreendedor francês.

A população negra também é fruto de uma mistura eclética. Muitos haitianos e jamaicanos foram a Cuba para trabalhar em plantações de açúcar nos anos 1920, e com eles levaram suas tradições e seus costumes. Seus descendentes concentram-se sobretudo em Guantánamo e Santiago em Oriente, ou em lugares como Venezuela, na província de Ciego de Ávila, onde o vodu haitiano ainda é praticado.

## Religião

A religião está entre os aspectos mais complexos e menos compreendidos da cultura cubana. Antes da Revolução, 85% dos cubanos se diziam católicos romanos, embora apenas 10% frequentassem a igreja regularmente. O restante das pessoas que frequentavam a igreja era protestante, embora o judaísmo e o islamismo também sempre tenham sido praticados em Cuba, e ainda sejam. Com a vitória da Revolução, 140 padres católicos foram expulsos por atividades políticas reacionárias e outros quatrocentos saíram voluntariamente, enquanto a maioria dos protestantes, que representava o setor mais pobre da sociedade, não tinha nada a perder e ficou.

Em junho de 2008, o governo cubano legalizou as cirurgias de mudança de sexo para quem desejasse passar por esse procedimento e estivesse dentro dos critérios exigidos.

Quando o governo se declarou marxista-leninista e, portanto, ateu, a vida dos *creyentes* (crentes; todos que têm uma crença) tornou-se difícil. Embora as missas tenham sido abolidas e a liberdade de religião, nunca retomada, os cristãos foram mandados, ainda, para as Unidades Militares de Ayuda a la Producción (UMAPs), onde o trabalho pesado tinha por objetivo reformar sua religiosidade; homossexuais e figuras errantes, sem trabalho, também eram mandados para os campos de trabalho. Esse experimento não durou muito, porém. Mais difíceis para os crentes foram os dias de linha dura soviética dos anos 1970 e 1980, quando foram proibidos de se juntar ao Partido Comunista, e poucos ou nenhum conseguiram cargos políticos. Algumas carreiras universitárias, sobretudo nas ciências humanas, também estavam fora de questão para eles.

As coisas mudaram dramaticamente desde então, particularmente em 1992, quando a constituição passou por uma reforma que retirou todas as referências ao Estado cubano como marxista-leninista e recuperou a natureza laica do governo. Isso levou a uma abertura nas esferas civil e política para os adeptos religiosos, e também para outras mudanças (por exemplo, quem é religioso pode hoje se candidatar a membro de um partido). Desde que o catolicismo cubano ganhou um selo de aprovação na visita do papa João Paulo II, em 1998, a frequência à igreja aumentou, e os pôsteres de boas-vindas ao papa ainda são exibidos com orgulho. É interessante observar que as missas costumam receber muitos jovens. Há atualmente 400 mil católicos que frequentam regularmente a missa, além de 300 mil protestantes de 54 linhas diferentes. Outras denominações, como adventistas do sétimo dia e pentecostais, estão rapidamente crescendo entre a população.

Para mais detalhes sobre as religiões de origem africana em Cuba, veja p. 480.

# Cuba literária

Passe uma noite conversando com os cubanos, e você vai rapidamente se dar conta de que eles *adoram* conversar. A eloquência se estende também aos livros. Talvez seja algo que eles coloquem no rum, mas desde tempos imemoriais, escritores nesse arquipélago caribenho altamente literário nunca pararam de produzir, escrevendo e reescrevendo histórias com cuidado apaixonado e, com isso, criando uma das literaturas mais influentes da América Latina. Autores cubanos do século 19 foram os primeiros a questionar a ética da escravidão, enquanto visionários do século 20, como Alejo Carpentier, plantaram as sementes do realismo mágico, um estilo mais tarde adotado por Gabriel García Márquez e Salman Rushdie.

CALVINO

O autor pós-moderno Italo Calvino nasceu no subúrbio de Santiago de Las Vegas, Havana, em 1923. Mas mudou-se para San Remo, na Itália, em 1925, com apenas dois anos.

## Os classicistas

Qualquer jornada literária deve começar na Havana dos anos 1830. A literatura cubana começou oficialmente com a publicação de *Cecilia Valdés*, um romance de Cirilo Villaverde (1812–94) publicado em 1882, mas que se passa na Havana de cinquenta anos antes, com sua divisão de classes, escravidão e preconceito. Costuma ser reconhecido como o melhor romance cubano do século 19.

Mas, antes de Villaverde, houve também a poeta romântica e romancista Gertrudis Gómez Avellaneda. Nascida em uma família rica de Camagüey, em meio à privilegiada nobreza espanhola, em 1814, Avellaneda foi uma das raras mulheres escritoras em uma sociedade rigidamente masculina. Onze anos antes de *A cabana do Pai Tomás* despertar os Estados Unidos para os mesmos temas, seu romance *Sab*, publicado em 1841, tratava de temas como raça e escravidão. Foi banido de Cuba até 1914 devido à retórica abolicionista. O que os críticos contemporâneos se recusaram a ver foi o feminismo sutil de Avellaneda, que descrevia o casamento como outra forma de escravidão. Mais a leste, o poeta neoclássico nascido em Santiago José María de Heredia viveu e escreveu do exílio no México, após ter sido banido por supostamente conspirar contra as autoridades espanholas. Sua poesia, incluindo a seminal *Himno del desterrado,* é forrada pelo romantismo nostálgico, de saudade de sua pátria. Ele morreu como muitos outros poetas do século 19 – jovem, sem sucesso e no exílio.

## Martí – uma categoria própria

Raramente um autor escapa às classificações gerais e fica sozinho com seu estilo, mas José Julián Martí Pérez de fato não foi um ser humano qualquer. Filósofo pioneiro, revolucionário e escritor modernista, Martí expandiu o debate político em Cuba para além da escravidão (que foi abolida em 1886), tocando em assuntos como independência e – acima de tudo – liberdade. Sua prosa que convida a citações permanece como uma força de união entre cubanos de todo o mundo, não importa quais sejam suas afiliações políticas, e ele também é reverenciado por oradores espanhóis, em função de seu internacionalismo, que o colocou no mesmo nível de Simón Bolívar.

A escrita de Martí cobriu uma grande variedade de gêneros: ensaios, romances, poesia, comentários políticos, cartas e até uma revista muito popular entre as crianças, chamada *La edad de oro*. Ele dominava muito bem os aforismos, e suas poderosas frases de efeito ainda povoam a fala cotidiana em Cuba. Dois de seus trabalhos mais famosos, publicados em 1891, são o ensaio político *Nuestra América* e a compilação de seus poemas, *Versos sencillos*, ambos expondo suas esperanças e seus sonhos para Cuba e a América Latina.

Heberto Padilla (1932–2000) foi um poeta cubano cujos textos dissidentes nos anos 1960 o levaram à prisão, inspirando o "Affair Padilla".



## Os experimentalistas

A literatura cubana cresceu no começo do século 20. Inspirada por uma mistura do modernismo de Martí e das novas influências surrealistas que chegavam da Europa, a primeira metade do século foi uma época de experimentalismo para os escritores cubanos. O legado dessa era literária concentra-se em três grandes pilares: Alejo Carpentier, mestre do barroco que fundou o estilo *real maravilloso* (realismo mágico), depois muito copiado; Guillermo Cabrera Infante, um mestre joyceano da prosa coloquial, que levou a escrita do espanhol às fronteiras do incompreensível; e José Lezama Lima, um poeta homossexual com ambições proustianas, cujos romances eram cheios de camadas, temas e anedotas. Nenhum deles era fácil de ler, mas todos abriram caminhos e inspiraram escritores eruditos, inclusive de fora de Cuba, como Márquez e Rushdie. A obra-prima de Carpentier, que nasceu na Suíça, foi *O século das luzes*, que explora o impacto da Revolução Francesa em Cuba por meio de uma história de amor. Muitos o consideram o melhor romance escrito por um autor cubano. Infante, de Gibara, reescreveu as regras da linguagem em *Três tristes tigres*, um estudo complexo da vida nas ruas da Havana pré-Castro. Lezama, por sua vez, adotou um caminho anedótico, escrevendo *Paradiso*, uma evocação cheia de camadas e interpretações da Havana nos anos 1950, com discretas sugestões homoeróticas.

Na trilha desse trio há também Miguel Barnet, um antropólogo de Havana, cuja *Biografía de un cimarrón*, publicada em 1963, reúne relatos do antigo escravo Esteban Montejo, então com 103 anos, costurando-os de maneira fascinante e denunciando o violento sistema escravocrata oitenta anos após a sua abolição.

## Chega Guillén

Nascido em Camagüey em 1902, o poeta mulato Nicolás Guillén era muito mais do que apenas um escritor: foi, por toda a sua vida, um apaixonado defensor dos direitos afro-cubanos. Abalado pelo assassinato de seu pai em sua juventude e inspirado pela música dos tambores praticada por antigos escravos, Guillén articulou as esperanças e os medos dos trabalhadores negros em versos no ritmo afro-cubano que, por fim, se

### PARADAS LITERÁRIAS

- Casa Natal de Nicolás Guillén (p. 314)
- Museo-Casa Natal de José Martí (p. 64)
- Casa Natal de José María de Heredia (p. 391)
- Museo Lezama Lima (p. 70)
- Museo Hemingway (p. 133)
- Fundación Alejo Carpentier (p. 108)

tonariam a sua marca. Entre os poemas famosos de sua carreira prolífica estão o evocativo *Tengo* e o patriótico *Che Comandante, Amigo*.

Trabalhando no exílio voluntário durante a era Batista, Guillén voltou a Cuba depois da Revolução e foi incumbido das tarefas de formular uma nova política cultural e fundar a Uneac (Unión de Escritores y Artistas de Cuba).



## Os realistas sujos

Nos anos 1990 e 2000, os nascidos na década de 1960 chegaram à idade madura em uma época de censura e de dominação soviética, e começaram a responder a influências radicalmente diferentes em suas escritas. Alguns fugiram do país, outros ficaram; todos testaram os limites da expressão em um sistema restrito pela censura e asfixia artística.

Graham Greene queria, originalmente, que sua história cômica de espionagem britânica se passasse em Talim, na Estônia sob ocupação soviética. Mas uma chance de visitar Havana o fez mudar de ideia. O romance se tornou, enfim, *Nosso homem em Havana*.

Saindo das sombras de Lezama Lima, houve Reinaldo Arenas, um autor gay da província de Holguín que, como Guillermo Cabrera Infante, caiu com a Revolução e acabou preso por seus esforços. Arenas finalmente escapou para os Estados Unidos em 1980, durante a fuga de barco Mariel. Ele escreveu, então, suas memórias, *Antes que anoiteça*, sobre sua prisão e homossexualidade. Publicado nos Estados Unidos em 1993, o livro conquistou grandes elogios da crítica.

Os autores do chamado "realismo sujo" do fim dos anos 1990 e início dos anos 2000 foram por um caminho mais sutil para abordar os desafios contemporâneos. Pedro Juan Gutiérrez ganhou o apelido de "Bukowski tropical" por sua *Trilogia suja de Havana*, um estudo sexy e provocante de Centro Habana durante o Período Especial. A trilogia espelha também a situação econômica, mas não chega a entrar em polêmicas políticas. Zoé Valdés, nascido no ano em que Castro tomou o poder, tem expressado críticas mais diretas ao regime, particularmente desde que trocou Cuba por Paris em 1995. Entre suas obras, estão *Querido primer novio* e *El pie de mi madre*.

## Os estrangeiros

Cheia de cor, vida e contradições impressionantes, a cultura de Cuba enfeitiçou escritores expatriados, inspirando-os a compor vívidos romances de memória. Nos anos 1940 e 1950, Cuba desempenhou um papel na ficção de dois grandes escritores de língua inglesa do século 20: Graham Greene e Ernest Hemingway. Greene reuniu sua inspiração em um livro lendário, *Nosso homem em Havana*, uma ode à Havana gananciosa, pomposa e obcecada pelo jogo dos anos 1950. Hemingway, por sua vez, escreveu três clássicos caribenhos: *Ter e não ter*, um conto sobre um marinheiro grisalho que transporta contrabando entre a Flórida e Cuba; *As ilhas da corrente*, que retratam um estoico americano que vigia navios de guerra alemães na costa cubana durante a II Guerra Mundial; e o

### CUBA NA LITERATURA

- » *Cecilia Valdés*, de Cirilo Villaverde, anos 1830
- » *Cuba Libre*, de Elmore Leonard, anos 1890
- » *Nosso homem em Havana*, de Graham Greene, 1950
- » *Três tristes tigres*, de Guillermo Cabrera Infante, anos 1950
- » *Cuba e a noite*, de Pico Iyer, anos 1980-90
- » *Trilogia suja de Havana*, Pedro Juan Gutiérrez, anos 1990
- » *As quatro estações*, Leonardo Padura, anos 2000

ganhador do Prêmio Nobel e do Pulitzer, *O Velho e o mar*, uma história alegórica sobre a batalha de um velho pescador para capturar um enorme marlin na costa norte de Cuba.

O mais perto a que outro escritor chegou de Greene e Hemingway, desde os anos 1950, foi Pico Iyer, um anglo-americano com ascendência indiana, cujo lindamente evocativo *Cuba e a noite* mostra a ambivalência do Período Especial pelos olhos de um fotojornalista estrangeiro seduzido pela paixão do país, mas aturdido por sua política.

O escritor contemporâneo Leonardo Padura Fuentes é bem conhecido por seu quarteto de histórias de detetive que se passam em Havana, *As quatro estações*.

Baseado menos em experiências pessoais e mais em fatos históricos, *Cuba Libre*, do americano Elmore Leonard, é um enredo vigoroso que se passa em Cuba durante a Segunda Guerra de Independência. A ação é centrada nos bastidores da explosão do USS *Maine* no porto de Havana e da invasão do morro de San Juan pelos "cavaleiros ásperos" de Teddy Roosevelt. Igualmente acessível e se passando oitenta anos depois, durante a era soviética, há também o romance policial *Havana*, do escritor americano Martin Cruz Smith.

# Artes e arquitetura

## As artes

Deixe seus preconceitos sobre "a arte em um Estado totalitário" em casa. A produção do cinema, da pintura e da escultura em Cuba poderia deixar muitas nações politicamente libertárias para trás. E o papel da arte no país começa pelo dia a dia: toda cidade de Cuba, não importa de que tamanho, tem uma Casa de Cultura que funciona como um ponto de encontro da intensa vida cultural do país. Nas Casas de Cultura, há de tudo, de salsa tradicional a inovadoras noites de humor, com a programação escrita em uma *cartelera* no lado de fora. Além disso, há ainda muitos teatros, organizações e instituições que trazem arte às massas sem nenhum custo – sim, *gratuitamente*.

**As melhores filiais da Uneac**

- » Huron Azul, Havana
- » Holguín
- » Sancti Spíritus
- » Santiago de Cuba
- » Cienfuegos
- » Puerto Padre

A qualidade do que é visto é igualmente impressionante. Os cubanos parecem ter reinventado quase todos os gêneros artísticos, transformando-os em algo melhor. Você vai ver flamenco, balé, música clássica e teatro shakespeariano da melhor qualidade nos lugares mais mundanos, sem falar das peças de Lorca, do cinema alternativo e das, às vezes, chocantes desconstruções de romances, como de Gabriel García Márquez e Alejo Carpentier.

### Cinema

O cinema cubano sempre foi mais próximo da tradição europeia de cinema artístico do que dos filmes "fórmula" de Hollywood, especialmente desde a Revolução, quando a vida cultural se afastou das influências americanas. Poucos filmes notáveis foram feitos até 1959, quando o novo governo fundou o Instituto Cubano del Arte e Industria Cinematográficos (ICAIC), dirigido por Alfredo Guevara, há muito tempo um conhecedor de filmes e antigo estudante da Universidade de Havana, que permaneceu no posto, com alguns intervalos, até 2000. Os anos 1960 foram a *década de oro* do ICAIC, quando muitos cineastas puderam testar os limites da censura governamental e, em alguns casos, ganhar mais licença criativa. Filmes inovadores dessa época eram repletos de piadas sobre a burocracia, comentários econômicos, questionamentos acerca do papel da intelectualidade no Estado socialista e, mais tarde, tocaram em tabus relacionados à homossexualidade. Os gigantes por trás das câmeras eram Humberto Solás, Tomás Gutiérrez Alea e Juan Carlos Tabío, que, trabalhando sob a orientação de Guevara, colocou o cinema provocativo cubano no mapa internacional.

O primeiro filme de Cuba pós-Revolução, a produção cubano-soviética *Soy Cuba* (1964), foi dirigida por um russo, Mikhail Kalatozov, que dramatizou os acontecimentos que levaram à Revolução de 1959 em quatro histórias interconectadas. Esquecido no início dos anos 1970, o filme só ressurgiu no meio dos anos 1990, quando o diretor norte-americano Martin Scorsese viu a obra e ficou impressionado por sua fotografia, pelo trabalho de câmera e pelos planos sequenciais tecnicamente incríveis. O filme está classificado com 100% no site Rotten Tomatoes, o que quase nunca acontece, e já foi descrito por um crítico americano de cinema como "um espetáculo vigoroso, único, insano".

Como aprendiz nos anos 1960, Tomás Gutiérrez Alea, o diretor de cinema mais celebrado de Cuba, dedicou-se a longas de arte, como *La muerte de un burócrata* (1966), uma sátira sobre o excesso de burocratização socialista; e *Memorias del subdesarrollo* (1968), a história de um intelectual cubano idealista demais para Miami, mas também decadente demais para a vida rigorosa de Havana. Em parceria com seu colega diretor Juan Carlos Tabío, em 1993, Gutiérrez fez outro filme clássico, *Morango e Chocolate*, que foi indicado ao Oscar. Trata-se da história de Diego, um homossexual cético que se apaixona por um militante comunista heterossexual. Continua sendo o ápice do cinema cubano. Humberto Solás, um mestre dos filmes de baixo orçamento (*cine pobre*) primeiro deixou sua marca em 1968, com o seminal *Lucía*, que explorava a vida de três mulheres cubanas em momentos-chave da história do país: 1895, 1932 e o começo dos anos 1960. Solás fez sua obra-prima tardia, *Barrio Cuba*, em 2005. É a história de uma família que desmoronou com as mudanças drásticas da Revolução.

Em 2010, o diretor de cinema cubano Fernando Pérez levou a juventude de José Martí às grandes telas com um filme chamado *José Martí: El ojo del canario.*

Desde a morte de Gutiérrez Alea, em 1996, e de Solás em 2008, o cinema cubano passou o bastão para uma nova geração de guerrilheiros cinematográficos igualmente talentosos. O rei deles é Fernando Pérez, que apareceu em 1994 com o clássico do Período Especial, *Madagascar*, que focava a briga de gerações entre uma mãe e sua filha. O auge de Pérez foi *Suite Habana*, de 2003, um documentário cheio de personalidade sobre a vida cotidiana de treze pessoas reais na capital, sem diálogo nenhum. O "rival" mais próximo de Pérez é Juan Carlos Cremata, que, no filme *Viva Cuba*, de 2005, faz um estudo de classe e ideologia por meio do olhar de duas crianças – com a obra, recebeu muitos elogios internacionais.

A influência crescente da cultura cinematográfica americana em Havana é destacada todos os anos, em dezembro, no Festival Internacional del Nuevo Cine Latinoamericano, que acontece na própria capital. Descrito como a última palavra em cinema latino-americano, essa reunião anual de críticos e cineastas tem sido fundamental para exibir os recentes clássicos cubanos para o mundo.

## LIMITES ARTÍSTICOS

Em junho de 1961, durante um discurso na Biblioteca Nacional de Havana, Fidel Castro traçou os parâmetros que orientaram a produção artística de Cuba pelos cinquenta anos seguintes: "Dentro da Revolução, tudo; contra a Revolução, nada".

Embora a arte e a cultura tenham sido ativamente estimuladas na sociedade cubana, existe uma linha imaginária, que escritores de todos os gêneros não devem ultrapassar. Conformistas gozam de prestígio, patrocínios e até de alguma liberdade artística, enquanto dissidentes têm de lidar com a opressão, a prisão e o fato de que sua reputação literária logo será apagada da história cubana. A decisão que artistas devem tomar é: trabalhar ou não dentro desses limites. Alguns, como o poeta Nicolás Guillén, o cineasta Tomás Gutiérrez Alea e o músico Silvio Rodríguez, utilizaram-se de humor negro sutil e poesia velada para avançar um pouco as fronteiras da censura cubana e conseguem assim divulgar assuntos tabus entre a massa de espectadores/leitores. Outros, como Guillermo Cabrera Infante, Herberto Padilla e Reinaldo Arenas, levaram sua crítica para fora do país, onde continuaram escrevendo, criando e debatendo longe da interferência da censura.

## Pintura e escultura

Provocante e visceral, a arte moderna de Cuba combina as cores afro-latino-americanas com a difícil realidade dos 52 anos pós-Revolução. Para amantes da arte estrangeira, visitar Cuba é uma experiência única e envolvente. Marginalizados pelas restrições da Revolução Cubana, que redefiniu a cultura, os artistas modernos descobriram, invariavelmente, que conviver com o regime socialista, em vez de confrontá-lo, é a melhor solução para ter acesso ao treinamento acadêmico e ao estímulo artístico – que, nesse caso, são quase ilimitados. Nesse contexto volátil, mas criativo, a arte abstrata de Cuba – estabelecida por si mesma antes da Revolução – floresceu.

### Os melhores artistas contemporâneos

» José Villa

» Joel Jover

» Flora Fong

» José Rodríguez Fúster

» Tomás Sánchez

A primeira manifestação da arte cubana surgiu nos anos 1920, quando pintores do movimento chamado de *Vanguardia* se realocaram temporariamente para Paris para aprender as técnicas da escola europeia, dominada então por Pablo Picasso e seus pares. Um dos primeiros expoentes da *Vanguardia* foi Victor Manuel García (1897-1969), o gênio por trás de muitas das famosas pinturas cubanas, como *La gitana tropical* (1929), um retrato da típica mulher cubana, com seu olhar luminoso, que parece enxergar algo a distância. A tela, exibida no Museo Nacional de Bellas Artes de Havana, é frequentemente chamada de Mona Lisa latina. Contemporânea de Victor Manuel, Amelia Peléaz (1896-1968) também estudou em Paris, onde misturou o estilo *avant garde* com temas cubanos mais primitivos. Embora Peléaz tenha trabalhado com muitos materiais diferentes, seus trabalhos mais celebrados foram os murais, entre os quais o de 670m² que fica na lateral do Hotel Habana Libre.

No contexto internacional, a arte cubana é dominada pela prolífica figura de Wilfredo Lam (1902-82), pintor, escultor e ceramista de ascendência chinesa, africana e espanhola. Nascido em Sagua la Grande, na província de Villa Clara, em 1902, Lam estudou arte e direito em Havana antes de partir para Madri em 1923, para seguir sua ambição artística nos campos férteis pós-Segunda Guerra na Europa. Desalojado pela Guerra Civil Espanhola em 1937, ele passou pela França, fez amizade com Picasso e fomentou ideias com o surrealista de vanguarda André Breton. Tendo absorvido as influências cubistas e surrealistas, Lam voltou a Cuba em 1941, onde produziu sua obra-prima, *La jungla* (A selva), que é considerada por críticos uma das pinturas mais importantes do mundo em desenvolvimento.

Após Lam, a arte cubana organizou-se ao redor de um grupo de pintores abstratos conhecidos como *Grupo de los once* (Grupo dos onze). Um

### MELHORES LUGARES PARA VER A ARTE DE CUBA

» **Museo Nacional de Bellas Artes** (p. 67) O museu de arte de Havana, situado em dois prédios distintos, tem status de "o melhor do Caribe".

» **Museo de Arte Cubano Contemporáneo** (p. 289) Um museu de arte contemporânea em localização improvável: no parque natural Topes de Collantes.

» **Comunidad Artística Verraco** (p. 417) Uma comunidade artística que fica no Parque Baconao, na província de Santiago de Cuba.

» **Camagüey** Forte tradição em arte e cerâmica no ateliê de Joel Jover (p. 313).

» **Las Terrazas** (p. 148) Oficinas de numerosos artistas ficam espalhadas pela ecovila da província de Artemisa.

» **Baracoa** (p. 438) A arte colorida, em estilo Gauguin, é vendida por colecionadores particulares, em seus ateliês residenciais.

» **Las Tunas** (p. 330) A cidade das esculturas tem mais de cem obras de arte pública para admirar.

de seus líderes foi Raúl Martínez, de Ciego de Ávila, um pioneiro da pop art, de pôsteres e iconografia revolucionária. Seus famosos estudos de retratos têm figuras como Camilo Cienfuegos, José Martí e Che Guevara, enquanto seus pôsteres de filmes (entre os quais o de Humberto Solás, *Lucía*) tornaram-se clássicos da pop art dos anos 1960.

A arte dispõe de grande patrocínio governamental desde a Revolução (apesar das restrições da censura), o que pode ser percebido na abertura do Instituto Superior de Arte em Cubanacán, na periferia de Havana, em 1976.

## Arquitetura

Não há nada de *puro* na arquitetura cubana. Como na sua música, as paisagens urbanas são misturas deslavadas de estilos, ideias e influências. Nem tudo é bonito. O rápido namoro de Cuba com a arquitetura soviética nos anos 1960 e 1970 resultou em muitos prédios e hotéis feios, que cercam as relíquias da era colonial. Emergindo das turbulências de três guerras revolucionárias, as cidades bem preservadas de Camagüey, Santiago de Cuba e Havana sobreviveram até o século 21 com boa parte de suas fachadas coloniais intactas. A preservação foi reforçada com a nomeação de Habana Vieja, Trinidad, Cienfuegos e Camagüey como Patrimônios Mundiais pela UNESCO.

A criação arquitetônica mais antiga de Cuba é a rede de fortalezas espanholas erguidas por todo o país nos séculos 16 e 17, para protegê-lo de invasões de piratas e corsários às cidades litorâneas do arquipélago. Entre alguns exemplos notáveis, há o Castillo de la Real Fuerza (p. 57), em Havana, que é o segundo forte mais antigo das Américas; o labirinto de Castillo de San Pedro de la Roca del Morro (p. 400), de Santiago, projetado pelo arquiteto militar Giovanni Bautista Antonelli; e o grandioso Cabaña (p. 65), com vista para a Baía de Havana, que é o maior forte das Américas.

No início, as paisagens urbanas de Cuba eram dominadas pela arquitetura eclesiástica, refletida inicialmente nos claustros nobres do Convento de Santa Clara (p. 63), em Havana, construído em 1632, que culminou pouco mais de um século depois com a magnífica Catedral de San Cristóbal (p. 55), considerada por muitos como o monumento barroco mais impressionante do país. A melhor arquitetura desse período pode ser vista em Habana Vieja, cujo estilo peculiar que se espalha ao redor de quatro praças principais – cada qual com sua função social ou religiosa – a coloca em destaque em relação a outras capitais de colônias espanholas.

### Edifícios mais notáveis de Havana

» ***Art déco*** Edificio Bacardí

» ***Art nouveau*** Palacio Cueto

» **Barroco** Catedral de San Cristóbal de La Habana

» **Eclético** Palacio presidencial

» **Modernista** Edifico Focsa

» **Neoclássico** Capitolio

### Barroco cubano

A arquitetura barroca chegou a Cuba no início do século 18 por meio da Espanha, cerca de cinquenta anos depois de seu auge europeu. Estimulados pelo crescimento rápido da indústria do açúcar, os "novos ricos", proprietários de escravos e comerciantes de açúcar investiram seus lucros gordos na construção de edifícios grandiosos nas cidades. O melhor exemplo desse barroco em Cuba são as casas e os prédios públicos de Habana Vieja, embora o estilo só tenha alcançado seu auge na metade do século 18, com a construção da Catedral de San Cristóbal de la Habana e sua Plaza de la Catedral (p. 54).

Devido ao clima, o Barroco tradicional (a palavra barroco vem do português, que significa "pérola imperfeita") foi rapidamente "tropicalizado" em Cuba – arquitetos locais deram seu toque pessoal aos ornamentos dos novos edifícios municipais que começavam a pipocar em várias cidades das províncias. Entre os traços locais, estão *rejas* (grades de janelas de madeira), *entresuelos* (andares tipo mezanino) e *vitrales* (vitrais), além de *portales* (passagens cobertas para proteger os pedestres do sol e da chuva) belamente arqueados. Dos edifícios barrocos, destacam-se o Palacio de Capitanes Generales (p. 56), na Plaza de Armas, em Havana, que foi feito com a pedra calcária das jazidas de San Lázaro, ali perto, e construído com trabalho escravo. Como resultado, a intrincada decoração exterior que caracteriza o Barroco na Itália e na Espanha foi claramente amenizada, pois os trabalhadores não dominavam a arte em pedra como seus primos europeus, mais treinados.

Alguns dos mais lindos prédios barrocos ficam em Trinidad e datam da época de ouro do açúcar na cidade, as primeiras décadas do século 19, quando o estilo e o mobiliário eram altamente influenciados pelo que havia de mais fino na Itália, na França e na Inglaterra gregoriana. Hoje protegida como Patrimônio Mundial da UNESCO, essa colônia com ruas de paralelepípedo é uma das cidades coloniais mais intactas da América Latina.

## Neoclássico

O estilo neoclássico primeiro se desenvolveu em meados do século 18 na Europa, como uma reação à ostentação exagerada do Barroco. Concebido nas academias avançadas de Londres e Paris, teve como seus primeiros adeptos defensores das cores primárias e das linhas simétricas, que também desejavam um retorno a uma suposta "pureza" arquitetônica que existia na antiga Grécia e em Roma. O estilo por fim chegou a Cuba no início do século 19, por meio de grupos de imigrantes franceses que chegaram ao oeste depois de uma violenta rebelião de escravos no Haiti (de onde vinham) em 1791. Em algumas décadas, o Neoclássico se estabeleceu como o estilo arquitetônico dominante do país.

Na metade do século 19, os vigorosos prédios neoclássicos eram a norma da burguesia em cidades como Cienfuegos e Matanzas, com suas linhas retas e simétricas, fachadas grandiosas e fileiras de colunas imponentes no lugar dos ornamentos decorativos do Barroco do período colonial.

O primeiro edifício neoclássico de Havana foi o El Templete (p. 56), um pequeno templo dórico construído em Habana Vieja em 1828 ao lado do lugar onde dizem que Bartolomé de las Casas celebrou a primeira missa da cidade. Conforme a cidade foi gradualmente se estendendo no sentido oeste em meados do século 19, ultrapassando suas muradas do século 17, o estilo foi adotado na construção de mais edifícios grandiosos, como o famoso Hotel Inglaterra (p. 67), com vista para o Parque Central. Havana cresceu em tamanho e beleza durante esse período, trazendo à moda novos estilos residenciais, como espaçosos pátios clássicos e fileiras de colunatas, inspirando o romancista Alejo Carpentier a batizá-la de "cidade das colunas".

Uma segunda onda neoclássica passou por Cuba no início do século 20, provocada pela influência crescente dos Estados Unidos sobre a ilha. Incitada pelas ideias e pelo estilo da Renascença americana (1876–1914), Havana viu suas ruas encherem-se de prédios, entre os quais o gigante Capitolio Nacional (p. 66) e a Universidad de la Habana (p. 76). Nas províncias, o estilo alcançou seu auge em um trio de teatros: Caridad, em Santa Clara (p. 252); Sauto, em Matanzas (p. 203); e Tomás Terry, em Cienfuegos (p. 241).

### As maravilhas da engenharia cubana

- Aqueduto Albear (1893)
- Esgostos de Havana (1912)
- Carretera Central (1931)
- Edifício Focsa (1956)
- Túnel do porto de Havana (1958)
- Ponte Bacunayagua (1959)
- La Farola (1964)

## *Art déco*

O *Art déco* foi um movimento arquitetônico elegante, funcional e moderno, que se originou na França no início do século 20 e chegou ao auge nos Estados Unidos nas décadas de 1920 e 1930. Desenhado a partir de uma mistura vibrante de cubismo, futurismo e arte africana primitiva, esse gênero orientou a construção de prédios aerodinâmicos, com curvas e motivos cintilantes, como o Chrysler Building de Nova York e a arquitetura de South Beach, em Miami.

Levado a Cuba pelos Estados Unidos, o país logo desenvolveu sua própria "pegada" nos prédios *art déco*, a maior parte deles em Havana. Um dos mais belos exemplos desse estilo da América Latina é o Edificio Bacardí (p. 64) em Habana Vieja, construído em 1930 para servir de sede da famosa família produtora de rum, originária de Santiago de Cuba, em Havana. Outra criação impressionante foi o Edificio López Serrano (p. 79), de quatorze andares, construído como o primeiro *rascacielo* (arranha-céu) da cidade em 1932 e inspirado no Rockefeller Center, de Nova York. Outros arranha-céus *art déco* se seguiram a esse, como o Teatro América na av. de la Italia, o Teatro Fausto no Paseo de Martí e a Casa de las Américas na calle G (p. 84). E uma leitura mais diluída e eclética do gênero pode ser vista no famoso Hotel Nacional (p. 118), cujas linhas simétricas e retas e as pequenas torres gêmeas em estilo mouro dominam a vista voltada para o Malecón.

## Ecletismo

Ecletismo é o termo aplicado a um período arquitetônico não conformista e muito experimental que se desenvolveu nos Estados Unidos nos anos 1880. Rejeitando as ideias de "estilo" e classificação do século 19, os arquitetos por trás desse gênero revolucionário defendiam a flexibilidade e a liberdade de expressão na linha "tudo serve", tirando sua inspiração de uma grande variedade de historiadores precedentes.

Graças à forte presença dos Estados Unidos nas décadas antes de 1959, Cuba rapidamente se tornou um centro de ecletismo moderno, com ricos proprietários americanos e cubanos construindo enormes mansões à la Xanadu em bairros residenciais da elite burguesa. Grandiosas, ostentadoras e, às vezes, puramente bregas, essas casas eram decoradas com paredes ameadas, torres panorâmicas um tanto estranhas, cúpulas no teto e gárgulas observadoras. Para fazer um safári pelo ecletismo cubano, vá a Miramar, em Havana, a Vista Alegre, em Santiago de Cuba, e ao bairro de Punta Gorda, em Cienfuegos.

**VISITA GUIADA**

A agência Habaguanex, sediada em Havana, organiza ótimos passeios arquitetônicos pela cidade. São voltados para pequenos grupos ou pessoas sozinhas e guiados por especialistas.

# Música e dança

Junte duas antigas culturas justapostas, de dois continentes muito diferentes (África e Europa); leve-as para uma sociedade escravocrata em uma longínqua terra tropical. Dê a elas tambores, uma maraca e alguns violões improvisados. E veja o que acontece!

Rica, vibrante, diversa e sensível, a música cubana há muito tempo funciona como porta-bandeira dos ritmos e sons que emanam da América Latina. É a terra onde a salsa tem suas raízes, onde elegantes danças europeias ganharam um toque dos ritmos negros ousados e onde o tambor africano se apaixonou pelo violão espanhol. Das docas de Matanzas às bucólicas vilas da Sierra Maestra, essa fusão musical cheia de paixão gerou de tudo: *son*, rumba, mambo, chá-chá-chá, *charanga changüí*, *danzón* e mais.

**Tipos de danças cubanas**

- Chá-chá-chá
- Guaguancó
- Mambo
- Danzón
- Columbia
- Yambú

Além das óbvias origens espanhola e africana, a música cubana sofreu várias outras influências. Nesse caldeirão exótico, há também ritmos vindos da França, dos Estados Unidos, do Haiti e da Jamaica. E o contrário também é verdadeiro: a música cubana também desempenhou um papel fundamental na formação de estilos e movimentos em outras partes do mundo. Na Espanha, eles chamam esse processo de *ida y vuelta* (ida e volta), e é mais evidente em um gênero de flamenco conhecido como *guajira*. Em outros lugares, o "efeito cubano" parece ter influenciado diversos ritmos, como o jazz de Nova Orleans, a salsa nova-iorquina e o *afrobeat* do oeste da África.

Descrita por aficionados como "uma representação vertical de um ato horizontal", a dança cubana é famosa por seus ritmos libidinosos e seus passos sensuais. Por herdar o amor pela dança de nascimento e ser capaz de imitar perfeitamente passos de salsa aos dois ou três anos de idade, a maioria dos cubanos são naturalmente ótimos dançarinos, que soltam o corpo sem nenhuma preocupação ou timidez – uma noção que pode deixar visitantes da Europa e da América do Norte com a impressão de terem dois pés esquerdos.

## Danzón days

Em meados do século 19, apareceu o primeiro gênero híbrido musical de Cuba, a *habanera*, uma dança em estilo tradicional europeu com uma batida de tambor sincopada. A moda durou até os anos 1870, quando os cubanos, sempre em busca de inovação, começaram a adaptá-la, misturando ritmos da *habanera* com influências africanas mais complexas e, por fim, criando o que ficou conhecido como *danzón*.

A invenção do *danzón* é creditada em geral a um líder de banda de Matanzas, Miguel Failde, que primeiro apresentou essa dança empolgante com uma música composta por ele, "Las alturas de Simpson", em sua cidade, no ano de 1879. Elegante e puramente instrumental no início, o *danzón* era mais lento do que a *habanera*, e sua coreografia exigia que os dançarinos circulassem em pares, não em grupos, uma mudança que escandalizou a sociedade conservadora daquela época. A partir dos anos 1880, o gênero explodiu, expandindo seu peculiar ritmo sincopado e ganhando "acessórios" ainda mais improváveis, como conga, tambores e vocalistas. No início do século 20, o *danzón* já havia se tornado uma dança de salão imponente, tocado pela *orchestra típica* com mais jazz, e era conhecido alternativamente como *charanga, danzonete* e *danzón-chá*. Não é à toa que se tornou a dança-símbolo de Cuba, embora, por ter sido um baluarte da sociedade branca endinheirada, nunca foi considerada de fato híbrida.

## A influência da África

Enquanto os tambores eram proibidos nas colônias da América do Norte, os escravos cubanos podiam preservar e transmitir muitas de suas tradições musicais por meio dos *cabildos* da *santería*, fraternidades religiosas que reinventaram a antiga música africana de percussão com o uso mais simples de tambores *bata* ou matracas *chequeré*. Apresentada em festivais anuais ou em dias especiais de santos católicos, essa música para dançar rítmica e cheia de textura foi oferecida como uma forma de adoração religiosa aos orixás.

O *danzón* era originalmente instrumental. As letras foram acrescentadas no fim dos anos 1920, e a nova forma ficou conhecida como *danzónete*.

Com o tempo, os tambores ritualísticos da *santería* se desenvolveram, tornando-se um gênero mais complexo chamado de rumba. A rumba foi primeiro concebida nos portos de Havana e Matanzas durante os anos 1890, quando ex-escravos, expostos a uma série de influências externas, começaram a tocar sons bem ritmados em velhas caixas, imitando diversos rituais africanos. Conforme os arranjos foram ficando mais complexos, adicionaram-se vocais e as danças emergiram. Logo, a música já havia se tornado uma forma coletiva de expressão para todos os negros cubanos.

Ganhando popularidade entre as décadas de 1920 e 1930, a rumba gradualmente se dividiu em três formas inter-relacionadas: o *guaguancó,* um dança bem sexual; *yambú,* uma dança lenta de casal; e a *columbia,* uma dança rápida e agressiva que envolve com frequência tochas e facões. Essa última se originou como uma dança diabólica no ritual ñáñigo, e hoje só é dançada por homens sozinhos.

Com uma pitada nesse caldeirão cubano, essas variações musicais de raiz, muito viciantes, aos poucos foram ganhando aceitação entre os brancos da classe média e, nos anos 1940, a música havia se fundido com o *son*, compondo um subgênero chamado *son montuno*.

Tão influente era a rumba cubana que, ao final da II Guerra Mundial, ela foi transportada de volta à África com artistas congoleses experimentais, como Sam Mangwana e Franco Luambo (do OK Jazz), que usaram as efervescentes influências cubanas para criar sua variação da rumba – um gênero popularmente conhecido como *soukous*.

Crua, expressiva e empolgante, a rumba cubana é espontânea e informal, às vezes apresentada por grupos de até doze músicos. Tambores de

### MELHORES LUGARES PARA OUVIR MÚSICA CUBANA

- **Son** Casa de la Trova (p. 408), Santiago de Cuba
- **Nueva trova** Casa de la Trova (p. 283), Trinidad
- **Salsa/Timba** Casa de la Música (p. 109), Centro Habana
- **Reggaetón** Noche Camagüeyana (p. 318), Camagüey
- **Rumba** Callejón de Hamel (p. 110), Havana
- **Jazz** Jazz Club La Zorra y El Cuervo (p. 111), Havana
- **Música clássica** Basílica Menor de San Francisco de Asís (p. 108), Havana
- **Changüí** Casa de Changüí (p. 430), Guantánamo

conga, claves, palitos, *marugas* (batedores de metal) e *cajones* (caixotes) combinam-se em ritmos, enquanto os vocais se revezam entre o improviso do cantor e a resposta do *coro*.

## O *son* avança

*Filin'* é um termo que deriva da palavra inglesa "feeling". Era um estilo de música apresentado por jazzistas nos anos 1940 e 1950. Em Cuba, o *filin'* surgiu do bolero e da *trova*.

Os dois ritmos mais celebrados de Cuba no século 19, a rumba e o *danzón,* vieram do oeste – especificamente das cidades de Havana e Matanzas. Mas, como gêneros, continuaram compartimentados entre as sociedades branca e negra, e nenhum dos dois pode de fato ser considerado um híbrido. A primeira real fusão musical de Cuba veio com a revolução rítmica seguinte, o *son*. Ele surgiu nas montanhas da região Oriente na segunda metade do século 19, embora os primeiros registros dessa música sejam muito antigos, do ano de 1570. Foi um de dois gêneros que surgiram à mesma época (o outro se chama *changüí*), e os dois misturam melodias e lirismo da música folclórica espanhola com os arranjos de tambores dos escravos africanos, então recentemente libertados. O precursor do *son* foi o *nengon*, uma invenção de trabalhadores negros das plantações de cana-de-açúcar que haviam transformado seus sons percussivos em uma nova forma de música e canções. O caminho do *nengon* para o *son* não é muito claro e foi pouco documentado, mas, em algum momento, nos anos 1880 e 1890, os *guajiros* (peões, trabalhadores da zona rural) das montanhas das atuais províncias Santiago de Cuba e Guantánamo começaram a misturar as batidas do *nengon* com o violão espanhol *tres*, enquanto um cantor improvisava letras com base na métrica espanhola de dez versos, conhecida como *décima*.

Em sua forma pura, o *son* era tocado por um sexteto composto por violão, *tres* (violão com três pares de cordas duplas), contrabaixo, bongô e dois cantores, que também tocavam maracas e claves. Descendo das montanhas em direção às cidades, o *son* chegou primeiro representado pelo lendário Trio Oriental, que estabeleceu esse formato de sexteto em 1921, quando renasceram como o Sexteto Habanero. Outro *sonero* do início foi o cantor Miguel Matamoros, cujos clássicos como "Son de la Loma" e "Lágrimas negras" ainda estão no repertório de músicos.

No início dos anos 1910, o *son* chegou a Havana, onde adotou um arranjo rítmico típico da rumba, que depois também formou a base para a salsa. Com uma década, havia se tornado o principal estilo de Cuba, ganhando grande aceitação na sociedade branca e destruindo o mito de que a música negra era vulgar, pouco sofisticada e subversiva.

Nos anos 1930, o sexteto passou a ser septeto com a adição do trompete, e novos músicos empolgados, como o violonista de *tres* Arsenio Rodríguez – que era cego e já foi chamado de "pai da salsa" por Harry Belafonte – foram pavimentando o caminho para o mambo e o chá-chá-chá.

CHARANGA

*Charangas* eram grupos musicais cubanos que apresentavam peças populares, influenciadas pelo *danzón*.

## Bárbaros do ritmo

Nos anos 1940 e 1950, as bandas de *son* aumentaram, passando a ter oito membros, e depois aumentariam ainda mais, até se tornarem bem grandes, com instrumentos de sopro e percussão para tocar rumba, chá-chá-chá e mambo. O rei do mambo foi Benny Moré (p. 246), com sua voz suntuosa e sua animada banda de quarenta homens negros, e era conhecido também como *El bárbaro del ritmo*.

O mambo nasceu da música *charanga*, que, por sua vez, era uma derivação do *danzón*. Mais ousada e excitante do que suas outras encarnações, a música era caracterizada por sopros de trompete e de saxofone exuberantes e interjeições de ânimo regularmente faladas pelo cantor (em geral, na forma da palavra *dilo!*, ou "diga!"). As origens do estilo são controversas. Alguns dizem que foi inventado por um *habanero* chamado Orestes López, quando este compôs um novo número rítmico chamado "Mambo", em 1938. Outros creditam a criação ao líder de banda

Pérez Prado, de Matanzas, que foi o primeiro músico a propagandear suas músicas na esteira lucrativa do mambo nos anos 1940. Seja lá como tenha sido, o mambo foi responsável pela primeira onda mundial de música dançante: de Nova York a Buenos Aires, as pessoas não se cansavam desse ritmo epidêmico.

Uma variação do tema do mambo, o chá-chá-chá foi primeiro apresentado pelo compositor baseado em Havana e violonista Enrique Jorrín, em 1951, enquanto ele tocava na Orquestra América. Originalmente conhecido como "mambo-rumba", essa música queria criar uma dança cubana mais básica, que até os norte-americanos menos coordenados pudessem dominar, mas logo ganhou um toque de mambo pelos competidores entusiásticos, que acrescentaram a ela passos complicados.

Descrita como "uma representação vertical de um ato horizontal", a dança cubana é famosa por seus ritmos libidinosos.

## Salsa e variações

A salsa engloba uma variedade de gêneros musicais que surgiram da fértil cena latina em Nova York nos anos 1960 e 1970, quando o jazz, o *son* e a rumba se misturaram, criando um som novo e mais agudo. Embora não seja diretamente um produto de cubanos vivendo em Cuba, as raízes da salsa e suas influências principais descendem diretamente do *son montuno* e devem seu aparecimento a músicos inovadores como Pérez Prado, Benny Moré e Miguel Matamoros.

A "rainha da salsa" foi a cantora e dançarina ganhadora do Grammy, Celia Cruz. Nascida em Havana em 1925, Cruz aprendeu música antes de deixar Cuba e partir para os Estados Unidos, em exílio voluntário, em 1960. Mas, devido à sua longa oposição ao regime de Castro, as gravações de Cruz permaneceram desconhecidas na ilha, apesar de seu legado em outros lugares. Muito mais influente em Cuba foi a lendária banda de salsa Los Van Van, formada por Juan Formell em 1969 e que ainda se apresenta no país. Com Formell, que é poeta, compositor e comentador social no topo da banda, esta se tornou um dos poucos grupos contemporâneos de Cuba a criar seu próprio gênero musical – o songo-salsa. A banda também ganhou honrarias em 2000, quando conquistou um Grammy por seu disco clássico *Llego Van Van*.

A salsa moderna misturou-se e fundiu-se ainda mais nos anos 1980 e 1990, aliando-se a novos gêneros musicais ousados, como hip-hop, *reggaetón* e rap, e apareceu com novas variações bem empolgantes, como *timba* e songo-salsa.

A *timba* é a sua leitura cubana, experimental e fogosa, da salsa tradicional. Misturando sons nova-iorquinos com o jazz latino, a *nueva trova*, o funk americano, a disco e o hip-hop e até algumas influências clássicas, a música é mais flexível e agressiva do que a salsa básica e incorpora toques maiores da poderosa cultura afro-cubana da ilha. Muitas bandas de *timba*, como Bambaleo e Charanga Habanera usam arranjos do funk e instrumentos cubanos menos convencionais, como sintetizadores e bumbo. Outras – como a NG La Banda, formada em 1988 (e considerada por muitos a inventora da *timba*) – fundiram sua música com uma dinâmica de jazz.

*Guajira guantanamera* significa "moça camponesa de Guantánamo". Escrita pelo *trovador* Joseíto Fernández, a maior parte da letra original foi substituída por palavras dos *Versos sencillos*, de José Martí.

O jazz tradicional, considerado a música do inimigo nos dias mais dogmáticos da Revolução, sempre influenciou os sons cubanos. A banda de Jesús "Chucho" Valdés, chamada Irakere e formada em 1973, expandiu a cena musical cubana com seus tambores afro aliados ao jazz e ao *son*, e a capital cubana pode se gabar de ter um bom número de clubes de jazz razoáveis. Entre outros músicos associados ao jazz em Cuba estão o pianista Gonzalo Rubalcaba, Isaac Delgado e Adalberto Álvarez y Su Son.

## Os *trovadores*

Os *trovadores* originais eram como menestréis medievais: improvisadores itinerantes que espalhavam seu negócio musical na região de Oriente no início do século 20, passando de vila em vila, cidade em cidade, com um espírito cigano libertário. Equipados com violões simples e armados com um repertório infinito de baladas suaves e típicas do campo, entre os primeiros *trovadores* de Cuba estavam Sindo Garay, Nico Saquito e Joseíto Fernández, o compositor do famoso clássico da *trova*, "Guantanamera". Como o estilo se desenvolveu nos anos 1960, novos representantes, como Carlos Puebla, de Bayamo, deram ao gênero um toque mais corajoso e político, compondo músicas como "Hasta siempre comandante", sua homenagem romântica, senão bajuladora, a Che Guevara.

A *trova* tradicional ainda é popular em Cuba, embora seu legado tenha sido desafiado desde os anos 1960 e 1970 por sua versão mais filosófica e moderna, a *nueva trova*.



## Rap, *reggaetón* e mais

A música contemporânea cubana é uma mistura interessante de tradições, sons modernos, velhas bandas e sangue novo. Com baixos custos de produção, temas solidamente urbanos e muitos cruzamentos de estilo inspirados na música dos Estados Unidos, como o hip-hop e o rap, estão mexendo com as novas gerações.

Nascido nos feios residenciais de concreto de Alamar, em Havana, o hip-hop cubano, como seu par norte-americano, tem raízes improvisadas e corajosas.

### *NUEVA TROVA* – A TRILHA SONORA DE UMA REVOLUÇÃO

Nos anos 1960, durante os dias mais radicais, surgiram novas formas de expressão musical. Nos Estados Unidos, Bob Dylan lançou *Highway 61 revisited* e, no Reino Unido, os Beatles lançaram *Sgt. Pepper* enquanto nos países hispânicos ativistas musicais como Chilean Víctor Jara e Catalan Joan Manuel Serrat transformavam seus poemas carregados de sentimento político em canções de protesto.

Determinados a desenvolver sua própria música revolucionária, de modo a se separar do Ocidente capitalista, os inovadores cubanos, sob a maestria de Haydee Santamaría, diretor da influente Casa de las Américas, inventou a *nueva trova*.

Tratava-se de uma mistura cáustica de letras filosóficas e melodias folclóricas, que descendia da *trova*, uma música de violão boêmia que se originou em Oriente no fim do século 19.

Após 1959, o gênero se tornou cada vez mais politizado e foi assumido por artistas mais sofisticados, como Carlos Puebla, nascido em Manzanillo, que fez uma ponte importante entre o velho e o novo estilo com sua homenagem a Che Guevara, "Hasta siempre comandante" (1965).

A *nueva trova* amadureceu em 1968, no Primer Encuentro de la Canción Protesta, um festival organizado na Casa de las Américas em Havana, com a presença de estrelas, como Silvio Rodríguez e Pablo Milanés. No contexto cultural, foi como o mini-Woodstock de Cuba, um evento que ganhou notoriedade mundial entre esquerdistas, como uma alternativa revolucionária ao rock 'n' roll norte-americano.

Em dezembro de 1972, o movimento nascente *nueva trova* ganhou uma sanção oficial do governo cubano durante um festival de música na cidade de Manzanillo para comemorar o 16º aniversário do desembarque do *Granma*.

Muito influente no mundo hispânico durante as décadas de 1960 e 1970, a *nueva trova* serviu de inspiração para a música de protesto para as populações pobres e oprimidas da América Latina, muitas das quais olhavam Cuba como uma espécie de guia espiritual numa era dominada por ditadores corruptos e pela hegemonia norte-americana. Essa solidariedade era recíproca e demonstrada por Rodríguez, por exemplo, que compôs muitos clássicos internacionais, como a "Canción urgente para Nicaragua" (em apoio aos sandinistas), "La maza" (em apoio a Salvador Allende, no Chile) e "Canción para mi soldado" (em apoio aos soldados cubanos de Angola).

Difundido entre a nação nos anos 1980, quando o rap americano era captado das rádios de Miami por antenas caseiras nos telhados, a nova música rapidamente ganhou terreno entre os jovens negros urbanos, que se redefiniram culturalmente durante a inquietude do Período Especial. Nos anos 1990, grupos como Public Enemy e NWA invadiram as ruas de Alamar com seu som e, em 1995, havia hip-hop suficiente para fazer um festival.

Influenciado por ritmos latinos e censurado pelos limites do pensamento revolucionário, o hip-hop cubano – ou *reggaetón*, como é chamado localmente – fugiu dos estereótipos norte-americanos e ganhou um tom progressivo por si mesmo. Instrumentalmente, utiliza-se de tambores *batá*, congas e contrabaixo elétrico, combinados com letras que falam de importantes temas para a nação, como o turismo sexual e as dificuldades da economia cubana estagnada.

Apesar de ser visto como subversivo e antirrevolucionário, o hip-hop cubano ganhou apoio inesperado do governo, cujos legisladores que gostam de arte consideram que a música desempenha um papel construtivo na formação do futuro da juventude cubana. Fidel Castro foi ainda mais longe, descrevendo o hip-hop como "a vanguarda da Revolução" e, supostamente, fazendo gestos de rap com a mão durante um jogo de beisebol em Havana.

Hoje, há mais de oitocentos grupos de hip-hop em Cuba, e o Festival Cubano de rap já está na sua segunda década. O evento tem até um patrocinador, a Agência Cubana de Rap, que é um órgão do governo formado em 2002 para dar sanção oficial à cena musical alternativa do país. Entre os grupos mais interessantes, estão Obsession, 100% Original, Freehole Negro (liderado por uma mulher) e Anónimo Consejo, enquanto os melhores lugares para ouvir o rap são em geral os mais espontâneos.

É difícil classificar o Interactivo, uma colaboração de músicos jovens e talentosos liderados pelo pianista Robertico Carcassés. Uma mistura de funk, jazz e rock, essa banda é capaz de animar o ambiente – é diversão garantida. A baixista do Interactivo, Yusa, é uma moça negra cujo disco de estreia deixou claro que ela seria uma das artistas mais inovadoras da cena musical cubana de hoje. Outros inovadores modernos difíceis de categorizar são o X Alfonso, um ex-estudante do Conservatorio Amadeo Roldán, e a dupla dinâmica Buena Fe, de *nueva trova* e rock, com violão ao fundo e letras eloquentes que ultrapassam os limites da arte e da expressão impostos pela Revolução Cubana.

### As melhores casas de la Trova

- » Baracoa
- » Santiago de Cuba
- » Trinidad
- » Camagüey
- » Sancti Spíritus

## Son revisitado

No fim dos anos 1990, o norte-americano Ry Cooder, o virtuoso do violão, deu nova vida ao *son* cubano com seu notável álbum *Buena Vista Social Club*, e o filme que o acompanhou, dirigido por Wim Wenders. Reunindo meia dúzia de grandes músicos dos anos 1940 e 1950 que havia muito tempo estavam aposentados, entre os quais Compay Segundo (compositor da segunda música mais tocada em Cuba, "Chan chan"), com 90 anos, o cantor Ibrahim Ferrer e o pianista Rúben González (considerado por Cooder o melhor pianista que ele já ouviu tocar), o filme evoca a magia de outra época – o produtor americano apenas relaxou e deixou o filme acontecer, nas mãos dos músicos idosos.

O álbum vendeu 5 milhões de cópias no mundo todo, ganhou um Grammy e lançou uma turnê mundial que incluiu apresentações em Nova York e Amsterdã. Também levou a um notável crescimento do turismo em Cuba, e as músicas do álbum – "Chan chan", "Cuarto de Tula", "Dos gardenias", entre outras – entraram no repertório de grupos musicais que se apresentam em áreas turísticas. Pouco atingidos por esse resgate, os cubanos, em sua maioria, preferem relaxar e ouvir sons mais modernos, como timba, *reggaetón* e songo-salsa.

Sindo Garay foi um dos *trovadores* originais de Cuba. Nascido em Santiago de Cuba, ele viveu até os 99 anos e vangloriava-se de ter apertado a mão de José Martí e Fidel Castro.

# Santería

De todos os mistérios culturais de Cuba (e são muitos), a *santería* é o mais complexo, escondido atrás de um "africanismo" inerente e convidando você a entrar por um caminho ao mesmo tempo nebuloso e fascinante.

Trata-se de uma religião sincrética com raízes africanas veladas sob a simbologia da veneração católica. A *santería* é um produto da era escravocrata, mas ainda está profundamente enraizada na cultura cubana contemporânea, onde tem tido um grande impacto na evolução da música da zona rural, nas danças e nos rituais. Hoje, mais de 3 milhões de cubanos se dizem adeptos, entre eles vários escritores, artistas e políticos.

Os mal-entendidos em relação à *santería* começam pelo seu nome; a palavra é um erro de nome histórico: os colonizadores espanhóis a usaram para descrever a "idolatria de santos" praticada por escravos africanos no século 19. Definições mais apuradas são Regla de Ocha (a forma dos *orishas*, ou orixás, como conhecemos) ou Lucumí, nomeada pelos adeptos originais, pertencentes ao grupo etno-linguístico iorubá, do sudoeste da Nigéria, um dos territórios explorados brutalmente por comerciantes de escravos.

**Onde a *santería* é forte**

- Regla, Havana
- Marianao, Havana
- Matanzas
- Palmira, Cienfuegos
- Santiago de Cuba

## O básico

Adeptos da *santería* (chamados *santeros*) acreditam em um deus chamado de Olodumare como o criador do Universo e a fonte de Axé (todas as forças vitais sobre a Terra). Em vez de interagir com o mundo diretamente, Olodumare se comunica por meio de um panteão de orixás, diversas deidades imperfeitas, similares aos santos católicos e aos deuses gregos, que são abençoadas com diferentes características naturais (água, clima, metais) e humanas (amor, inteligência, virilidade). Os orixás da *santería* têm seus próprios dias de festa, exigem oferendas em forma de comida e têm números e cores que representam suas personalidades.

Diferentemente do cristianismo e do islamismo, a *santería* não possui um livro equivalente à Bíblia ou ao Alcorão. Seus rituais religiosos são transmitidos oralmente e, com o tempo, se desenvolveram para se adaptar à realidade moderna de Cuba. Outra diferença em relação a outras religiões do mundo é o foco na "vida na Terra" e não em uma vida posterior, embora os adeptos da *santería* acreditem fortemente nos poderes de ancestrais mortos, conhecidos como *egun,* cujos espíritos são evocados durante as cerimônias de iniciação.

A *santería* também é praticada em Porto Rico, na República Dominicana, no Panamá, na Colômbia, na Venezuela e em algumas partes dos Estados Unidos. O candomblé praticado no Brasil é muito semelhante à *santería*.

O sincretismo da *santería* com o catolicismo ocorreu durante o período colonial, quando as tradições africanas foram banidas. Para esconder sua fé das autoridades espanholas, os escravos africanos trocavam seus orixás por santos católicos. Assim, o orixá masculino Xangô, dos raios e trovões, foi escondido de maneira um tanto estranha por trás da figura feminina de Santa Bárbara, enquanto o orixá Elegguá, da viagem e das estradas, tornou-se Santo Antônio de Pádua. Dessa maneira, quando um escravo rezava aos pés da estátua de Santa Bárbara, estava clandestinamente prestando homenagem a Xangô, enquanto afro-cubanos festejando o dia de Nossa Senhora de Regla (7 de setembro) estavam, na verdade, celebrando Iemanjá. O sincretismo, embora não seja mais necessário, é seguido ainda hoje.

## Os orixás

Os orixás (*orishas*) são fundamentais para entender o que é a *santería*. Há mais de quatrocentos deles na religião iorubá tradicional, embora apenas cerca de uma dúzia seja significante na atual crença cubana. Os mais importantes são conhecidos como *Siete potencias* (sete poderes), que controlam todos os aspectos da vida cotidiana. São eles: Xangô, o rei, similar ao Zeus grego; Iemanjá, a mãe de todos os deuses; Elegguá, deus do destino e dos viajantes; Ogum, deus da guerra; Oxum, deusa do amor e da sensualidade; Oyá, guardiã dos cemitérios; e Obalatá, o deus vestido de branco, que representa a paz e o intelecto. Há ainda dois orixás importantes em Cuba: Babalú Ayé, deus da cura, e Orula, deus da prosperidade e da sabedoria, por meio do qual os altos sacerdotes da *santería* (*babalawos*) interpretam os oráculos (Ifá).

Os mais populares são o combativo Xangô, representado por Santa Bárbara; a amorosa Oxum, que, no sincretismo, representa a santa padroeira de Cuba, a negra Nossa Senhora da Caridade (Virgen de la Caridad); e a maternal Iemanjá, protetora dos marinheiros e dos pescadores, que pode ser entendida como a Nossa Senhora de Regla. O Babalú Ayé ou São Lázaro é também muito venerado por seus poderes de cura. Todo dia 17 de dezembro, milhares de peregrinos fazem uma procissão para El Rincón, uma igreja perto de Havana, na esperança de melhorar sua saúde.

*Santeros* acreditam que os orixás controlam todos os aspectos da vida cotidiana e podem dar sorte ou azar. Para ganhar seus favores, as pessoas constroem altares, oferecem comida e sacrifícios de animais e evocam seus espíritos durante cerimônias de iniciação, ao som de tambores. Acredita-se que, dominando o poder dos orixás, a pessoa possa alcançar um equilíbrio saudável entre as forças da natureza e os aspectos conflituosos de sua personalidade. O objetivo final é ser capaz de determinar seu próprio destino.

Todo *santero* praticante tem um orixá. A escolha é em geral determinada por características pessoais: um homem forte é filho de Xangô, uma criança brilhante é filha de Obalatá e uma mulher sensual, de Oxum.

**REGLA DE OCHA**

A Regla de Ocha vem da região de Youruba, no oeste de África, que engloba partes do sul do Togo e de Benin e uma grande porção do sudoeste da Nigéria.

## Babalawos e Ifá

*Babalawos* são os altos sacerdotes da *santería*, sábios religiosos que interpretam os oráculos Ifá (previsões e conselhos) por meio de "comunica-

### PRINCIPAIS ORIXÁS CUBANOS E SEUS ATRIBUTOS

| ORIXÁ | SANTO CATÓLICO | QUALIDADES/MANIFESTAÇÕES | CORES | DIAS |
|---|---|---|---|---|
| Oxum | Nossa Senhora da Caridade | amor, casamento, dinheiro | amarelo, azul-piscina | 8 de set |
| Xangô | Santa Bárbara | tambores, dança, paixão, virilidade | vermelho, branco | 4 de dez |
| Iemanjá | Virgen de Regla | água, crianças, maternidade | azul, branco | 7 de set |
| Elegguá | Santo Antônio de Pádua | viajantes, estradas | vermelho, preto | 13 de jun |
| Ogum | São Pedro | guerra, energia, metais | verde, preto | 29 de jun |
| Oyá | Santa Teresa | vento, tempestade, morte, magia | roxo, marrom | 15 de out |
| Obalatá | Nossa Senhora das Mercês | paz, espiritualidade, inteligência | branco | 24 de set |
| Babalú Ayé | São Lázaro | cura | branco, azul-claro | 17 de dez |
| Orula | São Francisco de Assis | prosperidade, sabedoria | verde, amarelo | 4 de out |

ções" com Orula, o orixá da sabedoria e da prosperidade. Os oráculos são interpretados por meio de um processo complicado, no qual dezesseis búzios (conchas) são jogados sobre um tablado – o sacerdote observa como elas caem. Como há centenas de maneiras de as conchas caírem, apenas um *babalawo* experiente é qualificado o suficiente para lê-las.

No contexto social, o papel do *babalawo* é usar sua sabedoria espiritual para ajudar as pessoas – *santeros* ou não – a alcançar a paz e o equilíbrio em suas vidas. Assim, eles agem como mediadores entre as pessoas e os orixás, cumprindo um papel parecido com o das videntes, mas baseado em anos de treinamento, incontáveis iniciações e o aprendizado de mais de 250 versos do Ifá. Uma mulher *babalawo* é chamada de *iyanifa* (mãe com conhecimento de Ifá).

## Iniciação como santero

Para se tornar um *santero*, a pessoa tem de passar por uma elaborada cerimônia de iniciação, ou *ebbó*, que dura até sete dias e envolve um ritual ao som de tambores, sacrifício animal e invocação de orixás. A seguir, o aspirante a *santero* (conhecido como *iyawó*) deve viver em rigorosa rotina monástica por um ano, durante o qual deve usar branco, não consumir álcool, comer a comida colocada sobre um tapete no chão e não sair após o anoitecer. *Ebbós* são poderosos e longos rituais, nos quais estados de transe, ou quase, são induzidos por horas de versos cantados, danças ritualísticas e tambores *batá* – os tambores sagrados da Regla de Ocha. As cerimônias reúnem toda a comunidade da *santería* e são presididas por um Oba Oriate, o mais alto de todos os sacerdotes. Iniciados devem lavar suas cabeças e vestir roupas de cetim com as cores de seus orixás. A intenção de todas as cerimônias da *santería* é chamar a presença espiritual dos orixás e dos *egum* (ancestrais), para confirmar se as orações chegaram mesmo a Deus.

## Outras religiões de origem africana

Ao contrário do que se acredita em geral, a Regla de Ocha não é a única religião cubana de origem africana, embora seja de longe a mais disseminada. Como ela, porém, existem outras religiões sincréticas que

### OS CABILDOS DE MATANZAS

A *santería* possui muitos locais de concentração, mas nenhum tão poderoso como o porto da cidade de Matanzas. Apelidada de a "Atenas de Cuba" pela abundância de poetas e escritores no século 19, a cidade acabava prestando mais atenção aos seus intelectuais brancos do que à força cultural herdada da África, que se expressava por meio da rumba e dos misteriosos *cabildos* que ajudaram a formá-la.

Os *cabildos* afro-cubanos surgiram ainda no início do período colonial, quando escravos africanos de origens similares formaram "fraternidades", reunindo-se em dias festivos para idolatrar orixás e manter vivas suas tradições.

Em meados do século 19, havia cerca de cem *cabildos* diferentes em Cuba, que incorporavam escravos e negros libertados das mesmas "nações" africanas. Nos anos 1920, o intelectual cubano Fernando Ortiz identificou quatro grandes "nações" na ilha: a Lucumí, da tribo Iorubá, da Nigéria; a Arará, de Dahomey, no atual Benin; a Abakuá, do sudoeste de Camarões; e Kongo, de Angola.

Muitos *cabildos* ainda funcionam em Matanzas hoje em dia. O Iyesá Cabildo de San Juan de Bautista, um braço de Lucumí que data de 1854, é conhecido por seus tambores ritualísticos. O Cabildo Arará Sabalú Nonjó, fundado em 1880, é uma pequena filial Arará que se originou com escravos transportados da cidade Savalu, em Dahomey. O Cabildo Santa Teresa Lucumí é um braço da influente família Villamil, cujos membros tocaram em muitos grupos musicais, entre os quais o Muñequitos de Matanzas.

apareceram durante o século 19, representando outras nações africanas, como Arará, do atual Benin; Abakuá, da Nigéria e de Camarões; e Bantu, da Bacia do Congo.

## Arará

Assim como a Regla de Ocha foi levada a Cuba pelo povo iorubá da Nigéria, Arará tem suas origens nos grupos étnicos fon e mahi, da região onde hoje fica Benin. Fatores geográficos a colocam mais próxima ao vodu do Haiti do que de outras religiões afro-cubanas, e muitas de suas tradições, como a idolatria a deidades do vodu e o uso de percussão corporal na música, foram levadas a Cuba pelos escravos haitianos no início do século 19. Áreas de maior culto arará estão em Havana, Matanzas e nas cidadezinhas de Gómez, Jovellanos e Máximo, mas, em geral, essa linha parece correr o risco de ser assimilada pela Regla de Ocha.

## Abakuá

Abakuá é talvez a mais intrigante de todas as religiões africanas de Cuba – se é que é mesmo uma religião. Trata-se de uma sociedade puramente masculina, que possui uma língua secreta só conhecida por iniciados e com tradições que foram levadas a Cuba pelos povos efik do sudeste da Nigéria. O grupo é mais conhecido por suas danças mascaradas, que ainda são apresentadas em vários festejos anuais, e que serviram de inspiração para o estilo de rumba chamado *guaguancó*. Além dessas, há poucas informações. Os primeiros *cabildos* (fraternidades) foram formados em Matanzas nos anos 1830, mas nunca penetraram a região leste ou central de Cuba. No oeste, eles chegaram até Havana, onde as fraternidades abakuá continuam fortes nas vizinhanças de Regla e Guanabacoa. Iniciados do grupo são conhecidos como *ñáñigos*, e cerimônias intensas acontecem em um templo chamado de *famba*. O antropólogo cubano Fernando Ortiz já se referiu às sociedades abakuá como uma forma de "maçonaria africana", e pesquisas sugerem que eles funcionam como sociedades de assistência mútua e já desempenharam um papel importante na compra de seu passe para fora da escravidão. Durante as guerras de independência de Cuba, os *cabildos* da Abakuá se uniram a outras casas maçônicas para combater um inimigo comum – os espanhóis. O símbolo de seus poderes é um leopardo africano.

## Palo Monte

Palo Monte ou Las Reglas de Congo é um sistema de crença Bantu semissincrético que se originou em uma região que hoje pertence ao Congo e a Angola. Embora tenha uma linha parecida com a de Regla de Ocha, há algumas diferenças fundamentais. Palo foca mais nos mortos (por meio da idolatria de ancestrais) e menos nos orixás. *Paleros* veneram objetos naturais (chamados *nganga*), em especial varas (*palos*) que, para eles, possuem poderes espirituais. Varas especiais são usadas para decorar altares com bacias sagradas conhecidas como *nkisi*, nas quais se acredita que vivam espíritos mortos.

Em Palo Monte, o deus criador é conhecido como Nzambi, e os métodos de divinação são similares aos da Regla de Ocha. Apesar disso, embora alguns grupos religiosos (organizados em forma de famílias) tenham "sincretizado" suas crenças com o catolicismo, outros não fizeram isso. Os grupos sincréticos – chamados de Palo Cristiano – diferenciam-se da *santería* no sentido de que tiveram de passar por esse sincretismo na África, antes de ir para Cuba, para esconder suas religiões originais dos colonizadores europeus. A linha não sincrética é conhecida como Palo Judio.

### Descubra mais em...

» Asociación Cultural Yoruba de Cuba (Havana)

» Casa Templo de Santería Yemayá (Trinidad)

» Museo Municipal de Palmira (Cienfuegos)

» Museo Municipal de Regla (Havana)

A Igreja de Lukumí Babalú Ayé, fundada em 1974, foi a primeira igreja da *santería* nos Estados Unidos.

# A paisagem cubana

## O território

Medindo 1.250km de leste a oeste e de 31km a 193km de norte a sul, Cuba é a maior ilha do Caribe, com uma área total de 110.860km². Em formato de jacaré e situado logo ao sul do Trópico de Câncer, esse país é, na verdade, um arquipélago formado por 4.195 ilhotas e recifes de corais, embora a maior parte do território fique concentrada na Isla Grande e na vizinha menor, de 2.200km², a Isla de la Juventud.

Formada pela mistura irregular de atividade vulcânica, placas tectônicas e erosão, a paisagem de Cuba é uma variada e exuberante mistura de cavernas, montanhas, planícies e *mogotes* (estranhos morros com o topo plano). O ponto mais alto, o Pico Turquino (1.972m) fica no leste, entre outros picos triangulares da Sierra Maestra. Mais a oeste, na não menos majestosa Sierra del Escambray, morros ondulados e cachoeiras cercam as fronteiras das províncias de Cienfuegos, Villa Clara e Sancti Spíritus. Erguendo-se como sombras arroxeadas no extremo oeste, a Cordillera de Guanguanico, de 175km de extensão, é uma cordilheira menor, mas que abrange a protegida Sierra del Rosario, nomeada Reserva da Biosfera, e as singulares montanhas "alfinetadas" do Valle de Viñales.

### As montanhas mais altas de Cuba

» **Pico Turquino**
1.972m, Província de Santiago de Cuba

» **Pico Cuba**
1.872m, Província de Santiago de Cuba

» **Pico Bayamesa**
1.730m, Província de Granma

Banhada pelas águas azul-turquesa do Mar do Caribe ao sul e pelo espumoso Oceano Atlântico ao norte, a costa de Cuba, com 5.746km de extensão, abriga mais de trezentas praias naturais e um dos maiores exemplares de recifes de corais do mundo. É o lar de mais de novecentas espécies de peixes relatadas e mais de 410 variedades de esponjas e corais – é o país das maravilhas marinhas e a grande razão pela qual Cuba se tornou um destino extraordinário para a prática de mergulho.

A Calha do Caiman, com 7.200m de profundidade, fica entre Cuba e Jamaica e forma uma barreira entre as placas da América do Norte e do Caribe. Movimentos tectônicos mudaram o contorno da ilha ao longo dos anos, criando penhascos calcários em partes da costa norte e áreas de mangue pantanosas no sul. O leito calcário de Cuba foi sofrendo a erosão provocada pelos rios subterrâneos ao longo de milhões de anos, criando traços geológicos interessantes, como os morros que se parecem com montes de palha em Viñales e mais de 20 mil cavernas no país inteiro.

A Isla Grande (ilha principal) de Cuba é a 17ª maior ilha do mundo em área; um pouco menor do que Newfoundland e um pouquinho maior do que a Islândia.

Sendo esse vasto arquipélago, Cuba contém milhares de ilhas e recifes menores (a maioria deles inabitados) divididos em quatro grupos grandes: Archipiélago de los Colorados, na costa norte de Pinar del Río; o Archipiélago de Sabana-Camagüey (ou Jardines del Rey), ao norte de Villa Clara e Ciego de Ávila; e o Archipiélago de los Canarreos, ao redor da Isla de la Juventud. A maioria dos visitantes vai conhecer pelo menos uma dessas ilhas idílicas, pois a maioria dos balneários, das praias virgens e também a prática de mergulho estão nessas regiões.

Como é uma porção de terra estreita, nunca passando de 200km de largura no sentido norte/sul, a capacidade de Cuba para abrigar grandes lagos e rios é muito limitada (impedindo, assim, o uso de energia de hidrelétricas). O rio mais longo de Cuba, o rio Cauto, tem uma extensão de 343km que vai da Sierra Maestra e corta caminho até o norte de Bayamo, e só é navegável por pequenos barcos por 110km. Para compensar, 632 *embalses* (represas) ou *presas* (diques), cobrem juntas uma área maior de 5km, e foram criadas para a irrigação e provisão de água. Elas complementam a água subterrânea quase ilimitada do leito calcário de Cuba.

Como fica na principal região de furacões do Caribe, Cuba foi atingida por algumas ventanias arrasadoras nos últimos anos, incluindo três tempestades fortíssimas em 2008 – o pior ano em mais de um século.

### O rio mais longo de Cuba

» **Nome** Rio Cauto

» **Comprimento** 343km

» **Comprimento navegável** 110km

» **Área da bacia** 8.928km$^2$

» **Nascente** Cordilheira de Sierra Maestra

» **Foz** Mar do Caribe

## Áreas protegidas

Cuba protege suas áreas de diversas maneiras: de forma mais localizada, construiu reservas de animais, parques ecológicos e áreas de uso sustentável de recursos; em nível nacional, patrocina parques naturais e nacionais; e ainda tem a proteção internacional nas Reservas da Biosfera e os Patrimônios Mundiais da UNESCO e sítios Ramsar. As áreas vulneráveis de maior valor ecológico (como Ciénaga de Zapata e a floresta tropical nos arredores de Baracoa) são protegidas de diversas maneiras. Por exemplo, o Parque Nacional Alejandro de Humboldt é um parque nacional, Patrimônio Mundial da UNESCO e parte da Reserva da Biosfera da UNESCO chamada Cuchillos de Toa. Com menos destaque na hierarquia, os pequenos parques sofrem menos restrições e são mais abertos a regras flexíveis.

### Sítios UNESCO e Ramsar

O maior nível de proteção ambiental em Cuba é administrado pela UNESCO, que criou seis Reservas da Biosfera em 25 anos. Essas reservas com alta biodiversidade são conservadas e manejadas de forma sustentável. Após uma década e meia de reflorestamento bem-sucedido, a Sierra del Rosario tornou-se a primeira Reserva da Biosfera, em 1985. Foi seguida por Cuchillos del Toa (1987), Península de Guanahacabibes (1987), Baconao (1987), Ciénaga de Zapata (2000) e Baía de Buenavista (2000). Dois dos nove patrimônios da UNESCO em Cuba são considerados naturais, isto é, denominados primeiramente por seus atributos ecológicos. São eles: Parque Nacional Desembarco del Granma (1999), nomeado devido aos seus terraços marítimos suspensos, e o Parque Nacional Alejandro de Humboldt (2001), conhecido por seu extraordinário endemismo. Para complementar os sítios da

### Áreas protegidas

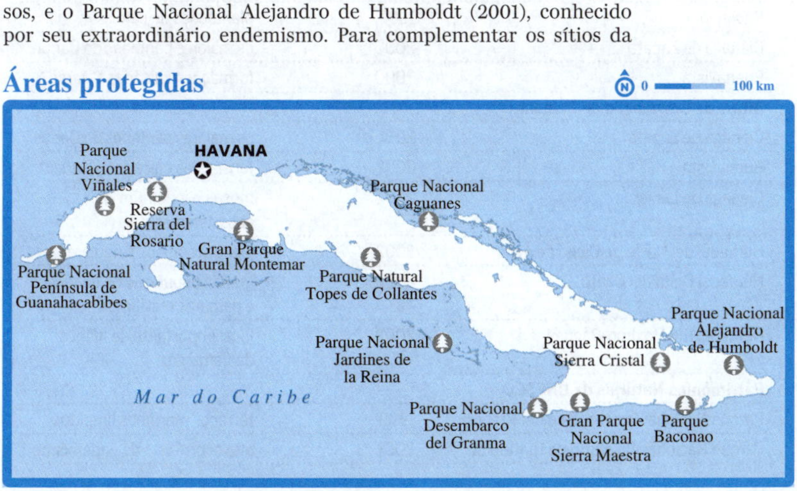

UNESCO, há ainda meia dúzia de sítios Ramsar, selecionados entre 2001-2002 para conservar os pântanos sob ameaça. A Convenção de Ramsar dá proteção adicional a Ciénaga de Zapata e à Baía de Buenavista, e também às regiões, antes desprotegidas, do Pântano Lanier e da Isla de la Juventud (território primário de crocodilos), ao extenso delta do rio Cauto e a Granma/Las Tunas, além dos territórios de reprodução dos flamingos nas costas norte das províncias de Camagüey e Ciego de Ávila.

## Parques Nacionais

A definição de um parque nacional é variável em Cuba (alguns são chamados de parques naturais, outros de reservas), e não há uma organização só que cuida de todos, como acontece em outros países. Meia dúzia das dezenas de parques listados – dos quais se destaca Ciénaga de Zapata – hoje são considerados Reservas da Biosfera pela UNESCO ou Sítios Ramsar, o que quer dizer que suas políticas de conservação são mais bem remuneradas. O primeiro parque nacional do país era o Sierra del Cristal, fundado em 1930 (onde ficava a maior floresta de pinheiros de Cuba), embora cinquenta anos antes as autoridades tenham criado outro, o Gran Parque Nacional Sierra Maestra (também conhecido como Turquino), que protege a montanha mais alta de Cuba. Entre outros parques importantes estão Viñales, com seus *mogotes*, cavernas e plantações de tabaco; Caguanes, que é um amálgama de *cayos* (rochedos) e cavernas cercado pela Baía de Buenavista; e Gran Piedra, perto de Santiago de Cuba, que faz parte da Reserva da Biosfera Baconao. Dois importantes parques na costa são os Jardines de la Reina, um arquipélago e local de

### ÁREAS PROTEGIDAS DE CUBA

| NOME DA ÁREA | ANO DE DESIGNAÇÃO | ATRAÇÕES PRINCIPAIS |
|---|---|---|
| **Reservas da Biosfera da UNESCO** | | |
| Sierra del Rosario | 1985 | atividades ecológicas |
| Cuchillos del Toa | 1987 | mata tropical primária |
| Península de Guanahacabibes | 1987 | desova de tartarugas |
| Baconao | 1987 | plantações de café |
| Ciénaga de Zapata | 2000 | os maiores pântanos do Caribe |
| Buenavista | 2000 | formações calcárias ("*karst*") |
| **Sítios de Convenção de Ramsar** | | |
| Ciénaga de Zapata | 2001 | os maiores pântanos do Caribe |
| Buenavista | 2002 | formações calcárias ("*karst*") |
| Ciénaga de Lanier | 2002 | mosaico incomum de ecossistemas |
| Humedal del Norte de Ciego de Ávila | 2002 | lagos litorâneos singulares |
| Humedal Delta del Cauto | 2002 | grande população de flamingos e pássaros marítimos |
| Humedal Río Máximo-Cagüey | 2002 | local importante de ninhos de flamingos |
| **Patrimônios Naturais da UNESCO** | | |
| Parque Nacional Desembarco del Granma | 1999 | terraços marinhos límpidos |
| Parque Nacional Alejandro de Humboldt | 2001 | alta ocorrência de endemismo |

## ECORRESORTS

O mais celebrado ecorresort de Cuba, o Hotel La Moka, na reserva de Sierra del Rosario, foi aberto em 1994, e seu projeto inteligente logo se estabeleceu como um novo parâmetro para o ecoturismo em Cuba. Outros resorts que tentaram mimetizar as características do La Moka são El Saltón, perto de Santiago de Cuba, e Pinares de Mayarí, nas florestas de pinheiros a sudeste de Holguín.

Mais recentemente, o órgão governamental Ecotur abriu uma rede de chalés rústicos em áreas naturais paradisíacas. Entre os destaques, estão Finca Esperanza, perto de Baracoa; La Guabina, perto de Pinar del Río; e a Hacienda del Belén, na Sierra del Chorrillo. Alguns chalés têm banheiros coletivos e não dispõem de ar-condicionado, enquanto os mais luxuosos chegam a ter piscina e guias no local. Todos, até agora, são equipados com restaurantes, energia elétrica e uma variedade de atividades ecoturísticas que começam logo do lado de fora da porta.

mergulho lendário no litoral da província de Ciego de Ávila; e o raramente visitado Cayos de San Felipe, no litoral da província de Pinar del Río.

## Outras reservas

Além dos parques nacionais e dos sítios protegidos pela UNESCO, Cuba protege suas plantas e seus animais em reservas, reservas ecológicas e áreas de recursos sustentáveis. Exemplos são a Sierra del Chorrillo, em Camagüey, e a Reserva Ecológica Varahicacos, em Varadero. Entre as reservas menores, como Jobo Rosado, ao norte da província de Sancti Spíritus, funcionam como zonas-tampão para grandes parques, como a Reserva da Biosfera da UNESCO Baía de Buenavista.

Embora a rede interconectada de áreas protegidas de Cuba seja frequentemente confusa (muitos parques possuem mais de um nome intercambiável) – e às vezes justaposta –, o sentimento é o mesmo: boa administração ambiental, com um sólido apoio do governo.

# Problemas ambientais

A maioria das ameaças ambientais de Cuba é de origem humana e se relaciona ou à poluição ou à perda de hábitat, passando em geral pela questão do desmatamento. Os esforços para conservar a diversidade ecológica do arquipélago eram quase inexistentes até 1978, quando Cuba fundou o Comitê Nacional para a Proteção e Conservação de Recursos Naturais e do Meio Ambiente (Comarna). Tentando reverter quatrocentos anos de devastação das matas e destruição do hábitat, a organização começou a elaborar cinturões verdes e campanhas ambiciosas de reflorestamento. A política de conservação é dirigida pela Comarna, que funciona como um órgão coordenador, vigiando quinze ministérios e assegurando-se de que a legislação ambiental nacional e internacional tem sido obedecida de maneira eficiente. Isso inclui a aderência a importantes tratados internacionais que governam as seis Reservas da Biosfera e os novos Patrimônios Mundiais da UNESCO que se encontram em Cuba.

O maior problema ambiental de Cuba é agravado pela dificuldade econômica. Conforme o país foi concentrando suas esperanças no turismo para salvá-lo da crise, uma política ambientalista contraditória se desenvolveu. Aí está um dilema: como pode uma nação em desenvolvimento dar assistência a seus cidadãos *e* manter níveis altos (ou pelo menos mínimos) de cuidado ecológico?

### Cayos com infraestrutura hoteleira

- » Largo del Sur
- » Santa María
- » Las Brujas
- » Coco
- » Guillermo
- » Levisa
- » Ensenachos
- » Saetia

## Desmatamento

Estima-se que, à época da chegada de Colombo, em 1492, 95% de Cuba eram cobertos de mata virgem. Em 1959, graças às plantações de cana-de-açúcar e frutas cítricas, a área já havia sido reduzida para 16%. A plantação de árvores em grande escala e a organização de importantes tratados de terra, transformando áreas em parques protegidos, fez esse número aumentar para 24% (fazendo de Cuba líder de reflorestamento na América Latina), mas ainda há muito trabalho a ser feito. Las Terrazas, na província de Pinar del Río, traçou um plano de reflorestamento no fim dos anos 1960, quando salvou hectares de terra, impedindo, assim, um desastre ecológico. Esforços mais recentes se concentraram na proteção da última floresta tropical virgem do Caribe, no Parque Nacional Alejandro de Humboldt, e na multiplicação de florestas ciliares nos pântanos no delta do rio Cauto.

TABACO

A exportação de tabaco e de charutos soma cerca de CUC$200 milhões ao ano, mas todos os anos cerca de 6 mil cubanos morrem de doenças relacionadas ao fumo.

## *Pedraplén*

Uma preocupação precoce sobre a luta econômico-ecológica de Cuba foi a construção do *pedraplén* (uma estrada sobre o mar) de 2km que liga Cayo Sabinal a Camagüey, na ilha principal, no fim dos anos 1980. Esse grandioso projeto, que envolveu o empilhamento de pedras grandes no mar e a construção de uma estrada por cima (sem pontes), formou uma barreira que quebra correntes marítimas, causando danos irreparáveis a hábitats marinhos e de aves. E para quê? Não há resorts, ainda, no deserto Cayo Sabinal. Outros projetos semelhantes foram mais tarde construídos ligando Jardines del Rey a Ciego de Ávila (de 27 km) e Cayo Santa María a Villa Clara (um monstro de 48km). Dessa vez, os projetos foram mais ecológicos, permitindo, por meio de pontes subaquáticas, que a água flua, embora seja preciso mais uma década para medir o impacto ecológico gerado.

## Vida selvagem e perda de hábitat

Manter hábitats saudáveis para os animais é crucial em Cuba, um país com altos níveis de endemismo e, por isso, com ameaças maiores de extinção de espécies. O problema fica ainda maior devido aos pequenos espaços ocupados pelas espécies, como o do crocodilo cubano, que vive somente em Ciénaga de Zapata, assim como a igualmente rara *Eleutherodactylus iberia* (a menor rã do mundo) – que vive em apenas 100km$^2$ e só existe no Parque Nacional Alejandro de Humboldt, cuja formação em 2001 sem dúvida a salvou da extinção. Entre as outras áreas ameaçadas estão os sítios de ninhos de flamingos, no arquipélago de Sabana-Camagüey, e Moa, onde o vazamento de água contaminada tem desempenhado um papel nocivo para os ecossistemas de mangues costeiros, frequentados pelo peixe-boi.

A construção de novas rodovias e aeroportos e também o frenesi de novos resorts gigantes nas praias virgens têm aumentado o conflito entre a atividade humana e a proteção ambiental. A extensão da Reserva Ecológica Varahicacos, em Varadero, que está espremida entre os resorts, é um exemplo disso. Cayo Coco – parte importante do pântano protegido como sítio Ramsar, que fica vizinho a uma faixa com rápido desenvolvimento de hotéis – é outro.

O Parque Nacional Alejandro de Humboldt recebeu esse nome em homenagem ao naturalista alemão Alexander von Humboldt (1769–1859), que visitou a ilha entre 1801 e 1804.

A observação de golfinhos selvagens, como se fossem artistas, em *delfinarios* voltados para turistas despertou a ira de muitos ativistas (golfinhos que fazem apresentações devem ser criados em cativeiro). Brigas de galo, um esporte cruel profundamente enraizado na cultura machista de Cuba, é outra batata quente. Embora não seja legal, ainda é vastamente praticado. O excesso de pesca (incluindo a de tartarugas e lagostas para o consumo dos turistas), a poluição industrial e um sistema de esgoto ultrapassado contribuem para o desgaste dos recifes de corais. Doenças típicas de corais, como a da banda amarela, têm começado a se desenvolver.

## Poluição

Assim que você chega a Havana e Santiago de Cuba, sente o ar poluído como um tapa na cara. Partículas suspensas, a fumaça escura dos caminhões velhos e subprodutos da queima de lixo são alguns dos responsáveis. Fábricas de cimento, refinarias de açúcar e outras indústrias pesadas também deixam sua marca (de sujeira). As jazidas de níquel

## O PAÍS MAIS SUSTENTÁVEL DO MUNDO?

Com sua infraestrutura antiquada e tráfego fumacento de carros seu, Havana pode nem sempre parecer uma fonte de inovação ecológica. Mas, em 2006, em um relatório ambiental intitulado *Planeta Vivo*, a World Wildlife Foundation (WWF) nomeou o arquipélago comandado por Castro como o único país do mundo com desenvolvimento sustentável.

A WWF baseou seu estudo em dois critérios principais: índice de bem-estar humano (expectativa de vida, alfabetismo e PIB) e pegada ecológica (a quantidade de terra necessária para alimentar e fornecer energia suficiente para uma pessoa). A maioria dos países fracassou nesses critérios de sustentabilidade ou porque sua pegada ecológica é muito alta (o Ocidente ultraconsumista) ou porque seu índice de bem-estar é muito baixo (os países pobres da África e da Ásia). Cuba, com seus índices excelentes de saúde e educação e baixas taxas de consumo, mostrou ser a única exceção.

Seria ingênuo dizer que Cuba alcançou esse recorde de sustentabilidade apenas por sua capacidade visionária. Ao contrário: os cubanos são ecologistas por necessidade. As credenciais sustentáveis do país foram traçadas primeiro no Período Especial, quando, sem os subsídios soviéticos e com a economia marginalizada em relação ao embargo comercial americano, o racionamento e a reciclagem tornaram-se essenciais à sobrevivência.

Nota-se que os cubanos não mudaram esse estilo de vida desde então. Há 28 donos de carros por mil habitantes (nos Estados Unidos, a relação é de 850 para 1000), e praticamente não se usam fertilizantes químicos no país. Mas Cuba se recusou a pegar o caminho mais próspero pós-Período Especial e, em vez disso, logo cedeu ao espírito de sua época no que diz respeito ao meio ambiente.

Logo antes de seu problema de saúde, tão comentado pela mídia, Fidel Castro nomeou o ano de 2006 como o "Ano da Revolução da Energia", e distribuiu dispositivos para milhões de residências cubanas. Visite uma *casa particular* hoje em dia para ver que o jantar é feito na panela de pressão, as lâmpadas são do tipo LED e a velha geladeira dos anos 1950 foi muitas vezes substituída por um modelo novo, mais ecológico (e menos barulhento).

que cercam Moa servem de exemplo para as indústrias (para que evitem desastres): essa é uma das paisagens mais bonitas de Cuba, e se tornou uma terra estéril de proporções lunares. Infelizmente, não há soluções simples; o níquel é responsável por uma das maiores exportações de Cuba, trata-se de uma matéria-prima sem a qual a economia do país não sobreviveria. E, enquanto os velhos carros de Havana dão um ar romântico à cidade do ponto de vista turístico, não economizam combustível e geram poluição. E ainda há o transporte público – até Fidel lamentou os malefícios contra a saúde gerados pelos ônibus imundos de Cuba.

## Sucessos ambientalistas

No lado bom, há o entusiasmo que o governo cubano tem demonstrado em relação ao reflorestamento e à proteção de áreas naturais – especialmente desde meados dos anos 1980 – junto a seu desejo de combater erros do passado. O Porto de Havana, que já foi o mais poluído da América Latina, passou por um grande projeto de limpeza, assim como o rio Almendares, que corta o coração da cidade. Ambos os programas começam a mostrar resultados positivos. As emissões de enxofre dos poços de petróleo perto de Varadero foram reduzidas, e regulamentos ambientais para o desenvolvimento são agora reforçados pelo Ministério da Ciência, Tecnologia e Meio Ambiente. Regulamentações no que diz respeito à pesca, como pescadores locais podem explicar a você, também se tornaram cada vez mais rígidas. Equilibrar as necessidades imediatas de Cuba e o futuro de seu meio ambiente é um dos maiores desafios da Revolução e aumenta a cada dia.

Aproximadamente 2% da área cultivável de Cuba são ocupados pela produção de café, e essa indústria emprega a força de trabalho de 265 mil pessoas.

Las Terrazas é o sucesso ecológico mais óbvio da ilha, embora também haja outros. Quem vai a Cayo Coco pode visitar o Parque El Bagá, um antigo aeroporto que agora é um ecoparque, enquanto na Isla de la Juventud os crocodilos têm sido reintroduzidos a seu hábitat natural, no grande Pântano Lanier.

# Vida selvagem

## Animais

Embora não seja exatamente a África, Cuba tem sua parcela incomum de fauna nativa, e observadores de animais interessados não ficarão decepcionados. O maior atrativo são os pássaros, já que é lar de mais de 350 variedades, das quais duas dúzias endêmicas. Vá para os mangues de Ciénaga de Zapata, perto da Baía de Cochinos (Baía dos Porcos), ou para a Península de Guanahacabibes, em Pinar del Río, para conseguir ver o *zunzuncito* (beija-flor-abelha), que aparece e desaparece em segundos e é o menor pássaro do mundo, com 6,5cm, não muito maior do que um palito de dente. É nessas áreas que também vive o *tocororo* (veja p. 491), o pássaro-símbolo de Cuba, que tem em suas penas as cores do país: vermelho, branco e azul. Entre outros pássaros atraentes, há o nativo *cartacuba*, garças, colhereiras, periquitos e as corujas-anãs cubanas, raramente vistas.

**Fauna nativa**

- Crocodilo cubano
- Beija-flor-abelha
- *Tocororo* (pássaro)
- *Jutía* (rato de árvore)
- Peixe-agulha cubano (peixe)
- *Eleutherodactylus iberia* (rã)
- Jiboia cubana (serpente)
- Morcego vermelho cubano

Flamingos são abundantes nas praias da costa norte de Cuba, onde fizeram o maior território para reprodução do hemisfério oeste, no delta do rio Máximo, na província de Camagüey, com números na casa das dezenas de milhares.

Mamíferos terrestres foram caçados até a extinção, sendo o maior sobrevivente nativo o *jutía* (rato de árvore), um roedor de 4kg que é comestível e vive em áreas isoladas, dividindo espaço em harmonia com os exércitos de iguanas inquisidores. A maioria das 38 espécies de mamíferos de Cuba é da família dos morcegos.

Cuba tem uma espécie de rã tão pequena que só foi descoberta em 1996, no lugar em que hoje fica o Parque Nacional Alejandro de Humboldt, perto de Baracoa. Ainda sem nome comum, o anfíbio foi batizado *Eleutherodactylus iberia;* mede menos de 1cm de comprimento e vive em apenas 100km$^2$.

Entre outras espécies estranhas estão a *mariposa de cristal*, que é uma das duas espécies de borboletas com asas transparentes no mundo; o raro *manjuarí* (peixe-agulha ou boca-de-jacaré cubano), que é considerado um fóssil vivo; e a *polimita,* uma lesma de areia singular, que se distingue por seu amarelo vivo e anéis vermelhos e marrons.

O peixe-boi caribenho chega a ter 4,5m de comprimento e a pesar 600kg. Chega a consumir 50kg de plantas por dia.

Há muitos répteis em Cuba também. Além de iguanas e lagartos, há quinze espécies de serpentes, nenhuma delas venenosa. A maior cobra de Cuba é a *majá,* da família da jiboia, que chega a ficar com 4m de comprimento; tem hábitos noturnos e não costuma se meter com humanos. O crocodilo nativo de Cuba (*Crocodylus rhombifer*) é relativamente pequeno, mas ágil na terra e na água. Seus 68 dentes afiados são adaptados para quebrar o casco de tartarugas. Os crocodilos sofreram pela perda de hábitat no último século, embora, agora que estão protegidos desde os anos 1990, tenham aumentado em número. Cuba designou criadouros (*criaderos*) bem-sucedidos, o maior dos quais fica em Guamá, perto da Baía dos Porcos. Dividindo espaço com o crocodilo cubano está o crocodilo americano (*Cacutus*), encontrado nos pântanos de Zapata e em outros territórios pantanosos na costa sul de Cuba.

A vida marinha do país compensa a fauna reduzida nas terras do arquipélago. O peixe-boi, único mamífero aquático herbívoro do mundo, é encontrado na Baía de Taco e na Península de Zapata, e os tubarões-baleia frequentam a área de María la Gorda, no extremo leste de Cuba, de agosto a novembro. Quatro espécies de tartaruga marinha (tartaruga-de-couro, tartaruga-de-pente, verde e carnívora) são encontradas nas águas cubanas e fazem seus ninhos todos os anos em praias isoladas ou nas praias protegidas do oeste, na Península de Guanahacabibes.

## Espécies em risco de extinção

Devido à perda de hábitat natural e à persistência humana nas caças, muitos animais, inclusive aves, de Cuba estão na lista de espécies que correm risco de extinção. Entre elas está o crocodilo, criticamente ameaçado por ter o menor hábitat em relação a qualquer outro crocodilo – apenas 300km² na Cíenega de Zapata (Pântano de Zapata), no Pântano Lanier e na Isla de la Juventud. Protegidos desde 1996, hoje há cerca de 6 mil crocodilos. Outras espécies vulneráveis são o *jutía*, que foi caçado sem piedade durante o Período Especial, quando os cubanos, com fome, o caçavam por sua carne (e ainda o fazem – na verdade, é considerado quase uma iguaria); a jiboia de árvore, uma serpente nativa que vive nas florestas e está diminuindo cada vez mais; e o pássaro-símbolo *carpintero real* (pica-pau-bico-de-marfim; veja p. 492), que foi comprovadamente visto após quarenta anos de desaparecimento no Parque Nacional Alejandro de Humboldt, perto de Baracoa, no fim dos anos 1980 – mas, desde então, ninguém mais avistou um.

> Estima-se que Cuba abrigue de 6,5 a 7 mil espécies diferentes de plantas, e quase metade delas é endêmica.

O peixe-boi está em sério risco de extinção, pois, embora seja protegido da caça ilegal, continua a sofrer várias ameaças humanas, entre elas o contato com as hélices dos barcos, o sufocamento nas redes de pesca e a intoxicação em função de substâncias venenosas liberadas nos rios pelas usinas de açúcar.

Cuba tem uma atitude ambígua em relação à caça às tartarugas. Tartarugas marinhas carnívoras são protegidas pela lei, embora uma cláusula permita que até quinhentas sejam capturadas por ano em certas áreas (como Camagüey e Isla de la Juventud). Viajantes às vezes deparam com *tortuga* (tartaruga) no menu em lugares como Baracoa. Mas você é orientado a não ser cúmplice desse crime, pois as tartarugas foram pescadas ilegalmente.

### TOCORORO

Nas florestas das montanhas da zona rural cubana, há poucas aves tão lindas e emblemáticas como o *tocororo.* Nativo da ilha, o *tocororo* – ou *Priotelus temnurus*, para usar seu nome científico – é um pássaro mediano, preto e branco, com uma barriga vermelha e uma mancha verde-azulada entre as asas. Outros traços típicos são um bico pontiagudo serrilhado e uma cauda côncava.

Facilmente visto se você souber para onde olhar, o pássaro habita todo o território de matas fechadas de Cuba, especialmente perto de rios e córregos. Seu nome é derivado de seu piado, bem característico, que se parece com *to-co-ro-ro*.

Há muito venerado por sua linda plumagem, o *tocororo* foi escolhido como o pássaro nacional de Cuba devido à sua coloração (tem o vermelho, o branco e o azul da bandeira cubana) e sua aparente resistência ao cativeiro. Nacionalistas dirão que os *tocororos* têm um espírito libertário inato e, se você prender um, logo ele irá morrer.

## O PICA-PAU-BICO-DE-MARFIM

Considerado o Santo Graal pelos observadores de pássaros, o *carpintero real* é tão raramente visto que os ornitólogos mais obcecados chegaram a quebrar o embargo dos Estados Unidos apenas para tentar ver essa ave em Cuba.

Nativo do leste do país e de algumas partes da América do Sul, esse lindo pássaro preto e branco foi visto oficialmente pela última vez por cientistas cubanos na província de Guantánamo, em 1987 (onde agora está o Parque Nacional Alejandro de Humboldt), e muitos observadores hoje o consideram extinto.

A esperança reacendeu por um momento em 2005, quando um pica-pau macho – distinguível por sua crina – foi supostamente visto no estado norte-americano de Arkansas, mas esse relato não foi oficialmente confirmado.

O declínio dessa espécie está relacionado diretamente à devastação da mata em Cuba e nos Estados Unidos. O pica-pau-bico-de-marfim habita florestas com madeiras fortes, e precisa de ao menos 25km² por par para se alimentar e sobreviver. Se quiser se juntar a essa busca, vá às montanhas ao redor de Baracoa, onde você precisará ficar atento para ver uma plumagem preta e branca brilhante, e 75cm de envergadura de asas (esse pássaro é o segundo maior da família do pica-pau). Ainda mais chamativo é o barulho de seu bico, que parece o de um trompete de brinquedo.

# Plantas

Cuba é sinônimo de palmeira; nas músicas, nos desenhos, na paisagem e nas lendas, o país é sempre relacionado a essa árvore. A árvore-símbolo nacional é a *palma real* (palmeira real), presente no uniforme do exército e no logo da cerveja Cristal. Acredita-se que haja 20 milhões de palmeiras dessa espécie em Cuba, e os habitantes locais dirão a você que, onde quer que você esteja na ilha, sempre terá uma palmeira ao alcance da vista. Em uma fileira à beira da estrada ou cobrindo uma colina, essas árvores majestosas chegam a 40m de altura e são facilmente identificáveis devido ao seu tronco flexível e à folhagem bem verde no topo. Também há *cocotero* (coqueiro), *palma barrigona* (palmeira-barriguda) e a muito rara *palma corcho* (palmeira corcho). Essa última é um resquício do Período Cretáceo (entre 65 e 135 milhões de anos atrás) e paparicada como um fóssil vivo. Você pode ver exemplares dessa árvore nos jardins do Museo de Ciencias Naturales Sandalio de Noda (p. 174) e La Ermita (p. 185), ambos na província de Pinar del Río. Ao todo, há noventa espécies de palmeiras em Cuba.

Entre outras vegetações importantes, há os mangues, sobretudo os que protegem a costa cubana da erosão e servem de hábitat para pequenos peixes e pássaros. Os mangues correspondem a 26% das florestas cubanas e cobrem 5% da costa da ilha. Cuba é o nono país do mundo em termos de densidade de mangue, e os mais extensos pântanos ficam situados em Ciénaga de Zapata.

As maiores florestas de pinheiro nativo ficam na Isla de la Juventud (antiga Ilha dos Pinheiros), na parte oeste de Pinar del Río, no leste de Holguín (ou, mais especificamente, na Sierra Cristal) e na parte central de Guantánamo. Essas florestas são especialmente vulneráveis a incêndios, e o reflorestamento dos pinheiros tem sido uma dor de cabeça para os ambientalistas da ilha.

Florestas tropicais concentram-se nas altitudes – entre 500 e 1.500m – na Sierra del Escambray, Sierra Maestra e no Macizo de Sagua-Baracoa. Entre as espécies originárias das florestas tropicais, há ébano e mogno, mas hoje a maior parte reflorestada é composta por eucaliptos, que são bonitos e cheirosos, mas invasivos.

Espalhados aleatoriamente pelo arquipélago, samambaias, cactos e orquídeas contribuem com centenas de espécies, algumas endêmicas, à va-

### Principais culturas cubanas

- Banana
- Frutas cítricas
- Café
- Manga
- Abacaxi
- Arroz
- Cana-de-açúcar
- Tabaco

riedade vegetal de Cuba. Para ver as melhores concentrações, visite os jardins botânicos de Santiago de Cuba, para samambaias e cactos, e de Pinar del Río, para orquídeas. A maioria das orquídeas floresce de novembro a janeiro, e um dos melhores lugares para vê-las é na Reserva Sierra del Rosario. A flor-símbolo nacional é a graciosa *mariposa* (lírio-do-brejo); você a reconhecerá por suas pétalas brancas caídas e pelo forte perfume.

Plantas medicinais estão espalhadas por Cuba em função também da limitação de medicamentos (relacionado ao embargo norte-americano). As farmácias oferecem extratos eficazes, como aloe (para tosse e congestão) e própolis, usado para tudo, de parasitas estomacais a infecções respiratórias. Toda casa cubana tem um vaso de *orégano de la tierra* (orégano cubano) e, se você aparecer com um resfriado, será tratado com um elixir milagroso feito com as folhas grandes desse orégano, misturadas a suco de limão, mel e água quente.

# O futuro de Cuba

E agora, o que virá? Nenhum observador sério de Cuba se arrisca a responder a essa pergunta aparentemente inofensiva, embora a mídia internacional tenha sido menos tímida em suas especulações. Com o fim do embargo e um possível *adiós* ao socialismo, voltará Cuba aos seus dias de golfe e jogatina? Diferentes cenários têm sido discutidos e atualizados nos últimos cinquenta anos.

Pairando sobre tudo isso ainda está o obstáculo onipresente: Fidel Castro. Como em um roteiro que nunca chega à versão final, o obituário revolucionário de Cuba tem sido especulado com regularidade tediosa desde os anos 1950. Em 1961, na Baía dos Porcos; em 1962, durante a Crise dos Mísseis; em 1991, quando os credores soviéticos simplesmente largaram o país; em 2006, quando uma diverticulite fez todo mundo acreditar que o ex-guerrilheiro grisalho estava com um pé na cova.

Ainda assim, com ou sem Fidel em plena saúde, o drama político que define as relações cubano-americanas continua; dois governos opostos que não cedem e, por cinquenta anos, não conseguiram travar de fato um diálogo.

Mas talvez venha também uma reviravolta...

**Países de origem dos visitantes estrangeiros 2010**

» **Total** 2.531.745

» **Canadá** 945.248

» **Reino Unido** 174.343

» **Itália** 112.298

» **Espanha** 104.948

» **Alemanha** 93.136

## Novas realidades econômicas

A recessão de 2008–09 derrubou ainda mais uma economia que já era fraca, exigindo assim uma mudança – que finalmente chegou no fim de 2010, quando Raúl Castro tomou uma decisão surpreendentemente não socialista de demitir meio milhão de empregados "improdutivos" do governo e tornar as regras para empresas privadas mais flexíveis. De início, o plano deixou muitos cubanos sem saída. Por mais de uma geração, as pessoas haviam sido protegidas pelo paternalismo do governo, que estava infiltrado em todos os aspectos de sua vida cotidiana nessa economia socialista altamente controlada. O padrão de vida não era alto, mas pelo menos os cidadãos não tinham de se preocupar com hipotecas, primeiras parcelas e impostos absurdos. As novas leis eliminaram algumas dessas seguranças e, embora muitos tenham ficado felizes com a possibilidade de abrir o sonhado negócio próprio, as coisas não são tão fáceis quando você não pode fazer propaganda, conseguir crédito ou até mesmo entrar na internet.

Desde 2011, os restaurantes privados (*paladares*) podem acomodar mais pessoas, empregar funcionários além dos membros da família e servir uma variedade maior de pratos.

Com a chegada de 2011, muitos dos novos pequenos negócios (de todo tipo, de cabeleireiros a centros equestres) estavam dando seus primeiros passos rumo a uma economia mais livre. Foi um início promissor. Mas, com um governo que tem por hábito dar com uma mão e tirar com a outra, o caminho certamente será desafiador.

## O fim de Fidel

Depois de três anos doente, um Fidel mais velho e mais frágil ressurgiu em 2010, debatendo na TV, pontificando no parlamento e falando de maneira hesitante durante um comício em Havana. Sua presença confirmou duas coisas que muitas pessoas já sabiam: que as opiniões do "líder máximo" ainda são muito importantes para Cuba, e que Raúl Castro – que também não é mais nenhum jovenzinho – não faria nada de muito chocante enquanto seu irmão mais velho estivesse vivo. Alguns analistas até começaram a cogitar o impensável: que Fidel viveria mais do que Raúl. Mas, seja lá o que vier, o Castro mais velho representa a revolução de um homem só. Por isso a pergunta ressoa: e agora?

Alguns imaginam Cuba tornando-se um país como Porto Rico, só que maior e mais independente; outros apontam para o caso da Espanha, cuja transição pacífica para a democracia após a morte de Franco impressionou muita gente. Mas Cuba não se parece com outros lugares. Meio século de isolacionismo, somado à presença hostil e poderosa dos Estados Unidos ao norte, teve um efeito psicológico grande sobre o país. A influência não é necessariamente negativa. Quem olha de fora subestima o patriotismo inato de Cuba. Como o escritor Pico Iyer disse uma vez, "todo mundo aqui parece passar metade do tempo reclamando sobre Castro, e a outra metade glorificando a autonomia do país". Esse "ditado" é bem verdadeiro. Tropece em uma pessoa em Havana e, após os primeiros murmúrios de *no es fácil*, ela vai coagir você com versos de José Martí ou relatos sobre a genialidade do cinema cubano.

A longevidade é comum na família Castro. Todos os seis irmãos de Fidel ainda estão vivos, de Ângela, três anos mais velha que ele, a Agostina, 11 anos mais nova.

Ainda assim, o problema continua. Esse país com ótimo sistema de saúde e combate às patologias está pronto para vender sua alma ao capitalismo corporativo? Ou o mundo pode (e também o futuro) aprender ao menos *alguma coisa* com a experiência cubana no que diz respeito à resistência, à sobrevivência e à vida sem shopping centers?

Países em desenvolvimento parecem achar que sim. A percepção de Cuba nas partes mais pobres do mundo, onde o país parece ter servido como exemplo de esperança para povos sem assistência médica, casa e educação, é bem diferente da visão de visitantes de países da América do

## FREQUÊNCIA DE TURISTAS

Em 1958, oito a cada dez turistas que iam a Havana eram dos Estados Unidos. Mas o turismo norte-americano foi atirado de um penhasco após as restrições de viagem impostas pelos Estados Unidos em 1961, e o número geral de turistas não se recuperou até 1989 (mas sem os americanos, claro). Desde 1994 e do início de uma indústria turística bastante apoiada pelo governo, o número de visitantes quadruplicou, chegando a quase 2 milhões, um quarto dos quais provenientes do Canadá. Renascendo da recessão como uma fênix, 2010 foi um ano recorde para o turismo, em parte devido a um aumento dramático de cubano-americanos visitando o país após a flexibilização das regras de viagem norte-americanas em 2009.

Estudos feitos pela Fundação Diplomática de Cuba previram que o turismo no país chegaria a 4 ou 5 milhões de visitantes caso o embargo comercial americano fosse totalmente abandonado, e supostamente os planos patrocinados pelo governo têm sido traçados para lidar com esse fluxo. Mais balneários têm sido planejados nas enseadas da costa norte, e há rumores sobre um grande complexo de golfe perto de Banes, na província de Holguín. Ainda mais "pé no chão" foram os restauradores, que continuaram seu trabalho estoico de reavivar os ambientes coloniais de Havana, Trinidad, Camagüey e Cienfuegos, gerando, assim, mais lucro turístico.

Mas, concorrendo com outras nações caribenhas, o mercado turístico está um pouco diferente se comparado ao hedonismo dos anos 1950. Quando a máfia dominava a paisagem de Havana, ninguém competia com Cuba. Hoje, porém, há fortes infraestruturas turísticas em seus vizinhos: Jamaica, Porto Rico, Bahamas e República Dominicana, todas implorando por atenção. O problema de base de Cuba no futuro será diminuir sua lendária fama de burocracia eterna para estimular mais investidores, a maioria dos quais compreensivelmente preocupados em trabalhar em um país onde as práticas comerciais comuns estão congeladas desde 1959.

Norte e da Europa. Chegando a Cuba em um avião que partiu de Toronto, o país pode parecer humilde, comicamente lento e muito ineficiente. Mas, chegue de Angola, por exemplo, e você pode até pensar que aterrissou na Terra Prometida.

## O sonho americano

Em 2010, a Assembleia Geral da ONU votou contra a continuação do embargo econômico imposto a Cuba pelos EUA, em uma vitória de 187 votos a três.

Comentaristas nos Estados Unidos – entre eles quase 2 milhões de exilados cubanos – há muito tempo têm expressado sua opinião sobre o vizinho do sul. Em 2003, o governo Bush criou uma Comissão de Assistência a uma Cuba Livre, cujo plano de transição pós-Castro (incluindo 36 milhões de dólares para financiar a oposição democrática a Castro em Cuba) foi considerado nocivo e nada construtivo. "Não há transição e este não é seu país", retrucou José Miguel Insulza, diretor da OEA (Organização dos Estados Americanos), e até os dissidentes internos de Cuba se mostraram desconfiados.

O governo de Obama promoveu algumas mudanças significativas, modificando em abril de 2009 as restrições para viagens (de cubanos e americanos) que vigoravam no governo Bush, e, em janeiro de 2011, liberando licenças para viajar a Cuba a grupos norte-americanos de religiosos ou acadêmicos. Mas a velha rixa continua: o poderoso lobby cubano-americano na Flórida ainda é apegado à ideia de que se pode estimular a liberdade em um país (Cuba) negando a liberdade de viajar para outro (Estados Unidos).

O futuro ainda oferece alguma esperança para os ativistas antiembargo. Com imigrantes em maior número nos Estados Unidos hoje do que os antigos exilados políticos, uma pequena maioria de cubano-americanos parece ser menos radicalmente anti-Castro, e mais a favor de acabar com o embargo que, sem dúvida, o ajudou a permanecer no poder. Mas, depois de meio século de briga, os cubanos ainda estão divididos e com uma quantidade preocupante de assuntos mal resolvidos debaixo do tapete. Que papel a comunidade que vive fora terá em um novo governo cubano? Quantos se deixam influenciar pelos americanos? E como pode/deve Cuba compensá-los por propriedades e bens confiscados em 1960?

## Cuba para os cubanos

Um aspecto que quase todas as teorias políticas ignoram é o povo cubano em si. O que as pessoas supostamente pobres e oprimidas de Havana e Nueva Gerona pensam sobre tudo isso? Na ausência de eleições e plebiscitos, não há como saber com certeza. Há sempre os comentários cotidianos das filas do mercado – sobre o preço dos alimentos, por exemplo – e os murmúrios clandestinos nos ônibus, das pessoas que falam de seu líder (sem mencionar seu nome). Mas falar mal do governo é um hábito em qualquer país, seja a Bélgica ou a Burkina Faso. Por mais que o povo esteja cansado dos irmãos Castro (e por mais que ambos pareçam impenetráveis, com seus pronunciamentos intermináveis), muitos ainda os respeitam – ainda que de forma relutante. Antes que esqueçamos, Fidel foi o primeiro a oferecer a Cuba uma verdadeira independência e, como uma figura instantaneamente reconhecível no mundo todo, ele garantiu que o país, aparentemente frágil, tenha se colocado de maneira cortante no cenário internacional por mais de meio século.

As novas leis de privatização, que entraram em vigor em janeiro de 2011, prometem liberar licenças de trabalho autônomo para mais de 250 mil cidadãos em 178 profissões diferentes.

Mas, deixando o patriotismo de lado, uma transformação pós-Castro é inevitável. Após ser comandado pela mesma fraternidade barbuda por uma geração, é natural que o povo deseje *qualquer coisa* diferente, especialmente os mais jovens. Agora, "o que" ou "quem" vai mudar, ainda é questão de especulação. Os planos de sucessão de Castro são guardados cuidadosamente como segredo de Estado, fato que foi confirmado pela surpresa de dois possíveis herdeiros, Carlos Lage e Felipe Pérez Roque, em 2009.

# Guia de sobrevivência

# Informações úteis A-Z

## Acesso à internet

Com o restabelecimento do monopólio da empresa estatal de telecomunicações Etecsa como provedora, o acesso à internet existe por todo o país nos novíssimos *telepuntos*. Você irá encontrar um de seus elegantes escritórios com ar-condicionado em quase todas as províncias e essa é a sua melhor opção para um acesso rápido e confiável. A dica é comprar um cartão de uma hora (CUC$6) com um código de *usuario* e *contraseña* (senha) únicos e escolher um computador disponível. Esses cartões são utilizáveis em qualquer *telepunto* por todo o país, portanto não precisa usar sua hora inteira de uma só vez.

A desvantagem do monopólio da Etecsa é que há poucos, ou quase nenhum, locais que oferecem internet fora dos *telepuntos*. Como regra geral, a maioria dos hotéis de três a cinco estrelas (e todos os resorts) terão seus internet cafés, porém a preços mais altos (às vezes chegando a CUC$12 por hora).

Como o acesso à internet é restrito para os cubanos (eles só podem acessar a rede sob supervisão, como em programas educacionais ou no trabalho, se necessário), você pode ter de mostrar seu passaporte quando usar um *telepunto* (apesar de que, se você parecer obviamente estrangeiro, não vão incomodá-lo). A vantagem é que os pontos da Etecsa ficam abertos até altas horas e raramente estão cheios.

Wi-fi é quase inexistente em Cuba fora dos melhores hotéis de Havana. Quando disponível, geralmente custa CUC$8 por hora e é lento.

### NA INTERNET

» **Austrália** (www.smarttraveller.gov.au) Link para Travel Health.

» **Canadá** (www.travelhealth.gc.ca)

» **UK** (www.fco.gov.uk) Link para viagem e vida no exterior no site do Foreign & Commonwealth Office.

» **EUA** (www.cdc.gov/travel)

## Acomodações

Acomodações em Cuba vão desde chalés de praia por CUC$10 a resorts cinco estrelas. Viajantes solitários são penalizados quanto ao preço, pagando 75% do preço de um quarto duplo.

### Econômico

Nessa categoria de preço, *casas particulares* normalmente têm melhor relação custo-benefício que hotéis. Apenas as *casas particulares* mais luxuosas de Havana custarão mais que CUC$45 e, nesses lugares, você terá comodidade de qualidade e atenção. Em *casas particulares* mais baratas (CUC$15 a CUC$20), você pode ter que dividir um banheiro e usar ventilador em vez de ar-condicionado. Nas opções mais baratas (em geral, campings), você terá sorte se encontrar lençóis limpos e água corrente, apesar de normalmente haver banheiros privativos. Se estiver hospedado em um lugar para cubanos, você estará se sacrificando materialmente, mas terá excelentes lembranças.

### Preço médio

A categoria média é uma loteria, com alguns hotéis-butique coloniais e alguns lugares terríveis com arquitetura e atmosfera soviética assustadoras. Em hotéis de preço médio você pode esperar ar-condicionado, banheiro privativo com água quente, roupa de cama limpa, TV a cabo, um restaurante e uma piscina, apesar de a arquitetura ser comum e a comida não exatamente gourmet.

### Preço elevado

Os mais confortáveis hotéis de preço elevado são

## PREÇOS DE ACOMODAÇÕES

Neste guia, acomodações usam as seguintes categorias de preço (para duas pessoas):

» **Econômico ($)** Abaixo de CUC$50.

» **Preço médio ($$)** De CUC$50 a CUC$100.

» **Preço elevado ($$$)** Acima de CUC$100.

normalmente estrangeiros e mantêm padrões internacionais (mas o atendimento pode ser um pouco negligente). Os quartos têm tudo o que um quarto de categoria média tem, mais camas grandes e confortáveis, um frigobar, serviço telefônico internacional e, talvez, uma varanda ou uma vista. Havana tem algumas joias.

## Preços diferenciados

Fatores que influenciam os preços são a época do ano, a localização e a rede do hotel. A baixa temporada vai da metade de setembro ao começo de dezembro e de fevereiro a maio (excluindo a semana da Páscoa). Natal e Ano-Novo são chamados de altíssima temporada, quando as diárias são até 25% mais caras do que na alta temporada. Pechinchar é possível nas *casas particulares*, mas, sendo estrangeiro, não é muito fácil. Os donos de *casas* pagam impostos genéricos e os preços que serão cobrados refletem isso. Você encontrará pouquíssimas *casas* em Cuba que não custam entre CUC$15 e CUC$45, a não ser que esteja planejando uma longa estadia. Reservar acomodações no país é mais fácil agora que mais cubanos (não oficialmente) têm acesso à internet.

## Tipos de acomodações

### CAMPISMOS

*Campismos* são os lugares onde os cubanos passam suas férias. Existem mais de oitenta deles espalhados pelo país, e são extremamente populares (estima-se que 1 milhão de cubanos se hospedam em *campismos* todo ano). Ficar em um *campismo* não é exatamente o mesmo que "acampar" – a maioria dessas instalações são chalés de concreto com beliches, colchões de espuma e chuveiros frios. São os melhores lugares para conhecer cubanos, fazer amigos e festejar em meio à natureza.

Há duas categorias: *nacional* ou *internacional*. O primeiro é (teoricamente) apenas para cubanos, enquanto o segundo hospeda tanto cubanos como estrangeiros e é menos básico, com ar-condicionado e/ou roupa de cama. Atualmente, há uma dúzia de campismos internacionais em Cuba, do padrão de hotel do Aguas Claras (Pinar del Río) ao básico Puerto Rico Libre (Holguín). Na prática, os funcionários podem alugar um chalé *nacional* (ou espaço para barraca) para um estrangeiro de acordo com a disponibilidade, mas depende do lugar. Muitos estrangeiros são barrados (nada agradável quando você viajou para um lugar fora de mão na expectativa de encontrar acomodações). Para evitar essa situação, há apenas opções internacionais neste guia.

Se quiser ficar em um *campismo* internacional, entre em contato com a excelente **Cubamar** (☎7-833-2523/4; www.cubamarviajes.cu; calle 3 entre calle 12 e Malecón, Vedado; ⏲8h30-17h seg-sáb) em Havana para reservar. Se estiver decidido a ficar num *campismo nacional*, tente o provinciano escritório do Campismo Popular para fazer uma reserva nas instalações adequadas (alguns endereços de escritórios se encontram em seus respectivos capítulos regionais). Acomodações em chalés de *campismos internacionais* custam de CUC$10 a CUC$30 por cama.

A Cubamar também aluga casas móveis (campervans) chamadas *autocaravanas*, que abrigam quatro adultos e duas crianças. Custam aproximadamente CUC$165 por dia (mas o preço varia de acordo com o tipo, a temporada e o número de dias) incluindo seguro (mais CUC$400 de depósito-caução). Você pode estacionar esses trailers em qualquer vaga para carro comum. Há 21 *campismos* e hotéis que têm instalações Campertour, onde você terá acesso à eletricidade e água. São ótimas alternativas para famílias.

## SITES DE HOTÉIS

Noventa e cinco por cento dos hotéis de Cuba fazem parte de uma das seguintes redes. Para mais informações, veja seus sites:

» **Cubanacán** (www.cubanacan.com)

» **Gaviota** (www.gaviota-grupo.com)

» **Gran Caribe** (www.grancaribe.cu)

» **Habaguanex** (www.habaguanexhotels.com)

» **Islazul** (www.islazul.cu)

» **Sol Meliá** (www.solmeliacuba.com)

### CASAS PARTICULARES

Quartos privativos são a melhor opção para viajantes independentes em Cuba e uma boa maneira de conhecer moradores locais em seu próprio ambiente. Além disso, ficar em uma dessas instalações familiares lhe dará uma visão mais aberta e menos censurada do país, e sua compreensão e valorização de Cuba ficarão mais ricas como resultado. Donos de *casas* são, normalmente, excelentes guias turísticos.

Você saberá quais *casas* alugam quartos pela placa azul na porta que diz "Arrendador Divisa". Existem milhares de *casas particulares* por toda a Cuba; 3 mil apenas em Havana e quase quatrocentas em Trinidad. De coberturas a casas históricas, todos os tipos de quarto estão disponíveis de CUC$15 a CUC$45. Embora algumas *casas* possam tratar você como um cheque de pagamento, na grande maioria delas são calorosos, abertos e excelentes anfitriões.

A regulamentação do governo afrouxou desde 2011 e locatários podem alugar vários quartos se tiverem espaço. Os proprietários pagam uma taxa mensal por quarto dependendo da localização (mais um extra por estacionamento fora da rua) para colocar uma placa divulgando seus quartos e para servir refeições. Essas taxas devem ser pagas, esteja o quarto alugado ou não. Também precisam manter um registro de todos os hóspedes e relatar cada nova chegada em até 24 horas. Por essas razões, será difícil pechinchar os preços dos quartos. Você também precisará mostrar seu passaporte (não uma cópia). Punições são altas para infratores. Inspeções regulares do governo asseguram que as *casas* permaneçam limpas, seguras e protegidas. A maioria dos proprietários oferece café da manhã e jantar por uma taxa extra. Chuveiros quentes são um pré-requisito. Em geral, a maioria dos quartos conta com, pelo menos, duas camas (uma é normalmente de casal), geladeira, ar-condicionado, ventilador e banheiro privativo. Extras podem incluir uma varanda ou pátio, entrada privativa, TV, cofre, cozinha embutida e vaga de garagem.

#### Reservas e mais informações

Devido à abundância de *casas particulares* em Cuba, foi impossível incluir até uma fração do total neste guia. As escolhidas são uma combinação de recomendações de leitores e pesquisa local. Se uma *casa* estiver cheia, eles provavelmente irão recomendar outra na mesma rua.

Os sites a seguir listam um grande número de *casas* em todo o país e permitem reservas on-line.

**Cubacasas** (www.cubacasas.net) A melhor fonte on-line para informações e reservas de *casas particulares*. Atualizado e com links coloridos para centenas de quartos privativos em toda a ilha (em inglês e francês).

**Casa Particular Organization** (www.casaparticularcuba.org) Site recomendado por leitores para pré-reservar quartos privativos.

### HOTÉIS

Todos os hotéis e resorts turísticos pertencem pelo menos 51% ao governo e são administrados por uma entre cinco principais organizações. Islazul é a mais barata e popular entre os cubanos (que pagam em pesos cubanos). Apesar de as instalações serem variáveis e a arquitetura um pouco soviética, hotéis Islazul são invariavelmente limpos, baratos, amigáveis e, acima de tudo, cubanos. São mais localizados nas províncias menores da ilha. Um pequeno porém são as casas noturnas barulhentas próprias que mantêm os hóspedes acordados até altas horas da madrugada. Cubanacán está um degrau acima e oferece uma boa mistura de opções médias e econômicas em áreas urbanas e de resorts. A companhia desenvolveu uma nova rede acessível de hotéis-butique (a marca Encanto) em centros urbanos como Sancti Spíritus, Baracoa, Remedios e Santiago. Gaviota gerencia resorts de alta classe, incluindo o resplandecente Playa Pesquero com 933 quartos, apesar de o grupo também dirigir algumas "villas" mais baratas em lugares como Santiago e Cayo Coco. Caribe administra hotéis de média a alta categoria, incluindo muitos dos resorts all-inclusive de Havana e Varadero. Por último, Habaguanex é baseada apenas em Havana e gerencia a maioria dos hotéis históricos reformados em Habana Vieja. Os lucros desses empreendimentos são dirigidos à restauração de Habana Vieja, que é um Patrimônio Histórico da Humanidade da UNESCO. Exceto hotéis Islazul, hotéis turísticos são para hóspedes que pagam apenas em pesos conversíveis. Desde maio de 2008, cubanos podem se hospedar em qualquer hotel para turistas apesar de, financeiramente, a maioria estar fora de alcance para eles.

No topo da cadeia de hotéis você encontrará redes internacionais como Sol Meliá e Superclubs gerenciando hotéis em parceria com Cubanacán, Gaviota ou Gran Caribe – principalmente nas áreas de resort. Os padrões e serviços nesse tipo de lugar não é diferente de resorts no México e no resto do Caribe.

## Cartões de desconto

Estudantes que puderem comprovar a matrícula em uma universidade ou faculdade recebem vistos mais longos com um *carnet* – um documento de identificação que permite a estrangeiros que paguem museus, transporte (incluindo *colectivos* – táxis coletivos) e peças teatrais em pesos cubanos (CUP), economizando assim um bom dinheiro.

# Clima

## Havana

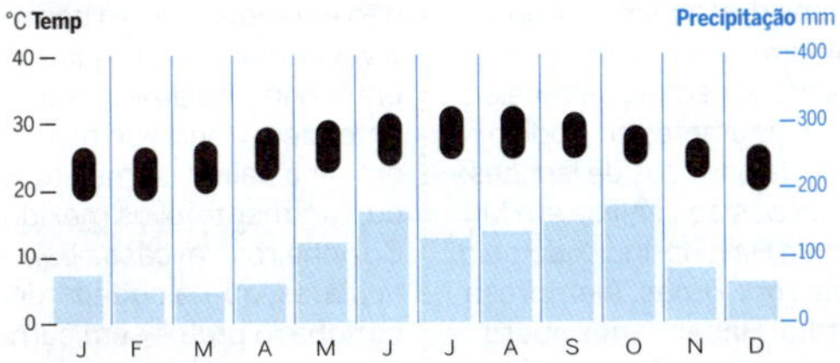


## Sancti Spíritus

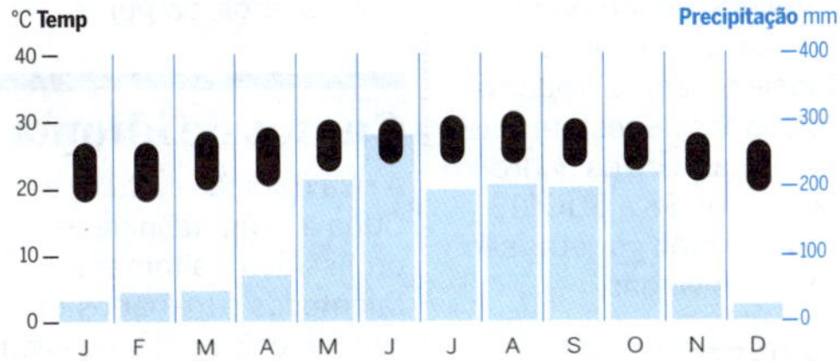


## Santiago De Cuba

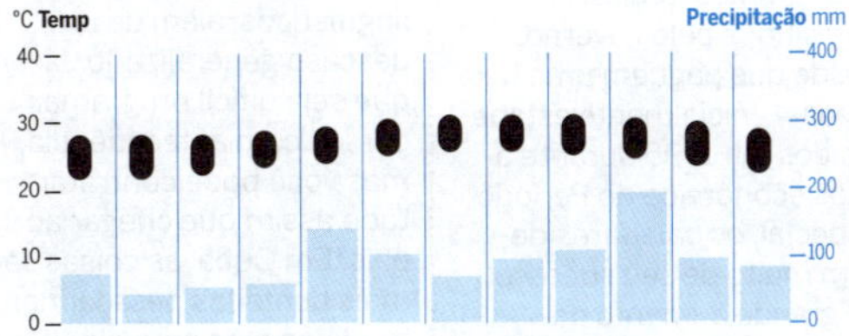


# Correios

Cartas e cartões-postais enviados para fora de Cuba podem levar até um mês para chegar. *Sellos* (selos) são vendidos em pesos cubanos e pesos conversíveis; correspondências pagas com os últimos têm maiores chances de chegar. Cartões-postais custam CUC$0,65 para todos os países. Cartas custam CUC$0,65 para as Américas, CUC$0,75 para a Europa e CUC$0,85 para todos os outros países. Cartões-postais pré-pagos, incluindo entrega internacional, estão disponíveis na maioria das lojas de hotéis e correios e são a melhor opção para entrega certeira. Para entregas importantes, é melhor usar DHL, localizada em todas as principais cidades.

# Culinária

Para legiões de gastrônomos, a cozinha cubana foi sempre motivo de piada internacional. Das lojas de racionamento vazias de Centro Habana à deprimente predominância de sanduíches de queijo com presunto – que parece servir como a única opção viável de lanche no país –, é uma questão de menos banquete, mais fome. Mas, enquanto *chefs*-celebridade ainda são raros nos entediantes restaurantes estatais de Cuba, uma nova gama de surpresas está surgindo silenciosamente.

## Básico e especialidades

Popularmente conhecidas como comida *criolla* (comida creola), refeições cubanas são caracterizadas por *congrí* (arroz salpicado por feijão preto), carne (primeiramente porco, seguido por frango e bife), bananas fritas (banana-verde), salada (limitada a ingredientes sazonais) e vegetais, normalmente *yuca* (mandioca) e *calabaza* (abóbora).

*Pescado* (peixe) também está disponível. Apesar de cruzar com dourados, *aguja* (peixe-espada) e, ocasionalmente, polvos e caranguejos em alguns restaurantes especializados em frutos do mar, é mais provável que encontre *pargo* (vermelho cioba), lagosta ou camarões.

Cubanos também são aficionados por sorvete e as variações de sabores são calorosamente discutidas. O sorvete Coppelia é lendário, mas potes ridiculamente baratos de outras marcas (440g por CUC$1) podem ser comprados em quase qualquer lugar e até o sorvete de máquina de moedas não é ruim.

## Drinques

Os coquetéis de rum de Cuba são mundialmente conhecidos. Há o mojito de hortelã, o daiquiri com gelo raspado e as açucaradas cuba libres (rum e Coca) para nomear alguns exemplos. Havana Club é o *ron* (rum) mais conhecido de Cuba, com o Silver Dry (o mais barato) e o Carta Blanca de três anos usados para coquetéis, enquanto o Carta Oro de cinco anos e o Añejo de sete são mais bem aproveitados puros. O melhor rum de Cuba é o Matusalem Añejo Superior, fermentado em Santiago de Cuba desde 1872. Outras boas marcas são Varadero, Caribbean Club e Caney (feito na antiga fábrica Bacardí em Santiago de Cuba, apesar de o nome Bacardí ser reprovado desde que a família exilada decidiu processar o governo cubano com base nas leis do embargo americano). A maioria dos cubanos bebe seu rum puro e, em ocasiões mais informais, direto da garrafa.

As principais marcas de cerveja são Mayabe, Hatuey e as duas grandes: Cristal e Bucanero. Cervejas importadas incluem Lagarto, Bavaria e Heineken.

A qualidade da água de torneira é variável e muitos cubanos contam histórias nojentas sobre amebas, incluindo giárdia. Para se assegurar, beba *agua natural* (água engarrafada), mas isso pode ficar caro em viagens longas.

## Onde comer e beber

### RESTAURANTES ESTATAIS

Restaurantes governamentais operam tanto em pesos como em conversíveis. Restaurantes em pesos são quase sempre sombrios e conhecidos por seus menus de nove páginas (em espanhol), mesmo quando o único prato disponível é o frango frito. Existem, porém, algumas exceções à regra, principalmente em Santiago de Cuba. Restaurantes em pesos normalmente aceitam o pagamento em conversíveis apesar de, algumas vezes, converterem em taxas diferentes da padronizada 25 para 1.

Restaurantes que vendem refeições em pesos conversíveis são, normalmente, mais confiáveis, mas isso não é capitalismo: pagar mais não significa necessariamente melhor serviço. A comida é frequentemente sem graça e nada apetitosa e conversas com os garçons entediados poderiam render um quadro do Monty Phyton. Existem alguns destaques. O grupo Palmares administra uma grande variedade de excelentes restaurantes em todo o país, de barracas de lanches em praias ao El Aljibe em Miramar, Havana, indicado pelo *New York Times*. A empresa estatal Habaguanex opera alguns dos melhores restaurantes de Cuba em Havana, e a Gaviota recentemente melhorou alguns velhos estabelecimentos. Todos os funcionários de restaurantes estatais ganham os padronizados CUC$8 a CUC$13 por mês, então gorjetas são muito bem-vindas.

### PALADARES

*Paladares* são pequenos restaurantes familiares permitidos pelo governo, desde que paguem uma taxa mensal. Inicialmente estabelecidos em 1995 durante o caos econômico do Período Especial, os *paladares* devem muito de seu sucesso ao grande aumento do tráfego de turistas pela ilha associado aos experimentos criativos de *chefs* locais que, apesar da falta de ingredientes decentes, conseguiram heroicamente manter vivas as antigas tradições da cozinha cubana. Refeições em *paladares* podem variar de CUC$8 a CUC$25.

## Vegetarianos

Em uma terra de racionamentos e falta de comida, vegetarianos rigorosos (que não comem banha de porco, caldo de carne ou peixe) terão dificuldades. Cubanos não entendem muito bem o vegetarianismo e, quando entendem (ou dizem que entendem), pode-se resumir em uma palavra: omelete – ou, raramente, ovos mexidos. Cozinheiros em *casas particulares*, que já podem ter cozinhado pratos sem carne para outros viajantes, são muito melhores para servir vegetarianos, pergunte.

> **PREÇOS DE REFEIÇÕES**
>
> É muito raro uma refeição custar mais de CUC$25 em Cuba. Neste guia, os restaurantes são classificados de acordo com as seguintes categorias:
>
> » **Econômico ($)** Refeições abaixo de CUC$7.
>
> » **Preço médio ($$)** Refeições de CUC$7 a CUC$15.
>
> » **Preço elevado ($$$)** Refeições por mais de CUC$15.

## Cursos de idioma

A rica tradição cultural de Cuba e a abundância de profissionais altamente talentosos e treinados fazem do país um ótimo lugar para se estudar espanhol. Problemas tecnológicos e linguísticos, além de um descaso generalizado, fazem que seja difícil programar cursos com antecedência, mas você pode contratar tudo assim que chegar ao país. Em Cuba, as coisas são mais benfeitas pessoalmente. Há opções para cidadãos americanos estudarem em Cuba desde que a administração Obama começou a emitir mais vistos de viagem educacionais, em 2011.

A principal organização para viagens de estudo para estrangeiros é a **UniversiTUR SA** (☎7-261-4939, 7-55-55-77; agencia@universitur.com; calle 30, 768-1, entre calle 41 e av. Kohly, Nuevo Vedado, Havana). A UniversiTUR programa estudos regulares e cursos de férias em qualquer uma das universidades cubanas e na maioria das instituições de educação superior ou de pesquisa. Seus programas mais populares são cursos intensivos de língua espanhola e cultura cubana na Universidad de La Habana. A UniversiTUR tem dezessete filiais em várias universidades por todo o país, todas oferecendo os mesmos serviços, porém com preços variados.

Estudantes que vão estudar em Cuba devem levar um bom dicionário bilíngue e um livro de espanhol básico, já que eles são raros e caros no país. Você pode se inscrever em um curso de duas semanas em uma universidade para sentir o clima e depois mergulhar em aulas particulares assim que fizer alguns contatos.

## Dinheiro

Essa é uma parte complicada de qualquer viagem a Cuba, pois leva um tempo para se acostumar à economia dupla. Duas moedas circulam em cuba: pesos conversíveis (CUC$) e pesos cubanos (referidos *moneda nacional*, abreviados MN). A maioria dos itens pagos por turistas são em conversíveis (ex: acomodações, aluguel de carros, ônibus, entradas de museus e acesso à internet). Quando o guia foi escrito, pesos cubanos estavam sendo vendidos a 25 para 1 conversível e, apesar de haver muitas coisas que não se pode comprar com a *moneda nacional*, usá-la em certas ocasiões significa que verá uma fatia maior da autêntica Cuba. Os preços neste guia estão em conversíveis a não ser quando indicado.

Para tornar as coisas um pouco mais confusas, também se aceitam euros nos resorts de Varadero, Guardalavaca, Cayo Largo del Sur, Cayo Coco e Cayo Guillermo, mas assim que sair do resort, precisará de pesos conversíveis.

As melhores moedas para levar a Cuba são o euro, o dólar canadense ou a libra esterlina (todas sujeitas a uma comissão de 8 a 11,25%). A pior opção é o dólar americano e – apesar dos preços anunciados nos bancos – a comissão será de astronômicos 20% (a comissão normal de 10% mais uma multa de 10% – normalmente não anunciada). O real pode ser trocado nas casas de câmbio, mas também não é a melhor opção; verifique as taxas antes. Quando o guia estava sendo escrito, *traveler's checks* emitidos por bancos americanos podiam ser trocados nas filiais do Banco Financeiro Internacional, mas cartões de crédito de instituições financeiras americanas não podiam ser usados. Note que dólares australianos não são aceitos em nenhum lugar de Cuba.

Filiais das casas de câmbio Cadeca vendem pesos cubanos em todas as cidades. Você não precisará de mais que o equivalente a CUC$10 por semana. Sempre haverá uma filial no *agropecuario* (mercado) local. Se for pego sem pesos cubanos e estiver babando por aquele sorvete, você sempre pode usar os conversíveis. Em transações de rua como essa, CUC$1 equivale a cinco cubanos e você receberá o troco em cubanos também. Não há mercado negro em Cuba, só cambistas tentando atraí-lo com golpes monetários.

### Caixas eletrônicos e cartões de crédito

Quando os bancos estão abertos, as máquinas ligadas e as linhas telefônicas funcionando, cartões de crédito são uma opção – desde que não sejam emitidos por bancos americanos. É cobrada uma taxa de 11,25% sobre cada transação feita com cartão. Ela é composta dos 8% de taxa sobre todas as moedas estrangeiras (que primeiro precisam ser convertidas em dólares) mais uma de 3,25% de conversão. Mas, na realidade, pagamentos em cartão ou em dinheiro funcionam da mesma maneira. Com dinheiro você pagará os 11,25% quando trocar sua moeda por conversíveis no banco. Apesar disso, devido a instalações precárias, falta de equipamento eletrônico e recusa de aceitação de muitos cartões ligados aos EUA, dinheiro vivo ainda é a melhor opção em Cuba.

É possível sacar dinheiro com cartões, mas a comissão é a mesma. Cheque com seu banco antes de partir, pois muitos não irão autorizar grandes retiradas em países estrangeiros a menos que você avise-os com antecedência.

Caixas eletrônicos são uma boa opção para cartões de crédito não americanos e dispensam a retirada de dinheiro no caixa. Na verdade, é melhor evitar (especialmente quando os bancos estiverem fechados), pois são famosos por engolir os cartões.

Alguns cartões de débito (mas não todos) funcionam em Cuba. Cuidado, pois as máquinas, às vezes, também podem engoli-los.

### Dinheiro em espécie

Cuba é uma economia que funciona com dinheiro vivo, e cartões de crédito não têm a mesma importância que em outros lugares do Ocidente, nem são usados com a mesma frequência. Ainda que carregar apenas dinheiro vivo seja mais arriscado que a combinação de dinheiro/cartão/*traveler's check*, é uma opção infinitamente mais conveniente. Se você usar um cinto para dinheiro e mantivé-lo consigo ou no cofre do hotel em todos os momentos, estará seguro.

É melhor pedir notas de CUC$20/10/5/3/1 quando trocar dinheiro, pois muitos negócios cubanos (táxis, restaurantes etc.) não conseguirão trocar notas mais altas (CUC$50 ou CUC$100) e as palavras *no hay cambio* (não tenho troco) ressoam em todos os lugares. Se estiver desesperado, troque notas grandes nos hotéis.

### Denominações e abreviações

Uma das partes mais confusas de uma economia dupla é a terminologia. Pesos cubanos são chamados *moneda nacional* (abreviados MN) ou *pesos cubanos* ou simplesmente pesos, enquanto pesos conversíveis são chamados *pesos convertibles* (abreviados CUC) ou simplesmente pesos (de novo!). Recentemente, as pessoas têm se referido a eles como *cucs*. Algumas vezes você estará negociando em pesos (cubanos) e a outra parte em pesos (conversíveis). O fato de as notas serem parecidas também não ajuda. Pior ainda, o símbolo para ambos, conversíveis e pesos cubanos, é $. Você pode imaginar os golpes em potencial só de analisar tais combinações.

Os pesos cubanos vêm em notas de 1, 5, 10, 20, 50 e 100 pesos e moedas de 1 (raras), 5 e 20 centavos, 1 e 3 pesos. A moeda de cinco centavos é chamada de *médio*; a de vinte centavos *peseta*. Centavos também são chamados de *kilos*.

Os pesos conversíveis vêm em notas multicoloridas de 1, 3, 5, 10, 20, 50 e 100 pesos e moedas de 5, 10, 25 e 50 centavos e 1 peso.

### Gorjetas

Se não tiver o hábito de dar gorjetas, você aprenderá rápido em Cuba. Septetos de *son* (música popular cubana) ambulantes, guardas de estacionamento, atendentes de banheiro, garçons, guias turísticos – todos trabalham duro por uma gorjeta sólida. Músicos que tocam enquanto turistas jantam, conversam ou namoram esperam um conversível, mas só dê o que achar que a música valeu. Atendentes de banheiro esperam de CUC$0,05 a CUC$0,10, enquanto *parqueadores* (guardas de estacionamento) devem receber CUC$0,25 por um período curto e CUC$1 por 12 horas. Por um passeio de um dia, CUC$2 por pessoa é apropriado para um guia. Motoristas de táxi irão apreciar 10% da corrida, mas se negociou uma corrida sem o taxímetro, não dê gorjeta, pois o valor total irá para suas carteiras.

Gorjetas podem rapidamente *resolver las cosas*. Se você quer ficar além do horário de check-out ou entrar em algum lugar depois do horário, por exemplo, pequenas gorjetas (CUC$1 a CUC$5) dobram regras, abrem portas e fazem pessoas olharem para o outro lado.

### Traveler's Checks

Faz sentido carregar alguns *traveler's checks* por motivos de segurança, mas eles são um problema em Cuba, apesar de ser melhor negócio que um cartão de crédito. Lembre-se de que pagará comissão ao comprar ou vender (3% a 6%) e que alguns hotéis e bancos não os aceitam, especialmente nas províncias. O Banco Financeiro Internacional é a sua melhor opção para trocar checks Amex, mas a opção mais segura é levar Thomas Cook.

## Eletricidade

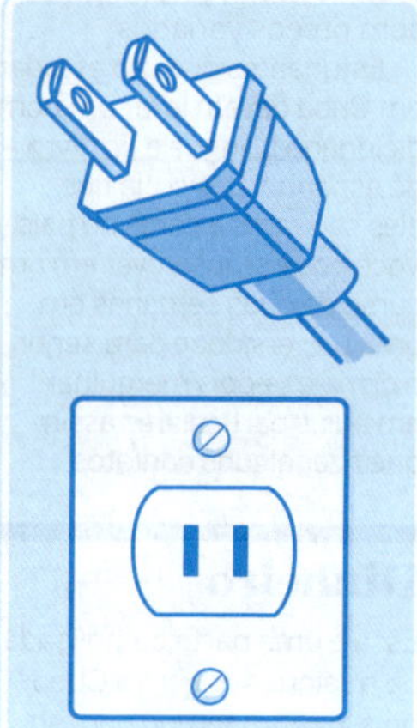

110v/220v/60hz

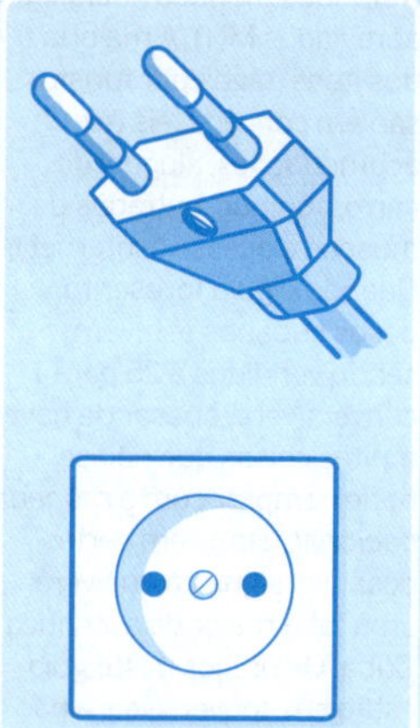

110v/220v/60hz

## Embaixadas e consulados

Todas as embaixadas ficam em Havana e a maioria abre das 8h ao meio-dia, em dias de semana.

**Brasil** (☎7-866-2910; Lonja del Comércio – calle Lamparilla, 2, Cuarto Piso "K", 10100, Habana Vieja)

**Portugal** (☎7-204-7995; av. 7, 2207, esq. calle 24, Miramar)

## Feriados públicos

Oficialmente, Cuba tem nove feriados públicos (veja a lista abaixo). Outros dias nacionais importantes para tomar nota são 28 de janeiro (aniversário de José Martí), 19 de abril (vitória na Baía dos Porcos), 8 de outubro (aniversário de morte de Che Guevara), 28 de outubro (aniversário de morte de Camilo Cienfuegos) e 7 de dezembro (aniversário de morte de Antonio Maceo).

**1º de janeiro** Triunfo de la Revolución (Dia da Liberdade)

**2 de janeiro** Día de la Victoria (Vitória das Forças Armadas)

**1º de maio** Día de los Trabajadores (Dia Internacional do Trabalho)

**25 de julho** Comemoração do Ataque a Moncada

**26 de julho** Día de la Rebeldía Nacional – Comemoração do Ataque a Moncada

**27 de julho** Comemoração do Ataque a Moncada

**10 de outubro** Día de la Indepedencia (Dia da Independência)

**25 de dezembro** Navidad (Natal)

**31 de dezembro** Ano-Novo

## Gays e lésbicas

Cuba não pode ser chamada de destino gay (ainda), mas é mais tolerante do que muitos países da América Latina. O filme de sucesso *Morango e chocolate* (1994) iniciou um diálogo nacional sobre homossexualidade e Cuba é bem tolerante, se considerar todos os lados. Pessoas de sociedades mais abertas podem achar essa tolerância muito "não pergunte que eu não respondo" ou simbólica (todo mundo tem um amigo/parente/colega de trabalho gay que será mencionado quando o assunto surgir), mas, que seja, você tem que começar em algum lugar e Cuba está andando na direção certa.

O lesbianismo é menos tolerado, raramente discutido e você verá poucas demonstrações de afeto entre mulheres. Há as ocasionais *fiestas para chicas* (não necessariamente festas apenas para garotas, mas quase); pergunte ao redor do Cine Yara na área de paquera gay de Havana.

Cubanos têm muito contato físico com os outros e você verá homens se abraçando, mulheres dando as mãos e muito carinho amigável. Esse tipo de toque casual não deve ser um problema, mas tome cuidado quando aquele abraço entre amigos se tornar ostensivamente sensual em público.

Veja também o texto em destaque na p. 109.

## Horário comercial

| TIPO DE NEGÓCIO | HORÁRIO PADRÃO |
|---|---|
| **Bancos** | 9-15h seg-sex |
| **Casas de câmbio Cadeca** | 9-18h seg-sáb; 9-12h dom |
| **Farmácias** | 8-20h diariamente |
| **Correios** | 8-18h seg-sáb |
| **Restaurantes** | 10h30-23h diariamente |
| **Lojas** | 9-17h seg-sáb; 9-12h dom |

## Informação turística

O escritório oficial de informações turísticas de Cuba se chama **Infotur** (www.infotur.cu). Há filiais em todas as principais cidades e balcões na maioria dos grandes hotéis e aeroportos. Agências de viagem como Cubanacán, Cubatur e Ecotur podem dar informações gerais.

## Mapas

A sinalização em Cuba é horrível, portanto um bom mapa é essencial para motoristas e também para ciclistas. O abrangente *Guía de Carreteras*, publicado na Itália, traz os melhores mapas disponíveis em Cuba. Ele normalmente vem gratuitamente quando você aluga um carro, se bem que já tinham cobrado entre CUC$5 e CUC$10 de alguns viajantes. Há um índice completo, um mapa detalhado de Havana e informações úteis em inglês, espanhol, italiano e francês. Mais útil ainda é o *Automapa Nacional*, disponível nas lojas dos hotéis e escritórios de aluguel de carro.

O melhor mapa publicado fora de Cuba é o Freytag & Berndt 1:1,25 milhão. O mapa da ilha é bom e tem plantas indexadas das cidades de Havana, Playas del Este, Varadero, Cienfuegos, Camagüey e Santiago de Cuba.

Para mapas bons e básicos, pegue um dos guias disponíveis nos escritórios da Infotur.

## Mulheres desacompanhadas

Em termos de segurança pessoal, Cuba é um destino dos sonhos para mulheres que viajam sozinhas. A maioria das ruas pode ser visitada à noite, crimes violentos são raros e a parte cavalheira do machismo significa que nunca será atropelada. Mas o machismo joga dos dois lados, protegendo de um lado e perseguindo – incansavelmente – do outro. Mulheres cubanas estão acostumadas com os *piropos* (assobios, barulhos de beijos e elogios constantes em seus ouvidos) e podem até responder se se sentirem à vontade. Para estrangeiras, no entanto, isso pode parecer uma invasão.

Ignorar *piropos* é o primeiro passo. Mas, às vezes, ignorar não é suficiente. Aprenda algumas frases em espanhol para afastar os homens. *No me moleste* (não me incomode), *está bueno ya* (está bem, está bem) ou *que falta respeto* (que falta de respeito) são boas escolhas assim como o olhar "não se atreva", que também faz parte do arsenal das mulheres cubanas. Usar roupas simples e modestas pode ajudar a diminuir a atenção indesejada; *topless* está fora de questão. Um marido ausente, inventado ou não, raramente surte efeito. Se for a uma casa noturna, deixe bem claro a parceiros de dança cubanos no que está ou não interessada.

## Normas alfandegárias

As normas alfandegárias de Cuba são complicadas. Para todos os detalhes, veja www.aduana.co.cu.

### Itens que podem entrar no país

Viajantes podem entrar com itens pessoais (incluindo equipamento de fotografia, binóculos, instrumentos musicais, gravador, rádio, computador pessoal, barraca, vara de pescar, canoa e outros equipamentos para esportes), e presentes de até CUC$50.

Itens que não se encaixam nas categorias mencionadas acima estão sujeitos a taxas de 100% até um máximo de CUC$1 mil.

### Itens proibidos

Itens proibidos incluem narcóticos, explosivos, pornografia, aparelhos elétricos em geral, GPS, espécies em extinção e publicações consideradas ameaças aos interesses gerais da nação. Comida enlatada, processada ou desidratada não é um problema nem animais de estimação.

### Itens que podem sair do país

É permitindo exportar cinquenta charutos em caixas sem pagar impostos (ou 23 individuais), US$5 mil (ou equivalente) em dinheiro e apenas CUC$200.

A exportação de arte não documentada e itens de patrimônio cultural é restrita e envolve taxas. Normalmente, quando comprar arte, você receberá um "selo" oficial no local da compra. Confira antes da compra. Se não houver um, precisará obtê-lo no **Registro Nacional de Bienes Culturales** (calle 17, 1009, entre calles 10 e 12, Vedado, Havana; ⌚9-12h seg-sex) em Havana. Leve os objetos para inspeção, preencha um formulário, pague uma taxa que varia entre CUC$10 e CUC$30 – o que cobre de uma a cinco obras de arte – e retorne em 24 horas para retirar o certificado.

## Portadores de deficiência

A cultura inclusiva de Cuba se estende a viajantes com necessidades especiais e, apesar de não haver instalações específicas, a natureza generosa do cubano geralmente compensa. Viajantes com problemas de visão terão ajuda para atravessar as ruas e prioridade nas filas. O mesmo é válido para viajantes em cadeiras de rodas, que irão encontrar rampas ridiculamente íngremes e terão dificuldade nas partes coloniais das cidades, onde as calçadas são estreitas e as ruas de pedra. Elevadores geralmente estão quebrados. Centros telefônicos Etecsa têm telefones equipados para pessoas com problemas de audição e programas de TV são exibidos com legendas.

## Questões legais

A polícia cubana está em todos os lugares e é normalmente amigável – é mais provável que eles o chamem para sair do que para pedir uma grana. Corrupção é uma ofensa séria em Cuba e ninguém quer se complicar e se envolver com isso. Ser pego sem identificação nunca é bom; leve algum documento só para garantir (carteira de motorista, uma cópia do passaporte ou carteira de estudante devem ser suficientes).

Drogas são proibidas em Cuba, apesar de que podem lhe oferecer maconha e cocaína nas ruas de Havana. Penalidades por comprar, vender, segurar ou usar drogas são sérias, e o país está fazendo um verdadeiro esforço para diminuir a demanda e eliminar a oferta. Só viajantes tolos pensam em usar essas substâncias em Cuba.

## Saúde

Do ponto de vista médico, Cuba é geralmente segura desde que você seja responsável quanto ao que come e bebe. As doenças de viagem mais comuns, tais como disenteria e hepatite, são adquiridas pelo consumo de água e comida contaminada. Doenças transmitidas por mosquitos não são uma preocupação significante na maioria das ilhas do arquipélago cubano.

A prevenção é a chave para se manter saudável enquanto viajar por Cuba. Viajantes que tomam as vacinas recomendadas e seguem as precauções do bom-senso normalmente voltam com nada mais do que uma pequena diarreia.

## Seguro

Desde maio de 2010, é obrigatório que todos os visitantes mostrem prova de um seguro médico ao entrar no país.

Caso vá parar em um hospital, ligue para a **Asistur** (☎7-866-4499, emergência 7-866-8527; www.asistur.cu; Paseo de Martín, 208, Centro Habana) para ajuda com o seguro e assistência médica. A empresa tem escritórios regionais em Havana, Cienfuegos, Cayo Coco, Camagüey, Guardalavaca e Santiago de Cuba.

O preço para tratamento de estrangeiros em clínicas internacionais é razoável, mas emergências e internações são caras (o sistema médico de graça para cubanos só deve ser utilizado em último caso).

Se estiver realmente preocupado com sua saúde, considere comprar um plano de seguro de viagem na Asistur quando chegar. Existem dois tipos de planos. Para não americanos, a apólice custa CUC$2,50 por dia e cobre até CUC$700 em custos de hospedagem, CUC$10 mil em despesas médicas (para doenças) e CUC$10 mil para a repatriação de pessoas doentes. Para americanos, uma cobertura similar custa CUC$8 por dia. É altamente recomendado que peça seguro de automóvel se pretende alugar algum.

Seguro médico mundial está disponível em www.lonelyplanet.com/travel_services.

## Sistema de saúde para estrangeiros em Cuba

O governo cubano estabeleceu um sistema de saúde para estrangeiros com fins lucrativos chamado **Servimed** (☎7-24-01-41), que é inteiramente separado do gratuito, sem fins lucrativos, que cuida de cidadãos cubanos. Existem mais de quarenta centros de saúde Servimed em toda a ilha, oferecendo cuidados primários e também uma variedade de especialidades e serviços de ponta. Se estiver hospedado em um hotel, a maneira comum de acessar o sistema é perguntar ao gerente por uma indicação de médico. Centros Servimed aceitam clientes sem agendamento. Enquanto alguns hospitais cubanos oferecem tratamento de emergência de graça para estrangeiros, esta deve ser a última opção. Lembre-se de que, em Cuba, recursos médicos são escassos e a população local deve ter prioridade nos locais de atendimento médico.

Quase todos os médicos e hospitais esperam pagamento em dinheiro, não importa se você tem seguro-saúde ou não. Se você desenvolver um problema de saúde grave, provavelmente vai querer ser transportado para um país com atendimento de ponta. Já que isso pode custar milhares de dólares, garanta que o seu seguro cobrirá essa possibilidade antes de partir.

Há farmácias especiais para estrangeiros também administradas pelo sistema Servimed, mas todas as farmácias cubanas notoriamente sofrem de falta de suprimentos, incluindo medicamentos. Assegure-se de levar uma quantidade adequada de todos os remédios de que pode precisar, tanto com receita como de balcão. Também leve um estojo de emergências equipado. Farmácias com a placa *turno permanente* ou *pilotos* ficam abertas 24 horas.

## Água

A água de torneira em Cuba não é segura para beber. Ferver vigorosamente por um minuto é o modo mais eficiente de purificá-la.

Você também pode desinfetar a água com pílulas de iodo. Mulheres grávidas, pessoas com doenças da tireoide e alérgicos a iodo não devem beber água iodada.

Existem vários filtros de água no mercado. Siga as instruções do fabricante cuidadosamente.

### SEGURO DE VIAGEM OBRIGATÓRIO

Desde maio de 2010 o seguro de viagens é obrigatório para todos os estrangeiros que visitam Cuba. Você deve levar a sua apólice e estar preparado para mostrá-la com seus outros documentos na alfândega. Se chegar sem seguro médico, você será obrigado a fazer um em Cuba com a empresa de seguros estatal Asistur.

### Viajar com saúde

» Antes de embarcar é uma boa ideia consultar o guia de saúde do viajante feito pelo governo brasileiro (http://www.anvisa.gov.br/viajante).

## Telefone

O sistema telefônico de Cuba ainda precisa de melhorias, então tome cuidado com mudanças de número. Normalmente, uma mensagem gravada irá informá-lo sobre as mudanças recentes. A maioria dos *telepuntos* Etecsa já foi completamente reformada, o que significa que haverá uma novíssima cabine telefônica com ar-condicionado e acesso à internet em quase todas as cidades.

### Celulares

A empresa de telefonia móvel cubana é chamada **Cubacel** (www.cubacel.com). Apesar de poder usar seu próprio aparelho, você terá que comprar seus serviços. A Cubacel tem mais quinze escritórios por todo o país (incluindo no aeroporto de Havana) onde você pode fazê-lo. O plano custa aproximadamente CUC$3 por dia ou CUC$6 por dia se usar o aparelho da empresa. Ligações locais custam a partir de CUC$0,10 (reduzida) a CUC$0,45 (normal) por minuto. Ligações internacionais ficam entre CUC$1,40 e CUC$1,80 por minuto.

### Códigos de área

Para ligar para Cuba do Brasil, use o código de acesso internacional (00), o número da operadora, o código de Cuba (53), o código da cidade ou área (sem o "0" que é usado em ligações domésticas entre províncias) e o número local. Neste guia, os códigos de área estão indicados no começo de cada capítulo. Para ligações internacionais a partir de Cuba, use o código de acesso internacional de Cuba (119), o código do país, o código de área e o número. Para o Brasil, apenas disque 119, então 55, o código de área e o número.

Para fazer uma ligação pela telefonista, disque 09, exceto para os EUA, que pode ser acessado por telefonista pelo número 66-12-12. Nem todos os telefones particulares de Cuba têm serviço internacional. Nesse caso, você deverá chamar a cobrar (*cobro revertido*). Esse serviço está disponível apenas para Argentina, Brasil, Canadá, Chile, Colômbia, Costa Rica, República Dominicana, França, Itália, México, Panamá, Espanha, Reino Unido, EUA e Venezuela. Telefonistas internacionais estão à disposição 24 horas e falam inglês. Você não conseguirá fazer chamadas a cobrar de telefones públicos.

### Cartões telefônicos

Etecsa é onde você irá comprar cartões telefônicos, mandar e receber faxes, usar a internet e fazer chamadas internacionais. Telefones públicos azuis da Etecsa que aceitam cartões magnéticos ou com chip estão em todos os lugares. Esses cartões são vendidos em conversíveis (CUC$5, 10 e 20) e em pesos cubanos (3, 5 e 7 pesos). Você pode fazer chamadas nacionais com qualquer um dos dois, mas só poderá fazer ligações internacionais com os cartões conversíveis. Se só fizer chamadas locais e nacionais, compre um cartão com pesos, é muito mais econômico.

Os melhores cartões para ligar a partir de Havana são chamados Propia. Eles vêm em pesos (5 e 10) e em conversíveis (CUC$10 e 25) e permitem chamadas de qualquer telefone – mesmo aqueles apenas para emergências – usando um código pessoal. As tarifas também são as mais baratas.

### Tarifas telefônicas

Ligações locais custam cinco centavos por minuto, enquanto interprovinciais custam de 35 centavos a 1 peso por minuto (note que apenas as moedas de peso com a estrela funcionam nos telefones públicos). Já que a maioria dos telefones não devolve troco, a cortesia ensina que você deve apertar o botão "R", assim a próxima pessoa da fila poderá fazer ligações com o seu dinheiro remanescente.

## Viagem segura

Cuba é geralmente mais segura que a maioria dos países e ataques violentos são extremamente raros. Pequenos furtos (como bagagem remexida nos quartos de hotel ou sapatos roubados na praia) são comuns, mas medidas preventivas funcionam às maravilhas. Previna-se contra os batedores de carteira: use sua bolsa na frente em ônibus lotados e em mercados cheios e só leve o dinheiro de que irá precisar quando sair à noite.

Pessoas pedindo coisas nas ruas são mais comuns e encorajadas por turistas que dão dinheiro, sabonete, canetas, chicletes e outros produtos. Se você realmente quer fazer algo para ajudar, farmácias e hospitais aceitam doações de remédios, escolas aceitam canetas, papel, lápis de cor etc., e bibliotecas ficarão agradecidas com doações de livros. Outra opção é deixar coisas para o dono de sua *casa particular* ou a igreja local. Cambistas são chamados de *jineteros/jineteras* (vendedores/as sem escrúpulos) e podem ser um verdadeiro tormento.

## Vistos e cartão de turista

Turistas regulares que planejam passar até dois meses em Cuba não precisam de visto. Em vez disso, você receberá uma *tarjeta de turista* (cartão de turista) válido por trinta dias (canadenses recebem noventa dias), que podem ser estendidos assim que estiver em Cuba. Para quem vai a Cuba usando apenas avião normalmente é possível comprar o cartão de turista da agência de viagens ou companhia aérea que vender a passagem (equivalente a US$15 extra). Pacotes turísticos incluem o cartão nos documentos de viagem.

Normalmente o embarque em um avião para Cuba não é permitido sem esse cartão, mas, caso consiga embarcar, compre um no Aeropuerto Internacional José Martí em Havana – lembre-se de que essa opção é complicada e arriscada, então, melhor evitar. Assim que chegar em Havana, se quiser estender o período ou trocar o cartão, deverá desembolsar CUC$25. Você não pode sair de Cuba sem apresentar seu cartão, então não o perca. Não será permitida sua entrada em Cuba sem uma passagem de volta. Note que os cubanos não carimbam seu passaporte na chegada ou na saída. Em vez disso, carimbam seu cartão de turista.

O "endereço em Cuba" deve ser preenchido, mesmo que apenas para evitar questionamento. Se estiver hospedado em uma *casa particular* legalizada ou hotel, você não terá problemas.

Viajantes a trabalho e jornalistas precisam de vistos. Pedidos devem ser feitos através de um consulado, com pelo menos três semanas de antecedência (ou mais, se pedir em um país que não o seu).

Visitantes com vistos ou qualquer pessoa que tenha ficado em Cuba mais de noventa dias devem solicitar uma permissão de saída em um escritório de imigração. O consulado cubano em Londres emite vistos oficiais (£32 mais duas fotos). Leva duas semanas para ficar pronto e o nome de um contato oficial em Cuba é necessário.

### Extensões

Para a maioria dos viajantes, obter uma extensão de visto assim que chegar a Cuba é fácil: é só ir para a *inmigración* (escritório de imigração) e apresentar seus documentos e CUC$25 em selos. Obtenha esses selos em uma filial do Bandec ou Banco Financiero Internacional com antecedência. Você só receberá trinta dias adicionais depois dos seus trinta dias originais (menos os canadenses, que recebem mais noventa dias além dos originais), mas poderá sair e entrar novamente no país por 24 horas e começar de novo (algumas agências de viagem em Havana têm ofertas especiais para esse tipo de viagem). Cuide da sua extensão alguns dias antes de o visto expirar e nunca tente viajar por Cuba com um visto fora da validade.

#### ESCRITÓRIOS CUBANOS DE IMIGRAÇÃO

Quase todas as cidades têm um escritório de imigração (fechado qua, sáb e dom), apesar de seus funcionários não serem sempre solícitos. Tente evitar o escritório de Havana se puder, pois fica ridiculamente lotado.

**Baracoa** (Antonio Maceo, 48; ⌚8-12h e 14-16h seg-sex)

**Bayamo** (carretera Central, km 2; ⌚9-12h e 13h30-16h ter e qui-sex) Em um grande complexo, 200m ao sul do Hotel Sierra Maestra.

**Camagüey** (calle 3, 156, entre calles 8 e 10, Reparto Vista Hermosa; ⌚8h-11h30 e 13-15h seg-sex, exceto qua)

**Ciego de Ávila** (esq. Delgado e Independencia; ⌚8-12h e 13--17h seg e ter, 8-12h qua-sex)

**Cienfuegos** (☎43-52-10-17; av. 46 entre calles 29 e 31)

**Guantánamo** (calle 1 Oeste entre calles 14 e 15 Norte; ⌚8h30-12h e 14-16h seg-qui) Exatamente atrás do Hotel Guantánamo.

**Guardalavaca** (☎24-43-02--26/7) Na estação policial na entrada do resort. Vá para extensões de visto.

**Havana** (Desamparados, 110, entre Habana e Compostela; ⌚8h30-16h seg-qua e sex, 8h30-11h qui e sáb)

**Holguín** (esq. General Marrero e General Vázquez; ⌚8-12h e 14-16h seg-sex) Chegue cedo – fica lotado.

**Las Tunas** (av. Camilo Cienfuegos, Reparto Buenavista) Nordeste da estação de trem.

**Sancti Spíritus** (☎41-32-47--29; Independencia Norte, 107; ⌚8h30-12h e 13h30-15h30 seg-qui)

**Santa Clara** (esq. av. Sandino e Sexta; ⌚8-12h e 13-15h seg--qui) Três quarteirões a leste do Estadio Sandino.

**Santiago de Cuba** (☎22--69-36-07; calle 13, 6, entre av. General Cebreco e calle 4; ⌚8h30-12h e 14-16h seg-sex, exceto qua) Selos para extensões de vistos são vendidos no Banco de Crédito y Comercio na Félix Peña, 614, no Parque Céspedes.

**Trinidad** (Julio Cueva Díaz; ⌚8-17h ter-qui) Saindo da Paseo Agramonte.

**Varadero** (esq. av. 1 e calle 39; ⌚8h-15h30 seg-sex)

### Permissões de entrada para cubanos e cidadãos naturalizados

Cidadãos naturalizados em outros países, mas que nasceram em Cuba, necessitam de uma *autorización de entrada* (permissão de entrada) emitida por uma embaixada ou consulado cubano. Chamada *Vigencia de viaje*, ela permite que cubanos que residem fora do país visitem Cuba quantas vezes quiserem em um período de dois anos. Pessoas hostis à Revolução ou com ficha criminal não são elegíveis.

O governo cubano não reconhece cidadania dupla. Todas as pessoas nascidas em Cuba são consideradas cidadãs cubanas a não ser que formalmente renunciem à sua cidadania em uma missão diplomática cubana e a renúncia seja aceita. Cubanos-americanos com dúvidas sobre nacionalidade dupla podem contatar o Office of Overseas Citizens Services, Department de Estado, em Washington DC 20520 (☎1-888-407-4747).

## Voluntariado

Há um número razoável de organizações que oferecem trabalho voluntário em Cuba, mas é sempre melhor programar os detalhes antes da viagem. Aparecer em Havana e se voluntariar pode ser difícil, se não impossível. Pesquise nos sites a seguir:

**Canada-Cuba Farmer to Farmer Project** (www.farmertofarmer.ca) Organização de agricultura sustentável baseada em Vancouver.

**Canada World Youth** (www.cwy-jcm.org) Escritório central em Montreal, Canadá.

**Cuban Solidarity Campaign** (www.cuba-solidarity.org) Escritório central em Londres, Reino Unido.

**Pastors for Peace** (www.ifconews.org) Coleta doações nos EUA para levar a Cuba.

**Witness for Peace** (www.witnessforpeace.org) Procura por pessoas que falam espanhol com disponibilidade para dois anos.

# transportes

## COMO CHEGAR E SAIR

### Entrando no país

Seja sua primeira ou quinquagésima vez pousando no Aeroporto Internacional José Martí, em meio a plantações de tabaco cor de vinho, a experiência é sempre excitante e inesquecível. Felizmente, os procedimentos para entrada no país são relativamente diretos e, com cerca de 2,4 milhões de visitantes ao ano, os agentes da imigração estão acostumados a lidar com a chegada de estrangeiros. Veja também p. 508 para mais informações sobre imigração.

Fora de Cuba, a capital é chamada de Havana, e é assim que agentes de viagens, companhias aéreas e outros profissionais se referem a ela. Dentro de Cuba, é quase sempre chamada de La Habana. Para fins de padronização, adotamos a primeira forma ao longo deste guia.

Voos, passeios e passagens de trem podem ser agendadas on-line no site www.lonelyplanet.com/travel_services.

### Avião

#### Aeroportos

Cuba possui dez aeroportos internacionais. O maior, de longe, é o **José Martí** em Havana. O único outro de tamanho considerável é o **Juan Gualberto Gómez,** em Varadero.

Voos fretados para cubano-americanos com permissão legal atualmente pousam em quatro aeroportos cubanos vindos de Miami e Nova York.

#### Companhias aéreas

Em Havana, a maioria dos escritórios de companhias aéreas estão em um desses dois locais: o **Airline Building** (calle 23, 64), em Vedado, ou na **Miramar Trade Center** (av. 3 entre calles 76 e 80) em Playa.

A companhia nacional **Cubana** (www.cubana.cu) opera voos regulares para Bogotá, Buenos Aires, Cidade do México, Cancún, Caracas, Cidade da Guatemala, Londres, Madri, Paris, Toronto, Montreal, San José (Costa Rica) e Santo Domingo (República Dominicana).

Sua frota moderna faz a maioria das rotas e suas tarifas aéreas estão normalmente entre as mais baratas. Entretanto, *overbooking* e atraso são problemas irritantes que acontecem com frequência. A companhia adota uma política de tolerância zero em relação a sobrepeso de bagagem, cobrando rigidamente por cada quilo que excede os 20kg permitidos por mala. Em termos de segurança, a Cubana teve acidentes consecutivos em dezembro de 1999, com 39 mortos, mas não houve mais nenhum desde então. Você pode se informar sobre a situação atual em www.airsafe.com.

**ÁFRICA**

Voos diretos da África saem de Luanda, Angola. De todos os outros países africanos, você deverá fazer conexão em Londres, Paris, Madri, Amsterdã ou Roma.

**TAAG** (www.taag.com) Voos semanais de Luanda à Havana.

**ÁSIA E AUSTRÁLIA**

Não há voos diretos para Cuba da Ásia ou da Austrália. Os viajantes podem fazer conexão na Europa, no Canadá, nos Estados Unidos ou no México.

#### DOCUMENTOS NECESSÁRIOS À ENTRADA

- Passaporte válido por até um mês além da sua data de saída do país
- Cartão de turista de Cuba corretamente preenchido
- Seguro de saúde para viagens (obrigatório desde maio de 2010)
- Comprovação de fundos para garantir sua estada no país
- Passagem de volta

**CANADÁ**

Voos do Canadá chegam a dez aeroportos cubanos vindos de 22 cidades canadenses. Toronto e Montreal são os principais centros. Outras cidades são servidas por voos diretos fretados. **A Nash Travel** (www.anashtravel.com), com base em Toronto, pode responder qualquer pergunta sobre voos/férias.

**Air Canada** (www.aircanada.com) Voos para Havana, Cayo Largo del Sur, Holguín, Santa Clara e Varadero.

**Air Transat** (www.airtransat.com) Voos para Cayo Coco, Cayo Largo del Sur, Holguín e Santa Clara.

**CanJet** (www.canjet.com) Voos para Camagüey, Cayo Largo del Sur, Cienfuegos, Holguín, Santa Clara, Santiago de Cuba, Varadero e Havana.

**Enerjet** (www.enerjet.ca) Voos fretados em temporadas para Varadero partindo de Calgary, Edmonton, Toronto e Vancouver.

**Hola Sun** (www.holasunholidays.ca) Especializada em voos para Cuba nas férias, vai para Cayo Coco e Holguín.

**Sunwing** (www.flysunwing.com) Voos para Cayo Coco, Camagüey, Cayo Largo del Sur, Cienfuegos, Manzanillo, Holguín, Santiago de Cuba, Varadero e Havana.

**Westjet** (www.westjet.com) Voos para Cayo Coco, Holguín, Santa Clara e Varadero.

**CARIBE**

A Cubana e a subsidiária **Aerocaribbean** (http://fly-aerocaribbean.com) são as principais companhias aéreas. As outras três estão listadas abaixo.

**Air Caraibes Airlines** (www.aircaraibes.com) Voos diretos de Pointe-à-Pitre na ilha francesa de Guadalupe para Havana.

**Bahamasair** (www.bahamasair.com) Nassau, nas Bahamas, para Havana.

**Cayman Airways** (www.caymanairways.com) Grand Cayman para Havana.

**EUROPA**

Voos partem regularmente para Cuba saindo da Bélgica, França, Alemanha, Itália, Rússia, Espanha, Suíça e Holanda.

**Aeroflot** (www.aeroflot.ru) Moscou para Havana, duas vezes por semana.

**Air Berlin** (www.airberlin.com) Dusseldorf, Munique e Berlim para Havana.

**Air Europa** (www.aireuropa.com) Voos duas vezes por semana de Madri para Havana.

**Air France** (www.airfrance.com) Voos diários do Charles de Gaulle, em Paris, para Havana.

**Air Italy** (www.alitalia.com) Milão e Roma para Varadero.

**Arkefly** (www.arkefly.nl) Amsterdã para Varadero.

**Blue Panorama** (www.blue-panorama.com) Milão e Roma para Cayo Coco, Cayo Largo del Sur, Holguín, Varadero e Havana.

**Condor** (www.condor.com) Frankfurt para Holguín, Varadero e Havana.

## AEROPORTOS INTERNACIONAIS DE CUBA

| NOME DO AEROPORTO | LOCALIZAÇÃO | CÓDIGO DO AEROPORTO | VOOS DIRETOS DE |
|---|---|---|---|
| Ignacio Agramonte | Camagüey | CMW | Canadá, Miami |
| Jardines del Rey | Cayo Coco | CCC | Reino Unido, Canadá, Itália |
| Vilo Acuña | Cayo Largo del Sur | CYO | Itália, Canadá |
| Jaime González | Cienfuegos | CFG | Canadá, Miami |
| José Martí | Havana | HAV | Rússia, México, Reino Unido, Espanha, França, Miami, Nova York, Bahamas, Ilhas Cayman, Alemanha, Panamá, Colômbia, Angola, Peru, Argentina, Costa Rica, Canadá, República Dominicana, Jamaica, Guadalupe, Venezuela, Guatemala, Holanda |
| Frank País | Holguín | HOG | Canadá, Reino Unido, Itália, Suíça, Alemanha, Holanda |
| Sierra Maestra | Manzanillo | MZO | Canadá |
| Abel Santamaría | Santa Clara | SNU | Canadá, Reino Unido |
| Antonio Maceo | Santiago de Cuba | SCU | Miami, Canadá |
| Juan Gualberto Gómez | Varadero | VRA | Alemanha, Canadá, Itália, Polônia, Holanda, Argentina, Suíça, Bélgica, México, Reino Unido, Brasil |

## VIAGEM E MUDANÇA CLIMÁTICA

Todo meio de transporte que usa combustível à base de carbono gera $CO_2$, a principal causa da mudança climática provocada por atividades humanas. As viagens modernas dependem dos aviões e, embora eles usem muito menos combustível por passageiro por quilômetro do que a maioria dos carros, percorrem distâncias muito maiores. O problema não se limita à quantidade de emissões: a altitude contribui de modo significativo para o seu impacto sobre a mudança climática. Muitos sites oferecem "calculadoras de carbono" que permitem às pessoas obter uma estimativa das emissões geradas por sua viagem. Para quem tiver interesse, também disponibilizam formas de compensar o impacto dos gases-estufa liberados com contribuições para iniciativas ecologicamente corretas ao redor do mundo. A Lonely Planet compensa a emissão de carbono das viagens de toda a sua equipe e autores.

**Edelwiess** (www.edelweissair.ch) De Zurique para Holguín e Varadero.

**Iberia** (www.iberia.com) Voos diários entre Madri e Havana.

**Jetairfly** (www.jetairfly.com) Voos fretados de Bruxelas para Havana.

**Martinair** (www.martinair.com) Amsterdã para Varadero e Havana.

**Neos** (www.neosair.it) Voo fretado ligando Milão a Cayo Largo del Sur, Holguín e Varadero.

**Rossiya Airlines** (www.rossiya-airlines.com) São Petersburgo para Varadero.

**Transaero** (www.transaero.com) Voo fretado em temporada de São Petersburgo e Moscou para Varadero.

#### MÉXICO

A Cidade do México e Cancún são bons lugares para fazer conexão com um vasto número de cidades americanas. A companhia de viagens cubana **Sol y Son México** (www.mx.solysonviajes.com), com base na Cidade do México, pode ajudar a organizar voos/pacotes.

**Aeroméxico** (www.aeromexico.com) Voos diários de Cancún e da Cidade do México para Havana.

**Lan** (www.lan.com) Cancún para Havana.

**Magni** (www.magnicharters.com.mx) Voos fretados de Cancún e Monterrey para Varadero.

#### AMÉRICAS DO SUL E CENTRAL

Não há voos diretos entre o Brasil e Cuba.

**Copa Airlines** (www.copaair.com) Voos diários de Bogotá, na Colômbia, e da Cidade do Panamá para Havana.

**Lan Chile** (www.lan.com) Voos semanais de Santiago do Chile para Havana.

**Taca Airlines** (www.taca.com) Voos diários de San José, na Costa Rica, e Lima, no Peru, para Havana.

**Whitejets** (www.whitejets.com.br) Voos fretados do Rio de Janeiro para Varadero.

#### REINO UNIDO

**Thomas Cook** (www.thomascook.com) Voos fretados de Londres e Manchester para Holguín, Cayo Coco, Santa Clara e Varadero.

**Thomson** (www.thomson.so.uk) Voos fretados de Londres e Manchester para Holguín e Varadero.

**Virgin Atlantic** (www.virgin-atlantic.com) Voos duas vezes por semana do Gatwick, em Londres, para Havana.

#### ESTADOS UNIDOS

Desde que a administração de Obama afrouxou as restrições de viagem para cubano-americanos em 2009, uma quantidade razoável de voos fretados sai regularmente dos EUA e voa para Cuba de Miami e Nova York. Todos os voos para o Aeroporto Internacional José Martí, em Havana, aterrissam no Terminal 2 e não no Terminal 3, o principal portal internacional.

**American Eagle** (www.aa.com) Miami para Havana, Camagüey, Cienfuegos e Santiago de Cuba.

**Sky King** (www.flyskyking.net) Voo fretado de Miami e Nova York para Havana e Camagüey.

**Vision** (www.visionairlines.com) Voo fretado de Miami e Nova York para Havana.

### TAXA DE EMBARQUE

Todos devem pagar CUC$25 de taxa de embarque no aeroporto. Somente em dinheiro.

## Mar

### Cruzeiros

Devido ao embargo dos Estados Unidos, que proíbe navios que atracam em portos cubanos de visitar os EUA por seis meses, poucos cruzeiros incluem Cuba em seus itinerários. Linhas europeias, entretanto, cansadas de ser deixadas de fora, estão começando a entrar no jogo. Vale a pena tentar duas companhias: **Thomson Cruises** (www.thomson.co.uk), britânica, que oferece paradas em Havana em três de seus itinerários desde dezembro de 2010, e **Fred Olsen Cruises** (www.fredolsencruises.com), empresa de noruegueses com base no Reino Unido que chega a Havana por Barbados.

### Iate particular

Se você tem seu próprio iate ou barco, há sete portos de entrada internacional em Cuba que possuem serviços alfandegários:

» Marina Hemingway (Havana)

» Marina Dásena (Varadero)

» Marina Cienfuegos

» Marina Cayo Guillermo

» Marina Santiago de Cuba

» Puerto de Vita (perto de Guardalavaca, na província de Holguín)

» Cayo Largo del Sur

» Cabo San Antonio (ponto do extremo oeste da província de Pinar del Río)

Donos de barco devem se comunicar com a guarda costeira cubana pela frequência VHF 16 e 68 ou pela rede de turistas 19A. Não há serviços de balsa programados para Cuba.

## Visitas guiadas

Cuba é popular pelas visitas guiadas, especialmente no campo das aventuras leves. Há também excursões focadas em cultura, meio ambiente, aventura, ciclismo, observação de pássaros, arquitetura, caminhada, você escolhe...

**Cuban Adventures** (www.cubagrouptour.com) Empresa com base na Austrália especializada em viagens a Cuba, que organiza pequenas excursões, em sua maioria com guias locais.

**Explore** (www.explore.co.uk) Nove passeios diferentes incluindo uma caminhada pelas "trilhas revolucionárias" que sobem o Pico Turquino.

**Exodus** (www.exodus.co.uk) Empresa de viagem de aventura com base na Inglaterra que oferece mais de meia dúzia de passeios regulares em Cuba, incluindo viagens em família e uma excursão de ciclismo de duas semanas.

# COMO CIRCULAR

## Avião

**A Cubana de Aviación** (www.cubana.cu) e a transportadora regional Aerocaribbean oferecem voos entre Havana e onze aeroportos regionais. Não há conexões internacionais entre os aeroportos exceto via Havana. Mais detalhes estão listados na tabela abaixo.

Voos de ida custam metade do preço de voos ida e volta e as restrições de peso de bagagem são rígidas (especialmente nos aviões menores da Aerocaribbean). Você pode comprar as passagens na maioria das recepções de hotéis e agências de viagem pelo mesmo preço que nos escritórios das companhias aéreas, que frequentemente são caóticos. Sol y Son é a agência de viagem da própria Cubana e é conhecida pelo seu atendimento ao consumidor e eficiência.

**Aerogaviota** (www.aerogaviota.com; av. 47, 2814, entre calles 28 e 34, Playa, Havana) oferece voos fretados mais caros para La Coloma e Cayo Levisa (província Pinar del Río), Nueva Gerona, Cayo Largo del Sur, Varadero, Cayo Las Brujas, Cayo Coco, Playa Santa Lucía e Santiago de Cuba.

## Bicicleta

Cuba é o paraíso dos ciclistas, com ciclovias, workshops para ciclistas e motoristas acostumados a dividir a estrada em todo o país. Peças de reposição são difíceis de encontrar – você deve levar as mais importantes com você. Ainda assim, os cubanos são mestres do reparo improvisado e, apesar de partes específicas provavelmente não estarem disponíveis, algo certamente pode ser improvisado. *Poncheros* concertam pneus furados e podem enchê-los; cada cidade pequena tem um.

Não se ouve falar de capacetes em Cuba exceto em resorts mais refinados, então você deve levar o seu. É obrigatório levar um cadeado, já que o roubo de bicicletas é desenfreado. *Parqueos* são estacionamentos de bicicleta localizados em qualquer lugar onde a multidão se reúne (por exemplo: mercados, terminais de ônibus, no centro etc); custam um peso.

Em todo o país, a faixa de 1m na estrada à extrema direita é reservada para bicicletas, até mesmo em rodovias. É ilegal pedalar nas calçadas e contra o tráfego em ruas de uma só mão e você será multado caso seja pego. A iluminação das estradas é deplorável, então evite pedalar à noite (por volta de um terço dos acidentes com automóveis em Cuba envolve bicicletas); leve lanternas com você só para garantir. Trens com *coches de equipaje* ou *bagones* (bagageiros) devem levar bicicletas por mais ou menos CUC$10 por viagem. Esses compartimentos são protegidos, mas leve suas coisas com você e dê uma checada na bicicleta quando chegar ao seu destino. Ônibus Víazul também levam bicicletas.

### Compra

Seleção limitada e preços altos fazem da compra de bicicletas em Cuba por meios oficiais pouco atrativa. É melhor perguntar e tentar fechar negócio com alguém para comprar sua *chivo* (gíria cubana para bicicleta) e vendê-la ou trocá-la quando for partir. Com uma barganha honesta, você pode conseguir uma por mais ou menos CUC$30 – embora quanto mais você pague, menos seus ossos vão sacolejar. Além da óbvia economia, levar sua própria bicicleta ainda é, de longe, a melhor aposta.

A loja de bicicletas El Orbe (p. 115) em Havana

vende bicicletas razoáveis feitas no Canadá.

### Aluguel

No momento da produção do guia, não havia agências oficiais de aluguel de bicicletas em Cuba, mas você pode obter algo que dá para ser usado na estrada por CUC$3 ou CUC$15 o dia. Bicicletas são normalmente incluídas como bônus em pacotes de resorts all-inclusive, mas fique esperto com freios ruins e ausência de marchas.

## Ônibus

Viajar de ônibus é uma maneira segura de circular por Cuba, pelo menos nas àreas mais populares. A **Víazul** (www.viazul.com) é a única companhia de viagens de longa distância disponível para não cubanos, com ônibus pontuais e ar-condicionado (exagerado), seguindo para destinos de interesse para os viajantes. A Víazul cobra pelas passagens em conversíveis e você pode confiar que vai chegar aonde quer – e a tempo. Os ônibus têm paradas regulares para almoço e jantar e sempre andam com dois motoristas. Eles têm saídas diárias e são um bom lugar para conhecer outros estrangeiros.

Muitas das áreas turísticas populares agora têm "passeios de ônibus", ônibus que ligam todas as atrações principais de uma área específica e cobram CUC$5 por um ticket para todo o dia. Os serviços são administrados pela agência de transportes estatal **Transtur** (☎7-831-7333). Tanto Havana como Varadero têm ônibus de dois andares descobertos na parte de cima. Micro-ônibus são usados em Viñales, Trinidad, Cayo Coco, Guardalavaca e Baracoa (temporada).

Os cubanos percorrem distâncias mais curtas em ônibus locais. Esses ônibus vendem passagens em pesos e são bem menos confortáveis e confiáveis que os da Víazul. Eles saem da estação de ônibus local em cada província. Os horários e os preços são normalmente escritos em uma lousa dentro do terminal.

### Reservas

Reservas na Víazul não são sempre necessárias, apesar de ser aconselhável checar durante a alta temporada de viagem (junho a agosto, Natal e Páscoa) e nas rotas populares (Havana-Trinidad, Trinidad-Santa Clara, e Santiago de Cuba-Baracoa). Normalmente, você pode colocar o seu nome numa lista com um dia ou dois de antecedência. Os ônibus se tornaram populares com as visitas de cubano-americanos depois da suspensão de restrições de viagem em 2009.

Os ônibus Víazul que saem de Baracoa estão quase sempre lotados, então reserve um lugar assim que chegar. Atualmente é possível fazer reservas on-line em www.viazul.com.

## Carro

Alugar um carro em Cuba é fácil, mas quando somar todos os custos (gasolina, seguro, taxas de aluguel), o total não sai barato. Programe-se para gastar, no mínimo, CUC$70 por dia, até por um carro pequeno. É até mais barato contratar um táxi para distâncias de até 150km (quando o guia foi escrito, táxis cobravam CUC$0,50 por quilômetro entre cidades).

### Carteira de motorista

Sua carteira de motorista nacional é o suficiente para alugar e dirigir um carro em Cuba.

### Gasolina

Gasolina vendida em pesos conversíveis (em oposição à vendida em pesos cubanos) pode ser amplamente encontrada em todo o país (a costa norte a oeste de Havana é a única exceção notável). Postos de gasolina normalmente estão abertos 24 horas por dia e podem ter uma pequena loja de peças no local. A gasolina é vendida por litro e vem nas variações *regular* (CUC$1,10 por litro) e *especial* (CUC$1,30 por litro). Carros de aluguel recomendam o uso da *especial*. Todos os postos têm frentistas eficientes que são *trabajadores sociales* (estudantes em processo de receber seu diploma).

### Peças de carros

Mesmo não podendo exatamente contar com peças disponíveis, cubanos têm décadas de experiência em guardar entulhos da estrada já que não contam com peças de fábrica, e você os verá fazer coisas incríveis com papelão, barbante, borracha e cabides para manter um carro andando.

Se precisar calibrar os pneus ou tiver um furo nos mesmos, pare em um posto de gasolina ou visite o *ponchero* local. Eles normalmente não têm medidas, então tome cuidado para que não encham demais os pneus.

### Seguro

Carros de aluguel vêm com um seguro opcional de CUC$10 por dia, que cobre tudo menos o roubo do rádio (que você deve colocar no porta-malas à noite). Você pode não comprar o seguro, mas, nesse caso, o depósito-caução que terá de fazer varia de CUC$200 a CUC$500. Caso se envolva em um acidente, você deve pegar uma cópia da *denuncia* (boletim de ocorrência) para requisitar a cobertura do seguro, um processo que pode demorar o dia todo. Se a polícia determinar que parte do acidente foi responsabilidade sua, diga *adiós* ao seu depósito.

### Aluguel

Alugar um carro em Cuba é muito fácil. Você precisará

## Rotas aéreas

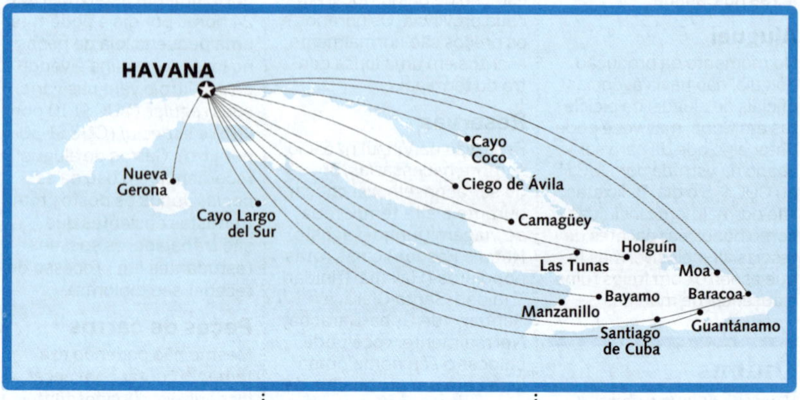




de seu passaporte, carteira de habilitação e um depósito reembolsável de CUC$200 (em dinheiro ou cartão de crédito não americano). Você pode alugar um carro em uma cidade e deixá-lo em outra por uma taxa razoável, o que é útil. Se estiver com o orçamento apertado, pergunte sobre carros a diesel – algumas agências oferecem opções e você pode economizar muito em combustível, considerando que um litro de gasolina custa CUC$1,15 e um de *petróleo* (diesel) custa CUC$0,65. Note que pouquíssimos carros de aluguel vêm com câmbio automático.

Se quiser alugar um carro por três dias ou menos, ele virá com quilômetros limitados, enquanto contratos de três dias ou mais vêm com quilômetros ilimitados. Em Cuba, você paga pelo primeiro tanque de gasolina quando aluga o carro (CUC$1,15 por litro) e o devolve vazio (manobra suicida que faz que muitos turistas mão-fechada fiquem sem gasolina a um quilômetro do ponto de entrega). Só para piorar, você não será reembolsado por nenhuma gasolina que sobrar no tanque. Roubos menores de espelhos, antenas, luzes de freio etc. são comuns, então vale a pena pagar um ou dois pesos conversíveis para que deem uma olhada no seu carro durante a noite. Se perder seu contrato de aluguel ou as chaves, você pagará uma multa de CUC$50. Motoristas com menos de 25 anos pagam uma taxa de CUC$5, enquanto motoristas adicionais no mesmo contrato custam CUC$15 extras.

Confira o carro cuidadosamente antes de sair com ele, pois será responsável por qualquer dano ou partes ausentes. Certifique-se de que há um pneu reserva do tamanho certo, um macaco e uma chave de roda. Cheque os cintos de segurança e as travas de todas as portas.

Nós recebemos muitas cartas sobre atendimento ao cliente ruim ou inexistente, pneus reserva que não servem para nada, reservas esquecidas e outros problemas com aluguel de carro. Reservas só são aceitas com quinze dias de antecedência e, mesmo assim, nada é garantido. Apesar de os agentes serem convincentes, você pode acabar pagando mais do que planejou ou tendo que esperar horas até que alguém devolva um carro. Quanto mais espanhol você falar e mais simpático for, mais rápido os problemas serão resolvidos (gorjetas ao agente podem ajudar). Como na maioria dos assuntos relacionados a viagens em Cuba, tenha sempre um Plano B.

### Condições das estradas

Dirigir em Cuba é uma experiência única não apenas por ser um ambiente diferente; trata-se de um esporte diferente. O primeiro problema é que não existem placas – em quase nenhum lugar. Grandes cruzamentos e saídas para resorts importantes ou cidades, na maioria das vezes, não estão indicados. Isso não só distrai como consome muito o tempo. A falta de sinalização também se estende às rodovias. Ruas de mão única não indicam que o são, limites de velocidade não estão expostos – o que pode gerar algum problema com a polícia (que não entenderá a sua inabilidade de absorver telepaticamente as leis da estrada) – e as marcações de faixas são inexistentes em todos os lugares.

A Autopista, a Vía Blanca e a carretera Central estão, normalmente, em bom estado, mas esteja preparado para estradas se desfazendo em pedaços de asfalto e cruzamentos inesperados com ferrovias (principalmente em Oriente). Esses cruzamentos são particularmente

## CUIDADO: ACIDENTES

Cuidado ao dirigir um carro em Cuba. Apesar de as estradas serem calmas, todo tipo de obstáculo foge ao olhar não treinado. Conte com cabras, charretes noturnas sem luzes, crianças brincando, cruzamentos com ferrovias cobertas pela grama (e sem passagem de nível), ciclistas sem cuidado com o trânsito, galinhas fugitivas, pedestres cruzando a rua, motoristas embriagados e mais. Caso se envolva em um acidente de carro que resulte na morte ou ferimento de outra pessoa, você ficará detido em Cuba até o assunto ser resolvido.

problemáticos, pois existem centenas deles e nenhum com cancelas de segurança. Cuidado: a ferrovia pode estar coberta com grama alta e escondida, mas sempre assuma que ainda está em uso. Trens cubanos, assim como os carros, desafiam toda a lógica quando se trata de mecânica.

Enquanto o trânsito motorizado é leve, bicicletas, pedestres, carros de boi, charretes e gado são outra história. Muitos carros e vans antigos não têm espelhos retrovisores e crianças desatentas ao trânsito correm de todos os cantos e direções. Fique alerta, dirija com cuidado e use a buzina em curvas que ofecerem pouca visibilidade.

Dirigir à noite não é recomendável, devido a estradas em condições variáveis, motoristas bêbados, vacas andarilhas e má iluminação. A embriaguez ao volante continua a ser um grande problema, mesmo com uma campanha educacional do governo. As madrugadas em Havana são particularmente perigosas, pois parece haver uma faixa de passagem, uma faixa de travessia e uma faixa de bêbados.

Faróis estão normalmente quebrados ou escondidos e as regras da preferência de mão são ignoradas. Seja muito cuidadoso.

### Regras nas estradas

Os cubanos dirigem como e onde querem. À primeira vista, parece caótico, mas tem um ritmo próprio. Cintos de segurança são supostamente obrigatórios e os limites de velocidade são 50km/h na cidade, 90km/h nas estradas e 100km/h na Autopista, mas tanto há carros que nem conseguem chegar a essas velocidades como há aqueles que podem ir mais rápido ainda.

Com tão poucos carros na estrada, é difícil não enfiar o pé no acelerador e simplesmente voar. Buracos inesperados são um perigo, assim como a polícia. Multas por excesso de velocidade custam a partir de CUC$30 e são anotadas em seu contrato de aluguel; a multa é deduzida de seu depósito quando devolver o carro. Se for parado pelos policiais, espera-se que você saia do carro e ande até eles com sua documentação. Um carro vindo em sua direção com luzes piscando significa perigo à frente (normalmente a polícia).

A crise de transportes cubanos significa que há muita gente esperando por caronas à beira da estrada. Dar uma *botella* (carona) para mochileiros locais tem suas vantagens além do altruísmo. Com um passageiro cubano, você nunca se perderá, descobrirá lugares secretos que não aparecem em nenhum guia e conhecerá pessoas incríveis. Existem sempre os riscos associados a mochileiros; dar caronas a pessoas idosas ou famílias pode reduzir o fator de risco. Nas províncias, pessoas esperando por caronas são organizadas em filas pelos *amarillos* (organizadores de tráfego), e eles colocarão as pessoas mais necessitadas em seu carro, normalmente um casal idoso ou uma mulher grávida.

## Balsa

As balsas mais importantes para viajantes são o catamarã de Surgidero de Batabanó a Nueva Gerona, **Isla de la Juventud** (☎7-878-1841), e a balsa de passageiros de Havana a Regla e **Casablanca** (☎7-867-3726). Essas balsas são normalmente seguras, apesar de que, em 1997, dois hidrofólios se chocaram na rota para a Isla de Juventud. Em 1994 e em 2003, a balsa Regla/Casablanca foi sequestrada por cubanos que tentavam chegar à Flórida. O incidente de 2003 envolveu

## AVISOS PARA VIAGENS AÉREAS

Algumas embaixadas – principalmente a britânica – não recomendam o transporte aéreo interno em Cuba devido a preocupações com a segurança. Em novembro de 2010, um avião de hélice dupla fabricado na França e na Itália que operava pela companhia cubana Aerocaribbean caiu na província de Sancti Spíritus em rota de Santiago de Cuba para Havana, matando todas as 68 pessoas a bordo. No momento da produção deste guia, as causas da queda ainda estavam sendo investigadas.

turistas, então você pode esperar alta segurança.

## Carona

A crise dos transportes, a cultura da solidariedade e os baixos níveis criminais fazem de Cuba um bom destino para mochileiros. Lá, pegar carona é mais como "dividir um carro" e é uma atividade legalmente encorajada. Faróis, cruzamentos com ferrovias e cruzamentos de estradas são paradas regulares para pessoas que procuram caronas. Nas províncias e nos subúrbios de Havana, os *amarillos* (supervisores de trânsito do Estado, nomeados assim por seu uniforme amarelo-mostarda) organizam e priorizam essas pessoas e você pode entrar na fila. A corrida custa de cinco a vinte pesos dependendo da distância. Viajantes pegando caronas precisam de um bom mapa e algumas habilidades em espanhol. Em alguns casos, pode-se esperar de duas a três horas por uma carona. Pedir carona nunca é inteiramente seguro em nenhum lugar do mundo. Viajantes que decidem mochilar devem entender que estão assumindo um pequeno, mas potencialmente sério, risco. Essas pessoas estarão mais seguras se pegarem caronas em duplas e avisarem alguém para onde planejam ir.

## Transporte local

### Bicitáxi

Bicitáxis são grandes triciclos com um assento duplo atrás do motorista e muito comuns em Havana, Camagüey, Holguín e algumas outras cidades. Em Havana, eles insistem em uma corrida mínima de CUC$1 (cubanos pagam de cinco a dez pesos). Alguns bicitáxis pedem quantias ridículas. O preço deve ser acertado bem antes de embarcar. Por lei, bicitáxis não podem carregar turistas (que deveriam usar táxis regulares), e eles correm riscos por levar estrangeiros. As regras para bicitáxis são mais relaxadas nas províncias e você pode conseguir um por cinco pesos.

### Barco

Algumas cidades como Havana, Cienfuegos, Gibara e Santiago de Cuba têm balsas locais. Detalhes estão em seus respectivos capítulos.

### Ônibus

Muito cheio, com muito fumaça, muito desafiante, muito cubano – *guaguas* (ônibus locais) são úteis em cidades grandes. Os ônibus andam em rotas fixas, parando em *paradas* onde sempre há uma fila, mesmo que não pareça. Você terá que gritar *¿el último?* para descobrir quem era o último da fila antes de você chegar. Você acena quando a próxima pessoa chegar e então saberá exatamente onde entra na fila, o que lhe dá tempo de tomar uma cerveja até o ônibus aparecer.

Os ônibus custam de quarenta centavos a um peso. Havana e Santiago de Cuba receberam recentemente novíssimas frotas de ônibus chineses. Você deve sempre ficar bem no fundo e descer pela traseira. Peça licença dizendo *permiso*, sempre use sua bolsa na frente do corpo e cuide de sua carteira.

### Colectivo e máquina

*Colectivos* são táxis que traçam uma rota fixa e de longa distância e saem quando estiverem cheios. São normalmente carros americanos pré-1959 que cospem nuvens de fumaça e podem apertar pelo menos três pessoas no

**VOOS INTERNOS DE HAVANA**

| DESTINO | FREQUÊNCIA | DURAÇÃO (H) |
|---|---|---|
| Baracoa | 1 semanalmente | 2h e 30min |
| Bayamo | 2 semanalmente | 2 horas |
| Camagüey | diariamente | 1h e 30min |
| Cayo Coco | diariamente | 1h e 15min |
| Cayo Largo del Sur | diariamente | 40 minutos |
| Ciego de Ávila | 1 semanalmente | 1h e 15min |
| Guantánamo | 5 semanalmente | 2h e 30min |
| Holguín | 2-3 diariamente | 1h e 30min |
| Isla de la Juventud | 2 diariamente | 40 minutos |
| Manzanillo | 1 semanalmente | 2 horas |
| Moa | 1 semanalmente | 3 horas |
| Santiago de Cuba | 2-3 diariamente | 2h e 15min |

## ROTAS DA VÍAZUL

| ROTA | DURAÇÃO (H) | PREÇO (CUC$) | PARADAS |
|---|---|---|---|
| Havana-Santiago de Cuba | 15h e 30min | 51 | Entronque de Jaguey, Santa Clara, Sancti Spíritus, Ciego de Ávila, Camagüey, Las Tunas, Holguín, Bayamo |
| Trinidad-Santiago de Cuba | 12 horas | 33 | Sancti Spíritus, Ciego de Ávila, Camagüey, Las Tunas, Holguín, Bayamo |
| Havana-Viñales | 3h e 15min | 12 | Pinar del Río |
| Havana-Holguín | 10h e 30min | 44 | Santa Clara, Sancti Spíritus, Ciego de Ávila, Camagüey, Las Tunas |
| Havana-Trinidad | 5h e 30min | 25 | Entronque de Jaguey, Cienfuegos |
| Havana-Varadero | 3 horas | 10 | Matanzas, Varadero Airport |
| Santiago de Cuba-Baracoa | 4h e 45min | 15 | Guantánamo |
| Varadero-Santiago de Cuba | 16 horas | 49 | Cárdenas, Colón, Santa Clara, Sancti Spíritus, Ciego de Ávila, Camagüey, Las Tunas, Holguín, Bayamo |
| Trinidad-Varadero | 6 horas | 20 | Cárdenas, Colón, Entronque de Jaguey, Cienfuegos |

banco da frente. Táxis estatais que cobram em pesos conversíveis e ficam perto de rodoviárias são mais rápidos e normalmente mais baratos do que os ônibus.

### Charretes

Muitas cidades provincianas têm *coches de caballo* (charretes) que traçam rotas fixas, normalmente entre rodoviárias e estações de trem e centros de cidades. Preços em *moneda nacional* variam ao redor de um peso.

### Táxi

Táxis têm taxímetros e custam CUC$1 de bandeirada e mais CUC$1 por quilômetro rodado. Motoristas têm o costume de oferecer uma tarifa fixa fora do taxímetro que, normalmente, sai muito próxima do que você pagaria com seu uso. A diferença é que, com o taxímetro, o dinheiro vai para o Estado para ser dividido; sem ele, o dinheiro vai para o bolso do motorista.

## Visitas guiadas

Das muitas agências de turismo em Cuba, as seguintes são as mais úteis:

**Cubamar Viajes** (☎7-833-2523/4; www.cubamarviajes.cu) Aluga chalés de *campismo* e trailers.

**Cubanacán** (☎7-873-2686; www.cubanacan.cu) Agência de turismo geral que também tem divisões chamadas Cubanacán Náutica (mergulhos, barcos e pesca) e Turismo Y Salud (cirurgias, spas e reabilitações).

**Cubatur** (☎7-835-4155)

**Ecotur** (☎7-204-5188)

**Gaviota** (☎7-204-4411; www.gaviota-grupo.com)

**Havanatur** (☎7-835-3720; www.havanatur.cu) Trabalha com a Marazul Tours nos EUA.

**Paradiso** (☎7-832-9538/9; paradis@paradiso.artex.com.cu) Passeios culturais e de arte de vários dias.

**San Cristóbal Agencia de Viajes** (☎7-861-9171; www.viajessancristobal.cu)

## Trem

Ferrovias públicas gerenciadas pela Ferrocarriles de Cuba servem todas as capitais provinciais e são uma ótima maneira de conhecer Cuba, se você tiver tempo e paciência. Apesar de as viagens de trem serem seguras, as informações de horários fornecidas neste guia são puramente teóricas. Comprar uma passagem normalmente não é problema, pois há uma cota para turistas em conversíveis.

Estrangeiros devem pagar suas passagens em dinheiro, mas os preços são razoáveis e os carros, apesar de velhos e usados, são bem confortáveis. Os banheiros são muito sujos – leve papel higiênico. Fique de olho na sua bagagem em viagens durante a noite e leve um

## O HOMEM NO ASSENTO 61

Um resumo atualizado dos horários de trens de Cuba, tipos e nuances está disponível no site **The Man in Seat Sixty-one** (www.seat61.com), administrado por Mark Smith no Reino Unido. O site cobre viagens de trem por todo o mundo, mas também tem uma lista decente dos principais serviços ferroviários de Cuba – realmente uma raridade!

lanche. Apenas o Tren Francés tem lanchonete, mas alguns vendedores passam pelo corredor vendendo café (você leva o copo).

### Estações de trem

As estações de trem cubanas, apesar de suas fachadas grandiosas, são normalmente sujas e caóticas, com pouca informação visível sobre os trens. Horários de saída estão escritos à mão em lousas pretas ou bilhetes; não existem painéis eletrônicos ou impressos. Sempre confira as informações de dois a três dias antes de sua viagem.

### Classes

Os trens são divididos em: *especial* (trens refrigerados e mais rápidos, com mais saídas), *regular* (mais demorados, com saídas diárias) ou *lecheros* (que irão parar em todas as cidades no caminho). Trens em rotas longas como Havana-Santiago de Cuba serão *especial* ou *regular*.

### Custos

O trem *regular* custa abaixo de CUC$3 por 100km, enquanto um *especial* custa cerca de CUC$5,50 por 100km. O trem Hershey custa o mesmo que o trem *regular*.

### Reservas

Na maioria das estações de trem, você apenas vai até a bilheteria e compra uma passagem. Em Havana, há uma sala de espera separada e uma bilheteria para passageiros, onde se paga em conversíveis, na estação La Coubre. Esteja preparado para mostrar seu passaporte quando comprar passagens. É sempre sábio conferir com antecedência as saídas mais atualizadas, pois as coisas sempre mudam.

### Rede ferroviária

A rede ferroviária de Cuba é abrangente, cobrindo quase toda a extensão da ilha principal, de Guane, na província de Pinar del Río, até Caimanera, um pouco ao sul da cidade de Guantánamo.

Há também outras linhas secundárias em direção ao norte e ao sul e ligando lugares como Manzanillo, Nuevitas, Morón e Cienfuegos. Baracoa é uma das poucas cidades sem conexão por trem. Outros territórios que são servidos por trem são a Isla de la Juventud, o extremo oeste da província Pinar del Río e os recifes do norte. Trinidad tem permanecido separada da ferrovia principal desde que uma tempestade derrubou uma ponte em 1992, mas tem pequenas linhas secundárias que correm ao longo do Valle del los Ingenios.

### Serviços

Muitos trens locais adicionais operam pelo menos uma vez por dia e alguns com frequência ainda maior. Há também trens menores ligando Las Tunas e Holguín, Holguín e Santiago de Cuba, Santa Clara e Nuevitas, Cienfuegos e Sancti Spíritus, Santa Clara e Caibarién. Mais informações são dadas nos capítulos sobre cada região neste guia.

Hershey (p. 154) é a única estrada de trem elétrico em Cuba e foi construída pela Hershey Chocolate Company nos primeiros anos do século 20; é um jeito divertido de circular entre Havana e Matanzas. Para horários, veja os capítulos de Havana e Matanzas.

## O TREN FRANCÉS

O melhor e mais rápido trem de Cuba é o Tren Francés, que vai de Havana a Santiago de Cuba e vice-versa a cada três dias (1ª/2ª classe CUC$62/50, 15h e 30min, 861km). O trem número 1 sai de Havana às 16h20, passando por Santa Clara e Camagüey antes de chegar a Santiago de Cuba às 9h50. O trem número 2 sai de Santiago de Cuba diariamente às 9h e chega a Havana às 0h15. O trem usa carros franceses antigos (daí o nome), que operavam a rota europeia Paris-Bruxelas-Amsterdã. Eles foram comprados pelos cubanos em 2001. Os carros são confortáveis, ainda que um pouco usados, com ar-condicionado gélido, um café limitado, um comissário de bordo em cada vagão e banheiros bem sujos. Como muitas coisas em Cuba, não é a qualidade dos carros que é um problema, mas sim sua manutenção – ou falta de. O Tren Francés tem duas classes, *primera* e *primera especial*. A última vale o investimento de CUC$12 a mais.

## SERVIÇOS DE TREM QUE PARTEM DE HAVANA

As informações que seguem estão suscetíveis a mudanças ou cancelamento. Sempre cheque antes.

| DESTINO | Nº DO TREM | FREQUÊNCIA | PREÇO (CUC$) |
|---|---|---|---|
| Pinar del Río | 225 | dia sim, dia não | 6,50 |
| Bayamo | 7 | a cada 3 dias | 26 |
| Guantánamo | 5 | a cada 3 dias | 32 |
| Santiago de Cuba | 1, 5 | 2 a cada 3 dias | 30-62 |
| Matanzas | 3, 5, 7, 9, 29 | diariamente | 3 |
| Morón | 29 | diariamente | 24 |
| Manzanillo | 28 | a cada 3 dias | 32 |
| Cienfuegos | 19 | dia sim, dia não | 11 |
| Santa Clara | 1, 3, 5, 7, 9, 29 | diariamente | 10–21 |
| Camagüey | 1, 3, 5, 7 | diariamente | 19–41 |
| Sancti Spíritus | 9 | dia sim, dia não | 13,50 |

## Van

*Camiones* (vans) são uma forma barata e rápida de viajar dentro das ou entre as províncias. Cada cidade tem um ponto de ônibus municipal e da província com saídas de *camiones*. Eles circulam em horários meio aleatórios e é preciso que você entre na fila para o seu destino perguntando quem é *el último*; você paga assim que embarca. Uma van de Santiago de Cuba para Guantánamo custa cinco pesos (CUC$0,20), enquanto a mesma viagem em um ônibus da Víazul custa CUC$6.

A viagem de *camion* é quente, lotada e desconfortável, mas é uma forma ótima de conhecer moradores locais; um pouco de espanhol levará você longe.

Às vezes, a equipe do terminal diz aos estrangeiros que eles estão proibidos de viajar em vans. Como tudo em Cuba, nunca aceite "não" como resposta final. Diga que está com pouco dinheiro ou puxe conversa com o motorista, fazendo um apelo a outros passageiros para que ajudem. Normalmente funciona.

# idioma

## QUER MAIS?

Para informações mais aprofundadas sobre o idioma e frases úteis, confira o *Latin American Spanish Phrasebook,* da Lonely Planet. Você vai encontrá-lo no **shop. lonelyplanet.com**, ou pode comprar o livro de expressões da Lonely Planet para Iphone na Apple App Store.

A ortografia do espanhol é foneticamente consistente, o que significa que há uma relação clara entre o que você vê escrito e a maneira como é pronunciado. A maioria dos sons do espanhol latino-americano é pronunciada de maneira similar aos correspondentes no português – se você ler nossas indicações azuis de pronúncia como se estivessem em português, vai se fazer entender. Note que a pronúncia do v e b são similares ao português "b" (mas mais sutis, entre um "v" e um "b"), e o r é bem enrolado. Além disso, o ll pronuncia-se como um "i" longo, aqui o indicamos como "y" para não confundir as pronúncias longas e curtas. Nas nossas indicações de pronúncia, as sílabas tônicas estão em itálico.

Os substantivos em espanhol variam de acordo com o gênero (masculino ou feminino). As terminações de adjetivos também concordam com o gênero do substantivo que eles modificam. Quando necessário, ambas as formas são dadas para as frases neste capítulo, separadas por uma barra e com a forma masculina primeiro, por exemplo, *perdido/a* (m/f).

Quando estiver falando com pessoas conhecidas ou mais jovens, use o tratamento informal "você", *tú*, em vez da forma mais educada *usted*. Em todos os outros casos, use a forma mais educada. Ela é usada nas frases fornecidas por este capítulo; quando ambas as opções são dadas, isso é indicado pelas abreviações "for" e "inf".

## RELACIONAMENTO

| | | |
|---|---|---|
| **Oi.** | *Hola.* | o·la |
| **Tchau.** | *Adiós.* | a·*dios* |
| **Como vai você?** | *¿Qué tal?* | ke tal |
| **Bem, obrigada.** | *Bien, gracias.* | bien *gra*·cias |
| **Com licença.** | *Perdón.* | per·*don* |
| **Desculpa.** | *Lo siento.* | lo *sien*·to |
| **Sim./Não.** | *Sí./No.* | si/no |
| **Por favor.** | *Por favor.* | por fa·*vor* |
| **Obrigada.** | *Gracias.* | *gra*·cias |
| **De nada.** | *De nada.* | de *na*·da |

**Meu nome é...**
*Me llamo...* — me *ya*·mo...

**Qual o seu nome?**
*¿Cómo se llama usted?* — *ko*·mo se *ya*·ma *u*·ste (for)
*¿Cómo te llamas?* — *ko*·mo te *ya*·mas (inf)

**Você fala inglês?**
*¿Habla inglés?* — *a*·bla in·*gles* (for)
*¿Hablas inglés?* — *a*·blas in·*gles* (inf)

**Eu (não) entendo.**
*Yo (no) entiendo.* — yo (no) en·*tien*·do

## ACOMODAÇÕES

**Queria reservar um quarto.**
*Quisiera reservar una habitación.* — ki·*cie*·ra re·cer·*var u*·na a·bi·ta·*cion*

**Quanto é por noite/pessoa?**
*¿Cuánto cuesta por noche/persona?* — *kwan*·to *kwes*·ta por *no*·che/per·*so*·na

**Inclui café da manhã?**
*¿Incluye el desayuno?* — in·*klu*·ye el de·ssa·*iu*·no

| | | |
|---|---|---|
| **camping** | *terreno de cámping* | te·rre·no de *kam*·ping |
| **hotel** | *hotel* | o·*tel* |
| **casa de hóspedes** | *pensión* | pen·*sion* |

**agropecuario** – mercado de legumes; vende também arroz e frutas
**aguardiente** – aguardente
**ama de llaves** – empregada doméstica; veja *camarera*
**amarillo** – fiscal de trânsito em uniforme amarelo
**americano/a** – qualquer cidadão de países das Américas (do Canadá à Argentina); um cidadão dos Estados Unidos é chamado norte-americano/a ou estadunidense; veja também *gringo/a* e *yuma*
**aruaque** –tribos indígenas linguisticamente relacionadas que habitaram grande parte das ilhas caribenhas e o norte da América do Sul.
**autopista** – rodovia
**babalawo** – um sacerdote da *santería*; ou *babalao*; veja também *santero*
**baía** – baía
**balseros** – balseiros; usado para descrever os emigrantes que fugiram para os EUA na década de 1990 em balsas caseiras
**barbuda** – nome dado para o exército revolucionário de Fidel; literalmente "os barbados"
**barrio** – bairro
**bici-taxi** – táxi de bicicleta; bicitáxi
**bloqueo** – termo cubano para o embargo dos EUA
**bodega** – lojas que distribuem produtos da "libreta" de racionamento
**bohío** – cabana de palha
**bolero** – canção de amor
**botella** – pegar carona; literalmente "garrafa"
**cabaña** – cabana
**cabildo** – conselho da cidade durante o período colonial; também uma associação de classe de religiões cubanas com origem africana
**cacique** – cacique; originalmente usado para descrever um chefe indígena e hoje usado para designar um tirano mesquinho
**Cadeca** – casa de câmbio
**cafetal** – cafezal
**caliente** – quente
**calle** – rua
**camión** – caminhão; van
**campesinos** – camponeses
**campismo** – rede nacional com 82 campings, nem todos abertos a estrangeiros
**carnet** – documento de identificação que permite a estrangeiros pagar por museus, transporte e performances teatrais em pesos
**casa particular** – casas particulares que alugam quartos para estrangeiros (e, algumas vezes, cubanos); todas as casas legalizadas apresentam um triângulo verde na porta
**casco histórico** – centro histórico
**CDR** – Comités de Defensa de la Revolución; organizações de vigilância da comunidade, originalmente formados em 1960 para consolidar o apoio das classes populares à Revolução; hoje eles têm funções relacionadas a saúde, educação, comunidade, reciclagem e campanhas de trabalho voluntário
**Chachachá** – chá-chá-chá; música 4/4 derivada da rumba e do mambo
**chivo** – gíria cubana para bicicleta
**cimarrón** – escravo fugitivo
**claves** – baquetas usadas pelos músicos
**Cohiba** – nome nativo indígena para um instrumento de fumo; uma das melhores marcas de charuto de Cuba
**colectivo** – táxi coletivo que transporta quantos passageiros couber; geralmente um carro americano clássico
**comida criolla** – comida crioula
**compañero/a** – camarada ou parceiro, com conotações revolucionárias (por exemplo "companheiro")
**conseguir** – conseguir
**convertibles** – pesos conversíveis
**criollo** – crioulo; espanhóis nascidos nas Américas
**Cubanacán** – logo depois de atracar em Cuba, Cristóvão Colombo visitou uma vila de tainos chamada Cubanacán (que significa "no centro da ilha"); uma companhia de turismo cubana usa esse nome
**danzón** – tradicional dança de salão cubana, originada em Matanzas durante o final do século 19
**décima** – os versos rimados de oito sílabas que compõem as letras do *son* cubano
**duende** – entusiasmo/charme; usado no flamenco para descrever o clímax máximo para a música
**el imperio** – "o império"; termo usado na mídia oficial cubana para se referir aos EUA, conduzidos pelos imperialistas
**El Líder Máximo** – o Líder Máximo; título muitas vezes usado para descrever Fidel Castro
**el último** – literalmente "o último"; esse termo é chave para lidar com as filas cubanas (você deve ficar com o lugar de *el último* quando entrar numa fila e "abandoná-lo" quando uma pessoa nova chegar)
**entronque** – cruzamento em áreas rurais
**espectacular** – show/espetáculo extravagante
**finca** – casa de fazenda
**Gitmo** – gíria americana para a base naval dos EUA em Guantánamo
**Granma** – o iate que conduziu Fidel e seus companheiros do México para Cuba em 1956 para começar a Revolução; em 1975 o nome foi adotado para a província onde o *Granma* chegou; também é o nome do principal jornal diário de Cuba
**gringo/a** – qualquer caucasiano; veja também americano/a e *yuma*

**guajiro/a** – homem do campo ou caipira

**guarapo** – suco fresco de cana/garapa

**habanero/a** – pessoa de Havana

**herbero** – vendedor de ervas, medicamentos naturais e preparador de remédios

**ingenio** – um termo antiquado para engenho de açúcar; veja central

**inmigración** – posto de imigração

**iorubá** –grupo étnico-linguístico da África Ocidental

**jardín** – jardim

**jinetera** – trambiqueira; mulher que se envolve com homens estrangeiros

**jinetero** – malandro, cambista; literalmente um "golpista"

**luchar** – literalmente brigar, lutar

**M-26-7** – Movimento de 26 de julho, organização revolucionária de Fidel, recebeu o nome por conta da investida frustrada ao Cuartel Moncada de Santiago de Cuba em 26 de julho de 1953

**maqueta** – maquete

**máquina** – táxi privado (pagamento em peso)

**mercado** – mercado

**mirador** – mirante

**mogote** – monolito de calcário encontrado em Viñales

**Moncada** – antigo quartel--general em Cuba nomeado em homenagem ao General Guillermo Moncada

**moneda nacional** – abreviação MN; pesos cubanos

**mudéjar** – estilo de arquitetura e decoração com influência dos mouros da Península Ibérica, que durou do século 12 ao 16 e combinou elementos de arte islâmica e cristã

**nueva trova** – música filosófica folk e de violão popularizada no final dos anos 1960 e começo dos anos 1970 por Silvio Rodríguez e Pablo Milanés

**Operación Milagros** – programa médico pioneiro introduzido em 2004 que oferece tratamento de visão gratuito nos hospitais cubanos para venezuelanos carentes

**Oriente** – região composta pelas províncias de Las Tunas, Holguín, Granma, Santiago de Cuba e Guantánamo; literalmente "o leste"

**orixá** – divindade de *santería*

**paladar** – restaurante privado

**parada** – ponto de ônibus

**parque** – parque

**PCC** – Partido Comunista de Cuba; o único partido político do país, formado em outubro de 1965 pela fusão de quadros do Partido Socialista Popular e veteranos da campanha de guerrilha

**peña** – performance musical ou encontro de qualquer gênero; veja também esquina

**Período Especial** – é o "Período Especial em tempos de paz" (a realidade econômica de Cuba pós-1991)

**pregón** – a maneira cantante de vender frutas, vegetais, vassouras, o que for; muitas vezes cômicas, elas são cantadas pelos *pregoneros/as*

**puente** – ponte

**¿qué bolá?** – "e aí?" (cumprimento popular, especialmente em Oriente)

**quinciñera** – rito de passagem para garotas que fazem 15 anos (*quince*): elas se vestem como noivas, são fotografadas e dão uma grande festa

**ranchón** – fazenda/restaurante rural

**reggaetón** – hip-hop cubano

**Regla de Ocha** – conjunto de crenças religiosas relacionadas popularmente conhecida como *santería*

**resolver** – resolver ou corrigir uma situação problemática

**río** – rio

**salsa** – música cubana baseada no *son*

**salsero** – cantor de salsa

**santería** – religião afro--cubana resultante da fusão entre a religião iorubá da África Ocidental e o catolicismo espanhol

**santero** – um sacerdote de *santería*; veja também *babalawo*

**santiagüero** – pessoa de Santiago de Cuba

**s/n** – sem número; indica um endereço que não tem número

**son** – a forma básica de música popular de Cuba, originada no final do século 19

**taino** – tribo de língua aruaque que habitou grande parte de Cuba antes da conquista espanhola; a palavra em si significa "nós, as pessoas boas"

**tambores** – ritual de tambores da *santería*

**telenovela** – novela

**telepunto** – loja de telefone e internet/call center da Etecsa (companhia estatal cubana de telecomunicações)

**temporada alta/baja** – alta/baixa temporada

**terminal de ómnibus** – estação de ônibus

**tinajón** – grande jarra de barro; particularmente comum na cidade de Camagüey

**trova** – música/escrita poética tradicional

**trovador** – músico/escritor tradicional

**Uneac** – Unión Nacional de Escritores y Artistas de Cuba

**vaquero** – caubói

**VIH** – vírus de imunodeficiência humana; HIV

**Xangô** – divindade de *santería* que representa guerra e fogo, associada à Santa Bárbara no catolicismo

**Yanqui** – pessoa dos EUA

**yuma** – gíria para pessoa dos EUA; pode ser usada para qualquer estrangeiro; veja americano/a e gringo/a

# bastidores

## ESCREVA PARA NÓS

Adoramos ouvir notícias dos viajantes – seus comentários nos mantêm mais ligados e nos ajudam a melhorar nossos livros. Nossa viajada equipe lê cada palavra a respeito daquilo que você amou ou odiou neste guia. Embora não possamos responder individualmente, sempre asseguramos que suas mensagens sejam remetidas ao autor adequado a tempo da próxima edição. Cada pessoa que nos enviar informações receberá agradecimentos na próxima edição.

Visite lonelyplanet.com/contact para enviar suas atualizações e sugestões, ou para pedir ajuda. Nosso premiado site também contém inspiradores relatos de viagem, notícias e discussões.

Atenção: podemos editar, reproduzir e incorporar seus comentários em produtos Lonely Planet, tais como guias, sites e produtos digitais. Então, nos informe se você não deseja que seus comentários sejam reproduzidos ou que seu nome seja citado. Para conhecer a nossa política de privacidade, visite lonelyplanet.com/privacy.

## NOSSOS LEITORES

A Lonely Planet agradece aos viajantes que usaram a última edição deste guia em inglês e enviaram dicas, orientações úteis e histórias interessantes:Renate Altenriederer, Javier Barba, Rowiena & Kate & Fabio Barros, Marie Belcredi, Joyce Berry, Jan Beukema, Per Bisgaard, Robert Blom, Marino Bravo, Jessica Buckley & Arthur Van Schie, Tim Büthe, Alexandre Cabanis, Sonya Calderbank, Kim Cameron, Aileen Chang, Penny Chiva s, Fabiano Cid, Laura Crawford, Stuart Cutts, Giuseppe de Amicis, Maria de Los Angeles Perez, Paul de Waal, Marjet Derix, Jacques Desjardins, Mark Dolley, Denise Domaille, Julian du Perron, Maartje Duin, Carl Durber, Barbara Easteal, Joyce Edling, David Eldon, Maria Elena, Jake Filush, Mikkel Franks, Reinhard Freiberg, Mike Fulham, Ger Garland, Polly Garnett, James Gayoso, Rich Geary, Lorenzo Ghielmetti, Christopher Gibson, Jeremy Gilling, Jolande Goddijn, Barbara Goodwin, Stephany Grasset, Sarah Green, Ian Gribler, Astrid Haldorsen, Audrey Hall, Glen Hansman, Carlotta Helwig, Janice Henly, Beth Henshall, Jorrit Herder, Rob Hoek, the Hollemeersch family, Jochen Hoppe, Anne Jaumees, Arjan Kemp, Mick Kemp, Dennis Kim, Florence Knosp, Henry Kvist, Guillaume Lahaye, Gilles Lalonde, Paul Lammens, Susan Laneville, Nicolas Le Carre, Cindy-Marie Leicester, Sam Leslie, Ana Liddie Navarro, Helle Lund-Pedersen, Olivia Lyons, Manuel Madrid, Simon Malcolm, Klas Malmberg, John Mann, Elaine Marshall, Sally Marshall, Erin McKenna, Andreas Mihaljinec, Jonathan Moss-Vernon, Dino Moutsopoulos, Wendy Myers, Louise Nielsen, Annemarie Nietlispach, Mark Nolan, Wade Novakovski, Meaghan O'Brien, Paolo Oliveri, Pier Paolo Radaelli, Claudia Peschel, Briony Potts, Nick Quinnell, Ramyji, Stefano Razio, Daniel Reiter, Raphael Richards, Dana Rodger-Bond, Gert-Jan Roozeboom, Toon Schellekens & Sophie Poell, Maria Scheller, Sonja Schoentag, Titus Schonberger, Kassandra Schreuder, Siegfried Schwab & Ina Schlude, Judy Sebba & Brian Parkinson, Alice Self, Ketan Shah, Bora Shnitman, Louise Soanes, Christoph Spallek, Debbie Spauls, Rins Spinhoven, Eric Stark, Andrew Swearingen, Charlie Tatman, Graham Taylor, Nicole Torti, Conrad & Paula Trujillo, Kariina Tshursin, Eric Van Balen, Suzanne Van Der Zanden, Hugo Van Ende, Hans Van Zwienen, John Varley, Antonio Vinals Taquechel, Jurgen Vogt, Dirk Vrints, Christoph Weizenauer, Mike Whitaker, Udo Winterhagen, Ken Woods, Harold Zukerman

# AGRADECIMENTOS DOS AUTORES



## Brendan Sainsbury

Obrigado aos incalculáveis motoristas de ônibus, responsáveis pela previsão do tempo, donos de *paladar*, *trovadores* errantes e inocentes passantes que me ajudaram durante a minha pesquisa. Um agradecimento especial para Julio Muñoz, Rafael Requejo, Nilson Guilaré, Angel Rodríguez, Victor em Trinidad, Maité e Idolka em Morón, Norberto Hernández em Havana e ao cara da Ecotur em Bayamo. Na frente de trabalho, *muchas gracias* ao coautor Luke Waterson e à editora responsável Catherine Craddock-Carrillo. Na frente do lar, merecidos *besos* à minha esposa Liz e ao meu filho Kieran.

## Luke Waterson

Aí vai: obrigado ao Waldo e ao Alfonso em Cienfuegos, ao Angel e a todos os caras na universidade em Santa Clara, Yoel em Matanzas, Luis Miguel em Havana (em particular por resolver dificuldades de visto), e Yoan, Yarelis e a um certo '51 Plymouth em Viñales. *Abrazos* para todos. Obrigado também à minha maravilhosa editora Catherine Craddock-Carrillo em Oakland, ao meu coautor Brendan Sainsbury e, crucialmente, à minha namorada Poppy, pela intrépida pesquisa para este guia e por geralmente tolerar a existência errática de um escritor de viagens.

# AGRADECIMENTOS

Informações climáticas do mapa adaptadas de Peel MC, Finlayson BL & McMahon TA (2007) "Updated World Map of the Köppen-Geiger Climate Classification", *Hydrology and Earth System Sciences*, 11, 163344.

Fotografia da capa: Táxi, Havana, Keith Levit Photography.

Muitas das imagens deste guia estão disponíveis para licença de uso na Lonely Planet Images:www.lonelyplanetimages.com.

# ESTE GUIA

A sexta edição do guia Lonely Planet Cuba em inglês foi pesquisada e escrita por Brendan Sainsbury (autor-coordenador) e Luke Waterson. As duas edições anteriores foram pesquisadas e escritas por Brendan Sainsbury. O guia foi encomendado no escritório de Melbourne da Lonely Planet e produzido por:

**Editora responsável** Catherine Craddock-Carrillo
**Editores-coordenadores** Bella Li, Martine Power
**Cartógrafo coordenador** Valeska Cañas
**Coordenação de arte** Wendy Wright
**Editores executivos** Bruce Evans, Annelies Mertens
**Cartógrafo executivo** Alison Lyall
**Editora executiva de arte** Jane Hart
**Editores assistentes** Asha Ioculari, Catherine Naghten, Monique Perrin, Matty Soccio, Simon Williamson
**Cartógrafos assistentes** Enes Basic, Ildiko Bogdanovits, Julie Dodkins, Mick Garrett, Mark Griffiths, Jennifer Johnston, Maritza Kolega, Joelene Kowalski, Andrew Smith, Brendan Streager
**Assistentes de arte** Yvonne Bischofberger, Carol Jackson, Paul Iacono
**Capa e pesquisa de imagens** Aude Vauconsant
**Consultoria linguística** Branislava Vladisavljevic

**Agradecimentos a** Ryan Evans, Joshua Geoghegan, Lisa Knights, Katie Lynch, Wayne Murphy, Gabrielle Stefanos, Gina Tsarouhas, Gerard Walker, Juan Winata

# índice





**p000** mapas
**p000** fotografias

## D



## E



## F



**p000** mapas
p000 fotografias

**p000** mapas
**p000** fotografias

## J



## L



## M

## N



## O



## P

**p000** mapas
**p000** fotografias

## Q



## R



## S

## T



## U



## V



## Y



## Z

# NOSSOS AUTORES

**Brendan Sainsbury**

Autor coordenador dos capítulos Havana, província de Sancti Spíritus, província de Ciego de Ávila, província de Camagüey, província de Las Tunas, província de Holguín, província de Granma, província de Santiago de Cuba e província de Guantánamo. Brendan é escritor *freelancer* britânico e vive na Colúmbia Britânica, no Canadá. A primeira vez que visitou Cuba foi nos anos 1990 e depois retornou em 2002, após um período como professor em Angola, para trabalhar como guia de viagem liderando passeios culturais e ciclísticos pelo país. Ele pesquisou e escreveu seu primeiro guia de Cuba da Lonely Planet em 2006 com seu filho de 3 meses a reboque. Desde então, já produziu mais três guias de Cuba e escreveu inúmeros artigos para jornal relacionados ao país, além de ter feito apresentações e de ter sido entrevistado por todo mundo, desde Rick Steves até o *USA Today*. Quando não está escrevendo e pesquisando, Brendan gosta de relaxar circulando sozinho por desertos, tocando violão flamenco e ensinando seu filho a praticar esqui cross-country. Também contribuiu para os guias Lonely Planet da Espanha, da Itália, do Canadá e dos EUA.

Mais informações sobre:
lonelyplanet.com/members/brendansainsbury

**Luke Waterson**

Províncias de Artemisa e Mayabeque, Isla de la Juventud (município especial), província de Pinar del Río, província de Matanzas, província de Cienfuegos e província de Villa Clara. Cruzar o campo com o chiado de Cadillacs e Plymouths, fumar várias dúzias de charutos, ir a dois shows de drag-queen, tomar milhares de mojitos e aprender alguns movimentos (experimentais) de salsa enquanto pesquisava para esta edição ajudaram Luke a se apaixonar por Cuba novamente. Ele ficou primeiramente enamorado do país em 2004 em um mochilão que coincidiu com a retirada do dólar de circulação por Castro. Os destaques desde então incluem o banho em uma cachoeira em uma zona militar restrita e ter visto um ninho de tartarugas marinhas. Em termos de viagem, as paixões de Luke são a América Latina, a Europa Oriental e a Grã-Bretanha – reflexões sobre suas viagens a esses lugares e conselhos sobre o que fazer e o que não fazer em cada um deles podem ser encontrados em www.lukewaterson.co.uk.

Mais informações sobre:
lonelyplanet.com/members/lukewaterson

# como usar este guia

**Preste atenção nestes ícones:**

Nossa recomendação

GRÁTIS Gratuito

Opção sustentável
*Nossos autores selecionaram esses lugares como dedicados à sustentabilidade – por exemplo, que in centivam as comunidades e os produtores locais, respeitando o meio ambiente ou dando suporte a projetos de conservação ambiental.*

**Estes símbolos vão ajudá-lo a achar exatamente o que você procura:**

- Atrações
- Atividades
- Cursos
- Visitas guiadas
- Festivais e eventos
- Onde dormir
- Onde comer
- Onde beber e vida noturna
- Lazer
- Onde comprar
- Informação/transporte

**Estes símbolos fornecem as informações fundamentais:**

- Números de telefone
- Horário de funcionamento
- P Estacionamento
- Proibido fumar
- Ar-condicionado
- @ Acesso à internet
- Acesso wi-fi
- Piscina
- Opções vegetarianas
- Menu em inglês
- Para família
- Para animais
- Ônibus
- Balsa
- M Metrô
- S Metrô
- Metrô (tube)
- Tram
- Trem

**Estas abreviações indicam qual é o tipo de acomodação:**

| | | | | | | | |
|---|---|---|---|---|---|---|---|
| ap | apartamento | f | família | qq | quarto quádruplo | ste | suíte |
| c | casal | q | quarto | s | solteiro | t | triplo |
| dc | dormitório coletivo | qd | quarto duplo | | | | |

**Resenhas organizadas pela preferência dos autores.**

## Legenda no mapa

### Atrações
- Praia
- Budismo
- Castelo
- Cristianismo
- Hinduísmo
- Islamismo
- Judaísmo
- Monumento
- Museu/Galeria
- Construção histórica
- Vinícola
- Zoológico
- Outra atração

### Atividades, cursos e visitas guiadas
- Mergulho/Snorkel
- Canoagem/Caiaque
- Ski
- Surfe
- Natação/piscina
- Caminhada
- Windsurfe
- Outras atividades, cursos, visitas guiadas

### Onde dormir
- Onde dormir
- Camping

### Onde comer
- Onde comer

### Onde beber e vida noturna
- Bar
- Café

### Lazer
- Lazer

### Onde comprar
- Onde comprar

### Informações
- Correios
- Informações turísticas

### Transporte
- Aeroporto
- Passagem proibida
- Ônibus
- Funicular
- Bicicleta
- Balsa
- Metrô
- Tram
- Estacionamento
- S-Bahn
- Táxi
- Trem/Ferrovia
- Tram
- Metrô
- U-Bahn
- Outro transporte

### Itinerários
- Rodovia
- Autoestrada
- Principal
- Secundária
- Terciária
- Pista
- Estrada interrompida
- Calçadão
- Degraus
- Túnel
- Passagem de pedestre
- Passeio a pé
- Passeio a pé interrompido
- Caminho

### Fronteiras
- Internacional
- Estado/província
- Disputada
- Regional/subúrbio
- Parque marinho
- Ponte
- Muro

### População
- Capital (Nacional)
- Capital (Estado/província)
- Cidade
- Distritos

### Geografia
- Cabana/abrigo
- Farol
- Vista
- Montanha/vulcão
- Oásis
- Parque
- Passagem
- Área para piquenique
- Cachoeira

### Hidrografia
- Rio
- Rio interrompido
- Pântano
- Lago
- Canal
- Água
- Área seca
- Glacial

### Áreas
- Areia
- Cemitério (cristão)
- Cemitério (outros)
- Parque/floresta
- Pista
- Atração (construção)
- Destaque (construção)

# NOSSA HISTÓRIA

Um carro velho batido, uns poucos dólares no bolso e um desejo de aventura. Em 1972 era tudo que Tony e Maureen Wheeler precisavam para fazer a viagem de suas vidas – cruzar a Europa e a Ásia e em seguida a Austrália. A jornada durou muitos meses e ao final – quebrados mas inspirados – eles se sentaram à mesa de sua cozinha e escreveram juntos seu primeiro guia de viagem, *Across Asia on the Cheap*. Em uma semana, foram vendidos 1.500 exemplares. Nascia a Lonely Planet. Hoje a Lonely Planet tem escritórios em Melbourne, Londres e Oakland, com mais de 600 autores e funcionários. Nós compartilhamos da crença de Tony de que "um grande guia precisa fazer três coisas: informar, educar e divertir".


**Lonely Planet Publications Pty Ltd**
ABN 36 005 607 983

**Austrália** (escritório central)
Locked Bag 1, Footscray, Victoria 3011
☎ 61 3 8379 8000, fax 61 3 8379 8111
www.lonelyplanet.com – talk2us@lonelyplanet.com.au

**EUA** - 150 Linden St, Oakland, CA 94607,
☎ 510 250 6400, ligação grátis 800 275 8555
fax 510 893 8572, info@lonelyplanet.com

**Reino Unido** – BBC Media Centre - 201 Wood Lane, London, W12 7TQ
☎ +44 (0)20 7106 2129
go@lonelyplanet.co.uk

**Cuba**
1ª edição do guia em português – abril de 2012.

Diretor editorial: Marcos Strecker
Editora: Melissa Rodriguez Leite
Assistentes editoriais: Érika Nogueira Vieira e Rebeca Michelotti
Tradução, produção editorial e consultoria linguística: Edições Jogo de Amarelinha

**Editora Globo S/A**
Avenida Jaguaré, 1485 - 05346-902 - São Paulo - SP
www.globolivros.com.br
Edição autorizada para a Editora Globo S/A com exclusividade para a língua portuguesa.

ISBN: 978-85-250-5156-1





Texto fixado conforme as regras do novo Acordo Ortográfico da Língua Portuguesa, assinado em Lisboa em 16 de dezembro de 1990 (Decreto Legislativo do Congresso Nacional do Brasil nº 54, de 1995).

Impressão: Prol Editora Gráfica Ltda.
Impresso em São Paulo, Brasil.





Dados Internacionais de Catalogação na Publicação (CIP)
(Câmara Brasileira do Livro, SP, Brasil)

Sainsbury, Brendan
Lonely Planet: Cuba / Brendan Sainsbury e Luke Waterson; [tradução Jogo de Amarelinha]. – São Paulo: Globo, 2012.

Título original: Lonely planet: Cuba
ISBN 978-85-250-5156-1

1. Cuba - Descrição e viagens - Guias 2. Havana (Cuba) - Descrição e viagens - Guias I. Waterson, Luke. II. Título.

12-03420 CDD-917.29

Índice para catálogo sistemático:
1. Cuba : Descrição e viagens 917.291